सत्यार्थ प्रकाश

सत्यार्थ प्रकाश

महर्षि दयानंद सर

GYAN

Published by

Gyan Publishing House
5, Ansari Road
Daryaganj, New Delhi-110002
Phone: 011-47034999, 9811692060
E-mail: books@gyanbooks.com

Distribution Network
gyanbooks.com
India, USA, Canada, UK, Australia

ISBN: 978-93-6780-492-6 (PB)

First Published, 1875

2nd Impression 2025

Printed at: Gyan Press, Delhi.

सत्यार्थ प्रकाश

Author: महर्षि दयानंद सर

ओ३म्

वेदादिविविधसच्छास्त्रप्रमाणैः समन्वितः

सत्यार्थप्रकाशः

—महर्षि दयानन्द सरस्वती

१५वें संस्करण का–

प्रकाशकीय

पाठकवृन्द ! आर्यसमाज के प्रवर्त्तक महर्षि दयानन्द ने आपकी सेवा में प्रस्तुत 'सत्यार्थप्रकाश' नामक ग्रन्थ की रचना करके मानव जाति का अवर्णनीय उपकार किया है । सत्य का ग्रहण और असत्य का परित्याग करना ही इस ग्रन्थ का मुख्य उद्देश्य है, और यही सब सुधारों का मूल सूत्र है । अतः महर्षि ने इस ग्रन्थ की भूमिका में लिखा है–"सत्योपदेश के विना अन्य कोई भी मनुष्य जाति की उन्नति का कारण नहीं है ।" वह सत्य–उपदेश मनुष्यकृत अनार्ष ग्रन्थों में प्राप्त नहीं होता जिस से मानव–जीवन का कल्याण हो सके । हितकारी, प्रामाणिक एवं महत्त्वपूर्ण विषयों का अति सरलता से प्रतिपादन आर्ष ग्रन्थों में ही उपलब्ध होता है । तृतीय समुल्लास में उल्लिखित आर्ष ग्रन्थों के अध्ययन से लाभ और अनार्ष ग्रन्थों के अध्ययन से हानि पर अवश्य ध्यान देना चाहिए जो जिज्ञासु आर्ष ग्रन्थों में गोता लगाता है । वह अवश्य ही बहुमूल्य मोतियों को प्राप्त करके अपना जीवन सफल बना सकता है।

महर्षि की अनुपम रचना सत्यार्थप्रकाश का संक्षिप्त परिचय निम्न है–

(१) इसी ग्रन्थ में ब्रह्मा से लेकर जैमिनि मुनि पर्यन्त ऋषि–मुनियों के वेद–प्रतिपादित सारभूत विचारों का संग्रह है। अल्प विद्यायुक्त, स्वार्थी, दुराग्रही लोगों ने जो वेदादि सच्छास्त्रों के मिथ्या अर्थ करके उन्हें कलंकित करने का दुःसाहस किया था, उन के मिथ्या अर्थों का खण्डन और सत्यार्थ का प्रकाश अकाट्य युक्तियों और प्रमाणों से इस में किया गया है। किसी नवीन मत की कल्पना इस ग्रन्थ में लेशमात्र नहीं है।

(२) वेदादि सच्छास्त्रों के अध्ययन विना सत्य–ज्ञान की प्राप्ति सम्भव नहीं। उनको समझने के लिए यह ग्रन्थ कुञ्जी का कार्य करता है। इस समय इस ग्रन्थ के अध्ययन किये विना वेदादि सच्छास्त्रों का सत्य–सत्य अर्थ समझना अति कठिन है। इस को पूर्णतया समझे विना बड़े–बड़े उपाधिधारी दिग्गज विद्वान् भी अनेक अनर्थमयी भ्रान्तियों से लिप्त रहते हैं।

(३) जन्म लेकर मृत्यु–पर्यन्त मानव जीवन की ऐहलौकिक और पारलौकिक समस्त समस्याओं को सुलझाने के लिए यह ग्रन्थ एकमात्र ज्ञान का भण्डार है।

(४) ऋषि दयानन्द से पूर्ववर्ती ऋषियों के काल में संस्कृत का व्यापक रूप में व्यवहार था और वेदों के सत्य अर्थ का ही प्रचार था। उस समय के सभी आर्ष ग्रन्थ संस्कृत भाषा में ही उपलब्ध होते हैं । महाभारत के पश्चात् सत्य वेदार्थ का लोप और संस्कृत का अतिह्रास हुआ । विद्वानों ने अल्प विद्या और स्वार्थ के वशीभूत होकर जनता को भ्रम में डाला एवं मतवादियों ने बहुत से आर्ष ग्रन्थ नष्ट करके ऋषि–मुनियों के नाम पर मिथ्या ग्रन्थ बनाये। उन के ग्रन्थों में प्रक्षेप किया जिस से सत्यविज्ञान का लोप हुआ। उस नष्ट हुए विज्ञान को महर्षि ने इस ग्रन्थ में प्रकट किया है। महर्षि ने इस ग्रन्थ में बहुमूल्य मोतियों को चुनचुनकर आर्यभाषा में अभूतपूर्व माला तैयार की जिस से सर्वसाधारण शास्त्रीय सत्य मान्यताओं को

जानकर स्वार्थी विद्वानों के चंगुल से बच सकें ।

(५) महर्षि दयानन्द कृत ग्रन्थों में सत्यार्थप्रकाश प्रधान ग्रन्थ है। इस में उनके सभी ग्रन्थों का सारांश आ जाता है।

(६) यह ही एक ऐसा ग्रन्थ है जो पाठकों को इस ग्रन्थ में प्रतिपादित सर्वतन्त्र, सार्वजनीन, सनातन मान्यताओं के परीक्षण के लिए आह्वान देता है।

(७) इसके पढ़े विना कोई भी आर्य ऋषि के मन्तव्यों और उनके कार्यक्रमों को भली प्रकार नहीं समझ सकता एवम् अन्यों के उपदेशों में प्रतिपादित मिथ्या सिद्धान्तों को नहीं पहचान सकता । जिससे अनेक भ्रान्त धारणाएं मस्तिष्क में बैठ जाती हैं जिनके निराकरण के लिए इस ग्रन्थ का अनेक बार अध्ययन सर्वथा अनिवार्य है।

(८) इसके प्रारम्भ में 'त्वामेव प्रत्यक्षं ब्रह्म वदिष्यामि' इत्यादि से जो प्रतिज्ञा की है उसी के अनुसार सम्पूर्ण ग्रन्थ में सत्यार्थ का प्रकाश करते हुए अन्त में प्रतिज्ञा का उपसंहार किया है।

(९) अत्यन्त समृद्धिशाली, सर्वदेशशिरोमणि भारत देश का पतन किस कारण से हुआ एवम् उत्थान किस प्रकार हो सकता है, इस विषय पर इस ग्रन्थ में पूर्ण प्रकाश डाला गया है।

(१०) इस में आर्यसमाज और मत-मतान्तरों के अन्तर को अनेक स्थानों पर एवम् एकादश समुल्लास में विशेष रूप से खोलकर समझाया गया है।

(११) मानव जाति के पतन का कारण मतवादियों की मिथ्या धारणाएं हैं जिनका खण्डन भी प्रमाण और युक्तिपूर्वक इस में किया गया है।

(१२) इसमें मूल दार्शनिक सिद्धान्तों को ऐसी सरल रीति से समझाया गया है कि जिसे पढ़कर साधारण शिक्षित व्यक्ति भी एक अच्छा दार्शनिक बन सकता है। जिस ने इस ग्रन्थ को न पढ़कर नव्य महाकाव्य अनार्ष ग्रन्थों के आधार पर दार्शनिक सिद्धान्तों को पढ़ा है उस की मिथ्या धारणाओं का खण्डन और सत्य मान्यताओं का मण्डन इस ग्रन्थ का अध्ययन करने वाला सरलता से कर सकता है।

(१३) ऋषि के मन्तव्यों पर इस ग्रन्थ को पढ़ने से पूर्व जितनी भी शंकाएं किसी को होती हैं। वे सब इस के पढ़ने से समूल नष्ट हो जाती हैं क्योंकि उन सब शंकाओं का समाधान इसमें विद्यमान है।

(१४) ***वर्तमान में बने राजनीतिक दल पक्षपात से पूर्ण होने के कारण स्वयं सम्प्रदाय हैं। मतवादियों और उन में शब्दमात्र का भेद है, तत्त्वतः अभेद है।*** उनके द्वारा साम्प्रदायिकता की बहुत वृद्धि हुई है। इस ग्रन्थ में साम्प्रदायिकता के स्वरूप और उसकी हानियों का यथार्थ दिग्दर्शन है। साम्प्रदायिकता को समूल नष्ट करने के उपाय भी इस ग्रन्थ में बताये गये हैं किन्तु खेद है कि दल (सम्प्रदाय) पक्षपात-रहित, मानव के कल्याणकारक ऋषि के पूर्ण सत्य मन्तव्यों को भी साम्प्रदायिक कह कर सम्प्रदाय शब्द के अज्ञानतापूर्ण दूषित अर्थ का प्रचार कर नास्तिकता का प्रचार कर रहे हैं और 'उलटा चोर कोतवाल को दण्डे' वाली कहावत को चरितार्थ कर रहे हैं।

यह बहुत आश्चर्य है कि आर्यसमाज के नेता भी ऐसे दलों के सदस्य हैं जो मतवादियों और आर्यसमाज में कोई भेद नहीं मानते। एकमात्र ऋषि

दयानन्द ने ही इस ग्रन्थ में सब सम्प्रदायों को समाप्त कर एक सत्य-मतस्थ करने की प्रतिज्ञा की है और उसके उपाय भी बताये हैं।

महर्षि के ग्रन्थों की महिमा का पूर्ण परिज्ञान तो उनके बार-बार अध्ययन, मनन एवम् उसके अनुसार आचरण करने से ही हो सकता है। यहां तो केवल उस के विषय में यथासम्भव दिग्दर्शन मात्र ही कराया गया है।

आर्ष साहित्य में भाषा सरल एवं भाव गम्भीर होते हैं। उन के गम्भीर भावों को जानने के लिए उनका बार-बार अध्ययन करना चाहिए। श्री पं० गुरुदत्त विद्यार्थी ने जो अत्यन्त मेधावी थे, सत्यार्थप्रकाश को चौदह बार पढ़कर यह लिखा था कि जब-जब मैं इस ग्रन्थ को पढ़ता हूं तब-तब नई-नई बातें ही मुझ को मिलती हैं। इस में कुछ भी सन्देह नहीं कि इस आर्ष ग्रन्थ के अध्ययन से पाठकों को पं० गुरुदत्त जी के समान अमूल्य रत्न मिलेंगे।

ऋषि ने अपने समय में वर्तमान किसी भी अनार्ष साहित्य को पठन-पाठन में नहीं रखा। उन की इस पद्धति का अनुसरण किये विना सत्य ज्ञान की प्राप्ति दुर्लभ है। **महर्षि की मान्यताओं पर श्रद्धा रखने वाले भी 'लेकिन शब्द का सहारा लेकर तदनुसार नहीं चलते। अतः वे अनार्ष ग्रन्थों से बहुत सी भ्रान्त धारणाएं प्राप्त कर सन्देहयुक्त ही रहते हैं।** भ्रान्त संस्कार सत्यज्ञान की प्राप्ति में बराबर बाधक बने रहते हैं। गुरुवर विरजानन्द जी का यह कहना सर्वथा यथार्थ था कि "पहले अनार्ष ग्रन्थों को यमुना में डाल आओ फिर मेरे पास पढ़ने के लिए आना।"

ऋषि ने आर्ष ग्रन्थों के गुणों का कथन एवम् अपने समय में विद्यमान बहुत से अनार्ष ग्रन्थों को नामनिर्देश पूर्वक दोषयुक्त बताया तथा कतिपय वेदविरुद्ध ग्रन्थों के वचनों की अपने ग्रन्थों में समीक्षा भी की । उन्होंने जिन दोषों का कथन किया है वे दोष आज तक के समस्त अनार्ष साहित्य में भी विद्यमान हैं।

ऋषि का यह वचन भी ध्यान देने योग्य है कि जितना ज्ञान आवश्यक है वह वेदादि सच्छास्त्रों में उपलब्ध है। उनके ग्रहण में सब सत्य का ग्रहण हो जाता है। उन के अतिरिक्त विचार तो तदनुकूल होने से ही प्रामाणिक हैं। प्रथम आर्ष साहित्य पढ़े विना तदनुकूलता का ज्ञान कैसे हो सकता है ? अतः सत्य ज्ञान की प्राप्ति के लिए प्रथम आर्ष ग्रन्थ ही पढ़ने चाहिए; यह निश्चित तथ्य है।

अभी तक दोषपूर्ण ग्रन्थों का तथा उनकी मान्यताओं का बराबर प्रचार हो रहा है, उसको रोकना परम आवश्यक है। यह महर्षि दयानन्द तथा प्राचीन आर्ष ग्रन्थों के गम्भीर अध्ययन तथा उसके प्रचार एवं प्रसार से ही सम्भव है।

सत्यार्थप्रकाश द्वारा वैदिक धर्म का प्रचार सब से अधिक हुआ है, अतः 'आर्ष साहित्य-प्रचार ट्रस्ट' ने इस ग्रन्थ का प्रचार करना अपना मुख्य उद्देश्य निश्चित किया है। ट्रस्ट इस ग्रन्थ का सुन्दर प्रकाशन करके लागतमात्र से भी न्यून मूल्य में विक्रय करता है।

ऋषि के जीवनकाल में छपे द्वितीय-संस्करणानुसार सम्पादन कराके विशुद्ध मूलरूप प्रस्तुत किया गया है। ऋषि के मूल ग्रन्थ में कोष्ठक [ ] देने तथा ऋषि की इच्छा के विरुद्ध अपने नाम से टिप्पणी चढ़ाने एवं पाठ-परिवर्तन करने के पक्ष में हम नहीं हैं। किसी लेखक ने अपने मूल ग्रन्थ में किसी अन्य को पाठपरिवर्तन

तथा टिप्पणियों में पाठ के विरुद्ध उल्लेख करने का अधिकार आज तक नहीं दिया तो फिर ऋषि दयानन्द के निर्वाण के पश्चात् उन की अनुपस्थिति में इस प्रकार की अनधिकार चेष्टा करना क्या आत्मविरुद्ध आचरण नहीं है। क्या ऐसे व्यक्ति वेद की **"असुर्या नाम ते लोका अन्धेन तमसावृताः। तांस्ते प्रेत्यापि गच्छन्ति ये के चात्महनो जनाः॥"** इस व्यवस्था से बच सकेंगे? बारह वर्ष से आर्ष साहित्य-प्रचार ट्रस्ट ऋषि के सत्यार्थप्रकाश, संस्कारविधि, ऋग्वेदादिभाष्यभूमिका ग्रन्थों में सम्पादकों द्वारा किये गये पाठ-परिवर्तनों एवम् ग्रन्थों में पाठ-विरुद्ध दी गई शतशः टिप्पणियों की बराबर अपने द्वारा सम्पादित इन ग्रन्थों के सम्पादकीय में युक्तिप्रमाण-सहित सविस्तार समीक्षा कर रहा है। किन्तु संशोधक आक्षेपों का उत्तर ही नहीं देते। वे लेख, पत्र-व्यवहार अथवा परस्पर मिलकर किसी भी रूप में सत्यनिर्णय के लिए तैयार नहीं हुए। एक स्थान से संक्षिप्त उत्तर इस प्रकार का मिला कि मैं अपनी कहता रहूं तुम अपनी कहते रहो। जब कि हमारे ट्रस्ट द्वारा प्रकाशित संस्कारविधि और ऋग्वेदादिभाष्यभूमिका ग्रन्थों में टिप्पणियों की सविस्तार समालोचना की गई थी जिस का आज तक उत्तर नहीं मिला है। तब तीसरे ग्रन्थ सत्यार्थप्रकाश का भी उन्हीं के द्वारा भ्रामक एवम् अशुद्ध टिप्पणियों सहित सम्पादन किया गया है। यह उनका हठ, दुराग्रह और मिथ्याभिमान नहीं तो और क्या है ? इन पाठ-विरुद्ध अशुद्ध टिप्पणियों द्वारा सम्पादक ने पाठकों में संशय और भ्रान्त धारणा ही उत्पन्न की है। क्योंकि तत्सम्बन्धी भावों का स्पष्टतः कथन वहां नहीं होता। टिप्पणियां भिन्न स्थानों पर बहुत दूर-दूर होती हैं। टिप्पणियों की समीक्षा उसी प्रकार के भिन्न-भिन्न स्थानों पर तो की ही नहीं जा सकती। अतः पाठ-विरुद्ध टिप्पणियों का एक स्थान पर उत्तर देने के लिए हम को अत्यधिक श्रम करना पड़ा, फिर भी टिप्पणीकार से समीक्षा का उत्तर नहीं मिला। यदि सम्पादक को ऋषिकृत ग्रन्थों की समालोचना करनी ही इष्ट है तो उसके भावों को पृथक् पुस्तक के रूप में दे समीक्षा करनी योग्य है। ऋषि दयानन्द के वचन टिप्पणीकार के समान अप्रामाणिक नहीं हैं। उन की पूरी परीक्षा की जा सकती है। किसी ग्रन्थ के विरुद्ध लिखने का यह टिप्पणी वाला प्रकार निन्दनीय है। मूल ग्रन्थ में टिप्पणीकारों का यह पाठ-विरुद्ध दुःसाहसिक कार्य अन्यत्र नहीं देखा गया।

एक संस्थान प्रचार-संस्करण के नाम से इस ग्रन्थ को छाप रहा है जिस में मूल ग्रन्थ के शीर्षकों को निकाल कर उन के स्थान पर अपनी ओर से अधूरे, अशुद्ध विषय लिख दिये हैं। एवं ग्रन्थ के मध्य में अपनी ओर से यत्र-तत्र अनेक स्थानों पर नये शीर्षक बढ़ाये हैं। इनमें बहुत स्थानों पर अशुद्धियां भी हैं। बढ़ाये हुए शीर्षकों पर कोई चिह्न भी नहीं लगाया गया है। सब स्थानों पर इस प्रकार के छोटे-छोटे समस्त शीर्षक नहीं दिये हैं जिससे उपयोगिता समाप्त हो गई है और पाठकों को भ्रान्ति में डाला गया है।

यदि संशोधकों के ये दुष्कृत्य नहीं रोके गये तो भविष्य में महर्षि के ग्रन्थों में अन्य आर्ष ग्रन्थों की भांति प्रक्षेपों का पता लगाना दुष्कर ही हो जायेगा। जिससे भविष्य में ऋषि के ग्रन्थों में असंशोधित पाठों में भी सन्देह होने लगेगा। महर्षि के ग्रन्थों में मिलावट अथवा सभी प्रकार की बढ़ती हुई मनोवांछित टिप्पणियों की बाढ़ को ट्रस्ट सर्वथा समाप्त करना चाहता है। ट्रस्ट ने इस दूषित मनोवृत्ति को रोकने के लिए ऋषि के जीवनकाल में छपे सत्यार्थप्रकाश, संस्कारविधि और

ऋग्वेदादिभाष्यभूमिका ग्रन्थों को फोटो-प्रिण्ट से छपवा दिया है। सम्पादकों को उन मूल ग्रन्थों के अनुसार ही सम्पादन करना चाहिए। प्रेस-अशुद्धियां ठीक करने और पाठ-संशोधन करने में महान् अन्तर होता है! छपने-छपाने की अशुद्धियां तो ठीक करनी ही चाहिए।

इस संस्करण में सभी प्रमाणों के पते द्वितीय संस्करणानुसार ही दिये हैं। प्रायः सम्पादक ऋषि के ग्रन्थों में जहां प्रमाणों के पते नहीं दिये गये हैं वहां अपनी ओर से प्रमाणों के पते देना अच्छा समझते हैं। महर्षि के ग्रन्थों में मनुस्मृति के बहुत प्रमाण दिये गये हैं, किन्तु उन के पते नहीं दिये गये हैं, जिस से महर्षि का दृष्टिकोण यह प्रतीत होता है कि मनुस्मृति में प्रक्षेप भी हैं। यदि कभी मनुस्मृति का शुद्ध संस्करण उपलब्ध हो जाये तो सब दिये पते अशुद्ध होंगे। एवं महर्षि द्वारा दिये प्रमाणों के पतों को देखने से यह सिद्ध होता है कि ऋषि ने प्रमाणों एवं पतों को बहुधा स्मृतिबल से लिखवाया है, ग्रन्थ सामने रखकर नहीं। ऋषि के ग्रन्थों में अपनी इच्छा से प्रमाणों के पते देकर उक्त तथ्य को समाप्त कर दिया गया है। यह तथ्य सुरक्षित रहना चाहिए तथा मूल को नहीं बदलना चाहिए। मूल ग्रन्थ में प्रमाणों के पते देने से मूल ग्रन्थ में अनेक दोष उत्पन्न हुए हैं। विस्तार-भय से यहां उनका उल्लेख नहीं दिया जा सकता। सम्पादकों ने जो पते दिये हैं उन में सब की एकरूपता नहीं पाई जाती। अतः हम ने प्रमाणों के पतों को भी द्वितीय संस्करणानुसार ही रखा है।

मूल में अल्पविराम, अर्द्धविराम, पूर्णविराम आदि चिह्न तथा प्रकरण के अनुसार सन्दर्भों की रचना अपनी ओर से की गई है। जिस से पाठक मूल के तात्पर्य एवं प्रकरण को सरलता से ग्रहण कर सकें। बढ़िया कागज़ तथा सुन्दर छपाई से ग्रन्थ की उपयोगिता और भी बढ़ गई है। ट्रस्ट द्वारा प्रकाशित यह पञ्चदश संस्करण है। इस संस्करण के अतिरिक्त ट्रस्ट अब तक १,०३,६०० सत्यार्थप्रकाश प्रकाशित कर चुका है।

इस का सम्पादन धर्मपाल व्याकरणाचार्य ने अत्यन्त पुरुषार्थ और योग्यता से किया है।

दिसम्बर, १९७७

ऋषिचरणों का अनुचर
दीपचन्द आर्य
प्रधान, आर्ष साहित्य-प्रचार ट्रस्ट

॥ ओ३म् ॥

६९वें संस्करण का प्रकाशकीय

जैसा कि नाम से ही स्पष्ट है **'आर्ष साहित्य-प्रचार ट्रस्ट'** का मुख्य उद्देश्य है **"महर्षि दयानन्द कृत ग्रन्थों–आर्ष साहित्य का प्रचार और प्रसार।"** अपने इस उद्देश्य को पूरा करने के लिए 'ट्रस्ट' निःस्वार्थ सेवाभाव से साहित्य का प्रकाशन करके लागत मात्र पर अथवा उससे भी कम मूल्य पर जिज्ञासु पाठकों तक पहुंचाता है। 'महर्षि' के साहित्य को विना किसी प्रक्षेप के मूल रूप में प्रकाशित करना ट्रस्ट की अपनी यह अलग पहचान है ।

प्रस्तुत संस्करण से पूर्व 'ट्रस्ट' सत्यार्थप्रकाश के ६८ संस्करण प्रकाशित कर ९,४३,६५० सत्यार्थप्रकाश पाठकों तक पहुंचा चुका है, जो कि अपने आप में एक कीर्तिमान है। ऋषि के मिशन को ध्यान में रखते हुए इसका मूल्य लागत से भी कम रखा गया है। और निश्चय ही इसका सकारात्मक परिणाम हम सब के सामने है।

पाठकों की अत्यधिक मांग थी कि सत्यार्थप्रकाश की भी कम्पोजिंग कम्प्यूटर से करायी जाये। उनकी भावनाओं का सम्मान करते हुए सर्वथा नवीन रूप में उत्तम कागज एवं सुन्दर जिल्द में यह '६९ वां संस्करण' पाठकों की सेवा में उपस्थित करते हुए हम अतीव हर्ष व सन्तोष का अनुभव कर रहे हैं।

आशा है, महर्षि भक्त वैदिक धर्मानुरागी पाठकवृन्द इस संस्करण से लाभान्वित होंगे।

विनीत :

धर्मपाल आर्य

मन्त्री, आर्ष साहित्य-प्रचार ट्रस्ट

सत्यार्थप्रकाशसूचीपत्रम्

इति ।

निवेदन

परमपूज्य श्रीस्वामी जी महाराज ने यह 'सत्यार्थप्रकाश' ग्रन्थ द्वितीय बार शुद्ध करके छपवाया है । प्रथमावृत्ति में अन्त के कई प्रकरण कई कारणों से नहीं छपे थे सो भी इस में संयुक्त कर दिये हैं । इस ग्रन्थ में आदि से अन्तपर्य्यन्त मनुष्यों को वेदादिशास्त्रानुकूल श्रेष्ठ बातों के ग्रहण और अश्रेष्ठ बातों के छोड़ने को उपदेश लिखा गया है ।

मतमतान्तरों के विषय में जो लिखा गया है वह प्रीतिपूर्वक सत्य के प्रकाश होने और संसार के सुधरने के अभिप्राय से लिखा गया है, किन्तु निन्दा की दृष्टि से नहीं । इस ग्रन्थ का मुख्य उद्देश्य यही है कि अविद्याजन्य नाना मतों के फैलने से संसार में जो द्वेष बढ़ गया है इस से एक मतावलम्बी दूसरे मतानुयायी को द्वेषदृष्टि से देखता है वह दूर हो के संसार में प्रेम और शान्ति स्थिर हो ।

जिस प्रेम और प्रीति से श्रीस्वामी जी महाराज ने यह ग्रन्थ बनाया है उसी प्रीति से पाठकों को देखना चाहिए । पाठकों को उचित है कि आदि से अन्त तक इस ग्रन्थ को पढ़ कर प्रीतिपूर्वक विचार करें । क्योंकि जो मनुष्य इस के एक खण्ड को देखेगा उस को इस ग्रन्थ का पूरा-पूरा अभिप्राय न खुलेगा ।

आशा है कि जिस अभिप्राय से यह ग्रन्थ बनाया गया है उस अभिप्राय पर पाठकगण दृष्टि रख कर लाभ उठावेंगे और ग्रन्थकर्त्ता के महान् परिश्रम को सफल करेंगे ।

इस ग्रन्थ में कई स्थलों में टिप्पणिका की आवश्यकता थी इसलिए मैंने जहाँ-जहाँ उचित समझा वहाँ-वहाँ लिख दी हैं ।

यह ग्रन्थ प्रथमावृत्ति में छपा था उस को बिके बहुत दिन हो गये इस कारण से शतशः लोगों की शीघ्रता छपने के विषय में आई, इस कारण से यह द्वितीयावृत्ति अत्यन्त शीघ्रता में हुई है । छापते समय ग्रन्थ के शोधने और विरामादि चिह्नों के देने में जहाँ तक बना बहुत ध्यान दिया परन्तु शीघ्रता के कारण से कहीं भूल रह गई हो तो पाठकगण ठीक कर लें ।

(मुन्शी) समर्थदान
प्रबन्धकर्त्ता, वैदिकयन्त्रालय
प्रयाग

आश्विन कृष्णपक्ष
संवत् १९३९

सूचना

चौदहवें समुल्लास में जो कुरान की मंज़िल, सिपारा, सूरत और आयत का ब्यौरा लिखा है उस में और तो सब ठीक है परन्तु आयतों की संख्या में दो चार के आगे पीछे का अन्तर होना सम्भव है अतएव पाठकगण क्षमा करें ।

(मुन्शी) समर्थदान
प्रबन्धकर्त्ता, वैदिकयन्त्रालय
प्रयाग

ओ३म् सच्चिदानन्देश्वराय नमो नमः

भूमिका

जिस समय मैंने यह ग्रन्थ 'सत्यार्थप्रकाश' बनाया था, उस समय और उस से पूर्व संस्कृतभाषण करने, पठन-पाठन में संस्कृत ही बोलने और जन्मभूमि की भाषा गुजराती होने के कारण से मुझ को इस भाषा का विशेष परिज्ञान न था, इससे भाषा अशुद्ध बन गई थी। अब भाषा बोलने और लिखने का अभ्यास हो गया है। इसलिए इस ग्रन्थ को भाषा व्याकरणानुसार शुद्ध करके दूसरी वार छपवाया है। कहीं-कहीं शब्द, वाक्य रचना का भेद हुआ है सो करना उचित था, क्योंकि इसके भेद किए विना भाषा की परिपाटी सुधरनी कठिन थी, परन्तु अर्थ का भेद नहीं किया गया है, प्रत्युत विशेष तो लिखा गया है। हाँ, जो प्रथम छपने में कहीं-कहीं भूल रही थी, वह वह निकाल शोधकर ठीक-ठीक कर दी गई है।

यह ग्रन्थ १४ चौदह समुल्लास अर्थात् चौदह विभागों में रचा गया है। इसमें १० दश समुल्लास पूर्वार्द्ध और ४ चार उत्तरार्द्ध में बने हैं, परन्तु अन्त्य के दो समुल्लास और पश्चात् स्वसिद्धान्त किसी कारण से प्रथम नहीं छप सके थे, अब वे भी छपवा दिये हैं।

१. प्रथम समुल्लास में ईश्वर के ओङ्काराऽऽदि नामों की व्याख्या।
२. द्वितीय समुल्लास में सन्तानों की शिक्षा।
३. तृतीय समुल्लास में ब्रह्मचर्य, पठनपाठनव्यवस्था, सत्यासत्य ग्रन्थों के नाम और पढ़ने पढ़ाने की रीति।
४. चतुर्थ समुल्लास में विवाह और गृहाश्रम का व्यवहार।
५. पञ्चम समुल्लास में वानप्रस्थ और संन्यासाश्रम का विधि।
६. छठे समुल्लास में राजधर्म।
७. सप्तम समुल्लास में वेदेश्वर-विषय।
८. अष्टम समुल्लास में जगत् की उत्पत्ति, स्थिति और प्रलय।
९. नवम समुल्लास में विद्या, अविद्या, बन्ध और मोक्ष की व्याख्या।
१०. दशवें समुल्लास में आचार, अनाचार और भक्ष्याभक्ष्य विषय।
११. एकादश समुल्लास में आर्य्यावर्त्तीय मत मतान्तर का खण्डन मण्डन विषय।
१२. द्वादश समुल्लास में चारवाक, बौद्ध और जैनमत का विषय।
१३. त्रयोदश समुल्लास में ईसाई मत का विषय।
१४. चौदहवें समुल्लास में मुसलमानों के मत का विषय।

और चौदह समुल्लासों के अन्त में आर्यों के सनातन वेदविहित मत की विशेषतः व्याख्या लिखी है, जिसको मैं भी यथावत् मानता हूँ।

मेरा इस ग्रन्थ के बनाने का मुख्य प्रयोजन सत्य-सत्य अर्थ का प्रकाश करना है, अर्थात् जो सत्य है उस को सत्य और जो मिथ्या है उस को मिथ्या ही प्रतिपादन करना सत्य अर्थ का प्रकाश समझा है। वह सत्य नहीं कहाता जो सत्य के स्थान में असत्य और असत्य के स्थान में सत्य का प्रकाश किया जाय। किन्तु

जो पदार्थ जैसा है, उसको वैसा ही कहना, लिखना और मानना सत्य कहाता है। जो मनुष्य पक्षपाती होता है, वह अपने असत्य को भी सत्य और दूसरे विरोधी मतवाले के सत्य को भी असत्य सिद्ध करने में प्रवृत्त होता है, इसलिए वह सत्य मत को प्राप्त नहीं हो सकता। इसीलिए विद्वान् आप्तों का यही मुख्य काम है कि उपदेश वा लेख द्वारा सब मनुष्यों के सामने सत्याऽसत्य का स्वरूप समर्पित कर दें, पश्चात् वे स्वयम् अपना हिताहित समझ कर सत्यार्थ का ग्रहण और मिथ्यार्थ का परित्याग करके सदा आनन्द में रहें।

मनुष्य का आत्मा सत्याऽसत्य का जानने वाला है तथापि अपने प्रयोजन की सिद्धि, हठ, दुराग्रह और अविद्यादि दोषों से सत्य को छोड़ असत्य में झुक जाता है। परन्तु इस ग्रन्थ में ऐसी बात नहीं रक्खी है और न किसी का मन दुखाना वा किसी की हानि पर तात्पर्य है, किन्तु जिससे मनुष्य जाति की उन्नति और उपकार हो, सत्याऽसत्य को मनुष्य लोग जान कर सत्य का ग्रहण और असत्य का परित्याग करें, क्योंकि सत्योपदेश के विना अन्य कोई भी मनुष्य जाति की उन्नति का कारण नहीं है।

इस ग्रन्थ में जो कहीं-कहीं भूल-चूक से अथवा शोधने तथा छापने में भूल-चूक रह जाय, उसको जानने जनाने पर जैसा वह सत्य होगा वैसा ही कर दिया जायेगा। और जो कोई पक्षपात से अन्यथा शङ्का वा खण्डन मण्डन करेगा, उस पर ध्यान न दिया जायेगा। हाँ, जो वह मनुष्यमात्र का हितैषी होकर कुछ जनावेगा उस को सत्य-सत्य समझने पर उसका मत संगृहीत होगा।

यद्यपि आजकल बहुत से विद्वान् प्रत्येक मतों में हैं, वे पक्षपात छोड़ सर्वतन्त्र सिद्धान्त अर्थात् जो-जो बातें सब के अनुकूल सब में सत्य हैं, उनका ग्रहण और जो एक दूसरे से विरुद्ध बातें हैं, उनका त्याग कर परस्पर प्रीति से वर्त्तें वर्त्तावें तो जगत् का पूर्ण हित होवे। क्योंकि विद्वानों के विरोध से अविद्वानों में विरोध बढ़ कर अनेकविध दुःख की वृद्धि और सुख की हानि होती है। इस हानि ने, जो कि स्वार्थी मनुष्यों को प्रिय है, सब मनुष्यों को दुःखसागर में डुबा दिया है।

इनमें से जो कोई सार्वजनिक हित लक्ष्य में धर प्रवृत्त होता है, उससे स्वार्थी लोग विरोध करने में तत्पर होकर अनेक प्रकार विघ्न करते हैं। परन्तु **'सत्यमेव जयति नानृतं सत्येन पन्था विततो देवयानः।'** अर्थात् सर्वदा सत्य का विजय और असत्य का पराजय और सत्य ही से विद्वानों का मार्ग विस्तृत होता है। इस दृढ़ निश्चय के आलम्बन से आप्त लोग परोपकार करने से उदासीन होकर कभी सत्यार्थप्रकाश करने से नहीं हटते।

यह बड़ा दृढ़ निश्चय है कि **'यत्तदग्रे विषमिव परिणामेऽमृतोपमम् ।'** यह गीता का वचन है। इसका अभिप्राय यह है कि जो-जो विद्या और धर्मप्राप्ति के कर्म हैं, वे प्रथम करने में विष के तुल्य और पश्चात् अमृत के सदृश होते हैं। ऐसी बातों को चित्त में धरके मैंने इस ग्रन्थ को रचा है। श्रोता वा पाठकगण भी प्रथम प्रेम से देख के इस ग्रन्थ का सत्य-सत्य तात्पर्य जान कर यथेष्ट करें।

इसमें यह अभिप्राय रक्खा गया है कि जो-जो सब मतों में सत्य-सत्य बातें हैं, वे वे सब में अविरुद्ध होने से उनका स्वीकार करके जो-जो मतमतान्तरों में मिथ्या बातें हैं, उन-उन का खण्डन किया है। इसमें यह भी अभिप्राय रक्खा है कि सब मतमतान्तरों की गुप्त वा प्रकट बुरी बातों का प्रकाश कर विद्वान् अविद्वान्

सब साधारण मनुष्यों के सामने रक्खा है, जिससे सब से सब का विचार होकर परस्पर प्रेमी हो के एक सत्य मतस्थ होवें।

यद्यपि मैं आर्यावर्त्त देश में उत्पन्न हुआ और वसता हूँ, तथापि जैसे इस देश के मतमतान्तरों की झूठी बातों का पक्षपात न कर याथातथ्य प्रकाश करता हूँ, वैसे ही दूसरे देशस्थ वा मत वालों के साथ भी वर्त्तता हूँ। **जैसा स्वदेश वालों के साथ मनुष्योन्नति के विषय में वर्त्तता हूँ, वैसा विदेशियों के साथ भी तथा सब सज्जनों को भी वर्त्तना योग्य है।** क्योंकि मैं भी जो किसी एक का पक्षपाती होता तो जैसे आजकल के स्वमत की स्तुति, मण्डन और प्रचार करते और दूसरे मत की निन्दा, हानि और बन्ध करने में तत्पर होते हैं, वैसे मैं भी होता, परन्तु ऐसी बातें मनुष्यपन से बाहर हैं। क्योंकि जैसे पशु बलवान् हो कर निर्बलों को दुःख देते और मार भी डालते हैं, जब मनुष्य शरीर पाके वैसा ही कर्म करते हैं तो वे मनुष्य स्वभावयुक्त नहीं, किन्तु पशुवत् हैं। और जो बलवान् होकर निर्बलों की रक्षा करता है वही मनुष्य कहाता है और जो स्वार्थवश होकर परहानिमात्र करता रहता है, वह जानो पशुओं का भी बड़ा भाई है।

अब आर्य्यावर्त्तीयों के विषय में विशेष कर ११ ग्यारहवें समुल्लास तक लिखा है। इन समुल्लासों में जो कि सत्यमत प्रकाशित किया है, वह वेदोक्त होने से मुझ को सर्वथा मन्तव्य है और जो नवीन पुराण तन्त्रादि ग्रन्थोक्त बातों का खण्डन किया है, वे त्यक्तव्य हैं।

यद्यपि जो १२ बारहवें समुल्लास में चारवाक का मत, इस समय क्षीणाऽस्त सा है और यह चारवाक बौद्ध जैन से बहुत सम्बन्ध अनीश्वरवादादि में रखता है। यह चारवाक सब से बड़ा नास्तिक है। उसकी चेष्टा का रोकना अवश्य है, क्योंकि जो मिथ्या बात न रोकी जाय तो संसार में बहुत से अनर्थ प्रवृत्त हो जायें।

चारवाक का जो मत है वह, बौद्ध और जैन का मत है, वह भी १२ बारहवें समुल्लास में संक्षेप से लिखा गया है। और बौद्धों तथा जैनियों का भी चारवाक के मत के साथ मेल है और कुछ थोड़ा सा विरोध भी है। और जैन भी बहुत से अंशों में चारवाक और बौद्धों के साथ मेल रखता है और थोड़ी सी बातों में भेद है, इसलिये जैनों की भिन्न शाखा गिनी जाती है। वह भेद १२ बारहवें समुल्लास में लिख दिया है यथायोग्य वहीं समझ लेना। जो इसका भिन्न है, सो-सो बारहवें समुल्लास में दिखलाया है। बौद्ध और जैन मत का विषय भी लिखा है।

इनमें से बौद्धों के दीपवंशादि प्राचीन ग्रन्थों में बौद्धमत संग्रह **'सर्वदर्शनसंग्रह'** में दिखलाया है, उस में से यहां लिखा है और जैनियों के निम्नलिखित सिद्धान्तों के पुस्तक हैं। उन में से—

४ चार मूलसूत्र, जैसे—१ आवश्यकसूत्र, २ विशेष आवश्यकसूत्र, ३ दशवैकालिकसूत्र, और ४ पाक्षिकसूत्र।

११ ग्यारह अंग, जैसे—१ आचारांगसूत्र, २ सुगडांगसूत्र, ३ थाणांगसूत्र, ४ समवायांगसूत्र, ५ भगवतीसूत्र, ६ ज्ञाताधर्मकथासूत्र, ७ उपासकदशासूत्र, ८ अन्तगड़दशासूत्र, ९ अनुत्तरोववाईसूत्र, १० विपाकसूत्र और ११ प्रश्नव्याकरणसूत्र।

१२ बारह उपांग, जैसे—१ उपवाईसूत्र, २ रावप्सेनीसूत्र, ३ जीवाभिगमसूत्र, ४ पन्नगणासूत्र, ५ जम्बुद्वीपपन्नतीसूत्र, ६ चन्दपन्नतीसूत्र, ७ सूरपन्नतीसूत्र, ८ निरियावलीसूत्र, ९ कप्पियासूत्र, १० कपवड़ीसयासूत्र, ११ पूप्पियासूत्र, १२ पुप्पचूलियासूत्र।

५ पाँच कल्पसूत्र, जैसे—१ उत्तराध्ययनसूत्र, २ निशीथसूत्र, ३ कल्पसूत्र, ४ व्यवहारसूत्र, और ५ जीतकल्पसूत्र।

६ छह छेद, जैसे—१ महानिशीथबृहद्वाचनासूत्र, २ महानिशीथलघुवाचनासूत्र, ३ मध्यमवाचनासूत्र, ४ पिण्डनिरुक्तिसूत्र, ५ औघनिरुक्तिसूत्र, ६ पर्य्यूषणासूत्र।

१० दश पयन्नासूत्र, जैसे—१ चतुस्सरणसूत्र, २ पञ्चखाणसूत्र, ३ तदुलवैयालिकसूत्र, ४ भक्तिपरिज्ञानसूत्र, ५ महाप्रत्याख्यानसूत्र, ६ चन्दाविजयसूत्र, ७ गणीविजयसूत्र, ८ मरणसमाधिसूत्र, ९ देवेन्द्रस्तवनसूत्र, और १०. संसारसूत्र तथा नन्दीसूत्र, योगोद्धारसूत्र भी प्रामाणिक मानते हैं।

५ पञ्चाङ्ग, जैसे—१ पूर्व सब ग्रन्थों की टीका, २ निरुक्ति, ३ चरणी, ४ भाष्य। ये चार अवयव और सब मिलके पञ्चाङ्ग कहाते हैं।

इनमें ढूंढिया अवयवों को नहीं मानते और इन से भिन्न भी अनेक ग्रन्थ हैं कि जिन को जैनी लोग मानते हैं। इन का विशेष मत पर विचार १२ बारहवें समुल्लास में देख लीजिए।

जैनियों के ग्रन्थों में लाखों पुनरुक्त दोष हैं और इनका यह भी स्वभाव है कि जो अपना ग्रन्थ दूसरे मतवाले के हाथ में हो वा छपा हो तो कोई-कोई उस ग्रन्थ को अप्रमाण कहते हैं, यह बात उन की मिथ्या है। क्योंकि जिस को कोई माने, कोई नहीं, इससे वह ग्रन्थ जैन मत से बाहर नहीं हो सकता। हाँ, जिस को कोई न माने और न कभी किसी जैनी ने माना हो, तब तो अग्राह्य हो सकता है। परन्तु ऐसा कोई ग्रन्थ नहीं है कि जिसको कोई भी जैनी न मानता हो। इसलिए जो जिस ग्रन्थ को मानता होगा उस ग्रन्थस्थ विषयक खण्डन मण्डन भी उसी के लिए समझा जाता है। परन्तु कितने ही ऐसे भी हैं कि उस ग्रन्थ को मानते जानते हों तो भी सभा वा संवाद में बदल जाते हैं। इसी हेतु से जैन लोग अपने ग्रन्थों को छिपा रखते हैं। दूसरे मतस्थ को न देते, न सुनाते और न पढ़ाते, इसलिए कि उन में ऐसी-ऐसी असम्भव बातें भरी हैं जिन का कोई भी उत्तर जैनियों में से नहीं दे सकता। झूठ बात का छोड़ देना ही उत्तर है।

१३वें समुल्लास में ईसाइयों का मत लिखा है। ये लोग बायबिल को अपना धर्म-पुस्तक मानते हैं। इन का विशेष समाचार उसी १३ तेरहवें समुल्लास में देखिए और १४ चौदहवें समुल्लास में मुसलमानों के मत-विषय में लिखा है। ये लोग कुरान को अपने मत का मूल पुस्तक मानते हैं। इनका भी विशेष व्यवहार १४वें समुल्लास में देखिए और इस के आगे वैदिकमत के विषय में लिखा है।

जो कोई इस ग्रन्थकर्त्ता के तात्पर्य से विरुद्ध मनसा से देखेगा उसको कुछ भी अभिप्राय विदित न होगा, क्योंकि वाक्यार्थबोध में चार कारण होते हैं—आकांक्षा, योग्यता, आसत्ति और तात्पर्य। जब इन चारों बातों पर ध्यान देकर, जो पुरुष ग्रन्थ को देखता है, तब उस को ग्रन्थ का अभिप्राय यथायोग्य विदित होता है—

'आकाङ्क्षा' किसी विषय पर वक्ता की और वाक्यस्थ पदों की आकांक्षा परस्पर होती है।

'योग्यता' वह कहाती है कि जिस से जो हो सके, जैसे जल से सींचना।

'आसत्ति' जिस पद के साथ जिसका सम्बन्ध हो, उसी के समीप उस पद को बोलना वा लिखना।

'तात्पर्य' जिस के लिए वक्ता ने शब्दोच्चारण वा लेख किया हो, उसी

के साथ उस वचन वा लेख को युक्त करना।

बहुत से हठी, दुराग्रही मनुष्य होते हैं कि जो वक्ता के अभिप्राय से विरुद्ध कल्पना किया करते हैं, विशेष कर मत वाले लोग। क्योंकि मत के आग्रह से उनकी बुद्धि अन्धकार में फँस के नष्ट हो जाती है। इसलिए जैसा मैं पुराण, जैनियों के ग्रन्थ, बायबिल और कुरान को प्रथम ही बुरी दृष्टि से न देखकर उन में से गुणों का ग्रहण और दोषों का त्याग तथा अन्य मनुष्य जाति की उन्नति के लिए प्रयत्न करता हूं, वैसा सबको करना योग्य है।

इन मतों के थोड़े-थोड़े ही दोष प्रकाशित किए हैं, जिनको देखकर मनुष्य लोग सत्याऽसत्य मत का निर्णय कर सकें और सत्य का ग्रहण और असत्य का त्याग करने कराने में समर्थ होवें, क्योंकि एक मनुष्य जाति में बहका कर, विरुद्ध बुद्धि कराके, एक दूसरे को शत्रु बना, लड़ा मारना विद्वानों के स्वभाव से बहिः है।

यद्यपि इस ग्रन्थ को देखकर अविद्वान् लोग अन्यथा ही विचारेंगे, तथापि बुद्धिमान् लोग यथायोग्य इस का अभिप्राय समझेंगे, इसलिये मैं अपने परिश्रम को सफल समझता और अपना अभिप्राय सब सज्जनों के सामने धरता हूँ।

इस को देख-दिखला के मेरे श्रम को सफल करें। और इसी प्रकार पक्षपात न करके सत्यार्थ का प्रकाश करके मुझ वा सब महाशयों का मुख्य कर्त्तव्य काम है।

सर्वात्मा सर्वान्तर्यामी सच्चिदानन्द परमात्मा अपनी कृपा से इस आशय को विस्तृत और चिरस्थायी करे।

॥ अलमतिविस्तरेण बुद्धिमद्वरशिरोमणिषु ॥
॥ इति भूमिका ॥

स्थान महाराणा जी का उदयपुर
भाद्रपद, शुक्लपक्ष संवत् १९३९

(स्वामी) दयानन्द सरस्वती

॥ ओ३म् ॥

अथ सत्यार्थप्रकाशः

ओ३म् शन्नो मित्रः शं वरुणः शन्नो भवत्वर्य्यमा ।
शन्नऽइन्द्रो बृहस्पतिः शन्नो विष्णुरुरुक्रमः ॥
नमो ब्रह्मणे नमस्ते वायो त्वमेव प्रत्यक्षं ब्रह्मासि । त्वामेव प्रत्यक्षं ब्रह्म वदिष्यामि ऋतं वदिष्यामि सत्यं वदिष्यामि तन्मामवतु तद्वक्तारमवतु। अवतु माम् अवतु वक्तारम् । ओ३म् शान्तिश्शान्तिश्शान्तिः ॥१॥

अर्थ—(ओ३म्) यह ओंकार शब्द परमेश्वर का सर्वोत्तम नाम है, क्योंकि इसमें जो अ, उ और म् तीन अक्षर मिलकर एक (ओ३म्) समुदाय हुआ है, इस एक नाम से परमेश्वर के बहुत नाम आते हैं जैसे—अकार से विराट्, अग्नि और विश्वादि। उकार से हिरण्यगर्भ, वायु और तैजसादि। मकार से ईश्वर, आदित्य और प्राज्ञादि नामों का वाचक और ग्राहक है। उसका ऐसा ही वेदादि सत्यशास्त्रों में स्पष्ट व्याख्यान किया है कि प्रकरणानुकूल ये सब नाम परमेश्वर ही के हैं।

(प्रश्न) परमेश्वर से भिन्न अर्थों के वाचक विराट् आदि नाम क्यों नहीं? ब्रह्माण्ड, पृथिवी आदि भूत, इन्द्रादि देवता और वैद्यकशास्त्र में शुण्ठ्यादि ओषधियों के भी ये नाम हैं, वा नहीं ?

(उत्तर) हैं, परन्तु परमात्मा के भी हैं।

(प्रश्न) केवल देवों का ग्रहण इन नामों से करते हो वा नहीं?

(उत्तर) आपके ग्रहण करने में क्या प्रमाण है?

(प्रश्न) देव सब प्रसिद्ध और वे उत्तम भी हैं, इससे मैं उनका ग्रहण करता हूँ।

(उत्तर) क्या परमेश्वर अप्रसिद्ध और उससे कोई उत्तम भी है? पुनः ये नाम परमेश्वर के भी क्यों नहीं मानते? जब परमेश्वर अप्रसिद्ध और उसके तुल्य भी कोई नहीं तो उससे उत्तम कोई क्योंकर हो सकेगा। इससे आपका यह कहना सत्य नहीं। क्योंकि आपके इस कहने में बहुत से दोष भी आते हैं, जैसे—**'उपस्थितं परित्यज्याऽनुपस्थितं याचत इति बाधितन्यायः'** किसी ने किसी के लिए भोजन का पदार्थ रख के कहा कि आप भोजन कीजिए और वह जो उसको छोड़ के अप्राप्त भोजन के लिए जहाँ-तहाँ भ्रमण करे उसको बुद्धिमान् न जानना चाहिए, क्योंकि वह उपस्थित नाम समीप प्राप्त हुए पदार्थ को छोड़ के अनुपस्थित अर्थात् अप्राप्त पदार्थ की प्राप्ति के लिए श्रम करता है। इसलिए जैसा वह पुरुष बुद्धिमान् नहीं वैसा ही आपका कथन हुआ। क्योंकि आप उन विराट् आदि नामों के जो प्रसिद्ध प्रमाणसिद्ध परमेश्वर और ब्रह्माण्डादि उपस्थित अर्थों का परित्याग करके असम्भव और अनुपस्थित देवादि के ग्रहण में श्रम करते हैं, इसमें कोई भी प्रमाण वा युक्ति नहीं। जो आप ऐसा कहें कि जहाँ जिस का प्रकरण है वहाँ उसी का ग्रहण करना योग्य है जैसे किसी ने किसी से कहा कि 'हे भृत्य ! त्वं सैन्धवमानय' अर्थात् तू सैन्धव को ले आ। तब उस को समय अर्थात् प्रकरण का विचार करना

अवश्य है, क्योंकि सैन्धव नाम दो पदार्थों का है; एक घोड़े और दूसरा लवण का। जो स्वस्वामी का गमन समय हो तो घोड़े और भोजन का काल हो तो लवण को ले आना उचित है और जो गमन समय में लवण और भोजन-समय में घोड़े को ले आवे तो उसका स्वामी उस पर क्रुद्ध होकर कहेगा कि तू निर्बुद्धि पुरुष है। गमनसमय में लवण और भोजनकाल में घोड़े के लाने का क्या प्रयोजन था? तू प्रकरणवित् नहीं है, नहीं तो जिस समय में जिसको लाना चाहिए था उसी को लाता। जो तुझ को प्रकरण का विचार करना आवश्यक था वह तूने नहीं किया, इस से तू मूर्ख है, मेरे पास से चला जा। इससे क्या सिद्ध हुआ कि जहाँ जिसका ग्रहण करना उचित हो वहाँ उसी अर्थ का ग्रहण करना चाहिए तो ऐसा ही हम और आप सब लोगों को मानना और करना भी चाहिए।

अथ मन्त्रार्थः

ओं खम्ब्रह्म ॥१॥ यजुः अ० ४० । मं० १७

देखिए वेदों में ऐसे-ऐसे प्रकरणों में 'ओम्' आदि परमेश्वर के नाम हैं।

ओमित्येतदक्षरमुद्गीथमुपासीत॥ २॥ —छान्दोग्य उपनिषत् ।

ओमित्येतदक्षरमिदꣳ सर्वं तस्योपव्याख्यानम्॥ ३॥—माण्डूक्य।

सर्वे वेदा यत्पदमामनन्ति तपांसि सर्वाणि च यद्वदन्ति ।
यदिच्छन्तो ब्रह्मचर्यं चरन्ति तत्ते पदं संग्रहेण ब्रवीम्योमित्येतत्॥ ४॥

—कठोपनिषत्, वल्ली २। मं० १५॥

प्रशासितारं सर्वेषामणीयांसमणोरपि ।
रुक्माभं स्वप्नधीगम्यं विद्यात्तं पुरुषं परम्॥ ५॥
एतमग्निं वदन्त्येके मनुमन्ये प्रजापतिम् ।
इन्द्रमेके परे प्राणमपरे ब्रह्म शाश्वतम्॥ ६॥

—मनुस्मृति अध्याय १२। श्लोक १२२, १२३।

स ब्रह्मा स विष्णुः स रुद्रस्स शिवस्सोऽक्षरस्स परमः स्वराट्।
स इन्द्रस्स कालाग्निस्स चन्द्रमाः॥ ७॥ —कैवल्य उपनिषत्।

इन्द्रं मित्रं वरुणमग्निमाहुरथो दिव्यस्स सुपर्णो गरुत्मान् ।
एकं सद्विप्रा बहुधा वदन्त्यग्निं यमं मातरिश्वानमाहुः ॥८॥

—ऋग्वेद मं० १। सूक्त १६४। मन्त्र ४६॥

भूरसि भूमिरस्यदितिरसि विश्वधाया विश्वस्य भुवनस्य धर्त्री ।
पृथिवीं यच्छ पृथिवीं दृꣳह पृथिवीं मा हिꣳसीः ॥९॥

—यजुर्वेद अध्याय १३। मन्त्र १८॥

१ २ ३ १र २र ३ २ ३ २ ३ १ २
इन्द्रो मह्ना रोदसी पप्रथच्छव इन्द्रः सूर्य्यमरोचयत् ।
१ २ ३ २ ३ १ २ ३ १ २ ३ २ ३ १ २
इन्द्रे ह विश्वा भुवनानि येमिर इन्द्रे स्वानास इन्दवः ॥१०॥

—सामवेद प्रपाठक ७। त्रिक ८। मन्त्र २॥

प्राणाय नमो यस्य सर्वमिदं वशे।
यो भूतः सर्वस्येश्वरो यस्मिन्त्सर्वं प्रतिष्ठितम् ॥११॥

—अथर्ववेद काण्ड ११। प्रपाठक २४। अ० २। मन्त्र ८॥

अर्थ—यहाँ इन प्रमाणों के लिखने में तात्पर्य यही है कि जो ऐसे-ऐसे प्रमाणों में ओङ्कारादि नामों से परमात्मा का ग्रहण होता है लिख आये तथा परमेश्वर का कोई भी नाम अनर्थक नहीं, जैसे लोक में दरिद्री आदि के धनपति आदि नाम होते हैं। इससे यह सिद्ध हुआ कि कहीं गौणिक, कहीं कार्मिक और कहीं स्वाभाविक अर्थों के वाचक हैं।

'ओम्' आदि नाम सार्थक हैं—जैसे (**ओं खं०**) **'अवतीत्योम्, आकाशमिव व्यापकत्वात् खम्, सर्वेभ्यो बृहत्वाद् ब्रह्म'** रक्षा करने से (**ओम्**), आकाशवत् व्यापक होने से (**खम्**), सब से बड़ा होने से ईश्वर का नाम (**ब्रह्म**) है॥ १॥

(**ओ३म्**) जिसका नाम है और जो कभी नष्ट नहीं होता, उसी की उपासना करनी योग्य है, अन्य की नहीं॥ २॥

(**ओमित्येत०**) सब वेदादि शास्त्रों में परमेश्वर का प्रधान और निज नाम **'ओ३म्'** को कहा है, अन्य सब गौणिक नाम हैं॥ ३॥

(**सर्वे वेदा०**) क्योंकि सब वेद सब धर्मानुष्ठानरूप तपश्चरण जिसका कथन और मान्य करते और जिसकी प्राप्ति की इच्छा करके ब्रह्मचर्य्याश्रम करते हैं, उसका नाम **'ओ३म्'** है॥ ४॥

(**प्रशासिता०**) जो सब को शिक्षा देनेहारा, सूक्ष्म से सूक्ष्म, स्वप्रकाशस्वरूप, समाधिस्थ बुद्धि से जानने योग्य है, उसको परम पुरुष जानना चाहिए॥ ५॥

और स्वप्रकाश होने से **'अग्नि'** विज्ञानस्वरूप होने से **'मनु'** और सब का पालन करने से **'प्रजापति'** और परमैश्वर्य्यवान् होने से **'इन्द्र'** सब का जीवनमूल होने से **'प्राण'** और निरन्तर व्यापक होने से परमेश्वर का नाम **'ब्रह्म'** है॥ ६॥

(**स ब्रह्मा स विष्णुः०**) सब जगत् के बनाने से **'ब्रह्मा'**, सर्वत्र व्यापक होने से **'विष्णु'**, दुष्टों को दण्ड देके रुलाने से **'रुद्र'**, मङ्गलमय और सब का कल्याणकर्त्ता होने से **'शिव'**, **'यः सर्वमश्नुते न क्षरति न विनश्यति तदक्षरम्' 'यः स्वयं राजते स स्वराट्' 'योऽग्निरिव कालः कलयिता प्रलयकर्त्ता स कालाग्निरीश्वरः'** (**अक्षर**) जो सर्वत्र व्याप्त अविनाशी, (**स्वराट्**) स्वयं प्रकाशस्वरूप और (**कालाग्नि०**) प्रलय में सब का काल और काल का भी काल है, इसलिए परमेश्वर का नाम **'कालाग्नि'** है॥ ७॥

(**इन्द्रं मित्रं**) जो एक अद्वितीय सत्यब्रह्म वस्तु है, उसी के इन्द्रादि सब नाम हैं। **'द्युषु शुद्धेषु पदार्थेषु भवो दिव्यः'**, **'शोभनानि पर्णानि पालनानि पूर्णानि कर्माणि वा यस्य सः'**, **'यो गुर्वात्मा स गरुत्मान्'**, **'यो मातरिश्वा वायुरिव बलवान् स मातरिश्वा'**, (**दिव्य**) जो प्रकृत्यादि दिव्य पदार्थों में व्याप्त, (**सुपर्ण**) जिसके उत्तम पालन और पूर्ण कर्म हैं, (**गरुत्मान्**) जिसका आत्मा अर्थात् स्वरूप महान् है, (**मातरिश्वा**) जो वायु के समान अनन्त बलवान् है, इसलिए परमात्मा के **'दिव्य'**, **'सुपर्ण'**, **'गरुत्मान्'** और **'मातरिश्वा'** ये नाम हैं। शेष नामों का अर्थ आगे लिखेंगे॥८॥

(**भूमिरसि०**) **'भवन्ति भूतानि यस्यां सा भूमिः'** जिसमें सब भूत प्राणी

होते हैं, इसलिए ईश्वर का नाम 'भूमि' है। शेष नामों का अर्थ आगे लिखेंगे॥ ९॥

(इन्द्रो मह्ला०) इस मन्त्र में 'इन्द्र' परमेश्वर ही का नाम है, इसलिए यह प्रमाण लिखा है॥१०॥

(प्राणाय) जैसे प्राण के वश सब शरीर इन्द्रियाँ होती हैं वैसे परमेश्वर के वश में सब जगत् रहता है॥ ११॥

इत्यादि प्रमाणों के ठीक-ठीक अर्थों के जानने से इन नामों करके परमेश्वर ही का ग्रहण होता है। क्योंकि **'ओ३म्'** और अग्न्यादि नामों के मुख्य अर्थ से परमेश्वर ही का ग्रहण होता है। जैसा कि व्याकरण, निरुक्त, ब्राह्मण, सूत्रादि ऋषि मुनियों के व्याख्यानों से परमेश्वर का ग्रहण देखने में आता है, वैसा ग्रहण करना सब को योग्य है, परन्तु **'ओ३म्'** यह तो केवल परमात्मा ही का नाम है और अग्नि आदि नामों से परमेश्वर के ग्रहण में प्रकरण और विशेषण नियमकारक हैं। इससे क्या सिद्ध हुआ कि जहाँ-जहाँ स्तुति, प्रार्थना, उपासना, सर्वज्ञ, व्यापक, शुद्ध, सनातन और सृष्टिकर्त्ता आदि विशेषण लिखे हैं वहीं-वहीं इन नामों से परमेश्वर का ग्रहण होता है। और जहाँ-जहाँ ऐसे प्रकरण हैं कि-

ततो॑ विरा॒ड॑जायत वि॒राजो॒ अधि॒पूरु॑षः ।
श्रोत्रा॑द्वा॒युश्च॑ प्रा॒णश्च॒ मुखा॑द॒ग्निर॑जायत ॥
तेन॑ दे॒वा अ॑यजन्त । प॒श्चाद्भूमि॑मथो॑ पु॒रः ॥　　यजुः अ० ३१

तस्माद्वा एतस्मादात्मन आकाशः सम्भूतः। आकाशाद्वायुः। वायोरग्निः। अग्नेरापः। अद्भ्यः पृथिवी। पृथिव्या ओषधयः। ओषधिभ्योऽन्नम्। अन्नाद्रेतः। रेतसः पुरुषः। स वा एष पुरुषोऽन्नरसमयः।　　-यह तैत्तिरीयोपनिषद् का वचन है।

ऐसे प्रमाणों में विराट्, पुरुष, देव, आकाश, वायु, अग्नि, जल, भूमि आदि नाम लौकिक पदार्थों के होते हैं, क्योंकि जहाँ-जहाँ उत्पत्ति, स्थिति, प्रलय, अल्पज्ञ, जड़, दृश्य आदि विशेषण भी लिखे हों, वहाँ-वहाँ परमेश्वर का ग्रहण नहीं होता। वह उत्पत्ति आदि व्यवहारों से पृथक् हैं और उपरोक्त मन्त्रों में उत्पत्ति आदि व्यवहार हैं, इसी से यहाँ विराट् आदि नामों से परमात्मा का ग्रहण न हो के संसारी पदार्थों का ग्रहण होता है। किन्तु जहाँ-जहाँ सर्वज्ञादि विशेषण हों, वहीं-वहीं परमात्मा और जहाँ-जहाँ इच्छा, द्वेष, प्रयत्न, सुख, दुःख और अल्पज्ञादि विशेषण हों, वहाँ-वहाँ जीव का ग्रहण होता है, ऐसा सर्वत्र समझना चाहिए। क्योंकि परमेश्वर का जन्म-मरण कभी नहीं होता, इससे विराट् आदि नाम और जन्मादि विशेषणों से जगत् के जड़ और जीवादि पदार्थों का ग्रहण करना उचित है, परमेश्वर का नहीं। अब जिस प्रकार विराट् आदि नामों से परमेश्वर का ग्रहण होता है, वह प्रकार नीचे लिखे प्रमाणे जानो।

अथ ओङ्कारार्थः

१.　'वि' उपसर्गपूर्वक **(राजृ दीप्तौ)** इस धातु से क्विप् प्रत्यय करने से 'विराट्' शब्द सिद्ध होता है। **'यो विविधं नाम चराऽचरं जगद्राजयति प्रकाशयति स विराट्'** विविध अर्थात् जो बहु प्रकार के जगत् को प्रकाशित करे, इससे **'विराट्'** नाम से परमेश्वर का ग्रहण होता है।

२.　**(अञ्चु गतिपूजनयोः)(अग, अगि, इण् गत्यर्थक)** धातु हैं, इनसे 'अग्नि'

शब्द सिद्ध होता है। **'गतेस्त्रयोऽर्थाः ज्ञानं गमनं प्राप्तिश्चेति, पूजनं नाम सत्कारः।' 'योऽञ्चति, अच्यतेऽगत्यङ्क्त्येति सोऽयमग्निः'** जो ज्ञानस्वरूप, सर्वज्ञ, जानने, प्राप्त होने और पूजा करने योग्य है, इससे उस परमेश्वर का नाम **'अग्नि'** है।

३. **(विश प्रवेशने)** इस धातु से **'विश्व'** शब्द सिद्ध होता है। **'विशन्ति प्रविष्टानि सर्वाण्याकाशादीनि भूतानि यस्मिन् । यो वाऽऽकाशादिषु सर्वेषु भूतेषु प्रविष्टः स विश्व ईश्वरः'** जिस में आकाशादि सब भूत प्रवेश कर रहे हैं अथवा जो इन में व्याप्त होके प्रविष्ट हो रहा है, इसलिए उस परमेश्वर का नाम **'विश्व'** है, इत्यादि नामों का ग्रहण अकारमात्र से होता है।

४. **'ज्योतिर्वै हिरण्यं, तेजो वै हिरण्यमित्यैतरेयशतपथब्राह्मणे' 'यो हिरण्यानां सूर्यादीनां तेजसां गर्भ उत्पत्तिनिमित्तमधिकरणं स हिरण्यगर्भः'** जिसमें सूर्य्यादि तेज वाले लोक उत्पन्न होके जिसके आधार रहते हैं अथवा जो सूर्यादि तेजःस्वरूप पदार्थों का गर्भ नाम, (उत्पत्ति) और निवासस्थान है, इससे उस परमेश्वर का नाम **'हिरण्यगर्भ'** है। इसमें यजुर्वेद के मन्त्र का प्रमाण—

हिरण्यगर्भः समवर्त्तताग्रे भूतस्य जातः पतिरेक आसीत् ।
स दाधार पृथिवीं द्यामुतेमां कस्मै देवाय हविषा विधेम ॥

इत्यादि स्थलों में 'हिरण्यगर्भ' से परमेश्वर ही का ग्रहण होता है।

५. **(वा गतिगन्धनयोः)** इस धातु से 'वायु' शब्द सिद्ध होता है। **(गन्धनं हिंसनम्) 'यो वाति चराऽचरञ्जगद्धरति बलिनां बलिष्ठः स वायुः'** जो चराऽचर जगत् का धारण, जीवन और प्रलय करता और सब बलवानों से बलवान् है, इससे उस ईश्वर का नाम **'वायु'** है।

६. **(तिज निशाने)** इस धातु से 'तेजः' और इससे तद्धित करने से 'तैजस' शब्द सिद्ध होता है। जो आप स्वयंप्रकाश और सूर्य्यादि तेजस्वी लोकों का प्रकाश करने वाला है, इससे ईश्वर का नाम **'तैजस'** है। इत्यादि नामार्थ उकारमात्र से ग्रहण होते हैं।

७. **(ईश ऐश्वर्ये)** इस धातु से 'ईश्वर' शब्द सिद्ध होता है। **'य ईष्टे सर्वैश्वर्यवान् वर्त्तते स ईश्वरः'** जिस का सत्य विचारशील ज्ञान और अनन्त ऐश्वर्य है, इससे उस परमात्मा का नाम **'ईश्वर'** है।

८, ९. **(दो अवखण्डने)** इस धातु से 'अदिति' और इससे तद्धित करने से 'आदित्य' शब्द सिद्ध होता है। **'न विद्यते विनाशो यस्य सोऽयमदितिः, अदितिरेव आदित्यः'** जिसका विनाश कभी न हो उसी ईश्वर की **'आदित्य'** संज्ञा है।

१०,११. **(ज्ञा अवबोधने)** 'प्र' पूर्वक इस धातु से 'प्रज्ञ' और इससे तद्धित करने से 'प्राज्ञ' शब्द सिद्ध होता है। **'यः प्रकृष्टतया चराऽचरस्य जगतो व्यवहारं जानाति स प्रज्ञः, प्रज्ञ एव प्राज्ञः'** जो निर्भ्रान्त ज्ञानयुक्त सब चराऽचर जगत् के व्यवहार को यथावत् जानता है, इससे ईश्वर का नाम **'प्राज्ञ'** है। इत्यादि नामार्थ मकार से गृहीत होते हैं। जैसे एक-एक मात्रा से तीन-तीन अर्थ यहाँ व्याख्यात किये हैं वैसे ही अन्य नामार्थ भी ओङ्कार से जाने जाते हैं।

जो **(शन्नो मित्रः शं व०)** इस मन्त्र में मित्रादि नाम हैं वे भी परमेश्वर के हैं, क्योंकि स्तुति, प्रार्थना, उपासना श्रेष्ठ ही की की जाती है। श्रेष्ठ उसको कहते हैं जो अपने गुण, कर्म्म, स्वभाव और सत्य-सत्य व्यवहारों में सब से अधिक हो।

उन सब श्रेष्ठों में भी जो अत्यन्त श्रेष्ठ उस को परमेश्वर कहते हैं। जिस के तुल्य न कोई हुआ, न है और न होगा। जब तुल्य नहीं तो उससे अधिक क्योंकर हो सकता है? जैसे परमेश्वर के सत्य, न्याय, दया, सर्वसामर्थ्य और सर्वज्ञत्वादि अनन्त गुण हैं, वैसे अन्य किसी जड़ पदार्थ वा जीव के नहीं हैं। जो पदार्थ सत्य है, उस के गुण, कर्म्म, स्वभाव भी सत्य ही होते हैं। इसलिये सब मनुष्यों को योग्य है कि परमेश्वर ही की स्तुति, प्रार्थना और उपासना करें, उससे भिन्न की कभी न करें। क्योंकि ब्रह्मा, विष्णु, महादेव नामक पूर्वज महाशय विद्वान्, दैत्य दानवादि निकृष्ट मनुष्य और अन्य साधारण मनुष्यों ने भी परमेश्वर ही में विश्वास करके उसी की स्तुति, प्रार्थना और उपासना करी, उससे भिन्न की नहीं की। वैसे हम सब को करना योग्य है। इस का विशेष विचार मुक्ति और उपासना के विषय में किया जायगा।

(प्रश्न) मित्रादि नामों से सखा और इन्द्रादि देवों के प्रसिद्ध व्यवहार देखने से उन्हीं का ग्रहण करना चाहिए।

(उत्तर) यहाँ उन का ग्रहण करना योग्य नहीं, क्योंकि जो मनुष्य किसी का मित्र है, वही अन्य का शत्रु और किसी से उदासीन भी देखने में आता है। इससे मुख्यार्थ में सखा आदि का ग्रहण नहीं हो सकता, किन्तु जैसा परमेश्वर सब जगत् का निश्चित मित्र, न किसी का शत्रु और न किसी से उदासीन है, इस से भिन्न कोई भी जीव इस प्रकार का कभी नहीं हो सकता। इसलिये परमात्मा ही का ग्रहण यहाँ होता है। हाँ, गौण अर्थ में मित्रादि शब्द से सुहृदादि मनुष्यों का ग्रहण होता है।

१२. **(ञिमिदा स्नेहने)** इस धातु से औणादिक '**क्त्र**' प्रत्यय के होने से 'मित्र' शब्द सिद्ध होता है। **'मेद्यति, स्निह्यति स्निह्यते वा स मित्रः'** जो सब से स्नेह करके और सब को प्रीति करने योग्य है, इस से उस परमेश्वर का नाम **'मित्र'** है।

१३. **(वृञ् वरणे, वर ईप्सायाम्)** इन धातुओं से उणादि 'उनन्' प्रत्यय होने से 'वरुण' शब्द सिद्ध होता है। **'यः सर्वान् शिष्टान् मुमुक्षून्धर्मात्मनो वृणोत्यथवा यः शिष्टैर्मुमुक्षुभिर्धर्मात्मभिर्व्रियते वर्य्यते वा स वरुणः परमेश्वरः'** जो आत्मयोगी, विद्वान्, मुक्ति की इच्छा करने वाले मुक्त और धर्मात्माओं का स्वीकारकर्त्ता, अथवा जो शिष्ट मुमुक्षु मुक्त और धर्मात्माओं से ग्रहण किया जाता है वह ईश्वर 'वरुण' संज्ञक है। अथवा 'वरुणो नाम वरः श्रेष्ठः' जिसलिए परमेश्वर सब से श्रेष्ठ है, इसीलिए उस का नाम **'वरुण'** है।

१४. **(ऋ गतिप्रापणयोः)** इस धातु से 'यत्' प्रत्यय करने से 'अर्य्य' शब्द सिद्ध होता है और 'अर्य्य' पूर्वक (माङ् माने) इस धातु से 'कनिन्' प्रत्यय होने से 'अर्य्यमा' शब्द सिद्ध होता है। **'योऽर्य्यान् स्वामिनो न्यायाधीशान् मिमीते मान्यान् करोति सोऽर्यमा'** जो सत्य न्याय के करनेहारे मनुष्यों का मान्य और पाप तथा पुण्य करने वालों को पाप और पुण्य के फलों का यथावत् सत्य-सत्य नियमकर्ता है, इसी से उस परमेश्वर का नाम **'अर्य्यमा'** है।

१५. **(इदि परमैश्वर्ये)** इस धातु से 'रन्' प्रत्यय करने से 'इन्द्र' शब्द सिद्ध होता है। **'य इन्दति परमैश्वर्यवान् भवति स इन्द्रः परमेश्वरः'** जो अखिल ऐश्वर्ययुक्त है, इस से उस परमात्मा का नाम **'इन्द्र'** है।

१६. 'बृहत्' शब्दपूर्वक **(पा रक्षणे)** इस धातु से 'डति' प्रत्यय, बृहत् के तकार का लोप और सुडागम होने से **'बृहस्पति'** शब्द सिद्ध होता है। **'यो बृहतामाकाशादीनां पतिः स्वामी पालयिता स बृहस्पतिः'** जो बड़ों से भी बड़ा और बड़े आकाशादि ब्रह्माण्डों का स्वामी है, इस से उस परमेश्वर का नाम **'बृहस्पति'** है।

१७. **(विष्लृ व्याप्तौ)** इस धातु से 'नु' प्रत्यय होकर 'विष्णु' शब्द सिद्ध हुआ है। **'वेवेष्टि व्याप्नोति चराऽचरं जगत् स विष्णुः'** चर और अचररूप जगत् में व्यापक होने से परमात्मा का नाम **'विष्णु'** है।

१८. **'उरुर्महान् क्रमः पराक्रमो यस्य स उरुक्रमः'** अनन्त पराक्रमयुक्त होने से परमात्मा का नाम **'उरुक्रम'** है। जो परमात्मा (उरुक्रमः) महापराक्रमयुक्त (मित्रः) सब का सुहृत् अविरोधी है, वह (शम्) सुखकारक, वह (वरुणः) सर्वोत्तम (शम्) सुखस्वरूप, वह (अर्यमा) (शम्) सुखप्रचारक, वह (इन्द्रः) (शम्) सकल ऐश्वर्यदायक, वह (बृहस्पतिः) सब का अधिष्ठाता (शम्) विद्याप्रद और (विष्णुः) जो सब में व्यापक परमेश्वर है, वह (नः) हमारा कल्याणकारक (भवतु) हो।

१९. **(वायो ते ब्रह्मणे नमोऽस्तु)** **(बृह बृहि वृद्धौ)** इन धातुओं से **'ब्रह्म'** शब्द सिद्ध हुआ है। जो सब के ऊपर विराजमान, सब से बड़ा, अनन्तबलयुक्त परमात्मा है, उस ब्रह्म को हम नमस्कार करते हैं। हे परमेश्वर ! **(त्वमेव प्रत्यक्षं ब्रह्मासि)** आप ही अन्तर्यामिरूप से प्रत्यक्ष ब्रह्म हो **(त्वामेव प्रत्यक्षं ब्रह्म वदिष्यामि)** मैं आप ही को प्रत्यक्ष ब्रह्म कहूँगा, क्योंकि आप सब जगह में व्याप्त होके सब को नित्य ही प्राप्त हैं **(ऋतं वदिष्यामि)** जो आपकी वेदस्थ यथार्थ आज्ञा है उसी को मैं सब के लिए उपदेश और आचरण भी करूँगा, **(सत्यं वदिष्यामि)** सत्य बोलूँ, सत्य मानूं और सत्य ही करूँगा **(तन्मामवतु)** सो आप मेरी रक्षा कीजिए **(तद्वक्तारमवतु)** सो आप मुझ आप्त सत्यवक्ता की रक्षा कीजिए कि जिस से आप की आज्ञा में मेरी बुद्धि स्थिर होकर, विरुद्ध कभी न हो। क्योंकि जो आपकी आज्ञा है, वही धर्म और जो विरुद्ध, वही अधर्म है। **'अवतु मामवतु वक्तारम्'** यह दूसरी वार पाठ अधिकार्थ के लिये है। जैसे 'कश्चित् कञ्चित् प्रति वदति त्वं ग्रामं गच्छ गच्छ' इसमें दो वार क्रिया के उच्चारण से तू शीघ्र ही ग्राम को जा ऐसा सिद्ध होता है। ऐसे ही यहाँ कि आप मेरी अवश्य रक्षा करो अर्थात् धर्म में सुनिश्चित और अधर्म से घृणा सदा करूँ, ऐसी कृपा मुझ पर कीजिए। मैं आपका बड़ा उपकार मानूँगा।

(ओ३म् शान्तिः शान्तिः शान्तिः) इस में तीन वार शान्तिपाठ का यह प्रयोजन है कि त्रिविध ताप अर्थात् इस संसार में तीन प्रकार के दुःख हैं—एक **'आध्यात्मिक'** जो आत्मा शरीर में अविद्या, राग, द्वेष, मूर्खता और ज्वर पीड़ादि होते हैं। दूसरा **'आधिभौतिक'** जो शत्रु, व्याघ्र और सर्पादि से प्राप्त होता है। तीसरा **'आधिदैविक'** अर्थात् जो अतिवृष्टि, अतिशीत, अति उष्णता, मन और इन्द्रियों की अशान्ति से होता है। इन तीन प्रकार के क्लेशों से आप हम लोगों को दूर करके कल्याणकारक कर्मों में सदा प्रवृत्त रखिए। क्योंकि आप ही कल्याणस्वरूप, सब संसार के कल्याणकर्त्ता और धार्मिक मुमुक्षुओं को कल्याण के दाता हैं। इसलिए आप स्वयम् अपनी करुणा से सब जीवों के हृदय में प्रकाशित हूजिए कि जिस से सब जीव धर्म का आचरण और अधर्म को छोड़के परमानन्द को प्राप्त हों और दुःखों से पृथक् रहैं ।

'सूर्य्य आत्मा जगतस्तस्थुषश्च'

२०. इस यजुर्वेद के वचन से जो जगत् नाम प्राणी, चेतन और जंगम अर्थात् जो चलते-फिरते हैं, **'तस्थुषः'** अप्राणी अर्थात् **स्थावर जड़** अर्थात् **पृथिवी** आदि हैं, उन सब के आत्मा होने और स्वप्रकाशरूप सब के प्रकाश करने से परमेश्वर का नाम **'सूर्य्य'** है।

२१, २२. (अत सातत्यगमने) इस धातु से 'आत्मा' शब्द सिद्ध होता है। **'योऽतति व्याप्नोति स आत्मा'** जो सब जीवादि जगत् में निरन्तर व्यापक हो रहा है। **'परश्चासावात्मा च य आत्मभ्यो जीवेभ्यः सूक्ष्मेभ्यः परोऽतिसूक्ष्मः स परमात्मा'** जो सब जीव आदि से उत्कृष्ट और जीव, प्रकृति तथा आकाश से भी अतिसूक्ष्म और सब जीवों का अन्तर्यामी आत्मा है, इस से ईश्वर का नाम **'परमात्मा'** है।

२३. सामर्थ्यवाले का नाम ईश्वर है। **'य ईश्वरेषु समर्थेषु परमः श्रेष्ठः स परमेश्वरः'** जो ईश्वरों अर्थात् समर्थों में समर्थ, जिस के तुल्य कोई भी न हो, उस का नाम **'परमेश्वर'** है।

२४. **(षुञ् अभिषवे, षूङ् प्राणिगर्भविमोचने)** इन धातुओं से 'सविता' शब्द सिद्ध होता है। **'अभिषवः प्राणिगर्भविमोचनं चोत्पादनम्। यश्चराचरं जगत् सुनोति सूते वोत्पादयति स सविता परमेश्वरः'** जो सब जगत् की उत्पत्ति करता है, इसलिए परमेश्वर का नाम **'सविता'** है।

२५. **(दिवु क्रीडाविजिगीषाव्यवहारद्युतिस्तुतिमोदमदस्वप्नकान्तिगतिषु)** इस धातु से 'देव' शब्द सिद्ध होता है। (क्रीडा) जो शुद्ध जगत् को क्रीडा कराने (विजिगीषा) धार्मिकों को जिताने की इच्छायुक्त (व्यवहार) सब चेष्टा के साधनोप-साधनों का दाता (द्युति) स्वयंप्रकाशस्वरूप, सब का प्रकाशक (स्तुति) प्रशंसा के योग्य (मोद) आप आनन्दस्वरूप और दूसरों को आनन्द देनेहारा (मद) मदोन्मत्तों का ताड़नेहारा (स्वप्न) सब के शयनार्थ रात्रि और प्रलय का करनेहारा (कान्ति) कामना के योग्य और (गति) ज्ञानस्वरूप है, इसलिये उस परमेश्वर का नाम 'देव' है। अथवा **'यो दीव्यति क्रीडति स देवः'** जो अपने स्वरूप में आनन्द से आप ही क्रीडा करे अथवा किसी के सहाय के विना क्रीडावत् सहज स्वभाव से सब जगत् को बनाता वा सब क्रीडाओं का आधार है। **'विजिगीषते स देवः'** जो सब का जीतनेहारा, स्वयम् अजेय अर्थात् जिस को कोई भी न जीत सके। **'व्यवहारयति स देवः'** जो न्याय और अन्यायरूप व्यवहारों का जनाने और उपदेष्टा।' **'यश्चराचरं जगत् द्योतयति'** जो सब का प्रकाशक। **'यः स्तूयते स देवः'** जो सब मनुष्यों को प्रशंसा के योग्य और निन्दा के योग्य न हो। **'यो मोदयति स देवः'** जो स्वयम् आनन्दस्वरूप और दूसरों को आनन्द कराता, जिस को दुःख का लेश भी न हो। **'यो माद्यति स देवः'** जो सदा हर्षित, शोक रहित और दूसरों को हर्षित करने और दुःखों से पृथक् रखनेवाला। **'यः स्वापयति स देवः'** जो प्रलय समय अव्यक्त में सब जीवों को सुलाता। **'यः कामयते काम्यते वा स देवः'** जिस के सब सत्य काम और जिस की प्राप्ति की कामना सब शिष्ट करते हैं। **'यो गच्छति गम्यते वा स देवः'** जो सब में व्याप्त और जानने के योग्य है, इस से उस परमेश्वर का नाम **'देव'** है।

२६. **(कुबि आच्छादने)** इस धातु से 'कुबेर' शब्द सिद्ध होता है। **'यः सर्वं**

कुम्बति स्वव्याप्त्याच्छादयति स कुबेरो जगदीश्वरः' जो अपनी व्याप्ति से सब का आच्छादन करे, इस से उस परमेश्वर का नाम **'कुबेर'** है।

२७. **(पृथु विस्तारे)** इस धातु से 'पृथिवी' शब्द सिद्ध होता है।' **'यः पर्थति सर्वं जगद्विस्तृणाति तस्मात् स पृथिवी'** जो सब विस्तृत जगत् का विस्तार करने वाला है, इसलिए उस ईश्वर का नाम **'पृथिवी'** है।

२८. **(जल घातने)** इस धातु से 'जल' शब्द सिद्ध होता है, **'जलति घातयति दुष्टान् सङ्घातयति अव्यक्तपरमाण्वादीन् तद् ब्रह्म जलम्'** जो दुष्टों का ताड़न और अव्यक्त तथा परमाणुओं का अन्योऽन्य संयोग वा वियोग करता है, वह परमात्मा **'जल'** संज्ञक कहाता है।

२९. **(काशृ दीप्तौ)** इस धातु से 'आकाश' शब्द सिद्ध होता है, **'यः सर्वतः सर्वं जगत् प्रकाशयति स आकाशः'** जो सब ओर से सब जगत् का प्रकाशक है, इसलिए उस परमात्मा का नाम **'आकाश'** है।

३०,३१,३२. **(अद् भक्षणे)** इस धातु से **'अन्न'** शब्द सिद्ध होता है।

> **अद्यतेऽत्ति च भूतानि तस्मादन्नं तदुच्यते। अहमन्नमहमन्नमहमन्नम्।**
> **अहमन्नादोऽहमन्नादोऽहमन्नादः॥** तैत्ति० उपनि०।
> **अत्ता चराऽचरग्रहणात्॥** यह व्यासमुनिकृत शारीरक सूत्र है।

जो सब को भीतर रखने, सब को ग्रहण करने योग्य, चराऽचर जगत् का ग्रहण करने वाला है, इस से ईश्वर के **'अन्न', 'अन्नाद'** और **'अत्ता'** नाम हैं। और जो इस में तीन वार पाठ है सो आदर के लिए है। जैसे गूलर के फल में कृमि उत्पन्न होके उसी में रहते और नष्ट हो जाते हैं, वैसे परमेश्वर के बीच में सब जगत् की अवस्था है।

३३. **(वस निवासे)** इस धातु से 'वसु' शब्द सिद्ध हुआ है। **'वसन्ति भूतानि यस्मिन्नथवा यः सर्वेषु वसति स वसुरीश्वरः'** जिसमें सब आकाशादि भूत वसते हैं और जो सब में वास कर रहा है, इसलिए उस परमेश्वर का नाम **'वसु'** है।

३४. **(रुदिर् अश्रुविमोचने)** इस धातु से 'णिच्' प्रत्यय होने से 'रुद्र' शब्द सिद्ध होता है। **'यो रोदयत्यन्यायकारिणो जनान् स रुद्रः'** जो दुष्ट कर्म करनेहारों को रुलाता है, इससे परमेश्वर का नाम **'रुद्र'** है।

> **यन्मनसा ध्यायति तद्वाचा वदति, यद्वाचा वदति तत् कर्मणा करोति यत् कर्मणा करोति तदभिसम्पद्यते॥** यह यजुर्वेद के ब्राह्मण का वचन है।

जीव जिस का मन से ध्यान करता उस को वाणी से बोलता, जिस को वाणी से बोलता उस को कर्म से करता, जिस को कर्म से करता उसी को प्राप्त होता है। इस से क्या सिद्ध हुआ कि जो जीव जैसा कर्म करता है वैसा ही फल पाता है। जब दुष्ट कर्म करनेवाले जीव ईश्वर की न्यायरूपी व्यवस्था से दुःखरूप फल पाते, तब रोते हैं और इसी प्रकार ईश्वर उन को रुलाता है, इसलिए परमेश्वर का नाम **'रुद्र'** है।

३५. **आपो नारा इति प्रोक्ता आपो वै नरसूनवः।**
ता यदस्यायनं पूर्वं तेन नारायणः स्मृतः॥ —मनु० अ० १। श्लोक १०॥

जल और जीवों का नाम नारा है, वे अयन अर्थात् निवासस्थान हैं, जिसका इसलिए सब जीवों में व्यापक परमात्मा का नाम **'नारायण'** है।

३६. **(चदि आह्लादे)** इस धातु से 'चन्द्र' शब्द सिद्ध होता है। **'यश्चन्दति चन्दयति वा स चन्द्रः'** जो आनन्दस्वरूप और सब को आनन्द देनेवाला है, इसलिए ईश्वर का नाम **'चन्द्र'** है।

३७. **(मगि गत्यर्थक)** धातु से **'मङ्गेरलच्'** इस सूत्र से 'मङ्गल' शब्द सिद्ध होता है। **'यो मङ्गति मङ्गयति वा स मङ्गलः'** जो आप मङ्गलस्वरूप और सब जीवों के मङ्गल का कारण है, इसलिए उस परमेश्वर का नाम **'मङ्गल'** है।

३८. **(बुध अवगमने)** इस धातु से 'बुध' शब्द सिद्ध होता है। **'यो बुध्यते बोध्यते वा स बुधः'** जो स्वयं बोधस्वरूप और सब जीवों के बोध का कारण है। इसलिए उस परमेश्वर का नाम **'बुध'** है। 'बृहस्पति' शब्द का अर्थ कह दिया।

३९. **(ईशुचिर् पूतीभावे)** इस धातु से 'शुक्र' शब्द सिद्ध हुआ है। **'यः शुच्यति शोचयति वा स शुक्रः'** जो अत्यन्त पवित्र और जिसके संग से जीव भी पवित्र हो जाता है, इसलिये ईश्वर का नाम **'शुक्र'** है।

४०. **(चर गतिभक्षणयोः)** इस धातु से 'शनैस्' अव्यय उपपद होने से 'शनैश्चर' शब्द सिद्ध हुआ है। **'यः शनैश्चरति स शनैश्चरः'** जो सब में सहज से प्राप्त धैर्यवान् है, इससे उस परमेश्वर का नाम **'शनैश्चर'** है।

४१. **(रह त्यागे)** इस धातु से 'राहु' शब्द सिद्ध होता है। **'यो रहति परित्यजति दुष्टान् राहयति त्याजयति स राहुरीश्वरः'**। जो एकान्तस्वरूप जिसके स्वरूप में दूसरा पदार्थ संयुक्त नहीं, जो दुष्टों को छोड़ने और अन्य को छुड़ाने हारा है, इससे परमेश्वर का नाम **'राहु'** है।

४२. **(कित निवासे रोगापनयने च)** इस धातु से 'केतु' शब्द सिद्ध होता है। **'यः केतयति चिकित्सति वा स केतुरीश्वरः'** जो सब जगत् का निवासस्थान, सब रोगों से रहित और मुमुक्षुओं को मुक्ति समय में सब रोगों से छुड़ाता है, इसलिए उस परमात्मा का नाम **'केतु'** है।

४३. **(यज देवपूजासङ्गतिकरणदानेषु)** इस धातु से 'यज्ञ' शब्द सिद्ध होता है। **'यज्ञो वै विष्णुः'** यह ब्राह्मण ग्रन्थ का वचन है। **'यो यजति विद्वद्भिरिज्यते वा स यज्ञः'** जो सब जगत् के पदार्थों को संयुक्त करता और सब विद्वानों का पूज्य है, और ब्रह्मा से लेके सब ऋषि मुनियों का पूज्य था, है और होगा, इससे उस परमात्मा का नाम **'यज्ञ'** है, क्योंकि वह सर्वत्र व्यापक है।

४४. **(हुदानाऽदनयोः, आदाने चेत्येके)** इस धातु से 'होता' शब्द सिद्ध हुआ है। **'यो जुहोति स होता'** जो जीवों को देने योग्य पदार्थों का दाता और ग्रहण करने योग्यों का ग्राहक है, इससे उस ईश्वर का नाम **'होता'** है।

४५. **(बन्ध बन्धने)** इससे 'बन्धु' शब्द सिद्ध होता है। **'यः स्वस्मिन् चराचरं जगद् बध्नाति बन्धुवद्धर्मात्मनां सुखाय सहायो वा वर्त्तते स बन्धुः'** जिस ने अपने में सब लोकलोकान्तरों को नियमों से बद्ध कर रक्खे और सहोदर के समान सहायक है, इसी से अपनी-अपनी परिधि वा नियम का उल्लंघन नहीं कर सकते। जैसे भ्राता भाइयों का सहायकारी होता है, वैसे परमेश्वर भी पृथिव्यादि लोकों के धारण, रक्षण और सुख देने से **'बन्धु'** संज्ञक है।

४६. **(पा रक्षणे)** इस धातु से 'पिता' शब्द सिद्ध हुआ है। **'यः पाति सर्वान् स पिता'** जो सब का रक्षक जैसा पिता अपने सन्तानों पर सदा कृपालु होकर उन की उन्नति चाहता है, वैसे ही परमेश्वर सब जीवों की उन्नति चाहता है, इस से उस

का नाम **'पिता'** है।

४७. **'यः पितॄणां पिता स पितामहः'** जो पिताओं का भी पिता है, इससे उस परमेश्वर का नाम **'पितामहः'** है।

४८. **'यः पितामहानां पिता स प्रपितामहः'** जो पिताओं के पितरों का पिता है इससे परमेश्वर का नाम **'प्रपितामह'** है।

४९. **'यो मिमीते मानयति सर्वाञ्जीवान् स माता'** जैसे पूर्णकृपायुक्त जननी अपने सन्तानों का सुख और उन्नति चाहती है, वैसे परमेश्वर भी सब जीवों की बढ़ती चाहता है, इस से परमेश्वर का नाम **'माता'** है।

५०. **(चर गतिभक्षणयोः)** आङ्पूर्वक इस धातु से 'आचार्य्य' शब्द सिद्ध होता है। **'य आचारं ग्राहयति, सर्वा विद्या बोधयति स आचार्य ईश्वरः'** जो सत्य आचार का ग्रहण करानेहारा और सब विद्याओं की प्राप्ति का हेतु होके सब विद्या प्राप्त कराता है, इससे परमेश्वर का नाम **'आचार्य'** है।

५१. **(गॄ शब्दे)** इस धातु से 'गुरु' शब्द बना है। **'यो धर्म्यान् शब्दान् गृणात्युपदिशति स गुरुः' 'स पूर्वेषामपि गुरुः कालेनानवच्छेदात्'**। योग०। जो सत्यधर्मप्रतिपादक, सकल विद्यायुक्त वेदों का उपदेश करता, सृष्टि की आदि में अग्नि, वायु, आदित्य, अङ्गिरा और ब्रह्मादि गुरुओं का भी गुरु और जिसका नाश कभी नहीं होता, इसलिए उस परमेश्वर का नाम **'गुरु'** है।

५२. **(अज गतिक्षेपणयोः, जनी प्रादुर्भावे)** इन धातुओं से 'अज' शब्द बनता है। **'योऽजति सृष्टिं प्रति सर्वान् प्रकृत्यादीन् पदार्थान् प्रक्षिपति, जानाति, जनयति च कदाचिन्न जायते सोऽजः'** जो सब प्रकृति के अवयव आकाशादि भूत परमाणुओं को यथायोग्य मिलाता, जानता, शरीर के साथ जीवों का सम्बन्ध करके जन्म देता और स्वयं कभी जन्म नहीं लेता, इससे उस ईश्वर का नाम **'अज'** है।

५३. **(बृह बृहि वृद्धौ)** इन धातुओं से 'ब्रह्मा' शब्द सिद्ध होता है। **'योऽखिलं जगन्निर्माणेन बर्हति वर्द्धयति स ब्रह्मा'** जो सम्पूर्ण जगत् को रच के बढ़ाता है, इसलिए परमेश्वर का नाम **'ब्रह्मा'** है।

५४, ५५, ५६. **'सत्यं ज्ञानमनन्तं ब्रह्म'** यह तैत्तिरीयोपनिषद् का वचन है। **'सन्तीति सन्तस्तेषु सत्सु साधु तत्सत्यम्। यज्जानाति चराऽचरं जगत्तज्ज्ञानम्। न विद्यतेऽन्तो- ऽवधिर्मर्यादा यस्य तदनन्तम्। सर्वेभ्यो बृहत्त्वाद् ब्रह्म'** जो पदार्थ हों उनको सत् कहते हैं, उनमें साधु होने से परमेश्वर का नाम 'सत्य' है। जो जाननेवाला है, इससे परमेश्वर का नाम 'ज्ञान' है। जिसका अन्त अवधि मर्यादा अर्थात् इतना लम्बा, चौड़ा, छोटा, बड़ा है, ऐसा परिमाण नहीं है, इसलिए परमेश्वर के नाम **'सत्य', 'ज्ञान' और 'अनन्त'** हैं।

५७. **(डुदाञ् दाने)** आङ्पूर्वक इस धातु से 'आदि' शब्द और नञ्पूर्वक 'अनादि' शब्द सिद्ध होता है। **'यस्मात् पूर्वं नास्ति परं चास्ति स आदिरित्युच्यते।', 'न विद्यते आदिः कारणं यस्य सोऽनादिरीश्वरः'** जिसके पूर्व कुछ न हो और परे हो, उसको आदि कहते हैं, जिस का आदि कारण कोई भी नहीं है, इसलिए परमेश्वर का नाम **'अनादि'** है।

५८. **(टुनदि समृद्धौ)** आङ्पूर्वक इस धातु से 'आनन्द' शब्द बनता है। **'आनन्दन्ति सर्वे मुक्ता यस्मिन् यद्वा यः सर्वाञ्जीवानानन्दयति स आनन्दः'** जो

आनन्दस्वरूप, जिस में सब मुक्त जीव आनन्द को प्राप्त होते और सब धर्मात्मा जीवों को आनन्दयुक्त करता है, इससे ईश्वर का नाम **'आनन्द'** है।

५९. **(अस भुवि)** इस धातु से 'सत्' शब्द सिद्ध होता है। **'यदस्ति त्रिषु कालेषु न बाधते तत्सद् ब्रह्म'** जो सदा वर्त्तमान अर्थात् भूत, भविष्यत्, वर्त्तमान कालों में जिसका बाध न हो, उस परमेश्वर को **'सत्'** कहते हैं।

६०, ६१. **(चिती संज्ञाने)** इस धातु से 'चित्' शब्द सिद्ध होता है। **'यश्चेतति चेतयति संज्ञापयति सर्वान् सज्जनान् योगिनस्तच्चित्परं ब्रह्म'** जो चेतनस्वरूप सब जीवों को चिताने और सत्याऽसत्य का जनानेहारा है, इसलिए उस परमात्मा का नाम **'चित्'** है। इन तीनों शब्दों के विशेषण होने से परमेश्वर को **'सच्चिदानन्दस्वरूप'** कहते हैं।

६२. **'यो नित्यध्रुवोऽचलोऽविनाशी स नित्यः।'** जो निश्चल अविनाशी है, सो **'नित्य'** शब्दवाच्य ईश्वर है।

६३. **(शुन्ध शुद्धौ)** इस से 'शुद्ध' शब्द सिद्ध होता है। **'यः शुन्धति सर्वान् शोधयति वा स शुद्ध ईश्वरः'** जो स्वयं पवित्र सब अशुद्धियों से पृथक् और सब को शुद्ध करने वाला है, इससे ईश्वर का नाम **'शुद्ध'** है।

६४. **(बुध अवगमने)** इस धातु से 'क्त' प्रत्यय होने से 'बुद्ध' शब्द सिद्ध होता है। **'यो बुद्धवान् सदैव ज्ञाताऽस्ति स बुद्धो जगदीश्वरः'** जो सदा सब को जाननेहारा है इससे ईश्वर का नाम **'बुद्ध'** है।

६५. **(मुच्लृ मोचने)** इस धातु से 'मुक्त' शब्द सिद्ध होता है। **'यो मुञ्चति मोचयति वा मुमुक्षून् स मुक्तो जगदीश्वरः'** जो सर्वदा अशुद्धियों से अलग और सब मुमुक्षुओं को क्लेश से छुड़ा देता है, इसलिए परमात्मा का नाम **'मुक्त'** है।

६६. **'अत एव नित्यशुद्धबुद्धमुक्तस्वभावो जगदीश्वरः'** इसी कारण से परमेश्वर का स्वभाव **नित्यशुद्धबुद्धमुक्त** है।

६७. निर् और आङ्पूर्वक **(डुकृञ् करणे)** इस धातु से 'निराकार' शब्द सिद्ध होता है। **'निर्गत आकारात्स निराकारः'** जिस का आकार कोई भी नहीं और न कभी शरीर-धारण करता है, इसलिए परमेश्वर का नाम **'निराकार'** है।

६८. **(अञ्जू व्यक्तिम्लक्षणकान्तिगतिषु)** इस धातु से 'अञ्जन' शब्द और 'निर्' उपसर्ग के योग से 'निरञ्जन' शब्द सिद्ध होता है। **'अञ्जनं व्यक्तिर्म्लक्षणं कुकाम इन्द्रियैः प्राप्तिश्चेत्यस्माद्यो निर्गतः पृथग्भूतः स निरञ्जनः'** जो व्यक्ति अर्थात् आकृति, म्लेच्छाचार, दुष्टकामना और चक्षुरादि इन्द्रियों के विषयों के पथ से पृथक् है, इससे ईश्वर का नाम **'निरञ्जन'** है।

६९, ७०. **(गण संख्याने)** इस धातु से 'गण' शब्द सिद्ध होता है, इसके आगे 'ईश' वा 'पति' शब्द रखने से 'गणेश' और 'गणपति शब्द' सिद्ध होते हैं। **'ये प्रकृत्यादयो जडा जीवाश्च गण्यन्ते संख्यायन्ते तेषामीशः स्वामी पतिः पालको वा'** जो प्रकृत्यादि जड़ और सब जीव प्रख्यात पदार्थों का स्वामी वा पालन करनेहारा है, इससे उस ईश्वर का नाम **'गणेश'** वा **'गणपति'** है।

७१. **'यो विश्वमीष्टे स विश्वेश्वरः'** जो संसार का अधिष्ठाता है, इससे उस परमेश्वर का नाम **'विश्वेश्वर'** है।

७२. **'यः कूटेऽनेकविधव्यवहारे स्वस्वरूपेणैव तिष्ठति स कूटस्थः परमेश्वरः'** जो सब व्यवहारों में व्याप्त और सब व्यवहारों का आधार होके भी किसी व्यवहार

में अपने स्वरूप को नहीं बदलता, इससे परमेश्वर का नाम **'कूटस्थ'** है।

७३, ७४. जितने 'देव' शब्द के अर्थ लिखे हैं उतने ही 'देवी' शब्द के भी हैं। परमेश्वर के तीनों लिङ्गों में नाम हैं। जैसे—**'ब्रह्म चितिरीश्वरश्चेति'**। जब ईश्वर का विशेषण होगा तब 'देव' जब **चिति** का होगा तब 'देवी', इससे ईश्वर का नाम **'देवी'** है।

७५. **(शक्लृ शक्तौ)** इस धातु से 'शक्ति' शब्द बनता है। 'यः सर्वं जगत् कर्तुं शक्नोति स शक्तिः' जो सब जगत् के बनाने में समर्थ है, इसलिए उस परमेश्वर का नाम **'शक्ति'** है।

७६. **(श्रिञ् सेवायाम्)** इस धातु से 'श्री' शब्द सिद्ध होता है। **'यः श्रीयते सेव्यते सर्वेण जगता विद्वद्भिर्योगिभिश्च स श्रीरीश्वरः'**। जिस का सेवन सब जगत्, विद्वान् और योगीजन करते हैं, उस परमात्मा का नाम **'श्री'** है।

७७. **(लक्ष दर्शनाङ्कनयोः)** इस धातु से 'लक्ष्मी' शब्द सिद्ध होता है। **'यो लक्षयति पश्यत्यङ्क्ते चिह्नयति चराचरं जगदथवा वेदैराप्तैर्योगिभिश्च यो लक्ष्यते स लक्ष्मीः सर्वप्रियेश्वरः'** जो सब चराचर जगत् को देखता, चिह्नित अर्थात् दृश्य बनाता, जैसे शरीर के नेत्र, नासिकादि और वृक्ष के पत्र, पुष्प, फल, मूल, पृथिवी, जल के कृष्ण, रक्त, श्वेत, मृत्तिका, पाषाण, चन्द्र, सूर्यादि चिह्न बनाता तथा सब को देखता, सब शोभाओं की शोभा और जो वेदादिशास्त्र वा धार्मिक विद्वान् योगियों का लक्ष्य अर्थात् देखने योग्य है, इससे उस परमेश्वर का नाम **'लक्ष्मी'** है।

७८. **(सृ गतौ)** इस धातु से 'सरस्' उस से मतुप् और ङीप् प्रत्यय होने से 'सरस्वती' शब्द सिद्ध होता है। **'सरो विविधं ज्ञानं विद्यते यस्यां चितौ सा सरस्वती'** जिस को विविध विज्ञान अर्थात् शब्द, अर्थ, सम्बन्ध प्रयोग का ज्ञान यथावत् होवे, इससे उस परमेश्वर का नाम **'सरस्वती'** है।

७९. **'सर्वाः शक्तयो विद्यन्ते यस्मिन् स सर्वशक्तिमानीश्वरः'** जो अपने कार्य करने में किसी अन्य की सहायता की इच्छा नहीं करता, अपने ही सामर्थ्य से अपने सब काम पूरा करता है, इसलिए उस परमात्मा का नाम **'सर्वशक्तिमान्'** है।

८०. **(णीञ् प्रापणे)** इस धातु से 'न्याय' शब्द सिद्ध होता है। **'प्रमाणैरर्थपरीक्षणं न्यायः।'** यह वचन न्यायसूत्रों के ऊपर वात्स्यायनमुनिकृत भाष्य का है। **'पक्षपातराहित्याचरणं न्यायः'** जो प्रत्यक्षादि प्रमाणों की परीक्षा से सत्य-सत्य सिद्ध हो तथा पक्षपातरहित धर्मरूप आचरण है वह न्याय कहाता है। **'न्यायं कर्तुं शीलमस्य स न्यायकारीश्वरः'** जिस का न्याय अर्थात् पक्षपातरहित धर्म करने ही का स्वभाव है, इससे उस ईश्वर का नाम **'न्यायकारी'** है।

८१. **(दय दानगतिरक्षणहिंसादानेषु)** इस धातु से 'दया' शब्द सिद्ध होता है। **'दयते ददाति जानाति गच्छति रक्षति हिनस्ति यया सा दया, बह्वी दया विद्यते यस्य स दयालुः परमेश्वरः'** जो अभय का दाता, सत्याऽसत्य सर्व विद्याओं का जानने, सब सज्जनों की रक्षा करने और दुष्टों को यथायोग्य दण्ड देनेवाला है, इस से परमात्मा का नाम **'दयालु'** है।

८२. **'द्वयोर्भावो द्वाभ्यामितं सा द्विता द्वीतं वा सैव तदेव वा द्वैतम्, न विद्यते द्वैतं द्वितीयेश्वरभावो यस्मिंस्तदद्वैतम्**। अर्थात् **'सजातीयविजातीयस्वगतभेदशून्यं ब्रह्म'** दो का होना वा दोनों से युक्त होना वह द्विता वा द्वीत अथवा द्वैत से रहित है। सजातीय जैसे मनुष्य का सजातीय दूसरा मनुष्य होता है, विजातीय जैसे मनुष्य

से भिन्न जातिवाला वृक्ष, पाषाणादि। स्वगत अर्थात् जैसे शरीर में आँख, नाक, कान आदि अवयवों का भेद है, वैसे दूसरे स्वजातीय ईश्वर, विजातीय ईश्वर वा अपने आत्मा में तत्त्वान्तर वस्तुओं से रहित एक परमेश्वर है, इस से परमात्मा का नाम **'अद्वैत'** है।

८३. **'गण्यन्ते ये ते गुणा यैर्गणयन्ति ते गुणाः, यो गुणेभ्यो निर्गतः स निर्गुण ईश्वरः'** जितने सत्त्व, रज, तम, रूप, रस, स्पर्श, गन्धादि जड़ के गुण, अविद्या, अल्पज्ञता, राग, द्वेष और अविद्यादि क्लेश जीव के गुण हैं उन से जो पृथक् है। इन में **'अशब्दमस्पर्शमरूपमव्ययम्'** इत्यादि उपनिषदों का प्रमाण है। जो शब्द, स्पर्श, रूपादि गुणरहित है, इससे परमात्मा का नाम **'निर्गुण'** है।

८४. **'यो गुणैः सह वर्त्तते स सगुणः'** जो सब का ज्ञान, सर्वसुख, पवित्रता, अनन्त बलादि गुणों से युक्त है, इसलिए परमेश्वर का नाम **'सगुण'** है। जैसे पृथिवी गन्धादि गुणों से 'सगुण' और इच्छादि गुणों से रहित होने से 'निर्गुण' है, वैसे जगत् और जीव के गुणों से पृथक् होने से परमेश्वर 'निर्गुण' और सर्वज्ञादि गुणों से सहित होने से 'सगुण' है। अर्थात् ऐसा कोई भी पदार्थ नहीं है जो सगुणता और निर्गुणता से पृथक् हो। जैसे चेतन के गुणों से पृथक् होने से जड़ पदार्थ निर्गुण और अपने गुणों से सहित होने सगुण, वैसे ही जड़ के गुणों से पृथक् होने से जीव निर्गुण और इच्छादि अपने गुणों से सहित होने से सगुण। ऐसे ही परमेश्वर में भी समझना चाहिए।

८५. **'अन्तर्यन्तुं नियन्तुं शीलं यस्य सोऽयमन्तर्यामी'** जो सब प्राणी और अप्राणिरूप जगत् के भीतर व्यापक होके सब का नियम करता है, इसलिए उस परमेश्वर का नाम **'अन्तर्यामी'** है।

८६. **'यो धर्म्मे राजते स धर्मराजः'** जो धर्म ही में प्रकाशमान और अधर्म से रहित, धर्म ही का प्रकाश करता है, इसलिए उस परमेश्वर का नाम **'धर्म्मराज'** है।

८७. **(यमु उपरमे)** इस धातु से 'यम' शब्द सिद्ध होता है। **'य सर्वान् प्राणिनो नियच्छति स यमः'** जो सब प्राणियों के कर्मफल देने की व्यवस्था करता और सब अन्यायों से पृथक् रहता है, इसलिए परमात्मा का नाम **'यम'** है।

८८. **(भज सेवायाम्)** इस धातु से 'भग' इससे मतुप् होने से 'भगवान्' शब्द सिद्ध होता है। **'भगः सकलैश्वर्य्यं सेवनं वा विद्यते यस्य स भगवान्'** जो समग्र ऐश्वर्य से युक्त वा भजने के योग्य है, इसीलिए उस ईश्वर का नाम **'भगवान्'** है।

८९. **(मन ज्ञाने)** इस धातु से 'मनु' शब्द बनता है। **'यो मन्यते स मनुः'** जो मनु अर्थात् विज्ञानशील और मानने योग्य है, इसलिये उस ईश्वर का नाम **'मनु'** है।

९०. **(पॄ पालनपूरणयोः)** इस धातु से 'पुरुष' शब्द सिद्ध हुआ है **'यः स्वव्याप्त्या चराऽचरं जगत् पृणाति पूरयति वा स पुरुषः'** जो सब जगत् में पूर्ण हो रहा है, इसलिए उस परमेश्वर का नाम **'पुरुष'** है।

९१. **(डुभृञ् धारणपोषणयोः)** 'विश्व' पूर्वक इस धातु से 'विश्वम्भर' शब्द सिद्ध होता है। **'यो विश्वं बिभर्ति धरति पुष्णाति वा स विश्वम्भरो जगदीश्वरः'** जो जगत् का धारण और पोषण करता है, इसलिये उस परमेश्वर का नाम **'विश्वम्भर'** है।

९२. **(कल संख्याने)** इस धातु से 'काल' शब्द बना है। **'कलयति संख्याति सर्वान् पदार्थान् स कालः'** जो जगत् के सब पदार्थ और जीवों की संख्या करता

है, इसलिए उस परमेश्वर का नाम **'काल'** है।

९३. **(शिष्लृ विशेषणे)** इस धातु से 'शेष' शब्द सिद्ध होता है। **'यः शिष्यते स शेषः'** जो उत्पत्ति और प्रलय से शेष अर्थात् बच रहा है, इसलिए उस परमात्मा का नाम **'शेष'** है।

९४. **(आप्लृ व्याप्तौ)** इस धातु से 'आप्त' शब्द सिद्ध होता है। **'यः सर्वान् धर्मात्मन आप्नोति वा सर्वैर्धर्मात्मभिराप्यते छलादिरहितः स आप्तः'** जो सत्योप-देशक, सकल विद्यायुक्त, सब धर्मात्माओं को प्राप्त होता है और धर्मात्माओं से प्राप्त होने योग्य छल-कपटादि से रहित है, इसलिये उस परमात्मा का नाम **'आप्त'** है।

९५. **(डुकृञ् करणे)** 'शम्' पूर्वक इस धातु से 'शङ्कर' शब्द सिद्ध हुआ है। **'यः शङ्कल्याणं सुखं करोति स शङ्करः'** जो कल्याण अर्थात् सुख का करनेहारा है, इससे उस ईश्वर का नाम **'शङ्कर'** है।

९६. 'महत्' शब्द पूर्वक 'देव' शब्द से 'महादेव' सिद्ध होता है। **'यो महतां देवः स महादेवः'** जो महान् देवों का देव अर्थात् विद्वानों का भी विद्वान्, सूर्यादि पदार्थों का प्रकाशक है, इसलिए उस परमात्मा का नाम **'महादेव'** है।

९७. **(प्रीञ् तर्पणे कान्तौ च)** इस धातु से 'प्रिय' शब्द सिद्ध होता है। **'यः पृणाति प्रीयते वा स प्रियः'** जो सब धर्मात्माओं, मुमुक्षुओं और शिष्टों को प्रसन्न करता और सब को कामना के योग्य है, इसलिए उस ईश्वर का नाम **'प्रिय'** है।

९८. **(भू सत्तायाम्)** 'स्वयं' पूर्वक इस धातु से 'स्वयम्भू' शब्द सिद्ध होता है। **'यः स्वयं भवति स स्वयम्भूरीश्वरः'** जो आप से आप ही है, किसी से कभी उत्पन्न नहीं हुआ, इस से उस परमात्मा का नाम **'स्वयम्भू'** है।

९९. **(कु शब्दे)** इस धातु से 'कवि' शब्द सिद्ध होता है। **'यः कौति शब्दयति सर्वा विद्याः स कविरीश्वरः'** जो वेद द्वारा सब विद्याओं का उपदेष्टा और वेत्ता है, इसलिए उस परमेश्वर का नाम **'कवि'** है।

१००. **(शिवु कल्याणे)** इस धातु से 'शिव' शब्द सिद्ध होता है। **'बहुलमेतन्निदर्शनम्।'** इससे शिवु धातु माना जाता है, जो कल्याणस्वरूप और कल्याण का करनेहारा है, इसलिए उस परमेश्वर का नाम **'शिव'** है।

ये सौ नाम परमेश्वर के लिखे हैं। परन्तु इन से भिन्न परमात्मा के असंख्य नाम हैं। क्योंकि जैसे परमेश्वर के अनन्त गुण, कर्म, स्वभाव हैं, वैसे उस के अनन्त नाम भी हैं। उनमें से प्रत्येक गुण, कर्म्म और स्वभाव का एक-एक नाम है। इस से ये मेरे लिखे नाम समुद्र के सामने विन्दुवत् हैं। क्योंकि वेदादि शास्त्रों में परमात्मा के असंख्य गुण, कर्म, स्वभाव व्याख्यात किये हैं। उनके पढ़ने पढ़ाने से बोध हो सकता है। और अन्य पदार्थों का ज्ञान भी उन्हीं को पूरा-पूरा हो सकता है, जो वेदादिशास्त्रों को पढ़ते हैं।

(प्रश्न) जैसे अन्य ग्रन्थकार लोग आदि, मध्य और अन्त में मङ्गलाचरण करते हैं वैसे आपने कुछ भी न लिखा, न किया?

(उत्तर) ऐसा हम को करना योग्य नहीं। क्योंकि जो आदि, मध्य और अन्त में मङ्गल करेगा तो उसके ग्रन्थ में आदि मध्य तथा अन्त के बीच में जो कुछ लेख होगा वह अमङ्गल ही रहेगा। इसलिए **'मङ्गलाचरणं शिष्टाचारात् फलदर्शनाच्छ्रुतितश्चेति ।'** यह सांख्यशास्त्र का वचन है। इस का यह अभिप्राय है कि जो न्याय, पक्षपातरहित, सत्य, वेदोक्त ईश्वर की आज्ञा है, उसी का यथावत्

सर्वत्र और सदा आचरण करना मङ्गलाचरण कहाता है। ग्रन्थ के आरम्भ से ले के समाप्तिपर्यन्त सत्याचार का करना ही मङ्गलाचरण है, न कि कहीं मङ्गल और कहीं अमङ्गल लिखना। देखिए, महाशय महर्षियों के लेख को—

यान्यनवद्यानि कर्माणि तानि सेवितव्यानि नो इतराणि॥

—यह तैत्तिरीयोपनिषत् का वचन है।

हे सन्तानो! जो 'अनवद्य' अनिन्दनीय अर्थात् धर्मयुक्त कर्म हैं वे ही तुम को करने योग्य हैं, अधर्मयुक्त नहीं।

इसलिए जो आधुनिक ग्रन्थों में **'श्रीगणेशाय नमः', 'सीतारामाभ्यां नमः', 'राधाकृष्णाभ्यां नमः', 'श्रीगुरुचरणारविन्दाभ्यां नमः', 'हनुमते नमः', 'दुर्गायै नमः', 'वटुकाय नमः', 'भैरवाय नमः', 'शिवाय नमः', 'सरस्वत्यै नमः', 'नारायणाय नमः'** इत्यादि लेख देखने में आते हैं, इन को बुद्धिमान् लोग वेद और शास्त्रों से विरुद्ध होने से मिथ्या ही समझते हैं। क्योंकि वेद और ऋषियों के ग्रन्थों में कहीं ऐसा मङ्गलाचरण देखने में नहीं आता और आर्ष ग्रन्थों में **'ओ३म्'** तथा **'अथ'** शब्द तो देखने में आता है। देखो—

'अथ शब्दानुशासनम्' अथेत्ययं शब्दोऽधिकारार्थः प्रयुज्यते।

—यह व्याकरणमहाभाष्य।

'अथातो धर्मजिज्ञासा' अथेत्यानन्तर्ये वेदाध्ययनानन्तरम्। —यह पूर्वमीमांसा।

'अथातो धर्मं व्याख्यास्यामः'। अथेति धर्मकथनानन्तरं धर्मलक्षणं विशेषेण व्याख्यास्यामः। —यह वैशेषिकदर्शन।

'अथ योगानुशासनम्'। अथेत्ययमधिकारार्थः। —यह योगशास्त्र।

'अथ त्रिविधदुःखात्यन्तनिवृत्तिरत्यन्तपुरुषार्थः।' सांसारिकविषयभोगानन्तरं त्रिविधदुःखात्यन्तनिवृत्त्यर्थः प्रयत्नः कर्त्तव्यः'। —यह सांख्यशास्त्र।

'अथातो ब्रह्मजिज्ञासा'। —यह वेदान्तसूत्र है।

'ओमित्येतदक्षरमुद्‌गीथमुपासीत'। —यह छान्दोग्य उपनिषत् का वचन है।

'ओमित्येतदक्षरमिदꣳ सर्वं तस्योपव्याख्यानम्'।

—यह माण्डूक्य उपनिषत् के आरम्भ का वचन है।

ऐसे ही अन्य ऋषि मुनियों के ग्रन्थों में 'ओम्' और 'अथ' शब्द लिखे हैं, वैसे ही **(अग्नि, इट्, अग्नि, ये त्रिषप्ताः परियन्ति)** ये शब्द चारों वेदों के आदि में लिखे हैं। **'श्रीगणेशाय नमः'** इत्यादि शब्द कहीं नहीं। और जो वैदिक लोग वेद के आरम्भ में **'हरिः ओम्'** लिखते और पढ़ते हैं, यह पौराणिक और तान्त्रिक लोगों की मिथ्या कल्पना से सीखे हैं। वेदादिशास्त्रों में 'हरि' शब्द आदि में कहीं नहीं। इसलिए **'ओ३म्'** वा **'अथ'** शब्द ही ग्रन्थ के आदि में लिखना चाहिए।

यह किञ्चित्मात्र ईश्वर के विषय में लिखा, अब इस के आगे शिक्षा के विषय में लिखा जायगा।

इति श्रीमद्दयानन्दसरस्वतीस्वामिकृते सत्यार्थप्रकाशे
सुभाषाविभूषित ईश्वरनामविषये
प्रथमः समुल्लासः सम्पूर्णः॥ १॥

अथ द्वितीयसमुल्लासारम्भः

अथ शिक्षां प्रवक्ष्यामः

मातृमान् पितृमानाचार्यवान् पुरुषो वेद।

यह शतपथ ब्राह्मण का वचन है। वस्तुतः जब तीन उत्तम शिक्षक अर्थात् एक माता, दूसरा पिता और तीसरा आचार्य होवे तभी मनुष्य ज्ञानवान् होता है। वह कुल धन्य ! वह सन्तान बड़ा भाग्यवान् ! जिसके माता और पिता धार्मिक विद्वान् हों। जितना माता से सन्तानों को उपदेश और उपकार पहुंचता है उतना किसी से नहीं। जैसे माता सन्तानों पर प्रेम, उन का हित करना चाहती है उतना अन्य कोई नहीं करता । इसीलिए (मातृमान्) अर्थात् **'प्रशस्ता धार्मिकी विदुषी माता विद्यते यस्य स मातृमान्'** धन्य वह माता है कि जो गर्भाधान से लेकर जब तक पूरी विद्या न हो तब तक सुशीलता का उपदेश करे।

माता और पिता को अति उचित है कि गर्भाधान के पूर्व, मध्य और पश्चात् मादक द्रव्य, मद्य, दुर्गन्ध, रूक्ष, बुद्धिनाशक पदार्थों को छोड़ के जो शान्ति, आरोग्य, बल, बुद्धि, पराक्रम और सुशीलता से सभ्यता को प्राप्त करें वैसे घृत, दुग्ध, मिष्ट, अन्नपान आदि श्रेष्ठ पदार्थों का सेवन करें कि जिससे रजस् वीर्य्य भी दोषों से रहित होकर अत्युत्तम गुणयुक्त हो। जैसा ऋतुगमन का विधि अर्थात् रजोदर्शन के पांचवें दिवस से लेके सोलहवें दिवस तक ऋतुदान देने का समय है उन दिनों में से प्रथम के चार दिन त्याज्य हैं, रहे १२ दिन, उनमें एकादशी और त्रयोदशी को छोड़ के बाकी १० रात्रियों में गर्भाधान करना उत्तम है। और रजोदर्शन के दिन से लेके १६वीं रात्रि को पश्चात् न समागम करना। पुनः जब तक ऋतुदान का समय पूर्वोक्त न आवे तब तक और गर्भस्थिति के पश्चात् एक वर्ष तक संयुक्त न हों। जब दोनों के शरीर में आरोग्य, परस्पर प्रसन्नता, किसी प्रकार का शोक न हो। जैसा चरक और सुश्रुत में भोजन छादन का विधान और मनुस्मृति में स्त्री पुरुष की प्रसन्नता की रीति लिखी है उसी प्रकार करें और वर्तें। गर्भाधान के पश्चात् स्त्री को बहुत सावधानी से भोजन छादन करना चाहिए। पश्चात् एक वर्ष पर्यन्त स्त्री पुरुष का संग न करे। बुद्धि, बल, रूप, आरोग्य, पराक्रम, शान्ति आदि गुणकारक द्रव्यों ही का सेवन स्त्री करते रहै कि जब तक सन्तान का जन्म न हो।

जब जन्म हो तब अच्छे सुगन्धियुक्त जल से बालक को स्नान, नाड़ीछेदन करके सुगन्धियुक्त घृतादि का होम[१] और स्त्री के भी स्नान भोजन का यथायोग्य प्रबन्ध करे कि जिस से बालक और स्त्री का शरीर क्रमशः आरोग्य और पुष्ट होता जाय। ऐसा पदार्थ उस की माता वा धायी खावे कि जिस से दूध में भी उत्तम गुण प्राप्त हों। प्रसूता का दूध छः दिन तक बालक को पिलावे। पश्चात् धायी पिलाया करे परन्तु धायी को उत्तम पदार्थों का खान पान माता-पिता करावें। जो कोई दरिद्र हो, धायी को न रख सके तो वे गाय वा बकरी के दूध में उत्तम औषधि जो कि बुद्धि, पराक्रम, आरोग्य करने हारी हों उनको शुद्ध जल में भिजा, औटा, छान के

---

१. **बालक के जन्म समय में 'जातकर्मसंस्कार' होता है उस में हवनादि वेदोक्त कर्म होते हैं वे श्री स्वामी जी ने 'संस्कारविधि' में सविस्तार लिख दिये हैं ।** समर्थदान।

दूध के समान जल मिलाके बालक को पिलावें। जन्म के पश्चात् बालक और उसकी माता को दूसरे स्थान जहाँ का वायु शुद्ध हो वहां रक्खें सुगन्ध तथा दर्शनीय पदार्थ भी रक्खें और उस देश में भ्रमण कराना उचित है कि जहां का वायु शुद्ध हो और जहां धायी, गाय, बकरी आदि का दूध न मिल सके वहां जैसा उचित समझें वैसा करें। क्योंकि प्रसूता स्त्री के शरीर के अंश से बालक का शरीर होता है, इसी से स्त्री प्रसव समय निर्बल हो जाती है इसलिये प्रसूता स्त्री दूध न पिलावे। दूध रोकने के लिये स्तन के छिद्र पर उस ओषधी का लेप करे जिससे दूध स्रवित न हो। ऐसे करने से दूसरे महीने में पुनरपि युवती हो जाती है। तब तक पुरुष ब्रह्मचर्य्य से वीर्य्य का निग्रह रक्खे। इस प्रकार जो स्त्री वा पुरुष करेंगे उनके उत्तम सन्तान, दीर्घायु, बल पराक्रम की वृद्धि होती ही रहेगी कि जिससे सब सन्तान उत्तम बल, पराक्रमयुक्त, दीर्घायु, धार्मिक हों। स्त्री योनिसङ्कोच, शोधन और पुरुष वीर्य्य का स्तम्भन करे। पुनः सन्तान जितने होंगे वे भी सब उत्तम होंगे।

बालकों को माता सदा उत्तम शिक्षा करे, जिससे सन्तान सभ्य हों और किसी अङ्ग से कुचेष्टा न करने पावें। जब बोलने लगें तब उसकी माता बालक की जिह्वा जिस प्रकार कोमल होकर स्पष्ट उच्चारण कर सके वैसा उपाय करे कि जो जिस वर्ण का स्थान, प्रयत्न अर्थात् जैसे 'प' इसका ओष्ठ स्थान और स्पृष्ट प्रयत्न दोनों ओष्ठों को मिलाकर बोलना; ह्रस्व, दीर्घ, प्लुत अक्षरों को ठीक-ठीक बोल सकना। मधुर, गम्भीर, सुन्दर स्वर, अक्षर, मात्रा, पद, वाक्य, संहिता अवसान भिन्न-भिन्न श्रवण होवे। जब वह कुछ-कुछ बोलने और समझने लगे तब सुन्दर वाणी और बड़े, छोटे, मान्य, पिता, माता, राजा, विद्वान् आदि से भाषण, उनसे वर्त्तमान और उनके पास बैठने आदि की भी शिक्षा करें जिस से कहीं उन का अयोग्य व्यवहार न हो के सर्वत्र प्रतिष्ठा हुआ करे। जैसे सन्तान जितेन्द्रिय, विद्याप्रिय और सत्संग में रुचि करें वैसा प्रयत्न करते रहें। व्यर्थ क्रीडा, रोदन, हास्य, लड़ाई, हर्ष, शोक, किसी पदार्थ में लोलुपता, ईर्ष्या, द्वेषादि न करें। उपस्थेन्द्रिय से स्पर्श और मर्दन से वीर्य की क्षीणता, नपुंसकता होती और हस्त में दुर्गन्ध भी होता है इससे उसका स्पर्श न करें। सदा सत्यभाषण शौर्य, धैर्य, प्रसन्नवदन आदि गुणों की प्राप्ति जिस प्रकार हो, करावें।

जब पांच-पांच वर्ष के लड़का लड़की हों तब देवनागरी अक्षरों का अभ्यास करावें। अन्य देशीय भाषाओं के अक्षरों का भी। उसके पश्चात् जिन से अच्छी शिक्षा, विद्या, धर्म, परमेश्वर, माता, पिता, आचार्य, विद्वान्, अतिथि, राजा, प्रजा, कुटुम्ब, बन्धु, भगिनी, भृत्य आदि से कैसे-कैसे वर्त्तना इन बातों के मन्त्र, श्लोक, सूत्र, गद्य, पद्य भी अर्थ सहित कण्ठस्थ करावें। जिन से सन्तान किसी धूर्त के बहकाने में न आवें और जो-जो विद्या, धर्मविरुद्ध भ्रान्तिजाल में गिराने वाले व्यवहार हैं उन का भी उपदेश कर दें जिस से भूत प्रेत आदि मिथ्या बातों का विश्वास न हो।

गुरोः प्रेतस्य शिष्यस्तु पितृमेधं समाचरन्।
प्रेतहारैः समं तत्र दशरात्रेण शुद्ध्यति॥ मनु०॥

अर्थ—जब गुरु का प्राणान्त हो तब मृतकशरीर जिस का नाम प्रेत है उस का दाह करनेहारा शिष्य प्रेतहार अर्थात् मृतक को उठाने वालों के साथ दशवें दिन शुद्ध होता है।

और जब उस शरीर का दाह हो चुका तब उस का नाम भूत होता है अर्थात् वह अमुकनामा पुरुष था। जितने उत्पन्न हों, वर्त्तमान में आ के न रहें वे भूतस्थ होने से उन का नाम भूत है। ऐसा ब्रह्मा से लेके आज पर्यन्त के विद्वानों का सिद्धान्त है परन्तु जिस को शङ्का, कुसंग, कुसंस्कार होता है उस को भय और शंकारूप भूत, प्रेत, शाकिनी, डाकिनी आदि अनेक भ्रमजाल दुःखदायक होते हैं।

देखो! जब कोई प्राणी मरता है तब उसका जीव पाप, पुण्य के वश होकर परमेश्वर की व्यवस्था से सुख दुःख के फल भोगने के अर्थ जन्मान्तर धारण करता है। क्या इस अविनाशी परमेश्वर की व्यवस्था का कोई भी नाश कर सकता है? अज्ञानी लोग वैद्यक शास्त्र वा पदार्थविद्या के पढ़ने, सुनने और विचार से रहित होकर सन्निपातज्वरादि शारीरिक और उन्मादादि मानस रोगों का नाम भूत प्रेतादि धरते हैं। उन का औषधसेवन और पथ्यादि उचित व्यवहार न करके उन धूर्त, पाखण्डी, महामूर्ख, अनाचारी, स्वार्थी, भङ्गी, चमार, शूद्र, म्लेच्छादि पर भी विश्वासी होकर अनेक प्रकार से ढोंग, छल, कपट और उच्छिष्ट भोजन, डोरा, धागा आदि मिथ्या मन्त्र, यन्त्र बांधते-बंधवाते फिरते हैं । अपने धन का नाश, सन्तान आदि की दुर्दशा और रोगों को बढ़ा कर दुःख देते फिरते हैं। जब आंख के अन्धे और गांठ के पूरे उन दुर्बुद्धि पापी स्वार्थियों के पास जाकर पूछते हैं कि–'महाराज ! इस लड़का, लड़की, स्त्री और पुरुष को न जाने क्या हो गया है?' तब वे बोलते हैं कि 'इस के शरीर में बड़ा भूत, प्रेत, भैरव, शीतला आदि देवी आ गई है, जब तक तुम इस का उपाय न करोगे तब तक ये न छूटेंगे और प्राण भी ले लेंगे। जो तुम मलीदा वा इतनी भेंट दो तो मन्त्र जप पुरश्चरण से झाड़ के इन को निकाल दें। तब वे अन्धे और उन के सम्बन्धी बोलते हैं कि 'महाराज ! चाहे हमारा सर्वस्व जाओ परन्तु इन को अच्छा कर दीजिए।' तब तो उन की बन पड़ती है। वे धूर्त्त कहते हैं–'अच्छा लाओ इतनी सामग्री, इतनी दक्षिणा, देवता को भेंट और ग्रहदान कराओ।' झांझ, मृदङ्ग, ढोल, थाली लेके उसके सामने बजाते गाते और उन में से एक पाखण्डी उन्मत्त होके नाच कूद के कहता है–'मैं इसका प्राण ही ले लूँगा।' तब वे अन्धे उस भङ्गी चमार आदि नीच के पगों में पड़ के कहते हैं–'आप चाहें सो लीजिये इस को बचाइये।' तब वह धूर्त्त बोलता है मैं हनुमान् हूँ, लाओ पक्की मिठाई, तेल, सिन्दूर, सवा मन का रोट और लाल लंगोट। मैं देवी वा भैरव हूं, लाओ पांच बोतल मद्य, बीस मुर्गी, पांच बकरे, मिठाई और वस्त्र।' जब वे कहते हैं कि–'जो चाहो सो लो' तब तो वह पागल बहुत नाचने कूदने लगता है परन्तु जो कोई बुद्धिमान् उनकी भेंट 'पांच जूता, दण्डा वा चपेटा, लातें मारें' तो उसके हनुमान्, देवी और भैरव झट प्रसन्न होकर भाग जाते हैं। क्योंकि वह उन का केवल धनादि हरण करने के प्रयोजनार्थ ढोंग है।

और जब किसी ग्रहग्रस्त ग्रहरूप ज्योतिर्विदाभास के पास जाके वे कहते हैं–'हे महाराज! इस को क्या है?' तब वे कहते हैं कि–'इस पर सूर्य्यादि क्रूर ग्रह चढ़े हैं। जो तुम इन की शान्ति, पाठ, पूजा, दान कराओ तो इस को सुख हो जाय, नहीं तो बहुत पीड़ित होकर मर जाय तो भी आश्चर्य नहीं।'

(उत्तर) कहिये ज्योतिर्वित् ! जैसी यह पृथिवी जड़ है वैसे ही सूर्यादि लोक हैं, वे ताप और प्रकाशादि से भिन्न कुछ भी नहीं कर सकते। क्या ये चेतन हैं जो क्रोधित होके दुःख और शान्त होके सुख दे सकें?

(प्रश्न) क्या जो यह संसार में राजा प्रजा सुखी दुःखी हो रहे हैं यह ग्रहों का फल नहीं है?

(उत्तर) नहीं, ये सब पाप पुण्यों के फल हैं।

(प्रश्न) तो क्या ज्योातिषशास्त्र झूठा है?

(उत्तर) नहीं, जो उसमें अंक, बीज, रेखागणित विद्या है वह सब सच्ची, जो फल की लीला है वह सब झूठी है।

(प्रश्न) क्या जो यह जन्मपत्र है सो निष्फल है।

(उत्तर) हां, वह जन्मपत्र नहीं किन्तु उसका नाम 'शोकपत्र' रखना चाहिये क्योंकि जब सन्तान का जन्म होता है तब सब को आनन्द होता है। परन्तु वह आनन्द तब तक होता है कि जब तक जन्मपत्र बनके ग्रहों का फल न सुने। जब पुरोहित जन्मपत्र बनाने को कहता है तब उस के माता, पिता पुरोहित से कहते हैं—'महाराज! आप बहुत अच्छा जन्मपत्र बनाइये' जो धनाढ्य हों तो बहुत सी लाल पीली रेखाओं से चित्र विचित्र और निर्धन हो तो साधारण रीति से जन्मपत्र बनाके सुनाने को आता है। तब उसके मां बाप ज्योतिषी जी के सामने बैठ के कहते हैं—'इस का जन्मपत्र अच्छा तो है?' ज्योतिषी कहता है—'जो है सो सुना देता हूं। इसके जन्मग्रह बहुत अच्छे और मित्रग्रह भी बहुत अच्छे हैं जिन का फल धनाढ्य और प्रतिष्ठावान्, जिस सभा में जा बैठेगा तो सब के ऊपर इस का तेज पड़ेगा। शरीर से आरोग्य और राज्यमानी होगा।' इत्यादि बातें सुनके पिता आदि बोलते हैं—'वाह वाह ज्योतिषी जी! आप बहुत अच्छे हो।' ज्योतिषी जी समझते हैं इन बातों से कार्य्य सिद्ध नहीं होता। तब ज्योतिषी बोलता है—'ये ग्रह तो बहुत अच्छे हैं परन्तु ये ग्रह क्रूर हैं अर्थात् फलाने-फलाने ग्रह के योग से ८ वर्ष में इस का मृत्युयोग है।' इस को सुन के माता पितादि पुत्र के जन्म के आनन्द को छोड़ के शोकसागर में डूब कर ज्योतिषी से कहते हैं कि 'महाराज जी! अब हम क्या करें?' तब ज्योतिषी जी कहते हैं—'उपाय करो'। गृहस्थ पूछे 'क्या उपाय करें।' ज्योतिषी जी प्रस्ताव करने लगते हैं कि 'ऐसा-ऐसा दान करो। ग्रह के मन्त्र का जप कराओ और नित्य ब्राह्मणों को भोजन कराओगे तो अनुमान है कि नवग्रहों के विघ्न हट जायेंगे।' अनुमान शब्द इसलिये है कि जो मर जायेगा तो कहेंगे हम क्या करें परमेश्वर के ऊपर कोई नहीं है। हम ने तो बहुत सा यत्न किया और तुम ने कराया, उस के कर्म ऐसे ही थे। और जो बच जाय तो कहते है कि देखो—हमारे मन्त्र, देवता और ब्राह्मणों की कैसी शक्ति है? तुम्हारे लड़के को बचा दिया। यहां यह बात होनी चाहिये कि जो इनके जप पाठ से कुछ न हो तो दूने तिगुने रुपये उन धूर्तों से ले लेने चाहिये और बच जाय तो भी ले लेने चाहिये क्योंकि जैसे ज्योतिषियों ने कहा कि 'इस के कर्म और परमेश्वर के नियम तोड़ने का सामर्थ्य किसी का नहीं।' वैसे गृहस्थ भी कहें कि 'यह अपने कर्म और परमेश्वर के नियम से बचा है, तुम्हारे करने से नहीं' और तीसरे गुरु आदि भी पुण्य दान करा के आप ले लेते हैं तो उनको भी वही उत्तर देना, जो ज्योतिषियों को दिया था।

अब रह गई शीतला और मन्त्र, तन्त्र, यन्त्र आदि। ये भी ऐसे ही ढोंग मचाते हैं। कोई कहता है कि 'जो हम मन्त्र पढ़ के डोरा वा यन्त्र बना देवें तो हमारे देवता और पीर उस मन्त्र, यन्त्र के प्रताप से उस को कोई विघ्न नहीं होने देते।' उन को वही उत्तर देना चाहिये कि क्या तुम मृत्यु, परमेश्वर के नियम और कर्मफल से

भी बचा सकोगे? तुम्हारे इस प्रकार करने से भी कितने ही लड़के मर जाते हैं और तुम्हारे घर में भी मर जाते हैं और क्या तुम मरण से बच सकोगे? तब वे कुछ भी नहीं कह सकते और वे धूर्त्त जान लेते हैं कि यहां हमारी दाल नहीं गलेगी। इस से इन सब मिथ्या व्यवहारों को छोड़ कर धार्मिक, सब देश के उपकारकर्त्ता, निष्कपटता से सब को विद्या पढ़ाने वाले, उत्तम विद्वान् लोगों का प्रत्युपकार करना जैसा वे जगत् का उपकार करते हैं, इस काम को कभी न छोड़ना चाहिये। और जितनी लीला रसायन, मारण, मोहन, उच्चाटन, वशीकरण आदि करना कहते हैं उन को भी महापामर समझना चाहिये।

इत्यादि मिथ्या बातों का उपदेश बाल्यावस्था ही में सन्तानों के हृदय में डाल दें कि जिस से स्वसन्तान किसी के भ्रमजाल में पड़ के दुःख न पावें और वीर्य की रक्षा में आनन्द और नाश करने में दुःखप्राप्ति भी जना देनी चाहिये। जैसे– 'देखो जिस के शरीर में सुरक्षित वीर्य रहता है तब उस को आरोग्य, बुद्धि, बल, पराक्रम बढ़ के बहुत सुख की प्राप्ति होती है। इसके रक्षण में यही रीति है कि विषयों की कथा, विषयी लोगों का संग, विषयों का ध्यान, स्त्री का दर्शन, एकान्त सेवन, सम्भाषण और स्पर्श आदि कर्म से ब्रह्मचारी लोग पृथक् रह कर उत्तम शिक्षा और पूर्ण विद्या को प्राप्त होवें। जिसके शरीर में वीर्य नहीं होता वह नपुंसक महाकुलक्षणी और जिस को प्रमेह रोग होता है वह दुर्बल, निस्तेज, निर्बुद्धि, उत्साह, साहस, धैर्य, बल, पराक्रमादि गुणों से रहित होकर नष्ट हो जाता है। जो तुम लोग सुशिक्षा और विद्या के ग्रहण, वीर्य की रक्षा करने में इस समय चूकोगे तो पुनः इस जन्म में तुम को यह अमूल्य समय प्राप्त नहीं हो सकेगा। जब तक हम लोग गृहकर्मों के करने वाले जीते हैं तभी तक तुम को विद्या-ग्रहण और शरीर का बल बढ़ाना चाहिये।' इसी प्रकार की अन्य-अन्य शिक्षा भी माता और पिता करें।

इसीलिए 'मातृमान् पितृमान्' शब्द का ग्रहण उक्त वचन में किया है अर्थात् जन्म से ५वें वर्ष तक बालकों को माता, ६ वर्ष से ८वें वर्ष तक पिता शिक्षा करें और ९वें वर्ष के आरम्भ में द्विज अपने सन्तानों का उपनयन करके आचार्य कुल में अर्थात् जहां पूर्ण विद्वान् और पूर्ण विदुषी स्त्री शिक्षा और विद्यादान करने वाली हों वहां लड़के और लड़कियों को भेज दें और शूद्रादि वर्ण उपनयन किये विना विद्याभ्यास के लिये गुरुकुल में भेज दें।

उन्हीं के सन्तान विद्वान्, सभ्य और सुशिक्षित होते हैं, जो पढ़ाने में सन्तानों का लाड़न कभी नहीं करते किन्तु ताड़ना ही करते रहते हैं। इसमें व्याकरण महाभाष्य का प्रमाण है–

सामृतैः पाणिभिर्घ्नन्ति गुरवो न विषोक्षितैः।
लालनाश्रयिणो दोषास्ताडनाश्रयिणो गुणाः॥

अर्थ–जो माता, पिता और आचार्य, सन्तान और शिष्यों का ताड़न करते हैं वे जानो अपने सन्तान और शिष्यों को अपने हाथ से अमृत पिला रहे हैं और जो सन्तानों वा शिष्यों का लाड़न करते हैं वे अपने सन्तानों और शिष्यों को विष पिला के नष्ट भ्रष्ट कर देते हैं। क्योंकि लाड़न से सन्तान और शिष्य दोषयुक्त तथा ताड़ना से गुणयुक्त होते हैं और सन्तान और शिष्य लोग भी ताड़ना से प्रसन्न और लाड़न से अप्रसन्न सदा रहा करें। परन्तु माता, पिता तथा अध्यापक लोग ईर्ष्या, द्वेष से ताड़न न करें किन्तु ऊपर से भयप्रदान और भीतर से कृपादृष्टि रक्खें।

जैसे अन्य शिक्षा की वैसी चोरी, जारी, आलस्य, प्रमाद, मादक द्रव्य, मिथ्याभाषण, हिंसा, क्रूरता, ईर्ष्या, द्वेष, मोह आदि दोषों को छोड़ने और सत्याचार के ग्रहण करने की शिक्षा करें। क्योंकि जिस पुरुष ने जिसके सामने एक वार चोरी, जारी, मिथ्याभाषणादि कर्म किया उस की प्रतिष्ठा उस के सामने मृत्युपर्य्यन्त नहीं होती। जैसी हानि प्रतिज्ञा मिथ्या करने वाले की होती है वैसी अन्य किसी की नहीं। इस से जिस के साथ जैसी प्रतिज्ञा करनी उस के साथ वैसे ही पूरी करनी चाहिये अर्थात् जैसे किसी ने किसी से कहा कि 'मैं तुम को वा तुम मुझ से अमुक समय में मिलूँगा वा मिलना अथवा अमुक वस्तु अमुक समय में तुम को मैं दूँगा।' इस को वैसे ही पूरी करे नहीं तो उसकी प्रतीति कोई भी न करेगा, इसलिये सदा सत्यभाषण और सत्यप्रतिज्ञायुक्त सब को होना चाहिये। किसी को अभिमान करना योग्य नहीं, क्योंकि **'अभिमानः श्रियं हन्ति'** यह विदुरनीति का वचन है। जो अभिमान अर्थात् अहङ्कार है वह सब शोभा और लक्ष्मी का नाश कर देता है, इस वास्ते अभिमान करना न चाहिये। छल, कपट वा कृतघ्नता से अपना ही हृदय दुःखित होता है तो दूसरे की क्या कथा कहनी चाहिये। छल और कपट उसको कहते हैं जो भीतर और बाहर और दूसरे को मोह में डाल और दूसरे की हानि पर ध्यान न देकर स्वप्रयोजन सिद्ध करना। 'कृतघ्नता' उस को कहते हैं कि किसी के किए हुए उपकार को न मानना। क्रोधादि दोष और कटुवचन को छोड़ शान्त और मधुर वचन ही बोले और बहुत बकवाद न करे। जितना बोलना चाहिये उससे न्यून वा अधिक न बोले। बड़ों को मान्य दे, उन के सामने उठ कर जा के उच्चासन पर बैठावे, प्रथम 'नमस्ते' करे। उनके सामने उत्तमासन पर न बैठे। सभा में वैसे स्थान में बैठे जैसी अपनी योग्यता हो और दूसरा कोई न उठावे। विरोध किसी से न करे। सम्पन्न होकर गुणों का ग्रहण और दोषों का त्याग रक्खें। सज्जनों का संग और दुष्टों का त्याग, अपने माता, पिता और आचार्य की तन, मन और धनादि उत्तम-उत्तम पदार्थों से प्रीतिपूर्वक सेवा करें।

यान्यस्माकꣳ सुचरितानि तानि त्वयोपास्यानि नो इतराणि॥ यह तैत्ति०।

इसका यह अभिप्राय है कि माता पिता आचार्य्य अपने सन्तान और शिष्यों को सदा सत्य उपदेश करें और यह भी कहें कि जो-जो हमारे धर्मयुक्त कर्म हैं उन-उन का ग्रहण करो और जो-जो दुष्ट कर्म हों उनका त्याग कर दिया करो। जो-जो सत्य जाने उन-उन का प्रकाश और प्रचार करे। किसी पाखण्डी दुष्टाचारी मनुष्य पर विश्वास न करें और जिस-जिस उत्तम कर्म के लिये माता, पिता और आचार्य आज्ञा देवें उस-उस का यथेष्ट पालन करो। जैसे माता, पिता ने धर्म, विद्या, अच्छे आचरण के श्लोक 'निघण्टु' 'निरुक्त' 'अष्टाध्यायी' अथवा अन्य सूत्र वा वेदमन्त्र कण्ठस्थ कराये हों उन-उन का पुनः अर्थ विद्यार्थियों को विदित करावें। जैसे प्रथम समुल्लास में परमेश्वर का व्याख्यान किया है उसी प्रकार मान के उस की उपासना करें। जिस प्रकार आरोग्य, विद्या और बल प्राप्त हो उसी प्रकार भोजन छादन और व्यवहार करें करावें अर्थात् जितनी क्षुधा हो उस से कुछ न्यून भोजन करे। मद्य मांसादि के सेवन से अलग रहें। अज्ञात गम्भीर जल में प्रवेश न करें क्योंकि जलजन्तु वा किसी अन्य पदार्थ से दुःख और जो तरना न जाने तो डूब ही जा सकता है। **'नाविज्ञाते जलाशये'** यह मनु का वचन। अविज्ञात जलाशय में प्रविष्ट होके स्नानादि न करें।

दृष्टिपूतं न्यसेत्पादं वस्त्रपूतं जलं पिबेत्।
सत्यपूतां वदेद्वाचं मनःपूतं समाचरेत्॥ मनु०॥

अर्थ—नीचे दृष्टि कर ऊँचे नीचे स्थान को देख के चले, वस्त्र से छान कर जल पिये, सत्य से पवित्र करके वचन बोले, मन से विचार के आचरण करे।

माता शत्रुः पिता वैरी येन बालो न पाठितः।
न शोभते सभामध्ये हंसमध्ये वको यथा ॥

यह किसी कवि का वचन है।

वे माता और पिता अपने सन्तानों के पूर्ण वैरी हैं जिन्होंने उन को विद्या की प्राप्ति न कराई, वे विद्वानों की सभा में वैसे तिरस्कृत और कुशोभित होते हैं जैसे हंसों के बीच में बगुला। यही माता, पिता का कर्त्तव्य कर्म परमधर्म और कीर्ति का काम है जो अपने सन्तानों को तन, मन, धन से विद्या, धर्म, सभ्यता और उत्तम शिक्षायुक्त करना।

यह बालशिक्षा में थोड़ा सा लिखा, इतने ही से बुद्धिमान् लोग बहुत समझ लेंगे।

इति श्रीमद्दयानन्दसरस्वतीस्वामिकृते सत्यार्थप्रकाशे
सुभाषाविभूषिते बालशिक्षाविषये
द्वितीयः समुल्लासः सम्पूर्णः॥२॥

अथ तृतीयसमुल्लासारम्भः

अथाऽध्ययनाऽध्यापनविधिं व्याख्यास्यामः

अब तीसरे समुल्लास में पढ़ने का प्रकार लिखते हैं। सन्तानों को उत्तम विद्या, शिक्षा, गुण, कर्म्म और स्वभावरूप आभूषणों का धारण कराना माता, पिता, आचार्य्य और सम्बन्धियों का मुख्य कर्म है। सोने, चांदी, माणिक, मोती, मूँगा आदि रत्नों से युक्त आभूषणों के धारण कराने से मनुष्य का आत्मा सुभूषित कभी नहीं हो सकता। क्योंकि आभूषणों के धारण करने से केवल देहाभिमान, विषयासक्ति और चोर आदि का भय तथा मृत्यु का भी सम्भव है। संसार में देखने में आता है कि आभूषणों के योग से बालकादिकों का मृत्यु दुष्टों के हाथ से होता है।

विद्याविलासमनसो धृतशीलशिक्षाः सत्यव्रता रहितमानमलापहाराः।
संसारदुःखदलनेन सुभूषिता ये धन्या नरा विहितकर्मपरोपकाराः॥

जिन पुरुषों का मन विद्या के विलास में तत्पर रहता, सुन्दर शील स्वभाव युक्त, सत्यभाषणादि नियम पालनयुक्त और अभिमान अपवित्रता से रहित, अन्य की मलीनता के नाशक, सत्योपदेश, विद्यादान से संसारी जनों के दुःखों के दूर करने से सुभूषित, वेदविहित कर्मों से पराये उपकार करने में रहते हैं, वे नर और नारी धन्य हैं। इसलिये आठ वर्ष के हों तभी लड़कों को लड़कों की और लड़कियों को लड़कियों की शाला में भेज देवें। जो अध्यापक पुरुष वा स्त्री दुष्टाचारी हों उन से शिक्षा न दिलावें, किन्तु जो पूर्ण विद्यायुक्त धार्मिक हों वे ही पढ़ाने और शिक्षा देने योग्य हैं।

द्विज अपने घर में लड़कों का यज्ञोपवीत और कन्याओं का भी यथायोग्य संस्कार करके यथोक्त आचार्य्य कुल अर्थात् अपनी-अपनी पाठशाला में भेज दें। विद्या पढ़ने का स्थान एकान्त देश में होना चाहिये और वे लड़के और लड़कियों की पाठशाला दो कोश एक दूसरे से दूर होनी चाहिये। जो वहां अध्यापिका और अध्यापक पुरुष वा भृत्य अनुचर हों वे कन्याओं की पाठशाला में सब स्त्री और पुरुषों की पाठशाला में पुरुष रहें। स्त्रियों की पाठशाला में पांच वर्ष का लड़का और पुरुषों की पाठशाला में पांच वर्ष की लड़की भी न जाने पावे। अर्थात् जब तक वे ब्रह्मचारी वा बह्मचारिणी रहें तब तक स्त्री वा पुरुष का दर्शन, स्पर्शन, एकान्तसेवन, भाषण, विषयकथा, परस्परक्रीडा, विषय का ध्यान और सङ्ग इन आठ प्रकार के मैथुनों से अलग रहें और अध्यापक लोग उन को इन बातों से बचावें। जिस से उत्तम विद्या, शिक्षा, शील, स्वभाव, शरीर और आत्मा के बलयुक्त होके आनन्द को नित्य बढ़ा सकें।

पाठशालाओं से एक योजन अर्थात् चार कोश दूर ग्राम वा नगर रहे। सब को तुल्य वस्त्र, खान-पान, आसन दिये जायें, चाहे वह राजकुमार व राजकुमारी हो, चाहे दरिद्र के सन्तान हों, सब को तपस्वी होना चाहिये। उन के माता पिता अपने सन्तानों से वा सन्तान अपने माता पिताओं से न मिल सकें और न किसी प्रकार का पत्र-व्यवहार एक दूसरे से कर सकें, जिस से संसारी चिन्ता से रहित होकर केवल विद्या बढ़ाने की चिन्ता रखें। जब भ्रमण करने को जायें तब उनके

साथ अध्यापक रहैं, जिस से किसी प्रकार की कुचेष्टा न कर सकें और न आलस्य प्रमाद करें।

कन्यानां सम्प्रदानं च कुमाराणां च रक्षणम्॥ मनु०॥

इसका अभिप्राय यह है कि इस में राजनियम और जातिनियम होना चाहिये कि पांचवें अथवा आठवें वर्ष से आगे अपने लड़कों और लड़कियों को घर में न रख सकें। पाठशाला में अवश्य भेज देवें। जो न भेजे वह दण्डनीय हो। प्रथम लड़कों का यज्ञोपवीत घर में ही हो और दूसरा पाठशाला में आचार्य्यकुल में हो। पिता माता वा अध्यापक अपने लड़का लड़कियों को अर्थसहित गायत्री मन्त्र का उपदेश कर दें। वह मन्त्र—

ओ३म् भूर्भुवः स्वः । तत्सवितुर्वरेण्यं भर्गो देवस्य धीमहि ।
धियो यो नः प्रचोदयात् ॥

इस मन्त्र में जो प्रथम (ओ३म्) है उस का अर्थ प्रथमसमुल्लास में कर दिया है, वहीं से जान लेना। अब तीन महाव्याहृतियों के अर्थ संक्षेप से लिखते हैं—**'भूरिति वै प्राणः' 'यः प्राणयति चराऽचरं जगत् स भूः स्वयम्भूरीश्वरः'** जो सब जगत् के जीवन का आधार, प्राण से भी प्रिय और स्वयम्भू है उस प्राण का वाचक होके 'भूः' परमेश्वर का नाम है। **'भुवरित्यपानः' 'यः सर्वं दुःखमपानयति सोऽपानः'** जो सब दुःखों से रहित, जिस के संग से जीव सब दुःखों से छूट जाते हैं इसलिये उस परमेश्वर का नाम 'भुवः' है। **'स्वरिति व्यानः' 'यो विविधं जगद् व्यानयति व्याप्नोति स व्यानः'** । जो नानाविध जगत् में व्यापक होके सब का धारण करता है इसलिये उस परमेश्वर का नाम 'स्वः' है। ये तीनों वचन तैत्तिरीय आरण्यक के हैं।

(सवितुः) **'यः सुनोत्युत्पादयति सर्वं जगत् स सविता तस्य'**। जो सब जगत् का उत्पादक और सब ऐश्वर्य का दाता है । (देवस्य) **'यो दीव्यति दीव्यते वा स देवः'** । जो सर्वसुखों का देनेहारा और जिस की प्राप्ति की कामना सब करते हैं। उस परमात्मा का जो **(वरेण्यम्) 'वर्त्तुमर्हम्'** स्वीकार करने योग्य अतिश्रेष्ठ **(भर्गः) 'शुद्धस्वरूपम्'** शुद्धस्वरूप और पवित्र करने वाला चेतन ब्रह्म स्वरूप है **(तत्)** उसी परमात्मा के स्वरूप को हम लोग **(धीमहि) 'धरेमहि'** धारण करें। किस प्रयोजन के लिये कि **(यः) 'जगदीश्वरः'** जो सविता देव परमात्मा **(नः) 'अस्माकम्'** हमारी **(धियः) 'बुद्धीः'** बुद्धियों को (प्रचोदयात्) **'प्रेरयेत्'** प्रेरणा करे अर्थात् बुरे कामों से छुड़ा कर अच्छे कामों में प्रवृत्त करे।

'हे परमेश्वर! हे सच्चिदानन्दस्वरूप! हे नित्यशुद्धबुद्धमुक्तस्वभाव! हे अज निरञ्जन निर्विकार! हे सर्वान्तर्यामिन्! हे सर्वाधार जगत्पते सकलजगदुत्पादक! हे अनादे! विश्वम्भर सर्वव्यापिन्! हे करुणामृतवारिधे! सवितुर्देवस्य तव यदों भूर्भुवः स्वर्वरेण्यं भर्गोऽस्ति तद्वयं धीमहि दधीमहि ध्यायेम वा कस्मै प्रयोजनायेत्यत्राह। हे भगवन् ! यः सविता देवः परमेश्वरो भवान्नस्माकं धियः प्रचोदयात् स एवास्माकं पूज्य उपासनीय इष्टदेवो भवतु नातोऽन्यं भवत्तुल्यं भवतोऽधिकं च कञ्चित् कदाचिन्मन्यामहे।

हे मनुष्यो! जो सब समर्थों में समर्थ सच्चिदानन्दानन्तस्वरूप, नित्य शुद्ध,

नित्य बुद्ध, नित्य मुक्तस्वभाव वाला, कृपासागर, ठीक-ठीक न्याय का करनेहारा, जन्ममरणादि क्लेशरहित, आकाररहित, सब के घट-घट का जानने वाला, सब का धर्ता, पिता, उत्पादक, अन्नादि से विश्व का पोषण करनेहारा, सकल ऐश्वर्ययुक्त जगत् का निर्माता, शुद्धस्वरूप और जो प्राप्ति की कामना करने योग्य है उस परमात्मा का जो शुद्ध चेतनस्वरूप है उसी को हम धारण करें। इस प्रयोजन के लिये कि वह परमेश्वर हमारे आत्मा और बुद्धियों का अन्तर्यामीस्वरूप हम को दुष्टाचार अधर्म्मयुक्त मार्ग से हटा के श्रेष्ठाचार सत्य मार्ग में चलावें, उस को छोड़कर दूसरे किसी वस्तु का ध्यान हम लोग नहीं करें। क्योंकि न कोई उसके तुल्य और न अधिक है वही हमारा पिता राजा न्यायाधीश और सब सुखों का देनेहारा है।

इस प्रकार गायत्री मन्त्र का उपदेश करके **सन्ध्योपासन की जो स्नान, आचमन, प्राणायाम आदि क्रिया हैं सिखलावें।** प्रथम स्नान इसलिए है कि जिस से शरीर के बाह्य अवयवों की शुद्धि और आरोग्य आदि होते हैं। इस में प्रमाण—

अद्भिर्गात्राणि शुध्यन्ति मनः सत्येन शुध्यति।
विद्यातपोभ्यां भूतात्मा बुद्धिर्ज्ञानेन शुध्यति॥

यह मनुस्मृति का श्लोक है।

जल से शरीर के बाहर के अवयव, सत्याचरण से मन, विद्या और तप अर्थात् सब प्रकार के कष्ट भी सह के धर्म ही के अनुष्ठान करने से जीवात्मा, ज्ञान अर्थात् पृथिवी से लेके परमेश्वर पर्यन्त पदार्थों के विवेक से बुद्धि दृढ़-निश्चय पवित्र होता है। इस से स्नान भोजन के पूर्व अवश्य करना।

दूसरा प्राणायाम, इसमें प्रमाण—

प्राणायामादशुद्धिक्षये ज्ञानदीप्तिराविवेकख्यातेः॥

—यह योगशास्त्र का सूत्र है।

जब मनुष्य प्राणायाम करता है तब प्रतिक्षण उत्तरोत्तर काल में अशुद्धि का नाश और ज्ञान का प्रकाश होता जाता है। जब तक मुक्ति न हो तब तक उसके आत्मा का ज्ञान बराबर बढ़ता जाता है।

दह्यन्ते ध्मायमानानां धातूनां च यथा मलाः।
तथेन्द्रियाणां दह्यन्ते दोषाः प्राणस्य निग्रहात्॥

यह मनुस्मृति का श्लोक है।

जैसे अग्नि में तपाने से सुवर्णादि धातुओं का मल नष्ट होकर शुद्ध होते हैं वैसे प्राणायाम करके मन आदि इन्द्रियों के दोष क्षीण होकर निर्मल हो जाते हैं। प्राणायाम की विधि—

प्रच्छर्दनविधारणाभ्यां वा प्राणस्य। योगसूत्र।

जैसे अत्यन्त वेग से वमन होकर अन्न जल बाहर निकल जाता है वैसे प्राण को बल से बाहर फेंक के बाहर ही यथाशक्ति रोक देवे। जब बाहर निकालना चाहे तब मूलेन्द्रिय को ऊपर खींच के वायु को बाहर फेंक दे। जब तक मूलेन्द्रिय को ऊपर खींच रक्खे तब तक प्राण बाहर रहता है। इसी प्रकार प्राण बाहर अधिक ठहर सकता है। जब गभराहट हो तब धीरे-धीरे भीतर वायु को ले के फिर भी वैसे ही करता जाय जितना सामर्थ्य और इच्छा हो और मन में (ओ३म्) इस का जप करता जाय इस प्रकार करने से आत्मा और मन की पवित्रता और स्थिरता

होती है।

एक 'बाह्यविषय' अर्थात् बाहर ही अधिक रोकना। दूसरा 'आभ्यन्तर' अर्थात् भीतर जितना प्राण रोका जाय उतना रोक के। तीसरा 'स्तम्भवृत्ति' अर्थात् एक ही वार जहां का तहां प्राण को यथाशक्ति रोक देना। चौथा 'बाह्याभ्यन्तराक्षेपी' अर्थात् जब प्राण भीतर से बाहर निकलने लगे तब उससे विरुद्ध उस को न निकलने देने के लिये बाहर से भीतर ले और जब बाहर से भीतर आने लगे तब भीतर से बाहर की ओर प्राण को धक्का देकर रोकता जाय। ऐसे एक दूसरे के विरुद्ध क्रिया करें तो दोनों की गति रुक कर प्राण अपने वश में होने से मन और इन्द्रियाँ भी स्वाधीन होते हैं। बल पुरुषार्थ बढ़ कर बुद्धि तीव्र सूक्ष्मरूप हो जाती है कि जो बहुत कठिन और सूक्ष्म विषय को भी शीघ्र ग्रहण करती है। इस से मनुष्य शरीर में वीर्य्य वृद्धि को प्राप्त होकर स्थिर, बल, पराक्रम, जितेन्द्रियता, सब शास्त्रों को थोड़े ही काल में समझ कर उपस्थित कर लेगा। स्त्री भी इसी प्रकार योगाभ्यास करे। भोजन, छादन, बैठने, उठने, बोलने, चालने, बड़े छोटे से यथायोग्य व्यवहार करने का उपदेश करें।

सन्ध्योपासन जिसको **ब्रह्मयज्ञ** भी कहते हैं। **'आचमन'** उतने जल को हथेली में ले के उस के मूल और मध्यदेश में ओष्ठ लगा के करे कि वह जल कण्ठ के नीचे हृदय तक पहुंचे, न उससे अधिक न न्यून। उससे कण्ठस्थ कफ और पित्त की निवृत्ति थोड़ी सी होती है। पश्चात् 'मार्जन' अर्थात् मध्यमा और अनामिका अंगुली के अग्रभाग से नेत्रादि अङ्गों पर जल छिड़के, उस से आलस्य दूर होता है जो आलस्य और जल प्राप्त न हो तो न करे। पुनः समन्त्रक **प्राणायाम, मनसापरिक्रमण, उपस्थान,** पीछे परमेश्वर की स्तुति, प्रार्थना और उपासना की रीति शिखलावे। पश्चात् 'अघमर्षण' अर्थात् पाप करने की इच्छा भी कभी न करे। यह सन्ध्योपासन एकान्त देश में एकाग्रचित्त से करे।

अपां समीपे नियतो नैत्यकं विधिमास्थितः।
सावित्रीमप्यधीयीत गत्वारण्यं समाहितः॥ यह मनुस्मृति का वचन है।

जङ्गल में अर्थात् एकान्त देश में जा सावधान हो के जल के समीप स्थित हो के नित्य कर्म को करता हुआ सावित्री अर्थात् गायत्री मन्त्र का उच्चारण अर्थज्ञान और उसके अनुसार अपने चाल चलन को करे परन्तु यह जन्म से करना उत्तम है।

दूसरा देवयज्ञ—जो अग्निहोत्र और विद्वानों का संग सेवादिक से होता है। सन्ध्या और अग्निहोत्र सायं प्रातः दो ही काल में करे। दो ही रात दिन की सन्धिवेला हैं, अन्य नहीं। **न्यून से न्यून एक घण्टा ध्यान अवश्य करे।** जैसे समाधिस्थ होकर योगी लोग परमात्मा का ध्यान करते हैं वैसे ही सन्ध्योपासन भी किया

करें। यथा सूर्योदय के पश्चात् और सूर्यास्त के पूर्व अग्निहोत्र करने का भी समय है। उसके लिए एक किसी धातु वा मिट्टी की ऊपर १२ वा १६ अंगुल चौकोर उतनी ही गहिरी और नीचे ३ वा ४ अंगुल परिमाण से वेदी इस प्रकार बनावे अर्थात् ऊपर जितनी चौड़ी हो उसकी चतुर्थांश नीचे चौड़ी रहे। उसमें चन्दन पलाश वा आम्रादि के श्रेष्ठ काष्ठों के टुकड़े उसी वेदी के परिमाण से बड़े छोटे करके उस में रक्खे, उसके मध्य में अग्नि रखके पुनः उस पर समिधा अर्थात् पूर्वोक्त इन्धन रख दे। एक प्रोक्षणीपात्र  ऐसा और तीसरा प्रणीतापात्र 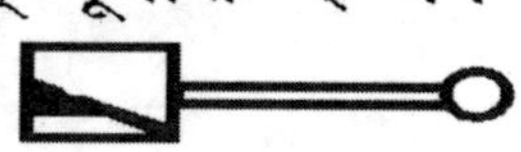 इस प्रकार का और एक  इस

प्रकार की आज्यस्थाली अर्थात् घृत रखने का पात्र और चमसा  ऐसा सोने, चांदी वा काष्ठ का बनवा के प्रणीता और प्रोक्षणी में जल तथा घृतपात्र में घृत रख के घृत को तपा लेवे। प्रणीता जल रखने और प्रोक्षणी इसलिये है कि उस से हाथ धोने को जल लेना सुगम है। पश्चात् उस घी को अच्छे प्रकार देख लेवे फिर मन्त्र से होम करें।

ओं भूरग्नये प्राणाय स्वाहा। भुवर्वायवेऽपानाय स्वाहा। स्वरादित्याय व्यानाय स्वाहा। भूर्भुवः स्वरग्निवाय्वादित्येभ्यः प्राणापानव्यानेभ्यः स्वाहा॥

इत्यादि अग्निहोत्र के प्रत्येक मन्त्र को पढ़ कर एक-एक आहुति देवे और जो अधिक आहुति देना हो तो-

विश्वानि देव सवितर्दुरितानि परा सुव । यद्भद्रं तन्न आ सुव ॥

इस मन्त्र और पूर्वोक्त गायत्री मन्त्र से आहुति देवे। 'ओं' 'भूः' और 'प्राणः' आदि ये सब नाम परमेश्वर के हैं। इनके अर्थ कह चुके हैं। 'स्वाहा' शब्द का अर्थ यह है कि जैसा ज्ञान आत्मा में हो वैसा ही जीभ से बोले, विपरीत नहीं। जैसे परमेश्वर ने सब प्राणियों के सुख के अर्थ इस सब जगत् के पदार्थ रचे हैं वैसे मनुष्यों को भी परोपकार करना चाहिये।

(प्रश्न) होम से क्या उपकार होता है?

(उत्तर) सब लोग जानते हैं कि दुर्गन्धयुक्त वायु और जल से रोग, रोग से प्राणियों को दुःख और सुगन्धित वायु तथा जल से आरोग्य और रोग के नष्ट होने से सुख प्राप्त होता है।

(प्रश्न) चन्दनादि घिस के किसी को लगावे वा घृतादि खाने को देवे तो बड़ा उपकार हो। अग्नि में डाल के व्यर्थ नष्ट करना बुद्धिमानों का काम नहीं।

(उत्तर) जो तुम पदार्थविद्या जानते तो कभी ऐसी बात न कहते। क्योंकि किसी द्रव्य का अभाव नहीं होता। देखो! जहां होम होता है वहां से दूर देश में स्थित पुरुष के नासिका से सुगन्ध का ग्रहण होता है वैसे दुर्गन्ध का भी। इतने ही से समझ लो कि अग्नि में डाला हुआ पदार्थ सूक्ष्म हो के फैल के वायु के साथ दूर देश में जाकर दुर्गन्ध की निवृत्ति करता है।

(प्रश्न) जब ऐसा ही है तो केशर, कस्तूरी, सुगन्धित पुष्प और अतर आदि के घर में रखने से सुगन्धित वायु होकर सुखकारक होगा।

(उत्तर) उस सुगन्ध का वह सामर्थ्य नहीं है कि गृहस्थ वायु को बाहर निकाल कर शुद्ध वायु को प्रवेश करा सके क्योंकि उस में भेदक शक्ति नहीं है और अग्नि ही का सामर्थ्य है कि उस वायु और दुर्गन्धयुक्त पदार्थों को छिन्न-भिन्न और हल्का करके बाहर निकाल कर पवित्र वायु को प्रवेश करा देता है।

(प्रश्न) तो मन्त्र पढ़ के होम करने का क्या प्रयोजन है?

(उत्तर) मन्त्रों में वह व्याख्यान है कि जिससे होम करने में लाभ विदित हो जायें और मन्त्रों की आवृत्ति होने से कण्ठस्थ रहें। वेदपुस्तकों का पठन-पाठन और रक्षा भी होवे।

(प्रश्न) क्या इस होम करने के विना पाप होता है?

(उत्तर) हां ! क्योंकि जिस मनुष्य के शरीर से जितना दुर्गन्ध उत्पन्न

हो के वायु और जल को बिगाड़ कर रोगोत्पत्ति का निमित्त होने से प्राणियों को दुःख प्राप्त कराता है उतना ही पाप उस मनुष्य को होता है। इसलिये उस पाप के निवारणार्थ उतना सुगन्ध वा उससे अधिक वायु और जल में फैलाना चाहिये। और खिलाने पिलाने से उसी एक व्यक्ति को सुख विशेष होता है। जितना घृत और सुगन्धादि पदार्थ एक मनुष्य खाता है उतने द्रव्य के होम से लाखों मनुष्यों का उपकार होता है परन्तु जो मनुष्य लोग घृतादि उत्तम पदार्थ न खावें तो उन के शरीर और आत्मा के बल की उन्नति न हो सके, इस से अच्छे पदार्थ खिलाना पिलाना भी चाहिये परन्तु उससे होम अधिक करना उचित है इसलिए होम का करना अत्यावश्यक है।

(प्रश्न) प्रत्येक मनुष्य कितनी आहुति करे और एक-एक आहुति का कितना परिमाण है?

(उत्तर) प्रत्येक मनुष्य को सोलह-सोलह आहुति और छः-छः माशे घृतादि एक-एक आहुति का परिमाण न्यून से न्यून चाहिये और जो इससे अधिक करे तो बहुत अच्छा है। इसीलिये आर्यवरशिरोमणि महाशय ऋषि, महर्षि, राजे, महाराजे लोग बहुत सा होम करते और कराते थे। जब तक इस होम करने का प्रचार रहा तब तक आर्यावर्त्त देश रोगों से रहित और सुखों से पूरित था, अब भी प्रचार हो तो वैसा ही हो जाय। ये दो यज्ञ अर्थात् ब्रह्मयज्ञ जो पढ़ना-पढ़ाना सन्ध्योपासन ईश्वर की स्तुति, प्रार्थना, उपासना करना, दूसरा देवयज्ञ जो अग्निहोत्र से ले के अश्वमेध पर्यन्त यज्ञ और विद्वानों की सेवा संग करना परन्तु ब्रह्मचर्य में केवल ब्रह्मयज्ञ और अग्निहोत्र का ही करना होता है।

ब्राह्मणस्त्रयाणां वर्णानामुपनयनं कर्तुमर्हति राजन्यो द्वयस्य वैश्यो वैश्यस्यैवेति। शूद्रमपि कुलगुणसम्पन्नं मन्त्रवर्जमनुपनीतमध्यापयेदित्येके।

यह सुश्रुत के सूत्रस्थान के दूसरे अध्याय का वचन है। ब्राह्मण तीनों वर्ण ब्राह्मण, क्षत्रिय और वैश्य, क्षत्रिय; क्षत्रिय और वैश्य तथा वैश्य एक वैश्य वर्ण को यज्ञोपवीत कराके पढ़ा सकता है और जो कुलीन शुभलक्षणयुक्त शूद्र हो तो उस को मन्त्रसंहिता छोड़ के सब शास्त्र पढ़ावे । शूद्र पढ़े परन्तु उस का उपनयन न करे यह मत अनेक आचार्यों का है। पश्चात् पांचवें वा आठवें वर्ष से लड़के लड़कों की पाठशाला में और लड़की लड़कियों की पाठशाला में जावें। और निम्नलिखित नियम-पूर्वक अध्ययन का आरम्भ करें।

षट्त्रिंशदाब्दिकं चर्य्यं गुरौ त्रैवैदिकं व्रतम्।
तदर्धिकं पादिकं वा ग्रहणान्तिकमेव वा॥ मनु०॥

अर्थ—आठवें वर्ष से आगे छत्तीसवें वर्ष पर्यन्त अर्थात् एक-एक वेद के साङ्गोपाङ्ग पढ़ने में बारह-बारह वर्ष मिल के छत्तीस और आठ मिल के चवालीस अथवा अठारह वर्षों का ब्रह्मचर्य और आठ पूर्व के मिल के छब्बीस वा नौ वर्ष तथा जब तक विद्या पूरी ग्रहण न कर लेवे तब तक ब्रह्मचर्य रक्खे।

पुरुषो वाव यज्ञस्तस्य यानि चतुर्विंशति वर्षाणि तत्प्रातःसवनं चतुर्विंशत्यक्षरा गायत्री गायत्रं प्रातःसवनं तदस्य वसवोऽन्वायत्ताः प्राणा वाव वसव एते हीदꣳ सर्वं वासयन्ति॥ १॥

तञ्चेदेतस्मिन् वयसि किञ्चिदुपतपेत्स ब्रूयात्प्राणा वसव इदं मे प्रातः-

सवनं माध्यन्दिनꣳ सवनमनुसन्तनुतेति माहं प्राणानां वसूनां मध्ये यज्ञो विलोप्सी-येत्युद्धैव तत एत्यगदो ह भवति॥ २॥

अथ यानि चतुश्चत्वारिꣳशद्वर्षाणि तन्माध्यन्दिनꣳसवनं चतुश्चत्वा-रिंशदक्षरा त्रिष्टुप् त्रैष्टुभं माध्यन्दिनꣳसवनं तदस्य रुद्रा अन्वायत्ताः प्राणा वाव रुद्रा एते हीदꣳसर्वं रोदयन्ति॥ ३॥

तं चेदेतस्मिन्वयसि किञ्चिदुपतपेत्स ब्रूयात्प्राणा रुद्रा इदं मे माध्यन्दिनꣳ-सवनं तृतीयसवनमनुसन्तनुतेति माहं प्राणानाꣳ रुद्राणां मध्ये यज्ञो विलोप्सी-येत्युद्धैव तत एत्यगदो ह भवति॥ ४॥

अथ यान्यष्टाचत्वारिंशद्वर्षाणि तत्तृतीयसवनमष्टाचत्वारिꣳशदक्षरा जगती जागतं तृतीयसवनं तदस्यादित्या अन्वायत्ताः प्राणा वावादित्या एते हीदꣳसर्वमाददते॥ ५॥

तं चेदेतस्मिन् वयसि किञ्चिदुपतपेत्स ब्रूयात् प्राणा आदित्या इदं मे तृतीयसवनमायुरनुसन्तनुतेति माहं प्राणानामादित्यानां मध्ये यज्ञो विलोप्सी-येत्युद्धैव तत एत्यगदो हैव भवति॥ ६॥ —यह छान्दोग्योपनिषत् का वचन है।

ब्रह्मचर्य तीन प्रकार का होता है **कनिष्ठ**—जो पुरुष अन्नरसमय देह और पुरि अर्थात् देह में शयन करने वाला जीवात्मा, यज्ञ अर्थात् अतीव शुभगुणों से सङ्गत और सत्कर्त्तव्य है इस को अवश्य है कि २४ वर्ष पर्यन्त जितेन्द्रिय अर्थात् ब्रह्मचारी रह कर वेदादि विद्या और सुशिक्षा का ग्रहण करे और विवाह करके भी लम्पटता न करें तो उसके शरीर में प्राण बलवान् होकर सब शुभगुणों के वास कराने वाले होते हैं॥ १॥ इस प्रथम वय में जो उस को विद्याभ्यास में सन्तप्त करे और वह आचार्य वैसा ही उपदेश किया करे और ब्रह्मचारी ऐसा निश्चय रक्खे कि जो मैं प्रथम अवस्था में ठीक-ठीक ब्रह्मचर्य से रहूँगा तो मेरा शरीर और आत्मा आरोग्य बलवान् होके शुभगुणों को बसाने वाले मेरे प्राण होंगे। हे मनुष्यो तुम इस प्रकार से सुखों का विस्तार करो, जो मैं ब्रह्मचर्य का लोप न करूं। २४ वर्ष के पश्चात् गृहाश्रम करूंगा तो प्रसिद्ध है कि रोगरहित रहूँगा और आयु भी मेरी ७० वा ८० वर्ष होगी॥२॥

मध्यम ब्रह्मचर्य—यह है जो मनुष्य ४४ वर्ष पर्यन्त ब्रह्मचारी रह कर वेदाभ्यास करता है उसके प्राण, इन्द्रियाँ, अन्तःकरण और आत्मा बलयुक्त होके सब दुष्टों को रुलाने और श्रेष्ठों का पालन करनेहारे होते हैं॥ ३॥ जो मैं इसी प्रथम वय में जैसा आप कहते हैं कुछ तपश्चर्या करूं तो मेरे ये रुद्ररूप प्राणयुक्त यह मध्यम ब्रह्मचर्य सिद्ध होगा। हे ब्रह्मचारी लोगो! तुम इस ब्रह्मचर्य को बढ़ाओ। जैसे मैं इस ब्रह्मचर्य का लोप न करके यज्ञस्वरूप होता हूँ और उसी आचार्यकुल से आता और रोगरहित होता हूँ जैसा कि यह ब्रह्मचारी अच्छा काम करता है वैसा तुम किया करो॥ ४॥

उत्तम ब्रह्मचर्य—४८ वर्ष पर्यन्त का तीसरे प्रकार का होता है। जैसे ४८ अक्षर की जगती वैसे जो ४८ वर्ष पर्यन्त यथावत् ब्रह्मचर्य करता है उसके प्राण अनुकूल होकर सकल विद्याओं का ग्रहण करते हैं॥ ५॥ आचार्य और माता पिता अपने सन्तानों को प्रथम वय में विद्या और गुणग्रहण के लिये तपस्वी कर और उसी का उपदेश करें और वे सन्तान आप ही आप अखण्डित ब्रह्मचर्य सेवन से तीसरे उत्तम ब्रह्मचर्य का सेवन करके पूर्ण अर्थात् चार सौ वर्ष पर्यन्त आयु को बढ़ावें

वैसे तुम भी बढ़ाओ। क्योंकि जो मनुष्य इस ब्रह्मचर्य को प्राप्त होकर लोप नहीं करते वे सब प्रकार के रोगों से रहित होकर धर्म, अर्थ, काम और मोक्ष को प्राप्त होते हैं॥ ६॥

चतस्रोऽवस्थाः शरीरस्य वृद्धिर्यौवनं सम्पूर्णता किञ्चित्परिहाणिश्चेति। आषोडशाद् वृद्धिः। आपञ्चविंशतेर्यौवनम्। आचत्वारिंशतः सम्पूर्णता। ततः किञ्चित्परिहाणिश्चेति।

पञ्चविंशे ततो वर्षे पुमान् नारी तु षोडशे।
समत्वागतवीर्यौ तौ जानीयात्कुशलो भिषक्॥

—यह सुश्रुत के शरीरस्थान का वचन है।

इस शरीर की चार अवस्था हैं। एक (वृद्धि) जो १६वें वर्ष से लेके २५वें वर्ष पर्यन्त सब धातुओं की बढ़ती होती है। दूसरा (यौवन) जो २५ वें वर्ष के अन्त और २६वें वर्ष के आदि में युवावस्था का आरम्भ होता है। तीसरी (सम्पूर्णता) जो पच्चीसवें वर्ष से लेके चालीसवें वर्ष पर्यन्त सब धातुओं की पुष्टि होती है। चौथी (किञ्चित्परिहाणि) तब सब साङ्गोपाङ्ग शरीरस्थ सकल धातु पुष्ट होके पूर्णता को प्राप्त होते हैं। तदनन्तर जो धातु बढ़ता है वह शरीर में नहीं रहता, किन्तु स्वप्न, प्रस्वेदादि द्वारा बाहर निकल जाता है वही ४० वां वर्ष उत्तम समय विवाह का है अर्थात् उत्तमोत्तम तो अड़तालीसवें वर्ष में विवाह करना।

(प्रश्न) क्या यह ब्रह्मचर्य का नियम स्त्री वा पुरुष दोनों का तुल्य ही है।

(उत्तर) नहीं, जो २५ वर्ष पर्यन्त पुरुष ब्रह्मचर्य करें तो १६ वर्ष पर्यन्त कन्या। जो पुरुष तीस वर्ष पर्यन्त ब्रह्मचारी रहै तो स्त्री १७ वर्ष, जो पुरुष छत्तीस वर्ष तक रहै तो स्त्री १८ वर्ष, जो पुरुष ४० वर्ष पर्यन्त ब्रह्मचर्य करे तो स्त्री २० वर्ष, जो पुरुष ४४ वर्ष पर्यन्त ब्रह्मचर्य करे तो स्त्री २२ वर्ष, जो पुरुष ४८ वर्ष ब्रह्मचर्य करे तो स्त्री २४ चौबीस वर्ष पर्यन्त ब्रह्मचर्य सेवन रक्खें अर्थात् ४८ वें वर्ष से आगे पुरुष और २४ वें वर्ष से आगे स्त्री को ब्रह्मचर्य न रखना चाहिये परन्तु यह नियम विवाह करने वाले पुरुष और स्त्रियों का है जो विवाह करना ही न चाहैं वे मरणपर्यन्त ब्रह्मचारी रह सकते हों तो भले ही रहैं परन्तु यह काम पूर्ण विद्या वाले जितेन्द्रिय और निर्दोष योगी स्त्री और पुरुष का है। यह बड़ा कठिन काम है कि जो काम के वेग को थाम के इन्द्रियों को अपने वश में रखना।

ऋतं च स्वाध्यायप्रवचने च। सत्यं च स्वाध्यायप्रवचने च। तपश्च स्वाध्यायप्रवचने च। दमश्च स्वाध्यायप्रवचने च। शमश्च स्वाध्यायप्रवचने च। अग्नयश्च स्वाध्यायप्रवचने च। अग्निहोत्रं च स्वाध्यायप्रवचने च। अतिथयश्च स्वाध्यायप्रवचने च। मानुषं च स्वाध्यायप्रवचने च। प्रजा च स्वाध्यायप्रवचने च। प्रजनश्च स्वाध्यायप्रवचने च। प्रजातिश्च स्वाध्यायप्रवचने च।

—यह तैत्तिरीयोपनिषत् का वचन है।

ये पढ़ने पढ़ाने वालों के नियम हैं। (ऋतं०) यथार्थ आचरण से पढ़ें और पढ़ावें, (सत्यं०) सत्याचार से सत्यविद्याओं को पढ़ें वा पढ़ावें, (तपः०) तपस्वी अर्थात् धर्मानुष्ठान करते हुए वेदादि शास्त्रों को पढ़ें और पढ़ावें, (दमः०) बाह्य इन्द्रियों को बुरे आचरणों से रोक के पढ़ें और पढ़ाते जायें, (शमः०) अर्थात् मन की वृत्ति को सब प्रकार के दोषों से हटा के पढ़ते पढ़ाते जायें, (अग्नयः०)

आहवनीयादि अग्नि और विद्युत् आदि को जान के पढ़ते पढ़ाते जायें, और (अग्निहोत्रं०) अग्निहोत्र करते हुए पठन और पाठन करें करावें, (अतिथय:०) अतिथियों की सेवा करते हुए पढ़ें और पढ़ावें, (मानुषं०) मनुष्यसम्बन्धी व्यवहारों को यथायोग्य करते हुए पढ़ते पढ़ाते रहैं, (प्रजा०) अर्थात् सन्तान और राज्य का पालन करते हुए पढ़ते पढ़ाते जायें, (प्रजन०) वीर्य की रक्षा और वृद्धि करते हुए पढ़ते पढ़ाते जायें, (प्रजाति:०) अर्थात् अपने सन्तान और शिष्य का पालन करते हुए पढ़ते पढ़ाते जायें।

यमान् सेवेत सततं न नियमान् केवलान् बुधः।
यमान्पतत्यकुर्वाणो नियमान् केवलान् भजन्॥ मनु०॥

यम पांच प्रकार के होते हैं–

तत्राहिंसासत्यास्तेयब्रह्मचर्यापरिग्रहा यमाः॥ योगसूत्र॥

अर्थात् (अहिंसा) वैरत्याग, (सत्य) सत्य मानना, सत्य बोलना और सत्य ही करना, (अस्तेय) अर्थात् मन वचन कर्म से चोरीत्याग, (ब्रह्मचर्य) अर्थात् उपस्थेन्द्रिय का संयम, (अपरिग्रह) अत्यन्त लोलुपता स्वत्वाभिमानरहित होना, इन पांच यमों का सेवन सदा करें। केवल नियमों का सेवन अर्थात्–

शौचसन्तोषतपःस्वाध्यायेश्वरप्रणिधानानि नियमाः॥ योगसूत्र॥

(शौच) अर्थात् स्नानादि से पवित्रता (सन्तोष) सम्यक् प्रसन्न होकर निरुद्यम रहना सन्तोष नहीं किन्तु पुरुषार्थ जितना हो सके उतना करना, हानि लाभ में हर्ष वा शोक न करना (तप) अर्थात् कष्टसेवन से भी धर्मयुक्त कर्मों का अनुष्ठान (स्वाध्याय) पढ़ना पढ़ाना (ईश्वरप्रणिधान) ईश्वर की भक्तिविशेष में आत्मा को अर्पित रखना, ये पांच नियम कहाते हैं। यमों के विना केवल इन नियमों का सेवन न करे किन्तु इन दोनों का सेवन किया करे। जो यमों का सेवन छोड़ के केवल नियमों का सेवन करता है वह उन्नति को नहीं प्राप्त होता किन्तु अधोगति अर्थात् संसार में गिरा रहता है।

कामात्मता न प्रशस्ता न चैवेहस्त्यकामता।
काम्यो हि वेदाधिगमः कर्मयोगश्च वैदिकः॥ मनु०॥

अर्थ–अत्यन्त कामातुरता और निष्कामता किसी के लिये भी श्रेष्ठ नहीं, क्योंकि जो कामना न करे तो वेदों का ज्ञान और वेदविहित कर्मादि उत्तम कर्म किसी से न हो सकें। इसलिये–

स्वाध्यायेन व्रतैर्होमैस्त्रैविद्येनेज्यया सुतैः।
महायज्ञैश्च यज्ञैश्च ब्राह्मीयं क्रियते तनुः॥ मनु०॥

अर्थ–(स्वाध्याय) सकल विद्या पढ़ते–पढ़ाते (व्रत) ब्रह्मचर्य्य सत्यभाषणादि नियम पालने (होम) अग्निहोत्रादि होम, सत्य का ग्रहण असत्य का त्याग और सत्य विद्याओं का दान देने (त्रैविद्येन) वेदस्थ कर्मोपासना ज्ञान विद्या के ग्रहण (इज्यया) पक्षेष्ट्यादि करने (सुतैः) सुसन्तानोत्पत्ति (महायज्ञैः) ब्रह्म, देव, पितृ, वैश्वदेव और अतिथियों के सेवनरूप पञ्चमहायज्ञ और (यज्ञैः) अग्निष्टोमादि तथा शिल्पविद्याविज्ञानादि यज्ञों के सेवन से इस शरीर को ब्राह्मी अर्थात् वेद और परमेश्वर की भक्ति का आधाररूप ब्राह्मण का शरीर बनता है। इतने साधनों के विना ब्राह्मणशरीर नहीं बन सकता।

इन्द्रियाणां विचरतां विषयेष्वपहारिषु ।
संयमे यत्नमातिष्ठेद्विद्वान् यन्तेव वाजिनाम्॥ मनु०॥

अर्थ—जैसे विद्वान् सारथि घोड़ों को नियम में रखता है वैसे मन और आत्मा को खोटे कामों में खैंचने वाले विषयों में विचरती हुई इन्द्रियों के निग्रह में प्रयत्न सब प्रकार से करें। क्योंकि—

इन्द्रियाणां प्रसङ्गेन दोषम् ऋच्छत्यसंशयम् ।
सन्नियम्य तु तान्येव ततः सिद्धिं नियच्छति॥ मनु०॥

अर्थ—जीवात्मा इन्द्रियों के वश होके निश्चित बड़े-बड़े दोषों को प्राप्त होता है और जब इन्द्रियों को अपने वश में करता है तभी सिद्धि को प्राप्त होता है।

वेदास्त्यागश्च यज्ञाश्च नियमाश्च तपांसि च।
न विप्रदुष्टभावस्य सिद्धिं गच्छन्ति कर्हिचित्॥ मनु०॥

जो दुष्टाचारी-अजितेन्द्रिय पुरुष हैं उसके वेद, त्याग, यज्ञ, नियम और तप तथा अन्य अच्छे काम कभी सिद्धि को नहीं प्राप्त होते।

वेदोपकरणे चैव स्वाध्याये चैव नैत्यके।
नानुरोधोऽस्त्यनध्याये होममन्त्रेषु चैव हि॥ १॥ मनु०॥
नैत्यके नास्त्यनध्यायो ब्रह्मसत्रं हि तत्स्मृतम्।
ब्रह्माहुतिहुतं पुण्यम् अनध्यायवषट्कृतम्॥ २॥ मनु०॥

वेद के पढ़ने-पढ़ाने, सन्ध्योपासनादि पञ्चमहायज्ञों के करने और होममन्त्रों में अनध्यायविषयक अनुरोध (आग्रह) नहीं है क्योंकि॥ १॥ नित्यकर्म में अनध्याय नहीं होता। जैसे श्वासप्रश्वास सदा लिये जाते हैं बन्ध नहीं किये जाते वैसे नित्यकर्म प्रतिदिन करना चाहिये; न किसी दिन छोड़ना क्योंकि अनध्याय में भी अग्निहोत्रादि उत्तम कर्म किया हुआ पुण्यरूप होता है। जैसे झूठ बोलने में सदा पाप और सत्य बोलने में सदा पुण्य होता है। वैसे ही बुरे कर्म करने में सदा अनध्याय और अच्छे कर्म करने में सदा स्वाध्याय ही होता है॥ २॥

अभिवादनशीलस्य नित्यं वृद्धोपसेविनः।
चत्वारि तस्य वर्द्धन्त आयुर्विद्या यशो बलम्॥ मनु०॥

जो सदा नम्र सुशील विद्वान् और वृद्धों की सेवा करता है, उसका आयु, विद्या, कीर्ति और बल ये चार सदा बढ़ते हैं और जो ऐसा नहीं करते उनके आयु आदि चार नहीं बढ़ते।

अहिंसयैव भूतानां कार्यं श्रेयोऽनुशासनम्।
वाक् चैव मधुरा श्लक्ष्णा प्रयोज्या धर्ममिच्छता॥ १॥
यस्य वाङ्मनसे शुद्धे सम्यग्गुप्ते च सर्वदा।
स वै सर्वमवाप्नोति वेदान्तोपगतं फलम्॥ २॥ मनु०॥

विद्वान् और विद्यार्थियों को योग्य है कि वैरबुद्धि छोड़ के सब मनुष्यों के कल्याण के मार्ग का उपदेश करें और उपदेष्टा सदा मधुर सुशीलतायुक्त वाणी बोले। जो धर्म की उन्नति चाहै वह सदा सत्य में चले और सत्य ही का उपदेश करे॥ १॥ जिस मनुष्य के वाणी और मन शुद्ध तथा सुरक्षित सदा रहते हैं, वही सदा वेदान्त

अर्थात् सब वेदों के सिद्धान्तरूप फल को प्राप्त होता है॥ २॥

सम्मानाद् ब्राह्मणो नित्यमुद्विजेत विषादिव।
अमृतस्येव चाकाङ्क्षेदवमानस्य सर्वदा॥ मनु०॥

वही ब्राह्मण समग्र वेद और परमेश्वर को जानता है जो प्रतिष्ठा से विष के तुल्य सदा डरता है और अपमान की इच्छा अमृत के समान किया करता है।

अनेन क्रमयोगेन संस्कृतात्मा द्विजः शनैः।
गुरौ वसन् सञ्चिनुयाद् ब्रह्माधिगमिकं तपः॥ मनु०॥

इसी प्रकार से कृतोपनयन द्विज ब्रह्मचारी कुमार और ब्रह्मचारिणी कन्या धीरे-धीरे वेदार्थ के ज्ञानरूप उत्तम तप को बढ़ाते चले जायें।

योऽनधीत्य द्विजो वेदमन्यत्र कुरुते श्रमम्।
स जीवन्नेव शूद्रत्वमाशु गच्छति सान्वयः॥ मनु०॥

जो वेद को न पढ़ के अन्यत्र श्रम किया करता है वह अपने पुत्र पौत्र सहित शूद्रभाव को शीघ्र ही प्राप्त हो जाता है।

वर्जयेन्मधुमांसञ्च गन्धं माल्यं रसान् स्त्रियः।
शुक्तानि यानि सर्वाणि प्राणिनां चैव हिंसनम्॥ १॥
अभ्यङ्गमञ्जनं चाक्ष्णोरुपानच्छत्रधारणम्।
कामं क्रोधं च लोभं च नर्त्तनं गीतवादनम्॥ २॥
द्यूतं च जनवादं च परिवादं तथानृतम्।
स्त्रीणां च प्रेक्षणालम्भमुपघातं परस्य च॥ ३॥
एकः शयीत सर्वत्र न रेतः स्कन्दयेत्क्वचित्।
कामाद्धि स्कन्दयन् रेतो हिनस्ति व्रतमात्मनः॥ ४॥

ब्रह्मचारी और ब्रह्मचारिणी मद्य, मांस, गन्ध, माला, रस, स्त्री और पुरुष का संग, सब खटाई, प्राणियों की हिंसा॥ १॥ अङ्गों का मर्दन, विना निमित्त उपस्थेन्द्रिय का स्पर्श, आंखों में अञ्जन, जूते और छत्र का धारण, काम, क्रोध, लोभ, मोह, भय, शोक, ईर्ष्या, द्वेष और नाच गान, बाजा बजाना॥२॥ द्यूत, जिस किसी की कथा, निन्दा, मिथ्याभाषण, स्त्रियों का दर्शन, आश्रय, दूसरे की हानि आदि कुकर्मों को सदा छोड़ देवें॥३॥ सर्वत्र एकाकी सोवे, वीर्य्य स्खलित कभी न करें, जो कामना से वीर्यस्खलित कर दे तो जानो कि अपने ब्रह्मचर्य्यव्रत का नाश कर दिया॥४॥

वेदमनूच्याचार्योऽन्तेवासिनमनुशास्ति। सत्यं वद। धर्मं चर। स्वाध्यायान्मा प्रमदः। आचार्य्याय प्रियं धनमाहृत्य प्रजातन्तुं मा व्यवच्छेत्सीः। सत्यान्न प्रमदितव्यम्। धर्मान्न प्रमदितव्यम्। कुशलान्न प्रमदितव्यम्। स्वाध्यायप्रवचनाभ्यां न प्रमदितव्यम्। देवपितृकार्य्याभ्यां न प्रमदितव्यम्॥ १॥ मातृदेवो भव। पितृदेवो भव। आचार्य्यदेवो भव। अतिथिदेवो भव। यान्यनवद्यानि कर्माणि तानि सेवितव्यानि नो इतराणि। यान्यस्माकꣳ सुचरितानि तानि त्वयोपास्यानि नो इतराणि॥ २॥ ये के चास्मच्छ्रेयांसो ब्राह्मणास्तेषां त्वयासनेन प्रश्वसितव्यम्। श्रद्धया देयम्। अश्रद्धया देयम्। श्रिया देयम्। ह्रिया देयम्। भिया देयम्। संविदा देयम्॥ ३॥ अथ यदि ते कर्मविचिकित्सा वा वृत्तविचिकित्सा वा स्यात् ये तत्र ब्राह्मणाः समदर्शिनो युक्ता अयुक्ता अलूक्षा धर्मकामाः स्युर्यथा ते तत्र वर्त्तेरन्। तथा तत्र वर्त्तेथाः॥४॥ एष आदेश एष उपदेश एषा वेदोपनिषत्।

एतदनुशासनम्। एवमुपासितव्यम्। एवमु चैतदुपास्यम्॥ ५॥ तैत्तिरीय०॥

आचार्य्य अन्तेवासी अर्थात् अपने शिष्य और शिष्याओं को इस प्रकार उपदेश करे कि तू सदा सत्य बोल, धर्माचार कर, प्रमादरहित होके पढ़ पढ़ा, पूर्ण ब्रह्मचर्य्य से समस्त विद्याओं को ग्रहण कर और आचार्य्य के लिये प्रिय धन देकर विवाह करके सन्तानोत्पत्ति कर। प्रमाद से सत्य को कभी मत छोड़, प्रमाद से धर्म का त्याग मत कर, प्रमाद से आरोग्य और चतुराई को मत छोड़, प्रमाद से पढ़ने और पढ़ाने को कभी मत छोड़। देव विद्वान् और माता पितादि की सेवा में प्रमाद मत कर। जैसे विद्वान् का सत्कार करे उसी प्रकार माता, पिता, आचार्य्य और अतिथि की सेवा सदा किया कर। जो अनिन्दित धर्मयुक्त कर्म हैं उन सत्यभाषणादि को किया कर, उन से भिन्न मिथ्याभाषणादि कभी मत कर। जो हमारे सुचरित्र अर्थात् धर्मयुक्त कर्म हों उनको ग्रहण कर और जो हमारे पापाचारण हों उन को कभी मत कर। जो कोई हमारे मध्य में उत्तम विद्वान् धर्मात्मा ब्राह्मण हैं उन्हीं के समीप बैठ और उन्हीं का विश्वास किया कर, श्रद्धा से देना, अश्रद्धा से देना, शोभा से देना, लज्जा से देना, भय से देना और प्रतिज्ञा से भी देना चाहिए। जब कभी तुझ को कर्म वा शील तथा उपासना ज्ञान में किसी प्रकार का संशय उत्पन्न हो तो जो वे समदर्शी पक्षपातरहित योगी अयोगी आर्द्रचित्त धर्म की कामना करने वाले धर्मात्मा जन हों जैसे वे धर्ममार्ग में वर्तें वैसे तू भी उसमें वर्त्ता कर। यही आदेश आज्ञा, यही उपदेश, यही वेद की उपनिषत् और यही शिक्षा है। इसी प्रकार वर्त्तना और अपना चाल चलन सुधारना चाहिए।

अकामस्य क्रिया काचिद् दृश्यते नेह कर्हिचित्।
यद्यद्धि कुरुते किञ्चित् तत्तत्कामस्य चेष्टितम्॥ मनु०॥

मनुष्यों को निश्चय करना चाहिए कि निष्काम पुरुष में नेत्र का संकोच विकास का होना भी सर्वथा असम्भव है। इस से यह सिद्ध होता है कि जो-जो कुछ भी करता है वह-वह चेष्टा कामना के विना नहीं है।

आचारः परमो धर्मः श्रुत्युक्तः स्मार्त्त एव च।
तस्मादस्मिन्सदा युक्तो नित्यं स्यादात्मवान् द्विजः॥ १॥
आचाराद्विच्युतो विप्रो न वेदफलमश्नुते।
आचारेण तु संयुक्तः सम्पूर्णफलभाग्भवेत्॥ २॥ मनु०॥

कहने, सुनने, सुनाने, पढ़ने, पढ़ाने का फल यही है कि जो वेद और वेदानुकूल स्मृतियों में प्रतिपादित धर्म का आचरण करना, इसलिये धर्माचार में सदा युक्त रहे॥ १॥ क्योंकि जो धर्माचरण से रहित है वह वेदप्रतिपादित धर्मजन्य सुखरूप फल को प्राप्त नहीं हो सकता और जो विद्या पढ़ के धर्माचरण करता है वही सम्पूर्ण सुख को प्राप्त होता है॥ २॥

योऽवमन्येत ते मूले हेतुशास्त्राश्रयाद् द्विजः।
स साधुभिर्बहिष्कार्यो नास्तिको वेदनिन्दकः॥१॥ मनु०॥

जो वेद और वेदानुकूल आप्त पुरुषों के किये शास्त्रों का अपमान करता है उस वेदनिन्दक नास्तिक को जाति, पङ्क्ति और देश से बाह्य कर देना चाहिये। क्योंकि—

श्रुतिः स्मृतिः सदाचारः स्वस्य च प्रियमात्मनः।
एतच्चतुर्विधं प्राहुः साक्षाद्धर्मस्य लक्षणम्॥ मनु०॥

श्रुति वेद, स्मृति वेदानुकूल आप्तोक्त मनुस्मृत्यादि शास्त्र, सत्पुरुषों का आचार जो सनातन अर्थात् वेदद्वारा परमेश्वरप्रतिपादित कर्म्म और अपने आत्मा में प्रिय अर्थात् जिस को आत्मा चाहता है जैसे कि सत्यभाषण ये चार धर्म के लक्षण अर्थात् इन्हीं में धर्माधर्म का निश्चय होता है। जो पक्षपातरहित न्याय, सत्य का ग्रहण, असत्य का सर्वथा परित्यागरूप आचार है उसी का नाम धर्म और इस से विपरीत जो पक्षपात सहित अन्यायाचरण सत्य का त्याग और असत्य का ग्रहण रूप कर्म है उसी को अधर्म कहते हैं।

अर्थकामेष्वसक्तानां धर्मज्ञानं विधीयते।
धर्मं जिज्ञासमानानां प्रमाणं परमं श्रुतिः॥ मनु०॥

जो पुरुष (अर्थ) सुवर्णादि रत्न और (काम) स्त्रीसेवनादि में नहीं फंसते हैं उन्हीं को धर्म का ज्ञान प्राप्त होता है जो धर्म के ज्ञान की इच्छा करें वे वेद द्वारा धर्म का निश्चय करें क्योंकि धर्माऽधर्म का निश्चय विना वेद के ठीक-ठीक नहीं होता।

इस प्रकार आचार्य्य अपने शिष्य को उपदेश करे और विशेषकर राजा इतर क्षत्रिय, वैश्य और उत्तम शूद्र जनों को भी विद्या का अभ्यास अवश्य करावें, क्योंकि जो ब्राह्मण हैं वे ही केवल विद्याभ्यास करें और क्षत्रियादि न करें तो विद्या, धर्म, राज्य और धनादि की वृद्धि कभी नहीं हो सकती। क्योंकि ब्राह्मण तो केवल पढ़ने पढ़ाने और क्षत्रियादि से जीविका को प्राप्त होके जीवन धारण कर सकते हैं। जीविका के आधीन और क्षत्रियादि के आज्ञादाता और यथावत् परीक्षक दण्डदाता न होने से ब्राह्मणादि सब वर्ण पाखण्ड ही में फंस जाते हैं और जब क्षत्रियादि विद्वान् होते हैं तब ब्राह्मण भी अधिक विद्याभ्यास और धर्मपथ में चलते हैं और उन क्षत्रियादि विद्वानों के सामने पाखण्ड, झूठा व्यवहार भी नहीं कर सकते और जब क्षत्रियादि अविद्वान् होते हैं तो वे जैसा अपने मन में आता है वैसा ही करते कराते हैं। इसलिये ब्राह्मण भी अपना कल्याण चाहैं तो क्षत्रियादि को वेदादि सत्यशास्त्र का अभ्यास अधिक प्रयत्न से करावें। क्योंकि क्षत्रियादि ही विद्या, धर्म, राज्य और लक्ष्मी की वृद्धि करने हारे हैं, वे कभी भिक्षावृत्ति नहीं करते, इसलिए वे विद्या व्यवहार में पक्षपाती भी नहीं हो सकते। और जब सब वर्णों में विद्या सुशिक्षा होती है तब कोई भी पाखण्डरूप अधर्मयुक्त मिथ्या व्यवहार को नहीं चला सकता। इससे क्या सिद्ध हुआ कि क्षत्रियादि को नियम में चलाने वाले ब्राह्मण और संन्यासी तथा ब्राह्मण और संन्यासी को सुनियम में चलाने वाले क्षत्रियादि होते हैं। इसलिये सब वर्णों के स्त्री पुरुषों में विद्या और धर्म का प्रचार अवश्य होना चाहिये।

अब जो-जो पढ़ना-पढ़ाना हो वह-वह अच्छी प्रकार परीक्षा करके होना योग्य है। परीक्षा पांच प्रकार से होती है—

एक—जो-जो ईश्वर के गुण, कर्म, स्वभाव और वेदों से अनुकूल हो वह-वह सत्य और उससे विरुद्ध असत्य है।

दूसरी—जो-जो सृष्टिक्रम से अनुकूल वह-वह सत्य और जो-जो सृष्टिक्रम से विरुद्ध है वह सब असत्य है। जैसे-कोई कहै 'विना माता पिता के योग से लड़का उत्पन्न हुआ' ऐसा कथन सृष्टिक्रम से विरुद्ध होने से सर्वथा असत्य है।

तीसरी—'आप्त' अर्थात् जो धार्मिक विद्वान्, सत्यवादी, निष्कपटियों का संग उपदेश के अनुकूल है वह-वह ग्राह्य और जो-जो विरुद्ध वह-वह अग्राह्य है।

चौथी—अपने आत्मा की पवित्रता विद्या के अनुकूल अर्थात् जैसा अपने को सुख प्रिय और दुःख अप्रिय है वैसे ही सर्वत्र समझ लेना कि मैं भी किसी को दुःख वा सुख दूँगा तो वह भी अप्रसन्न और प्रसन्न होगा।

और **पांचवीं**—आठों प्रमाण अर्थात् **प्रत्यक्ष, अनुमान, उपमान, शब्द, ऐतिह्य, अर्थापत्ति, सम्भव** और **अभाव** इनमें से प्रत्यक्ष के लक्षणादि के जो-जो सूत्र नीचे लिखेंगे वे-वे सब न्यायशास्त्र के प्रथम और द्वितीय अध्याय के जानो।

इन्द्रियार्थसन्निकर्षोत्पन्नं ज्ञानमव्यपदेश्यमव्यभिचारिव्यवसायात्मकं प्रत्यक्षम्।

—न्याय० अध्याय १। आह्निक १। सूत्र ४॥

जो श्रोत्र, त्वचा, चक्षु, जिह्वा और घ्राण का शब्द, स्पर्श, रूप, रस और गन्ध के साथ अव्यवहित अर्थात् आवरणरहित सम्बन्ध होता है। इन्द्रियों के साथ मन का और मन के साथ आत्मा के संयोग से ज्ञान उत्पन्न होता है उस को प्रत्यक्ष कहते हैं परन्तु जो व्यपदेश्य अर्थात् संज्ञासंज्ञी के सम्बन्ध से उत्पन्न होता है वह-वह ज्ञान न हो। जैसा किसी ने किसी से कहा कि 'तू जल ले आ' वह लाके उस के पास धर के बोला कि 'यह जल है' परन्तु वहां 'जल' इन दो अक्षरों की संज्ञा लाने वा मंगवाने वाला नहीं देख सकता है। किन्तु जिस पदार्थ का नाम जल है वही प्रत्यक्ष होता है और जो शब्द से ज्ञान उत्पन्न होता है वह शब्द-प्रमाण का विषय है। **'अव्यभिचारि'** जैसे किसी ने रात्रि में खम्भे को देख के पुरुष का निश्चय कर लिया, जब दिन में उसको देखा तो रात्रि का पुरुषज्ञान नष्ट होकर स्तम्भज्ञान रहा, ऐसे विनाशी ज्ञान का नाम व्यभिचारी है। **'व्यवसायात्मक'** किसी ने दूर से नदी की बालू को देख के कहा कि 'वहां वस्त्र सूख रहे हैं, जल है वा और कुछ है' 'वह देवदत्त खड़ा है वा यज्ञदत्त' जब तक एक निश्चय न हो तब तक वह प्रत्यक्ष ज्ञान नहीं है किन्तु जो **अव्यपदेश्य**, अव्यभिचारि और निश्चयात्मक ज्ञान है उसी को प्रत्यक्ष कहते हैं। दूसरा अनुमान—

अथ तत्पूर्वकं त्रिविधमनुमानं पूर्ववच्छेषवत्सामान्यतो दृष्टञ्च॥

—न्याय० अ० १। आ० १। सू० ५॥

जो प्रत्यक्षपूर्वक अर्थात् जिसका कोई एक देश वा सम्पूर्ण द्रव्य किसी स्थान वा काल में प्रत्यक्ष हुआ हो उसका दूर देश में सहचारी एक देश के प्रत्यक्ष होने से अदृष्ट अवयवी का ज्ञान होने को **अनुमान** कहते हैं। जैसे पुत्र को देख के पिता, पर्वतादि में धूम को देख के अग्नि, जगत् में सुख दुःख देख के पूर्वजन्म का ज्ञान होता है। वह अनुमान तीन प्रकार का है। एक **'पूर्ववत्'** जैसे बद्दलों को देख के वर्षा, विवाह को देख के सन्तानोत्पत्ति, पढ़ते हुए विद्यार्थियों को देख के विद्या होने का निश्चय होता है, इत्यादि जहां-जहां कारण को देख के कार्य का ज्ञान हो वह **'पूर्ववत्'**। दूसरा **'शेषवत्'** अर्थात् जहां कार्य को देख के कारण का ज्ञान हो। जैसे नदी के प्रवाह की बढ़ती देख के ऊपर हुई वर्षा का, पुत्र को देख के पिता का, सृष्टि को देख के अनादि कारण का तथा कर्त्ता ईश्वर का और पाप पुण्य के आचरण को देख के सुख दुःख का ज्ञान होता है, इसी को **'शेषवत्'** कहते हैं। तीसरा **'सामान्यतोदृष्ट'** जो कोई किसी का कार्य कारण न हो परन्तु किसी प्रकार का साधर्म्य एक दूसरे के साथ हो जैसे कोई भी विना चले दूसरे स्थान को नहीं जा सकता वैसे ही दूसरों का भी स्थानान्तर में जाना विना गमन

के कभी नहीं हो सकता। अनुमान शब्द का अर्थ यही है कि अनु अर्थात् **'प्रत्यक्षस्य पश्चान्मीयते ज्ञायते येन तदनुमानम्'** जो प्रत्यक्ष के पश्चात् उत्पन्न हो जैसे धूम के प्रत्यक्ष देखे विना अदृष्ट अग्नि का ज्ञान कभी नहीं हो सकता। तीसरा उपमान—

प्रसिद्धसाधर्म्यात्साध्यसाधनमुपमानम्॥ —न्याय० अ० १। आ० १। सू० ६॥

जो प्रसिद्ध प्रत्यक्ष साधर्म्य से साध्य अर्थात् सिद्ध करने योग्य ज्ञान की सिद्धि करने का साधन हो उसको उपमान कहते हैं। **'उपमीयते येन तदुपमानम्'** जैसे किसी ने किसी भृत्य से कहा कि 'तू देवदत्त के सदृश विष्णुमित्र को बुला ला' वह बोला कि—'मैंने उसको कभी नहीं देखा' उस के स्वामी ने कहा कि 'जैसा यह देवदत्त है वैसा ही वह विष्णुमित्र है' वा 'जैसी यह गाय है वैसा ही गवय अर्थात् नीलगाय होता है।' जब वह वहां गया और देवदत्त के सदृश उस को देख निश्चय कर लिया कि यही विष्णुमित्र है, उसको ले आया। अथवा किसी जङ्गल में जिस पशु को गाय के तुल्य देखा उसको निश्चय कर लिया कि इसी का नाम गवय है। चौथा शब्दप्रमाण—

आप्तोपदेशः शब्दः॥ —न्याय० अ० १। आ० १। सू० ७॥

जो आप्त अर्थात् पूर्ण विद्वान्, धर्मात्मा, परोपकारप्रिय, सत्यवादी, पुरुषार्थी, जितेन्द्रिय पुरुष जैसा अपने आत्मा में जानता हो और जिस से सुख पाया हो उसी के कथन की इच्छा से प्रेरित सब मनुष्यों के कल्याणार्थ उपदेष्टा हो अर्थात् जितने पृथिवी से लेके परमेश्वर पर्यन्त पदार्थों का ज्ञान प्राप्त होकर उपदेष्टा होता है। जो ऐसे पुरुष और पूर्ण आप्त परमेश्वर के उपदेश वेद हैं, उन्हीं को शब्दप्रमाण जानो। पांचवां ऐतिह्य—

न चतुष्ट्वमैतिह्यार्थापत्तिसम्भवाभावप्रामाण्यात्॥
—न्याय० अ० २। आ० २। सू० १॥

जो इति ह अर्थात् इस प्रकार का था उस ने इस प्रकार किया अर्थात् किसी के जीवनचरित्र का नाम ऐतिह्य है। छठा अर्थापत्ति—

'अर्थादापद्यते सा अर्थापत्तिः' केनचिदुच्यते **'सत्सु घनेषु वृष्टिः, सति कारणे कार्य्यं भवतीति किमत्र प्रसज्यते, असत्सु घनेषु वृष्टिरसति कारणे च कार्य्यं न भवति।'** जैसे किसी ने किसी से कहा कि 'बद्दल के होने से वर्षा और कारण के होने से कार्य्य उत्पन्न होता है' इस से विना कहे यह दूसरी बात सिद्ध होती है कि विना बद्दल वर्षा और विना कारण कार्य्य कभी नहीं हो सकता। सातवां सम्भव—

'सम्भवति यस्मिन् स सम्भवः' कोई कहे कि 'माता पिता के विना सन्तानोत्पत्ति, किसी ने मृतक जिलाये, पहाड़ उठाये, समुद्र में पत्थर तराये, चन्द्रमा के टुकड़े किये, परमेश्वर का अवतार हुआ, मनुष्य के सींग देखे और वन्ध्या के पुत्र और पुत्री का विवाह किया, इत्यादि सब असम्भव हैं। क्योंकि ये सब बातें सृष्टिक्रम से विरुद्ध हैं। जो बात सृष्टिक्रम के अनुकूल हो वही सम्भव है। आठवां अभाव—

'न भवन्ति यस्मिन् सोऽभावः' जैसे किसी ने किसी से कहा कि 'हाथी ले आ' वह वहां हाथी का अभाव देख कर जहां हाथी था वहां से ले आया। ये आठ प्रमाण। इन में से जो शब्द में ऐतिह्य और अनुमान में अर्थापत्ति, सम्भव और अभाव की गणना करें तो चार प्रमाण रह जाते हैं। इन चार प्रकार की परीक्षाओं

से मनुष्य सत्यासत्य का निश्चय कर सकता है अन्यथा नहीं।

धर्मविशेषप्रसूताद् द्रव्यगुणकर्मसामान्यविशेषसमवायानां पदार्थानां साधर्म्यवैधर्म्याभ्यां तत्त्वज्ञानान्निःश्रेयसम्॥ —वै० अ० १। आ० १। सू० ४॥

जब मनुष्य धर्म के यथायोग्य अनुष्ठान करने से पवित्र होकर 'साधर्म्य' अर्थात् जो तुल्य धर्म है जैसा पृथिवी जड़ और जल भी जड़, 'वैधर्म्य' अर्थात् पृथिवी कठोर और जल कोमल, इसी प्रकार से द्रव्य, गुण, कर्म, सामान्य, विशेष और समवाय इन छः पदार्थों के तत्त्वज्ञान अर्थात् स्वरूपज्ञान से 'निःश्रेयसम्' मोक्ष प्राप्त होता है।

पृथिव्यापस्तेजोवायुराकाशं कालो दिगात्मा मन इति द्रव्याणि॥
—वै० अ० १। आ० १। सू० ५॥

पृथिवी, जल, तेज, वायु, आकाश, काल, दिशा, आत्मा और मन ये नव द्रव्य हैं।

क्रियागुणवत्समवायिकारणमिति द्रव्यलक्षणम्॥
—वै० अ० १। आ० १। सू० १५॥

'क्रियाश्च गुणाश्च विद्यन्ते यस्मिंस्तत् क्रियागुणवत्' जिस में क्रिया, गुण और केवल गुण भी रहैं उस को द्रव्य कहते हैं। उन में से पृथिवी, जल, तेज, वायु, मन और आत्मा ये छः द्रव्य क्रिया और गुणवाले हैं तथा आकाश, काल और दिशा ये तीन क्रियारहित गुण वाले हैं। (समवायि) **'समवेतुं शीलं यस्य तत् समवायि प्राग्वृत्तित्वं कारणं समवायि च तत्कारणं च समवायिकारणम्।' 'लक्ष्यते येन तल्लक्षणम्'** जो मिलने के स्वभावयुक्त कार्य से कारण पूर्वकालस्थ हो उसी को 'द्रव्य' कहते हैं। जिस से लक्ष्य जाना जाय जैसा आंख से रूप जाना जाता है उसको 'लक्षण' कहते हैं।

रूपरसगन्धस्पर्शवती पृथिवी॥ —वै० अ० २। आ० १। सू० १॥

रूप, रस, गन्ध, स्पर्शवाली पृथिवी है। उस में रूप, रस और स्पर्श अग्नि, जल और वायु के योग से हैं।

व्यवस्थितः पृथिव्यां गन्धः॥ —वै० अ० २। आ० २। सू० २॥

पृथिवी में गन्ध गुण स्वाभाविक है। वैसे ही जल में रस, अग्नि में रूप, वायु में स्पर्श और आकाश में शब्द स्वाभाविक है।

रूपरसस्पर्शवत्य आपो द्रवाः स्निग्धाः॥ —वै० अ० २। आ० १। सू० २॥

रूप, रस और स्पर्शवान् द्रवीभूत और कोमल जल कहाता है। परन्तु इन में जल का रस स्वाभाविक गुण तथा रूप, स्पर्श अग्नि और वायु के योग से हैं।

अप्सु शीतता॥ —वै० अ० २। आ० १। सू० ५॥

और जल में शीतलत्व गुण भी स्वाभाविक है।

तेजो रूपस्पर्शवत्॥ —वै० अ० २। आ० १। सू० ३॥

जो रूप और स्पर्शवाला है वह तेज है। परन्तु इस में रूप स्वाभाविक और स्पर्श वायु योग से है।

स्पर्शवान् वायुः॥ —वै० अ० २। आ० १। सू० ४॥

स्पर्श गुणवाला वायु है परन्तु इस में भी उष्णता, शीतता, तेज और जल

के योग से रहते हैं।

त आकाशे न विद्यन्ते॥ —वै० अ० २। आ० १। सू० ५॥

रूप, रस, गन्ध और स्पर्श आकाश में नहीं हैं। किन्तु शब्द ही आकाश का गुण है।

निष्क्रमणं प्रवेशनमित्याकाशस्य लिङ्गम्॥ —वै० अ० २। आ० १। सू० २०॥

जिसमें प्रवेश और निकलना होता है वह आकाश का लिङ्ग है।

कार्य्यान्तराप्रादुर्भावाच्च शब्दः स्पर्शवतामगुणः॥

—वै० अ० २। आ० १। सू० २५॥

अन्य पृथिवी आदि कार्यों से प्रकट न होने से शब्द; स्पर्शगुणवाले भूमि आदि का गुण नहीं हैं किन्तु शब्द आकाश ही का गुण है।

अपरस्मिन्नपरं युगपच्चिरं क्षिप्रमिति काललिङ्गानि॥

—वै० अ० २। आ० २। सू० ६॥

जिस में अपर पर (युगपत्) एक वार (चिरम्) विलम्ब (क्षिप्रम्) शीघ्र इत्यादि प्रयोग होते हैं उसको 'काल' कहते हैं।

नित्येष्वभावादनित्येषु भावात्कारणे कालाख्येति॥

—वै० अ० २। आ० २। सू० ९॥

जो नित्य पदार्थों में न हो और अनित्यों में हो इसलिये कारण में ही काल संज्ञा है।

इत इदमिति यतस्तद्दिश्यं लिङ्गम्॥ —वै० अ० २। आ० २। सू० १०॥

यहां से वह पूर्व, दक्षिण, पश्चिम, उत्तर, ऊपर, नीचे, जिस में यह व्यवहार होता है उसी को 'दिशा' कहते हैं।

आदित्यसंयोगाद् भूतपूर्वाद् भविष्यतो भूताच्च प्राची॥

—वै० अ० २। आ० २। सू० १४॥

जिस ओर प्रथम आदित्य का संयोग हुआ है, होगा, उस को पूर्व दिशा कहते हैं। और जहां अस्त हो उस को पश्चिम कहते हैं। पूर्वाभिमुख मनुष्य के दाहिनी ओर दक्षिण और बाईं ओर उत्तर दिशा कहाती है।

एतेन दिगन्तरालानि व्याख्यातानि॥ —वै० अ० २। आ० २। सू० १६॥

इस से पूर्व दक्षिण के बीच की दिशा को आग्नेयी, दक्षिण पश्चिम के बीच को नैर्ऋत, पश्चिम उत्तर के बीच को वायवी और उत्तर पूर्व के बीच को ऐशानी दिशा कहते हैं।

इच्छाद्वेषप्रयत्नसुखदुःखज्ञानान्यात्मनो लिङ्गमिति॥

—न्याय० अ० १। आ० १। सू० १०॥

जिस में (इच्छा) राग, (द्वेष) वैर, (प्रयत्न) पुरुषार्थ, सुख, दुःख, (ज्ञान) जानना, गुण हों वह जीवात्मा है। वैशेषिक में इतना विशेष है—

प्राणाऽपाननिमेषोन्मेषजीवनमनोगतीन्द्रियान्तर्विकाराः सुखदुःखेच्छा-द्वेषप्रयत्नाश्चात्मनो लिङ्गानि॥ —वै० अ० ३। आ० २। सू० ४॥

(प्राण) भीतर से वायु को निकालना (अपान) बाहर से वायु को भीतर

लेना (निमेष) आंख को नीचे ढांकना (उन्मेष) आंख का ऊपर उठाना (जीवन) प्राण का धारण करना (मनः) मनन विचार अर्थात् ज्ञान (गति) यथेष्ट गमन करना (इन्द्रिय) इन्द्रियों को विषयों में चलाना उन से विषयों का ग्रहण करना (अन्तर्विकार) क्षुधा, तृषा, ज्वर, पीड़ा आदि विकारों का होना, सुख, दुःख, इच्छा, द्वेष और प्रयत्न ये सब आत्मा के लिङ्ग अर्थात् कर्म और गुण हैं।

युगपज्ज्ञानानुत्पत्तिर्मनसो लिङ्गम्॥ —न्याय० अ० १। आ० १। सू० १६॥

जिस से एक काल में दो पदार्थों का ग्रहण ज्ञान नहीं होता उस को मन कहते हैं। यह द्रव्य का स्वरूप और लक्षण कहा। अब गुणों का कहते हैं—

रूपरसगन्धस्पर्शाः संख्याः परिमाणानि पृथक्त्वं संयोगविभागौ परत्वाऽपरत्वे बुद्धयः सुखदुःखे इच्छाद्वेषौ प्रयत्नाश्च गुणाः॥ —वै० अ० १। आ० १। सू० ६॥

रूप, रस, गन्ध, स्पर्श, संख्या, परिमाण, पृथक्त्व, संयोग, विभाग, परत्व, अपरत्व, बुद्धि, सुख, दुःख, इच्छा, द्वेष, प्रयत्न, गुरुत्व, द्रवत्व, स्नेह, संस्कार, धर्म, अधर्म और शब्द ये २४ गुण कहाते हैं।

द्रव्याश्रय्यगुणवान् संयोगविभागेष्वकारणमनपेक्ष इति गुणलक्षणम्॥
—वै० अ० १। आ० १। सू० १६॥

गुण उसको कहते हैं कि जो द्रव्य के आश्रय रहै, अन्य गुण का धारण न करे, संयोग और विभाग में कारण न हो, अनपेक्ष अर्थात् एक दूसरे की अपेक्षा न करे उसका नाम गुण है।

श्रोत्रोपलब्धिर्बुद्धिनिर्ग्राह्यः प्रयोगेणाऽभिज्वलित आकाशदेशः शब्दः॥
—महाभाष्य॥

जिस की श्रोत्रों से प्राप्ति जो बुद्धि से ग्रहण करने योग्य और प्रयोग से प्रकाशित तथा आकाश जिस का देश है वह शब्द कहाता है। नेत्र से जिस का ग्रहण हो वह रूप, जिह्वा से जिस मिष्टादि अनेक प्रकार का ग्रहण होता है वह रस, नासिका से जिस का ग्रहण होता है वह गन्ध, त्वचा से जिसका ग्रहण होता है वह स्पर्श, एक द्वि इत्यादि गणना जिस से होती है वह संख्या, जिस से तौल अर्थात् हल्का भारी विदित होता है वह परिमाण, एक दूसरे से अलग होना वह पृथक्त्व, एक दूसरे के साथ मिलना वह संयोग, एक दूसरे से मिले हुए के अनेक टुकड़े होना वह विभाग, इस से यह पर है वह पर, उस से यह उरे है वह अपर, जिस से अच्छे बुरे का ज्ञान होता है वह बुद्धि, आनन्द का नाम सुख, क्लेश का नाम दुःख, (इच्छा) राग, (द्वेष) विरोध, (प्रयत्न) अनेक प्रकार का बल पुरुषार्थ, (गुरुत्व) भारीपन, (द्रवत्व) पिघल जाना, (स्नेह) प्रीति और चिकनापन, (संस्कार) दूसरे के योग से वासना का होना, (धर्म) न्यायाचरण और कठिनत्वादि (अधर्म) अन्यायाचरण और कठिनता से विरुद्ध कोमलता ये २४ गुण हैं।

उत्क्षेपणमवक्षेपणमाकुञ्चनं प्रसारणं गमनमिति कर्माणि॥
—वै० अ० १। आ० १। सू० ७॥

'उत्क्षेपण' ऊपर को चेष्टा करना 'अवक्षेपण' नीचे को चेष्टा करना 'आकुञ्चन' सङ्कोच करना 'प्रसारण' फैलाना 'गमन' आना जाना घूमना आदि इन को कर्म कहते हैं। अब कर्म का लक्षण—

एकद्रव्यमगुणं संयोगविभागेष्वनपेक्षकारणमिति कर्मलक्षणम्॥

—वै० अ० १। आ० १। सू० १७॥

'एकं द्रव्यमाश्रय आधारो यस्य तदेकद्रव्यं न विद्यते गुणो यस्य यस्मिन् वा तदगुणं संयोगेषु विभागेषु चाऽपेक्षारहितं कारणं तत्कर्मलक्षणं' अथवा **'यत् क्रियते तत्कर्म, लक्ष्यते येन तल्लक्षणम्, कर्मणो लक्षणं कर्मलक्षणम्'** एक द्रव्य के आश्रित गुणों से रहित संयोग और विभाग होने में अपेक्षा रहित कारण हो उसको कर्म्म कहते हैं।

द्रव्यगुणकर्मणां द्रव्यं कारणं सामान्यम्॥ —वै० अ० १। आ० १। सू० १८॥

जो कार्य द्रव्य गुण और कर्म का कारण द्रव्य है। वह सामान्य द्रव्य है।

द्रव्याणां द्रव्यं कार्यं सामान्यम्॥ —वै० अ० १। आ० १। सू० २३॥

जो द्रव्यों का कार्य द्रव्य है वह कार्यपन से सब कार्यों में सामान्य है।

द्रव्यत्वं गुणत्वं कर्मत्वञ्च सामान्यानि विशेषाश्च॥

—वै० अ० १। आ० २। सू० ५॥

द्रव्यों में द्रव्यपन, गुणों में गुणपन, कर्मों में कर्मपन ये सब सामान्य और विशेष कहाते हैं। क्योंकि द्रव्यों में द्रव्यत्व सामान्य और गुणत्व कर्मत्व से द्रव्यत्व विशेष है; इसी प्रकार सर्वत्र जानना।

सामान्यं विशेष इति बुद्ध्यपेक्षम्॥ —वै० अ० १। आ० २। सू० ३॥

सामान्य और विशेष बुद्धि की अपेक्षा से सिद्ध होते हैं। जैसे—मनुष्य व्यक्तियों में मनुष्यत्व सामान्य और पशुत्वादि से विशेष तथा स्त्रीत्व और पुरुषत्व इनमें ब्राह्मणत्व क्षत्रियत्व वैश्यत्व शूद्रत्व भी विशेष हैं। ब्राह्मण व्यक्तियों में ब्राह्मणत्व सामान्य और क्षत्रियादि से विशेष है इसी प्रकार सर्वत्र जानो।

इहेदमिति यतः कार्यकारणयोः स समवायः॥

—वै० अ० ७। आ० २। सू० २६॥

कारण अर्थात् अवयवों में अवयवी कार्यों में क्रिया क्रियावान्, गुण गुणी, जाति व्यक्ति कार्य्य कारण, अवयव अवयवी, इन का नित्य सम्बन्ध होने से समवाय कहाता है और जो दूसरा द्रव्यों का परस्पर सम्बन्ध होता है वह संयोग अर्थात् अनित्य सम्बन्ध है।

द्रव्यगुणयोः सजातीयारम्भकत्वं साधर्म्यम्॥ —वै० अ० १। आ० १। सू० ९॥

जो द्रव्य और गुण का समान जातीयक कार्य्य का आरम्भ होता है उस को साधर्म्य कहते हैं। जैसे पृथिवी में जड़त्व धर्म और घटादि कार्योत्पादकत्व स्वसदृश धर्म है वैसे ही जल में भी जडत्व और हिम आदि स्वसदृश कार्य का आरम्भ पृथिवी के साथ जल का और जल के साथ पृथिवी का तुल्य धर्म है। अर्थात् 'द्रव्य-गुणयोर्विजातीयारम्भकत्वं वैधर्म्यम्' यह विदित हुआ कि जो द्रव्य और गुण का विरुद्ध धर्म और कार्य का आरम्भ है उस को वैधर्म्य कहते हैं। जैसे पृथिवी में कठिनत्व, शुष्कत्व और गन्धवत्त्व धर्म जल से विरुद्ध और जल का द्रवत्व, कोमलता और रसगुणयुक्तता पृथिवी से विरुद्ध है।

कारणभावात्कार्यभावः॥ —वै० अ० ४। आ० १। सू० ३॥

कारण के होने ही से कार्य्य होता है।

न तु कार्याभावात्कारणाभावः॥ —वै० अ० १। आ० २। सू० २॥

कार्य के अभाव से कारण का अभाव नहीं होता।

कारणाऽभावात्कार्याऽभावः॥ —वै० अ० १। आ० २। सू० १॥

कारण के न होने से कार्य कभी नहीं होता।

कारणगुणपूर्वकः कार्यगुणो दृष्टः॥ —वै० अ० २। आ० १। सू० २४॥

जैसे कारण में गुण होते हैं वैसे ही कार्य्य में होते हैं। परिमाण दो प्रकार का है—

अणुमहदिति तस्मिन्विशेषभावाद्विशेषाभावाच्च॥

—वै० अ० ७। आ० १। सू० ११॥

(अणु) सूक्ष्म (महत्) बड़ा। जैसे त्रसरेणु लिक्षा से छोटा और द्व्यणुक से बड़ा है तथा पहाड़ पृथिवी से छोटे, वृक्षों से बड़े हैं।

सदिति यतो द्रव्यगुणकर्मसु सा सत्ता॥ —वै० अ० १। आ० २। सू० ७॥

जो द्रव्य, गुण, कर्मों के सत् शब्द अन्वित रहता है अर्थात् 'सद् द्रव्यम्, सद् गुणः, सत्कर्म' सद् द्रव्य, सद् गुण, सत् कर्म अर्थात् वर्त्तमान कालवाची शब्द का अन्वय सब के साथ रहता है।

भावोऽनुवृत्तेरेव हेतुत्वात्सामान्यमेव॥ —वै० अ० १। आ० २। सू० ४॥

जो सब के साथ अनुवर्त्तमान होने से सत्तारूप भाव है सो महासामान्य कहाता है। यह क्रम भावरूप द्रव्यों का है और जो अभाव है वह पांच प्रकार का होता है।

क्रियागुणव्यपदेशाभावात्प्रागसत्॥ —वै० अ० ९। आ० १। सू० १॥

क्रिया और गुण के विशेष निमित्त के अभाव से प्राक् अर्थात् पूर्व (असत्) न था जैसे घट, वस्त्रादि उत्पत्ति के पूर्व नहीं थे इसका नाम 'प्रागभाव'। दूसरा—

सदसत्। —वै० अ० ९। आ० १। सू० २॥

जो होके न रहै जैसे घट उत्पन्न होके नष्ट हो जाय यह 'प्रध्वंसाभाव' कहाता है। तीसरा—

सच्चासत्॥ —वै० अ० ९। आ० १। सू० ४॥

जो होवे और न होवे जैसे 'अगौरश्वोऽनश्वो गौः' यह घोड़ा गाय नहीं और गाय घोड़ा नहीं अर्थात् घोड़े में गाय का और गाय में घोड़े का अभाव और गाय में गाय, घोड़े में घोड़े का भाव है। यह 'अन्योऽन्याभाव' कहाता है। चौथा—

यच्चान्यदसदतस्तदसत्॥ —वै० अ० ९। आ० १। सू० ५॥

जो पूर्वोक्त तीनों अभावों से भिन्न है उसको 'अत्यन्ताभाव' कहते हैं। जैसे—'नरशृङ्ग' अर्थात् मनुष्य का सींग 'खपुष्प' आकाश का फूल और 'बन्ध्यापुत्र' बन्ध्या का पुत्र इत्यादि। पांचवां—

नास्ति घटो गेह इति सतो घटस्य गेहसंसर्गप्रतिषेधः॥

—वै० अ० ९। आ० १। सू० १०॥

घर में घड़ा नहीं अर्थात् अन्यत्र है, घर के साथ घड़े का सम्बन्ध नहीं

है। यह संसर्गाभाव कहाता है । ये पांच अभाव कहाते हैं।

इन्द्रियदोषात्संस्कारदोषाच्चाविद्या॥ —वै० अ० ९। आ० २। सू० १०॥

इन्द्रियों और संस्कार के दोष से अविद्या उत्पन्न होती है।

तद्दुष्टं ज्ञानम्॥ —वै० अ० ९। आ० २। सू० ११॥

जो दुष्ट अर्थात् विपरीत ज्ञान है उस को 'अविद्या' कहते हैं।

अदुष्टं विद्या॥ —वै० अ० ९। आ० २। सू० १२॥

जो अदुष्ट अर्थात् यथार्थ ज्ञान है उसको 'विद्या' कहते हैं॥

पृथिव्यादिरूपरसगन्धस्पर्शा द्रव्याऽनित्यत्वादनित्याश्च॥

—वै० अ० ७। आ० १। सू० २॥

एतेन नित्येषु नित्यत्वमुक्तम्॥ —वै० अ० ७। आ० १। सू० ३॥

जो कार्यरूप पृथिव्यादि पदार्थ और उनमें रूप, रस, गन्ध, स्पर्श गुण हैं ये सब द्रव्यों के अनित्य होने से अनित्य हैं और जो इस से कारणरूप पृथिव्यादि नित्य द्रव्यों में गन्धादि गुण हैं वे नित्य हैं।

सदकारणवन्नित्यम्॥ —वै० अ० ४। आ० १। सू० १॥

जो विद्यमान हो और जिस का कारण कोई भी न हो वह नित्य है अर्थात्—**'सत्कारणवदनित्यम्'** जो कारण वाले कार्यरूप द्रव्य गुण हैं वे अनित्य कहाते हैं।

अस्येदं कार्यं कारणं संयोगि विरोधि समवायि चेति लैङ्गिकम्॥

—वै० अ० ९। आ० २। सू० १॥

इसका यह कार्य वा कारण है इत्यादि समवायि, संयोगि, एकार्थसमवायि और विरोधि यह चार प्रकार का लैङ्गिक अर्थात् लिङ्गलिङ्गी के सम्बन्ध से ज्ञान होता है। 'समवायि' जैसे आकाश परिमाण वाला है, 'संयोगि' जैसे शरीर त्वचा वाला है इत्यादि का नित्य संयोग है, 'एकार्थसमवायि' एक अर्थ में दो का रहना जैसे कार्य 'रूप' स्पर्श कार्य का लिङ्ग अर्थात् जनाने वाला है, 'विरोधि' जैसे हुई वृष्टि होने वाली वृष्टि का विरोधी लिङ्ग है।

'व्याप्ति'—

नियतधर्मसाहित्यमुभयोरेकतरस्य व्याप्तिः। निजशक्त्युद्भवमित्याचार्याः॥ आधेयशक्तियोग इति पञ्चशिखः॥ —सांख्यसूत्र २९, ३१, ३२॥

जो दोनों साध्य साधन अर्थात् सिद्ध करने योग्य और जिस से सिद्ध किया जाय उन दोनों अथवा एक, साधनमात्र का निश्चित धर्म का सहचार है उसी को व्याप्ति कहते हैं। जैसे धूम और अग्नि का सहचार है॥ २९॥ तथा व्याप्त जो धूम उस की निज शक्ति से उत्पन्न होता है अर्थात् जब देशान्तर में दूर धूम जाता है तब विना अग्नियोग के भी धूम स्वयं रहता है। उसी का नाम व्याप्ति है अर्थात् अग्नि के छेदन, भेदन, सामर्थ्य से जलादि पदार्थ धूमरूप प्रकट होता है॥ ३१॥ जैसे महत्तत्त्वादि में प्रकृत्यादि की व्यापकता बुद्ध्यादि में व्याप्यता धर्म के सम्बन्ध का नाम व्याप्ति है जैसे शक्ति आधेयरूप और शक्तिमान् आधाररूप का सम्बन्ध है॥ ३२॥

इत्यादि शास्त्रों के प्रमाणादि से परीक्षा करके पढ़े और पढ़ावे। अन्यथा विद्यार्थियों को सत्य बोध कभी नहीं हो सकता। जिस-जिस ग्रन्थ को पढ़ावें उस-उस

की पूर्वोक्त प्रकार से परीक्षा करके जो-जो सत्य ठहरे वह-वह ग्रन्थ पढ़ावें। जो-जो इन परीक्षाओं से विरुद्ध हों उन-उन ग्रन्थों को न पढ़ें न पढ़ावें। क्योंकि-

लक्षणप्रमाणाभ्यां वस्तुसिद्धिः ।।

लक्षण जैसा कि **'गन्धवती पृथिवी'** जो पृथिवी है वह गन्धवाली है। ऐसे लक्षण और प्रत्यक्षादि प्रमाण इन से सब सत्यासत्य और पदार्थों का निर्णय हो जाता है। इसके विना कुछ भी नहीं होता।

अथ पठनपाठनविधिः

अब पढ़ने पढ़ाने का प्रकार लिखते हैं-प्रथम पाणिनिमुनिकृतशिक्षा जो कि सूत्ररूप है उस की रीति अर्थात् इस अक्षर का यह स्थान, यह प्रयत्न, यह करण है। जैसे 'प' इस का ओष्ठ स्थान, स्पृष्ट प्रयत्न और प्राण तथा जीभ की क्रिया करनी करण कहाता है। इसी प्रकार यथायोग्य सब अक्षरों का उच्चारण माता, पिता, आचार्य सिखलावें। तदनन्तर व्याकरण अर्थात् प्रथम अष्टाध्यायी के सूत्रों का पाठ जैसे **'वृद्धिरादैच्'** फिर पदच्छेद जैसे **'वृद्धिः, आत्, ऐच् वा आदैच्'**, फिर समास **'आच्च ऐच्च आदैच्'** और अर्थ जैसे **'आदैचां वृद्धिसंज्ञा क्रियते'** अर्थात् आ, ऐ, औ की वृद्धि संज्ञा है। **'तः परो यस्मात्स तपरस्तादपि परस्तपरः'** तकार जिस से परे और जो तकार से भी परे हो वह तपर कहाता है। इस से क्या सिद्ध हुआ जो आकार से परे त् और त् से परे ऐच् दोनों तपर हैं। तपर का प्रयोजन यह है कि ह्रस्व और प्लुत की वृद्धि संज्ञा न हुई। उदाहरण (भागः) यहां 'भज्' धातु से 'घञ्' प्रत्यय के परे 'घ्, ञ्' की इत्संज्ञा होकर लोप हो गया। पश्चात् 'भज् अ' यहां जकार के पूर्व भकारोत्तर अकार को वृद्धिसंज्ञक आकार हो गया है। तो भाज् पुनः 'ज्' को ग् हो अकार के साथ मिलके 'भागः' ऐसा प्रयोग हुआ।

'अध्यायः' यहाँ अधिपूर्वक 'इङ्' धातु के ह्रस्व इ के स्थान में 'घञ्' प्रत्यय के परे 'ऐ' वृद्धि और उस को आय् हो मिल के 'अध्यायः'।

'नायकः' यहाँ 'नीञ्' धातु के दीर्घ ईकार के स्थान में 'ण्वुल्' प्रत्यय के परे 'ऐ' वृद्धि और उस को आय् होकर मिलके 'नायकः'।

और **'स्तावकः'** यहां 'स्तु' धातु से **'ण्वुल्'** प्रत्यय होकर ह्रस्व उकार के स्थान में 'औ' वृद्धि, आव् आदेश होकर अकार में मिल गया तो 'स्तावकः'।

(कृञ्) धातु से आगे 'ण्वुल्' प्रत्यय, उस के 'ण् ल्' की इत्संज्ञा होके लोप, 'वु' के स्थान में अक आदेश और ऋकार के स्थान में 'आर्' वृद्धि होकर **'कारकः'** सिद्ध हुआ।

जो-जो सूत्र आगे-पीछे के प्रयोग में लगें उन का कार्य सब बतलाता जाय और सिलेट अथवा लकड़ी के पट्टे पर दिखला-दिखला के कच्चा रूप धर के जैसे 'भज+घञ्+सु' इस प्रकार धर के प्रथम धातु के अकार का लोप पश्चात् घ्कार का फिर ञ् का लोप होकर 'भज्+अ+सु' ऐसा रहा, फिर अ को आकार वृद्धि और ज् के स्थान में 'ग्' होने से 'भाग्+अ+सु' पुनः अकार में मिल जाने से 'भाग+सु' रहा, अब उकार की इत्संज्ञा 'स्' के स्थान में 'रुँ' होकर पुनः उकार की इत्संज्ञा लोप हो जाने पश्चात् 'भागर्' ऐसा रहा, अब रेफ के स्थान में (:) विसर्जनीय होकर **'भागः'** यह रूप सिद्ध हुआ।

जिस-जिस सूत्र से जो-जो कार्य होता है उस-उस को पढ़ पढ़ा के और

लिखवा कर कार्य्य कराता जाय। इस प्रकार पढ़ने पढ़ाने से बहुत शीघ्र दृढ़ बोध होता है।

एक बार इसी प्रकार **अष्टाध्यायी** पढ़ा के **धातुपाठ** अर्थसहित और दश लकारों के रूप तथा प्रक्रिया सहित सूत्रों के उत्सर्ग अर्थात् सामान्यसूत्र जैसे **'कर्मण्यण्'** कर्म उपपद लगा हो तो धातुमात्र से अण् प्रत्यय हो, जैसे 'कुम्भकारः'। पश्चात् अपवाद सूत्र जैसे **'आतोऽनुपसर्गे कः'** उपसर्गभिन्न कर्म उपपद लगा हो तो आकारान्त धातु से 'क' प्रत्यय होवे अर्थात् जो बहुव्यापक जैसा कि कर्मोपपद लगा हो तो सब धातुओं से 'अण्' प्राप्त होता है उससे विशेष अर्थात् अल्प विषय उसी पूर्व सूत्र के विषय में से आकारान्त धातु को 'क' प्रत्यय ने ग्रहण कर लिया। जैसे उत्सर्ग के विषय में अपवाद सूत्र की प्रवृत्ति होती है वैसे अपवाद सूत्र के विषय में उत्सर्ग सूत्र की प्रवृत्ति नहीं होती। जैसे चक्रवर्ती राजा के राज्य में माण्डलिक और भूमिवालों की प्रवृत्ति होती है वैसे माण्डलिक राजादि के राज्य में चक्रवर्ती की प्रवृत्ति नहीं होती।

इसी प्रकार पाणिनि महर्षि ने सहस्र श्लोकों के बीच में अखिल शब्द, अर्थ और सम्बन्धों की विद्या प्रतिपादित कर दी है। धातुपाठ के पश्चात् उणादिगण के पढ़ाने में सर्व सुबन्त का विषय अच्छी प्रकार पढ़ा के, पुनः दूसरी वार शङ्का, समाधान वार्तिक, कारिका, परिभाषा की घटनापूर्वक अष्टाध्यायी की द्वितीयानुवृत्ति पढ़ावे।

तदनन्तर **महाभाष्य** पढ़ावे। अर्थात् जो बुद्धिमान्, पुरुषार्थी, निष्कपटी, विद्यावृद्धि के चाहने वाले नित्य पढ़ें-पढ़ावें तो डेढ़ वर्ष में अष्टाध्यायी और डेढ़ वर्ष में महाभाष्य पढ़ के तीन वर्ष में पूर्ण वैयाकरण होकर वैदिक और लौकिक शब्दों का व्याकरण से, पुनः अन्य शास्त्रों को शीघ्र सहज में पढ़ पढ़ा सकते हैं। किन्तु जैसा बड़ा परिश्रम व्याकरण में होता है वैसा श्रम अन्य शास्त्रों में करना नहीं पड़ता। और जितना बोध इनके पढ़ने से तीन वर्षों में होता है उतना बोध कुग्रन्थ अर्थात् सारस्वत, चन्द्रिका, कौमुदी, मनोरमादि के पढ़ने से पचास वर्षों में भी नहीं हो सकता क्योंकि जो महाशय महर्षि लोगों ने सहजता से महान् विषय अपने ग्रन्थों में प्रकाशित किया है वैसा इन क्षुद्राशय मनुष्यों के कल्पित ग्रन्थों में क्योंकर हो सकता है?

महर्षि लोगों का आशय, जहाँ तक हो सके वहाँ तक सुगम और जिस के ग्रहण में समय थोड़ा लगे इस प्रकार का होता है। और क्षुद्राशय लोगों की मनसा ऐसी होती है कि जहाँ तक बने वहाँ तक कठिन रचना करनी। जिस को बड़े परिश्रम से पढ़ के अल्प लाभ उठा सकें जैसे पहाड़ का खोदना कौड़ी का लाभ होना। और आर्ष ग्रन्थों का पढ़ना ऐसा है कि जैसा एक गोता लगाना बहुमूल्य मोतियों का पाना।

व्याकरण को पढ़ के **यास्कमुनिकृत निघण्टु** और **निरुक्त** छः वा आठ महीने में सार्थक पढ़ें और पढ़ावें। अन्य नास्तिककृत अमरकोशादि में अनेक वर्ष व्यर्थ न खोवें।

तदनन्तर **पिङ्गलाचार्यकृत छन्दोग्रन्थ** जिस से वैदिक लौकिक छन्दों का परिज्ञान, नवीन रचना और श्लोक बनाने की रीति भी यथावत् सीखें। इस ग्रन्थ और श्लोकों की रचना तथा प्रस्तार को चार महीने में सीख पढ़ पढ़ा सकते हैं। और

वृत्तरत्नाकार आदि अल्पबुद्धिप्रकल्पित ग्रन्थों में अनेक वर्ष न खोवें।

तत्पश्चात् **मनुस्मृति, वाल्मीकि रामायण** और **महाभारत** के उद्योगपर्वान्तर्गत **विदुरनीति** आदि अच्छे-अच्छे प्रकरण जिनसे दुष्ट व्यसन दूर हों और उत्तमता सभ्यता प्राप्त हो वैसे को काव्यरीति से अर्थात् **पदच्छेद, पदार्थोक्ति, अन्वय, विशेष्य विशेषण** और **भावार्थ** को अध्यापक लोग जनावें और विद्यार्थी लोग जानते जायें। इन को वर्ष के भीतर पढ़ लें।

तदनन्तर **पूर्वमीमांसा, वैशेषिक, न्याय, योग, सांख्य** और **वेदान्त** अर्थात् जहाँ तक बन सके वहाँ तक ऋषिकृत व्याख्यासहित अथवा उत्तम विद्वानों की सरल व्याख्यायुक्त छः शास्त्रों को पढ़ें-पढ़ावें परन्तु वेदान्त सूत्रों के पढ़ने के पूर्व **ईश, केन, कठ, प्रश्न, मुण्डक, माण्डूक्य, ऐतरेय, तैत्तिरीय, छान्दोग्य** और **बृहदारण्यक** इन **दश** उपनिषदों को पढ़ के छः शास्त्रों के भाष्य वृत्तिसहित सूत्रों को दो वर्ष के भीतर पढ़ावें और पढ़ लेवें।

पश्चात् छः वर्षों के भीतर चारों ब्राह्मण अर्थात् **ऐतरेय, शतपथ, साम** और **गोपथ ब्राह्मणों** के सहित **चारों वेदों** के **स्वर, शब्द, अर्थ, सम्बन्ध** तथा **क्रियासहित** पढ़ना योग्य है। इसमें प्रमाण-

स्थाणुरयं भारहारः किलाभूदधीत्य वेदं न विजानाति योऽर्थम्।
योऽर्थज्ञ इत्सकलं भद्रमश्नुते नाकमेति ज्ञानविधूतपाप्मा॥

यह निरुक्त में मन्त्र है

जो वेद को स्वर और पाठमात्र पढ़ के अर्थ नहीं जानता वह जैसा वृक्ष, डाली पत्ते, फल, फूल और अन्य पशु धान्य आदि का भार उठाता है वैसे भारवाह अर्थात् भार को उठाने वाला है। और जो वेद को पढ़ता और उनका यथावत् अर्थ जानता है ज्ञान से पापों को छोड़ पवित्र धर्माचरण के प्रताप से वही सम्पूर्ण आनन्द को प्राप्त होके देहान्त के पश्चात् सर्वानन्द को प्राप्त होता है।

उत त्वः पश्यन्न ददर्श वाचमुत त्वः शृण्वन्न शृणोत्येनाम्।
उतो त्वस्मै तन्वं१ वि सस्रे जायेव पत्य उशती सुवासाः॥

—ऋ० मं० १०। सू० ७१। मं० ४॥

जो अविद्वान् हैं वे सुनते हुए नहीं सुनते, देखते हुए नहीं देखते, बोलते हुए नहीं बोलते। अर्थात् अविद्वान् लोग इस विद्या वाणी के रहस्य को नहीं जान सकते किन्तु जो शब्द अर्थ और सम्बन्ध का जानने वाला है उस के लिये विद्या-जैसे सुन्दर वस्त्र आभूषण धारण करती अपने पति की कामना करती हुई स्त्री अपना शरीर और स्वरूप का प्रकाश पति के सामने करती है वैसे विद्या विद्वान् के लिये अपने स्वरूप का प्रकाश करती है, अविद्वानों के लिये नहीं।

ऋचो अक्षरे परमे व्योमन्यस्मिन्देवा अधि विश्वे निषेदुः।
यस्तन्न वेद किमृचा करिष्यति य इत्तद्विदुस्त इमे समासते॥

—ऋ० मं० १। सू० १६४। मं० ३९॥

जिस व्यापक अविनाशी सर्वोत्कृष्ट परमेश्वर में सब विद्वान् और पृथिवी

सूर्य आदि सब लोक स्थित हैं कि जिसमें सब वेदों का मुख्य तात्पर्य है उस ब्रह्म को जो नहीं जानता वह ऋग्वेदादि से क्या कुछ सुख को प्राप्त हो सकता है? नहीं-नहीं, किन्तु जो वेदों को पढ़ के धर्मात्मा योगी होकर उस ब्रह्म को जानते हैं वे सब परमेश्वर में स्थित होके मुक्तिरूपी परमानन्द को प्राप्त होते हैं। इसलिए जो कुछ पढ़ना वा पढ़ाना हो वह अर्थज्ञान सहित चाहिये।

इस प्रकार सब वेदों को पढ़ के आयुर्वेद अर्थात् जो **चरक, सुश्रुत** आदि ऋषि मुनि-प्रणीत वैद्यक शास्त्र है, उस को अर्थ, क्रिया, शस्त्र, छेदन, भेदन, लेप, चिकित्सा, निदान, औषध, पथ्य, शारीर, देश, काल और वस्तु के गुण ज्ञानपूर्वक ४ वर्ष के भीतर पढ़ें पढ़ावें।

तदनन्तर **धनुर्वेद** अर्थात् राजसम्बन्धी काम करना है इसके दो भेद, एक निज राजपुरुषसम्बन्धी और दूसरा प्रजासम्बन्धी होता है। राजकार्य में सब सेना के अध्यक्ष शस्त्रास्त्रविद्या नाना प्रकार के व्यूहों का अभ्यास अर्थात् जिसको आजकल 'कवायद' कहते हैं। जो कि शत्रुओं से लड़ाई के समय में क्रिया करनी होती है उन को यथावत् सीखें और जो जो प्रजा के पालने और वृद्धि करने का प्रकार है उन को सीख के न्यायपूर्वक सब प्रजा को प्रसन्न रक्खें दुष्टों को यथायोग्य दण्ड, श्रेष्ठों के पालन का प्रकार सब प्रकार सीख लें।

इस राजविद्या को दो-दो वर्ष में सीख कर **गान्धर्ववेद** कि जिस को गानविद्या कहते हैं। उस में स्वर, राग, रागिणी, समय, ताल, ग्राम, तान, वादित्र, नृत्य, गीत आदि को यथावत् सीखें परन्तु मुख्य करके **सामवेद का गान वादित्रवादनपूर्वक सीखें** और **नारदसंहिता** आदि जो-जो आर्ष ग्रन्थ हैं उन को पढ़ें परन्तु भड़वे वेश्या और विषयासक्तिकारक वैरागियों के गर्दभशब्दवत् व्यर्थ आलाप कभी न करें।

अर्थवेद कि जिस को शिल्पविद्या कहते हैं उस को पदार्थ गुण-विज्ञान क्रियाकौशल, नानाविध पदार्थों का निर्माण, पृथिवी से लेके आकाश पर्यन्त की विद्या को यथावत् सीख के अर्थ अर्थात् जो ऐश्वर्य को बढ़ाने वाला है। उस विद्या को सीख के दो वर्ष में ज्योतिषशास्त्र सूर्यसिद्धान्तादि जिस में **बीजगणित, अङ्क, भूगोल, खगोल** और **भूगर्भविद्या** है इस को यथावत् सीखें।

तत्पश्चात् सब प्रकार की हस्तक्रिया, यन्त्रकला आदि को सीखें, परन्तु जितने ग्रह, नक्षत्र, जन्मपत्र, राशि, मुहूर्त आदि के फल के विधायक ग्रन्थ हैं उन को झूठ समझ के कभी न पढ़ें और पढ़ावें।

ऐसा प्रयत्न पढ़ने और पढ़ाने वाले करें कि जिस से **तीस** व **चौंतीस वर्ष** के भीतर समग्र विद्या उत्तम शिक्षा प्राप्त होके मनुष्य लोग कृतकृत्य होकर सदा आनन्द में रहैं। जितनी विद्या इस रीति से **तीस** वा **चौंतीस** वर्षों में हो सकती है उतनी अन्य प्रकार से शत-वर्ष में भी नहीं हो सकती।

ऋषिप्रणीत ग्रन्थों को इसलिये पढ़ना चाहिये कि वे बड़े विद्वान् सब शास्त्रवित् और धर्मात्मा थे। और अनृषि अर्थात् जो अल्पशास्त्र पढ़े हैं और जिन का आत्मा पक्षपातसहित है, उनके बनाए हुए ग्रन्थ भी वैसे ही हैं।

पूर्वमीमांसा पर व्यासमुनिकृत व्याख्या, वैशेषिक पर गोतममुनिकृत, न्यायसूत्र पर वात्स्यायनमुनिकृत भाष्य, पतञ्जलिमुनिकृतसूत्र पर व्यासमुनिकृत भाष्य, कपिलमुनिकृत सांख्यसूत्र पर भागुरिमुनिकृत भाष्य, व्यासमुनिकृत वेदान्तसूत्र पर वात्स्यायनमुनिकृत भाष्य अथवा बौधायनमुनिकृत भाष्य वृत्ति सहित पढ़ें पढ़ावें। इत्यादि सूत्रों को कल्प

अङ्ग में भी गिनना चाहिये।

जैसे ऋग्यजुः साम और अथर्व चारों वेद ईश्वरकृत हैं वैसे **ऐतरेय, शतपथ, साम** और **गोपथ चारों ब्राह्मण, शिक्षा, कल्प, व्याकरण, निघण्टु, निरुक्त, छन्द** और **ज्योतिष छः वेदों के अङ्ग, मीमांसादि छः शास्त्र वेदों के उपाङ्ग; आयुर्वेद, धनुर्वेद, गान्धर्ववेद** और **अर्थवेद** ये चार वेदों के उपवेद इत्यादि सब ऋषि मुनि के किये ग्रन्थ हैं। इनमें भी जो जो वेदविरुद्ध प्रतीत हो उस-उस को छोड़ देना क्योंकि वेद ईश्वरकृत होने से निर्भ्रान्त स्वतःप्रमाण अर्थात् वेद का प्रमाण वेद ही से होता है । ब्राह्मणादि सब ग्रन्थ परतः प्रमाण अर्थात् इनका प्रमाण वेदाधीन है। वेद की विशेष व्याख्या 'ऋग्वेदादिभाष्यभूमिका' में देख लीजिये और इस ग्रन्थ में भी आगे लिखेंगे।

अब जो परित्याग के योग्य ग्रन्थ हैं उनका परिगणन संक्षेप से किया जाता है अर्थात् जो-जो नीचे ग्रन्थ लिखेंगे वह-वह जाल ग्रन्थ समझना चाहिये। **व्याकरण** में कातन्त्र, सारस्वत, चन्द्रिका, मुग्धबोध, कौमुदी, शेखर, मनोरमा आदि। **कोश** में अमरकोशादि। **छन्दोग्रन्थ** में वृत्तरत्नाकरादि। **शिक्षा** में 'अथ शिक्षां प्रवक्ष्यामि पाणिनीयं मतं यथा' इत्यादि। **ज्यौतिष** में शीघ्रबोध, मुहूर्त्तचिन्तामणि आदि। **काव्य** में नायिकाभेद, कुवलयानन्द, रघुवंश, माघ, किरातार्जुनीयादि। **मीमांसा** में धर्मसिन्धु, व्रतार्कादि। **वैशेषिक** में तर्कसंग्रहादि। न्याय में जागदीशी आदि। **योग** में हठप्रदीपिकादि। **सांख्य** में सांख्यतत्त्वकौमुद्यादि। **वेदान्त** में योगवासिष्ठ पञ्चदश्यादि। **वैद्यक** में शार्ङ्गधरादि। **स्मृतियों** में मनुस्मृति के प्रक्षिप्त श्लोक और अन्य सब स्मृति, सब तन्त्र ग्रन्थ, सब पुराण, सब उपपुराण, तुलसीदासकृत भाषारामायण, रुक्मिणीमङ्गलादि और सर्वभाषाग्रन्थ ये सब कपोलकल्पित मिथ्या ग्रन्थ हैं।

(प्रश्न) क्या इन ग्रन्थों में कुछ भी सत्य नहीं?

(उत्तर) थोड़ा सत्य तो है परन्तु इसके साथ बहुत सा असत्य भी है। इस से **'विषसम्पृक्तान्नवत् त्याज्याः'** जैसे अत्युत्तम अन्न विष से युक्त होने से छोड़ने योग्य होता है वैसे ये ग्रन्थ हैं।

(प्रश्न) क्या आप पुराण इतिहास को नहीं मानते?

(उत्तर) हां मानते हैं परन्तु सत्य को मानते हैं मिथ्या को नहीं।

(प्रश्न) कौन सत्य और कौन मिथ्या है?

(उत्तर) ब्राह्मणानीतिहासान् पुराणानि कल्पान् गाथा नाराशंसीरिति॥

यह गृह्यसूत्रादि का वचन है। जो ऐतरेय, शतपथादि ब्राह्मण लिख आये उन्हीं के इतिहास, पुराण; कल्प, गाथा और नाराशंसी पांच नाम हैं, श्रीमद्भागवतादि का नाम पुराण नहीं।

(प्रश्न) जो त्याज्य ग्रन्थों में सत्य है उसका ग्रहण क्यों नहीं करते?

(उत्तर) जो-जो उनमें सत्य है सो-सो वेदादि सत्य शास्त्रों का है और मिथ्या उनके घर का है। वेदादि सत्य शस्त्रों के स्वीकार में सब सत्य का ग्रहण हो जाता है। जो कोई इन मिथ्या ग्रन्थों से सत्य का ग्रहण करना चाहै तो मिथ्या भी उस के गले लिपट जावे। इसलिए **'असत्यमिश्रं सत्यं दूरतस्त्याज्यमिति'** असत्य से युक्त ग्रन्थस्थ सत्य को भी वैसे छोड़ देना चाहिए जैसे विषयुक्त अन्न को।

(प्रश्न) तुम्हारा मत क्या है?

(उत्तर) वेद अर्थात् जो-जो वेद में करने और छोड़ने की शिक्षा की है

उस-उस का हम यथावत् करना, छोड़ना मानते हैं। जिसलिये वेद हम को मान्य है इसलिये हमारा मत वेद है। ऐसा ही मानकर सब मनुष्यों को विशेष आर्य्यों को ऐकमत्य होकर रहना चाहिये।

(प्रश्न) जैसा सत्यासत्य और दूसरे ग्रन्थों का परस्पर विरोध है वैसे अन्य शास्त्रों में भी है। जैसा सृष्टिविषय में छः शास्त्रों का विरोध है—मीमांसा कर्म, वैशेषिक काल, न्याय परमाणु, योग पुरुषार्थ, सांख्य प्रकृति और वेदान्त ब्रह्म से सृष्टि की उत्पत्ति मानता है, क्या यह विरोध नहीं है?

(उत्तर) प्रथम तो विना सांख्य और वेदान्त के दूसरे चार शास्त्रों में सृष्टि की उत्पत्ति प्रसिद्ध नहीं लिखी और इन में विरोध नहीं क्योंकि तुम को विरोधाविरोध का ज्ञान नहीं। मैं तुम से पूछता हूं कि विरोध किस स्थल में होता है? क्या एक विषय में अथवा भिन्न-भिन्न विषयों में?

(प्रश्न) एक विषय में अनेकों का परस्पर विरुद्ध कथन हो तो उस को विरोध कहते हैं यहां भी सृष्टि एक ही विषय है।

(उत्तर) क्या विद्या एक है वा दो? एक है। जो एक है तो व्याकरण, वैद्यक, ज्योतिष आदि के भिन्न-भिन्न विषय क्यों हैं? जैसा एक विद्या में अनेक विद्या के अवयवों का एक दूसरे से भिन्न प्रतिपादन होता है वैसे ही सृष्टिविद्या के भिन्न-भिन्न छः अवयवों का छः शास्त्रों में प्रतिपादन करने से इन में कुछ भी विरोध नहीं। जैसे घड़े के बनाने में कर्म, समय, मिट्टी, विचार, संयोग वियोगादि का पुरुषार्थ, प्रकृति के गुण और कुंभार कारण हैं। वैसे ही सृष्टि का जो कर्म कारण है उस की व्याख्या मीमांसा में, समय की व्याख्या वैशेषिक में, उपादान कारण की व्याख्या न्याय में, पुरुषार्थ की व्याख्या योग में, तत्त्वों के अनुक्रम से परिगणन की व्याख्या सांख्य में और निमित्तकारण जो परमेश्वर है उस की व्याख्या वेदान्त-शास्त्र में है। इस से कुछ भी विरोध नहीं। जैसे वैद्यकशास्त्र में निदान, चिकित्सा, औषधिदान और पथ्य के प्रकरण भिन्न-भिन्न कथित हैं परन्तु सब का सिद्धान्त रोग की निवृत्ति है। वैसे ही सृष्टि के छः कारण हैं। इन में से एक-एक कारण की व्याख्या एक-एक शास्त्रकार ने की है। इसलिए इनमें कुछ भी विरोध नहीं। इस की विशेष व्याख्या सृष्टिप्रकरण में कहेंगे।

जो विद्या पढ़ने पढ़ाने के विघ्न हैं उनको छोड़ देवें। जैसा कुसङ्ग अर्थात् दुष्ट विषयी जनों का संग, दुष्टव्यसन जैसा मद्यादि सेवन और वेश्यागमनादि बाल्यावस्था में विवाह अर्थात् पच्चीस वर्षों से पूर्व पुरुष और सोलहवें वर्ष से पूर्व स्त्री का विवाह हो जाना; पूर्ण ब्रह्मचर्य न होना; राजा, माता, पिता और विद्वानों का प्रेम वेदादि शास्त्रों के प्रचार में न होना; अतिभोजन, अति जागरण करना, पढ़ने पढ़ाने परीक्षा लेने वा देने में आलस्य वा कपट करना; सर्वोपरि विद्या का लाभ न समझना; बल, बुद्धि, पराक्रम, आरोग्य, राज्य, धन की वृद्धि न मानना; ईश्वर का ध्यान छोड़ अन्य पाषाणादि जड़ 'मूर्त्ति के दर्शन-पूजन में व्यर्थ काल खोना; माता, पिता, अतिथि और आचार्य्य, विद्वान्, इन को सत्यमूर्त्ति मान कर सेवा सत्संग न करना; वर्णाश्रम के धर्म को छोड़ ऊर्ध्वपुण्ड्र, तिलक, कण्ठी, मालाधारण, एकादशी, त्रयोदशी आदि व्रत करना, काश्यादि तीर्थ और राम, कृष्ण, नारायण, शिव, भगवती, गणेशादि के नामस्मरण से पाप दूर होने का विश्वास, पाखण्डियों के उपदेश से विद्या पढ़ने में अश्रद्धा का होना, विद्या धर्म योग परमेश्वर की उपासना के विना

मिथ्या पुराणनामक भागवतादि की कथादि से मुक्ति का मानना; लोभ से धनादि में प्रवृत्ति होकर विद्या में प्रीति न रखना; इधर उधर व्यर्थ घूमते रहना इत्यादि मिथ्या व्यवहारों में फंस के ब्रह्मचर्य और विद्या के लाभ से रहित होकर रोगी और मूर्ख बने रहते हैं।

आजकल के सम्प्रदायी और स्वार्थी ब्राह्मण आदि जो दूसरों को विद्या सत्संग से हटा और अपने जाल में फंसा के उन का तन, मन, धन नष्ट कर देते हैं और चाहते हैं कि जो क्षत्रियादि वर्ण पढ़ कर विद्वान् हो जायेंगे तो हमारे पाखण्डजाल से छूट और हमारे छल को जानकर हमारा अपमान करेंगे इत्यादि विघ्नों को राजा और प्रजा दूर करके अपने लड़कों और लड़कियों को विद्वान् करने के लिये तन, मन, धन से प्रयत्न किया करें।

(प्रश्न) क्या स्त्री और शूद्र भी वेद पढ़ें? जो ये पढ़ेंगे तो हम फिर क्या करेंगे? और इनके पढ़ने में प्रमाण भी नहीं हैं। जैसा यह निषेध है—

स्त्रीशूद्रौ नाधीयातामिति श्रुतेः।

स्त्री और शूद्र न पढ़ें यह श्रुति है।

(उत्तर) सब स्त्री और पुरुष अर्थात् मनुष्यमात्र को पढ़ने का अधिकार है। तुम कुआ में पड़ो और यह श्रुति तुम्हारी कपोलकल्पना से हुई है। किसी प्रामाणिक ग्रन्थ की नहीं। और सब मनुष्यों के वेदादि शास्त्र पढ़ने सुनने के अधिकार का प्रमाण यजुर्वेद के छब्बीसवें अध्याय में दूसरा मन्त्र है—

यथेमां वाचं कल्याणीमावदानि जनेभ्यः।

ब्रह्मराजन्याभ्याᳬं शूद्राय चार्याय च स्वाय चारणाय॥

परमेश्वर कहता है कि (यथा) जैसे मैं (जनेभ्यः) सब मनुष्यों के लिये (इमाम्) इस (कल्याणीम्) कल्याण अर्थात् संसार और मुक्ति के सुख देनेहारी (वाचम्) ऋग्वेदादि चारों वेदों की वाणी का (आ वदानि) उपदेश करता हूं वैसे तुम भी किया करो।

यहाँ कोई ऐसा प्रश्न करे कि जन शब्द से द्विजों का ग्रहण करना चाहिये क्योंकि स्मृत्यादि ग्रन्थों में ब्राह्मण, क्षत्रिय, वैश्य ही के वेदों के पढ़ने का अधिकार लिखा है; स्त्री और शूद्रादि वर्णों का नहीं।

(उत्तर) (ब्रह्मराजन्याभ्याᳬं) इत्यादि देखो परमेश्वर स्वयं कहता है कि हम ने ब्राह्मण, क्षत्रिय, (अर्य्याय) वैश्य, (शूद्राय) शूद्र, और (स्वाय) अपने भृत्य वा स्त्रियादि (अरणाय) और अतिशूद्रादि के लिये भी वेदों का प्रकाश किया है; अर्थात् तब मनुष्य वेदों को पढ़ पढ़ा और सुन सुनाकर विज्ञान को बढ़ा के अच्छी बातों का ग्रहण और बुरी बातों का त्याग करके दुःखों से छूट कर आनन्द को प्राप्त हों। कहिये! अब तुम्हारी बात मानें वा परमेश्वर की? परमेश्वर की बात अवश्य माननीय है इतने पर भी जो कोई इस को न मानेगा वह नास्तिक कहावेगा क्योंकि **'नास्तिको वेदनिन्दकः'** वेदों का निन्दक और न मानने वाला नास्तिक कहाता है। क्या परमेश्वर शूद्रों का भला करना नहीं चाहता? क्या ईश्वर पक्षपाती है कि वेदों के पढ़ने सुनने का शूद्रों के लिये निषेध और द्विजों के लिये विधि करे? जो परमेश्वर का अभिप्राय शूद्रादि के पढ़ाने सुनाने का न होता तो इनके शरीर में वाक् और श्रोत्र इन्द्रिय क्यों रचता? जैसे परमात्मा ने पृथिवी, जल, अग्नि, वायु, चन्द्र,

सूर्य और अन्नादि पदार्थ सब के लिये बनाये हैं वैसे ही वेद भी सबके लिये प्रकाशित किये हैं। और जहाँ-जहाँ निषेध किया है उस का यह अभिप्राय है कि जिस को पढ़ने पढ़ाने से कुछ भी न आवे वह निर्बुद्धि और मूर्ख होने से शूद्र कहाता है। उस का पढ़ना पढ़ाना व्यर्थ है। और जो स्त्रियों के पढ़ने का निषेध करते हो वह तुम्हारी मूर्खता, स्वार्थता और निर्बुद्धिता का प्रभाव है। देखो! वेद में कन्याओं के पढ़ने का प्रमाण—

ब्रह्मचर्य्येण कन्या३ युवानं विन्दते पतिम् ॥

—अथर्व० अ० ३। प्र० २४। कां० ११। मं० १८॥

जैसे लड़के ब्रह्मचर्य सेवन से पूर्ण विद्या और सुशिक्षा को प्राप्त होके युवती, विदुषी, अपने अनुकूल प्रिय सदृश स्त्रियों के साथ विवाह करते हैं वैसे (कन्या) कुमारी (ब्रह्मचर्येण) ब्रह्मचर्य सेवन से वेदादि शास्त्रों को पढ़ पूर्ण विद्या और उत्तम शिक्षा को प्राप्त युवती होके पूर्ण युवावस्था में अपने सदृश प्रिय विद्वान् (युवानम्) और पूर्ण युवावस्थायुक्त पुरुष को (विन्दते) प्राप्त होवे। इसलिये स्त्रियों को भी ब्रह्मचर्य और विद्या का ग्रहण अवश्य करना चाहिये।

(प्रश्न) क्या स्त्री लोग भी वेदों को पढ़ें?

(उत्तर) अवश्य; देखो श्रौतसूत्रादि में—**इमं मन्त्रं पत्नी पठेत्।**

अर्थात् स्त्री यज्ञ में इस मन्त्र को पढ़े। जो वेदादि शास्त्रों को न पढ़ी होवे तो यज्ञ में स्वरसहित मन्त्रों का उच्चारण और संस्कृतभाषण कैसे कर सके? भारतवर्ष की स्त्रियों में भूषणरूप गार्गी आदि वेदादि शास्त्रों को पढ़ पूर्ण विदुषी हुई थीं यह शतपथब्राह्मण में स्पष्ट लिखा है। भला जो पुरुष विद्वान् और स्त्री अविदुषी और स्त्री विदुषी और पुरुष अविद्वान् हो तो नित्यप्रति देवासुर-संग्राम घर में मचा रहै फिर सुख कहां? इसलिये जो स्त्री न पढ़े तो कन्याओं की पाठशाला में अध्यापिका क्योंकर हो सकें तथा राजकार्य्य न्यायाधीशत्वादि; गृहाश्रम का कार्य्य जो पति को स्त्री और स्त्री को पति प्रसन्न रखना; घर के सब काम स्त्री के आधीन रहना विना विद्या के इत्यादि काम अच्छे प्रकार कभी ठीक नहीं हो सकते।

देखो! आर्य्यावर्त्त के राजपुरुषों की स्त्रियां धनुर्वेद अर्थात् युद्धविद्या भी अच्छी प्रकार जानती थीं क्योंकि जो न जानती होतीं तो कैकेयी आदि दशरथ आदि के साथ युद्ध में क्योंकर जा सकती ? और युद्ध कर सकती। इसलिये ब्राह्मणी को सब विद्या, क्षत्रिया को सब विद्या और युद्ध तथा राजविद्याविशेष, वैश्या को व्यवहारविद्या और शूद्रा को पाकादि सेवा की विद्या अवश्य पढ़नी चाहिये। जैसे पुरुषों को व्याकरण, धर्म और अपने व्यवहार की विद्या न्यून से न्यून अवश्य पढ़नी चाहिये। वैसे स्त्रियों को भी व्याकरण, धर्म, वैद्यक, गणित, शिल्पविद्या तो अवश्य ही सीखनी चाहिये। क्योंकि इनके सीखे विना सत्याऽसत्य का निर्णय; पति आदि से अनुकूल वर्त्तमान, यथायोग्य सन्तानोत्पत्ति, उनका पालन, वर्द्धन और सुशिक्षा करना, घर के सब कार्य्यों को जैसा चाहिये वैसा करना कराना वैद्यकविद्या से औषधवत् अन्न पान बना और बनवाना नहीं कर सकती। जिससे घर में रोग कभी न आवे और सब लोग सदा आनन्दित रहैं। शिल्पविद्या के जाने विना घर का बनवाना, वस्त्र आभूषण आदि का बनाना बनवाना, गणितविद्या के विना सब का हिसाब समझना समझाना, वेदादि शास्त्रविद्या के विना ईश्वर और धर्म को न जानके अधर्म

से कभी नहीं बच सके।

इसलिये वे ही धन्यवादार्ह और कृतकृत्य हैं कि जो अपने सन्तानों को ब्रह्मचर्य, उत्तम शिक्षा और विद्या से शरीर और आत्मा के पूर्ण बल को बढ़ावें। जिस से वे सन्तान मातृ, पितृ, पति, सासु, श्वसुर, राजा, प्रजा, पड़ोसी, इष्टमित्र और सन्तानादि से यथायोग्य धर्म से वर्तें। यही कोश अक्षय है। इस को जितना व्यय करे उतना ही बढ़ता जाय। अन्य सब कोश व्यय करने से घट जाते हैं और दायभागी भी निज भाग लेते हैं। और विद्याकोश का चोर वा दायभागी कोई भी नहीं हो सकता। इस कोश की रक्षा और वृद्धि करने वाला विशेष राजा और प्रजा भी हैं।

कन्यानां सम्प्रदानं च कुमाराणां च रक्षणम्॥ मनु०॥

राजा को योग्य है कि सब कन्या और लड़कों को उक्त समय तक ब्रह्मचर्य में रखके विद्वान् कराना। जो कोई इस आज्ञा को न माने तो उस के माता पिता को दण्ड देना अर्थात् राजा की आज्ञा से आठ वर्ष के पश्चात् लड़का वा लड़की किसी के घर में न रहने पावें किन्तु आचार्य्यकुल में रहैं। जब तक समावर्त्तन का समय न आवे तब तक विवाह न होने पावे।

सर्वेषामेव दानानां ब्रह्मदानं विशिष्यते।
वार्य्यन्नगोमहीवासस्तिलकाञ्चनसर्पिषाम्॥ मनु०॥

संसार में जितने दान हैं अर्थात् जल, अन्न, गौ, पृथिवी, वस्त्र, तिल, सुवर्ण और घृतादि इन सब दानों से वेदविद्या का दान अतिश्रेष्ठ है। इसलिये जितना बन सके उतना प्रयत्न तन, मन, धन से विद्या की वृद्धि में किया करें। जिस देश में यथायोग्य ब्रह्मचर्य विद्या और वेदोक्त धर्म का प्रचार होता है वही देश सौभाग्यवान् होता है।

यह ब्रह्मचर्याश्रम की शिक्षा संक्षेप से लिखी गई। इसके आगे चौथे समुल्लास में समावर्त्तन विवाह और गृहाश्रम की शिक्षा लिखी जायगी।

इति श्रीमद्दयानन्दसरस्वतीस्वामिकृते सत्यार्थप्रकाशे
सुभाषाविभूषिते शिक्षाविषये
तृतीयः समुल्लासः सम्पूर्णः॥ ३॥

अथ चतुर्थसमुल्लासारम्भः

अथ समावर्त्तनविवाहगृहाश्रमविधिं वक्ष्यामः

वेदानधीत्य वेदौ वा वेदं वापि यथाक्रमम्।
अविप्लुतब्रह्मचर्यो　गृहस्थाश्रममाविशेत्॥ १॥ मनु०॥

जब यथावत् ब्रह्मचर्य्य आचार्यानुकूल वर्त्तकर, धर्म से चारों, तीन वा दो, अथवा एक वेद को साङ्गोपाङ्ग पढ़ के जिस का ब्रह्मचर्य खण्डित न हुआ हो, वह पुरुष वा स्त्री गृहाश्रम में प्रवेश करे॥ १॥

तं प्रतीतं स्वधर्मेण ब्रह्मदायहरं पितुः।
स्रग्विणं तल्प आसीनमर्हयेत्प्रथमं गवा॥ २॥ मनु०॥

जो स्वधर्म अर्थात् यथावत् आचार्य और शिष्य का धर्म है उससे युक्त पिता जनक वा अध्यापक से ब्रह्मदाय अर्थात् विद्यारूप भाग का ग्रहण और माला का धारण करने वाला अपने पलङ्ग पर बैठे हुए आचार्य्य का प्रथम गोदान से सत्कार करे। वैसे लक्षणयुक्त विद्यार्थी को भी कन्या का पिता गोदान से सत्कृत करे॥ २॥

गुरुणानुमतः स्नात्वा समावृत्तो यथाविधि।
उद्वहेत द्विजो भार्यां सवर्णां लक्षणान्विताम्॥ ३॥ मनु०॥

गुरु की आज्ञा ले स्नान कर गुरुकुल से अनुक्रमपूर्वक आ के ब्राह्मण, क्षत्रिय, वैश्य अपने वर्णानुकूल सुन्दर लक्षणयुक्त कन्या से विवाह करे॥ ३॥

असपिण्डा च या मातुरसगोत्रा च या पितुः।
सा प्रशस्ता द्विजातीनां दारकर्मणि मैथुने॥ ४॥ मनु०॥

जो कन्या माता के कुल की छः पीढ़ियों में न हो और पिता के गोत्र की न हो तो उस कन्या से विवाह करना उचित है॥ ४॥ इसका यह प्रयोजन है कि—

परोक्षप्रिया इव हि देवाः प्रत्यक्षद्विषः॥ शतपथ०॥

यह निश्चित बात है कि जैसी परोक्ष पदार्थ में प्रीति होती है वैसी प्रत्यक्ष में नहीं। जैसे किसी ने मिश्री के गुण सुने हों और खाई न हो तो उसका मन उसी में लगा रहता है । जैसे किसी परोक्ष वस्तु की प्रशंसा सुनकर मिलने की उत्कट इच्छा होती है, वैसे ही दूरस्थ अर्थात् जो अपने गोत्र वा माता के कुल में निकट सम्बन्ध की न हो उसी कन्या से वर का विवाह होना चाहिये।

निकट और दूर विवाह करने में गुण ये हैं—

(१) एक—जो बालक बाल्यावस्था से निकट रहते हैं, परस्पर क्रीडा, लड़ाई और प्रेम करते, एक दूसरे के गुण, दोष, स्वभाव, बाल्यावस्था के विपरीत आचरण जानते और नङ्गे भी एक दूसरे को देखते हैं उन का परस्पर विवाह होने से प्रेम कभी नहीं हो सकता।

(२) दूसरा—जैसे पानी में पानी मिलने से विलक्षण गुण नहीं होता, वैसे एक गोत्र पितृ वा मातृकुल में विवाह होने में धातुओं के अदल-बदल नहीं होने से उन्नति नहीं होती।

(३) तीसरा—जैसे दूध में मिश्री वा शुण्ठ्यादि औषधियों के योग होने से उत्तमता होती है वैसे ही भिन्न गोत्र मातृ पितृ कुल से पृथक् वर्त्तमान स्त्री पुरुषों का विवाह होना उत्तम है।

(४) चौथा—जैसे एक देश में रोगी हो वह दूसरे देश में वायु और खान पान के बदलने से रोग रहित होता है वैसे ही दूर देशस्थों के विवाह होने में उत्तमता है।

(५) पांचवें—निकट सम्बन्ध करने में एक दूसरे के निकट होने में सुख दुःख का भान और विरोध होना भी सम्भव है, दूर देशस्थों में नहीं और दूरस्थों के विवाह में दूर-दूर प्रेम की डोरी लम्बी बढ़ जाती है निकटस्थ विवाह में नहीं।

(६) छठे—दूर-दूर देश के वर्त्तमान और पदार्थों की प्राप्ति भी दूर सम्बन्ध होने में सहजता से हो सकती है, निकट विवाह होने में नहीं। इसलिये—

दुहिता दुर्हिता दूरे हिता भवतीति॥ निरु०॥

कन्या का नाम दुहिता इस कारण से है कि इसका विवाह दूर देश में होने से हितकारी होता है निकट रहने में नहीं।

(७) सातवें—कन्या के पितृकुल में दारिद्र्य होने का भी सम्भव है क्योंकि जब-जब कन्या पितृकुल में आवेगी तब-तब इस को कुछ न कुछ देना ही होगा।

(८) आठवां—कोई निकट होने से एक दूसरे को अपने-अपने पितृकुल के सहाय का घमण्ड और जब कुछ भी दोनों में वैमनस्य होगा तब स्त्री झट ही पिता कुल में चली जायेगी। एक दूसरे की निन्दा अधिक होगी और विरोध भी, क्योंकि प्रायः स्त्रियों का स्वभाव तीक्ष्ण और मृदु होता है, इत्यादि कारणों से पिता के एकगोत्र माता की छः पीढ़ी और समीप देश में विवाह करना अच्छा नहीं।

महान्त्यपि समृद्धानि गोऽजाविधनधान्यतः।
स्त्रीसम्बन्धे दशैतानि कुलानि परिवर्जयेत्॥ १॥ मनु०॥

चाहे कितने ही धन, धान्य, गाय, अजा, हाथी, घोड़े, राज्य, श्री आदि से समृद्ध ये कुल हों तो भी विवाह सम्बन्ध में निम्नलिखित दश कुलों का त्याग कर दे॥ १॥

हीनक्रियं निष्पुरुषं निश्छन्दो रोमशार्शसम्।
क्षय्यामयाव्यपस्मारिश्वित्रिकुष्ठिकुलानि च॥ २॥ मनु०॥

जो कुल सत्क्रिया से हीन, सत्पुरुषों से रहित, वेदाध्ययन से विमुख, शरीर पर बड़े बड़े लोम, अथवा बवासीर, क्षयी, दमा, खांसी, आमाशय, मिरगी, श्वेतकुष्ठ और गलितकुष्ठयुक्त कुलों की कन्या वा वर के साथ विवाह होना न चाहिए, क्योंकि ये सब दुर्गुण और रोग विवाह करने वाले के कुल में भी प्रविष्ट हो जाते हैं, इसलिये उत्तम कुल के लड़के और लड़कियों का आपस में विवाह होना चाहिये॥ २॥

नोद्वहेत्कपिलां कन्यां नाऽधिकाङ्गीं न रोगिणीम्।
नालोमिकां नातिलोमां न वाचाटान्न पिङ्गलाम्॥ ३॥ मनु०॥

न पीले वर्ण वाली, न अधिकाङ्गी अर्थात् पुरुष से लम्बी चौड़ी अधिक बलवाली, न रोगयुक्ता, न लोमरहित, न बहुत लोमवाली, न बकवाद करनेहारी और भूरे नेत्रवाली॥ ३॥

नर्क्षवृक्षनदीनाम्नीं नान्त्यपर्वतनामिकाम्।
न पक्ष्यहिप्रेष्यनाम्नीं न च भीषणनामिकाम्॥ ४॥ मनु०॥

न ऋक्ष अर्थात् अश्विनी, भरणी, रोहिणीदेई, रेवतीबाई, चित्तारी आदि नक्षत्र नाम वाली; तुलसिया, गेंदा, गुलाब, चम्पा, चमेली आदि वृक्ष नामवाली; गङ्गा, जमुना आदि नदी नामवाली; चाण्डाली आदि अन्त्य नामवाली; विन्ध्या, हिमालया, पार्वती आदि पर्वत नामवाली; कोकिला, मैना आदि पक्षी नामवाली; नागी, भुजंगा आदि सर्प नामवाली; माधोदासी, मीरादासी आदि प्रेष्य नामवाली और भीमकुअरि, चण्डिका, काली आदि भीषण नामवाली कन्या के साथ विवाह न करना चाहिये क्योंकि ये नाम कुत्सित और अन्य पदार्थों के भी हैं॥ ४॥

अव्यङ्गाङ्गीं सौम्यनाम्नीं हंसवारणगामिनीम्।
तनुलोमकेशदशनां मृद्वङ्गीमुद्वहेत्स्त्रियम्॥ ५॥ मनु०॥

जिस के सरल सूधे अङ्ग हों विरुद्ध न हों, जिस का नाम सुन्दर अर्थात् यशोदा, सुखदा आदि हो, हंस और हथिनी के तुल्य जिस की चाल हो, सूक्ष्म लोम केश और दांत युक्त और जिस के सब अङ्ग कोमल हों वैसी स्त्री के साथ विवाह करना चाहिये॥ ५॥

(प्रश्न) विवाह का समय और प्रकार कौन सा अच्छा है?

(उत्तर) सोलहवें वर्ष से लेके चौबीसवें वर्ष तक कन्या और २५ पच्चीसवें वर्ष से ले के ४८वें वर्ष तक पुरुष का विवाह समय उत्तम है। इस में जो सोलह और पच्चीस में विवाह करे तो निकृष्ट; अठारह बीस वर्ष की स्त्री तथा तीस पैंतीस वा चालीस वर्ष के पुरुष का मध्यम; चौबीस वर्ष की स्त्री और अड़तालीस वर्ष के पुरुष का विवाह उत्तम है। जिस देश में इसी प्रकार विवाह की विधि श्रेष्ठ और ब्रह्मचर्य विद्याभ्यास अधिक होता है वह देश सुखी और जिस देश में ब्रह्मचर्य, विद्याग्रहणरहित बाल्यावस्था और अयोग्यों का विवाह होता है वह देश दुःख में डूब जाता है। क्योंकि ब्रह्मचर्य विद्या के ग्रहणपूर्वक विवाह के सुधार ही से सब बातों का सुधार और बिगड़ने से बिगाड़ हो जाता है।

(प्रश्न) अष्टवर्षा भवेद् गौरी नववर्षा च रोहिणी।
दशवर्षा भवेत्कन्या तत ऊर्ध्वं रजस्वला॥ १॥
माता चैव पिता तस्या ज्येष्ठो भ्राता तथैव च।
त्रयस्ते नरकं यान्ति दृष्ट्वा कन्यां रजस्वलाम्॥ २॥

ये श्लोक पाराशरी और शीघ्रबोध में लिखे हैं। अर्थ यह है कि कन्या आठवें वर्ष गौरी, नवमे वर्ष रोहिणी, दशवें वर्ष कन्या और उस के आगे रजस्वला संज्ञा हो जाती है॥ १॥ दसवें वर्ष तक विवाह न करके रजस्वला कन्या को माता पिता और भाई ये तीनों देख के नरक में गिरते हैं॥ २॥

(उत्तर) ब्रह्मोवाच—

एकक्षणा भवेद् गौरी द्विक्षणेयन्तु रोहिणी।
त्रिक्षणा सा भवेत्कन्या ह्यत ऊर्ध्वं रजस्वला॥ १॥
माता पिता तथा भ्राता मातुलो भगिनी स्वका।
सर्वे ते नरकं यान्ति दृष्ट्वा कन्यां रजस्वलाम्॥ २॥

—यह सद्योनिर्मित ब्रह्मपुराण का वचन है।

अर्थ—जितने समय में परमाणु एक पलटा खावे उतने समय को क्षण कहते हैं। जब कन्या जन्मे तब एक क्षण में गौरी, दूसरे क्षण में रोहिणी, तीसरे में कन्या

और चौथे में रजस्वला हो जाती है॥ १॥ उस रजस्वला को देख के उसकी माता, पिता, भाई, मामा और बहिन सब नरक को जाते हैं॥ २॥

(प्रश्न) ये श्लोक प्रमाण नहीं।

(उत्तर) क्यों प्रमाण नहीं? जो ब्रह्मा जी के श्लोक प्रमाण नहीं तो तुम्हारे भी प्रमाण नहीं हो सकते।

(प्रश्न) वाह-वाह! पराशर और काशीनाथ का भी प्रमाण नहीं करते।

(उत्तर) वाह जी वाह ! क्या तुम ब्रह्मा जी का प्रमाण नहीं करते, पराशर काशीनाथ से ब्रह्मा जी बड़े नहीं हैं? जो तुम ब्रह्मा जी के श्लोकों को नहीं मानते तो हम भी पराशर काशीनाथ के श्लोकों को नहीं मानते।

(प्रश्न) तुम्हारे श्लोक असम्भव होने से प्रमाण नहीं, क्योंकि सहस्रों क्षण जन्म समय ही में बीत जाते हैं तो विवाह कैसे हो सकता है और उस समय विवाह करने का कुछ फल भी नहीं दीखता।

(उत्तर) जो हमारे श्लोक असम्भव हैं तो तुम्हारे भी असम्भव हैं क्योंकि आठ, नौ और दसवें वर्ष भी विवाह करना निष्फल है; क्योंकि सोलहवें वर्ष के पश्चात् चौबीसवें वर्ष पर्यन्त विवाह होने से पुरुष का वीर्य परिपक्व, शरीर बलिष्ठ, स्त्री का गर्भाशय पूरा और शरीर भी बलयुक्त होने से सन्तान उत्तम होते हैं।[१] जैसे आठवें वर्ष की कन्या में सन्तानोत्पत्ति का होना असम्भव है वैसे ही गौरी, रोहिणी नाम देना भी अयुक्त है। यदि गोरी कन्या न हो किन्तु काली हो तो उस का नाम गौरी रखना व्यर्थ है और गौरी महादेव की स्त्री, रोहिणी वसुदेव की स्त्री थी उस को तुम पौराणिक लोग मातृसमान मानते हो। जब कन्यामात्र में गौरी आदि की भावना करते हो तो फिर उन से विवाह करना कैसे सम्भव और धर्मयुक्त हो सकता है? इसलिये तुम्हारे और हमारे दो-दो श्लोक मिथ्या ही हैं क्योंकि जैसे हमने 'ब्रह्मोवाच' करके श्लोक बना लिये हैं। वैसे वे भी पराशर आदि के नाम से बना लिये हैं। इसलिये इन सब का प्रमाण छोड़ के वेदों के प्रमाण से सब काम किया करो। देखो मनु में—

त्रीणि वर्षाण्युदीक्षेत कुमार्यृतुमती सती।
ऊर्ध्वं तु कालादेतस्माद्विन्देत सदृशं पतिम्॥ मनु०॥

---

१. उचित समय से न्यून आयु वाले स्त्री पुरुष को गर्भाधान में मुनिवर धन्वन्तरि जी सुश्रुत में निषेध करते हैं—

ऊनषोडशवर्षायामप्राप्तः पञ्चविंशतिम् ।
यद्याधत्ते पुमान् गर्भं कुक्षिस्थः स विपद्यते॥ १॥
जातो वा न चिरञ्जीवेज्जीवेद्वा दुर्बलेन्द्रियः।
तस्मादत्यन्तबालायां गर्भाधानं न कारयेत्॥ २॥

अर्थ—सोलह वर्ष से न्यून वयवाली स्त्री में, पच्चीस वर्ष से न्यून आयु वाला पुरुष जो गर्भ को स्थापन करे तो वह कुक्षिस्थ हुआ गर्भ विपत्ति को प्राप्त होता अर्थात् पूर्ण काल तक गर्भाशय में रह कर उत्पन्न नहीं होता॥ १॥

अथवा उत्पन्न हो तो चिरकाल तक न जीवे वा जीवे तो दुर्बलेन्द्रिय हो। इस कारण से अति बाल्यावस्था वाली स्त्री में गर्भ स्थापित न करे॥ २॥

ऐसे-ऐसे शास्त्रोक्त नियम और सृष्टिक्रम को देखने और बुद्धि से विचारने से यही सिद्ध होता है कि १६ वर्ष से न्यून स्त्री और २५ वर्ष से न्यून आयु वाला पुरुष कभी गर्भाधान करने के योग्य नहीं होता। इन नियमों से विपरीत जो करते हैं वे दुःखभागी होते हैं।

कन्या रजस्वला हुए पीछे तीन वर्ष पर्यन्त पति की खोज करके अपने तुल्य पति को प्राप्त होवे। तब प्रतिमास रजोदर्शन होता है तो तीन वर्षों में ३६ वार रजस्वला हुए पश्चात् विवाह करना योग्य है, इससे पूर्व नहीं।

काममामरणात्तिष्ठेद् गृहे कन्यर्तुमत्यपि।
न चैवैनां प्रयच्छेत्तु गुणहीनाय कर्हिचित्॥ मनु०॥

चाहे लड़का लड़की मरणपर्यन्त कुमार रहैं परन्तु असदृश अर्थात् परस्पर विरुद्ध गुण, कर्म, स्वभाव वालों का विवाह कभी न होना चाहिये। इस से सिद्ध हुआ कि न पूर्वोक्त समय से प्रथम वा असदृशों का विवाह होना योग्य है।

(प्रश्न) विवाह माता पिता के आधीन होना चाहिये वा लड़का लड़की के आधीन रहै ?

(उत्तर) लड़का लड़की के आधीन विवाह होना उत्तम है। जो माता पिता विवाह करना कभी विचारें तो भी लड़का लड़की की प्रसन्नता के विना न होना चाहिये। क्योंकि एक दूसरे की प्रसन्नता से विवाह होने में विरोध बहुत कम होता है और सन्तान उत्तम होते हैं। अप्रसन्नता के विवाह में नित्य क्लेश ही रहता है। विवाह में मुख्य प्रयोजन वर और कन्या का है माता पिता का नहीं। क्योंकि जो उनमें परस्पर प्रसन्नता रहे तो उन्हीं को सुख और विरोध में उन्हीं को दुःख होता। और—

सन्तुष्टो भार्यया भर्त्ता भर्त्रा भार्य्या तथैव च।
यस्मिन्नेव कुले नित्यं कल्याणं तत्र वै ध्रुवम्॥ मनु०॥

जिस कुल में स्त्री से पुरुष और पुरुष से स्त्री सदा प्रसन्न रहती है उसी कुल में आनन्द लक्ष्मी और कीर्त्ति निवास करती है और जहाँ विरोध, कलह होता है वहाँ दुःख, दारिद्र्य और निन्दा निवास करती है।

इसलिये जैसी स्वयंवर की रीति आर्य्यावर्त्त में परम्परा से चली आती है वही विवाह उत्तम है। जब स्त्री पुरुष विवाह करना चाहैं तब विद्या, विनय, शील, रूप, आयु, बल, कुल, शरीर, का परिमाणादि यथायोग्य होना चाहिये। जब तक इन का मेल नहीं होता तब तक विवाह में कुछ भी सुख नहीं होता और न बाल्यावस्था में विवाह करने से सुख होता।

युवा सुवासाः परिवीत आगात्स उ श्रेयान्भवति जायमानः।
तं धीरासः कवय उन्नयन्ति स्वाध्यो३ मनसा देवयन्तः॥१॥
—ऋ० मं० ३। सू० ८। मं० ४॥

आ धेनवो धुनयन्तामशिश्वीः सबर्दुघाः शशया अप्रदुग्धाः।
नव्यानव्या युवतयो भवन्तीर्महद्देवानामसुरत्वमेकम्॥२॥
—ऋ० मं० ३। सू० ५५। मं० १६॥

पूर्वीरहं शरदः शश्रमाणा दोषावस्तोरुषसो जरयन्तीः।
मिनाति श्रियं जरिमा तनूनामप्यू नु पत्नीर्वृषणो जगम्युः॥३॥
—ऋ० मं० १। सू० १७९। मं० १॥

जो पुरुष (परिवीतः) सब ओर से यज्ञोपवीत, ब्रह्मचर्य्य सेवन से उत्तम शिक्षा और विद्या से युक्त (सुवासाः) सुन्दर वस्त्र धारण किया हुआ ब्रह्मचर्य्ययुक्त (युवा) पूर्ण ज्वान होके विद्याग्रहण कर गृहाश्रम में (आगात्) आता है (स उ) वही दूसरे विद्याजन्म में (जायमानः) प्रसिद्ध होकर (श्रेयान्) अतिशय शोभायुक्त मङ्गलकारी (भवति) होता है (स्वाध्यः) अच्छे प्रकार ध्यानयुक्त (मनसा) विज्ञान से (देवयन्तः) विद्यावृद्धि की कामनायुक्त (धीरासः) धैर्ययुक्त (कवयः) विद्वान् लोग (तम्) उसी पुरुष को (उन्नयन्ति) उन्नतिशील करके प्रतिष्ठित करते हैं और जो ब्रह्मचर्य्यधारण, विद्या, उत्तम शिक्षा का ग्रहण किये विना अथवा बाल्यावस्था में विवाह करते हैं वे स्त्री पुरुष नष्ट भ्रष्ट होकर विद्वानों में प्रतिष्ठा को प्राप्त नहीं होते॥ १॥

जो (अप्रदुग्धाः) किसी से दुही न हो उन (धेनवः) गौओं के समान (अशिश्वीः) बाल्यावस्था से रहित (सबर्दुघाः) सब प्रकार के उत्तम व्यवहारों का पूर्ण करनेहारी (शशयाः) कुमारावस्था को उल्लंघन करने हारी (नव्यानव्याः) नवीन-नवीन शिक्षा और अवस्था से पूर्ण (भवन्तीः) वर्त्तमान (युवतयः) पूर्ण युवावस्थास्थ स्त्रियां (देवानाम्) ब्रह्मचर्य, सुनियमों से पूर्ण विद्वानों के (एकम्) अद्वितीय (महत्) बड़े (असुरत्वम्) प्रज्ञा शास्त्रशिक्षायुक्त प्रज्ञा में रमण के भावार्थ को प्राप्त होती हुई तरुण पतियों को प्राप्त होके (आधुनयन्ताम्) गर्भ धारण करें कभी भूल के भी बाल्यावस्था में पुरुष का मन से भी ध्यान न करें क्योंकि यही कर्म इस लोक और परलोक के सुख का साधन है। बाल्यावस्था में विवाह से जितना पुरुष का नाश उस से अधिक स्त्री का नाश होता है॥ २॥

जैसे (नु) शीघ्र (शश्रमाणाः) अत्यन्त श्रम करनेहारे (वृषणः) वीर्य सींचने में समर्थ पूर्ण युवावस्थायुक्त पुरुष (पत्नीः) युवावस्थास्थ हृदयों को प्रिय स्त्रियों को (जगम्युः) प्राप्त होकर पूर्ण शतवर्ष वा उससे अधिक वर्ष आयु को आनन्द से भोगते और पुत्र पौत्रादि से संयुक्त रहते रहें वैसे स्त्री पुरुष सदा वर्तें, जैसे (पूर्वीः) पूर्व वर्त्तमान (शरदः) शरद् ऋतुओं और (जरयन्तीः) वृद्धावस्था को प्राप्त कराने वाली (उषसः) प्रातःकाल की वेलाओं को (दोषाः) रात्री और (वस्तोः) दिन (तनूनाम्) शरीरों की (श्रियम्) शोभा को (जरिमा) अतिशय वृद्धपन बल और शोभा को (मिनाति) दूर कर देता है वैसे (अहम्) मैं स्त्री वा पुरुष (उ) अच्छे प्रकार (अपि) निश्चय करके ब्रह्मचर्य्य से विद्या शिक्षा शरीर और आत्मा के बल और युवावस्था को प्राप्त हो ही के विवाह करूँ इस से विरुद्ध करना वेदविरुद्ध होने से सुखदायक विवाह कभी नहीं होता॥ ३॥

जब तक इसी प्रकार सब ऋषि-मुनि राजा महाराजा आर्य्य लोग ब्रह्मचर्य्य से विद्या पढ़ ही के स्वयंवर विवाह करते थे तब तक इस देश की सदा उन्नति होती थी। जब से यह ब्रह्मचर्य्य से विद्या का न पढ़ना, बाल्यावस्था में पराधीन अर्थात् माता पिता के आधीन विवाह होने लगा, तब से क्रमशः आर्य्यावर्त्त देश की हानि होती चली आई है। इस से इस दुष्ट काम को छोड़ के सज्जन लोग पूर्वोक्त प्रकार से स्वयंवर विवाह किया करें। सो विवाह वर्णानुक्रम से करें और वर्णव्यवस्था भी गुण, कर्म, स्वभाव के अनुसार होनी चाहिये।

(प्रश्न) क्या जिस के माता पिता ब्राह्मण हों वह ब्राह्मणी ब्राह्मण होता है और जिसके माता पिता अन्य वर्णस्थ हों उन का सन्तान कभी ब्राह्मण हो सकता है?

(उत्तर) हां बहुत से हो गये, होते हैं और होंगे भी। जैसे छान्दोग्य उपनिषद् में जाबाल ऋषि अज्ञातकुल, महाभारत में विश्वामित्र क्षत्रिय वर्ण और मातङ्ग ऋषि चाण्डाल कुल से ब्राह्मण हो गये थे। अब भी जो उत्तम विद्या स्वभाव वाला है वही ब्राह्मण के योग्य और मूर्ख शूद्र के योग्य होता है और वैसा ही आगे भी होगा।

(प्रश्न) भला जो रज वीर्य से शरीर हुआ है वह बदल कर दूसरे वर्ण के योग्य कैसे हो सकता है।

(उत्तर) रज वीर्य्य के योग से ब्राह्मण शरीर नहीं होता किन्तु—

स्वाध्यायेन जपैर्होमैस्त्रैविद्येनेज्यया सुतैः।
महायज्ञैश्च यज्ञैश्च ब्राह्मीयं क्रियते तनुः॥ मनु०॥

इस का अर्थ पूर्व कर आये हैं अब यहां भी संक्षेप से करते हैं। (स्वाध्यायेन) पढ़ने पढ़ाने (जपैः) विचार करने कराने नानाविध होम के अनुष्ठान, सम्पूर्ण वेदों को शब्द, अर्थ, सम्बन्ध, स्वरोच्चारणसहित पढ़ने पढ़ाने (इज्यया) पौर्णमासी, इष्टि आदि के करने, पूर्वोक्त विधिपूर्वक (सुतैः) धर्म से सन्तानोत्पत्ति (महायज्ञैश्च) पूर्वोक्त ब्रह्मयज्ञ, देवयज्ञ, पितृयज्ञ, वैश्वदेवयज्ञ और अतिथियज्ञ, (यज्ञैश्च) अग्निष्टोमादि-यज्ञ, विद्वानों का संग, सत्कार, सत्यभाषण, परोपकारादि सत्कर्म और सम्पूर्ण शिल्पविद्यादि पढ़ के दुष्टाचार छोड़ श्रेष्ठाचार में वर्त्तने से (इयम्) यह (तनुः) शरीर (ब्राह्मी) ब्राह्मण का (क्रियते) किया जाता है। क्या इस श्लोक को तुम नहीं मानते? मानते हैं। फिर क्यों रज वीर्य के योग से वर्णव्यवस्था मानते हो? मैं अकेला नहीं मानता किन्तु बहुत से लोग परम्परा से ऐसा ही मानते हैं।

(प्रश्न) क्या तुम परम्परा का भी खण्डन करोगे?

(उत्तर) नहीं, परन्तु तुम्हारी उलटी समझ को नहीं मान के खण्डन भी करते हैं।

(प्रश्न) हमारी उलटी और तुम्हारी सूधी समझ है इस में क्या प्रमाण?

(उत्तर) यही प्रमाण है कि जो तुम पांच सात पीढ़ियों के वर्त्तमान को सनातन व्यवहार मानते हो और हम वेद तथा सृष्टि के आरम्भ से आजपर्यन्त की परम्परा मानते हैं। देखो! जिस का पिता श्रेष्ठ उस का पुत्र दुष्ट और जिस का पुत्र श्रेष्ठ उस का पिता दुष्ट तथा कहीं दोनों श्रेष्ठ वा दुष्ट देखने में आते हैं इसलिये तुम लोग भ्रम में पड़े हो। देखो! मनु महाराज ने क्या कहा है—

येनास्य पितरो याता येन याता पितामहाः।
तेन यायात्सतां मार्गं तेन गच्छन्न रिष्यते॥ मनु०॥

जिस मार्ग से इस के पिता, पितामह चले हों उस मार्ग में सन्तान भी चलें परन्तु (सताम्) जो सत्पुरुष पिता पितामह हों उन्हीं के मार्ग में चलें और जो पिता, पितामह दुष्ट हों तो उन के मार्ग में कभी न चलें। क्योंकि उत्तम धर्मात्मा पुरुषों के मार्ग में चलने से दुःख कभी नहीं होता। इस को तुम मानते हो वा नहीं?

हां हां मानते हैं।

और देखो जो परमेश्वर की प्रकाशित वेदोक्त बात है वही सनातन और उस के विरुद्ध है वह सनातन कभी नहीं हो सकती। ऐसा ही सब लोगों को मानना चाहिये वा नहीं?

अवश्य चाहिये।

जो ऐसा न माने उस से कहो कि किसी का पिता दरिद्र हो उस का पुत्र धनाढ्य होवे तो क्या अपने पिता की दरिद्रावस्था के अभिमान से धन को फेंक देवे? क्या जिस का पिता अन्धा हो उस का पुत्र भी अपनी आंखों को फोड़ लेवे? जिस का पिता कुकर्मी हो क्या उस का पुत्र भी कुकर्म को ही करे? नहीं-नहीं किन्तु जो-जो पुरुषों के उत्तम कर्म हों उन का सेवन और दुष्ट कर्मों का त्याग कर देना सब का अत्यावश्यक है।

जो कोई रज वीर्य्य के योग से वर्णाश्रम-व्यवस्था माने और गुण कर्मों के योग से न माने तो उस से पूछना चाहिये कि जो कोई अपने वर्ण को छोड़ नीच, अन्त्यज अथवा कृश्चीन, मुसलमान हो गया हो उस को भी ब्राह्मण क्यों नहीं मानते? यहां यही कहोगे कि उस ने ब्राह्मण के कर्म छोड़ दिये इसलिये वह ब्राह्मण नहीं है। इस से यह भी सिद्ध होता है जो ब्राह्मणादि उत्तम कर्म करते हैं वे ही ब्राह्मणादि और जो नीच भी उत्तम वर्ण के गुण, कर्म, स्वभाव वाला होवे तो उस को भी उत्तम वर्ण में और जो उत्तम वर्णस्थ होके नीच काम करे तो उसको नीच वर्ण में गिनना अवश्य चाहिये।

(प्रश्न) **ब्राह्मणोऽस्य मुखमासीद् बाहू राजन्यः कृतः ।**
ऊरू तदस्य यद्वैश्यः पद्भ्याᳪशूद्रो अजायत ॥

यह यजुर्वेद के ३१वें अध्याय का ११वां मन्त्र है। इसका यह अर्थ है कि ब्राह्मण ईश्वर के मुख, क्षत्रिय बाहू, वैश्य ऊरू और शूद्र पगों से उत्पन्न हुआ है। इसलिये जैसे मुख न बाहू आदि और बाहू आदि न मुख होते हैं, इसी प्रकार ब्राह्मण न क्षत्रियादि और क्षत्रियादि न ब्राह्मण हो सकते हैं।

(उत्तर) इस मन्त्र का अर्थ जो तुम ने किया वह ठीक नहीं क्योंकि यहां पुरुष अर्थात् निराकार व्यापक परमात्मा की अनुवृत्ति है। जब वह निराकार है तो उसके मुखादि अङ्ग नहीं हो सकते, जो मुखादि अङ्ग वाला हो वह पुरुष अर्थात् व्यापक नहीं और जो व्यापक नहीं वह सर्वशक्तिमान् जगत् का स्रष्टा, धर्त्ता, प्रलयकर्त्ता जीवों के पुण्य पापों की व्यवस्था करने हारा, सर्वज्ञ, अजन्मा, मृत्युरहित आदि विशेषणवाला नहीं हो सकता।

इसलिये इस का यह अर्थ है कि जो (अस्य) पूर्ण व्यापक परमात्मा की सृष्टि में मुख के सदृश सब में मुख्य उत्तम हो वह (ब्राह्मणः) ब्राह्मण (बाहू) **'बाहुर्वै बलं बाहुर्वै वीर्यम्'** शतपथब्राह्मण। बल वीर्य्य का नाम बाहु है वह जिस में अधिक हो सो (राजन्यः) क्षत्रिय (ऊरू) कटि के अधो और जानु के उपरिस्थ भाग का नाम है जो सब पदार्थों और सब देशों में ऊरू के बल से जावे आवे प्रवेश करे वह (वैश्यः) वैश्य और (पद्भ्याम्) जो पग के अर्थात् नीच अङ्ग के सदृश मूर्खत्वादि गुणवाला हो वह शूद्र है। अन्यत्र शतपथ ब्राह्मणादि में भी इस मन्त्र का ऐसा ही अर्थ किया है। जैसे-

'यस्मादेते मुख्यास्तस्मान्मुखतो ह्यसृज्यन्त।' इत्यादि।

जिस से ये मुख्य हैं इस से मुख से उत्पन्न हुए ऐसा कथन संगत होता है। अर्थात् जैसा मुख सब अङ्गों में श्रेष्ठ है वैसे पूर्ण विद्या और उत्तम गुण, कर्म, स्वभाव से युक्त होने से मनुष्यजाति में उत्तम ब्राह्मण कहाता है। जब परमेश्वर के

निराकार होने से मुखादि अङ्ग ही नहीं हैं तो मुख आदि से उत्पन्न होना असम्भव है। जैसा कि वन्ध्या स्त्री आदि के पुत्र का विवाह होना! और जो मुखादि अङ्गों से ब्राह्मणादि उत्पन्न होते तो उपादान कारण के सदृश ब्राह्मणादि की आकृति अवश्य होती। जैसे मुख का आकार गोल मोल है वैसे ही उन के शरीर का भी गोलमोल मुखाकृति के समान होना चाहिये। क्षत्रियों के शरीर भुजा के सदृश, वैश्यों के ऊरू के तुल्य और शूद्रों के शरीर पग के समान आकार वाले होने चाहिये। ऐसा नहीं होता और जो कोई तुम से प्रश्न करेगा कि जो जो मुखादि से उत्पन्न हुए थे उन की ब्राह्मणादि संज्ञा हो परन्तु तुम्हारी नहीं; क्योंकि जैसे और सब लोग गर्भाशय से उत्पन्न होते हैं वैसे तुम भी होते हो। तुम मुखादि से उत्पन्न न होकर ब्राह्मणादि संज्ञा का अभिमान करते हो इसलिये तुम्हारा कहा अर्थ व्यर्थ है और जो हम ने अर्थ किया है वह सच्चा है। ऐसा ही अन्यत्र भी कहा है। जैसा–

शूद्रो ब्राह्मणतामेति ब्राह्मणश्चैति शूद्रताम्।
क्षत्रियाज्जातमेवन्तु विद्याद्वैश्यात्तथैव च॥ मनु०॥

जो शूद्रकुल में उत्पन्न होके ब्राह्मण, क्षत्रिय और वैश्य के समान गुण, कर्म, स्वभाव वाला हो तो वह शूद्र ब्राह्मण, क्षत्रिय और वैश्य हो जाय, वैसे ही ब्राह्मण क्षत्रिय और वैश्यकुल में उत्पन्न हुआ हो और उस के गुण, कर्म, स्वभाव शूद्र के सदृश हों तो वह शूद्र हो जाय। वैसे क्षत्रिय, वैश्य के कुल में उत्पन्न होके ब्राह्मण वा शूद्र के समान होने से ब्राह्मण और शूद्र भी हो जाता है। अर्थात् चारों वर्णों में जिस–जिस वर्ण के सदृश जो–जो पुरुष वा स्त्री हो वह–वह उसी वर्ण में गिनी जावे।

धर्मचर्य्यया जघन्यो वर्णः पूर्वं पूर्वं वर्णमापद्यते जातिपरिवृत्तौ॥ १॥
अधर्मचर्य्यया पूर्वो वर्णो जघन्यं जघन्यं वर्णमापद्यते जातिपरिवृत्तौ॥ २॥

ये आपस्तम्ब के सूत्र हैं। धर्माचरण से निकृष्ट वर्ण अपने से उत्तम–उत्तम वर्ण को प्राप्त होता है और वह उसी वर्ण में गिना जावे कि जिस–जिस के योग्य होवे॥ १॥

वैसे अधर्माचरण से पूर्व अर्थात् उत्तम वर्णवाला मनुष्य अपने से नीचे–नीचे वाले वर्ण को प्राप्त होता है और उसी वर्ण में गिना जावे॥ २॥

जैसे पुरुष जिस–जिस वर्ण के योग्य होता है वैसे ही स्त्रियों की भी व्यवस्था समझनी चाहिये। इससे क्या सिद्ध हुआ कि इस प्रकार होने से सब वर्ण अपने–अपने गुण, कर्म, स्वभावयुक्त होकर शुद्धता के साथ रहते हैं। अर्थात् ब्राह्मणकुल में कोई क्षत्रिय वैश्य और शूद्र के सदृश न रहे। और क्षत्रिय वैश्य तथा शूद्र वर्ण भी शुद्ध रहते हैं। अर्थात् वर्णसंकरता प्राप्त न होगी। इस से किसी वर्ण की निन्दा वा अयोग्यता भी न होगी।

(प्रश्न) जो किसी के एक ही पुत्र वा पुत्री हो वह दूसरे वर्ण में प्रविष्ट हो जाय तो उसके माँ बाप की सेवा कौन करेगा और वंशच्छेदन भी हो जायेगा। इस की क्या व्यवस्था होनी चाहिये?

(उत्तर) न किसी की सेवा का भङ्ग और न वंशच्छेदन होगा क्योंकि उन का अपने लड़के लड़कियों के बदले स्ववर्ण के योग्य दूसरे सन्तान विद्यासभा और राजसभा की व्यवस्था से मिलेंगे, इसलिये कुछ भी अव्यवस्था न होगी।

यह गुण कर्मों से वर्णों की व्यवस्था कन्याओं की सोलहवें वर्ष और पुरुषों की पच्चीसवें वर्ष की परीक्षा में नियत करनी चाहिये। और इसी क्रम से अर्थात् ब्राह्मण वर्ण का ब्राह्मणी, क्षत्रिय वर्ण का क्षत्रिया, वैश्य वर्ण का वैश्या और शूद्र वर्ण का शूद्रा के साथ विवाह होना चाहिये। तभी अपने-अपने वर्णों के कर्म और परस्पर प्रीति भी यथायोग्य रहेगी। इन चारों वर्णों के कर्त्तव्य कर्म और गुण ये हैं-

अध्यापनमध्ययनं यजनं याजनं तथा।
दानं प्रतिग्रहश्चैव ब्राह्मणानामकल्पयत्॥ १॥
शमो दमस्तपः शौचं क्षान्तिरार्जवमेव च।
ज्ञानं विज्ञानमास्तिक्यं ब्रह्मकर्मस्वभावजम्॥ २॥ भ० गी०॥

ब्राह्मण के पढ़ना, पढ़ाना, यज्ञ करना कराना, दान देना, लेना ये छः कर्म हैं परन्तु **'प्रतिग्रहः प्रत्यवरः'** मनु० अर्थात् प्रतिग्रह लेना नीच कर्म है॥ १॥ (शमः) मन से बुरे काम की इच्छा भी न करनी और उस को अधर्म्म में कभी प्रवृत्त न होने देना; (दमः) श्रोत्र और चक्षु आदि इन्द्रियों को अन्यायाचरण से रोक कर धर्म्म में चलाना, (तपः) सदा ब्रह्मचारी जितेन्द्रिय होके धर्मानुष्ठान करना; (शौच)-

अद्भिर्गात्राणि शुध्यन्ति मनः सत्येन शुध्यति।
विद्यातपोभ्यां भूतात्मा बुद्धिर्ज्ञानेन शुध्यति॥ मनु०॥

जल से बाहर के अङ्ग, सत्याचार से मन, विद्या और धर्मानुष्ठान से जीवात्मा और ज्ञान से बुद्धि पवित्र होती है। भीतर के राग, द्वेषादि दोष और बाहर के मलों को दूर कर शुद्ध रहना अर्थात् सत्यासत्य के विवेकपूर्वक सत्य के ग्रहण और असत्य के त्याग से निश्चय पवित्र होता है। (क्षान्ति) अर्थात् निन्दा स्तुति, सुख दुःख, शीतोष्ण, क्षुधा तृषा, हानि लाभ, मानापमान आदि हर्ष शोक, छोड़ के धर्म्म में दृढ़ निश्चय रहना। (आर्जव) कोमलता, निरभिमान, सरलता, सरलस्वभाव रखना, कुटिलतादि दोष छोड़ देना। (ज्ञानम्) सब वेदादि शास्त्रों को साङ्गोपाङ्ग पढ़ने पढ़ाने का सामर्थ्य, विवेक सत्य का निर्णय जो वस्तु जैसा हो अर्थात् जड़ को जड़ चेतन को चेतन जानना और मानना। (विज्ञान) पृथिवी से लेके परमेश्वर पर्य्यन्त पदार्थों को विशेषता से जानकर उन से यथायोग्य उपयोग लेना। (आस्तिक्य) कभी वेद, ईश्वर, मुक्ति, पूर्व परजन्म, धर्म, विद्या, सत्सङ्ग, माता, पिता, आचार्य्य और अतिथियों की सेवा को न छोड़ना और निन्दा कभी न करना। ये पन्द्रह कर्म और गुण ब्राह्मण वर्णस्थ मनुष्यों में अवश्य होने चाहिए॥ २॥ क्षत्रिय-

प्रजानां रक्षणं दानमिज्याध्ययनमेव च।
विषयेष्वप्रसक्तिश्च क्षत्रियस्य समासतः॥ १॥ मनु०॥
शौर्यं तेजो धृतिर्दाक्ष्यं युद्धे चाप्यपलायनम्।
दानमीश्वरभावश्च क्षात्रं कर्म स्वभावजम्॥ २॥ भ० गी०॥

न्याय से प्रजा की रक्षा अर्थात् पक्षपात छोड़ के श्रेष्ठों का सत्कार और दुष्टों का तिरस्कार करना सब प्रकार से सब का पालन (दान) विद्या, धर्म की प्रवृत्ति और सुपात्रों की सेवा में धनादि पदार्थों का व्यय करना (इज्या) अग्निहोत्रादि यज्ञ करना वा कराना (अध्ययन) वेदादि शास्त्रों का पढ़ना तथा पढ़ाना और विषयों में न फंस कर जितेन्द्रिय रह के सदा शरीर और आत्मा से बलवान् रहना॥ १॥

(शौर्य्य) सैकड़ों सहस्रों से भी युद्ध करने में अकेले को भय न होना।

(तेजः) सदा तेजस्वी अर्थात् दीनतारहित प्रगल्भ दृढ़ रहना। (धृति) धैर्यवान् होना (दाक्ष्य) राजा और प्रजासम्बन्धी व्यवहार और सब शास्त्रों में अति चतुर होना। (युद्धे) युद्ध में भी दृढ़ निःशंक रहके उस से कभी न हटना न भागना अर्थात् इस प्रकार से लड़ना कि जिस से निश्चित विजय होवे, आप बचे, जो भागने से वा शत्रुओं को धोखा देने से जीत होती हो तो ऐसा ही करना। (दान) दानशीलता रखना। (ईश्वरभाव) पक्षपातरहित होके सब के साथ यथायोग्य वर्त्तना, विचार के देवे, प्रतिज्ञा पूरा करना, उस को कभी भङ्ग होने न देना। ये ग्यारह क्षत्रिय वर्ण के गुण हैं॥ २॥ वैश्य—

पशूनां रक्षणं दानमिज्याध्ययनमेव च।
वणिक्पथं कुसीदं च वैश्यस्य कृषिमेव च॥ मनु०॥

(पशुरक्षा) गाय आदि पशुओं का पालन-वर्द्धन करना (दान) विद्या धर्म की वृद्धि करने कराने के लिये धनादि का व्यय करना (इज्या) अग्निहोत्रादि यज्ञों का करना (अध्ययन) वेदादि शास्त्रों का पढ़ना (वणिक्पथ) सब प्रकार के व्यापार करना (कुसीद) एक सैकड़े में चार, छः, आठ, बारह, सोलह, वा बीस आनों से अधिक ब्याज और मूल से दूना अर्थात् एक रुपया दिया तो सौ वर्ष में भी दो रुपये से अधिक न लेना और न देना (कृषि) खेती करना। ये वैश्य के गुण कर्म हैं। शूद्र—

एकमेव हि शूद्रस्य प्रभुः कर्म समादिशत्।
एतेषामेव वर्णानां शुश्रूषामनसूयया॥ मनु०॥

शूद्र को योग्य है निन्दा, ईर्ष्या, अभिमान आदि दोषों को छोड़ के ब्राह्मण, क्षत्रिय और वैश्यों की सेवा यथावत् करना और उसी से अपना जीवन-यापन करना यही एक शूद्र का कर्म गुण है॥ १॥

ये संक्षेप से वर्णों के गुण और कर्म लिखे। जिस-जिस पुरुष में जिस-जिस वर्ण के गुण कर्म हों उस-उस वर्ण का अधिकार देना। ऐसी व्यवस्था रखने से सब मनुष्य उन्नतिशील होते हैं। क्योंकि उत्तम वर्णों को भय होगा कि जो हमारे सन्तान मूर्खत्वादि दोषयुक्त होंगे तो शूद्र हो जायेंगे और सन्तान भी डरते रहेंगे कि जो हम उक्त चालचलन और विद्यायुक्त न होंगे तो शूद्र होना पड़ेगा और नीच वर्णों को उत्तम वर्णस्थ होने के लिए उत्साह बढ़ेगा।

विद्या और धर्म के प्रचार का अधिकार ब्राह्मण को देना क्योंकि वे पूर्ण विद्यावान् और धार्मिक होने से उस काम को यथायोग्य कर सकते हैं। क्षत्रियों को राज्य के अधिकार देने से कभी राज्य की हानि वा विघ्न नहीं होता। पशुपालनादि का अधिकार वैश्यों ही को होना योग्य है क्योंकि वे इस काम को अच्छे प्रकार कर सकते हैं। शूद्र को सेवा का अधिकार इसलिये है कि वह विद्या रहित मूर्ख होने से विज्ञानसम्बन्धी काम कुछ भी नहीं कर सकता किन्तु शरीर के काम सब कर सकता है। इस प्रकार वर्णों को अपने-अपने अधिकार में प्रवृत्त करना राजा आदि सभ्य जनों का काम है।

विवाह के लक्षण

ब्राह्मो दैवस्तथैवार्षः प्राजापत्यस्तथाऽऽसुरः।
गान्धर्वो राक्षसश्चैव पैशाचश्चाष्टमोऽधमः॥ मनु०॥

विवाह आठ प्रकार का होता है। एक ब्राह्म, दूसरा दैव, तीसरा आर्ष, चौथा प्राजापत्य, पांचवां आसुर, छठा गान्धर्व, सातवां राक्षस, आठवां पैशाच। इन विवाहों की यह व्यवस्था है कि–वर कन्या दोनों यथावत् ब्रह्मचर्य से पूर्ण विद्वान् धार्मिक और सुशील हों उन का परस्पर प्रसन्नता से विवाह होना **'ब्राह्म'** कहाता है। विस्तृतयज्ञ करने में ऋत्विक् कर्म करते हुए जामाता को अलङ्कारयुक्त कन्या का देना **'दैव'**। वर से कुछ लेके विवाह होना **'आर्ष'**। दोनों का विवाह धर्म की वृद्धि के अर्थ होना **'प्राजापत्य'** । वर और कन्या को कुछ देके विवाह **'आसुर'**। अनियम, असमय किसी कारण से वर–कन्या का इच्छापूर्वक परस्पर संयोग होना **'गान्धर्व'**। लड़ाई करके बलात्कार अर्थात् छीन, झपट वा कपट से कन्या का ग्रहण करना **'राक्षस'**। शयन वा मद्यादि पी हुई पागल कन्या से बलात्कार संयोग करना **'पैशाच'**।

इन सब विवाहों में ब्राह्मविवाह सर्वोत्कृष्ट, दैव मध्यम, आर्ष, आसुर और गान्धर्व निकृष्ट, राक्षस अधम और पैशाच महाभ्रष्ट है। इसलिये यही निश्चय रखना चाहिये कि कन्या और वर का विवाह के पूर्व एकान्त में मेल न होना चाहिए क्योंकि युवावस्था में स्त्री पुरुष का एकान्तवास दूषणकारक है। परन्तु जब कन्या वा वर के विवाह का समय हो अर्थात् जब एक वर्ष वा छः महीने ब्रह्मचर्याश्रम और विद्या पूरी होने में शेष रहें तब उन कन्या और कुमारों का प्रतिबिम्ब अर्थात् जिस को 'फोटोग्राफ' कहते हैं अथवा प्रतिकृति उतार के कन्याओं की अध्यापिकाओं के पास कुमारों की, कुमारों के अध्यापकों के पास कन्याओं की प्रतिकृति भेज देवें। जिस–जिस का रूप मिल जाय उस–उस के इतिहास अर्थात् जन्म से लेके उस दिन पर्यन्त जन्मचरित्र का पुस्तक हो उस को अध्यापक लोग मंगवा के देखें। जब दोनों के गुण, कर्म, स्वभाव सदृश हों तब जिस–जिस के साथ जिस–जिस का विवाह होना योग्य समझें उस–उस पुरुष और कन्या का प्रतिबिम्ब और इतिहास कन्या और वर के हाथ में देवें और कहें कि इस में जो तुम्हारा अभिप्राय हो सो हम को विदित कर देना। जब उन दोनों का निश्चय परस्पर विवाह करने का हो जाय तब उन दोनों का समावर्त्तन एक ही समय में होवे।

जो वे दोनों अध्यापकों के सामने विवाह करना चाहें तो वहां, नहीं तो कन्या के माता पिता के घर में विवाह होना योग्य है। जब वे समक्ष हों तब उन अध्यापकों वा कन्या के माता पिता आदि भद्रपुरुषों के सामने उन दोनों की आपस में बातचीत, शास्त्रार्थ कराना और जो कुछ गुप्त व्यवहार पूछें सो भी सभा में लिखके एक दूसरे के हाथ में देकर प्रश्नोत्तर कर लेवें।

जब दोनों का दृढ़ प्रेम विवाह करने में हो जाय तब से उनके खान–पान का उत्तम प्रबन्ध होना चाहिये कि जिस से उनका शरीर जो पूर्व ब्रह्मचर्य और विद्याध्ययनरूप तपश्चर्या और कष्ट से दुर्बल होता है वह चन्द्रमा की कला के समान बढ़ के पुष्ट थोड़े ही दिनों में हो जाय।

पश्चात् जिस दिन कन्या रजस्वला होकर जब शुद्ध हो तब वेदी और मण्डप रचके अनेक सुगन्ध्यादि द्रव्य और घृतादि का होम तथा अनेक विद्वान् पुरुष और स्त्रियों का यथायोग्य सत्कार करें। पश्चात् जिस दिन ऋतुदान देना योग्य समझें उसी दिन 'संस्कारविधि' पुस्तकस्थ विधि के अनुसार सब कर्म करके मध्यरात्रि वा दश बजे अति प्रसन्नता से सब के सामने पाणिग्रहणपूर्वक विवाह की विधि को पूरा करके एकान्तसेवन करें। पुरुष वीर्य्यस्थापन और स्त्री वीर्याकर्षण की जो

विधि है उसी के अनुसार दोनों करें। जहां तक बने वहां तक ब्रह्मचर्य के वीर्य्य को व्यर्थ न जाने दें क्योंकि उस वीर्य्य वा रज से जो शरीर उत्पन्न होता है वह अपूर्व उत्तम सन्तान होता है। जब वीर्य का गर्भाशय में गिरने का समय हो उस समय स्त्री और पुरुष दोनों स्थिर और नासिका के सामने नासिका, नेत्र के सामने नेत्र अर्थात् सूधा शरीर और अत्यन्त प्रसन्नचित्त रहैं, डिगें नहीं। पुरुष अपने शरीर को ढीला छोड़े और स्त्री वीर्य्यप्राप्ति समय अपान वायु को ऊपर खींचे, योनि को ऊपर संकोच कर वीर्य्य का ऊपर आकर्षण करके गर्भाशय में स्थित करे। पश्चात् दोनों शुद्ध जल से स्नान करें।[१]

गर्भस्थिति होने का परिज्ञान विदुषी स्त्री को तो उसी समय हो जाता है परन्तु इस का निश्चय एक मास के पश्चात् रजस्वला न होने पर सब को हो जाता है। सोंठ, केशर, असगन्ध, छोटी इलायची और सालममिश्री डाल के गर्म करके जो प्रथम ही रक्खा हुआ ठण्डा दूध है उस को यथारुचि दोनों पी के अलग-अलग अपनी-अपनी शय्या में शयन करें। यही विधि जब-जब गर्भाधान क्रिया करें तब-तब करना उचित है।

जब महीने भर में रजस्वला न होने से गर्भस्थिति का निश्चय हो जाय तब से एक वर्ष पर्य्यन्त स्त्री पुरुष का समागम कभी न होना चाहिये। क्योंकि ऐसा न होने से सन्तान उत्तम और पुनः दूसरा सन्तान भी वैसा ही होता है। अन्यथा वीर्य्य व्यर्थ जाता दोनों की आयु घट जाती और अनेक प्रकार के रोग होते हैं परन्तु ऊपर से भाषणादि प्रेमयुक्त व्यवहार दोनों को अवश्य रखना चाहिये। पुरुष वीर्य्य की स्थिति और स्त्री गर्भ की रक्षा और भोजन छादन इस प्रकार का करे कि जिस से पुरुष का वीर्य स्वप्न में भी नष्ट न हो और गर्भ में बालक का शरीर अत्युत्तम रूप लावण्य, पुष्टि, बल, पराक्रमयुक्त होकर दशवें महीने में जन्म होवे। विशेष उस की रक्षा चौथे महीने से और अतिविशेष आठवें महीने से आगे करनी चाहिये। कभी गर्भवती स्त्री रेचक, रूक्ष, मादकद्रव्य, बुद्धि और बलनाशक पदार्थों के भोजनादि का सेवन न करे किन्तु घी, दूध, उत्तम चावल, गेहूं, मूँग, उर्द आदि अन्न पान और देशकाल का भी सेवन युक्तिपूर्वक करे।

गर्भ में दो संस्कार एक चौथे महीने पुंसवन और दूसरा आठवें महीने में सीमन्तोन्नयन विधि के अनुकूल करे। जब सन्तान का जन्म हो तब स्त्री और लड़के के शरीर की रक्षा बहुत सावधानी से करे अर्थात् शुण्ठीपाक अथवा सौभाग्यशुण्ठीपाक प्रथम ही बनवा रक्खें। उस समय सुगन्धियुक्त उष्ण जल जो कि किञ्चित् उष्ण रहा हो उसी से स्त्री स्नान करे और बालक को भी स्नान करावे। तत्पश्चात् नाड़ीछेदन-बालक की नाभि के जड़ में एक कोमल सूत से बांध चार अंगुल छोड़ के ऊपर से काट डाले। उस को ऐसा बांधे कि जिस से शरीर से रुधिर का एक बिन्दु भी न जाने पावे। पश्चात् उस स्थान को शुद्ध करके उस के द्वार के भीतर सुगन्धादियुक्त घृतादि का होम करे। तत्पश्चात् सन्तान के कान में पिता **'वेदोऽसीति'** अर्थात् 'तेरा नाम वेद है' सुनाकर घी और सहत को लेके सोने की शलाका से जीभ पर **'ओ३म्'** अक्षर लिख कर मधु और घृत को उसी शलाका से चटवावे।

---

१. **यह बात रहस्य की है इसलिये इतने से ही समग्र बातें समझ लेनी चाहिये विशेष लिखना उचित नहीं।**

पश्चात् उसकी माता को दे देवे। जो दूध पीना चाहै तो उस की माता पिलावे जो उस की माता के दूध न हो तो किसी स्त्री की परीक्षा कर के उसका दूध पिलावे।

पश्चात् दूसरे शुद्ध कोठरी वा जहां का वायु शुद्ध हो उसमें सुगन्धित घी का होम प्रातः और सायंकाल किया करे और उसी में प्रसूता स्त्री तथा बालक को रक्खे। छः दिन तक माता का दूध पिये और स्त्री भी अपने शरीर के पुष्टि के अर्थ अनेक प्रकार के उत्तम भोजन करे और योनिसंकोचादि भी करे। छठे दिन स्त्री बाहर निकले और सन्तान के दूध पीने के लिये कोई धायी रक्खे। उस को खानपान अच्छा करावे। वह सन्तान को दूध पिलाया करे और पालन भी करे परन्तु उस की माता लड़के पर पूर्ण दृष्टि रक्खे, किसी प्रकार का अनुचित व्यवहार उस के पालन में न हो। स्त्री दूध बन्ध करने के अर्थ स्तन के अग्रभाग पर ऐसा लेप करे कि जिस से दूध स्रवित न हो। उसी प्रकार खान-पान का व्यवहार भी यथायोग्य रक्खे।

पश्चात् नामकरणादि संस्कार 'संस्कारविधि' की रीति से यथाकाल करता जाय। जब स्त्री फिर रजस्वला हो तब शुद्ध होने के पश्चात् उसी प्रकार ऋतुदान देवे।

ऋतुकालाभिगामी स्यात्स्वदारनिरतः सदा।
ब्रह्मचार्य्येव भवति यत्र तत्राश्रमे वसन्॥ मनु०॥

जो अपनी ही स्त्री से प्रसन्न और ऋतुगामी होता है वह गृहस्थ भी ब्रह्मचारी के सदृश है।

सन्तुष्टो भार्यया भर्त्ता भर्त्रा भार्या तथैव च।
यस्मिन्नेव कुले नित्यं कल्याणं तत्र वै ध्रुवम्॥ १॥
यदि हि स्त्री न रोचेत पुमांसन्न प्रमोदयेत्।
अप्रमोदात्पुनः पुंसः प्रजननं न प्रवर्त्तते॥ २॥
स्त्रियां तु रोचमानायां सर्वं तद्रोचते कुलम्।
तस्यां त्वरोचमानायां सर्वमेव न रोचते॥३॥ मनु०॥

जिस कुल में भार्य्या से भर्त्ता और पति से पत्नी अच्छे प्रकार प्रसन्न रहती है उसी कुल में सब सौभाग्य और ऐश्वर्य निवास करते हैं। जहां कलह होता है वहां दौर्भाग्य और दारिद्र्य स्थिर होता है॥ १॥ जो स्त्री पति से प्रीति और पति को प्रसन्न नहीं करती तो पति के अप्रसन्न होने से काम उत्पन्न नहीं होता॥२॥ जिस स्त्री की प्रसन्नता में सब कुल प्रसन्न होता उसकी अप्रसन्नता में सब अप्रसन्न अर्थात् दुःखदायक हो जाता है॥ ३॥

पितृभिर्भ्रातृभिश्चैताः पतिभिर्देवरैस्तथा।
पूज्या भूषयितव्याश्च बहुकल्याणमीप्सुभिः॥ १॥
यत्र नार्य्यस्तु पूज्यन्ते रमन्ते तत्र देवताः।
यत्रैतास्तु न पूज्यन्ते सर्वास्तत्राऽफलाः क्रियाः॥ २॥
शोचन्ति जामयो यत्र विनश्यत्याशु तत्कुलम्।
न शोचन्ति तु यत्रैता वर्द्धते तद्धि सर्वदा॥ ३॥
तस्मादेताः सदा पूज्या भूषणाच्छादनाशनैः।
भूतिकामैर्नरैर्नित्यं सत्कारेषूत्सवेषु च॥ ४॥ मनु०॥

पिता, भाई, पति और देवर इन को सत्कारपूर्वक भूषणादि से प्रसन्न रक्खें,

जिन को बहुत कल्याण की इच्छा हो वे ऐसे करें॥ १ ॥ जिस घर में स्त्रियों का सत्कार होता है उस में विद्यायुक्त पुरुष होके देवसंज्ञा धरा के आनन्द से क्रीड़ा करते हैं और जिस घर में स्त्रियों का सत्कार नहीं होता वहां सब क्रिया निष्फल हो जाती हैं॥ २ ॥ जिस घर वा कुल में स्त्री लोग शोकातुर होकर दुःख पाती हैं वह कुल शीघ्र नष्ट भ्रष्ट हो जाता है और जिस घर वा कुल में स्त्री लोग आनन्द से उत्साह और प्रसन्नता से भरी हुई रहती हैं वह कुल सर्वदा बढ़ता रहता है॥ ३ ॥ इसलिए ऐश्वर्य की कामना करनेहारे मनुष्यों को योग्य है कि सत्कार और उत्सव के समयों में भूषण वस्त्र और भोजनादि से स्त्रियों का नित्यप्रति सत्कार करें॥ ४ ॥ यह बात सदा ध्यान में रखनी चाहिये कि 'पूजा' शब्द का अर्थ सत्कार है और दिन रात में जब-जब प्रथम मिलें वा पृथक् हों तब-तब प्रीतिपूर्वक 'नमस्ते' एक दूसरे से करें।

सदा प्रहृष्टया भाव्यं गृहकार्येषु दक्षया।
सुसंस्कृतोपस्करया व्यये चामुक्तहस्तया॥ मनु०॥

स्त्री को योग्य है कि अतिप्रसन्नता से घर के कामों में चतुराईयुक्त सब पदार्थों के उत्तम संस्कार, घर की शुद्धि और व्यय में अत्यन्त उदार न रहैं अर्थात् सब चीजें पवित्र और पाक इस प्रकार बनावें जो औषधरूप होकर शरीर वा आत्मा में रोग को न आने देवे। जो-जो व्यय हो उस का हिसाब यथावत् रखके पति आदि को सुना दिया करे। घर के नौकर चाकरों से यथायोग्य काम लेवे। घर के किसी काम को बिगड़ने न देवे।

स्त्रियो रत्नान्यथो विद्या सत्यं शौचं सुभाषितम्।
विविधानि च शिल्पानि समादेयानि सर्वतः॥ मनु०॥

उत्तम स्त्री, नाना प्रकार के रत्न, विद्या, सत्य, पवित्रता, श्रेष्ठभाषण और नाना प्रकार की शिल्पविद्या अर्थात् कारीगरी सब देश तथा सब मनुष्यों से ग्रहण करे।

सत्यं ब्रूयात्प्रियं ब्रूयान्न ब्रूयात् सत्यमप्रियम्।
प्रियं च नानृतं ब्रूयादेष धर्मः सनातनः॥ १॥
भद्रं भद्रमिति ब्रूयाद्भद्रमित्येव वा वदेत्।
शुष्कवैरं विवादं च न कुर्यात् केनचित्सह॥ २॥ मनु०॥

सदा प्रिय सत्य दूसरे का हितकारक बोले अप्रिय सत्य अर्थात् काणे को काणा न बोले। अनृत अर्थात् झूठ दूसरे को प्रसन्न करने के अर्थ न बोले॥१॥

सदा भद्र अर्थात् सब के हितकारी वचन बोला करे। शुष्कवैर अर्थात् विना अपराध किसी के साथ विरोध वा विवाद न करे॥ २ ॥ जो-जो दूसरे का हितकर हो और बुरा भी माने तथापि कहे विना न रहै।

पुरुषा बहवो राजन् सततं प्रियवादिनः।
अप्रियस्य तु पथ्यस्य वक्ता श्रोता च दुर्लभः॥ -उद्योगपर्व-विदुरनीति०॥

हे धृतराष्ट्र ! इस संसार में दूसरे को निरन्तर प्रसन्न करने के लिये प्रिय बोलने वाले प्रशंसक लोग बहुत हैं परन्तु सुनने में अप्रिय विदित हो और वह कल्याण करनेवाला वचन हो उस का कहने और सुननेवाला पुरुष दुर्लभ है। क्योंकि सत्पुरुषों को योग्य है कि मुख के सामने दूसरे का दोष कहना और अपना दोष सुनना, परोक्ष में दूसरे के गुण सदा कहना। और दुष्टों की यही रीति है कि सम्मुख में गुण कहना

और परोक्ष में दोषों का प्रकाश करना। जब तक मनुष्य दूसरे से अपने दोष नहीं सुनता वा कहने वाला नहीं कहता तब तक मनुष्य दोषों से छूटकर गुणी नहीं हो सकता।

कभी किसी की निन्दा न करे। जैसे—**'गुणेषु दोषारोपणमसूया'** अर्थात् **'दोषेषु गुणारोपणमप्यसूया,' 'गुणेषु गुणारोपणं दोषेषु दोषारोपणं च स्तुतिः'** जो गुणों में दोष, दोषों में गुण लगाना वह निन्दा और गुणों में गुण, दोषों में दोषों का कथन करना स्तुति कहाती है। अर्थात् मिथ्याभाषण का नाम निन्दा और सत्यभाषण का नाम स्तुति है।

बुद्धिवृद्धिकराण्याशु धन्यानि च हितानि च।
नित्यं शास्त्राण्यवेक्षेत निगमांश्चैव वैदिकान्॥ १॥
यथा यथा हि पुरुषः शास्त्रं समधिगच्छति।
तथा तथा विजानाति विज्ञानं चास्य रोचते॥ २॥ मनु०॥

जो शीघ्र बुद्धि, धन और हित की वृद्धि करनेहारे शास्त्र और वेद हैं उन को नित्य सुनें और सुनावें। ब्रह्मचर्य्याश्रम में पढ़े हों उन को स्त्री पुरुष नित्य विचारा और पढ़ाया करें॥ १॥ क्योंकि जैसे-जैसे मनुष्य शास्त्रों को यथावत् जानता है वैसे-वैसे उस विद्या का विज्ञान बढ़ता जाता और उसी में रुचि बढ़ती रहती है॥ २॥

ऋषियज्ञं देवयज्ञं भूतयज्ञं च सर्वदा।
नृयज्ञं पितृयज्ञं च यथाशक्ति न हापयेत्॥ १॥
अध्यापनं ब्रह्मयज्ञः पितृयज्ञश्च तर्प्पणम्।
होमो दैवो बलिर्भौतो नृयज्ञोऽतिथिपूजनम्॥ २॥
स्वाध्यायेनार्चयेतर्षीन् होमैर्देवान् यथाविधि।
पितॄन् श्राद्धैश्च नॄनन्नैर्भूतानि बलिकर्मणा॥ ३॥ मनु०॥

दो यज्ञ ब्रह्मचर्य में लिख आये वे अर्थात् एक—वेदादि शास्त्रों को पढ़ना पढ़ाना, सन्ध्योपासन, योगाभ्यास। **दूसरा देवयज्ञ**—विद्वानों का संग, सेवा, पवित्रता, दिव्य गुणों का धारण, दातृत्व, विद्या की उन्नति करना है, ये दोनों यज्ञ सायं प्रातः करने होते हैं।

सायंसायं गृहपतिर्नो अग्निः प्रातः प्रातः सौमनसस्य दाता ॥१॥
प्रातः प्रातर्गृहपतिर्नो अग्निः सायंसायं सौमनसस्य दाता ॥२॥

—अ० कां० १९। अनु० ७। मं० ३। ४॥

तस्मादहोरात्रस्य संयोगे ब्राह्मणः सन्ध्यामुपासीत।
उद्यन्तमस्तं यान्तम् आदित्यम् अभिध्यायन्॥ ३॥ ब्राह्मणे॥
न तिष्ठति तु यः पूर्वां नोपास्ते यस्तु पश्चिमाम्।
स साधुभिर्बहिष्कार्यः सर्वस्माद् द्विजकर्मणः॥ ४॥ मनु०॥

जो सन्ध्या-सन्ध्या काल में होम होता है वह हुतद्रव्य प्रातःकाल तक वायुशुद्धि द्वारा सुखकारी होता है॥ १॥ जो अग्नि में प्रातः-प्रातःकाल में होम किया जाता है वह-वह हुतद्रव्य सायङ्काल पर्यन्त वायु के शुद्धि द्वारा बल बुद्धि और आरोग्यकारक होता है॥ २॥ इसलिये दिन और रात्रि के सन्धि में अर्थात् सूर्योदय और अस्त समय में परमेश्वर का ध्यान और अग्निहोत्र अवश्य करना चाहिये॥ ३॥

और जो ये दोनों काम सायं और प्रातःकाल में न करे उस को सज्जन लोग सब द्विजों के कर्मों से बाहर निकाल देवें अर्थात् उसे शूद्रवत् समझें॥ ४॥

(प्रश्न) त्रिकाल सन्ध्या क्यों नहीं करना ?

(उत्तर) तीन समय में सन्धि नहीं होती। प्रकाश और अन्धकार की सन्धि भी सायं प्रातः दो ही वेला में होती है। जो इस को न मानकर मध्याह्नकाल में तीसरी सन्ध्या माने वह मध्यरात्रि में भी सन्ध्योपासन क्यों न करे? जो मध्यरात्रि में भी करना चाहै तो प्रहर-प्रहर घड़ी-घड़ी पल-पल और क्षण-क्षण की भी सन्धि होती है, उनमें भी सन्ध्योपासन किया करे। जो ऐसा भी करना चाहै तो हो ही नहीं सकता। और किसी शास्त्र का मध्याह्नसन्ध्या में प्रमाण भी नहीं। इसलिये दोनों कालों में सन्ध्या और अग्निहोत्र करना समुचित है, तीसरे काल में नहीं। और जो तीन काल होते हैं वे भूत, भविष्यत् और वर्त्तमान के भेद से हैं, सन्ध्योपासन के भेद से नहीं।

तीसरा **'पितृयज्ञ'** अर्थात् जिस में जो देव विद्वान्, ऋषि जो पढ़ने-पढ़ाने हारे, पितर माता पिता आदि वृद्ध ज्ञानी और परमयोगियों की सेवा करनी। पितृयज्ञ के दो भेद हैं एक श्राद्ध और दूसरा तर्पण। श्राद्ध अर्थात् 'श्रत्' सत्य का नाम है **'श्रत्सत्यं दधाति यया क्रियया सा श्रद्धा श्रद्धया यत्क्रियते तच्छ्राद्धम्'** जिस क्रिया से सत्य का ग्रहण किया जाय उस को श्रद्धा और जो श्रद्धा से कर्म किया जाय उसका नाम श्राद्ध है। और **'तृप्यन्ति तर्पयन्ति येन पितॄन् तत्तर्पणम्'** जिस-जिस कर्म से तृप्त अर्थात् विद्यमान माता पितादि पितर प्रसन्न हों और प्रसन्न किये जायें उस का नाम तर्पण है। परन्तु यह जीवितों के लिये है मृतकों के लिये नहीं।

ओं ब्रह्मादयो देवास्तृप्यन्ताम्। ब्रह्मादिदेवपत्न्यस्तृप्यन्ताम्।
ब्रह्मादिदेवसुतास्तृप्यन्ताम् । ब्रह्मादिदेवगणास्तृप्यन्ताम्॥ इति देवतर्पणम्॥

'विद्वाꣳसो हि देवाः।' यह शतपथ ब्राह्मण का वचन है।

जो विद्वान् हैं उन्हीं को देव कहते हैं। जो साङ्गोपाङ्ग चार वेदों के जानने वाले हों उन का नाम ब्रह्मा और जो उन से न्यून पढ़े हों उन का भी नाम देव अर्थात् विद्वान् है। उनके सदृश विदुषी स्त्री, उनकी ब्रह्माणी और देवी, उनके तुल्य पुत्र और शिष्य तथा उनके सदृश उन के गण अर्थात् सेवक हों उन की सेवा करना है उस का नाम 'श्राद्ध' और 'तर्पण' है।

अथर्षितर्पणम्

ओं मरीच्यादय ऋषयस्तृप्यन्ताम्। मरीच्याद्यृषिपत्न्यस्तृप्यन्ताम्। मरीच्याद्यृषिसुतास्तृप्यन्ताम्। मरीच्याद्यृषिगणास्तृप्यन्ताम्॥ इति ऋषितर्पणम्॥

जो ब्रह्मा के प्रपौत्र मरीचिवत् विद्वान् होकर पढ़ावें और जो उनके सदृश विद्यायुक्त उनकी स्त्रियां कन्याओं को विद्यादान देवें उनके तुल्य पुत्र और शिष्य तथा उन के समान उनके सेवक हों, उन का सेवन सत्कार करना ऋषितर्पण है।

अथ पितृतर्पणम्

ओं सोमसदः पितरस्तृप्यन्ताम्। अग्निष्वात्ताः पितरस्तृप्यन्ताम्। बर्हिषदः पितरस्तृप्यन्ताम्। सोमपाः पितरस्तृप्यन्ताम्। हविर्भुजः पितरस्तृप्यन्ताम्। आज्यपाः पितरस्तृप्यन्ताम्। यमादिभ्यो नमः यमादींस्तर्पयामि। पित्रे स्वधा नमः पितरं तर्पयामि। पितामहाय स्वधा नमः पितामहं तर्पयामि। मात्रे स्वधा नमो मातरं

तर्पयामि। पितामह्यै स्वधा नमः पितामहीं तर्पयामि। स्वपत्न्यै स्वधा नमः स्वपत्नीं तर्पयामि। सम्बन्धिभ्यः स्वधा नमः सम्बन्धींस्तर्पयामि। सगोत्रेभ्यः स्वधा नमः सगोत्रांस्तर्पयामि॥ इति पितृतर्पणम्॥

'ये सोमे जगदीश्वरे पदार्थविद्यायां च सीदन्ति ते सोमसदः' जो परमात्मा और पदार्थ विद्या में निपुण हों वे सोमसद। **'यैरग्नेर्विद्युतो विद्या गृहीता ते अग्निष्वात्ताः'** जो अग्नि अर्थात् विद्युदादि पदार्थों के जानने वाले हों वे अग्निष्वात्त। **'ये बर्हिषि उत्तमे व्यवहारे सीदन्ति ते बर्हिषदः'** जो उत्तम विद्यावृद्धियुक्त व्यवहार में स्थित हों वे बर्हिषद। **'ये सोममैश्वर्यमोषधीरसं वा पान्ति पिबन्ति वा ते सोमपाः'** जो ऐश्वर्य के रक्षक और महौषधि रस का पान करने से रोगरहित और अन्य के ऐश्वर्य के रक्षक औषधों को देके रोगनाशक हों वे सोमपा। **'ये हविर्होतुमत्तुमर्हं भुञ्जते भोजयन्ति वा ते हविर्भुजः'** जो मादक और हिंसाकारक द्रव्यों को छोड़ के भोजन करनेहारे हों वे हविर्भुज। **'य आज्यं ज्ञातुं प्राप्तुं वा योग्यं रक्षन्ति वा पिबन्ति त आज्यपाः'** जो जानने के योग्य वस्तु के रक्षक और घृत दुग्धादि खाने और पीनेहारे हों वे आज्यपा। **'शोभनः कालो विद्यते येषान्ते सुकालिनः'** जिन का अच्छा धर्म करने का सुखरूप समय हो वे सुकालिन्। **'ये दुष्टान् यच्छन्ति निगृह्णन्ति ते यमा न्यायाधीशाः'** जो दुष्टों को दण्ड और श्रेष्ठों का पालन करनेहारे न्यायकारी हों वे यम। **'यः पाति स पिता'** जो सन्तानों का अन्न और सत्कार से रक्षक वा जनक हो वह पिता। **'पितुः पिता पितामहः, पितामहस्य पिता प्रपितामहः'** जो पिता का पिता हो वह पितामह और जो पितामह का पिता हो वह प्रपितामह। **'या मानयति सा माता'** जो अन्न और सत्कारों से सन्तानों का मान्य करे वह माता। **'या पितुर्माता सा पितामही पितामहस्य माता प्रपितामही'** जो पिता की माता हो वह पितामही और पितामह की माता हो वह प्रपितामही। अपनी स्त्री तथा भगिनी सम्बन्धी और एक गोत्र के तथा अन्य कोई भद्र पुरुष वा वृद्ध हों उन सब को अत्यन्त श्रद्धा से उत्तम अन्न, वस्त्र, सुन्दर यान आदि देकर अच्छे प्रकार जो तृप्त करना अर्थात् जिस-जिस कर्म से उनका आत्मा तृप्त और शरीर स्वस्थ रहै उस-उस कर्म से प्रीतिपूर्वक उनकी सेवा करनी वह श्राद्ध और तर्प्पण कहाता है।

चौथा **वैश्वदेव**—अर्थात् जब भोजन सिद्ध हो तब जो कुछ भोजनार्थ बने, उसमें से खट्टा लवणान्न और क्षार को छोड़ के घृत मिष्टयुक्त अन्न लेकर चूल्हे से अग्नि अलग धर निम्नलिखित मन्त्रों से आहुति और भाग करे।

वैश्वदेवस्य सिद्धस्य गृह्येऽग्नौ विधिपूर्वकम् ।
आभ्यः कुर्य्याद्देवताभ्यो ब्राह्मणो होममन्वहम्॥ मनु०॥

जो कुछ पाकशाला में भोजनार्थ सिद्ध हो, उस का दिव्य गुणों के अर्थ उसी पाकाग्नि में निम्नलिखित मन्त्रों से विधिपूर्वक होम नित्य करे।

होम के मन्त्र

ओम् अग्नये स्वाहा। सोमाय स्वाहा। अग्नीषोमाभ्यां स्वाहा। विश्वेभ्यो देवेभ्यः स्वाहा। धन्वन्तरये स्वाहा। कुह्वै स्वाहा। अनुमत्यै स्वाहा। प्रजापतये स्वाहा। सह द्यावापृथिवीभ्यां स्वाहा। स्विष्टकृते स्वाहा।

इन प्रत्येक मन्त्रों से एक-एक बार आहुति प्रज्वलित अग्नि में छोड़े। पश्चात्

थाली अथवा भूमि में पत्ता रख के पूर्व दिशादि क्रमानुसार यथाक्रम इन मन्त्रों से भाग रक्खे-

ओं सानुगायेन्द्राय नमः। सानुगाय यमाय नमः। सानुगाय वरुणाय नमः। सानुगाय सोमाय नमः। मरुद्भ्यो नमः। अद्भ्यो नमः। वनस्पतिभ्यो नमः। श्रियै नमः। भद्रकाल्यै नमः। ब्रह्मपतये नमः। वास्तुपतये नमः। विश्वेभ्यो देवेभ्यो नमः। दिवाचरेभ्यो भूतेभ्यो नमः। नक्तञ्चारिभ्यो भूतेभ्यो नमः। सर्वात्मभूतये नमः॥

इन भागों को जो कोई अतिथि हो तो उस को जिमा देवे अथवा अग्नि में छोड़ देवे। इनके अनन्तर लवणान्न अर्थात् दाल, भात, शाक, रोटी आदि लेकर छः भाग भूमि में धरे। इसमें प्रमाण-

शुनां च पतितानां च श्वपचां पापरोगिणाम्।
वायसानां कृमीणां च शनकैर्निर्वपेद् भुवि॥ मनु०॥

इस प्रकार '**श्वभ्यो नमः। पतितेभ्यो नमः। श्वपग्भ्यो नमः। पापरोगिभ्यो नमः। वायसेभ्यो नमः। कृमिभ्यो नमः॥**' धर कर पश्चात् किसी दुःखी बुभुक्षित प्राणी अथवा कुत्ते, कौवे आदि को दे देवे।

यहां नमः शब्द का अर्थ अन्न अर्थात् कुत्ते, पापी, चाण्डाल, पापरोगी कौवे और कृमि अर्थात् चींटी आदि को अन्न देना यह मनुस्मृति आदि की विधि है।

हवन करने का प्रयोजन यह है कि-पाकशालास्थ वायु का शुद्ध होना और जो अज्ञात अदृष्ट जीवों की हत्या होती है उस का प्रत्युपकार कर देना।

अब **पांचवीं अतिथिसेवा**-अतिथि उस को कहते हैं कि जिस की कोई तिथि निश्चित न हो अर्थात् अकस्मात् धार्मिक, सत्योपदेशक, सब के उपकारार्थ सर्वत्र घूमने वाला, पूर्ण विद्वान्, परमयोगी, संन्यासी गृहस्थ के यहां आवे तो उस को प्रथम पाद्य, अर्घ और आचमनीय तीन प्रकार का जल देकर, पश्चात् आसन पर सत्कारपूर्वक बिठाल कर, खान, पान आदि उत्तमोत्तम पदार्थों से सेवा शुश्रूषा कर के, उन को प्रसन्न करे। पश्चात् सत्सङ्ग कर उन से ज्ञान विज्ञान आदि जिन से धर्म, अर्थ, काम और मोक्ष की प्राप्ति होवे ऐसे-ऐसे उपदेशों का श्रवण करे और चाल चलन भी उनके सदुपदेशानुसार रक्खे। समय पाके गृहस्थ और राजादि भी अतिथिवत् सत्कार करने योग्य हैं। परन्तु-

पाषण्डिनो विकर्मस्थान् वैडालवृत्तिकान् शठान्।
हैतुकान् वकवृत्तींश्च वाङ्मात्रेणापि नार्चयेत्॥ मनु०॥

(पाषण्डी) अर्थात् वेदनिन्दक, वेदविरुद्ध आचरण करनेहारे (विकर्मस्थ) जो वेदविरुद्ध कर्म का कर्त्ता मिथ्याभाषणादि युक्त, वैडालवृत्तिक जैसे विड़ाला छिप और स्थिर होकर ताकता-ताकता झपट से मूषे आदि प्राणियों को मार अपना पेट भरता है वैसे जनों का नाम वैडालवृत्ति, (शठ) अर्थात् हठी, दुराग्रही, अभिमानी, आप जानें नहीं, औरों का कहा मानें नहीं, (हैतुक) कुतर्की व्यर्थ बकने वाले जैसे कि आजकल के वेदान्ती बकते हैं 'हम ब्रह्म और जगत् मिथ्या है वेदादि शास्त्र और ईश्वर भी कल्पित हैं' इत्यादि गपोड़ा हांकने वाले (वकवृत्ति) जैसे वक एक पैर उठा ध्यानावस्थित के समान होकर झट मच्छी के प्राण हरके अपना स्वार्थ सिद्ध करता है वैसे आजकल के वैरागी और खाखी आदि हठी दुराग्रही वेदविरोधी

हैं, ऐसों का सत्कार वाणीमात्र से भी न करना चाहिये। क्योंकि इनका सत्कार करने से ये वृद्धि को पाकर संसार को अधर्मयुक्त करते हैं। आप तो अवनति के काम करते ही हैं परन्तु साथ में सेवक को भी अविद्यारूपी महासागर में डुबा देते हैं।

इन **पांच महायज्ञों का फल** यह है कि ब्रह्मयज्ञ के करने से विद्या, शिक्षा, धर्म, सभ्यता आदि शुभ गुणों की वृद्धि।

अग्निहोत्र से वायु, वृष्टि, जल की शुद्धि होकर वृष्टि द्वारा संसार को सुख प्राप्त होना अर्थात् शुद्ध वायु का श्वास, स्पर्श, खान पान से आरोग्य, बुद्धि, बल, पराक्रम बढ़ के **धर्म, अर्थ, काम और मोक्ष का अनुष्ठान पूरा होना।** इसीलिये इस को देवयज्ञ कहते हैं।

पितृयज्ञ से जब माता पिता और ज्ञानी महात्माओं की सेवा करेगा तब उस का ज्ञान बढ़ेगा। उस से सत्यासत्य का निर्णय कर सत्य का ग्रहण और असत्य का त्याग करके सुखी रहेगा। दूसरा कृतज्ञता अर्थात् जैसी सेवा माता पिता और आचार्य ने सन्तान और शिष्यों की की है उसका बदला देना उचित ही है।

बलिवैश्वदेव का भी फल जो पूर्व कह आये, वही है।

जब तक उत्तम अतिथि जगत् में नहीं होते तब तक उन्नति भी नहीं होती। उनके सब देशों में घूमने और सत्योपदेश करने से पाखण्ड की वृद्धि नहीं होती और सर्वत्र गृहस्थों को सहज से सत्य विज्ञान की प्राप्ति होती रहती है और मनुष्यमात्र में एक ही धर्म स्थिर रहता है। विना अतिथियों के सन्देहनिवृत्ति नहीं होती। सन्देहनिवृत्ति के विना दृढ़ निश्चय भी नहीं होता। निश्चय के विना सुख कहां?—

ब्राह्मे मुहूर्त्ते बुध्येत धर्मार्थौ चानुचिन्तयेत्।
कायक्लेशाँश्च तन्मूलान् वेदतत्त्वार्थमेव च॥ मनु०॥

रात्रि के चौथे प्रहर अथवा चार घड़ी रात से उठे। आवश्यक कार्य करके धर्म और अर्थ, शरीर के रोगों का निदान और परमात्मा का ध्यान करे। कभी अधर्म का आचरण न करे। क्योंकि—

नाधर्मश्चरितो लोके सद्यः फलति गौरिव।
शनैरावर्त्तमानस्तु कर्त्तुर्मूलानि कृन्तति॥ मनु०॥

किया हुआ अधर्म निष्फल कभी नहीं होता परन्तु जिस समय अधर्म करता है उसी समय फल भी नहीं होता। इसलिये अज्ञानी लोग अधर्म से नहीं डरते। तथापि निश्चय जानो कि वह अधर्माचरण धीरे-धीरे तुम्हारे सुख के मूलों को काटता चला जाता है। इस क्रम से—

अधर्मेणैधते तावत्ततो भद्राणि पश्यति।
ततः सपत्नाञ्जयति समूलस्तु विनश्यति॥ मनु०॥

जब अधर्मात्मा मनुष्य धर्म की मर्यादा छोड़ (जैसे तालाब के बन्ध तोड़ जल चारों ओर फैल जाता है वैसे) मिथ्याभाषण, कपट, पाखण्ड अर्थात् रक्षा करने वाले वेदों का खण्डन और विश्वासघातादि कर्मों से पराये पदार्थों को लेकर प्रथम बढ़ता है। पश्चात् धनादि ऐश्वर्य से खान, पान, वस्त्र, आभूषण, यान, स्थान, मान, प्रतिष्ठा को प्राप्त होता है। अन्याय से शत्रुओं को भी जीतता है, पश्चात् शीघ्र नष्ट हो जाता है। जैसे जड़ काटा हुआ वृक्ष नष्ट हो जाता है वैसे अधर्मी नष्ट भ्रष्ट हो जाता है।

सत्यधर्मार्यवृत्तेषु शौचे चैवारमेत् सदा।
शिष्यांश्च शिष्याद्धर्मेण वाग्बाहूदरसंयतः॥ मनु०॥

वेदोक्त सत्य धर्म अर्थात् पक्षपातरहित होकर सत्य के ग्रहण और असत्य के परित्याग न्यायरूप वेदोक्त धर्मादि, आर्य अर्थात् उत्तम पुरुषों के गुण, कर्म, स्वभाव और पवित्रता ही में सदा रमण करे। वाणी, बाहू, उदर आदि अङ्गों का संयम अर्थात् धर्म में चलाता हुआ धर्म से शिष्यों को शिक्षा किया करे।

ऋत्विक्पुरोहिताचार्य्यैर्मातुलातिथिसंश्रितैः।
बालवृद्धातुरैर्वैद्यैर्ज्ञातिसम्बन्धिबान्धवैः॥ १॥
मातापितृभ्यां यामिभिर्भ्रात्रा पुत्रेण भार्यया।
दुहित्रा दासवर्गेण विवादं न समाचरेत्॥ २॥ मनु०॥

(ऋत्विक्) यज्ञ का करनेहारा, (पुरोहित) सदा उत्तम चाल चलन की शिक्षा कारक, (आचार्य) विद्या पढ़ानेहारा, (मातुल) मामा, (अतिथि) अर्थात् जिस की कोई आने जाने की निश्चित तिथि न हो (संश्रित) अपने आश्रित (बाल) बालक (वृद्ध) बुड्ढे (आतुर) पीड़ित (वैद्य) आयुर्वेद का ज्ञाता, (ज्ञाति) स्वगोत्र वा स्ववर्णस्थ, (सम्बन्धी) श्वशुर आदि, (बान्धव) मित्र॥ १॥ (माता) माता, (पिता) पिता, (यामि) बहिन, (भ्राता) भाई, (पुत्र) पुत्र, (भार्या) स्त्री, (दुहिता) पुत्री और सेवक लोगों से विवाद अर्थात् विरुद्ध लड़ाई बखेड़ा कभी न करे॥ २॥

अतपास्त्वनधीयानः प्रतिग्रहरुचिर्द्विजः।
अम्भस्यश्मप्लवेनैव सह तैनैव मज्जति॥ २॥ मनु०॥

एक (अतपाः) ब्रह्मचर्य्य सत्यभाषणादि तपरहित, दूसरा (अनधीयानः) विना पढ़ा हुआ, तीसरा (प्रतिग्रहरुचिः) अत्यन्त धर्मार्थ दूसरों से दान लेनेवाला, ये तीनों पत्थर की नौका से समुद्र में तरने के समान अपने दुष्ट कर्मों के साथ ही दुःखसागर में डूबते हैं। वे तो डूबते ही हैं परन्तु दाताओं को साथ डुबा लेते हैं।

त्रिष्वप्येतेषु दत्तं हि विधिनाप्यर्जितं धनम्।
दातुर्भवत्यनर्थाय परत्रादातुरेव च॥ मनु०॥

जो धर्म से प्राप्त हुए धन का उक्त तीनों को देना है वह दानदाता का नाश इसी जन्म और लेनेवाले का नाश परजन्म में करता है।

जो वे ऐसे हों तो क्या हो—

यथा प्लवेनौपलेन निमज्जत्युदके तरन्।
तथा निमज्जतोऽधस्तादज्ञौ दातृप्रतीच्छकौ॥ मनु०॥

जैसे पत्थर की नौका में बैठ के जल में तरने वाला डूब जाता है वैसे अज्ञानी दाता और ग्रहीता दोनों अधोगति अर्थात् दुःख को प्राप्त होते हैं।

पाखण्डियों के लक्षण

धर्मध्वजी सदा लुब्धश्छाद्मिको लोकदम्भकः।
वैडालव्रतिको ज्ञेयो हिंस्रः सर्वाभिसन्धकः॥ १॥
अधोदृष्टिर्नैष्कृतिकः स्वार्थसाधनतत्परः।
शठो मिथ्याविनीतश्च बकव्रतचरो द्विजः॥ २॥ मनु०॥

(धर्मध्वजी) धर्म कुछ भी न करे परन्तु धर्म के नाम से लोगों को ठगे (सदा लुब्धः) सर्वदा लोभ से युक्त (छाद्मिकः) कपटी (लोकदम्भकः) संसारी मनुष्यों के सामने अपनी बड़ाई के गपोड़े मारा करे (हिंस्रः) प्राणियों का घातक, अन्य से वैरबुद्धि रखनेवाला (सर्वाभिसन्धकः) सब अच्छे और बुरों से भी मेल रक्खे उस को वैडालव्रतिक अर्थात् विडाल के समान धूर्त्त और नीच समझो॥ १॥ (अधोदृष्टिः) कीर्ति के लिये नीचे दृष्टि रक्खे (नैष्कृतिकः) ईर्ष्यक किसी ने उस का पैसा भर अपराध किया हो तो उसका बदला लेने को प्राण तक तत्पर रहै (स्वार्थसाधनतत्परः) चाहै कपट अधर्म विश्वासघात क्यों न हो; अपना प्रयोजन साधने में चतुर (शठः) चाहै अपनी बातें झूठी क्यों न हों परन्तु हठ कभी न छोड़े (मिथ्याविनीतः) झूठ मूँठ ऊपर से शील सन्तोष और साधुता दिखलावे उस को (वकव्रत) बगुले के समान नीच समझो। ऐसे-ऐसे लक्षणों वाले पाखण्डी होते हैं, उन का विश्वास व सेवा कभी न करें॥ २॥

धर्मं शनैः सञ्चिनुयाद् वल्मीकमिव पुत्तिकाः।
परलोकसहायार्थं सर्वलोकान्यपीडयन्॥ १॥
नामुत्र हि सहायार्थं पिता माता च तिष्ठतः।
न पुत्रदारं न ज्ञातिर्धर्मस्तिष्ठति केवलः॥ २॥
एकः प्रजायते जन्तुरेक एव प्रलीयते।
एको नु भुङ्क्ते सुकृतमेक एव च दुष्कृतम्॥ ३॥
एकः पापानि कुरुते फलं भुङ्क्ते महाजनः।
भोक्तारो विप्रमुच्यन्ते कर्त्ता दोषेण लिप्यते॥ ४॥
मृतं शरीरमुत्सृज्य काष्ठलोष्ठसमं क्षितौ।
विमुखा बान्धवा यान्ति धर्मस्तमनुगच्छति॥ मनु०॥

स्त्री और पुरुष को चाहिये कि जैसे पुत्तिका अर्थात् दीमक वल्मीक अर्थात् बांबी को बनाती है वैसे सब भूतों को पीड़ा न देकर परलोक अर्थात् परजन्म के सुखार्थ धीरे-धीरे धर्म का सञ्चय करे॥ १॥ क्योंकि परलोक में न माता न पिता न पुत्र न स्त्री न ज्ञाति सहाय कर सकते हैं किन्तु एक धर्म ही सहायक होता है॥२॥ देखिये अकेला ही जीव जन्म और मरण को प्राप्त होता, एक ही धर्म का फल सुख और अधर्म का जो दुःख रूप फल उस को भोगता है॥ ३॥ यह भी समझ लो कि कुटुम्ब में एक पुरुष पाप करके पदार्थ लाता है और महाजन अर्थात् कुटुम्ब उस को भोक्ता है। भोगनेवाले दोषभागी नहीं होते किन्तु अधर्म का कर्त्ता ही दोष का भागी होता है॥ ४॥ जब कोई किसी का सम्बन्धी मर जाता है उस को मट्टी के ढेले के समान भूमि में छोड़ कर पीठ दे बन्धुवर्ग विमुख होकर चले जाते हैं। कोई उसके साथ जानेवाला नहीं होता किन्तु एक धर्म ही उस का सङ्गी होता है॥ ५॥

तस्माद्धर्मं सहायार्थं नित्यं सञ्चिनुयाच्छनैः।
धर्म्मेण ही सहायेन तमस्तरति दुस्तरम्॥ १॥
धर्मप्रधानं पुरुषं तपसा हतकिल्विषम्।
परलोकं नयत्याशु भास्वतं खशरीरिणम्॥ २॥ मनु०॥

उस हेतु से परलोक अर्थात् परजन्म में सुख और इस जन्म के सहायतार्थ नित्य धर्म का सञ्चय धीरे-धीरे करता जाय क्योंकि धर्म ही के सहाय से बड़े-बड़े

दुस्तर दुःखसागर को जीव तर सकता है॥ १॥ किन्तु जो पुरुष धर्म ही को प्रधान समझता है जिस का धर्म के अनुष्ठान से कर्त्तव्य पाप दूर हो गया उस को प्रकाशस्वरूप और आकाश जिस का शरीरवत् है उस परलोक अर्थात् परमदर्शनीय परमात्मा को धर्म ही शीघ्र प्राप्त कराता है॥ २॥ इसलिये—

दृढकारी मृदुर्दान्तः क्रूराचारैरसंवसन्।
अहिंस्रो दमदानाभ्यां जयेत्स्वर्गं तथा व्रतः॥ १॥
वाच्यर्था नियताः सर्वे वाङ्मूला वाग्विनिःसृताः।
तां तु यः स्तेनयेद्वाचं स सर्वस्तेयकृन्नरः॥ २॥
आचाराल्लभते ह्यायुराचारादीप्सिताः प्रजाः।
आचाराद्धनमक्षय्यमाचारो हन्त्यलक्षणम्॥ ३॥ मनु०॥

सदा दृढ़कारी, कोमल स्वभाव, जितेन्द्रिय, हिंसक, क्रूर, दुष्टाचारी पुरुषों से पृथक् रहनेहारा धर्मात्मा मन को जीत और विद्यादि दान से सुख को प्राप्त होवे॥ १॥ परन्तु यह भी ध्यान में रक्खें कि जिस वाणी में सब अर्थ अर्थात् व्यवहार निश्चित होते हैं वह वाणी ही उन का मूल और वाणी ही से सब व्यवहार सिद्ध होते हैं उस वाणी को जो चोरता अर्थात् मिथ्याभाषण करता है वह सब चोरी आदि पापों का करने वाला है॥ २॥ इसलिये मिथ्याभाषणादिरूप अधर्म को छोड़ जो धर्माचार अर्थात् ब्रह्मचर्य जितेन्द्रियता से पूर्ण आयु और धर्माचार से उत्तम प्रजा तथा अक्षय धन को प्राप्त होता है तथा जो धर्माचार में वर्त्तकर दुष्ट लक्षणों का नाश करता है; उसके आचरण को सदा किया करे॥ ३॥ क्योंकि—

दुराचारो हि पुरुषो लोके भवति निन्दितः।
दुःखभागी च सततं व्याधितोऽल्पायुरेव च॥ मनु०॥

जो दुष्टाचारी पुरुष है वह संसार में सज्जनों के मध्य में निन्दा को प्राप्त दुःखभागी और निरन्तर व्याधियुक्त होकर अल्पायु का भी भोगनेहारा होता है। इसलिये ऐसा प्रयत्न करे—

यद्यत्परवशं कर्म तत्तद्यत्नेन वर्जयेत्।
यद्यदात्मवशं तु स्यात्तत्तत्सेवेत यत्नतः॥ १॥
सर्वं परवशं दुःखं सर्वमात्मवशं सुखम्।
एतद्विद्यात्समासेन लक्षणं सुखदुःखयोः॥ २॥ मनु०॥

जो-जो पराधीन कर्म हो उस-उस का प्रयत्न से त्याग और जो जो स्वाधीन कर्म हो उस-उस का प्रयत्न के साथ सेवन करे॥ १॥

क्योंकि जो-जो पराधीनता है वह-वह सब दुःख और जो-जो स्वाधीनता है वह-वह सब सुख यही संक्षेप से सुख और दुःख के लक्षण जानना चाहिये॥२॥

परन्तु जो एक दूसरे के आधीन काम है वह-वह आधीनता से ही करना चाहिये जैसा कि स्त्री और पुरुष का एक दूसरे के आधीन व्यवहार। अर्थात् स्त्री पुरुष का और पुरुष स्त्री का परस्पर प्रियाचरण अनुकूल रहना व्यभिचार वा विरोध कभी न करना। पुरुष की आज्ञानुकूल घर के काम स्त्री और बाहर के काम पुरुष के आधीन रहना, दुष्ट व्यसन में फँसने से एक दूसरे को रोकना अर्थात् यही निश्चय जानना।

जब विवाह होवे तब स्त्री के हाथ पुरुष और पुरुष के हाथ स्त्री बिक चुकी

अर्थात् जो स्त्री और पुरुष के साथ हाव, भाव, नखशिखाग्रपर्यन्त जो कुछ हैं वह वीर्यादि एक दूसरे के आधीन हो जाता है।

स्त्री वा पुरुष प्रसन्नता के विना कोई भी व्यवहार न करें। इन में बड़े अप्रियकारक व्यभिचार, वेश्या, परपुरुषगमनादि काम हैं। इन को छोड़ के अपने पति के साथ स्त्री और स्त्री के साथ पति सदा प्रसन्न रहैं।

जो ब्राह्मणवर्णस्थ हों तो पुरुष लड़कों को पढ़ावे तथा सुशिक्षिता स्त्री लड़कियों को पढ़ावे। नानाविध उपदेश और वक्तृत्व करके उन को विद्वान् करें। स्त्री का पूजनीय देव पति और पुरुष की पूजनीय अर्थात् सत्कार करने योग्य देवी स्त्री है।

जब तक गुरुकुल में रहैं तब तक माता पिता के समान अध्यापकों को समझें और अध्यापक अपने सन्तानों के समान शिष्यों को समझें। पढ़ानेहारे अध्यापक और अध्यापिका कैसे होने चाहिये–

आत्मज्ञानं समारम्भस्तितिक्षा धर्मनित्यता।
यमर्था नापकर्षन्ति स वै पण्डित उच्यते॥ १॥
निषेवते प्रशस्तानि निन्दितानि न सेवते।
अनास्तिकः श्रद्दधान एतत्पण्डितलक्षणम्॥ २॥
क्षिप्रं विजानाति चिरं शृणोति, विज्ञाय चार्थं भजते न कामात्।
नासम्पृष्टो ह्युपयुङ्क्ते परार्थे, तत्प्रज्ञानं प्रथमं पण्डितस्य॥ ३॥
नाप्राप्यमभिवाञ्छन्ति नष्टं नेच्छन्ति शोचितुम्।
आपत्सु च न मुह्यन्ति नराः पण्डितबुद्धयः॥ ४॥
प्रवृत्तवाक् चित्रकथ ऊहवान् प्रतिभानवान्।
आशु ग्रन्थस्य वक्ता च यः स पण्डित उच्यते॥ ५॥
श्रुतं प्रज्ञानुगं यस्य प्रज्ञा चैव श्रुतानुगा।
असम्भिन्नार्यमर्यादः पण्डिताख्यां लभेत सः॥ ६॥

–ये सब महाभारत उद्योगपर्व विदुरप्रजागर के श्लोक हैं।

अर्थ–जिस को आत्मज्ञान सम्यक् आरम्भ अर्थात् जो निकम्मा आलसी कभी न रहै; सुख दुःख, हानि लाभ, मानापमान, निन्दा स्तुति में हर्ष शोक कभी न करे; धर्म ही में नित्य निश्चित रहै; जिस के मन को उत्तम–उत्तम पदार्थ अर्थात् विषय सम्बन्धी वस्तु आकर्षण न कर सकें वही पण्डित कहाता है॥ १॥

सदा धर्मयुक्त कर्मों का सेवन; अधर्मयुक्त कामों का त्याग; ईश्वर, वेद, सत्याचार की निन्दा न करनेहारा; ईश्वर आदि में अत्यन्त श्रद्धालु हो; वही पण्डित का कर्त्तव्याकर्त्तव्य कर्म है॥ २॥

जो कठिन विषय को भी शीघ्र जान सके; बहुत कालपर्य्यन्त शास्त्रों को पढ़े सुने और विचारे; जो कुछ जाने उस को परोपकार में प्रयुक्त करे; अपने स्वार्थ के लिये कोई काम न करे; विना पूछे वा विना योग्य समय जाने दूसरे के अर्थ में सम्मति न दे। वही प्रथम प्रज्ञान पण्डित को होना चाहिये॥ ३॥

जो प्राप्ति के अयोग्य की इच्छा कभी न करे; नष्ट हुए पदार्थ पर शोक न करे; आपत्काल में मोह को न प्राप्त अर्थात् व्याकुल न हो वही बुद्धिमान् पण्डित है॥ ४॥

जिस की वाणी सब विद्याओं और प्रश्नोत्तरों के करने में अतिनिपुण; विचित्र शास्त्रों के प्रकरणों का वक्ता; यथायोग्य तर्क और स्मृतिमान्; ग्रन्थों के यथार्थ अर्थ का शीघ्र वक्ता हो वही पण्डित कहाता है॥ ५॥

जिस की प्रज्ञा सुने हुए सत्य अर्थ के अनुकूल और जिस का श्रवण बुद्धि के अनुसार हो जो कभी आर्य अर्थात् श्रेष्ठ धार्मिक पुरुषों की मर्यादा का छेदन न करे वही पण्डित संज्ञा को प्राप्त होवे॥ ६॥

जहां ऐसे-ऐसे स्त्री पुरुष पढ़ाने वाले होते हैं वहां विद्या धर्म और उत्तमाचार की वृद्धि होकर प्रतिदिन आनन्द ही बढ़ता रहता है।

पढ़ाने में अयोग्य और मूर्ख के लक्षण—

अश्रुतश्च समुन्नद्धो दरिद्रश्च महामनाः।
अर्थांश्चाऽकर्मणा प्रेप्सुर्मूढ इत्युच्यते बुधैः॥ १॥
अनाहूतः प्रविशति ह्यपृष्टो बहु भाषते।
अविश्वस्ते विश्वसिति मूढचेता नराधमः॥ २॥

—ये श्लोक भी महाभारत उद्योग पर्व विदुरप्रजागर के हैं।

अर्थ—जिस ने कोई शास्त्र न पढ़ा न सुना अतीव घमण्डी, दरिद्र होकर बड़े-बड़े मनोरथ करनेहारा, विना कर्म से पदार्थों की प्राप्ति की इच्छा करने वाला हो, उसी को बुद्धिमान् लोग मूढ़ कहते हैं॥ १॥

जो विना बुलाये सभा वा किसी के घर में प्रविष्ट हो उच्च आसन पर बैठना चाहै; विना पूछे सभा में बहुत सा बके; विश्वास के अयोग्य वस्तु वा मनुष्य में विश्वास करे वही मूढ़ और सब मनुष्यों में नीच मनुष्य कहाता है॥ २ ॥

जहां ऐसे पुरुष अध्यापक, उपदेशक, गुरु और माननीय होते हैं वहां अविद्या, अधर्म, असभ्यता, कलह, विरोध और फूट बढ़ के दुःख ही बढ़ता जाता है।

अब विद्यार्थियों के लक्षण—

आलस्यं मदमोहौ च चापल्यं गोष्ठिरेव च।
स्तब्धता चाभिमानित्वं तथाऽत्यागित्वमेव च।
एते वै सप्त दोषाः स्युः सदा विद्यार्थिनां मताः॥ १॥
सुखार्थिनः कुतो विद्या कुतो विद्यार्थिनः सुखम्।
सुखार्थी वा त्यजेद्विद्यां विद्यार्थी वा त्यजेत्सुखम्॥ २॥

ये भी विदुरप्रजागर के श्लोक हैं।

(आलस्य) शरीर और बुद्धि में जड़ता, नशा, मोह=किसी वस्तु में फंसावट, चपलता और इधर-उधर की व्यर्थ कथा करना सुनना, पढ़ते पढ़ाते रुक जाना, अभिमानी, अत्यागी होना ये सात दोष विद्यार्थियों में होते हैं॥ १॥ जो ऐसे होते हैं उन को विद्या कभी नहीं आती।

सुख भोगने की इच्छा करने वाले को विद्या कहां? और विद्या पढ़ने वाले को सुख कहां? क्योंकि विषयसुखार्थी विद्या को और विद्यार्थी विषयसुख को छोड़ दे॥ २॥

ऐसे किये विना विद्या कभी नहीं हो सकती। और ऐसे को विद्या होती है—

सत्ये रतानां सततं दान्तानामूर्ध्वरेतसाम्।
ब्रह्मचर्यं दहेद्राजन् सर्वपापान्युपासितम्॥ १॥

जो सदा सत्याचार में प्रवृत्त, जितेन्द्रिय और जिन का वीर्य अधःस्खलित कभी न हो उन्हीं का ब्रह्मचर्य सच्चा और वे ही विद्वान् होते हैं॥ १ ॥ इसलिये शुभ लक्षणयुक्त अध्यापक और विद्यार्थियों को होना चाहिये।

अध्यापक लोग ऐसा यत्न किया करें जिस से विद्यार्थी लोग सत्यवादी, सत्यमानी, सत्यकारी सभ्यता, जितेन्द्रिय, सुशीलतादि शुभगुणयुक्त शरीर और आत्मा का पूर्ण बल बढ़ा के समग्र वेदादि शास्त्रों में विद्वान् हों। सदा उन की कुचेष्टा छुड़ाने में और विद्या पढ़ाने में चेष्टा किया करें और विद्यार्थी लोग सदा जितेन्द्रिय, शान्त, पढ़ानेहारों में प्रेम, विचारशील, परिश्रमी होकर ऐसा पुरुषार्थ करें जिस से पूर्ण विद्या, पूर्ण आयु, परिपूर्ण धर्म और पुरुषार्थ करना आ जाय इत्यादि ब्राह्मण वर्णों के काम हैं। क्षत्रियों का कर्म्म राजधर्म में कहेंगे।

जो वैश्य हों वे ब्रह्मचर्यादि से वेदादि विद्या पढ़ विवाह करने नाना देशों की भाषा, नाना प्रकार के व्यापार की रीति, उन के भाव जानना, बेचना, खरीदना द्वीपद्वीपान्तर में जाना आना, लाभार्थ काम को आरम्भ करना, पशुपालन और खेती की उन्नति चतुराई से करनी करानी, धन को बढ़ाना, विद्या और धर्म की उन्नति में व्यय करना, सत्यवादी निष्कपटी होकर सत्यता से सब व्यापार करना, सब वस्तुओं की रक्षा ऐसी करनी जिस से कोई नष्ट न होने पावे।

शूद्र सब सेवाओं में चतुर, पाकविद्या में निपुण, अतिप्रेम से द्विजों की सेवा और उन्हीं से अपनी उपजीविका करे और द्विज लोग इसके खान, पान, वस्त्र, स्थान, विवाहादि में जो कुछ व्यय हो सब कुछ देवें अथवा मासिक कर देवें।

चारों वर्ण परस्पर प्रीति, उपकार, सज्जनता, सुख, दुःख, हानि, लाभ में ऐकमत्य रहकर राज्य और प्रजा की उन्नति में तन, मन, धन का व्यय करते रहें।

स्त्री और पुरुष का वियोग कभी न होना चाहिए। क्योंकि—

पानं दुर्जनसंसर्गः पत्या च विरहोऽटनम्।
स्वप्नोऽन्यगेहवासश्च नारीसन्दूषणानि षट्॥ मनु०॥

मद्य, भांग आदि मादक द्रव्यों का पीना, दुष्ट पुरुषों का सङ्ग, पतिवियोग, अकेली जहां तहां व्यर्थ पाखण्डी आदि के दर्शन मिस से फिरती रहना और पराये घर में जाके शयन करना वा वास ये छः स्त्री को दूषित करने वाले दुर्गुण हैं और ये पुरुषों के भी हैं। पति और स्त्री का वियोग दो प्रकार का होता है—कहीं कार्यार्थ देशान्तर में जाना और दूसरा मृत्यु से वियोग होना इन में से प्रथम का उपाय यही है कि दूर देश में यात्रार्थ जावे तो स्त्री को भी साथ रक्खे। इस का प्रयोजन यह है कि बहुत समय तक वियोग न रहना चाहिये।

(प्रश्न) स्त्री और पुरुष का बहु विवाह होना योग्य है वा नहीं?

(उत्तर) युगपत् न अर्थात् एक समय में नहीं।

(प्रश्न) क्या समयान्तर में अनेक विवाह होने चाहियें?

(उत्तर) हां जैसे—

या स्त्री त्वक्षतयोनिः स्याद् गतप्रत्यागतापि वा।
पौनर्भवेन भर्त्रा सा पुनः संस्कारमर्हति॥ मनु०॥

जिस स्त्री वा पुरुष का पाणिग्रहणमात्र संस्कार हुआ हो और संयोग न हुआ हो अर्थात् अक्षतयोनि स्त्री और अक्षतवीर्य पुरुष हो, उनका अन्य स्त्री वा पुरुष

के साथ पुनर्विवाह होना चाहिये। किन्तु ब्राह्मण क्षत्रिय और वैश्य वर्णों में क्षतयोनि स्त्री क्षतवीर्य पुरुष का पुनर्विवाह न होना चाहिये।

(प्रश्न) पुनर्विवाह में क्या दोष है?

(उत्तर) (पहला) स्त्री पुरुष में प्रेम न्यून होना क्योंकि जब चाहे तब पुरुष को स्त्री और स्त्री को पुरुष छोड़ कर दूसरे के साथ सम्बन्ध कर ले। (दूसरा) जब स्त्री वा पुरुष पति स्त्री मरने के पश्चात् दूसरा विवाह करना चाहें तब प्रथम स्त्री के वा पूर्व पति के पदार्थों को उड़ा ले जाना और उनके कुटुम्ब वालों का उन से झगड़ा करना (तीसरा) बहुत से भद्रकुल का नाम वा चिह्न भी न रह कर उसके पदार्थ छिन्न भिन्न हो जाना (चौथा) पतिव्रत और स्त्रीव्रत धर्म नष्ट होना इत्यादि दोषों के अर्थ द्विजों में पुनर्विवाह वा अनेक विवाह कभी न होने चाहिये।

(प्रश्न) जब वंशच्छेदन हो जाय तब भी उस का कुल नष्ट हो जायगा और स्त्री पुरुष व्यभिचारादि कर्म कर के गर्भपातनादि बहुत दुष्ट कर्म करेंगे इसलिये पुनर्विवाह होना अच्छा है।

(उत्तर) नहीं-नहीं क्योंकि जो स्त्री पुरुष ब्रह्मचर्य में स्थिर रहना चाहैं तो कोई भी उपद्रव न होगा और जो कुल की परम्परा रखने के लिये किसी अपने स्वजाति का लड़का गोद ले लेंगे उस से कुल चलेगा और व्यभिचार भी न होगा और जो ब्रह्मचर्य न रख सकें तो नियोग करके सन्तानोत्पत्ति कर लें।

(प्रश्न) पुनर्विवाह और नियोग में क्या भेद है?

(उत्तर) (पहला) जैसे विवाह करने में कन्या अपने पिता का घर छोड़ पति के घर को प्राप्त होती है और पिता से विशेष सम्बन्ध नहीं रहता और विधवा स्त्री उसी विवाहित पति के घर में रहती है। (दूसरा) उसी विवाहिता स्त्री के लड़के उसी विवाहित पति के दायभागी होते हैं और विधवा स्त्री के लड़के वीर्यदाता के न पुत्र कहलाते न उस का गोत्र होता और न उस का स्वत्व उन लड़कों पर रहता किन्तु मृतपति के पुत्र बजते, उसी का गोत्र रहता और उसी के पदार्थों के दायभागी होकर उसी घर में रहते हैं। (तीसरा) विवाहित स्त्री-पुरुष को परस्पर सेवा और पालन करना अवश्य है। और नियुक्त स्त्री-पुरुष का कुछ भी सम्बन्ध नहीं रहता। (चौथा) विवाहित स्त्री-पुरुष का सम्बन्ध मरणपर्यन्त रहता और नियुक्त स्त्री-पुरुष का कार्य के पश्चात् छूट जाता है। (पांचवां) विवाहित स्त्री-पुरुष आपस में गृह के कार्यों की सिद्धि करने में यत्न किया करते और नियुक्त स्त्री-पुरुष अपने-अपने घर के काम किया करते हैं।

(प्रश्न) विवाह और नियोग के नियम एक से हैं वा पृथक्-पृथक् ?

(उत्तर) कुछ थोड़ा सा भेद है। जितने पूर्व कह आये और यह कि विवाहित स्त्री-पुरुष एक पति और एक ही स्त्री मिल के दश सन्तान तक उत्पन्न कर सकते हैं और नियुक्त स्त्री वा पुरुष दो वा चार से अधिक सन्तानोत्पत्ति नहीं कर सकते। अर्थात् जैसा कुमार कुमारी ही का विवाह होता है वैसे जिस की स्त्री वा पुरुष मर जाता है उन्हीं का नियोग होता है; कुमारी का नहीं। जैसे विवाहित स्त्री पुरुष सदा संग में रहते वैसे नियुक्त स्त्री पुरुष का व्यवहार नहीं किन्तु विना ऋतुदान के समय एकत्र न हों। जो स्त्री अपने लिये नियोग करे तो जब दूसरा गर्भ रहे उसी दिन से स्त्री पुरुष का सम्बन्ध छूट जाय और जो पुरुष अपने लिये करे तो भी दूसरे गर्भ रहने से सम्बन्ध छूट जाय। परन्तु वही नियुक्त स्त्री दो तीन वर्ष पर्यन्त

उन लड़कों का पालन करके नियुक्त पुरुष को दे देवे। ऐसे एक विधवा स्त्री दो अपने लिये और दो-दो अन्य चार नियुक्त पुरुषों के लिए दो-दो सन्तान कर सकती और एक मृतस्त्रीपुरुष भी दो अपने लिये और दो-दो अन्य अन्य चार विधवाओं के लिये पुत्र उत्पन्न कर सकता है। ऐसे मिलकर दस-दस सन्तानोत्पत्ति की आज्ञा वेद में है। जैसे-

इमां त्वमिन्द्र मीढ्वः सुपुत्रां सुभगां कृणु ।
दशास्यां पुत्रानाधेहि पतिमेकादशं कृधि ॥

-ऋ० मं० १०। सू० ८५। मं० ४५॥

हे (मीढ्व इन्द्र) वीर्य सेचन में समर्थ ऐश्वर्ययुक्त पुरुष ! तू इस विवाहित स्त्री वा विधवा स्त्रियों को श्रेष्ठ पुत्र और सौभाग्ययुक्त कर। इस विवाहित स्त्री में दश पुत्र उत्पन्न कर और ग्यारहवीं स्त्री को मान ! हे स्त्री ! तू भी विवाहित पुरुष वा नियुक्त पुरुषों से दश सन्तान उत्पन्न कर और ग्यारहवें पति को समझ। इस वेद की आज्ञा से ब्राह्मण, क्षत्रिय और वैश्यवर्णस्थ स्त्री और पुरुष दश-दश सन्तान से अधिक उत्पन्न न करें। क्योंकि अधिक करने से सन्तान निर्बल, निर्बुद्धि, अल्पायु होते हैं और स्त्री तथा पुरुष भी निर्बल, अल्पायु और रोगी होकर वृद्धावस्था में बहुत से दुःख पाते हैं।

(प्रश्न) यह नियोग की बात व्यभिचार के समान दीखती है।

(उत्तर) जैसे विना विवाहितों का व्यभिचार होता है वैसे विना नियुक्तों का व्यभिचार कहाता है। इस से यह सिद्ध हुआ कि जैसा नियम से विवाह होने पर व्यभिचार नहीं कहाता तो नियमपूर्वक नियोग होने से व्यभिचार न कहावेगा। जैसे-दूसरे की कन्या का दूसरे के कुमार के साथ शास्त्रोक्त विधिपूर्वक विवाह होने पर समागम में व्यभिचार वा पाप लज्जा नहीं होती, वैसे ही वेदशास्त्रोक्त नियोग में व्यभिचार पाप लज्जा न मानना चाहिये।

(प्रश्न) है तो ठीक, परन्तु यह वेश्या के सदृश कर्म दिखता है।

(उत्तर) नहीं, क्योंकि वेश्या के समागम में किसी निश्चित पुरुष वा कोई नियम नहीं है और नियोग में विवाह के समान नियम हैं। जैसे दूसरे को लड़की देने, दूसरे के साथ समागम करने में विवाहपूर्वक लज्जा नहीं होती, वैसे ही नियोग में भी न होनी चाहिये। क्या जो व्यभिचारी पुरुष वा स्त्री होते हैं वे विवाह होने पर भी कुकर्म से बचते हैं?

(प्रश्न) हम को नियोग की बात में पाप मालूम पड़ता है।

(उत्तर) जो नियोग की बात में पाप मानते हो तो विवाह में पाप क्यों नहीं मानते? पाप तो नियोग के रोकने में है? क्योंकि ईश्वर के सृष्टिक्रमानुकूल स्त्री पुरुष का स्वाभाविक व्यवहार रुक ही नहीं सकता, सिवाय वैराग्यवान् पूर्ण विद्वान् योगियों के। क्या गर्भपातनरूप भ्रूणहत्या और विधवा स्त्री और मृतकस्त्री पुरुष के महासन्ताप को पाप नहीं गिनते हो? क्योंकि जब तक वे युवावस्था में हैं मन में सन्तानोत्पत्ति और विषय की चाहना होने वालों को किसी राजव्यवहार वा जातिव्यवहार से रुकावट होने से गुप्त-गुप्त कुकर्म बुरी चाल से होते रहते हैं। इस व्यभिचार और कुकर्म के रोकने का एक यही श्रेष्ठ उपाय है कि जो जितेन्द्रिय रह सकें विवाह वा नियोग भी न करें तो ठीक है। परन्तु जो ऐसे नहीं हैं उन का

विवाह और आपत्काल में नियोग अवश्य होना चाहिये। इस से व्यभिचार का न्यून होना, प्रेम से उत्तम सन्तान होकर मनुष्यों की वृद्धि होना सम्भव है और गर्भहत्या सर्वथा छूट जाती है। नीच पुरुषों से उत्तम स्त्री और वेश्यादि नीच स्त्रियों से उत्तम पुरुषों का व्यभिचाररूप कुकर्म, उत्तम कुल में कलंक, वंश का उच्छेद, स्त्री और पुरुषों को सन्ताप और गर्भहत्यादि कुकर्म विवाह और नियोग से निवृत्त होते हैं, इसलिये नियोग करना चाहिये।

(प्रश्न) नियोग में क्या-क्या बात होनी चाहिये?

(उत्तर) जैसे प्रसिद्धि से विवाह, वैसे ही प्रसिद्धि से नियोग। जिस प्रकार विवाह में भद्र पुरुषों की अनुमति और कन्या-वर की प्रसन्नता होती है, वैसे नियोग में भी। अर्थात् जब स्त्री-पुरुष का नियोग होना हो तब अपने कुटुम्ब में पुरुष स्त्रियों के सामने-'हम दोनों नियोग सन्तानोत्पत्ति के लिये करते हैं। जब नियोग का नियम पूरा होगा तब हम संयोग न करेंगे। जो अन्यथा करें तो पापी और जाति वा राज्य के दण्डनीय हों। महीने में एकवार गर्भाधान का काम करेंगे, गर्भ रहे पश्चात् एक वर्ष पर्यन्त पृथक् रहेंगे।'

(प्रश्न) नियोग अपने वर्ण में होना चाहिये वा अन्य वर्णों के साथ भी?

(उत्तर) अपने वर्ण में वा अपने से उत्तमवर्णस्थ पुरुष के साथ अर्थात् वैश्या स्त्री वैश्य, क्षत्रिय और ब्राह्मण के साथ; क्षत्रिया क्षत्रिय और ब्राह्मण के साथ; ब्राह्मणी ब्राह्मण के साथ नियोग कर सकती है। इसका तात्पर्य यह है कि वीर्य सम वा उत्तम वर्ण का चाहिये, अपने से नीचे वर्ण का नहीं। स्त्री और पुरुष की सृष्टि का यही प्रयोजन है कि धर्म से अर्थात् वेदोक्त रीति से विवाह वा नियोग से सन्तानोत्पत्ति करना।

(प्रश्न) पुरुष को नियोग करने की क्या आवश्यकता है क्योंकि वह दूसरा विवाह करेगा?

(उत्तर) हम लिख आये हैं, द्विजों में स्त्री और पुरुष का एक ही वार विवाह होना वेदादि शास्त्रों में लिखा है, द्वितीय वार नहीं। कुमार और कुमारी का विवाह होने में न्याय और विधवा स्त्री के साथ कुमार पुरुष और कुमारी स्त्री के साथ मृतस्त्री पुरुष के विवाह होने में अन्याय अर्थात् अधर्म है। जैसे विधवा स्त्री के साथ कुमार पुरुष विवाह नहीं किया चाहता, वैसे ही विवाहित स्त्री से समागम किये हुए पुरुष के साथ विवाह करने की इच्छा कुमारी भी न करेगी। जब विवाह किये हुए पुरुष को कोई कुमारी कन्या और विधवा स्त्री का ग्रहण कोई कुमार पुरुष न करेगा तब पुरुष और स्त्री को नियोग करने की आवश्यकता होगी और यही धर्म है कि जैसे के साथ वैसे ही का सम्बन्ध होना चाहिये।

(प्रश्न) जैसे विवाह में वेदादि शास्त्रों का प्रमाण है, वैसे नियोग में प्रमाण है वा नहीं?

(उत्तर) इस विषय में बहुत प्रमाण हैं। देखो और सुनो-

कुह॑ स्विद्दो॒षा कुह॒ वस्तो॑र॒श्विना॒ कुहा॑भिपि॒त्वं क॑रत॒: कुहो॑षतुः।
को वां॑ शयु॒त्रा वि॒धवे॑व दे॒वरं॒ मर्य्यं॒ न योषा॑ कृणुते स॒धस्थ॒ आ॥

—ऋ० मं० १०। सू० ४०। मं० २॥

उदीर्ष्व नार्यभिजीवलोकं गतासुमेतमुप शेष एहि ।
हस्तग्राभस्य दिधिषोस्तवेदं पत्युर्जनित्वमभि सं बभूथ ॥२॥

—ऋ० मं० १०। सू० १८। मं० ८॥

हे (अश्विना) स्त्री पुरुषो ! जैसे (देवरं विधवेव) देवर को विधवा और (योषा मर्यन्न) विवाहिता स्त्री अपने पति को (सधस्थे) समान स्थान शय्या में एकत्र होकर सन्तानोत्पत्ति को (आ कृणुते) सब प्रकार से उत्पन्न करती है, वैसे तुम दोनों स्त्री पुरुष (कुह स्विद्दोषा) कहां रात्रि और (कुह वस्तः) कहां दिन में वसे थे? (कुहाभिपित्वम्) कहां पदार्थों की प्राप्ति (करतः) की? और (कुहोषतुः) किस समय कहां वास करते थे? (को वां शयुत्रा) तुम्हारा शयनस्थान कहां है? तथा कौन वा किस देश के रहने वाले हो? इससे यह सिद्ध हुआ कि देश-विदेश में स्त्री पुरुष संग ही में रहैं और विवाहित पति के समान नियुक्त पति को ग्रहण करके विधवा स्त्री भी सन्तानोत्पत्ति कर लेवे।

(प्रश्न) यदि किसी का छोटा भाई ही न हो तो विधवा नियोग किसके साथ करे?

(उत्तर) देवर के साथ, परन्तु देवर शब्द का अर्थ जैसा तुम समझे हो वैसा नहीं। देखो निरुक्त में-

देवरः कस्माद् द्वितीयो वर उच्यते। —निरु० अ० ३। खण्ड १५॥

देवर उस को कहते हैं कि जो विधवा का दूसरा पति होता है, चाहे छोटा भाई वा बड़ा भाई, अथवा अपने वर्ण वा अपने से उत्तम वर्ण वाला हो, जिस से नियोग करे उसी का नाम देवर है।

(नारि) विधवे तू (एतं गतासुम्) इस मरे हुए पति की आशा छोड़ के (शेषे) बाकी पुरुषों में से (अभि जीवलोकम्) जीते हुए दूसरे पति को (उपैहि) प्राप्त हो और (उदीर्ष्व) इस बात का विचार और निश्चय रख कि जो (हस्तग्राभस्य दिधिषोः) तुम विधवा के पुनः पाणिग्रहण करने वाले नियुक्त पति के सम्बन्ध के लिये नियोग होगा तो (इदम्) यह (जनित्वम्) जना हुआ बालक उसी नियुक्त (पत्युः) पति का होगा और जो तू अपने लिये नियोग करेगी तो यह सन्तान (तव) तेरा होगा। ऐसे निश्चय युक्त (अभि सम् बभूथ) हो और नियुक्त पुरुष भी इसी नियम का पालन करे।

अदेवृघ्न्यपतिघ्नीहैधि शिवा पशुभ्यः सुयमा सुवर्चाः ।
प्रजावती वीरसूर्देवृकामा स्योनेममग्निं गार्हपत्यं सपर्य ॥

—अथर्व० का० १४। अनु० २। मं० १८॥

हे (अपतिघ्न्यदेवृघ्नि) पति और देवर को दुःख न देने वाली स्त्री तू (इह) इस गृहाश्रम में (पशुभ्यः) पशुओं के लिये (शिवा) कल्याण करनेहारी (सुयमा) अच्छे प्रकार धर्म-नियम में चलने (सुवर्चाः) रूप और सर्वशास्त्र विद्यायुक्त (प्रजावती) उत्तम पुत्र पौत्रादि से सहित (वीरसूः) शूरवीर पुत्रों को जनने (देवृकामा) देवर की कामना करने वाली (स्योना) और सुख देनेहारी पति वा देवर को (एधि) प्राप्त होके (इमम्) इस (गार्हपत्यम्) गृहस्थ सम्बन्धी (अग्निम्) अग्निहोत्र को

(सपर्य) सेवन किया कर।

तामनेन विधानेन निजो विन्देत देवरः॥ मनु०॥

जो अक्षतयोनि स्त्री विधवा हो जाय तो पति का निज छोटा भाई उस से विवाह कर सकता है।

(प्रश्न) एक स्त्री वा पुरुष कितने नियोग कर सकते हैं और विवाहित नियुक्त पतियों का नाम क्या होता है?

(उत्तर) सोमः॑ प्रथ॒मो वि॑विदे गन्ध॒र्वो वि॑विद॒ उत्त॑रः।
तृ॒तीयो॑ अ॒ग्निष्टे॒ पति॑स्तु॒रीय॑स्ते मनुष्य॒जाः॥

—ऋ० मं० १०। सू० ८५। मं० ४०॥

हे स्त्रि! जो (ते) तेरा (प्रथमः) पहला विवाहित (पतिः) पति तुझ को (विविदे) प्राप्त होता है उस का नाम (सोमः) सुकुमारतादि गुणयुक्त होने से सोम, जो दूसरा नियोग होने से (विविदे) प्राप्त होता वह (गन्धर्वः) एक स्त्री से संभोग करने से गन्धर्व, जो (तृतीय उत्तरः) दो के पश्चात् तीसरा पति होता है वह (अग्निः) अत्युष्णतायुक्त होने से अग्निसंज्ञक और जो (ते) तेरे (तुरीयः) चौथे से लेके ग्यारहवें तक नियोग से पति होते हैं वे (मनुष्यजाः) मनुष्य नाम से कहाते हैं। जैसा (इमां त्वमिन्द्र) इस मन्त्र में ग्यारहवें पुरुष तक स्त्री नियोग कर सकती है, वैसे पुरुष भी ग्यारहवीं स्त्री तक नियोग कर सकता है।

(प्रश्न) एकादश शब्द से दश पुत्र और ग्यारहवें पति को क्यों गिने?

(उत्तर) जो ऐसा अर्थ करोगे तो **'विधवेव देवरम्' 'देवरः कस्माद् द्वितीयो वर उच्यते' 'अदेवृघ्नि'** और **'गन्धर्वो विविद उत्तरः'** इत्यादि वेदप्रमाणों से विरुद्धार्थ होगा क्योंकि तुम्हारे अर्थ से दूसरा भी पति प्राप्त नहीं हो सकता।

देवराद्वा सपिण्डाद्वा स्त्रिया सम्यङ् नियुक्तया।
प्रजेप्सिताधिगन्तव्या सन्तानस्य परिक्षये॥ १॥
ज्येष्ठो यवीयसो भार्य्या यवीयान्वाग्रजस्त्रियम्।
पतितौ भवतो गत्वा नियुक्तावप्यनापदि॥ २॥
औरसः क्षेत्रजश्चैव०॥ ३॥ मनु०॥

इत्यादि मनु जी ने लिखा है कि (सपिण्ड) अर्थात् पति की छः पीढ़ियों में पति का छोटा वा बड़ा भाई अथवा स्वजातीय तथा अपने से उत्तम जातिस्थ पुरुष से विधवा स्त्री का नियोग होना चाहिये। परन्तु जो वह मृतस्त्रीपुरुष वा विधवा स्त्री सन्तानोत्पत्ति की इच्छा करती हो तो नियोग होना उचित है। और जब सन्तान का सर्वथा क्षय हो तब नियोग होवे। जो आपत्काल अर्थात् सन्तानों के होने की इच्छा न होने में बड़े भाई की स्त्री से छोटे का और छोटे की स्त्री से बड़े भाई का नियोग होकर सन्तानोत्पत्ति हो जाने पर भी पुनः वे नियुक्त आपस में समागम करें तो पतित हो जायें। अर्थात् एक नियोग में दूसरे पुत्र के गर्भ रहने तक नियोग की अवधि है, इसके पश्चात् समागम न करें और जो दोनों के लिये नियोग हुआ हो तो चौथे गर्भ तक अर्थात् पूर्वोक्त रीति से दस सन्तान तक हो सकते हैं। पश्चात् विषयासक्ति गिनी जाती है, इस से वे पतित गिने जाते हैं और जो विवाहित स्त्री पुरुष भी दशवें गर्भ से अधिक समागम करें तो कामी और निन्दित होते हैं? अर्थात् विवाह वा नियोग

सन्तानों ही के अर्थ किये जाते हैं पशुवत् कामक्रीडा के लिये नहीं।

(प्रश्न) नियोग मरे पीछे ही होता है वा जीते पति के भी?

(उत्तर) जीते भी होता है—

अन्यमिच्छस्व सुभगे पतिं मत् ॥ —ऋ० मं० १०। सू० १०॥

जब पति सन्तानोत्पति में असमर्थ होवे तब अपनी स्त्री को आज्ञा देवे कि हे सुभगे! सौभाग्य की इच्छा करने हारी स्त्री तू (मत्) मुझ से (अन्यम्) दूसरे पति की (इच्छस्व) इच्छा कर क्योंकि अब मुझ से सन्तानोत्पत्ति की आशा मत कर। तब स्त्री दूसरे से नियोग करके सन्तानोत्पत्ति करे परन्तु उस विवाहित महाशय पति की सेवा में तत्पर रहै। वैसे ही स्त्री भी जब रोगादि दोषों से ग्रस्त होकर सन्तानोत्पत्ति में असमर्थ होवे तब अपने पति को आज्ञा देवे कि हे स्वामी आप सन्तानोत्पत्ति की इच्छा मुझ से छोड़ के किसी दूसरी विधवा स्त्री से नियोग करके सन्तानोत्पत्ति कीजिये। जैसा कि पाण्डु राजा की स्त्री कुन्ती और माद्री आदि ने किया और जैसा व्यास जी ने चित्राङ्गद और विचित्रवीर्य के मर जाने पश्चात् उन अपने भाइयों की स्त्रियों से नियोग करके अम्बिका में धृतराष्ट्र और अम्बालिका में पाण्डु और दासी में विदुर की उत्पत्ति की। इत्यादि इतिहास भी इस बात में प्रमाण है।

प्रोषितो धर्मकार्यार्थं प्रतीक्ष्योऽष्टौ नरः समाः।
विद्यार्थं षड् यशोऽर्थं वा कामार्थं त्रींस्तु वत्सरान्॥ १ ॥
वन्ध्याष्टमेऽधिवेद्याब्दे दशमे तु मृतप्रजाः।
एकादशे स्त्रीजननी सद्यस्त्वप्रियवादिनी॥ २॥ मनु०॥

विवाहित स्त्री जो विवाहित पति धर्म के अर्थ परदेश गया हो तो आठ वर्ष, विद्या और कीर्ति के लिये गया हो तो छः और धनादि कामना के लिये गया हो तो तीन वर्ष तक बाट देख के, पश्चात् नियोग करके सन्तानोत्पत्ति कर ले। जब विवाहित पति आवे तब नियुक्त पति छूट जावे॥ १॥ वैसे ही पुरुष के लिये भी नियम है कि वन्ध्या हो तो आठवें (विवाह से आठ वर्ष तक स्त्री को गर्भ न रहै), सन्तान होकर मर जायें तो दशवें, जब-जब हो तब-तब कन्या ही होवे पुत्र न हों तो ग्यारहवें वर्ष तक और जो अप्रिय बोलने वाली हो तो सद्यः उस स्त्री को छोड़ के दूसरी स्त्री से नियोग करके सन्तानोत्पत्ति कर लेवे॥ २॥

वैसे ही जो पुरुष अत्यन्त दुःखदायक हो तो स्त्री को उचित है कि उस को छोड़ के दूसरे पुरुष से नियोग कर सन्तानोत्पत्ति करके उसी विवाहित पति के दायभागी सन्तानोत्पत्ति कर लेवे। इत्यादि प्रमाण और युक्तियों से स्वयंवर विवाह और नियोग से अपने-अपने कुल की उन्नति करे। जैसा 'औरस' अर्थात् विवाहित पति से उत्पन्न हुआ पुत्र पिता के पदार्थों का स्वामी होता है वैसे ही 'क्षेत्रज' अर्थात् नियोग से उत्पन्न हुए पुत्र भी पिता के दायभागी होते हैं।

अब इस पर स्त्री और पुरुष को ध्यान रखना चाहिये कि वीर्य और रज को अमूल्य समझें। जो कोई इस अमूल्य पदार्थ को परस्त्री, वेश्या वा दुष्ट पुरुषों के संग में खोते हैं वे महामूर्ख होते हैं। क्योंकि किसान वा माली मूर्ख होकर भी अपने खेत वा वाटिका के विना अन्यत्र बीज नहीं बोते। जो कि साधारण बीज और मूर्ख का ऐसा वर्तमान है तो जो सर्वोत्तम मनुष्यशरीर रूप वृक्ष के बीज को कुक्षेत्र में खोता है वह महामूर्ख कहाता है, क्योंकि उस का फल उस को नहीं

मिलता और 'आत्मा वै जायते पुत्रः' यह ब्राह्मण ग्रन्थों का वचन है ।

अङ्गादङ्गात् सम्भवसि हृदयादधि जायसे ।
आत्मासि पुत्र मा मृथाः स जीव शरदः शतम् ॥

यह सामवेद के ब्राह्मण का वचन है।

हे पुत्र! तू अङ्ग-अङ्ग से उत्पन्न हुए वीर्य से और हृदय से उत्पन्न होता है, इसलिये तू मेरा आत्मा है, मुझ से पूर्व मत मरे किन्तु सौ वर्ष तक जी। जिस से ऐसे-ऐसे महात्मा और महाशयों के शरीर उत्पन्न होते हैं उस को वेश्यादि दुष्ट क्षेत्र में बोना वा दुष्टबीज अच्छे क्षेत्र में बुवाना महापाप का काम है।

(प्रश्न) विवाह क्यों करना? क्योंकि इस से स्त्री पुरुष को बन्धन में पड़के बहुत संकोच करना और दुःख भोगना पड़ता है इसलिये जिस के साथ जिस की प्रीति हो तब तक वे मिले रहें, जब प्रीति छूट जाय तो छोड़ देवें।

(उत्तर) यह पशु पक्षियों का व्यवहार है, मनुष्यों का नहीं। जो मनुष्यों में विवाह का नियम न रहै तो गृहाश्रम के अच्छे-अच्छे व्यवहार सब नष्ट भ्रष्ट हो जायें। कोई किसी की सेवा भी न करे। और महाव्यभिचार बढ़ कर सब रोगी निर्बल और अल्पायु होकर शीघ्र-शीघ्र मर जायें। कोई किसी से भय वा लज्जा न करे। वृद्धावस्था में कोई किसी की सेवा भी नहीं करे और महाव्यभिचार बढ़ कर सब रोगी निर्बल और अल्पायु होकर कुलों के कुल नष्ट हो जायें। कोई किसी के पदार्थों का स्वामी वा दायभागी भी न हो सके और न किसी का किसी पदार्थ पर दीर्घकालपर्यन्त स्वत्व रहै। इत्यादि दोषों के निवारणार्थ विवाह ही होना सर्वथा योग्य है।

(प्रश्न) जब एक विवाह होगा एक पुरुष को एक स्त्री और एक स्त्री को एक पुरुष रहेगा जब स्त्री गर्भवती स्थिररोगिणी अथवा पुरुष दीर्घरोगी हो और दोनों की युवावस्था हो, रहा न जाय तो फिर क्या करे?

(उत्तर) इस का प्रत्युत्तर नियोग विषय में दे चुके हैं। और गर्भवती स्त्री से एक वर्ष समागम न करने के समय में दीर्घरोगी पुरुष की स्त्री से न रहा जाय तो किसी से नियोग करके उस के लिए पुत्रोत्पत्ति कर दे, परन्तु वेश्यागमन वा व्यभिचार कभी न करे।

जहां तक हो वहां तक अप्राप्त वस्तु की इच्छा, प्राप्त का रक्षण और रक्षित की वृद्धि, बढ़े हुए धन का व्यय देशोपकार करने में किया करें। सब प्रकार के अर्थात् पूर्वोक्त रीति से अपने-अपने वर्णाश्रम के व्यवहारों को अत्युत्साहपूर्वक प्रयत्न से तन, मन, धन से सर्वदा परमार्थ किया करें। अपने माता, पिता, शाशु श्वशुर की अत्यन्त शुश्रूषा करें। मित्र और अड़ोसी पड़ोसी, राजा, विद्वान्, वैद्य और सत्पुरुषों से प्रीति रख के और जो दुष्ट अधर्मी हों उनसे उपेक्षा अर्थात् द्रोह छोड़ कर उनके सुधारने का प्रयत्न किया करें। जहाँ तक बने वहां तक प्रेम से अपने सन्तानों के विद्वान् और सुशिक्षा करने कराने में धनादि पदार्थों का व्यय करके उनको पूर्ण विद्वान् सुशिक्षायुक्त कर दें और धर्मयुक्त व्यवहार करके मोक्ष का भी साधन किया करें कि जिसकी प्राप्ति से परमानन्द भोगें। और ऐसे-ऐसे श्लोकों को न मानें। जैसे-

पतितोऽपि द्विजः श्रेष्ठो न च शूद्रो जितेन्द्रियः।
निर्दुग्धा चापि गौः पूज्या न च दुग्धवती खरी॥ १॥

**अश्वालम्भं गवालम्भं संन्यासं पलपैत्रिकम्।
देवराच्च सुतोत्पत्तिं कलौ पञ्च विवर्जयेत्॥ २॥
नष्टे मृते प्रव्रजिते क्लीबे च पतिते पतौ।
पञ्चस्वापत्सु नारीणां पतिरन्यो विधीयते॥ ३॥**

ये कपोलकल्पित पाराशरी के श्लोक हैं।

जो दुष्ट कर्मकारी द्विज को श्रेष्ठ और श्रेष्ठ कर्मकारी शूद्र को नीच मानैं तो इस से परे पक्षपात, अन्याय, अधर्म दूसरा अधिक क्या होगा? क्या दूध देने वाली वा न देने वाली गाय गोपालों को पालनीय होती है, वैसे कुम्हार आदि को गधही पालनीय नहीं होती? और यह दृष्टान्त भी विषम है, क्योंकि द्विज और शूद्र मनुष्य जाति गाय और गधही भिन्न जाति हैं। कथञ्चित् पशु जाति से दृष्टान्त का एकदेश दार्ष्टान्त में मिल भी जावे तो भी इसका आशय अयुक्त होने से ये श्लोक विद्वानों के माननीय कभी नहीं हो सकते॥ १॥

जब अश्वालम्भ अर्थात् घोड़े को मार के अथवा गाय को मार के होम करना ही वेदविहित नहीं है तो उसका कलियुग में निषेध करना वेदविरुद्ध क्यों नहीं? जो कलियुग में इस नीच कर्म का निषेध माना जाय तो त्रेता आदि में विधि आ जाय तो इस में ऐसे दुष्ट काम का श्रेष्ठ युग में होना सर्वथा असम्भव है। और संन्यास की वेदादि शास्त्रों में विधि है उस का निषेध करना निर्मूल है। जब मांस का निषेध है तो सर्वदा ही निषेध है। जब देवर से पुत्रोत्पत्ति करनी वेदों में लिखी है तो यह श्लोककर्ता क्यों भूंषता है?॥ २॥

यदि (नष्टे) अर्थात् पति किसी देश देशान्तर को चला गया हो घर में स्त्री नियोग कर लेवे उसी समय विवाहित पति आ जाय तो वह किस की स्त्री हो? कोई कहे कि विवाहित पति की। हम ने माना; परन्तु ऐसी व्यवस्था पाराशरी में नहीं लिखी। क्या स्त्री के पांच ही आपत्काल हैं? जो रोगी पड़ा हो वा लड़ाई हो गई हो इत्यादि आपत्काल पांच से भी अधिक हैं। इसलिये ऐसे-ऐसे श्लोकों को कभी न मानना चाहिये॥ ३॥

(प्रश्न) क्यों जी तुम पराशर मुनि के वचन को भी नहीं मानते?

(उत्तर) चाहे किसी का वचन हो परन्तु वेदविरुद्ध होने से नहीं मानते। और यह तो पराशर का वचन भी नहीं है क्योंकि जैसे **'ब्रह्मोवाच, वसिष्ठ उवाच, राम उवाच, शिव उवाच, विष्णुरुवाच, देव्युवाच'** इत्यादि श्रेष्ठों का नाम लिख के ग्रन्थरचना इसलिये करते हैं कि सर्वमान्य के नाम से इन ग्रन्थों को सब संसार मान लेवे और हमारी पुष्कल जीविका भी हो। इसलिये अनर्थ गाथायुक्त ग्रन्थ बनाते हैं। **कुछ-कुछ प्रक्षिप्त श्लोकों को छोड़ के मनुस्मृति ही वेदानुकूल है, अन्य स्मृति नहीं**। ऐसे ही अन्य जालग्रन्थों की भी व्यवस्था समझ लो।

(प्रश्न) गृहाश्रम सब से छोटा वा बड़ा है?

(उत्तर) अपने-अपने कर्त्तव्यकर्मों में सब बड़े हैं। परन्तु-

**यथा नदीनदाः सर्वे सागरे यान्ति संस्थितिम्।
तथैवाश्रमिणः सर्वे गृहस्थे यान्ति संस्थितिम्॥ १॥
यथा वायुं समाश्रित्य वर्त्तन्ते सर्वजन्तवः।
तथा गृहस्थमाश्रित्य वर्त्तन्ते सर्व आश्रमाः॥ २॥**

यस्मात्त्रयोऽप्याश्रमिणो दानेनान्नेन चान्वहम्।
गृहस्थेनैव धार्य्यन्ते तस्माज्ज्येष्ठाश्रमो गृही॥ ३॥
स सन्धार्य्यः प्रयत्नेन स्वर्गमक्षयमिच्छता।
सुखं चेहेच्छता नित्यं योऽधार्यो दुर्बलेन्द्रियैः॥ ४॥ मनु०॥

जैसे नदी और बड़े-बड़े नद तब तक भ्रमते ही रहते हैं जब तक समुद्र को प्राप्त नहीं होते, वैसे गृहस्थ ही के आश्रय से सब आश्रम स्थिर रहते हैं॥ १॥ विना इस आश्रम के किसी आश्रम का कोई व्यवहार सिद्ध नहीं होता॥ २॥ जिस से ब्रह्मचारी, वानप्रस्थ और संन्यासी तीन आश्रमों को दान और अन्नादि देके प्रतिदिन गृहस्थ ही धारण करता है इससे गृहस्थ ज्येष्ठाश्रम है, अर्थात् सब व्यवहारों में धुरन्धर कहाता है॥ ३॥ इसलिये जो (अक्षय) मोक्ष और संसार के सुख की इच्छा करता हो वह प्रयत्न से गृहाश्रम का धारण करे। जो गृहाश्रम दुर्बलेन्द्रिय अर्थात् भीरु और निर्बल पुरुषों से धारण करने के अयोग्य है उसको अच्छे प्रकार धारण करे॥४॥

इसलिये जितना कुछ व्यवहार संसार में है उस का आधार गृहाश्रम है। जो यह गृहाश्रम न होता तो सन्तानोत्पत्ति के न होने से ब्रह्मचर्य, वानप्रस्थ और संन्यास आश्रम कहां से हो सकते? जो कोई गृहाश्रम की निन्दा करता है वही निन्दनीय है और जो प्रशंसा करता है वही प्रशंसनीय है। परन्तु तभी गृहाश्रम में सुख होता है जब स्त्री पुरुष दोनों परस्पर प्रसन्न, विद्वान्, पुरुषार्थी और सब प्रकार के व्यवहारों के ज्ञाता हों। इसलिये गृहाश्रम के सुख का मुख्य कारण ब्रह्मचर्य और पूर्वोक्त स्वयंवर विवाह है।

यह संक्षेप से समावर्त्तन विवाह और गृहाश्रम के विषय में शिक्षा लिख दी। इसके आगे वानप्रस्थ और संन्यास के विषय में लिखा जायेगा।

इति श्रीमद्दयानन्दसरस्वतीस्वामिकृते सत्यार्थप्रकाशे
सुभाषाविभूषिते समावर्त्तनविवाहगृहाश्रमविषये
चतुर्थः समुल्लासः सम्पूर्णः॥ ४॥

अथ पञ्चमसमुल्लासारम्भः

अथ वानप्रस्थसंन्यासविधिं वक्ष्यामः

ब्रह्मचर्याश्रमं समाप्य गृही भवेत् गृही भूत्वा वनी भवेद्वनी भूत्वा प्रव्रजेत्॥ —शत० कां० १४॥

मनुष्यों को उचित है कि ब्रह्मचर्य्याश्रम को समाप्त करके गृहस्थ होकर वानप्रस्थ और वानप्रस्थ होके संन्यासी होवें अर्थात् अनुक्रम से आश्रम का विधान है।

एवं गृहाश्रमे स्थित्वा विधिवत्स्नातको द्विजः।
वने वसेत्तु नियतो यथावद्विजितेन्द्रियः॥ १॥
गृहस्थस्तु यदा पश्येद्वलीपलितमात्मनः।
अपत्यस्यैव चापत्यं तदारण्यं समाश्रयेत्॥ २॥
सन्त्यज्य ग्राम्यमाहारं सर्वं चैव परिच्छदम्।
पुत्रेषु भार्यां निःक्षिप्य वनं गच्छेत्सहैव वा॥३॥
अग्निहोत्रं समादाय गृह्यं चाग्निपरिच्छदम्।
ग्रामादरण्यं निःसृत्य निवसेन्नियतेन्द्रियः॥४॥
मुन्यन्नैर्विविधैर्मेध्यैः शाकमूलफलेन वा।
एतानेव महायज्ञान् निर्वपेद्विधिपूर्वकम्॥ ५॥

इस प्रकार स्नातक अर्थात् ब्रह्मचर्य्यपूर्वक गृहाश्रम का कर्त्ता द्विज अर्थात् ब्राह्मण क्षत्रिय और वैश्य गृहाश्रम में ठहर कर निश्चितात्मा और यथावत् इन्द्रियों को जीत के वन में वसें॥ १॥

परन्तु जब गृहस्थ शिर के श्वेत केश और त्वचा ढीली हो जाय और लड़के का लड़का भी हो गया हो तब वन में जाके वसे॥२॥

सब ग्राम के आहार और वस्त्रादि सब उत्तमोत्तम पदार्थों को छोड़ पुत्रों के पास स्त्री को रख वा अपने साथ ले के वन में निवास करे॥ ३॥

साङ्गोपाङ्ग अग्निहोत्र को ले के ग्राम से निकल दृढेन्द्रिय होकर अरण्य में जाके वसे॥ ४॥

नाना प्रकार के सामा आदि अन्न, सुन्दर-सुन्दर शाक, मूल, फल, फूल, कन्दादि से पूर्वोक्त पञ्चमहायज्ञों को करे और उसी से अतिथि सेवा और आप भी निर्वाह करें॥५॥

स्वाध्याये नित्ययुक्तः स्याद्दान्तो मैत्रः समाहितः।
दाता नित्यमनादाता सर्वभूतानुकम्पकः॥ १॥
अप्रयत्नः सुखार्थेषु ब्रह्मचारी धराशयः।
शरणेष्वममश्चैव वृक्षमूलनिकेतनः॥ २॥

स्वाध्याय अर्थात् पढ़ने पढ़ाने में नित्ययुक्त, जितात्मा, सब का मित्र, इन्द्रियों का नित्य दमनशील, विद्यादि का दान देनेहारा और सब पर दयालु, किसी से कुछ भी पदार्थ न लेवे इस प्रकार सदा वर्त्तमान करे॥ १॥

शरीर के सुख के लिये अति प्रयत्न न करे किन्तु ब्रह्मचारी रहे अर्थात् अपनी

स्त्री साथ हो तथापि उस से विषयचेष्टा कुछ न करे भूमि में सोवे। अपने आश्रित वा स्वकीय पदार्थों में ममता न करे। वृक्ष के मूल में वसे॥ २॥

तपःश्रद्धे ये ह्युपवसन्त्यरण्ये शान्ता विद्वांसो भैक्षचर्य्यां चरन्तः।
सूर्य्यद्वारेण ते विरजाः प्रयान्ति यत्राऽमृतः स पुरुषो ह्यव्ययात्मा॥ १॥

—मुण्ड० खं० २। मं० ११॥

जो शान्त विद्वान् लोग वन में तप धर्म्मानुष्ठान और सत्य की श्रद्धा करके भिक्षाचरण करते हुए जंगल में वसते हैं, वे जहाँ नाशरहित पूर्ण पुरुष हानि लाभरहित परमात्मा है; वहां निर्मल होकर प्राणद्वार से उस परमात्मा को प्राप्त होके आनन्दित हो जाते हैं॥ १॥

अभ्यादधामि समिधमग्ने व्रतपते त्वयि ।
व्रतञ्च श्रद्धां चोपैमीन्धे त्वा दीक्षितो अहम् ॥१॥

—यजुर्वेदे अध्याये २०। मन्त्र २४॥

वानप्रस्थ को उचित है कि—मैं अग्नि में होम कर दीक्षित होकर व्रत, सत्याचरण और श्रद्धा को प्राप्त होऊं—ऐसी इच्छा करके वानप्रस्थ हो नाना प्रकार की तपश्चर्या, सत्संग, योगाभ्यास, सुविचार से ज्ञान और पवित्रता प्राप्त करे। पश्चात् जब संन्यासग्रहण की इच्छा हो तब स्त्री को पुत्रों के पास भेज देवे फिर संन्यास ग्रहण करे।

इति संक्षेपेण वानप्रस्थविधिः।

***

अथ संन्यासविधिः

वनेषु च विहृत्यैवं तृतीयं भागमायुषः।
चतुर्थमायुषो भागं त्यक्त्वा सङ्गान् परिव्रजेत्॥ मनु०॥

इस प्रकार वनों में आयु का तीसरा भाग अर्थात् पचासवें वर्ष से पचहत्तरवें वर्ष पर्यन्त वानप्रस्थ होके आयु के चौथे भाग में संगों को छोड़ के परिव्राट् अर्थात् संन्यासी हो जावे।

(प्रश्न) गृहाश्रम और वानप्रस्थाश्रम न करके—संन्यासाश्रम करे उस को पाप होता है वा नहीं ?

(उत्तर) होता है और नहीं भी होता।

(प्रश्न) यह दो प्रकार की बात क्यों कहते हो?

(उत्तर) दो प्रकार की नहीं, क्योंकि जो बाल्यावस्था में विरक्त हो कर विषयों में फंसे वह महापापी और जो न फंसे वह महापुण्यात्मा सत्पुरुष है।

यदहरेव विरजेत्तदहरेव प्रव्रजेद्वनाद्वा गृहाद्वा ब्रह्मचर्यादेव प्रव्रजेत्॥

—ये ब्राह्मण ग्रन्थ के वचन हैं।

जिस दिन वैराग्य प्राप्त हो उसी दिन घर वा वन से संन्यास ग्रहण कर लेवे। पहले संन्यास का पक्षक्रम कहा। और इस में विकल्प अर्थात् वानप्रस्थ न करे, गृहस्थाश्रम ही से संन्यास ग्रहण करे और तृतीय पक्ष है कि जो पूर्ण विद्वान् जितेन्द्रिय विषय भोग की कामना से रहित परोपकार करने की इच्छा से युक्त पुरुष

हो, वह ब्रह्मचर्याश्रम ही से संन्यास लेवे ।

और वेदों में भी **"यतयः ब्राह्मणस्य विजानतः"** इत्यादि पदों से संन्यास का विधान है। परन्तु–

नाविरतो दुश्चरितान्नाशान्तो नासमाहितः।
नाशान्तमानसो वापि प्रज्ञानेनैनमाप्नुयात्॥ –कठ० वल्ली २। मं० २४॥

जो दुराचार से पृथक् नहीं, जिसको शान्ति नहीं, जिस का आत्मा योगी नहीं और जिस का मन शान्त नहीं है, वह संन्यास ले के भी प्रज्ञान से परमात्मा को प्राप्त नहीं होता। इसलिए–

यच्छेद्वाङ्मनसी प्राज्ञस्तद्यच्छेद् ज्ञान आत्मनि।
ज्ञानमात्मनि महति नियच्छेत्तद्यच्छेच्छान्त आत्मनि॥

–कठ० वल्ली ३। मं० १३॥

संन्यासी बुद्धिमान् वाणी और मन को अधर्म से रोके। उन को ज्ञान और आत्मा में लगावे और उस ज्ञान, स्वात्मा को परमात्मा में लगावे और उस विज्ञान को शान्तस्वरूप आत्मा में स्थिर करे।

परीक्ष्य लोकान् कर्मचितान् ब्राह्मणो निर्वेदमायान्नास्त्यकृतः कृतेन।
तद्विज्ञानार्थं स गुरुमेवाभिगच्छेत् समित्पाणिः श्रोत्रियं ब्रह्मनिष्ठम्॥

–मुण्ड० खण्ड २। मं० १२॥

सब लौकिक भोगों को कर्म से सञ्चित हुए देख कर ब्राह्मण अर्थात् संन्यासी वैराग्य को प्राप्त होवे। क्योंकि अकृत अर्थात् न किया हुआ परमात्मा कृत अर्थात् केवल कर्म से प्राप्त नहीं होता। इसलिये कुछ अर्पण के अर्थ हाथ में ले के वेदवित् और परमेश्वर को जानने वाले गुरु के पास विज्ञान के लिये जावे। जाके सब सन्देहों की निवृत्ति करे। परन्तु सदा इन का संग छोड़ देवे कि जो–

अविद्यायामन्तरे वर्त्तमानाः स्वयं धीराः पण्डितम्मन्यमानाः।
जङ्घन्यमानाः परियन्ति मूढा अन्धेनैव नीयमाना यथान्धाः॥ १॥
अविद्यायां बहुधा वर्त्तमाना वयं कृतार्था इत्यभिमन्यन्ति बालाः।
यत्कर्मिणो न प्रवेदयन्ति रागात्तेनातुराः क्षीणलोकाश्च्यवन्ते॥ २॥

–मुण्ड० १। खण्ड २। मं० ८। ९॥

जो अविद्या के भीतर खेल रहे, अपने को धीर और पण्डित मानते हैं, वे नीच गति को जानेहारे मूढ़ जैसे अन्धे के पीछे अन्धे दुर्दशा को प्राप्त होते हैं वैसे दुःखों को पाते हैं॥ १॥ जो बहुधा अविद्या में रमण करने वाले बालबुद्धि हम कृतार्थ हैं ऐसा मानते हैं, जिस को केवल कर्मकाण्डी लोग राग से मोहित होकर नहीं जान और जना सकते, वे आतुर होके जन्म मरणरूप दुःख में गिरे रहते हैं॥ २॥ इसलिये–

वेदान्तविज्ञानसुनिश्चितार्थाः संन्यासयोगाद्यतयः शुद्धसत्त्वाः।
ते ब्रह्मलोकेषु परान्तकाले परामृताः परिमुच्यन्ति सर्वे॥

–मुण्ड० ३। खण्ड २। मं० ६॥

जो वेदान्त अर्थात् परमेश्वर प्रतिपादक वेदमन्त्रों के अर्थज्ञान और आचार में अच्छे प्रकार निश्चित संन्यासयोग से शुद्धान्तःकरण संन्यासी होते हैं, वे परमेश्वर में मुक्ति सुख को प्राप्त हो; भोग के पश्चात् जब मुक्ति में सुख की अवधि पूरी

हो जाती है तब वहां से छूट कर संसार में आते हैं। मुक्ति के विना दुःख का नाश नहीं होता। क्योंकि—

न सशरीरस्य सतः प्रियाप्रिययोरपहतिरस्त्यशरीरं वाव सन्तं न प्रियाप्रिये स्पृशतः॥ —छान्दो०॥

जो देहधारी है वह सुख दुःख की प्राप्ति से पृथक् कभी नहीं रह सकता और जो शरीररहित जीवात्मा मुक्ति में सर्वव्यापक परमेश्वर के साथ शुद्ध होकर रहता है, तब उस को सांसारिक सुख दुःख प्राप्त नहीं होता। इसलिये—

लोकैषणायाश्च वित्तैषणायाश्च पुत्रैषणायाश्चोत्थायाथ भैक्षचर्यं चरन्ति॥ —शत० कां० १४॥

लोक में प्रतिष्ठा वा लाभ धन से भोग वा मान्य पुत्रादि के मोह से अलग हो के संन्यासी लोग भिक्षुक हो कर रात दिन मोक्ष के साधनों में तत्पर रहते हैं।

प्राजापत्यां निरूप्येष्टिं तस्यां सर्ववेदसं हुत्वा ब्राह्मणः प्रव्रजेत्॥ १॥ —यजुर्वेदब्राह्मणे॥

प्राजापत्यां निरूप्येष्टिं सर्ववेदसदक्षिणाम्।
आत्मन्यग्नीन्समारोप्य ब्राह्मणः प्रव्रजेद् गृहात्॥१॥
यो दत्त्वा सर्वभूतेभ्यः प्रव्रजत्यभयं गृहात्।
तस्य तेजोमया लोका भवन्ति ब्रह्मवादिनः॥२॥ मनु०॥

प्रजापति अर्थात् परमेश्वर की प्राप्ति के अर्थ इष्टि अर्थात् यज्ञ करके उस में यज्ञोपवीत शिखादि चिह्नों को छोड़ आहवनीयादि पांच अग्नियों को प्राण, अपान, व्यान, उदान और समान इन पांच प्राणों में आरोपण करके ब्राह्मण ब्रह्मवित् घर से निकल कर संन्यासी हो जावे॥ १॥ जो सब भूत प्राणिमात्र को अभयदान देकर घर से निकल के संन्यासी होता है उस ब्रह्मवादी अर्थात् परमेश्वर प्रकाशित वेदोक्त धर्मादि विद्याओं के उपदेश करने वाले संन्यासी के लिये प्रकाशमय अर्थात् मुक्ति का आनन्दस्वरूप लोक प्राप्त होता है॥ २॥

(प्रश्न) संन्यासियों का क्या धर्म है।

(उत्तर) धर्म तो पक्षपातरहित न्यायाचरण, सत्य का ग्रहण, असत्य का परित्याग, वेदोक्त ईश्वर की आज्ञा का पालन, परोपकार, सत्यभाषणादि लक्षण सब आश्रमियों का अर्थात् सब मनुष्यमात्र का एक ही है, परन्तु संन्यासी का विशेष धर्म यह है कि—

दृष्टिपूतं न्यसेत्पादं वस्त्रपूतं जलं पिबेत्।
सत्यपूतां वदेद्वाचं मनःपूतं समाचरेत्॥ १॥
क्रुद्ध्यन्तं न प्रतिक्रुध्येदाक्रुष्टः कुशलं वदेत्।
सप्तद्वारावकीर्णां च न वाचमनृतां वदेत्॥ २॥
अध्यात्मरतिरासीनो निरपेक्षो निरामिषः।
आत्मनैव सहायेन सुखार्थी विचरेदिह॥ ३॥
क्लृप्तकेशनखश्मश्रुः पात्री दण्डी कुसुम्भवान्।
विचरेन्नियतो नित्यं सर्वभूतान्यपीडयन्॥ ४॥
इन्द्रियाणां निरोधेन रागद्वेषक्षयेण च।
अहिंसया च भूतानाममृतत्वाय कल्पते॥ ५॥

दूषितोऽपि चरेद्धर्मं यत्र तत्राश्रमे रतः।
समः सर्वेषु भूतेषु न लिङ्गं धर्मकारणम्॥ ६॥
फलं कतकवृक्षस्य यद्यप्यम्बुप्रसादकम्।
न नामग्रहणादेव तस्य वारि प्रसीदति॥ ७॥
प्राणायामा ब्राह्मणस्य त्रयोऽपि विधिवत्कृताः।
व्याहृतिप्रणवैर्युक्ता विज्ञेयं परमं तपः॥ ८॥
दह्यन्ते ध्मायमानानां धातूनां हि यथा मलाः।
तथेन्द्रियाणां दह्यन्ते दोषाः प्राणस्य निग्रहात्॥ ९॥
प्राणायामैर्दहेद्दोषान् धारणाभिश्च किल्विषम्।
प्रत्याहारेण संसर्गान् ध्यानेनानीश्वरान् गुणान्॥ १०॥
उच्चावचेषु भूतेषु दुर्ज्ञेयामकृतात्मभिः।
ध्यानयोगेन सम्पश्येद् गतिमस्यान्तरात्मनः॥ ११॥
अहिंसयेन्द्रियासङ्गैर्वैदिकैश्चैव कर्म्मभिः।
तपसश्चरणैश्चोग्रैस्साधयन्तीह तत्पदम्॥ १२॥
यदा भावेन भवति सर्वभावेषु निःस्पृहः।
तदा सुखमवाप्नोति प्रेत्य चेह च शाश्वतम्॥ १३॥
चतुर्भिरपि चैवैतैर्नित्यमाश्रमिभिर्द्विजैः।
दशलक्षणको धर्मः सेवितव्यः प्रयत्नतः॥ १४॥
धृतिः क्षमा दमोऽस्तेयं शौचमिन्द्रियनिग्रहः।
धीर्विद्या सत्यमक्रोधो दशकं धर्मलक्षणम्॥ १५॥
अनेन विधिना सर्वांस्त्यक्त्वा सङ्गाञ्छनैः शनैः।
सर्वद्वन्द्वविनिर्मुक्तो ब्रह्मण्येवावतिष्ठते॥ १६॥ मनु० अ० ६॥

जब संन्यासी मार्ग में चले तब इधर-उधर न देख कर नीचे पृथिवी पर दृष्टि रख के चले। सदा वस्त्र से छान कर जल पीये, निरन्तर सत्य ही बोले, सर्वदा मन से विचार के सत्य का ग्रहण कर असत्य को छोड़ देवे॥ १॥

जब कहीं उपदेश वा संवादादि में कोई संन्यासी पर क्रोध करे अथवा निन्दा करे तो संन्यासी को उचित है कि उस पर आप क्रोध न करे किन्तु सदा उसके कल्याणार्थ उपदेश ही करे और एक मुख के, दो नासिका के, दो आँख के और दो कान के छिद्रों में बिखरी हुई वाणी को किसी कारण मिथ्या कभी न बोले॥ २॥

अपने आत्मा और परमात्मा में स्थिर अपेक्षा रहित मद्य मांसादि वर्जित होकर, आत्मा ही के सहाय से सुखार्थी होकर इस संसार में धर्म और विद्या के बढ़ाने में उपदेश के लिये सदा विचरता रहै॥ ३॥

केश, नख, डाढ़ी, मूँछ का छेदन करवावे। सुन्दर पात्र, दण्ड और कुसुम्भ आदि से रंगे हुए वस्त्रों को ग्रहण करके निश्चितात्मा सब भूतों को पीड़ा न देकर सर्वत्र विचरे॥ ४॥

इन्द्रियों को अधर्माचरण से रोक, राग-द्वेष को छोड़, सब प्राणियों से निर्वैर वर्त्तकर मोक्ष के लिये सामर्थ्य बढ़ाया करे॥ ५॥

कोई संसार में उसको दूषित वा भूषित करे तो भी जिस किसी आश्रम में वर्त्तता हुआ पुरुष अर्थात् संन्यासी सब प्राणियों में पक्षपातरहित होकर स्वयं धर्मात्मा और अन्यों को धर्मात्मा करने में प्रयत्न किया करे। और यह अपने मन

में निश्चित जाने कि दण्ड, कमण्डलु और काषायवस्त्र आदि चिह्न धारण धर्म का कारण नहीं है। सब मनुष्यादि प्राणियों की सत्योपदेश और विद्यादान से उन्नति करना संन्यासी का मुख्य कर्म है॥ ६॥

क्योंकि यद्यपि निर्मली वृक्ष का फल पीस के गदरे जल में डालने से जल का शोधक होता है, तदपि विना डाले उसके नामकथन वा श्रवणमात्र से उसका जल शुद्ध नहीं हो सकता॥७॥

इसलिये ब्राह्मण अर्थात् ब्रह्मवित् संन्यासी को उचित है कि ओंकारपूर्वक सप्तव्याहृतियों से विधिपूर्वक प्राणायाम जितनी शक्ति हो उतने करे। परन्तु तीन से तो न्यून प्राणायाम कभी न करे, यही संन्यासी का परमतप है॥ ८॥

क्योंकि जैसे अग्नि में तपाने और गलाने से धातुओं के मल नष्ट हो जाते हैं, वैसे ही प्राणों के निग्रह से मन आदि इन्द्रियों के दोष, भस्मीभूत होते हैं॥ ९॥

इसलिये संन्यासी लोग नित्यप्रति प्राणायामों से आत्मा अन्तःकरण और इन्द्रियों के दोष, धारणाओं से पाप, प्रत्याहार से संगदोष, ध्यान से अनीश्वर के गुणों अर्थात् हर्ष शोक और अविद्यादि जीव के दोषों को भस्मीभूत करें॥ १०॥

इसी ध्यानयोग से जो अयोगी अविद्वानों के दुःख से जानने योग्य छोटे बड़े पदार्थों में परमात्मा की व्याप्ति उसको और अपने आत्मा और अन्तर्यामी परमेश्वर की गति को देखे॥ ११॥

सब भूतों से निर्वैर, इन्द्रियों के दुष्ट विषयों का त्याग, वेदोक्त कर्म और अत्युग्र तपश्चरण से संसार में मोक्षपद को पूर्वोक्त संन्यासी ही सिद्ध कर और करा सकते हैं; अन्य नहीं॥ १२॥

जब संन्यासी सब भावों में अर्थात् पदार्थों में निःस्पृह कांक्षारहित और सब बाहर भीतर के व्यवहारों में भाव से पवित्र होता है, तभी इस देह में और मरण पाके निरन्तर सुख को प्राप्त होता है॥ १३॥

इसलिये ब्रह्मचारी, गृहस्थ, वानप्रस्थ और संन्यासियों को योग्य है कि प्रयत्न से दश लक्षणयुक्त निम्नलिखित धर्म का सेवन नित्य करें॥ १४॥

पहला लक्षण—(धृति) सदा धैर्य रखना। दूसरा—(क्षमा) जो कि निन्दा स्तुति मानापमान हानिलाभ आदि दुःखों में भी सहनशील रहना। तीसरा—(दम) मन को सदा धर्म में प्रवृत्त कर अधर्म से रोक देना अर्थात् अधर्म करने की इच्छा भी न उठे। चौथा—(अस्तेय) चोरी-त्याग अर्थात् विना आज्ञा वा छल कपट विश्वासघात वा किसी व्यवहार तथा वेदविरुद्ध उपदेश से परपदार्थ का ग्रहण करना चोरी और उस को छोड़ देना साहुकारी कहाती है। पांचवां—(शौच) राग-द्वेष पक्षपात छोड़ के भीतर और जल मृत्तिका मार्जन आदि से बाहर की पवित्रता रखनी। छठा—(इन्द्रियनिग्रह) अधर्माचरणों से रोक के इन्द्रियों को धर्म में ही सदा चलाना। सातवां—(धीः) मादकद्रव्य बुद्धिनाशक अन्य पदार्थ दुष्टों का संग आलस्य प्रमाद आदि को छोड़ के श्रेष्ठ पदार्थों का सेवन सत्पुरुषों का सङ्ग योगाभ्यास धर्माचरण ब्रह्मचर्य आदि शुभकर्मों से बुद्धि का बढ़ाना। आठवां—(विद्या) पृथिवी से लेके परमेश्वर पर्यन्त यथार्थज्ञान और उन से यथायोग्य उपकार लेना, सत्य जैसा आत्मा में वैसा मन में, जैसा मन में वैसा वाणी में, जैसा वाणी में वैसा कर्म में वर्त्तना विद्या, इससे विपरीत अविद्या है। नववां—(सत्य) जो पदार्थ जैसा हो उसको वैसा ही समझना वैसा ही बोलना और वैसा ही करना भी। तथा दशवां—(अक्रोध) क्रोधादि दोषों को छोड़के

शान्त्यादि गुणों का ग्रहण करना धर्म का लक्षण है। इस दश लक्षणयुक्त पक्षपातरहित न्यायाचरण धर्म का सेवन चारों आश्रम वाले करें और इसी वेदोक्त धर्म ही में आप चलना और दूसरों को समझा कर चलाना संन्यासियों का विशेष धर्म है॥ १५॥

इसी प्रकार से धीरे-धीरे सब सङ्गदोषों को छोड़ हर्ष शोकादि सब द्वन्द्वों से विमुक्त होकर संन्यासी ब्रह्म ही में अवस्थित होता है। संन्यासियों का मुख्य कर्म यही है कि सब गृहस्थादि आश्रमों को सब प्रकार से व्यवहारों का सत्य निश्चय करा अधर्म व्यवहारों से छुड़ा सब संशयों का छेदन कर सत्य धर्मयुक्त व्यवहारों में प्रवृत्त कराया करें॥ १६॥

(प्रश्न) संन्यासग्रहण करना ब्राह्मण ही का धर्म है वा क्षत्रियादि का भी?

(उत्तर) ब्राह्मण ही को अधिकार है, क्योंकि जो सब वर्णों में पूर्ण विद्वान् धार्मिक परोपकारप्रिय मनुष्य है उसी का ब्राह्मण नाम है। विना पूर्ण विद्या के धर्म परमेश्वर की निष्ठा और वैराग्य के संन्यास ग्रहण करने में संसार का विशेष उपकार नहीं हो सकता। इसीलिये लोकश्रुति है कि ब्राह्मण को संन्यास का अधिकार है, अन्य को नहीं यह मनु का प्रमाण भी है-

एष वोऽभिहितो धर्मो ब्राह्मणस्य चतुर्विधः।
पुण्योऽक्षयफलः प्रेत्य राजधर्मं निबोधत॥ मनु०॥

यह मनु जी महाराज कहते हैं कि हे ऋषियो! यह चार प्रकार अर्थात् ब्रह्मचर्य्य, गृहस्थ, वानप्रस्थ और संन्यासाश्रम करना ब्राह्मण का धर्म है। यहां वर्त्तमान में पुण्यस्वरूप और शरीर छोड़े पश्चात् मुक्तिरूप अक्षय आनन्द का देने वाला संन्यास धर्म है। इस के आगे राजाओं का धर्म मुझ से सुनो। इस से यह सिद्ध हुआ कि संन्यासग्रहण का अधिकार मुख्य करके ब्राह्मण का है और क्षत्रियादि का ब्रह्मचर्याश्रम है।

(प्रश्न) संन्यासग्रहण की आवश्यकता क्या है?

(उत्तर) जैसे शरीर में शिर की आवश्यकता है वैसे ही आश्रमों में संन्यासाश्रम की आवश्यकता है। क्योंकि इसके विना विद्या धर्म कभी नहीं बढ़ सकते और दूसरे आश्रमों को विद्याग्रहण गृहकृत्य और तपश्चर्यादि का सम्बन्ध होने से अवकाश बहुत कम मिलता है। पक्षपात छोड़ कर वर्त्तना दूसरे आश्रमों को दुष्कर है। जैसा संन्यासी सर्वतोमुक्त होकर जगत् का उपकार करता है, वैसा अन्य आश्रमी नहीं कर सकता। क्योंकि संन्यासी को सत्यविद्या से पदार्थों के विज्ञान की उन्नति का जितना अवकाश मिलता है उतना अन्य आश्रमी को नहीं मिल सकता। परन्तु जो ब्रह्मचर्य से संन्यासी होकर जगत् को सत्यशिक्षा करके जितनी उन्नति कर सकता है उतनी गृहस्थ वा वानप्रस्थ आश्रम करके संन्यासाश्रमी नहीं कर सकता।

(प्रश्न) संन्यास ग्रहण करना ईश्वर के अभिप्राय से विरुद्ध है क्योंकि ईश्वर का अभिप्राय मनुष्यों की बढ़ती करने में है। जब गृहाश्रम नहीं करेगा तो उस से सन्तान ही न होंगे। जब संन्यासाश्रम ही मुख्य है और सब मनुष्य करें तो मनुष्यों का मूलच्छेदन हो जायेगा।

(उत्तर) अच्छा, विवाह करके भी बहुतों के सन्तान नहीं होते अथवा होकर शीघ्र नष्ट हो जाते हैं फिर वह भी ईश्वर के अभिप्राय से विरुद्ध करने वाला हुआ। जो तुम कहो कि **'यत्ने कृते यदि न सिध्यति कोऽत्र दोषः।'** यह किसी कवि का वचन है।

(अर्थ) जो यत्न करने से भी कार्य सिद्ध न हो तो इस में क्या दोष? अर्थात् कोई भी नहीं। तो हम तुम से पूछते हैं कि गृहाश्रम से बहुत सन्तान होकर आपस में विरुद्धाचरण कर लड़ मरें तो हानि कितनी बड़ी होती है। समझ के विरोध से लड़ाई बहुत होती है। जब संन्यासी एक वेदोक्त धर्म के उपदेश से परस्पर प्रीति उत्पन्न करावेगा तो लाखों मनुष्यों को बचा देगा। सहस्रों गृहस्थ के समान मनुष्यों की बढ़ती करेगा। और सब मनुष्य संन्यासग्रहण कर ही नहीं सकते। क्योंकि सब की विषयासक्ति कभी नहीं छूट सकेगी। जो-जो संन्यासियों के उपदेश से धार्मिक मनुष्य होंगे वे सब जानो संन्यासी के पुत्र तुल्य हैं।

(प्रश्न) संन्यासी लोग कहते हैं कि हम को कुछ कर्त्तव्य नहीं। अन्न वस्त्र लेकर आनन्द में रहना, अविद्यारूप संसार से माथापच्ची क्यों करना? अपने को ब्रह्म मानकर सन्तुष्ट रहना। कोई आकर पूछे तो उस को भी वैसा ही उपदेश करना कि तू भी ब्रह्म है। तुझ को पाप पुण्य नहीं लगता क्योंकि शीतोष्ण शरीर, क्षुधा तृषा प्राण और सुख दुःख मन का धर्म है। जगत् मिथ्या और जगत् के व्यवहार भी सब कल्पित अर्थात् झूठे हैं इसलिये इस में फंसना बुद्धिमानों का काम नहीं। जो कुछ पाप पुण्य होता है वह देह और इन्द्रियों का धर्म है आत्मा का नहीं। इत्यादि उपदेश करते हैं और आपने कुछ विलक्षण संन्यास का धर्म कहा है। अब हम किस की बात सच्ची और किस की झूठी मानें ?

(उत्तर) क्या उन को अच्छे कर्म भी कर्त्तव्य नहीं? देखो- **'वैदिकैश्चैव कर्मभिः'** मनु जी ने वैदिक कर्म जो धर्मयुक्त सत्य कर्म हैं, संन्यासियों को भी अवश्य करना लिखा है। क्या भोजन छादनादि कर्म वे छोड़ सकेंगे? जो ये कर्म नहीं छूट सकते तो उत्तम कर्म छोड़ने से वे पतित और पापभागी नहीं होंगे? जब गृहस्थों से अन्न वस्त्रादि लेते हैं और उन का प्रत्युपकार नहीं करते तो क्या वे महापापी नहीं होंगे ? जैसे आंख से देखना कान से सुनना न हो तो आंख और कान का होना व्यर्थ है, वैसे ही जो संन्यासी सत्योपदेश और वेदादि सत्यशास्त्रों का विचार, प्रचार नहीं करते तो वे भी जगत् में व्यर्थ भाररूप हैं।

और जो अविद्या रूप संसार से माथापच्ची क्यों करना आदि लिखते और कहते हैं वैसे उपदेश करने वाले ही मिथ्यारूप और पाप के बढ़ाने हारे पापी हैं। जो कुछ शरीरादि से कर्म किया जाता है वह आत्मा ही का और उस के फल का भोगने वाला भी आत्मा है।

जो जीव को ब्रह्म बतलाते हैं वे अविद्या निद्रा में सोते हैं। क्योंकि जीव अल्प, अल्पज्ञ और ब्रह्म सर्वव्यापक सर्वज्ञ है। ब्रह्म नित्य, शुद्ध, बुद्ध, मुक्तस्वभावयुक्त है। और जीव कभी बद्ध कभी मुक्त रहता है। ब्रह्म को सर्वव्यापक सर्वज्ञ होने से भ्रम वा अविद्या कभी नहीं हो सकती। और जीव को कभी विद्या और कभी अविद्या होती है। ब्रह्म जन्ममरण दुःख को कभी नहीं प्राप्त होता है और जीव प्राप्त होता है। इसलिये वह उनका उपदेश मिथ्या है।

(प्रश्न) **'संन्यासी सर्वकर्म्मविनाशी'** और अग्नि तथा धातु को स्पर्श नहीं करते। यह बात सच्ची है वा नहीं?

(उत्तर) नहीं। **'सम्यङ् नित्यमास्ते यस्मिन् यद्वा सम्यङ् न्यस्यन्ति दुःखानि कर्माणि येन स संन्यासः, स प्रशस्तो विद्यते यस्य स संन्यासी'**। जो ब्रह्म और उसकी आज्ञा में उपविष्ट अर्थात् स्थित और जिस से दुष्ट कर्मों का त्याग

किया जाय संन्यास, वह उत्तम स्वभाव जिस में हो वह संन्यासी कहाता है। इस में सुकर्म का कर्त्ता और दुष्ट कर्मों का विनाश करने वाला संन्यासी कहाता है।

(प्रश्न) अध्यापन और उपदेश गृहस्थ किया करते हैं, पुनः संन्यासी का क्या प्रयोजन ?

(उत्तर) सत्योपदेश सब आश्रमी करें और सुनें परन्तु जितना अवकाश और निष्पक्षपातता संन्यासी को होती है उतनी गृहस्थों को नहीं। हाँ ! जो ब्राह्मण हैं उनका यही काम है कि पुरुष पुरुषों को और स्त्री स्त्रियों को सत्योपदेश और पढ़ाया करें। जितना भ्रमण का अवकाश संन्यासी को मिलता है उतना गृहस्थ ब्राह्मणादिकों को कभी नहीं मिल सकता। जब ब्राह्मण वेदविरुद्ध आचरण करें तब उनका नियन्ता संन्यासी होता है। इसलिये संन्यास का होना उचित है।

(प्रश्न) 'एकरात्रिं वसेद् ग्रामे' इत्यादि वचनों से संन्यासी को एकत्र एकरात्रिमात्र रहना अधिक निवास न करना चाहिये।

(उत्तर) यह बात थोड़े से अंश में तो अच्छी है कि एकत्र वास करने से जगत् का उपकार अधिक नहीं हो सकता और स्थानान्तर का भी अभिमान होता है। राग, द्वेष भी अधिक होता है। परन्तु जो विशेष उपकार एकत्र रहने से होता हो तो रहे। जैसे जनक राजा के यहां चार-चार महीने तक पञ्चशिखादि और अन्य संन्यासी कितने ही वर्षों तक निवास करते थे और 'एकत्र न रहना' यह बात आजकल के पाखण्डी सम्प्रदायियों ने बनाई है। क्योंकि जो संन्यासी एकत्र अधिक रहेगा तो हमारा पाखण्ड खण्डित होकर अधिक न बढ़ सकेगा।

(प्रश्न) यतीनां काञ्चनं दद्यात्ताम्बूलं ब्रह्मचारिणाम्।
चौराणामभयं दद्यात्स नरो नरकं व्रजेत्॥

इत्यादि वचनों का अभिप्राय यह है कि संन्यासियों को जो सुवर्ण दान दे तो दाता नरक को प्राप्त होवे।

(उत्तर) यह बात भी वर्णाश्रमविरोधी सम्प्रदायी और स्वार्थसिन्धु वाले पौराणिकों की कल्पी हुई है, क्योंकि संन्यासियों को धन मिलेगा तो वे हमारा खण्डन बहुत कर सकेंगे और हमारी हानि होगी तथा वे हमारे अधीन भी न रहेंगे। और जब भिक्षादि व्यवहार हमारे आधीन रहेगा तो डरते रहेंगे। जब मूर्ख और स्वार्थियों को दान देने में अच्छा समझते हैं तो विद्वान् और परोपकारी संन्यासियों को देने में कुछ भी दोष नहीं हो सकता। देखो—

विविधानि च रत्नानि विविक्तेषूपपादयेत्॥ मनु०॥

नाना प्रकार के रत्न सुवर्णादि धन (विविक्त) अर्थात् संन्यासियों को देवें और वह श्लोक भी अनर्थक है। क्योंकि संन्यासी को सुवर्ण देने से यजमान नरक को जावे तो चांदी, मोती, हीरा आदि देने से स्वर्ग को जायेगा।

(प्रश्न) यह पण्डित जी इस का पाठ बोलते समय भूल गये। यह ऐसा है कि 'यतिहस्ते धनं दद्यात्' अर्थात् जो संन्यासियों के हाथ में धन देता है वह नरक में जाता है।

(उत्तर) यह भी वचन अविद्वान् के कपोलकल्पना से रचा है। क्योंकि जो हाथ में धन देने से दाता नरक को जाय तो पग पर धरने वा गठरी बांध कर देने से स्वर्ग को जायेगा। इसलिए ऐसी कल्पना मानने योग्य नहीं। हां ! यह बात

तो है कि जो संन्यासी योगक्षेम से अधिक रक्खेगा तो चोरादि से पीड़ित और मोहित भी हो जायगा परन्तु जो विद्वान् है वह अयुक्त व्यवहार कभी न करेगा, न मोह में फंसेगा। क्योंकि वह प्रथम गृहाश्रम में अथवा ब्रह्मचर्य में सब भोग कर वा सब देख चुका है और जो ब्रह्मचर्य से होता है वह पूर्ण वैराग्ययुक्त होने से कभी कहीं नहीं फंसता।

(प्रश्न) लोग कहते हैं कि श्राद्ध में संन्यासी आवे वा जिमावे तो उस के पितर भाग जायें और नरक में गिरें।

(उत्तर) प्रथम तो मरे हुए पितरों का आना और किया हुआ श्राद्ध मरे हुए पितरों को पहुंचना ही असम्भव, वेद और युक्तिविरुद्ध होने से मिथ्या है। और जब आते ही नहीं तो भाग कौन जायेंगे? जब अपने पाप पुण्य के अनुसार ईश्वर की व्यवस्था से मरण के पश्चात् जीव जन्म लेते हैं तो उन का आना कैसे हो सकता है? इसलिये यह भी बात पेटार्थी पुराणी और वैरागियों की मिथ्या कल्पी हुई है। हां यह तो ठीक है कि जहां संन्यासी जायेंगे वहां यह मृतकश्राद्ध करना वेदादि शास्त्रों से विरुद्ध होने से पाखण्ड दूर भाग जायगा।

(प्रश्न) जो ब्रह्मचर्य से संन्यास लेवेगा उस का निर्वाह कठिनता से होगा और काम का रोकना भी अति कठिन है। इसलिए गृहाश्रम वानप्रस्थ होकर जब वृद्ध हो जाय तभी संन्यास लेना अच्छा है।

(उत्तर) जो निर्वाह न कर सके, इन्द्रियों को न रोक सके, वह ब्रह्मचर्य से संन्यास न लेवे। परन्तु जो रोक सके वह क्यों न लेवे? जिस पुरुष ने विषय के दोष और वीर्यसंरक्षण के गुण जाने हैं वह विषयासक्त कभी नहीं होता। और उस का वीर्य्य विचाराग्नि का इन्धनवत् है अर्थात् उसी में व्यय हो जाता है। जैसे वैद्य और औषधों की आवश्यकता रोगी के लिये होती है वैसी नीरोगी के लिये नहीं। इसी प्रकार जिस पुरुष वा स्त्री को विद्या धर्मवृद्धि और सब संसार का उपकार करना ही प्रयोजन हो वह विवाह न करे। जैसे पञ्चशिखादि पुरुष और गार्गी आदि स्त्रियां हुई थीं।

इसलिये संन्यासी होना अधिकारियों को उचित है। और जो अनधिकारी संन्यास ग्रहण करेगा तो आप डूबेगा औरों को भी डुबावेगा। जैसे 'सम्राट्' चक्रवर्ती राजा होता है वैसे 'परिव्राट्' संन्यासी होता है। प्रत्युत राजा अपने देश में वा स्वसम्बन्धियों में सत्कार पाता है और संन्यासी सर्वत्र पूजित होता है।

विद्वत्त्वं च नृपत्वं च नैव तुल्यं कदाचन।
स्वदेशे पूज्यते राजा विद्वान् सर्वत्र पूज्यते॥ १॥

—यह चाणक्य-नीतिशास्त्र का श्लोक है।

विद्वान् और राजा की कभी तुल्यता नहीं हो सकती, क्योंकि राजा अपने राज्य ही में मान और सत्कार पाता है और विद्वान् सर्वत्र मान और प्रतिष्ठा को प्राप्त होता है। इसलिये विद्या पढ़ने, सुशिक्षा लेने और बलवान् होने आदि के लिये ब्रह्मचर्य्य, सब प्रकार के उत्तम व्यवहार सिद्ध करने के अर्थ गृहस्थ; विचार ध्यान और विज्ञान बढ़ाने तपश्चर्या करने के लिये वानप्रस्थ; और वेदादि सत्यशास्त्रों का प्रचार, धर्म व्यवहार का ग्रहण और दुष्ट व्यवहार के त्याग, सत्योपदेश और सब को निःसन्देह करने आदि के लिये संन्यासाश्रम है। परन्तु जो इस संन्यास के मुख्य धर्म सत्योपदेशादि

नहीं करते वे पतित और नरकगामी हैं इस से संन्यासियों को उचित है कि सदा सत्योपदेश शङ्कासमाधान, वेदादि सत्यशास्त्रों का अध्यापन और वेदोक्त धर्म की वृद्धि प्रयत्न से करके सब संसार की उन्नति किया करें।

(प्रश्न) जो संन्यासी से अन्य साधु, वैरागी, गुसाईं, खाखी आदि हैं वे भी संन्यासाश्रम में गिने जायेंगे वा नहीं ?

(उत्तर) नहीं। क्योंकि उन में संन्यास का एक भी लक्षण नहीं। वे वेदविरुद्ध मार्ग में प्रवृत्त होकर वेद से अधिक अपने सम्प्रदाय के आचार्य्यों के वचन मानते और अपने ही मत की प्रशंसा करते। मिथ्या प्रपंच में फंसकर अपने स्वार्थ के लिये दूसरों को अपने-अपने मत में फंसाते हैं। सुधार करना तो दूर रहा, उस के बदले में संसार को बहका कर अधोगति को प्राप्त कराते और अपना प्रयोजन सिद्ध करते हैं। इसलिये इन को संन्यासाश्रम में नहीं गिन सकते किन्तु ये स्वार्थाश्रमी तो पक्के हैं। इस में कुछ सन्देह नहीं।

जो स्वयं धर्म में चलकर सब संसार को चलाते हैं, जो आप और सब संसार को इस लोक अर्थात् वर्त्तमान जन्म में, परलोक अर्थात् दूसरे जन्म में स्वर्ग अर्थात् सुख का भोग करते कराते हैं। वे ही धर्मात्मा जन संन्यासी और महात्मा हैं।

यह संक्षेप में संन्यासाश्रम की शिक्षा लिखी । अब इस के आगे राज-प्रजाधर्म विषय लिखा जाएगा ।

इति श्रीमद्दयानन्दसरस्वतीस्वामिकृते सत्यार्थप्रकाशे
सुभाषाविभूषिते वानप्रस्थसंन्यासाश्रमविषये
पञ्चमः समुल्लासः सम्पूर्णः॥ ५॥

अथ षष्ठसमुल्लासारम्भः

अथ राजधर्मान् व्याख्यास्यामः

राजधर्मान् प्रवक्ष्यामि यथावृत्तो भवेन्नृपः।
सम्भवश्च यथा तस्य सिद्धिश्च परमा यथा॥ १॥
ब्राह्मं प्राप्तेन संस्कारं क्षत्रियेण यथाविधि।
सर्वस्यास्य यथान्यायं कर्त्तव्यं परिरक्षणम्॥ २॥ मनु०॥

अब मनु जी महाराज ऋषियों से कहते हैं कि चारों वर्ण और चारों आश्रमों के व्यवहार कथन के पश्चात् राजधर्मों को कहेंगे कि जिस प्रकार का राजा होना चाहिये और जैसे इस के होने का सम्भव तथा जैसे इस को परमसिद्धि प्राप्त होवे उस को सब प्रकार कहते हैं॥ १॥ कि जैसा परम विद्वान् ब्राह्मण होता है वैसा विद्वान् सुशिक्षित होकर क्षत्रिय को योग्य है कि इस सब राज्य की रक्षा यथावत् करे॥ २॥ उस का प्रकार यह है—

त्रीणि राजाना विदथे पुरूणि परि विश्वानि भूषथः सदांसि॥

—ऋ० मं० ३। सू० ३८। मं० ६॥

ईश्वर उपदेश करता है कि (राजाना) राजा और प्रजा के पुरुष मिल के (विदथे) सुखप्राप्ति और विज्ञानवृद्धिकारक राजा प्रजा के सम्बन्धरूप व्यवहार में (त्रीणि सदांसि) तीन सभा अर्थात् विद्यार्य्यसभा, धर्मार्य्यसभा, राजार्य्यसभा नियत करके (पुरूणि) बहुत प्रकार के (विश्वानि) समग्र प्रजासम्बन्धी मनुष्यादि प्राणियों को (परिभूषथः) सब ओर से विद्या, स्वातन्त्र्य, धर्म, सुशिक्षा और धनादि से अलंकृत करें।

तं सभा च समितिश्च सेना च॥१॥

—अथर्व० कां० १५। अनु० २। व० ९। मं० २॥

सभ्य सभां मे पाहि ये च सभ्याः सभासदः॥२॥

—अथर्व० कां० १९। अनु० ७। व० ५५। मं० ६॥

(तम्) उस राजधर्म को (सभा च) तीनों सभा (समितिश्च) संग्रामादि की व्यवस्था और (सेना च) सेना मिलकर पालन करें॥ १॥

सभासद् और राजा को योग्य है कि राजा सब सभासदों को आज्ञा देवे कि हे (सभ्य) सभा के योग्य मुख्य सभासद् तू (मे) मेरी (सभाम्) सभा की धर्मयुक्त व्यवस्था का (पाहि) पालन कर और (ये च) जो (सभ्याः) सभा के योग्य (सभासदः) सभासद हैं वे भी सभा की व्यवस्था का पालन किया करें॥२॥

इस का अभिप्राय यह है कि एक को स्वतन्त्र राज्य का अधिकार न देना चाहिए किन्तु राजा जो सभापति तदधीन सभा, सभाधीन राजा, राजा और सभा प्रजा के आधीन और प्रजा राजसभा के आधीन रहै। यदि ऐसा न करोगे तो—

राष्ट्रमेव विश्या हन्ति तस्माद्राष्ट्री विशं घातुकः॥ विशमेव राष्ट्रायाद्यां करोति तस्माद्राष्ट्री विशमत्ति न पुष्टं पशुं मन्यत इति॥ १॥

—शत० कां० १३। अनु० २। ब्रा० ३॥

जो प्रजा से स्वतन्त्र स्वाधीन राजवर्ग रहै तो (राष्ट्रमेव विश्या हन्ति) राज्य में प्रवेश करके प्रजा का नाश किया करे। जिसलिये अकेला राजा स्वाधीन वा उन्मत्त होके (राष्ट्री विशं घातुकः) प्रजा का नाशक होता है अर्थात् (विशमेव राष्ट्रायाद्यां करोति) वह राजा प्रजा को खाये जाता (अत्यन्त पीड़ित करता) है इसलिये किसी एक को राज्य में स्वाधीन न करना चाहिये। जैसे सिंह वा मांसाहारी हृष्ट पुष्ट पशु को मार कर खा लेते हैं, वैसे (राष्ट्री विशमत्ति) स्वतन्त्र राजा प्रजा का नाश करता है अर्थात् किसी को अपने से अधिक न होने देता, श्रीमान् को लूट खूंट अन्याय से दण्ड लेके अपना प्रयोजन पूरा करेगा। इसलिये—

इन्द्रो॑ जयाति न परा॑ जयाता अधिरा॒जो राज॑सु राजयातै॑।
च॒र्कृत्य॒ ईड्यो॒ वन्द्य॑श्चोप॒सद्यो॑ न॒म॒स्यो॑ भ॒वे॒ह॥

—अथर्व० कां० ६। अनु० १०। व० ९८। म० १॥

हे मनुष्यो ! जो (इह) इस मनुष्य के समुदाय में (इन्द्रः) परम ऐश्वर्य का कर्त्ता शत्रुओं को (जयाति) जीत सके (न पराजयातै) जो शत्रुओं से पराजित न हो (राजसु) राजाओं में (अधिराजः) सर्वोपरि विराजमान (राजयातै) प्रकाशमान हो (चर्कृत्यः) सभापति होने को अत्यन्त योग्य (ईड्यः) प्रशंसनीय गुण, कर्म, स्वभावयुक्त (वन्द्यः) सत्करणीय (चोपसद्यः) समीप जाने और शरण लेने योग्य (नमस्यः) सब का माननीय (भव) होवे उसी को सभापति राजा करें।

इ॒मं दे॑वाऽ असप॒त्नꣳ सु॑वध्वं म॒ह॒ते क्ष॒त्रा॑य म॒ह॒ते ज्यै॑ष्ठ्या॑य म॒ह॒ते जान॑राज्या॒येन्द्र॑स्येन्द्रि॒याय॑॥१॥

—यजुः० अ० ९। मन्त्र ४०॥

हे (देवाः) विद्वानो राजप्रजाजनो तुम (इमम्) इस प्रकार के पुरुष को (महते क्षत्राय) बड़े चक्रवर्ति राज्य (महते ज्यैष्ठ्याय) सब से बड़े होने (महते जानराज्याय) बड़े-बड़े विद्वानों से युक्त राज्य पालने और (इन्द्रस्येन्द्रियाय) परम ऐश्वर्ययुक्त राज्य और धन के पालन के लिये (असपत्नꣳसुवध्वम्) सम्मति करके सर्वत्र पक्षपातरहित पूर्ण विद्या विनययुक्त सब के मित्र सभापति राजा को सर्वाधीश मान के सब भूगोल शत्रुरहित करो॥ और—

स्थि॒रा वः॑ स॒न्त्वायु॑धा प॒रा॒णुदे॑ वी॒ळू उ॒त प्र॒ति॒ष्कभे॑।
यु॒ष्माक॑मस्तु तवि॑षी॒ पनी॑यसी॒ मा मर्त्य॑स्य मा॒यिनः॑॥

—ऋ० मं० १। सू० ३९। मं० २॥

ईश्वर उपदेश करता है कि हे राजपुरुषो ! (वः) तुम्हारे (आयुधा) आग्नेयादि अस्त्र और शतघ्नी (तोप) भुशुण्डी (बन्दूक) धनुष बाण करवाल (तलवार) आदि शस्त्र शत्रुओं के (पराणुदे) पराजय करने (उत प्रतिष्कभे) और रोकने के लिए (वीळू) प्रशंसित और (स्थिरा) दृढ़ (सन्तु) हों (युष्माकम्) और तुम्हारी (तविषी) सेना (पनीयसी) प्रशंसनीय (अस्तु) होवे कि जिस से तुम सदा

विजयी होवो परन्तु (मा मर्त्यस्य मायिनः) जो निन्दित अन्यायरूप काम करता है उस के लिये पूर्व चीजें मत हों अर्थात् जब तक मनुष्य धार्मिक रहते हैं तभी तक राज्य बढ़ता रहता है और जब दुष्टाचारी होते हैं तब नष्ट भ्रष्ट हो जाता है।

महाविद्वानों को विद्यासभाऽधिकारी; धार्मिक विद्वानों को धर्मसभाऽधिकारी, प्रशंसनीय धार्मिक पुरुषों को राजसभा के सभासद् और जो उन सब में सर्वोत्तम गुण, कर्म, स्वभावयुक्त महान् पुरुष हो उसको राजसभा का पतिरूप मान के सब प्रकार से उन्नति करें। तीनों सभाओं की सम्मति से राजनीति के उत्तम नियम और नियमों के आधीन सब लोग वर्तें, सब के हितकारक कामों में सम्मति करें। सर्वहित करने के लिये परतन्त्र और धर्मयुक्त कामों में अर्थात् जो-जो निज के काम हैं उन-उन में स्वतन्त्र रहैं। पुनः उस सभापति के गुण कैसे होने चाहिये-

इन्द्राऽनिलयमार्काणामग्नेश्च वरुणस्य च।
चन्द्रवित्तेशयोश्चैव मात्रा निर्हृत्य शाश्वतीः॥ १॥
तपत्यादित्यवच्चैष चक्षूंषि च मनांसि च।
न चैनं भुवि शक्नोति कश्चिदप्यभिवीक्षितुम्॥ २॥
सोऽग्निर्भवति वायुश्च सोऽर्कः सोमः स धर्मराट्।
स कुबेरः स वरुणः स महेन्द्रः प्रभावतः॥ ३॥

वह सभेश राजा इन्द्र अर्थात् विद्युत् के समान शीघ्र ऐश्वर्यकर्त्ता, वायु के समान सब के प्राणवत् प्रिय और हृदय की बात जाननेहारा, यम पक्षपातरहित न्यायाधीश के समान वर्त्तनेवाला, सूर्य्य के समान न्याय, धर्म, विद्या का प्रकाशक अन्धकार अर्थात् अविद्या अन्याय का निरोधक; अग्नि के समान दुष्टों को भस्म करनेहारा, वरुण अर्थात् बांधनेवाले के सदृश दुष्टों को अनेक प्रकार से बांधनेवाला, चन्द्र के तुल्य श्रेष्ठ पुरुषों को आनन्ददाता, धनाध्यक्ष के समान कोशों का पूर्ण करने वाला सभापति होवे॥ १॥

जो सूर्यवत् प्रतापी सब के बाहर और भीतर मनों को अपने तेज से तपानेहारा, जिस को पृथिवी में करड़ी दृष्टि से देखने को कोई भी समर्थ न हो॥ २॥

और जो अपने प्रभाव से अग्नि, वायु, सूर्य्य, सोम, धर्मप्रकाशक, धनवर्द्धक, दुष्टों का बन्धनकर्त्ता, बड़े ऐश्वर्यवाला होवे, वही सभाध्यक्ष सभेश होने के योग्य होवे॥ ३॥ सच्चा राजा कौन है-

स राजा पुरुषो दण्डः स नेता शासिता च सः।
चतुर्णामाश्रमाणां च धर्मस्य प्रतिभूः स्मृतः॥ १॥
दण्डः शास्ति प्रजाः सर्वा दण्ड एवाभिरक्षति।
दण्डः सुप्तेषु जागर्ति दण्डं धर्मं विदुर्बुधाः॥ २॥
समीक्ष्य स धृतः सम्यक् सर्वा रञ्जयति प्रजाः।
असमीक्ष्य प्रणीतस्तु विनाशयति सर्वतः॥ ३॥
दुष्येयुः सर्ववर्णाश्च भिद्येरन्सर्वसेतवः।
सर्वलोकप्रकोपश्च भवेद्दण्डस्य विभ्रमात्॥ ४॥
यत्र श्यामो लोहिताक्षो दण्डश्चरति पापहा।
प्रजास्तत्र न मुह्यन्ति नेता चेत्साधु पश्यति॥ ५॥
तस्याहुः सम्प्रणेतारं राजानं सत्यवादिनम्।
समीक्ष्यकारिणं प्राज्ञं धर्मकामार्थकोविदम्॥ ६॥

तं राजा प्रणयन्सम्यक् त्रिवर्गेणाभिवर्द्धते।
कामात्मा विषमः क्षुद्रो दण्डेनैव निहन्यते॥७॥
दण्डो हि सुमहत्तेजो दुर्धरश्चाकृतात्मभिः।
धर्माद्विचलितं हन्ति नृपमेव सबान्धवम्॥८॥
सोऽसहायेन मूढेन लुब्धेनाकृतबुद्धिना।
न शक्यो न्यायतो नेतुं सक्तेन विषयेषु च॥९॥
शुचिना सत्यसन्धेन यथाशास्त्रानुसारिणा।
प्रणेतुं शक्यते दण्डः सुसहायेन धीमता॥ १०॥ मनु०॥

जो दण्ड है वही पुरुष राजा, वही न्याय का प्रचारकर्त्ता और सब का शासनकर्त्ता, वही चार वर्ण और आश्रमों के धर्म का प्रतिभू अर्थात् जामिन है॥ १॥

वही प्रजा का शासनकर्त्ता सब प्रजा का रक्षक, सोते हुए प्रजास्थ मनुष्यों में जागता है इसी लिये बुद्धिमान् लोग दण्ड ही को धर्म कहते हैं॥ २॥

जो दण्ड अच्छे प्रकार विचार से धारण किया जाय तो वह सब प्रजा को आनन्दित कर देता है और जो विना विचारे चलाया जाय तो सब ओर से राजा का विनाश कर देता है॥ ३॥

विना दण्ड के सब वर्ण दूषित और सब मर्यादा छिन्न-भिन्न हो जायें। दण्ड के यथावत् न होने से सब लोगों का प्रकोप हो जावे॥ ४॥

जहां कृष्णवर्ण रक्तनेत्र भयङ्कर पुरुष के समान पापों का नाश करनेहारा दण्ड विचरता है वहां प्रजा मोह को प्राप्त न होके आनन्दित होती है परन्तु जो दण्ड का चलाने वाला पक्षपातरहित विद्वान् हो तो॥ ५॥

जो उस दण्ड का चलाने वाला सत्यवादी, विचार के करनेहारा, बुद्धिमान्, धर्म, अर्थ और काम की सिद्धि करने में पण्डित राजा है उसी को उस दण्ड का चलानेहारा विद्वान् लोग कहते हैं॥ ६॥

जो दण्ड को अच्छे प्रकार राजा चलाता है वह धर्म, अर्थ और काम की सिद्धि को बढ़ाता है और जो विषय में लम्पट, टेढ़ा, ईर्ष्या करनेहारा, क्षुद्र नीचबुद्धि न्यायाधीश राजा होता है, वह दण्ड से ही मारा जाता है॥ ७॥

जब दण्ड बड़ा तेजोमय है उस को अविद्वान्, अधर्मात्मा धारण नहीं कर सकता। तब वह दण्ड धर्म से रहित कुटुम्बसहित राजा ही का नाश कर देता है॥८॥

क्योंकि जो आप्त पुरुषों के सहाय, विद्या, सुशिक्षा से रहित, विषयों में आसक्त मूढ़ है वह न्याय से दण्ड को चलाने में समर्थ कभी नहीं हो सकता॥ ९॥

और जो पवित्र आत्मा सत्याचार और सत्पुरुषों का सङ्गी यथावत् नीतिशास्त्र के अनुकूल चलनेहारा श्रेष्ठ पुरुषों के सहाय से युक्त बुद्धिमान् है वही न्यायरूपी दण्ड के चलाने में समर्थ होता है॥ १०॥ इसलिये—

सैनापत्यं च राज्यं च दण्डनेतृत्वमेव च।
सर्वलोकाधिपत्यं च वेदशास्त्रविदर्हति॥ १॥
दशावरा वा परिषद्यं धर्मं परिकल्पयेत्।
त्र्यवरा वापि वृत्तस्था तं धर्मं न विचालयेत्॥ २॥
त्रैविद्यो हैतुकस्तर्की नैरुक्तो धर्मपाठकः।
त्रयश्चाश्रमिणः पूर्वे परिषत्स्याद्दशावरा॥ ३॥

ऋग्वेदविद्यजुर्विच्च सामवेदविदेव च।
त्र्यवरा परिषज्ज्ञेया धर्मसंशयनिर्णये॥ ४॥
एकोऽपि वेदविद्धर्मं यं व्यवस्येद् द्विजोत्तमः।
स विज्ञेयः परो धर्मो नाज्ञानामुदितोऽयुतैः॥ ५॥
अव्रतानाममन्त्राणां जातिमात्रोपजीविनाम्।
सहस्रशः समेतानां परिषत्त्वं न विद्यते॥ ६॥
यं वदन्ति तमोभूता मूर्खा धर्ममतद्विदः।
तत्पापं शतधा भूत्वा तद्वक्तॄननुगच्छति॥ ७॥ मनु०॥

सब सेना और सेनापतियों के ऊपर राज्याधिकार, दण्ड देने की व्यवस्था के सब कार्यों का आधिपत्य और सब के ऊपर वर्त्तमान सर्वाधीश राज्याधिकार इन चारों अधिकारों में सम्पूर्ण वेद शास्त्रों में प्रवीण पूर्ण विद्यावाले धर्मात्मा जितेन्द्रिय सुशील जनों को स्थापित करना चाहिये अर्थात् मुख्य सेनापति, मुख्य राज्याधिकारी, मुख्य न्यायाधीश, प्रधान और राजा ये चार सब विद्याओं में पूर्ण विद्वान् होने चाहियें॥१॥

न्यून से न्यून दश विद्वानों अथवा बहुत न्यून हों तो तीन विद्वानों की सभा जैसी व्यवस्था करे उस धर्म अर्थात् व्यवस्था का उल्लंघन कोई भी न करे॥ २॥

इस सभा में चारों वेद, हैतुक अर्थात् कारण अकारण का ज्ञाता न्यायशास्त्र, निरुक्त, धर्मशास्त्र आदि के वेत्ता विद्वान् सभासद् हों परन्तु वे ब्रह्मचारी, गृहस्थ और वानप्रस्थ हों तब यह सभा कि जिसमें दश विद्वानों से न्यून न होने चाहिये॥ ३॥

और जिस सभा में ऋग्वेद, यजुर्वेद, सामवेद के जानने वाले तीन सभासद् होके व्यवस्था करें उस सभा की की हुई व्यवस्था को भी कोई उल्लंघन न करे॥४॥

यदि एक अकेला सब वेदों का जाननेहारा द्विजों में उत्तम संन्यासी जिस धर्म की व्यवस्था करे वही श्रेष्ठ धर्म है क्योंकि अज्ञानियों के सहस्रों लाखों क्रोड़ों मिल के जो कुछ व्यवस्था करें उस को कभी न मानना चाहिये॥ ५॥

जो ब्रह्मचर्य सत्यभाषणादि व्रत वेदविद्या वा विचार से रहित जन्ममात्र से शूद्रवत् वर्त्तमान हैं उन सहस्रों मनुष्यों के मिलने से भी सभा नहीं कहाती॥ ६॥

जो अविद्यायुक्त मूर्ख वेदों के न जाननेवाले मनुष्य जिस धर्म को कहें उस को कभी न मानना चाहिये क्योंकि जो मूर्खों के कहे हुए धर्म के अनुसार चलते हैं उनके पीछे सैकड़ों प्रकार के पाप लग जाते हैं॥ ७॥

इसलिये तीनों अर्थात् विद्यासभा, धर्मसभा और राज्यसभाओं में मूर्खों को कभी भरती न करे। किन्तु सदा विद्वान् और धार्मिक पुरुषों का स्थापन करे। और सब लोग ऐसे—

त्रैविद्येभ्यस्त्रयीं विद्यां दण्डनीतिं च शाश्वतीम्।
आन्वीक्षिकीं चात्मविद्यां वार्त्तारम्भाँश्च लोकतः॥ १॥
इन्द्रियाणां जये योगं समातिष्ठेद्दिवानिशम्।
जितेन्द्रियो हि शक्नोति वशे स्थापयितुं प्रजाः॥ २॥
दश कामसमुत्थानि तथाष्टौ क्रोधजानि च।
व्यसनानि दुरन्तानि प्रयत्नेन विवर्जयेत्॥ ३॥
कामजेषु प्रसक्तो हि व्यसनेषु महीपतिः।
वियुज्यतेऽर्थधर्माभ्यां क्रोधजेष्वात्मनैव तु॥ ४॥

मृगयाक्षो दिवास्वप्नः परीवादः स्त्रियो मदः।
तौर्य्यत्रिकं वृथाट्या च कामजो दशको गणः॥ ५॥
पैशुन्यं साहसं द्रोह ईर्ष्यासूयार्थदूषणम्।
वाग्दण्डजं च पारुष्यं क्रोधजोऽपि गणोऽष्टकः॥ ६॥
द्वयोरप्येतयोर्मूलं यं सर्वे कवयो विदुः।
तं यत्नेन जयेल्लोभं तज्जावेतावुभौ गणौ॥ ७॥
पानमक्षाः स्त्रियश्चैव मृगया च यथाक्रमम्।
एतत्कष्टतमं विद्याच्चतुष्कं कामजे गणे॥ ८॥
दण्डस्य पातनं चैव वाक्पारुष्यार्थदूषणे।
क्रोधजेऽपि गणे विद्यात्कष्टमेतत्त्रिकं सदा॥ ९॥
सप्तकस्यास्य वर्गस्य सर्वत्रैवानुषङ्गिणः।
पूर्वं पूर्वं गुरुतरं विद्याद्व्यसनमात्मवान्॥ १०॥
व्यसनस्य च मृत्योश्च व्यसनं कष्टमुच्यते।
व्यसन्यधोऽधो व्रजति स्वर्यात्यव्यसनी मृतः॥ ११॥ मनु०॥

राजा और राजसभा के सभासद् तब हो सकते हैं कि जब वे चारों वेदों की कर्मोपासना ज्ञान विद्याओं के जाननेवालों से तीनों विद्या सनातन दण्डनीति न्यायविद्या आत्मविद्या अर्थात् परमात्मा के गुण, कर्म, स्वभाव रूप को यथावत् जाननेरूप ब्रह्मविद्या और लोक से वार्ताओं का आरम्भ (कहना और पूछना) सीखकर सभासद् वा सभापति हो सकें॥ १॥

सब सभासद् और सभापति इन्द्रियों को जीतने अर्थात् अपने वश में रख के सदा धर्म में वर्तें और अधर्म से हठे हठाए रहैं। इसलिये रात दिन नियत समय में योगाभ्यास भी करते रहैं, क्योंकि जो अजितेन्द्रिय कि अपनी इन्द्रियों (जो मन, प्राण और शरीर प्रजा है इस) को जीते विना बाहर की प्रजा को अपने वश में स्थापन करने को समर्थ कभी नहीं हो सकता॥ २॥

दृढ़ोत्साही होकर जो काम से दश और क्रोध से आठ दुष्ट व्यसन कि जिनमें फंसा हुआ मनुष्य कठिनता से निकल सके उन को प्रयत्न से छोड़ और छुड़ा देवे॥ ३॥

क्योंकि जो राजा काम से उत्पन्न हुए दश दुष्ट व्यसनों में फंसता है वह अर्थ अर्थात् राज्य धनादि और धर्म से रहित हो जाता है और जो क्रोध से उत्पन्न हुए आठ बुरे व्यसनों में फंसता है वह शरीर से भी रहित हो जाता है॥ ४॥

काम से उत्पन्न हुए व्यसन गिनाते हैं। देखो—मृगया खेलना, (अक्ष) अर्थात् चोपड़ खेलना, जुआ खेलनादि, दिन में सोना, कामकथा व दूसरे की निन्दा किया करना, स्त्रियों का अति संग, मादक द्रव्य अर्थात् मद्य, अफीम, भांग, गांजा, चरस आदि का सेवन, गाना, बजाना, नाचना वा नाच कराना सुनना और देखना; वृथा इधर-उधर घूमते रहना ये दश कामोत्पन्न व्यसन हैं॥ ५॥

क्रोध से उत्पन्न व्यसनों को गिनाते हैं—'पैशुन्यम्' अर्थात् चुगली करना, साहस विना विचारे बलात्कार से किसी की स्त्री से बुरा काम करना, द्रोह=द्रोह रखना, 'ईर्ष्या' अर्थात् दूसरे की बड़ाई वा उन्नति देख कर जला करना, 'असूया' दोषों में गुण, गुणों में दोषारोपण करना, 'अर्थदूषण' अर्थात् अधर्मयुक्त बुरे कामों से धनादि का व्यय करना, वाग्दण्ड, कठोर वचन बोलना और पारुष्यं=विना अपराध

कड़ा वचन वा विशेष दण्ड देना ये आठ दुर्गुण क्रोध से उत्पन्न होते हैं॥ ६॥

जिसे सब विद्वान् लोग कामज और क्रोधजों का मूल जानते हैं कि जिस से ये सब दुर्गुण मनुष्य को प्राप्त होते हैं उस लोभ को प्रयत्न से छोड़े॥ ७॥

काम के व्यसनों में बड़े दुर्गुण एक मद्यादि अर्थात् मदकारक द्रव्यों का सेवन, दूसरा पासों आदि से जुआ खेलना, तीसरा स्त्रियों का विशेष सङ्ग, चौथा मृगया खेलना चे चार महादुष्ट व्यसन हैं॥ ८॥

और क्रोधजों में विना अपराध दण्ड देना, कठोर वचन बोलना और धनादि का अन्याय में खर्च करना ये तीन क्रोध से उत्पन्न हुए बड़े दुःखदायक दोष हैं॥ ९॥

जो ये सात दुर्गुण दोनों कामज और क्रोधज दोषों में गिने हैं इन से पूर्व-पूर्व अर्थात् व्यर्थ व्यय से कठोर वचन, कठोर वचन से अन्याय से दण्ड देना, इस से मृगया खेलना, इस से स्त्रियों का अत्यन्त सङ्ग, इस से जुआ अर्थात् द्यूत करना और इस से भी मद्यादि सेवन करना बड़ा दुष्ट व्यसन है॥ १०॥

इस में यह निश्चय है कि दुष्ट व्यसन में फंसने से मर जाना अच्छा है क्योंकि जो दुष्टाचारी पुरुष है वह अधिक जियेगा तो अधिक-अधिक पाप करके नीच-नीच गति अर्थात् अधिक-अधिक दुःख को प्राप्त होता जायेगा। और जो किसी व्यसन में नहीं फंसा वह मर भी जायगा तो भी सुख को प्राप्त होता जायगा। इसलिये विशेष राजा और सब मनुष्यों को उचित है कि कभी मृगया और मद्यपानादि दुष्ट कामों में न फंसें और दुष्ट व्यसनों से पृथक् होकर धर्मयुक्त गुण, कर्म, स्वभावों में सदा वर्त्त के अच्छे-अच्छे काम किया करें॥ ११॥

राजसभासद् और मन्त्री कैसे होने चाहिये—

मौलान् शास्त्रविदः शूरांल्लब्धलक्ष्यान् कुलोद्गतान्।
सचिवान् सप्त चाष्टौ वा प्रकुर्वीत परीक्षितान्॥ १॥
अपि यत् सुकरं कर्म तदप्येकेन दुष्करम्।
विशेषतोऽसहायेन किन्तु राज्यं महोदयम्॥ २॥
तैः सार्द्धं चिन्तयेन्नित्यं सामान्यं सन्धिविग्रहम्।
स्थानं समुदयं गुप्तिं लब्धप्रशमनानि च॥ ३॥
तेषां स्वं स्वमभिप्रायमुपलभ्य पृथक्-पृथक्।
समस्तानाञ्च कार्य्येषु विदध्याद्धितमात्मनः॥ ४॥
अन्यानपि प्रकुर्वीत शुचीन् प्रज्ञानवस्थितान्।
सम्यगर्थसमाहर्तॄन् अमात्यान् सुपरीक्षितान्॥ ५॥
निवर्त्तेतास्य यावद्भिरितिकर्तव्यता नृभिः।
तावतोऽतन्द्रितान् दक्षान् प्रकुर्वीत विचक्षणान्॥ ६॥
तेषामर्थे नियुञ्जीत शूरान् दक्षान् कुलोद्गतान्।
शुचीन् आकरकर्मान्ते भीरून् अन्तर्निवेशने॥ ७॥
दूतं चैव प्रकुर्वीत सर्वशास्त्रविशारदम्।
इङ्गिताकारचेष्टज्ञं शुचिं दक्षं कुलोद्गतम्॥ ८॥
अनुरक्तः शुचिर्दक्षः स्मृतिमान् देशकालवित्।
वपुष्मान्वीतभीर्वाग्मी दूतो राज्ञः प्रशस्यते॥ ९॥ मनु०॥

स्वराज्य स्वदेश में उत्पन्न हुए, वेदादि शास्त्रों के जानने वाले, शूरवीर, जिन

का लक्ष्य अर्थात् विचार निष्फल न हो और कुलीन, अच्छे प्रकार सुपरीक्षित, सात वा आठ उत्तम धार्मिक चतुर 'सचिवान्' अर्थात् मन्त्री करे॥ १॥

क्योंकि विशेष सहाय के विना जो सुगम कर्म है वह भी एक के करने में कठिन हो जाता है, जब ऐसा है तो महान् राज्यकर्म्म एक से कैसे हो सकता है? इसलिये एक को राजा और एक की बुद्धि पर राज्य के कार्य्य का निर्भर रखना बहुत ही बुरा काम है॥ २॥

इस से सभापति को उचित है कि नित्यप्रति उन राज्यकर्मों में कुशल विद्वान् मन्त्रियों के साथ सामान्य करके किसी से (सन्धि) मित्रता किसी से (विग्रह) विरोध (स्थान) स्थिति समय को देख के चुपचाप रहना, अपने राज्य की रक्षा करके बैठे रहना (समुदयम्) जब अपना उदय अर्थात् वृद्धि हो तब दुष्ट शत्रु पर चढ़ाई करना (गुप्तिम्) मूल राजसेना कोश आदि की रक्षा (लब्धप्रशमनानि) जो-जो देश प्राप्त हो उस-उस में शान्तिस्थापन उपद्रवरहित करना इन छः गुणों का विचार नित्यप्रति किया करे॥ ३॥

विचार से करना कि उस सभासदों का पृथक्-पृथक् अपना-अपना विचार और अभिप्राय को सुनकर बहुपक्षानुसार कार्यों में जो कार्य अपना और अन्य का हितकारक हो वह करने लगना॥ ४॥

अन्य भी पवित्रात्मा, बुद्धिमान्, निश्चितबुद्धि, पदार्थों के संग्रह करने में अतिचतुर, सुपरीक्षित मन्त्री करे॥ ५॥

जितने मनुष्यों से कार्य्य सिद्ध हो सके उतने आलस्यरहित बलवान् और बड़े-बड़े चतुर प्रधान पुरुषों को (अधिकारी) अर्थात् नौकर करे॥ ६॥

इन के आधीन शूरवीर बलवान् कुलोत्पन्न पवित्र भृत्यों को बड़े-बड़े कर्मों में और भीरु डरने वालों को भीतर के कर्मों में नियुक्त करे॥ ७॥

जो प्रशंसित कुल में उत्पन्न चतुर, पवित्र, हावभाव और चेष्टा से भीतर हृदय और भविष्यत् में होने वाली बात को जाननेहारा सब शास्त्रों में विशारद चतुर है; उस दूत को भी रक्खे॥ ८॥

वह ऐसा हो कि राज काम में अत्यन्त उत्साह प्रीतियुक्त, निष्कपटी, पवित्रात्मा, चतुर, बहुत समय की बात को भी न भूलने वाला, देश और कालानुकूल वर्त्तमान का कर्त्ता, सुन्दर रूपयुक्त निर्भय और बड़ा वक्ता हो, वही राजा का दूत होने में प्रशस्त है॥ ९॥ किस-किस को क्या-क्या अधिकार देना योग्य है—

अमात्ये दण्ड आयत्तो दण्डे वैनयिकी क्रिया।
नृपतौ कोशराष्ट्रे च दूते सन्धिविपर्ययौ॥ १॥
दूत एव हि सन्धत्ते भिनत्त्येव च संहतान्।
दूतस्तत्कुरुते कर्म भिद्यन्ते येन वा न वा॥ २॥
बुद्ध्वा च सर्वं तत्त्वेन परराजचिकीर्षितम्।
तथा प्रयत्नमातिष्ठेद्यथात्मानं न पीडयेत्॥ ३॥
धनुर्दुर्गं महीदुर्गमब्दुर्गं वार्क्षमेव वा।
नृदुर्गं गिरिदुर्गं वा समाश्रित्य वसेत्पुरम्॥ ४॥
एकः शतं योधयति प्राकारस्थो धनुर्धरः।
शतं दशसहस्राणि तस्माद् दुर्गं विधीयते॥ ५॥

तत्स्यादायुधसम्पन्नं धनधान्येन वाहनैः।
ब्राह्मणैः शिल्पिभिर्यन्त्रैर्यवसेनोदकेन च॥ ६॥
तस्य मध्ये सुपर्याप्तं कारयेद् गृहमात्मनः।
गुप्तं सर्वर्त्तुकं शुभ्रं जलवृक्षसमन्वितम्॥ ७॥
तदध्यास्योद्वहेद्भार्यां सवर्णां लक्षणान्विताम्।
कुले महति सम्भूतां हृद्यां रूपगुणान्विताम्॥ ८॥
पुरोहितं प्रकुर्वीत वृणुयादेव चर्त्विजम्।
तेऽस्य गृह्याणि कर्माणि कुर्य्युर्वैतानिकानि च॥ ९॥ मनु०॥

अमात्य को दण्डाधिकार, दण्ड में विनय क्रिया अर्थात् जिस से अन्यायरूप दण्ड न होने पावे, राजा के आधीन कोश और राजकार्य्य तथा सभा के आधीन सब कार्य्य और दूत के आधीन किसी से मेल वा विरोध करना अधिकार देवे॥ १॥

दूत उस को कहते हैं जो फूट में मेल और मिले हुए दुष्टों को फोड़ तोड़ देवे। दूत वह कर्म करे जिस से शत्रुओं में फूट पड़े॥ २॥

वह सभापति और सब सभासद् वा दूत आदि यथार्थ से दूसरे विरोधी राजा के राज्य का अभिप्राय जान के वैसा यत्न करे कि जिस से अपने को पीड़ा न हो॥ ३॥

इसलिये सुन्दर जङ्गल, धन धान्ययुक्त देश में (धनुर्दुर्गम्) धनुर्धारी पुरुषों से गहन (महीदुर्गम्) मट्टी से किया हुआ (अब्दुर्गम्) जल से घेरा हुआ (वार्क्षम्) अर्थात् चारों ओर वन (नृदुर्गम्) चारों ओर सेना रहे (गिरिदुर्गम्) अर्थात् चारों ओर पहाड़ों के बीच में कोट बना के इस के मध्य में नगर बनावे॥ ४॥

और नगर के चारों ओर (प्राकार) प्रकोट बनावे, क्योंकि उस में स्थित हुआ एक वीर धनुर्धारी शस्त्रयुक्त पुरुष सौ के साथ और सौ दश हजार के साथ युद्ध कर सकते हैं इसलिये अवश्य दुर्ग का बनाना उचित है॥ ५॥

वह दुर्ग शस्त्रास्त्र, धन, धान्य, वाहन, ब्राह्मण जो पढ़ाने उपदेश करने हारे हों (शिल्पी) कारीगर, यन्त्र, नाना प्रकार की कला, (यवसेन) चारा घास और जल आदि से सम्पन्न अर्थात् परिपूर्ण हो॥ ६॥

उस के मध्य में जल वृक्ष पुष्पादिक सब प्रकार से रक्षित सब ऋतुओं में सुखकारक श्वेतवर्ण अपने लिये घर जिस में सब राजकार्य्य का निर्वाह हो वैसा बनवावे॥ ७॥

इतना अर्थात् ब्रह्मचर्य से विद्या पढ़ के यहां तक राजकाम करके पश्चात् सौन्दर्य रूप गुणयुक्त हृदय को अतिप्रिय बड़े उत्तम कुल में उत्पन्न सुन्दर लक्षणयुक्त अपने क्षत्रियकुल की कन्या जो कि अपने सदृश विद्यादि गुण कर्म स्वभाव में हो उस एक ही स्त्री के साथ विवाह करे दूसरी सब स्त्रियों को अगम्य समझ कर दृष्टि से भी न देखे॥ ८॥

पुरोहित और ऋत्विज् का स्वीकार इसलिये करे कि वे अग्निहोत्र और पक्षेष्टि आदि सब राजघर के कर्म किया करें और आप सर्वदा राजकार्य में तत्पर रहै अर्थात् यही राजा का सन्ध्योपासनादि कर्म है जो रात दिन राजकार्य्य में प्रवृत्त रहना और कोई राजकाम बिगड़ने न देना॥ ९॥

सांवत्सरिकमाप्तैश्च राष्ट्रादाहारयेद् बलिम्।
स्याच्चाम्नायपरो लोके वर्त्तेत पितृवन्नृषु॥ १॥

अध्यक्षान्विविधान्कुर्यात् तत्र तत्र विपश्चितः।
तेऽस्य सर्वाण्यवेक्षेरन्नृणां कार्याणि कुर्वताम्॥ २॥
आवृत्तानां गुरुकुलाद्विप्राणां पूजको भवेत्।
नृपाणामक्षयो ह्येष निधिर्ब्राह्मो विधीयते॥ ३॥
समोत्तमाधमै राजा त्वाहूतः पालयन् प्रजाः।
न निवर्तेत संग्रामात् क्षात्रं धर्मम् अनुस्मरन्॥ ४॥
आहवेषु मिथोऽन्योन्यं जिघांसन्तो महीक्षितः।
युध्यमानाः परं शक्त्या स्वर्गं यान्त्यपराङ्मुखाः॥ ५॥
न च हन्यात्स्थलारूढं न क्लीबं न कृताञ्जलिम्।
न मुक्तकेशं नासीनं न तवास्मीति वादिनम्॥ ६॥
न सुप्तं न विसन्नाहं न नग्नं न निरायुधम्।
नायुध्यमानं पश्यन्तं न परेण समागतम्॥ ७॥
नायुधव्यसनं प्राप्तं नार्त्तं नातिपरिक्षतम्।
न भीतं न परावृत्तं सतां धर्ममनुस्मरन्॥ ८॥
यस्तु भीतः परावृत्तः सङ्ग्रामे हन्यते परैः।
भर्त्तुर्यद् दुष्कृतं किञ्चित्तत्सर्वं प्रतिपद्यते॥ ९॥
यच्चास्य सुकृतं किञ्चिदमुत्रार्थमुपार्जितम्।
भर्त्ता तत्सर्वमादत्ते परावृत्तहतस्य तु॥ १०॥
रथाश्वं हस्तिनं छत्रं धनं धान्यं पशून्स्त्रियः।
सर्वद्रव्याणि कुप्यं च यो यज्जयति तस्य तत्॥ ११॥
राज्ञश्च दद्युरुद्धारमित्येषा वैदिकी श्रुतिः।
राज्ञा च सर्वयोधेभ्यो दातव्यमपृथग्जितम्॥ १२॥ मनु०॥

प्रजा से वार्षिक कर आप्तपुरुषों के द्वारा ग्रहण करे और सभापतिरूप राजा आदि प्रधान पुरुष हैं वे सब तथा सभा वेदानुकूल होकर प्रजा के साथ पिता के समान वर्तें॥ १॥

उस राज्यकार्य्य में विविध प्रकार के विद्वान् अध्यक्षों को सभा नियत करे। इन का यही काम है जितने-जितने जिस-जिस काम में राजपुरुष हों वे नियमानुसार वर्त्त कर यथावत् काम करते हैं वा नहीं। जो यथावत् करें तो उनका सत्कार और जो विरुद्ध करें तो उन को यथावत् दण्ड किया करें॥ २॥

सदा जो राजाओं का वेद प्रचार रूप अक्षय कोष है उस के प्रचार के लिये जो कोई यथावत् ब्रह्मचर्य से वेदादि शास्त्रों को पढ़कर गुरुकुल से आवे उस का सत्कार राजा और सभा यथावत् करें तथा उन का भी जिन के पढ़ाये हुए विद्वान् होवें। इस बात के करने से राज्य में विद्या की उन्नति होकर अत्यन्त उन्नति होती है॥ ३॥

जब कभी प्रजा का पालन करने वाले राजा को कोई अपने से छोटा, तुल्य और उत्तम संग्राम में आह्वान करे तो क्षत्रियों के धर्म का स्मरण करके संग्राम में जाने से कभी निवृत्त न हो अर्थात् बड़ी चतुराई के साथ उनसे युद्ध करे जिस से अपना ही विजय हो॥ ४॥

जो संग्रामों में एक दूसरे को हनन करने की इच्छा करते हुए राजा लोग जितना अपना सामर्थ्य हो विना डर पीठ न दिखा युद्ध करते हैं वे सुख को प्राप्त

होते हैं इस से विमुख कभी न हो, किन्तु कभी-कभी शत्रु को जीतने के लिये उन के सामने से छिप जाना उचित है क्योंकि जिस प्रकार से शत्रु को जीत सके वैसे काम करे। जैसा सिंह क्रोध में सामने आकर शस्त्राग्नि में शीघ्र भस्म हो जाता है वैसे मूर्खता से नष्ट भ्रष्ट न हो जावें॥ ५॥

युद्ध समय में न इधर-उधर खड़े, न नपुंसक, न हाथ जोड़े हुए, न जिस के शिर के बाल खुल गये हों, न बैठे हुए, न 'मैं तेरे शरण हूं' ऐसे को॥ ६॥

न सोते हुए, न मूर्छा को प्राप्त हुए, न नग्न हुए, न आयुध से रहित, न युद्ध करते हुओं को देखने वालों, न शत्रु के साथी॥ ७॥

न आयुध के प्रहार से पीड़ा को प्राप्त हुए, न दुःखी, न अत्यन्त घायल, न डरे हुए और न पलायन करते हुए पुरुष को, सत्पुरुषों के धर्म का स्मरण करते हुए, योद्धा लोग कभी मारें किन्तु उन को पकड़ के जो अच्छे हों बन्दीगृह में रख दे और भोजन आच्छादन यथावत् देवे और जो घायल हुए हों उन की औषधादि विधिपूर्वक करे। न उन को चिड़ावे न दुःख देवे। जो उन के योग्य काम हो करावे। विशेष इस पर ध्यान रक्खे कि स्त्री, बालक, वृद्ध और आतुर तथा शोकयुक्त पुरुषों पर शस्त्र कभी न चलावे। उनके लड़के-बालों को अपने सन्तानवत् पाले और स्त्रियों को भी पाले। उन को अपनी माँ बहिन और कन्या के समान समझे, कभी विषयासक्ति की दृष्टि से भी न देखे। जब राज्य अच्छे प्रकार जम जाय और जिन में पुनः पुनः युद्ध करने की शङ्का न हो उन को सत्कारपूर्वक छोड़ कर अपने-अपने घर व देश को भेज देवे और जिन से भविष्यत् काल में विघ्न होना सम्भव हो उन को सदा कारागार में रक्खे॥ ८॥

और जो पलायन अर्थात् भागे और डरा हुआ भृत्य शत्रुओं से मारा जाय वह उस स्वामी के अपराध को प्राप्त होकर दण्डनीय होवे॥ ९॥

और जो उस की प्रतिष्ठा है जिस से इस लोक और परलोक में सुख होने वाला था उस को उस का स्वामी ले लेता है, जो भागा हुआ मारा जाय उस को कुछ भी सुख नहीं होता, उस का पुण्यफल सब नष्ट हो जाता है और उस प्रतिष्ठा को वह प्राप्त हो जिस ने धर्म से यथावत् युद्ध किया हो॥ १०॥

इस व्यवस्था को कभी न तोड़े कि जो-जो लड़ाई में जिस-जिस भृत्य वा अध्यक्ष ने रथ घोड़े, हाथी, छत्र, धन-धान्य, गाय आदि पशु और स्त्रियां तथा अन्य प्रकार के सब द्रव्य और घी, तेल आदि के कुप्पे जीते हों वही उस-उस का ग्रहण करे॥ ११॥

परन्तु सेनास्थ जन भी उन जीते हुए पदार्थों में से सोलहवां भाग राजा को देवें और राजा भी सेनास्थ योद्धाओं को उस धन में से, जो सब ने मिल के जीता है, सोलहवां भाग देवे और जो कोई युद्ध में मर गया हो उस की स्त्री और सन्तान को उस का भाग देवे और उस की स्त्री तथा असमर्थ लड़कों का यथावत् पालन करे। जब उसके लड़के समर्थ हो जायें तब उनको यथायोग्य अधिकार देवे। जो कोई अपने राज्य की रक्षा, वृद्धि, प्रतिष्ठा, विजय और आनन्दवृद्धि की इच्छा रखता हो वह इस मर्यादा का उल्लंघन कभी न करे॥ १२॥

अलब्धं चैव लिप्सेत लब्धं रक्षेत्प्रयत्नतः।
रक्षितं वर्द्धयेच्चैव वृद्धं पात्रेषु निःक्षिपेत्॥ १॥ २॥

अलब्धमिच्छेद्दण्डेन लब्धं रक्षेदवेक्षया।
रक्षितं वर्द्धयेद् वृद्ध्या वृद्धं दानेन निःक्षिपेत्॥ ३ ॥
अमाययैव वर्तेत न कथञ्चन मायया।
बुध्येतारिप्रयुक्तां च मायां नित्यं स्वसंवृतः॥ ४॥
नास्य छिद्रं परो विद्याच्छिद्रं विद्यात्परस्य तु।
गूहेत्कूर्म इवाङ्गानि रक्षेद्विवरमात्मनः॥ ५ ॥
वकवच्चिन्तयेदर्थान् सिंहवच्च पराक्रमेत्।
वृकवच्चावलुम्पेत शशवच्च विनिष्पतेत्॥ ६ ॥
एवं विजयमानस्य येऽस्य स्युः परिपन्थिनः।
तानानयेद् वशं सर्वान् सामादिभिरुपक्रमैः॥ ७॥ ८॥
यथोद्धरति निर्दाता कक्षं धान्यं च रक्षति।
तथा रक्षेन्नृपो राष्ट्रं हन्याच्च परिपन्थिनः॥ ९ ॥
मोहाद् राजा स्वराष्ट्रं यः कर्षयत्यनवेक्षया।
सोऽचिराद् भ्रश्यते राज्याज्जीविताच्च सबान्धवः॥ १० ॥
शरीरकर्षणात्प्राणाः क्षीयन्ते प्राणिनां यथा।
तथा राज्ञामपि प्राणाः क्षीयन्ते राष्ट्रकर्षणात्॥ ११ ॥
राष्ट्रस्य सङ्ग्रहे नित्यं विधानमिदमाचरेत्।
सुसङ्गृहीतराष्ट्रो हि पार्थिवः सुखमेधते॥ १२ ॥
द्वयोस्त्रयाणां पञ्चानां मध्ये गुल्ममधिष्ठितम्।
तथा ग्रामशतानां च कुर्य्याद्राष्ट्रस्य सङ्ग्रहम्॥ १३ ॥
ग्रामस्याधिपतिं कुर्य्याद्दशग्रामपतिं तथा।
विंशतीशं शतेशं च सहस्रपतिमेव च॥ १४॥
ग्रामदोषान्समुत्पन्नान् ग्रामिकः शनकैः स्वयम्।
शंसेद् ग्रामदशेशाय दशेशो विंशतीशिनम्॥ १५ ॥
विंशतीशस्तु तत्सर्वं शतेशाय निवेदयेत्।
शंसेद् ग्रामशतेशस्तु सहस्रपतये स्वयम्॥ १६ ॥
तेषां ग्राम्याणि कार्याणि पृथक्कार्याणि चैव हि।
राज्ञोऽन्यः सचिवः स्निग्धस्तानि पश्येदतन्द्रितः॥ १७॥
नगरे नगरे चैकं कुर्यात्सर्वार्थचिन्तकम्।
उच्चैः स्थानं घोररूपं नक्षत्राणामिव ग्रहम्॥ १८ ॥
स ताननुपरिक्रामेत्सर्वानेव सदा स्वयम्।
तेषां वृत्तं परिणयेत्सम्यग्राष्ट्रेषु तच्चरैः॥ १९ ॥
राज्ञो हि रक्षाधिकृताः परस्वादायिनः शठाः।
भृत्या भवन्ति प्रायेण तेभ्यो रक्षेदिमाः प्रजाः॥ २०॥
ये कार्यिकेभ्योऽर्थमेव गृह्णीयुः पापचेतसः।
तेषां सर्वस्वमादाय राजा कुर्यात्प्रवासनम्॥ २१ ॥ मनु०॥

राजा और राजसभा अलब्ध की प्राप्ति की इच्छा, प्राप्त की प्रयत्न से रक्षा करे, रक्षित को बढ़ावे और बढ़े हुए धन को वेदविद्या, धर्म का प्रचार, विद्यार्थी, वेदमार्गोपदेशक तथा असमर्थ अनाथों के पालन में लगावे॥ १ ॥

इस चार प्रकार के पुरुषार्थ के प्रयोजन को जाने। आलस्य छोड़कर इस

का भलीभांति नित्य अनुष्ठान करे।।२।। दण्ड से अप्राप्त की प्राप्ति की इच्छा, नित्य देखने से प्राप्त की रक्षा, रक्षित को वृद्धि अर्थात् ब्याजादि से बढ़ावे और बढ़े हुए धन को पूर्वोक्त मार्ग में नित्य व्यय करे॥ ३॥

कदापि किसी के साथ छल से न वर्ते किन्तु निष्कपट होकर सब से वर्त्ताव रखे और नित्यप्रति अपनी रक्षा कर के शत्रु के किये हुए छल को जान के निवृत्त करे॥ ४॥

कोई शत्रु अपने छिद्र अर्थात् निर्बलता को न जान सके और स्वयं शत्रु के छिद्रों को जानता रहै, जैसे कछुआ अपने अङ्गों को गुप्त रखता है वैसे शत्रु के प्रवेश करने के छिद्र को गुप्त रक्खे॥ ५॥

जैसे बगुला ध्यानावस्थित होकर मच्छी पकड़ने को ताकता है वैसे अर्थसंग्रह का विचार किया करे, द्रव्यादि पदार्थ और बल की वृद्धि कर शत्रु को जीतने के लिये सिंह के समान पराक्रम करे। चीता के समान छिपकर शत्रुओं को पकड़े और समीप आये बलवान् शत्रुओं से सस्सा के समान दूर भाग जाय और पश्चात् उन को छल से पकड़े॥ ६॥

इस प्रकार विजय करने वाले सभापति के राज्य में जो परिपन्थी अर्थात् डाकू लुटेरे हों उन को (साम) मिला लेना (दाम) कुछ देकर (भेद) फोड़ तोड़ करके वश में करे ।।७।। और जो इनसे वश में न हों तो अतिकठिन दण्ड से वश में करे॥ ८॥

जैसे धान्य का निकालने वाला छिलकों को अलग कर धान्य की रक्षा करता अर्थात् टूटने नहीं देता है वैसे राजा डाकू चोरों को मारे और राज्य की रक्षा करे॥ ९॥

जो राजा मोह से, अविचार से अपने राज्य को दुर्बल करता है, वह राज्य और अपने बन्धुसहित जीवन से पूर्व ही शीघ्र नष्ट भ्रष्ट हो जाता है॥ १०॥

जैसे प्राणियों के प्राण शरीरों के कृशित करने से क्षीण हो जाते हैं वैसे ही प्रजाओं को दुर्बल करने से राजाओं के प्राण अर्थात् बलादि बन्धुसहित नष्ट हो जाते हैं॥ ११॥

इसलिये राजा और राजसभा राजकार्य्य की सिद्धि के लिये ऐसा प्रयत्न करें कि जिस से राजकार्य्य यथावत् सिद्ध हों। जो राजा राज्यपालन में सब प्रकार तत्पर रहता है उसको सुख सदा बढ़ता है॥ १२॥

इसलिये दो, तीन; पांच और सौ ग्रामों के बीच में राजस्थान रक्खें जिस में यथायोग्य भृत्य अर्थात् कामदार आदि राजपुरुषों को रखकर सब राज्य के कार्यों को पूर्ण करे॥ १३॥

एक-एक ग्राम में एक-एक प्रधान पुरुष को रक्खें उन्हीं दश ग्रामों के ऊपर दूसरा, उन्हीं वीश ग्रामों के ऊपर तीसरा, उन्हीं सौ ग्रामों के ऊपर चौथा और उन्हीं सहस्र ग्रामों के ऊपर पांचवां पुरुष रक्खे ।। अर्थात् जैसे आजकल एक ग्राम में एक पटवारी, उन्हीं दश ग्रामों में एक थाना और दो थानों पर एक बड़ा थाना और उन पांच थानों पर एक तहसील और दश तहसीलों पर एक जिला नियत किया है यह वही अपने मनु आदि धर्मशास्त्र से राजनीति का प्रकार लिया है॥ १४॥

इसी प्रकार प्रबन्ध करे और आज्ञा देवे कि वह एक-एक ग्रामों का पति ग्रामों में नित्यप्रति जो-जो दोष उत्पन्न हों उन-उन को गुप्तता से दश ग्राम के पति

को विदित कर दे और वह दश ग्रामाधिपति उसी प्रकार वीस ग्राम के स्वामी को दश ग्रामों का वर्त्तमान नित्यप्रति जना देवे॥ १५॥

और बीस ग्रामों का अधिपति बीस ग्रामों के वर्त्तमान शतग्रामाधिपति को नित्यप्रति निवेदन करे। वैसे सौ-सौ ग्रामों के पति आप सहस्राधिपति अर्थात् हजार ग्रामों के स्वामी को सौ-सौ ग्रामों के वर्त्तमान प्रतिदिन जनाया करें। (और बीस-बीस ग्राम के पांच अधिपति सौ-सौ ग्राम के अध्यक्ष को) और वे सहस्र-सहस्र के दश अधिपति दशसहस्र के अधिपति को और वे दश-दश हजार के दश अधिपति लक्षग्रामों की राजसभा को प्रतिदिन का वर्त्तमान जनाया करें। और वे सब राजसभा महाराजसभा अर्थात् सार्वभौमचक्रवर्ति महाराजसभा में सब भूगोल का वर्त्तमान जनाया करें॥ १६॥

और एक-एक दश-दशसहस्र ग्रामों पर दो सभापति वैसे करें जिन में एक राजसभा में और दूसरा अध्यक्ष आलस्य छोड़कर सब न्यायाधीशादि राजपुरुषों के कामों को सदा घूमकर देखते रहैं॥ १७॥

बड़े-बड़े नगरों में एक-एक विचार करने वाली सभा का सुन्दर उच्च और विशाल जैसा कि चन्द्रमा है वैसा एक-एक घर बनावें, उस में बड़े-बड़े विद्यावृद्ध कि जिन्होंने विद्या से सब प्रकार की परीक्षा की हो वे बैठकर विचार किया करें। जिन नियमों से राजा और प्रजा की उन्नति हो वैसे-वैसे नियम और विद्या प्रकाशित किया करें॥ १८॥

जो नित्य घूमनेवाला सभापति हो उसके आधीन सब गुप्तचर अर्थात् दूतों को रक्खे। जो राजपुरुष और प्रजापुरुषों के साथ नित्य सम्बन्ध रखते हों और वे भिन्न-भिन्न जाति के रहैं, उन से सब राज और राजपुरुषों के सब दोष और गुण गुप्तरीति से जाना करे, जिनका अपराध हो उन को दण्ड और जिन का गुण हो उनकी प्रतिष्ठा सदा किया करे॥ १९॥

राजा जिन को प्रजा की रक्षा का अधिकार देवे वे धार्मिक सुपरीक्षित विद्वान् कुलीन हों उनके आधीन प्रायः शठ और परपदार्थ हरनेवाले चोर डाकुओं को भी नौकर रख के उन को दुष्ट कर्म से बचाने के लिये राजा के नौकर करके उन्हीं रक्षा करने वाले विद्वानों के स्वाधीन करके उन से इस प्रजा की रक्षा यथावत् करे॥२०॥

जो राजपुरुष अन्याय से वादी प्रतिवादी से गुप्त धन लेके पक्षपात से अन्याय करे उन का सर्वस्वहरण करके यथायोग्य दण्ड देकर ऐसे देश में रक्खे कि जहाँ से पुनः लौटकर न आ सके क्योंकि यदि उस को दण्ड न दिया जाय तो उस को देख के अन्य राजपुरुष भी ऐसे दुष्ट काम करें और दण्ड दिया जाय तो बचे रहैं ॥२१॥ परन्तु जितने से उन राजपुरुषों का योगक्षेम भलीभांति हो और वे भलीभांति धनाढ्य भी हों उतना धन वा भूमि राज की ओर से मासिक वा वार्षिक अथवा एक वार मिला करे और जो वृद्ध हों उन को भी आधा मिला करे परन्तु यह ध्यान में रक्खे कि जब तक वे जियें तब तक वह जीविका बनी रहै पश्चात् नहीं, परन्तु इन के सन्तानों का सत्कार वा नौकरी उन के गुण के अनुसार अवश्य देवे और जिस के बालक जब तक समर्थ हों उन की स्त्री जीती हो तो उन सब के निर्वाहार्थ राज्य की ओर से यथायोग्य धन मिला करे। परन्तु जो उस की स्त्री वा लड़के कुकर्मी हो जायें तो कुछ भी न मिले, ऐसी नीति राजा बराबर रक्खे॥

यथा फलेन युज्येत राजा कर्त्ता च कर्मणाम्।
तथाऽवेक्ष्य नृपो राष्ट्रे कल्पयेत् सततं करान्॥ १॥
यथाल्पाऽल्पमदन्त्याद्यं वार्य्योकोवत्सषट्पदाः।
तथाऽल्पाऽल्पो ग्रहीतव्यो राष्ट्राद्राज्ञाब्दिकः करः॥ २॥
नोच्छिन्द्यादात्मनो मूलं परेषां चातितृष्णया।
उच्छिन्दन् ह्यात्मनो मूलमात्मानं तांश्च पीडयेत्॥ ३॥
तीक्ष्णश्चैव मृदुश्च स्यात्कार्यं वीक्ष्य महीपतिः।
तीक्ष्णश्चैव मृदुश्चैव राजा भवति सम्मतः॥ ४॥
एवं सर्वं विधायेदम् इतिकर्त्तव्यम् आत्मनः।
युक्तश्चैवाप्रमत्तश्च परिरक्षेदिमाः प्रजाः॥ ५॥
विक्रोशन्त्यो यस्य राष्ट्राद् ध्रियन्ते दस्युभिः प्रजाः।
सम्पश्यतः सभृत्यस्य मृतः स न तु जीवति॥ ६॥
क्षत्रियस्य परो धर्मः प्रजानामेव पालनम्।
निर्दिष्टफलभोक्ता हि राजा धर्मेण युज्यते॥ ७॥ मनु०॥

जैसे राजा और कर्मों का कर्त्ता राजपुरुष वा प्रजाजन सुखरूप फल से युक्त होवे वैसे विचार करके राजा तथा राजसभा राज्य में कर स्थापन करे॥ १॥

जैसे जोंक बछड़ा और भमरा थोड़े-थोड़े भोग्य पदार्थ को ग्रहण करते हैं वैसे राजा प्रजा से थोड़ा-थोड़ा वार्षिक कर लेवे॥ २॥

अति लोभ से अपने, दूसरों के सुख के मूल को उच्छिन्न अर्थात् नष्ट कदापि न करे क्योंकि जो व्यवहार और सुख मूल का छेदन करता है वह अपने और उन को पीड़ा ही देता है॥ ३॥

जो महीपति कार्य को देख के तीक्ष्ण और कोमल भी होवे वह दुष्टों पर तीक्ष्ण और श्रेष्ठों पर कोमल रहने से राजा अतिमाननीय होता है॥ ४॥

इस प्रकार सब राज्य का प्रबन्ध करके सदा इस में युक्त और प्रमादरहित होकर अपनी प्रजा का पालन निरन्तर करे॥ ५॥

जिस भृत्यसहित देखते हुए राजा के राज्य में से डाकू लोग रोती विलाप करती प्रजा के पदार्थ और प्राणों को हरते रहते हैं वह जानो भृत्य अमात्यसहित मृतक है जीता नहीं और महादुःख का पाने वाला है॥ ६॥

इसलिये राजाओं का प्रजापालन ही करना परमधर्म है और जो मनुस्मृति के सप्तमाध्याय में कर लेना लिखा है और जैसा सभा नियत करे उस का भोक्ता राजा धर्म से युक्त होकर सुख पाता है, इस के विपरीत दुःख को प्राप्त होता है॥७॥

उत्थाय पश्चिमे यामे कृतशौचः समाहितः।
हुताग्निर्ब्राह्मणांश्चार्च्य प्रविशेत्स शुभां सभाम्॥ १॥
तत्र स्थितः प्रजाः सर्वाः प्रतिनन्द्य विसर्जयेत्।
विसृज्य च प्रजाः सर्वा मन्त्रयेत्सह मन्त्रिभिः॥ २॥
गिरिपृष्ठं समारुह्य प्रासादं वा रहोगतः।
अरण्ये निःशलाके वा मन्त्रयेदविभावितः॥ ३॥
यस्य मन्त्रं न जानन्ति समागम्य पृथग्जनाः।
स कृत्स्नां पृथिवीं भुङ्क्ते कोशहीनोऽपि पार्थिवः॥ ४॥ मनु०॥

जब पिछली प्रहर रात्रि रहै तब उठ शौच और सावधान होकर परमेश्वर

का ध्यान, अग्निहोत्र, धार्मिक विद्वानों का सत्कार और भोजन करके भीतर सभा में प्रवेश करे॥१॥

वहां खड़ा रहकर जो प्रजाजन उपस्थित हों उन को मान्य दे और उन को छोड़कर मुख्य मन्त्री के साथ राज्यव्यवस्था का विचार करे॥ २॥

पश्चात् उस के साथ घूमने को चला जाय, पर्वत के शिखर अथवा एकान्त घर वा जङ्गल जिस में एक शलाका भी न हो वैसे एकान्त स्थान में बैठकर विरुद्ध भावना को छोड़ मन्त्री के साथ विचार करे॥ ३॥

जिस राजा के गूढ विचार को अन्य जन मिलकर नहीं जान सकते अर्थात् जिस का विचार गम्भीर शुद्ध परोपकारार्थ सदा गुप्त रहै वह धनहीन भी राजा सब पृथिवी के राज्य करने में समर्थ होता है। इसलिये अपने मन से एक भी काम न करे कि जब तक सभासदों की अनुमति न हो॥ ४॥

आसनं चैव यानं च सन्धिं विग्रहमेव च।
कार्यं वीक्ष्य प्रयुञ्जीत द्वैधं संश्रयमेव च॥ १॥
सन्धिं तु द्विविधं विद्याद्राजा विग्रहमेव च।
उभे यानासने चैव द्विविधः संश्रयः स्मृतः॥ २॥
समानयानकर्मा च विपरीतस्तथैव च।
तथा त्वायतिसंयुक्तः सन्धिर्ज्ञेयो द्विलक्षणः॥ ३॥
स्वयंकृतश्च कार्यार्थमकाले काल एव वा।
मित्रस्य चैवापकृते द्विविधो विग्रहः स्मृतः॥ ४॥
एकाकिनश्चात्ययिके कार्ये प्राप्ते यदृच्छया।
संहतस्य च मित्रेण द्विविधं यानम् उच्यते॥ ५॥
क्षीणस्य चैव क्रमशो दैवात्पूर्वकृतेन वा।
मित्रस्य चानुरोधेन द्विविधं स्मृतमासनम्॥ ६॥
बलस्य स्वामिनश्चैव स्थितिः कार्यार्थसिद्धये।
द्विविधं कीर्त्यते द्वैधं षाड्गुण्यगुणवेदिभिः॥ ७॥
अर्थसम्पादनार्थं च पीड्यमानः स शत्रुभिः।
साधुषु व्यपदेशार्थं द्विविधः संश्रयः स्मृतः॥ ८॥
यदावगच्छेद् आयत्याम् आधिक्यं ध्रुवमात्मनः।
तदात्वे चाल्पिकां पीडां तदा सन्धिं समाश्रयेत्॥ ९॥
यदा प्रकृष्टा मन्येत सर्वास्तु प्रकृतीर्भृशम्।
अत्युच्छ्रितं तथात्मानं तदा कुर्वीत विग्रहम्॥ १०॥
यदा मन्येत भावेन हृष्टं पुष्टं बलं स्वकम्।
परस्य विपरीतं च तदा यायाद्रिपुं प्रति॥ ११॥
यदा तु स्यात्परिक्षीणो वाहनेन बलेन च।
तदासीत प्रयत्नेन शनकैः सान्त्वयन्नरीन्॥ १२॥
मन्येतारिं यदा राजा सर्वथा बलवत्तरम्।
तदा द्विधा बलं कृत्वा साधयेत्कार्य्यमात्मनः॥ १३॥
यदा परबलानां तु गमनीयतमो भवेत्।
तदा तु संश्रयेत् क्षिप्रं धार्मिकं बलिनं नृपम्॥ १४॥

निग्रहं प्रकृतीनां च कुर्याद्योऽरिबलस्य च।
उपसेवेत तं नित्यं सर्वयत्नैर्गुरुं यथा॥ १५॥
यदि तत्रापि सम्पश्येद्दोषं संश्रयकारितम्।
सुयुद्धमेव तत्राऽपि निर्विशङ्कः समाचरेत्॥ १६॥ मनु०॥

जब राजादि राजपुरुषों को यह बात लक्ष्य में रखने योग्य है जो (आसन) स्थिरता (यान) शत्रु से लड़ने के लिये जाना (सन्धि) उन से मेल कर लेना (विग्रह) दुष्ट शत्रुओं से लड़ाई करना (द्वैध०) दो प्रकार की सेना करके स्वविजय कर लेना (संश्रय) और निर्बलता में दूसरे प्रबल राजा का आश्रय लेना ये छः प्रकार के कर्म यथायोग्य कार्य्य को विचार कर उसमें युक्त करना चाहिये॥ १॥

राजा जो सन्धि, विग्रह, यान, आसन, द्वैधीभाव और संश्रय दो-दो प्रकार के होते हैं उन को यथावत् जाने॥ २॥

(सन्धि) शत्रु से मेल अथवा उस से विपरीतता करे परन्तु वर्त्तमान और भविष्यत् में करने के काम बराबर करता जाय यह दो प्रकार का मेल कहाता है॥३॥

(विग्रह) कार्य सिद्धि के लिये उचित व अनुचित समय में स्वयं किया वा मित्र के अपराध करने वाले शत्रु के साथ विरोध दो प्रकार से करना चाहिये॥४॥

(यान) अकस्मात् कोई कार्य्य प्राप्त होने में एकाकी वा मित्र के साथ मिल के शत्रु की ओर जाना यह दो प्रकार का गमन कहाता है॥ ५॥

स्वयं किसी प्रकार क्रम से क्षीण हो जाय अर्थात् निर्बल हो जाय अथवा मित्र के रोकने से अपने स्थान में बैठ रहना यह दो प्रकार का आसन कहाता है॥६॥

कार्य्यसिद्धि के लिये सेनापति और सेना के दो विभाग करके विजय करना दो प्रकार का द्वैध कहाता है॥ ७॥

एक किसी अर्थ की सिद्धि के लिये किसी बलवान् राजा वा किसी महात्मा की शरण लेना जिस से शत्रु से पीड़ित न हो दो प्रकार का आश्रय लेना कहाता है॥ ८॥

जब यह जान ले कि इस समय युद्ध करने से थोड़ी पीड़ा प्राप्त होगी और पश्चात् करने से अपनी वृद्धि और विजय अवश्य होगा तब शत्रु से मेल कर के उचित समय तक धीरज करे॥ ९॥

जब अपनी सब प्रजा वा सेना अत्यन्त प्रसन्न उन्नतिशील और श्रेष्ठ जाने, वैसे अपने को भी समझे तभी शत्रु से विग्रह (युद्ध) कर लेवे॥ १०॥

जब अपने बल अर्थात् सेना को हर्ष और पुष्टियुक्त प्रसन्न भाव से जाने और शत्रु का बल अपने से विपरीत निर्बल हो जावे तब शत्रु की ओर युद्ध करने के लिये जावे॥ ११॥

जब सेना बल वाहन से क्षीण हो जाय तब शत्रुओं को धीरे-धीरे प्रयत्न से शान्त करता हुआ अपने स्थान में बैठा रहै॥ १२॥

जब राजा शत्रु को अत्यन्त बलवान् जाने तब द्विगुणा वा दो प्रकार की सेना करके अपना कार्य्य सिद्ध करे॥ १३॥

जब आप समझ लेवे कि अब शीघ्र शत्रुओं की चढ़ाई मुझ पर होगी तभी किसी धार्मिक बलवान् राजा का आश्रय शीघ्र ले लेवे॥ १४॥

जो प्रजा और अपनी सेना और शत्रु के बल का निग्रह करे अर्थात् रोके उस की सेवा सब यत्नों से गुरु के सदृश नित्य किया करे॥ १५॥

जिस का आश्रय लेवे उस पुरुष के कर्मों में दोष देखे तो वहां भी अच्छे प्रकार युद्ध ही को निःशंक होकर करे॥ १६॥

जो धार्मिक राजा हो उस से विरोध कभी न करे किन्तु उस से सदा मेल रक्खे और जो दुष्ट प्रबल हो उसी के जीतने के लिये ये पूर्वोक्त प्रयोग करना उचित है।

सर्वोपायैस्तथा कुर्यान्नीतिज्ञः पृथिवीपतिः।
यथास्याभ्यधिका न स्युर्मित्रोदासीनशत्रवः॥ १ ॥
आयतिं सर्वकार्याणां तदात्वं च विचारयेत्।
अतीतानां च सर्वेषां गुणदोषौ च तत्त्वतः॥ २॥
आयत्यां गुणदोषज्ञस्तदात्वे क्षिप्रनिश्चयः।
अतीते कार्य्यशेषज्ञः शत्रुभिर्नाभिभूयते॥ ३॥
यथैनं नाभिसन्दध्युर्मित्रोदासीनशत्रवः।
तथा सर्वं संविदध्यादेष सामासिको नयः॥ ४॥ मनु०॥

नीति को जानने वाला पृथिवीपति राजा जिस प्रकार इस के मित्र, उदासीन (मध्यस्थ) और शत्रु अधिक न हों ऐसे सब उपायों से वर्त्ते॥ १॥

सब कार्य्यों का वर्त्तमान में कर्त्तव्य और भविष्यत् में जो-जो करना चाहिये और जो-जो काम कर चुके उन सब के यथार्थता से गुण दोषों को विचारे॥२॥

पश्चात् दोषों के निवारण और गुणों की स्थिरता में यत्न करे। जो राजा भविष्यत् अर्थात् आगे करने वाले कर्मों में गुण दोषों का ज्ञाता वर्त्तमान में तुरन्त निश्चय का कर्त्ता और किये हुए कार्यों में शेष कर्त्तव्य को जानता है वह शत्रुओं से पराजित कभी नहीं होता॥ ३॥

सब प्रकार से राजपुरुष विशेष सभापति राजा ऐसा प्रयत्न करे कि जिस प्रकार राजादि जनों के मित्र उदासीन और शत्रु को वश में करके अन्यथा न करावे, ऐसे मोह में कभी न फंसे, यही संक्षेप से विनय अर्थात् राजनीति कहाती है॥ ४॥

कृत्वा विधानं मूले तु यात्रिकं च यथाविधि।
उपगृह्यास्पदं चैव चारान् सम्यग्विधाय च॥ १॥
संशोध्य त्रिविधं मार्गं षड्विधं च बलं स्वकम्।
साम्परायिककल्पेन यायाद् अरिपुरं शनैः॥ २॥
शत्रुसेविनि मित्रे च गूढे युक्ततरो भवेत्।
गतप्रत्यागते चैव स हि कष्टतरो रिपुः॥ ३॥
दण्डव्यूहेन तन्मार्गं यायात्तु शकटेन वा।
वराहमकराभ्यां वा सूच्या वा गरुडेन वा॥ ४॥
यतश्च भयमाशङ्केत्ततो विस्तारयेद् बलम्।
पद्मेन चैव व्यूहेन निविशेत सदा स्वयम्॥ ५॥
सेनापतिबलाध्यक्षौ सर्वदिक्षु निवेशयेत्।
यतश्च भयमाशङ्केत् प्राचीं तां कल्पयेद्दिशम्॥ ६॥
गुल्मांश्च स्थापयेदाप्तान् कृतसंज्ञान् समन्ततः।
स्थाने युद्धे च कुशलानभीरूनविकारिणः॥ ७॥
संहतान् योधयेदल्पान् कामं विस्तारयेद् बहून्।
सूच्या वज्रेण चैवैतान् व्यूहेन व्यूह्य योधयेत्॥ ८॥

स्यन्दनाश्वैः समे युध्येदनूपे नौद्विपैस्तथा।
वृक्षगुल्मावृते चापैरसिचर्मायुधैः स्थले॥ ९॥
प्रहर्षयेद् बलं व्यूह्य तांश्च सम्यक् परीक्षयेत्।
चेष्टाश्चैव विजानीयादरीन् योधयतामपि॥ १०॥
उपरुध्यारिमासीत राष्ट्रं चास्योपपीडयेत्।
दूषयेच्चास्य सततं यवसान्नोदकेन्धनम्॥ ११॥
भिन्द्याच्चैव तडागानि प्राकारपरिखास्तथा।
समवस्कन्दयेत्त्वैनं रात्रौ वित्रासयेत्तथा॥ १२॥
प्रमाणानि च कुर्वीत तेषां धर्म्मान्यथोदितान्।
रत्नैश्च पूजयेदेनं प्रधानपुरुषैः सह॥ १३॥
आदानमप्रियकरं दानञ्च प्रियकारकम्।
अभीप्सितानामर्थानां काले युक्तं प्रशस्यते॥ १४॥ मनु०॥

जब राजा शत्रुओं के साथ युद्ध करने को जावे तब अपने राज्य की रक्षा का प्रबन्ध और यात्रा की सब सामग्री यथाविधि करके सब सेना, यान, वाहन, शस्त्रास्त्रादि पूर्ण लेकर सर्वत्र दूतों अर्थात् चारों ओर के समाचारों को देने वाले पुरुषों को गुप्त स्थापन करके शत्रुओं की ओर युद्ध करने को जावे॥ १॥

तीन प्रकार के मार्ग अर्थात् एक स्थल (भूमि) में, दूसरा जल (समुद्र वा नदियों) में, तीसरा आकाशमार्गों को युद्ध बनाकर भूमिमार्ग में रथ, अश्व, हाथी, जल में नौका और आकाश में विमानादि यानों से जावे और पैदल, रथ, हाथी, घोड़े, शस्त्र और अस्त्र खानपानादि सामग्री को यथावत् साथ ले बलयुक्त पूर्ण करके किसी निमित्त को प्रसिद्ध करके शत्रु के नगर के समीप धीरे-धीरे जावे॥ २॥

जो भीतर से शत्रु से मिला हो और अपने साथ भी ऊपर से मित्रता रक्खे, गुप्तता से शत्रु को भेद देवे, उस के आने जाने में उस से बात करने में अत्यन्त सावधानी रक्खे, क्योंकि भीतर शत्रु ऊपर मित्र पुरुष को बड़ा शत्रु समझना चाहिये॥३॥

सब राजपुरुषों को युद्ध करने की विद्या सिखावे और आप सीखे तथा अन्य प्रजाजनों को सिखावे जो पूर्व शिक्षित योद्धा होते हैं वे ही अच्छे प्रकार लड़ लड़ा जानते हैं। जब शिक्षा करे तब (दण्डव्यूह) दण्डा के समान सेना को चलावे (शकट०) जैसा शकट अर्थात् गाड़ी के समान (वराह०) जैसे सुअर एक दूसरे के पीछे दौड़ते जाते हैं और कभी-कभी सब मिलकर झुण्ड हो जाते हैं वैसे (मकर०) जैसा मगर पानी में चलते हैं वैसे सेना को बनावे (सूचीव्यूह) जैसे सूई का अग्रभाग सूक्ष्म पश्चात् स्थूल और उस से सूत्र स्थूल होता है वैसी शिक्षा से सेना को बनावे और जैसे (नीलकण्ठ) ऊपर नीचे झपट मारता है इस प्रकार सेना को बनाकर लड़ावे॥४॥

जिधर भय विदित हो उसी ओर सेना को फैलावे, सब सेना के पतियों को चारों ओर रख के (पद्मव्यूह) अर्थात् पद्माकार चारों ओर से सेनाओं को रखके मध्य में आप रहै॥ ५॥

सेनापति और बलाध्यक्ष अर्थात् आज्ञा का देने और सेना के साथ लड़ने लड़ाने वाले वीरों को आठों दिशाओं में रक्खे, जिस ओर से लड़ाई होती हो उसी ओर से सब सेना का मुख रक्खे परन्तु दूसरी ओर भी पक्का प्रबन्ध रक्खे नहीं

तो पीछे वा पार्श्व से शत्रु की घात होने का सम्भव होता है॥ ६॥

जो गुल्म अर्थात् दृढ़ स्तम्भों के तुल्य युद्धविद्या से सुशिक्षित धार्मिक स्थित होने और युद्ध करने में चतुर भयरहित और जिनके मन में किसी प्रकार का विकार न हो उन को चारों ओर सेना के रक्खे॥ ७॥

जो थोड़े पुरुषों से बहुतों के साथ युद्ध करना हो तो मिलकर लड़ावें और काम पड़े तो उन्हीं को झट फैला देवे। जब नगर दुर्ग वा शत्रु की सेना में प्रविष्ट होकर युद्ध करना हो तो सब 'सूचीव्यूह' अथवा 'वज्रव्यूह' जैसे दुधारा खड्ग, दोनों ओर युद्ध करते जायें और प्रविष्ट भी होते चलें वैसे अनेक प्रकार के व्यूह अर्थात् सेना को बनाकर लड़ावें जो सामने (शतघ्नी) तोप वा (भुशुण्डी) बन्दूक छूट रही हो तो 'सर्पव्यूह' अर्थात् सर्प के समान सोते सोते चले जायें, जब तोपों के पास पहुंचें तब उनको मार वा पकड़ तोपों का मुख शत्रु की ओर फेर उन्हीं तोपों से वा बन्दूक आदि से उन शत्रुओं को मारें अथवा वृद्ध पुरुषों को तोपों के मुख के सामने घोड़ों पर सवार करा दौड़ावें और मारें, बीच में अच्छे-अच्छे सवार रहें, एक बार धावा कर शत्रु की सेना को छिन्न-भिन्न कर पकड़ लें अथवा भगा दें॥ ८॥

जो समभूमि में युद्ध करना हो तो रथ घोड़े और पदातियों से और जो समुद्र में युद्ध करना हो तो नौका और थोड़े जल में हाथियों पर, वृक्ष और झाड़ी में बाण तथा स्थल बालू में तलवार और ढाल से युद्ध करें करावें॥ ९॥

जिस समय युद्ध होता हो उस समय लड़ने वालों को उत्साहित और हर्षित करें। जब युद्ध बन्ध हो जाय तब जिस से शौर्य और युद्ध में उत्साह हो वैसे वक्तृत्वों से सब के चित्त को खान-पान, अस्त्र-शस्त्र सहाय और औषधादि से प्रसन्न रक्खें। व्यूह के विना लड़ाई न करे न करावे, लड़ती हुई अपनी सेना की चेष्टा को देखा करे कि ठीक-ठीक लड़ती है वा कपट रखती है॥ १०॥

किसी समय उचित समझे तो शत्रु को चारों ओर से घेर कर रोक रक्खें और इसके राज्य को पीड़ित कर शत्रु के चारा, अन्न, जल और इन्धन को नष्ट दूषित कर दे॥ ११॥

शत्रु के तालाब, नगर के प्रकोट और खाई को तोड़ फोड़ दे, रात्रि में उन को (त्रास) भय देवे और जीतने का उपाय करे॥ १२॥

जीत कर उन के साथ प्रमाण अर्थात् प्रतिज्ञादि लिखा लेवे और जो उचित समय समझे तो उसी के वंशस्थ किसी धार्मिक पुरुष को राजा कर दे और उस से लिखा लेवे कि तुम को हमारी आज्ञा के अनुकूल अर्थात् जैसी धर्मयुक्त राजनीति है उस के अनुसार चल के न्याय से प्रजा का पालन करना होगा ऐसे उपदेश करे और ऐसे पुरुष उनके पास रक्खे कि जिससे पुनः उपद्रव न हो और जो हार जाय उसका सत्कार प्रधान पुरुषों के साथ मिलकर रत्नादि उत्तम पदार्थों के दान से करे और ऐसा न करे कि जिस से उस का योगक्षेम भी न हो, जो उस को बन्दीगृह करे तो भी उस का सत्कार यथायोग्य रक्खे जिस से वह हारने के शोक से रहित होकर आनन्द में रहे॥ १३॥

क्योंकि संसार में दूसरे का पदार्थ ग्रहण करना अप्रीति और देना प्रीति का कारण है और विशेष करके समय पर उचित क्रिया करना और उस पराजित के मनोवाञ्छित पदार्थों का देना बहुत उत्तम है और कभी उस को चिड़ावे नहीं, न हंसी और ठट्ठा करे, न उस के सामने हमने तुझ को पराजित किया है ऐसा भी

कहै, किन्तु आप हमारे भाई हैं इत्यादि मान्य प्रतिष्ठा सदा करे॥ १४॥

हिरण्यभूमिसम्प्राप्त्या पार्थिवो न तथैधते।
यथा मित्रं ध्रुवं लब्ध्वा कृशमप्यायतिक्षमम्॥ १॥
धर्मज्ञं च कृतज्ञं च तुष्टप्रकृतिमेव च।
अनुरक्तं स्थिरारम्भं लघुमित्रं प्रशस्यते॥ २॥
प्राज्ञं कुलीनं शूरं च दक्षं दातारमेव च।
कृतज्ञं धृतिमन्तञ्च कष्टमाहुररिं बुधाः॥ ३॥
आर्य्यता पुरुषज्ञानं शौर्य्यं करुणवेदिता।
स्थौललक्ष्यं च सततमुदासीनगुणोदयः॥ ४॥ मनु०॥

मित्र का लक्षण—यह है—राजा सुवर्ण और भूमि की प्राप्ति से वैसा नहीं बढ़ता कि जैसे निश्चल प्रेमयुक्त भविष्यत् की बातों को सोचने और कार्य सिद्ध करने वाले समर्थ मित्र अथवा दुर्बल मित्र को भी प्राप्त होके बढ़ता है॥ १॥

धर्म को जानने और कृतज्ञ अर्थात् किये हुए उपकार को सदा मानने वाले प्रसन्नस्वभाव अनुरागी स्थिरारम्भी लघु छोटे भी मित्र को प्राप्त होकर प्रशंसित होता है॥ २॥

सदा इस बात को दृढ़ रक्खे कि कभी बुद्धिमान्, कुलीन, शूरवीर, चतुर, दाता, किये हुए को जाननेहारे और धैर्यवान् पुरुष को शत्रु न बनावे क्योंकि जो ऐसे को शत्रु बनावेगा वह दुःख पावेगा॥ ३॥

उदासीन का लक्षण—जिस में प्रशंसित गुणयुक्त अच्छे बुरे मनुष्यों का ज्ञान, शूरवीरता करुणा भी, स्थूल लक्ष्य अर्थात् ऊपर-ऊपर की बातों को निरन्तर सुनाया करे वह उदासीन कहाता है॥ ४॥

एवं सर्वमिदं राजा सह सम्मन्त्र्य मन्त्रिभिः।
व्यायाम्याप्लुत्य मध्याह्ने भोक्तुमन्तःपुरं विशेत्॥ १॥

पूर्वोक्त प्रातःकाल समय उठ शौचादि सन्ध्योपासन अग्निहोत्र कर वा करा सब मन्त्रियों से विचार कर सभा में जा सब भृत्य और सेनाध्यक्षों के साथ मिल, उन को हर्षित कर, नाना प्रकार की व्यूहशिक्षा अर्थात् कवायद कर करा, सब घोड़े, हाथी, गाय आदि स्थान शस्त्र और अस्त्र का कोश तथा वैद्यालय, धन के कोषों को देख सब पर दृष्टि नित्यप्रति देकर जो कुछ उनमें खोट हों उन को निकाल, व्यायामशाला में जा, व्यायाम करके भोजन के लिये 'अन्तःपुर' अर्थात् पत्नी आदि के निवासस्थान में प्रवेश करे और भोजन सुपरीक्षित, बुद्धिबल पराक्रमवर्द्धक, रोगविनाशक, अनेक प्रकार के अन्न व्यञ्जन पान आदि सुगन्धित मिष्टादि अनेक रसयुक्त उत्तम करे कि जिस से सदा सुखी रहै, इस प्रकार सब राज्य के कार्यों की उन्नति किया करे॥ १॥

प्रजा से कर लेने का प्रकार—

पञ्चाशद्भाग आदेयो राज्ञा पशुहिरण्ययोः।
धान्यानामष्टमो भागः षष्ठो द्वादश एव वा॥ मनु०॥

जो व्यापार करने वाले वा शिल्पी को सुवर्ण चांदी का जितना लाभ हो, उस में से पचासवां भाग, चावल आदि अन्नों में छठा, आठवां वा बारहवां भाग लिया करे, और जो धन लेवे तो भी उस प्रकार लेवे कि जिस से किसान आदि खाने पीने

और धन से रहित होकर दुःख न पावें॥ १॥ क्योंकि प्रजा के धनाढ्य आरोग्य खान पान आदि से सम्पन्न रहने पर राजा की बड़ी उन्नति होती है। प्रजा को अपने सन्तान के सदृश सुख देवे और प्रजा अपने पिता सदृश राजा और राजपुरुषों को जाने। यह बात ठीक है कि **राजाओं के राजा किसान आदि परिश्रम करने वाले** हैं और राजा उन का रक्षक है। जो प्रजा न हो तो राजा किस का? और राजा न हो तो प्रजा किस की कहावे? दोनों अपने-अपने काम में स्वतन्त्र और मिले हुए प्रीतियुक्त काम में परतन्त्र रहैं। प्रजा की साधारण सम्मति के विरुद्ध राजा वा राजपुरुष न हों, राजा की आज्ञा के विरुद्ध राजपुरुष वा प्रजा न चले, यह राजा का राजकीय निज काम अर्थात् जिस को 'पोलिटिकल' कहते हैं संक्षेप से कह दिया।

अब जो विशेष देखना चाहै वह **चारों वेद, मनुस्मृति, शुक्रनीति, महाभारतादि** में देखकर निश्चय करे और जो प्रजा का न्याय करना है वह व्यवहार मनुस्मृति के अष्टम और नवमाध्याय आदि की रीति से करना चाहिये। परन्तु यहां भी संक्षेप से लिखते हैं—

प्रत्यहं देशदृष्टैश्च शास्त्रदृष्टैश्च हेतुभिः।
अष्टादशसु मार्गेषु निबद्धानि पृथक् पृथक्॥ १॥
तेषामाद्यमृणादानं निक्षेपोऽस्वामिविक्रयः।
सम्भूय च समुत्थानं दत्तस्यानपकर्म च॥ २॥
वेतनस्यैव चादानं संविदश्च व्यतिक्रमः।
क्रयविक्रयानुशयो विवादः स्वामिपालयोः॥ ३॥
सीमाविवादधर्मश्च पारुष्ये दण्डवाचिके।
स्तेयं च साहसं चैव स्त्रीसङ्ग्रहणमेव च ॥ ४॥
स्त्रीपुंधर्मो विभागश्च द्यूतमाह्वय एव च।
पदान्यष्टादशैतानि व्यवहारस्थिताविह॥ ५॥
एषु स्थानेषु भूयिष्ठं विवादं चरतां नृणाम्।
धर्मं शाश्वतमाश्रित्य कुर्यात्कार्यविनिर्णयम्॥ ६॥
धर्मो विद्धस्त्वधर्मेण सभां यत्रोपतिष्ठते।
शल्यं चास्य न कृन्तन्ति विद्धास्तत्र सभासदः॥ ७॥
सभा वा न प्रवेष्टव्या वक्तव्यं वा समञ्जसम्।
अब्रुवन्विब्रुवन्वापि नरो भवति किल्विषी॥ ८॥
यत्र धर्मो ह्यधर्मेण सत्यं यत्रानृतेन च।
हन्यते प्रेक्षमाणानां हतास्तत्र सभासदः॥ ९॥
धर्म एव हतो हन्ति धर्मो रक्षति रक्षितः।
तस्माद्धर्मो न हन्तव्यो मा नो धर्मो हतोऽवधीत्॥ १०॥
वृषो हि भगवान्धर्मस्तस्य यः कुरुते ह्यलम्।
वृषलं तं विदुर्देवास्तस्माद्धर्मं न लोपयेत्॥ ११॥
एक एव सुहृद्धर्मो निधनेऽप्यनुयाति यः।
शरीरेण समं नाशं सर्वमन्यद्धि गच्छति॥ १२॥
पादोऽधर्मस्य कर्त्तारं पादः साक्षिणमृच्छति।
पादः सभासदः सर्वान् पादो राजानमृच्छति॥ १३॥

राजा भवत्यनेनास्तु मुच्यन्ते च सभासदः।
एनो गच्छति कर्त्तारं निन्दार्हो यत्र निन्द्यते॥१४॥ मनु०॥

सभा राजा और राजपुरुष सब लोग सदाचार और शास्त्रव्यवहार हेतुओं से निम्नलिखित अठारह विवादास्पद मार्गों में विवादयुक्त कर्मों का निर्णय प्रतिदिन किया करें और जो-जो नियम शास्त्रोक्त न पावें और उन के होने की आवश्यकता जानें तो उत्तमोत्तम नियम बांधें कि जिससे राजा और प्रजा की उन्नति हो॥ १॥

अठारह मार्ग ये हैं—उन में से १—(ऋणादान) किसी से ऋण लेने देने का विवाद। २—(निक्षेप) धरावट अर्थात् किसी ने किसी के पास पदार्थ धरा हो और मांगे पर न देना। ३—(अस्वामिविक्रय) दूसरे के पदार्थ को दूसरा बेच लेवे। ४—(सम्भूय च समुत्थानम्) मिल मिला के किसी पर अत्याचार करना। ५—(दत्तस्यानपकर्म च) दिये हुए पदार्थ का न देना॥ २॥

६—(वेतनस्यैव चादानम्) वेतन अर्थात् किसी की 'नौकरी' में से ले लेना वा कम देना अथवा न देना। ७—(प्रतिज्ञा) प्रतिज्ञा से विरुद्ध वर्त्तना। ८—(क्रय-विक्रयानुशय) अर्थात् लेन देन में झगड़ा होना। ९—पशु के स्वामी और पालने वाले का झगड़ा॥ ३॥

१०—सीमा का विवाद। ११-किसी को कठोर दण्ड देना। १२-कठोर वाणी का बोलना। १३—चोरी डाका मारना। १४—किसी काम को बलात्कार से करना। १५-किसी की स्त्री वा पुरुष का व्यभिचार होना॥ ४॥

१६—स्त्री और पुरुष के धर्म में व्यतिक्रम होना। १७-विभाग अर्थात् दायभाग में वाद उठना। १८—द्यूत अर्थात् जड़ पदार्थ और समाह्वय अर्थात् चेतन को दाव में धर के जुआ खेलना। ये अठारह प्रकार के परस्पर विरुद्ध व्यवहार के स्थान हैं॥ ५॥

इन व्यवहारों में बहुत से विवाद करने वाले पुरुषों के न्याय को सनातनधर्म के आश्रय करके किया करे अर्थात् किसी का पक्षपात कभी न करे॥ ६॥

जिस सभा में अधर्म से घायल होकर धर्म उपस्थित होता है जो उसका शल्य अर्थात् तीरवत् धर्म के कलंक को निकालना और अधर्म का छेदन करते अर्थात् धर्मी को मान अधर्मी को दण्ड नहीं मिलता उस सभा में जितने सभासद् हैं वे सब घायल के समान समझे जाते हैं॥ ७॥

धार्मिक मनुष्य को योग्य है कि सभा में कभी प्रवेश न करे और जो प्रवेश किया हो तो सत्य ही बोले। जो कोई सभा में अन्याय होते हुए को देखकर मौन रहे अथवा सत्य न्याय के विरुद्ध बोले वह महापापी होता है॥ ८॥

जिस सभा में अधर्म से धर्म, असत्य से सत्य सब सभासदों के देखते हुए मारा जाता है उस सभा में सब मृतक के समान हैं जानो उन में कोई भी नहीं जीता॥९॥

मारा हुआ धर्म मारने वाले का नाश और रक्षित किया हुआ धर्म रक्षक की रक्षा करता है इसलिये धर्म का हनन कभी न करना इस डर से कि मारा हुआ धर्म कभी हम को न मार डाले॥ १०॥

जो सब ऐश्वर्यों के देने और सुखों की वर्षा करने वाला धर्म है उस का लोप करता है उसी को विद्वान् लोग वृषल अर्थात् शूद्र और नीच जानते हैं। इसलिये किसी मनुष्य को धर्म का लोप करना उचित नहीं॥ ११॥

इस संसार में एक धर्म ही सुहृद् है जो मृत्यु के पश्चात् भी साथ चलता

है और सब पदार्थ वा संगी शरीर के नाश के साथ ही नाश को प्राप्त होते हैं अर्थात् सब का संग छूट जाता है परन्तु धर्म का संग कभी नहीं छूटता॥ १२॥

जब राजसभा में पक्षपात से अन्याय किया जाता है वहां अधर्म के चार विभाग हो जाते हैं उनमें एक अधर्म के कर्त्ता, दूसरा साक्षी, तीसरा सभासदों और चौथा पाद अधर्मी सभा के सभापति राजा को प्राप्त होता है॥ १३॥

जिस सभा में निन्दा के योग्य की निन्दा, स्तुति के योग्य की स्तुति, दण्ड के योग्य को दण्ड और मान्य के योग्य को मान्य होता है वहां राजा और सभासद् पाप से रहित और पवित्र हो जाते हैं पाप के कर्त्ता ही को पाप प्राप्त होता है॥१४॥

अब साक्षी कैसे करने चाहिये—

आप्ताः सर्वेषु वर्णेषु कार्य्याः कार्येषु साक्षिणः।
सर्वधर्मविदोऽलुब्धा विपरीतांस्तु वर्जयेत्॥ १॥
स्त्रीणां साक्ष्यं स्त्रियः कुर्युर्द्विजानां सदृशा द्विजाः।
शूद्राश्च सन्तः शूद्राणामन्त्यानामन्त्ययोनयः॥ २॥
साहसेषु च सर्वेषु स्तेयसङ्ग्रहणेषु च।
वाग्दण्डयोश्च पारुष्ये न परीक्षेत साक्षिणः॥ ३॥
बहुत्वं परिगृह्णीयात् साक्षिद्वैधे नराधिपः।
समेषु तु गुणोत्कृष्टान् गुणिद्वैधे द्विजोत्तमान्॥ ४॥
समक्षदर्शनात्साक्ष्यं श्रवणाच्चैव सिध्यति।
तत्र सत्यं ब्रुवन्साक्षी धर्मार्थाभ्यां न हीयते॥ ५॥
साक्षी दृष्टश्रुतादन्यद्विब्रुवन्नार्य्यसंसदि ।
अवाङ्नरकमभ्येति प्रेत्य स्वर्गाच्च हीयते॥ ६॥
स्वभावेनैव यद् ब्रूयुस्तद् ग्राह्यं व्यावहारिकम्।
अतो यदन्यद्विब्रूयुर्धर्मार्थं तदपार्थकम्॥ ७॥
सभान्तःसाक्षिणः प्राप्तान् अर्थिप्रत्यर्थिसन्निधौ।
प्राड्विवाकोऽनुयुञ्जीत विधिनाऽनेन सान्त्वयन्॥ ८॥
यद् द्वयोरनयोर्वेत्थ कार्येऽस्मिंश्चेष्टितं मिथः।
तद् ब्रूत सर्वं सत्येन युष्माकं ह्यत्र साक्षिता॥ ९॥
सत्यं साक्ष्ये ब्रुवन्साक्षी लोकानाप्नोति पुष्कलान्।
इह चानुत्तमां कीर्तिं वागेषा ब्रह्मपूजिता॥ १०॥
सत्येन पूयते साक्षी धर्मः सत्येन वर्द्धते।
तस्मात्सत्यं हि वक्तव्यं सर्ववर्णेषु साक्षिभिः॥ ११॥
आत्मैव ह्यात्मनः साक्षी गतिरात्मा तथात्मनः।
मावमंस्थाः स्वमात्मानं नृणां साक्षिणमुत्तमम्॥ १२॥
यस्य विद्वान् हि वदतः क्षेत्रज्ञो नाभिशङ्कते।
तस्मान्न देवाः श्रेयांसं लोकेऽन्यं पुरुषं विदुः॥ १३॥
एकोऽहमस्मीत्यात्मानं यत्त्वं कल्याणं मन्यसे।
नित्यं स्थितस्ते हृद्येषः पुण्यपापेक्षिता मुनिः॥ १४॥ मनु०॥

सब वर्णों में धार्मिक, विद्वान्, निष्कपटी, सब प्रकार धर्म को जानने वाले, लोभरहित, सत्यवादियों को न्यायव्यवस्था में साक्षी करे इन से विपरीतों को कभी न करे॥ १॥

स्त्रियों की साक्षी स्त्री, द्विजों के द्विज, शूद्रों के शूद्र और अन्त्यजों के अन्त्यज साक्षी हों॥ २॥

जितने बलात्कार काम, चोरी, व्यभिचार, कठोर वचन, दण्डनिपातन रूप अपराध हैं उन में साक्षी की परीक्षा न करे और अत्यावश्यक भी न समझे क्योंकि ये काम सब गुप्त होते हैं॥ ३॥

दोनों ओर के साक्षियों में से बहुपक्षानुसार, तुल्य साक्षियों में उत्तम गुणी पुरुष की साक्षी के अनुकूल और दोनों के साक्षी उत्तम गुणी और तुल्य हों तो द्विजोत्तम अर्थात् ऋषि महर्षि और यतियों की साक्षी के अनुसार न्याय करे॥ ४॥

दो प्रकार से साक्षी होना सिद्ध होता है एक साक्षात् देखने और दूसरा सुनने से; जब सभा में पूछें तब जो साक्षी सत्य बोलें वे धर्महीन और दण्ड के योग्य न होवें और जो साक्षी मिथ्या बोलें वे यथायोग्य दण्डनीय हों॥ ५॥

जो राजसभा वा किसी उत्तम पुरुषों की सभा में साक्षी देखने और सुनने से विरुद्ध बोले तो वह (अवाङ्नरक) अर्थात् जिह्वा के छेदन से दुःखरूप नरक को वर्त्तमान समय में प्राप्त होवे और मरे पश्चात् सुख से हीन हो जाय॥ ६॥

साक्षी के उस वचन को मानना कि जो स्वभाव ही से व्यवहार सम्बन्धी बोले और सिखाये हुए इस से भिन्न जो-जो वचन बोले उस-उस को न्यायाधीश व्यर्थ समझें॥ ७॥

जब अर्थी (वादी) और प्रत्यर्थी (प्रतिवादी) के सामने सभा के समीप प्राप्त हुए साक्षियों को शान्तिपूर्वक न्यायाधीश और प्राड्विवाक अर्थात् वकील वा वैरिस्टर इस प्रकार से पूछें॥ ८॥

हे साक्षि लोगो ! इस कार्य्य में इन दोनों के परस्पर कर्मों में जो तुम जानते हो उस को सत्य के साथ बोलो–तुम्हारी इस कार्य में साक्षी है॥ ९॥

जो साक्षी सत्य बोलता है वह जन्मान्तर में उत्तम जन्म और उत्तम लोकान्तरों में जन्म को प्राप्त होके सुख भोगता है। इस जन्म वा परजन्म में उत्तम कीर्त्ति को प्राप्त होता है, क्योंकि जो यह वाणी है वही वेदों में सत्कार और तिरस्कार का कारण लिखी है। जो सत्य बोलता है वह प्रतिष्ठित और मिथ्यावादी निन्दित होता है॥ १०॥

सत्य बोलने से साक्षी पवित्र होता और सत्य ही बोलने से धर्म बढ़ता है, इस से सब वर्णों में साक्षियों को सत्य ही बोलना योग्य है॥ ११॥

आत्मा का साक्षी आत्मा और आत्मा की गति आत्मा है इसको जान के हे पुरुष ! तू सब मनुष्यों का उत्तम साक्षी अपने आत्मा का अपमान मत कर अर्थात् सत्यभाषण जो कि तेरे आत्मा मन वाणी में है वह सत्य और जो इस से विपरीत है वह मिथ्याभाषण है॥ १२॥

जिस बोलते हुए पुरुष का विद्वान् क्षेत्रज्ञ अर्थात् शरीर का जानने हारा आत्मा भीतर शङ्का को प्राप्त नहीं होता उस से भिन्न विद्वान् लोग किसी को उत्तम पुरुष नहीं जानते॥ १३॥

हे कल्याण की इच्छा करनेहारे पुरुष ! जो तू 'मैं अकेला हूं' ऐसा अपने आत्मा में जानकर मिथ्या बोलता है सो ठीक नहीं है किन्तु जो दूसरा तेरे हृदय में अन्तर्यामीरूप से परमेश्वर पुण्य पाप को देखने वाला मुनि स्थित है उस परमात्मा से डरकर सदा सत्य बोला कर॥ १४॥

लोभान्मोहाद्भयान्मैत्रात्कामात्क्रोधात्तथैव च।
अज्ञानाद् बालभावाच्च साक्ष्यं वितथमुच्यते॥ १॥
एषामन्यतमे स्थाने यः साक्ष्यमनृतं वदेत्।
तस्य दण्डविशेषांस्तु प्रवक्ष्याम्यनुपूर्वशः॥ २॥
लोभात्सहस्रं दण्ड्यस्तु मोहात्पूर्वन्तु साहसम्।
भयाद् द्वौ मध्यमौ दण्ड्यौ मैत्रात्पूर्वं चतुर्गुणम्॥ ३॥
कामाद्दशगुणं पूर्वं क्रोधात्तु त्रिगुणं परम्।
अज्ञानाद् द्वे शते पूर्णे बालिश्याच्छतमेव तु॥ ४॥
उपस्थमुदरं जिह्वा हस्तौ पादौ च पञ्चमम्।
चक्षुर्नासा च कर्णौ च धनं देहस्तथैव च॥ ५॥
अनुबन्धं परिज्ञाय देशकालौ च तत्त्वतः।
साराऽपराधौ चालोक्य दण्डं दण्ड्येषु पातयेत्॥ ६॥
अधर्मदण्डनं लोके यशोघ्नं कीर्त्तिनाशनम्।
अस्वर्ग्यञ्च परत्रापि तस्मात्तत्परिवर्जयेत्॥ ७॥
अदण्ड्यान्दण्डयन् राजा दण्ड्यांश्चैवाप्यदण्डयन्।
अयशो महद् आप्नोति नरकं चैव गच्छति॥ ८॥
वाग्दण्डं प्रथमं कुर्याद्धिग्दण्डं तदनन्तरम्।
तृतीयं धनदण्डं तु वधदण्डमतः परम्॥ ९॥ मनु०॥

जो लोभ, मोह, भय, मित्रता, काम, क्रोध, अज्ञान और बालकपन से साक्षी देवे वह सब मिथ्या समझी जावे॥ १॥

इनमें से किसी स्थान में साक्षी झूठ बोले उस को वक्ष्यमाण अनेकविध दण्ड दिया करे॥ २॥

जो लोभ से झूठी साक्षी देवे उस से १५॥=)(पन्द्रह रुपये दश आने) दण्ड लेवे, जो मोह से झूठी साक्षी देवे उस से ३=) (तीन रुपये दो आने) दण्ड लेवे, जो भय से मिथ्या साक्षी देवे उस से ६।) (सवा छः रुपये) दण्ड लेवे और जो पुरुष मित्रता से झूठी साक्षी देवे उससे १२॥) (साढ़े बारह रुपये) दण्ड लेवे॥ ३॥

जो पुरुष कामना से मिथ्या साक्षी देवे उससे २५) (पच्चीस रुपये) दण्ड लेवे, जो पुरुष क्रोध से झूठी साक्षी देवे उससे ४६ ॥।=) छयालीस रुपये चौदह आने) दण्ड लेवे, जो पुरुष अज्ञानता से झूठी साक्षी देवे उससे ३) (तीन रुपये) दण्ड लेवे और जो बालकपन से मिथ्या साक्षी देवे तो उससे १॥-) (एक रुपया नौ आने) दण्ड लेवे॥ ४॥

दण्ड के उपस्थेन्द्रिय, उदर, जिह्वा, हाथ, पग, आंख, नाक, कान, धन और देह ये दश स्थान हैं कि जिन पर दण्ड दिया जाता है॥ ५॥

परन्तु जो-जो दण्ड लिखा है और लिखेंगे जैसे लोभ के साक्षी देने में पन्द्रह रुपये दश आने दण्ड लिखा है परन्तु जो अत्यन्त निर्धन हो तो उस से कम और धनाढ्य हो तो उससे दूना, तिगुना और चौगुना तक भी ले लेवे अर्थात् जैसा देश, जैसा काल और जैसा पुरुष हो उस का जैसा अपराध हो वैसा ही दण्ड करे॥ ६॥

क्योंकि इस संसार में जो अधर्म से दण्ड करना है वह पूर्व प्रतिष्ठा वर्त्तमान और भविष्यत् में और परजन्म में होने वाली कीर्ति का नाश करनेहारा है और परजन्म में भी दुःखदायक होता है इसलिये अधर्मयुक्त दण्ड किसी पर न करे॥ ७॥

जो राजा दण्डनीयों को न दण्ड और अदण्डनीयों को दण्ड देता है अर्थात् दण्ड देने योग्य को छोड़ देता और जिस को दण्ड देना न चाहिये उस को दण्ड देता है वह जीता हुआ बड़ी निन्दा को और मरे पीछे बड़े दुःख को प्राप्त होता है इसलिये जो अपराध करे उस को सदा दण्ड देवे और अनपराधी को दण्ड कभी न देवे॥ ८॥

प्रथम वाणी का दण्ड अर्थात् उस की 'निन्दा' दूसरा 'धिक्' दण्ड अर्थात् तुझ को धिक्कार है तूने ऐसा बुरा काम क्यों किया, तीसरा उस से 'धन लेना' और 'वध' दण्ड अर्थात् उस को कोड़ा या बेंत से मारना वा शिर काट देना॥ ९॥

येन येन यथाङ्गेन स्तेनो नृषु विचेष्टते।
तत्तदेव हरेदस्य प्रत्यादेशाय पार्थिवः॥ १॥
पिताचार्य्यः सुहृन्माता भार्य्या पुत्रः पुरोहितः।
नादण्ड्यो नाम राज्ञोऽस्ति यः स्वधर्मे न तिष्ठति॥ २॥
कार्षापणं भवेद्दण्ड्यो यत्रान्यः प्राकृतो जनः।
तत्र राजा भवेद्दण्ड्यः सहस्रमिति धारणा॥ ३॥
अष्टापाद्यन्तु शूद्रस्य स्तेये भवति किल्विषम्।
षोडशैव तु वैश्यस्य द्वात्रिंशत्क्षत्रियस्य च॥ ४॥
ब्राह्मणस्य चतुःषष्टिः पूर्णं वापि शतं भवेत्।
द्विगुणा वा चतुःषष्टिस्तद्दोषगुणविद्धि सः॥ ५॥
ऐन्द्रं स्थानमभिप्रेप्सुर्यशश्चाक्षयमव्ययम्।
नोपेक्षेत क्षणमपि राजा साहसिकं नरम्॥ ६॥
वाग्दुष्टात्तस्कराच्चैव दण्डेनैव च हिंसतः।
साहसस्य नरः कर्त्ता विज्ञेयः पापकृत्तमः॥ ७॥
साहसे वर्त्तमानं तु यो मर्षयति पार्थिवः।
स विनाशं व्रजत्याशु विद्वेषं चाधिगच्छति॥ ८॥
न मित्रकारणाद्राजा विपुलाद्वा धनागमात्।
समुत्सृजेत् साहसिकान् सर्वभूतभयावहान्॥ ९॥
गुरुं वा बालवृद्धौ वा ब्राह्मणं वा बहुश्रुतम्।
आततायिनमायान्तं हन्यादेवाविचारयन्॥ १०॥
नाततायिवधे दोषो हन्तुर्भवति कश्चन।
प्रकाशं वाऽप्रकाशं वा मन्युस्तन्मृत्युमृच्छति॥ ११॥
यस्य स्तेनः पुरे नास्ति नान्यस्त्रीगो न दुष्टवाक्।
न साहसिकदण्डघ्नौ स राजा शक्रलोकभाक्॥ १२॥ मनु०॥

चोर जिस प्रकार जिस-जिस अङ्ग से मनुष्यों में विरुद्ध चेष्टा करता है उस-उस अङ्ग को सब मनुष्यों की शिक्षा के लिये राजा हरण अर्थात् छेदन कर दे॥ १॥

चाहे पिता, आचार्य, मित्र, माता, स्त्री, पुत्र और पुरोहित क्यों न हो जो स्वधर्म में स्थित नहीं रहता वह राजा का अदण्ड्य नहीं होता अर्थात् जब राजा न्यायासन पर बैठ न्याय करे तब किसी का पक्षपात न करे किन्तु यथोचित दण्ड देवे॥ २॥

जिस अपराध में साधारण मनुष्य पर एक पैसा दण्ड हो उसी अपराध में राजा को सहस्र पैसा दण्ड होवे अर्थात् साधारण मनुष्य से राजा को सहस्र गुणा

दण्ड होना चाहिये। मन्त्री अर्थात् राजा के दीवान को आठ सौ गुणा उससे न्यून सात सौ गुणा और उस से भी न्यून को छः सौ गुणा इसी प्रकार उत्तर-उत्तर अर्थात् जो एक छोटे से छोटा भृत्य अर्थात् चपरासी है उस को आठ गुणे दण्ड से कम न होना चाहिये। क्योंकि यदि प्रजापुरुषों से राजपुरुषों को अधिक दण्ड न होवे तो राजपुरुष प्रजा पुरुषों का नाश कर देवे, जैसे सिंह अधिक और बकरी थोड़े दण्ड से ही वश में आ जाती है। इसलिये राजा से लेकर छोटे से छोटे भृत्य पर्य्यन्त राजपुरुषों को अपराध में प्रजापुरुषों से अधिक दण्ड होना चाहिये॥ ३॥

वैसे ही जो कुछ विवेकी होकर चोरी करे उस शूद्र को चोरी से आठ गुणा, वैश्य को सोलह गुणा, क्षत्रिय को बत्तीस गुणा॥ ४॥

ब्राह्मण को चौसठ गुणा वा सौ गुणा अथवा एक सौ अट्ठाईस गुणा दण्ड होना चाहिये अर्थात् जितना जितना ज्ञान और जितनी प्रतिष्ठा अधिक हो उस को अपराध में उतना ही अधिक दण्ड होना चाहिए॥ ५॥

राज्य का अधिकारी धर्म्म और ऐश्वर्य की इच्छा करने वाला राजा बलात्कार काम करने वाले डाकुओं को दण्ड देने में एक क्षण भी देर न करे॥ ६॥

साहसिक पुरुष का लक्षण—

जो दुष्ट वचन बोलने, चोरी करने, विना अपराध के दण्ड देने वाले से भी साहस बलात्कार काम करने वाला है वह अतीव पापी दुष्ट है॥ ७॥

जो राजा साहस में वर्त्तमान पुरुष को न दण्ड देकर सहन करता है वह राजा शीघ्र ही नाश को प्राप्त होता है और राज्य में द्वेष उठता है॥ ८॥

न मित्रता, न पुष्कल धन की प्राप्ति से भी जो राजा सब प्राणियों को दुःख देने वाले साहसिक मनुष्य को बन्धन छेदन किये विना कभी न छोड़े॥ ९॥

चाहे गुरु हो, चाहे पुत्रादि बालक हों, चाहे पिता आदि वृद्ध, चाहे ब्राह्मण और चाहे बहुत शास्त्रों का श्रोता क्यों न हो, जो धर्म को छोड़ अधर्म में वर्त्तमान, दूसरे को विना अपराध मारनेवाले हैं उन को विना विचारे मार डालना अर्थात् मार के पश्चात् विचार करना चाहिये॥ १०॥

दुष्ट पुरुषों के मारने में हन्ता को पाप नहीं होता, चाहे प्रसिद्ध मारे चाहे अप्रसिद्ध, क्योंकि क्रोधी को क्रोध से मारना जानो क्रोध से क्रोध की लड़ाई है॥११॥

जिस राजा के राज्य में न चोर, न परस्त्रीगामी, न दुष्ट वचन बोलनेहारा, न साहसिक डाकू और न दण्डघ्न अर्थात् राजा की आज्ञा का भङ्ग करने वाला है वह राजा अतीव श्रेष्ठ है॥ १२॥

भर्त्तारं लङ्घयेद्या स्त्री स्वज्ञातिगुणदर्पिता।
तां श्वभिः खादयेद्राजा संस्थाने बहुसंस्थिते॥ १॥
पुमांसं दाहयेत्पापं शयने तप्त आयसे।
अभ्यादध्युश्च काष्ठानि तत्र दह्येत पापकृत्॥ २॥
दीर्घाध्वनि यथादेशं यथाकालं करो भवेत्।
नदीतीरेषु तद्विद्यात्समुद्रे नास्ति लक्षणम्॥ ३॥
अहन्यहन्यवेक्षेत कर्मान्तान् वाहनानि च।
आयव्ययौ च नियतावाकरान् कोषमेव च॥ ४॥
एवं सर्वानिमान् राजा व्यवहारान् समापयन्।
व्यपोह्य किल्विषं सर्वं प्राप्नोति परमां गतिम्॥ ५॥ मनु०॥

जो स्त्री अपनी जाति गुण के घमण्ड से पति को छोड़ व्यभिचार करे उस को बहुत-बहुत स्त्री और पुरुषों के सामने जीते हुई कुत्तों से राजा कटवा कर मरवा डाले॥ १ ॥

उसी प्रकार अपनी स्त्री को छोड़ परस्त्री वा वेश्यागमन करे उस पापी को लोहे के पलङ्ग को अग्नि से तपा कर लाल कर उस पर सुला के जीते को बहुत पुरुषों के सम्मुख भस्म कर देवे॥ २॥

(प्रश्न) जो राजा वा राणी अथवा न्यायाधीश वा उसकी स्त्री व्यभिचारादि कुकर्म करे तो उस को कौन दण्ड देवे?

(उत्तर) सभा, अर्थात् उन को तो प्रजापुरुषों से भी अधिक दण्ड होना चाहिये।

(प्रश्न) राजादि उन से दण्ड क्यों ग्रहण करेंगे?

(उत्तर) राजा भी एक पुण्यात्मा भाग्यशाली मनुष्य है। जब उसी को दण्ड न दिया जाय और वह दण्ड ग्रहण न करे तो दूसरे मनुष्य दण्ड को क्यों मानेंगे? और जब सब प्रजा और प्रधान राज्याधिकारी और सभा धार्मिकता से दण्ड देना चाहें तो अकेला राजा क्या कर सकता है? जो ऐसी व्यवस्था न हो तो राजा प्रधान और सब समर्थ पुरुष अन्याय में डूब कर न्याय धर्म को डुबा के सब प्रजा का नाश कर आप भी नष्ट हो जायें, अर्थात् उस श्लोक के अर्थ का स्मरण करो कि न्याययुक्त दण्ड ही का नाम राजा और धर्म है जो उस का लोप करता है उस से नीच पुरुष दूसरा कौन होगा ?

(प्रश्न) यह कड़ा दण्ड होना उचित नहीं, क्योंकि मनुष्य किसी अङ्ग का बनानेहारा वा जिलानेवाला नहीं है, इसलिये ऐसा दण्ड न देना चाहिये ?

(उत्तर) जो इस को कड़ा दण्ड जानते हैं वे राजनीति को नहीं समझते, क्योंकि एक पुरुष को इस प्रकार दण्ड होने से सब लोग बुरे काम करने से अलग रहेंगे और बुरे काम को छोड़कर धर्ममार्ग में स्थित रहेंगे। सच पूछो तो यही है कि एक राई भर भी यह दण्ड सब के भाग में न आवेगा। और जो सुगम दण्ड दिया जाय तो दुष्ट काम बहुत बढ़कर होने लगें। वह जिस को तुम सुगम दण्ड कहते हो वह क्रोड़ों गुणा अधिक होने से क्रोणों गुणा कठिन होता है क्योंकि जब बहुत मनुष्य दुष्ट कर्म करेंगे तब थोड़ा-थोड़ा दण्ड भी देना पड़ेगा अर्थात् जैसे एक को मन भर दण्ड हुआ और दूसरे को पाव भर तो पाव भर अधिक एक मन दण्ड होता है तो प्रत्येक मनुष्य के भाग में आध पाव बीस सेर दण्ड पड़ा तो ऐसे सुगम दण्ड को दुष्ट लोग क्या समझते हैं? जैसे एक को मन और सहस्र मनुष्यों को पाव-पाव दण्ड हुआ तो ६। सवा छः मन मनुष्य जाति पर दण्ड होने से अधिक और यही कड़ा तथा वह एक मन दण्ड न्यून और सुगम होता है।

जो लम्बे मार्ग में समुद्र की खाड़ियां वा नदी तथा बड़े नदों में जितना लम्बा देश हो उतना कर स्थापन करे और महासमुद्र में निश्चित कर स्थापन नहीं हो सकता किन्तु जैसा अनुकूल देखे कि जिस से राजा और बड़े-बड़े नौकाओं के समुद्र में चलाने वाले दोनों लाभ युक्त हों वैसी व्यवस्था करे। परन्तु यह ध्यान रखना चाहिये कि जो कहते हैं कि प्रथम जहाज नहीं चलते थे, वे झूठे हैं। और देश-देशान्तर द्वीप-द्वीपान्तरों में नौका से जानेवाले अपने प्रजास्थ पुरुषों की सर्वत्र रक्षा कर उन को किसी प्रकार का दुःख न होने देवे॥ ३॥

राजा प्रतिदिन कर्मों की समाप्तियों को, हाथी, घोड़े आदि वाहनों को, नियत लाभ और खरच, 'आकर' रत्नादिकों की खानें और कोष (खजाने) को देखा करे॥४॥

राजा इस प्रकार सब व्यवहारों को यथावत् समाप्त करता कराता हुआ सब पापों को छुड़ा के परमगति मोक्ष सुख को प्राप्त होता है॥ ५॥

(प्रश्न) संस्कृतविद्या में पूरी-पूरी राजनीति है वा अधूरी?

(उत्तर) पूरी है, क्योंकि जो-जो भूगोल में राजनीति चली और चलेगी वह सब संस्कृत विद्या से ली है। और जिन का प्रत्यक्ष लेख नहीं है उनके लिये—

प्रत्यहं लोकदृष्टैश्च शास्त्रदृष्टैश्च हेतुभिः॥ मनु०॥

जो-जो नियम राजा और प्रजा के सुखकारक और धर्मयुक्त समझें उन-उन नियमों को पूर्ण विद्वानों की राजसभा बांधा करे। परन्तु इस पर नित्य ध्यान रक्खे कि जहाँ तक बन सके वहां तक बाल्यावस्था में विवाह न करने देवें। युवावस्था में भी विना प्रसन्नता के विवाह न करना कराना और न करने देना। ब्रह्मचर्य का यथावत् सेवन करना कराना। व्यभिचार और बहुविवाह को बन्ध करें कि जिस से शरीर और आत्मा में पूर्ण बल सदा रहै। क्योंकि जो केवल आत्मा का बल अर्थात् विद्या ज्ञान बढ़ाये जायें और शरीर का बल न बढ़ावें तो एक ही बलवान् पुरुष ज्ञानी और सैकड़ों विद्वानों को जीत सकता है। और जो केवल शरीर ही का बल बढ़ाया जाय, आत्मा का नहीं तो भी राज्यपालन की उत्तम व्यवस्था विना विद्या के कभी नहीं हो सकती। विना व्यवस्था के सब आपस में ही फूट-टूट, विरोध , लड़ाई-झगड़ा, करके नष्ट भ्रष्ट हो जायें। इसलिये सर्वदा शरीर और आत्मा के बल को बढ़ाते रहना चाहिये। जैसा बल और बुद्धि का नाशक व्यवहार व्यभिचार और अतिविषयासक्ति है वैसा और कोई नहीं है।

विशेषतः क्षत्रियों को दृढांग और बलयुक्त होना चाहिये क्योंकि जब वे ही विषयासक्त होंगे तो राजधर्म ही नष्ट हो जायगा और इस पर भी ध्यान रखना चाहिये कि **'यथा राजा तथा प्रजाः'** जैसा राजा है वैसी ही उस की प्रजा होती है। इसलिये राजा और राजपुरुषों को अति उचित है कि कभी दुष्टाचार न करें किन्तु सब दिन धर्म न्याय से वर्त्तकर सब के सुधार का दृष्टान्त बनें ।

यह संक्षेप से राजधर्म का वर्णन यहां किया है। विशेष वेद, मनुस्मृति के सप्तम, अष्टम, नवम अध्याय में और शुक्रनीति तथा विदुरप्रजागर और महाभारत शान्तिपर्व के राजधर्म और आपद्धर्म आदि पुस्तकों में देख कर पूर्ण राजनीति को धारण करके माण्डलिक अथवा सार्वभौम चक्रवर्ती राज्य करें और यह समझें कि—**'वयं प्रजापतेः प्रजा अभूम'** यह यजुर्वेद का वचन है। हम प्रजापति अर्थात् परमेश्वर की प्रजा और परमात्मा हमारा राजा हम उस के किंकर भृत्यवत् हैं। वह कृपा करके अपनी सृष्टि में हम को राज्याधिकारी करे और हमारे हाथ से अपने सत्य न्याय की प्रवृत्ति करावे।

अब आगे ईश्वर और वेदविषय में लिखा जायगा।

इति श्रीमद्दयानन्दसरस्वतीस्वामिकृते सत्यार्थप्रकाशे
सुभाषाविभूषिते राजधर्मविषये
षष्ठः समुल्लासः सम्पूर्णः॥ ६॥

अथ सप्तमसमुल्लासारम्भः

ऋचो अक्षरे परमे व्योमन्यस्मिन्देवा अधि विश्वे निषेदुः ।
यस्तन्न वेद किमृचा करिष्यति य इत्तद्विदुस्त इमे समासते ॥१॥
—ऋ० मं० १। सू० १६४। मं० ३९॥

ईशा वास्यमिदꣳ सर्वं यत्किञ्च जगत्याञ्जगत् ।
तेन त्यक्तेन भुञ्जीथा मा गृधः कस्य स्विद्धनम् ॥२॥
—यजु० अ० ४०। मं० १॥

अहम्भुवं वसुनः पूर्व्यस्पतिरहं धनानि सं जयामि शश्वतः ।
मां हवन्ते पितरं न जन्तवोऽहं दाशुषे विभजामि भोजनम् ॥३॥
—ऋ० मं० १०। सू० ४८। मं० १॥

अहमिन्द्रो न परा जिग्य इद्धनं न मृत्यवेऽवतस्थे कदाचन ।
सोममिन्मा सुन्वन्तो याचता वसु न मे पूरवः सख्ये रिषाथन ॥४॥
—ऋ० मं० १०। सू० ४८। मं० ५॥

अहं दां गृणते पूर्व्यं वस्वहं ब्रह्म कृणवं मह्यं वर्धनम् ।
अहं भुवं यजमानस्य चोदिताऽयज्वनः साक्षि विश्वस्मिन्भरे ॥५॥
—ऋ० मं० १०। सू० ४९। मं० १॥

(ऋचो अक्षरे) इस मन्त्र का अर्थ ब्रह्मचर्य्याश्रम की शिक्षा में लिख चुके हैं अर्थात् जो सब दिव्य गुण, कर्म, स्वभाव, विद्यायुक्त और जिस में पृथिवी सूर्य्यादि लोक स्थित हैं और जो आकाश के समान व्यापक सब देवों का देव परमेश्वर है उस को जो मनुष्य न जानते न मानते और उस का ध्यान नहीं करते वे नास्तिक मन्दमति सदा दुःखसागर में डूबे ही रहते हैं। इसलिये सर्वदा उसी को जानकर सब मनुष्य सुखी होते हैं।

(प्रश्न) वेद में ईश्वर अनेक हैं इस बात को तुम मानते हो वा नहीं?

(उत्तर) नहीं मानते क्योंकि चारों वेदों में ऐसा कहीं नहीं लिखा जिस से अनेक ईश्वर सिद्ध हों। किन्तु यह तो लिखा है कि ईश्वर एक है।

(प्रश्न) वेदों में जो अनेक देवता लिखे हैं उस का क्या अभिप्राय है?

(उत्तर) देवता दिव्य गुणों से युक्त होने के कारण कहाते हैं जैसी कि पृथिवी, परन्तु इस को कहीं ईश्वर वा उपासनीय नहीं माना है। देखो ! इसी मन्त्र में कि 'जिस में सब देवता स्थित हैं, वह जानने और उपासना करने योग्य ईश्वर है।' यह उनकी भूल है जो देवता शब्द से ईश्वर का ग्रहण करते हैं। परमेश्वर देवों का देव होने से महादेव इसीलिये कहाता है कि वही सब जगत् की उत्पत्ति, स्थिति, प्रलयकर्त्ता, न्यायाधीश, अधिष्ठाता है।

जो **'त्रयस्त्रिंशत्त्रिशता०'** इत्यादि वेदों में प्रमाण हैं इस की व्याख्या शतपथ

में की है कि तेंतीस देव अर्थात् पृथिवी, जल, अग्नि, वायु, आकाश, चन्द्रमा, सूर्य्य और नक्षत्र सब सृष्टि के निवास स्थान होने से आठ वसु। प्राण, अपान, व्यान, उदान, समान, नाग, कूर्म्म, कृकल, देवदत्त, धनञ्जय और जीवात्मा ये ग्यारह रुद्र इसलिये कहाते हैं कि जब शरीर को छोड़ते हैं तब रोदन कराने वाले होते हैं। संवत्सर के बारह महीने बारह आदित्य इसलिये हैं कि ये सब की आयु को लेते जाते हैं। बिजली का नाम इन्द्र इस हेतु से है कि परम ऐश्वर्य का हेतु है। यज्ञ को प्रजापति कहने का कारण यह है कि जिस से वायु वृष्टि जल ओषधी की शुद्धि, विद्वानों का सत्कार और नाना प्रकार की शिल्पविद्या से प्रजा का पालन होता है। ये तेंतीस पूर्वोक्त गुणों के योग से देव कहाते हैं। इन का स्वामी और सब से बड़ा होने से परमात्मा चौंतीसवां उपास्यदेव शतपथ के चौदहवें काण्ड में स्पष्ट लिखा है। इसी प्रकार अन्यत्र भी लिखा है। जो ये इन शास्त्रों को देखते तो वेदों में अनेक ईश्वर माननेरूप भ्रमजाल में गिरकर क्यों बहकते?॥ १ ॥

हे मनुष्य! जो कुछ इस संसार में जगत् है उस सब में व्याप्त होकर जो नियन्ता है वह ईश्वर कहाता है। उस से डर कर तू अन्याय से किसी के धन की आकांक्षा मत कर। उस अन्याय के त्याग और न्यायाचरणरूप धर्म से अपने आत्मा से आनन्द को भोग॥ २ ॥

ईश्वर सब को उपदेश करता है कि हे मनुष्यो! मैं ईश्वर सब के पूर्व विद्यमान सब जगत् का पति हूं। मैं सनातन जगत्कारण और सब धनों का विजय करनेवाला और दाता हूं। मुझ ही को सब जीव जैसे पिता को सन्तान पुकारते हैं वैसे पुकारें। मैं सब को सुख देनेहारे जगत् के लिये नाना प्रकार के भोजनों का विभाग पालन के लिये करता हूं॥ ३ ॥

मैं परमैश्वर्य्यवान् सूर्य के सदृश सब जगत् का प्रकाशक हूं। कभी पराजय को प्राप्त नहीं होता और न कभी मृत्यु को प्राप्त होता हूं। मैं ही जगत् रूप धन का निर्माता हूं। सब जगत् की उत्पत्ति करने वाले मुझ ही को जानो। हे जीवो ! ऐश्वर्य प्राप्ति के यत्न करते हुए तुम लोग विज्ञानादि धन को मुझ से मांगो और तुम लोग मेरी मित्रता से अलग मत होओ॥ ४ ॥

हे मनुष्यो! मैं सत्यभाषणरूप स्तुति करनेवाले मनुष्य को सनातन ज्ञानादि धन को देता हूं। मैं ब्रह्म अर्थात् वेद का प्रकाश करनेहारा और मुझ को वह वेद यथावत् कहता उस से सब के ज्ञान को मैं बढ़ाता; मैं सत्पुरुष का प्रेरक यज्ञ करनेहारे को फलप्रदाता और इस विश्व में जो कुछ है उस सब कार्य्य का बनाने और धारण करनेवाला हूं। इसलिये तुम लोग मुझ को छोड़ किसी दूसरे को मेरे स्थान में मत पूजो, मत मानो और मत जानो॥ ५ ॥

हिरण्यगर्भः समवर्त्तताग्रे भूतस्य जातः पतिरेक आसीत् ।
स दाधार पृथिवीं द्यामुतेमां कस्मै देवाय हविषा विधेम ॥

यह यजुर्वेद का मन्त्र है—

हे मनुष्यो! जो सृष्टि के पूर्व सब सूर्य्यादि तेजवाले लोकों का उत्पत्ति स्थान, आधार और जो कुछ उत्पन्न हुआ था, है और होगा उसका स्वामी था, है और होगा। वह पृथिवी से लेके सूर्य्यलोक पर्यन्त सृष्टि को बना के धारण कर रहा है। उस सुखस्वरूप परमात्मा ही की भक्ति जैसे हम करें वैसे तुम लोग भी करो।

(प्रश्न) आप ईश्वर–ईश्वर कहते हो परन्तु इसकी सिद्धि किस प्रकार करते हो?

(उत्तर) सब प्रत्यक्षादि प्रमाणों से।

(प्रश्न) ईश्वर में प्रत्यक्षादि प्रमाण कभी नहीं घट सकते।

(उत्तर) इन्द्रियार्थसन्निकर्षोत्पन्नं ज्ञानमव्यपदेश्यमव्यभिचारि व्यवसायात्मकं प्रत्यक्षम्॥ यह गौतम महर्षिकृत न्यायदर्शन का सूत्र है।

जो श्रोत्र, त्वचा, चक्षु, जिह्वा, घ्राण और मन का शब्द, स्पर्श, रूप, रस, गन्ध, सुख, दुःख, सत्यासत्य विषयों के साथ सम्बन्ध होने से ज्ञान उत्पन्न होता है उसको प्रत्यक्ष कहते हैं परन्तु वह निर्भ्रम हो।

अब विचारना चाहिये कि इन्द्रियों और मन से गुणों का प्रत्यक्ष होता है गुणी का नहीं। जैसे चारों त्वचा आदि इन्द्रियों से स्पर्श, रूप, रस और गन्ध का ज्ञान होने से गुणी जो पृथिवी उस का आत्मायुक्त मन से प्रत्यक्ष किया जाता है, वैसे इस प्रत्यक्ष सृष्टि में रचना विशेष आदि ज्ञानादि गुणों के प्रत्यक्ष होने से परमेश्वर का भी प्रत्यक्ष है।

और जब आत्मा मन और मन इन्द्रियों को किसी विषय में लगाता वा चोरी आदि बुरी वा परोपकार आदि अच्छी बात के करने का जिस क्षण में आरम्भ करता है, उस समय जीव की 'इच्छा, ज्ञानादि उसी इच्छित विषय पर झुक जाते हैं। उसी क्षण में आत्मा के भीतर से बुरे काम करने में भय, शङ्का और लज्जा तथा अच्छे कामों के करने में अभय, निःशङ्कता और आनन्दोत्साह उठता है। वह जीवात्मा की ओर से नहीं किन्तु परमात्मा की ओर से है।

और जब जीवात्मा शुद्ध होके परमात्मा का विचार करने में तत्पर रहता है उस को उसी समय दोनों प्रत्यक्ष होते हैं। जब परमेश्वर का प्रत्यक्ष होता है तो अनुमानादि से परमेश्वर के ज्ञान होने में क्या सन्देह है? क्योंकि कार्य को देख के कारण का अनुमान होता है।

(प्रश्न) ईश्वर व्यापक है वा किसी देशविशेष में रहता है?

(उत्तर) व्यापक है, क्योंकि जो एक देश में रहता तो सर्वान्तर्यामी सर्वज्ञ, सर्वनियन्ता, सब का स्रष्टा, सब का धर्त्ता और प्रलयकर्त्ता नहीं हो सकता। अप्राप्त देश में कर्त्ता की क्रिया का असम्भव है।

(प्रश्न) परमेश्वर दयालु और न्यायकारी है वा नहीं?

(उत्तर) है।

(प्रश्न) ये दोनों गुण परस्पर विरुद्ध हैं। जो न्याय करे तो दया और दया करे तो न्याय छूट जाय। क्योंकि न्याय उस को कहते हैं कि जो कर्मों के अनुसार न अधिक न न्यून सुख दुःख पहुंचाना और दया उस को कहते हैं जो अपराधी को विना दण्ड दिये छोड़ देना।

(उत्तर) न्याय और दया का नाममात्र ही भेद है क्योंकि जो न्याय से प्रयोजन सिद्ध होता है वही दया से। दण्ड देने का प्रयोजन है कि मनुष्य अपराध करने से बन्ध होकर दुःखों को प्राप्त न हों वही दया कहाती है। जो पराये दुःखों का छुड़ाना और जैसा अर्थ दया और न्याय का तुम ने किया है वह ठीक नहीं क्योंकि जिस ने जैसा जितना बुरा कर्म किया हो उस को उतना वैसा ही दण्ड देना चाहिये, उसी का नाम न्याय है। और जो अपराधी को दण्ड न दिया जाय तो दया का नाश हो

जाय। क्योंकि एक अपराधी डाकू को छोड़ देने से सहस्रों धर्मात्मा पुरुषों को दुःख देना है। जब एक के छोड़ने से सहस्रों मनुष्यों को दुःख प्राप्त होता है वह दया किस प्रकार हो सकती है? दया वही है कि उस डाकू को कारागार में रखकर पाप करने से बचाना डाकू पर और उस डाकू को मार देने से अन्य सहस्रों मनुष्यों पर दया प्रकाशित होती है।

(प्रश्न) फिर दया और न्याय दो शब्द क्यों हुए? क्योंकि उन दोनों का अर्थ एक ही होता है तो दो शब्दों का होना व्यर्थ है। इसलिये एक शब्द का रहना तो अच्छा था। इस से क्या विदित होता है कि दया और न्याय का एक प्रयोजन नहीं है।

(उत्तर) क्या एक अर्थ के अनेक नाम और एक नाम के अनेक अर्थ नहीं होते?

(प्रश्न) होते हैं।

(उत्तर) तो पुनः तुम को शङ्का क्यों हुई?

(प्रश्न) संसार में सुनते हैं इसलिये।

(उत्तर) संसार में तो सच्चा झूठा दोनों सुनने में आता है परन्तु उस का विचार से निश्चय करना अपना काम है।

देखो! ईश्वर की पूर्ण दया तो यह है कि जिस ने सब जीवों के प्रयोजन सिद्ध होने के अर्थ जगत् में सकल पदार्थ उत्पन्न करके दान दे रक्खे हैं। इस से भिन्न दूसरी बड़ी दया कौन सी है? अब न्याय का फल प्रत्यक्ष दीखता है कि सुख दुःख की व्यवस्था अधिक और न्यूनता से फल को प्रकाशित कर रही है इन दोनों का इतना ही भेद है कि जो मन में सब को सुख होने और दुःख छूटने की इच्छा और क्रिया करना है वह दया और बाह्य चेष्टा अर्थात् बन्धन छेदनादि यथावत् दण्ड देना न्याय कहाता है। दोनों का एक प्रयोजन यह है कि सब को पाप और दुःखों से पृथक् कर देना।

(प्रश्न) ईश्वर साकार है वा निराकार?

(उत्तर) निराकार। क्योंकि जो साकार होता तो व्यापक नहीं हो सकता। जब व्यापक न होता तो सर्वज्ञादि गुण भी ईश्वर में न घट सकते। क्योंकि परिमित वस्तु में गुण, कर्म, स्वभाव भी परिमित रहते हैं तथा शीतोष्ण, क्षुधा, तृषा और रोग, दोष, छेदन, भेदन आदि से रहित नहीं हो सकता। इस से यही निश्चित है कि ईश्वर निराकार है। जो साकार हो तो उसके नाक, कान, आंख आदि अवयवों का बनानेहारा दूसरा होना चाहिये। क्योंकि जो संयोग से उत्पन्न होता है उस को संयुक्त करनेवाला निराकार चेतन अवश्य होना चाहिये। जो कोई यहां ऐसा कहै कि ईश्वर ने स्वेच्छा से आप ही आप अपना शरीर बना लिया तो भी वही सिद्ध हुआ कि शरीर बनने के पूर्व निराकार था। इसलिए परमात्मा कभी शरीर धारण नहीं करता किन्तु निराकार होने से सब जगत् को सूक्ष्म कारणों से स्थूलाकार बना देता है।

(प्रश्न) ईश्वर सर्वशक्तिमान् है वा नहीं?

(उत्तर) है। परन्तु जैसा तुम सर्वशक्तिमान् शब्द का अर्थ जानते हो वैसा नहीं। किन्तु सर्वशक्तिमान् शब्द का यही अर्थ है कि ईश्वर अपने काम अर्थात् उत्पत्ति, पालन, प्रलय आदि और सब जीवों के पुण्य पाप की यथायोग्य व्यवस्था

करने में किञ्चित् भी किसी की सहायता नहीं लेता अर्थात् अपने अनन्त सामर्थ्य से ही सब अपना काम पूर्ण कर लेता है।

(प्रश्न) हम तो ऐसा मानते हैं कि ईश्वर चाहै सो करे क्योंकि उसके ऊपर दूसरा कोई नहीं है।

(उत्तर) वह क्या चाहता है? जो तुम कहो कि सब कुछ चाहता और कर सकता है तो हम तुम से पूछते हैं कि परमेश्वर अपने को मार, अनेक ईश्वर बना, स्वयम् अविद्वान्, चोरी, व्यभिचारादि पाप कर्म कर और दुःखी भी हो सकता है? जैसे ये काम ईश्वर के गुण, कर्म, स्वभाव से विरुद्ध हैं तो जो तुम्हारा कहना कि वह सब कुछ कर सकता है, यह कभी नहीं घट सकता। इसीलिए सर्वशक्तिमान् शब्द का अर्थ जो हम ने कहा वही ठीक है।

(प्रश्न) परमेश्वर आदि है वा अनादि?

(उत्तर) अनादि अर्थात् जिस का आदि कोई कारण वा समय न हो उस को अनादि कहते हैं। इत्यादि सब अर्थ प्रथम समुल्लास में कर दिया है देख लीजिये।

(प्रश्न) परमेश्वर क्या चाहता है?

(उत्तर) सब की भलाई और सब के लिए सुख चाहता है परन्तु स्वतन्त्रता के साथ किसी को विना पाप किये पराधीन नहीं करता।

(प्रश्न) परमेश्वर की स्तुति, प्रार्थना और उपासना करनी चाहिए वा नहीं?

(उत्तर) करनी चाहिये।

(प्रश्न) क्या स्तुति आदि करने से ईश्वर अपना नियम छोड़ स्तुति, प्रार्थना करनेवाले का पाप छुड़ा देगा?

(उत्तर) नहीं।

(प्रश्न) तो फिर स्तुति प्रार्थना क्यों करना?

(उत्तर) उनके करने का फल अन्य ही है।

(प्रश्न) क्या है?

(उत्तर) स्तुति से ईश्वर में प्रीति, उस के गुण, कर्म, स्वभाव से अपने गुण, कर्म, स्वभाव का सुधारना, प्रार्थना से निरभिमानता, उत्साह और सहाय का मिलना, उपासना से परब्रह्म से मेल और उसका साक्षात्कार होना।

(प्रश्न) इनको स्पष्ट करके समझाओ।

(उत्तर) जैसे—

स पर्यगाच्छुक्रमकायमव्रणमस्नाविरꣳशुद्धमपापविद्धम् ।
कविर्मनीषी परिभूः स्वयम्भूर्याथातथ्यतोऽर्थान् व्यदधाच्छाश्वतीभ्यः समाभ्यः ॥१॥

—यजु० अ० ४०। मं० ८॥

ईश्वर की स्तुति—वह परमात्मा सब में व्यापक, शीघ्रकारी और अनन्त बलवान् जो शुद्ध, सर्वज्ञ, सब का अन्तर्यामी, सर्वोपरि विराजमान, सनातन, स्वयंसिद्ध, परमेश्वर अपनी जीवरूप सनातन अनादि प्रजा को अपनी सनातन विद्या से यथावत् अर्थों का बोध वेद द्वारा कराता है। यह **सगुण स्तुति** अर्थात् जिस-जिस गुण से सहित परमेश्वर की स्तुति करना वह सगुण; (अकाय) अर्थात् वह कभी शरीर धारण व जन्म नहीं लेता, जिस में छिद्र नहीं होता, नाड़ी आदि के बन्धन में नहीं

आता और कभी पापाचरण नहीं करता, जिस में क्लेश, दुःख, अज्ञान कभी नहीं होता, इत्यादि जिस-जिस राग, द्वेषादि गुणों से पृथक् मानकर परमेश्वर की स्तुति करना है वह **निर्गुण स्तुति** है। इस से फल यह है कि जैसे परमेश्वर के गुण हैं वैसे गुण, कर्म, स्वभाव अपने भी करना। जैसे वह न्यायकारी है तो आप भी न्यायकारी होवे। और जो केवल भांड के समान परमेश्वर के गुणकीर्तन करता जाता और अपने चरित्र नहीं सुधारता उसका स्तुति करना व्यर्थ है। प्रार्थना—

यां मेधां देवगणाः पितरश्चोपासते ।
तया मामद्य मेधयाग्ने मेधाविनं कुरु स्वाहा ॥१॥

—यजु० अ० ३२। मं० १४॥

तेजोऽसि तेजो मयि धेहि । वीर्यमसि वीर्यं मयि धेहि ।
बलमसि बलं मयि धेहि । ओजोऽस्योजो मयि धेहि ।
मन्युरसि मन्युं मयि धेहि । सहोऽसि सहो मयि धेहि ॥२॥

—यजुः अ० १९। मं० ९॥

यज्जाग्रतो दूरमुदैति दैवं तदु सुप्तस्य तथैवैति ।
दूरङ्गमं ज्योतिषां ज्योतिरेकं तन्मे मनः शिवसङ्कल्पमस्तु ॥३॥
येन कर्माण्यपसो मनीषिणो यज्ञे कृण्वन्ति विदथेषु धीराः ।
यदपूर्वं यक्षमन्तः प्रजानां तन्मे मनः शिवसङ्कल्पमस्तु ॥४॥
यत्प्रज्ञानमुत चेतो धृतिश्च यज्ज्योतिरन्तरमृतं प्रजासु ।
यस्मान्नऽऋते किञ्चन कर्म क्रियते तन्मे मनः शिवसङ्कल्पमस्तु ॥५॥
येनेदं भूतं भुवनं भविष्यत्परिगृहीतममृतेन सर्वम् ।
येन यज्ञस्तायते सप्त होता तन्मे मनः शिवसङ्कल्पमस्तु ॥६॥
यस्मिन्नृचः साम यजूꣳषि यस्मिन्प्रतिष्ठिता रथनाभाविवाराः ।
यस्मिँश्चित्तꣳसर्वमोतं प्रजानां तन्मे मनः शिवसङ्कल्पमस्तु ॥७॥
सुषारथिरश्वानिव यन्मनुष्यान्नेनीयतेऽभीशुभिर्वाजिनऽइव ।
हृत्प्रतिष्ठं यदजिरं जविष्ठं तन्मे मनः शिवसङ्कल्पमस्तु ॥८॥

—यजु० अ० ३४। मं० १। २। ३। ४। ५। ६॥

हे अग्ने! अर्थात् प्रकाशस्वरूप परमेश्वर आप की कृपा से जिस बुद्धि की उपासना विद्वान्, ज्ञानी और योगी लोग करते हैं उसी बुद्धि से युक्त हम को इसी वर्त्तमान समय में आप बुद्धिमान् कीजिये॥ १॥

आप प्रकाशस्वरूप हैं कृपा कर मुझ में भी प्रकाश स्थापन कीजिये। आप अनन्त पराक्रम युक्त हैं इसलिये मुझ में भी कृपाकटाक्ष से पूर्ण पराक्रम धरिये। आप अनन्त बलयुक्त हैं इसलिये मुझ में भी बल धारण कीजिये। आप अनन्त

सामर्थ्ययुक्त हैं, मुझ को भी पूर्ण सामर्थ्य दीजिये। आप दुष्ट काम और दुष्टों पर क्रोधकारी हैं, मुझ को भी वैसा ही कीजिये। आप निन्दा, स्तुति और स्वअपराधियों का सहन करने वाले हैं, कृपा से मुझ को भी वैसा ही कीजिये॥ २॥

हे दयानिधे! आप की कृपा से जो मेरा मन जागते में दूर-दूर जाता, दिव्यगुणयुक्त रहता है, और वही सोते हुए मेरा मन सुषुप्ति को प्राप्त होता वा स्वप्न में दूर-दूर जाने के समान व्यवहार करता सब प्रकाशकों का प्रकाशक, एक वह मेरा मन शिवसंकल्प अर्थात् अपने और दूसरे प्राणियों के अर्थ कल्याण का संकल्प करनेहारा होवे। किसी की हानि करने की इच्छायुक्त कभी न होवे॥ ३॥

हे सर्वान्तर्यामी! जिससे कर्म करनेहारे धैर्ययुक्त विद्वान् लोग यज्ञ और युद्धादि में कर्म करते हैं जो अपूर्व सामर्थ्ययुक्त, पूजनीय और प्रजा के भीतर रहनेवाला है, वह मेरा मन धर्म करने की इच्छायुक्त होकर अधर्म को सर्वथा छोड़ देवे॥ ४॥

जो उत्कृष्ट ज्ञान और दूसरे को चितानेहारा निश्चयात्मकवृत्ति है और जो प्रजाओं में भीतर प्रकाशयुक्त और नाशरहित है जिसके विना कोई कुछ भी कर्म नहीं कर सकता, वह मेरा मन शुद्ध गुणों की इच्छा करके दुष्ट गुणों से पृथक् रहै॥ ५॥

हे जगदीश्वर! जिससे सब योगी लोग इन सब भूत, भविष्यत्, वर्त्तमान व्यवहारों को जानते, जो नाशरहित जीवात्मा को परमात्मा के साथ मिलके सब प्रकार त्रिकालज्ञ करता है, जिस में ज्ञान और क्रिया है, पांच ज्ञानेन्द्रिय बुद्धि और आत्मायुक्त रहता है, उस योगरूप यज्ञ को जिस से बढ़ाते हैं, वह मेरा मन योग विज्ञानयुक्त होकर अविद्यादि क्लेशों से पृथक् रहै॥ ६॥

हे परम विद्वन् परमेश्वर! आप की कृपा से मेरे मन में जैसे रथ के मध्य धुरा में आरा लगे रहते हैं वैसे ऋग्वेद, यजुर्वेद, सामवेद और जिस में अथर्ववेद भी प्रतिष्ठित होता है और जिस में सर्वज्ञ सर्वव्यापक प्रजा का साक्षी चित्त चेतन विदित होता है वह मेरा मन अविद्या का अभाव कर विद्याप्रिय सदा रहै॥ ७॥

हे सर्वनियन्ता ईश्वर! जो मेरा मन रस्सी से घोड़ों के समान अथवा घोड़ों के नियन्ता सारथि के तुल्य मनुष्यों को अत्यन्त इधर-उधर डुलाता है, जो हृदय में प्रतिष्ठित गतिमान् और अत्यन्त वेग वाला है, वह सब इन्द्रियों को अधर्माचरण से रोक के धर्मपथ में सदा चलाया करे। ऐसी कृपा मुझ पर कीजिये॥ ८॥

अग्ने नय सुपथा राये अस्मान् विश्वानि देव वयुनानि विद्वान्।
युयोध्यस्मज्जुहुराणमेनो भूयिष्ठां ते नमऽउक्तिं विधेम॥१॥

—यजु० अ० ४०। मं० १६॥

हे सुख के दाता स्वप्रकाशस्वरूप सब को जाननेहारे परमात्मन्! आप हम को श्रेष्ठ मार्ग से सम्पूर्ण प्रज्ञानों को प्राप्त कराइये और जो हम में कुटिल पापाचरणरूप मार्ग है उस से पृथक् कीजिये। इसीलिये हम लोग नम्रतापूर्वक आपकी बहुत सी स्तुति करते हैं कि हम को पवित्र करें॥ १॥

मा नो महान्तमुत मा नोऽअर्भकं मा न उक्षन्तमुत मा न उक्षितम्।
मा नो वधीः पितरं मोत मातरं मा नः प्रियास्तन्वो रुद्र रीरिषः॥१॥

—यजु० अ० १६। मं० १५॥

हे रुद्र! (दुष्टों को पाप के दुःखस्वरूप फल को देके रुलाने वाले परमेश्वर) आप हमारे छोटे बड़े जन, गर्भ, माता, पिता और प्रिय बन्धुवर्ग तथा शरीरों का हनन करने के लिये प्रेरित मत कीजिये। ऐसे मार्ग से हम को चलाइये जिस से हम आपके दण्डनीय न हों॥ १॥

असतो मा सद् गमय, तमसो मा ज्योतिर्गमय, मृत्योर्माऽमृतं गमयेति॥

—शतपथ ब्रा०॥

हे परमगुरो परमात्मन्! आप हम को असत् मार्ग से पृथक् कर सन्मार्ग में प्राप्त कीजिये। अविद्यान्धकार को छुड़ा के विद्यारूप सूर्य को प्राप्त कीजिये और मृत्यु रोग से पृथक् करके मोक्ष के आनन्दरूप अमृत को प्राप्त कीजिये। अर्थात् जिस-जिस दोष वा दुर्गुण से परमेश्वर और अपने को भी पृथक् मान के परमेश्वर की प्रार्थना की जाती है वह विधि निषेधमुख होने से सगुण, निर्गुण प्रार्थना। जो मनुष्य जिस बात की प्रार्थना करता है उस को वैसा ही वर्त्तमान करना चाहिये अर्थात् जैसे सर्वोत्तम बुद्धि की प्राप्ति के लिये परमेश्वर की प्रार्थना करे उस के लिये जितना अपने से प्रयत्न हो सके उतना किया करे। अर्थात् अपने पुरुषार्थ के उपरान्त प्रार्थना करनी योग्य है।

ऐसी प्रार्थना कभी न करनी चाहिये और न परमेश्वर उस को स्वीकार करता है कि जैसे हे परमेश्वर! आप मेरे शत्रुओं का नाश, मुझ को सब से बड़ा, मेरी ही प्रतिष्ठा और मेरे आधीन सब हो जायँ इत्यादि, क्योंकि जब दोनों शत्रु एक दूसरे के नाश के लिए प्रार्थना करें तो क्या परमेश्वर दोनों का नाश कर दे ? जो कोई कहै कि जिस का प्रेम अधिक उस की प्रार्थना सफल हो जावे । तब हम कह सकते हैं कि जिस का प्रेम न्यून हो उसके शत्रु का भी न्यून नाश होना चाहिये। ऐसी मूर्खता की प्रार्थना करते-करते कोई ऐसी भी प्रार्थना करेगा—हे परमेश्वर! आप हम को रोटी बना कर खिलाइये, मकान में झाड़ू लगाइये, वस्त्र धो दीजिये और खेती बाड़ी भी कीजिये। इस प्रकार जो परमेश्वर के भरोसे आलसी होकर बैठे रहते हैं वे महामूर्ख हैं क्योंकि जो परमेश्वर की पुरुषार्थ करने की आज्ञा है उस को जो कोई तोड़ेगा वह सुख कभी न पावेगा। जैसे—

कुर्वन्नेवेह कर्माणि जिजीविषेच्छतꣳसमाः ॥२॥ य०अ०४० । मं० २

परमेश्वर आज्ञा देता है कि मनुष्य सौ वर्ष पर्यन्त अर्थात् जब तक जीवे तब तक कर्म करता हुआ जीने की इच्छा करे, आलसी कभी न हो।

देखो! सृष्टि के बीच में जितने प्राणी हैं अथवा अप्राणी हैं, वे सब अपने-अपने कर्म और यत्न करते ही रहते हैं। जैसे पिपीलिका आदि सदा प्रयत्न करते, पृथिवी आदि सदा घूमते और वृक्ष आदि सदा बढ़ते घटते रहते हैं वैसे यह दृष्टान्त मनुष्यों को भी ग्रहण करना योग्य है। जैसे पुरुषार्थ करते हुए पुरुष का सहाय दूसरा भी करता है वैसे धर्म से पुरुषार्थी पुरुष का सहाय ईश्वर भी करता है। जैसे काम करने वाले पुरुष को भृत्य करते हैं और अन्य आलसी को नहीं। देखने की इच्छा करने और नेत्र वाले को दिखलाते हैं अन्धे को नहीं।

इसी प्रकार परमेश्वर भी सब के उपकार करने की प्रार्थना में सहायक होता है हानिकारक कर्म में नहीं। जो कोई गुड़ मीठा है ऐसा कहता है उस को गुड़ प्राप्त वा उस को स्वाद प्राप्त कभी नहीं होता और जो यत्न करता है उस को

शीघ्र वा विलम्ब से गुड़ मिल ही जाता है।

अब तीसरी उपासना—

समाधिनिर्धूतमलस्य चेतसो निवेशितस्यात्मनि यत्सुखं भवेत्।
न शक्यते वर्णयितुं गिरा तदा स्वयं तदन्तःकरणेन गृह्यते॥ १॥

यह उपनिषत् का वचन है।

जिस पुरुष के समाधियोग से अविद्यादि मल नष्ट हो गये हैं, आत्मस्थ होकर परमात्मा में चित्त जिस ने लगाया है उस को जो परमात्मा के योग का सुख होता है वह वाणी से कहा नहीं जा सकता क्योंकि उस आनन्द को जीवात्मा अपने अन्तःकरण से ग्रहण करता है। उपासना शब्द का अर्थ समीपस्थ होना है। अष्टांग योग से परमात्मा के समीपस्थ होने और उस को सर्वव्यापी, सर्वान्तर्यामीरूप से प्रत्यक्ष के लिये जो-जो काम करना होता है वह-वह सब करना चाहिये। अर्थात्—

तत्राऽहिंसासत्याऽस्तेयब्रह्मचर्याऽपरिग्रहा यमाः॥

इत्यादि सूत्र पातञ्जलयोगशास्त्र के हैं।

जो उपासना का आरम्भ करना चाहै उस के लिये यही आरम्भ है कि वह किसी से वैर न रक्खे, सर्वदा सब से प्रीति करे। सत्य बोले। मिथ्या कभी न बोले। चोरी न करे। सत्य व्यवहार करे। जितेन्द्रिय हो। लम्पट न हो और निरभिमानी हो। अभिमान कभी न करे। ये पांच प्रकार के यम मिल के उपासनायोग का प्रथम अंग है।

शौचसन्तोषतपःस्वाध्यायेश्वरप्रणिधानानि नियमाः॥ —योग सू०॥

राग द्वेष छोड़ भीतर और जलादि से बाहर पवित्र रहै। धर्म से पुरुषार्थ करने से लाभ में न प्रसन्नता और हानि में न अप्रसन्नता करे। प्रसन्न होकर आलस्य छोड़ सदा पुरुषार्थ किया करे। सदा दुःख सुखों का सहन और धर्म ही का अनुष्ठान करे, अधर्म का नहीं। सर्वदा सत्य शास्त्रों को पढ़े पढ़ावे। सत्पुरुषों का संग करे और 'ओ३म्' इस एक परमात्मा के नाम का अर्थ विचार करे नित्यप्रति जप किया करे। अपने आत्मा को परमेश्वर की आज्ञानुकूल समर्पित कर देवे। इन पांच प्रकार के नियमों को मिला के उपासनायोग का दूसरा अंग कहाता है। इसके आगे छः अंग योगशास्त्र वा ऋग्वेदादिभाष्यभूमिका[१] में देख लेवें।

जब उपासना करना चाहैं तब एकान्त शुद्ध देश में जाकर, आसन लगा, प्राणायाम कर बाह्य विषयों से इन्द्रियों को रोक, मन को नाभिप्रदेश में वा हृदय, कण्ठ, नेत्र, शिखा अथवा पीठ के मध्य हाड़ में किसी स्थान पर स्थिर कर अपने आत्मा और परमात्मा का विवेचन करके परमात्मा में मग्न हो कर संयमी होवें।

जब इन साधनों को करता है तब उस का आत्मा और अन्तःकरण पवित्र होकर सत्य से पूर्ण हो जाता है। नित्यप्रति ज्ञान विज्ञान बढ़ाकर मुक्ति तक पहुंच जाता है। जो आठ पहर में एक घड़ी भर भी इस प्रकार ध्यान करता है वह सदा उन्नति को प्राप्त हो जाता है। वहां सर्वज्ञादि गुणों के साथ परमेश्वर की उपासना करनी सगुण और द्वेष, रूप, रस, गन्ध, स्पर्शादि गुणों से पृथक् मान, अतिसूक्ष्म आत्मा के भीतर बाहर व्यापक परमेश्वर में दृढ़ स्थित हो जाना निर्गुणोपासना कहाती है।

---

१. **ऋग्वेदादिभाष्यभूमिका के उपासना विषय में इनका वर्णन है।**

इस का फल—जैसे शीत से आतुर पुरुष का अग्नि के पास जाने से शीत निवृत्त हो जाता है वैसे परमेश्वर के समीप प्राप्त होने से सब दोष दुःख छूट कर परमेश्वर के गुण, कर्म, स्वभाव के सदृश जीवात्मा के गुण, कर्म, स्वभाव पवित्र हो जाते हैं, इसलिये परमेश्वर की स्तुति, प्रार्थना और उपासना अवश्य करनी चाहिये। इस से इस का फल पृथक् होगा परन्तु आत्मा का बल इतना बढ़ेगा, कि पर्वत के समान दुःख प्राप्त होने पर भी न घबरायेगा और सब को सहन कर सकेगा। क्या यह छोटी बात है? और जो परमेश्वर की स्तुति, प्रार्थना और उपासना नहीं करता वह कृतघ्न और महामूर्ख भी होता है। क्योंकि जिस परमात्मा ने इस जगत् के सब पदार्थ जीवों को सुख के लिये दे रक्खे हैं, उस का गुण भूल जाना, ईश्वर ही को न मानना, कृतघ्नता और मूर्खता है।

(प्रश्न) जब परमेश्वर के श्रोत्र नेत्रादि इन्द्रियां नहीं हैं फिर इन्द्रियों का काम कैसे कर सकता है?

(उत्तर)

अपाणिपादो जवनो ग्रहीता पश्यत्यचक्षुः स शृणोत्यकर्णः।
स वेत्ति विश्वं न च तस्यास्ति वेत्ता तमाहुरग्र्यं पुरुषं पुराणम्॥ १॥

यह उपनिषत् का वचन है।

परमेश्वर के हाथ नहीं परन्तु अपनी शक्तिरूप हाथ से सब का रचन, ग्रहण करता, पग नहीं परन्तु व्यापक होने से सब से अधिक वेगवान्; चक्षु का गोलक नहीं परन्तु सब को यथावत् देखता; श्रोत्र नहीं तथापि सब की बातें सुनता, अन्तःकरण नहीं परन्तु सब जगत् को जानता है और उस को अवधिसहित जाननेवाला कोई भी नहीं। उसी को सनातन, सब से श्रेष्ठ सब में पूर्ण होने से पुरुष कहते हैं। वह इन्द्रियों और अन्तःकरण के विना अपने सब काम अपने सामर्थ्य से करता है।

(प्रश्न) उस को बहुत से मनुष्य निष्क्रिय और निर्गुण कहते हैं?

(उत्तर)

न तस्य कार्यं करणं च विद्यते न तत्समश्चाभ्यधिकश्च दृश्यते।
परास्य शक्तिर्विविधैव श्रूयते स्वाभाविकी ज्ञानबलक्रिया च॥ १॥

यह उपनिषत् का वचन है।

परमात्मा से कोई तद्रूप कार्य और उस को करण अर्थात् साधकतम दूसरा अपेक्षित नहीं। न कोई उस के तुल्य और न अधिक है। सर्वोत्तमशक्ति अर्थात् जिस में अनन्त ज्ञान, अनन्त बल और अनन्त क्रिया है वह स्वाभाविक अर्थात् सहज उस में सुनी जाती है। जो परमेश्वर निष्क्रिय होता तो जगत् की उत्पत्ति, स्थिति, प्रलय न कर सकता। इसलिये वह विभु तथापि चेतन होने से उस में क्रिया भी है।

(प्रश्न) जब वह क्रिया करता होगा तब अन्तवाली क्रिया होती होगी वा अनन्त?

(उत्तर) जितने देश काल में क्रिया करनी उचित समझता है उतने ही देश काल में क्रिया करता है। न अधिक न न्यून, क्योंकि वह विद्वान् है।

(प्रश्न) परमेश्वर अपना अन्त जानता है वा नहीं?

(उत्तर) परमात्मा पूर्ण ज्ञानी है। क्योंकि ज्ञान उस को कहते हैं कि जिस से ज्यों का त्यों जाना जाय। अर्थात् जो पदार्थ जिस प्रकार का हो उसको उसी

प्रकार जानने का नाम ज्ञान है।

जब परमेश्वर अनन्त है तो उस को अनन्त ही जानना ज्ञान, उस के विरुद्ध अज्ञान अर्थात् अनन्त को सान्त और सान्त को अनन्त जानना भ्रम कहाता है। 'यथार्थदर्शनं ज्ञानमिति' जिस का जैसा गुण, कर्म, स्वभाव हो उस पदार्थ को वैसा जानकर मानना ही ज्ञान और विज्ञान कहाता है और उस से उलटा अज्ञान। इसलिये—

क्लेशकर्मविपाकाशयैरपरामृष्टः पुरुषविशेष ईश्वरः॥ —योगसू०॥

जो अविद्यादि क्लेश, कुशल, अकुशल, इष्ट, अनिष्ट और मिश्र फलदायक कर्मों की वासना से रहित है वह सब जीवों से विशेष ईश्वर कहाता है।

(प्रश्न) ईश्वरासिद्धेः॥ १॥

प्रमाणाभावान्न तत्सिद्धिः॥ २॥

सम्बन्धाभावान्नानुमानम्॥ ३॥ —सांख्य सू०॥

प्रत्यक्ष से घट सकते ईश्वर की सिद्धि नहीं होती॥ १॥ क्योंकि जब उस की सिद्धि में प्रत्यक्ष ही नहीं तो अनुमानादि प्रमाण नहीं घट सकते॥ २॥ और व्याप्ति सम्बन्ध न होने से अनुमान भी नहीं हो सकता। पुनः प्रत्यक्षानुमान के न होने से शब्दप्रमाण आदि भी नहीं घट सकते। इस कारण ईश्वर की सिद्धि नहीं हो सकती॥३॥

(उत्तर) यहां ईश्वर की सिद्धि में प्रत्यक्ष प्रमाण नहीं है और न ईश्वर जगत् का उपादान कारण है। और पुरुष से विलक्षण अर्थात् सर्वत्र पूर्ण होने से परमात्मा का नाम पुरुष और शरीर में शयन करने से जीव का भी नाम पुरुष है। क्योंकि इसी प्रकरण में कहा है—

प्रधानशक्तियोगाच्चेत्सङ्गापत्तिः॥ १॥

सत्तामात्राच्चेत्सर्वैश्वर्य्यम्॥ २॥

श्रुतिरपि प्रधानकार्य्यत्वस्य॥ ३॥ —सांख्य सू०॥

यदि पुरुष को प्रधानशक्ति का योग हो तो पुरुष में सङ्गापत्ति हो जाय। अर्थात् जैसे प्रकृति सूक्ष्म से मिलकर कार्यरूप में सङ्गत हुई है वैसे परमेश्वर भी स्थूल हो जाये। इसलिये परमेश्वर जगत् का उपादान कारण नहीं किन्तु निमित्त कारण है॥ १॥ जो चेतन से जगत् की उत्पत्ति हो तो जैसा परमेश्वर समग्रैश्वर्ययुक्त है वैसा संसार में भी सर्वैश्वर्य का योग होना चाहिये, सो नहीं है। इसलिये परमेश्वर जगत् का उपादान कारण नहीं किन्तु निमित्त कारण है॥ २॥ क्योंकि उपनिषद् भी प्रधान ही को जगत् का उपादान कारण कहती है॥ ३॥ जैसे—

अजामेकां लोहितशुक्लकृष्णां बह्वीः प्रजाः सृजमानां स्वरूपाः॥

—यह श्वेताश्वतर उपनिषत् का वचन है।

जो जन्मरहित सत्त्व, रज, तमोगुणरूप प्रकृति है वही स्वरूपाकार से बहुत प्रजारूप हो जाती है अर्थात् प्रकृति परिणामिनी होने से अवस्थान्तर हो जाती है और पुरुष अपरिणामी होने से वह अवस्थान्तर होकर दूसरे रूप में कभी नहीं प्राप्त होता, सदा कूटस्थ निर्विकार रहता है और प्रकृति सृष्टि में सविकार और प्रलय में निर्विकार रहती है।

इसीलिये जो कोई कपिलाचार्य को अनीश्वरवादी कहता है जानो वही अनीश्वरवादी है, कपिलाचार्य नहीं तथा मीमांसा का धर्म धर्मी से ईश्वर। वैशेषिक और न्याय भी 'आत्म' शब्द से अनीश्वरवादी नहीं। क्योंकि सर्वज्ञत्वादि धर्मयुक्त

और **'अतति सर्वत्र व्याप्नोतीत्यात्मा'** जो सर्वत्र व्यापक और सर्वज्ञादि धर्मयुक्त सब जीवों का आत्मा है उस को मीमांसा वैशेषिक और न्याय ईश्वर मानते हैं।

(प्रश्न) ईश्वर अवतार लेता है वा नहीं?

(उत्तर) नहीं, क्योंकि **'अज एकपात्', 'सपर्य्यगाच्छुक्रमकायम्'** ये यजुर्वेद के वचन हैं। इत्यादि वचनों से परमेश्वर जन्म नहीं लेता।

(प्रश्न) यदा यदा हि धर्मस्य ग्लानिर्भवति भारत।
अभ्युत्थानमधर्मस्य तदात्मानं सृजाम्यहम्॥ भ० गी०॥

श्रीकृष्ण जी कहते हैं कि जब-जब धर्म का लोप होता है तब-तब मैं शरीर धारण करता हूं।

(उत्तर) यह बात वेदविरुद्ध होने से प्रमाण नहीं और ऐसा हो सकता है कि श्रीकृष्ण धर्मात्मा और धर्म की रक्षा करना चाहते थे कि मैं युग-युग में जन्म लेके श्रेष्ठों की रक्षा और दुष्टों का नाश करूं तो कुछ दोष नहीं। क्योंकि **'परोपकाराय सतां विभूतयः'** परोपकार के लिए सत्पुरुषों का तन, मन, धन होता है तथापि इस से श्रीकृष्ण ईश्वर नहीं हो सकते।

(प्रश्न) जो ऐसा है तो संसार में चौबीस ईश्वर के अवतार होते हैं और इन को अवतार क्यों मानते हैं?

(उत्तर) वेदार्थ के न जानने, सम्प्रदायी लोगों के बहकाने और अपने आप अविद्वान् होने से भ्रमजाल में फंस के ऐसी-ऐसी अप्रामाणिक बातें करते और मानते हैं।

(प्रश्न) जो ईश्वर अवतार न लेवे तो कंस रावणादि दुष्टों का नाश कैसे हो सके?

(उत्तर) प्रथम तो जो जन्मा है वह अवश्य मृत्यु को प्राप्त होता है। जो ईश्वर अवतार शरीर धारण किये विना जगत् की उत्पत्ति स्थिति, प्रलय करता है उस के सामने कंस और रावणादि एक कीड़ी के समान भी नहीं। वह सर्वव्यापक होने से कंस रावणादि के शरीर में भी परिपूर्ण हो रहा है। जब चाहै उसी समय मर्मच्छेदन कर नाश कर सकता है। भला इस अनन्त गुण, कर्म, स्वभावयुक्त, परमात्मा को एक क्षुद्र जीव के मारने के लिये जन्ममरणयुक्त कहने वाले को मूर्खपन से अन्य कुछ विशेष उपमा मिल सकती है?

और जो कोई कहे कि भक्तजनों के उद्धार करने के लिये जन्म लेता है तो भी सत्य नहीं। क्योंकि जो भक्तजन ईश्वर की आज्ञानुकूल चलते हैं उन के उद्धार करने का पूरा सामर्थ्य ईश्वर में है। क्या ईश्वर के पृथिवी, सूर्य, चन्द्रादि जगत् को बनाने, धारण और प्रलय करने रूप कर्मों से कंस रावणादि का वध और गोवर्धनादि पर्वतों का उठाना बड़े कर्म हैं?

जो कोई इस सृष्टि में परमेश्वर के कर्मों का विचार करे तो **'न भूतो न भविष्यति'** ईश्वर के सदृश कोई न है, न होगा। और युक्ति से भी ईश्वर का जन्म सिद्ध नहीं होता। जैसे कोई अनन्त आकाश को कहै कि गर्भ में आया वा मूठी में धर लिया, ऐसा कहना कभी सच नहीं हो सकता। क्योंकि आकाश अनन्त और सब में व्यापक है। इस से न आकाश बाहर आता और न भीतर जाता, वैसे ही अनन्त सर्वव्यापक परमात्मा के होने से उस का आना जाना कभी सिद्ध नहीं हो सकता।

जाना वा आना वहां हो सकता है जहां न हो। क्या परमेश्वर गर्भ में व्यापक नहीं था जो कहीं से आया? और बाहर नहीं था जो भीतर से निकला? ऐसा ईश्वर के विषय में कहना और मानना विद्याहीनों के सिवाय कौन कह और मान सकेगा। इसलिये परमेश्वर का जाना-आना, जन्म-मरण कभी सिद्ध नहीं हो सकता। इसलिये 'ईसा' आदि भी ईश्वर के अवतार नहीं ऐसा समझ लेना। क्योंकि वे राग, द्वेष, क्षुधा, तृषा, भय, शोक, दुःख, सुख, जन्म, मरण आदि गुणयुक्त होने से मनुष्य थे।

(प्रश्न) ईश्वर अपने भक्तों के पाप क्षमा करता है वा नहीं?

(उत्तर) नहीं। क्योंकि जो पाप क्षमा करे तो उस का न्याय नष्ट हो जाये और सब मनुष्य महापापी हो जायें। क्योंकि क्षमा की बात सुन ही के उन को पाप करने में निर्भयता और उत्साह हो जाये। जैसे राजा अपराधियों के अपराध को क्षमा कर दे तो वे उत्साहपूर्वक अधिक-अधिक बड़े-बड़े पाप करें। क्योंकि राजा अपना अपराध क्षमा कर देगा और उन को भी भरोसा हो जाय कि राजा से हम हाथ जोड़ने आदि चेष्टा कर अपने अपराध छुड़ा लेंगे और जो अपराध नहीं करते वे भी अपराध करने से न डर कर पाप करने में प्रवृत्त हो जायेंगे। इसलिये सब कर्मों का फल यथावत् देना ही ईश्वर का काम है क्षमा करना नहीं।

(प्रश्न) जीव स्वतन्त्र है वा परतन्त्र?

(उत्तर) अपने कर्त्तव्य कर्मों में स्वतन्त्र और ईश्वर की व्यवस्था में परतन्त्र है। **'स्वतन्त्रः कर्त्ता'** यह पाणिनीय व्याकरण का सूत्र है। जो स्वतन्त्र अर्थात् स्वाधीन है वही कर्त्ता है।

(प्रश्न) स्वतन्त्र किस को कहते हैं ?

(उत्तर) जिस के आधीन शरीर, प्राण, इन्द्रिय और अन्तःकरणादि हों। जो स्वतन्त्र न हो तो उस को पाप पुण्य का फल प्राप्त कभी नहीं हो सकता। क्योंकि जैसे भृत्य, स्वामी और सेना, सेनाध्यक्ष की आज्ञा अथवा प्रेरणा से युद्ध में अनेक पुरुषों को मार के अपराधी नहीं होते, वैसे परमेश्वर की प्रेरणा और आधीनता से काम सिद्ध हों तो जीव को पाप वा पुण्य न लगे। उस फल का भागी प्रेरक परमेश्वर होवे। स्वर्ग-नरक, अर्थात् सुख-दुःख की प्राप्ति भी परमेश्वर को होवे। जैसे किसी मनुष्य ने शस्त्रविशेष से किसी को मार डाला तो वही मारने वाला पकड़ा जाता है और वही दण्ड पाता है, शस्त्र नहीं। वैसे ही पराधीन जीव पाप पुण्य का भागी नहीं हो सकता। इसलिये अपने सामर्थ्यानुकूल कर्म करने में जीव स्वतन्त्र परन्तु जब वह पाप कर चुकता है तब ईश्वर की व्यवस्था में पराधीन होकर पाप के फल भोगता है। इसलिये कर्म करने में जीव स्वतन्त्र और पाप के दुःख रूप फल भोगने में परतन्त्र होता है।

(प्रश्न) जो परमेश्वर जीव को न बनाता और सामर्थ्य न देता तो जीव कुछ भी न कर सकता! इसलिए परमेश्वर की प्रेरणा ही से जीव कर्म करता है।

(उत्तर) जीव उत्पन्न कभी न हुआ, अनादि है। जैसा ईश्वर और जगत् का उपादान कारण नित्य है। और जीव का शरीर तथा इन्द्रियों के गोलक परमेश्वर के बनाये हुए हैं परन्तु वे सब जीव के आधीन हैं। जो कोई मन, कर्म, वचन से पाप पुण्य करता है वही भोक्ता है ईश्वर नहीं।

जैसे किसी कारीगर ने पहाड़ से लोहा निकाला, उस लोहे को किसी व्यापारी ने लिया, उस की दुकान से लोहार ने ले तलवार बनाई, उससे किसी सिपाही ने

तलवार ले ली, फिर उस से किसी को मार डाला। अब यहां जैसे वह लोहे को उत्पन्न करने, उस से लेने, तलवार बनाने वाले और तलवार को पकड़ कर राजा दण्ड नहीं देता किन्तु जिस ने तलवार से मारा वही दण्ड पाता है। इसी प्रकार शरीरादि की उत्पत्ति करने वाला परमेश्वर उस के कर्मों का भोक्ता नहीं होता, किन्तु जीव को भुगाने वाला होता है। जो परमेश्वर कर्म कराता होता तो कोई जीव पाप नहीं करता, क्योंकि परमेश्वर पवित्र और धार्मिक होने से किसी जीव को पाप करने में प्रेरणा नहीं करता। इसलिए जीव अपने काम करने में स्वतन्त्र है। जैसे जीव अपने कामों के करने में स्वतन्त्र है वैसे ही परमेश्वर भी अपने कर्मों के करने में स्वतन्त्र है।

(प्रश्न) जीव और ईश्वर का स्वरूप, गुण, कर्म और स्वभाव कैसा है?

(उत्तर) दोनों चेतनस्वरूप हैं। स्वभाव दोनों का पवित्र, अविनाशी और धार्मिकता आदि है। परन्तु परमेश्वर के सृष्टि की उत्पत्ति, स्थिति, प्रलय, सब को नियम में रखना, जीवों को पाप पुण्यों के फल देना आदि धर्मयुक्त कर्म हैं। और जीव के सन्तानोत्पत्ति उन का पालन, शिल्पविद्या आदि अच्छे बुरे कर्म हैं। ईश्वर के नित्यज्ञान, आनन्द, अनन्त बल आदि गुण हैं। और जीव के–

इच्छाद्वेषप्रयत्नसुखदुःखज्ञानान्यात्मनो लिङ्गमिति॥ –न्याय सू०।

प्राणापाननिमेषोन्मेषजीवनमनोगतीन्द्रियान्तर्विकाराः सुखदुःखे इच्छाद्वेषौ प्रयत्नाश्चात्मनो लिङ्गानि॥ –वैशेषिक सूत्र॥

दोनों सूत्रों में (इच्छा) पदार्थों की प्राप्ति की अभिलाषा (द्वेष) दुःखादि की अनिच्छा, वैर, (प्रयत्न) पुरुषार्थ, बल (सुख) आनन्द (दुःख) विलाप, अप्रसन्नता (ज्ञान) विवेक, पहिचानना ये तुल्य हैं परन्तु वैशेषिक में (प्राण) प्राणवायु को बाहर निकालना (अपान) प्राण को बाहर से भीतर को लेना (निमेष) आंख को मींचना (उन्मेष) आंख को खोलना (जीवन) प्राण का धारण करना (मनः) निश्चय स्मरण और अहंकार करना, (गति) चलना (इन्द्रिय) सब इन्द्रियों को चलाना (अन्तर्विकार) भिन्न-भिन्न क्षुधा, तृषा, हर्ष शोकादियुक्त होना, **ये जीवात्मा के गुण परमात्मा से भिन्न हैं। इन्हीं से आत्मा की प्रतीति करनी, क्योंकि वह स्थूल नहीं है।**

जब तक आत्मा देह में होता है तभी तक ये गुण प्रकाशित रहते हैं और जब शरीर छोड़ चला जाता है तब ये गुण शरीर में नहीं रहते। जिस के होने से जो हों और न होने से न हों वे गुण उसी के होते हैं। जैसे दीप और सूर्यादि के न होने से प्रकाशादि का न होना और होने से होना है, **वैसे ही जीव और परमात्मा का विज्ञान गुणद्वारा होता है।**

(प्रश्न) परमेश्वर त्रिकालदर्शी है इस से भविष्यत् की बातें जानता है। वह जैसा निश्चय करेगा जीव वैसा ही करेगा। इस से जीव स्वतन्त्र नहीं और जीव को ईश्वर दण्ड भी नहीं दे सकता क्योंकि जैसा ईश्वर ने अपने ज्ञान से निश्चित किया है वैसा ही जीव करता है।

(उत्तर) ईश्वर को त्रिकालदर्शी कहना मूर्खता का काम है। क्योंकि जो होकर न रहै वह भूतकाल और न होके होवे वह भविष्यत्काल कहाता है। क्या ईश्वर को कोई ज्ञान होके नहीं रहता तथा न होके होता है? इसलिये परमेश्वर का ज्ञान सदा एकरस, अखण्डित वर्तमान रहता है। भूत, भविष्यत् जीवों के लिये है।

हां जीवों के कर्म की अपेक्षा से त्रिकालज्ञता ईश्वर में है, स्वतः नहीं। जैसा स्वतन्त्रता से जीव करता है वैसा ही सर्वज्ञता से ईश्वर जानता है और जैसा ईश्वर जानता है वैसा जीव करता है। अर्थात् भूत, भविष्यत्, वर्तमान के ज्ञान और फल देने में ईश्वर स्वतन्त्र और जीव किञ्चित् वर्तमान और कर्म करने में स्वतन्त्र है। ईश्वर का अनादि ज्ञान होने से जैसा कर्म का ज्ञान है वैसा ही दण्ड देने का भी ज्ञान अनादि है। दोनों ज्ञान उस के सत्य हैं। क्या कर्मज्ञान सच्चा और दण्डज्ञान मिथ्या कभी हो सकता है? इसलिये इस में कोई भी दोष नहीं आता।

(प्रश्न) जीव शरीर में भिन्न विभु है वा परिच्छिन्न?

(उत्तर) परिच्छिन्न। जो विभु होता तो जाग्रत्, स्वप्न, सुषुप्ति, मरण, जन्म, संयोग, वियोग, जाना, आना कभी नहीं हो सकता। इसलिए जीव का स्वरूप अल्पज्ञ, अल्प अर्थात् सूक्ष्म है और परमेश्वर अतीव सूक्ष्मात्सूक्ष्मतर, अनन्त सर्वज्ञ और सर्वव्यापक स्वरूप है। इसीलिये जीव और परमेश्वर का व्याप्य व्यापक सम्बन्ध है।

(प्रश्न) जिस जगह में एक वस्तु होती है उस जगह में दूसरी वस्तु नहीं रह सकती। इसीलिये जीव और ईश्वर का संयोग सम्बन्ध हो सकता है व्याप्य व्यापक नहीं।

(उत्तर) यह नियम समान आकारवाले पदार्थों में घट सकता है असमानाकृति में नहीं। जैसे लोहा स्थूल, अग्नि सूक्ष्म होता है, इस कारण से लोहे में विद्युत्, अग्नि व्यापक होकर एक ही अवकाश में दोनों रहते हैं, वैसे जीव परमेश्वर से स्थूल और परमेश्वर जीव से सूक्ष्म होने से परमेश्वर व्यापक और जीव व्याप्य है। जैसे यह व्याप्य व्यापक सम्बन्ध जीव ईश्वर का है वैसा ही सेव्य सेवक, आधाराधेय, स्वामी भृत्य, राजा प्रजा और पिता पुत्र आदि भी सम्बन्ध हैं।

(प्रश्न) ब्रह्म और जीव जुदे हैं वा एक?

(उत्तर) अलग-अलग हैं।

(प्रश्न) जो पृथक्-पृथक् हैं तो—

प्रज्ञानं ब्रह्म॥ १॥ अहं ब्रह्मास्मि॥ २॥ तत्त्वमसि॥ ३॥ अयमात्मा ब्रह्म॥ ४॥

वेदों के इन महावाक्यों का अर्थ क्या है?

(उत्तर) ये वेदवाक्य ही नहीं हैं किन्तु ब्राह्मण ग्रन्थों के वचन हैं और इन का नाम महावाक्य कहीं सत्य शास्त्रों में नहीं लिखा। अर्थात् ब्रह्म प्रकृष्ट ज्ञान-स्वरूप है। (अहम्) मैं (ब्रह्म) अर्थात् ब्रह्मस्थ (अस्मि) हूं। यहां तात्स्थ्योपाधि है; जैसे 'मञ्चाः क्रोशन्ति' मचान पुकारते हैं। मचान जड़ हैं, उनमें पुकारने का सामर्थ्य नहीं, इसलिये मञ्चस्थ मनुष्य पुकारते हैं। इसी प्रकार यहां भी जानना।

कोई कहै कि ब्रह्मस्थ सब पदार्थ हैं; पुनः जीव को ब्रह्मस्थ कहने में क्या विशेष है? इस का उत्तर यह है कि सब पदार्थ ब्रह्मस्थ हैं परन्तु जैसा साधर्म्ययुक्त निकटस्थ जीव है वैसा अन्य नहीं। और **जीव को ब्रह्म का ज्ञान और मुक्ति में वह ब्रह्म के साक्षात्सम्बन्ध में रहता है।** इसलिये जीव को ब्रह्म के साथ तात्स्थ्य वा तत्सहचरितोपाधि अर्थात् ब्रह्म का सहचारी जीव है। इस से जीव और ब्रह्म एक नहीं।

जैसे कोई किसी से कहै कि मैं और यह एक हैं अर्थात् अविरोधी हैं।

वैसे जो जीव समाधिस्थ परमेश्वर में प्रेमबद्ध होकर निमग्न होता है वह कह सकता है कि मैं और ब्रह्म एक अर्थात् अविरोधी एक अवकाशस्थ हैं। जो जीव परमेश्वर के गुण, कर्म, स्वभाव के अनुकूल अपने गुण, कर्म, स्वभाव करता है वही साधर्म्य से ब्रह्म के साथ एकता कह सकता है।

(प्रश्न) अच्छा तो इस का अर्थ कैसा करोगे? (तत्) ब्रह्म (त्वं) तू जीव (असि) है। हे जीव! (त्वम्) तू (तत्) वह ब्रह्म (असि) है।

(उत्तर) तुम 'तत्' शब्द से क्या लेते हो?

'ब्रह्म'।

ब्रह्मपद की अनुवृत्ति कहां से लाये?

'सदेव सोम्येदमग्र आसीदेकमेवाद्वितीयं ब्रह्म।' इस पूर्व वाक्य से।

तुम ने इस छान्दोग्य उपनिषत् का दर्शन भी नहीं किया। जो वह देखी होती तो वहां ब्रह्म शब्द का पाठ ही नहीं है। ऐसा झूठ क्यों कहते ? किन्तु छान्दोग्य में तो—

'सदेव सोम्येदमग्र आसीदेकमेवाद्वितीयम्।'

ऐसा पाठ है। वहां ब्रह्म शब्द नहीं।

(प्रश्न) तो आप तच्छब्द से क्या लेते हैं?

(उत्तर) स य एषोऽणिमैतदात्म्यमिदꣳ सर्वं तत्सत्यꣳ स आत्मा तत्त्वमसि श्वेतकेतो इति॥ —छान्दो०॥

वह परमात्मा जानने योग्य है जो यह अत्यन्त सूक्ष्म इस सब जगत् और जीव का आत्मा है। वही सत्यस्वरूप और अपना आत्मा आप ही है। हे श्वेतकेतो प्रियपुत्र! **तदात्मकस्तदन्तर्यामी त्वमसि।**

उस परमात्मा अन्तर्यामी से तू युक्त है। यही अर्थ उपनिषदों से अविरुद्ध है। क्योंकि—

य आत्मनि तिष्ठन्नात्मनोऽन्तरो यमात्मा न वेद यस्यात्मा शरीरम्।
आत्मनोऽन्तरो यमयति स त आत्मान्तर्याम्यमृतः।

—यह बृहदारण्यक का वचन है।

महर्षि याज्ञवल्क्य अपनी स्त्री मैत्रेयी से कहते हैं कि हे मैत्रेयि! जो परमेश्वर आत्मा अर्थात् जीव में स्थित और जीवात्मा से भिन्न है; जिस को मूढ़ जीवात्मा नहीं जानता कि वह परमात्मा मेरे में व्यापक है; जिस परमेश्वर का जीवात्मा शरीर अर्थात् जैसे शरीर में जीव रहता है वैसे ही जीव में परमेश्वर व्यापक है । जीवात्मा से भिन्न रहकर जीव के पाप पुण्यों का साक्षी होकर उन के फल जीवों को देकर नियम में रखता है वही अविनाशीस्वरूप तेरा भी अन्तर्यामी आत्मा अर्थात् तेरे भीतर व्यापक है; उस को तू जान। क्या कोई इत्यादि वचनों का अन्यथा अर्थ कर सकता है ?

'अयमात्मा ब्रह्म' अर्थात् **समाधिदशा में जब योगी को परमेश्वर प्रत्यक्ष होता है** तब वह कहता है कि यह जो मेरे में व्यापक है वही ब्रह्म सर्वत्र व्यापक है इसलिये जो आजकल के वेदान्ती जीव ब्रह्म की एकता करते हैं वे वेदान्तशास्त्र को नहीं जानते।

(प्रश्न) अनेन आत्मना जीवेनानुप्रविश्य नामरूपे व्याकरवाणि॥ —छां०॥

तत् सृष्ट्वा तदेवानुप्राविशत्॥ —तैत्तिरीय०॥

परमेश्वर कहता है कि मैं जगत् और शरीर को रचकर जगत् में व्यापक और जीवरूप होके शरीर में प्रविष्ट होता हुआ नाम और रूप की व्याख्या करूं॥१॥ परमेश्वर ने उस जगत् और शरीर को बना कर उस में वही प्रविष्ट हुआ। इत्यादि श्रुतियों का अर्थ दूसरा कैसे कर सकोगे?॥ २॥

(उत्तर) जो तुम पद, पदार्थ और वाक्यार्थ जानते तो ऐसा अनर्थ कभी न करते! क्योंकि यहां ऐसा समझो एक प्रवेश और दूसरा अनुप्रवेश अर्थात् पश्चात् प्रवेश कहाता है। परमेश्वर शरीर में प्रविष्ट हुए जीवों के साथ अनुप्रविष्ट के समान होकर वेद द्वारा सब नाम रूप आदि की विद्या को प्रकट करता है। और शरीर में जीव को प्रवेश करा आप जीव के भीतर अनुप्रविष्ट हो रहा है। जो तुम अनु शब्द का अर्थ जानते तो वैसा विपरीत अर्थ कभी न करते।

(प्रश्न) 'सोऽयं देवदत्तो य उष्णकाले काश्यां दृष्टः स इदानीं प्रावृट्समये मथुरायां दृश्यते।' अर्थात् जो देवदत्त मैंने उष्णकाल में काशी में देखा था उसी को वर्षा समय में मथुरा में देखता हूं। यहां वह काशी देश उष्णकाल, यह मथुरा देश और वर्षाकाल को छोड़ कर शरीरमात्र में लक्ष्य करके देवदत्त लक्षित होता है। वैसे इस भागत्यागलक्षणा से ईश्वर का परोक्ष देश, काल, माया, उपाधि और जीव का यह देश, काल, अविद्या और अल्पज्ञता उपाधि छोड़ चेतनमात्र में लक्ष्य देने से एक ही ब्रह्म वस्तु दोनों में लक्षित होता है। इस भागत्यागलक्षणा अर्थात् कुछ ग्रहण करना और कुछ छोड़ देना जैसा सर्वज्ञत्वादि वाच्यार्थ ईश्वर का और अल्पज्ञत्वादि वाच्यार्थ जीव का छोड़ कर चेतनमात्र लक्ष्यार्थ का ग्रहण करने से अद्वैत सिद्ध होता है। यहां क्या कह सकोगे?

(उत्तर) प्रथम तुम जीव और ईश्वर को नित्य मानते हो वा अनित्य?

(प्रश्न) इन दोनों को उपाधिजन्य कल्पित होने से अनित्य मानते हैं।

(उत्तर) उस उपाधि को नित्य मानते हो वा अनित्य?

(प्रश्न) हमारे मत में—

जीवेशौ च विशुद्धाचिद्विभेदस्तु तयोर्द्वयोः।
अविद्या तच्चितोर्योगः षडस्माकमनादयः॥ १॥
कार्य्योपाधिरयं जीवः कारणोपाधिरीश्वरः।
कार्य्यकारणतां हित्वा पूर्णबोधोऽवशिष्यते॥ २॥

ये 'संक्षेपशारीरक' और 'शारीरकभाष्य' में कारिका हैं।

हम वेदान्ती छः पदार्थों अर्थात् एक जीव, दूसरा ईश्वर, तीसरा ब्रह्म, चौथा जीव और ईश्वर का विशेष भेद, पांचवां अविद्या अज्ञान और छठा अविद्या और चेतन का योग इन को अनादि मानते हैं॥१॥ परन्तु एक ब्रह्म अनादि, अनन्त और अन्य पांच अनादि सान्त हैं जैसा कि प्रागभाव होता है। जब तक अज्ञान रहता है तब तक ये पांच रहते हैं और इन पांच की आदि विदित नहीं होती। इसलिये अनादि और ज्ञान होने के पश्चात् नष्ट हो जाते हैं इसलिये सान्त अर्थात् नाशवाले कहाते हैं॥२॥

(उत्तर) ये तुम्हारे दोनों श्लोक अशुद्ध हैं क्योंकि अविद्या के योग के विना जीव और माया के योग के विना ईश्वर तुम्हारे मत में सिद्ध नहीं हो सकता। इससे **'तच्चितोर्योगः'** जो छठा पदार्थ तुमने गिना है वह नहीं रहा। क्योंकि वह

अविद्या माया जीव ईश्वर में चरितार्थ हो गया और ब्रह्म तथा माया और अविद्या के योग के विना ईश्वर नहीं बनता फिर ईश्वर को अविद्या और ब्रह्म से पृथक् गिनना व्यर्थ है। इसलिये दो ही पदार्थ अर्थात् ब्रह्म और अविद्या तुम्हारे मत में सिद्ध हो सकते हैं, छः नहीं।

तथा आपका प्रथम कार्योपाधि और कारणोपाधि से जीव और ईश्वर का सिद्ध करना तब हो सकता कि जब अनन्त, नित्य, शुद्ध, बुद्ध, मुक्तस्वभाव, सर्वव्यापक ब्रह्म में अज्ञान सिद्ध करें। जो उसके एक देश में स्वाश्रय और स्वविषयक अज्ञान अनादि सर्वत्र मानोगे तो सब ब्रह्म शुद्ध नहीं हो सकता। और जब एक देश में अज्ञान मानोगे तो वह परिच्छिन्न होने से इधर-उधर आता जाता रहेगा। जहां-जहां जायगा वहां-वहां का ब्रह्म अज्ञानी और जिस-जिस देश को छोड़ता जायगा उस-उस देश का ब्रह्म ज्ञानी होता रहेगा तो किसी देश के ब्रह्म को अनादि शुद्ध ज्ञानयुक्त न कह सकोगे और जो अज्ञान की सीमा में ब्रह्म है वह अज्ञान को जानेगा। बाहर और भीतर के ब्रह्म के टुकड़े हो जायेंगे।

जो कहो कि टुकड़ा हो जाओ, ब्रह्म की क्या हानि? तो अखण्ड नहीं। जो अखण्ड है तो अज्ञानी नहीं। तथा ज्ञान के अभाव वा विपरीत ज्ञान भी गुण होने से किसी द्रव्य के साथ नित्य सम्बन्ध से रहेगा। यदि ऐसा है तो समवाय सम्बन्ध होने से अनित्य कभी नहीं हो सकता। जैसे शरीर के एक देश में फोड़ा होने से सर्वत्र दुःख फैल जाता है वैसे ही एक देश में अज्ञान सुख दुःख क्लेशों की उपलब्धि होने से सब ब्रह्म दुःखादि के अनुभव से युक्त होगा और सब ब्रह्म को शुद्ध न कह सकोगे।

वैसे ही कार्योपाधि अर्थात् अन्तःकरण की उपाधि के योग से ब्रह्म को जीव मानोगे तो हम पूछते हैं कि ब्रह्म व्यापक है वा परिच्छिन्न? जो कहो व्यापक उपाधि परिच्छिन्न है अर्थात् एकदेशी और पृथक्-पृथक् है तो अन्तःकरण चलता फिरता है वा नहीं ?

(उत्तर) चलता फिरता है।

(प्रश्न) अन्तःकरण के साथ ब्रह्म भी चलता फिरता है वा स्थिर रहता है?

(उत्तर)—स्थिर रहता है।

(प्रश्न) जब अन्तःकरण जिस-जिस देश को छोड़ता है उस-उस देश का ब्रह्म अज्ञानरहित और जिस-जिस देश को प्राप्त होता है उस-उस देश का शुद्ध ब्रह्म अज्ञानी होता होगा। वैसे क्षण में ज्ञानी और अज्ञानी ब्रह्म होता रहेगा। इससे मोक्ष और बन्ध भी क्षणभङ्ग होगा और जैसे अन्य के देखे का अन्य स्मरण नहीं कर सकता वैसे कल की देखी सुनी हुई वस्तु वा बात का ज्ञान नहीं रह सकता। क्योंकि जिस समय देखा सुना था वह दूसरा देश और दूसरा काल; जिस समय स्मरण करता वह दूसरा देश और काल है।

जो कहो कि ब्रह्म एक है तो सर्वज्ञ क्यों नहीं? जो कहो कि अन्तःकरण भिन्न-भिन्न हैं, इस से वह भी भिन्न-भिन्न हो जाता होगा तो वह जड़ है। उस में ज्ञान नहीं हो सकता। जो कहो कि न केवल ब्रह्म और न केवल अन्तःकरण को ज्ञान होता है किन्तु अन्तःकरणस्थ चिदाभास को ज्ञान होता है तो भी चेतन ही को अन्तःकरण द्वारा ज्ञान हुआ तो वह नेत्र द्वारा अल्प अल्पज्ञ क्यों है? इसलिये

कारणोपाधि और कार्योपाधि के योग से ब्रह्म जीव और ईश्वर नहीं बना सकोगे। किन्तु ईश्वर नाम ब्रह्म का है और ब्रह्म से भिन्न अनादि, अनुत्पन्न और अमृतस्वरूप जीव का नाम जीव है।

जो तुम कहो कि जीव चिदाभास का नाम है तो वह क्षणभङ्ग होने से नष्ट हो जायगा तो मोक्ष का सुख कौन भोगेगा? इसलिये ब्रह्म जीव और जीव ब्रह्म कभी न हुआ, न है और न होगा।

(प्रश्न) तो **'सदेव सोम्येदमग्र आसीदेकमेवाद्वितीयम्'**॥ —छान्दोग्य०॥

अद्वैतसिद्धि कैसे होगी? हमारे मत में तो ब्रह्म से पृथक् कोई सजातीय, विजातीय और स्वगत अवयवों के भेद न होने से एक ब्रह्म ही सिद्ध होता है। जब जीव दूसरा है तो अद्वैतसिद्धि कैसे हो सकती है?

(उत्तर) इस भ्रम में पड़ क्यों डरते हो? विशेष्य विशेषण विद्या का ज्ञान करो कि उस का क्या फल है। जो कहो कि **'व्यावर्त्तकं विशेषणं भवतीति ।'** विशेषण भेदकारक होता है तो इतना और भी मानो कि **'प्रवर्त्तकं प्रकाशकमपि विशेषणं भवतीति ।'** विशेषण प्रवर्त्तक और प्रकाशक भी होता है तो समझो कि अद्वैत विशेषण ब्रह्म का है। इस में व्यावर्त्तक धर्म यह है कि अद्वैत वस्तु अर्थात् जो अनेक जीव और तत्त्व हैं उन से ब्रह्म को पृथक् करता है और विशेषण का प्रकाशक धर्म यह है कि ब्रह्म के एक होने की प्रवृत्ति करता है। जैसे—**'अस्मिन्नगरेऽद्वितीयो धनाढ्यो देवदत्तः। अस्यां सेनायामद्वितीयः शूरवीरो विक्रमसिंहः।'** किसी ने किसी से कहा कि इस नगर में अद्वितीय धनाढ्य देवदत्त और इस सेना में अद्वितीय शूरवीर विक्रमसिंह है। इस से क्या सिद्ध हुआ कि देवदत्त के सदृश इस नगर में दूसरा धनाढ्य और इस सेना में विक्रमसिंह के समान दूसरा शूरवीर नहीं है। न्यून तो हैं और पृथिवी आदि जड़ पदार्थ, पश्वादि प्राणी और वृक्षादि भी हैं, उन का निषेध नहीं हो सकता। वैसे ही ब्रह्म के सदृश जीव वा प्रकृति नहीं है, किन्तु न्यून तो हैं।

इस से यह सिद्ध हुआ कि ब्रह्म सदा एक है और जीव तथा प्रकृतिस्थ तत्त्व अनेक हैं। उन से भिन्न कर ब्रह्म के एकत्व को सिद्ध करने हारा अद्वैत वा अद्वितीय विशेषण है। इस से जीव वा प्रकृति का और कार्यरूप जगत् का अभाव और निषेध नहीं हो सकता। किन्तु ये सब हैं, परन्तु ब्रह्म के तुल्य नहीं। इस से न अद्वैतसिद्धि और न द्वैतसिद्धि की हानि होती है। घबराहट में मत पड़ो; सोचो और समझो।

(प्रश्न) ब्रह्म के सत्, चित्, आनन्द और जीव के अस्ति, भाति, प्रियरूप से एकता होती है। फिर क्यों खण्डन करते हो?

(उत्तर) किञ्चित् साधर्म्य मिलने से एकता नहीं हो सकती। जैसे पृथिवी जड़, दृश्य है वैसे जल और अग्नि आदि भी जड़ और दृश्य हैं; इतने से एकता नहीं होती। इनमें वैधर्म्य भेदकारक अर्थात् विरुद्ध धर्म जैसे गन्ध, रूक्षता, काठिन्य आदि गुण पृथिवी और रस द्रवत्व कोमलत्वादि धर्म जल और रूप दाहकत्वादि धर्म अग्नि के होने से एकता नहीं। जैसे मनुष्य और कीड़ी आंख से देखते, मुख से खाते, पग से चलते हैं तथापि मनुष्य की आकृति दो पग और कीड़ी की आकृति अनेक पग आदि भिन्न होने से एकता नहीं होती। वैसे परमेश्वर के अनन्त ज्ञान, आनन्द, बल, क्रिया, निर्भ्रान्तित्व और व्यापकता जीव से और जीव के अल्पज्ञान, अल्पबल, अल्पस्वरूप, सब भ्रान्तित्व और परिच्छिन्नतादि गुण ब्रह्म से भिन्न होने

से जीव और परमेश्वर एक नहीं। क्योंकि इनका स्वरूप भी (परमेश्वर अतिसूक्ष्म और जीव उस से कुछ स्थूल होने से) भिन्न है।

(प्रश्न) अथोदरमन्तरं कुरुते, अथ तस्य भयं भवति। द्वितीयाद्वै भयं भवति॥ यह बृहदारण्यक का वचन है।

जो ब्रह्म और जीव में थोड़ा भी भेद करता है। उसको भय प्राप्त होता है, क्योंकि दूसरे ही से भय होता है।

(उत्तर) इस का अर्थ यह नहीं है किन्तु जो जीव परमेश्वर का निषेध वा किसी एक देश, काल में परिच्छिन्न परमात्मा को माने वा उस की आज्ञा और गुण, कर्म, स्वभाव से विरुद्ध होवे अथवा किसी दूसरे मनुष्य से वैर करे उस को भय प्राप्त होता है। क्योंकि द्वितीय बुद्धि अर्थात् ईश्वर का मुझ से कुछ सम्बन्ध नहीं तथा किसी मनुष्य से कहै कि तुझ को मैं कुछ नहीं समझता, तू मेरा कुछ भी नहीं कर सकता वा किसी की हानि करता और दुःख देता जाय तो उस को उन से भय होता है। और सब प्रकार का अविरोध हो तो वे एक कहाते हैं। जैसे संसार में कहते हैं कि देवदत्त, यज्ञदत्त और विष्णुमित्र एक हैं अर्थात् अविरुद्ध हैं। विरोध न रहने से सुख और विरोध से दुःख प्राप्त होता है।

(प्रश्न) ब्रह्म और जीव की सदा एकता अनेकता रहती है वा कभी दोनों मिल के एक भी होते हैं वा नहीं?

(उत्तर) अभी इस के पूर्व कुछ उत्तर दे दिया है परन्तु साधर्म्य अन्वयभाव से एकता होती है। जैसे आकाश से मूर्त्त द्रव्य जड़त्व होने से और कभी पृथक् न रहने से एकता और आकाश के विभु, सूक्ष्म, अरूप, अनन्त आदि गुण और मूर्त्त के परिच्छिन्न दृश्यत्व आदि वैधर्म्य से भेद होता है। अर्थात् जैसे पृथिव्यादि द्रव्य आकाश से भिन्न कभी नहीं रहते क्योंकि अन्वय अर्थात् अवकाश के विना मूर्त्त द्रव्य कभी नहीं रह सकता और व्यतिरेक अर्थात् स्वरूप से भिन्न होने से पृथक्ता है। वैसे ब्रह्म के व्यापक होने से जीव और पृथिवी आदि द्रव्य उस से अलग नहीं रहते और स्वरूप से एक भी नहीं होते। जैसे घर के बनाने के पूर्व भिन्न-भिन्न देश में मट्टी, लकड़ी और लोहा आदि पदार्थ आकाश में ही रहते हैं। जब घर बन गया तब भी आकाश में हैं और जब वह नष्ट हो गया अर्थात् उस घर के सब अवयव भिन्न-भिन्न देश में प्राप्त हो गये; तब भी आकाश में हैं। अर्थात् तीन काल में आकाश से भिन्न नहीं हो सकते और स्वरूप से भिन्न होने से न कभी एक थे; हैं और होंगे। इसी प्रकार जीव तथा सब संसार के पदार्थ परमेश्वर में व्याप्य होने से परमात्मा से तीनों कालों में भिन्न और स्वरूप भिन्न होने से एक कभी नहीं होते।

आजकल के वेदान्तियों की दृष्टि काणे पुरुष के समान अन्वय की ओर पड़ के व्यतिरेकभाव से छूट विरुद्ध हो गई है। कोई भी ऐसा द्रव्य नहीं है कि जिस में सगुण-निर्गुणता, अन्वय-व्यतिरेक, साधर्म्य-वैधर्म्य और विशेष्य-विशेषण भाव न हो।

(प्रश्न) परमेश्वर सगुण है वा निर्गुण ?

(उत्तर) दोनों प्रकार है।

(प्रश्न) भला एक मियान में दो तलवार कभी नहीं रह सकती हैं! एक पदार्थ में सगुणता और निर्गुणता कैसे रह सकती हैं?

(उत्तर) जैसे जड़ के रूपादि गुण हैं और चेतन के ज्ञानादि गुण जड़ में नहीं हैं। वैसे चेतन में इच्छादि गुण हैं और रूपादि जड़ के गुण नहीं हैं। इसलिये **'यद्गुणैस्सह वर्त्तमानं तत्सगुणम्', गुणेभ्यो यन्निर्गतं पृथग्भूतं तन्निर्गुणम्'** जो गुणों से सहित वह सगुण और जो गुणों से रहित वह निर्गुण कहाता है। अपने-अपने स्वाभाविक गुणों से सहित और दूसरे विरोधी के गुणों से रहित होने से सब पदार्थ, सगुण और निर्गुण हैं। कोई भी ऐसा पदार्थ नहीं है कि जिस में केवल निर्गुणता वा केवल सगुणता हो किन्तु एक ही में सगुणता और निर्गुणता सदा रहती है। वैसे ही परमेश्वर अपने अनन्त ज्ञान बलादि गुणों से सहित होने से सगुण रूपादि जड़ के तथा द्वेषादि जीव के गुणों से पृथक् होने से निर्गुण कहाता है।

(प्रश्न) संसार में निराकार को निर्गुण और साकार को सगुण कहते हैं। अर्थात् जब परमेश्वर जन्म नहीं लेता तब निर्गुण और जब अवतार लेता है तब सगुण कहाता है?

(उत्तर) यह कल्पना केवल अज्ञानी और अविद्वानों की है। जिन को विद्या नहीं होती वे पशु के समान यथा तथा बर्ड़ाया करते हैं। जैसे सन्निपात ज्वरयुक्त मनुष्य अण्डबण्ड बकता है वैसे ही अविद्वानों के कहे वा लेख को व्यर्थ समझना चाहिये।

(प्रश्न) परमेश्वर रागी है वा विरक्त?

(उत्तर) दोनों में नहीं। क्योंकि राग अपने से भिन्न उत्तम पदार्थों में होता है, सो परमेश्वर से कोई पदार्थ पृथक् वा उत्तम नहीं है। इसलिए उस में राग का सम्भव नहीं। और जो प्राप्त को छोड़ देवे उस को विरक्त कहते हैं। ईश्वर व्यापक होने से किसी पदार्थ को छोड़ ही नहीं सकता, इसलिये विरक्त भी नहीं।

(प्रश्न) ईश्वर में इच्छा है वा नहीं।

(उत्तर) वैसी इच्छा नहीं। क्योंकि इच्छा भी अप्राप्त, उत्तम और जिस की प्राप्ति से सुख विशेष होवे तो ईश्वर में इच्छा हो सके । न उससे कोई अप्राप्त पदार्थ, न कोई उससे उत्तम और पूर्ण सुखयुक्त होने से सुख की अभिलाषा भी नहीं है। इसलिये ईश्वर में इच्छा का तो सम्भव नहीं, किन्तु ईक्षण अर्थात् सब प्रकार की विद्या का दर्शन और सब सृष्टि का करना कहाता है; वह ईक्षण है। इत्यादि संक्षिप्त विषयों से ही सज्जन लोग विस्तरण कर लेंगे।

अब संक्षेप से ईश्वर का विषय लिखकर वेद का विषय लिखते हैं—

यस्मादृचो अपातक्षन् यजुर्यस्मादपाकषन् ।
सामानि यस्य लोमान्यथर्वाङ्गिरसो मुखं स्कम्भन्तं ब्रूहि कतमः स्विदेव सः ॥ —अथर्व० कां० १०। प्रपा० २३। अनु० ४। मं० २०॥

जिस परमात्मा से ऋग्वेद, यजुर्वेद, सामवेद और अथर्ववेद प्रकाशित हुए हैं वह कौन सा देव है?

इसका **(उत्तर)**—जो सब को उत्पन्न करके धारण कर रहा है वह परमात्मा है।

स्वयम्भूर्याथातथ्यतोऽर्थान् व्यदधाच्छाश्वतीभ्यः समाभ्यः ॥
—यजु० अ० ४०। मं० ८॥

जो स्वयम्भू, सर्वव्यापक, शुद्ध, सनातन, निराकार परमेश्वर है वह सनातन जीवरूप प्रजा के कल्याणार्थ यथावत् रीतिपूर्वक वेद द्वारा सब विद्याओं का उपदेश करता है।

(प्रश्न) परमेश्वर को आप निराकार मानते हो वा साकार?

(उत्तर) निराकार मानते हैं।

(प्रश्न) जब निराकार है तो वेदविद्या का उपदेश विना मुख के वर्णोच्चारण कैसे हो सका होगा? क्योंकि वर्णों के उच्चारण में ताल्वादि स्थान, जिह्वा का प्रयत्न अवश्य होना चाहिये।

(उत्तर) परमेश्वर के सर्वशक्तिमान् और सर्वव्यापक होने से जीवों को अपनी व्याप्ति से वेदविद्या के उपदेश करने में कुछ भी मुखादि की अपेक्षा नहीं है। क्योंकि मुख जिह्वा से वर्णोच्चारण अपने से भिन्न को बोध होने के लिये किया जाता है; कुछ अपने लिये नहीं। क्योंकि मुख जिह्वा के व्यापार करे विना ही मन में अनेक व्यवहारों का विचार और शब्दोच्चारण होता रहता है। कानों को अंगुलियों से मूँद देखो, सुनो कि विना मुख जिह्वा ताल्वादि स्थानों के कैसे-कैसे शब्द हो रहे हैं। वैसे जीवों को अन्तर्यामीरूप से उपदेश किया है। किन्तु केवल दूसरे को समझाने के लिये उच्चारण करने की आवश्यकता है। जब परमेश्वर निराकार सर्वव्यापक है तो अपनी अखिल वेदविद्या का उपदेश जीवस्थ स्वरूप से जीवात्मा में प्रकाशित कर देता है। फिर वह मनुष्य अपने मुख से उच्चारण करके दूसरों को सुनाता है। इसलिये ईश्वर में यह दोष नहीं आ सकता।

(प्रश्न) किन के आत्मा में कब वेदों का प्रकाश किया ?

(उत्तर) अग्नेर्वा ऋग्वेदो जायते वायोर्यजुर्वेदः सूर्यात्सामवेदः॥ -शत०॥

प्रथम सृष्टि की आदि में परमात्मा ने अग्नि, वायु, आदित्य तथा अङ्गिरा इन ऋषियों के आत्मा में एक-एक वेद का प्रकाश किया।

(प्रश्न) यो वै ब्रह्माणं विदधाति पूर्वं यो वै वेदांश्च प्रहिणोति तस्मै॥

यह उपनिषत् का वचन है।

इस वचन से ब्रह्मा जी के हृदय में वेदों का उपदेश किया है। फिर अग्न्यादि ऋषियों के आत्मा में क्यों कहा ?

(उत्तर) ब्रह्मा के आत्मा में अग्नि आदि के द्वारा स्थापित कराया। देखो! मनु में क्या लिखा है-

अग्निवायुरविभ्यस्तु त्रयं ब्रह्म सनातनम्।
दुदोह यज्ञसिद्ध्यर्थमृग्यजुःसामलक्षणम्॥ मनु०॥

जिस परमात्मा ने आदि सृष्टि में मनुष्यों को उत्पन्न करके अग्नि आदि चारों महर्षियों के द्वारा चारों वेद ब्रह्मा को प्राप्त कराये और उस ब्रह्मा ने अग्नि, वायु, आदित्य और अङ्गिरा से ऋग् यजुः साम और अथर्ववेद का ग्रहण किया।

(प्रश्न) उन चारों ही में वेदों का प्रकाश किया अन्य में नहीं। इस से ईश्वर पक्षपाती होता है।

(उत्तर) वे ही चार सब जीवों से अधिक पवित्रात्मा थे। अन्य उन के सदृश नहीं थे। इसलिये पवित्र विद्या का प्रकाश उन्हीं में किया।

(प्रश्न) किसी देश-भाषा में वेदों का प्रकाश न करके संस्कृत में

क्यों किया?

(उत्तर) जो किसी देश–भाषा में प्रकाश करता तो ईश्वर पक्षपाती हो जाता। क्योंकि जिस देश की भाषा में प्रकाश करता उन को सुगमता और विदेशियों को कठिनता वेदों के पढ़ने पढ़ाने की होती। इसलिये संस्कृत ही में प्रकाश किया; जो किसी देश की भाषा नहीं और वेदभाषा अन्य सब भाषाओं का कारण है। उसी में वेदों का प्रकाश किया। जैसे ईश्वर की पृथिवी आदि सृष्टि सब देश और देशवालों के लिये एक सी और सब शिल्पविद्या का कारण है। वैसे परमेश्वर की विद्या की भाषा भी एक सी होनी चाहिये कि सब देशवालों को पढ़ने पढ़ाने में तुल्य परिश्रम होने से ईश्वर पक्षपाती नहीं होता। और सब भाषाओं का कारण भी है।

(प्रश्न) वेद ईश्वरकृत हैं अन्यकृत नहीं। इस में क्या प्रमाण ?

(उत्तर) जैसा ईश्वर पवित्र, सर्वविद्यावित्, शुद्धगुणकर्मस्वभाव, न्यायकारी, दयालु आदि गुण वाला है वैसे जिस पुस्तक में ईश्वर के गुण, कर्म, स्वभाव के अनुकूल कथन हो वह ईश्वरकृत; अन्य नहीं। और जिस में सृष्टिक्रम प्रत्यक्षादि प्रमाण आप्तों के और पवित्रात्मा के व्यवहार से विरुद्ध कथन न हो वह ईश्वरोक्त। जैसा ईश्वर का निर्भ्रम ज्ञान वैसा जिस पुस्तक में भ्रान्तिरहित ज्ञान का प्रतिपादन हो; वह ईश्वरोक्त। जैसा परमेश्वर है और जैसा सृष्टिक्रम रक्खा है वैसा ही ईश्वर, सृष्टि, कार्य, कारण और जीव का प्रतिपादन जिस में होवे वह परमेश्वरोक्त पुस्तक होता है और जो प्रत्यक्षादि प्रमाण विषयों से अविरुद्ध शुद्धात्मा के स्वभाव से विरुद्ध न हो; इस प्रकार के वेद हैं। अन्य बाइबल, कुरान आदि पुस्तकें नहीं। इसकी स्पष्ट व्याख्या बाइबल और कुरान के प्रकरण में तेरहवें और चौदहवें समुल्लास में की जायगी।

(प्रश्न) वेद की ईश्वर से होने की आवश्यकता कुछ भी नहीं। क्योंकि मनुष्य लोग क्रमशः ज्ञान बढ़ाते जाकर पश्चात् पुस्तक भी बना लेंगे।

(उत्तर) कभी नहीं बना सकते। क्योंकि विना कारण के कार्योत्पत्ति का होना असम्भव है। जैसे जङ्गली मनुष्य सृष्टि को देख कर भी विद्वान् नहीं होते और जब उन को कोई शिक्षक मिल जाय तो विद्वान् हो जाते हैं । और अब भी किसी से पढ़े विना कोई भी विद्वान् नहीं होता। इस प्रकार जो परमात्मा उन आदिसृष्टि के ऋषियों को वेदविद्या न पढ़ाता और वे अन्य को न पढ़ाते तो सब लोग अविद्वान् ही रह जाते। जैसे किसी के बालक को जन्म से एकान्त देश, अविद्वानों वा पशुओं के संग में रख देवे तो वह जैसा संग है वैसा ही हो जायेगा। इसका दृष्टान्त जङ्गली भील आदि हैं।

जब तक आर्यावर्त्त देश से शिक्षा नहीं गई थी तब तक मिश्र, यूनान और यूरोप देश आदिस्थ मनुष्यों में कुछ भी विद्या नहीं हुई थी और इंगलैण्ड के कुलुम्बस आदि पुरुष अमेरिका में जब तक नहीं गये थे तब तक वे भी सहस्त्रों, लाखों क्रोड़ों वर्षों से मूर्ख अर्थात् विद्याहीन थे। पुनः सुशिक्षा के पाने से विद्वान् हो गये हैं; वैसे ही परमात्मा से सृष्टि की आदि में विद्या शिक्षा की प्राप्ति से उत्तरोत्तर काल में विद्वान् होते आये।

स पूर्वेषामपि गुरुः कालेनानवच्छेदात्॥ —योग सू०॥

जैसे वर्त्तमान समय में हम लोग अध्यापकों से पढ़ ही के विद्वान् होते हैं वैसे परमेश्वर सृष्टि के आरम्भ में उत्पन्न हुए अग्नि आदि ऋषियों का गुरु अर्थात्

पढ़ानेहारा है। क्योंकि जैसे जीव सुषुप्ति और प्रलय में ज्ञानरहित हो जाते हैं वैसा परमेश्वर नहीं होता। उस का ज्ञान नित्य है। इसलिये यह निश्चित जानना चाहिये कि विना निमित्त से नैमित्तिक अर्थ सिद्ध कभी नहीं होता।

(प्रश्न) वेद संस्कृतभाषा में प्रकाशित हुए और वे अग्नि आदि ऋषि लोग उस संस्कृतभाषा को नहीं जानते थे फिर वेदों का अर्थ उन्होंने कैसे जाना?

(उत्तर) परमेश्वर ने जनाया। और धर्मात्मा योगी महर्षि लोग जब-जब जिस-जिस के अर्थ को जानने की इच्छा करके ध्यानावस्थित हो परमेश्वर के स्वरूप में समाधिस्थ हुए तब-तब परमात्मा ने अभीष्ट मन्त्रों के अर्थ जनाये । जब बहुतों के आत्माओं में वेदार्थप्रकाश हुआ तब ऋषि मुनियों ने वह अर्थ और ऋषि मुनियों के इतिहासपूर्वक ग्रन्थ बनाये। उन का नाम ब्राह्मण अर्थात् ब्रह्म जो वेद उसका व्याख्यान ग्रन्थ होने से ब्राह्मण नाम हुआ। और-

ऋषयो मन्त्रदृष्टयः मन्त्रान् सम्प्रादुः।

जिस-जिस मन्त्रार्थ का दर्शन जिस-जिस ऋषि को हुआ और प्रथम ही जिस के पहले उस मन्त्र का अर्थ किसी ने प्रकाशित नहीं किया था; किया और दूसरों को पढ़ाया भी। इसलिये अद्यावधि उस-उस मन्त्र के साथ ऋषि का नाम स्मरणार्थ लिखा आता है। जो कोई ऋषियों को मन्त्रकर्त्ता बतलावें उन को मिथ्यावादी समझें। वे तो मन्त्रों के अर्थप्रकाशक हैं।

(प्रश्न) वेद किन ग्रन्थों का नाम है?

(उत्तर) ऋक्, यजुः, साम और अथर्व मन्त्रसंहिताओं का; अन्य का नहीं।

(प्रश्न) मन्त्रब्राह्मणयोर्वेदनामधेयम्।।

इत्यादि कात्यायनादिकृत प्रतिज्ञासूत्रादि का अर्थ क्या करोगे?

(उत्तर) देखो! संहिता पुस्तक के आरम्भ अध्याय की समाप्ति में वेद यह सनातन से शब्द लिखा आता है और ब्राह्मण पुस्तक के आरम्भ वा अध्याय की समाप्ति में कहीं नहीं लिखा। और निरुक्त में-

इत्यपि निगमो भवति। इति ब्राह्मणम्।।

छान्दोब्राह्मणानि च तद्विषयाणि।। -यह पाणिनीय सूत्र है।

इस से भी स्पष्ट विदित होता है कि वेद मन्त्रभाग और ब्राह्मण व्याख्याभाग हैं। इस में जो विशेष देखना चाहैं तो मेरी बनाई 'ऋग्वेदादिभाष्यभूमिका' में देख लीजिये। वहां अनेकशः प्रमाणों से विरुद्ध होने से यह कात्यायन का वचन नहीं हो सकता ऐसा ही सिद्ध किया गया है। क्योंकि जो मानें तो वेद सनातन कभी नहीं हो सकें क्योंकि ब्राह्मण पुस्तकों में बहुत से ऋषि महर्षि और राजादि के इतिहास लिखे हैं और इतिहास जिस का हो उस के जन्म के पश्चात् लिखा जाता है। वह ग्रन्थ भी उस के जन्मे पश्चात् होता है। वेदों में किसी का इतिहास नहीं किन्तु विशेष जिस-जिस शब्द से विद्या का बोध होवे उस-उस शब्द का प्रयोग किया है। **किसी मनुष्य की संज्ञा वा विशेष कथा का प्रसंग वेदों में नहीं।**

(प्रश्न) वेदों की कितनी शाखा हैं?

(उत्तर) एक हजार एक सौ सत्ताईस।

(प्रश्न) शाखा क्या कहाती हैं?

(उत्तर) व्याख्यान को शाखा कहते हैं।

(प्रश्न) संसार में विद्वान् वेद के अवयवभूत विभागों को शाखा मानते हैं?

(उत्तर) तनिक सा विचार करो तो ठीक। क्योंकि जितनी शाखा हैं वे आश्वलायन आदि ऋषियों के नाम से प्रसिद्ध हैं और मन्त्रसंहिता परमेश्वर के नाम से प्रसिद्ध हैं। जैसे चारों वेदों को परमेश्वरकृत मानते हैं वैसे आश्वलायनी आदि शाखाओं को उस–उस ऋषिकृत मानते हैं और सब शाखाओं में मन्त्रों की प्रतीक धर के व्याख्या करते हैं। जैसे तैत्तिरीय शाखा में **'इषे त्वोर्जे त्वेति'** इत्यादि प्रतीकें धर के व्याख्यान किया है। और वेदसंहिताओं में किसी की प्रतीक नहीं धरी। इसलिये परमेश्वरकृत चारों वेद मूल वृक्ष और आश्वलायनादि सब शाखा ऋषि मुनिकृत हैं; परमेश्वरकृत नहीं। जो इस विषय की विशेष व्याख्या देखना चाहैं वे 'ऋग्वेदादिभाष्यभूमिका' में देख लेवें।

जैसे माता पिता अपने सन्तानों पर कृपादृष्टि कर उन्नति चाहते हैं वैसे ही परमात्मा ने सब मनुष्यों पर कृपा करके वेदों को प्रकाशित किया है। जिस से मनुष्य अविद्यान्धकार भ्रमजाल से छूटकर विद्या विज्ञानरूप सूर्य को प्राप्त होकर अत्यानन्द में रहैं। और विद्या तथा सुखों की वृद्धि करते जायें।

(प्रश्न) वेद नित्य हैं वा अनित्य?

(उत्तर) नित्य हैं। क्योंकि परमेश्वर के नित्य होने से उस के ज्ञानादि गुण भी नित्य हैं। जो नित्य पदार्थ हैं उन के गुण, कर्म, स्वभाव नित्य और अनित्य द्रव्य के अनित्य होते हैं।

(प्रश्न) क्या यह पुस्तक भी नित्य है?

(उत्तर) नहीं। क्योंकि पुस्तक तो पत्रे और स्याही का बना है वह नित्य कैसे हो सकता है? किन्तु जो शब्द अर्थ और सम्बन्ध हैं वे नित्य हैं ?

(प्रश्न) ईश्वर ने उन ऋषियों को ज्ञान दिया होगा और उस ज्ञान से लोगों ने वेद बना लिये होंगे?

(उत्तर) ज्ञान ज्ञेय के विना नहीं होता। गायत्र्यादि छन्द षड्जादि और उदात्ताऽनुदात्तादि स्वर के ज्ञानपूर्वक गायत्र्यादि छन्दों के निर्माण करने में सर्वज्ञ के विना किसी का सामर्थ्य नहीं है कि इस प्रकार का सर्वज्ञानयुक्त शास्त्र बना सकें। हां! वेद को पढ़ने के पश्चात् व्याकरण, निरुक्त और छन्द आदि ग्रन्थ ऋषि मुनियों ने विद्याओं के प्रकाश के लिये किये हैं। जो परमात्मा वेदों का प्रकाश न करे तो कोई कुछ भी न बना सके। इसलिये वेद परमेश्वरोक्त हैं। इन्हीं के अनुसार सब लोगों को चलना चाहिये और जो कोई किसी से पूछे कि तुम्हारा क्या मत है तो यही उत्तर देना कि हमारा मत वेद अर्थात् जो कुछ वेदों में कहा है हम उस को मानते हैं।

अब इसके आगे सृष्टि के विषय में लिखेंगे। यह संक्षेप से ईश्वर और वेदविषय में व्याख्यान किया है॥ ७॥

इति श्रीमद्दयानन्दसरस्वतीस्वामिकृते
सत्यार्थप्रकाशे ईश्वरवेदविषये सुभाषाविभूषिते
सप्तमः समुल्लासः सम्पूर्णः॥ ७॥

अथाष्टमसमुल्लासारम्भः

अथ सृष्ट्युत्पत्तिस्थितिप्रलयविषयान् व्याख्यास्यामः

इयं विसृष्टिर्यत आ बभूव यदि वा दधे यदि वा न ।
यो अस्याध्यक्षः परमे व्योमन्त्सो अङ्ग वेद यदि वा न वेद ॥ १॥

—ऋ० मं० १०। सू० १२९। मं० ७॥

तम आसीत्तमसा गूळमग्रेऽप्रकेतं सलिलं सर्वमा इदम् ।
तुच्छ्येनाभ्वपिहितं यदासीत्तपसस्तन्महिना जायतैकम् ॥२॥

—ऋ० मं०। सू०। मं०॥

हिरण्यगर्भः समवर्त्तताग्रे भूतस्य जातः पतिरेक आसीत् ।
स दाधार पृथिवीं द्यामुतेमां कस्मै देवाय हविषा विधेम ॥ ३॥

—ऋ० मं० १०। सू० १२९। मं० १॥

पुरुष एवेदꣳ सर्वं यद्भूतं यच्च भाव्यम् ।
उतामृतत्वस्येशानो यदन्नेनातिरोहति ॥ ४॥

—यजुः अ० ३१। मं० २॥

यतो वा इमानि भूतानि जायन्ते येन जातानि जीवन्ति।
यत्प्रयन्त्यभिसंविशन्ति तद्विजिज्ञासस्व तद् ब्रह्म॥ ५॥

—तैत्तिरीयोपनि०।

हे (अङ्ग) मनुष्य! जिस से यह विविध सृष्टि प्रकाशित हुई है जो धारण और प्रलयकर्त्ता है जो इस जगत् का स्वामी है जिस व्यापक में यह सब जगत् उत्पत्ति, स्थिति, प्रलय को प्राप्त होता है सो परमात्मा है। उस को तू जान और दूसरे को सृष्टिकर्त्ता मत मान॥ १॥

यह सब जगत् सृष्टि से पहले अन्धकार से आवृत, रात्रिरूप में जानने के अयोग्य, आकाशरूप सब जगत् तथा तुच्छ अर्थात् अनन्त परमेश्वर के सम्मुख एकदेशी आच्छादित था। पश्चात् परमेश्वर ने अपने सामर्थ्य से कारणरूप से कार्यरूप कर दिया॥ २॥

हे मनुष्यो! जो सब सूर्यादि तेजस्वी पदार्थों का आधार और जो यह जगत् हुआ है और होगा उस का एक अद्वितीय पति परमात्मा इस जगत् की उत्पत्ति के पूर्व विद्यमान था। और जिस ने पृथिवी से लेके सूर्य्यपर्यन्त जगत् को उत्पन्न किया है उस परमात्मा देव की प्रेम से भक्ति किया करें॥ ३॥

हे मनुष्यो! जो सब में पूर्ण पुरुष और जो नाश रहित कारण और जीव का स्वामी जो पृथिव्यादि जड़ और जीव से अतिरिक्त है; वही पुरुष इस सब भूत भविष्यत् और वर्तमानस्थ जगत् का बनाने वाला है॥ ४॥

जिस परमात्मा की रचना से ये सब पृथिव्यादि भूत उत्पन्न होते हैं जिस से जीते और जिस में प्रलय को प्राप्त होते हैं; वह ब्रह्म है। उस के जानने की इच्छा करो॥ ५॥

जन्माद्यस्य यतः॥ —शारीरक सू० अ० १। सूत्र० २॥

जिस से इस जगत् का जन्म, स्थिति और प्रलय होता है; वही ब्रह्म जानने योग्य है।

(प्रश्न) यह जगत् परमेश्वर से उत्पन्न हुआ है वा अन्य से?

(उत्तर) निमित्त कारण परमात्मा से उत्पन्न हुआ है परन्तु इसका उपादान कारण प्रकृति है।

(प्रश्न) क्या प्रकृति परमेश्वर ने उत्पन्न नहीं की?

(उत्तर) नहीं। वह अनादि है।

(प्रश्न) अनादि किसको कहते और कितने पदार्थ अनादि हैं?

(उत्तर) ईश्वर, जीव और जगत् का कारण ये तीन अनादि हैं।

(प्रश्न) इसमें क्या प्रमाण है।

(उत्तर)

द्वा सुपर्णा सयुजा सखाया समानं वृक्षं परि षस्वजाते।
तयोरन्यः पिप्पलं स्वाद्वत्त्यनश्नन्नन्यो अभि चाकशीति॥१॥

—ऋ० मं० १। सू० १६४। मं० २०॥

शाश्वतीभ्यः समाभ्यः॥२॥ —यजुः० अ० ४०। मं० ८॥

(द्वा) जो ब्रह्म और जीव दोनों (सुपर्णा) चेतनता और पालनादि गुणों से सदृश (सयुजा) व्याप्य व्यापक भाव से संयुक्त (सखाया) परस्पर मित्रतायुक्त सनातन अनादि हैं और (समानम्) वैसा ही (वृक्षम्) अनादि मूलरूप कारण और शाखारूप कार्ययुक्त वृक्ष अर्थात् जो स्थूल होकर प्रलय में छिन्न भिन्न हो जाता है वह तीसरा अनादि पदार्थ इन तीनों के गुण, कर्म और स्वभाव भी अनादि हैं (तयोरन्यः) इन जीव और ब्रह्म में से एक जो जीव है वह इस वृक्षरूप संसार में पापपुण्यरूप फलों को (स्वाद्वत्ति) अच्छे प्रकार भोक्ता है और दूसरा परमात्मा कर्मों के फलों को (अनश्नन्) न भोक्ता हुआ चारों ओर अर्थात् भीतर बाहर सर्वत्र प्रकाशमान हो रहा है। जीव से ईश्वर, ईश्वर से जीव और दोनों से प्रकृति भिन्न स्वरूप; तीनों अनादि हैं॥ १॥

(शाश्वती०) अर्थात् अनादि सनातन जीवरूप प्रजा के लिये वेद द्वारा परमात्मा ने सब विद्याओं का बोध किया है॥ २॥

अजामेकां लोहितशुक्लकृष्णां बह्वीः प्रजाः सृजमानां सरूपाः।
अजो ह्येको जुषमाणोऽनुशेते जहात्येनां भुक्तभोगामजोऽन्यः॥

यह उपनिषत् का वचन है।

प्रकृति, जीव और परमात्मा तीनों अज अर्थात् जिन का जन्म कभी नहीं होता और न कभी जन्म लेते अर्थात् ये तीन सब जगत् के कारण हैं। इन का कारण कोई नहीं। इस अनादि प्रकृति का भोग अनादि जीव करता हुआ फंसता है और उस में परमात्मा न फंसता और न उस का भोग करता है।

ईश्वर और जीव का लक्षण ईश्वर विषय में कह आये। अब प्रकृति का लक्षण लिखते हैं—

सत्त्वरजस्तमसां साम्यावस्था प्रकृतिः प्रकृतेर्महान् महतोऽहङ्कारोऽहङ्कारात् पञ्चतन्मात्राण्युभयमिन्द्रियं पञ्चतन्मात्रेभ्यः स्थूलभूतानि पुरुष इति पञ्चविंशतिर्गणः ॥ —साङ्ख्यसूत्र ॥

(सत्त्व) शुद्ध (रजः) मध्य (तमः) जाड्य अर्थात् जड़ता तीन वस्तु मिलकर जो एक संघात है उस का नाम प्रकृति है। उस से महत्तत्त्व बुद्धि, उस से अहङ्कार, उस से पांच तन्मात्रा सूक्ष्म भूत और दश इन्द्रियां तथा ग्यारहवां मन, पांच तन्मात्राओं से पृथिव्यादि पांच भूत ये चौबीस और पच्चीसवां पुरुष अर्थात् जीव और परमेश्वर हैं। इन में से प्रकृति अविकारिणी और महत्तत्त्व अहङ्कार तथा पांच सूक्ष्म भूत प्रकृति का कार्य्य और इन्द्रियां मन तथा स्थूलभूतों का कारण है। पुरुष न किसी की प्रकृति उपादान कारण और न किसी का कार्य्य है।

(प्रश्न) सदेव सोम्येदमग्र आसीत् ॥ १ ॥ असद्वा इदमग्र आसीत् ॥ २ ॥ आत्मा वा इदमग्र आसीत् ॥ ३ ॥ ब्रह्म वा इदमग्र आसीत् ॥ ४ ॥

ये उपनिषदों के वचन हैं।

हे श्वेतकेतो! यह जगत् सृष्टि के पूर्व सत्। १। असत्। २। आत्मा। ३। और ब्रह्मरूप था॥ ४॥ पश्चात्—

तदैक्षत बहुः स्यां प्रजायेयेति ॥ १ ॥

सोऽकामयत बहुः स्यां प्रजायेयेति ॥ २ ॥ —यह तैत्तिरीयोपनिषत् का वचन है।

वही परमात्मा अपनी इच्छा से बहुरूप हो गया है॥ १। २॥

सर्वं खल्विदं ब्रह्म नेह नानास्ति किञ्चन ॥ —यह भी उपनिषत् का वचन है।

जो यह जगत् है वह सब निश्चय करके ब्रह्म है। उस में दूसरे नाना प्रकार के पदार्थ कुछ भी नहीं किन्तु सब ब्रह्मरूप हैं।

(उत्तर) क्यों इन वचनों का अनर्थ करते हो? क्योंकि उन्हीं उपनिषदों में—

अन्नेन सोम्य शुङ्गेनापो मूलमन्विच्छ अद्भिस्सोम्य शुङ्गेन तेजोमूलमन्विच्छ तेजसा सोम्य शुङ्गेन सन्मूलमन्विच्छ सन्मूलाः सोम्येमाः प्रजाः सदायतनाः सत्प्रतिष्ठाः ॥ —छान्दोग्य उपनि० ॥

हे श्वेतकेतो! अन्नरूप पृथिवी कार्य्य से जलरूप मूल कारण को तू जान। कार्यरूप जल से तेजोरूप मूल और तेजोरूप कार्य से सद्रूप कारण जो नित्य प्रकृति है उस को जान। यही सत्यस्वरूप प्रकृति सब जगत् का मूल घर और स्थिति का स्थान है। यह सब जगत् सृष्टि के पूर्व असत् के सदृश और जीवात्मा, ब्रह्म और प्रकृति में लीन होकर वर्त्तमान था; अभाव न था और जो (सर्वं खलु०) यह वचन ऐसा है जैसा कि 'कहीं की ईंट कहीं का रोड़ा भानमती ने कुनवाँ जोड़ा' ऐसी लीला का है। क्योंकि—

सर्वं खल्विदं ब्रह्म तज्जलानिति शान्त उपासीत। —छान्दोग्य॥

और—

नेह नानास्ति किञ्चन॥ —यह कठवल्ली का वचन है॥

जैसे शरीर के अङ्ग जब तक शरीर के साथ रहते हैं तब तक काम के

और अलग होने से निकम्मे हो जाते हैं, वैसे ही प्रकरणस्थ वाक्य सार्थक और प्रकरण से अलग करने वा किसी अन्य के साथ जोड़ने से अनर्थक हो जाते हैं। सुनो! इस का अर्थ यह है—हे जीव! तू उस ब्रह्म की उपासना कर। जिस ब्रह्म से जगत् की उत्पत्ति, स्थिति और जीवन होता है; जिस के बनाने और धारण से यह सब जगत् विद्यमान हुआ है वा ब्रह्म से सहचरित है; उस को छोड़कर दूसरे की उपासना न करनी। इस चेतनमात्र अखण्डैकरस ब्रह्मस्वरूप में नाना वस्तुओं का मेल नहीं है किन्तु ये सब पृथक्-पृथक् स्वरूप में परमेश्वर के आधार में स्थित हैं।

(प्रश्न) जगत् के कारण कितने होते हैं?

(उत्तर) तीन। एक निमित्त, दूसरा उपादान, तीसरा साधारण। **निमित्त कारण** उस को कहते हैं कि जिस के बनाने से कुछ बने, न बनाने से न बने, आप स्वयं बने नहीं; दूसरे को प्रकारान्तर बना देवे। दूसरा **उपादान कारण** उस को कहते हैं जिस के विना कुछ न बने; वही अवस्थान्तर रूप होके बने बिगड़े भी। तीसरा **साधारण कारण** उस को कहते हैं कि जो बनाने में साधन और साधारण निमित्त हो।

निमित्त कारण दो प्रकार के होते हैं। एक—सब सृष्टि को कारण से बनाने, धारने और प्रलय करने तथा सब की व्यवस्था रखने वाला मुख्य निमित्त कारण **परमात्मा**। दूसरा—परमेश्वर की सृष्टि में से पदार्थों को लेकर अनेकविध कार्य्यान्तर बनाने बनाने वाला साधारण निमित्त कारण **जीव**।

उपादान कारण—प्रकृति, परमाणु जिस को सब संसार के बनाने की सामग्री कहते हैं। वह जड़ होने से आपसे आप न बन और न बिगड़ सकती है किन्तु दूसरे के बनाने से बनती और बिगाड़ने से बिगड़ती है। **कहीं-कहीं जड़ के निमित्त से जड़ भी बन और बिगड़ भी जाता है। जैसे परमेश्वर के रचित बीज पृथिवी में गिरने और जल पाने से वृक्षाकार हो जाते हैं और अग्नि आदि जड़ के संयोग से बिगड़ भी जाते हैं परन्तु इनका नियमपूर्वक बनना और वा बिगड़ना परमेश्वर और जीव के आधीन है।**

जब कोई वस्तु बनाई जाती है तब जिन-जिन साधनों से अर्थात् ज्ञान, दर्शन, बल, हाथ और नाना प्रकार के साधन और दिशा, काल और आकाश साधारण कारण। जैसे घड़े को बनाने वाला कुम्हार निमित्त; मिट्टी उपादान और दण्ड चक्र आदि सामान्य निमित्त; दिशा, काल, आकाश, प्रकाश, आंख, हाथ, ज्ञान, क्रिया आदि निमित्त साधारण और निमित्त कारण भी होते हैं। इन तीन कारणों के विना कोई भी वस्तु नहीं बन सकती और न बिगड़ सकती है।

(प्रश्न) नवीन वेदान्ती लोग केवल परमेश्वर ही को जगत् का अभिन्न निमित्तोपादान कारण मानते हैं—

यथोर्णनाभिः सृजते गृह्णते च। —यह उपनिषत् का वचन है।

जैसे मकड़ी बाहर से कोई पदार्थ नहीं लेती अपने ही में से तन्तु निकाल जाला बनाकर आप ही उस में खेलती है वैसे ब्रह्म अपने में से जगत् को बना आप जगदाकार बन आप ही क्रीड़ा कर रहा है। सो ब्रह्म इच्छा और कामना करता हुआ कि मैं बहुरूप अर्थात् जगदाकार हो जाऊँ; सङ्कल्पमात्र से सब जगद्रूप बन गया। क्योंकि—

आदावन्ते च यन्नास्ति वर्त्तमानेऽपि तत्तथा ॥

यह माण्डूक्योपनिषत् पर कारिका है।

जो प्रथम न हो, अन्त में न रहै, वह वर्त्तमान में भी नहीं है। किन्तु सृष्टि की आदि में जगत् न था ब्रह्म था। प्रलय के अन्त में संसार न रहेगा तो वर्त्तमान में सब जगत् ब्रह्म क्यों नहीं?

(उत्तर) जो तुम्हारे कहने के अनुसार जगत् का उपादान कारण ब्रह्म होवे तो वह परिणामी अवस्थान्तरयुक्त विकारी हो जावे और उपादान कारण के गुण, कर्म, स्वभाव कार्य में भी आते हैं—

कारणगुणपूर्वकः कार्य्यगुणो दृष्टः॥ —वैशेषिक सूत्र॥

उपादान कारण के सदृश कार्य में गुण होते हैं तो ब्रह्म सच्चिदानन्दस्वरूप; जगत् कार्य्यरूप से असत्, जड़ और आनन्दरहित; ब्रह्म अज और जगत् उत्पन्न हुआ है। ब्रह्म अदृश्य और जगत् दृश्य है। ब्रह्म अखण्ड और जगत् खण्डरूप है। जो ब्रह्म से पृथिव्यादि कार्य्य उत्पन्न होवे तो पृथिव्यादि कार्य के जड़ादि गुण ब्रह्म में भी होवें अर्थात् जैसे पृथिव्यादि जड़ हैं वैसा ब्रह्म भी जड़ हो जाय और जैसा परमेश्वर चेतन है वैसा पृथिव्यादि कार्य्य भी चेतन होना चाहिए।

और जो मकड़ी का दृष्टान्त दिया वह तुम्हारे मत का साधक नहीं किन्तु बाधक है क्योंकि वह जड़रूप शरीर तन्तु का उपादान और जीवात्मा निमित्त कारण है। और यह भी परमात्मा की अद्‌भुत रचना का प्रभाव है। क्योंकि अन्य जन्तु के शरीर से जीव तन्तु नहीं निकाल सकता। वैसे ही व्यापक ब्रह्म ने अपने भीतर व्याप्य प्रकृति और परमाणु कारण से स्थूल जगत् को बना कर बाहर स्थूलरूप कर आप उसी में व्यापक होके होके साक्षीभूत आनन्दमय हो रहा है।

और जो परमात्मा ने ईक्षण अर्थात् दर्शन, विचार और कामना की कि मैं सब जगत् को बनाकर प्रसिद्ध होऊं अर्थात् जब जगत् उत्पन्न होता है तभी जीवों के विचार, ज्ञान, ध्यान, उपदेश, श्रवण में परमेश्वर प्रसिद्ध और बहुत स्थूल पदार्थों से सह वर्त्तमान होता है। जब प्रलय होता है तब परमेश्वर और मुक्तजीवों को छोड़ के उस को कोई नहीं जानता।

और जो वह कारिका है वह भ्रममूलक है। क्योंकि प्रलय में जगत् प्रसिद्ध नहीं था और सृष्टि के अन्त अर्थात् प्रलय के आरम्भ से जब तक दूसरी वार सृष्टि न होगी तब तक भी जगत् का कारण सूक्ष्म होकर अप्रसिद्ध है। क्योंकि—

तम॑ आसी॒त्तम॑सा गू॒ळ्हमग्रे॑ ॥१॥ ऋग्वेद का वचन है।

आसीदिदं तमोभूतमप्रज्ञातमलक्षणम्।
अप्रतर्क्यमविज्ञेयं प्रसुप्तमिव सर्वतः॥ २॥

यह सब जगत् सृष्टि के पहले प्रलय में अन्धकार से आवृत आच्छादित था। और प्रलयारम्भ के पश्चात् भी वैसा ही होता है। उस समय न किसी के जानने, न तर्क में लाने और न प्रसिद्ध चिह्नों से युक्त इन्द्रियों से जानने योग्य था और न होगा। किन्तु वर्त्तमान में जाना जाता है और प्रसिद्ध चिह्नों से युक्त जानने योग्य होता और यथावत् उपलब्ध है। पुनः उस कारिकाकार ने वर्त्तमान में भी जगत् का अभाव लिखा सो सर्वथा अप्रमाण है। क्योंकि जिस को प्रमाता प्रमाणों से जानता और प्राप्त होता है वह अन्यथा कभी नहीं हो सकता।

(प्रश्न) जगत् के बनाने में परमेश्वर का क्या प्रयोजन है?

(उत्तर) नहीं बनाने में क्या प्रयोजन है?

(प्रश्न) जो न बनाता तो आनन्द में बना रहता और जीवों को भी सुख–दु:ख प्राप्त न होता।

(उत्तर) यह आलसी और दरिद्र लोगों की बातें हैं पुरुषार्थी की नहीं और जीवों को प्रलय में क्या सुख वा दु:ख है? जो सृष्टि के सुख दु:ख की तुलना की जाय तो सुख कई गुना अधिक होता और बहुत से पवित्रात्मा जीव मुक्ति के साधन कर मोक्ष के आनन्द को भी प्राप्त होते हैं। प्रलय में निकम्मे जैसे सुषुप्ति में पड़े रहते हैं वैसे रहते हैं और प्रलय के पूर्व सृष्टि में जीवों के किये पाप पुण्य कर्मों का फल ईश्वर कैसे दे सकता और जीव क्यों कर भोग सकते?

जो तुम से कोई पूछे कि आंख के होने में क्या प्रयोजन है? तुम यही कहोगे देखना तो जो ईश्वर में जगत् की रचना करने का विज्ञान, बल और क्रिया है उस का क्या प्रयोजन; विना जगत् की उत्पत्ति करने के ? दूसरा कुछ भी न कह सकोगे। और परमात्मा के न्याय, धारण, दया आदि गुण भी तभी सार्थक हो सकते हैं जब जगत् को बनावे। उस का अनन्त सामर्थ्य जगत् की उत्पत्ति, स्थिति, प्रलय और व्यवस्था करने ही से सफल है। जैसे नेत्र का स्वाभाविक गुण देखना है वैसे परमेश्वर का स्वाभाविक गुण जगत् की उत्पत्ति करके सब जीवों को असंख्य पदार्थ देकर परोपकार करना है।

(प्रश्न) बीज पहले है वा वृक्ष?

(उत्तर) बीज। क्योंकि बीज, हेतु, निदान, निमित्त और कारण इत्यादि शब्द एकार्थवाचक हैं। कारण का नाम बीज होने से कार्य के प्रथम ही होता है।

(प्रश्न) जब परमेश्वर सर्वशक्तिमान् है तो वह कारण और जीव को भी उत्पन्न कर सकता है। जो नहीं कर सकता तो सर्वशक्तिमान् भी नहीं रह सकता?

(उत्तर) सर्वशक्तिमान् का अर्थ पूर्व लिख आये हैं परन्तु क्या सर्वशक्तिमान् वह कहाता है कि जो असम्भव बात को भी कर सके? जो कोई असम्भव बात अर्थात् जैसा कारण के विना कार्य को कर सकता है तो विना कारण दूसरे ईश्वर की उत्पत्ति कर और स्वयं मृत्यु को प्राप्त; जड़, दु:खी, अन्यायकारी, अपवित्र और कुकर्मी आदि हो सकता है वा नहीं? जो स्वाभाविक नियम अर्थात् जैसा अग्नि उष्ण, जल शीतल और पृथिव्यादि सब जड़ों को विपरीत गुणवाले ईश्वर भी नहीं कर सकता। **जैसे आप जड़ नहीं हो सकता वैसे जड़ को चेतन भी नहीं कर सकता।**

और ईश्वर के नियम सत्य और पूरे हैं इसलिये परिवर्तन नहीं कर सकता। इसलिये सर्वशक्तिमान् का अर्थ इतना ही है कि परमात्मा विना किसी के सहाय के अपने सब कार्य पूर्ण कर सकता है।

(प्रश्न) ईश्वर साकार है वा निराकार ? जो निराकार है तो विना हाथ आदि साधनों के जगत् को न बना सकेगा और जो साकार है तो कोई दोष नहीं आता?

(उत्तर) ईश्वर निराकार है। जो साकार अर्थात् शरीरयुक्त है वह ईश्वर ही नहीं। क्योंकि वह परिमित शक्तियुक्त, देश काल वस्तुओं में परिच्छिन्न, क्षुधा, तृषा, छेदन, भेदन, शीतोष्ण, ज्वर, पीड़ादि सहित होवे। उस में जीव के विना ईश्वर के गुण कभी नहीं घट सकते। जैसे तुम और हम साकार अर्थात् शरीरधारी हैं इस से त्रसरेणु, अणु, परमाणु और प्रकृति को अपने वश में नहीं ला सकते और न

उन सूक्ष्म पदार्थों को पकड़ कर स्थूल बना सकते हैं। वैसे ही स्थूल देहधारी परमेश्वर भी उन सूक्ष्म पदार्थों से स्थूल जगत् नहीं बना सकता।

जो परमेश्वर भौतिक इन्द्रियगोलक हस्त पादादि अवयवों से रहित है परन्तु उस की अनन्त शक्ति बल पराक्रम हैं उन से सब काम करता है। जो जीव और प्रकृति से कभी न हो सकते। जब वह प्रकृति से भी सूक्ष्म और उन में व्यापक है तभी उन को पकड़ कर जगदाकार कर देता है। **और सर्वगत होने से सब का धारण और प्रलय भी कर सकता है।**

(प्रश्न) जैसे मनुष्यादि के मां बाप साकार हैं उन का सन्तान भी साकार होता है। जो ये निराकार होते तो इनके लड़के भी निराकार होते। वैसे परमेश्वर निराकार हो तो उस का बनाया जगत् भी निराकार होना चाहिये।

(उत्तर) यह तुम्हारा प्रश्न लड़के के समान है। क्योंकि हम अभी यह कह चुके हैं कि परमेश्वर जगत् का उपादान कारण नहीं किन्तु निमित्त कारण है। और जो स्थूल होता है वह प्रकृति और परमाणु जगत् का उपादान कारण है। और वे सर्वथा निराकार नहीं किन्तु परमेश्वर से स्थूल और अन्य कार्य्य से सूक्ष्म आकार रखते हैं।

(प्रश्न) क्या कारण के विना परमेश्वर कार्य को नहीं कर सकता?

(उत्तर) नहीं। क्योंकि जिस का अभाव अर्थात् जो वर्तमान नहीं है उस का भाव वर्तमान होना सर्वथा असम्भव है। जैसे कोई गपोड़ा हांक दे कि मैंने वन्ध्या के पुत्र और पुत्री का विवाह देखा। वह नरशृङ्ग का धनुष और दोनों खपुष्प की माला पहिरे हुए थे। मृगतृष्णिका के जल में स्नान करते और गन्धर्वनगर में रहते थे। वहां बद्दल के विना वर्षा; पृथिवी के विना सब अन्नों की उत्पत्ति आदि होती थी। वैसा ही कारण के विना कार्य का होना असम्भव है।

जैसे कोई कहे कि **'मम मातापितरौ न स्तोऽहमेवमेव जातः। मम मुखे जिह्वा नास्ति वदामि च ।'** अर्थात् मेरे माता-पिता न थे ऐसे ही मैं उत्पन्न हुआ हूं। मेरे मुख में जीभ नहीं है परन्तु बोलता हूं। बिल में सर्प न था निकल आया। मैं कहीं नहीं था, ये भी कहीं न थे और हम सब जने आये हैं। ऐसी असम्भव बात प्रमत्तगीत अर्थात् पागल लोगों की है।

(प्रश्न) जो कारण के विना कार्य नहीं होता तो कारण का कारण कौन है ?

(उत्तर) जो केवल कारणरूप ही हैं वे कार्य्य किसी के नहीं होते और जो किसी का कारण और किसी का कार्य होता है वह दूसरा कहाता है। जैसे पृथिवी घर आदि का कारण और जल आदि का कार्य होता है। परन्तु जो आदिकारण प्रकृति है वह अनादि है।

मूले मूलाभावादमूलं मूलम्॥ —सांख्य सू० ॥

मूल का मूल अर्थात् कारण का कारण नहीं होता। इस से अकारण सब कार्य्यों का कारण होता है। क्योंकि किसी कार्य्य के आरम्भ समय के पूर्व तीनों कारण अवश्य होते हैं। जैसे कपड़े बनाने के पूर्व तन्तुवाय, रुई का सूत और नलिका आदि पूर्व वर्त्तमान होने से वस्त्र बनता है वैसे जगत् की उत्पत्ति के पूर्व परमेश्वर, प्रकृति, काल और आकाश तथा जीवों के अनादि होने से इस जगत् की उत्पत्ति होती है। यदि इन में से एक भी न हो तो जगत् भी न हो।

अत्र नास्तिका आहुः—

शून्यं तत्त्वं भावोऽपि नश्यति वस्तुधर्मत्वाद्विनाशस्य॥ १॥ —सांख्य सू०॥

अभावात् भावोत्पत्तिर्नानुपमृद्य प्रादुर्भावात्॥ २॥

ईश्वरः कारणं पुरुषकर्माफल्यदर्शनात्॥ ३॥

अनिमित्ततो भावोत्पत्तिः कण्टकतैक्ष्ण्यादिदर्शनात्॥ ४॥

सर्वमनित्यमुत्पत्तिविनाशधर्मकत्वात्॥ ५॥

सर्वं नित्यं पञ्चभूतनित्यत्वात्॥ ६॥

सर्वं पृथग् भावलक्षणपृथक्त्वात्॥ ७॥

सर्वमभावो भावेष्वितरेतराभावसिद्धेः॥ ८॥

—न्यायसू०। अ० ४। आह्नि० १॥

यहां नास्तिक लोग ऐसा कहते हैं कि १—शून्य ही एक पदार्थ है। सृष्टि के पूर्व शून्य था, अन्त में शून्य होगा क्योंकि जो भाव है अर्थात् वर्त्तमान पदार्थ है उस का अभाव होकर शून्य हो जायेगा।

(उत्तर) शून्य आकाश, अदृश्य, अवकाश और विन्दु को भी कहते हैं। शून्य जड़ पदार्थ। इस शून्य में सब पदार्थ अदृश्य रहते हैं। जैसे एक विन्दु से रेखा, रेखाओं से वर्तुलाकार होने से भूमि पर्वतादि ईश्वर की रचना से बनते हैं और शून्य का जानने वाला शून्य नहीं होता॥ १॥

दूसरा नास्तिक—अभाव से भाव की उत्पत्ति होती है। जैसे बीज का मर्दन किये विना अंकुर उत्पन्न नहीं होता और बीज को तोड़ कर देखें तो अंकुर का अभाव है। जब प्रथम अंकुर नहीं दीखता था तो अभाव से उत्पत्ति हुई।

(उत्तर) जो बीज का उपमर्दन करता है वह प्रथम ही बीज में था। जो न होता तो उत्पन्न कभी नहीं होता॥ २॥

तीसरा नास्तिक—कहता है कि कर्मों का फल पुरुष के कर्म करने से नहीं प्राप्त होता। कितने ही कर्म निष्फल दीखने में आते हैं। इसलिये अनुमान किया जाता है कि कर्मों का फल प्राप्त होना ईश्वर के आधीन है। जिस कर्म का फल ईश्वर देना चाहै देता है। जिस कर्म का फल देना नहीं चाहता नहीं देता। इस बात से कर्मफल ईश्वराधीन है।

(उत्तर) जो कर्म का फल ईश्वराधीन हो तो विना कर्म किये ईश्वर फल क्यों नहीं देता? इसलिये जैसा कर्म मनुष्य करता है वैसा ही फल ईश्वर देता है। इस से ईश्वर स्वतन्त्र पुरुष को कर्म का फल नहीं दे सकता। किन्तु जैसा कर्म जीव करता है वैसा ही फल ईश्वर देता है॥ ३॥

चौथा नास्तिक—कहता है कि विना निमित्त के पदार्थों की उत्पत्ति होती है। जैसा बबूल आदि वृक्षों के कांटे तीक्ष्ण अणिवाले देखने में आते हैं। इससे विदित होता है कि जब-जब सृष्टि का आरम्भ होता है तब-तब शरीरादि पदार्थ विना निमित्त के होते हैं।

(उत्तर) जिस से पदार्थ उत्पन्न होता है वही उस का निमित्त है। विना कण्टकी वृक्ष के कांटे उत्पन्न क्यों नहीं होते?॥ ४॥

पांचवां नास्तिक—कहता है कि सब पदार्थ उत्पत्ति और विनाश वाले हैं इसलिये सब अनित्य हैं।

श्लोकार्धेन प्रवक्ष्यामि यदुक्तं ग्रन्थकोटिभिः।
ब्रह्म सत्यं जगन्मिथ्या जीवो ब्रह्मैव नापरः॥

यह किसी ग्रन्थ का श्लोक है।

नवीन वेदान्तीलोग **पांचवें नास्तिक** की कोटी में हैं। क्योंकि वे ऐसा कहते हैं कि क्रोड़ों ग्रन्थों का यह सिद्धान्त है—'ब्रह्म सत्य जगत् मिथ्या और जीव ब्रह्म से भिन्न नहीं।'

(उत्तर) जो सब की नित्यता नित्य है तो सब अनित्य नहीं हो सकता।

(प्रश्न) सब की नित्यता भी अनित्य है जैसे अग्नि काष्ठों को नष्ट कर आप भी नष्ट हो जाता है।

(उत्तर) जो यथावत् उपलब्ध होता है उस का वर्त्तमान में अनित्यत्व और परमसूक्ष्म कारण को अनित्य कहना कभी नहीं हो सकता। जो वेदान्ती लोग ब्रह्म से जगत् की उत्पत्ति मानते हैं तो ब्रह्म के सत्य होने से उस का कार्य असत्य कभी नहीं हो सकता। जो स्वप्न रज्जू सर्प्पादिवत् कल्पित कहैं तो भी नहीं बन सकता। क्योंकि कल्पना गुण है, गुण से द्रव्य और गुण द्रव्य से पृथक् नहीं रह सकता। जब कल्पना का कर्त्ता नित्य है तो उसकी कल्पना भी नित्य होनी चाहिए, नहीं तो उस को भी अनित्य मानो।

जैसे स्वप्न विना देखे सुने कभी नहीं आता। जो जागृत अर्थात् वर्त्तमान समय में सत्य पदार्थ हैं उनके साक्षात् सम्बन्ध से प्रत्यक्षादि ज्ञान होने पर संस्कार अर्थात् उन का वासनारूप ज्ञान आत्मा में स्थित होता है; स्वप्न में उन्हीं को प्रत्यक्ष देखता है। जैसे सुषुप्ति होने से बाह्य पदार्थों के ज्ञान के अभाव में भी बाह्य पदार्थ विद्यमान रहते हैं वैसे प्रलय में भी कारण द्रव्य वर्त्तमान रहता है। जो संस्कार के विना स्वप्न होवे तो जन्मान्ध को भी रूप का स्वप्न होवे। इसलिये वहां उन का ज्ञानमात्र है और बाहर सब पदार्थ वर्त्तमान हैं।

(प्रश्न) जैसे जागृत के पदार्थ स्वप्न और दोनों के सुषुप्ति में अनित्य हो जाते हैं वैसे जागृत के पदार्थों को भी स्वप्न के तुल्य मानना चाहिये।

(उत्तर) ऐसा कभी नहीं मान सकते क्योंकि स्वप्न और सुषप्ति में बाह्य पदार्थों का अज्ञानमात्र होता है; अभाव नहीं। जैसे किसी के पीछे की ओर बहुत से पदार्थ अदृष्ट रहते हैं उनका अभाव नहीं होता; वैसे ही स्वप्न और सुषुप्ति की बात है। इसलिये जो पूर्व कह आये कि ब्रह्म जीव और जगत् का कारण अनादि नित्य हैं, वही सत्य है॥ ५॥

छठा नास्तिक—कहता है कि पांच भूतों के नित्य होने से जगत् नित्य है।

(उत्तर) यह बात सत्य नहीं। क्योंकि जिन पदार्थों का उत्पत्ति और विनाश का कारण देखने में आता है वे सब नित्य हों तो सब स्थूल जगत् तथा शरीर घट पटादि पदार्थों को उत्पन्न और विनष्ट होते देखते ही हैं। इस से कार्य को नित्य नहीं मान सकते॥ ६॥

सातवां नास्तिक—कहता है कि सब पृथक्-पृथक् हैं। कोई एक पदार्थ नहीं है। जिस-जिस पदार्थ को हम देखते हैं कि उन में दूसरा एक पदार्थ कोई भी नहीं दीखता।

अवयवों में अवयवी, वर्त्तमानकाल, आकाश, परमात्मा और जाति पृथक्-पृथक् पदार्थ समूहों में एक-एक हैं। उनसे पृथक् कोई पदार्थ नहीं हो सकता। इसलिये

सब पृथक् पदार्थ नहीं किन्तु स्वरूप से पृथक्-पृथक् हैं और पृथक्-पृथक् पदार्थों में एक पदार्थ भी है॥ ७॥

आठवां नास्तिक—कहता है कि सब पदार्थों में इतरेतर अभाव की सिद्धि होने से सब अभावरूप हैं जैसे **'अनश्वो गौः। अगौरश्वः'** गाय घोड़ा नहीं और घोड़ा गाय नहीं। इसलिये सब को अभावरूप मानना चाहिए।

(उत्तर) सब पदार्थों में इतरेतराभाव का योग हो परन्तु **'गवि गौरश्वेऽश्वो भावरूपो वर्तत एव'** गाय में गाय और घोड़े में घोड़े का भाव ही है; अभाव कभी नहीं हो सकता। जो पदार्थों का भाव न हो तो इतरेतराभाव भी किस में कहा जावे?॥८॥

नववां नास्तिक—कहता है कि स्वभाव से जगत् की उत्पत्ति होती है। जैसे पानी, अन्न एकत्र हो सड़ने से कृमि उत्पन्न होते हैं। और बीज पृथिवी जल के मिलने से घास वृक्षादि और पाषाणादि उत्पन्न होते हैं। जैसे समुद्र वायु के योग से तरङ्ग और तरङ्गों से समुद्रफेन; हल्दी, चूना और नींबू के रस मिलाने से रोरी बन जाती है वैसे सब जगत् तत्त्वों के स्वभाव गुणों से उत्पन्न हुआ है। इसका बनाने वाला कोई भी नहीं।

(उत्तर) जो स्वभाव से जगत् की उत्पत्ति होवे तो विनाश कभी न होवे और जो विनाश भी स्वभाव से मानो तो उत्पत्ति न होगी। और जो दोनों स्वभाव युगपत् द्रव्यों में मानोगे तो उत्पत्ति और विनाश की व्यवस्था कभी न हो सकेगी और जो निमित्त के होने से उत्पत्ति और नाश मानोगे तो 'निमित्त' से उत्पत्ति और विनाश होने वाले द्रव्यों से पृथक् मानना पड़ेगा। जो स्वभाव ही से उत्पत्ति और विनाश होता तो एक समय ही में उत्पत्ति और विनाश का होना सम्भव नहीं। जो स्वभाव से उत्पन्न होता हो तो इस भूगोल के निकट में दूसरा भूगोल, चन्द्र, सूर्य आदि उत्पन्न क्यों नहीं होते?

और जिस-जिस के योग से जो-जो उत्पन्न होता है वह-वह ईश्वर के उत्पन्न किये हुए बीज, अन्न, जलादि के संयोग से घास, वृक्ष और कृमि आदि उत्पन्न होते हैं; विना उन के नहीं। जैसे हल्दी, चूना और नीबू का रस दूर-दूर देश से आकर आप नहीं मिलते; किसी के मिलाने से मिलते हैं। उस में भी यथायोग्य मिलाने से रोरी होती है। अधिक न्यून वा अन्यथा करने से रोरी नहीं बनती। वैसे ही प्रकृति परमाणुओं को ज्ञान और युक्ति से परमेश्वर के मिलाये वि ना जड़ पदार्थ स्वयं कुछ भी कार्यसिद्धि के लिये विशेष पदार्थ नहीं बन सकते। इसलिये स्वभावादि से सृष्टि नहीं होती, परमेश्वर की रचना से होती है॥ ९॥

(प्रश्न) इस जगत् का कर्त्ता न था, न है और न होगा किन्तु अनादि काल से यह जैसा का वैसा बना है। न कभी इस की उत्पत्ति हुई; न कभी विनाश होगा।

(उत्तर) विना कर्त्ता के कोई भी क्रिया वा क्रियाजन्य पदार्थ नहीं बन सकता। जिन पृथिवी आदि पदार्थों में संयोग विशेष से रचना दीखती है; वे अनादि कभी नहीं हो सकते। और जो संयोग से बनता है वह संयोग के पूर्व नहीं होता और वियोग के अन्त में नहीं रहता। जो तुम इस को न मानो तो कठिन से कठिन पाषाण हीरा और पोलाद आदि तोड़, टुकड़े कर, गला वा भस्म कर देखो कि इन में परमाणु पृथक्-पृथक् मिले हैं वा नहीं? जो मिले हैं तो वे समय पाकर अलग-अलग भी अवश्य होते हैं॥ १०॥

(प्रश्न) अनादि ईश्वर कोई नहीं किन्तु जो योगाभ्यास से अणिमादि ऐश्वर्य

को प्राप्त होकर सर्वज्ञादि गुणयुक्त केवल ज्ञानी होता है वही जीव परमेश्वर कहाता है।

(उत्तर) जो अनादि ईश्वर जगत् का स्रष्टा न हो तो साधनों से सिद्ध होने वाले जीवों का आधार जीवनरूप जगत्, शरीर और इन्द्रियों के गोलक कैसे बनते? इनके विना जीव साधन नहीं कर सकता। जब साधन न होते तो सिद्ध कहां से होता?

जीव चाहै जैसा साधन कर सिद्ध होवे तो भी ईश्वर की जो स्वयं सनातन अनादि सिद्धि है; जिस में अनन्त सिद्धि है; उसके तुल्य कोई भी जीव नहीं हो सकता। क्योंकि जीव का परम अवधि तक ज्ञान बढ़े तो भी परिमित ज्ञान और सामर्थ्यवाला होता है। अनन्त ज्ञान और सामर्थ्य वाला कभी नहीं हो सकता।

देखो! कोई भी आज तक ईश्वरकृत सृष्टिक्रम को बदलनेहारा नहीं हुआ है और न होगा। जैसा अनादि सिद्ध परमेश्वर ने नेत्र से देखने और कानों से सुनने का निबन्ध किया है इस को कोई भी योगी बदल नहीं सकता। जीव ईश्वर कभी नहीं हो सकता।

(प्रश्न) कल्प कल्पान्तर में ईश्वर सृष्टि विलक्षण-विलक्षण बनाता है अथवा एक सी?

(उत्तर) जैसी कि अब है वैसी पहले थी और आगे होगी; भेद नहीं करता।

सूर्याचन्द्रमसौ धाता यथापूर्वमकल्पयत्।
दिवं च पृथिवीं चान्तरिक्षमथो स्वः॥

—ऋ० मं० १०। सू० १९०। मं० ३॥

(धाता) परमेश्वर जैसे पूर्व कल्प में सूर्य, चन्द्र, विद्युत्, पृथिवी, अन्तरिक्ष आदि बनाता था। वैसे ही अब बनाये हैं और आगे भी वैसे ही बनावेगा॥ १॥ इसलिये परमेश्वर के काम विना भूल चूक के होने से सदा एक से ही हुआ करते हैं। जो अल्पज्ञ और जिस का ज्ञान वृद्धि क्षय को प्राप्त होता है उसी के काम में भूल चूक होती है; ईश्वर के काम में नहीं।

(प्रश्न) सृष्टि-विषय में वेदादि शास्त्रों का अविरोध है वा विरोध?

(उत्तर) अविरोध है।

(प्रश्न) जो अविरोध है तो—

तस्माद्वा एतस्मादात्मन आकाशः सम्भूतः। आकाशाद्वायुः। वायोरग्निः। अग्नेरापः। अद्भ्यः पृथिवी। पृथिव्या ओषधयः। ओषधिभ्योऽन्नम्। अन्नाद्रेतः। रेतसः पुरुषः। स वा एष पुरुषोऽन्नरसमयः॥ —यह तैत्तिरीय उपनिषत् का वचन है।

उस परमेश्वर और प्रकृति से आकाश अवकाश अर्थात् जो कारणरूप द्रव्य सर्वत्र फैल रहा था उस को इकट्ठा करने से अवकाश उत्पन्न सा होता है। वास्तव में आकाश की उत्पत्ति नहीं होती क्योंकि विना आकाश के प्रकृति और परमाणु कहां ठहर सकें?

आकाश के पश्चात् वायु, वायु के पश्चात् अग्नि, अग्नि के पश्चात् जल, जल के पश्चात् पृथिवी, पृथिवी से ओषधि, ओषधियों से अन्न, अन्न से वीर्य, वीर्य से पुरुष अर्थात् शरीर उत्पन्न होता है। यहां आकाशादि क्रम से और छान्दोग्य

में अग्न्यादि; ऐतरेय में जलादि क्रम से सृष्टि हुई। वेदों में कहीं पुरुष, कहीं हिरण्यगर्भ आदि से मीमांसा में कर्म, वैशेषिक काल, न्याय में परमाणु, योग में पुरुषार्थ, सांख्य में प्रकृति और वेदान्त में ब्रह्म से सृष्टि की उत्पत्ति मानी है। अब किस को सच्चा और किस को झूठा मानें?

(उत्तर) इस में सब सच्चे कोई झूठा नहीं। झूठा वह है जो विपरीत समझता है। क्योंकि परमेश्वर निमित्त और प्रकृति जगत् का उपादान कारण है। जब महाप्रलय होता है उस के पश्चात् आकाशादि क्रम अर्थात् जब आकाश और वायु का प्रलय नहीं होता और अग्न्यादि का होता है; अग्न्यादि-क्रम से और जब विद्युत् अग्नि का भी नाश नहीं होता तब जल-क्रम से सृष्टि होती है। अर्थात् जिस-जिस प्रलय में जहां-जहां तक प्रलय होता है; वहां-वहां से सृष्टि की उत्पत्ति होती है।

पुरुष और हिरण्यगर्भादि प्रथम समुल्लास में लिख भी आये हैं; वे सब नाम परमेश्वर के हैं। परन्तु विरोध उस को कहते हैं कि एक कार्य में एक ही विषय पर विरुद्ध वाद होवे। छः शास्त्रों में अविरोध देखो इस प्रकार है—

मीमांसा में—'ऐसा कोई भी कार्य जगत् में नहीं होता कि जिस के बनाने में कर्मचेष्टा न की जाय'। वैशेषिक में—'समय न लगे विना बने ही नहीं'। न्याय में—'उपादान कारण न होने से कुछ भी नहीं बन सकता'। योग में—'विद्या, ज्ञान, विचार न किया जाय तो नहीं बन सकता'। सांख्य में—'तत्त्वों का मेल न होने से नहीं बन सकता'। और वेदान्त में—'बनाने वाला न बनावे तो कोई भी पदार्थ उत्पन्न हो न सके'। इसलिये सृष्टि छः कारणों से बनती है उन छः कारणों की व्याख्या एक-एक की एक-एक शास्त्र में है। इसलिए उनमें विरोध कुछ भी नहीं?

जैसे छः पुरुष मिल के एक छप्पर उठा कर भित्तियों पर धरैं वैसा ही सृष्टिरूप कार्य की व्याख्या छः शास्त्रकारों ने मिलकर पूरी की है। जैसे पांच अन्धे और एक मन्ददृष्टि को किसी ने हाथी का एक-एक देश बतलाया। उन से पूछा कि हाथी कैसा है? उन में से एक ने कहा—खम्भे, दूसरे ने कहा—सूप, तीसरे ने कहा—मूसल, चौथे ने कहा—झाड़ू, पांचवें ने कहा—चौतरा और छठे ने कहा—काला-काला चार खम्भों के ऊपर कुछ भैंसा सा आकार वाला है।

इसी प्रकार आज कल के अनार्ष नवीन ग्रन्थों के पढ़ने और प्राकृत भाषा वालों ने ऋषिप्रणीत ग्रन्थ न पढ़कर, नवीन क्षुद्रबुद्धिकल्पित संस्कृत और भाषाओं के ग्रन्थ पढ़कर, एक दूसरे की निन्दा में तत्पर होके झूठा झगड़ा मचाया है। इन का कथन बुद्धिमानों के वा अन्य के मानने योग्य नहीं। क्योंकि जो अन्धों के पीछे अन्धे चलें तो दुःख क्यों न पावें? वैसे ही आज कल के अल्प विद्यायुक्त, स्वार्थी, इन्द्रियाराम पुरुषों की लीला संसार का नाश करने वाली है।

(प्रश्न) जब कारण के विना कार्य नहीं होता तो कारण का कारण क्यों नहीं?

(उत्तर) अरे भोले भाइयो! कुछ अपनी बुद्धि को काम में क्यों नहीं लाते? देखो! संसार में दो ही पदार्थ होते हैं—एक कारण दूसरा कार्य। जो कारण है वह कार्य्य नहीं और जिस समय कार्य्य है वह कारण नहीं। जब तक मनुष्य सृष्टि को यथावत् नहीं समझता तब तक उस को यथावत् ज्ञान प्राप्त नहीं होता—

नित्यायाः सत्त्वरजस्तमसां साम्यावस्थायाः प्रकृतेरुत्पन्नानां परमसूक्ष्माणां पृथक् पृथग्वर्त्तमानानां तत्त्वपरमाणूनां प्रथमः संयोगारम्भः संयोगविशेषाद-

वस्थान्तरस्य स्थूलाकारप्राप्तिः सृष्टिरुच्यते॥

अनादि नित्य स्वरूप सत्त्व, रजस् और तमो गुणों की एकावस्थारूप प्रकृति से उत्पन्न जो परमसूक्ष्म पृथक्-पृथक् तत्त्वावयव विद्यमान हैं उन्हीं का प्रथम ही जो संयोग का आरम्भ है; संयोग विशेषों से अवस्थान्तर दूसरी-दूसरी अवस्था को सूक्ष्म से स्थूल-स्थूल बनते बनाते विचित्ररूप बनी है। इसी से यह संसर्ग होने से सृष्टि कहाती है। भला जो प्रथम संयोग में मिलने और मिलाने वाला पदार्थ है; जो संयोग का आदि और वियोग का अन्त अर्थात् जिस का विभाग नहीं हो सकता उस को कारण और जो संयोग के पीछे बनता और वियोग के पश्चात् वैसा नहीं रहता वह कार्य्य कहाता है। जो उस कारण का कारण, कार्य का कार्य, कर्त्ता का कर्त्ता, साधन का साधन और साध्य का साध्य कहाता है; वह देखता अन्धा, सुनता बहिरा और जानता हुआ मूढ़ है। क्या आंख की आंख, दीपक का दीपक और सूर्य का सूर्य कभी हो सकता है। जो जिस से उत्पन्न होता है वह कारण और जो उत्पन्न होता है वह कार्य्य और जो कारण को कार्यरूप बनानेहारा है वह कर्त्ता कहाता है।

नासतो विद्यते भावो नाभावो विद्यते सतः।
उभयोरपि दृष्टोऽन्तस्त्वनयोस्तत्त्वदर्शिभिः॥ भगवद्गीता॥

कभी असत् का भाव वर्त्तमान और सत् का अभाव अवर्त्तमान नहीं होता। इन दोनों का निर्णय तत्त्वदर्शी लोगों ने जाना है। अन्य पक्षपाती आग्रही मलीनात्मा अविद्वान् लोग इस बात को सहज में कैसे जान सकते हैं? क्योंकि जो मनुष्य, विद्वान्, सत्संगी होकर पूरा विचार नहीं करता वह सदा भ्रमजाल में पड़ा रहता है। धन्य वे पुरुष हैं जो कि सब विद्याओं के सिद्धान्तों को जानते हैं और जानने के लिए परिश्रम करते हैं। जानकर औरों को निष्कपटता से जनाते हैं। इस से जो कोई कारण के विना सृष्टि मानता है वह कुछ भी नहीं जानता।

जब सृष्टि का समय आता है तब परमात्मा उन परमसूक्ष्म पदार्थों को इकट्ठा करता है। उस की प्रथम अवस्था में जो परमसूक्ष्म प्रकृतिरूप कारण से कुछ स्थूल होता है उस का नाम महत्तत्त्व और जो उस से कुछ स्थूल होता है उस का नाम अहङ्कार और अहङ्कार से भिन्न-भिन्न पांच सूक्ष्मभूत; **श्रोत्र, त्वचा, नेत्र, जिह्वा, घ्राण पांच ज्ञानेन्द्रियां; वाक्, हस्त, पाद, उपस्थ, और गुदा ये पांच कर्म-इन्द्रियां हैं** और ग्यारहवां मन कुछ स्थूल उत्पन्न होता है। और उन पञ्चतन्मात्राओं से अनेक स्थूलावस्थाओं को प्राप्त होते हुए क्रम से पांच स्थूलभूत जिन को हम लोग प्रत्यक्ष देखते हैं उत्पन्न होते हैं। उन से नाना प्रकार की ओषधियां, वृक्ष आदि; उन से अन्न, अन्न से वीर्य और वीर्य से शरीर होता है। परन्तु आदि सृष्टि मैथुनी नहीं होती। क्योंकि जब स्त्री पुरुषों के शरीर परमात्मा बना कर उन में जीवों का संयोग कर देता है तदनन्तर मैथुनी सृष्टि चलती है।

देखो! शरीर में किस प्रकार की ज्ञानपूर्वक सृष्टि रची है कि जिस को विद्वान् लोग देखकर आश्चर्य मानते हैं। भीतर हाड़ों का जोड़; नाड़ियों का बन्धन; मांस का लेपन; चमड़ी का ढक्कन; प्लीहा, यकृत्, फेफड़ा, पंखा कला का स्थापन; रुधिरशोधन, प्रचालन; विद्युत् का स्थापन; जीव का संयोजन; शिरोरूप मूलरचन; लोम, नखादि का स्थापन; आंख की अतीव सूक्ष्म शिरा का तारवत् ग्रन्थन; इन्द्रियों के मार्गों का प्रकाशन; जीव के जागृत, स्वप्न, सुषुप्ति अवस्था के भोगने के लिये स्थान विशेषों का निर्माण; सब धातु का विभागकरण; कला, कौशल, स्थापनादि

अद्‌भुत सृष्टि को विना परमेश्वर के कौन कर सकता है?

इसके विना नाना प्रकार के रत्न धातु से जड़ित भूमि; विविध प्रकार वट वृक्ष आदि के बीजों में अति सूक्ष्म रचना, असंख्य हरित, श्वेत, पीत, कृष्ण, चित्र, मध्यरूपों से युक्त पत्र; पुष्प, फल, मूलनिर्माण; मिष्ट, क्षार, कटुक, कषाय, तिक्त, अम्लादि विविध रस; सुगन्धादियुक्त पत्र, पुष्प, फल, अन्न, कन्द, मूलादि रचन; अनेकानेक क्रोड़ों भूगोल, सूर्य, चन्द्रादि लोकनिर्माण; धारण; भ्रामण; नियमों में रखना आदि परमेश्वर के विना कोई भी नहीं कर सकता।

जब कोई किसी पदार्थ को देखता है तो दो प्रकार का ज्ञान उत्पन्न होता है। एक जैसा वह पदार्थ है और दूसरा उनमें रचना देखकर बनाने वाले का ज्ञान है। जैसे किसी पुरुष ने सुन्दर आभूषण जंगल में पाया। देखा तो विदित हुआ कि यह सुवर्ण का है और किसी बुद्धिमान् कारीगर ने बनाया है। इसी प्रकार यह नाना प्रकार सृष्टि में विविध रचना बनाने वाले परमेश्वर को सिद्ध करती है।

(प्रश्न) मनुष्य की सृष्टि प्रथम हुई या पृथिवी आदि की?

(उत्तर) पृथिवी आदि की। क्योंकि पृथिव्यादि के विना मनुष्य की स्थिति और पालन नहीं हो सकता।

(प्रश्न) सृष्टि की आदि में एक वा अनेक मनुष्य उत्पन्न किये थे वा क्या?

(उत्तर) अनेक। क्योंकि जिन जीवों के कर्म ऐश्वरी सृष्टि में उत्पन्न होने के थे उन का जन्म सृष्टि की आदि में ईश्वर देता है। क्योंकि **'मनुष्या ऋषयश्च ये। ततो मनुष्या अजायन्त'** यह यजुर्वेद में लिखा है। इस प्रमाण से यही निश्चय है कि आदि में अनेक अर्थात् सैकड़ों, सहस्रों मनुष्य उत्पन्न हुए। और सृष्टि में देखने से भी निश्चित होता है कि मनुष्य अनेक माँ बाप के सन्तान हैं।

(प्रश्न) आदि सृष्टि में मनुष्य आदि की बाल्य, युवा वा वृद्धावस्था में सृष्टि हुई थी अथवा तीनों में?

(उत्तर) युवावस्था में। क्योंकि जो बालक उत्पन्न करता तो उनके पालन के लिए दूसरे मनुष्य आवश्यक होते और वृद्धावस्था में बनाता तो मैथुनी सृष्टि न होती। इसलिये युवावस्था में सृष्टि की है।

(प्रश्न) कभी सृष्टि का प्रारम्भ है वा नहीं?

(उत्तर) नहीं। जैसे दिन के पूर्व रात और रात के पूर्व दिन तथा दिन के पीछे रात और रात के पीछे दिन बराबर चला आता है, इसी प्रकार सृष्टि के पूर्व प्रलय और प्रलय के पूर्व सृष्टि तथा सृष्टि के पीछे प्रलय और प्रलय के आगे सृष्टि; अनादि काल से चक्र चला आता है। इस का आदि वा अन्त नहीं किन्तु जैसे दिन वा रात का आरम्भ और अन्त देखने में आता है उसी प्रकार सृष्टि और प्रलय का आदि अन्त होता रहता है। क्योंकि जैसे परमात्मा, जीव, जगत् का कारण तीन स्वरूप से अनादि हैं वैसे जगत् की उत्पत्ति, स्थिति और प्रलय प्रवाह से अनादि हैं। जैसे नदी का प्रवाह वैसा ही दीखता है, कभी सूख जाता, कभी कभी नहीं दीखता फिर बरसात में दीखता और उष्णकाल में नहीं दीखता। ऐसे व्यवहारों को **प्रवाहरूप** जानना चाहिए। जैसे परमेश्वर के गुण, कर्म, स्वभाव अनादि हैं वैसे ही उसके जगत् की उत्पत्ति, स्थिति, प्रलय करना भी अनादि हैं। जैसे कभी ईश्वर के गुण, कर्म, स्वभाव का आरम्भ और अन्त नहीं इसी प्रकार उस के कर्त्तव्य कर्मों

का भी आरम्भ और अन्त नहीं।

(प्रश्न) ईश्वर ने किन्हीं जीवों को मनुष्य जन्म; किन्हीं को सिंहादि क्रूर जन्म; किन्हीं को हरिण, गाय आदि पशु; किन्हीं को वृक्षादि, कृमि, कीट, पतङ्गादि जन्म दिये हैं। इस से परमात्मा में पक्षपात आता है।

(उत्तर) पक्षपात नहीं आता। क्योंकि उन जीवों के पूर्व सृष्टि में किये हुए कर्मानुसार व्यवस्था करने से। जो कर्म के विना जन्म देता तो पक्षपात आता।

(प्रश्न) मनुष्यों की आदि सृष्टि किस स्थल में हुई?

(उत्तर) त्रिविष्टप अर्थात् जिस को 'तिब्बत' कहते हैं।

(प्रश्न) आदि सृष्टि में एक जाति थी वा अनेक?

(उत्तर) एक मनुष्य जाति थी। पश्चात् **'विजानीह्यार्य्यान्ये च दस्यवः'** यह ऋग्वेद का वचन है। श्रेष्ठों का नाम आर्य, विद्वान् देव और दुष्टों के **दस्यु** अर्थात् डाकू, मूर्ख नाम होने से आर्य और दस्यु दो नाम हुए। **'उत शूद्रे उतार्ये'** वेद-वचन। आर्यों में पूर्वोक्त प्रकार से ब्राह्मण, क्षत्रिय, वैश्य और शूद्र चार भेद हुए। द्विज विद्वानों का नाम आर्य और मूर्खों का नाम शूद्र और अनार्य अर्थात् अनाड़ी नाम हुआ।

(प्रश्न) फिर वे यहाँ कैसे आये?

(उत्तर) जब आर्य और दस्युओं में अर्थात् विद्वान् जो देव अविद्वान् जो असुर, उन में सदा लड़ाई बखेड़ा हुआ किया, जब बहुत उपद्रव होने लगा तब आर्य लोग सब भूगोल में उत्तम इस भूमि के खण्ड को जानकर यहीं आकर बसे। इसी से देश का नाम **'आर्यावर्त्त'** हुआ।

(प्रश्न) आर्यावर्त्त की अवधि कहां तक है?

(उत्तर) **आसमुद्रात्तु वै पूर्वादासमुद्रात्तु पश्चिमात्।**
तयोरेवान्तरं गिर्योरार्य्यावर्त्तं विदुर्बुधाः॥ १॥
सरस्वतीदृषद्वत्योर्देवनद्योर्यदन्तरम्।
तं देवनिर्मितं देशमार्यावर्त्तं प्रचक्षते॥ २॥ मनु०।

उत्तर में हिमालय, दक्षिण में विन्ध्याचल, पूर्व और पश्चिम में समुद्र॥ १॥ तथा सरस्वती पश्चिम में अटक नदी, पूर्व में दृषद्वती जो नेपाल के पूर्व भाग पहाड़ से निकल के बंगाल के आसाम के पूर्व और ब्रह्मा के पश्चिम ओर होकर दक्षिण के समुद्र में मिली है जिस को ब्रह्मपुत्रा कहते हैं और जो उत्तर के पहाड़ों से निकल के दक्षिण के समुद्र की खाड़ी में अटक मिली है। हिमालय की मध्यरेखा से दक्षिण और पहाड़ों के भीतर और रामेश्वर पर्यन्त विन्ध्याचल के भीतर जितने देश हैं उन सब को आर्यावर्त्त इसलिये कहते हैं कि यह आर्यावर्त्त देव अर्थात् विद्वानों ने बसाया और आर्यजनों के निवास करने से आर्यावर्त्त कहाया है।

(प्रश्न) प्रथम इस देश का नाम क्या था और इस में कौन बसते थे?

(उत्तर) इस के पूर्व इस देश का नाम कोई भी नहीं था और न कोई आर्यों के पूर्व इस देश में बसते थे। क्योंकि आर्य लोग सृष्टि की आदि में कुछ काल के पश्चात् तिब्बत से सूधे इसी देश में आकर बसे थे।

(प्रश्न) कोई कहते हैं कि ये लोग ईरान से आये। इसी से इन लोगों का नाम आर्य हुआ है। इन के पूर्व यहां जंगली लोग बसते थे कि जिन को असुर

और राक्षस कहते थे। आर्य लोग अपने को देवता बतलाते थे और उन का जब संग्राम हुआ उसका नाम देवासुर संग्राम कथाओं में ठहराया।

(उत्तर) यह बात सर्वथा झूठ है। क्योंकि–

वि जानीह्यार्यान्ये च दस्यवो बर्हिष्मते रन्धया शासदव्रतान् ॥

–ऋ० मं० १। सू० ५१। मं० ८॥

उत शूद्रे उतार्ये ॥ –यह भी वेद का प्रमाण है।

यह लिख चुके हैं कि आर्य नाम धार्मिक, विद्वान्, आप्त पुरुषों का और इन से विपरीत जनों का नाम दस्यु अर्थात् डाकू, दुष्ट, अधार्मिक और अविद्वान् है तथा ब्राह्मण, क्षत्रिय, वैश्य द्विजों का नाम आर्य और शूद्र का नाम अनार्य अर्थात् अनाड़ी है।

जब वेद ऐसे कहता है तो दूसरे विदेशियों के कपोलकल्पित को बुद्धिमान् लोग कभी नहीं मान सकते और देवासुर संग्राम में आर्यावर्त्तीय अर्जुन तथा महाराजा दशरथ आदि; हिमालय पहाड़ में आर्य और दस्यु म्लेच्छ असुरों का जो युद्ध हुआ था; उस में देव अर्थात् आर्यों की रक्षा और असुरों के पराजय करने को सहायक हुए थे। इस से यही सिद्ध होता है कि आर्यावर्त्त के बाहर चारों ओर जो हिमालय के पूर्व आग्नेय, दक्षिण, नैर्ऋत, पश्चिम, वायव्य, उत्तर, ईशान देश में मनुष्य रहते हैं उन्हीं का नाम असुर सिद्ध होता है। क्योंकि जब-जब हिमालय प्रदेशस्थ आर्यों पर लड़ने को चढ़ाई करते थे तब-तब यहां के राजा महाराजा लोग उन्हीं उत्तर आदि देशों में आर्यों के सहायक होते थे। और श्रीरामचन्द्र जी से दक्षिण में युद्ध हुआ है। उस का नाम देवासुर संग्राम नहीं है किन्तु उस को राम-रावण अथवा आर्य और राक्षसों का संग्राम कहते हैं।

किसी संस्कृत ग्रन्थ में वा इतिहास में नहीं लिखा कि आर्य लोग ईरान से आये और यहां के जङ्गलियों को लड़कर, जय पाके, निकाल के इस देश के राजा हुए। पुनः विदेशियों का लेख माननीय कैसे हो सकता है? और–

आर्यवाचो म्लेच्छवाचः सर्वे ते दस्यवः स्मृताः॥ १ ॥
म्लेच्छदेशस्त्वतः परः॥ २ ॥ मनु०॥

जो आर्य्यावर्त्त देश से भिन्न देश हैं वे **दस्युदेश** और **म्लेच्छदेश** कहाते हैं। इस से भी यह सिद्ध होता है कि आर्यावर्त्त से भिन्न पूर्व देश से लेकर ईशान, उत्तर, वायव्य और पश्चिम देशों में रहने वालों का नाम **दस्यु** और **म्लेच्छ** तथा **असुर** है और नैर्ऋत, दक्षिण तथा आग्नेय दिशाओं में आर्यावर्त्त देश से भिन्न रहने वाले मनुष्यों का नाम राक्षस है।

अब भी देख लो! हबशी लोगों का स्वरूप भयंकर जैसा राक्षसों का वर्णन किया है वैसा ही दीख पड़ता है और आर्य्यावर्त्त की सूध पर नीचे रहने वालों का नाम नाग और उस देश का नाम पाताल इसलिये कहते हैं कि वह देश आर्य्यावर्त्तीय मनुष्यों के पाद अर्थात् पग के तले है और उन के नागवंशी अर्थात् नाग नाम वाले पुरुष के वंश के राजा होते थे। उसी की उलोपी राजकन्या से अजुर्न का विवाह हुआ था अर्थात् इक्ष्वाकु से लेकर कौरव पाण्डव तक सर्व भूगोल में आर्यों का राज्य और वेदों का थोड़ा-थोड़ा प्रचार आर्य्यावर्त्त से भिन्न देशों में भी रहा।

इस में यह प्रमाण है कि ब्रह्मा का पुत्र विराट्, विराट् का मनु, मनु के मरीच्यादि दश इनके स्वायम्भुवादि सात राजा और उन के सन्तान इक्ष्वाकु आदि राजा जो आर्य्यावर्त्त के प्रथम राजा हुए जिन्होंने यह आर्य्यावर्त्त बसाया है।

अब अभाग्योदय से और आर्य्यों के आलस्य, प्रमाद, परस्पर के विरोध से अन्य देशों के राज्य करने की तो कथा ही क्या कहनी किन्तु आर्य्यावर्त्त में भी आर्य्यों का अखण्ड, स्वतन्त्र, स्वाधीन, निर्भय राज्य इस समय नहीं है। जो कुछ है सो भी विदेशियों के पादाक्रान्त हो रहा है। कुछ थोड़े राजा स्वतन्त्र हैं। दुर्दिन जब आता है तब देशवासियों को अनेक प्रकार का दुःख भोगना पड़ता है। **कोई कितना ही करे परन्तु जो स्वदेशीय राज्य होता है वह सर्वोपरि उत्तम होता है। अथवा मत-मतान्तर के आग्रहरहित अपने और पराये का पक्षपातशून्य प्रजा पर पिता माता के समान कृपा, न्याय और दया के साथ विदेशियों का राज्य भी पूर्ण सुखदायक नहीं है।** परन्तु भिन्न-भिन्न भाषा, पृथक्-पृथक् शिक्षा, अलग व्यवहार का विरोध छूटना अति दुष्कर है। विना इसके छूटे परस्पर का पूरा उपकार और अभिप्राय सिद्ध होना कठिन है। इसलिये जो कुछ वेदादि शास्त्रों में व्यवस्था वा इतिहास लिखे हैं उसी का मान्य करना भद्रपुरुषों का काम है।

(प्रश्न) जगत् की उत्पत्ति में कितना समय व्यतीत हुआ?

(उत्तर) एक अर्ब, छानवें क्रोड़, कई लाख और कई सहस्र वर्ष जगत् की उत्पत्ति और वेदों के प्रकाश होने में हुए हैं। इस का स्पष्ट व्याख्यान मेरी बनाई भूमिका[१] में लिखा है देख लीजिये। इत्यादि प्रकार सृष्टि के बनाने और बनने में हैं और यह भी है कि सब से सूक्ष्म टुकड़ा अर्थात् जो काटा नहीं जाता उस का नाम परमाणु, **साठ परमाणुओं के मिले हुए का नाम अणु, दो अणु का एक द्व्यणुक जो स्थूल वायु है, तीन द्व्यणुक का अग्नि, चार द्व्यणुक का जल, पांच द्व्यणुक की पृथिवी अर्थात् तीन द्व्यणुक का त्रसरेणु और उस का दूना होने से पृथिवी आदि दृश्य पदार्थ होते हैं।** इसी प्रकार क्रम से मिला कर भूगोलादि परमात्मा ने बनाये हैं।

(प्रश्न) इस का धारण कौन करता है। कोई कहता है शेष अर्थात् सहस्र फण वाले सर्प्प के शिर पर पृथिवी है। दूसरा कहता है कि बैल के सींग पर, तीसरा कहता है कि किसी पर नहीं, चौथा कहता है कि वायु के आधार, पांचवां कहता है सूर्य के आकर्षण से खैंची हुई अपने ठिकाने पर स्थित, छठा कहता है कि पृथिवी भारी होने से नीचे-नीचे आकाश में चली जाती है इत्यादि में किस बात को सत्य मानें?

(उत्तर) जो शेष, सर्प्प और बैल के सींग पर धरी हुई पृथिवी स्थित बतलाता है उस को पूछना चाहिये कि सर्प्प और बैल के मां बाप के जन्म समय किस पर थी? तथा सर्प्प और बैल आदि किस पर हैं? बैल वाले मुसलमान तो चुप ही कर जायेंगे। परन्तु सर्प्प वाले कहेंगे कि सर्प्प कूर्म पर, कूर्म जल पर, जल अग्नि पर, अग्नि वायु पर, वायु आकाश में ठहरा है। उन से पूछना चाहिये कि सब किस पर हैं? तो अवश्य कहेंगे परमेश्वर पर। जब उन से कोई पूछेगा कि शेष और बैल किस का बच्चा है? कहेंगे **शेष** कश्यप कद्रू और बैल गाय का। कश्यप मरीची,

---

१. ऋग्वेदादिभाष्यभूमिका के वेदोत्पत्ति विषय को देखो।

मरीची मनु, मनु विराट्, विराट् ब्रह्मा का पुत्र, ब्रह्मा आदि सृष्टि का था। जब शेष का जन्म ही नहीं हुआ था उसके पहले पांच पीढ़ी हो चुकी हैं तब किस ने धारण की थी? अर्थात् कश्यप के जन्म समय में पृथिवी किस पर थी? तो 'तेरी चुप मेरी भी चुप' और लड़ने लग जायेंगे।

इस का सच्चा अभिप्राय यह है कि जो 'बाकी' रहता है उस को शेष कहते हैं। सो किसी कवि ने **'शेषाधारा पृथिवीत्युक्तम्'** ऐसा कहा कि शेष के आधार पृथिवी है। दूसरे ने उसके अभिप्राय को न समझ कर सर्प्प की मिथ्या कल्पना कर ली। परन्तु जिसलिये परमेश्वर उत्पत्ति और प्रलय से बाकी अर्थात् पृथक् रहता है इसी से उस को 'शेष' कहते हैं और उसी के आधार पृथिवी है—

सत्येनोत्तभिता भूमिः ॥ यह ऋग्वेद का वचन है।

(सत्य) अर्थात् जो त्रैकाल्याबाध्य जिसका कभी नाश नहीं होता उस परमेश्वर ने भूमि, आदित्य और सब लोकों का धारण किया है।

उक्षा दाधार पृथिवीमुत द्याम् ॥ यह भी ऋग्वेद का वचन है।

इसी (उक्षा) शब्द को देख कर किसी ने बैल का ग्रहण किया होगा। क्योंकि उक्षा बैल का भी नाम है परन्तु उस मूढ़ को यह विदित न हुआ कि इतने बड़े भूगोल के धारण करने का सामर्थ्य बैल में कहां से आवेगा? इसलिये **उक्षा** वर्षा द्वारा भूगोल के सेचन करने से **सूर्य्य** का नाम है। उस ने अपने आकर्षण से पृथिवी को धारण किया है। परन्तु सूर्य्यादि का धारण करने वाला विना परमेश्वर के दूसरा कोई भी नहीं है।

(प्रश्न) इतने-इतने बड़े भूगोलों को परमेश्वर कैसे धारण कर सकता होगा?

(उत्तर) जैसे अनन्त आकाश के सामने बड़े-बड़े भूगोल कुछ भी अर्थात् समुद्र के आगे जल के छोटे कण के तुल्य भी नहीं हैं वैसे अनन्त परमेश्वर के सामने असंख्यात लोक एक परमाणु के तुल्य भी नहीं कह सकते। वह बाहर भीतर सर्वत्र व्यापक अर्थात् **'विभूः प्रजासु'** यह यजुर्वेद का वचन है—वह परमात्मा सब प्रजाओं में व्यापक होकर सब का धारण कर रहा है। जो वह ईसाई मुसलमान पुराणियों के कथनानुसार विभू न होता तो इस सब सृष्टि का धारण कभी नहीं कर सकता क्योंकि विना प्राप्ति के किसी को कोई धारण नहीं कर सकता।

कोई कहै कि ये सब लोक परस्पर आकर्षण से धारित होंगे पुनः परमेश्वर के धारण करने की क्या अपेक्षा है? उन को यह उत्तर देना चाहिये कि यह सृष्टि अनन्त है वा सान्त? जो अनन्त कहैं तो आकार वाली वस्तु अनन्त कभी नहीं हो सकती और जो सान्त कहैं तो उन के पर भाग सीमा अर्थात् जिस के परे कोई भी दूसरा लोक नहीं है वहां किस के आकर्षण से धारण होगा? जैसे समष्टि और व्यष्टि अर्थात् जब सब समुदाय का नाम वन रखते हैं तो **समष्टि** कहाता है और एक-एक वृक्षादि को भिन्न-भिन्न गणना करें तो **व्यष्टि** कहाता है। वैसे सब भूगोलों को समष्टि गिन कर जगत् कहैं तो सब जगत् का धारण और आकर्षण का कर्त्ता विना परमेश्वर के दूसरा कोई भी नहीं। इसलिए जो सब जगत् को रचता है वही—

स दाधार पृथिवीमुत द्याम् ॥ यह यजुर्वेद का वचन है।

जो पृथिव्यादि प्रकाशरहित लोकालोकान्तर पदार्थ तथा सूर्य्यादि प्रकाशसहित लोक और पदार्थों का रचन धारण परमात्मा करता है। जो सब में व्यापक हो रहा है, वही सब जगत् का कर्त्ता और धारण करने वाला है।

(प्रश्न) पृथिव्यादि लोक घूमते हैं वा स्थिर?

(उत्तर) घूमते हैं।

(प्रश्न) कितने ही लोग कहते हैं कि सूर्य्य घूमता है और पृथिवी नहीं घूमती। दूसरे कहते हैं कि पृथिवी घूमती है सूर्य्य नहीं घूमता। इसमें सत्य क्या माना जाय?

(उत्तर) ये दोनों आधे झूठे हैं क्योंकि वेद में लिखा है कि—

आयं गौः पृश्निरक्रमीदसदन्मातरं पुरः। पितरं च प्रयन्त्स्वः॥

—यजुः० अ० ३। मं० ६॥

अर्थात् यह भूगोल जल के सहित सूर्य्य के चारों ओर घूमता जाता है इसलिये भूमि घूमा करती है।

आ कृष्णेन रजसा वर्त्तमानो निवेशयन्नमृतं मर्त्यं च।
हिरण्ययेन सविता रथेना देवो याति भुवनानि पश्यन्॥

—यजुः० अ० ३३। मं० ४३॥

जो सविता अर्थात् सूर्य्य वर्षादि का कर्त्ता, प्रकाशस्वरूप, तेजोमय, रमणीयस्वरूप के साथ वर्त्तमान; सब प्राणी अप्राणियों में अमृतरूप वृष्टि वा किरण द्वारा अमृत का प्रवेश करा और सब मूर्तिमान् द्रव्यों को दिखलाता हुआ सब लोकों के साथ आकर्षण गुण से सह वर्त्तमान; अपनी परिधि में घूमता रहता है किन्तु किसी लोक के चारों ओर नहीं घूमता। वैसे ही एक-एक ब्रह्माण्ड में एक सूर्य्य प्रकाशक और दूसरे सब लोकलोकान्तर प्रकाश्य हैं। जैसे—

दिवि सोमो अधि श्रितः॥ —अथर्व० कां० १४। अनु० १। मं० १॥

जैसे यह चन्द्रलोक सूर्य्य से प्रकाशित होता है वैसे ही पृथिव्यादि लोक भी सूर्य्य के प्रकाश ही से प्रकाशित होते हैं। परन्तु रात और दिन सर्वदा वर्त्तमान रहते हैं क्योंकि पृथिव्यादि लोक घूम कर जितना भाग सूर्य के सामने आता है उतने में दिन और जितना पृष्ठ में अर्थात् आड़ में होता जाता है उतने में रात। अर्थात् उदय, अस्त, सन्ध्या, मध्याह्न, मध्यरात्रि आदि जितने कालावयव हैं वे देशदेशान्तरों में सदा वर्त्तमान रहते हैं अर्थात् जब आर्य्यावर्त्त में सूर्योदय होता है उस समय पाताल अर्थात् 'अमेरिका' में अस्त होता है और जब आर्य्यावर्त्त में अस्त होता है तब पाताल देश में उदय होता है। जब आर्य्यावर्त्त में मध्य दिन वा मध्य रात है उसी समय पाताल देश में मध्य रात और मध्य दिन रहता है।

जो लोग कहते हैं कि सूर्य घूमता और पृथिवी नहीं घूमती वे सब अज्ञ हैं। क्योंकि जो ऐसा होता तो कई सहस्र वर्ष के दिन और रात होते। अर्थात् सूर्य का नाम (ब्रध्नः) है। यह पृथिवी से लाखों गुणा बड़ा और क्रोड़ों कोश दूर है। जैसे राई के सामने पहाड़ घूमे तो बहुत देर लगती और राई के घूमने में बहुत समय नहीं लगता वैसे ही पृथिवी के घूमने से यथायोग्य दिन रात होते हैं; सूर्य के घूमने

से नहीं।

जो सूर्य को स्थिर कहते हैं वे भी ज्योतिर्विद्यावित् नहीं। क्योंकि यदि सूर्य न घूमता होता तो एक राशि स्थान से दूसरी राशि अर्थात् स्थान को प्राप्त न होता। और गुरु पदार्थ विना घूमे आकाश में नियत स्थान पर कभी नहीं रह सकता।

और जो जैनी कहते हैं कि पृथिवी घूमती नहीं किन्तु नीचे-नीचे चली जाती है और दो सूर्य और दो चन्द्र केवल जम्बूद्वीप में बतलाते हैं वे तो गहरी भांग के नशे में निमग्न हैं। क्यों? जो नीचे-नीचे चली जाती तो चारों ओर वायु के चक्र न बनने से पृथिवी छिन्न भिन्न होती और निम्न स्थलों में रहने वालों को वायु का स्पर्श न होता। नीचे वालों को अधिक होता और एक सी वायु की गति होती। दो सूर्य चन्द्र होते तो रात और कृष्णपक्ष का होना ही नष्ट भ्रष्ट होता है। इसलिये एक भूमि के पास एक चन्द्र, और अनेक चन्द्र, अनेक भूमियों के मध्य में एक सूर्य रहता है।

(प्रश्न) सूर्य चन्द्र और तारे क्या वस्तु हैं और उनमें मनुष्यादि सृष्टि है वा नहीं?

(उत्तर) ये सब भूगोल लोक और इनमें मनुष्यादि प्रजा भी रहती हैं क्योंकि—

एतेषु हीदꣳसर्वं वसुहितमेते हीदꣳसर्वं वासयन्ते तद्यदिदꣳसर्वं वासयन्ते तस्माद्वसव इति॥ —शत० का० १४॥

पृथिवी, जल, अग्नि, वायु, आकाश, चन्द्र, नक्षत्र और सूर्य इन का वसु नाम इसलिये है कि इन्हीं में सब पदार्थ और प्रजा वसती हैं और ये ही सब को वसाते हैं। जिस लिये वास के निवास करने के घर हैं इसलिये इन का नाम वसु है। जब पृथिवी के समान सूर्य चन्द्र और नक्षत्र वसु हैं पश्चात् उन में इसी प्रकार प्रजा के होने में क्या सन्देह? और जैसे परमेश्वर का यह छोटा सा लोक मनुष्यादि सृष्टि से भरा हुआ है तो क्या ये सब लोक शून्य होंगे? परमेश्वर का कोई भी काम निष्प्रयोजन नहीं होता तो क्या इतने असंख्य लोकों में मनुष्यादि सृष्टि न हो तो सफल कभी हो सकता है? इसलिये सर्वत्र मनुष्यादि सृष्टि है।

(प्रश्न) जैसे इस देश में मनुष्यादि सृष्टि की आकृति अवयव हैं वैसे ही अन्य लोकों में होगी वा विपरीत?

(उत्तर) कुछ-कुछ आकृति में भेद होने का सम्भव है। जैसे इस देश में चीने, हबशी और आर्य्यावर्त्त, यूरोप में अवयव और रङ्ग रूप आकृति का भी थोड़ा-थोड़ा भेद होता है इसी प्रकार लोकलोकान्तरों में भी भेद होते हैं। परन्तु जिस जाति की जैसी सृष्टि इस देश में है वैसी जाति ही की सृष्टि अन्य लोकों में भी है। जिस-जिस शरीर के प्रदेश में नेत्रादि अङ्ग हैं उसी-उसी प्रदेश में लोकान्तर में भी उसी जाति के अवयव भी वैसे ही होते हैं। क्योंकि—

सूर्याचन्द्रमसौ धाता यथापूर्वमकल्पयत्।
दिवं च पृथिवीं चान्तरिक्षमथो स्वः॥ —ऋ० मं० १०। सू० १९०॥

धाता परमात्मा (ने) जिस प्रकार के सूर्य, चन्द्र, द्यौ, भूमि, अन्तरिक्ष और तत्रस्थ सुख विशेष पदार्थ पूर्वकल्प में रचे थे वैसे ही इस कल्प अर्थात् इस सृष्टि में रचे हैं तथा सब लोक लोकान्तरों में भी बनाये गये हैं। भेद किञ्चित्मात्र

नहीं होता।

(प्रश्न) जिन वेदों का इस लोक में प्रकाश है उन्हीं का उन लोकों में भी प्रकाश है वा नहीं?

(उत्तर) उन्हीं का है। जैसे एक राजा की राज्यव्यवस्था नीति सब देशों में समान होती है उसी प्रकार परमात्मा राजराजेश्वर की वेदोक्त नीति अपने सृष्टिरूप सब राज्य में एक सी है।

(प्रश्न) जब ये जीव और प्रकृतिस्थ तत्त्व अनादि और ईश्वर के बनाये नहीं हैं तो ईश्वर का अधिकार भी इन पर न होना चाहिये क्योंकि सब स्वतन्त्र हुए?

(उत्तर) जैसे राजा और प्रजा समकाल में होते हैं और राजा के आधीन प्रजा होती है वैसे ही परमेश्वर के आधीन जीव और जड़ पदार्थ हैं। जब परमेश्वर सब सृष्टि का बनाने, जीवों के कर्मफलों के देने, सब का यथावत् रक्षक और अनन्त सामर्थ्य वाला है तो अल्प सामर्थ्य भी और जड़ पदार्थ उसके आधीन क्यों न हों? इसलिए जीव कर्म करने में स्वतन्त्र परन्तु कर्मों के फल भोगने में ईश्वर की व्यवस्था से परतन्त्र हैं। वैसे ही सर्वशक्तिमान् सृष्टि, संहार और पालन सब विश्व का कर्त्ता है।

इसके आगे विद्या, अविद्या, बन्ध और मोक्ष विषय में लिखा जायेगा। यह आठवां समुल्लास पूरा हुआ।

इति श्रीमद्दयानन्दसरस्वतीस्वामिकृते सत्यार्थप्रकाशे
सुभाषाविभूषिते सृष्ट्युत्पत्तिस्थितिप्रलयविषये
अष्टमः समुल्लासः सम्पूर्णः॥ ८॥

अथ नवमसमुल्लासारम्भः

अथ विद्याऽविद्याबन्धमोक्षविषयान् व्याख्यास्यामः

विद्यां चाविद्यां च यस्तद्वेदोभयꣳसह ।
अविद्यया मृत्युं तीर्त्वा विद्ययामृतमश्नुते ॥

—यजुः० अ० ४०। मं० १४॥

जो मनुष्य विद्या और अविद्या के स्वरूप को साथ ही साथ जानता है वह अविद्या अर्थात् कर्मोपासना से मृत्यु को तर के विद्या अर्थात् यथार्थ ज्ञान से मोक्ष को प्राप्त होता है। अविद्या का लक्षण—

अनित्याशुचिदुःखानात्मसु नित्यशुचिसुखात्मख्यातिरविद्या॥

यह योगसूत्र का वचन है।

जो अनित्य संसार और देहादि में नित्य अर्थात् जो कार्य जगत् देखा, सुना जाता है सदा रहेगा, सदा से है और योगबल से यही देवों का शरीर सदा रहता है वैसी विपरीत बुद्धि होना अविद्या का प्रथम भाग है।

अशुचि अर्थात् मलमय स्त्र्यादि के शरीर और मिथ्याभाषण, चोरी आदि अपवित्र में पवित्र बुद्धि। दूसरा अत्यन्त विषयसेवनरूप दुःख में सुखबुद्धि आदि, तीसरा—अनात्मा में आत्मबुद्धि करना अविद्या का चौथा भाग है। यह चार प्रकार का विपरीत ज्ञान अविद्या कहाती है।

इस के विपरीत अर्थात् अनित्य में अनित्य और नित्य में नित्य, अपवित्र में अपवित्र और पवित्र में पवित्र, दुःख में दुःख, सुख में सुख, अनात्मा में अनात्मा और आत्मा में आत्मा का ज्ञान होना विद्या है। अर्थात् **'वेत्ति यथावत्तत्त्वं पदार्थस्वरूपं यया सा विद्या। यया तत्त्वस्वरूपं न जानाति भ्रमादन्यस्मिन्नन्यन्निश्चिनोति साऽविद्या ।'** जिस से पदार्थों का यथार्थ स्वरूप बोध होवे वह **विद्या** और जिस से तत्त्वस्वरूप न जान पड़े अन्य में अन्य बुद्धि होवे वह **अविद्या** कहाती है। अर्थात् कर्म और उपासना अविद्या इसलिये है कि यह बाह्य और अन्तर क्रियाविशेष नाम है; ज्ञानविशेष नहीं। इसी से मन्त्र में कहा है कि विना शुद्ध कर्म और परमेश्वर की उपासना के मृत्यु दुःख से पार कोई नहीं होता। अर्थात् पवित्र कर्म, पवित्रोपासना और पवित्र ज्ञान ही से मुक्ति और अपवित्र मिथ्याभाषणादि कर्म पाषाणमूर्त्यादि की उपासना और मिथ्याज्ञान से बन्ध होता है।

कोई भी मनुष्य क्षणमात्र भी कर्म, उपासना और ज्ञान से रहित नहीं होता। इसलिये धर्मयुक्त सत्यभाषणादि कर्म करना और मिथ्याभाषणादि अधर्म को छोड़ देना ही मुक्ति का साधन है।

(प्रश्न) मुक्ति किस को प्राप्त नहीं होती?

(उत्तर) जो बद्ध है!

(प्रश्न) बद्ध कौन है?

(उत्तर) जो अधर्म अज्ञान में फंसा हुआ जीव है।

(प्रश्न) बन्ध और मोक्ष स्वभाव से होता है वा निमित्त से?

(उत्तर) निमित्त से। क्योंकि जो स्वभाव से होता तो बन्ध और मुक्ति की निवृत्ति कभी नहीं होती।

(प्रश्न) न निरोधो न चोत्पत्तिर्न बद्धो न च साधकः।
न मुमुक्षुर्न वै मुक्तिरित्येषा परमार्थता ॥

यह श्लोक माण्डूक्योपनिषत् पर है।

जीव ब्रह्म होने से वस्तुतः जीव का निरोध अर्थात् न कभी आवरण में आया, न जन्म लेता, न बन्ध है और न साधक अर्थात् न कुछ साधना करनेहारा है। न छूटने की इच्छा करता और न इस की कभी मुक्ति है क्योंकि जब परमार्थ से बन्ध ही नहीं हुआ तो मुक्ति क्या?

(उत्तर) यह नवीन वेदान्तियों का कहना सत्य नहीं। क्योंकि जीव का स्वरूप अल्प होने से आवरण में आता, शरीर के साथ प्रकट होने रूप जन्म लेता, पापरूप कर्मों के फल भोगरूप बन्धन में फंसता, उस के छुड़ाने का साधन करता, दुःख से छूटने की इच्छा करता और दुःखों से छूट कर परमानन्द परमेश्वर को प्राप्त होकर मुक्ति को भी भोगता है।

(प्रश्न) ये सब धर्म देह और अन्तःकरण के हैं। जीव के नहीं। क्योंकि जीव तो पाप पुण्य से रहित साक्षीमात्र है। शीतोष्णादि शरीरादि के धर्म्म हैं; आत्मा निर्लेप है।

(उत्तर) देह और अन्तःकरण जड़ हैं उन को शीतोष्ण प्राप्ति और भोग नहीं है। जैसे पत्थर को शीत और उष्ण का भान वा भोग नहीं है। जो चेतन मनुष्यादि प्राणी उसका स्पर्श करता है उसी को शीत उष्ण का भान और भोग होता है। वैसे प्राण भी जड़ हैं। न उन को भूख न पिपासा किन्तु प्राण वाले जीव को क्षुधा, तृषा लगती है। वैसे ही मन भी जड़ है। न उस को हर्ष, न शोक हो सकता है किन्तु मन से हर्ष, शोक, दुःख, सुख का भोग जीव करता है। जैसे बहिष्करण श्रोत्रादि इन्द्रियों से अच्छे बुरे शब्दादि विषयों का ग्रहण करके जीव सुखी दुःखी होता है वैसे ही अन्तःकरण अर्थात् मन, बुद्धि, चित्त, अहङ्कार से सङ्कल्प, विकल्प, निश्चय, स्मरण और अभिमान का करने वाला दण्ड और मान्य का भागी होता है।

जैसे तलवार से मारने वाला दण्डनीय होता है तलवार नहीं होती वैसे ही देहेन्द्रिय अन्तःकरण और प्राणरूप साधनों से अच्छे बुरे कर्मों का कर्त्ता जीव सुख दुःख का भोक्ता है। जीव कर्मों का साक्षी नहीं, किन्तु कर्त्ता भोक्ता है। कर्मों का साक्षी तो एक अद्वितीय परमात्मा है। जो कर्म करने वाला जीव है वही कर्मों में लिप्त होता है; वह ईश्वर साक्षी नहीं।

(प्रश्न) जीव ब्रह्म का प्रतिबिम्ब है। जैसे दर्प्पण के टूटने फूटने से बिम्ब की कुछ हानि नहीं होती, इसी प्रकार अन्तःकरण में ब्रह्म का प्रतिबिम्ब जीव तब तक है कि जब तक वह अन्तःकरणोपाधि है। जब अन्तःकरण नष्ट हो गया तब जीव मुक्त है।

(उत्तर) यह बालकपन की बात है। क्योंकि प्रतिबिम्ब साकार का साकार में होता है। जैसे मुख और दर्पण आकार वाले हैं और पृथक् भी हैं; जो पृथक् न हो तो भी प्रतिबिम्ब नहीं हो सकता। ब्रह्म निराकार, सर्वव्यापक होने से उस का प्रतिबिम्ब ही नहीं हो सकता।

(प्रश्न) देखो! गम्भीर स्वच्छ जल में निराकार और व्यापक आकाश का

आभास पड़ता है। इसी प्रकार स्वच्छ अन्तःकरण में परमात्मा का आभास है। इसलिये इस को चिदाभास कहते हैं।

(उत्तर) यह बालबुद्धि का मिथ्या प्रलाप है। क्योंकि आकाश दृश्य नहीं तो उस को आंख से कोई भी क्योंकर देख सकता है।

(प्रश्न) यह जो ऊपर को नीला और धूंधलापन दीखता है वह आकाश नीला दीखता है वा नहीं?

(उत्तर) नहीं।

(प्रश्न) तो वह क्या है?

(उत्तर) अलग-अलग पृथिवी, जल और अग्नि के त्रसरेणु दीखते हैं। उस में जो नीलता दीखती है वह अधिक जल जो कि वर्षता है सो वही नील; जो धूंधलापन दीखता है वह पृथिवी से धूली उड़कर वायु में घूमती है वह दीखती और उसी का प्रतिबिम्ब जल वा दर्प्पण में दीखता है; आकाश का कभी नहीं।

(प्रश्न) जैसे घटाकाश, मठाकाश, मेघाकाश और महदाकाश के भेद व्यवहार में होते हैं वैसे ही ब्रह्म के ब्रह्माण्ड और अन्तःकरण उपाधि के भेद से ईश्वर और जीव नाम होता है। जब घटादि नष्ट हो जाते हैं तब महाकाश ही कहाता है।

(उत्तर) यह भी बात अविद्वानों की है। क्योंकि आकाश कभी छिन्न-भिन्न नहीं होता। व्यवहार में भी 'घड़ा लाओ' इत्यादि व्यवहार होते हैं। कोई नहीं कहता कि घड़े का आकाश लाओ। इसलिये यह बात ठीक नहीं।

(प्रश्न) जैसे समुद्र के बीच में मच्छी, कीड़े और आकाश के बीच में पक्षी आदि घूमते हैं वैसे ही चिदाकाश ब्रह्म में सब अन्तःकरण घूमते हैं। वे स्वयं तो जड़ हैं परन्तु सर्वव्यापक परमात्मा की सत्ता से जैसा कि अग्नि से लोहा; वैसे चेतन हो रहे हैं। जैसे वे चलते फिरते और आकाश तथा ब्रह्म निश्चल है वैसे जीव को ब्रह्म मानने में कोई दोष नहीं आता।

(उत्तर) यह भी तुम्हारा दृष्टान्त सत्य नहीं क्योंकि जो सर्वव्यापी ब्रह्म अन्तःकरणों में प्रकाशमान होकर जीव होता है तो सर्वज्ञादि गुण उस में होते हैं वा नहीं? जो कहो कि आवरण होने से सर्वज्ञता नहीं होती तो कहो कि ब्रह्म आवृत्त और खण्डित है वा अखण्डित? जो कहो कि अखण्डित है तो बीच में कोई पड़दा नहीं डाल सकता। जब पड़दा नहीं तो सर्वज्ञता क्यों नहीं? जो कहो कि अपने स्वरूप को भूलकर अन्तःकरण के साथ चलता सा है स्वरूप से नहीं? जब स्वयं नहीं चलता तो अन्तःकरण जितना-जितना पूर्व प्राप्त देश छोड़ता और आगे-आगे जहां-जहां सरकता जायेगा वहां-वहां का ब्रह्म भ्रान्त; अज्ञानी होता जायेगा और जितना-जितना छूटता जायेगा वहां-वहां ज्ञानी, पवित्र और मुक्त होता जायेगा। इसी प्रकार सर्वत्र सृष्टि के ब्रह्म को अन्तःकरण बिगाड़ा करेंगे और बन्ध मुक्ति भी क्षण-क्षण में हुआ करेगी। तुम्हारे कहे प्रमाणे जो वैसा होता तो किसी जीव को पूर्व देखे सुने का स्मरण न होता क्योंकि जिस ब्रह्म ने देखा वह नहीं रहा इसलिये ब्रह्म जीव, जीव ब्रह्म एक कभी नहीं होता; सदा पृथक्-पृथक् हैं।

(प्रश्न) यह सब अध्यारोपमात्र है अर्थात् अन्य वस्तु में अन्य वस्तु का स्थापन करना अध्यारोप कहाता है। वैसे ही ब्रह्म वस्तु में सब जगत् और इस के व्यवहार का अध्यारोप करने से जिज्ञासु को बोध कराना होता है वास्तव में सब ब्रह्म ही है।

(प्रश्न) अध्यारोप का करने वाला कौन है?

(उत्तर) जीव।

(प्रश्न) जीव किस को कहते हो?

(उत्तर) अन्तःकरणावच्छिन्न चेतन को।

(प्रश्न) अन्तःकरणावच्छिन्न चेतन दूसरा है वा वही ब्रह्म?

(उत्तर) वही ब्रह्म है।

(प्रश्न) तो क्या ब्रह्म ही ने अपने में जगत् की झूठी कल्पना कर ली?

(उत्तर) हो, ब्रह्म की इससे क्या हानि?

(प्रश्न) जो मिथ्या कल्पना करता है क्या वह झूँठा नहीं होता?

(उत्तर) नहीं। क्योंकि जो मन, वाणी से कल्पित वा कथित है वह सब झूंठा है।

(प्रश्न) फिर मन वाणी से झूठी कल्पना करने और मिथ्या बोलने वाला ब्रह्म कल्पित और मिथ्यावादी हुआ वा नहीं?

(उत्तर) हो, हम को इष्टापत्ति है।

वाह रे झूठे वेदान्तियो! तुम ने सत्यस्वरूप, सत्यकाम, सत्यसङ्कल्प परमात्मा को मिथ्याचारी कर दिया। क्या यह तुम्हारी दुर्गति का कारण नहीं है? किस उपनिषत्, सूत्र वा वेद में लिखा है कि परमेश्वर मिथ्यासङ्कल्प और मिथ्यावादी है? क्योंकि जैसे किसी चोर ने कोतवाल को दण्ड दिया अर्थात् 'उलटि चोर कोतवाल को दण्डे' इस कहानी के सदृश तुम्हारी बात हुई। यह तो बात उचित है कि कोतवाल चोर को दण्डे परन्तु यह बात विपरीत है कि चोर कोतवाल को दण्ड देवे। वैसे ही तुम मिथ्या संकल्प और मिथ्यावादी होकर वही अपना दोष ब्रह्म में व्यर्थ लगाते हो।

जो ब्रह्म मिथ्याज्ञानी, मिथ्यावादी, मिथ्याकारी होवे तो सब अनन्त ब्रह्म वैसा ही हो जाय क्योंकि वह एकरस है; सत्यस्वरूप, सत्यमानी, सत्यवादी और सत्यकारी है। ये सब दोष तुम्हारे हैं; ब्रह्म के नहीं।

जिस को तुम विद्या कहते हो वह अविद्या है और तुम्हारा अध्यारोप भी मिथ्या है क्योंकि आप ब्रह्म न होकर अपने को ब्रह्म और ब्रह्म को जीव मानना यह मिथ्या ज्ञान नहीं तो क्या है? जो सर्वव्यापक है वह परिच्छिन्न न होने से अज्ञान और बन्ध में कभी नहीं गिरता क्योंकि अज्ञान परिच्छिन्न एकदेशी अल्प अल्पज्ञ जीव में होता है; सर्वज्ञ सर्वव्यापी ब्रह्म में नहीं।

अब मुक्ति बन्ध का वर्णन करते हैं

(प्रश्न) मुक्ति किसको कहते हैं?

(उत्तर) **'मुञ्चन्ति पृथग्भवन्ति जना यस्यां सा मुक्तिः'** जिस में छूट जाना हो उस का नाम मुक्ति है।

(प्रश्न) किस से छूट जाना?

(उत्तर) जिस से छूटने की इच्छा सब जीव करते हैं?

(प्रश्न) किस से छूटने की इच्छा करते हैं?

(उत्तर) जिस से छूटना चाहते हैं?

(प्रश्न) किस से छूटना चाहते हैं।

(उत्तर) दुःख से।

(प्रश्न) छूट कर किस को प्राप्त होते और कहां रहते हैं?

(उत्तर) सुख को प्राप्त होते और ब्रह्म में रहते हैं।

(प्रश्न) मुक्ति और बन्ध किन-किन बातों से होता है?

(उत्तर) परमेश्वर की आज्ञा पालने, अधर्म्म, अविद्या, कुसङ्ग, कुसंस्कार, बुरे व्यसनों से अलग रहने और सत्यभाषण, परोपकार, विद्या, पक्षपातरहित न्याय, धर्म की वृद्धि करने; पूर्वोक्त प्रकार से परमेश्वर की स्तुति प्रार्थना और उपासना अर्थात् योगाभ्यास करने; विद्या पढ़ने, पढ़ाने और धर्म से पुरुषार्थ कर ज्ञान की उन्नति करने; सब से उत्तम साधनों को करने और जो कुछ करे वह सब पक्षपातरहित न्यायधर्मानुसार ही करे। इत्यादि साधनों से मुक्ति और इन से विपरीत ईश्वराज्ञाभङ्ग करने आदि काम से बन्ध होता है।

(प्रश्न) मुक्ति में जीव का लय होता है वा विद्यमान रहता है।

(उत्तर) विद्यमान रहता है।

(प्रश्न) कहां रहता है?

(उत्तर) ब्रह्म में।

(प्रश्न) ब्रह्म कहां है और वह मुक्त जीव एक ठिकाने रहता है वा स्वेच्छाचारी होकर सर्वत्र विचरता है?

(उत्तर) जो ब्रह्म सर्वत्र पूर्ण है उसी में मुक्त जीव अव्याहतगति अर्थात् उस को कहीं रुकावट नहीं; विज्ञान, आनन्दपूर्वक स्वतन्त्र विचरता है।

(प्रश्न) मुक्त जीव का स्थूल शरीर रहता है वा नहीं?

(उत्तर) नहीं रहता।

(प्रश्न) फिर वह सुख और आनन्द भोग कैसे करता है?

(उत्तर) उस के सत्यसङ्कल्पादि स्वाभाविक गुण सामर्थ्य सब रहते हैं; भौतिक सङ्ग नहीं रहता। जैसे—

शृण्वन् श्रोत्रं भवति, स्पर्शयन् त्वग्भवति, पश्यन् चक्षुर्भवति, रसयन् रसना भवति, जिघ्रन् घ्राणं भवति, मन्वानो मनो भवति, बोधयन् बुद्धिर्भवति, चेतयंश्चित्तम्भवत्यहङ्कुर्वाणोऽहङ्कारो भवति॥ —शतपथ कां० १४॥

मोक्ष में भौतिक शरीर वा इन्द्रियों के गोलक जीवात्मा के साथ नहीं रहते किन्तु अपने स्वाभाविक शुद्ध गुण रहते हैं। जब सुनना चाहता है तब श्रोत्र, स्पर्श करना चाहता है तब त्वचा, देखने के सङ्कल्प से चक्षु, स्वाद के अर्थ रसना, गन्ध के लिये घ्राण, सङ्कल्प विकल्प करते समय मन, निश्चय करने के लिये बुद्धि, स्मरण करने के लिए चित्त और अहङ्कार के अर्थ अहङ्काररूप अपनी स्वशक्ति से जीवात्मा मुक्ति में हो जाता है और सङ्कल्पमात्र शरीर होता है जैसे शरीर के आधार रहकर इन्द्रियों के गोलक के द्वारा जीव स्वकार्य करता है वैसे अपनी शक्ति से मुक्ति में सब आनन्द भोग लेता है।

(प्रश्न) उस की शक्ति कै प्रकार की और कितनी है?

(उत्तर) मुख्य एक प्रकार की शक्ति है परन्तु बल, पराक्रम, आकर्षण, प्रेरणा, गति, भीषण, विवेचन, क्रिया, उत्साह, स्मरण, निश्चय, इच्छा, प्रेम, द्वेष, संयोग, विभाग, संयोजक, विभाजक, श्रवण, स्पर्शन, दर्शन, स्वादन और गन्धग्रहण तथा ज्ञान इन २४ चौबीस प्रकार के सामर्थ्ययुक्त जीव हैं। इस से मुक्ति में भी आनन्द की प्राप्तिरूप भोग करता है।

जो मुक्ति में जीव का लय होता तो मुक्ति का सुख कौन भोगता? और जो जीव के नाश ही को मुक्ति समझते हैं वे तो महामूढ़ हैं क्योंकि मुक्ति जीव की यह है कि दुःखों से छूट कर आनन्दस्वरूप, सर्वव्यापक, अनन्त, परमेश्वर में जीवों का आनन्द में रहना। देखो वेदान्त शारीरक सूत्रों में—

अभावं बादरिराह ह्येवम्।

जो बादरि व्यास जी का पिता है वह मुक्ति में जीव का और उस के साथ मन का भाव मानता है अर्थात् जीव और मन का लय पराशर जी नहीं मानते। वैसे ही—

भावं जैमिनिर्विकल्पामननात्।

और जैमिनि आचार्य्य मुक्त पुरुष का मन के समान सूक्ष्म शरीर, इन्द्रियां, प्राण आदि को भी विद्यमान मानते हैं। अभाव नहीं।

द्वादशाहवदुभयविधं बादरायणोऽतः।

व्यास मुनि मुक्ति में भाव और अभाव इन दोनों को मानते हैं। अर्थात् शुद्ध सामर्थ्ययुक्त जीव मुक्ति में बना रहता है। अपवित्रता, पापाचरण, दुःख, अज्ञानादि का अभाव मानते हैं।

यदा पञ्चावतिष्ठन्ते ज्ञानानि मनसा सह।
बुद्धिश्च न विचेष्टते तामाहुः परमां गतिम्॥ यह उपनिषत् का वचन है।

जब शुद्ध मनयुक्त पांच ज्ञानेन्द्रिय जीव के साथ रहती हैं और बुद्धि का निश्चय स्थिर होता है। उस को परमगति अर्थात् मोक्ष कहते हैं।

य आत्मा अपहतपाप्मा विजरो विमृत्युर्विशोकोऽविजिघत्सोऽपिपासः सत्यकामः सत्यसङ्कल्पः सोऽन्वेष्टव्यः स विजिज्ञासितव्यः सर्वांश्च लोकानाप्नोति सर्वांश्च कामान् यस्तमात्मानमनुविद्य विजानातीति॥

स वा एष एतेन दैवेन चक्षुषा मनसैतान् कामान् पश्यन् रमते।

य एते ब्रह्मलोके तं वा एतं देवा आत्मानमुपासते तस्मात्तेषां सर्वे च लोका आत्ता सर्वे च कामाः स सर्वांश्च लोकानाप्नोति सर्वांश्च कामान्यस्तमात्मानमनुविद्य विजानातीति॥

मघवन्मर्त्यं वा इदꣳशरीरमात्तं मृत्युना तदस्याऽमृतस्याऽशरीरस्यात्मनोऽधिष्ठानमात्तो वै सशरीरः प्रियाप्रियाभ्यां न वै सशरीरस्य सतः प्रियाप्रिययोरपहतिरस्त्यशरीरं वाव सन्तं न प्रियाप्रिये स्पृशतः॥ —छान्दोग्य॥

जो परमात्मा अपहतपाप्मा सर्व पाप, जरा, मृत्यु, शोक, क्षुधा, पिपासा से रहित, सत्यकाम, सत्यसंकल्प है उस की खोज और उसी की जानने की इच्छा करनी चाहिए। जिस परमात्मा के सम्बन्ध से मुक्त जीव सब लोकों और सब कामों को प्राप्त होता है; जो परमात्मा को जान के मोक्ष के साधन और अपने को शुद्ध करना जानता है सो यह मुक्ति को प्राप्त जीव शुद्ध दिव्य नेत्र और शुद्ध मन से कामों को देखता, प्राप्त होता हुआ रमण करता है।

जो ये ब्रह्मलोक अर्थात् दर्शनीय परमात्मा में स्थित होके मोक्ष सुख को भोगते हैं और इसी परमात्मा का जो कि सब का अन्तर्यामी आत्मा है उस की उपासना मुक्ति की प्राप्ति करने वाले विद्वान् लोग करते हैं। उस से उन को सब लोक और सब काम प्राप्त होते हैं अर्थात् जो-जो संकल्प करते हैं वह-वह लोक और वह-वह काम प्राप्त होता है और वे मुक्त जीव स्थूल शरीर छोड़कर सङ्कल्पमय शरीर से

आकाश में परमेश्वर में विचरते हैं। क्योंकि जो शरीर वाले होते हैं वे सांसारिक दुःख से रहित नहीं हो सकते।

जैसे इन्द्र से प्रजापति ने कहा है कि हे परमपूजित धनयुक्त पुरुष! यह स्थूल शरीर मरणधर्मा है और जैसे सिंह के मुख में बकरी होवे वैसे यह शरीर मृत्यु के मुख के बीच है सो शरीर इस मरण और शरीर रहित जीवात्मा का निवास स्थान है।

इसीलिये यह जीव सुख और दुःख से सदा ग्रस्त रहता है क्योंकि शरीर सहित जीव की सांसारिक प्रसन्नता की निवृत्ति होती ही है और जो शरीर रहित मुक्त जीवात्मा ब्रह्म में रहता है उस को सांसारिक सुख दुःख का स्पर्श भी नहीं होता किन्तु सदा आनन्द में रहता है।

(प्रश्न) जीव मुक्ति को प्राप्त होकर पुनः जन्म मरणरूप दुःख में कभी आते हैं वा नहीं? क्योंकि—

न च पुनरावर्त्तते न च पुनरावर्त्तत्त इति॥ उपनिषद्वचनम्॥

अनावृत्तिः शब्दादनावृत्तिः शब्दात्॥ शारीरक सूत्र॥

यद् गत्वा न निवर्त्तन्ते तद्धाम परमं मम॥ भगवद्गीता॥

इत्यादि वचनों से विदित होता है कि मुक्ति वही है कि जिससे निवृत्त होकर पुनः संसार में कभी नहीं आता।

(उत्तर) यह बात ठीक नहीं; क्योंकि वेद में इस बात का निषेध किया है—

कस्य॑ नू॒नं क॑त॒मस्या॒मृता॑नां॒ मना॑महे॒ चारु॑ दे॒वस्य॒ नाम॑।
को नो॑ म॒ह्या अदि॑तये॒ पुन॑र्दात् पि॒तरं॑ च दृ॒शेयं॑ मा॒तरं॑ च॥१॥
अ॒ग्नेर्व॒यं प्र॑थ॒मस्या॒मृता॑नां॒ मना॑महे॒ चारु॑ दे॒वस्य॒ नाम॑।
स नो॑ म॒ह्या अदि॑तये॒ पुन॑र्दात् पि॒तरं॑ च दृ॒शेयं॑ मा॒तरं॑ च॥२॥

—ऋ० मं० १। सू० २४। मं० १। २॥

इदानीमिव सर्वत्र नात्यन्तोच्छेदः॥ —सांख्यसूत्र॥

(प्रश्न) हम लोग किस का नाम पवित्र जानें? कौन नाशरहित पदार्थों के मध्य में वर्त्तमान देव सदा प्रकाशस्वरूप है। हम को मुक्ति का सुख भुगा कर पुनः इस संसार में जन्म देता और माता तथा पिता का दर्शन कराता है?॥ १॥

(उत्तर) हम इस स्वप्रकाशस्वरूप अनादि सदा मुक्त परमात्मा का नाम पवित्र जानें जो हम को मुक्ति में आनन्द भुगा कर पृथिवी में पुनः माता पिता के सम्बन्ध में जन्म देकर माता पिता का दर्शन कराता है। वही परमात्मा मुक्ति की व्यवस्था करता सब का स्वामी है॥ २॥

जैसे इस समय बन्ध मुक्त जीव हैं वैसे ही सर्वदा रहते हैं, अत्यन्त विच्छेद बन्ध मुक्ति का कभी नहीं होता किन्तु बन्ध और मुक्ति सदा नहीं रहती।

(प्रश्न) तदत्यन्तविमोक्षोऽपवर्गः।

दुःखजन्मप्रवृत्तिदोषमिथ्याज्ञानानामुत्तरोत्तरापाये तदनन्तरापायादपवर्गः॥

—न्यायसूत्र॥

जो दुःख का अत्यन्त विच्छेद होता है वही मुक्ति कहाती है क्योंकि जब मिथ्याज्ञान अविद्या, लोभादि दोष, विषय, दुष्टव्यसनों में प्रवृत्ति, जन्म और दुःख

का उत्तर-उत्तर के छूटने से पूर्व-पूर्व के निवृत्त होने ही से मोक्ष होता है जो कि सदा बना रहता है।

(उत्तर) यह आवश्यक नहीं है कि अत्यन्त शब्द अत्यन्ताभाव ही का नाम होवे। जैसे **'अत्यन्तं दुःखमत्यन्तं सुखं चास्य वर्त्तते'** बहुत दुःख और बहुत सुख इस मनुष्य को है। इस से यही विदित होता है कि इस को बहुत सुख वा दुःख है। इसी प्रकार यहां भी अत्यन्त शब्द का अर्थ जानना चाहिये।

(प्रश्न) जो मुक्ति से भी जीव फिर आता है तो वह कितने समय तक मुक्ति में रहता है?

(उत्तर) ते ब्रह्मलोके ह परान्तकाले परामृतात् परिमुच्यन्ति सर्वे।

यह मुण्डक उपनिषत् का वचन है।

वे मुक्त जीव मुक्ति में प्राप्त होके ब्रह्म में आनन्द को तब तक भोग के पुनः **महाकल्प के पश्चात् मुक्ति सुख को छोड़ के संसार में आते हैं।** इसकी संख्या यह है कि **तेंतालीस लाख बीस सहस्र वर्षों की एक चतुर्युगी, दो सहस्र चतुर्युगियों का एक अहोरात्र, ऐसे तीस अहोरात्रों का एक महीना, ऐसे बारह महीनों का एक वर्ष, ऐसे शत वर्षों का परान्तकाल होता है।** इसको गणित की रीति से यथावत् समझ लीजिए। इतना समय मुक्ति में सुख भोगने का है।

(प्रश्न) सब संसार और ग्रन्थकारों का यही मत है कि जिस से पुनः जन्म मरण में कभी न आवें।

(उत्तर) यह बात कभी नहीं हो सकती क्योंकि प्रथम तो जीव का सामर्थ्य शरीरादि पदार्थ और साधन परिमित हैं पुनः उस का फल अनन्त कैसे हो सकता है? अनन्त आनन्द का भोगने का असीम सामर्थ्य; कर्म और साधन जीवों में नहीं, इसलिये अनन्त सुख नहीं भोग सकते। जिन के साधन अनित्य हैं उन का फल नित्य कभी नहीं हो सकता। और जो मुक्ति में से कोई भी लौट कर जीव इस संसार में न आवे तो संसार का उच्छेद अर्थात् जीव निश्शेष हो जाने चाहिये।

(प्रश्न) जितने जीव मुक्त होते हैं उतने ईश्वर नये उत्पन्न करके संसार में रख देता है इसलिये निश्शेष नहीं होते।

(उत्तर) जो ऐसा होवे तो जीव अनित्य हो जायें क्योंकि जिस की उत्पत्ति होती है उस का नाश अवश्य होता है फिर तुम्हारे मतानुसार मुक्ति पाकर भी विनष्ट हो जायें। मुक्ति अनित्य हो गई और मुक्ति के स्थान में बहुत सा भीड़ भड़क्का हो जायेगा क्योंकि वहां आगम अधिक और व्यय कुछ भी नहीं होने से बढ़ती का पारावार न रहेगा और दुःख के अनुभव के विना सुख कुछ भी नहीं हो सकता।

जैसे कटु न हो तो मधुर क्या, जो मधुर न हो तो कटु क्या कहावे? क्योंकि एक स्वाद के एक रस के विरुद्ध होने से दोनों की परीक्षा होती है। जैसे कोई मनुष्य मीठा मधुर ही खाता पीता जाय उस को वैसा सुख नहीं होता जैसा सब प्रकार के रसों के भोगने वाले को होता है।

और जो ईश्वर अन्त वाले कर्मों का अनन्त फल देवे तो उस का न्याय नष्ट हो जाय। जो जितना भार उठा सके उतना उस पर धरना बुद्धिमानों का काम है। जैसे एक मन भर उठाने वाले के शिर पर दश मन धरने से भार धरने वाले की निन्दा होती है वैसे अल्पज्ञ अल्प सामर्थ्य वाले जीव पर अनन्त सुख का भार धरना ईश्वर के लिए ठीक नहीं।

और जो परमेश्वर नये जीव उत्पन्न करता है तो जिस कारण से उत्पन्न होते हैं वह चुक जायेगा। क्योंकि चाहैं कितना ही बड़ा धनकोश हो परन्तु जिस में व्यय है और आय नहीं उसका कभी न कभी दिवाला निकल ही जाता है। इसलिये यही व्यवस्था ठीक है कि मुक्ति में जाना वहां से पुनः आना ही अच्छा है। क्या थोड़े से कारागार से जन्मकारागार दण्ड, काले पानी अथवा फांसी को कोई अच्छा मानता है? जब वहां से आना ही न हो तो जन्म कारागार से इतना ही अन्तर है कि वहां मजूरी नहीं करनी पड़ती और ब्रह्म में लय होना समुद्र में डूब मरना है।

(प्रश्न) जैसे परमेश्वर नित्यमुक्त, पूर्ण सुखी है वैसे ही जीव भी नित्यमुक्त और सुखी रहेगा तो कोई दोष न आवेगा।

(उत्तर) परमेश्वर अनन्त स्वरूप, सामर्थ्य, गुण, कर्म स्वभाववाला है इसलिये वह कभी अविद्या और दुःख बन्धन में नहीं गिर सकता। जीव मुक्त होकर भी शुद्धस्वरूप, अल्पज्ञ और परिमित गुण, कर्म, स्वभाव वाला रहता है, परमेश्वर के सदृश कभी नहीं होता।

(प्रश्न) जब ऐसी है तो मुक्ति भी जन्म मरण के सदृश है इसलिये श्रम करना व्यर्थ है।

(उत्तर) मुक्ति जन्म मरण के सदृश नहीं, क्योंकि जब तक ३६००० छत्तीस सहस्र वार उत्पत्ति और प्रलय का जितना समय होता है उतने समय पर्यन्त जीवों को मुक्ति के आनन्द में रहना, दुःख का न होना, क्या छोटी बात है? जब आज खाते पीते हो कल भूख लगने वाली है पुनः इस का उपाय क्यों करते हो? जब क्षुधा, तृषा, क्षुद्र धन, राज्य, प्रतिष्ठा, स्त्री, सन्तान आदि के लिये उपाय करना आवश्यक है तो मुक्ति के लिये क्यों न करना? जैसे मरना अवश्य है तो भी जीवन का उपाय किया जाता है वैसे ही मुक्ति से लौट कर जन्म में आना है तथापि उस का उपाय करना अत्यावश्यक है?

(प्रश्न) मुक्ति के क्या-क्या साधन हैं?

(उत्तर) कुछ साधन तो प्रथम लिख आये हैं परन्तु विशेष उपाय ये हैं। जो मुक्ति चाहै वह जीवनमुक्त अर्थात् जिन मिथ्याभाषणादि पाप कर्मों का फल दुःख है; उन को छोड़ सुखरूप फल को देने वाले सत्यभाषणादि धर्माचरण अवश्य करे। जो कोई दुःख को छुड़ाना और सुख को प्राप्त होना चाहै वह अधर्म को छोड़ धर्म अवश्य करे। क्योंकि दुःख का पापाचरण और सुख का धर्माचरण मूल कारण है।

सत्पुरुषों के संग से **विवेक** अर्थात् सत्यासत्य, धर्माधर्म कर्त्तव्याकर्त्तव्य का निश्चय अवश्य करें, पृथक्-पृथक् जानें। और शरीर अर्थात् जीव पञ्चकोशों का विवेचन करें। एक **'अन्नमय'** जो त्वचा से लेकर अस्थिपर्यन्त का समुदाय पृथिवीमय है। दूसरा **'प्राणमय'** जिस में 'प्राण' अर्थात् जो भीतर से बाहर जाता, 'अपान' जो बाहर से भीतर आता, 'समान' जो नाभिस्थ होकर सर्वत्र शरीर में रस पहुंचाता, 'उदान' जिस से कण्ठस्थ अन्न पान खैंचा जाता और बल पराक्रम होता है, 'व्यान' जिस से सब शरीर में चेष्टा आदि कर्म जीव करता है। तीसरा **'मनोमय'** जिस में मन के साथ अहङ्कार, वाक्, पाद, पाणि, पायु और उपस्थ पांच कर्म-इन्द्रियां हैं। चौथा **'विज्ञानमय'** जिस में बुद्धि, चित्त, श्रोत्र, त्वचा, नेत्र, जिह्वा और नासिका ये पांच ज्ञान-इन्द्रियाँ जिन से जीव ज्ञानादि व्यवहार करता है। पांचवां **'आनन्दमयकोश'** जिस में प्रीति प्रसन्नता, न्यून आनन्द, अधिकानन्द, आनन्द और आधार कारण रूप

प्रकृति है। ये पांच कोष कहाते हैं। इन्हीं से जीव सब प्रकार के कर्म, उपासना और ज्ञानादि व्यवहारों को करता है।

तीन अवस्था—एक 'जागृत' दूसरी 'स्वप्न' और तीसरी 'सुषुप्ति' अवस्था कहाती है।

तीन शरीर हैं—एक 'स्थूल' जो यह दीखता है। दूसरा पांच प्राण, पांच ज्ञानेन्द्रियां, पांच सूक्ष्म भूत और मन तथा बुद्धि इन सत्तरह तत्त्वों का समुदाय 'सूक्ष्मशरीर' कहाता है। यह सूक्ष्म शरीर जन्ममरणादि में भी जीव के साथ रहता है। इस के दो भेद हैं—एक भौतिक अर्थात् जो सूक्ष्म भूतों के अंशों से बना है। दूसरा स्वाभाविक जो जीव के स्वाभाविक गुण रूप हैं। यह दूसरा अभौतिक शरीर मुक्ति में भी रहता है। इसी से जीव मुक्ति में सुख को भोगता है। तीसरा कारण जिस में सुषुप्ति अर्थात् गाढ़ निद्रा होती है वह प्रकृति रूप होने से सर्वत्र विभु और सब जीवों के लिए एक है। चौथा तुरीय शरीर वह कहाता है जिस में समाधि से परमात्मा के आनन्दस्वरूप में मग्न जीव होते हैं। इसी समाधि संस्कारजन्य शुद्ध शरीर का पराक्रम मुक्ति में भी यथावत् सहायक रहता है।

इन सब कोष, अवस्थाओं से जीव पृथक् है, क्योंकि यह सब को विदित है कि अवस्थाओं से जीव पृथक् है। क्योंकि जब मृत्यु होता है तब सब कोई कहते हैं कि जीव निकल गया, यही जीव सब का प्रेरक, सब का धर्त्ता, साक्षीकर्त्ता, भोक्ता कहाता है। जो कोई ऐसा कहे कि जीव कर्त्ता भोक्ता नहीं तो उस को जानो कि वह अज्ञानी, अविवेकी है। क्योंकि विना जीव के जो ये सब जड़ पदार्थ हैं इन को सुख-दुःख का भोग वा पाप पुण्य कर्तृत्व कभी नहीं हो सकता। हां, इन के सम्बन्ध से जीव पाप पुण्यों का कर्त्ता और सुख दुःखों का भोक्ता है।

जब इन्द्रियां अर्थों में मन इन्द्रियों और आत्मा मन के साथ संयुक्त होकर प्राणों को प्रेरणा करके अच्छे वा बुरे कर्मों में लगाता है तभी वह बहिर्मुख हो जाता है। उसी समय भीतर से आनन्द, उत्साह, निर्भयता और बुरे कर्मों में भय, शंका, लज्जा उत्पन्न होती है। वह अन्तर्यामी परमात्मा की शिक्षा है। जो कोई इस शिक्षा के अनुकूल वर्त्तता है वही मुक्तिजन्य सुखों को प्राप्त होता है। और जो विपरीत वर्त्तता है वह बन्धजन्य दुःख भोगता है।

दूसरा साधन 'वैराग्य'—अर्थात् जो विवेक से सत्यासत्य को जाना हो उसमें से सत्याचरण का ग्रहण और असत्याचरण का त्याग करना **विवेक** है—जो पृथिवी से लेकर परमेश्वर पर्यन्त पदार्थों के गुण, कर्म, स्वभाव से जानकर उस की आज्ञापालन और उपासना में तत्पर होना, उस से विरुद्ध न चलना, सृष्टि से उपकार लेना **विवेक** कहाता है।

तत्पश्चात् **तीसरा साधन—'षट्क सम्पत्ति'** अर्थात् छः प्रकार के कर्म करना—एक 'शम' जिस से अपने आत्मा और अन्तःकरण को अधर्माचरण से हटाकर धर्माचरण में प्रवृत्त रखना। दूसरा 'दम' जिस से श्रोत्रादि इन्द्रियों और शरीर को व्यभिचारादि बुरे कर्मों से हटा कर जितेन्द्रियत्वादि शुभ कर्मों में प्रवृत्त रखना। तीसरा 'उपरति' जिस से दुष्ट कर्म करने वाले पुरुषों से सदा दूर रहना। चौथा 'तितिक्षा' चाहे निन्दा, स्तुति, हानि, लाभ कितना ही क्यों न हो परन्तु हर्ष शोक को छोड़ मुक्ति साधनों में सदा लगे रहना। पांचवां 'श्रद्धा' जो वेदादि सत्य शास्त्र और इन के बोध से पूर्ण आप्त विद्वान् सत्योपदेष्टा महाशयों के वचनों पर विश्वास करना। छठा

'समाधान' चित्त की एकाग्रता ये छः मिलकर एक 'साधन' तीसरा कहाता है।

चौथा 'मुमुक्षुत्व' अर्थात् जैसे क्षुधा तृषातुर को सिवाय अन्न जल के दूसरा कुछ भी अच्छा नहीं लगता वैसे विना मुक्ति के साधन और मुक्ति के दूसरे में प्रीति न होना।

ये चार साधन और चार **अनुबन्ध** अर्थात् साधनों के पश्चात् ये कर्म करने होते हैं।

इन में से जो १–इन चार साधनों से युक्त पुरुष होता है वही मोक्ष का अधिकारी होता है।

दूसरा 'सम्बन्ध' ब्रह्म की प्राप्ति रूप मुक्ति प्रतिपाद्य और वेदादि शास्त्र प्रतिपादक को यथावत् समझ कर अन्वित करना।

तीसरा 'विषयी' सब शास्त्रों का प्रतिपादन विषय ब्रह्म उस की प्राप्तिरूप विषय वाले पुरुष का नाम **विषयी** है।

चौथा 'प्रयोजन' सब दुःखों की निवृत्ति और परमानन्द को प्राप्त होकर मुक्ति सुख का होना। ये चार अनुबन्ध कहाते हैं।

तदनन्तर **'श्रवणचतुष्टय'** एक **'श्रवण'** जब कोई विद्वान् उपदेश करे तब शान्त, ध्यान देकर सुनना, विशेष ब्रह्मविद्या के सुनने में अत्यन्त ध्यान देना चाहिये कि यह सब विद्याओं में सूक्ष्म विद्या है। सुन कर दूसरा **'मनन'** एकान्त देश में बैठ के सुने हुए का विचार करना। जिस बात में शंका हो पुनः पूछना और सुनते समय भी वक्ता और श्रोता उचित समझें तो पूछना और समाधान करना। तीसरा **'निदिध्यासन'** जब सुनने और मनन करने से निसन्देह हो जाय तब समाधिस्थ हो कर उस बात को देखना समझना कि वह जैसा सुना था विचारा था वैसा ही है वा नहीं? ध्यानयोग से देखना। चौथा **'साक्षात्कार'** अर्थात् जैसा पदार्थ का स्वरूप गुण और स्वभाव हो वैसा याथातथ्य जान लेना ही 'श्रवणचतुष्टय' कहाता है।

सदा तमोगुण अर्थात् क्रोध, मलीनता, आलस्य, प्रमाद आदि; रजोगुण अर्थात् ईर्ष्या, द्वेष, काम, अभिमान, विक्षेप आदि दोषों से अलग होके सत्त्व अर्थात् शान्त प्रकृति, पवित्रता, विद्या, विचार आदि गुणों को धारण करे।

(मैत्री) सुखी जनों में मित्रता, (करुणा) दुःखी जनों पर दया, (मुदिता) पुण्यात्माओं से हर्षित होना, (उपेक्षा) दुष्टात्माओं में न प्रीति और न वैर करना।

नित्यप्रति न्यून से न्यून दो घण्टा पर्यन्त मुमुक्षु ध्यान अवश्य करे जिस से भीतर के मन आदि पदार्थ साक्षात् हों।

देखो! अपने चेतनस्वरूप हैं इसी से ज्ञानस्वरूप और मन के साक्षी हैं क्योंकि जब मन शान्त, चञ्चल, आनन्दित वा विषादयुक्त होता है उस को यथावत् देखते हैं वैसे ही इन्द्रियां प्राण आदि का ज्ञाता, पूर्वदृष्ट का स्मरणकर्त्ता और एक काल में अनेक पदार्थों के वेत्ता, धारणाकर्षणकर्त्ता और सब से पृथक् हैं। जो पृथक् न होते तो स्वतन्त्र कर्त्ता इन के प्रेरक अधिष्ठाता कभी नहीं हो सकते।

अविद्याऽस्मितारागद्वेषाभिनिवेशाः पञ्च क्लेशाः। —योगेशास्त्रे पादे २। सू० ३॥

इन में से **अविद्या** का स्वरूप कह आये। पृथक् वर्त्तमान बुद्धि को आत्मा से भिन्न न समझना **अस्मिता**, सुख में प्रीति **राग**, दुःख में अप्रीति **द्वेष** और सब प्राणिमात्र को यह इच्छा सदा रहती है कि 'मैं सदा शरीरस्थ रहूं, मरूँ नहीं' मृत्यु दुःख से त्रास **अभिनिवेश** कहाता है। इन पांच क्लेशों को योगाभ्यास विज्ञान से

छुड़ा के ब्रह्म को प्राप्त हो के मुक्ति के परमानन्द को भोगना चाहिये।

(प्रश्न) जैसी मुक्ति आप मानते हैं वैसी अन्य कोई नहीं मानता, देखो! जैनी लोग मोक्षशिला, शिवपुर में जाके चुपचाप बैठे रहना, ईसाई चौथा आसमान जिस में विवाह लड़ाई बाजे गाजे वस्त्रादि धारण से आनन्द भोगना; वैसे ही मुसलमान सातवें आसमान; वाममार्गी श्रीपुर; शैव कैलाश; वैष्णव वैकुण्ठ और गोकुलिये गोसाईं गोलोक आदि में जाके उत्तम स्त्री, अन्न, पान, वस्त्र, स्थान आदि को प्राप्त होकर आनन्द में रहने को मुक्ति मानते हैं। पौराणिक लोग **(सालोक्य)** ईश्वर के लोक में निवास, **(सानुज्य)** छोटे भाई के सदृश ईश्वर के साथ रहना, **(सारूप्य)** जैसी उपासनीय देव की आकृति है वैसा बन जाना, **(सामीप्य)** सेवक के समान ईश्वर के समीप रहना, **(सायुज्य)** ईश्वर से संयुक्त हो जाना ये चार प्रकार की मुक्ति मानते हैं। वेदान्ती लोग ब्रह्म में लय होने को मोक्ष समझते हैं।

(उत्तर) जैनी (१२) बारहवें, ईसाई (१३) तेरहवें और चौदहवें समुल्लास में मुसलमानों की मुक्ति आदि विषय विशेष कर लिखेंगे। जो वाममार्गी श्रीपुर में जाकर लक्ष्मी के सदृश स्त्रियां, मद्य मांसादि खाना पीना रंग राग भोग करना मानते हैं वह यहाँ से कुछ विशेष नहीं। वैसे ही शैव तथा वैष्णवों का महादेव और विष्णु के सदृश आकृति वाले पार्वती और लक्ष्मी के सदृश स्त्रीयुक्त होकर आनन्द भोगना; यहां के धनाढ्य राजाओं से अधिक इतना ही लिखते हैं कि वहां रोग न होंगे और युवावस्था सदा रहेगी। यह उन की बात मिथ्या है क्योंकि जहां भोग वहां रोग और जहां रोग वहाँ वृद्धावस्था अवश्य होती है।

और पौराणिकों से पूछना चाहिये कि जैसी तुम्हारी चार प्रकार की मुक्ति है वैसी तो कृमि, कीट, पतङ्ग, पश्वादिकों को भी स्वतःसिद्ध प्राप्त है, क्योंकि ये जितने लोक हैं वे सब ईश्वर के हैं। इन्हीं में सब जीव रहते हैं इसलिये **'सालोक्य'** मुक्ति अनायास प्राप्त है। **'सामीप्य'** ईश्वर सर्वत्र व्याप्त होने से सब उस के समीप हैं इसलिये 'सामीप्य' मुक्ति भी स्वतःसिद्ध है। **'सानुज्य'** जीव ईश्वर से सब प्रकार छोटा और चेतन होने से स्वतः बन्धुवत् है इससे **'सानुज्य'** मुक्ति भी विना प्रयत्न के सिद्ध है। और सब जीव सर्वव्यापक परमात्मा में व्याप्य होने से संयुक्त हैं इस से **'सायुज्य'** मुक्ति भी स्वतःसिद्ध है।

और जो अन्य साधारण नास्तिक लोग मरने से तत्त्वों में मिलकर परम मुक्ति मानते हैं वह तो कुत्ते गदहे आदि को भी प्राप्त है। ये मुक्तियां नहीं हैं किन्तु एक प्रकार का बन्धन हैं क्योंकि ये लोग शिवपुर, मोक्षशिला, चौथे आसमान, सातवें आसमान, श्रीपुर, कैलाश, वैकुण्ठ, गोलोक को एक देश में स्थान विशेष मानते हैं। जो वे उन स्थानों से पृथक् हों तो मुक्ति छूट जाय। इसीलिए जैसे १२ पत्थर के भीतर दृष्टिबन्ध होते हैं उस के समान बन्धन में होंगे! मुक्ति तो यही है कि जहां इच्छा हो वहां विचरे; कहीं अटके नहीं। न भय, न शङ्का, न दुःख होता है। जो जन्म है वह उत्पत्ति और मरना प्रलय कहा है। समय पर जन्म लेते हैं।

(प्रश्न) जन्म एक है वा अनेक?

(उत्तर) अनेक।

(प्रश्न) जो अनेक हों तो पूर्व जन्म और मृत्यु की बातों का स्मरण क्यों नहीं?

(उत्तर) जीव अल्पज्ञ है त्रिकालदर्शी नहीं इसलिये स्मरण नहीं रहता।

और जिस मन से ज्ञान करता है वह भी एक समय में दो ज्ञान नहीं कर सकता। भला पूर्व जन्म की बात तो दूर रहने दीजिये, इसी देह में जब गर्भ में जीव था, शरीर बना, पश्चात् जन्मा पांचवें वर्ष से पूर्व तक जो-जो बातें हुई हैं उन का स्मरण क्यों नहीं कर सकता? और जागृत वा स्वप्न में बहुत सा व्यवहार प्रत्यक्ष में करके जब सुषुप्ति अर्थात् गाढ़ निद्रा होती है तब जागृत आदि व्यवहार का स्मरण क्यों नहीं कर सकता? और तुम से कोई पूछे कि बारह वर्ष के पूर्व तेरहवें वर्ष के पांचवें महीने के नवमे दिन दस बजे पर पहली मिनट में तुमने क्या किया था? तुम्हारा मुख, हाथ, कान, नेत्र, शरीर किस ओर किस प्रकार का था? और मन में क्या विचार था? जब इसी शरीर में ऐसा है तो पूर्व जन्म की बातों के स्मरण में शङ्का करनी केवल लड़कपने की बात है।

और जो स्मरण नहीं होता है इसी से जीव सुखी है। नहीं तो सब जन्मों के दुःखों को देख-देख दुखित होकर मर जाता। जो कोई पूर्व और पीछे जन्म के वर्त्तमान को जानना चाहै तो भी नहीं जान सकता क्योंकि जीव का ज्ञान और स्वरूप अल्प है। यह बात ईश्वर के जानने योग्य है; जीव के नहीं।

(प्रश्न) जब जीव को पूर्व का ज्ञान नहीं और ईश्वर इस को दण्ड देता है तो जीव का सुधार नहीं हो सकता क्योंकि जब उस को ज्ञान हो कि हमने अमुक काम किया था उसी का यह फल है तभी वह पापकर्मों से बच सके ?

(उत्तर) तुम ज्ञान कै प्रकार का मानते हो?

(प्रश्न) प्रत्यक्षादि प्रमाणों से आठ प्रकार का।

(उत्तर) तो जब तुम जन्म से लेकर समय-समय में राज, धन, बुद्धि, विद्या, दारिद्र्य, निर्बुद्धि, मूर्खता आदि सुख-दुःख संसार में देखकर पूर्वजन्म का ज्ञान क्यों नहीं करते? जैसे एक अवैद्य और एक वैद्य को कोई रोग हो उस का निदान अर्थात् कारण वैद्य जान लेता और अविद्वान् नहीं जान सकता। उस ने वैद्यक विद्या पढ़ी है और दूसरे ने नहीं। परन्तु ज्वरादि रोग होने से अवैद्य भी इतना जान सकता है कि मुझ से कोई कुपथ्य हो गया है जिस से मुझे यह रोग हुआ है। वैसे ही जगत् में विचित्र सुख दुःख आदि की घटती बढ़ती देख के पूर्वजन्म का अनुमान क्यों नहीं जान लेते ? और जो पूर्वजन्म को न मानोगे तो परमेश्वर पक्षपाती हो जाता है क्योंकि विना पाप के दारिद्र्यादि दुःख और विना पूर्वसञ्चित पुण्य के राज्य धनाढ्यता और निर्बुद्धिता उस को क्यों दी? और पूर्वजन्म के पाप पुण्य के अनुसार दुःख सुख के देने से परमेश्वर न्यायकारी यथावत् रहता है।

(प्रश्न) एक जन्म होने से भी परमेश्वर न्यायकारी हो सकता है। जैसे सर्वोपरि राजा जो करे सो न्याय। जैसे माली अपने उपवन में छोटे और बड़े वृक्ष लगाता किसी को काटता उखाड़ता और किसी की रक्षा करता बढ़ाता है। जिस की जो वस्तु है उसको वह चाहै जैसे रक्खे। उस के ऊपर कोई भी दूसरा न्याय करने वाला नहीं जो उस को दण्ड दे सके वा ईश्वर किसी से डरे।

(उत्तर) परमात्मा जिस लिए न्याय चाहता करता; अन्याय कभी नहीं करता इसीलिये वह पूजनीय और बड़ा है। जो न्यायविरुद्ध करे वह ईश्वर ही नहीं। जैसे माली युक्ति के विना मार्ग वा अस्थान में वृक्ष लगाने, न काटने योग्य को काटने, अयोग्य को बढ़ाने, योग्य को न बढ़ाने से दूषित होता है इसी प्रकार विना कारण के करने से ईश्वर को दोष लगे। परमेश्वर के ऊपर न्याययुक्त काम करना अवश्य

है क्योंकि वह स्वभाव से पवित्र और न्यायकारी है। जो उन्मत्त के समान काम करे तो जगत् के श्रेष्ठ न्यायाधीश से भी न्यून और अप्रतिष्ठित होवे। क्या इस जगत् में विना योग्यता के उत्तम काम किये प्रतिष्ठा और दुष्ट काम किये विना दण्ड देने वाला निन्दनीय अप्रतिष्ठित नहीं होता ? इसीलिये ईश्वर अन्याय नहीं करता इसी से किसी से नहीं डरता।

(प्रश्न) परमात्मा ने प्रथम ही से जिस के लिए जितना देना विचारा है उतना देता और जितना काम करना है उतना करता है।

(उत्तर) उस का विचार जीवों के कर्मानुसार होता है अन्यथा नहीं। जो अन्यथा हो तो वह भी अपराधी अन्यायकारी होवे।

(प्रश्न) बड़े छोटों को एक सा ही सुख दुःख है। बड़ों को बड़ी चिन्ता और छोटों को छोटी। जैसे—किसी साहूकार का विवाद राजघर में लाख रुपये का हो तो वह अपने घर से पालकी में बैठ कर कचहरी में उष्णकाल में जाता हो, बाजार में हो के उस को जाता देख कर अज्ञानी लोग कहते हैं कि देखो पुण्य पाप का फल, एक पालकी में आनन्दपूर्वक बैठा है और दूसरे विना जूते पहिरे नीचे से तप्यमान होते हुए पालकी को उठा कर ले जाते हैं। परन्तु बुद्धिमान् लोग इस में यह जानते हैं कि जैसे-जैसे कचहरी निकट आती जाती है वैसे-वैसे साहूकार को बड़ा शोक और सन्देह बढ़ता जाता और कहारों को आनन्द होता जाता है। जब कचहरी में पहुंचते हैं तब सेठ जी इधर उधर जाने का विचार करते हैं कि प्राड्विवाक (वकील) के पास जाऊँ वा सरिश्तेदार के पास। आज हारूंगा वा जीतूँगा न जाने क्या होगा? और कहार लोग तमाखू पीते परस्पर बातें चीतें करते हुए प्रसन्न होकर आनन्द में सो जाते हैं। जो वह जीत जाय तो कुछ सुख और हार जाये तो सेठ जी दुःखसागर में डूब जाय और वे कहार जैसे के वैसे रहते हैं।

इसी प्रकार जब राजा सुन्दर कोमल बिछोने में सोता है तो भी शीघ्र निद्रा नहीं आती और मजूर कंकर पत्थर और मट्टी ऊँचे नीचे स्थल पर सोता है उस को झट ही निद्रा आती है। ऐसे ही सर्वत्र समझो।

(उत्तर) यह समझ अज्ञानियों की है। क्या किसी साहूकार से कहें कि तू कहार बन जा और कहार से कहें कि तू साहूकार बन जा तो साहूकार कभी कहार बनना नहीं और कहार साहूकार बनना चाहते हैं। जो सुख दुःख बराबर होता तो अपनी-अपनी अवस्था छोड़ नीच और ऊंच बनना दोनों न चाहते।

देखो! एक जीव विद्वान्, पुण्यात्मा, श्रीमान् राजा की राणी के गर्भ में आता और दूसरा महादरिद्र घसियारी के गर्भ में आता है। एक को गर्भ से लेकर सर्वथा सुख और दूसरे को सब प्रकार दुःख मिलता है। एक जब जन्मता है तब सुन्दर सुगन्धितयुक्त जलादि से स्नान, युक्ति से नाड़ी छेदन, दुग्धपानादि यथायोग्य प्राप्त होते हैं। जब वह दूध पीना चाहता है तो उस के साथ मिश्री आदि मिला कर यथेष्ट मिलता है। उसको प्रसन्न रखने के लिये नौकर चाकर खिलौना सवारी उत्तम स्थानों में लाड़ से आनन्द होता है। दूसरे का जन्म जङ्गल में होता, स्नान के लिये जल भी नहीं मिलता, जब दूध पीना चाहता तब दूध के बदले में घूंसा थपेड़ा आदि से पीटा जाता है। अत्यन्त आर्तस्वर से रोता है। कोई नहीं पूछता। इत्यादि जीवों को विना पुण्य पाप के सुख दुःख होने से परमेश्वर पर दोष आता है।

दूसरा जैसे विना किये कर्मों के सुख दुःख मिलते हैं तो आगे नरक स्वर्ग

भी न होना चाहिये। क्योंकि जैसे परमेश्वर ने इस समय विना कर्मों के सुख दुःख दिया है वैसे मरे पीछे भी जिस को चाहेगा उस को स्वर्ग में और जिस को चाहे नरक में भेज देगा। पुनः सब जीव अधर्मयुक्त हो जायेंगे, धर्म क्यों करें ? क्योंकि धर्म का फल मिलने में सन्देह है। परमेश्वर के हाथ है, जैसे उस की प्रसन्नता होगी वैसा करेगा तो पापकर्मों में भय न होकर संसार में पाप की वृद्धि और धर्म का क्षय हो जायेगा। इसलिये पूर्व जन्म के पुण्य पाप के अनुसार वर्त्तमान जन्म और वर्त्तमान तथा पूर्वजन्म के कर्मानुसार भविष्यत् जन्म होते हैं।

(प्रश्न) मनुष्य और अन्य पश्वादि के शरीर में जीव एक सा है वा भिन्न-भिन्न जाति के?

(उत्तर) जीव एक से हैं परन्तु पाप पुण्य के योग से मलिन और पवित्र होते हैं।

(प्रश्न) मनुष्य का जीव पश्वादि में और पश्वादि का मनुष्य के शरीर में और स्त्री का पुरुष के और पुरुष का स्त्री के शरीर में जाता आता है वा नहीं?

(उत्तर) हां! जाता आता है। क्योंकि जब पाप बढ़ जाता पुण्य न्यून होता है तब मनुष्य का जीव पश्वादि नीच शरीर और जब धर्म अधिक तथा अधर्म न्यून होता है तब देव अर्थात् विद्वानों का शरीर मिलता और जब पुण्य पाप बराबर होता है तब साधारण मनुष्य जन्म होता है। इस में भी पुण्य पाप के उत्तम, मध्यम और निकृष्ट होने से मनुष्यादि में भी उत्तम, मध्यम, निकृष्ट शरीरादि सामग्री वाले होते हैं। और जब अधिक पाप का फल पश्वादि शरीर में भोग लिया है पुनः पाप पुण्य के तुल्य रहने से मनुष्य शरीर में आता है और पुण्य के फल भोग कर फिर भी मध्यस्थ मनुष्य के शरीर में आता है।

जब शरीर से निकलता है उसी का नाम 'मृत्यु' और शरीर के साथ संयोग होने का नाम 'जन्म' है। जब शरीर छोड़ता तब यमालय अर्थात् आकाशस्थ वायु में रहता है क्योंकि **'यमेन वायुना'** वेद में लिखा है कि यम नाम वायु का है; गरुड़ पुराण का कल्पित यम नहीं। इस का विशेष खण्डन मण्डन ग्यारहवें समुल्लास में लिखेंगे।

पश्चात् धर्मराज अर्थात् परमेश्वर उस जीव के पाप पुण्यानुसार जन्म देता है। वह वायु, अन्न, जल अथवा शरीर के छिद्र द्वारा दूसरे के शरीर में ईश्वर की प्रेरणा से प्रविष्ट होता है। जो प्रविष्ट होकर क्रमशः वीर्य्य में जा गर्भ में स्थित हो, शरीर धारण कर, बाहर आता है। जो स्त्री के शरीर धारण करने योग्य कर्म हों तो स्त्री और पुरुष के शरीर धारण करने योग्य कर्म हों तो पुरुष के शरीर में प्रवेश करता है। और नपुंसक गर्भ की स्थिति-समय स्त्री पुरुष के शरीर में सम्बन्ध करके रज वीर्य के बराबर होने से होता है।

इसी प्रकार नाना प्रकार के जन्म मरण में तब तक जीव पड़ा रहता है कि जब तक उत्तम कर्मोपासना ज्ञान को करके मुक्ति को नहीं पाता। क्योंकि उत्तम कर्मादि करने से मनुष्यों में उत्तम जन्म और मुक्ति में महाकल्प पर्यन्त जन्म मरण दुःखों से रहित होकर आनन्द में रहता है।

(प्रश्न) मुक्ति एक जन्म में होती है वा अनेकों में ?

(उत्तर) अनेक जन्मों में। क्योंकि-

भिद्यते हृदयग्रन्थिश्छिद्यन्ते सर्वसंशयाः।
क्षीयन्ते चास्य कर्माणि तस्मिन्दृष्टे पराऽवरे॥ १॥ —मुण्डक॥

जब इस जीव के हृदय की अविद्या अज्ञानरूपी गांठ कट जाती, सब संशय छिन्न होते और दुष्ट कर्म क्षय को प्राप्त होते हैं तभी उस परमात्मा जो कि अपने आत्मा के भीतर और बाहर व्याप रहा है; उस में निवास करता है।

(प्रश्न) मुक्ति में परमेश्वर में जीव मिल जाता है वा पृथक् रहता है ?

(उत्तर) पृथक् रहता है। क्योंकि जो मिल जाय तो मुक्ति का सुख कौन भोगे और मुक्ति के जितने साधन हैं वे सब निष्फल हो जावें। वह मुक्ति तो नहीं किन्तु जीव का प्रलय जानना चाहिये। जब जीव परमेश्वर की आज्ञापालन, उत्तम कर्म, सत्सङ्ग, योगाभ्यास पूर्वोक्त सब साधन करता है वही मुक्ति को पाता है।

सत्यं ज्ञानमनन्तं ब्रह्म यो वेद निहितं गुहायां परमे व्योमन्।
सोऽश्नुते सर्वान् कामान् सह ब्रह्मणा विपश्चितेति ॥ —तैत्तिरी० ॥

जो जीवात्मा अपनी बुद्धि और आत्मा में स्थित सत्य ज्ञान और अनन्त आनन्दस्वरूप परमात्मा को जानता है वह उस व्यापकरूप ब्रह्म में स्थित होके उस 'विपश्चित्' अनन्तविद्यायुक्त ब्रह्म के साथ कामों को प्राप्त होता है। अर्थात् जिस-जिस आनन्द की कामना करता है उस-उस आनन्द को प्राप्त होता है। यही **मुक्ति** कहाती है।

(प्रश्न) जैसे शरीर के विना सांसारिक सुख नहीं भोग सकता वैसे मुक्ति में विना शरीर आनन्द कैसे भोग सकेगा?

(उत्तर) इस का समाधान पूर्व कह आये हैं और इतना अधिक सुनो—जैसे सांसारिक सुख शरीर के आधार से भोगता है वैसे परमेश्वर के आधार मुक्ति के आनन्द को जीवात्मा भोगता है। वह मुक्त जीव अनन्त व्यापक ब्रह्म में स्वच्छन्द घूमता, शुद्ध ज्ञान से सब सृष्टि को देखता, अन्य मुक्तों के साथ मिलता, सृष्टिविद्या को क्रम से देखता हुआ सब लोकलोकान्तरों में अर्थात् जितने ये लोक दीखते हैं, और नहीं दीखते उन सब में घूमता है। वह सब पदार्थों को जो कि उस के ज्ञान के आगे हैं सब को देखता है। जितना ज्ञान अधिक होता है उसको उतना ही आनन्द अधिक होता है। मुक्ति में जीवात्मा निर्मल होने से पूर्ण ज्ञानी होकर उस को सब सन्निहित पदार्थों का भान यथावत् होता है।

यही सुखविशेष स्वर्ग और विषय तृष्णा में फंस कर दुःखविशेष भोग करना नरक कहाता है। **'स्वः'** सुख का नाम है। **'स्वः सुखं गच्छति यस्मिन् स स्वर्गः'** **'अतो विपरीतो दुःखभोगो नरक इति'** जो सांसारिक सुख है वह सामान्य स्वर्ग और जो परमेश्वर की प्राप्ति से आनन्द है वही विशेष स्वर्ग कहाता है।

सब जीव स्वभाव से सुखप्राप्ति की इच्छा और दुःख का वियोग होना चाहते हैं परन्तु जब तक धर्म नहीं करते और पाप नहीं छोड़ते तब तक उन को सुख का मिलना और दुःख का छूटना न होगा। क्योंकि जिस का कारण अर्थात् मूल होता है वह नष्ट कभी नहीं होता। जैसे—

छिन्ने मूले वृक्षो नश्यति तथा पापे क्षीणे दुःखं नश्यति।

जैसे मूल कट जाने से वृक्ष नष्ट हो जाता है वैसे पाप को छोड़ने से दुःख नष्ट होता है। देखो! मनुस्मृति में पाप और पुण्य की बहुत प्रकार की गति—

मानसं मनसैवायमुपभुङ्क्ते शुभाऽशुभम्।
वाचा वाचा कृतं कर्म कायेनैव च कायिकम्॥ १॥

शरीरजैः कर्मदोषैर्याति स्थावरतां नरः।
वाचिकैः पक्षिमृगतां मानसैरन्त्यजातिताम्॥ २॥
यो यदैषां गुणो देहे साकल्येनातिरिच्यते।
स तदा तद्गुणप्रायं तं करोति शरीरिणम्॥ ३॥
सत्त्वं ज्ञानं तमोऽज्ञानं रागद्वेषौ रजःस्मृतम्।
एतद्व्याप्तिमदेतेषां सर्वभूताश्रितं वपुः॥ ४॥
तत्र यत्प्रीतिसंयुक्तं किञ्चिदात्मनि लक्षयेत्।
प्रशान्तमिव शुद्धाभं सत्त्वं तदुपधारयेत्॥ ५॥
यत्तु दुःखसमायुक्तम् अप्रीतिकरमात्मनः।
तद्रजोऽप्रतिघं विद्यात् सततं हारि देहिनाम्॥ ६॥
यत्तु स्यान्मोहसंयुक्तमव्यक्तं विषयात्मकम्।
अप्रतर्क्यम् अविज्ञेयं तमस्तद् उपधारयेत्॥ ७॥
त्रयाणामपि चैतेषां गुणानां यः फलोदयः।
अग्र्यो मध्यो जघन्यश्च तं प्रवक्ष्याम्यशेषतः॥ ८॥
वेदाभ्यासस्तपो ज्ञानं शौचमिन्द्रियनिग्रहः।
धर्मक्रियात्मचिन्ता च सात्त्विकं गुणलक्षणम्॥ ९॥
आरम्भरुचिताऽधैर्य्यम् असत्कार्यपरिग्रहः।
विषयोपसेवा चाजस्रं राजसं गुणलक्षणम्॥ १०॥
लोभः स्वप्नोऽधृतिः क्रौर्यं नास्तिक्यं भिन्नवृत्तिता।
याचिष्णुता प्रमादश्च तामसं गुणलक्षणम्॥ ११॥
यत्कर्म कृत्वा कुर्वंश्च करिष्यंश्चैव लज्जति।
तज्ज्ञेयं विदुषा सर्वं तामसं गुणलक्षणम्॥ १२॥
येनास्मिन्कर्मणा लोके ख्यातिमिच्छति पुष्कलाम्।
न च शोचत्यसम्पत्तौ तद्विज्ञेयं तु राजसम्॥ १३॥
यत्सर्वेणेच्छति ज्ञातुं यन्न लज्जति चाचरन्।
तेन तुष्यति चात्मास्य तत्सत्त्वगुणलक्षणम्॥ १४॥
तमसो लक्षणं कामो रजसस्त्वर्थ उच्यते।
सत्त्वस्य लक्षणं धर्मः श्रैष्ठ्यमेषां यथोत्तरम्॥ १५॥ मनु० अ० १२॥

अर्थात् मनुष्य इस प्रकार अपने श्रेष्ठ, मध्य और निकृष्ट स्वभाव को जानकर उत्तम स्वभाव का ग्रहण; मध्य और निकृष्ट का त्याग करे और यह भी निश्चय जाने कि यह जीव मन से जिस शुभ वा अशुभ कर्म को करता है उस को मन, वाणी से किये को वाणी और शरीर से किये को शरीर से अर्थात् सुख दुःख को भोगता है॥ १॥

जो नर शरीर से चोरी, परस्त्रीगमन, श्रेष्ठों को मारने आदि दुष्ट कर्म करता है उस को **वृक्षादि स्थावर** का जन्म; वाणी से किये पाप कर्मों से पक्षी और मृगादि तथा मन से किये दुष्ट कर्मों से चाण्डाल आदि का शरीर मिलता है॥ २॥

जो गुण इन जीवों के देह में अधिकता से वर्त्तता है वह गुण उस जीव को अपने सदृश कर देता है॥ ३॥

जब आत्मा में ज्ञान हो तब सत्त्व; जब अज्ञान रहे तब तम; और जब राग द्वेष में आत्मा लगे तब रजोगुण जानना चाहिये। ये तीन प्रकृति के गुण सब संसारस्थ

पदार्थों में व्याप्त हो कर रहते हैं॥ ४॥

उस का विवेक इस प्रकार करना चाहिये कि जब आत्मा में प्रसन्नता मन प्रसन्न प्रशान्त के सदृश शुद्धभानयुक्त वर्त्ते तब समझना कि सत्त्वगुण प्रधान और रजोगुण तथा तमोगुण अप्रधान हैं॥ ५॥

जब आत्मा और मन दुःखसंयुक्त प्रसन्नतारहित विषय में इधर उधर गमन आगमन में लगे तब समझना कि रजोगुण प्रधान, सत्त्वगुण और तमोगुण अप्रधान है॥ ६॥

जब मोह अर्थात् सांसारिक पदार्थों में फंसा हुआ आत्मा और मन हो, जब आत्मा और मन में कुछ विवेक न रहै; विषयों में आसक्त तर्क वितर्क रहित जानने के योग्य न हो; तब निश्चय समझना चाहिये कि इस समय मुझ में तमोगुण प्रधान और सत्त्वगुण तथा रजोगुण अप्रधान है॥ ७॥

अब जो इन तीनों गुणों का उत्तम, मध्यम और निकृष्ट फलोदय होता है उस को पूर्णभाव से कहते हैं॥ ८॥

जो वेदों का अभ्यास, धर्मानुष्ठान, ज्ञान की वृद्धि, पवित्रता की इच्छा, इन्द्रियों का निग्रह, धर्म क्रिया और आत्मा का चिन्तन होता है यही सत्त्वगुण का लक्षण है॥ ९॥

जब रजोगुण का उदय, सत्त्व और तमोगुण का अन्तर्भाव होता है तब आरम्भ में रुचिता, धैर्य-त्याग, असत् कर्मों का ग्रहण, निरन्तर विषयों की सेवा में प्रीति होती है तभी समझना कि रजोगुण प्रधानता से मुझ में वर्त्त रहा है॥ १०॥

जब तमोगुण का उदय और दोनों का अन्तर्भाव होता है तब अत्यन्त लोभ अर्थात् सब पापों का मूल बढ़ता, अत्यन्त आलस्य और निद्रा, धैर्य्य का नाश, क्रूरता का होना, नास्तिक्य अर्थात् वेद और ईश्वर में श्रद्धा का न रहना, भिन्न-भिन्न अन्तःकरण की वृत्ति और एकाग्रता का अभाव जिस किसी से याचना अर्थात् मांगना, प्रमाद अर्थात् मद्यपानादि दुष्ट व्यसनों में फंसना होवे तब समझना कि तमोगुण मुझ में बढ़ कर वर्त्तता है॥ ११॥

यह सब तमोगुण का लक्षण विद्वान् को जानने योग्य है तथा जब अपना आत्मा जिस कर्म को करके करता हुआ और करने की इच्छा से लज्जा, शंका और भय को प्राप्त होवे तब जानो कि मुझ में प्रवृद्ध तमोगुण है॥ १२॥

जिस कर्म से इस लोक में जीवात्मा पुष्कल प्रसिद्धि चाहता, दरिद्रता होने में भी चारण, भाट आदि को दान देना नहीं छोड़ता तब समझना कि मुझ में रजोगुण प्रबल है॥ १३॥

और जब मनुष्य का आत्मा सब से जानने को चाहै, गुण ग्रहण करता जाय, अच्छे कर्मों में लज्जा न करे और जिस कर्म से आत्मा प्रसन्न होवे अर्थात् धर्माचरण में ही रुचि रहे तब समझना कि मुझ में सत्त्वगुण प्रबल है॥ १४॥

तमोगुण का लक्षण काम, रजोगुण का अर्थसंग्रह की इच्छा और सत्त्वगुण का लक्षण धर्मसेवा करना है परन्तु तमोगुण से रजोगुण और रजोगुण से सत्त्वगुण श्रेष्ठ है॥ १५॥

अब जिस-जिस गुण से जिस-जिस गति को जीव प्राप्त होता है उस-उस को आगे लिखते हैं—

देवत्वं सात्त्विका यान्ति मनुष्यत्वञ्च राजसाः।
तिर्यक्त्वं तामसा नित्यमित्येषा त्रिविधा गतिः॥ १॥
स्थावरा कृमिकीटाश्च मत्स्याः सर्पाश्च कच्छपाः।
पशवश्च मृगाश्चैव जघन्या तामसी गतिः॥ २॥
हस्तिनश्च तुरङ्गाश्च शूद्रा म्लेच्छाश्च गर्हिताः।
सिंहा व्याघ्रा वराहाश्च मध्यमा तामसी गतिः॥ ३॥
चारणाश्च सुपर्णाश्च पुरुषाश्चैव दाम्भिकाः।
रक्षांसि च पिशाचाश्च तामसीषूत्तमा गतिः॥ ४॥
झल्ला मल्ला नटाश्चैव पुरुषाः शस्त्रवृत्तयः।
द्यूतपानप्रसक्ताश्च जघन्या राजसी गतिः॥ ५॥
राजानः क्षत्रियाश्चैव राज्ञां चैव पुरोहिताः।
वादयुद्धप्रधानाश्च मध्यमा राजसी गतिः॥ ६॥
गन्धर्वा गुह्यका यक्षा विबुधानुचराश्च ये।
तथैवाप्सरसः सर्वा राजसीषूत्तमा गतिः॥ ७॥
तापसा यतयो विप्रा ये च वैमानिका गुणाः।
नक्षत्राणि च दैत्याश्च प्रथमा सात्त्विकी गतिः॥ ८॥
यज्वान ऋषयो देवा वेदा ज्योतींषि वत्सराः।
पितरश्चैव साध्याश्च द्वितीया सात्त्विकी गतिः॥ ९॥
ब्रह्मा विश्वसृजो धर्म्मो महानव्यक्तमेव च।
उत्तमां सात्त्विकीमेतां गतिमाहुर्मनीषिणः॥ १०॥
इन्द्रियाणां प्रसङ्गेन धर्मस्यासेवनेन च।
पापान् संयान्ति संसारान् अविद्वांसो नराधमाः॥ ११॥

जो मनुष्य सात्त्विक हैं वे देव अर्थात् विद्वान्, जो रजोगुणी होते हैं वे मध्यम मनुष्य और जो तमोगुणयुक्त होते हैं वे नीच गति को प्राप्त होते हैं॥ १॥

जो अत्यन्त तमोगुणी हैं वे स्थावर वृक्षादि, कृमि, कीट, मत्स्य, सर्प्प, कच्छप, पशु और मृग के जन्म को प्राप्त होते हैं॥ २॥

जो मध्यम तमोगुणी हैं वे हाथी, घोड़ा, शूद्र, म्लेच्छ निन्दित कर्म करने हारे सिंह, व्याघ्र, वराह अर्थात् सूकर के जन्म को प्राप्त होते हैं॥ ३॥

जो उत्तम तमोगुणी हैं वे चारण (जो कि कवित्त दोहा आदि बनाकर मनुष्यों की प्रशंसा करते हैं) सुन्दर पक्षी, दाम्भिक पुरुष अर्थात् अपने मुख से अपनी प्रशंसा करने हारे, राक्षस जो हिंसक, पिशाच जो अनाचारी अर्थात् मद्यादि के आहारकर्त्ता और मलिन रहते हैं; वह उत्तम तमोगुण के कर्म का फल है॥ ४॥

जो अत्यन्त रजोगुणी हैं वे झल्ला अर्थात् तलवार आदि से मारने वा कुदार आदि से खोदनेहारे, मल्ला अर्थात् नौका आदि के चलाने वाले, नट जो बांस आदि पर कला कूदना चढ़ना उतरना आदि करते हैं, शस्त्रधारी भृत्य और मद्य पीने में आसक्त हों; ऐसे जन्म नीच रजोगुण का फल है॥ ५॥

जो अधम रजोगुणी होते हैं वे राजा क्षत्रियवर्णस्थ राजाओं के पुरोहित, वादविवाद करने वाले, दूत, प्राड्विवाक (वकील बारिष्टर), युद्ध–विभाग के अध्यक्ष के जन्म पाते हैं॥ ६॥

जो उत्तम रजोगुणी हैं वे गन्धर्व (गाने वाले) गुह्यक (वादित्र बजानेहारे), यक्ष (धनाढ्य) विद्वानों के सेवक और अप्सरा अर्थात् जो उत्तम रूप वाली स्त्री का जन्म पाते हैं॥ ७॥

जो तपस्वी, यति, संन्यासी, वेदपाठी, विमान के चलाने वाले, ज्योतिषी और दैत्य अर्थात् देहपोषक मनुष्य होते हैं उनको प्रथम सत्त्वगुण के कर्म का फल जानो ॥८ ॥

जो मध्यम सत्त्वगुण युक्त होकर कर्म करते हैं वे जीव यज्ञकर्त्ता, वेदार्थवित्, विद्वान्, वेद, विद्युत् आदि काल विद्या के ज्ञाता, रक्षक, ज्ञानी और (साध्य) कार्यसिद्धि के लिये सेवन करने योग्य अध्यापक का जन्म पाते हैं॥ ९॥

जो उत्तम सत्त्वगुणयुक्त होके उत्तम कर्म्म करते हैं वे ब्रह्मा सब वेदों का वेत्ता विश्वसृज् सब सृष्टिक्रम विद्या को जानकर विविध विमानादि यानों को बनानेहारे, धार्मिक सर्वोत्तम बुद्धियुक्त और अव्यक्त के जन्म और प्रकृतिवशित्व सिद्धि को प्राप्त होते हैं॥ १०॥

जो इन्द्रिय के वश होकर विषयी, धर्म को छोड़कर अधर्म करनेहारे अविद्वान् हैं वे मनुष्यों में नीच जन बुरे-बुरे दुःखरूप जन्म को पाते हैं॥ ११॥

इसी प्रकार सत्त्व, रज और तमोगुण युक्त वेग से जिस-जिस प्रकार का कर्म जीव करता है उस-उस को उसी-उसी प्रकार फल प्राप्त होता है।

जो मुक्त होते हैं वे गुणातीत अर्थात् सब गुणों के स्वभावों में न फंसकर महायोगी होके मुक्ति का साधन करें। क्योंकि-

योगश्चित्तवृत्तिनिरोधः॥ १॥

तदा द्रष्टुः स्वरूपेऽवस्थानम्॥ २॥ —ये योगशास्त्र पातञ्जल के सूत्र हैं।

मनुष्य रजोगुण, तमोगुण युक्त कर्मों से मन को रोक शुद्ध सत्त्वगुणयुक्त कर्मों से भी मन को रोक, शुद्ध सत्त्वगुणयुक्त हो पश्चात् उस का निरोध कर, एकाग्र अर्थात् एक परमात्मा और धर्मयुक्त कर्म इनके अग्रभाग में चित्त का ठहरा रखना निरुद्ध अर्थात् सब ओर से मन की वृत्ति को रोकना॥ १॥

जब चित्त एकाग्र और निरुद्ध होता है तब सब के द्रष्टा ईश्वर के स्वरूप में जीवात्मा की स्थिति होती है॥ २॥ इत्यादि साधन मुक्ति के लिये करे। और-

अथ त्रिविधदुःखात्यन्तनिवृत्तिरत्यन्तपुरुषार्थः॥ यह सांख्य का सूत्र है।

जो आध्यात्मिक अर्थात् शरीर सम्बन्धी पीड़ा, आधिभौतिक जो दूसरे प्राणियों से दुःखित होना, आधिदैविक जो अतिवृष्टि, अतिताप, अतिशीत, मन इन्द्रियों की चञ्चलता से होता है; इस त्रिविध दुःख को छुड़ा कर मुक्ति पाना अत्यन्त पुरुषार्थ है।

इसके आगे आचार अनाचार और भक्ष्याभक्ष्य का विषय लिखेंगे॥ ९॥

इति श्रीमद्दयानन्दसरस्वतीस्वामिकृते सत्यार्थप्रकाशे
सुभाषाविभूषिते विद्याऽविद्याबन्धमोक्षविषये
नवमः समुल्लासः सम्पूर्णः॥ ९॥

अथ दशमसमुल्लासारम्भः

अथाऽऽचाराऽनाचारभक्ष्याऽभक्ष्यविषयान् व्याख्यास्यामः

अब जो धर्मयुक्त कामों का आचरण, सुशीलता, सत्पुरुषों का संग और सद्विद्या के ग्रहण में रुचि आदि आचार और इन से विपरीत अनाचार कहाता है; उस को लिखते हैं—

विद्वद्भिः सेवितः सद्भिर्नित्यमद्वेषरागिभिः।
हृदयेनाभ्यनुज्ञातो यो धर्मस्तन्निबोधत॥ १॥
कामात्मता न प्रशस्ता न चैवेहास्त्यकामता।
काम्यो हि वेदाधिगमः कर्मयोगश्च वैदिकः॥ २॥
सङ्कल्पमूलः कामो वै यज्ञाः सङ्कल्पसम्भवाः।
व्रतानि यमधर्माश्च सर्वे सङ्कल्पजाः स्मृताः॥ ३॥
अकामस्य क्रिया काचिद् दृश्यते नेह कर्हिचित्।
यद्यद्धि कुरुते किञ्चित् तत्तत्कामस्य चेष्टितम्॥ ४॥
वेदोऽखिलो धर्ममूलं स्मृतिशीले च तद्विदाम्।
आचारश्चैव साधूनामात्मनस्तुष्टिरेव च॥ ५॥
सर्वन्तु समवेक्ष्येदं निखिलं ज्ञानचक्षुषा।
श्रुतिप्रामाण्यतो विद्वान् स्वधर्मे निविशेत वै॥ ६॥
श्रुतिस्मृत्युदितं धर्ममनुतिष्ठन् हि मानवः।
इह कीर्त्तिमवाप्नोति प्रेत्य चानुत्तमं सुखम्॥ ७॥ ८॥
योऽवमन्येत ते मूले हेतुशास्त्राश्रयाद् द्विजः।
स साधुभिर्बहिष्कार्यो नास्तिको वेदनिन्दकः॥ ९॥
वेदः स्मृतिः सदाचारः स्वस्य च प्रियमात्मनः।
एतच्चतुर्विधं प्राहुः साक्षाद्धर्मस्य लक्षणम्॥ १०॥
अर्थकामेष्वसक्तानां धर्मज्ञानं विधीयते।
धर्मं जिज्ञासमानानां प्रमाणं परमं श्रुतिः॥ ११॥
वैदिकैः कर्मभिः पुण्यैर्निषेकादिर्द्विजन्मनाम्।
कार्य्यः शरीरसंस्कारः पावनः प्रेत्य चेह च॥ १२॥
केशान्तः षोडशे वर्षे ब्राह्मणस्य विधीयते।
राजन्यबन्धोर्द्वाविंशे वैश्यस्य द्व्यधिके ततः॥ १३॥ मनु० अ० २॥

मनुष्यों को सदा इस बात पर ध्यान रखना चाहिये कि जिस का सेवन रागद्वेषरहित विद्वान् लोग नित्य करें; जिस को हृदय अर्थात् आत्मा से सत्य कर्त्तव्य जानें, वही धर्म माननीय और करणीय है॥ १॥

क्योंकि इस संसार में अत्यन्त कामात्मता और निष्कामता श्रेष्ठ नहीं है। वेदार्थज्ञान और वेदोक्त कर्म ये सब कामना ही से सिद्ध होते हैं॥ २॥

जो कोई कहे कि मैं निरिच्छ और निष्काम हूं वा हो जाऊँ तो वह कभी नहीं हो सकता क्योंकि सब काम अर्थात् यज्ञ, सत्यभाषणादि व्रत, यम नियमरूपी

धर्म आदि संकल्प ही से बनते हैं॥ ३॥

क्योंकि जो-जो हस्त, पाद, नेत्र, मन आदि चलाये जाते हैं वे सब कामना ही से चलते हैं। जो इच्छा न हो तो आंख का खोलना और मीचना भी नहीं हो सकता॥ ४॥

इसलिये सम्पूर्ण वेद, मनुस्मृति तथा ऋषिप्रणीत शास्त्र, सत्पुरुषों का आचार और जिस-जिस कर्म में अपना आत्मा प्रसन्न रहे अर्थात् भय, शंका, लज्जा जिस में न हों उन कर्मों का सेवन करना उचित है। देखो! जब कोई मिथ्याभाषण, चोरी आदि की इच्छा करता है तभी उस के आत्मा में भय, शंका, लज्जा अवश्य उत्पन्न होती है इसलिये वह कर्म करने योग्य नहीं॥ ५॥

मनुष्य सम्पूर्ण शास्त्र, वेद, सत्पुरुषों का आचार, अपने आत्मा के अविरुद्ध अच्छे प्रकार विचार कर ज्ञाननेत्र करके श्रुति-प्रमाण से स्वात्मानुकूल धर्म में प्रवेश करे॥ ६॥

क्योंकि जो मनुष्य वेदोक्त धर्म और जो वेद से अविरुद्ध स्मृत्युक्त धर्म का अनुष्ठान करता है वह इस लोक में कीर्ति और मरके सर्वोत्तम सुख को प्राप्त होता है॥ ७॥

श्रुति वेद और स्मृति धर्मशास्त्र को कहते हैं। इन से सब कर्त्तव्याकर्त्तव्य का निश्चय करना चाहिये॥८॥

जो कोई मनुष्य वेद और वेदानुकूल आप्तग्रन्थों का अपमान करे उस को श्रेष्ठ लोग जातिबाह्य कर दें। क्योंकि जो वेद की निन्दा करता है वही **नास्तिक** कहाता है॥ ९॥

इसलिये वेद, स्मृति, सत्पुरुषों का आचार और अपने आत्मा के ज्ञान से अविरुद्ध प्रियाचरण, ये चार धर्म के लक्षण अर्थात् इन्हीं से धर्म लक्षित होता है॥१०॥

परन्तु जो द्रव्यों के लोभ और काम अर्थात् विषयसेवा में फंसा हुआ नहीं होता उसी को धर्म का ज्ञान होता है। जो धर्म को जानने की इच्छा करें उनके लिये वेद ही परम प्रमाण है॥ ११॥

इसी से सब मनुष्यों को उचित है कि वेदोक्त पुण्यरूप कर्मों से ब्राह्मण, क्षत्रिय, वैश्य अपने सन्तानों का निषेकादि संस्कार करें। जो इस जन्म वा परजन्म में पवित्र करने वाला है॥ १२॥

ब्राह्मण के सोलहवें, क्षत्रिय के बाईसवें और वैश्य के चौबीसवें वर्ष में केशान्त कर्म और मुण्डन हो जाना चाहिये अर्थात् इस विधि के पश्चात् केवल शिखा को रख के अन्य डाढ़ी मूँछ और शिर के बाल सदा मुंडवाते रहना चाहिये अर्थात् पुनः कभी न रखना और जो शीतप्रधान देश हो तो कामचार है; चाहै जितने केश रक्खे और जो अति उष्ण देश हो तो सब शिखा सहित छेदन करा देना चाहिये क्योंकि शिर में बाल रहने से उष्णता अधिक होती है और उससे बुद्धि कम हो जाती है। डाढ़ी मूँछ रखने से भोजन पान अच्छे प्रकार नहीं होता और उच्छिष्ट भी बालों में रह जाता है॥ १३॥

इन्द्रियाणां विचरतां विषयेष्वपहारिषु।
संयमे यत्नमातिष्ठेद्विद्वान् यन्तेव वाजिनाम्॥ १॥
इन्द्रियाणां प्रसङ्गेन दोषमृच्छत्यसंशयम्।
सन्नियम्य तु तान्येव ततः सिद्धिं नियच्छति॥ २॥

न जातु कामः कामानामुपभोगेन शाम्यति।
हविषा कृष्णवर्त्मेव भूय एवाभिवर्द्धते॥ ३॥
वेदास्त्यागश्च यज्ञाश्च नियमाश्च तपांसि च।
न विप्रदुष्टभावस्य सिद्धिं गच्छन्ति कर्हिचित्॥ ४॥
वशे कृत्वेन्द्रियग्रामं संयम्य च मनस्तथा।
सर्वान् संसाधयेदर्थानक्षिण्वन् योगतस्तनुम्॥५॥
श्रुत्वा स्पृष्ट्वा च दृष्ट्वा च भुक्त्वा घ्रात्वा च यो नरः।
न हृष्यति ग्लायति वा स विज्ञेयो जितेन्द्रियः॥ ६॥
नापृष्टः कस्यचिद् ब्रूयान्न चान्यायेन पृच्छतः।
जानन्नपि हि मेधावी जडवल्लोक आचरेत्॥ ७॥
वित्तं बन्धुर्वयः कर्म विद्या भवति पञ्चमी।
एतानि मान्यस्थानानि गरीयो यद्यदुत्तरम्॥ ८॥
अज्ञो भवति वै बालः पिता भवति मन्त्रदः।
अज्ञं हि बालमित्याहुः पितेत्येव तु मन्त्रदम्॥ ९॥
न हायनैर्न पलितैर्न वित्तेन न बन्धुभिः।
ऋषयश्चक्रिरे धर्मं योऽनूचानः स नो महान्॥ १०॥
विप्राणां ज्ञानतो ज्यैष्ठ्यं क्षत्रियाणां तु वीर्यतः।
वैश्यानां धान्यधनतः शूद्राणामेव जन्मतः॥ ११॥
न तेन वृद्धो भवति येनास्य पलितं शिरः।
यो वै युवाप्यधीयानस्तं देवाः स्थविरं विदुः॥ १२॥
यथा काष्ठमयो हस्ती यथा चर्ममयो मृगः।
यश्च विप्रोऽनधीयानस्त्रयस्ते नाम बिभ्रति॥ १३॥
अहिंसयैव भूतानां कार्यं श्रेयोऽनुशासनम्।
वाक् चैव मधुरा श्लक्ष्णा प्रयोज्या धर्ममिच्छता॥ १४॥ मनु० अ० २॥

मनुष्य का यही मुख्य आचार है कि जो इन्द्रियां चित्त का हरण करने वाले विषयों में प्रवृत्त कराती हैं उन को रोकने में प्रयत्न करे। जैसे घोड़ों को सारथि रोक कर शुद्ध मार्ग में चलाता है इस प्रकार इन को अपने वश में करके अधर्ममार्ग से हटा के धर्ममार्ग में सदा चलाया करे॥ १॥

क्योंकि इन्द्रियों को विषयासक्ति और अधर्म में चलाने से मनुष्य निश्चित दोष को प्राप्त होता है और जब इन को जीत कर धर्म में चलाता है तभी अभीष्ट सिद्धि को प्राप्त होता है॥ २॥

यह निश्चय है कि जैसे अग्नि में इन्धन और घी डालने से बढ़ता जाता है वैसे ही कामों के उपभोग से काम शान्त कभी नहीं होता किन्तु बढ़ता ही जाता है। इसलिये मनुष्य को विषयासक्त कभी न होना चाहिये॥ ३॥

जो अजितेन्द्रिय पुरुष है उसको 'विप्रदुष्ट' कहते हैं। उस के करने से न वेदज्ञान, न त्याग, न यज्ञ, न नियम और न धर्माचरण सिद्धि को प्राप्त होते हैं किन्तु ये सब जितेन्द्रिय धार्मिक जन को सिद्ध होते हैं॥ ४॥

इसलिये पांच कर्म पांच ज्ञानेन्द्रिय और ग्यारहवें मन को अपने वश में करके युक्ताहार विहार योग से शरीर की रक्षा करता हुआ सब अर्थों को सिद्ध करे॥ ५॥

जितेन्द्रिय उस को कहते हैं जो स्तुति सुन के हर्ष और निन्दा सुन के शोक;

अच्छा स्पर्श करके सुख और दुष्ट स्पर्श से दुःख, सुन्दर रूप देख के प्रसन्न और दुष्ट रूप देख के अप्रसन्न, उत्तम भोजन करके आनन्दित और निकृष्ट भोजन करके दुःखित, सुगन्ध में रुचि और दुर्गन्ध में अरुचि नहीं करता है॥ ६॥

कभी विना पूछे वा अन्याय से पूछने वाले को कि जो कपट से पूछता हो उस को उत्तर न देवे। उन के सामने बुद्धिमान् जड़ के समान रहें। हां! जो निष्कपट और जिज्ञासु हों उन को विना पूछे भी उपदेश करे॥ ७॥

एक धन, दूसरे बन्धु कुटुम्ब कुल, तीसरी अवस्था, चौथा उत्तम कर्म और पांचवीं श्रेष्ठ विद्या ये पांच मान्य के स्थान हैं। परन्तु धन से उत्तम बन्धु, बन्धु से अधिक अवस्था, अवस्था से श्रेष्ठ कर्म और कर्म से पवित्र विद्या वाले उत्तरोत्तर अधिक माननीय हैं॥ ८॥

क्योंकि चाहै सौ वर्ष का भी हो परन्तु जो विद्या विज्ञानरहित है वह बालक और जो विद्या विज्ञान का दाता है उस बालक को भी वृद्ध मानना चाहिये। क्योंकि सब शास्त्र आप्त विद्वान् अज्ञानी को बालक और ज्ञानी को पिता कहते हैं॥ ९॥

अधिक वर्षों के बीतने, श्वेत बाल के होने, अधिक धन से और बड़े कुटुम्ब के होने से वृद्ध नहीं होता। किन्तु ऋषि महात्माओं का यही निश्चय है कि जो हमारे बीच में विद्या विज्ञान में अधिक है; वही वृद्ध पुरुष कहाता है॥ १०॥

ब्राह्मण ज्ञान से, क्षत्रिय बल से, वैश्य धनधान्य से और शूद्र जन्म अर्थात् अधिक आयु से वृद्ध होता है॥ ११॥

शिर के बाल श्वेत होने से बुड्ढा नहीं होता किन्तु जो युवा विद्या पढ़ा हुआ है उसी को विद्वान् लोग बड़ा जानते हैं॥ १२॥

और जो विद्या नहीं पढ़ा है वह जैसा काष्ठ का हाथी; चमड़े का मृग होता है वैसा अविद्वान् मनुष्य जगत् में नाममात्र मनुष्य कहाता है॥ १३॥

इसलिये विद्या पढ़, विद्वान् धर्मात्मा होकर निर्वैरता से सब प्राणियों के कल्याण का उपदेश करे। और उपदेश में वाणी मधुर और कोमल बोले। जो सत्योपदेश से धर्म की वृद्धि और अधर्म का नाश करते हैं वे पुरुष धन्य हैं॥ १४॥

नित्य स्नान, वस्त्र, अन्न, पान, स्थान सब शुद्ध रक्खे क्योंकि इन के शुद्ध होने में चित्त की शुद्धि और आरोग्यता प्राप्त होकर पुरुषार्थ बढ़ता है। शौच उतना करना योग्य है कि जितने से मल दुर्गन्ध दूर हो जाये।

आचारः परमो धर्मः श्रुत्युक्तः स्मार्त्त एव च॥ मनु०॥

जो सत्यभाषणादि कर्मों का आचरण करना है वही वेद और स्मृति में कहा हुआ आचार है।

मा नो॑ वधीः पि॒तरं॒ मोत मा॒तर॑म् ।
आ॒चार्य्य॑ उप॒नय॑मानो ब्रह्म॒चारि॑णमिच्छते ॥

मातृदेवो भव। पितृदेवो भव। आचार्य्यदेवो भव। अतिथिदेवो भव॥

—तैत्तिरी०॥

माता, पिता, आचार्य्य और अतिथि की सेवा करना देवपूजा कहाती है। और जिस-जिस कर्म से जगत् का उपकार हो वह-वह कर्म करना और हानिकारक छोड़ देना ही मनुष्य का मुख्य कर्त्तव्य कर्म है। कभी नास्तिक, लम्पट, विश्वासघाती,

चोर, मिथ्यावादी, स्वार्थी, कपटी, छली आदि दुष्ट मनुष्यों का सङ्ग न करे। आप्त जो सत्यवादी धर्मात्मा परोपकारप्रिय जन हैं उनका सदा संग करने ही का नाम श्रेष्ठाचार है।

(प्रश्न) आर्यावर्त्त देशवासियों का आर्यावर्त्त देश से भिन्न-भिन्न देशों में जाने से आचार नष्ट हो जाता है वा नहीं?

(उत्तर) यह बात मिथ्या है। क्योंकि जो बाहर भीतर की पवित्रता करनी, सत्यभाषणादि आचरण करना है वह जहाँ कहीं करेगा आचार और धर्मभ्रष्ट कभी न होगा। और जो आर्य्यावर्त्त में रह कर भी दुष्टाचार करेगा वही धर्म और आचारभ्रष्ट कहावेगा। जो ऐसा ही होता तो—

मेरोर्हरेश्च द्वे वर्षे वर्षं हैमवतं ततः।
क्रमेणैव व्यतिक्रम्य भारतं वर्षमासदत्॥ १ ॥
स देशान् विविधान् पश्यंश्चीनहूणनिषेवितान् ॥२॥

ये श्लोक महाभारत शान्तिपर्व मोक्षधर्म में व्यास-शुक-संवाद में हैं।

अर्थात् एक समय व्यास जी अपने पुत्र शुक और शिष्य सहित पाताल अर्थात् जिस को इस समय 'अमेरिका' कहते हैं; उस में निवास करते थे। शुकाचार्य्य ने पिता से एक प्रश्न पूछा कि आत्मविद्या इतनी ही है वा अधिक ? व्यास जी ने जानकर उस बात का प्रत्युत्तर न दिया क्योंकि उस बात का उपदेश कर चुके थे। दूसरे की साक्षी के लिये अपने पुत्र शुक से कहा कि हे पुत्र! तू मिथिलापुरी में जाकर यही प्रश्न जनक राजा से कर। वह इस का यथायोग्य उत्तर देगा। पिता का वचन सुन कर शुकाचार्य्य पाताल से मिथिलापुरी की ओर चले। प्रथम मेरु अर्थात् हिमालय से ईशान उत्तर और वायव्य दिशा में जो देश बसते हैं उन का नाम हरिवर्ष था। अर्थात् हरि कहते हैं बन्दर को, उस देश के मनुष्य अब भी रक्तमुख अर्थात् वानर के समान भूरे नेत्र वाले होते हैं। जिन देशों का नाम इस समय 'यूरोप' है उन्हीं को संस्कृत में 'हरिवर्ष' कहते थे। उन देशों को देखते हुए और जिन को हूण 'यहूदी' भी कहते हैं उन देशों को देख कर चीन में आये। चीन से हिमालय और हिमालय से मिथिलापुरी को आये।

और श्रीकृष्ण तथा अर्जुन पाताल में अश्वतरी अर्थात् जिस को अग्नियान नौका कहते हैं; पर बैठ के पाताल में जाके महाराजा युधिष्ठिर के यज्ञ में उद्दालक ऋषि को ले आये थे। धृतराष्ट्र का विवाह गान्धार जिस को 'कन्धार' कहते हैं वहीं की राजपुत्री से हुआ। माद्री पाण्डु की स्त्री 'ईरान' के राजा की कन्या थी। और अर्जुन का विवाह पाताल में जिस को 'अमेरिका' कहते हैं वहां के राजा की लड़की उलोपी के साथ हुआ था। जो देशदेशान्तर, द्वीप-द्वीपान्तर में न जाते होते तो ये सब बातें क्यों कर हो सकतीं ? मनुस्मृति में जो समुद्र में जाने वाली नौका पर कर लेना लिखा है वह भी आर्य्यावर्त्त से द्वीपान्तर में जाने के कारण है। और जब महाराजा युधिष्ठिर ने राजसूय यज्ञ किया था उस में सब भूगोल के राजाओं को बुलाने को निमन्त्रण देने के लिये भीम, अर्जुन, नकुल और सहदेव चारों दिशाओं में गये थे, जो दोष मानते होते तो कभी न जाते। सो प्रथम आर्य्यावर्त्तदेशीय लोग व्यापार, राजकार्य्य और भ्रमण के लिये सब भूगोल में घूमते थे। और जो आजकल छूतछात और धर्मनष्ट होने की शंका है वह केवल मूर्खों के बहकाने और अज्ञान बढ़ने से है।

जो मनुष्य देशदेशान्तर और द्वीपद्वीपान्तर में जाने आने में शंका नहीं करते वे देशदेशान्तर के अनेकविध मनुष्यों के समागम, रीति भांति देखने, अपना राज्य और व्यवहार बढ़ाने से निर्भय शूरवीर होने लगते और अच्छे व्यवहार का ग्रहण बुरी बातों के छोड़ने में तत्पर होके बड़े ऐश्वर्य को प्राप्त होते हैं। भला जो महाभ्रष्ट म्लेच्छकुलोत्पन्न वेश्या आदि के समागम से आचारभ्रष्ट धर्महीन नहीं होते किन्तु देशदेशान्तर के उत्तम पुरुषों के साथ समागम में छूत और दोष मानते हैं!!! यह केवल मूर्खता की बात नहीं तो क्या है ? हाँ, इतना कारण तो है कि जो लोग मांसभक्षण और मद्यपान करते हैं उन के शरीर और वीर्य्यादि धातु भी दुर्गन्धादि से दूषित होते हैं इसलिये उनके सङ्ग करने से आर्य्यों को भी ये कुलक्षण न लग जायें यह तो ठीक है। परन्तु जब इन से व्यवहार और गुणग्रहण करने में कोई भी दोष वा पाप नहीं है किन्तु इन के मद्यपानादि दोषों को छोड़ गुणों को ग्रहण करें तो कुछ भी हानि नहीं। जब इन के स्पर्श और देखने से भी मूर्ख जन पाप गिनते हैं इसी से उन से युद्ध कभी नहीं कर सकते क्योंकि युद्ध में उन को देखना और स्पर्श होना अवश्य है।

सज्जन लोगों को राग, द्वेष अन्याय मिथ्याभाषणादि दोषों को छोड़ निर्वैर प्रीति परोपकार सज्जनतादि का धारण करना उत्तम आचार है। और यह भी समझ लें कि धर्म हमारे आत्मा और कर्त्तव्य के साथ है। जब हम अच्छे काम करते हैं तो हम को देशदेशान्तर और द्वीपद्वीपान्तर जाने में कुछ भी दोष नहीं लग सकता। दोष तो पाप के काम करने में लगते हैं।

हां, इतना अवश्य चाहिये कि वेदोक्त धर्म का निश्चय और पाखण्डमत का खण्डन करना अवश्य सीख लें। जिस से कोई हम को झूठा निश्चय न करा सके। क्या विना देशदेशान्तर और द्वीपद्वीपान्तर में राज्य वा व्यापार किये स्वदेश की उन्नति कभी हो सकती है? जब स्वदेश ही में स्वदेशी लोग व्यवहार करते और **परदेशी स्वदेश में व्यवहार वा राज्य करें तो विना दारिद्र्य और दुःख के दूसरा कुछ भी नहीं हो सकता।**

पाखण्डी लोग यह समझते हैं कि जो हम इन को विद्या पढ़ावेंगे और देशदेशान्तर में जाने की आज्ञा देवेंगे तो ये बुद्धिमान् होकर हमारे पाखण्ड-जाल में न फंसने से हमारी प्रतिष्ठा और जीविका नष्ट हो जावेगी। इसीलिये भोजन छादन में बखेड़ा डालते हैं कि वे दूसरे देश में न जा सकें।

हां, इतना अवश्य चाहिये कि मद्य, मांस का ग्रहण कदापि भूल कर भी न करें। क्या सब बुद्धिमानों ने यह निश्चय नहीं किया है कि जो राजपुरुषों में युद्ध-समय में भी चौका लगा कर रसोई बना के खाना अवश्य पराजय का हेतु है ? किन्तु क्षत्रिय लोगों का युद्ध में एक हाथ से रोटी खाते, जल पीते जाना और दूसरे हाथ से शत्रुओं को घोड़े, हाथी, रथ पर चढ़ वा पैदल होके मारते जाना अपना विजय करना ही आचार और पराजित होना अनाचार है। इसी मूढ़ता से इन लोगों ने चौका लगाते-लगाते विरोध करते कराते, सब स्वातन्त्र्य, आनन्द, धन, राज्य, विद्या और पुरुषार्थ पर चौका लगा कर हाथ पर हाथ धरे बैठे हैं और इच्छा करते हैं कि कुछ पदार्थ मिले तो पका कर खावें। परन्तु वैसा न होने पर जानो सब आर्यावर्त्त देश भर में चौका लगा के सर्वथा नष्ट कर दिया है।

हां! जहां भोजन करें उस स्थान को धोने, लेपन करने, झाड़ू लगाने, कूड़ा

कर्कट दूर करने में प्रयत्न अवश्य करना चाहिये न कि मुसलमान वा ईसाइयों के समान भ्रष्ट पाकशाला करना।

(प्रश्न) सखरी निखरी क्या है?

(उत्तर) सखरी जो जल आदि में अन्न पकाये जाते और जो घी दूध में पकाते हैं वह निखरी अर्थात् चोखी। यह भी इन धूर्तों का चलाया हुआ पाखण्ड है क्योंकि जिस में घी दूध अधिक लगे उस को खाने में स्वाद और उदर में चिकना पदार्थ अधिक जावे इसलिये यह प्रपञ्च रचा है। नहीं तो जो अग्नि वा काल से पका हुआ पदार्थ पक्का और न पका हुआ कच्चा है। जो पक्का खाना और कच्चा न खाना है यह भी सर्वत्र ठीक नहीं। क्योंकि चणे आदि कच्चे भी खाये जाते हैं।

(प्रश्न) द्विज अपने हाथ से रसोई बना के खावें वा शूद्र के हाथ की बनाई खावें?

(उत्तर) शूद्र के हाथ की बनाई खावें क्योंकि ब्राह्मण, क्षत्रिय और वैश्य वर्णस्थ स्त्री पुरुष विद्या पढ़ाने, राज्यपालने और पशुपालन खेती और व्यापार के काम में तत्पर रहैं और शूद्र के पात्र में तथा उस के घर का पका हुआ अन्न आपत्काल के विना न खावें। सुनो प्रमाण—

आर्याधिष्ठिता वा शूद्राः संस्कर्त्तारः स्युः । —यह आपस्तम्ब का सूत्र है।

आर्यों के घर में शूद्र अर्थात् मूर्ख स्त्री पुरुष पाकादि सेवा करें परन्तु वे शरीर वस्त्र आदि से पवित्र रहैं। आर्यों के घर में जब रसोई बनावें तब मुख बांध के बनावें, क्योंकि उनके मुख से उच्छिष्ट और निकला हुआ श्वास भी अन्न में न पड़े। आठवें दिन क्षौर, नखच्छेदन करावें। स्नान करके पाक बनाया करें। आर्यों को खिला के आप खावें।

(प्रश्न) शूद्र के छुए हुए पके अन्न के खाने में जब दोष लगाते हैं तो उस के हाथ का बनाया कैसे खा सकते हैं?

(उत्तर) यह बात कपोलकल्पित झूठी है। क्योंकि जिन्होंने गुड़, चीनी, घृत, दूध, पिशान, शाक, फल, मूल खाया उन्होंने जानो सब जगत् भर के हाथ का बनाया और उच्छिष्ट खा लिया। क्योंकि जब शूद्र, चमार, भङ्गी, मुसलमान, ईसाई आदि लोग खेतों में से ईख को काटते, छीलते, पीलकर रस निकालते हैं तब मलमूत्रोत्सर्ग करके उन्हीं विना धोये हाथों से छूते, उठाते, धरते आधा सांठा चूँस रस पीके आधा उसी में डाल देते और रस पकाते समय उस रस में रोटी भी पकाकर खाते हैं। जब चीनी बनाते हैं तब पुराने जूते कि जिस के तले में विष्ठा, मूत्र, गोबर, धूली लगी रहती है उन्हीं जूतों से उस को रगड़ते हैं। दूध में अपने घर के उच्छिष्ट पात्रों का जल डालते उसी में घृतादि रखते और आटा पीसते समय भी वैसे ही उच्छिष्ट हाथों से उठाते और पसीना भी आटे में टपकता जाता है इत्यादि और फल मूल कन्द में भी ऐसी ही लीला होती है। जब इन पदार्थों को खाया तो जानो सब के हाथ का खा लिया।

(प्रश्न) फल, मूल, कन्द और रस इत्यादि अदृष्ट में दोष नहीं मानते?

(उत्तर) अच्छा तो भंगी वा मुसलमान अपने हाथों से दूसरे स्थान में बनाकर तुम को आके देवे तो खा लोगे वा नहीं? जो कहो कि नहीं तो अदृष्ट में भी दोष है।

हां! मुसलमान, ईसाई आदि मद्य मांसाहारियों के हाथ के खाने में आर्यों

को भी मद्य, मांसादि खाना पीना अपराध पीछे लग पड़ता है परन्तु **आपस में आर्यों का एक भोजन होने में कोई भी दोष नहीं दीखता। जब तक एक मत, एक हानि लाभ, एक सुख दुःख परस्पर न मानें तब तक उन्नति होना बहुत कठिन है। परन्तु केवल खाना पीना ही एक होने से सुधार नहीं हो सकता** किन्तु जब तक बुरी बातें नहीं छोड़ते और अच्छी बातें नहीं करते तब तक बढ़ती के बदले हानि होती है।

विदेशियों के आर्यावर्त्त में राज्य होने के कारण आपस की फूट, मतभेद, ब्रह्मचर्य का सेवन न करना; विद्या न पढ़ना पढ़ाना वा बाल्यावस्था में अस्वयंवर विवाह, विषयासक्ति, मिथ्याभाषणादि कुलक्षण, वेदविद्या का अप्रचार आदि कुकर्म हैं। जब आपस में भाई-भाई लड़ते हैं तभी तीसरा विदेशी आकर पञ्च बन बैठता है।

क्या तुम लोग महाभारत की बातें जो पांच सहस्र वर्ष के पहले हुई थीं उन को भी भूल गये? देखो! महाभारत युद्ध में सब लोग लड़ाई में सवारियों पर खाते पीते थे, आपस की फूट से कौरव पाण्डव और यादवों का सत्यानाश हो गया सो तो हो गया परन्तु अब तक भी वही रोग पीछे लगा है। **न जाने यह भयंकर राक्षस कभी छूटेगा वा आर्यों को सब सुखों से छुड़ाकर दुःखसागर में डुबा मारेगा? उसी दुष्ट दुर्योधन गोत्र-हत्यारे, स्वदेशविनाशक, नीच के दुष्ट मार्ग में आर्य लोग अब तक भी चल कर दुःख बढ़ा रहे हैं।** परमेश्वर कृपा करे कि यह राजरोग हम आर्यों में से नष्ट हो जाय।

भक्ष्याभक्ष्य दो प्रकार का होता है। एक धर्मशास्त्रोक्त दूसरा वैद्यकशास्त्रोक्त। जैसे धर्मशास्त्र में-

अभक्ष्याणि द्विजातीनाममेध्यप्रभवाणि च॥ मनु०॥

द्विज अर्थात् ब्राह्मण, क्षत्रिय, वैश्य और शूद्रों को मलीन विष्ठा मूत्रादि के संसर्ग से उत्पन्न हुए शाक फल मूलादि न खाना।

वर्जयेन्मधुमांसं च॥ मनु०॥

जैसे अनेक प्रकार के मद्य, गांजा, भांग, अफीम आदि-

बुद्धिं लुम्पति यद् द्रव्यं मदकारी तदुच्यते॥

जो-जो बुद्धि का नाश करने वाले पदार्थ हैं उन का सेवन कभी न करें और जितने अन्न सड़े, बिगड़े दुर्गन्धादि से दूषित, अच्छे प्रकार न बने हुए और मद्य, मांसाहारी म्लेच्छ कि जिन का शरीर मद्य, मांस के परमाणुओं ही से पूरित है उनके हाथ का न खावें।

जिस में उपकारक प्राणियों की हिंसा अर्थात् जैसे एक गाय के शरीर से दूध, घी, बैल, गाय उत्पन्न होने से एक पीढ़ी में चार लाख पचहत्तर सहस्र छः सौ मनुष्यों को सुख पहुंचता है वैसे पशुओं को न मारें; न मारने दें। जैसे किसी गाय से बीस सेर और किसी से दो सेर दूध प्रतिदिन होवे उस का मध्यभाग ग्यारह सेर प्रत्येक गाय से दूध होता है। कोई गाय अठारह और कोई छः महीने दूध देती है, उस का भी मध्य भाग बारह महीने हुए। अब प्रत्येक गाय के जन्म भर के दूध से २४९६० (चौबीस सहस्र नौ सौ साठ) मनुष्य एक बार में तृप्त हो सकते हैं। उसके छः बछियां छः बछड़े होते हैं उन में से दो मर जायें तो भी दश रहे।

उनमें से पांच बछड़ियों के जन्म भर के दूध को मिला कर १२४८०० (एक लाख चौबीस सहस्र आठ सौ) मनुष्य तृप्त हो सकते हैं। अब रहे पांच बैल, वे जन्म भर में ५००० (पांच सहस्र) मन अन्न न्यून से न्यून उत्पन्न कर सकते हैं। उस अन्न में से प्रत्येक मनुष्य तीन पाव खावे तो अढ़ाई लाख मनुष्यों की तृप्ति होती है। दूध और अन्न मिला कर ३७४८०० (तीन लाख चौहत्तर हजार आठ सौ) मनुष्य तृप्त होते हैं। दोनों संख्या मिला के एक गाय की एक पीढ़ी में ४७५६०० (चार लाख पचहत्तर सहस्र छः सौ) मनुष्य एक वार पालित होते हैं और पीढ़ी परपीढ़ी बढ़ा कर लेखा करें तो असंख्यात मनुष्यों का पालन होता है। इस से भिन्न बैलगाड़ी सवारी भार उठाने आदि कर्मों से मनुष्यों के बड़े उपकारक होते हैं तथा गाय दूध में अधिक उपकारक होती है परन्तु जैसे बैल उपकारक होते हैं वैसे भैंसे भी हैं। परन्तु गाय के दूध घी से जितने बुद्धिवृद्धि से लाभ होते हैं उतने भैंस के दूध से नहीं। इससे मुख्योपकारक आर्यों ने गाय को गिना है। और जो कोई अन्य विद्वान् होगा वह भी इसी प्रकार समझेगा।

बकरी के दूध से २५९२० (पच्चीस सहस्र नौ सौ बीस) आदमियों का पालन होता है वैसे हाथी, घोड़े, ऊंट, भेड़, गदहे आदि से भी बड़े उपकार होते हैं। इन पशुओं को मारने वालों को सब मनुष्यों की हत्या करने वाले जानियेगा।

देखो! जब आर्यों का राज्य था तब ये महोपकारक गाय आदि पशु नहीं मारे जाते थे । तभी आर्य्यावर्त्त वा अन्य भूगोल देशों में बड़े आनन्द में मनुष्यादि प्राणी वर्त्तते थे। क्योंकि दूध, घी, बैल आदि पशुओं की बहुताई होने से अन्न रस पुष्कल प्राप्त होते थे। **जब से विदेशी मांसाहारी इस देश में आके गो आदि पशुओं के मारने वाले मद्यपानी राज्याधिकारी हुए हैं तब से क्रमशः आर्यों के दुःख की बढ़ती होती जाती है**। क्योंकि–

नष्टे मूले नैव फलं न पुष्पम्।

जब वृक्ष का मूल ही काट दिया जाय तो फल फूल कहां से हों?

(प्रश्न) जो सभी अहिंसक हो जायें तो व्याघ्रादि पशु इतने बढ़ जायें कि सब गाय आदि पशुओं को मार खायें तुम्हारा पुरुषार्थ ही व्यर्थ जाय?

(उत्तर) यह राजपुरुषों का काम है कि जो हानिकारक पशु वा मनुष्य हों उन्हें दण्ड देवें और प्राण भी वियुक्त कर दें।

(प्रश्न) फिर क्या उन का मांस फेंक दें?

(उत्तर) चाहें फेंक दें, चाहें कुत्ते आदि मांसाहारियों को खिला देवें वा जला देवें अथवा कोई मांसाहारी खावे तो भी संसार की कुछ हानि नहीं होती किन्तु उस मनुष्य का स्वभाव मांसाहारी होकर हिंसक हो सकता है।

जितना हिंसा और चोरी विश्वासघात, छल, कपट आदि से पदार्थों को प्राप्त होकर भोग करना है वह अभक्ष्य और अहिंसा धर्मादि कर्मों से प्राप्त होकर भोजनादि करना भक्ष्य है। जिन पदार्थों से स्वास्थ्य रोगनाश बुद्धिबलपराक्रमवृद्धि और आयुवृद्धि होवे उन तण्डुलादि, गोधूम, फल, मूल, कन्द, दूध, घी, मिष्टादि पदार्थों का सेवन यथायोग्य पाक मेल करके यथोचित समय पर मिताहार भोजन करना सब भक्ष्य कहाता है। जितने पदार्थ अपनी प्रकृति से विरुद्ध विकार करने वाले हैं **जिस-जिस के लिये जो-जो पदार्थ वैद्यकशास्त्र में वर्जित किये हैं**, उन-उन का सर्वथा

त्याग करना और जो-जो जिस के लिये विहित हैं उन-उन पदार्थों का ग्रहण करना यह भी भक्ष्य है।

(प्रश्न) एक साथ खाने में कुछ दोष है वा नहीं?

(उत्तर) दोष है। क्योंकि एक के साथ दूसरे का स्वभाव और प्रकृति नहीं मिलती। जैसे कुष्ठी आदि के साथ खाने से अच्छे मनुष्य का भी रुधिर बिगड़ जाता है वैसे दूसरे के साथ खाने में भी कुछ बिगाड़ ही होता है; सुधार नहीं। इसीलिये—

नोच्छिष्टं कस्यचिद्दद्यान्नाद्याच्चैव तथान्तरा।
न चैवात्यशनं कुर्यान्न चोच्छिष्टः क्वचिद् व्रजेत्॥ मनु०॥

न किसी को अपना झूँठा पदार्थ दे और न किसी के भोजन के बीच आप खावे। न अधिक भोजन करे और न भोजन किये पश्चात् हाथ मुख धोये विना कहीं इधर-उधर जाय।

(प्रश्न) **'गुरोरुच्छिष्टभोजनम्'** इस वाक्य का क्या अर्थ होगा?

(उत्तर) इस का यह अर्थ है कि गुरु के भोजन किये पश्चात् जो पृथक् अन्न शुद्ध स्थित है उस का भोजन करना अर्थात् गुरु को प्रथम भोजन कराके पश्चात् शिष्य को भोजन करना चाहिये।

(प्रश्न) जो उच्छिष्टमात्र का निषेध है तो मक्खियों का उच्छिष्ट सहत, बछड़े का उच्छिष्ट दूध और एक ग्रास खाने के पश्चात् अपना भी उच्छिष्ट होता है; पुनः उन को भी न खाना चाहिये।

(उत्तर) सहत कथनमात्र ही उच्छिष्ट होता है परन्तु वह बहुत सी औषधियों का सार ग्राह्य; बछड़ा अपनी मां के बाहिर का दूध पीता है भीतर के दूध को नहीं पी सकता, इसलिये उच्छिष्ट नहीं परन्तु बछड़े के पिये पश्चात् जल से उस की मां का स्तन धोकर शुद्ध पात्र में दोहना चाहिये। और अपना उच्छिष्ट अपने को विकारकारक नहीं होता। देखो! स्वभाव से यह बात सिद्ध है कि किसी का उच्छिष्ट कोई भी न खावे। जैसे अपने मुख, नाक, कान, आंख, उपस्थ और गुह्येन्द्रियों के मलमूत्रादि के स्पर्श में घृणा नहीं होती वैसे किसी दूसरे के मल मूत्र के स्पर्श में होती है। इस से यह सिद्ध होता है कि यह व्यवहार सृष्टिक्रम से विपरीत नहीं है। इसलिये मनुष्यमात्र को उचित है कि किसी का उच्छिष्ट अर्थात् जूँठा न खायें।

(प्रश्न) भला स्त्री पुरुष भी परस्पर उच्छिष्ट न खावें?

(उत्तर) नहीं। क्योंकि उनके भी शरीरों का स्वभाव भिन्न-भिन्न है।

(प्रश्न) कहो जी! मनुष्यमात्र के हाथ की की हुई रसोई उस अन्न के खाने में क्या दोष है? क्योंकि ब्राह्मण से लेके चाण्डाल पर्यन्त के शरीर हाड़, मांस, चमड़े के हैं और जैसा रुधिर ब्राह्मण के शरीर में वैसा ही चाण्डाल आदि के; पुनः मनुष्यमात्र के हाथ की पकी हुई रसोई के खाने में क्या दोष है?

(उत्तर) दोष है। क्योंकि जिन उत्तम पदार्थों के खाने पीने से ब्राह्मण और ब्राह्मणी के शरीर में दुर्गन्धादि दोष रहित रज वीर्य उत्पन्न होता है वैसा चाण्डाल और चाण्डाली के शरीर में नहीं।

क्योंकि चाण्डाल का शरीर दुर्गन्ध के परमाणुओं से भरा हुआ होता है वैसा

ब्राह्मणादि वर्णों का नहीं। इसलिये ब्राह्मणादि उत्तम वर्णों के हाथ का खाना और चाण्डालादि नीच भंगी चमार आदि का न खाना। भला जब कोई तुम से पूछेगा कि जैसा चमड़े का शरीर माता, सास, बहिन, कन्या, पुत्रवधू का है वैसा ही अपनी स्त्री का भी है तो क्या माता आदि स्त्रियों के साथ स्वस्त्री के समान वर्तोगे? तब तुम को संकुचित होकर चुप ही रहना पड़ेगा। जैसे उत्तम अन्न हाथ और मुख से खाया जाता है वैसे दुर्गन्ध भी खाया जा सकता है तो क्या मलादि भी खाओगे? क्या ऐसा भी कोई हो सकता है?

(प्रश्न) जो गाय के गोबर से चौका लगाते हो तो अपने गोबर से क्यों नहीं लगाते ? और गोबर के चौके में जाने से चौका अशुद्ध क्यों नहीं होता?

(उत्तर) गाय के गोबर से वैसा दुर्गन्ध नहीं होता जैसा कि मनुष्य के मल से। यह चिकना होने से शीघ्र नहीं उखड़ता न कपड़ा बिगड़ता न मलीन होता है। जैसा मिट्टी से मैल चढ़ता है वैसा सूखे गोबर से नहीं होता। मट्टी और गोबर से जिस स्थान का लेपन करते हैं वह देखने में अतिसुन्दर होता है। और जहां रसोई बनती है वहां भोजनादि करने से घी, मिष्ट और उच्छिष्ट भी गिरता है। उस से मक्खी, कीड़ी आदि बहुत से जीव मलिन स्थान के रहने से आते हैं। जो उस में झाड़ू लेपन से शुद्धि प्रतिदिन न की जावे तो जानो पाखाने के समान वह स्थान हो जाता है। इसलिये प्रतिदिन गोबर मिट्टी झाड़ू से सर्वथा शुद्ध रखना। और जो पक्का मकान हो तो जल से धोकर शुद्ध रखना चाहिये। इस से पूर्वोक्त दोषों की निवृत्ति हो जाती है। जैसे मियां जी के रसोई के स्थान में कहीं कोयला, कहीं राख, कहीं लकड़ी, कहीं फूटी हांडी, जूंठी रकेबी, कहीं हाड़ गोड़ पड़े रहते हैं और मक्खियों का तो क्या कहना! वह स्थान ऐसा बुरा लगता है कि जो कोई श्रेष्ठ मनुष्य जाकर बैठे तो उसे वान्त होने का भी सम्भव है और उस दुर्गन्ध स्थान के समान ही वह स्थान दीखता है। भला जो कोई इन से पूछे कि यदि गोबर से चौका लगने में तो तुम दोष गिनते हो परन्तु चूल्हे में कण्डे जलाने, उस की आग से तमाखू पीने, घर की भीति पर लेपन करने आदि से मियां जी का भी चौका भ्रष्ट हो जाता होगा इस में क्या सन्देह!

(प्रश्न) चौके में बैठ के भोजन करना अच्छा वा बाहर बैठ के?

(उत्तर) जहां पर अच्छा रमणीय सुन्दर स्थान दीखे वहां भोजन करना चाहिये। परन्तु आवश्यक युद्धादिकों में तो घोड़े आदि यानों पर बैठ के वा खड़े-खड़े भी खाना पीना अत्यन्त उचित है।

(प्रश्न) क्या अपने ही हाथ का खाना और दूसरे के हाथ का नहीं?

(उत्तर) जो आर्यों में शुद्ध रीति से बनावे तो बराबर सब आर्यों के हाथ का खाने में कुछ भी हानि नहीं। क्योंकि जो ब्राह्मणादि वर्णस्थ स्त्री पुरुष रसोई बनाने, चौका देने, वर्त्तन भांडे मांजने आदि बखेड़ों में पड़े रहैं तो विद्यादि शुभगुणों की वृद्धि कभी नहीं हो सके।

देखो! महाराज युधिष्ठिर के राजसूय यज्ञ में भूगोल के राजा, ऋषि, महर्षि आये थे। एक ही पाकशाला से भोजन किया करते थे। जब से ईसाई, मुसलमान आदि के मतमतान्तर चले; आपस में वैर विरोध हुआ; उन्होंने मद्यपान, गोमांसादि का खाना पीना स्वीकार किया उसी समय से भोजनादि में बखेड़ा हो गया।

देखो! काबुल, कन्धार, ईरान, अमेरिका, यूरोप आदि देशों के राजाओं की

कन्या गान्धारी, माद्री, उलोपी आदि के साथ आर्य्यावर्त्तदेशीय राजा लोग विवाह आदि व्यवहार करते थे। शकुनि आदि, कौरव पाण्डवों के साथ खाते पीते थे; कुछ विरोध नहीं करते थे। क्योंकि उस समय सर्व भूगोल में वेदोक्त एक मत था। उसी में सब की निष्ठा थी और एक दूसरे का सुख-दुःख हानि-लाभ आपस में अपने समान समझते थे। तभी भूगोल में सुख था। अब तो बहुत से मत वाले होने से बहुत सा दुःख विरोध बढ़ गया है। इस का निवारण करना बुद्धिमानों का काम है।

परमात्मा सब के मन में सत्य मत का ऐसा अंकुर डाले कि जिससे मिथ्या मत शीघ्र ही प्रलय को प्राप्त हों। इस में सब विद्वान् लोग विचार कर विरोधभाव छोड़ के अविरुद्धमत के स्वीकार से सब जने मिल कर सब के आनन्द को बढ़ावें।

यह थोड़ा सा आचार अनाचार भक्ष्याभक्ष्य विषय में लिखा।

इस ग्रन्थ का पूर्वार्द्ध इसी दशमे समुल्लास के साथ पूरा हो गया। इन समुल्लासों में विशेष खण्डन-मण्डन इसलिये नहीं लिखा कि जब तक मनुष्य सत्यासत्य के विचार में कुछ भी सामर्थ्य न बढ़ाते तब तक स्थूल और सूक्ष्म खण्डनों के अभिप्राय को नहीं समझ सकते-इसलिये प्रथम सब को सत्य शिक्षा का उपदेश करके अब उत्तरार्द्ध अर्थात् जिसमें चार समुल्लास हैं उन में विशेष खण्डन-मण्डन लिखेंगे। इन चारों में से प्रथम समुल्लास में आर्य्यावर्त्तीय मतमतान्तर, दूसरे में जैनियों के तीसरे में ईसाइयों और चौथे में मुसलमानों के मतमतान्तरों के खण्डन मण्डन के विषय में लिखेंगे। और पश्चात् चौदहवें समुल्लास के अन्त में स्वमत भी दिखलाया जायगा। जो कोई विशेष खण्डन मण्डन देखना चाहें वे इन चारों समुल्लासों में देखें। परन्तु सामान्य करके कहीं-कहीं दश समुल्लासों में भी कुछ थोड़ा सा खण्डन-मण्डन किया है।

इन चौदह समुल्लासों को पक्षपात छोड़ न्यायदृष्टि से जो देखेगा उस के आत्मा में सत्य अर्थ का प्रकाश होकर आनन्द होगा। और जो हठ दुराग्रह और ईर्ष्या से देखे सुनेगा उस को इस ग्रन्थ का अभिप्राय यथार्थ विदित होना बहुत कठिन है। इसलिये जो कोई इस को यथावत् न विचारेगा वह इस का अभिप्राय न पाकर गोता खाया करेगा। और विद्वानों का यही काम है कि सत्यासत्य का निर्णय करके सत्य का ग्रहण असत्य का त्याग करके परम आनन्दित होते हैं। वे ही गुणग्राहक पुरुष विद्वान् होकर धर्म, अर्थ, काम और मोक्षरूप फलों को प्राप्त हो कर प्रसन्न रहते हैं॥ १०॥

इति श्रीमद्दयानन्दसरस्वतीस्वामिकृते सत्यार्थप्रकाशे
सुभाषाविभूषित आचारानाचारभक्ष्याभक्ष्यविषये
दशमः समुल्लासः सम्पूर्णः॥ १०॥
समाप्तोऽयं पूर्वार्द्धः॥

अनुभूमिका (१)

यह सिद्ध बात है कि पांच सहस्र वर्षों के पूर्व वेदमत से भिन्न दूसरा कोई भी मत न था क्योंकि वेदोक्त सब बातें विद्या से अविरुद्ध हैं। वेदों की अप्रवृत्ति होने का कारण महाभारत युद्ध हुआ । इन की अप्रवृत्ति से अविद्याऽन्धकार के भूगोल में विस्तृत होने से मनुष्यों की बुद्धि भ्रमयुक्त होकर जिस के मन में जैसा आया वैसा मत चलाया । उन सब मतों में ४ चार मत अर्थात् जो वेद-विरुद्ध पुराणी, जैनी, किरानी और कुरानी सब मतों के मूल हैं वे क्रम से एक के पीछे दूसरा तीसरा चौथा चला है । अब इन चारों की शाखा एक सहस्र से कम नहीं हैं । इन सब मतवादियों, इन के चेलों और अन्य सब को परस्पर सत्याऽसत्य के विचार करने में अधिक परिश्रम न हो इसलिए यह ग्रन्थ बनाया है ।

जो-जो इस में सत्य मत का मण्डन और असत्य मत का खण्डन लिखा है वह सब को जनाना ही प्रयोजन समझा गया है । इस में जैसी मेरी बुद्धि, जितनी विद्या और जितना इन चारों मतों के मूल ग्रन्थ देखने से बोध हुआ है उस को सब के आगे निवेदित कर देना मैंने उत्तम समझा है क्योंकि विज्ञान गुप्त हुए का पुनर्मिलना सहज नहीं है । पक्षपात छोड़कर इस को देखने से सत्याऽसत्य मत सब को विदित हो जायेगा । पश्चात् सब को अपनी-अपनी समझ के अनुसार सत्यमत का ग्रहण करना और असत्य मत को छोड़ना सहज होगा । इन में से जो पुराणादि ग्रन्थों से शाखा शाखान्तर रूप मत आर्य्यावर्त्त देश में चले हैं उन का संक्षेप से गुण दोष इस ११वें समुल्लास में दिखलाया जाता है ।

इस मेरे कर्म से यदि उपकार न मानें तो विरोध भी न करें । क्योंकि मेरा तात्पर्य्य किसी की हानि वा विरोध करने में नहीं किन्तु सत्याऽसत्य का निर्णय करने कराने का है। इसी प्रकार सब मनुष्यों को न्यायदृष्टि से वर्तना अति उचित है । मनुष्यजन्म का होना सत्याऽसत्य का निर्णय करने कराने के लिये है; न कि वादविवाद विरोध करने कराने के लिये। इसी मतामतान्तर के विवाद से जगत् में जो-जो अनिष्ट फल हुए, होते हैं और आगे होंगे उन को पक्षपातरहित विद्वज्जन जान सकते हैं।

जब तक इस मनुष्य जाति में परस्पर मिथ्या मतमतान्तर का विरुद्ध वाद न छूटेगा तब तक अन्योऽन्य को आनन्द न होगा। यदि हम सब मनुष्य और विशेष विद्वज्जन ईर्ष्या द्वेष छोड़ सत्याऽसत्य का निर्णय करके सत्य का ग्रहण और असत्य का त्याग करना कराना चाहैं तो हमारे लिये यह बात असाध्य नहीं है।

यह निश्चय है कि इन विद्वानों के विरोध ही ने सब को विरोध-जाल में फंसा रखा है। यदि ये लोग अपने प्रयोजन में न फंस कर सब के प्रयोजन को सिद्ध करना चाहैं तो अभी ऐक्यमत हो जायें । इस के होने की युक्ति इस की पूर्ति में लिखेंगे । सर्वशक्तिमान् परमात्मा एक मत में प्रवृत्त होने का उत्साह सब मनुष्यों के आत्माओं में प्रकाशित करे।

अलमतिविस्तरेण विपश्चिद्वरशिरोमणिषु ।

उत्तरार्द्धः

अथैकादशसमुल्लासारम्भः

अथाऽऽर्य्यावर्त्तीयमतखण्डनमण्डने विधास्यामः

अब आर्य्य लोगों के कि जो आर्य्यावर्त्त देश में वसने वाले हैं उन के मत का खण्डन तथा मण्डन का विधान करेंगे। यह आर्य्यावर्त्त देश ऐसा देश है जिसके सदृश भूगोल में दूसरा कोई देश नहीं है। इसीलिये इस भूमि का नाम सुवर्णभूमि है क्योंकि यही सुवर्णादि रत्नों को उत्पन्न करती है। इसीलिये सृष्टि की आदि में आर्य्य लोग इसी देश में आकर बसे। इसलिए हम सृष्टिविषय में कह आये हैं कि आर्य्य नाम उत्तम पुरुषों का है और आर्य्यों से भिन्न मनुष्यों का नाम दस्यु है। जितने भूगोल में देश हैं वे सब इसी देश की प्रशंसा करते और आशा रखते हैं कि पारसमणि पत्थर सुना जाता है वह बात तो झूठी है परन्तु आर्य्यावर्त्त देश ही सच्चा **पारसमणि** है कि जिस को लोहेरूप दरिद्र विदेशी छूते के साथ ही सुवर्ण अर्थात् धनाढ्य हो जाते हैं ।

एतद्देशप्रसूतस्य सकाशाद् अग्रजन्मनः ।
स्वं स्वं चरित्रं शिक्षेरन् पृथिव्यां सर्वमानवाः ॥ मनु० ॥

सृष्टि से ले के पांच सहस्र वर्षों से पूर्व समय पर्यन्त आर्यों का सार्वभौम चक्रवर्ती अर्थात् भूगोल में सर्वोपरि एकमात्र राज्य था। अन्य देशों में माण्डलिक अर्थात् छोटे-छोटे राजा रहते थे क्योंकि कौरव पाण्डव पर्यन्त यहां के राज्य और राजशासन में सब भूगोल के सब राजा और प्रजा चले थे क्योंकि यह **मनुस्मृति जो सृष्टि की आदि में हुई है** उस का प्रमाण है । इसी आर्य्यावर्त्त देश में उत्पन्न हुए ब्राह्मण अर्थात् विद्वानों से भूगोल के मनुष्य ब्राह्मण, क्षत्रिय, वैश्य, शूद्र, दस्यु, म्लेच्छ आदि सब अपने-अपने योग्य विद्या चरित्रों की शिक्षा और विद्याभ्यास करें। और महाराजा युधिष्ठिर जी के राजसूय यज्ञ और महाभारत युद्धपर्यन्त यहां के राज्याधीन सब राज्य थे ।

सुनो! चीन का भगदत्त, अमेरिका का बब्रुवाहन, यूरोपदेश का विडालाक्ष अर्थात् मार्जार के सदृश आंखवाले, यवन जिस को यूनान कह आये और ईरान का शल्य आदि सब राजा राजसूय यज्ञ और महाभारत युद्ध में सब आज्ञानुसार आये थे। जब रघुगण राजा थे तब रावण भी यहां के आधीन था। जब रामचन्द्र के समय में विरुद्ध हो गया तो उस को रामचन्द्र ने दण्ड देकर राज्य से नष्ट कर उस के भाई विभीषण को राज्य दिया था ।

स्वायम्भुव राजा से लेकर पाण्डवपर्यन्त आर्य्यों का चक्रवर्ती राज्य रहा। तत्पश्चात् आपस के विरोध से लड़ कर नष्ट हो गये क्योंकि इस परमात्मा की सृष्टि में अभिमानी, अन्यायकारी, अविद्वान् लोगों का राज्य बहुत दिन तक नहीं चलता। और यह संसार की स्वाभाविक प्रवृत्ति है कि जब बहुत सा धन असंख्य प्रयोजन से अधिक होता है तब आलस्य, पुरुषार्थरहितता; ईर्ष्या, द्वेष, विषयासक्ति और प्रमाद बढ़ता है। इस से देश में विद्या सुशिक्षा नष्ट हो कर दुर्गुण और दुष्ट व्यसन बढ़ जाते हैं। जैसे कि मद्य-मांससेवन, बाल्यावस्था में विवाह और स्वेच्छाचारादि दोष बढ़ जाते हैं। और जब युद्धविभाग में युद्धविद्याकौशल और सेना

इतनी बढ़े कि जिस का सामना करने वाला भूगोल में दूसरा न हो तब उन लोगों में पक्षपात अभिमान बढ़ कर अन्याय बढ़ जाता है। जब ये दोष हो जाते हैं तब आपस में विरोध हो कर अथवा उन से अधिक दूसरे छोटे कुलों में से कोई ऐसा समर्थ पुरुष खड़ा होता है कि उन का पराजय करने में समर्थ होवे। जैसे मुसलमानों की बादशाही के सामने शिवा जी, गोविन्दसिंह जी ने खड़े होकर मुसलमानों के राज्य को छिन्न-भिन्न कर दिया।

अथ किमेतैर्वा परेऽन्ये महाधनुर्धराश्चक्रवर्तिनः केचित् सुद्युम्न-भूरिद्युम्नेन्द्रद्युम्नकुवलयाश्वयौवनाश्ववद्ध्र्यश्वाश्वपतिशशविन्दुहरिश्चन्द्राऽम्बरीष-ननक्तुशर्यातिययात्यनरण्याक्षसेनादयः। अथ मरुत्तभरतप्रभृतयो राजानः॥ —मैत्र्युपनि०

इत्यादि प्रमाणों से सिद्ध है कि सृष्टि से लेकर महाभारतपर्यन्त चक्रवर्ती सार्वभौम राजा आर्य्यकुल में ही हुए थे। अब इनके सन्तानों का अभाग्योदय होने से राजभ्रष्ट होकर विदेशियों के पादाक्रान्त हो रहे हैं। जैसे यहां सुद्युम्न, भूरिद्युम्न, इन्द्रद्युम्न, कुवलयाश्व, यौवनाश्व, वद्ध्र्यश्व, अश्वपति, शशविन्दु, हरिश्चन्द्र, अम्बरीष, ननक्तु, शर्याति, ययाति, अनरण्य, अक्षसेन, मरुत्त और भरत सार्वभौम सब भूमि में प्रसिद्ध चक्रवर्ती राजाओं के नाम लिखे हैं वैसे स्वायम्भुवादि चक्रवर्ती राजाओं के नाम स्पष्ट मनुस्मृति, महाभारतादि ग्रन्थों में लिखे हैं। इस को मिथ्या करना अज्ञानी और पक्षपातियों का काम है।

(प्रश्न) जो आग्नेयास्त्र आदि विद्या लिखी हैं वे सत्य हैं वा नहीं? और तोप तथा बन्दूक तो उस समय में थीं वा नहीं?

(उत्तर) यह बात सच्ची है। ये शस्त्र भी थे, क्योंकि पदार्थविद्या से इन सब बातों का सम्भव है।

(प्रश्न) क्या ये देवताओं के मन्त्रों से सिद्ध होते थे?

(उत्तर) नहीं। ये सब बातें जिन से अस्त्र शस्त्रों को सिद्ध करते थे वे 'मन्त्र' अर्थात् विचार से सिद्ध करते और चलाते थे। और जो मन्त्र अर्थात् शब्दमय होता है उस से कोई द्रव्य उत्पन्न नहीं होता। और जो कोई कहे कि मन्त्र से अग्नि उत्पन्न होता है तो वह मन्त्र के जप करने वाले के हृदय और जिह्वा को भस्म कर देवे। मारने जाय शत्रु को और मर रहे आप। इसलिये मन्त्र नाम है विचार का जैसा 'राजमन्त्री' अर्थात् राजकर्मों का विचार करने वाला कहाता है, वैसा मन्त्र अर्थात् विचार से सब सृष्टि के पदार्थों का प्रथम ज्ञान और पश्चात् क्रिया करने से अनेक प्रकार के पदार्थ और क्रियाकौशल उत्पन्न होते हैं।

जैसे कोई एक लोहे का बाण वा गोला बनाकर उस में ऐसे पदार्थ रक्खे कि जो अग्नि के लगाने से वायु में धुआं फैलने और सूर्य की किरण वा वायु के स्पर्श होने से अग्नि जल उठे इसी का नाम 'आग्नेयास्त्र' है। जब दूसरा इस का निवारण करना चाहै तो उसी पर 'वारुणास्त्र छोड़ दे। अर्थात् जैसे शत्रु ने शत्रु की सेना पर आग्नेयास्त्र छोड़कर नष्ट करना चाहा वैसे ही अपनी सेना की रक्षार्थ सेनापति वारुणास्त्र से आग्नेयास्त्र का निवारण करे। वह ऐसे द्रव्यों के योग से होता है जिस का धुआं वायु के स्पर्श होते ही बद्दल होके झट वर्षने लग जावे; अग्नि को बुझा देवे। ऐसे ही 'नागपाश' अर्थात् जो शत्रु पर छोड़ने से उस के अङ्गों को जकड़ के बांध लेता है। वैसे ही एक 'मोहनास्त्र' अर्थात् जिस में नशे की चीज डालने से जिस के धुएं के लगने से सब शत्रु की सेना निद्रास्थ अर्थात् मूर्छित हो

जाय। इसी प्रकार सब शस्त्रास्त्र होते थे। और एक तार से वा शीसे से अथवा किसी और पदार्थ से विद्युत् उत्पन्न करके शत्रुओं का नाश करते थे उसको भी 'आग्नेयास्त्र' तथा 'पाशुपतास्त्र' कहते हैं।

'तोप' और 'बन्दूक' ये नाम अन्य देशभाषा के हैं। संस्कृत और आर्य्यावर्त्तीय भाषा के नहीं किन्तु जिस को विदेशी जन तोप कहते हैं संस्कृत और भाषा में उस का नाम 'शतघ्नी' और जिस को बन्दूक कहते हैं उस को संस्कृत और आर्य्यभाषा में 'भुशुण्डी' कहते हैं। जो संस्कृत विद्या को नहीं पढ़े वे भ्रम में पड़ कर कुछ का कुछ लिखते और कुछ का कुछ बकते हैं। उस का बुद्धिमान् लोग प्रमाण नहीं कर सकते। और जितनी विद्या भूगोल में फैली है वह सब आर्य्यावर्त्त देश से मिश्र वालों, उन से यूनानी, उन से रूम और उन से यूरोप देश में, उन से अमेरिका आदि देशों में फैली है। अब तक जितना प्रचार संस्कृत विद्या का आर्य्यावर्त्त देश में है उतना किसी अन्य देश में नहीं। जो लोग कहते हैं कि—जर्मनी देश में संस्कृत विद्या का बहुत प्रचार है और जितना संस्कृत मोक्षमूलर साहब पढ़े हैं उतना कोई नहीं पढ़ा। यह बात कहनेमात्र है क्योंकि **'यस्मिन्देशे द्रुमो नास्ति तत्रैरण्डोऽपि द्रुमायते।'** अर्थात् जिस देश में कोई वृक्ष नहीं होता उस देश में एरण्ड ही को बड़ा वृक्ष मान लेते हैं। वैसे ही यूरोप देश में संस्कृत विद्या का प्रचार न होने से जर्मन लोगों और मोक्षमूलर साहब ने थोड़ा सा पढ़ा वही उस देश के लिये अधिक है। परन्तु आर्य्यावर्त्त देश की ओर देखें तो उन की बहुत न्यून गणना है। क्योंकि मैंने जर्मनी देशनिवासी के एक 'प्रिन्सिपल' के पत्र से जाना कि जर्मनी देश में संस्कृत चिट्ठी का अर्थ करने वाले भी बहुत कम हैं। और मोक्षमूलर साहब के संस्कृत साहित्य और थोड़ी सी वेद की व्याख्या देख कर मुझ को विदित होता है कि मोक्षमूलर साहब ने इधर उधर आर्य्यावर्त्तीय लोगों की की हुई टीका देख कर कुछ-कुछ यथा तथा लिखा है। जैसा कि—

युञ्जन्ति॑ ब्र॒ध्नम॑रु॒षं चर॑न्तं॒ परि॒ त॒स्थुषः॑ । रोच॑न्ते रोच॒ना दि॒वि ॥

इस मन्त्र का अर्थ घोड़ा किया है। इस से तो जो सायणाचार्य्य ने सूर्य्य अर्थ किया है सो अच्छा है। परन्तु इसका ठीक अर्थ परमात्मा है सो मेरी बनाई 'ऋग्वेदादिभाष्यभूमिका' में देख लीजिये। उस में इस मन्त्र का अर्थ यथार्थ किया है। इतने से जान लीजिये कि जर्मनी देश और मोक्षमूलर साहब में संस्कृत विद्या का कितना पाण्डित्य है।

यह निश्चय है कि जितनी विद्या और मत भूगोल में फैले हैं वे सब आर्य्यावर्त्त देश ही से प्रचरित हुए हैं। देखो! एक गोल्डस्टकर साहब पैरस अर्थात् फ्रांस देश निवासी अपनी 'बायबिल इन इण्डिया' में लिखते हैं कि सब विद्या और भलाइयों का भण्डार आर्य्यावर्त्त देश है और सब विद्या तथा मत इसी देश से फैले हैं। और परमात्मा की प्रार्थना करते हैं कि हे परमेश्वर! जैसी उन्नति आर्य्यावर्त्त देश की पूर्वकाल में थी वैसी ही हमारे देश की कीजिये; लिखते हैं उस ग्रन्थ में देख लो।

तथा 'दाराशिकोह' बादशाह ने भी यही निश्चय किया था कि जैसी पूरी विद्या संस्कृत में है वैसी किसी भाषा में नहीं। वे ऐसा उपनिषदों के भाषान्तर में लिखते हैं कि मैंने अर्बी आदि बहुत सी भाषा पढ़ीं परन्तु मेरे मन का सन्देह छूट कर आनन्द न हुआ । जब संस्कृत देखा और सुना तब निस्सन्देह हो कर मुझ को

बड़ा आनन्द हुआ है।

देखो काशी के 'मानमन्दिर' में शिशुमारचक्र को कि जिस की पूरी रक्षा भी नहीं रही है तो भी कितना उत्तम है जिस में अब तक भी खगोल का बहुत सा वृत्तान्त विदित होता है। जो 'सवाई जयपुराधीश' उस को संभाल और टूटे फूटे को बनवाया करेंगे तो बहुत अच्छा होगा ।

परन्तु ऐसे शिरोमणि देश को महाभारत के युद्ध ने ऐसा धक्का दिया कि अब तक भी यह अपनी पूर्व दशा में नहीं आया । क्योंकि जब भाई को भाई मारने लगे तो नाश होने में क्या सन्देह?

विनाशकाले विपरीतबुद्धिः। —यह किसी कवि का वचन है।

जब नाश होने का समय निकट आता है तब उल्टी बुद्धि होकर उल्टे काम करते हैं। कोई उन को सूधा समझावे तो उलटा मानें और उलटा समझावें उस को सूधी मानें। जब बड़े-बड़े विद्वान्, राजा, महाराजा, ऋषि, महर्षि लोग महाभारत युद्ध में बहुत से मारे गये और बहुत से मर गये तब विद्या और वेदोक्त धर्म का प्रचार नष्ट हो चला। ईर्ष्या, द्वेष, अभिमान, आपस में करने लगे। जो बलवान् हुआ वह देश को दाब कर राजा बन बैठा। वैसे ही सर्वत्र आर्यावर्त्त देश में खण्ड-बण्ड राज्य हो गया। पुनः द्वीपद्वीपान्तर के राज्य की व्यवस्था कौन करे! जब ब्राह्मण लोग विद्याहीन हुए तब क्षत्रिय, वैश्य और शूद्रों के अविद्वान् होने में कथा ही क्या कहनी? जो परम्परा से वेदादि शास्त्रों का अर्थसहित पढ़ने का प्रचार था वह भी छूट गया। केवल जीविकार्थ पाठमात्र ब्राह्मण लोग पढ़ते रहे सो पाठमात्र भी क्षत्रिय आदि को न पढ़ाया। क्योंकि जब अविद्वान् हुए गुरु बन गये तब छल, कपट, अधर्म भी उन में बढ़ता चला। ब्राह्मणों ने विचारा कि अपनी जीविका का प्रबन्ध बांधना चाहिये। सम्मति करके यही निश्चय कर क्षत्रिय आदि को उपदेश करने लगे कि हम ही तुम्हारे पूज्यदेव हैं। विना हमारी सेवा किये तुम को स्वर्ग वा मुक्ति न मिलेगी। किन्तु जो तुम हमारी सेवा न करोगे तो घोर नरक में पड़ोगे। जो-जो पूर्ण विद्या वाले धार्मिकों का नाम ब्राह्मण और पूजनीय वेद और ऋषि मुनियों के शास्त्र में लिखा था उन को अपने मूर्ख, विषयी, कपटी, लम्पट, अधर्मियों पर घटा बैठे। भला वे आप्त विद्वानों के लक्षण इन मूर्खों में कब घट सकते हैं? परन्तु जब क्षत्रियादि यजमान संस्कृत विद्या से अत्यन्त रहित हुए तब उनके सामने जो-जो गप्प मारी सो-सो विचारों ने सब मान ली। तब इन नाममात्र ब्राह्मणों की बन पड़ी। सब को अपने वचन जाल में बांध कर वशीभूत कर लिया और कहने लगे कि—

ब्रह्मवाक्यं जनार्दनः।

अर्थात् जो कुछ ब्राह्मणों के मुख में से वचन निकलता है वह जानो साक्षात् भगवान् के मुख से निकला। जब क्षत्रियादि वर्ण आंख के अन्धे और गांठ के पूरे अर्थात् भीतर विद्या की आंख फूटी हुई और जिन के पास धन पुष्कल है ऐसे-ऐसे चेले मिले। फिर इन व्यर्थ ब्राह्मण नाम वालों को विषयानन्द का उपवन मिल गया। यह भी उन लोगों ने प्रसिद्ध किया कि जो कुछ पृथिवी में उत्तम पदार्थ हैं वे सब ब्राह्मणों के लिये हैं। अर्थात् जो गुण, कर्म, स्वभाव से ब्राह्मणादि वर्णव्यवस्था थी उस को नष्ट कर जन्म पर रक्खी और मृतकपर्यन्त का भी दान यजमानों से लेने लगे। जैसी अपनी इच्छा हुई वैसा करते चले। यहां तक किया कि 'हम भूदेव हैं' हमारी सेवा के विना देवलोक किसी को नहीं मिल सकता। इन से पूछना चाहिये

कि तुम किस लोक में पधारोगे? तुम्हारे काम तो घोर नरक भोगने के हैं; कृमि, कीट, पतङ्गादि बनोगे। तब तो बड़े क्रोधित होकर कहते हैं—हम 'शाप' देंगे तो तुम्हारा नाश हो जायेगा क्योंकि लिखा है—**'ब्रह्मद्रोही विनश्यति'** कि जो ब्राह्मणों से द्रोह करता है उस का नाश हो जाता है। हां! यह बात तो सच्ची है कि जो पूर्ण वेद और परमात्मा को जानने वाले, धर्मात्मा सब जगत् के उपकारक पुरुषों से कोई द्वेष करेगा, वह अवश्य नष्ट होगा। परन्तु जो ब्राह्मण नहीं हों, उन का न ब्राह्मण नाम और न उन की सेवा करनी योग्य है।

(प्रश्न) तो हम कौन हैं?

(उत्तर) तुम पोप हो।

(प्रश्न) पोप किस को कहते हैं?

(उत्तर) उस की सूचना रूमन् भाषा में तो बड़ा और पिता का नाम पोप है परन्तु अब छल कपट से दूसरे को ठग कर अपना प्रयोजन साधने वाले को पोप कहते हैं।

(प्रश्न) हम तो ब्राह्मण और साधु हैं क्योंकि हमारा पिता ब्राह्मण और माता ब्राह्मणी तथा हम अमुक साधु के चेले हैं।

(उत्तर) यह सत्य है परन्तु सुनो भाई! माँ बाप ब्राह्मण होने से और किसी साधु के शिष्य होने पर ब्राह्मण वा साधु नहीं हो सकते किन्तु ब्राह्मण और साधु अपने उत्तम गुण, कर्म, स्वभाव से होते हैं जो कि परोपकारी हों। सुना है कि जैसे रूम के 'पोप' अपने चेलों को कहते थे कि तुम अपने पाप हमारे सामने कहोगे तो हम क्षमा कर देंगे। विना हमारी सेवा और आज्ञा के कोई भी स्वर्ग में नहीं जा सकता। जो तुम स्वर्ग में जाना चाहो तो हमारे पास जितने रुपये जमा करोगे उतने ही की सामग्री स्वर्ग में तुम को मिलेगी। ऐसा सुन कर जब कोई आंख के अन्धे और गांठ के पूरे स्वर्ग में जाने की इच्छा करके 'पोप जी' को यथेष्ट रुपया देता था तब वह 'पोप जी' ईसा और मरियम की मूर्त्ति के सामने खड़ा होकर इस प्रकार की हुण्डी लिखकर देता था—'हे खुदावन्द ईसामसी! अमुक मनुष्य ने तेरे नाम पर लाख रुपये स्वर्ग में आने के लिये हमारे पास जमा कर दिये हैं। जब वह स्वर्ग में आवे तब तू अपने पिता के स्वर्ग के राज्य में पच्चीस सहस्र रुपयों में बागबगीचा और मकानात, पच्चीस सहस्र में सवारी शिकारी और नौकर चाकर, पच्चीस सहस्र रुपयों में खाना पीना कपड़ा लत्ता और पच्चीस सहस्र रुपये इस के इष्ट मित्र भाई बन्धु आदि के जियाफ़त के वास्ते दिला देना।' फिर उस हुण्डी के नीचे पोप जी अपनी सही करके हुण्डी उसके हाथ में देकर कह देते थे कि 'जब तू मरे तब इस हुण्डी को कबर में अपने सिराने धर लेने के लिए अपने कुटुम्ब को कह रखना। फिर तुझे ले जाने के लिये फरिश्ते आवेंगे तब तुझे और तेरी हुण्डी को स्वर्ग में ले जा कर लिखे प्रमाणे सब चीजें तुझ को दिला देंगे।'

अब देखिये जानो स्वर्ग का ठेका पोप जी ने ही ले लिया हो। जब तक यूरोप देश में मूर्खता थी तभी तक वहां पोप जी की लीला चलती थी परन्तु अब विद्या के होने से पोप जी की झूठी लीला बहुत नहीं चलती किन्तु निर्मूल भी नहीं हुई।

वैसे ही आर्य्यावर्त्त देश में भी जानो पोप जी ने लाखों अवतार लेकर लीला फैलाई हो। अर्थात् राजा और प्रजा को विद्या न पढ़ने देना, अच्छे पुरुषों का सङ्ग

न होने देना, रात दिन बहकाने के सिवाय दूसरा कुछ भी काम नहीं करना है। परन्तु यह बात ध्यान में रखना कि जो-जो छलकपटादि कुत्सित व्यवहार करते हैं वे ही पोप कहाते हैं। जो कोई उन में भी धार्मिक विद्वान् परोपकारी हैं वे सच्चे ब्राह्मण और साधु हैं।

अब उन्हीं छली कपटी स्वार्थी लोगों (मनुष्यों को ठग कर अपना प्रयोजन सिद्ध करने वालों ही का ग्रहण 'पोप' शब्द से करना और ब्राह्मण तथा साधु नाम से उत्तम पुरुषों का स्वीकार करना योग्य है। देखो! जो कोई भी उत्तम ब्राह्मण वा साधु न होता तो वेदादि सत्यशास्त्रों के पुस्तक स्वरसहित का पठन-पाठन जैन, मुसलमान, ईसाई आदि के जाल से बचाकर आर्यों को वेदादि सत्यशास्त्रों में प्रीतियुक्त वर्णाश्रमों में रखना ऐसा कौन कर सकता? सिवाय ब्राह्मण साधुओं के! **'विषादप्यमृतं ग्राह्यम्।'** मनु० ॥ विष से भी अमृत के ग्रहण करने के समान पोपलीला से बहकाने में से भी आर्य्यों का जैन आदि मतों से बचा रहना जानो विष में अमृत के समान गुण समझना चाहिये।

जब यजमान विद्याहीन हुए और आप कुछ पाठ पूजा पढ़ कर अभिमान में आके सब लोगों ने परस्पर सम्मति करके राजा आदि से कहा कि ब्राह्मण और साधु अदण्ड्य हैं। देखो-**'ब्राह्मणो न हन्तव्यः' 'साधुर्न हन्तव्यः'** ऐसे ऐसे वचन जो कि सच्चे ब्राह्मण और सच्चे साधुओं के विषय में थे सो पोपों ने अपने पर घटा लिये। और भी झूठे-झूठे वचनयुक्त ग्रन्थ रच कर उन में ऋषि मुनियों के नाम धर के उन्हीं के नाम से सुनाते रहे। उन प्रतिष्ठित ऋषि महर्षियों के नाम से अपने पर से दण्ड की व्यवस्था उठवा दी। पुनः यथेष्टाचार करने लगे अर्थात् ऐसे करडे नियम चलाये कि उन पोपों की आज्ञा के विना सोना, उठना, बैठना, जाना, आना, खाना, पीना, आदि भी नहीं कर सकते थे। राजाओं को ऐसा निश्चय कराया कि पोप संज्ञक कहने मात्र के ब्राह्मण साधु चाहे सो करें। उन को कभी दण्ड न देना अर्थात् उन पर मन में भी दण्ड देने की इच्छा न करनी चाहिये।

जब ऐसी मूर्खता हुई तब जैसी पोपों की इच्छा हुई वैसा करने कराने लगे। अर्थात् इस बिगाड़ के मूल महाभारत युद्ध से पूर्व एक सहस्र वर्ष से प्रवृत्त हुए थे। क्योंकि उस समय में ऋषि मुनि भी थे तथापि कुछ-कुछ आलस्य, प्रमाद, ईर्ष्या, द्वेष के अंकुर उगे थे वे बढ़ते-बढ़ते वृद्ध हो गये। जब सच्चा उपदेश न रहा तब आर्य्यावर्त्त में अविद्या फैलकर परस्पर लड़ने झगड़ने लगे। क्योंकि-

उपदेश्योपदेष्टृत्वात् तत्सिद्धिः॥ इतरथान्धपरम्परा॥ -सांख्यसू०॥

अर्थात् जब उत्तम-उत्तम उपदेशक होते हैं तब अच्छे प्रकार धर्म, अर्थ, काम और मोक्ष सिद्ध होते हैं। और जब उत्तम उपदेशक और श्रोता नहीं रहते तब अन्ध परम्परा चलती है। फिर भी जब सत्पुरुष उत्पन्न होकर सत्योपदेश करते हैं तभी अन्धपरम्परा नष्ट होकर प्रकाश की परम्परा चलती है।

पुनः वे पोप लोग अपनी और अपने चरणों की पूजा कराने लगे और कहने लगे कि इसी में तुम्हारा कल्याण है। जब ये लोग इन के वश में हो गये तब प्रमाद और विषयासक्ति में निमग्न होकर गड़रिये के समान झूठे गुरु और चेले फंसे। विद्या, बल, बुद्धि, पराक्रम, शूरवीरतादि शुभगुण सब नष्ट होते चले।

पश्चात् जब विषयासक्त हुए तो मांस, मद्य का सेवन गुप्त-गुप्त करने लगे। पश्चात् उन्हीं में से एक ने वाममार्ग खड़ा किया। 'शिव उवाच' 'पार्वत्युवाच' 'भैरव

उवाच' इत्यादि नाम लिख कर उन का तन्त्र नाम धरा। उन में ऐसी-ऐसी विचित्र लीला की बातें लिखीं कि-

मद्यं मांसं च मीनं च मुद्रा मैथुनमेव च।
एते पञ्च मकाराः स्युर्मोक्षदा हि युगे युगे॥ १॥
प्रवृत्ते भैरवीचक्रे सर्वे वर्णा द्विजातयः।
निवृत्ते भैरवीचक्रे सर्वे वर्णाः पृथक् पृथक्॥ २॥
पीत्वा पीत्वा पुनः पीत्वा यावत्पतति भूतले।
पुनरुत्थाय वै पीत्वा पुनर्जन्म न विद्यते॥ ३॥
मातृयोनिं परित्यज्य विहरेत् सर्वयोनिषु॥ ४॥
वेदशास्त्रपुराणानि सामान्यगणिका इव।
एकैव शाम्भवी मुद्रा गुप्ता कुलवधूरिव॥ ५॥

अर्थात् देखो इन गवर्गण्ड पोपों की लीला जो कि वेदविरुद्ध महा अधर्म के काम हैं उन्हीं को श्रेष्ठ वाममर्गियों ने माना। मद्य, मांस, मीन अर्थात् मच्छी, मुद्रा पूरी कचौरी और बड़े रोटी आदि चर्वण, योनि, पात्राधार, मुद्रा और पांचवां मैथुन अर्थात् पुरुष सब शिव और स्त्री सब पार्वती के समान मान कर-

अहं भैरवस्त्वं भैरवी ह्यावयोरस्तु सङ्गमः॥

चाहे कोई पुरुष वा स्त्री हो इस ऊटपटांग वचन को पढ़ के समागम करने में वे वाममार्गी दोष नहीं मानते। अर्थात् जिन नीच स्त्रियों को छूना नहीं उनको अतिपवित्र उन्होंने माना है। जैसे शास्त्रों में रजस्वला आदि स्त्रियों के स्पर्श का निषेध है उन को वाममार्गियों ने अतिपवित्र माना है। सुनो इन का श्लोक खण्ड बण्ड-

रजस्वला पुष्करं तीर्थं चाण्डाली तु स्वयं काशी। चर्मकारी प्रयागः स्याद्रजकी मथुरा मता॥ अयोध्या पुक्कसी प्रोक्ता॥ इत्यादि।

रजस्वला के साथ समागम करने से जानो पुष्कर का स्नान, चाण्डाली से समागम में काशी की यात्रा, चमारी से समागम करने से मानो प्रयागस्नान, धोबी की स्त्री के साथ समागम करने में मथुरा यात्रा और कंजरी के साथ लीला करने से मानो अयोध्या तीर्थ कर आये। मद्य का नाम धरा 'तीर्थ', मांस का नाम शुद्धि और 'पुष्प' मच्छी का नाम 'तृतीया' और 'जलतुम्बिका', मुद्रा का नाम 'चतुर्थी', मैथुन का नाम 'पञ्चमी'। इसलिये ऐसे-ऐसे नाम धरे हैं कि जिस से दूसरा न समझ सके। अपने कौल, आर्द्रवीर, शाम्भव और गण आदि नाम रक्खे हैं। और जो वाममार्ग मत में नहीं हैं, उनका 'कण्टक' 'विमुख', शुष्कपशु' आदि नाम धरे हैं। और कहते हैं कि जब भैरवीचक्र हो तब उस में ब्राह्मण से लेकर चाण्डालपर्यन्त का नाम द्विज हो जाता है। और जब भैरवीचक्र से अलग हों तब सब अपने-अपने वर्णस्थ हो जायें।

भैरवीचक्र में वाममार्गी लोग भूमि वा पट्टे पर एक विन्दु त्रिकोण, चतुष्कोण, वर्त्तुलाकार बना कर उस पर मद्य का घड़ा रखके उस की पूजा करते हैं। फिर ऐसा मन्त्र पढ़ते हैं-**'ब्रह्मशापं विमोचय'** हे मद्य! तू ब्रह्मा आदि के शाप से रहित हो। एक गुप्त स्थान में कि जहां सिवाय वाममार्गी के दूसरे को नहीं आने देते वहां स्त्री और पुरुष इकट्ठे होते हैं। वहां एक स्त्री को नङ्गी कर पूजते और स्त्री लोग किसी पुरुष को नङ्गा कर पूजती हैं। पुनः कोई किसी की स्त्री कोई अपनी वा दूसरे की कन्या, कोई किसी की वा अपनी माता, भगिनी, पुत्रवधू आदि आती हैं। पश्चात् एक पात्र में मद्य भरके मांस और बड़े आदि एक स्थाली में धर रखते

हैं। उस मद्य के प्याले को जो कि उन का आचार्य्य होता है वह हाथ में लेकर बोलता है कि—**'भैरवोऽहम्' 'शिवोऽहम्'** मैं भैरव वा शिव हूं कह कर पी जाता है। फिर उसी झूठे पात्र से सब पीते हैं। और जब किसी की स्त्री वा वेश्या नङ्गी कर अथवा किसी पुरुष को नङ्गा कर हाथ में तलवार दे के उस का नाम देवी और पुरुष का नाम महादेव धरते हैं। उन के उपस्थ इन्द्रिय की पूजा करते हैं तब उस देवी वा शिव को मद्य का प्याला पिला कर उसी झूठे पात्र से सब लोग एक-एक प्याला पीते हैं। फिर उसी प्रकार क्रम से पी-पी के उन्मत्त होकर चाहें कोई किसी की बहिन, कन्या वा माता क्यों न हो, जिस की जिस के साथ इच्छा हो उस के साथ कुकर्म करते हैं। कभी-कभी बहुत नशा चढ़ने से जूते, लात, मुक्कामुक्की, केशाकेशी, आपस में लड़ते हैं किसी-किसी को वहीं वमन होता है। उन में जो पहुंचा हुआ अघोरी अर्थात् सब में सिद्ध गिना जाता है; वह वमन हुई चीज को भी खा लेता है। अर्थात् इन के सबसे बड़े सिद्ध की ये बातें हैं कि—

हालां पिबति दीक्षितस्य मन्दिरे सुप्तो निशायां गणिकागृहेषु।
विराजते कौलवचक्रवर्ती॥

जो दीक्षित अर्थात् कलार के घर में जाके बोतल पर बोतल चढ़ावे। रण्डियों के घर में जाके उन से कुकर्म करके सोवे जो इत्यादि कर्म निर्लज्ज, निःशङ्क होकर करे वही वाममार्गियों में सर्वोपरि मुख्य चक्रवर्ती राजा के समान माना जाता है। अर्थात् जो बड़ा कुकर्मी वही उन में बड़ा और जो अच्छे काम करे और बुरे कामों से डरे वही छोटा। क्योंकि—

पाशबद्धो भवेज्जीवः पाशमुक्तः सदा शिवः॥

ऐसा तन्त्र में कहते हैं कि जो लोकलज्जा, शास्त्रलज्जा, कुललज्जा, देशलज्जा आदि पाशों में बंधा है वह जीव और जो निर्लज्ज होकर बुरे काम करे वही सदा शिव है।

उड्डीस तन्त्र आदि में एक प्रयोग लिखा है कि एक घर में चारों ओर आलय हों। उन में मद्य के बोतल भर के धर देवे। इस आलय से एक बोतल पी के दूसरे आलय पर जावे। उसमें से पी तीसरे और तीसरे में से पीके चौथे आलय में जावे। खड़ा-खड़ा तब तक मद्य पीवे कि जब तक लकड़ी के समान पृथिवी में न गिर पड़े। फिर जब नशा उतरे तब उसी प्रकार पीकर गिर पड़े। पुनः तीसरी वार इसी प्रकार पीके गिर के उठे तो उस का पुनर्जन्म न हो अर्थात् सच तो यह है कि ऐसे-ऐसे मनुष्यों का पुनः मनुष्यजन्म होना ही कठिन है किन्तु नीच योनि में पड़ कर बहुकालपर्यन्त पड़ा रहेगा।

वामियों के तन्त्र ग्रन्थों में यह नियम है कि एक माता को छोड़ के किसी स्त्री को भी न छोड़ना चाहिये अर्थात् चाहे कन्या हो वा भगिनी आदि क्यों न हो; सब के साथ संगम करना चाहिये। इन वाममर्गियों में **दश महाविद्या** प्रसिद्ध हैं उनमें से एक मातङ्गी विद्यावाला कहता है कि **'मातरमपि न त्यजेत्'** अर्थात् माता को भी समागम किये विना न छोड़ना चाहिये। और स्त्री पुरुष के समागम समय में मन्त्र जपते हैं कि हम को सिद्धि प्राप्त हो जायें। ऐसे पागल महामूर्ख मनुष्य भी संसार में बहुत न्यून होंगे!!! जो मनुष्य झूंठ चलाना चाहता है वह सत्य की निन्दा अवश्य ही करता है। देखो! वाममार्गी क्या कहते हैं ? वेद, शास्त्र और पुराण ये सब सामान्य वेश्याओं के समान हैं और जो यह शाम्भवी वाममार्ग की मुद्रा है

वह गुप्त कुल की स्त्री के तुल्य है। इसीलिये इन लोगों ने केवल वेद-विरुद्ध मत खड़ा किया है। पश्चात् इन लोगों का मत बहुत चला। तब धूर्त्तता करके वेदों के नाम से भी वाममार्ग की थोड़ी-थोड़ी लीला चलाई। अर्थात्-

सौत्रामण्यां सुरां पिबेत् । प्रोक्षितं भक्षयेन्मांसम्।
वैदिकी हिंसा हिंसा न भवति॥
न मांसभक्षणे दोषो न मद्ये न च मैथुने।
प्रवृत्तिरेषा भूतानां निवृत्तिस्तु महाफला॥ मनु०॥

सौत्रामणि यज्ञ में मद्य पीवे। इस का अर्थ तो यह है कि सौत्रामणि यज्ञ में सोमरस अर्थात् सोमवल्ली का रस पीये। प्रोक्षित अर्थात् यज्ञ में मांस खाने में दोष नहीं ऐसी पामरपन की बातें वाममार्गियों ने चलाई हैं। उन से पूछना चाहिये कि जो वैदिकी हिंसा हिंसा न हो तो तुझ और तेरे कुटुम्ब को मार के होम कर डालें तो क्या चिन्ता है ? मांसभक्षण करने, मद्य पीने, परस्त्रीगमन करने आदि में दोष नहीं है; यह कहना छोकड़पन है। क्योंकि विना प्राणियों के पीड़ा दिये मांस प्राप्त नहीं होता और विना अपराध के पीड़ा देना धर्म का काम नहीं। मद्यपान का तो सर्वथा निषेध ही है क्योंकि अब तक वाममार्गियों के विना किसी ग्रन्थ में नहीं लिखा किन्तु सर्वत्र निषेध है। और विना विवाह के मैथुन में भी दोष है। इस को निर्दोष कहनेवाला सदोष है। ऐसे-ऐसे वचन भी ऋषियों के ग्रन्थ में डाल के कितने ही ऋषि मुनियों के नाम से ग्रन्थ बना कर गोमेध, अश्वमेध नाम यज्ञ भी कराने लगे थे। अर्थात् इन पशुओं को मारके होम करने से यजमान और पशु को स्वर्ग की प्राप्ति होती है; ऐसी प्रसिद्धि की। निश्चय तो यह है कि जो ब्राह्मणग्रन्थों में अश्वमेध, गोमेध, नरमेध आदि शब्द हैं उन का ठीक-ठीक अर्थ नहीं जाना है क्योंकि जो जानते तो ऐसा अनर्थ क्यों करते?

(प्रश्न) अश्वमेध, गोमेध, नरमेध आदि शब्दों का अर्थ क्या है?

(उत्तर) इन का अर्थ तो यह है कि-

राष्ट्रं वा अश्वमेधः। अन्नꣳहि गौः।
अग्निर्वा अश्वः। आज्यं मेधः॥ शतपथब्राह्मणे॥

घोड़े, गाय आदि पशु तथा मनुष्य मार के होम करना कहीं नहीं लिखा। केवल वाममार्गियों के ग्रन्थों में ऐसा अनर्थ लिखा है। किन्तु यह भी बात वाममार्गियों ने चलाई। और जहाँ-जहाँ लेख है वहाँ-वहाँ भी वाममार्गियों ने प्रक्षेप किया है। देखो ! राजा न्याय धर्म से प्रजा का पालन करे, विद्यादि का देनेहारा और यजमान द्वारा अग्नि में घी आदि का होम करना अश्वमेध, अन्न, इन्द्रियां, किरण, पृथिवी आदि को पवित्र रखना गोमेध; जब मनुष्य मर जाय तब उसके शरीर का विधिपूर्वक दाह करना नरमेध कहाता है।

(प्रश्न) यज्ञकर्त्ता कहते हैं कि यज्ञ करने से यजमान और पशु स्वर्गगामी तथा होम करके फिर पशु को जीता करते थे। यह बात सच्ची है वा नहीं ?

(उत्तर) नहीं। जो स्वर्ग को जाते हों तो ऐसी बात कहने वाले को मार के होम कर स्वर्ग में पहुंचाना चाहिये वा उस के प्रिय माता, पिता, स्त्री और पुत्रादि को मार होम कर स्वर्ग में क्यों नहीं पहुंचाते? वा वेदी में से पुनः क्यों नहीं जिला लेते हैं?

(प्रश्न) जब यज्ञ करते हैं तब वेदों के मन्त्र पढ़ते हैं। जो वेदों में न होता तो कहाँ से पढ़ते?

(उत्तर) मन्त्र किसी को कहीं पढ़ने से नहीं रोकता क्योंकि वह एक शब्द है। परन्तु उन का अर्थ ऐसा नहीं है कि पशु को मारके होम करना। जैसे—**'अग्नये स्वाहा'** इत्यादि मन्त्रों का अर्थ अग्नि में हवि, पुष्ट्यादिकारक घृतादि उत्तम पदार्थों के होम करने से वायु, वृष्टि, जल शुद्ध होकर जगत् को सुखकारक होते हैं। परन्तु इन सत्य अर्थों को वे मूढ़ नहीं समझते थे क्योंकि जो स्वार्थबुद्धि होते हैं। वे केवल अपने स्वार्थ करने के दूसरा कुछ भी नहीं जानते; मानते।

जब इन पोपों का ऐसा अनाचार देखा और दूसरा मरे का तर्पण श्राद्धादि करने को देख कर एक महाभयङ्कर वेदादि शास्त्रों का निन्दक बौद्ध वा जैन मत प्रचलित हुआ है। सुनते हैं कि एक इसी देश में गोरखपुर का राजा था। उस से पोपों ने यज्ञ कराया। उस की प्रिय राणी का समागम घोड़े के साथ कराने से उसके मर जाने पर पश्चात् वैराग्यवान् होकर अपने पुत्र को राज्य दे, साधु हो, पोपों की पोल निकालने लगा। इसी की शाखारूप चारवाक और आभाणक मत भी हुआ था। उन्होंने इस प्रकार के श्लोक बनाये हैं—

पशुश्चेन्निहतः स्वर्गं ज्योतिष्टोमे गमिष्यति।
स्वपिता यजमानेन तत्र कथं न हिंस्यते॥
मृतानामिह जन्तूनां श्राद्धं चेत्तृप्तिकारणम्।
गच्छतामिह जन्तूनां व्यर्थं पाथेयकल्पनम्॥

जो पशु मार कर अग्नि में होम करने से पशु स्वर्ग को जाता है तो यजमान अपने पिता आदि को मार के स्वर्ग में क्यों नहीं भेजते। जो मरे हुए मनुष्यों की तृप्ति के लिये श्राद्ध और तर्प्पण होता है तो विदेश में जाने वाले मनुष्य को मार्ग का खर्च खाने पीने के लिये बांधना व्यर्थ है। क्योंकि जब मृतक को श्राद्ध, तर्पण से अन्न, जल पहुंचता है तो जीते हुए परदेश में रहने वाले वा मार्ग में चलनेहारों को घर में रसोई बनी हुई का पत्तल परोस, लोटा भर के उस के नाम पर रखने से क्यों नहीं पहुँचता? जो जीते हुए दूर देश अथवा दश हाथ पर दूर बैठे हुए को दिया हुआ नहीं पहुंचता तो मरे हुए के पास किसी प्रकार नहीं पहुंच सकता। उन के ऐसे युक्तिसिद्ध उपदेशों को मानने लगे और उन का मत बढ़ने लगा।

जब बहुत से राजा भूमिये उन के मत में हुए तब पोप जी भी उन की ओर झुके क्योंकि इन को जिधर गफ्फा अच्छा मिले वहीं चले जायें। झट जैन बनने चले। जैन में भी और प्रकार की पोप-लीला बहुत है सो १२वें समुल्लास में लिखेंगे। बहुतों ने इन का मत स्वीकार किया परन्तु कितने ही जो पर्वत, काशी, कन्नौज, पश्चिम, दक्षिण देश वाले थे उन्होंने जैनों का मत स्वीकार नहीं किया था। वे जैनी वेद का अर्थ न जानकर बाहर की पोपलीला को भ्रान्ति से वेद पर मानकर वेदों की भी निन्दा करने लगे। उस के पठनपाठन यज्ञोपवीतादि और ब्रह्मचर्य्यादि नियमों को भी नाश किया। जहां जितने पुस्तक वेदादि के पाये नष्ट किये। आर्य्यों पर बहुत सी राजसत्ता भी चलाई; दुःख दिया। जब उन को भय शङ्का न रही तब अपने मत वाले गृहस्थ और साधुओं की प्रतिष्ठा और वेदमार्गियों का अपमान और पक्षपात से दण्ड भी देने लगे। और आप सुख आराम और घमण्ड में आ फूलकर फिरने लगे। ऋषभदेव से लेके महावीर पर्यन्त अपने तीर्थंकरों की बड़ी-बड़ी मूर्त्तियाँ बना

कर पूजा करने लगे **अर्थात् पाषाणादि मूर्त्तिपूजा की जड़ जैनियों से प्रचलित हुई।** परमेश्वर का मानना न्यून हुआ, पाषाणादि मूर्त्तिपूजा में लगे। ऐसा तीन सौ वर्ष पर्यन्त आर्यावर्त्त में जैनों का राज रहा। प्रायः वेदार्थज्ञान से शून्य हो गये थे। इस बात को अनुमान से अढ़ाई सहस्र वर्ष व्यतीत हुए होंगे।

बाईस सौ वर्ष हुए कि एक शङ्कराचार्य द्रविड़देशोत्पन्न ब्राह्मण ब्रह्मचर्य से व्याकरणादि सब शास्त्रों को पढ़कर सोचने लगे कि अहह! सत्य आस्तिक वेद मत का छूटना और जैन नास्तिक मत का चलना बड़ी हानि की बात हुई है; इन को किसी प्रकार हटाना चाहिये। शङ्कराचार्य्य शास्त्र तो पढ़े ही थे परन्तु जैन मत के भी पुस्तक पढ़े थे और उन की युक्ति भी बहुत प्रबल थी। उन्होंने विचारा कि इन को किस प्रकार हटावें? निश्चय हुआ कि उपदेश और शास्त्रार्थ करने से ये लोग हटेंगे। ऐसा विचार कर उज्जैन नगरी में आये। वहां उस समय सुधन्वा राजा था, जो जैनियों के ग्रन्थ और कुछ संस्कृत भी पढ़ा था। वहाँ जाकर वेद का उपदेश करने लगे और राजा से मिल कर कहा कि आप संस्कृत और जैनियों के भी ग्रन्थों को पढ़े हो और जैन मत को मानते हो। इसलिये आपको मैं कहता हूं कि जैनियों के पण्डितों के साथ मेरा शास्त्रार्थ कराइये। इस प्रतिज्ञा पर, जो हारे सो जीतने वाले का मत स्वीकार कर ले। और आप भी जीतने वाले का मत स्वीकार कीजियेगा।

यद्यपि सुधन्वा जैन मत में थे तथापि संस्कृत ग्रन्थ पढ़ने से उन की बुद्धि में कुछ विद्या का प्रकाश था। इस से उन के मन में अत्यन्त पशुता नहीं छाई थी। क्योंकि जो विद्वान् होता है वह सत्याऽसत्य की परीक्षा करके सत्य का ग्रहण और असत्य को छोड़ देता है। जब तक सुधन्वा राजा को बड़ा विद्वान् उपदेशक नहीं मिला था तब तक सन्देह में थे कि इन में कौन सा सत्य और कौन सा असत्य है। जब शङ्कराचार्य्य की यह बात सुनी और बड़ी प्रसन्नता के साथ बोले कि हम शास्त्रार्थ कराके सत्याऽसत्य का निर्णय अवश्य करावेंगे। जैनियों के पण्डितों को दूर-दूर से बुलाकर सभा कराई।

उसमें शङ्कराचार्य्य का वेदमत और जैनियों का वेदविरुद्ध मत था अर्थात् शङ्कराचार्य्य का पक्ष वेदमत का स्थापन और जैनियों का खण्डन और जैनियों का पक्ष अपने मत का स्थापन और वेद का खण्डन था। शास्त्रार्थ कई दिनों तक हुआ। जैनियों का मत यह था कि सृष्टि का कर्त्ता अनादि ईश्वर कोई नहीं। यह जगत् और जीव अनादि हैं। इन दोनों की उत्पत्ति और नाश कभी नहीं होता। इस से विरुद्ध शङ्कराचार्य्य का मत था कि अनादि सिद्ध परमात्मा ही जगत् का कर्त्ता है। यह जगत् और जीव झूठा है क्योंकि उस परमेश्वर ने अपनी माया से जगत् बनाया; वही धारण और प्रलय कर्त्ता है। और यह जीव और प्रपञ्च स्वप्नवत् है। परमेश्वर आप ही सब रूप होकर लीला कर रहा है।

बहुत दिन तक शास्त्रार्थ होता रहा परन्तु अन्त में युक्ति और प्रमाण से जैनियों का मत खण्डित और शङ्कराचार्य्य का मत अखण्डित रहा। तब उन जैनियों के पण्डित और सुधन्वा राजा ने वेद मत को स्वीकार कर लिया; जैनमत को छोड़ दिया। पुनः बड़ा हल्ला गुल्ला हुआ और सुधन्वा राजा ने अन्य अपने इष्ट मित्र राजाओं को लिखकर शङ्कराचार्य्य से शास्त्रार्थ कराया। परन्तु जैन का पराजय समय होने से पराजित होते गये।

पश्चात् शङ्कराचार्य्य के सर्वत्र आर्यावर्त्त देश में घूमने का प्रबन्ध सुधन्वादि

राजाओं ने कर दिया और उन की रक्षा के लिये साथ में नौकर चाकर भी रख दिये। उसी समय से सब के यज्ञोपवीत होने लगे और वेदों का पठन-पाठन भी चला। दस वर्ष के भीतर सर्वत्र आर्यावर्त्त देश में घूम कर जैनियों का खण्डन और वेदों का मण्डन किया। परन्तु शङ्कराचार्य्य के समय में जैन विध्वंस अर्थात् जितनी मूर्त्तियां जैनियों की निकलती हैं। वे शङ्कराचार्य्य के समय में टूटी थीं और जो विना टूटी निकलती हैं वे जैनियों ने भूमि में गाड़ दी थीं कि तोड़ी न जायें। वे अब तक कहीं भूमि में से निकलती हैं।

शंकराचार्य्य के पूर्व शैवमत भी थोड़ा सा प्रचरित था; उस का भी खण्डन किया। वाममार्ग का खण्डन किया। उस समय इस देश में धन बहुत था और स्वदेशभक्ति भी थी। जैनियों के मन्दिर शङ्कराचार्य्य और सुधन्वा राजा ने नहीं तुड़वाये थे क्योंकि उन में वेदादि की पाठशाला करने की इच्छा थी। जब वेदमत का स्थापन हो चुका और विद्या प्रचार करने का विचार करते ही थे। उतने में दो जैन ऊपर से कथनमात्र वेदमत और भीतर से कट्टर जैन अर्थात् कपटमुनि थे; शङ्कराचार्य्य उन पर अति प्रसन्न थे। उन दोनों ने अवसर पाकर शङ्कराचार्य्य को ऐसी विषयुक्त वस्तु खिलाई कि उन की क्षुधा मन्द हो गई। पश्चात् शरीर में फोड़े फुन्सी होकर छः महीने के भीतर शरीर छूट गया। तब सब निरुत्साही हो गये और जो विद्या का प्रचार होने वाला था वह भी न होने पाया।

जो-जो उन्होंने शारीरक भाष्यादि बनाये थे उन का प्रचार शङ्कराचार्य्य के शिष्य करने लगे। अर्थात् जो जैनियों के खण्डन के लिये ब्रह्म सत्य जगत् मिथ्या और जीव ब्रह्म की एकता कथन की थी उस का उपदेश करने लगे। दक्षिण में शृंगेरी, पूर्व में भूगोवर्धन, उत्तर में जोशी और द्वारिका में शारदामठ बांध कर शङ्कराचार्य के शिष्य महन्त बन और श्रीमान् होकर आनन्द करने लगे क्योंकि शङ्कराचार्य्य के पश्चात् उन के शिष्यों की बड़ी प्रतिष्ठा होने लगी।

अब इसमें विचारना चाहिये कि जो जीव ब्रह्म की एकता मिथ्या शंकराचार्य्य का निज मत था तो वह अच्छा मत नहीं और जो जैनियों के खण्डन के लिये उस मत का स्वीकार किया हो तो कुछ अच्छा है। नवीन वेदान्तियों का मत ऐसा है—

(प्रश्न) जगत् स्वप्नवत्, रज्जू में सर्प, सीप में चांदी, मृगतृष्णिका में जल, गन्धर्वनगर इन्द्रजालवत् यह संसार झूठा है। एक ब्रह्म ही सच्चा है।

(सिद्धान्ती) झूठा तुम किस को कहते हो?

(नवीन वेदान्ती) जो वस्तु न हो और प्रतीत होवे।

(सिद्धान्ती) जो वस्तु ही नहीं उस की प्रतीति कैसे हो सकती है?

(नवीन०) अध्यारोप से।

(सिद्धान्ती) अध्यारोप किस को कहते हो?

(नवीन०) **'वस्तुन्यवस्त्वारोपणमध्यासः'**॥

'अध्यारोपापवादाभ्यां निष्प्रपञ्चं प्रपञ्च्यते'॥

पदार्थ कुछ और हो उस में अन्य वस्तु का आरोपण करना अध्यास, अध्यारोप और उस का निराकरण करना अपवाद कहाता है। इन दोनों से प्रपंच रहित ब्रह्म में प्रपंचरूप जगत् विस्तार करते हैं।

(सिद्धान्ती) तुम रज्जू को वस्तु और सर्प को अवस्तु मान कर इस भ्रमजाल में पड़े हो। क्या सर्प वस्तु नहीं है। जो कहो कि रज्जू में नहीं तो देशान्तर में और

उसका संस्कारमात्र हृदय में है। फिर वह सर्प भी अवस्तु नहीं रहा । वैसे ही स्थाणु में पुरुष, सीप में चांदी आदि की व्यवस्था समझ लेना। और स्वप्न में भी जिनका भान होता है वे देशान्तर में हैं और उनके संस्कार आत्मा में भी हैं। इसलिये वह स्वप्न भी वस्तु में अवस्तु के आरोपण के समान नहीं।

(नवीन०) जो कभी न देखा, न सुना, जैसा कि अपना शिर कटा है और आप रोता है। जल की धारा ऊपर चली जाती है। जो कभी न हुआ था; देखा जाता है वह सत्य क्योंकर हो सके?

(सिद्धान्ती) यह भी दृष्टान्त तुम्हारे पक्ष को सिद्ध नहीं करता क्योंकि विना देखे सुने संस्कार नहीं होता। संस्कार के विना स्मृति और स्मृति के विना साक्षात् अनुभव नहीं होता। जब किसी से सुना वा देखा कि अमुक का शिर कटा और उसके भाई वा बाप आदि को लड़ाई में प्रत्यक्ष रोते देखा और फोहारे का जल ऊपर चढ़ते देखा वा सुना संस्कार उसी के आत्मा में होता है। जब यह जाग्रत के पदार्थ से अलग होके देखता है तब अपने आत्मा में उन्हीं पदार्थों को, जिन को देखा वा सुना होता देखता है। जब अपने ही में देखता है तब जानो अपना शिर कटा, आप रोता और ऊपर जाती जल की धारा को देखता है। यह भी वस्तु में अवस्तु के आरोपण के सदृश नहीं किन्तु जैसे नक्शा निकालने वाले पूर्व दृष्ट श्रुत वा किये हुओं को आत्मा में से निकाल कर कागज पर लिख देते हैं अथवा प्रतिबिम्ब का उतारने वाला बिम्ब को देख आत्मा में आकृति को धर बराबर लिख देता है। हां! इतना है कि कभी-कभी स्वप्न में स्मरणयुक्त प्रतीति जैसा कि अपने अध्यापक को देखता है और कभी बहुत देखने और सुनने में अतीत ज्ञान को साक्षात्कार करता है। तब स्मरण नहीं रहता कि जो मैंने उस समय देखा, सुना वा किया था उसी को देखता वा करता हूं। जैसा जागृत में स्मरण करता है वैसा स्वप्न में नहीं होता। देखो! इसलिये तुम्हारा अध्यास और आरोप का लक्षण झूठा है। और जो वेदान्ती लोग विवर्त्तवाद अर्थात् रज्जू में सर्पादि के भान होने का दृष्टान्त ब्रह्म में जगत् के भान होने में देते हैं; वह भी ठीक नहीं।

(नवीन) अधिष्ठान के विना अध्यस्त प्रतीत नहीं होता जैसे रज्जू न हो तो सर्प का भी भान नहीं हो सकता। जैसे रज्जू में सर्प तीन काल में नहीं परन्तु अन्धकार और कुछ प्रकाश के मेल में अकस्मात् रज्जू को देखने से सर्प का भ्रम होकर भय से कंपता है। जब उस को दीप आदि से देख लेता है उसी समय भ्रम और भय निवृत्त हो जाता है। वैसे ब्रह्म में जो जगत् की मिथ्या प्रतीति हुई है वह ब्रह्म के साक्षात्कार होने में उस जगत् की निवृत्ति और ब्रह्म की प्रतीति होती है। जैसी कि सर्प की निवृत्ति और रज्जू की प्रतीति होती है।

(सिद्धान्ती) ब्रह्म में जगत् का भान किसको हुआ?

(नवीन) जीव को।

(सिद्धान्ती) जीव कहां से हुआ?

(नवीन) अज्ञान से।

(सिद्धान्ती) अज्ञान कहां से हुआ और कहां रहता है?

(नवीन) अज्ञान अनादि और ब्रह्म में रहता है।

(सिद्धान्ती) ब्रह्म में ब्रह्म का अज्ञान हुआ वा किसी अन्य का और वह अज्ञान किस को हुआ?

(नवीन) चिदाभास को।

(सिद्धान्ती) चिदाभास का स्वरूप क्या है?

(नवीन) ब्रह्म। ब्रह्म को ब्रह्म का अज्ञान अर्थात् स्वरूप को आप ही भूल जाता है।

(सिद्धान्ती) उसके भूलने में निमित्त क्या है?

(नवीन) अविद्या।

(सिद्धान्ती) अविद्या सर्वव्यापी सर्वज्ञ का गुण है वा अल्पज्ञ का?

(नवीन) अल्पज्ञ का।

(सिद्धान्ती) तो तुम्हारे मत में विना एक अनन्त सर्वज्ञ चेतन के दूसरा कोई चेतन है वा नहीं? और अल्पज्ञ कहां से आया? हां! जो अल्पज्ञ चेतन ब्रह्म से भिन्न मानो तो ठीक है। जब एक ठिकाने ब्रह्म को अपने स्वरूप का अज्ञान हो तो सर्वत्र अज्ञान फैल जाय। जैसे शरीर में फोड़े की पीड़ा सब शरीर के अवयवों को निकम्मा कर देती है; इसी प्रकार ब्रह्म भी एकदेश में अज्ञानी और क्लेशयुक्त हो तो सब ब्रह्म भी अज्ञानी और पीड़ा के अनुभवयुक्त हो जाय।

(नवीन) यह सब उपाधि का धर्म है, ब्रह्म का नहीं।

(सिद्धान्ती) उपाधि जड़ है वा चेतन और सत्य वा असत्य।

(नवीन) अनिर्वचनीय है अर्थात् जिस को जड़ वा चेतन, सत्य वा असत्य नहीं कह सकते।

(सिद्धान्ती) यह तुम्हारा कहना **'वदतो व्याघातः'** के तुल्य है क्योंकि कहते हो अविद्या है, जिस को जड़, चेतन, सत्, असत् नहीं कह सकते। यह ऐसी बात है कि जैसे सोने में पीतल मिला हो उस को सराफ के पास परीक्षा करावे कि यह सोना है वा पीतल। तब यही कहोगे कि इस को हम न सोना न पीतल कह सकते हैं किन्तु इस में दोनों धातु मिली हैं।

(नवीन) देखो! जैसे घटाकाश, मठाकाश, मेघाकाश और महदाकाशोपाधि अर्थात् घड़ा घर और मेघ के होने से भिन्न-भिन्न प्रतीत होते हैं, वास्तव में महदाकाश ही है; ऐसे ही माया, अविद्या, समष्टि, व्यष्टि और अन्तःकरणों की उपाधियों से ब्रह्म अज्ञानियों को पृथक्-पृथक् प्रतीत हो रहा है; वास्तव में एक ही है। देखो! अग्रिम प्रमाण में क्या कहा है-

अग्निर्यथैको भुवनं प्रविष्टो रूपं रूपं प्रतिरूपो बभूव ।
एकस्तथा सर्वभूतान्तरात्मा रूपं रूपं प्रतिरूपो बहिश्च ॥ उपनिषद्

जैसे अग्नि लम्बे, चौड़े, गोल, छोटे, बड़े सब आकृति वाले पदार्थों में व्यापक होकर तदाकार दीखता और उन से पृथक् है; वैसे सर्वव्यापक परमात्मा अन्तःकरणों में व्यापक होके अन्तःकरणाऽऽकार हो रहा है परन्तु उन से अलग है।

(सिद्धान्ती) यह भी तुम्हारा कहना व्यर्थ है क्योंकि जैसे घट, मठ, मेघों और आकाश को भिन्न मानते हो वैसे कारणकार्य्यरूप जगत् और जीव को ब्रह्म से और ब्रह्म को इनसे भिन्न मान लो?

(नवीन) जैसा अग्नि सब में प्रविष्ट होकर देखने में तदाकार दीखता है। इसी प्रकार परमात्मा जड़ और जीव में व्यापक होकर आकारवाला, अज्ञानियों को आकारयुक्त दीखता है। वास्तव में ब्रह्म न जड़ और न जीव है। जैसे सहस्र जल के कूण्डे धरे हों उनमें सूर्य्य के सहस्रों प्रतिबिम्ब दीखते हैं; वस्तुतः सूर्य्य एक

है। कूण्डों के नष्ट होने से जल के चलने वा फैलने से सूर्य्य न नष्ट होता है, न चलता और न फैलता। इसी प्रकार अन्तःकरणों में ब्रह्म का आभास जिस को चिदाभास कहते हैं; पड़ा है। जब तक अन्तःकरण है तभी तक जीव है। जब अन्तःकरण ज्ञान से नष्ट होता है तब जीव ब्रह्मस्वरूप है। इस चिदाभास को अपने ब्रह्मस्वरूप का अज्ञान कर्त्ता, भोक्ता सुखी, दुःखी; पापी, पुण्यात्मा, जन्म, मरण अपने में आरोपित करता है। तब तक संसार के बन्धनों से नहीं छूटता।

(सिद्धान्ती) यह दृष्टान्त तुम्हारा व्यर्थ है क्योंकि सूर्य आकार वाला; जल कूण्डे भी आकार वाले हैं। सूर्य्य जलकूण्डे से भिन्न और सूर्य से जल कूण्डे भिन्न हैं तभी प्रतिबिम्ब पड़ता है। यदि निराकार होते तो उन का प्रतिबिम्ब कभी न होता। और जैसे परमेश्वर निराकार, सर्वत्र आकाशवत् व्यापक होने से ब्रह्म से कोई पदार्थ वा पदार्थों से ब्रह्म पृथक् नहीं हो सकता और व्याप्यव्यापक सम्बन्ध से एक भी नहीं हो सकता। अर्थात् अन्वय व्यतिरेक भाव से देखने से व्याप्यव्यापक मिले हुए और सदा पृथक् रहते हैं। जो एक हो तो अपने में व्याप्यव्यापक भाव सम्बन्ध कभी नहीं घट सकता। सो बृहदारण्यक के अन्तर्यामी ब्राह्मण में स्पष्ट लिखा है और ब्रह्म का आभास भी नहीं पड़ सकता क्योंकि विना आकार के आभास का होना असम्भव है। जो अन्तःकरणोपाधि से ब्रह्म को जीव मानते हो सो तुम्हारी बात बालक के समान है क्योंकि अन्तःकरण चलायमान, खण्ड-खण्ड और ब्रह्म अचल और अखण्ड है। यदि तुम ब्रह्म और जीव को पृथक्-पृथक् न मानोगे तो इसका उत्तर दीजिये कि जहाँ-जहाँ अन्तःकरण चला जायगा वहाँ-वहाँ के ब्रह्म को अज्ञानी और जिस-जिस देश को छोड़ेगा वहाँ-वहाँ के ब्रह्म को ज्ञानी कर देवेगा वा नहीं? जैसे छाता प्रकाश के बीच में जहाँ-जहाँ जाता है वहाँ-वहाँ के प्रकाश को आवरणयुक्त और जहाँ-जहाँ से हटता है वहाँ-वहाँ के प्रकाश को आवरणरहित कर देता है। वैसे ही अन्तःकरण ब्रह्म को क्षण-क्षण में ज्ञानी, अज्ञानी, बद्ध और मुक्त करता जायगा। अखण्ड ब्रह्म के एक देश में आवरण का प्रभाव सर्वदेश में होने से सब ब्रह्म अज्ञानी हो जायगा क्योंकि वह चेतन है। और मथुरा में जिस अन्तःकरणस्थ ब्रह्म ने जो वस्तु देखी उसका स्मरण उसी अन्तःकरणस्थ से काशी में नहीं हो सकता क्योंकि **'अन्यदृष्टमन्यो न स्मरतीति न्यायात्'** और के देखे का स्मरण और को नहीं होता। जिस चिदाभास ने मथुरा में देखा वह चिदाभास काशी में नहीं रहता किन्तु जो मथुरास्थ अन्तःकरण का प्रकाशक है वह काशीस्थ ब्रह्म नहीं होता। जो ब्रह्म ही जीव है, पृथक् नहीं तो जीव को सर्वज्ञ होना चाहिये। यदि ब्रह्म का प्रतिबिम्ब पृथक् है तो प्रत्यभिज्ञा अर्थात् पूर्व दृष्ट, श्रुत का ज्ञान किसी को नहीं हो सकेगा। जो कहो कि ब्रह्म एक है इसलिये स्मरण होता है तो एक ठिकाने अज्ञान वा दुःख होने से सब ब्रह्म को अज्ञान वा दुःख हो जाना चाहिये। और ऐसे-ऐसे दृष्टान्तों से नित्य, शुद्ध, बुद्ध, मुक्तस्वभाव ब्रह्म को तुमने अशुद्ध अज्ञानी और बद्ध आदि दोषयुक्त कर दिया है और अखण्ड को खण्ड-खण्ड कर दिया।

(नवीन) निराकार का भी आभास होता है जैसा कि दर्पण वा जलादि में आकाश का आभास पड़ता है। वह नीला वा किसी अन्य प्रकार गम्भीर गहरा दीखता है वैसा ब्रह्म का भी सब अन्तःकरणों में आभास पड़ता है।

(सिद्धान्ती) जब आकाश में रूप ही नहीं है तो उस को आंख से कोई भी नहीं देख सकता। जो पदार्थ दीखता ही नहीं वह दर्पण और जलादि में कैसे

दीखेगा? गहरा वा छिदरा साकार वस्तु दीखता है; निराकार नहीं।

(नवीन) तो फिर जो यह ऊपर नीला सा दीखता है, वही आदर्श वा जल में भान होता है। वह क्या पदार्थ है?

(सिद्धान्ती) वह पृथिवी से उड़ कर जल, पृथिवी और अग्नि के त्रसरेणु हैं। जहां से वर्षा होती है वहां जल न हो तो वर्षा कहां से होवे? इसलिये जो दूर-दूर तम्बू के समान दीखता है वह जल का चक्र है। जैसे कुहिर दूर से घनाकार दीखता है और निकट से छिदिरा और डेरे के समान भी दीखता है वैसा आकाश में जल दीखता है।

(नवीन) क्या हमारे रज्जू, सर्प और स्वप्नादि के दृष्टान्त मिथ्या हैं?

(सिद्धान्ती) नहीं। तुम्हारी समझ मिथ्या है। सो हम ने पूर्व लिख दिया। भला यह तो कहो कि प्रथम अज्ञान किस को होता है?

(नवीन) ब्रह्म को।

(सिद्धान्ती) ब्रह्म अल्पज्ञ है वा सर्वज्ञ।

(नवीन) न सर्वज्ञ, न अल्पज्ञ। क्योंकि सर्वज्ञता और अल्पज्ञता उपाधि सहित में होती है।

(सिद्धान्ती) उपाधि से सहित कौन है?

(नवीन) ब्रह्म।

(सिद्धान्ती) तो ब्रह्म ही सर्वज्ञ और अल्पज्ञ हुआ तो तुमने सर्वज्ञ और अल्पज्ञ का निषेध क्यों किया था? जो कहो कि उपाधि कल्पित अर्थात् मिथ्या है तो कल्पक अर्थात् कल्पना करने वाला कौन है?

(नवीन) जीव ब्रह्म है वा अन्य?

(सिद्धान्ती) अन्य है। क्योंकि जो ब्रह्मस्वरूप है तो जिस ने मिथ्या कल्पना की वह ब्रह्म ही नहीं हो सकता। जिस की कल्पना मिथ्या है वह सच्चा कब हो सकता है?

(नवीन) हम सत्य और असत्य को झूठ मानते हैं और वाणी से बोलना भी मिथ्या है।

(सिद्धान्ती) जब तुम झूठ कहने और मानने वाले हो तो झूठे क्यों नहीं?

(नवीन) रहो। झूठ और सच हमारे ही में कल्पित है और हम दोनों के साक्षी अधिष्ठान हैं।

(सिद्धान्ती) जब तुम सत्य और झूठ के आधार हुए तो साहूकार और चोर के सदृश तुम्हीं हुए। इससे तुम प्रामाणिक भी नहीं रहे। क्योंकि प्रामाणिक वह होता है जो सर्वदा सत्य माने, सत्य बोले, सत्य करे, झूठ न माने, झूठ न बोले और झूठ कदाचित् न करे। जब तुम अपनी बात को आप ही झूठ करते हो तो तुम अनाप्त मिथ्यावादी हो।

(नवीन) अनादि माया जो कि ब्रह्म के आश्रय और ब्रह्म ही का आवरण करती है उस को मानते हो वा नहीं?

(सिद्धान्ती) नहीं मानते। क्योंकि तुम माया का अर्थ ऐसा करते हो कि जो वस्तु न हो और भासे है तो इस बात को वह मानेगा जिस के हृदय की आंख फूट गई हो। क्योंकि जो वस्तु नहीं उस का भासमान होना सर्वथा असम्भव है। जैसा बन्ध्या के पुत्र का प्रतिबिम्ब कभी नहीं हो सकता। और यह **'सन्मूलाः सोम्येमाः**

प्रजाः' इत्यादि छान्दोग्य उपनिषत् के वचनों से विरुद्ध कहते हो?

(नवीन) क्या तुम वसिष्ठ, शङ्कराचार्य आदि और निश्चलदास पर्य्यन्त जो तुम से अधिक पण्डित हुए हैं उन्होंने लिखा है उस का खण्डन करते हो? हम को तो वसिष्ठ, शङ्कराचार्य और निश्चलदास आदि अधिक दीखते हैं।

(सिद्धान्ती) तुम विद्वान् हो वा अविद्वान्?

(नवीन) हम भी कुछ विद्वान् हैं।

(सिद्धान्ती) अच्छा तो वसिष्ठ, शङ्कराचार्य और निश्चलदास के पक्ष का हमारे सामने स्थापन करो; हम खण्डन करते हैं। जिस का पक्ष सिद्ध हो वही बड़ा है। जो उन की और तुम्हारी बात अखण्डनीय होती है तो तुम उन की युक्तियां लेकर हमारी बात का खण्डन क्यों न कर सकते? तब तुम्हारी और उन की बात माननीय होवे।

अनुमान है कि शङ्कराचार्य आदि ने तो जैनियों के मत के खण्डन करने ही के लिये यह मत स्वीकार किया हो क्योंकि देश काल के अनुकूल अपने पक्ष को सिद्ध करने के लिये बहुत से स्वार्थी विद्वान् अपने आत्मा के ज्ञान से विरुद्ध भी कर लेते हैं। और जो इन बातों को अर्थात् जीव ईश्वर की एकता, जगत् मिथ्या आदि व्यवहार सच्चा ही मानते थे तो उन की बात सच्ची नहीं हो सकती।

और निश्चलदास का पाण्डित्य देखो ऐसा है **'जीवो ब्रह्माऽभिन्नश्चेतनत्वात्'** उन्होंने 'वृत्तिप्रभाकर' में जीव ब्रह्म की एकता के लिये अनुमान लिखा है कि चेतन होने से जीव ब्रह्म से अभिन्न है। यह बहुत कम समझ पुरुष की बात के सदृश बात है। क्योंकि साधर्म्यमात्र से एक दूसरे के साथ एकता नहीं होती; वैधर्म्य भेदक होता है। जैसे कोई कहे कि 'पृथिवी जलाऽभिन्ना जडत्वात्' जड़ के होने से पृथिवी जल से अभिन्न है। जैसा यह वाक्य सङ्गत कभी नहीं हो सकता वैसे निश्चलदास जी का भी लक्षण व्यर्थ है। क्योंकि जो अल्प, अल्पज्ञता और भ्रान्तिमत्त्वादि धर्म्म जीव में ब्रह्म से और सर्वगत सर्वज्ञता और निर्भ्रान्तित्वादि वैधर्म्य ब्रह्म में जीव से विरुद्ध है इस से ब्रह्म और जीव भिन्न-भिन्न हैं। जैसे गन्धवत्त्व कठिनत्व आदि भूमि के धर्म, रसवत्त्व द्रवत्वादि जल के धर्म से विरुद्ध होने से पृथिवी और जल एक नहीं हैं। वैसे जीव और ब्रह्म के वैधर्म्य होने से जीव और ब्रह्म एक न कभी थे, न हैं न कभी होंगे।

इतने ही से निश्चलदासादि को समझ लीजिये कि उन में कितना पाण्डित्य था और जिस ने योगवासिष्ठ बनाया है वह कोई आधुनिक वेदान्ती था। न वाल्मीकि, वसिष्ठ और रामचन्द्र का बनाया वा कहा सुना है। क्योंकि वे सब वेदानुयायी थे वेद से विरुद्ध न बना सकते और न कह सुन सकते थे।

(प्रश्न) क्या व्यास जी ने जो शारीरक सूत्र बनाये हैं उन में भी जीव ब्रह्म की एकता दीखती है? देखो—

सम्पद्याऽऽविर्भावः स्वेन शब्दात्॥ १॥
ब्राह्मेण जैमिनिरुपन्यासादिभ्यः॥ २॥
चिति तन्मात्रेण तदात्मकत्वादित्यौडुलोमिः॥ ३॥
एवमप्युपन्यासात् पूर्वभावादविरोधं बादरायणः॥ ४॥
अत एव चानन्याधिपतिः॥ ५॥

अर्थात् जीव अपने स्वरूप को प्राप्त होकर प्रकट होता है जो कि पूर्व

ब्रह्मस्वरूप था क्योंकि स्व शब्द से अपने ब्रह्मस्वरूप का ग्रहण होता है॥ १॥

'अयमात्मा अपहतपाप्मा' इत्यादि उपन्यास ऐश्वर्य्य प्राप्ति पर्य्यन्त हेतुओं से ब्रह्मस्वरूप से जीव स्थित होता है ऐसा जैमिनि आचार्य्य का मत है॥ २॥

और औडुलोमि आचार्य्य तदात्मकस्वरूप निरूपणादि बृहदारण्यक के हेतुरूप के वचनों से चैतन्यमात्र स्वरूप से जीव मुक्ति में स्थित रहता है॥ ३॥

व्यास जी इन्हीं पूर्वोक्त उपन्यासादि ऐश्वर्यप्राप्तिरूप हेतुओं से जीव का ब्रह्मस्वरूप होने में अविरोध मानते हैं॥ ४॥

योगी ऐश्वर्यसहित अपने ब्रह्मस्वरूप को प्राप्त होकर अन्य अधिपति से रहित अर्थात् स्वयम् आप अपना और सब का अधिपतिरूप ब्रह्मस्वरूप से मुक्ति में स्थित रहता है॥ ५॥

(उत्तर) इन सूत्रों का अर्थ इस प्रकार का नहीं किन्तु इन का यथार्थ अर्थ यह है। सुनिये! जब तक जीव अपने स्वकीय शुद्धस्वरूप को प्राप्त, सब मलों से रहित होकर पवित्र नहीं होता तब तक योग से ऐश्वर्य को प्राप्त होकर अपने अन्तर्यामी ब्रह्म को प्राप्त होके आनन्द में स्थित नहीं हो सकता॥ १॥

इसी प्रकार जब पापादि रहित ऐश्वर्ययुक्त योगी होता है तभी ब्रह्म के साथ मुक्ति के आनन्द को भोग सकता है। ऐसा जैमिनि आचार्य का मत है॥ २॥

जब अविद्यादि दोषों से छूट शुद्ध चैतन्यमात्र स्वरूप से जीव स्थिर होता है तभी 'तदात्मकत्व' अर्थात् ब्रह्मस्वरूप के साथ सम्बन्ध को प्राप्त होता है॥ ३॥

जब ब्रह्म के साथ ऐश्वर्य और शुद्ध विज्ञान को जीते ही जीवन्मुक्त होता है तब अपने निर्मल पूर्व स्वरूप को प्राप्त होकर आनन्दित होता है ऐसा व्यासमुनि जी का मत है॥ ४॥

जब योगी का सत्य सङ्कल्प होता है तब स्वयं परमेश्वर को प्राप्त हो कर मुक्तिसुख को पाता है। वहां स्वाधीन स्वतन्त्र रहता है। जैसा संसार में एक प्रधान दूसरा अप्रधान होता है वैसा मुक्ति में नहीं। किन्तु सब मुक्त जीव एक से रहते हैं॥ ५॥ जो ऐसा न हो तो—

नेतरोऽनुपपत्तेः॥ १॥ भेदव्यपदेशाच्च॥ २॥
विशेषणभेदव्यपदेशाभ्यां च नेतरौ॥ ३॥
अस्मिन्नस्य च तद्योगं शास्ति॥ ४॥
अन्तस्तद्धर्मोपदेशात्॥ ५॥
भेदव्यपदेशाच्चान्यः॥ ६॥
गुहां प्रविष्टावात्मानौ हि तद्दर्शनात्॥ ७॥
अनुपपत्तेस्तु न शारीरः॥ ८॥
अन्तर्याम्यधिदैवादिषु तद्धर्मव्यपदेशात्॥ ९॥
शारीरश्चोभयेऽपि हि भेदेनैनमधीयते॥ १०॥ —व्यासमुनिकृतवेदान्तसूत्राणि॥

ब्रह्म से इतर जीव सृष्टिकर्त्ता नहीं है क्योंकि इस अल्प, अल्पज्ञ सामर्थ्यवाले जीव में सृष्टिकर्तृत्व नहीं घट सकता। इससे जीव ब्रह्म नहीं॥ १॥

'रसं ह्येवायं लब्ध्वानन्दी भवति' यह उपनिषत् का वचन है।

जीव और ब्रह्म भिन्न हैं क्योंकि इन दोनों का भेद प्रतिपादन किया है। जो ऐसा न होता तो रस अर्थात् आनन्दस्वरूप ब्रह्म को प्राप्त होकर जीव आनन्दस्वरूप होता है यह प्राप्तिविषय ब्रह्म और प्राप्त होने वाले जीव का निरूपण नहीं घट सकता।

इसलिये जीव और ब्रह्म एक नहीं॥ २॥

दिव्यो ह्यमूर्त्तः पुरुषः स बाह्याभ्यन्तरो ह्यजः।
अप्राणो ह्यमनाः शुभ्रो ह्यक्षरात्परतः परः॥ —मुण्डकोपनिषदि॥

दिव्य, शुद्ध, मूर्त्तिमत्त्वरहित, सब में पूर्ण, बाहर–भीतर निरन्तर व्यापक, अज, जन्म–मरण शरीरधारणादि रहित, श्वास प्रश्वास, शरीर और मन के सम्बन्ध से रहित, प्रकाशस्वरूप इत्यादि परमात्मा के विशेषण और अक्षर नाशरहित प्रकृति से परे अर्थात् सूक्ष्म जीव उससे भी परमेश्वर परे अर्थात् ब्रह्म सूक्ष्म है। प्रकृति और जीवों से ब्रह्म का भेद प्रतिपादनरूप हेतुओं से प्रकृति और जीवों से ब्रह्म भिन्न है॥ ३॥

इसी सर्वव्यापक ब्रह्म में जीव का योग वा जीव में ब्रह्म का योग प्रतिपादन करने से जीव और ब्रह्म भिन्न हैं, क्योंकि योग भिन्न पदार्थों का हुआ करता है॥४॥

इस ब्रह्म के अन्तर्यामी आदि धर्म कथन किये हैं और जीव के भीतर व्यापक होने से व्याप्य जीव ब्रह्म से भिन्न है क्योंकि व्याप्य–व्यापक सम्बन्ध भी भेद में संघटित होता है॥ ५॥

जैसे परमात्मा जीव से भिन्नस्वरूप है वैसे इन्द्रिय, अन्तःकरण, पृथिवी आदि भूत, दिशा, वायु सूर्यादि दिव्यगुणों के योग से देवता वाच्य विद्वानों से भी परमात्मा भिन्न है॥ ६॥

'गुहां प्रविष्टौ सुकृतस्य लोके' इत्यादि उपनिषदों के वचनों से जीव और परमात्मा भिन्न हैं। वैसा ही उपनिषदों में बहुत ठिकाने दिखलाया है॥ ७॥

'शरीरे भवः शारीरः' शरीरधारी जीव ब्रह्म नहीं है क्योंकि ब्रह्म के गुण, कर्म, स्वभाव जीव में नहीं घटते॥ ८॥

(अधिदैव) सब दिव्य मन आदि इन्द्रियादि पदार्थों (अधिभूत) पृथिव्यादि भूत (अध्यात्म) सब जीवों में परमात्मा अन्तर्यामीरूप से स्थित है क्योंकि उसी परमात्मा के व्यापकत्वादि धर्म सर्वत्र उपनिषदों में व्याख्यात हैं॥ ९॥

शरीरधारी जीव ब्रह्म नहीं है क्योंकि ब्रह्म से जीव का भेद स्वरूप से सिद्ध है॥ १०॥

इत्यादि शारीरक सूत्रों से भी स्वरूप से ब्रह्म और जीव का भेद सिद्ध है। वैसे ही वेदान्तियों का उपक्रम और उपसंहार भी नहीं घट सकता, क्योंकि 'उपक्रम' अर्थात् आरम्भ ब्रह्म से और 'उपसंहार' अर्थात् प्रलय भी ब्रह्म ही में करते हैं। जब दूसरा कोई वस्तु नहीं मानते तो उत्पत्ति और प्रलय भी ब्रह्म के धर्म हो जाते हैं। और उत्पत्ति विनाशरहित ब्रह्म का प्रतिपादन वेदादि सत्यशास्त्रों में किया है। वह नवीन वेदान्तियों पर कोप करेगा। क्योंकि निर्विकार, अपरिणामी, शुद्ध, सनातन निर्भ्रान्तत्वादि विशेषणयुक्त ब्रह्म में विकार, उत्पत्ति और अज्ञान आदि का सम्भव किसी प्रकार नहीं हो सकता। तथा उपसंहार (प्रलय) के होने पर भी ब्रह्म, कारणात्मक जड़ और जीव बराबर बने रहते हैं। इसलिये उपक्रम और उपसंहार की भी इन वेदान्तियों की कल्पना झूठी है। ऐसी अन्य बहुत सी अशुद्ध बातें हैं कि जो शास्त्र और प्रत्यक्षादि प्रमाणों से विरुद्ध हैं।

इस के पश्चात् कुछ जैनियों और कुछ शङ्कराचार्य के अनुयायी लोगों के उपदेश के संस्कार आर्यावर्त्त में फैले थे आपस में खण्डन मण्डन भी चलता था।

शङ्कराचार्य के तीन सौ वर्ष के पश्चात् उज्जैन नगरी में विक्रमादित्य राजा कुछ प्रतापी हुआ। जिस ने सब राजाओं के मध्य प्रवृत्त हुई लड़ाई को मिटा कर

शान्ति स्थापन की। तत्पश्चात् भर्तृहरि राजा काव्यादि शास्त्र और अन्य में भी कुछ-कुछ विद्वान् हुआ। उसने वैराग्यवान् होकर राज्य को छोड़ दिया। विक्रमादित्य के पाँच सौ वर्ष के पश्चात् राजा भोज हुआ। उसने थोड़ा सा व्याकरण और काव्यालङ्कारादि का इतना प्रचार किया कि जिस के राज्य में कालिदास बकरी चराने वाला भी रघुवंश काव्य का कर्त्ता हुआ। राजा भोज के पास जो कोई अच्छा श्लोक बना कर ले जाता था उस को बहुत सा धन देते थे और प्रतिष्ठा होती थी। उस के पश्चात् राजाओं श्रीमानों ने पढ़ना ही छोड़ दिया।

यद्यपि शंकराचार्य्य के पूर्व वाममार्गियों के पश्चात् शैव आदि सम्प्रदायस्थ मतवादी भी हुए थे परन्तु उन का बहुत बल नहीं था। महाराजा विक्रमादित्य से लेके शैवों का बल बढ़ता आया। शैवों में पाशुपतादि बहुत सी शाखा हुई थीं; जैसी वाममार्गियों में दश महाविद्यादि की शाखा हैं। लोगों ने शंकराचार्य को शिव का अवतार ठहराया। उन के अनुयायी संन्यासी भी शैवमत में प्रवृत्त हो गये और वाममार्गियों को भी मिलते रहे। वाममार्गी, देवी जो शिव जी की पत्नी है उसके उपासक और शैव महादेव के उपासक हुए। ये दोनों रुद्राक्ष और भस्म अद्यावधि धारण करते हैं परन्तु जितने वाममार्गी वेदविरोधी हैं वैसे शैव नहीं हैं।

धिक् धिक् कपालं भस्मरुद्राक्षविहीनम्॥ १॥

रुद्राक्षान् कण्ठदेशे दशनपरिमितान्मस्तके विंशती द्वे,
षट् षट् कर्णप्रदेशे करयुगलगतान् द्वादशान्द्वादशैव ।
बाह्वोरिन्दोः कलाभिः पृथगिति गदितमेकमेवं शिखायां,
वक्षस्यष्टाऽधिकं यः कलयति शतकं स स्वयं नीलकण्ठः॥ २॥

इत्यादि बहुत प्रकार के श्लोक इन लोगों ने बनाये और कहने लगे कि जिस के कपाल में भस्म और कण्ठ में रुद्राक्ष नहीं है उस को धिक्कार है। 'तं त्यजेदन्त्यजं यथा' उस को चाण्डाल के तुल्य त्याग करना चाहिये॥ १॥

जो कण्ठ में ३२, शिर में ४०, छः छः कानों में, बारह-बारह करों में, सोलह-सोलह भुजाओं में, १ शिखा में और हृदय में १०८ रुद्राक्ष धारण करता है वह साक्षात् महादेव के सदृश है॥ २॥ ऐसा ही शाक्त भी मानते हैं।

पश्चात् इन वाममार्गी और शैवों ने सम्मति करके भग लिङ्ग का स्थापन किया जिस को जलाधारी और लिङ्ग कहते हैं और उस की पूजा करने लगे। उन निर्लज्जों को तनिक भी लज्जा न आई कि यह पामरपन का काम हम क्यों करते हैं? किसी कवि ने कहा है कि **'स्वार्थी दोषं न पश्यति'** स्वार्थी लोग अपनी स्वार्थसिद्धि करने में दुष्ट कामों को भी श्रेष्ठ मान दोष को नहीं देखते हैं। उसी पाषाणादि मूर्ति और भग लिङ्ग की पूजा में सारे धर्म, अर्थ, काम, मोक्ष आदि सिद्धियां मानने लगे। जब राजा भोज के पश्चात् जैनी लोग अपने मन्दिरों में मूर्त्तिस्थापन करने और दर्शन, स्पर्शन को आने जाने लगे तब तो इन पोपों के चेले भी जैन मन्दिर में जाने आने लगे और उधर पश्चिम में कुछ दूसरों के मत और यवन लोग भी आर्य्यावर्त में आने जाने लगे। तब पोपों ने यह श्लोक बनाया-

न वदेद्यावनीं भाषां प्राणैः कण्ठगतैरपि ।
हस्तिना ताड्यमानोऽपि न गच्छेज्जैनमन्दिरम्॥

चाहे कितना ही दुःख प्राप्त हो और प्राण कण्ठगत अर्थात् मृत्यु का समय भी क्यों न आया हो तो भी यावनी अर्थात् म्लेच्छभाषा मुख से न बोलनी। और

उन्मत्त हस्ती मारने को क्यों न दौड़ा आता हो और जैन के मन्दिर में जाने से प्राण बचता हो तो भी जैन मन्दिर में प्रवेश न करे। किन्तु जैन मन्दिर में प्रवेश कर बचने से हाथी के सामने जाकर मर जाना अच्छा है। ऐसे-ऐसे अपने चेलों को उपदेश करने लगे। जब उन से कोई प्रमाण पूछता था कि तुम्हारे मत में किसी माननीय ग्रन्थ का भी प्रमाण है? तो कहते थे कि हां है। जब वे पूछते थे कि दिखलाओ? तब मार्कण्डेय पुराणादि के वचन पढ़ते और सुनाते थे जैसा कि दुर्गापाठ में देवी का वर्णन लिखा है।

राजा भोज के राज्य में व्यास जी के नाम से मार्कण्डेय और शिवपुराण किसी ने बना कर खड़ा किया था। उसका समाचार राजा भोज को होने से उन पण्डितों को हस्तच्छेदनादि दण्ड दिया और उन से कहा कि जो कोई काव्यादि ग्रन्थ बनावे तो अपने नाम से बनावे; ऋषि मुनियों के नाम से नहीं। यह बात राजा भोज के बनाये सञ्जीवनी नामक इतिहास में लिखी है कि जो ग्वालियर के राज्य 'भिण्ड' नामक नगर के तिवाड़ी ब्राह्मणों के घर में है। जिस को लखुना के रावसाहब और उन के गुमाश्ते रामदयाल चौबे जी ने अपनी आंखों से देखा है। उस में स्पष्ट लिखा है कि व्यास जी ने चार सहस्र चार सौ और उनके शिष्यों ने पांच सहस्र छः सौ श्लोकयुक्त अर्थात् सब दश सहस्र श्लोकों के प्रमाण भारत बनाया था। वह महाराजा विक्रमादित्य के समय में बीस सहस्र, महाराजा भोज कहते हैं कि मेरे पिता जी के समय में पच्चीस और मेरी आधी उमर में तीस सहस्र श्लोकयुक्त महाभारत का पुस्तक मिलता है। जो ऐसे ही बढ़ता चला तो महाभारत का पुस्तक एक ऊंट का बोझा हो जायेगा और ऋषि मुनियों के नाम से पुराणादि ग्रन्थ बनावेंगे तो आर्यावर्त्तीय लोग भ्रमजाल में पड़ वैदिकधर्मविहीन होके भ्रष्ट हो जायेंगे। इस से विदित होता है कि राजा भोज को कुछ-कुछ वेदों का संस्कार था। इन के भोजप्रबन्ध में लिखा है कि—

घट्येकया क्रोशदशैकमश्वः सुकृत्रिमो गच्छति चारुगत्या।
वायुं ददाति व्यजनं सुपुष्कलं विना मनुष्येण चलत्यजस्रम्॥

राजा भोज के राज्य में और समीप ऐसे-ऐसे शिल्पी लोग थे कि जिन्होंने घोड़े के आकार एक यान यन्त्रकलायुक्त बनाया था कि जो एक कच्ची घड़ी में ग्यारह कोश और एक घण्टे में साढ़े सत्ताईस कोश जाता था। वह भूमि और अन्तरिक्ष में भी चलता था। और दूसरा पंखा ऐसा बनाया था कि विना मनुष्य के चलाये कलायन्त्र के बल से नित्य चला करता और पुष्कल वायु देता था। जो ये दोनों पदार्थ आज तक बने रहते तो यूरोपियन इतने अभिमान में न चढ़ जाते।

जब पोप जी अपने चेलों को जैनियों से रोकने लगे तो भी मन्दिरों में जाने से न रुक सके और जैनियों की कथा में भी लोग जाने लगे। जैनियों के पोप इन पुराणियों के पोपों के चेलों को बहकाने लगे। तब पुराणियों ने विचारा कि इस का कोई उपाय करना चाहिये; नहीं तो अपने चेले जैनी हो जायेंगे। पश्चात् पोपों ने यही सम्मति की कि जैनियों के सदृश अपने भी अवतार, मन्दिर, मूर्त्ति और कथा के पुस्तक बनावें। इन लोगों ने जैनियों के चौबीस तीर्थंकरों के सदृश चौबीस अवतार, मन्दिर और मूर्त्तियां बनाईं। और जैसे जैनियों के आदि और उत्तर-पुराणादि हैं वैसे अठारह पुराण बनाने लगे।

राजा भोज के डेढ़ सौ वर्ष के पश्चात् वैष्णवमत का आरम्भ हुआ। एक

शठकोप नामक कंजरवर्ण में उत्पन्न हुआ था, उस से थोड़ा सा चला। उस के पश्चात् मुनिवाहन भंगी-कुलोत्पन्न और तीसरा यावनाचार्य्य यवनकुलोत्पन्न आचार्य्य हुआ। तत्पश्चात् ब्राह्मण कुलज चौथा रामानुज हुआ उस ने अपना मत फैलाया। शैवों ने शिवपुराणादि, शाक्तों ने देवीभागवतादि वैष्णवों ने विष्णुपुराणादि बनाये। उन में अपना नाम इसलिये नहीं धरा कि हमारे नाम से बनेंगे तो कोई प्रमाण न करेगा। इसलिये व्यास आदि ऋषि मुनियों के नाम धरके पुराण बनाये। नाम भी इन का वास्तव में नवीन रखना चाहिये था परन्तु जैसे कोई दरिद्र अपने बेटे का नाम महाराजाधिराज और आधुनिक पदार्थ का नाम सनातन रख दे तो क्या आश्चर्य है? अब इन के आपस के जैसे झगड़े हैं; वैसे पुराणों में भी धरे हैं।

देखो! देवीभागवत में 'श्री' नामा एक देवी स्त्री जो श्रीपुर की स्वामिनी लिखी है; उसी ने सब जगत् को बनाया और ब्रह्मा, विष्णु, महादेव को भी उसी ने रचा। जब उस देवी की इच्छा हुई तब उसने अपना हाथ घिसा। उस के हाथ में एक छाला हुआ। उस में से ब्रह्मा की उत्पत्ति हुई। उस से देवी ने कहा कि तू मुझ से विवाह कर। ब्रह्मा ने कहा कि तू मेरी माता है मैं तुझ से विवाह नहीं कर सकता। ऐसा सुन कर माता को क्रोध चढ़ा और लड़के को भस्म कर दिया। और फिर हाथ घिस के उसी प्रकार दूसरा लड़का उत्पन्न किया। उस का नाम विष्णु रक्खा। उस से भी उसी प्रकार कहा। उसने न माना तो उस को भी भस्म कर दिया। पुनः उसी प्रकार तीसरे लड़के को उत्पन्न किया। उस का नाम महादेव रक्खा और उस से कहा कि मुझ से विवाह कर। महादेव बोला कि मैं तुझ से विवाह नहीं कर सकता। तू दूसरी स्त्री का शरीर धारण कर। वैसा ही देवी ने किया। तब महादेव बोला कि यह दो ठिकाने राख सी क्या पड़ी है? देवी ने कहा कि ये दोनों तेरे भाई हैं। इन्होंने मेरी आज्ञा न मानी इसलिये भस्म कर दिये। महादेव ने कहा कि मैं अकेला क्या करूँगा, इन को जिला दे और दो स्त्री और उत्पन्न कर, तीनों का विवाह तीनों से होगा। ऐसा ही देवी ने किया। फिर तीनों का तीनों के साथ विवाह हुआ। वाह रे! माता से विवाह न किया और बहिन से कर लिया। क्या इस को उचित समझना चाहिये? पश्चात् इन्द्रादि को उत्पन्न किया। ब्रह्मा, विष्णु, रुद्र और इन्द्र इन को पालकी के उठाने वाले कहार बनाया, इत्यादि गपोड़े लम्बे चौड़े मनमाने लिखे हैं।

कोई उन से पूछे कि उस देवी का शरीर और उस श्रीपुर का बनाने वाला और देवी के पिता माता कौन थे? जो कहो कि देवी अनादि है तो जो संयोगजन्य वस्तु है वह अनादि कभी नहीं हो सकता। जो पुत्र माता से विवाह करने में डरे तो भाई बहिन के विवाह में कौन सी अच्छी बात निकलती है? जैसी इस देवीभागवत में महादेव, विष्णु और ब्रह्मादि की क्षुद्रता और देवी की बड़ाई लिखी है इसी प्रकार शिवपुराण में देवी आदि की बहुत क्षुद्रता लिखी है। अर्थात् ये सब महादेव के दास और महादेव सब का ईश्वर है। जो रुद्राक्ष अर्थात् एक वृक्ष के फल की गोठली और राख धारण करने से मुक्ति मानते हैं तो राख में लोटनेहारे गदहा आदि पशु और घुंघुंची आदि के धारण करने वाले भील कंजर आादि मुक्ति को जावें और सूअर, कुत्ते, गधा आदि पशु राख में लोटने वालों की मुक्ति क्यों नहीं होती?

(प्रश्न) कालाग्निरुद्रोपनिषद् में भस्म लगाने का विधान लिखा है। वह क्या झूठा है? और **'त्र्यायुषं जमदग्नेः०'** यजुर्वेदवचन। इत्यादि वेदमन्त्रों से भी भस्म

धारण का विधान और पुराणों में रुद्र की आंखों के अश्रुपात से जो वृक्ष हुआ उसी का नाम रुद्राक्ष है। इसीलिये उसके धारण में पुण्य लिखा है। एक भी रुद्राक्ष धारण करे तो सब पापों से छूट स्वर्ग को जाय। यमराज और नरक का डर न रहै।

(उत्तर) कालाग्निरुद्रोपनिषद् किसी रखोड़िया मनुष्य अर्थात् राख धारण करने वाले ने बनाई है। क्योंकि **'याऽस्य प्रथमा रेखा सा भूर्लोकः'** इत्यादि वचन उस में अनर्थक हैं। जो प्रतिदिन हाथ से बनाई रेखा है वह भूलोक वा इस का वाचक कैसे हो सकते हैं। और जो **'त्र्यायुषं जमदग्नेः०'** इत्यादि मन्त्र हैं वे भस्म वा त्रिपुण्ड्र धारण के वाची नहीं किन्तु **'चक्षुर्वै जमदग्निः'** शतपथ। हे परमेश्वर! मेरे नेत्र की ज्योति (त्र्यायुषम्) तिगुणी अर्थात् तीन सौ वर्ष पर्यन्त रहै और मैं भी ऐसे धर्म के काम करूँ जिससे दृष्टिनाश न हो।

भला यह कितनी बड़ी मूर्खता की बात है कि आंख के अश्रुपात से भी वृक्ष उत्पन्न हो सकता है? क्या परमेश्वर के सृष्टिक्रम को कोई अन्यथा कर सकता है? जैसा जिस वृक्ष का बीज परमात्मा ने रचा है उसी से वह वृक्ष उत्पन्न हो सकता है अन्यथा नहीं। इससे जितना रुद्राक्ष, भस्म, तुलसी, कमलाक्ष, घास, चन्दन आदि को कण्ठ में धारण करना है वह सब जंगली पशुवत् मनुष्य का काम है। ऐसे वाममार्गी और शैव बहुत मिथ्याचारी, विरोधी और कर्त्तव्य कर्म के त्यागी होते हैं। उन में जो कोई श्रेष्ठ पुरुष है वह इन बातों का विश्वास न करके अच्छे कर्म करता है। जो रुद्राक्ष भस्म धारण से यमराज के दूत डरते हैं तो पुलिस के सिपाही भी डरते होंगे!! जब रुद्राक्ष भस्म धारण करने वालों से कुत्ता, सिंह, सर्प्प, बिच्छू, मक्खी और मच्छर आदि भी नहीं डरते तो न्यायाधीश के गण क्यों डरेंगे?

(प्रश्न) वाममार्गी और शैव तो अच्छे नहीं परन्तु वैष्णव तो अच्छे हैं?

(उत्तर) ये भी वेदविरोधी होने से उनसे भी अधिक बुरे हैं।

(प्रश्न) **'नमस्ते रुद्र मन्यवे'। 'वैष्णवमसि'। 'वामनाय च'। 'गणानां त्वा गणपतिं हवामहे'। 'भगवती भूयाः'। 'सूर्य आत्मा जगतस्तस्थुषश्च'** इत्यादि वेद-प्रमाणों से शैवादि मत सिद्ध होते हैं; पुनः क्यों खण्डन करते हो?

(उत्तर) इन वचनों से शैवादि सम्प्रदाय सिद्ध नहीं होते। क्योंकि 'रुद्र' परमेश्वर, प्राणादि वायु, जीव, अग्नि आदि का नाम है। जो क्रोधकर्त्ता रुद्र अर्थात् दुष्टों को रुलाने वाले परमात्मा को नमस्कार करना, प्राण और जाठराग्नि को अन्न देना, (**नम इति अन्ननाम** निघं० २। ७)। जो मङ्गलकारी सब संसार का अत्यन्त कल्याण करने वाला है; उस परमात्मा को नमस्कार करना चाहिये। **'शिवस्य परमेश्वरस्यायं भक्तः शैवः'। 'विष्णोः परमात्मनोऽयं भक्तो वैष्णवः'। 'गणपतेः सकलजगत्स्वामिनोऽयं सेवको गाणपतः'। 'भगवत्या वाण्या अयं सेवको भागवतः'। 'सूर्यस्य चराचरात्मनोऽयं सेवकः सौरः'** ये सब रुद्र, शिव, विष्णु, गणपति, सूर्यादि परमेश्वर के और भगवती सत्यभाषणयुक्त वाणी का नाम है। इस में विना समझे ऐसा झगड़ा मचाया है। जैसे—

एक किसी वैरागी के दो चेले थे। वे प्रतिदिन गुरु के पग दाबा करते थे। एक ने दाहिने पग और दूसरे ने बायें पग की सेवा करनी बांट ली थी। एक दिन

ऐसा हुआ कि एक चेला कहीं बाजार हाट को चला गया और दूसरा अपने सेव्य पग की सेवा कर रहा था। इतने में गुरु जी ने करवट फेरा तो उसके पग पर दूसरे गुरुभाई का सेव्य पग पड़ा। उस ने ले डण्डा पग पर धर मारा। गुरु ने कहा कि अरे दुष्ट! तू ने यह क्या किया? चेला बोला कि मेरे सेव्य पग के ऊपर यह पग क्यों आ चढ़ा? इतने में दूसरा चेला जो कि बाजार हाट को गया था; आ पहुंचा। वह भी अपने सेव्य पग की सेवा करने लगा। देखा तो पग सूजा पड़ा है। बोला कि गुरु जी ! यह मेरे सेव्य पग में क्या हुआ? गुरु ने सब वृत्तान्त सुना दिया। वह भी मूर्ख न बोला न चाला। चुपचाप डण्डा उठा के बड़े बल से गुरु के दूसरे पग में मारा तो गुरु ने उच्चस्वर से पुकार मचाई। तब तो दोनों चेले डण्डा लेके पड़े और गुरु के पगों को पीटने लगे। तब तो बड़ा कोलाहल मचा और लोग सुन कर आये। कहने लगे कि साधु जी! क्या हुआ? उन में से किसी बुद्धिमान् पुरुष ने साधु को छुड़ा के पश्चात् उन मूर्ख चेलों को उपदेश किया कि देखो! ये दोनों पग तुम्हारे गुरु के हैं। उन दोनों की सेवा करने से उसी को सुख पहुंचता और दुःख देने से भी उसी एक को दुःख होता है।

जैसे एक गुरु की सेवा में चेलाओं ने लीला की इसी प्रकार जो एक अखण्ड, सच्चिदानन्दानन्तस्वरूप परमात्मा के विष्णु, रुद्रादि अनेक नाम हैं। इन नामों का अर्थ जैसा कि प्रथम समुल्लास में प्रकाश कर आये हैं उस सत्यार्थ को न जान कर शैव, शाक्त, वैष्णवादि सम्प्रदायी लोग परस्पर एक दूसरे के नाम की निन्दा करते हैं। मन्दमति तनिक भी अपनी बुद्धि को फैला कर नहीं विचारते हैं कि ये सब विष्णु, रुद्र, शिव आदि नाम एक अद्वितीय सर्वनियन्ता, सर्वान्तर्यामी, जगदीश्वर के अनेक गुण, कर्म, स्वभावयुक्त होने से उसी के वाचक हैं। भला क्या ऐसे लोगों पर ईश्वर का कोप न होता होगा? अब देखिये चक्राङ्कित वैष्णवों की अद्भुत माया–

तापः पुण्ड्रं तथा नाम माला मन्त्रस्तथैव च ।
अमी हि पञ्च संस्काराः परमैकान्तहेतवः॥ १ ॥
अतप्ततनूर्न तदामो अश्नुते। इति श्रुतेः॥

अर्थात् (तापः) शङ्ख, चक्र, गदा और पद्म के चिह्नों को अग्नि में तपा के भुजा के मूल में दाग देकर पश्चात् दुग्धयुक्त पात्र में बुझाते हैं और कोई उस दूध को पी भी लेते हैं। अब देखिये! प्रत्यक्ष ही मनुष्य के मांस का भी स्वाद उस में आता होगा। ऐसे-ऐसे कर्मों से परमेश्वर को प्राप्त होने की आशा करते हैं और कहते हैं कि विना शङ्ख चक्रादि से शरीर तपाये जीव परमेश्वर को प्राप्त नहीं होता क्योंकि वह (आमः) अर्थात् कच्चा है। और जैसे राज्य के चपरास आदि चिह्नों के होने से राजपुरुष जान उस से सब लोग डरते हैं वैसे ही विष्णु के शङ्ख चक्रादि आयुधों के चिह्न देख कर यमराज और उनके गण डरते हैं। और कहते हैं कि–

दोहा– बाना बड़ा दयाल का, तिलक छाप और माल।
यम डरपै कालू कहे, भय माने भूपाल॥

अर्थात् भगवान् का बाना तिलक, छाप और माला धारण करना बड़ा है। जिस से यमराज और राजा भी डरते हैं। (पुण्ड्रम्) त्रिशूल के सदृश ललाट में चित्र निकालना (नाम) नारायणदास विष्णुदास अर्थात् दासशब्दान्त नाम रखना (माला) कमलगट्टे की रखना और पांचवां (मन्त्र) जैसे–

ओं नमो नारायणाय॥ १ ॥

यह इन्होंने साधारण मनुष्यों के लिये मन्त्र बना रक्खा है। तथा—

श्रीमन्नारायणचरणं शरणं प्रपद्ये॥ १॥

श्रीमते नारायणाय नमः॥ २॥

श्रीमते रामानुजाय नमः॥ ३॥

इत्यादि मन्त्र धनाढ्य और माननीयों के लिये बना रक्खे हैं। देखिये यह भी एक दुकान ठहरी! जैसा मुख वैसा तिलक। इन पांच संस्कारों को चक्राङ्कित मुक्ति के हेतु मानते हैं। इन मन्त्रों का अर्थ—मैं नारायण को नमस्कार करता हूं॥ १॥

और मैं लक्ष्मीयुक्त नारायण के चरणारविन्द के शरण को प्राप्त होता हूं॥ २॥

और श्रीयुत नारायण को नमस्कार करता हूं अर्थात् जो शोभायुक्त नारायण है उस को मेरा नमस्कार होवे॥ ३॥

जैसे वाममार्गी पांच मकार मानते हैं वैसे चक्राङ्कित पांच संस्कार मानते हैं और अपने शङ्ख चक्र से दाग देने के लिये जो वेदमन्त्र का प्रमाण रक्खा है। उस का इस प्रकार का पाठ और अर्थ है—

पवित्रं ते विततं ब्रह्मणस्पते प्रभुर्गात्राणि पर्येषि विश्वतः।
अतप्ततनूर्न तदामो अश्नुते शृतास इद्वहन्तस्तत्समाशत॥१॥
तपोष्पवित्रं विततं दिवस्पदे॥२॥ —ऋ० म० ९। सू० ८३। मन्त्र १, २॥

हे ब्रह्माण्ड और वेदों के पालन करने वाले प्रभु सर्वसामर्थ्ययुक्त सर्वशक्तिमन्! आपने अपनी व्याप्ति से संसार के सब अवयवों को व्याप्त कर रक्खा है। उस आपका जो व्यापक पवित्र स्वरूप है उस को ब्रह्मचर्य, सत्यभाषण, शम, दम, योगाभ्यास, जितेन्द्रिय, सत्संगादि तपश्चर्य्या से रहित जो अपरिपक्व आत्मा अन्तःकरणयुक्त है वह उस तेरे स्वरूप को प्राप्त नहीं होता और जो पूर्वोक्त तप से शुद्ध हैं। वे ही इस तप का आचरण करते हुए उस तेरे शुद्धस्वरूप को अच्छे प्रकार प्राप्त होते हैं॥ १॥

जो प्रकाशस्वरूप परमेश्वर की सृष्टि में विस्तृत पवित्राचरणरूप तप करते हैं वे ही परमात्मा को प्राप्त होने में योग्य होते हैं॥ २॥

अब विचार कीजिये कि रामानुजीयादि लोग इस मन्त्र से चक्राङ्कित होना सिद्ध क्योंकर करते हैं? भला कहिये वे विद्वान् थे वा अविद्वान्? जो कहो कि विद्वान् थे तो ऐसा असम्भावित अर्थ इस मन्त्र का क्यों करते? क्योंकि इस मन्त्र में **'अतप्ततनूः'** शब्द है किन्तु **'अतप्तभुजैकदेशः'** नहीं। पुनः **'अतप्ततनूः'** यह नखशिखाग्रपर्यन्त समुदाय अर्थ है। इस प्रमाण करके अग्नि ही से तपाना चक्राङ्कित लोग स्वीकार करें तो अपने-अपने शरीर को भाड़ में झोंक के सब शरीर को जलावें तो भी इस मन्त्र के अर्थ से विरुद्ध है क्योंकि इस मन्त्र में सत्यभाषणादि पवित्र कर्म करना तप लिया है।

ऋतं तपः सत्यं तपो दमस्तपः स्वाध्यायस्तपः॥ —तैत्तिरीय०॥

इत्यादि तप कहाता है। अर्थात् (ऋतं तपः) यथार्थ शुद्धभाव, सत्य मानना, सत्य बोलना, सत्य करना, मन को अधर्म में न जाने देना, बाह्य इन्द्रियों को अन्यायाचरणों में जाने से रोकना अर्थात् शरीर इन्द्रियों और मन से शुभ कर्मों का आचरण करना, वेदादि सत्य विद्याओं का पढ़ना पढ़ाना, वेदानुसार आचरण करना आदि उत्तम धर्मयुक्त कर्मों का नाम तप है। धातु को तपा के चमड़ी को जलाना तप नहीं कहाता।

देखो! चक्राङ्कित लोग अपने को बड़े वैष्णव मानते हैं परन्तु अपनी परम्परा और कुकर्म की ओर ध्यान नहीं देते कि प्रथम इन का मूलपुरुष 'शठकोप' हुआ कि जो चक्राङ्कितों ही के ग्रन्थों और भक्तमाल ग्रन्थ जो नाभा डूम ने बनाया है। उनमें लिखा है—

विक्रीय शूर्पं विचचार योगी॥

इत्यादि वचन चक्राङ्कितों के ग्रन्थों में लिखे हैं। शठकोप योगी सूप को बना, बेच कर, विचरता था अर्थात् कंजर जाति में उत्पन्न हुआ था। जब उस ने ब्राह्मणों से पढ़ना वा सुनना चाहा होगा तब ब्राह्मणों ने तिरस्कार किया होगा। उस ने ब्राह्मणों के विरुद्ध सम्प्रदाय तिलक चक्राङ्कित आदि शास्त्रविरुद्ध मनमानी बातें चलाई होंगी। उस का चेला 'मुनिवाहन' जो कि चाण्डाल वर्ण में उत्पन्न हुआ था। उस का चेला 'यावनाचार्य' जो कि यवनकुलोत्पन्न था जिस का नाम बदल के कोई-कोई 'यामुनाचार्य' भी कहते हैं। उन के पश्चात् 'रामानुज' ब्राह्मणकुल में उत्पन्न होकर चक्राङ्कित हुआ। उसके पूर्व कुछ भाषा के ग्रन्थ बनाये थे। रामानुज ने कुछ संस्कृत पढ़ के संस्कृत में श्लोकबद्ध ग्रन्थ और शारीरक सूत्र और उपनिषदों की टीका शङ्कराचार्य की टीका से विरुद्ध बनाई। और शङ्कराचार्य की बहुत सी निन्दा की।

जैसा शङ्कराचार्य का मत है कि अद्वैत अर्थात् जीव ब्रह्म एक ही हैं दूसरी कोई वस्तु वास्तविक नहीं, जगत् प्रपञ्च, सब मिथ्या मायारूप अनित्य है। इस से विरुद्ध रामानुज का जीव ब्रह्म और माया तीनों नित्य हैं। यहां शङ्कराचार्य्य का मत ब्रह्म से अतिरिक्त जीव और कारण वस्तु का न मानना अच्छा नहीं। और रामानुज इस अंश में, जो कि विशिष्टाद्वैत जीव और मायासहित परमेश्वर एक है यह तीन का मानना और अद्वैत का कहना सर्वथा व्यर्थ है और ईश्वर के आधीन परतन्त्र जीव को मानना, कण्ठी, तिलक, माला मूर्त्तिपूजनादि पाखण्ड मत चलाने आदि बुरी बातें चक्राङ्कित आदि में हैं। जैसे चक्राङ्कित आदि वेदविरोधी हैं; वैसे शङ्कराचार्य्य के मत के नहीं।

(प्रश्न) मूर्त्तिपूजा कहां से चली?

(उत्तर) जैनियों से

(प्रश्न) जैनियों ने कहां से चलाई?

(उत्तर) अपनी मूर्खता से।

(प्रश्न) जैनी लोग कहते हैं कि शान्त ध्यानावस्थित बैठी हुई मूर्त्ति देख के अपने जीव का भी शुभ परिणाम वैसा ही होता है।

(उत्तर) जीव चेतन और मूर्त्ति जड़। क्या मूर्त्ति के सदृश जीव भी जड़ हो जायगा? यह मूर्त्तिपूजा केवल पाखण्ड मत है; जैनियों ने चलाई है। इसलिये इन का खण्डन १२वें समुल्लास में करेंगे।

(प्रश्न) शाक्त आदि ने मूर्त्तियों में जैनियों का अनुकरण नहीं किया है क्योंकि जैनियों की मूर्त्तियों के सदृश वैष्णवादि की मूर्त्तियां नहीं हैं।

(उत्तर) हां! यह ठीक है। जो जैनियों के तुल्य बनाते तो जैनमत में मिल जाते। इसलिये जैनों की मूर्त्तियों से विरुद्ध बनाईं, क्योंकि जैनों से विरोध करना इन का काम और इन से विरोध करना मुख्य उन का काम था। जैसे जैनों ने मूर्त्तियां नंगी, ध्यानावस्थित और विरक्त मनुष्य के समान बनाई हैं; उन से विरुद्ध वैष्णवादि ने यथेष्ट शृङ्गारित स्त्री के सहित रंग राग भोग विषयासक्ति सहिताकार खड़ी और

बैठी हुई बनाई हैं। जैनी लोग बहुत से शङ्ख घण्टा घरियार आदि बाजे नहीं बजाते। ये लोग बड़ा कोलाहल करते हैं। तब तो ऐसी लीला के रचने से वैष्णवादि सम्प्रदायी पोपों के चेले जैनियों के जाल से बच के इन की लीला में आ फंसे और बहुत से व्यासादि महर्षियों के नाम से मनमानी असम्भव गाथायुक्त ग्रन्थ बनाये। उन का नाम 'पुराण' रख कर कथा भी सुनाने लगे। और फिर ऐसी-ऐसी विचित्र माया रचने लगे कि पाषाण की मूर्त्तियां बनाकर गुप्त कहीं पहाड़ वा जंगलादि में धर आये वा भूमि में गाड़ दीं। पश्चात् अपने चेलों में प्रसिद्ध किया कि मुझ को रात्रि को स्वप्न में महादेव, पार्वती, राधा, कृष्ण, सीता, राम वा लक्ष्मी, नारायण और भैरव, हनुमान् आदि ने कहा है कि हम अमुक-अमुक ठिकाने हैं। हम को वहां से ला, मन्दिर में स्थापन कर और तू ही हमारा पुजारी होवे तो हम मनोवाञ्छित फल देवें।

जब आंख के अन्धे और गांठ के पूरे लोगों ने पोप जी की लीला सुनी तब तो सच ही मान ली। और उन से पूछा कि ऐसी वह मूर्त्ति कहां पर है? तब तो पोप जी बोले कि अमुक पहाड़ वा जंगल में है चलो मेरे साथ दिखला दूं। तब तो वे अन्धे उस धूर्त्त के साथ चलके वहां पहुंच कर देखा। आश्चर्य होकर उस पोप के पग में गिर कहा कि आपके ऊपर इस देवता की बड़ी ही कृपा है। अब आप ले चलिये और हम मन्दिर बनवा देवेंगे। उस में इस देवता की स्थापना कर आप ही पूजा करना। और हम लोग भी इस प्रतापी देवता के दर्शन पर्सन करके मनोवाञ्छित फल पावेंगे। इसी प्रकार जब एक ने लीला रची तब तो उस को देख सब पोप लोगों ने अपनी जीविकार्थ छल कपट से मूर्त्तियां स्थापन कीं।

(प्रश्न) परमेश्वर निराकार है वह ध्यान में नहीं आ सकता इसलिये अवश्य मूर्त्ति होनी चाहिये। भला जो कुछ भी नहीं करे तो मूर्त्ति के सम्मुख जा, हाथ जोड़ परमेश्वर का स्मरण करते और नाम लेते हैं, इस में क्या हानि है?

(उत्तर) जब परमेश्वर निराकार, सर्वव्यापक है तब उस की मूर्त्ति ही नहीं बन सकती और जो मूर्त्ति के दर्शनमात्र से परमेश्वर का स्मरण होवे तो परमेश्वर के बनाये पृथिवी, जल, अग्नि, वायु और वनस्पति आदि अनेक पदार्थ, जिन में ईश्वर ने अद्‌भुत रचना की है; क्या ऐसी रचनायुक्त पृथिवी पहाड़ आदि परमेश्वर रचित महामूर्त्तियां कि जिन पहाड़ आदि से वे मनुष्यकृत मूर्त्तियाँ बनती हैं उन को देख कर परमेश्वर का स्मरण नहीं हो सकता? जो तुम कहते हो कि मूर्त्ति के देखने से परमेश्वर का स्मरण होता है यह तुम्हारा कथन सर्वथा मिथ्या है। और जब वह मूर्त्ति सामने न होगी तो परमेश्वर के स्मरण न होने से मनुष्य एकान्त पाकर चोरी जारी आदि कुकर्म करने में प्रवृत्त भी हो सकता है। क्योंकि वह जानता है कि इस समय यहाँ मुझे कोई नहीं देखता। इसलिये वह अनर्थ करे विना नहीं चूकता। इत्यादि अनेक दोष पाषाणादि मूर्त्तिपूजा करने से सिद्ध होते हैं।

अब देखिये! जो पाषाणादि मूर्त्तियों को न मान कर सर्वदा, सर्वव्यापक, सर्वान्तर्यामी, न्यायकारी परमात्मा को सर्वत्र जानता और मानता है वह पुरुष सर्वत्र, सर्वदा परमेश्वर को सब के बुरे भले कर्मों का द्रष्टा जान कर एक क्षणमात्र भी परमात्मा से अपने को पृथक् न जान के कुकर्म करना तो कहां रहा किन्तु मन में कुचेष्टा भी नहीं कर सकता। क्योंकि वह जानता है, जो मैं मन, वचन और कर्म से भी कुछ बुरा काम करूँगा तो इस अन्तर्यामी के न्याय से विना दण्ड पाये

कदापि न बचूंगा। और नामस्मरणमात्र से कुछ भी फल नहीं होता। जैसा कि मिशरी-मिशरी कहने से मुंह मीठा और नीम-नीम कहने से कड़ुवा नहीं होता किन्तु जीभ से चाखने ही से मीठा वा कड़ुवापन जाना जाता है।

(प्रश्न) क्या नाम लेना सर्वथा मिथ्या है जो सर्वत्र पुराणों में नामस्मरण का बड़ा माहात्म्य लिखा है?

(उत्तर) नाम लेने की तुम्हारी रीति उत्तम नहीं। जिस प्रकार तुम नामस्मरण करते हो वह रीति झूठी है

(प्रश्न) हमारी कैसी रीति है?

(उत्तर) वेदविरुद्ध।

(प्रश्न) भला अब आप हम को वेदोक्त नामस्मरण की रीति बतलायें?

(उत्तर) नामस्मरण इस प्रकार करना चाहिये— जैसे 'न्यायकारी' ईश्वर का एक नाम है। इस नाम से जो इस का अर्थ है कि जैसे पक्षपात रहित होकर परमात्मा सब का यथावत् न्याय करता है वैसे उस को ग्रहण कर न्याययुक्त व्यवहार सर्वदा करना; अन्याय कभी न करना। इस प्रकार एक नाम से भी मनुष्य का कल्याण हो सकता है।

(प्रश्न) हम भी जानते हैं कि परमेश्वर निराकार है परन्तु उस ने शिव, विष्णु, गणेश, सूर्य और देवी आदि के शरीर धारण करके राम, कृष्णादि अवतार लिये। इस से उसकी मूर्त्ति बनती है; क्या यह भी बात झूठी है?

(उत्तर) हां-हां झूठी। क्योंकि **'अज एकपात्' 'अकायम्'** इत्यादि विशेषणों से परमेश्वर को जन्ममरण और शरीरधारणरहित वेदों में कहा है तथा युक्ति से भी परमेश्वर का अवतार कभी नहीं हो सकता क्योंकि जो आकाशवत् सर्वत्र व्यापक, अनन्त और सुख, दुःख, दृश्यादि गुणरहित है वह एक छोटे से वीर्य्य, गर्भाशय और शरीर में क्योंकर आ सकता है? आता जाता वह है कि जो एकदेशीय हो। और जो अचल, अदृश्य, जिस के विना एक परमाणु भी खाली नहीं है; उस का अवतार कहना जानो वन्ध्या के पुत्र का विवाह कर उस के पौत्र के दर्शन करने की बात कहना है।

(प्रश्न) जब परमेश्वर व्यापक है तो मूर्त्ति में भी है। पुनः चाहें किसी पदार्थ में भावना करके पूजा करना अच्छा क्यों नहीं? देखो—

न काष्ठे विद्यते देवो न पाषाणे न मृण्मये।
भावे हि विद्यते देवस्तस्माद्भावो हि कारणम्॥

परमेश्वर देव न काष्ठ, न पाषाण, न मृत्तिका से बनाये पदार्थों में है किन्तु परमेश्वर तो भाव में विद्यमान है। जहां भाव करें वहां ही परमेश्वर सिद्ध होता है।

(उत्तर) जब परमेश्वर सर्वत्र व्यापक है तो किसी एक वस्तु में परमेश्वर की भावना करना अन्यत्र न करना यह ऐसी बात है कि जैसी चक्रवर्ती राजा को सब राज्य की सत्ता से छुड़ा के एक छोटी सी झोंपड़ी का स्वामी मानना। देखो! यह कितना बड़ा अपमान है? वैसा तुम परमेश्वर का भी अपमान करते हो। जब व्यापक मानते हो तो वाटिका में से पुष्पपत्र तोड़ के क्यों चढ़ाते? चन्दन घिस के क्यों लगाते? धूप को जला के क्यों देते ? घण्टा, घरियाल, झांज, पखाजों को लकड़ी से कूटना पीटना क्यों करते हो? तुम्हारे हाथों में है, क्यों जोड़ते? शिर में है, क्यों शिर नमाते? अन्न, जलादि में है, क्यों नैवेद्य धरते? जल में है, स्नान

क्यों कराते? क्योंकि उन सब पदार्थों में परमात्मा व्यापक है।

और तुम व्यापक की पूजा करते हो वा व्याप्य की? जो व्यापक की करते हो तो पाषाण लकड़ी आदि पर चन्दन पुष्पादि क्यों चढ़ाते हो। और जो व्याप्य की करते हो तो हम परमेश्वर की पूजा करते हैं, ऐसा झूठ क्यों बोलते हो? हम पाषाणादि के पुजारी हैं; ऐसा सत्य क्यों नहीं बोलते?

अब कहिये 'भाव' सच्चा है वा झूठा? जो कहो सच्चा है तो तुम्हारे भाव के आधीन होकर परमेश्वर बद्ध हो जायगा और तुम मृत्तिका में सुवर्ण, रजतादि; पाषाण में हीरा, पन्ना आदि; समुद्रफेन में मोती, जल में घृत, दुग्ध, दधि आदि और धूलि में मैदा, शक्कर आदि की भावना करके उन को वैसे क्यों नहीं बनाते हो? तुम लोग दुःख की भावना कभी नहीं करते; वह क्यों होता? और सुख की भावना सदैव करते हो; वह क्यों नहीं प्राप्त होता? अन्धा पुरुष नेत्र की भावना करके क्यों नहीं देखता? मरने की भावना नहीं करते; क्यों मर जाते हो? इसलिये तुम्हारी भावना सच्ची नहीं। क्योंकि जैसे में वैसी करने का नाम भावना कहते हैं। जैसे अग्नि में अग्नि, जल में जल जानना और जल में अग्नि, अग्नि में जल समझना अभावना है। क्योंकि जैसे को वैसा जानना ज्ञान और अन्यथा जानना अज्ञान है। इसलिये तुम अभावना को भावना और भावना को अभावना कहते हो।

(प्रश्न) अजी! जब तक वेद मन्त्रों से आवाहन नहीं करते तब तक देवता नहीं आता और आवाहन करने से झट आता और विसर्जन करने से चला जाता है।

(उत्तर) जो मन्त्र को पढ़ कर आवाहन करने से तब तक देवता आ जाता है तो मूर्त्ति चेतन क्यों नहीं हो जाती? और विसर्जन करने से चला जाता है तो वह कहां से आता और कहां जाता है?

सुनो भाई! पूर्ण परमात्मा न आता और न जाता है। जो तुम मन्त्रबल से परमेश्वर को बुला लेते हो तो उन्हीं मन्त्रों से अपने मरे हुए पुत्र के शरीर में जीव को क्यों नहीं बुला लेते? और शत्रु के शरीर में जीवात्मा का विसर्जन करके क्यों नहीं मार सकते?

सुनो भाई भोले लोगो! ये पोप जी तुम को ठग कर अपना प्रयोजन सिद्ध करते हैं? वेदों में पाषाणादि मूर्त्तिपूजा और परमेश्वर के आवाहन विसर्जन करने का एक अक्षर भी नहीं है।

(प्रश्न) प्राणा इहागच्छन्तु सुखं चिरं तिष्ठन्तु स्वाहा।
आत्मेहागच्छतु सुखं चिर तिष्ठतु स्वाहा।
इन्द्रियाणीहागच्छन्तु सुखं चिरं तिष्ठन्तु स्वाहा॥

इत्यादि वेदमन्त्र हैं क्यों कहते हो नहीं हैं?

(उत्तर) अरे भाई! बुद्धि को थोड़ी सी तो अपने काम में लाओ! ये सब कपोल-कल्पित वाममार्गियों की वेदविरुद्ध तन्त्रग्रन्थों की पोपरचित पंक्तियां हैं; वेदवचन नहीं।

(प्रश्न) क्या तन्त्र झूठा है?

(उत्तर) हां! सर्वथा झूठा है। जैसे आवाहन, प्राणप्रतिष्ठादि पाषाणादि मूर्त्ति-विषयक वेदों में एक मन्त्र भी नहीं वैसे **'स्नानं समर्पयामि'** इत्यादि वचन भी नहीं है। अर्थात् इतना भी नहीं है कि **'पाषाणादिमूर्त्तिं रचयित्वा मन्दिरेषु**

संस्थाप्य गन्धादिभिरर्चयेत् ।' अर्थात् पाषाण की मूर्त्ति बना, मन्दिरों में स्थापन कर, चन्दन अक्षतादि से पूजे। ऐसा लेशमात्र भी नहीं।

(प्रश्न) जो वेदों में विधि नहीं तो खण्डन भी नहीं है। और जो खण्डन है तो 'प्राप्तौ सत्यां निषेधः' मूर्त्ति के होने ही से खण्डन संगत हो सकता है।

(उत्तर) विधि तो नहीं । परन्तु परमेश्वर के स्थान में किसी अन्य पदार्थ को पूजनीय न मानना और सर्वथा निषेध किया है। क्या अपूर्वविधि नहीं होता? सुनो यह है–

अन्धन्तमः प्र विशन्ति येऽसम्भूतिमुपासते ।
ततो भूयऽइव ते तमो यऽउ सम्भूत्याᳪरताः ॥१॥

—यजुः० अ० ४० । मं० ९ ॥

न तस्य प्रतिमाऽअस्ति ॥२॥ —यजुः० अ० ३२ । मं० ३ ॥

यद्वाचानभ्युदितं येन वागभ्युद्यते ।
तदेव ब्रह्म त्वं विद्धि नेदं यदिदमुपासते ॥ १ ॥
यन्मनसा न मनुते येनाहुर्मनो मतम् ।
तदेव ब्रह्म त्वं विद्धि नेदं यदिदमुपासते ॥ २ ॥
यच्चक्षुषा न पश्यति येन चक्षूंषि पश्यन्ति ।
तदेव ब्रह्म त्वं विद्धि नेदं यदिदमुपासते ॥ ३ ॥
यच्छ्रोत्रेण न शृणोति येन श्रोत्रमिदं श्रुतम् ।
तदेव ब्रह्म त्वं विद्धि नेदं यदिदमुपासते ॥ ४ ॥
यत्प्राणेन न प्राणिति येन प्राणः प्रणीयते ।
तदेव ब्रह्म त्वं विद्धि नेदं यदिदमुपासते ॥ ५ ॥ केनोपनि० ॥

जो असम्भूति अर्थात् अनुत्पन्न अनादि प्रकृति कारण की ब्रह्म के स्थान में उपासना करते हैं वे अन्धकार अर्थात् अज्ञान और दुःखसागर में डूबते हैं। और सम्भूति जो कारण से उत्पन्न हुए कार्यरूप पृथिवी आदि भूत पाषाण और वृक्षादि अवयव और मनुष्यादि के शरीर की उपासना ब्रह्म के स्थान में करते हैं वे उस अन्धकार से भी अधिक अन्धकार अर्थात् महामूर्ख चिरकाल घोर दुःखरूप नरक में गिरके महाक्लेश भोगते हैं ॥ १ ॥

जो सब जगत् में व्यापक है उस निराकार परमात्मा की प्रतिमा परिमाण सादृश्य वा मूर्त्ति नहीं है ॥ २ ॥

जो वाणी की 'इदन्ता' अर्थात् यह जल है लीजिये, वैसा विषय नहीं। और जिस के धारण और सत्ता से वाणी की प्रवृत्ति होती है उसी को ब्रह्म जान और उपासना कर। और जो उससे भिन्न है वह उपासनीय नहीं ॥ १ ॥

जो मन से 'इयत्ता' करके मन में नहीं आता, जो मन को जानता है उसी ब्रह्म को तू जान और उसी की उपासना कर। जो उस से भिन्न जीव और अन्तःकरण है उस की उपासना ब्रह्म के स्थान में मत कर ॥ २ ॥

जो आंख से नहीं दीख पड़ता और जिस से सब आंखें देखती हैं, उसी को तू ब्रह्म जान और उसी की उपासना कर। और जो उस से भिन्न सूर्य, विद्युत् और अग्नि आदि जड़ पदार्थ हैं उन की उपासना मत कर ॥ ३ ॥

जो श्रोत्र से नहीं सुना जाता और जिस से श्रोत्र सुनता है उसी को तू ब्रह्म जान और उसी की उपासना कर। और उस से भिन्न शब्दादि की उपासना उस के स्थान में मत कर॥ ४॥

जो प्राणों से चलायमान नहीं होता जिस से प्राण गमन को प्राप्त होता है उसी ब्रह्म को तू जान और उसी की उपासना कर। जो यह उस से भिन्न वायु है उस की उपासना मत कर॥ ५॥

इत्यादि बहुत से निषेध हैं। निषेध प्राप्त और अप्राप्त का भी होता है। 'प्राप्त' का जैसे कोई कहीं बैठा हो उस को वहां से उठा देना। 'अप्राप्त' का जैसे हे पुत्र! तू चोरी कभी मत करना, कुवे में मत गिरना। दुष्टों का संग मत करना। विद्याहीन मत रहना। इत्यादि अप्राप्त का भी निषेध होता है। सो मनुष्यों के ज्ञान में अप्राप्त, परमेश्वर के ज्ञान में प्राप्त का निषेध किया है। इसलिये पाषाणादि मूर्त्तिपूजा अत्यन्त निषिद्ध है?

(प्रश्न) मूर्त्तिपूजा में पुण्य नहीं तो पाप तो नहीं है?

(उत्तर) कर्म दो प्रकार के होते हैं—एक विहित—जो कर्त्तव्यता से वेद में सत्यभाषणादि प्रतिपादित हैं। दूसरे निषिद्ध—जो अकर्त्तव्यता से मिथ्याभाषणादि वेद में निषिद्ध हैं। जैसे विहित का अनुष्ठान करना वह धर्म, उस का न करना अधर्म है; वैसे ही निषिद्ध कर्म का करना अधर्म और न करना धर्म है। जब वेदों से निषिद्ध मूर्त्तिपूजादि कर्मों को तुम करते हो तो पापी क्यों नहीं?

(प्रश्न) देखो! वेद अनादि हैं। उस समय मूर्त्तिपूजा का क्या काम था? क्योंकि पहले तो देवता प्रत्यक्ष थे। यह रीति तो पीछे से तन्त्र और पुराणों से चली है। जब मनुष्यों का ज्ञान और सामर्थ्य न्यून हो गया तो परमेश्वर को ध्यान में नहीं ला सके और मूर्त्ति का ध्यान तो कर सकते हैं। इस कारण अज्ञानियों के लिये मूर्त्तिपूजा है। क्योंकि सीढ़ी-सीढ़ी से चढ़े तो भवन पर पहुंच जाय। पहली सीढ़ी छोड़ कर ऊपर जाना चाहै तो नहीं जा सकता, इसलिये मूर्त्ति प्रथम सीढ़ी है। इस को पूजते-पूजते जब ज्ञान होगा और अन्तःकरण पवित्र होगा तब परमात्मा का ध्यान कर सकेगा। जैसे लक्ष्य के मारने वाला प्रथम स्थूल लक्ष्य में तीर, गोली वा गोला आदि मारता-मारता पश्चात् सूक्ष्म में भी निशाना मार सकता है। वैसे स्थूल मूर्त्ति की पूजा करता-करता पुनः सूक्ष्म ब्रह्म को भी प्राप्त होता है। जैसे लड़कियाँ गुड़ियों का खेल तब तक करती हैं कि जब तक सच्चे पति को प्राप्त नहीं होतीं। इत्यादि प्रकार से मूर्त्तिपूजा करना दुष्ट काम नहीं।

(उत्तर) जब वेदविहित धर्म और वेदविरुद्धाचरण में अधर्म है तो पुनः तुम्हारे कहने से भी मूर्त्तिपूजा करना अधर्म ठहरा। जो-जो ग्रन्थ वेद से विरुद्ध हैं उन-उन का प्रमाण करना जानो नास्तिक होना है। सुनो—

नास्तिको वेदनिन्दकः॥ १॥

या वेदबाह्याः स्मृतयो याश्च काश्च कुदृष्टयः।
सर्वास्ता निष्फलाः प्रेत्य तमोनिष्ठा हि ताः स्मृताः॥ २॥
उत्पद्यन्ते च्यवन्ते च यान्यतोऽन्यानि कानिचित्।
तान्यर्वाक्कालिकतया निष्फलान्यनृतानि च॥ ३॥ मनु० अ० १२॥

मनु जी कहते हैं कि जो वेदों की निन्दा अर्थात् अपमान, त्याग, विरुद्धाचरण करता है वह नास्तिक कहाता है॥ १॥

जो ग्रन्थ वेदबाह्य कुत्सित पुरुषों के बनाये संसार को दुःखसागर में डुबोने वाले हैं वे सब निष्फल, असत्य, अन्धकाररूप, इस लोक और परलोक में दुःखदायक हैं॥ २॥

जो इन वेदों से विरुद्ध ग्रन्थ उत्पन्न होते हैं वे आधुनिक होने से शीघ्र नष्ट हो जाते हैं। उन का मानना निष्फल और झूंठा है॥ ३॥

इसी प्रकार ब्रह्मा से लेकर जैमिनि महर्षिपर्यन्त का मत है कि वेदविरुद्ध को न मानना किन्तु वेदानुकूल ही का आचरण करना धर्म है। क्यों? वेद सत्य अर्थ का प्रतिपादक है इस से विरुद्ध जितने तन्त्र और पुराण हैं वेदविरुद्ध होने से झूंठे हैं कि जो वेद से विरुद्ध चलते हैं उन में कही हुई मूर्त्तिपूजा भी अधर्मरूप है। मनुष्यों का ज्ञान जड़ की पूजा से नहीं बढ़ सकता किन्तु जो कुछ ज्ञान है वह नष्ट हो जाता है। इसलिये ज्ञानियों की सेवा, संग से ज्ञान बढ़ता है; पाषाणदि से नहीं। क्या पाषाणादि मूर्त्तिपूजा से परमेश्वर को ध्यान में कभी ला सकता है? नहीं-नहीं, मूर्त्तिपूजा सीढ़ी नहीं किन्तु एक बड़ी खाई है जिस में गिरकर चकनाचूर हो जाता है। पुनः उस खाई से निकल नहीं सकता किन्तु उसी में मर जाता है। हां! छोटे धार्मिक विद्वानों से लेकर परम विद्वान् योगियों के संग से सद्विद्या और सत्यभाषणादि परमेश्वर की प्राप्ति की सीढ़िया हैं जैसी ऊपर घर में जाने की निःश्रेणी होती है। किन्तु मूर्त्तिपूजा करते-करते ज्ञानी तो कोई न हुआ प्रत्युत सब मूर्त्तिपूजक अज्ञानी रह कर मनुष्यजन्म व्यर्थ खोके बहुत से मर गये और जो अब हैं वा होंगे वे भी मनुष्यजन्म के धर्म, अर्थ, काम और मोक्ष की प्राप्तिरूप फलों से विमुख होकर निरर्थ नष्ट हो जायेंगे। मूर्त्तिपूजा ब्रह्म की प्राप्ति में स्थूल लक्ष्यवत् नहीं किन्तु धार्मिक विद्वान् और सृष्टिविद्या है। इस को बढ़ाता-बढ़ाता ब्रह्म को भी पाता है। और मूर्त्तिपूजा गुड़ियों के खेलवत् नहीं किन्तु प्रथम अक्षराभ्यास सुशिक्षा का होना गुड़ियों के खेलवत् ब्रह्म की प्राप्ति का साधन है। सुनिये! जब अच्छी शिक्षा और विद्या को प्राप्त होगा तब सच्चे स्वामी परमात्मा को भी प्राप्त हो जायेगा।

(प्रश्न) साकार में मन स्थिर होता और निराकार में स्थिर होना कठिन है इसलिये मूर्त्तिपूजा रहनी चाहिये।

(उत्तर) साकार में मन स्थिर कभी नहीं हो सकता क्योंकि उस को मन झट ग्रहण करके उसी के एक-एक अवयव में घूमता और दूसरे में दौड़ जाता है। और निराकार अनन्त परमात्मा के ग्रहण में यावत्सामर्थ्य मन अत्यन्त दौड़ता है तो भी अन्त नहीं पाता। निरवयव होने से चंचल भी नहीं रहता किन्तु उसी के गुण, कर्म, स्वभाव का विचार करता-करता आनन्द में मग्न होकर स्थिर हो जाता है। और जो साकार में स्थिर होता तो सब जगत् का मन स्थिर हो जाता क्योंकि जगत् में मनुष्य, स्त्री, पुत्र, धन, मित्र आदि साकार में फंसा रहता है परन्तु किसी का मन स्थिर नहीं होता; जब तक निराकार में न लगावे। क्योंकि निरवयव होने से उस में मन स्थिर हो जाता है। इसलिये मूर्त्तिपूजा करना अधर्म है।

दूसरा—उस में क्रोड़ों रुपये मन्दिरों में व्यय करके दरिद्र होते हैं और उस में प्रमाद होता है। **तीसरा**—स्त्री पुरुषों का मन्दिरों में मेला होने से व्यभिचार, लड़ाई बखेड़ा और रोगादि उत्पन्न होते हैं। **चौथा**—उसी को धर्म, अर्थ, काम और मुक्ति का साधन मानके पुरुषार्थ रहित होकर मनुष्यजन्म व्यर्थ गमाता है। **पांचवां**—नाना प्रकार की विरुद्धस्वरूप नाम चरित्रयुक्त मूर्त्तियों के पुजारियों का ऐक्यमत नष्ट होके

विरुद्धमत में चल कर आपस में फूट बढ़ा के देश का नाश करते हैं। **छठा**—उसी के भरोसे में शत्रु का पराजय और अपना विजय मान बैठे रहते हैं। उन का पराजय हो कर राज्य, स्वातन्त्र्य और धन का सुख उनके शत्रुओं के स्वाधीन होता है और आप पराधीन भठियारे के टट्टू और कुम्हार के गदहे के समान शत्रुओं के वश में होकर अनेकविधि दुःख पाते हैं। **सातवां**—जब कोई किसी को कहे कि हम तेरे बैठने के आसन वा नाम पर पत्थर धरें तो जैसे वह उस पर क्रोधित होकर मारता वा गाली प्रदान देता है वैसे ही जो परमेश्वर की उपासना के स्थान हृदय और नाम पर पाषाणादि मूर्त्तियां धरते हैं उन दुष्टबुद्धिवालों का सत्यानाश परमेश्वर क्यों न करे? **आठवां**—भ्रान्त होकर मन्दिर-मन्दिर देशदेशान्तर में घूमते-घूमते दुःख पाते, धर्म, संसार और परमार्थ का काम नष्ट करते, चोर आदि से पीड़ित होते, ठगों से ठगाते रहते हैं।

नववां—दुष्ट पूजारियों को धन देते हैं वे उस धन को वेश्या, परस्त्रीगमन, मद्य, मांसाहार, लड़ाई बखेडों में व्यय करते हैं जिस से दाता का सुख का मूल नष्ट होकर दुःख होता है। **दशवां**—माता पिता आदि माननीयों का अपमान कर पाषाणादि मूर्त्तियों का मान करके कृतघ्न हो जाते हैं। **ग्यारहवां**—उन मूर्त्तियों को कोई तोड़ डालता वा चोर ले जाता है तब हा-हा करके रोते रहते हैं। **बारहवां**—पूजारी परस्त्रियों के संग और पूजारिन परपुरुषों के संग से प्रायः दूषित होकर स्त्री पुरुष के प्रेम के आनन्द को हाथ से खो बैठते हैं। **तेरहवां**—स्वामी सेवक की आज्ञा का पालन यथावत् न होने से परस्पर विरुद्धभाव होकर नष्ट भ्रष्ट हो जाते हैं।

चौदहवां—जड़ का ध्यान करने वाले का आत्मा भी जड़ बुद्धि हो जाता है क्योंकि ध्येय का जड़त्व धर्म अन्तःकरण द्वारा आत्मा में अवश्य आता है। **पन्द्रहवां**—परमेश्वर ने सुगन्धियुक्त पुष्पादि पदार्थ वायु जल के दुर्गन्ध निवारण और आरोग्यता के लिये बनाये हैं। उन को पुजारी जी तोड़ताड़ कर न जाने उन पुष्पों की कितने दिन तक सुगन्धि आकाश में चढ़ कर वायु जल की शुद्धि करता और पूर्ण सुगन्धि के समय तक उस का सुगन्ध होता है; उस का नाश मध्य में ही कर देते हैं। पुष्पादि कीच के साथ मिल सड़ कर उलटा दुर्गन्ध उत्पन्न करते हैं। क्या परमात्मा ने पत्थर पर चढ़ाने के लिये पुष्पादि सुगन्धियुक्त पदार्थ रचे हैं। **सोलहवां**—पत्थर पर चढ़े हुए पुष्प, चन्दन और अक्षत आदि सब का जल और मृत्तिका के संयोग होने से मोरी वा कुण्ड में आकर सड़ के इतना उस से दुर्गन्ध आकाश में चढ़ता है कि जितना मनुष्य के मल का। और सहस्रों जीव उस में पड़ते उसी में मरते और सड़ते हैं। ऐसे-ऐसे अनेक मूर्त्तिपूजा के करने में दोष आते हैं। इसलिये सर्वथा पाषाणादि मूर्त्तिपूजा सज्जन लोगों को त्यक्तव्य है। और जिन्होंने पाषाणमय मूर्त्ति की पूजा की है, करते हैं और करेंगे। वे पूर्वोक्त दोषों से न बचे; न बचते हैं, और न बचेंगे।

(प्रश्न) किसी प्रकार की मूर्त्तिपूजा करनी करानी नहीं और जो अपने आर्य्यावर्त्त में पञ्चदेवपूजा शब्द प्राचीन परम्परा से चला आता है उस का यही पञ्चायतनपूजा जो कि शिव, विष्णु, अम्बिका, गणेश और सूर्य्य की मूर्त्ति बनाकर पूजते हैं; यह पञ्चायतनपूजा है वा नहीं?

(उत्तर) किसी प्रकार की मूर्त्तिपूजा न करना किन्तु 'मूर्त्तिमान्' जो नीचे कहेंगे उन की पूजा अर्थात् सत्कार करना चाहिये। वह पञ्चदेवपूजा, पञ्चायतनपूजा

शब्द बहुत अच्छा अर्थ वाला है परन्तु विद्याहीन मूढों ने उसके उत्तम अर्थ को छोड़ कर निकृष्ट अर्थ पकड़ लिया। जो आजकल शिवादि पांचों की मूर्त्तियां बनाकर पूजते हैं उन का खण्डन तो अभी कर चुके हैं। पर जो सच्ची पञ्चायतन वेदोक्त और वेदानुकूलोक्त देवपूजा और मूर्त्तिपूजा है वह सुनो—

मा नो॑ वधीः पि॒तरं॒ मोत मा॒तर॑म् ॥१॥ यजु०॥

आ॒चा॒र्य॑ऽउप॒नय॑मानो ब्रह्मचा॒रिण॑मिच्छते ॥२॥

अति॑थिर्गृ॒हानु॑पग॒च्छेत् ॥३॥ अथर्व०॥

अर्च॑त॒ प्रार्च॑त॒ प्रिय॑मे॒धासो॒ अर्च॑त ॥४॥ ऋग्वेदे०॥

त्वमेव प्रत्यक्षं ब्रह्मासि त्वामेव प्रत्यक्षं ब्रह्म वदिष्यामि ॥ ५ ॥ —तैत्तिरीयोप०॥

कतम एको देव इति स ब्रह्म त्यदित्याचक्षते ॥ ६ ॥

—शतपथ प्रपाठ० ५। ब्राह्मण ७। कण्डिका १०॥

मातृदेवो भव पितृदेवो भव आचार्यदेवो भव अतिथिदेवो भव ॥ ७ ॥

—तैत्तिरीयोप०॥

पितृभिर्भ्रातृभिश्चैताः पतिभिर्देवरैस्तथा ।
पूज्या भूषयितव्याश्च बहुकल्याणमीप्सुभिः ॥ ८ ॥
पूज्यो देववत्पतिः ॥ ९ ॥ मनुस्मृतौ॥

प्रथम माता मूर्त्तिमती पूजनीय देवता, अर्थात् सन्तानों को तन, मन, धन से सेवा करके माता को प्रसन्न रखना, हिंसा अर्थात् ताड़ना कभी न करना। दूसरा पिता सत्कर्त्तव्य देव। उस की भी माता के समान सेवा करनी ॥ १ ॥

तीसरा आचार्य जो विद्या का देने वाला है उस की तन, मन, धन से सेवा करनी ॥ २ ॥

चौथा अतिथि जो विद्वान्, धार्मिक, निष्कपटी, सब की उन्नति चाहने वाला जगत् में भ्रमण करता हुआ, सत्य उपदेश से सब को सुखी करता है उस की सेवा करें ॥ ३ ॥

पांचवां स्त्री के लिये पति और पुरुष के लिये स्वपत्नी पूजनीय है ॥ ८ ॥

ये पांच मूर्त्तिमान् देव जिन के संग से मनुष्यदेह की उत्पत्ति, पालन, सत्यशिक्षा, विद्या और सत्योपदेश की प्राप्ति होती हैं ये ही परमेश्वर को प्राप्ति होने की सीढ़ियां हैं। इन की सेवा न करके जो पाषाणादि मूर्त्ति पूजते हैं वे अतीव **पामर, नरकगामी** तथा **वेदविरोधी** हैं।

(प्रश्न) माता पिता आदि की सेवा करें और मूर्त्तिपूजा भी करें तब तो कोई दोष नहीं?

(उत्तर) पाषाणादि मूर्त्तिपूजा तो सर्वथा छोड़ने और मातादि मूर्त्तिमानों की सेवा करने ही में कल्याण है। बड़े अनर्थ की बात है कि साक्षात् माता आदि प्रत्यक्ष सुखदायक देवों को छोड़ के अदेव पाषाणादि में शिर मारना स्वीकार किया। इसको लोगों ने इसीलिये स्वीकार किया है कि जो माता पितादि के सामने नैवेद्य वा भेंट पूजा धरेंगे तो वे स्वयं खा लेंगे और भेंट पूजा ले लेंगे तो हमारे मुख वा हाथ में कुछ न पड़ेगा। इससे पाषाणादि की मूर्त्ति बना, उस के आगे नैवेद्य धर, घण्टानाद टं टं पूं पूं और शङ्ख बजा, कोलाहल कर, अंगूठा दिखला अर्थात् **'त्वमङ्गुष्ठं गृहाण**

भोजनं पदार्थं वाऽहं ग्रहिष्यामि' जैसे कोई किसी को छले वा चिढ़ावे कि तू घण्टा ले और अंगूठा दिखलावे उस के आगे से सब पदार्थ ले आप भोगे, वैसी ही लीला इन पूजारियों अर्थात् पूजा नाम सत्कर्म के शत्रुओं की है। ये लोग चटक मटक, चलक झलक मूर्त्तियों को बना ठना, आप ठगों के तुल्य बन ठन के विचारे निर्बुद्धि अनाथों का माल मारके मौज करते हैं। जो कोई धार्मिक राजा होता तो इन पाषाणप्रियों को पत्थर तोड़ने, बनाने और घर रचने आदि कामों में लगाके खाने पीने को देता; निर्वाह कराता।

(प्रश्न) जैसे स्त्री की पाषाणादि मूर्ति देखने से कामोत्पत्ति होती है वैसी वीतराग शान्त की मूर्त्ति देखने से वैराग्य और शान्ति की प्राप्ति क्यों न होगी?

(उत्तर) नहीं हो सकती। क्योंकि उस मूर्त्ति के जड़त्व धर्म आत्मा में आने से विचारशक्ति घट जाती है। विवेक के विना न वैराग्य और वैराग्य के विना विज्ञान, विज्ञान के विना शान्ति नहीं होती। और जो कुछ होता है सो उनके संग, उपदेश और उनके इतिहासादि के देखने से होता है क्योंकि जिस का गुण वा दोष न जानके उस की मूर्त्तिमात्र देखने से प्रीति नहीं होती। प्रीति होने का कारण गुणज्ञान है। ऐसे मूर्त्तिपूजा आदि बुरे कारणों ही से आर्य्यावर्त्त में निकम्मे पुजारी भिक्षुक आलसी पुरुषार्थ रहित क्रोड़ों मनुष्य हुए हैं। सब संसार में मूढ़ता उन्हीं ने फैलाई है। झूठ छल भी बहुत सा फैला है।

(प्रश्न) देखो! काशी में 'औरंगजेब' बादशाह को 'लाटभैरव' आदि ने बड़े-बड़े चमत्कार दिखलाये थे। जब मुसलमान उन को तोड़ने गये और उन्होंने जब उन पर तोप गोला आदि मारे तब बड़े-बड़े भमरे निकल कर सब फौज को व्याकुल कर भगा दिया।

(उत्तर) यह पाषाण का चमत्कार नहीं किन्तु वहां भमरे के छत्ते लग रहे होंगे। उन का स्वभाव ही क्रूर है। जब कोई उन को छेड़े तो वे काटने को दौड़ते हैं। और जो दूध की धारा का चमत्कार होता था वह पुजारी जी की लीला थी।

(प्रश्न) देखो! महादेव म्लेच्छ को दर्शन न देने के लिये कूप में और वेणीमाधव एक ब्राह्मण के घर में जा छिपे। क्या यह भी चमत्कार नहीं है?

(उत्तर) भला जिस के कोटपाल, कालभैरव, लाटभैरव आदि भूत प्रेत और गरुड़ आदि गणों ने मुसलमानों को लड़के क्यों न हटाये? जब महादेव और विष्णु की पुराणों में कथा है कि अनेक त्रिपुरासुर आदि बड़े भयङ्कर दुष्टों को भस्म कर दिया तो मुसलमानों को भस्म क्यों न किया? इस से यह सिद्ध होता है कि वे बिचारे पाषाण क्या लड़ते लड़ाते? जब मुसलमान मन्दिर और मूर्त्तियों को तोड़ते-फोड़ते हुए काशी के पास आए तब पूजारियों ने उस पाषाण के लिङ्ग को कूप में डाल और वेणीमाधव को ब्राह्मण के घर में छिपा दिया। जब काशी में कालभैरव के डर के मारे यमदूत नहीं जाते और प्रलय समय में भी काशी का नाश होने नहीं देते तो म्लेच्छों के दूत क्यों न डराये? और अपने राज के मन्दिरों का क्यों नाश होने दिया? यह सब पोपमाया है।

(प्रश्न) गया में श्राद्ध करने से पितरों का पाप छूट कर वहां के श्राद्ध के पुण्य प्रभाव से पितर स्वर्ग में जाते और पितर अपना हाथ निकाल कर पिण्ड लेते हैं। क्या यह भी बात झूठी है?

(उत्तर) सर्वथा झूठ। जो वहां पिण्ड देने का वही प्रभाव है तो जिन पण्डों

को पितरों के सुख के लिए लाखों रुपये देते हैं उन का व्यय गयावाले वेश्यागमनादि पाप में करते हैं वह पाप क्यों नहीं छूटता? और हाथ निकलता आज कल कहीं नहीं दीखता; विना पण्डों के हाथों के। यह कभी किसी धूर्त्त ने पृथिवी में गुफा खोद उस में एक मनुष्य बैठा दिया होगा। पश्चात् उस के मुख पर कुछ बिछा, पिण्ड दिया होगा और उस कपटी ने उठा लिया होगा। किसी **आंख के अन्धे गांठ के पूरे** को इस प्रकार ठगा हो तो आश्चर्य नहीं। वैसे ही वैजनाथ को रावण लाया था; यह भी मिथ्या बात है।

(प्रश्न) देखो! कलकत्ते की काली और कामाक्षा आदि देवी को लाखों मनुष्य मानते हैं। क्या यह चमत्कार नहीं है?

(उत्तर) कुछ भी नहीं। वे अन्धे लोग भेड़ के तुल्य एक के पीछे दूसरे चलते हैं। कूप खाड़े में गिरते हैं; हट नहीं सकते। वैसे ही एक मूर्ख के पीछे दूसरे चलकर मूर्त्तिपूजा रूप गढ़े में फंसकर दुःख पाते हैं।

(प्रश्न) भला यह तो जाने दो परन्तु जगन्नाथ जी में प्रत्यक्ष चमत्कार है। एक कलेवर बदलने के समय चन्दन का लकड़ा समुद्र में से स्वयमेव आता है। चूल्हे पर ऊपर-ऊपर सात हण्डे धरने से ऊपर-ऊपर के पहले-पहले पकते हैं। और जो कोई वहां जगन्नाथ की परसादी न खावे तो कुष्ठी हो जाता है और रथ आप से आप चलता पापी को दर्शन नहीं होता है। इन्द्रदमन के राज्य में देवताओं ने मन्दिर बनाया है। कलेवर बदलने के समय एक राजा, एक पण्डा, एक बढ़ई मर जाने आदि चमत्कारों को तुम झूठ न कर सकोगे?

(उत्तर) जिस ने बारह वर्ष पर्यन्त जगन्नाथ की पूजा की थी वह विरक्त हो कर मथुरा में आया था; मुझ से मिला था। मैंने इन बातों का उत्तर पूछा था। उस ने ये सब बातें झूठ बतलाईं। किन्तु विचार से निश्चय यह है—जब कलेवर बदलने का समय आता है तब नौका में चन्दन की लकड़ी ले समुद्र में डालते हैं वह समुद्र की लहरियों से किनारे लग जाती है। उस को ले सुतार लोग मूर्त्तियां बनाते हैं। जब रसोई बनती है तब कपाट बन्द करके रसोइयों के विना अन्य किसी को न जाने, न देखने देते हैं। भूमि पर चारों ओर छः और बीच में एक चक्राकार चूल्हे बनाते हैं। उन हण्डों के नीचे घी, मट्टी और राख लगा छः चूल्हों पर चावल पका, उनके तले मांज कर, उस बीच के हण्डे में उसी समय चावल डाल छः चूल्हों के मुख लोहे के तवों से बांध कर, दर्शन करने वालों को जो कि धनाढ्य हों, बुला के दिखलाते हैं। ऊपर-ऊपर के हण्डों से चावल निकाल, पके हुए चावलों को दिखला, नीचे के कच्चे चावल निकाल दिखा के उन से कहते हैं कि कुछ हण्डे के लिये रख दो। **आंख के अन्धे गांठ के पूरे** रुपया अशर्फी धरते और कोई-कोई मासिक भी बांध देते हैं।

शूद्र नीच लोग मन्दिर में नैवेद्य लाते हैं। जब नैवेद्य हो चुकता है तब वे शूद्र नीच लोग झूठा कर देते हैं। पश्चात् जो कोई रुपया देकर हण्डा लेवे उस के घर पहुंचाते और दीन गृहस्थ और साधु सन्तों को लेके शूद्र और अन्त्यज पर्य्यन्त एक पंक्ति में बैठ झूंठा एक दूसरे का भोजन करते हैं। जब वह पंक्ति उठती है तब उन्हीं पत्तलों पर दूसरे को बैठाते जाते हैं। महा अनाचार है। और बहुतेरे मनुष्य वहाँ जाकर, उन का झूंठा न खाके, अपने हाथ बना खाकर चले आते हैं, कुछ भी कुष्ठादि रोग नहीं होते। और उस जगन्नाथपुरी में भी बहुत से परसादी नहीं

खाते। उन को भी कुष्ठादि रोग नहीं होते। और उस जगन्नाथपुरी में भी बहुत से कुष्ठी हैं, नित्यप्रति भूंठा खाने से भी रोग नहीं छूटता।

और यह जगन्नाथ में वाममार्गियों ने भैरवीचक्र बनाया है क्योंकि सुभद्रा, श्री कृष्ण और बलदेव की बहिन लगती है। उसी को दोनों भाइयों के बीच में स्त्री और माता के स्थान बैठाई है। जो भैरवीचक्र न होता तो यह बात कभी न होती।

और रथ के पहिये के साथ कला बनाई है। जब उन को सूधी घुमाते हैं घूमती है, तब रथ चलता है। जब मेले के बीच में पहुंचता है तभी उस की कील को उल्टी घुमा देने से रथ खड़ा रह जाता है। पुजारी लोग पुकारते हैं दान देओ, पुण्य करो, जिस से जगन्नाथ प्रसन्न होकर अपना रथ चलावें, अपना धर्म रहे। जब तक भेंट आती जाती है तब तक ऐसे ही पुकारते जाते हैं। जब आ चुकती है तब एक व्रजवासी अच्छे कपड़े दुसाला ओढ़ कर आगे खड़ा रहके हाथ जोड़ स्तुति करता है कि 'हे जगन्नाथ स्वामिन्! आप कृपा करके रथ को चलाइये, हमारा धर्म रक्खो' इत्यादि बोल के साष्टांग दण्डवत् प्रणाम कर रथ पर चढ़ता है। उसी समय कील को सूधा घुमा देते हैं और जय-जय शब्द बोल, सहस्रों मनुष्य रस्सा खीचते हैं, रथ चलता है।

जब बहुत से लोग दर्शन को जाते हैं तब इतना बड़ा मन्दिर है कि जिस में दिन में भी अन्धेरा रहता है और दीपक जलाना पड़ता है। उन मूर्त्तियों के आगे पड़दे खैंच कर लगाने के पर्दे दोनों ओर रहते हैं। पण्डे पुजारी भीतर खड़े रहते हैं। जब एक ओर वाले ने पर्दे को खींचा, झट मूर्त्ति आड़ में आ जाती है। तब सब पण्डे पुजारी पुकारते हैं—तुम भेंट धरो, तुम्हारे पाप छूट जायेंगे, तब दर्शन होगा। शीघ्र करो। वे बिचारे भोले मनुष्य धूर्त्तों के हाथ लूटे जाते हैं। और झट पर्दा दूसरा खैंच लेते हैं तभी दर्शन होता है। तब जय शब्द बोल के प्रसन्न होकर धक्के खाके तिरस्कृत हो चले आते हैं।

इन्द्रदमन वही है कि जिस के कुल के लोग अब तक कलकत्ते में हैं। वह धनाढ्य राजा और देवी का उपासक था। उसने लाखों रुपये लगा कर मन्दिर बनवाया था। इसलिये कि आर्यावर्त्त देश के भोजन का बखेड़ा इस रीति से छुड़ावें। परन्तु वे मूर्ख कब छोड़ते हैं? देव मानो तो उन्हीं कारीगरों को मानो कि जिन शिल्पियों ने मन्दिर बनाया।

राजा, पण्डा और बढ़ई उस समय नहीं मरते परन्तु वे तीनों वहां प्रधान रहते हैं। छोटों को दुःख देते होंगे। उन्होंने सम्मति करके (उसी समय अर्थात् कलेवर बदलने के समय वे तीनों उपस्थित रहते हैं; मूर्त्ति का हृदय पोला रक्खा है। उस में सोने के सम्पुट में एक सालगराम रखते हैं कि जिस को प्रतिदिन धोकर चरणामृत बनाते हैं। उस पर रात्री की शयन आर्त्ती में उन लोगों ने विष का तेजाब लपेट दिया होगा। उस को धोके उन्हीं तीनों को पिलाया होगा कि जिस से वे कभी मर गये होंगे। मरे तो इस प्रकार और भोजनभट्टों ने प्रसिद्ध किया होगा कि जगन्नाथ जी अपने शरीर बदलने के समय तीनों भक्तों को भी साथ ले गये।

ऐसी भूंठी बातें पराये धन ठगने के लिये बहुत सी हुआ करती हैं।

(प्रश्न) जो रामेश्वर में गंगोत्तरी के जल चढ़ाते समय लिङ्ग बढ़ जाता है क्या यह भी बात भूंठी है?

(उत्तर) भूंठी! क्योंकि उस मन्दिर में भी दिन में अन्धेरा रहता है। दीपक

रात दिन जला करते हैं। जब जल की धारा छोड़ते हैं तब उस जल में बिजुली के समान दीपक का प्रतिबिम्ब चलकता है और कुछ भी नहीं। न पाषाण घटे, न बढ़े, जितना का उतना रहता है। ऐसी लीला करके बिचारे निर्बुद्धियों को ठगते हैं।

(प्रश्न) रामेश्वर को रामचन्द्र ने स्थापन किया है। जो मूर्त्तिपूजा वेदविरुद्ध होती तो रामचन्द्र मूर्त्तिस्थापन क्यों करते और वाल्मीकि जी रामायण में क्यों लिखते?

(उत्तर) रामचन्द्र के समय में उस लिङ्ग वा मन्दिर का नाम चिह्न भी न था किन्तु यह ठीक है कि दक्षिण देशस्थ रामनामक राजा ने मन्दिर बनवा, लिङ्ग का नाम रामेश्वर धर दिया है। जब रामचन्द्र सीता जी को ले हनुमान् आदि के साथ लङ्का से चल आकाश मार्ग में विमान पर बैठ अयोध्या को आते थे तब सीता जी से कहा है कि–

अत्र पूर्वं महादेवः प्रसादमकरोद्विभुः।
सेतुबन्ध इति विख्यातम्॥ –वाल्मीकि रा०। लङ्का कां०॥

हे सीते! तेरे वियोग से हम व्याकुल होकर घूमते थे और इसी स्थान में चातुर्मास किया था और परमेश्वर की उपासना ध्यान भी करते थे। वही जो सर्वत्र विभु (व्यापक) देवों का देव महादेव परमात्मा है उस की कृपा से हम को सब सामग्री यहां प्राप्त हुई। और देख! यह सेतु हम ने बांध कर लङ्का में आके, उस रावण को मार, तुझ को ले आये। इसके सिवाय वहां वाल्मीकि ने अन्य कुछ भी नहीं लिखा।

(प्रश्न) 'रंग है कालियाकन्त को जिसने हुक्का पिलाया सन्त को'। दक्षिण में एक कालियाकन्त की मूर्त्ति है। वह अब तक हुक्का पिया करती है। जो मूर्त्ति झूंठी हो तो यह चमत्कार भी झूंठ हो जाय।

(उत्तर) झूंठी–झूंठी। यह सब पोपलीला है। क्योंकि वह मूर्त्ति का मुख पोला होगा। उसका छिद्र पृष्ठ में निकाल के भित्ती के पार दूसरे मकान में नल लगा होगा। जब पुजारी हुक्का भरवा पेंचवां लगा, मुख में नली जमा के,पड़दे डाल निकल आता होगा तभी पीछे वाला आदमी मुख से खींचता होगा तो इधर हुक्का गड़–गड़ बोलता होगा। दूसरा छिद्र नाक और मुख के साथ लगा होगा। जब पीछे फूंकें मार देता होगा तब नाक और मुख के छिद्रों से धुआं निकलता होगा उस समय बहुत से मूढों को धनादि पदार्थों से लूट कर धनरहित करते होंगे।

(प्रश्न) देखो! डाकोर जी की मूर्त्ति द्वारिका से भगत के साथ चली आई। एक सवा रत्ती सोने में कई मन की मूर्त्ति तुल गई। क्या यह भी चमत्कार नहीं?

(उत्तर) नहीं! वह भक्त मूर्त्ति को चोर ले आया होगा और सवा रत्ती के बराबर मूर्त्ति का तुलना किसी भंगड़ आदमी ने गप्प मारा होगा।

(प्रश्न) देखो! सोमनाथ जी पृथिवी के ऊपर रहता था और बड़ा चमत्कार था क्या यह भी मिथ्या बात है?

(उत्तर) हां मिथ्या है। सुनो! ऊपर नीचे चुम्बक पाषाण लगा रक्खे थे। उसके आकर्षण से वह मूर्त्ति अधर खड़ी थी। जब 'महमूद गजनवी' आकर लड़ा तब यह चमत्कार हुआ कि उस का मन्दिर तोड़ा गया और पुजारी भक्तों की दुर्दशा हो गई और लाखों फौज दश सहस्र फौज से भाग गई। जो पोप पुजारी पूजा, पुरश्चरण, स्तुति, प्रार्थना करते थे कि 'हे महादेव! इस म्लेच्छ को तू मार डाल, हमारी रक्षा कर, और वे अपने चेले राजाओं को समझाते थे 'कि आप निश्चिन्त रहिये। महादेव

जी, भैरव अथवा वीरभद्र को भेज देंगे। वे सब म्लेच्छों को मार डालेंगे वा अन्धा कर देंगे। अभी हमारा देवता प्रसिद्ध होता है। हनुमान्, दुर्गा और भैरव ने स्वप्न दिया है कि हम सब काम कर देंगे।' वे विचारे भोले राजा और क्षत्रिय पोपों के बहकाने से विश्वास में रहे। कितने ही ज्योतिषी पोपों ने कहा कि अभी तुम्हारी चढ़ाई का मुहूर्त्त नहीं है। एक ने आठवां चन्द्रमा बतलाया, दूसरे ने योगिनी सामने दिखलाई। इत्यादि बहकावट में रहे।

जब म्लेच्छों की फौज ने आकर घेर लिया तब दुर्दशा से भागे, कितने ही पोप पुजारी और उन के चेले पकड़े गये। पुजारियों ने यह भी हाथ जोड़ कर कहा कि तीन क्रोड़ रुपया ले लो मन्दिर और मूर्त्ति मत तोड़ो। मुसलमानों ने कहा कि हम 'बुत्परस्त' नहीं किन्तु 'बुतशिकन्' अर्थात् मूर्त्तिपूजक नहीं किन्तु मूर्त्तिभञ्जक हैं। जा के झट मन्दिर तोड़ दिया। जब ऊपर की छत टूटी तब चुम्बक पाषाण पृथक् होने से मूर्त्ति गिर पड़ी। जब मूर्त्ति तोड़ी तब सुनते हैं कि **अठारह करोड़ के रत्न निकले**। जब पुजारी और पोपों पर कोड़ा पड़े तो रोने लगे। कहा कि कोष बतलाओ। मार के मारे झट बतला दिया। तब सब कोष लूट मार कूट कर पोप और उन के चेलों को 'गुलाम' बिगारी बना, पिसना पिसवाया, घास खुदवाया, मल मूत्रादि उठवाया और चना खाने को दिये। हाय! क्यों पत्थर की पूजा कर सत्यानाश को प्राप्त हुए? क्यों परमेश्वर की भक्ति न की? जो म्लेच्छों के दांत तोड़ डालते और अपना विजय करते। देखो! जितनी मूर्त्तियाँ हैं उतनी शूरवीरों की पूजा करते तो भी कितनी रक्षा होती? पुजारियों ने इन पाषाणों की इतनी भक्ति की किन्तु मूर्त्ति एक भी उन के शिर पर उड़ के न लगी। जो किसी एक शूरवीर पुरुष की मूर्त्ति के सदृश सेवा करते तो वह अपने सेवकों को यथाशक्ति बचाता और उन शत्रुओं को मारता।

(प्रश्न) द्वारिका जी के रणछोड़ जी जिस ने 'नर्सीमहिता' के पास हुण्डी भेज दी और उस का ऋण चुका दिया इत्यादि बात भी क्या झूठ है?

(उत्तर) किसी साहूकार ने रुपये दे दिये होंगे। किसी ने झूठा नाम उड़ा दिया होगा कि श्री कृष्ण ने भेजे। जब संवत् १९१४ के वर्ष में तोपों के मारे मन्दिर मूर्त्तियां अंगरेजों ने उड़ा दी थीं तब मूर्त्ति कहां गई थीं? प्रत्युत बाघेर लोगों ने जितनी वीरता की और लड़े शत्रुओं को मारा परन्तु मूर्त्ति एक मक्खी की टांग भी न तोड़ सकी। जो श्रीकृष्ण के सदृश कोई होता तो इनके धुर्रे उड़ा देता और ये भागते फिरते। भला यह तो कहो कि जिस का रक्षक मार खाय उस के शरणागत क्यों न पीटे जायें?

(प्रश्न) ज्वालामुखी तो प्रत्यक्ष देवी है सब को खा जाती है। और प्रसाद देवें तो आधा खा जाती और आधा छोड़ देती है। मुसलमान बादशाहों ने उस पर जल की नहर छुड़वाई और लोहे के तवे जड़वाये थे तो भी ज्वाला न बुझी और न रुकी। वैसे हिंगलाज भी आधी रात को सवारी कर पहाड़ पर दिखाई देती, पहाड़ को गर्जना कराती है। चन्द्रकूप बोलता और योनियन्त्र से निकलने से पुनर्जन्म नहीं होता, ठूमरा बांधने से पूरा महापुरुष कहाता। जब तक हिंगलाज न हो आवे तब तक आधा महापुरुष बजता है। इत्यादि सब बातें क्या मानने योग्य नहीं?

(उत्तर) नहीं। क्योंकि वह ज्वालामुखी पहाड़ से आगी निकलती है। उस में पुजारी लोगों की विचित्र लीला है। जैसे बघार के घी के चमचे में ज्वाला आ जाती अलग करने से वा फूंक मारने से बुझ जाती और थोड़ा से घी को खा जाती,

शेष छोड़ जाती है। उसी के समान वहां भी है। जैसे चूल्हे की ज्वाला में जो डाला जाय सब भस्म हो जाता, जंगल वा घर में लग जाने से सब को खा जाती है, इस से वहां क्या विशेष है? विना एक मन्दिर, कुण्ड और इधर उधर नल रचना के हिंगलाज में न कोई सवारी होती और जो कुछ होता है वह सब पोप पुजारियों की लीला से दूसरा कुछ भी नहीं। एक जल और दलदल का कुण्ड बना रखा है, जिसके नीचे से बुद्बुदे उठते हैं। उस को सफल यात्रा होना मूढ़ मानते हैं। योनि का यन्त्र उन लोगों ने धन हरने के लिये बनवा रखा है और ठुमरे भी उसी प्रकार पोपलीला के हैं। उस से महापुरुष हो तो एक पशु पर ठुमरे का बोझ लाद दें तो क्या महापुरुष हो जायगा? महापुरुष तो बड़े उत्तम धर्मयुक्त पुरुषार्थ से होता है।

(प्रश्न) अमृतसर का तालाब अमृतरूप, एक मुरेठी का फल आधा मीठा और एक भित्ती नमती और गिरती नहीं, रेवालसर में बेड़े तरते, अमरनाथ में आप से आप लिङ्ग बन जाते, हिमालय से कबूतर के जोड़े आ के सब को दर्शन देकर चले जाते हैं, क्या यह भी मानने योग्य नहीं?

(उत्तर) नहीं। उस तालाब का नाममात्र अमृतसर है। जब कभी जंगल होगा तब उस का जल अच्छा होगा। इस से उस का नाम अमृतसर धरा होगा। जो अमृत होता तो पुराणियों के मानने के तुल्य कोई क्यों मरता। भित्ती की कुछ बनावट ऐसी होगी जिससे नमती होगी और गिरती न होगी। रीठे कलम के पैबन्दी होंगे अथवा गपोड़ा होगा। रेवालसर में बेड़ा तरने में कुछ कारीगरी होगी। अमरनाथ में बर्फ के पहाड़ बनते हैं तो जल जम के छोटे लिङ्ग का बनना कौन आश्चर्य है? और कबूतर के जोड़े पालित होंगे, पहाड़ की आड़ में से मनुष्य छोड़ते होंगे, दिखला कर टका हरते होंगे।

(प्रश्न) हरद्वार स्वर्ग का द्वार हर की पैड़ी में स्नान करे तो पाप छूट जाते हैं और तपोवन में रहने से तपस्वी होता। देवप्रयाग, गंगोत्तरी में गोमुख, उत्तरकाशी में गुप्तकाशी, त्रियुगी नारायण के दर्शन होते हैं। केदार और बदरीनारायण की पूजा छः महीने तक मनुष्य और छः महीने तक देवता करते हैं। महादेव का मुख नैपाल में पशुपति, चूतड़ केदार और तुंगनाथ में, जानु और पग अमरनाथ में। इन के दर्शन, स्पर्शन, स्नान करने से मुक्ति हो जाती है। वहां केदार और बदरी से स्वर्ग जाना चाहै तो जा सकता है। इत्यादि बातें कैसी हैं?

(उत्तर) हरद्वार उत्तर पहाड़ों में जाने का एक मार्ग का आरम्भ है। हर की पैड़ी एक स्नान के लिये कुण्ड की सीढ़ियों को बनाया है। सच पूछो तो 'हाड़पैड़ी' है क्योंकि देशदेशान्तर के मृतकों के हाड़ उस में पड़ा करते हैं। पाप कभी कहीं नहीं छूट सकते, विना भोगे अथवा नहीं कटते। 'तपोवन' जब होगा तब होगा। अब तो 'भिक्षुकवन' है। तपोवन में जाने, रहने से तप नहीं होता किन्तु तप तो करने से होता है। क्योंकि वहाँ बहुत से दुकानदार झूठ बोलने वाले भी रहते हैं।

'हिमवतः प्रभवति गङ्गा' पहाड़ के ऊपर से जल गिरता है। गोमुख का आकार टका लेने वालों ने बनाया होगा और वही पहाड़ पोप का स्वर्ग है। वहाँ उत्तरकाशी आदि स्नान ध्यानियों के लिये अच्छा है परन्तु दुकानदारों के लिये वहां भी दुकानदारी है। देवप्रयाग पुराणों के गपोड़ों की लीला है अर्थात् जहां अलखनन्दा और गंगा मिली है इसलिये वहां देवता वसते हैं; ऐसे गपोड़े न मारें तो वहां कौन जाय? और टका कौन देवे? गुप्तकाशी तो नहीं है वह प्रसिद्ध काशी है। तीन युग

की धूनी तो नहीं दीखती परन्तु पोपों की दश–बीस पीढ़ी की होगी। जैसी खाखियों की धूनी और पार्सियों की अग्यारी सदैव जलती रहती है। तप्तकुण्ड भी पहाड़ों के भीतर ऊष्मा गर्मी होती है उसमें तप कर जल आता है। उसके पास दूसरे कुण्ड में ऊपर का जल वा जहां गर्मी नहीं वहां का आता है; इस से ठण्डा है। केदार का स्थान वह भूमि बहुत अच्छी है। परन्तु वहां भी एक जमे हुए पत्थर पर पुजारी वा उनके चेलों ने मन्दिर बना रखा है। वहां महन्त पुजारी पण्डे **आंख के अन्धे गांठ के पूरों** से माल लेकर विषयानन्द करते हैं। वैसे ही बदरीनारायण में ठग विद्यावाले बहुत से बैठे हैं। 'रावल जी' वहां के मुख्य हैं। एक स्त्री छोड़ अनेक स्त्री रख बैठे हैं। पशुपति एक मन्दिर और पञ्चमुखी मूर्त्ति का नाम धर रखा है। जब कोई न पूछे तभी ऐसी लीला बलवती होती है। परन्तु जैसे तीर्थ के लोग धूर्त धनहरे होते हैं वैसे पहाड़ी लोग नहीं होते। वहां की भूमि बड़ी रमणीय और पवित्र है।

(प्रश्न) विन्ध्याचल में विन्ध्येश्वरी काली अष्टभुजा प्रत्यक्ष सत्य है। विन्ध्येश्वरी तीन समय में तीन रूप बदलती है और उसके बाड़े में मक्खी एक भी नहीं होती। प्रयाग तीर्थराज वहां शिर मुण्डाये सिद्धि, गंगा यमुना के संगम में स्नान करने से इच्छासिद्धि होती है। वैसे ही अयोध्या कई बार उड़ कर सब बस्ती सहित स्वर्ग में चली गई। मथुरा सब तीर्थों से अधिक; वृन्दावन लीलास्थान और गोवर्द्धन व्रजयात्रा बड़े भाग्य से होती है। सूर्यग्रहण में कुरुक्षेत्र में लाखों मनुष्यों का मेला होता है। क्या ये सब बातें मिथ्या हैं?

(उत्तर) प्रत्यक्ष तो आंखों से तीनों मूर्त्तियां दीखती हैं कि पाषाण की मूर्त्तियां हैं। और तीन काल में तीन प्रकार के रूप होने का कारण पुजारी लोगों के वस्त्र आदि आभूषण पहिराने की चतुराई है और मक्खियां सहस्रों लाखों होती हैं; मैंने अपनी आंखों से देखा है। प्रयाग में कोई नापित श्लोक बनानेहारा अथवा पोप जी को कुछ धन देके मुण्डन कराने का माहात्म्य बनाया वा बनवाया होगा। प्रयाग में स्नान करके स्वर्ग को जाता तो लौटकर घर में आता कोई भी नहीं दीखता किन्तु घर को सब आते हुए दीखते हैं। अथवा जो कोई वहां डूब मरता और उस का जीव भी आकाश में वायु के साथ घूम कर जन्म लेता होगा। तीर्थराज भी नाम टका लेने वालों ने धरा है। जड़ में राजा प्रजाभाव कभी नहीं हो सकता। यह बड़ी असम्भव बात है कि अयोध्या नगरी वस्ती, कुत्ते, गधे, भंगी, चमार, जाजरू सहित तीन बार स्वर्ग में चली गई। स्वर्ग में तो नहीं गई, वहीं की वहीं है परन्तु पोप जी के मुख गपोड़ों में अयोध्या स्वर्ग को उड़ गई। यह गपोड़ा शब्दरूप उड़ता फिरता है। ऐसी ही नैमिषारण्य आदि की भी पोपलीला जाननी।

'मथुरा तीन लोक से निराली' तो नहीं परन्तु उसमें तीन जन्तु बड़े लीला–धारी हैं कि जिन के मारे जल, स्थल और अन्तरिक्ष में किसी को सुख मिलना कठिन है। एक चौबे जो कोई स्नान करने जाय अपना कर लेने को खड़े रह कर बकते रहते हैं—'लाओ यजमान। भांग मर्ची और लड्डू खावें, पीवें। यजमान की जै–जै मनावें।' दूसरे जल में कछुवे काट ही खाते हैं, जिन के मारे स्नान करना भी घाट पर कठिन पड़ता है। तीसरे आकाश के ऊपर लालमुख के बन्दर पगड़ी, टोपी, गहने और जूते तक भी नहीं छोड़ें, काट खावें, धक्के दे, गिरा मार डालें और ये तीनों पोप और पोप जी के चेलों के पूजनीय हैं। मनों चना आदि अन्न कछुवे और बन्दरों को चना गुड़ आदि और चौबों की दक्षिणा और लड्डुओं से

उन के सेवक सेवा किया करते हैं। और वृन्दावन जब था तब था अब तो वेश्यावनवत् लल्ला लल्ली और गुरु चेली आदि की लीला फैल रही है। वैसे ही दीपमालिका का मेला गोवर्द्धन और व्रजयात्रा में भी पोपों की बन पड़ती है। कुरुक्षेत्र में भी वही जीविका की लीला समझ लो। इन में जो कोई धार्मिक परोपकारी पुरुष है इस पोपलीला से पृथक् हो जाता है।

(प्रश्न) यह मूर्त्तिपूजा और तीर्थ सनातन से चले आते हैं; झूठे क्योंकर हो सकते हैं?

(उत्तर) तुम सनातन किस को कहते हो। जो सदा से चला आता है। जो यह सदा से होता तो वेद और ब्राह्मणादि ऋषिमुनिकृत पुस्तकों में इन का नाम क्यों नहीं? यह मूर्त्तिपूजा अढ़ाई तीन सहस्र वर्ष के इधर-इधर वाममार्गी और जैनियों से चली है। प्रथम आर्य्यावर्त्त में नहीं थी। और ये तीर्थ भी नहीं थे। जब जैनियों ने गिरनार, पालिटाना, शिखर, शत्रुञ्जय और आबू आदि तीर्थ बनाये, उन के अनुकूल इन लोगों ने भी बना लिये। जो कोई इनके आरम्भ की परीक्षा करना चाहें वे पण्डों की पुरानी से पुरानी बही और तांबे के पत्र आदि लेख देखें तो निश्चय हो जायेगा कि ये सब तीर्थ पाँच सौ अथवा सहस्र वर्ष से इधर ही बने हैं। सहस्र वर्ष के उधर का लेख किसी के पास नहीं निकलता, इस से आधुनिक हैं।

(प्रश्न) जो-जो तीर्थ वा नाम का माहात्म्य अर्थात् जैसे **'अन्यक्षेत्रे कृतं पापं काशीक्षेत्रे विनश्यति ।'** इत्यादि बातें हैं वे सच्ची हैं वा नहीं?

(उत्तर) नहीं। क्योंकि जो पाप छूट जाते हों तो दरिद्रों को धन, राजपाट; अन्धों को आंख मिल जाती; कोढ़ियों का कोढ़ आदि रोग छूट जाता; ऐसा नहीं होता। इसलिये पाप वा पुण्य किसी का नहीं छूटता।

(प्रश्न) गङ्गा गङ्गेति यो ब्रूयाद्योजनानां शतैरपि ।
मुच्यते सर्वपापेभ्यो विष्णुलोकं स गच्छति॥ १ ॥
हरिर्हरति पापानि हरिरित्यक्षरद्वयम्॥ २ ॥
प्रातःकाले शिवं दृष्ट्वा निशि पापं विनश्यति ।
आजन्मकृतं मध्याह्ने सायाह्ने सप्तजन्मनाम्॥ ३ ॥

इत्यादि श्लोक पोपपुराण के हैं। जो सैकड़ों सहस्रों कोश दूर से भी गङ्गा-गङ्गा कहै तो उस के सब पाप नष्ट होकर वह विष्णुलोक अर्थात् वैकुण्ठ को जाता है॥ १ ॥

'हरि' इन दो अक्षरों का नामोच्चारण सब पाप को हर लेता है। वैसे ही राम, कृष्ण, शिव, भगवती आदि नामों का माहात्म्य है॥ २ ॥

और जो मनुष्य प्रातःकाल में शिव अर्थात् लिङ्ग वा उस की मूर्त्ति का दर्शन करे तो रात्रि में किया हुआ; मध्याह्न में दर्शन से जन्म भर का, सायंकाल में दर्शन करने से सात जन्मों का पाप छूट जाता है। यह दर्शन का माहात्म्य है॥ ३ ॥

क्या झूठा हो जायेगा?

(उत्तर) मिथ्या होने में क्या शङ्का? क्योंकि गङ्गा-गङ्गा वा हरे, राम, कृष्ण, नारायण, शिव और भगवती नामस्मरण से पाप कभी नहीं छूटता। जो छूटे तो दुःखी कोई न रहै। और पाप करने से कोई भी न डरे, जैसे आजकल पोपलीला में पाप बढ़ कर हो रहे हैं। मूढ़ों को विश्वास है कि हम पाप कर नामस्मरण वा तीर्थयात्रा करेंगे तो पापों की निवृत्ति हो जायेगी। इसी विश्वास पर पाप करके इस लोक और परलोक का नाश करते हैं, पर किया हुआ पाप भोगना ही पड़ता है।

(प्रश्न) तो कोई तीर्थ नामस्मरण सत्य है वा नहीं?

(उत्तर) है—वेदादि सत्य शास्त्रों का पढ़ना-पढ़ाना, धार्मिक विद्वानों का संग, परोपकार, धर्मानुष्ठान, योगाभ्यास, निर्वैर, निष्कपट, सत्यभाषण, सत्य का मानना; सत्य करना; ब्रह्मचर्य्य, आचार्य्य, अतिथि, माता, पिता की सेवा; परमेश्वर की स्तुति, प्रार्थना, उपासना; शान्ति, जितेन्द्रियता, सुशीलता, धर्मयुक्तपुरुषार्थ, ज्ञान-विज्ञान आदि शुभगुण, कर्म दुःखों से तारने वाले होने से तीर्थ हैं। और जो जल स्थलमय हैं वे तीर्थ कभी नहीं हो सकते क्योंकि **'जना यैस्तरन्ति तानि तीर्थानि'** मनुष्य जिन करके दुःखों से तरें उन का नाम तीर्थ है। जल स्थल तराने वाले नहीं किन्तु डुबाकर मारने वाले हैं। प्रत्युत नौका आदि का नाम तीर्थ हो सकता है क्योंकि उन से भी समुद्र आदि को तरते हैं।

समानतीर्थे वासी॥ १॥ —अष्टा० ४। ४। १०७॥

नमस्तीर्थ्याय च ॥२॥ यजुः० अ० १६॥

जो ब्रह्मचारी एक आचार्य्य से और एक शास्त्र को साथ-साथ पढ़ते हों वे सब सतीर्थ्य अर्थात् समानतीर्थसेवी होते हैं॥ १॥ जो वेदादि शास्त्र और सत्यभाषणादि धर्म लक्षणों में साधु हो उस को अन्नादि पदार्थ देना और उन से विद्या लेनी इत्यादि तीर्थ कहाते हैं।। २।। नामस्मरण इस को कहते हैं कि—

यस्य नाम महद्यशः ॥ यजु०॥

परमेश्वर का नाम बड़े यश अर्थात् धर्मयुक्त कामों का करना है। जैसे ब्रह्म, परमेश्वर, ईश्वर, न्यायकारी, दयालु, सर्वशक्तिमान् आदि नाम परमेश्वर के गुण, कर्म, स्वभाव से हैं। जैसे ब्रह्म सब से बड़ा, परमेश्वर ईश्वरों का ईश्वर, ईश्वर सामर्थ्ययुक्त, न्यायकारी कभी अन्याय नहीं करता, दयालु सब पर कृपादृष्टि रखता, सर्वशक्तिमान् अपने सामर्थ्य ही से सब जगत् की उत्पत्ति, स्थिति, प्रलय करता, सहाय किसी का नहीं लेता। ब्रह्मा विविध जगत् के पदार्थों का बनानेहारा, विष्णु सब में व्यापक होकर रक्षा करता, महादेव सब देवों का देव, रुद्र प्रलय करनेहारा आदि नामों के अर्थों को अपने में धारण करे अर्थात् बड़े कामों से बड़ा हो, समर्थों में समर्थ हो, सामर्थ्यों को बढ़ाता जाय। अधर्म कभी न करे। सब पर दया रक्खे। सब प्रकार के साधनों को समर्थ करे। शिल्प विद्या से नाना प्रकार के पदार्थों को बनावे। सब संसार में अपने आत्मा के तुल्य सुख-दुःख समझे। सब की रक्षा करे। विद्वानों में विद्वान् होवे। दुष्ट कर्म और दुष्ट कर्म करने वालों को प्रयत्न से दण्ड और सज्जनों की रक्षा करे। इस प्रकार परमेश्वर के नामों का अर्थ जानकर परमेश्वर के गुण, कर्म, स्वभाव के अनुकूल अपने गुण, कर्म, स्वभाव को करते जाना ही परमेश्वर का नामस्मरण है।

(प्रश्न) गुरुर्ब्रह्मा गुरुर्विष्णुर्गुरुर्देवो महेश्वरः।
गुरुरेव परं ब्रह्म तस्मै श्रीगुरवे नमः॥

इत्यादि गुरुमाहात्म्य तो सच्चा है? गुरु के पग धोके पीना, जैसी आज्ञा करे वैसा करना, गुरु लोभी हो तो वामन के समान, क्रोधी हो तो नरसिंह के सदृश, मोही हो तो राम के तुल्य और कामी हो तो कृष्ण के समान गुरु को जानना। चाहै गुरु जी कैसा ही पाप करे तो भी अश्रद्धा न करनी। सन्त वा गुरु के दर्शन को जाने में पग-पग में अश्वमेध का फल होता है। यह बात ठीक है वा नहीं?

(उत्तर) ठीक नहीं। ब्रह्मा, विष्णु, महेश्वर और परब्रह्म परमेश्वर के नाम हैं। उसके तुल्य गुरु कभी नहीं हो सकता। यह गुरुमाहात्म्य गुरुगीता भी एक बड़ी पोपलीला है। गुरु तो माता, पिता, आचार्य और अतिथि होते हैं। उन की सेवा करनी, उन से विद्या, शिक्षा लेनी देनी, शिष्य और गुरु का काम है। परन्तु जो गुरु लोभी, क्रोधी, मोही और कामी हो तो उस को सर्वथा छोड़ देना, शिक्षा करनी, सहज शिक्षा से न माने तो अर्घ्य, पाद्य अर्थात् ताड़ना दण्ड प्राणहरण तक भी करने में कुछ भी दोष नहीं। जो विद्यादि सद्गुणों में गुरुत्व नहीं है, झूठ-मूठ कण्ठी तिलक वेद-विरुद्ध मन्त्रोपदेश करने वाले हैं वे गुरु ही नहीं किन्तु गड़रिये जैसे हैं। जैसे गड़रिये अपनी भेड़ बकरियों से दूध आदि से प्रयोजन सिद्ध करते हैं वैसे ही शिष्यों के चेले चेलियों के धन हर के अपना प्रयोजन करते हैं। वे—

दो०— गुरु लोभी चेला लालची, दोनों खेलें दाव ।
भवसागर में डूबते, बैठ पत्थर की नाव॥

गुरु समझें कि चेले चेली कुछ न कुछ देवें हींगे और चेला समझे कि चलो गुरु झूठे सोगन्द खाने, पाप छुड़ाने आदि लालच से दोनों कपटमुनि भवसागर के दुःख में डूबते हैं। जैसे पत्थर की नौका में बैठने वाले समुद्र में डूब मरते हैं। ऐसे गुरु और चेलों के मुख पर धूड़ राख पड़े। उन के पास कोई भी खड़ा न रहै जो रहै वह दुःखसागर में पड़ेगा। जैसी पोपलीला पुजारी पुराणियों ने चलाई है वैसी इन गड़रिये गुरुओं ने भी लीला मचाई है। यह सब काम स्वार्थी लोगों का है । जो परमार्थी लोग हैं वे आप दुःख पावें तो भी जगत् का उपकार करना नहीं छोड़ते। और गुरु माहात्म्य तथा गुरुगीता आदि भी इन्हीं लोभी कुकर्मी गुरुओं ने बनाई है ।

(प्रश्न) अष्टादशपुराणानां कर्त्ता सत्यवतीसुतः॥ १॥
इतिहासपुराणाभ्यां वेदार्थमुपबृंहयेत्॥ २॥ —महाभारते॥
पुराणानि खिलानि च॥ ३॥ —मनु०॥
इतिहासपुराणः पञ्चमो वेदानां वेदः॥ ४॥ —छान्दोग्य॥
दशमेऽहनि किञ्चित्पुराणमाचक्षीत॥ ५॥
पुराणविद्या वेदः॥ ६॥ सूत्रम्॥

अठारह पुराणों के कर्त्ता व्यास जी हैं। व्यासवचन का प्रमाण अवश्य करना चाहिये॥ १॥

इतिहास, महाभारत, अठारह पुराणों से वेदों का अर्थ पढ़ें पढ़ावें क्योंकि इतिहास और पुराण वेदों ही के अर्थ के अनुकूल हैं॥ २॥

पितृकर्म में पुराण और हरिवंश की कथा सुनें॥ ३॥

इतिहास और पुराण पञ्चम वेद कहाते हैं॥ ४॥

अश्वमेध की समाप्ति में दशमे दिन थोड़ी सी पुराण की कथा सुनें॥ ५॥

पुराण विद्या वेदार्थ के जनाने ही से वेद हैं॥ ६॥

इत्यादि प्रमाणों से पुराणों का प्रमाण और इन के प्रमाणों से मूर्त्तिपूजा और तीर्थों का भी प्रमाण है क्योंकि पुराणों में मूर्त्तिपूजा और तीर्थों का विधान है।

(उत्तर) जो अठारह पुराणों के कर्त्ता व्यास जी होते तो उन में इतने गपोड़े न होते। क्योंकि शारीरक सूत्रों, योगशास्त्र के भाष्य आदि व्यासोक्त ग्रन्थों के देखने

से विदित होता है कि व्यास जी बड़े विद्वान्, सत्यवादी, धार्मिक, योगी थे। वे ऐसी मिथ्या कथा कभी न लिखते। और इस से यह सिद्ध होता है कि जिन सम्प्रदायी परस्पर विरोधी लोगों ने भागवतादि नवीन कपोलकल्पित ग्रन्थ बनाये हैं उन में व्यास जी के गुणों का लेश भी नहीं था। और वेदशास्त्र विरुद्ध असत्यवाद लिखना व्यास जी सदृश विद्वानों का काम नहीं किन्तु यह काम वेदशास्त्र विरोधी, स्वार्थी, अविद्वान् लोगों का है। इतिहास और पुराण शिवपुराणादि का नाम नहीं । किन्तु–

ब्राह्मणानीतिहासान् पुराणानि कल्पान् गाथानाराशंसीरिति॥

यह ब्राह्मण और सूत्रों का वचन है। ऐतरेय, शतपथ, साम और गोपथ ब्राह्मण ग्रन्थों ही के इतिहास, पुराण, कल्प, गाथा और नाराशंसी ये पांच नाम हैं। (इतिहास) जैसे जनक और याज्ञवल्क्य का संवाद। (पुराण) जगदुत्पत्ति आदि का वर्णन। (कल्प) वेद शब्दों के सामर्थ्य का वर्णन, अर्थ निरूपण करना (गाथा) किसी का दृष्टान्त दार्ष्टान्तरूप कथा प्रसंग कहना। (नाराशंसी) मनुष्यों के प्रशंनीय वा अप्रशंनीय कर्मों का कथन करना। इन ही से वेदार्थ का बोध होता है।

पितृकर्म अर्थात् ज्ञानियों की प्रशंसा में कुछ सुनना। अश्वमेध के अन्त में भी इन्हीं का सुनना लिखा है क्योंकि जो व्यासकृत ग्रन्थ हैं उन का सुनना सुनाना व्यास जी के जन्म के पश्चात् हो सकता है; पूर्व नहीं। जब व्यास जी का जन्म भी नहीं था तब वेदार्थ को पढ़ते-पढ़ाते सुनते-सुनाते थे। इसीलिये सब से प्राचीन ब्राह्मण ग्रन्थों ही में यह सब घटना हो सकती हैं। इन नवीन कपोलकल्पित श्रीमद्भागवत शिवपुराणादि मिथ्या वा दूषित ग्रन्थों में नहीं घट सकती?

जब व्यास जी ने वेद पढ़े और पढ़ा कर वेदार्थ फैलाया इसीलिये उन का नाम 'वेदव्यास' हुआ। क्योंकि व्यास कहते हैं वार पार की मध्य रेखा को अर्थात् ऋग्वेद के आरम्भ से लेकर अथर्ववेद के पार पर्यन्त चारों वेद पढ़े थे और शुकदेव तथा जैमिनि आदि शिष्यों को पढ़ाये भी थे। नहीं तो उन का जन्म का नाम 'कृष्णद्वैपायन' था जो कोई यह कहते हैं कि वेदों को व्यास जी ने इकट्ठे किये यह बात झूठी है क्योंकि व्यास जी के पिता, पितामह, प्रपितामह, पराशर, शक्ति वशिष्ठ और ब्रह्मा आदि ने भी चारों वेद पढ़े थे; यह बात क्योंकर घट सके ?

(प्रश्न) पुराणों में सब बातें झूठी हैं वा कोई सच्ची भी है?

(उत्तर) बहुत सी बातें झूठी हैं और कोई घुणाक्षरन्याय से सच्ची भी हैं। जो सच्ची हैं वे वेदादि सत्यशास्त्रों की और जो झूठी हैं वे इन पोपों के पुराणरूप घर की हैं। जैसे शिवपुराण में शैवों ने शिव को परमेश्वर मान के विष्णु, ब्रह्मा, इन्द्र, गणेश और सूर्य्यादि को उन के दास ठहराये। वैष्णवों ने विष्णुपुराण आदि में विष्णु को परमात्मा माना और शिव आदि को विष्णु के दास। देवीभागवत में देवी को परमेश्वरी और शिव, विष्णु आदि को उस के किंकर बनाये। गणेशखण्ड में गणेश को ईश्वर और शेष सब को दास बनाये। भला यह बात इन सम्प्रदायी लोगों की नहीं तो किन की है? एक मनुष्य के बनाने में ऐसी परस्पर विरुद्ध बात नहीं होती तो विद्वान् के बनाये में कभी नहीं आ सकती। इस में एक बात को सच्ची मानें तो दूसरी झूठी और जो दूसरी को सच्ची मानें तो तीसरी झूठी और जो तीसरी को सच्ची मानें अन्य सब झूठी होती हैं।

शिवपुराणवाले ने शिव से, विष्णुपुराणवालों ने विष्णु से, देवीपुराणवाले ने देवी से, गणेशखण्डवाले ने गणेश से, सूर्य्यपुराणवाले ने सूर्य्य से और वायुपुराणवाले

ने वायु से सृष्टि की उत्पत्ति प्रलय लिखके पुनः एक-एक से एक-एक जो जगत् के कारण लिखे उन की उत्पत्ति एक-एक से लिखी। कोई पूछे कि जो जगत् की उत्पत्ति, स्थिति, प्रलय करनेवाला है वह उत्पन्न और जो उत्पन्न होता है वह सृष्टि का कारण कभी हो सकता है वा नहीं? तो केवल चुप रहने के सिवाय कुछ भी नहीं कह सकते और इन सब के शरीर की उत्पत्ति भी इसी से हुई होगी । फिर वे आप सृष्टि पदार्थ और परिच्छिन्न होकर संसार की उत्पत्ति के कर्त्ता क्योंकर हो सकते हैं? और उत्पत्ति भी विलक्षण-विलक्षण प्रकार से मानी है जो कि सर्वथा असम्भव है। जैसे-

शिवपुराण में शिव ने इच्छा की कि मैं सृष्टि करूं तो एक नारायण जलाशय को उत्पन्न कर उस की नाभि से कमल, कमल में से ब्रह्मा उत्पन्न हुआ। उस ने देखा कि सब जलमय है। जल की अंजलि उठा देख जल में पटक दी। उस से एक बुद्‌बुदा उठा और बुद्‌बुदे में से एक पुरुष उत्पन्न हुआ। उस ने ब्रह्मा से कहा कि हे पुत्र! सृष्टि उत्पन्न कर। ब्रह्मा ने उस से कहा कि मैं तेरा पुत्र नहीं किन्तु तू मेरा पुत्र है। उन में विवाद हुआ और दिव्यसहस्त्रवर्षपर्यन्त दोनों जल पर लड़ते रहे। तब महादेव ने विचार किया कि जिन को मैंने सृष्टि करने के लिये भेजा था वे दोनों आपस में लड़ झगड़ रहे हैं। तब उन दोनों के बीच में से एक तेजोमय लिङ्ग उत्पन्न हुआ और वह शीघ्र आकाश में चला गया। उस को देख के दोनों साश्चर्य हो गये। विचारा कि इस का आदि अन्त लेना चाहिये। जो आदि अन्त लेके शीघ्र आवे वह पिता और पीछे वा थाह लेके न आवे वह पुत्र कहावे। विष्णु कूर्म का स्वरूप धर के नीचे को चला और ब्रह्मा हंस का शरीर धारण करके ऊपर को उड़ा। दोनों मनोवेग से चले। दिव्यसहस्त्रवर्ष पर्य्यन्त दोनों चलते रहे तो भी उस का अन्त न पाया। तब नीचे से ऊपर विष्णु और ऊपर से नीचे ब्रह्मा चला। ब्रह्मा ने विचारा कि जो वह छेड़ा ले आया होगा तो मुझ को पुत्र बनना पड़ेगा। ऐसा सोच रहा था कि उसी समय एक गाय और केतकी का वृक्ष ऊपर से उतर आया। उन से ब्रह्मा ने पूछा कि तुम कहां से आये? उन्होंने कहा हम सहस्त्र वर्षों से इस लिङ्ग के आधार से चले आते हैं। ब्रह्मा ने पूछा कि इस लिङ्ग का थाह है वा नहीं? उन्होंने कहा कि नहीं। ब्रह्मा ने उन से कहा कि तुम हमारे साथ चलो और ऐसी साक्षी देओ कि मैं इस लिङ्ग के शिर पर दूध की धारा वर्षाती थी और वृक्ष कहे कि मैं फूल वर्षाता था; ऐसी साक्षी देओ तो मैं तुम को ठिकाने पर ले चलूं। उन्होंने कहा कि हम झूठी साक्षी नहीं देंगे। तब ब्रह्मा कुपित होकर बोला जो साक्षी नहीं देओगे तो मैं तुम को अभी भस्म करे देता हूं। तब दोनों ने डर के कहा कि हम जैसी तुम कहते हो वैसी साक्षी देवेंगे। तब तीनों नीचे की ओर चले।

विष्णु प्रथम ही आ गये थे, ब्रह्मा भी पहुंचा। विष्णु से पूछा कि तू थाह ले आया वा नहीं? तब विष्णु बोला मुझ को इसका थाह नहीं मिला। ब्रह्मा ने कहा मैं ले आया। विष्णु ने कहा कोई साक्षी देओ। तब गाय और वृक्ष ने साक्षी दी। हम दोनों लिङ्ग के सिर पर थे। तब लिङ्ग में से शब्द निकला और वृक्ष को शाप दिया कि जिस से तू झूठ बोला इसलिये तेरा फूल मुझ पर वा अन्य देवता पर जगत् में कहीं नहीं चढ़ेगा और जो कोई चढ़ावेगा उस का सत्यानाश होगा। गाय को शाप दिया जिस मुख से तू झूठ बोली उसी से विष्ठा खाया करेगी। तेरे

मुख की पूजा कोई नहीं करेगा किन्तु पूँछ की करेंगे। और ब्रह्मा को शाप दिया कि तू मिथ्या बोला इसलिये तेरी पूजा संसार में कहीं न होगी। और विष्णु को वर दिया तू सत्य बोला इस से तेरी पूजा सर्वत्र होगी।

पुनः दोनों ने लिङ्ग की स्तुति की। उस से प्रसन्न होकर उस लिङ्ग से एक जटाजूट मूर्त्ति निकल आई और कहा कि तुम को मैंने सृष्टि करने के लिये भेजा था; झगड़े में क्यों लगे रहे? ब्रह्मा और विष्णु ने कहा कि हम विना सामग्री सृष्टि कहां से करें। तब महादेव ने अपनी जटा में से एक भस्म का गोला निकाल कर दिया कि जाओ इस में से सब सृष्टि बनाओ; इत्यादि।

भला कोई इन पुराणों के बनाने वालों से पूछे कि जब सृष्टि तत्त्व और पञ्चमहाभूत भी नहीं थे तो ब्रह्मा, विष्णु, महादेव के शरीर, जल, कमल, लिङ्ग, गाय और केतकी का वृक्ष और भस्म का गोला क्या तुम्हारे बाबा के घर में से आ गिरे?

वैसे ही भागवत में विष्णु की नाभि से कमल, कमल से ब्रह्मा और ब्रह्मा के दहिने पग के अंगूठे से स्वायम्भव और बायें अंगूठे से शतरूपा राणी, ललाट से रुद्र और मरीचि आदि दश पुत्र, उन से दक्ष प्रजापति, उन की तेरह लड़कियों का विवाह कश्यप से, उनमें से दिति से दैत्य, दनु से दानव, अदिति से आदित्य, विनता से पक्षी, कद्रू से सर्प, सरमा से कुत्ते, स्याल आदि और अन्य स्त्रियों से हाथी, घोड़े, ऊंट, गधा, भैंसा, घास, फूस और बबूल आदि वृक्ष कांटे सहित उत्पन्न हो गये।

वाह रे वाह! भागवत के बनाने वाले लालभुजक्कड़? क्या कहना! तुझ को ऐसी-ऐसी मिथ्या बातें लिखने में तनिक भी लज्जा और शर्म न आई, निपट अन्धा ही बन गया। स्त्री पुरुष के रजवीर्य के संयोग से मनुष्य तो बनते ही हैं परमेश्वर की सृष्टिक्रम के विरुद्ध पशु, पक्षी, सर्प आदि कभी उत्पन्न नहीं हो सकते। और हाथी, ऊँट, सिंह, कुत्ता, गधा और वृक्षादि का स्त्री के गर्भाशय में स्थित होने का अवकाश कहां हो सकता है? और सिंह आदि उत्पन्न होकर अपने मां बाप को क्यों न खा गये? और मनुष्य-शरीर से पशु पक्षी वृक्षादि का उत्पन्न होना क्यों कर सम्भव हो सकता है?

शोक है, इन लोगों की रची हुई इस महा असम्भव लीला पर जिस ने संसार को अभी तक भ्रमा रक्खा है! भला इन महाझूठ बातों को वे अन्धे पोप और बाहर भीतर की फूटी आंखों वाले उन के चेले सुनते और मानते हैं। बड़े ही आश्चर्य की बात है कि ये मनुष्य हैं वा अन्य कोई!!! इन भागवतादि पुराणों के बनाने हारे जन्मते ही क्यों नहीं गर्भ ही में नष्ट हो गये? वा जन्मते समय मर क्यों न गये? क्योंकि इन पापों से बचते तो आर्यावर्त्त देश दुःखों से बच जाता।

(प्रश्न) इन बातों में विरोध नहीं आ सकता क्योंकि **'जिसका विवाह उसी के गीत'** जब विष्णु की स्तुति करने लगे तब विष्णु को परमेश्वर अन्य को दास; जब शिव के गुण गाने लगे तब शिव को परमात्मा अन्य को किंकर बनाया। और परमेश्वर की माया में सब बन सकता है। मनुष्य से पशु आदि और पशु आदि से मनुष्यादि की उत्पत्ति परमेश्वर कर सकता है। देखो! विना कारण अपनी माया से सब सृष्टि खड़ी कर दी है। उस में कौन सी बात अघटित है? जो करना चाहै सो सब कर सकता है।

(उत्तर) अरे भोले लोगो! विवाह में जिस के गीत गाते हैं उस को सब से बड़ा और दूसरों को छोटा वा निन्दा अथवा उस को सब का बाप तो नहीं बनाते? कहो पोप जी। तुम भाट और खुशामदी चारणों से भी बढ़ कर गप्पी हो अथवा नहीं? कि जिस के पीछे लगो उसी को सब से बड़ा बनाओ और जिस से विरोध करो उस को सब से नीचे ठहराओ। तुम को सत्य और धर्म से क्या प्रयोजन? किन्तु तुम को तो अपने स्वार्थ ही से काम है।

माया मनुष्य में हो सकती है। जो कि छली कपटी हैं उन्हीं को मायावी कहते हैं। परमेश्वर में छल कपटादि दोष न होने से उस को मायावी नहीं कह सकते। जो आदि सृष्टि में कश्यप और कश्यप की स्त्रियों से पशु, पक्षी, सर्प्प, वृक्षादि हुए होते तो आजकल भी वैसे सन्तान क्यों नहीं होते? सृष्टिक्रम जो पहले लिख आये; वही ठीक है। और अनुमान है कि पोप जी यहीं से धोखा खाकर बके होंगे—

तस्मात् काश्यप्य इमाः प्रजाः॥

शतपथ में यह लिखा है कि यह सब सृष्टि कश्यप की बनाई हुई है।

कश्यपः कस्मात् पश्यको भवतीति॥ —निरु०॥

सृष्टिकर्त्ता परमेश्वर का नाम कश्यप इसलिये है कि पश्यक अर्थात् **'पश्यतीति पश्यः एव पश्यकः'** जो निर्भ्रम होकर चराचर जगत्, सब जीव और इन के कर्म, सकल विद्याओं को यथावत् देखता है और **'आद्यन्तविपर्ययश्च'** इस महाभाष्य के वचन से आदि का अक्षर अन्त और अन्त का वर्ण आदि में आने से 'पश्यक' से 'कश्यप' बन गया है। इस का अर्थ न जान के भांग के लोटे चढ़ा अपना जन्म सृष्टिविरुद्ध कथन करने में नष्ट किया।

जैसे मार्कण्डेयपुराण के दुर्गापाठ में देवों के शरीरों से तेज निकल के एक देवी बनी। उस ने महिषासुर को मारा। रक्तबीज के शरीर से एक बिन्दु भूमि में पड़ने से उस के सदृश रक्तबीज के उत्पन्न होने से सब जगत में रक्तबीज भर जाना, रुधिर की नदी का बह चलना आदि गपोड़े बहुत से लिख रक्खे हैं। जब रक्तबीज से सब जगत् भर गया था तो देवी और देवी का सिंह और उस की सेना कहां रही थी? जो कहो कि देवी से दूर-दूर रक्तबीज थे तो सब जगत् रक्तबीज से नहीं भरा था? जो भर जाता तो पशु, पक्षी, मनुष्यादि प्राणी और जलस्थ मगरमच्छ, कच्छप, मत्स्यादि, वनस्पति आदि वृक्ष कहां रहते? यहां यही निश्चित जानना कि दुर्गापाठ बनाने वाले पोप के घर में भाग कर चले गये होंगे!!! देखिये! क्या ही असम्भव कथा का गपोड़ा भंग की लहरी में उड़ाया जिसका ठौर न ठिकाना।

अब जिस को **'श्रीमद्भागवत'** कहते हैं उस की लीला सुनो! ब्रह्मा जी को नारायण ने चतुःश्लोकी भागवत का उपदेश किया—

ज्ञानं परमगुह्यं मे यद्विज्ञानसमन्वितम्।
सरहस्यं तदङ्गञ्च गृहाण गदितं मया॥ —भागवत॥

अर्थ—हे ब्रह्मा जी! तू मेरा परमगुह्य ज्ञान जो विज्ञान और रहस्ययुक्त और धर्म, अर्थ, काम, मोक्ष का अंग है उसी का मुझ से ग्रहण कर। जब विज्ञानयुक्त ज्ञान कहा तो परम अर्थात् ज्ञान का विशेषण रखना व्यर्थ है और गुह्य विशेषण से रहस्य भी पुनरुक्त है। जब मूल श्लोक अनर्थक हैं तो ग्रन्थ अनर्थक क्यों नहीं?

जब भागवत का मूल ही झूठा है तो उस का वृक्ष क्यों न झूठा होगा? ब्रह्मा जी को वर दिया कि—

भवान् कल्पविकल्पेषु न विमुह्यति कर्हिचित्॥ —भाग० ॥

आप कल्प सृष्टि और विकल्प प्रलय में भी मोह को कभी न प्राप्त होंगे ऐसा लिख के पुनः दशमस्कन्ध में मोहित होके वत्सहरण किया। इन दोनों में से एक बात सच्ची दूसरी झूठी। ऐसा होकर दोनों बात झूठी। जब वैकुण्ठ में राग, द्वेष, क्रोध, ईर्ष्या, दुःख नहीं है तो सनकादिकों को वैकुण्ठ के द्वार में क्रोध क्यों हुआ? जो क्रोध हुआ तो वह स्वर्ग ही नहीं। तब जय विजय द्वारपाल थे। स्वामी की आज्ञा पालनी अवश्य थी। उन्होंने सनकादिकों को रोका तो क्या अपराध हुआ? इस पर विना अपराध शाप ही नहीं लग सकता। जब शाप लगा कि तुम पृथिवी में गिर पड़ो, इस कहने से यह सिद्ध होता है कि वहां पृथिवी न होगी। आकाश, वायु, अग्नि और जल होगा तो ऐसा द्वार मन्दिर और जल किस के आधार थे? पुनः जय विजय ने सनकादिकों की स्तुति की कि महाराज! पुनः हम वैकुण्ठ में कब आवेंगे? उन्होंने उन से कहा कि जो प्रेम से नारायण की भक्ति करोगे तो सातवें जन्म और जो विरोध से भक्ति करोगे तो तीसरे जन्म वैकुण्ठ को प्राप्त होओगे।

इस में विचारना चाहिये कि जय विजय नारायण के नौकर थे। उन की रक्षा और सहाय करना नारायण का कर्त्तव्य काम था। जो अपने नौकरों को विना अपराध दुःख देवें उन को उन का स्वामी दण्ड न देवे तो उस के नौकरों की दुर्दशा सब कोई कर डाले। नारायण को उचित था कि जय विजय का सत्कार और सनकादिकों को खूब दण्ड देते, क्योंकि उन्होंने भीतर आने के लिये हठ क्यों किया? और नौकरों से लड़े, क्यों शाप दिया? उन के बदले सनकादिकों को पृथिवी में डाल देना नारायण का न्याय था? जब इतना अन्धेर नारायण के घर में है तो उस के सेवक जो कि वैष्णव कहाते हैं उनकी जितनी दुर्दशा हो उतनी थोड़ी है। पुनः वे हिरण्याक्ष और हिण्यकशिपु उत्पन्न हुए। उन में से हिरण्याक्ष को वराह ने मारा। उस की कथा इस प्रकार से लिखी है कि वह पृथिवी को चटाई के समान लपेट शिराने धर सो गया। विष्णु ने वराह का स्वरूप धारण करके शिर के नीचे से पृथिवी को मुख में धर लिया। वह उठा। दोनों की लड़ाई हुई। वराह ने हिरण्याक्ष को मार डाला।

इन से कोई पूछे पृथिवी गोल है वा चटाई के समान? तो कुछ न कह सकेंगे, क्योंकि पौराणिक लोग भूगोलविद्या के शत्रु हैं। भला जब लपेट कर शिराने धर ली, आप किस पर सोया? और वराह जी किस पर पग धर के दौड़ आये? पृथिवी को तो वराह जी ने मुख में रक्खी फिर दोनों किस पर खड़े होके लड़े। वहां तो और कोई ठहरने की जगह नहीं थी। किन्तु भागवतादि पुराण बनाने वाले पोप जी की छाती पर ठड़े होके लड़े होंगे? परन्तु पोप जी किस पर सोया होगा? यह बात—जैसे **'गप्पी के घर गप्पी आये बोले गप्पी जी'** जब मिथ्यावादियों के घर में दूसरे गप्पी लोग आते हैं फिर गप्प मारने में क्या कमती, इसी प्रकार की है!

अब रहा हिरण्यकशिपु, उस का लड़का जो प्रह्लाद था वह भक्त हुआ था। उस का पिता पढ़ाने को पाठशाला में भेजता था। तब वह अध्यापकों से कहता था कि मेरी पट्टी में राम-राम लिख देओ। जब उस के बाप ने सुना, उस से कहा—तू हमारे शत्रु का भजन क्यों करता है? छोकरे ने न माना। तब उस के बाप ने

उस को बांध के पहाड़ से गिराया, कूप में डाला परन्तु उस को कुछ न हुआ। तब उसने एक लोहे का खम्भा आगी में तपाके उस से बोला जो तेरा इष्टदेव राम सच्चा हो तो तू इस को पकड़ने से न जलेगा। प्रह्लाद पकड़ने को चला। मन में शङ्का हुई जलने से बचूंगा वा नहीं? नारायण ने उस खम्भे पर छोटी-छोटी चीटियों की पंक्ति चलाई। उस को निश्चय हुआ, झट खम्भे को जा पकड़ा। वह फट गया। उस में से नृसिंह निकला और उस के बाप को पकड़ पेट फाड़ मार डाला। पश्चात् प्रह्लाद को लाड़ से चाटने लगा। प्रह्लाद से कहा वर मांग। उस ने अपने पिता की सद्गति होनी मांगी। नृसिंह ने वर दिया कि तेरे इक्कीस पुरुषे सद्गति को गये।

अब देखो! यह भी दूसरे गपोड़े का भाई गपोड़ा है। किसी भागवत सुनने वा बांचनेवाले को पकड़ पहाड़ के ऊपर से गिरावे तो कोई न बचावे चकनाचूर होकर मर ही जावे। प्रह्लाद को उस का पिता पढ़ने के लिये भेजता था; क्या बुरा काम किया था? और वह प्रह्लाद ऐसा मूर्ख पढ़ना छोड़ वैरागी होना चाहता था। जो जलते हुए खम्भे से कीड़ी चढ़ने लगी और प्रह्लाद स्पर्श करने से न जला। इस बात को जो सच्ची माने उस को भी खम्भे के साथ लगा देना चाहिये। जो यह न जले तो जानो वह भी न जला होगा और नृसिंह भी क्यों न जला?

प्रथम तीसरे जन्म में वैकुण्ठ में आने का वर सनकादिक का था। क्या उस को तुम्हारा नारायण भूल गया? भागवत की रीति से ब्रह्मा, प्रजापति, कश्यप, हिरण्यकशिपु चौथी पीढ़ी में होता है। इक्कीस पीढ़ी प्रह्लाद की हुई भी नहीं पुनः इक्कीस पुरुषे सद्गति को गये कह देना कितना प्रमाद है। और फिर वे ही हिरण्याक्ष, हिरण्यकशिपु, रावण, कुम्भकरण, पुनः शिशुपाल, दन्तवक्त्र उत्पन्न हुए तो नृसिंह का वर कहां उड़ गया? ऐसी प्रमाद की बात प्रमादी करते, सुनते और मानते हैं; विद्वान् नहीं।

पूतना और अक्रूर जी के विषय में देखो—

रथेन वायुवेगेन जगाम गोकुलं प्रति॥

अक्रूर जी कंस के भेजने से वायु के वेग के समान दौड़ने वाले घोड़ों के रथ पर बैठ कर सूर्योदय से चले और चार मील गोकुल में सूर्यास्त समय पहुंचे। शायद घोड़े भागवत बनाने वाले की परिक्रमा करते रहे होंगे? वा मार्ग भूल कर भागवत बनाने वाले के घर में घोड़े हाँकने वाले और अक्रूर जी आकर सो गये होंगे? पूतना का शरीर छः कोश चौड़ा और बहुत सा लम्बा लिखा है। मथुरा और गोकुल के बीच में उस को मारकर श्रीकृष्ण जी ने डाल दिया। जो ऐसा होता तो मथुरा और गोकुल दोनों दबकर इस पोप जी का घर भी दब गया होता। और अजामेल की कथा ऊटपटांग लिखी है—उसने नारद के कहने से अपने लड़के का नाम 'नारायण' रक्खा था। मरते समय अपने पुत्र को पुकारा। बीच में नारायण कूद पड़े। क्या नारायण उस के अन्तःकरण के भाव को नहीं जानते थे कि वह अपने पुत्र को पुकारता है मुझ को नहीं। जो ऐसा ही नाम-माहात्म्य है तो आज कल भी नारायण के स्मरण करने वालों के दुःख छुड़ाने को क्यों नहीं आते। यदि यह बात सच्ची हो तो कैदी लोग नारायण नारायण करके क्यों नहीं छूट जाते?

ऐसा ही ज्योतिष शास्त्र से विरुद्ध सुमेरु पर्वत का परिमाण लिखा है । और प्रियव्रत राजा के रथ के चक्र की लीक से समुद्र हुए। उञ्चास कोटि योजन पृथिवी है । इत्यादि मिथ्या बातों का गपोड़ा भागवत में लिखा है जिस का कुछ

पारावार नहीं।

और यह भागवत बोबदेव का बनाया है जिसके भाई जयदेव ने 'गीतगोविन्द' बनाया है। देखो! उसने ये श्लोक अपने बनाये 'हिमाद्रि' नामक ग्रन्थ में लिखे हैं कि श्रीमद्भागवतपुराण मैंने बनाया है। उस लेख के तीन पत्र हमारे पास थे। उन में से एक पत्र खो गया है। उस पत्र में श्लोकों का जो आशय था उस आशय के हम ने दो श्लोक बना के नीचे लिखे हैं। जिस को देखना हो वह हिमाद्रि ग्रन्थ में देख लेवें—

हिमाद्रेः सचिवस्यार्थे सूचना क्रियतेऽधुना।
स्कन्धाऽध्यायकथानां च यत्प्रमाणं समासतः॥१॥
श्रीमद्भागवतं नाम पुराणं च मयेरितम्।
विदुषा बोबदेवेन श्रीकृष्णस्य यशोऽन्वितम्॥२॥

इसी प्रकार के नष्टपत्र में श्लोक थे। अर्थात् राजा के सचिव हिमाद्रि ने बोबदेव पण्डित से कहा कि मुझ को तुम्हारे बनाये श्रीमद्भागवत के सम्पूर्ण सुनने का अवकाश नहीं है इसलिये तुम संक्षेप में श्लोकबद्ध सूचीपत्र बनाओ जिस को देख के मैं श्रीमद्भागवत की कथा को संक्षेप में जान लूं। सो नीचे लिखा हुआ सूचीपत्र उस बोबदेव ने बनाया। उस में से उस नष्टपत्र में दस १० श्लोक खो गये हैं ग्यारहवें श्लोक से लिखते हैं। ये नीचे लिखे श्लोक सब बोबदेव के बनाये हैं। वे—

बोधयन्तीति हि प्राहुः श्रीमद्भागवतं पुनः।
पञ्च प्रश्नाः शौनकस्य सूतस्यात्रोत्तरं त्रिषु॥११॥
प्रश्नावतारयोश्चैव व्यासस्य निर्वृतिः कृतात्।
नारदस्यात्र हेतूक्तिः प्रतीत्यर्थं स्वजन्म च॥१२॥
सुप्तघ्नं द्रोण्यभिभवस्तदस्त्रात्पाण्डवा वनम्।
भीष्मस्य स्वपदप्राप्तिः कृष्णस्य द्वारिकागमः॥१३॥
श्रोतुः परीक्षितो जन्म धृतराष्ट्रस्य निर्गमः।
कृष्णमर्त्यत्यागसूचा ततः पार्थमहापथः॥१४॥
इत्यष्टादशभिः पादैरध्यायार्थः क्रमात् स्मृतः।
स्वपरप्रतिबन्धोनं स्फीतं राज्यं जहौ नृपः॥१५॥
इति वै राज्ञो दार्ढ्योक्तौ प्रोक्ता द्रौणिजयादयः। इति प्रथमः स्कन्धः॥१॥

इत्यादि बारह स्कन्धों का सूचीपत्र इसी प्रकार बोबदेव पण्डित ने बनाकर हिमाद्रि सचिव को दिया। जो विस्तार देखना चाहै वह बोबदेव के बनाये हिमाद्रि ग्रन्थ में देख लेवे। इसी प्रकार अन्य पुराणों की भी लीला समझनी। परन्तु उन्नीस, बीस, इक्कीस, एक दूसरे से बढ़ कर हैं।

देखो! श्रीकृष्ण जी का इतिहास महाभारत में अत्युत्तम है। उन का गुण, कर्म, स्वभाव और चरित्र आप्त पुरुषों के सदृश है। जिस में कोई अधर्म का आचरण श्रीकृष्ण जी ने जन्म से मरणपर्य्यन्त बुरा काम कुछ भी किया हो ऐसा नहीं लिखा। और इस भागवत वाले ने अनुचित मनमाने दोष लगाये हैं। दूध, दही, मक्खन आदि की चोरी; और कुब्जादासी से समागम, परस्त्रियों से रासमण्डल क्रीडा आदि मिथ्या दोष श्रीकृष्ण जी में लगाये हैं। इस को पढ़-पढ़ा

सुन–सुना के अन्य मत वाले श्रीकृष्ण जी की बहुत सी निन्दा करते हैं। जो यह भागवत न होता तो श्रीकृष्ण जी के सदृश महात्माओं की झूठी निन्दा क्योंकर होती? शिवपुराण में बारह ज्योतिर्लिङ्ग लिखे हैं। उसकी कथा सर्वथा असम्भव है। नाम धरा है ज्योतिर्लिङ्ग और जिस में प्रकाश का लेश भी नहीं। रात्रि को विना दीप किये लिङ्ग भी अन्धेरे में नहीं दीखते, ये सब लीला पोप जी की है।

(प्रश्न) जब वेद पढ़ने का सामर्थ्य नहीं रहा तब स्मृति, जब स्मृति के पढ़ने की बुद्धि नहीं रही तब शास्त्र, जब शास्त्र पढ़ने का सामर्थ्य न रहा तब पुराण बनाये, केवल स्त्री और शूद्रों के लिये। क्योंकि इन को वेद पढ़ने सुनने का अधिकार नहीं है।

(उत्तर) यह बात मिथ्या है। क्योंकि सामर्थ्य पढ़ने–पढ़ाने ही से होता है और वेद पढ़ने सुनने का अधिकार सब को है। देखो! गार्गी आदि स्त्रियां और छान्दोग्य में जानश्रुति शूद्र ने भी वेद 'रैक्यमुनि' के पास पढ़ा था और यजुर्वेद के २६वें अध्याय के दूसरे मन्त्र में स्पष्ट लिखा है कि वेदों के पढ़ने और सुनने का अधिकार मनुष्यमात्र को है। पुनः जो ऐसे–ऐसे मिथ्या ग्रन्थ बना लोगों को सत्यग्रन्थों से विमुख कर जाल में फंसा अपने प्रयोजन को साधते हैं वे महापापी क्यों नहीं?

देखो! ग्रहों का चक्र कैसा चलाया है कि जिस ने विद्याहीन मनुष्यों को ग्रस लिया है।

आ कृष्णेन रजसा ॥१॥ सूर्य का मन्त्र ।

इमं देवाऽअसपत्नꣳसुवध्वम्० ॥२॥ चन्द्र ।

अग्निर्मूर्द्धा दिवः ककुत्पतिः० ॥३॥ मङ्गल ।

उद्बुध्यस्वाग्ने० ॥४॥ बुध ।

बृहस्पतेऽअति यदर्यो ॥५॥ बृहस्पति ।

शुक्रमन्धसः ॥६॥ शुक्र ।

शन्नो देवीरभिष्टय० ॥७॥ शनि ।

कया नश्चित्र आ भुव० ॥८॥ राहु और–

केतुं कृण्वन्नकेतवे ॥९॥ इस को केतु की कण्डिका कहते हैं ।

(आ कृष्णेन०) यह सूर्य्य और भूमि का आकर्षण ॥ १ ॥ दूसरा राजगुण विधायक ॥ २ ॥ तीसरा अग्नि ॥ ३ ॥ और चौथा यजमान ॥ ४ ॥ पांचवां विद्वान् ॥ ५ ॥ छठा वीर्य्य अन्न ॥ ६ ॥ सातवां जल, प्राण और परमेश्वर ॥ ७ ॥ आठवां मित्र ॥ ८ ॥ नववां ज्ञानग्रहण का विधायक मन्त्र है; ग्रहों के वाचक नहीं ॥ ९ ॥ अर्थ न जानने से भ्रमजाल में पड़े हैं।

(प्रश्न) ग्रहों का फल होता है वा नहीं?

(उत्तर) जैसा पोपलीला का है वैसा नहीं किन्तु जैसा सूर्य्य चन्द्रमा की किरण द्वारा उष्णता शीतलता अथवा ऋतुवत्कालचक्र के सम्बन्धमात्र से अपनी प्रकृति के अनुकूल प्रतिकूल सुख–दुःख के निमित्त होते हैं। परन्तु जो पोपलीला वाले कहते

हैं सुनो 'महाराज'! सेठ जी! यजमानो? तुम्हारे आज आठवां चन्द्र सूर्य्यादि क्रूर घर में आये हैं। अढ़ाई वर्ष का शनैश्चर पग में आया है। तुम को बड़ा विघ्न होगा। घर द्वार छुड़ाकर परदेश में घुमावेगा परन्तु जो तुम ग्रहों का दान, जप, पाठ, पूजा कराओगे तो दुःख से बचोगे।'

इन से कहना चाहिये कि सुनो पोप जी! तुम्हारा और ग्रहों का क्या सम्बन्ध है? ग्रह क्या वस्तु हैं?

(पोप जी) दैवाधीनं जगत्सर्वं मन्त्राधीनाश्च देवताः।
ते मन्त्रा ब्राह्मणाधीनास्तस्माद् ब्राह्मणदैवतम्॥

देखो! कैसा प्रमाण है—देवताओं के आधीन सब जगत्, मन्त्रों के आधीन सब देवता और वे मन्त्र ब्राह्मणों के आधीन हैं इसलिये ब्राह्मण देवता कहाते हैं। क्योंकि चाहैं जिस देवता को मन्त्र के बल से बुला, प्रसन्न कर, काम सिद्ध कराने का हमारा ही अधिकार है। जो हम में मन्त्रशक्ति न होती तो तुम्हारे से नास्तिक हम को संसार में रहने ही न देते।

(सत्यवादी) जो चोर, डाकू, कुकर्मी लोग हैं वे भी तुम्हारे देवताओं के आधीन होंगे? देवता ही उन से दुष्ट काम कराते होंगे ? जो वैसा है तो तुम्हारे देवता और राक्षसों में कुछ भेद न रहेगा। जो तुम्हारे आधीन मन्त्र हैं उन से तुम चाहो सो करा सकते हो तो उन मन्त्रों से देवताओं को वश कर, राजाओं के कोष उठवा कर अपने घर में भरकर बैठ के आनन्द क्यों नहीं भोगते? घर-घर में शनैश्चरादि के तैल आदि का छायादान लेने को मारे-मारे क्यों फिरते हो? और जिस को तुम कुबेर मानते हो उस को वश करके चाहो जितना धन लिया करो। बिचारे गरीबों को क्यों लूटते हो?

तुम को दान देने से ग्रह प्रसन्न और न देने से अप्रसन्न होते हों तो हम को सूर्य्यादि ग्रहों की प्रसन्नता अप्रसन्नता प्रत्यक्ष दिखलाओ। जिस को ८वां सूर्य चन्द्र और दूसरे को तीसरा हो उन दोनों को ज्येष्ठ महीने में बिना जूते पहिने तपी हुई भूमि पर चलाओ। जिस पर प्रसन्न हैं उन के पग, शरीर न जलने और जिस पर क्रोधित हैं उन के जल जाने चाहिये तथा पौष मास में दोनों को नंगे कर पौर्णमासी की रात्रि भर मैदान में रक्खें। एक को शीत लगे दूसरे को नहीं तो जानो कि ग्रह क्रूर और सौम्य दृष्टि वाले होते हैं।

और क्या तुम्हारे ग्रह सम्बन्धी हैं? और तुम्हारी डाक वा तार उन के पास आता जाता है? अथवा तुम उन के वा वे तुम्हारे पास आते जाते हैं? जो तुम में मन्त्रशक्ति हो तो तुम स्वयं राजा वा धनाढ्य क्यों नहीं बन जाओ? वा शत्रुओं को अपने वश में क्यों नहीं कर लेते हो?

नास्तिक वह होता है जो वेद ईश्वर की आज्ञा वेदविरुद्ध पोपलीला चलावे। जब तुम को ग्रहदान न देवे जिस पर ग्रह है वही ग्रहदान को भोगे तो क्या चिन्ता है? जो तुम कहो कि नहीं हम ही को देने से वे प्रसन्न होते हैं अन्य को देने से नहीं तो क्या तुम ने ग्रहों का ठेका ले लिया है? जो ठेका लिया हो तो सूर्य्यादि को अपने घर में बुला के जल मरो।

सच तो यह है कि सूर्य्यादि लोक जड़ हैं। वे न किसी को दुःख और न सुख देने की चेष्टा कर सकते हैं किन्तु जितने तुम ग्रहदानोपजीवी हो वे सब तुम ग्रहों की मूर्त्तियां हो क्योंकि ग्रह शब्द का अर्थ भी तुम में ही घटित होता है।

'ये गृह्णन्ति ते ग्रहाः' जो ग्रहण करते हैं उन का नाम ग्रह है। जबतक तुम्हारे चरण राजा, रईस सेठ साहूकार और दरिद्रों के पास नहीं पहुंचते तबतक किसी को नवग्रह का स्मरण भी नहीं होता। जब तुम साक्षात् सूर्य शनैश्चरादि मूर्त्तिमान् क्रूर रूप धर उन पर जा चढ़ते हो तब विना ग्रहण किये उन को कभी नहीं छोड़ते और जो कोई तुम्हारे ग्रास में न आवे उन की निन्दा नास्तिकादि शब्दों से करते फिरते हो।

(पोप जी) देखो! ज्योतिष का प्रत्यक्ष फल। आकाश में रहने वाले सूर्य, चन्द्र और राहु, केतु का संयोग रूप ग्रहण को पहले ही कह देते हैं। जैसा यह प्रत्यक्ष होता है वैसा ग्रहों का भी फल प्रत्यक्ष हो जाता है। देखो! धनाढ्य, दरिद्र, राजा, रंक, सुखी, दुःखी ग्रहों ही से होते हैं।

(सत्यवादी) जो यह ग्रहणरूप प्रत्यक्ष फल है सो गणितविद्या का है; फलित का नहीं। जो गणितविद्या है वह सच्ची और फलितविद्या स्वाभाविक सम्बन्ध जन्य को छोड़ के झूठी है। जैसे अनुलोम प्रतिलोम घूमनेवाले पृथिवी और चन्द्र के गणित से स्पष्ट विदित होता है कि अमुक समय, अमुक देश, अमुक अवयव में सूर्य्य वा चन्द्रग्रहण होगा। जैसे—

छादयत्यर्कमिन्दुर्विधुं भूमिभाः। यह सिद्धान्तशिरोमणि का वचन है।

और इसी प्रकार सूर्यसिद्धान्तादि में भी है अर्थात् जब सूर्य और भूमि के मध्य में चन्द्रमा आता है तब सूर्यग्रहण और जब सूर्य और चन्द्र के बीच में भूमि आती है तब चन्द्रग्रहण होता है। अर्थात् चन्द्रमा की छाया भूमि पर और भूमि की छाया चन्द्रमा पर पड़ती है। सूर्य प्रकाशरूप होने से सम्मुख छाया किसी की नहीं पड़ती किन्तु जैसे प्रकाशमान सूर्य्य वा दीप से देहादि की छाया उल्टी जाती है वैसे ही ग्रहण में समझो।

जो धनाढ्य, दरिद्र, प्रजा, राजा, रंक होते हैं वे अपने कर्मों से होते हैं ग्रहों से नहीं। बहुत से ज्योतिषी लोग अपने लड़के, लड़की का विवाह ग्रहों की गणितविद्या के अनुसार करते हैं पुनः उन में विरोध वा विधवा अथवा मृतस्त्रीक पुरुष हो जाता है। जो फल सच्चा होता तो ऐसा क्यों होता? इसलिये कर्म की गति सच्ची और ग्रहों की गति सुख दुःख भोग में कारण नहीं।

भला ग्रह आकाश में और पृथिवी भी आकाश में बहुत दूर पर हैं इन का सम्बन्ध कर्त्ता और कर्मों के साथ साक्षात् नहीं। कर्म्म और कर्म्म के फल का कर्त्ता, भोक्ता जीव और कर्मों के फल भोगानेहारा परमात्मा है।

जो तुम ग्रहों का फल मानो तो इस का उत्तर देओ कि जिस क्षण में एक मनुष्य का जन्म होता है जिस को तुम ध्रुवा त्रुटि मानकर जन्मपत्र बनाते हो उसी समय में भूगोल पर दूसरे का जन्म होता है वा नहीं? जो कहो नहीं तो झूठ, और जो कहो होता है तो एक चक्रवर्ती के सदृश भूगोल में दूसरा चक्रवर्ती राजा क्यों नहीं होता? हां! इतना तुम कह सकते हो कि यह लीला हमारे उदर भरने की है तो कोई मान भी लेवे।

(प्रश्न) क्या गरुड़पुराण भी झूठा है?

(उत्तर) हां असत्य है।

(प्रश्न) फिर मरे हुए जीव की क्या गति होती है?

(उत्तर) जैसे उस के कर्म हैं।

(प्रश्न) जो यमराज राजा, चित्रगुप्त मन्त्री, उस के बड़े भयंकर गण कज्जल के पर्वत के तुल्य शरीरवाले जीव को पकड़ कर ले जाते हैं। पाप, पुण्य के अनुसार नरक, स्वर्ग में डालते हैं। उस के लिये दान, पुण्य, श्राद्ध, तर्पण, गोदानादि, वैतरणी नदी तरने के लिये करते हैं। ये सब बातें झूठ क्योंकर हो सकती हैं।

(उत्तर) ये बातें पोपलीला के गपोड़े हैं। जो अन्यत्र के जीव वहां जाते हैं उन का धर्मराज चित्रगुप्त आदि न्याय करते हैं तो वे यमलोक के जीव पाप करें तो दूसरा यमलोक मानना चाहिये कि वहां के न्यायाधीश उन का न्याय करें और पर्वत के समान यमगणों के शरीर हों तो दीखते क्यों नहीं? और मरने वाले जीव को लेने में छोटे द्वार में उन की एक अंगुली भी नहीं जा सकती और सड़क गली में क्यों नहीं रुक जाते। जो कहो कि वे सूक्ष्म देह भी धारण कर लेते हैं तो प्रथम पर्वतवत् शरीर के बड़े-बड़े हाड़ पोप जी विना अपने घर के कहां धरेंगे?

जब जंगल में आगी लगती है तब एकदम पिपीलिकादि जीवों के शरीर छूटते हैं। उन को पकड़ने के लिये असंख्य यम के गण आवें तो वहां अन्धकार हो जाना चाहिये और जब आपस में जीवों को पकड़ने को दौड़ेंगे तब कभी उन के शरीर ठोकर खा जायेंगे तो जैसे पहाड़ के बड़े-बड़े शिखर टूट कर पृथिवी पर गिरते हैं वैसे उनके बड़े-बड़े अवयव गरुड़पुराण के बांचने, सुनने वालों के आंगन में गिर पड़ेंगे तो वे दब मरेंगे वा घर का द्वार अथवा सड़क रुक जायगी तो वे कैसे निकल और चल सकेंगे?

श्राद्ध, तर्पण, पिण्डप्रदान उन मरे हुए जीवों को तो नहीं पहुंचता किन्तु मृतकों के प्रतिनिधि पोप जी के घर, उदर और हाथ में पहुँचता है। जो वैतरणी के लिये गोदान लेते हैं वह तो पोप जी के घर में अथवा कसाई आदि के घर में पहुंचता है। वैतरणी पर गाय नहीं जाती पुनः किस की पूंछ पकड़ कर तरेगा? और हाथ तो यहीं जलाया वा गाड़ दिया गया फिर पूंछ को कैसे पकड़ेगा? यहां एक दृष्टान्त इस बात में उपयुक्त है कि—

एक जाट था। उस के घर में एक गाय बहुत अच्छी और बीस सेर दूध देनेवाली थी। दूध उस का बड़ा स्वादिष्ठ होता था। कभी-कभी पोप जी के मुख में भी पड़ता था। उस का पुरोहित यही ध्यान कर रहा था कि जब जाट का बुड्ढा बाप मरने लगेगा तब इसी गाय का सङ्कल्प करा लूंगा। कुछ दिनों में दैवयोग से उस के बाप का मरण समय आया। जीभ बन्द हो गई और खाट से भूमि पर ले लिया अर्थात् प्राण छोड़ने का समय आ पहुंचा। उस समय जाट के इष्ट मित्र और सम्बन्धी भी उपस्थित हुए थे। तब पोप जी ने पुकारा कि यजमान! अब तू इसके हाथ से गोदान करा। जाट ने १०) रुपया निकाल पिता के हाथ में रख कर बोला पढ़ो सङ्कल्प। पोप जी बोला—वाह-वाह! क्या बाप वारंवार मरता है? इस समय तो साक्षात् गाय को लाओ जो दूध देती हो, बुड्ढी न हो, सब प्रकार उत्तम हो। ऐसी गौ का दान करना चाहिये।

(जाट जी) हमारे पास तो एक ही गाय है उस के विना हमारे लड़के-बालों का निर्वाह न हो सकेगा इसलिये उसको न दूंगा। लो २०) रुपये का सङ्कल्प पढ़ देओ और इन रुपयों से दूसरी दुधार गाय ले लेना।

(पोप जी) वाह जी वाह! तुम अपने बाप से भी गाय को अधिक समझते हो? क्या अपने बाप को वैतरणी नदी में डुबा कर दुःख देना चाहते हो। तुम अच्छे

सुपुत्र हुए? तब तो पोप जी की ओर सब कुटुम्बी हो गये क्योंकि उन सब को पहले ही पोप जी ने बहका रक्खा था और उस समय भी इशारा कर दिया। सब ने मिल कर हठ से उसी गाय का दान उसी पोप को दिला दिया। उस समय जाट कुछ भी न बोला। उसका पिता मर गया और पोप जी बच्छा सहित गाय और दोहने की बटलोही को ले अपने घर में गाय बछड़े को बांध बटलोही धर पुनः जाट के घर आया और मृतक के साथ श्मशानभूमि में जाकर दाहकर्म्म कराया। वहाँ भी कुछ-कुछ पोपलीला चलाई। पश्चात् दशगात्र सपिण्डी कराने आदि में भी उस को मूंडा। महाब्राह्मणों ने भी लूटा और भुक्खड़ों ने भी बहुत सा माल पेट में भरा अर्थात् जब सब क्रिया हो चुकी तब जाट ने जिस किसी के घर से दूध मांग-मूंग निर्वाह किया। चौदहवें दिन प्रातःकाल पोप जी के घर पहुंचा। देखा तो गाय दुह, बटलोई भर, पोप जी की उठने की तैयारी थी। इतने ही में जाट जी पहुंचे। उस को देख पोप जी बोला आइये! यजमान बैठिये!

(जाट जी) तुम भी पुरोहित जी इधर आओ।

(पोप जी) अच्छा दूध धर आऊं।

(जाट जी) नहीं-नहीं दूध की बटलोई इधर लाओ। पोप जी विचारे जा बैठे और बटलोई सामने धर दी।

(जाट जी) तुम बड़े झूठे हो।

(पोप जी) क्या झूठ किया?

(जाट जी) कहो! तुमने गाय किसलिये ली थी?

(पोप जी) तुम्हारे पिता के वैतरणी नदी तरने के लिये।

(जाट जी) अच्छा तो वहां वैतरणी के किनारे पर गाय क्यों न पहुंचाई? हम तो तुम्हारे भरोसे पर रहे और तुम अपने घर बांध बैठे। न जाने मेरे बाप ने वैतरणी में कितने गोते खाये होंगे?

(पोप जी) नहीं-नहीं, वहां इस दान के पुण्य के प्रभाव से दूसरी गाय बन कर उतार दिया होगा।

(जाट जी) वैतरणी नदी यहाँ से कितनी दूर और किधर की ओर है।

(पोप जी) अनुमान से कोई तीस क्रोड़ कोश दूर है क्योंकि उञ्चास कोटि योजन पृथिवी है और दक्षिण नैर्ऋत दिशा में वैतरणी नदी है।

(जाट जी) इतनी दूर तुम्हारी चिट्ठी वा तार का समाचार गया हो उस का उत्तर आया हो कि वहां पुण्य की गाय बन गई। अमुक के पिता को पार उतार दिया; दिखलाओ?

(पोप जी) हमारे पास गरुड़पुराण के लेख के विना डाक वा तारवर्की दूसरी कोई नहीं।

(जाट जी) इस गरुड़पुराण को हम सच्चा कैसे मानें?

(पोप जी) जैसे सब मानते हैं।

(जाट जी) यह पुस्तक तुम्हारे पुरुषाओं ने तुम्हारी जीविका के लिये बनाया है क्योंकि पिता को विना अपने पुत्रों के कोई प्रिय नहीं। जब मेरा पिता मेरे पास चिट्ठी पत्री वा तार भेजेगा तभी मैं वैतरणी नदी के किनारे गाय पहुंचा दूंगा और उन को पार उतार पुनः गाय को घर में ले आ दूध को मैं और मेरे लड़के बाले पिया करेंगे। लाओ! दूध की भरी हुई बटलोही, गाय, बछड़ा लेकर जाट जी अपने

घर को चला।

(पोप जी) तुम दान देकर लेते हो तुम्हारा सत्यानाश हो जायगा।

(जाट जी) चुप रहो! नहीं तो तेरह दिन लों दूध के विना जितना दुःख हम ने पाया है सब कसर निकाल दूंगा। तब पोप जी चुप रहे और जाट जी गाय बछड़ा ले अपने घर पहुंचे।

जब ऐसे ही जाट जी के से पुरुष हों तो पोपलीला संसार में न चले। जो ये लोग कहते हैं कि दशगात्र के पिण्डों से दश अंग सपिण्डी करने से शरीर के साथ जीव का मेल होके अंगुष्ठमात्र शरीर बन के पश्चात् यमलोक को जाता है तो मरती समय यमदूतों का आना व्यर्थ होता है। त्रयोदशाह के पश्चात् आना चाहिये। जो शरीर बन जाता हो तो अपनी स्त्री, सन्तान और इष्ट मित्रों के मोह से क्यों नहीं लौट आता है?

(प्रश्न) स्वर्ग में कुछ भी नहीं मिलता जो दान किया जाता है वही वहां मिलता है। इसलिये सब दान करने चाहिये।

(उत्तर) उस तुम्हारे स्वर्ग से यही लोक अच्छा है जिस में धर्मशाला हैं, लोग दान देते हैं, इष्ट मित्र और जाति में खूब निमन्त्रण होते हैं, अच्छे-अच्छे वस्त्र मिलते हैं, तुम्हारे कहने प्रमाणे स्वर्ग में कुछ भी नहीं मिलता। ऐसे निर्दय, कृपण, कंगले स्वर्ग में पोप जी जाके खराब होवें, वहाँ भले-भले मनुष्यों का क्या काम?

(प्रश्न) जब तुम्हारे कहने से यमलोक और यम नहीं हैं तो मर कर जीव कहां जाता और इन का न्याय कौन करता है?

(उत्तर) तुम्हारे गरुड़पुराण का कहा हुआ तो अप्रमाण है परन्तु जो वेदोक्त है कि—

यमेन । वायुना । सत्यराजन् ॥

इत्यादि वेदवचनों से निश्चय है कि 'यम' नाम वायु का है। शरीर छोड़ के साथ अन्तरिक्ष में जीव रहते हैं और जो सत्यकर्त्ता पक्षपातरहित परमात्मा 'धर्म्मराज' है वही सब का न्यायकर्त्ता है।

(प्रश्न) तुम्हारे कहने से गोदानादि दान किसी को न देना और न कुछ दान पुण्य करना, ऐसा सिद्ध होता है।

(उत्तर) यह तुम्हारा कहना सर्वथा व्यर्थ है क्योंकि सुपात्रों को, परोपकारियों को परोपकारर्थ सोना, चांदी, हीरा, मोती, माणिक, अन्न, जल, स्थान, वस्त्र, गाय आदि दान अवश्य करना उचित है किन्तु कुपात्रों को कभी न देना चाहिये।

(प्रश्न) कुपात्र और सुपात्र का लक्षण क्या है?

(उत्तर) जो छली, कपटी, स्वार्थी, विषयी, काम, क्रोध, लोभ, मोह से युक्त, परहानि करने वाले लम्पटी, मिथ्यावादी, अविद्वान्, कुसंगी, आलसी; जो कोई दाता हो उसके पास बारम्बार मांगना, धरना देना, ना किये पश्चात् भी हठता से मांगते ही जाना, सन्तोष न होना, जो न दे उस की निन्दा करना, शाप और गालिप्रदानादि देना। अनेक वार जो सेवा करे और एक वार न करे तो उस का शत्रु बन जाना, ऊपर से साधु का वेश बना लोगों को बहकाकर ठगना और अपने पास पदार्थ हो तो भी मेरे पास कुछ भी नहीं है कहना, सब को फुसला फुसलू कर स्वार्थ सिद्ध करना, रात दिन भीख मांगने ही में प्रवृत्त रहना, निमन्त्रण दिये पर यथेष्ट भंगादि मादक द्रव्य खा पीकर बहुत सा पराया पदार्थ खाना, पुनः उन्मत्त होकर प्रमादी

होना, सत्य-मार्ग का विरोध और झूठ-मार्ग में अपने प्रयोजनार्थ चलना, वैसे ही अपने चेलों को केवल अपनी ही सेवा करने का उपदेश करना, अन्य योग्य पुरुषों की सेवा करने का नहीं, सद्विद्यादि प्रवृत्ति के विरोधी, जगत् के व्यवहार अर्थात् स्त्री, पुरुष, माता, पिता, सन्तान, राजा, प्रजा इष्टमित्रों में अप्रीति कराना कि ये सब असत्य हैं और जगत् भी मिथ्या है। इत्यादि दुष्ट उपदेश करना आदि कुपात्रों के लक्षण हैं।

और जो ब्रह्मचारी, जितेन्द्रिय, वेदादि विद्या के पढ़ने पढ़ाने हारे, सुशील, सत्यवादी, परोपकारप्रिय, पुरुषार्थी, उदार, विद्या धर्म की निरन्तर उन्नति करनेहारे, धर्मात्मा, शान्त, निन्दा स्तुति में हर्ष शोकरहित, निर्भय, उत्साही, योगी, ज्ञानी, सृष्टिक्रम, वेदाज्ञा, ईश्वर के गुण, कर्म, स्वभावानुकूल वर्त्तमान करनेहारे, न्याय की रीति युक्त, पक्षपातरहित, सत्योपदेश और सत्यशास्त्रों के पढ़ने पढ़ानेहारे के परीक्षक, किसी की लल्लो पत्तो न करें, प्रश्नों के यथार्थ समाधानकर्त्ता, अपने आत्मा के तुल्य अन्य का भी सुख, दुःख, हानि, लाभ समझने वाले, अविद्यादि क्लेश, हठ, दुराग्रहाऽभिमानरहित, अमृत के समान अपमान और विष के समान मान को समझने वाले, सन्तोषी, जो कोई प्रीति से जितना देवे उतने ही से प्रसन्न, एक वार आपत्काल में मांगे भी न देने वा वर्जने पर भी दुःख वा बुरी चेष्टा न करना, वहां से झट लौट जाना, उस की निन्दा न करना, सुखी पुरुषों के साथ मित्रता, दुखियों पर करुणा, पुण्यात्माओं से आनन्द और पापियों से उपेक्षा अर्थात् रागद्वेषरहित रहना, सत्यमानी, सत्यवादी, सत्यकारी, निष्कपट, ईर्ष्याद्वेषरहित, गम्भीराशय, सत्पुरुष, धर्म से युक्त और सर्वथा दुष्टाचार से रहित अपने तन मन धन को परोपकार करने में लगाने वाले, पराये सुख के लिये अपने प्राणों को भी समर्पितकर्त्ता इत्यादि शुभलक्षणयुक्त सुपात्र होते हैं। परन्तु दुर्भिक्षादि आपत्काल में अन्न, जल, वस्त्र और औषधि पथ्य स्थान के अधिकारी सब प्राणीमात्र हो सकते हैं।

(प्रश्न) दाता कितने प्रकार के होते हैं?

(उत्तर) तीन प्रकार के—उत्तम, मध्यम और निकृष्ट। उत्तम दाता उस को कहते हैं जो देश काल और पात्र को जानकर सत्यविद्या, धर्म की उन्नतिरूप परोपकारार्थ देवे। मध्यम वह है जो कीर्ति वा स्वार्थ के लिए दान करे। नीच वह है कि अपना वा पराया कुछ उपकार न कर सके किन्तु वेश्यागमनादि वा भांड भाटों आदि को देवे, देते समय तिरस्कार अपमानादि कुचेष्टा भी करे, पात्र कुपात्र का कुछ भी भेद न जाने किन्तु **'सब अन्न बारह पसेरी'** बेचने वालों के समान विवाद लड़ाई, दूसरे धर्मात्मा को दुःख देकर सुखी होने के लिये दिया करे, वह अधम दाता है। अर्थात् जो परीक्षापूर्वक विद्वान् धर्मात्माओं का सत्कार करे वह उत्तम और जो कुछ परीक्षा करे वा न करे परन्तु जिस में अपनी प्रशंसा हो उस को मध्यम और जो अन्धाधुन्ध परीक्षारहित निष्फल दान दिया करे वह नीच दाता कहाता है।

(प्रश्न) दान के फल यहां होते हैं वा परलोक में?

(उत्तर) सर्वत्र होते हैं।

(प्रश्न) स्वयं होते हैं वा कोई फल देने वाला है?

(उत्तर) फल देने वाला ईश्वर है। जैसे कोई चोर डाकू स्वयं बन्दीघर में जाना नहीं चाहता, राजा उस को अवश्य भेजता है, धर्मात्माओं के सुख की रक्षा करता, भुगाता, डाकू आदि से बचाकर उन को सुख में रखता है वैसे ही परमात्मा

सब को पाप पुण्य के दुःख और सुखरूप फलों को यथावत् भुगाता है।

(प्रश्न) जो ये गरुड़पुराणादि ग्रन्थ हैं वेदार्थ वा वेद की पुष्टि करने वाले हैं वा नहीं?

(उत्तर) नहीं, किन्तु वेद के विरोधी और उलटे चलते हैं तथा तन्त्र भी वैसे ही हैं। जैसे कोई मनुष्य एक का मित्र सब संसार का शत्रु हो, वैसा ही पुराण और तन्त्र का मानने वाला पुरुष होता है क्योंकि एक दूसरे से विरोध कराने वाले ये ग्रन्थ हैं। इन का मानना किसी विद्वान् का काम नहीं किन्तु इन को मानना अविद्वत्ता है।

देखो! शिवपुराण में त्रयोदशी, सोमवार, आदित्यपुराण में रवि; चन्द्रखण्ड में सोमग्रह वाले मंगल, बुध, बृहस्पति, शुक्र, शनैश्चर, राहु, केतु के; वैष्णव एकादशी; वामन की द्वादशी; नृसिंह वा अनन्त की चतुर्दशी; चन्द्रमा की पौर्णमासी; दिक्पालों की दशमी; दुर्गा की नौमी; वसुओं की अष्टमी; मुनियों की सप्तमी; कार्तिक स्वामी की षष्ठी; नाग की पञ्चमी; गणेश की चतुर्थी; गौरी की तृतीया; अश्विनीकुमार की द्वितीया; आद्यादेवी की प्रतिपदा और पितरों की अमावास्या पुराणरीति से ये दिन उपवास करने के हैं। और सर्वत्र यही लिखा है कि जो मनुष्य इन वार और तिथियों में अन्न, पान ग्रहण करेगा वह नरकगामी होगा।

अब पोप और पोप जी के चेलों को चाहिये कि किसी वार अथवा किसी तिथि में भोजन न करें क्योंकि जो भोजन वा पान किया तो नरकगामी होंगे। अब 'निर्णयसिन्धु', 'धर्मसिन्धु', 'व्रतार्क' आदि ग्रन्थ जो कि प्रमादी लोगों के बनाये हैं उन्हीं में एक-एक व्रत की ऐसी दुर्दशा की है कि जैसे एकादशी को शैव, दशमी विद्धा, कोई द्वादशी में एकादशी व्रत करते हैं अर्थात् क्या बड़ी विचित्र पोपलीला है कि भूखे मरने में भी वाद विवाद ही करते हैं। जो एकादशी का व्रत चलाया है उस में अपना स्वार्थपन ही है और दया कुछ भी नहीं। वे कहते हैं—

एकादश्यामन्ने पापानि वसन्ति॥

जितने पाप हैं वे सब एकादशी के दिन अन्न में वसते हैं। इस पोप जी से पूछना चाहिये कि किस के पाप उस में बसते हैं? तेरे वा तेरे पिता आदि के? जो सब के पाप एकादशी में जा बसें तो एकादशी के दिन किसी को दुःख न रहना चाहिये। ऐसा तो नहीं होता किन्तु उलटा क्षुधा आदि से दुःख होता है। दुःख पाप का फल है। इस से भूखे मरना पाप है। इस का बड़ा माहात्म्य बनाया है जिस की कथा बांच के बहुत ठगे जाते हैं। उस में एक गाथा है कि—

ब्रह्मलोक में एक वेश्या थी। उस ने कुछ अपराध किया। उस को शाप हुआ। तू पृथिवी पर गिर। उस ने स्तुति की कि मैं पुनः स्वर्ग में क्योंकर आ सकूँगी? उस ने कहा जब कभी एकादशी के व्रत का फल तुझे कोई देगा तभी तू स्वर्ग में आ जायेगी। वह विमान सहित किसी नगर में गिर पड़ी। वहाँ के राजा ने उस से पूछा कि तू कौन है। तब उस ने सब वृत्तान्त कह सुनाया और कहा कि जो कोई मुझे एकादशी का फल अर्पण करे तो फिर भी स्वर्ग को जा सकती हूं। राजा ने नगर में खोज कराया। कोई भी एकादशी का व्रत करने वाला न मिला। किन्तु एक दिन किसी शूद्र स्त्री पुरुष में लड़ाई हुई थी। क्रोध से स्त्री दिन रात भूखी रही थी। दैवयोग से उस दिन एकादशी ही थी। उस ने कहा कि मैंने एकादशी जानकर तो नहीं की; अकस्मात् उस दिन भूखी रह गई थी। ऐसे राजा के भृत्यों

से कहा। तब तो वे उस को राजा के सामने ले आये। उस से राजा ने कहा कि तू इस विमान को छू। उस ने छूआ तो उसी समय विमान ऊपर को उड़ गया। यह तो विना जाने एकादशी के व्रत का फल है। जो जानके करे तो उस के फल का क्या पारावार है!!!

वाह रे आंख के अन्धे लोगो! जो यह बात सच्ची हो तो हम एक पान का बीड़ा जो कि स्वर्ग में नहीं होता; भेजना चाहते हैं। सब एकादशी वाले अपना-अपना फल दे दो। जो एक पानबीड़ा ऊपर को चला जायेगा तो पुनः लाखों क्रोड़ों पान वहां भेजेंगे और हम भी एकादशी किया करेंगे और जो ऐसा न होगा तो तुम लोगों को इस भूखे मरनेरूप आपत्काल से बचावेंगे।

इन चौबीस एकादशियों के नाम पृथक्-पृथक् रक्खे हैं। किसी का 'धनदा' किसी का 'कामदा' किसी का 'पुत्रदा' किसी का 'निर्जला'। बहुत से दरिद्र, बहुत से कामी और बहुत से निर्वंशी लोग एकादशी करके बूढ़े हो गये और मर भी गये परन्तु धन, कामना और पुत्र प्राप्त न हुआ और ज्येष्ठ महीने के शुक्लपक्ष में कि जिस समय एक घड़ी भर जल न पावे तो मनुष्य व्याकुल हो जाता है; व्रत करने वालों को महादुःख प्राप्त होता है। विशेष कर बंगाले में सब विधवा स्त्रियों की एकादशी के दिन बड़ी दुर्दशा होती है। इस निर्दयी कसाई को लिखते समय कुछ भी मन में दया न आई, नहीं तो निर्जला का नाम सजला और पौष महीने की शुक्लपक्ष की एकादशी का नाम निर्जला रख देता तो भी कुछ अच्छा होता। परन्तु इस पोप को दया से क्या काम? **'कोई जीवो वा मरो पोप जी का पेट पूरा भरो।'**

गर्भवती वा सद्योविवाहिता स्त्री, लड़के वा युवा पुरुषों को तो कभी उपवास न करना चाहिये। परन्तु किसी को करना भी हो तो जिस दिन अजीर्ण हो क्षुधा न लगे, उस दिन शर्करावत् (शर्बत) वा दूध पीकर रहना चाहिये। जो भूख में नहीं खाते और विना भूख के भोजन करते हैं वे दोनों रोगसागर में गोते खा दुःख पाते हैं। इन प्रमादियों के कहने लिखने का प्रमाण कोई भी न करे।

अब गुरु शिष्य मन्त्रोपदेश और मतमतान्तर के चरित्रों का वर्त्तमान कहते हैं—

मूर्त्तिपूजक सम्प्रदायी लोग प्रश्न करते हैं कि वेद अनन्त हैं। ऋग्वेद की २१, यजुर्वेद की १०१, सामवेद की १००० और अथर्ववेद की ९ शाखा हैं। इन में से थोड़ी सी शाखा मिलती हैं शेष लोप हो गई हैं। उन्हीं में पूजा और तीर्थों का प्रमाण होगा। जो न होता तो पुराणों में कहां से आता? जब कार्य देख कर कारण का अनुमान होता है तब पुराणों को देखकर मूर्त्तिपूजा में क्या शंका है?

(उत्तर) जैसे शाखा जिस वृक्ष की होती है उस के सदृश हुआ करती है; विरुद्ध नहीं। चाहै शाखा छोटी बड़ी हों परन्तु उन में विरोध नहीं हो सकता। वैसे ही जितनी शाखा मिलती हैं जब इन में पाषाणादि मूर्त्ति और जल स्थल विशेष तीर्थों का प्रमाण नहीं मिलता तो उन लुप्त शाखाओं में भी नहीं था। और चार वेद पूर्ण मिलते हैं उन से विरुद्ध शाखा कभी नहीं हो सकतीं और जो विरुद्ध हैं उन को शाखा कोई भी सिद्ध नहीं कर सकता। जब यह बात है तो पुराण वेदों की शाखा नहीं किन्तु सम्प्रदायी लोगों ने परस्पर विरुद्धरूप ग्रन्थ बना रखे हैं।

वेदों को तुम परमेश्वरकृत मानते हो वा मनुष्यकृत? परमेश्वरकृत । जब

परमेश्वरकृत मानते हो तो 'आश्वलायनादि' ऋषि मुनियों के नाम प्रसिद्ध ग्रन्थों को वेद क्यों मानते हो? जैसे डाली और पत्तों के देखने से पीपल, बड़ और आम्र आदि वृक्षों की पहिचान होती है वैसे ही ऋषि मुनियों के किये वेदांग, चारों ब्राह्मण, अंग; उपांग और उपवेद आदि से वेदार्थ पहिचाना जाता है। इसलिये इन ग्रन्थों को शाखा माना है।

जो वेदों से विरुद्ध है उस का प्रमाण और अनुकूल का अप्रमाण नहीं हो सकता। जो तुम अदृष्ट शाखाओं में मूर्त्ति आदि के प्रमाण की कल्पना करोगे तो जब कोई ऐसा पक्ष करेगा कि लुप्त शाखाओं में वर्णाश्रम व्यवस्था उलटी अर्थात् अन्त्यज और शूद्र का नाम ब्राह्मणादि और ब्राह्मणादि का नाम शूद्र अन्त्यजादि, अगमनीयागमन, अकर्त्तव्य कर्त्तव्य, मिथ्याभाषणादि धर्म, सत्यभाषणादि अधर्म आदि लिखा होगा तो तुम उस को वही उत्तर दोगे जो कि हम ने दिया अर्थात् वेद और प्रसिद्ध शाखाओं में जैसा ब्राह्मणादि का नाम ब्राह्मणादि और शूद्रादि का नाम शूद्रादि लिखा है, वैसा ही अदृष्ट शाखाओं में भी मानना चाहिये नहीं तो वर्णाश्रम व्यवस्था आदि सब अन्यथा हो जायेंगे।

भला जैमिनि, व्यास और पतञ्जलि के समय पर्य्यन्त तो सब शाखा विद्यमान थीं वा नहीं? यदि थीं तो तुम कभी निषेध न कर सकोगे और जो कहो कि नहीं थीं तो फिर शाखाओं के होने का क्या प्रमाण है? देखो! जैमिनि ने मीमांसा में सब कर्मकाण्ड, पतञ्जलि मुनि ने योगशास्त्र में सब उपासनाकाण्ड और व्यासमुनि ने शारीरक सूत्रों में सब ज्ञानकाण्ड वेदानुकूल लिखा है। उन में पाषाणादि मूर्त्तिपूजा वा प्रयागादि तीर्थों का नाम तक भी नहीं लिखा। लिखें कहां से? जो कहीं वेदों में होता तो लिखे विना कभी न छोड़ते। इसलिये लुप्त शाखाओं में भी इन मूर्त्तिपूजादि का प्रमाण नहीं था। ये सब शाखा वेद नहीं हैं क्योंकि इनमें ईश्वरकृत वेदों के प्रतीक धर के व्याख्या और संसारी जनों के इतिहासादि लिखे हैं इसलिये ये वेद कभी नहीं हो सकते। वेदों में तो केवल मनुष्यों को विद्या का उपदेश किया है। किसी मनुष्य का नाममात्र भी नहीं। इसलिए मूर्त्तिपूजा का सर्वथा खण्डन है।

देखो! मूर्त्तिपूजा से श्रीरामचन्द्र, श्रीकृष्ण, नारायण और शिवादि की बड़ी निन्दा और उपहास होता है। सब कोई जानते हैं कि वे बड़े महाराजाधिराज और उनकी स्त्री सीता तथा रुक्मिणी, लक्ष्मी और पार्वती आदि महाराणियां थीं, परन्तु जब उन की मूर्त्तियां मन्दिर आदि में रख के पुजारी लोग उनके नाम से भीख मांगते हैं अर्थात् उन को भिखारी बनाते हैं कि आओ महाराज! राजा जी! सेठ! साहूकारो! दर्शन कीजिये, बैठिये, चरणामृत लीजिये, कुछ भेंट चढ़ाइये। महाराज! सीता-राम, कृष्ण-रुक्मिणी वा राधा-कृष्ण, लक्ष्मी-नारायण और महादेव-पार्वती जी को तीन दिन से बालभोग वा राजभोग अर्थात् जलपान वा खानपान भी नहीं मिला है। आज इन के पास कुछ भी नहीं है। सीता आदि को नथुनी आदि राणी जी वा सेठानी जी बनवा दीजिये। अन्न आदि भेजो तो राम-कृष्णादि को भोग लगावें। वस्त्र सब फट गये हैं। मन्दिर के कोने सब गिर पड़े हैं। ऊपर से चूता है और दुष्ट चोर जो कुछ था उसे उठा ले गये। कुछ ऊंदरों (चूहों) ने काट कूट डाले। देखिये? एक दिन ऊंदरों ने ऐसा अनर्थ किया कि इनकी आंख भी निकाल के भाग गये। अब हम चांदी की आंख न बना सके इसलिये कौड़ी की लगा दी है।

रामलीला और रासमण्डल भी करवाते हैं। सीताराम, राधाकृष्ण नाच रहे हैं।

राजा और महन्त आदि उन के सेवक आनन्द में बैठे हैं। मन्दिर में सीता-रामादि खड़े और पुजारी वा महन्त जी आसन अथवा गद्दी पर तकिया लगाये बैठते हैं। महागरमी में भी ताला लगा भीतर बन्ध कर देते हैं और आप सुन्दर वायु में पलंग बिछाकर सोते हैं। बहुत से पूजारी अपने नारायण को डब्बी में बन्ध कर ऊपर से कपड़े आदि बांध गले में लटका लेते हैं जैसे कि वानरी अपने बच्चे को गले में लटका लेती है वैसे पूजारियों के गले में भी लटकते हैं। जब कोई मूर्त्ति को तोड़ता है तब हाय-हाय कर छाती पीट बकते हैं कि सीता-राम जी राधा-कृष्ण जी और शिव-पार्वती को दुष्टों ने तोड़ डाला! अब दूसरी मूर्त्ति मंगवा कर जो अच्छे शिल्पी ने संगमरमर की बनाई हो स्थापन कर पूजनी चाहिये।

नारायण को घी के विना भोग नहीं लगता। बहुत नहीं तो थोड़ा सा अवश्य भेज देना। इत्यादि बातें इन पर ठहराते हैं। और रासमण्डल वा रामलीला के अन्त में सीताराम वा राधाकृष्ण से भीख मंगवाते हैं। जहां मेला ठेला होता है वह छोकरे पर मुकुट धर कन्हैया बना मार्ग में बैठाकर भीख मंगवाते हैं।

इत्यादि बातों को आप लोग विचार लीजिये कि कितने बड़े शोक की बात है! भला कहो तो सीतारामादि ऐसे दरिद्र और भिक्षुक थे? यह उन का उपहास और निन्दा नहीं तो क्या है? इस से बड़ी अपने माननीय पुरुषों की निन्दा होती है। भला जिस समय ये विद्यमान थे उस समय सीता, रुक्मिणी, लक्ष्मी और पार्वती को सड़क पर वा किसी मकान में खड़ी कर पूजारी कहते कि आओ इन का दर्शन करो और कुछ भेंट पूजा धरो तो सीता-रामादि इन मूर्खों के कहने से ऐसा काम कभी न करते और न करने देते। जो कोई ऐसा उपहास उन का करता है उस को विना दण्ड दिये कभी छोड़ते? हां जब उन्हों से दण्ड न पाया तो इन के कर्मों ने पूजारियों को बहुत सी मूर्त्तिविरोधियों से प्रसादी दिला दी और अब भी मिलती है और जब तक इस कुकर्म को न छोड़ेंगे तब तक मिलेगी।

इस में क्या सन्देह है कि जो आर्य्यावर्त्त की प्रतिदिन महाहानि पाषाणादि मूर्त्तिपूजकों का पराजय इन्हीं कर्मों से होता है, क्योंकि पाप का फल दुःख है। इन्हीं पाषाणादि मूर्त्तियों के विश्वास से बहुत सी हानि हो गई। जो न छोड़ेंगे तो प्रतिदिन अधिक-अधिक होती जायगी, इन में से वाममार्गी बड़े भारी अपराधी हैं। जब वे चेला करते हैं तब साधारण को-

दं दुर्गायै नमः। भं भैरवाय नमः। ऐं ह्रीं क्लीं चामुण्डायै विच्चे॥

इत्यादि मन्त्रों का उपदेश कर देते हैं और बंगाले में विशेष करके एकाक्षरी मन्त्रोपदेश करते हैं। जैसा-

ह्रीं, श्रीं, क्लीं॥

इत्यादि और धनाढ्यों का पूर्णाभिषेक करते हैं। ऐसे दश महाविद्याओं के मन्त्र-

ह्रां ह्रीं ह्रूं बगलामुख्यै फट् स्वाहा॥

कहीं-कहीं-

हूं फट् स्वाहा॥

और मारण, मोहन, उच्चाटन, विद्वेषण, वशीकरण आदि प्रयोग करते हैं।

सो मन्त्र से तो कुछ भी नहीं होता किन्तु क्रिया से सब कुछ करते हैं। जब किसी को मारने का प्रयोग करते हैं तब इधर कराने वाले से धन ले के आटे वा मिट्टी का पूतला जिस को मारना चाहते हैं उस का बना लेते हैं! उस की छाती, नाभि, कण्ठ में छुरे प्रवेश कर देते हैं। आंख, हाथ, पग में कीलें ठोकते हैं। उस के ऊपर भैरव वा दुर्गा की मूर्त्ति बना हाथ में त्रिशूल दे उस के हृदय पर लगाते हैं। एक वेदी बनाकर मांस आदि का होम करने लगते हैं और उधर दूत आदि भेज के उस को विष आदि से मारने का उपाय करते हैं जो अपने पुरश्चरण के बीच में उस को मार डाला तो अपने को भैरव देवी की सिद्धि वाले बतलाते हैं।

''भैरवो भूतनाथश्च'' इत्यादि का पाठ करते हैं।

मारय-मारय, उच्चाटय-उच्चाटय, विद्वेषय-विद्वेषय, छिन्धि-छिन्धि, भिन्धि-भिन्धि, वशीकुरु-वशीकुरु, खादय-खादय, भक्षय-भक्षय, त्रोटय-त्रोटय, नाशय-नाशय, मम शत्रून् वशीकुरु-वशीकुरु, हुं फट् स्वाहा॥

इत्यादि मन्त्र जपते, मद्य मांसादि यथेष्ट खाते-पीते, भृकुटी के बीच में सिन्दूर रेखा देते, कभी-कभी काली आदि के लिये किसी आदमी को पकड़ मार होम कर कुछ-कुछ उस का मांस खाते भी हैं। जो कोई भैरवीचक्र में जावे, मद्य मांस न पीवे, न खावे तो उस को मार होम कर देते हैं। उन में से जो अघोरी होता है वह मृत मनुष्य का भी मांस खाता है। अजरी बजरी करने वाले विष्ठा मूत्र भी खाते-पीते हैं।

एक चोलीमार्ग और बीजमार्गी भी होते हैं। चोली मार्गवाले एक गुप्त स्थान वा भूमि में एक स्थान बनाते हैं । वहां सब की स्त्रियां, पुरुष, लड़का, लड़की, बहिन, माता, पुत्रवधू आदि सब इकट्ठे हो सब लोग मिलमिला कर मांस खाते, मद्य पीते, एक स्त्री को नंगी कर उस के गुप्त इन्द्रिय की पूजा सब पुरुष करते हैं और उस का नाम दुर्गादेवी धरते हैं। एक पुरुष को नंगा कर उस के गुप्त इन्द्रिय की पूजा सब स्त्रियां करती हैं। जब मद्य पी-पी के उन्मत्त हो जाते हैं तब सब स्त्रियों के छाती के वस्त्र जिसको चोली कहते हैं एक बड़ी मिट्टी की नांद में सब वस्त्र मिलाकर रखके एक-एक पुरुष उस में हाथ डाल के जिस के हाथ में जिस का वस्त्र आवे वह माता, बहिन, कन्या और पुत्रवधू क्यों न हो उस समय के लिये वह उस की स्त्री हो जाती है। आपस में कुकर्म करने और बहुत नशा चढ़ने से जूते आदि से लड़ते भिड़ते हैं। जब प्रातःकाल कुछ अन्धेरे में अपने-अपने घर को चले जाते हैं तब माता माता, कन्या कन्या, बहिन बहिन और पुत्रवधू पुत्रवधू हो जाती हैं। और बीजमार्गी स्त्री पुरुष के समागम कर जल में वीर्य डाल मिलाकर पीते हैं। ये पामर ऐसे कर्मों को मुक्ति के साधन मानते हैं। विद्या विचार सज्जनतादि रहित होते हैं।

(प्रश्न) शैव मत वाले तो अच्छे होते हैं?

(उत्तर) अच्छे कहां से होते हैं? **'जैसा प्रेतनाथ वैसा भूतनाथ'** जैसे वाममार्गी मन्त्रोपदेशादि से उन का धन हरते हैं वैसे शैव भी **'ओं नमः शिवाय'** इत्यादि पञ्चाक्षरादि मन्त्रों का उपदेश करते, रुद्राक्ष भस्म धारण करते, मट्टी के और पाषाणादि के लिङ्ग बनाकर पूजते हैं और **हर-हर बं बं** और बकरे के शब्द के समान **बड़ बड़ बड़** मुख से शब्द करते हैं। उस का कारण यह कहते हैं कि

ताली बजाने और **बं-बं** शब्द बोलने से पार्वती प्रसन्न और महादेव अप्रसन्न होता है। क्योंकि जब भस्मासुर के आगे से महादेव भागे थे तब **बं-बं** और ठट्ठे की तालियां बजी थीं और गाल बजाने से पार्वती अप्रसन्न और महादेव प्रसन्न होते हैं क्योंकि पार्वती के पिता दक्षप्रजापति का शिर काट आगी में डाल उस के धड़ पर बकरे का शिर लगा दिया था। उसी की नकल बकरे के शब्द के तुल्य गाल बजाना मानते हैं। शिवरात्री प्रदोष का व्रत करते हैं इत्यादि से मुक्ति मानते हैं, इसलिये जैसे वाममार्गी भ्रान्त हैं वैसे शैव भी। इन में विशेषकर कनफटे, नाथ, गिरी, पुरी, वन, आरण्य, पर्वत और सागर तथा गृहस्थ भी शैव होते हैं। कोई-कोई **'दोनों घोड़ों पर चढ़ते हैं'** अर्थात् वाम और शैव दोनों मतों को मानते हैं और कितने ही वैष्णव भी रहते हैं। उनका-

अन्तःशाक्ता बहिश्शैवा सभामध्ये च वैष्णवाः।
नानारूपधराः कौला विचरन्तीह महीतले॥ यह तन्त्र का श्लोक है।

भीतर शाक्त अर्थात् वाममार्गी बाहर शैव अर्थात् रुद्राक्ष, भस्म धारण करते हैं और सभा में वैष्णव कहाते हैं कि हम विष्णु के उपासक हैं। ऐसे नाना प्रकार के रूप धारण करके वाममार्गी लोग पृथिवी में विचरते हैं।

(प्रश्न) वैष्णव तो अच्छे हैं?

(उत्तर) क्या धूड़ अच्छे हैं। जैसे वे वैसे ये हैं। देख लो वैष्णवों की लीला। अपने को विष्णु का दास मानते हैं। उन में से श्रीवैष्णव जो कि चक्राङ्कित होते हैं वे अपने को सर्वोपरि मानते हैं सो कुछ भी नहीं हैं।

(प्रश्न) क्यों! कुछ भी नहीं? सब कुछ हैं। देखो! ललाट में नारायण के चरणारविन्द के सदृश तिलक और बीच में पीली रेखा श्री होती है, इसलिये हम श्रीवैष्णव कहाते हैं। एक नारायण को छोड़ दूसरे किसी को नहीं मानते। महादेव के लिङ्ग का दर्शन भी नहीं करते क्योंकि हमारे ललाट में श्री विराजमान है वह लज्जित होती है। आलमन्दारादि स्तोत्रों के पाठ करते हैं। मांस नहीं खाते न मद्य पीते हैं। फिर अच्छे क्यों नहीं?

(उत्तर) इस तुम्हारे तिलक को **हरिपदाकृति** इस पीली रेखा को **श्री** मानना व्यर्थ है क्योंकि यह तो तुम्हारे हाथ की कारीगरी और ललाट का चित्र है जैसा हाथी का ललाट चित्र-विचित्र करते हैं तुम्हारे ललाट में विष्णु के पद का चिह्न कहां से आया? क्या कोई वैकुण्ठ में जाकर विष्णु के पग का चिह्न ललाट में करा आया है?

(विवेकी) और श्री जड़ है वा चेतन? **(वैष्णव)** चेतन है।

(विवेकी) तो यह रेखा जड़ होने से श्री नहीं है। हम पूछते हैं कि श्री बनाई हुई है वा विना बनाई? जो विना बनाई है तो यह श्री नहीं क्योंकि इस को तो तुम नित्य अपने हाथ से बनाते हो फिर श्री नहीं हो सकती। जो तुम्हारे ललाट में श्री हो तो कितने ही वैष्णवों का बुरा मुख अर्थात् शोभा रहित क्यों दीखता है? ललाट में श्री और घर-घर भीख मांगते और सदावर्त्त लेकर पेट भरते क्यों फिरते हो? यह बात स्त्रीड़ी और निर्लज्जों की है कि कपाल में श्री और महादरिद्रों के काम करते हैं।

इनमें एक 'परिकाल' नामक वैष्णव भक्त था। वह चोरी डाका मार, छल कपट कर, पराया धन हर, वैष्णवों के पास धर, प्रसन्न होता था। एक समय उस

को चोरी में पदार्थ कोई नहीं मिला कि जिस को लूटे। व्याकुल होकर फिरता था। नारायण ने समझा कि हमारा भक्त दुःख पाता है। सेठ जी का स्वरूप धर अंगूठी आदि आभूषण पहिन रथ में बैठ के सामने आये। तब तो परिकाल रथ के पास गया। सेठ से कहा सब वस्तु शीघ्र उतार दो नहीं तो मैं मार डालूंगा। उतारते-उतारते अंगूठी उतारने में देर लगी। परिकाल ने नारायण की अंगुली काट अंगूठी ले ली। नारायण ने बड़े प्रसन्न हो चतुर्भुज शरीर बना दर्शन दिया। कहा कि तू मेरा बड़ा प्रिय भक्त है क्योंकि सब धन मार लूट चोरी कर वैष्णवों की सेवा करता है इसलिये तू धन्य है। फिर उस ने जाकर वैष्णवों के पास सब गहने धर दिये।

एक समय परिकाल को कोई साहूकार नौकर कर जहाज में बिठा के देशान्तर में ले गया। वहां से जहाज में सुपारी भरी। परिकाल ने एक सुपारी तोड़ आधा टुकड़ा कर बनिये से कहा यह मेरी आधी सुपारी जहाज में धर दो और लिख दो कि जहाज में आधी सुपारी परिकाल की है। बनिये ने कहा कि चाहे तुम हजार सुपारी ले लेना। परिकाल ने कहा—नहीं, हम अधर्मी नहीं हैं जो हम झूठ मूठ लें। हम को तो आधी चाहिये। बनिया विचारा भोला भाला था उसने लिख दिया। जब अपने देश में बन्दर पर जहाज आया और सुपारी उतारने की तैयारी हुई तब परिकाल ने कहा हमारी आधी सुपारी दे दो। बनिया वही सुपारी देने लगा। तब परिकाल झगड़ने लगा मेरी तो जहाज में आधी सुपारी है। आधा बांट लूंगा। राजपुरुषों तक झगड़ा गया। परिकाल ने बनिये का लेख दिखलाया कि इस ने आधी सुपारी देनी लिखी है। बनिया बहुत सा कहता रहा परन्तु उस ने न माना। आधी सुपारी लेकर वैष्णवों के अर्पण कर दी। तब तो वैष्णव बड़े प्रसन्न हुए। अब तक उस डाकू चोर परिकाल की मूर्त्ति मन्दिर में रखते हैं। यह कथा भक्तमाल में लिखी है। बुद्धिमान् देख लें कि वैष्णव, उन के सेवक और नारायण तीनों चोरमण्डली हैं वा नहीं?

यद्यपि मतमतान्तरों में कोई थोड़ा अच्छा भी होता है तथापि उस मत में रह कर सर्वथा अच्छा नहीं हो सकता। अब जैसा वैष्णवों में फूट-टूट भिन्न-भिन्न तिलक कण्ठी धारण करते हैं, रामानन्दी बगल में गोपीचन्दन बीच में लाल; नीमावत दोनों पतली रेखा बीच में काला विन्दु, माधव काली रेखा और गौड़ बङ्गाली कटारी के तुल्य और रामप्रसादवाले दोनों चांदला रेखा के बीच में एक सफेद गोल टीका इत्यादि इन का कथन विलक्षण-विलक्षण है। रामानन्दी लाल रेखा को लक्ष्मी का चिह्न और नारायण के हृदय में, श्री कृष्णचन्द्र जी के हृदय में राधा विराजमान है; इत्यादि कथन करते हैं।

एक कथा भक्तमाल में लिखी है। कोई एक मनुष्य वृक्ष के नीचे सोता था। सोता-सोता ही मर गया। ऊपर से एक काक ने विष्ठा कर दी। वह ललाट पर तिलकाकार हो गई थी। वहां यम के दूत उस को लेने आये। इतने में विष्णु के दूत भी पहुंच गये। दोनों विवाद करते थे कि यह हमारे स्वामी की आज्ञा है; हम यमलोक में ले जायेंगे। विष्णु के दूतों ने कहा कि हमारे स्वामी की आज्ञा है वैकुण्ठ में ले जाने की। देखो! इस के ललाट में वैष्णवी तिलक है। तुम कैसे ले जाओगे? तब तो यम के दूत चुप होकर चले गये। विष्णु के दूत सुख से उस को वैकुण्ठ में ले गये। नारायण ने उस को वैकुण्ठ में रक्खा।

देखो! जब अकस्मात् तिलक बन जाने का ऐसा माहात्म्य है तो जो अपनी प्रीति और हाथ से तिलक करते हैं वे नरक से छूट वैकुण्ठ में जावें तो इस में

क्या आश्चर्य है ?

हम पूछते हैं कि जब छोटे से तिलक के करने से वैकुण्ठ में जावें तो सब मुख के ऊपर लेपन करने वा कालामुख करने वा शरीर पर लेपन करने से वैकुण्ठ से भी आगे सिधार जाते हैं वा नहीं? इस से ये बातें सब व्यर्थ हैं। अब इन में बहुत से खाखी लकड़े की लङ्गोली लगा धूनी तापते, जटा बढ़ाते, सिद्ध का वेश कर लेते हैं। बगुले के समान ध्यानावस्थित होते हैं। गांजा, भांग चरस के दम लगाते; लाल नेत्र कर रखते; सब से चुटकी-चुटकी अन्न, पिसान, कौड़ी, पैसे मांगते, गृहस्थों के लड़कों को बहकाकर चेले बना लेते हैं। बहुत करके मजूर लोग उन में होते हैं। कोई विद्या को पढ़ता हो तो उसको पढ़ने नहीं देते किन्तु कहते हैं कि—

पठितव्यं तदपि मर्त्तव्यं दन्तकटाकटेति किं कर्त्तव्यम्॥

सन्तों को विद्या पढ़ने से क्या काम क्योंकि विद्या पढ़ने वाले भी मर जाते हैं फिर दन्त कटाकट क्यों करना? साधुओं को चार धाम फिर आना, सन्तों की सेवा करनी, राम जी का भजन करना।

जो किसी ने मूर्ख अविद्या की मूर्त्ति न देखी हो तो खाखी जी का दर्शन कर आवें। उन के पास जो कोई जाता है उन को बच्चा बच्ची कहते हैं चाहें वे खाखी जी के बाप माँ के समान क्यों न हों। जैसे खाखी जी हैं वैसे ही रूंखड़, सूंखड़, गोदड़िये और जमात वाले सुतरेसाई और अकाली, कानफटे, जोगी, औघड़, आदि सब एक से हैं।

एक खाखी का चेला **'श्रीगणेशाय नमः'** घोखता-घोखता कुवें पर जल भरने को गया। वहां पण्डित बैठा था। वह उस को **'स्त्रीगने साजनमें'** घोखते देखकर बोला, अरे साधु! अशुद्ध घोखता है **'श्रीगणेशाय नमः'** ऐसा घोख। उस ने झट लोटा भर गुरु जी के पास जा कहा कि ए बम्मन मेरे घोखने को असुद्ध कहता है। ऐसा सुन कर झट खाखी जी उठा, कूप पर गया और पण्डित से कहा—तू मेरे चेले को बहकाता है? तूं गुरु की लंडी क्या पढ़ा है? देख तूं एक प्रकार का पाठ जानता है हम तीन प्रकार का जानते हैं। **'स्त्रीगनेसाजन्नमें' 'स्त्रीगनेसा यन्नमें' 'श्रीगनेसाय नमें'**।

(पण्डित) सुनो साधु जी! विद्या की बात बहुत कठिन है। विना पढ़े नहीं आती।

(खाखी) चल बे, सब विद्वान् को हम ने रगड़ मारे, गांजे भांग में घोट एकदम सब उड़ा दिये। सन्तों का घर बड़ा है। तू बाबूडा क्या जाने?

(पण्डित) देखो! जो तुम ने विद्या पढ़ी होती तो ऐसे अपशब्द क्यों बोलते? सब प्रकार का तुम को ज्ञान होता।

(खाखी) अबे तू हमारा गुरु बनता है? तेरा उपदेश हम नहीं सुनते।

(पण्डित) सुनो कहां से? बुद्धि ही नहीं है। उपदेश सुनने समझने के लिये विद्या चाहिये।

(खाखी) जो सब वेद शास्त्र पढ़े, सन्तों को न माने तो जानो कि वह कुछ भी नहीं पढ़ा।

(पण्डित) हां! हम सन्तों की सेवा करते हैं परन्तु तुम्हारे से हुर्दङ्गों की नहीं करते, क्योंकि सन्त, सज्जन, विद्वान्, धार्मिक, परोपकारी पुरुषों को कहते हैं।

(खाखी) देख! हम रात दिन नंगे रहते, धूनी तापते, गांजा चरस के सैकड़ों

दम लगाते, तीन-तीन लोटा भांग पीते, गांजे, भांग, धतूरा की पत्ती की भाजी (शाक) बना खाते, संखिया और अफीम भी चट निगल जाते, नशा में गर्क रात दिन बेग़म रहते, दुनिया को कुछ नहीं समझते, भीख मांगकर टिक्कड़ बना खाते, रात भर ऐसी खांसी उठती जो पास में सोवे उस को भी नींद कभी न आवे, इत्यादि सिद्धियां और साधूपन हम में हैं, फिर तू हमारी निन्दा क्यों करता है? चेत बाबूड़े! जो हम को दिक्क करेगा हम तुम को भस्म कर डालेंगे।

(पण्डित) ये सब लक्षण असाधु मूर्ख और गवर्गण्डों के हैं; साधुओं के नहीं! सुनो! **'साध्नोति पराणि धर्मकार्याणि स साधुः'** जो धर्मयुक्त उत्तम काम करे, सदा परोपकार में प्रवृत्त हो, कोई दुर्गुण जिसमें न हो, विद्वान्, सत्योपदेश से सब का उपकार करे उस को 'साधु' कहते हैं।

(खाखी) चल बे, तू साधू के कर्म क्या जाने? सन्तों का घर बड़ा है। किसी सन्त से अटकना नहीं, नहीं तो देख एक चीमटा उठाकर मारेगा, कपाल फुड़वा लेगा।

(पण्डित) अच्छा खाखी! जाओ अपने आसन पर, हम से बहुत गुस्से मत हो। जानते हो राज्य कैसा है? किसी को मारोगे तो पकड़े जाओगे, कारावास भोगोगे, बेंत खाओगे वा कोई तुम को भी मार बैठेगा फिर क्या करोगे? यह साधु का लक्षण नहीं।

(खाखी) चल बे चेले! किस राक्षस का मुख दिखलाया। (पण्डित) तुम ने कभी किसी महात्मा का संग नहीं किया है। नहीं तो ऐसे जड़, मूर्ख नहीं रहते।

(खाखी) हम आप ही महात्मा हैं। हम को किसी दूसरे की गर्ज नहीं।

(पण्डित) जिन के भाग्य नष्ट होते हैं उन की तुम्हारी सी बुद्धि और अभिमान होता है। खाखी चला गया आसन पर और पण्डित घर को गये। जब सन्ध्या आर्ती हो गई तब उस खाखी को बुड्ढा समझ बहुत से खाखी 'डण्डोत-डण्डोत' कहते साष्टांग करके बैठे। उस खाखी ने पूछा अबे रामदासिया! तू क्या पढ़ा है?

(रामदास) महाराज! मैंने **'वेस्नुसहसरनाम'** पढ़ा है। अबे गोविन्ददासिये! तू क्या पढ़ा है? **(गोविन्ददास)** मैं **'रामसतबराज'** पढ़ा हूं; अमुक खाखी जी के पास से। तब रामदास बोला कि महाराज आप क्या पढ़े हैं?

(खाखी) हम गीता पढ़े हैं। **(रामदास)** किसके पास?

(खाखी) चल बे छोकरे! हम किसी को गुरु नहीं करते। देख! हम 'परागराज' में रहते थे हम को अक्खर नहीं आता था। जब किसी लम्बी धोती वाले पण्डित को देखता था तब गीता के गोटके में पूछता था। कि कलङ्गीवाले अक्खर का क्या नाम है? ऐसे पूछता-पूछता अठारा अध्याय गीता रगड़ मारी। गुरु एक भी नहीं किया। भला ऐसे विद्या के शत्रुओं को अविद्या घर करके ठहरे नहीं तो कहां जाय?

ये लोग विना नशा, प्रमाद, लड़ना, खाना, सोना, झांझ पीटना, घण्टा घड़ियाल शंख बजाना, धूनी चिता रखनी, नहाना, धोना, सब दिशाओं में व्यर्थ घमूते फिरने के अन्य कुछ भी अच्छा काम नहीं करते। चाहे कोई पत्थर को भी पिघला लेवे, परन्तु इन खाखियों के आत्माओं को बोध कराना कठिन है क्योंकि बहुधा वे शूद्रवर्ण मजूर, किसान, कहार आदि अपनी मजूरी छोड़ केवल खाख रमा के वैरागी खाखी आदि हो जाते हैं। उन को विद्या वा सत्संग आदि का माहात्म्य नहीं

जान पड़ सकता।

इन में से नाथों का मन्त्र **'नमः शिवाय'**। खाखियों का **'नृसिंहाय नमः'**। रामावतों का **'श्रीरामचन्द्राय नमः।'** अथवा **'सीतारामाभ्यां नमः'**। कृष्णोपासकों का **'श्रीराधाकृष्णाभ्यां नमः।' 'नमो भगवते वासुदेवाय'** और बङ्गालियों का **'गोविन्दाय नमः'**। इन मन्त्रों को कान में पढ़ने मात्र से शिष्य कर लेते हैं और ऐसी-ऐसी शिक्षा करते हैं कि बच्चे! तूंबे का मन्त्र पढ़ ले-

जल पवितर सथल पवितर और पवितर कुआ।
शिव कहे सुन पार्वती तूंबा पवितर हुआ॥

भला ऐसे की योग्यता साधु वा विद्वान् होने अथवा जगत् के उपकार करने की कभी हो सकती है? खाखी रात दिन लक्कड़, छाने (जंगली कण्डे) जलाया करते हैं। एक महीने में कई रुपये की लकड़ी फूंक देते हैं। जो एक महीने की लकड़ी के मूल्य से कम्बलादि वस्त्र ले लें तो शतांश धन से आनन्द में रहैं। उन को इतनी बुद्धि कहां से आवे? और अपना नाम उसी धूनी में तपने ही से तपस्वी धर रखा है। जो इस प्रकार तपस्वी हो सकें तो जंगली मनुष्य इन से भी अधिक तपस्वी हो जावें। जो जटा बढ़ाने, राख लगाने, तिलक करने से तपस्वी हो जाय तो सब कोई कर सके। ये ऊपर के त्यागस्वरूप और भीतर के महासंग्रही होते हैं।

(प्रश्न) कबीरपन्थी तो अच्छे हैं?

(उत्तर) नहीं।

(प्रश्न) क्यों अच्छे नहीं? पाषाणादि मूर्त्तिपूजा का खण्डन करते हैं। कबीर साहब फूलों से उत्पन्न हुए और अन्त में भी फूल हो गये। ब्रह्मा, विष्णु, महादेव का जन्म जब नहीं था तब भी कबीर साहब थे। बड़े सिद्ध; ऐसे कि जिस बात को वेद पुराण भी नहीं जान सकता उस को कबीर जानते हैं। सच्चा रास्ता है सो कबीर ही ने दिखलाया है। इनका मन्त्र 'सत्यनाम कबीर' आदि है।

(उत्तर) पाषाणादि को छोड़ पलङ्ग, गद्दी, तकिये, खड़ाऊं, ज्योति अर्थात् दीप आदि का पूजना पाषाणमूर्त्ति से न्यून नहीं। क्या कबीर साहब भुनुगा था वा कलियां था जो फूलों से उत्पन्न हुआ? और अन्त में फूल हो गया?

यहां जो बात सुनी जाती है वही सच्ची होगी कि कोई जुलाहा काशी में रहता था। उसके लड़के बालक नहीं थे। एक समय थोड़ी सी रात्री थी। एक गली में चला जाता था तो देखा सड़क के किनारे में एक टोकनी में फूलों के बीच में उसी रात का जन्मा बालक था। वह उस को उठा ले गया; अपनी स्त्री को दिया; उस ने पालन किया। जब वह बड़ा हुआ तब जुलाहे का काम करता था। किसी पण्डित के पास संस्कृत पढ़ने के लिये गया। उस ने उस का अपमान किया। कहा कि हम जुलाहे को नहीं पढ़ाते। इसी प्रकार कई पण्डितों के पास फिरा परन्तु किसी ने न पढ़ाया। तब ऊटपटांग भाषा बनाकर जुलाहे आदि नीच लोगों को समझाने लगा। तंबूरे लेकर गाता था; भजन बनाता था। विशेष पण्डित, शास्त्र, वेदों की निन्दा किया करता था। कुछ मूर्ख लोग उस के जाल में फंस गये। जब मर गया तब लोगों ने उस को सिद्ध बना लिया। जो-जो उसने जीते जी बनाया था उस को उस के चेले पढ़ते रहे। कान को मूंद के जो शब्द सुना जाता है उस को अनहद शब्दसिद्धान्त ठहराया। मन की वृत्ति को 'सुरति' कहते हैं। उस को उस शब्द सुनने में लगाना

उसी को सन्त और परमेश्वर का ध्यान बतलाते हैं। वहां काल नहीं पहुँचता। बर्छी के समान तिलक और चन्दनादि लकड़े की कण्ठी बांधते हैं। भला विचार देखो कि इस में आत्मा की उन्नति और ज्ञान क्या बढ़ सकता है? यह केवल लड़कों के खेल के समान लीला है।

(प्रश्न) पंजाब देश में नानक जी ने एक मार्ग चलाया है। क्योंकि वे भी मूर्त्ति का खण्डन करते थे। मुसलमान होने से बचाये। वे साधु भी नहीं हुए किन्तु गृहस्थ बने रहे। देखो! उन्होंने यह मन्त्र उपदेश किया है इसी से विदित होता है कि उन का आशय अच्छा था–

ओं सत्यनाम कर्त्ता पुरुष निर्भो निर्वैर अकालमूर्त्त अजोनि सहभं गुरु प्रसाद जप आदिसच जुगादि सच है भी सच नानक होसी भी सच॥

(ओ३म्) जिस का सत्य नाम है वह कर्त्ता पुरुष भय और वैररहित अकाल मूर्त्ति जो काल में और जोनि में नहीं आता; प्रकाशमान है उसी का जप गुरु की कृपा से कर। वह परमात्मा आदि में सच था; जुगों की आदि में सच; वर्त्तमान में सच; और होगा भी सच ।

(उत्तर) नानक जी का आशय तो अच्छा था परन्तु विद्या कुछ भी नहीं थी। हां! भाषा उस देश की जो कि ग्रामों की है उसे जानते थे। वेदादि शास्त्र और संस्कृत कुछ भी नहीं जानते थे। जो जानते होते तो 'निर्भय' शब्द को 'निर्भो' क्यों लिखते? और इस का दृष्टान्त उन का बनाया संस्कृती स्तोत्र है। चाहते थे कि मैं संस्कृत में भी 'पग अड़ाऊं' परन्तु विना पढ़े संस्कृत कैसे आ सकता है? हां उन ग्रामीणों के सामने कि जिन्होंने संस्कृत कभी सुना भी नहीं था 'संस्कृती' बना कर संस्कृत के भी पण्डित बन गये होंगे। यह बात अपने मान प्रतिष्ठा और अपनी प्रख्याति की इच्छा के बिना कभी न करते। उन को अपनी प्रतिष्ठा की इच्छा अवश्य थी। नहीं तो जैसी भाषा जानते थे कहते रहते और यह भी कह देते कि मैं संस्कृत नहीं पढ़ा। जब कुछ अभिमान था तो मान प्रतिष्ठा के लिये कुछ दम्भ भी किया होगा। इसीलिये उन के ग्रन्थ में जहां तहां वेदों की निन्दा और स्तुति भी है; क्योंकि जो ऐसा न करते तो उन से भी कोई वेद का अर्थ पूछता, जब न आता तब प्रतिष्ठा नष्ट होती। इसीलिये पहले ही अपने शिष्यों के सामने कहीं-कहीं वेदों के विरुद्ध बोलते थे और कहीं-कहीं वेद के लिये अच्छा भी कहा है। क्योंकि जो कहीं अच्छा न कहते तो लोग उन को नास्तिक बनाते। जैसे–

वेद पढ़त ब्रह्मा मरे चारों वेद कहानि ।
सन्त कि महिमा वेद न जानी॥
ब्रह्मज्ञानी आप परमेश्वर॥

क्या वेद पढ़ने वाले मर गये और नानक जी आदि अपने को अमर समझते थे। क्या वे नहीं मर गये? वेद तो सब विद्याओं का भण्डार है परन्तु जो चारों वेदों को कहानी कहे उस की सब बातें कहानी हैं। जो मूर्खों का नाम सन्त होता है वे विचारे वेदों की महिमा कभी नहीं जान सकते। जो नानक जी वेदों ही का मान करते तो उन का सम्प्रदाय न चलता, न वे गुरु बन सकते थे क्योंकि संस्कृत विद्या तो पढ़े ही नहीं थे तो दूसरे को पढ़ा कर शिष्य कैसे बना सकते थे?

यह सच है कि जिस समय नानक जी पंजाब में हुए थे उस समय पंजाब संस्कृत विद्या से सर्वथा रहित मुसलमानों से पीड़ित था। उस समय उन्होंने कुछ

लोगों को बचाया। नानक जी के सामने कुछ उन का सम्प्रदाय वा बहुत से शिष्य नहीं हुए थे। क्योंकि अविद्वानों में यह चाल है कि मरे पीछे उन को सिद्ध बना लेते हैं, पश्चात् बहुत सा माहात्म्य करके ईश्वर के समान मान लेते हैं।

हां! नानक जी बड़े धनाढ्य और रईस भी नहीं थे परन्तु उन के चेलों ने 'नानकचन्द्रोदय' और 'जन्मशाखी' आदि में बड़े सिद्ध और बड़े-बड़े ऐश्वर्य वाले थे; लिखा है। नानक जी ब्रह्मा आदि से मिले; बड़ी बातचीत की, सब ने इन का मान्य किया। नानक जी के विवाह में बहुत से घोड़े, रथ, हाथी, सोने, चांदी, मोती, पन्ना, आदि रत्नों से सजे हुए और अमूल्य रत्नों का पारावार न था; लिखा है। भला ये गपोड़े नहीं तो क्या हैं? इस में इनके चेलों का दोष है, नानक जी का नहीं।

दूसरा जो उन के पीछे उनके लड़के से उदासी चले। और रामदास आदि से निर्मले। कितने ही गद्दीवालों ने भाषा बनाकर ग्रन्थ में रक्खी है। अर्थात् इन का गुरु गोविन्दसिंह जी दशमा हुआ। उन के पीछे उस ग्रन्थ में किसी की भाषा नहीं मिलाई गई किन्तु वहां तक के जितने छोटे-छोटे पुस्तक थे उन सब को इकट्ठे करके जिल्द बंधवा दी। इन लोगों ने भी नानक जी के पीछे बहुत सी भाषा बनाई। कितनों ही ने नाना प्रकार की पुराणों की मिथ्या कथा के तुल्य बना दिये। परन्तु ब्रह्मज्ञानी आप परमेश्वर बन के उस पर कर्म उपासना छोड़कर इन के शिष्य झुकते आये इस ने बहुत बिगाड़ कर दिया। नहीं, जो नानक जी ने कुछ भक्ति विशेष ईश्वर की लिखी थी उसे करते आते तो अच्छा था। अब उदासी कहते हैं हम बड़े, निर्मले कहते हैं हम बड़े, अकाली तथा सूतरहसाई कहते हैं कि सर्वोपरि हम हैं।

इन में गोविन्दसिंह जी शूरवीर हुए। जो मुसलमानों ने उनके पुरुषाओं को बहुत सा दुःख दिया था। उन से वैर लेना चाहते थे परन्तु इन के पास कुछ सामग्री न थी और इधर मुसलमानों की बादशाही प्रज्वलित हो रही थी। इन्होंने एक पुरश्चरण करवाया। प्रसिद्धि की कि मुझ को देवी ने वर और खड्ग दिया है कि तुम मुसलमानों से लड़ो; तुम्हारा विजय होगा। बहुत से लोग उन के साथी हो गये और उन्होंने; जैसे वाममार्गियों ने 'पञ्च मकार' चक्रांकितों ने 'पञ्च संस्कार' चलाये थे वैसे 'पञ्च ककार' चलाये। अर्थात् इनके पञ्च ककार युद्ध में उपयोगी थे। एक 'केश' अर्थात् जिस के रखने से लड़ाई में लकड़ी और तलवार से कुछ बचावट हो। दूसरा 'कंगण' जो शिर के ऊपर पगड़ी में अकाली लोग रखते हैं और हाथ में 'कड़ा' जिस से हाथ और शिर बच सकें। तीसरा 'काछ' अर्थात् जानु के ऊपर एक जांघिया कि जो दौड़ने और कूदने में अच्छा होता है बहुत करके अखाड़मल्ल और नट भी इस को धारण इसीलिये करते हैं कि जिस से शरीर का मर्मस्थान बचा रहै और अटकाव न हो। चौथा 'कंगा' कि जिस से केश सुधरते हैं। पांचवां 'काचू' कि जिस से शत्रु से भेंट भड़क्का होने से लड़ाई में काम आवे। इसीलिये यह रीति गोविन्दसिंह जी ने अपनी बुद्धिमत्ता से उस समय के लिये की थी। अब इस समय में उन का रखना कुछ उपयोगी नहीं है। परन्तु अब जो युद्ध के प्रयोजन के लिये बातें कर्त्तव्य थीं उन को धर्म के साथ मान ली हैं।

मूर्त्तिपूजा तो नहीं करते किन्तु उस से विशेष ग्रन्थ की पूजा करते हैं, क्या यह मूर्त्तिपूजा नहीं है? किसी जड़ पदार्थ के सामने शिर झुकाना वा उस की पूजा करनी सब मूर्त्तिपूजा है। जैसे मूर्त्तिवालों ने अपनी दुकान जमाकर जीविका ठाड़ी

की है वैसे इन लोगों ने भी कर ली है। जैसे पूजारी लोग मूर्त्ति का दर्शन कराते; भेंट चढ़वाते हैं वैसे नानकपन्थी लोग ग्रन्थ की पूजा करते; कराते; भेंट भी चढ़वाते हैं। अर्थात् मूर्त्तिपूजा वाले जितना वेद का मान्य करते हैं उतना ये लोग ग्रन्थसाहब वाले नहीं करते। हां! यह कहा जा सकता है कि इन्होंने वेदों को न सुना न देखा; क्या करें? जो सुनने और देखने में आवें तो बुद्धिमान् लोग जो कि हठी दुराग्रही नहीं हैं वे सब सम्प्रदाय वाले वेदमत में आ जाते हैं। परन्तु इन सब ने भोजन का बखेड़ा बहुत सा हटा दिया है। जैसे इस को हटाया वैसे विषयासक्ति दुरभिमान को भी हटाकर वेदमत की उन्नति करें तो बहुत अच्छी बात है।

(प्रश्न) दादूपन्थी का मार्ग तो अच्छा है?

(उत्तर) अच्छा तो वेदमार्ग है, जो पकड़ा जाय तो पकड़ो, नहीं तो सदा गोते खाते रहोगे। इनके मत में दादू जी का जन्म गुजरात में हुआ था। पुनः जयपुर के पास 'आमेर' में रहते थे। तेली का काम करते थे। ईश्वर की सृष्टि की विचित्र लीला है कि दादू जी भी पुजाने लग गये। अब वेदादि शास्त्रों की सब बातें छोड़कर 'दादूराम–दादूराम' में ही मुक्ति मान ली है। जब सत्योपदेशक नहीं होता तब ऐसे–ऐसे ही बखेड़े चला करते हैं।

थोड़े दिन हुए कि एक 'रामसनेही' मत शाहपुरा से चला है। उन्होंने सब वेदोक्त धर्म को छोड़के 'राम–राम' पुकारना अच्छा माना है। उसी में ज्ञान, ध्यान, मुक्ति मानते हैं। परन्तु जब भूख लगती है तब 'रामनाम' में से रोटी शाक नहीं निकलता क्योंकि खानपान आदि तो गृहस्थों के घर ही में मिलते हैं। वे भी मूर्त्तिपूजा को धिक्कारते हैं परन्तु आप स्वयं मूर्त्ति बन रहे हैं। स्त्रियों के संग में बहुत रहते हैं, क्योंकि राम जी को 'राम की' के विना आनन्द ही नहीं मिल सकता।

एक रामचरण नामक साधु हुआ है जिस का मत मुख्य कर 'शाहपुरा' स्थान मेवाड़ से चला है। वे 'राम–राम' कहने ही को परममन्त्र और इसी को सिद्धान्त मानते हैं। उन का एक ग्रन्थ कि जिस में सन्त दास जी आदि की वाणी हैं। ऐसा लिखते हैं–

उनका वचन

भरम रोग तब ही मिट्या, रट्या निरंजन राइ ।
तब जम का कागज फट्या, कट्या कर्म तब जाइ॥ १ ॥ साखी ६॥

अब बुद्धिमान् लोग विचार लेवें कि 'राम–राम' करने से भ्रम जो कि अज्ञान है, वा यमराज का पापानुकूल शासन अथवा किये हुए कर्म कभी छूट सकते हैं वा नहीं? यह केवल मनुष्यों को पापों में फंसाना और मनुष्यजन्म को नष्ट कर देना है। अब इन का जो मुख्य गुरु हुआ है–'रामचरण' उसके वचन–

महमा नांव प्रताप की, सुणौ सरवण चित लाइ।
रामचरण रसना रटौ, क्रम सकल झड़ जाइ॥
जिन जिन सुमिरया नांवकूं, सो सब उतरया पार।
रांमचरण जो वीसरया, सो ही जम के द्वार॥
रांम विना सब झूठ बतायो। रांम भजत छूट्या सब क्रम्मा॥
चंद अरु सूर देइ परकम्मा। राम कहे तिन कूं भै नाहीं॥
तीन लोक में कीरति गाहीं। रांम रटत जम जोर न लागै॥

रांम नाम लिख पथर तराई। भगति हेति औतार ही धरही॥
ऊंच नीच कुल भेद बिचारै। सो तो जनम आपणो हारै॥
सन्तां कै कुल दीसै नाहीं। रांम रांम कह राम सम्हांहीं॥
ऐसो कुण जो कीरति गावै। हरि हरिजन की पार न पावै॥
रांम संतां का अन्त न आवै। आप आपकी बुद्धि सम गावै॥

इनका खण्डन—प्रथम तो रामचरण आदि के ग्रन्थ देखने से विदित होता है कि यह ग्रामीण एक सादा सीधा मनुष्य था। न वह कुछ पढ़ा था; नहीं तो ऐसी गपड़चौथ क्यों लिखता? यह केवल इन को भ्रम है कि राम-राम कहने से कर्म छूट जायें। केवल ये अपना और दूसरों का जन्म खोते हैं। जम का भय बड़ा भारी है परन्तु राजसिपाही, चोर, डाकू, व्याघ्र, सर्प, बीछू और मच्छर आदि का भय कभी नहीं छूटता। चाहे रात दिन राम-राम किया करे कुछ भी नहीं होगा। जैसे 'सक्कर-सक्कर' कहने से मुख मीठा नहीं होता वैसे सत्यभाषणादि कर्म किये विना राम-राम करने से कुछ भी नहीं होगा। और यदि राम-राम करना, इन का राम नहीं सुनता तो जन्म भर कहने से भी नहीं सुनेगा और जो सुनता है तो दूसरी वार भी राम-राम कहना व्यर्थ है। इन लोगों ने अपना पेट भरने और दूसरों का भी जन्म नष्ट करने के लिये एक पाखण्ड खड़ा किया है। सो यह बड़ा आश्चर्य हम सुनते और देखते हैं कि नाम तो धरा रामस्नेही और काम करते हैं रांडसनेही का। जहां देखो वहां रांड ही रांड सन्तों को घेर रही हैं। यदि ऐसे-ऐसे पाखण्ड न चलते तो आर्य्यावर्त्त देश की दुर्दशा क्यों होती? ये लोग अपने चेलों को झूंठन खिलाते हैं और स्त्रियां भी लम्बी पड़ के दण्डवत् प्रणाम करती हैं। एकान्त में भी स्त्रियों और साधुओं की बैठक होती रहती है।

अब दूसरी इन की शाखा 'खेड़ापा' ग्राम मारवाड़ देश से चली है। उस का इतिहास—एक रामदास नामक जाति का ढेढ़ बड़ा चालाक था। उस के दो स्त्रियां थीं। वह प्रथम बहुत दिन तक औघड़ होकर कुत्तों के साथ खाता रहा। पीछे वामी कूण्डापंथी। पीछे 'रामदेव' का 'कामड़िया'[1] बना। अपनी दोनों स्त्रियों के साथ गाता था। ऐसे घूमता-घूमता 'सीथल'[2] में ढेढ़ों का गुरु 'हररामदास' था; उस से मिला। उस ने उस को 'रामदेव' का पन्थ बता के अपना चेला बनाया। उस रामदास ने खेड़ापा ग्राम में जगह बनाई और इस का इधर मत चला। उधर शाहपुरे में रामचरण का। उस का भी इतिहास ऐसा सुना है कि वह जयपुर का बनियां था। उसने 'दांतड़ा' ग्राम में एक साधु से वेष लिया और उस को गुरु किया और शाहपुरे में आके टिक्की जमाई। भोले मनुष्यों में पाखण्ड की जड़ शीघ्र जम जाती है; जम गई। इन सब में ऊपर के रामचरण के वचनों के प्रमाण से चेला करके ऊंच नीच का कुछ भेद नहीं। ब्राह्मण से अन्त्यज पर्यन्त इन में चेले बनते हैं। अब भी कूण्डापन्थी से ही हैं क्योंकि मट्टी के कूण्डों में ही खाते हैं। और साधुओं की झूठन खाते हैं। वेदधर्म से, माता, पिता संसार के व्यवहार से बहका कर छुड़ा देते और चेला बना लेते हैं, अब राम नाम को महामन्त्र मानते हैं और इसी को 'छुच्छम'[3] वेद भी कहते

---

१. राजपूताने में 'चमार' लोग भगवे वस्त्र रंग कर 'रामदेव' आदि के गीत, जिन को वे 'शब्द' कहते हैं, चमारों और अन्य जातियों को सुनाते हैं वे 'कामड़िये' कहलाते हैं।
२. 'सीथल' जोधपुर के राज्य में एक बड़ा ग्राम है।
३. छुच्छम अर्थात् सूक्ष्म।

हैं। राम-राम कहने से अनन्त जन्मों के पाप छूट जाते हैं। इस के विना मुक्ति किसी की नहीं होती। जो श्वास और प्रश्वास के साथ राम-राम कहना बतावे उस को सत्यगुरु कहते हैं और सत्यगुरु को परमेश्वर से भी बड़ा मानते हैं और उस की मूर्त्ति का ध्यान करते हैं। साधुओं के चरण धो के पीते हैं। जब गुरु से चेला दूर जावे तो गुरु के नख और डाढ़ी के बाल अपने पास रख लेवे। उस का चरणामृत नित्य लेवे, रामदास और हररामदास के वाणी के पुस्तक को वेद से अधिक मानते हैं। उस की परिक्रमा और आठ दण्डवत् प्रणाम करते हैं और जो गुरु समीप हो तो गुरु को दण्डवत् प्रणाम कर लेते हैं। स्त्री वा पुरुष को राम-राम एक सा ही मन्त्रोपदेश करते हैं और नामस्मरण ही से कल्याण मानते हैं। पुनः पढ़ने में पाप समझते हैं। उन की साखी-

पंडताइ पाने पड़ी, ओ पूरब लो पाप ।
राम-राम सुमर्‌यां विना, रइग्यौ रीतो आप॥१ ॥
वेद पुराण पढ़े पढ़ गीता, रांमभजन बिन रइ गये रीता॥

ऐसे-ऐसे पुस्तक बनाये हैं। स्त्री को पति की सेवा करने में पाप और गुरु साधु की सेवा में धर्म बतलाते हैं। वर्णाश्रम को नहीं मानते। जो ब्राह्मण रामस्नेही न हो तो उस को नीच और चाण्डाल रामस्नेही हो तो उस को उत्तम जानते हैं। अब ईश्वर का अवतार नहीं मानते और रामचरण का वचन जो ऊपर लिख आये कि-

भगति हेति औतार ही धरही॥

भक्ति और सन्तों के हित अवतार को भी मानते हैं। इत्यादि पाखण्ड प्रपञ्च इन का जितना है सो आर्य्यावर्त्त देश का अहितकारक है। इतने ही से बुद्धिमान् बहुत सा समझ लेंगे।

(प्रश्न) गोकुलिये गुसांइयों का मत तो बहुत अच्छा है। देखो! कैसा ऐश्वर्य भोगते हैं। क्या यह ऐश्वर्य लीला के विना ऐसा हो सकता है?

(उत्तर) यह ऐश्वर्य गृहस्थ लोगों का है। गुसांइयों का कुछ नहीं।

(प्रश्न) वाह-वाह! गुसांइयों के प्रताप से है। क्योंकि ऐसा ऐश्वर्य दूसरों को क्यों नहीं मिलता?

(उत्तर) दूसरे भी इसी प्रकार का छल प्रपञ्च रचें तो ऐश्वर्य मिलने में क्या सन्देह है? और जो इन से अधिक धूर्त्तता करते तो अधिक भी ऐश्वर्य्य हो सकता है।

(प्रश्न) वाह जी वाह! इस में क्या धूर्त्तता है? यह तो सब गोलोक की लीला है।

(उत्तर) गोलोक की लीला नहीं किन्तु गुसांइयों की लीला है। जो गोलोक की लीला है तो गोलोक भी ऐसा ही होगा। यह मत 'तैलङ्ग' देश से चला है। क्योंकि एक तैलङ्गी लक्ष्मणभट्ट नामक ब्राह्मण विवाह कर किसी कारण से माता पिता और स्त्री को छोड़ काशी में जा के उस ने संन्यास ले लिया था और झूठ बोला था कि मेरा विवाह नहीं हुआ। दैवयोग से उस के माता, पिता और स्त्री ने सुना कि काशी में संन्यासी हो गया है। उसके माता-पिता और स्त्री काशी में पहुंच कर जिस ने उस को संन्यास दिया था उस से कहा कि इस को संन्यासी क्यों किया?

देखो! इस की यह युवति स्त्री है और स्त्री ने कहा कि यदि आप मेरे पति को मेरे साथ न करें तो मुझ को भी संन्यास दे दीजिये। तब तो उस को बुला के कहा कि—तू बड़ा मिथ्यावादी है। संन्यास छोड़ गृहाश्रम कर क्योंकि तूने झूठ बोल कर संन्यास लिया। उसने पुनः वैसा ही किया। संन्यास छोड़ उस के साथ हो लिया। देखो! इस मत का मूल ही झूठ कपट से जमा। जब तैलङ्ग देश में गये उस को जाति में किसी ने न लिया। तब वहां से निकल कर घूमने लगे। 'चरणार्गढ़' जो काशी के पास है उस के समीप 'चम्पारण्य' नामक जङ्गल में चले जाते थे। वहां कोई एक लड़के को जङ्गल में छोड़ चारों ओर दूर-दूर आगी जला कर चला गया था। क्योंकि छोड़ने वाले ने यह समझा था जो आगी न जलाऊंगा तो अभी कोई जीव मार डालेगा। लक्ष्मणभट्ट और उस की स्त्री ने लड़के को लेकर अपना पुत्र बना लिया। फिर काशी में जा रहे। जब वह लड़का बड़ा हुआ तब उस के मां, बाप का शरीर छूट गया। काशी में बाल्यावस्था से युवावस्था तक कुछ पढ़ता भी रहा, फिर और कहीं जा के एक विष्णुस्वामी के मन्दिर में चेला हो गया। वहां से कभी कुछ खटपट होने से काशी को फिर चला गया और संन्यास ले लिया। फिर कोई वैसा ही जातिबहिष्कृत ब्राह्मण काशी में रहता था। उसकी लड़की युवति थी। उस ने इस से कहा कि तू संन्यास छोड़ मेरी लड़की से विवाह कर ले। वैसा ही हुआ। जिस के बाप ने जैसी लीला की थी वैसी पुत्र क्यों न करे? उस स्त्री को लेके वहीं चला गया कि जहां प्रथम विष्णुस्वामी के मन्दिर में चेला हुआ था। विवाह करने से उन को वहां से निकाल दिया। फिर ब्रज देश में कि जहां अविद्या ने घर कर रखा है; जाकर अपना प्रपञ्च अनेक प्रकार की छल युक्तियों से फैलाने लगा और मिथ्या बातों की प्रसिद्धि करने लगा कि श्रीकृष्ण मुझ को मिले और कहा कि 'जो गोलोक से 'दैवी जीव' मर्त्यलोक में आये हैं उन को ब्रह्मसम्बन्ध आदि से पवित्र करके गोलोक में भेजो।' इत्यादि मूर्खों को प्रलोभन की बातें सुना के थोड़े से लोगों को अर्थात् ८४ चौरासी वैष्णव बनाये और निम्नलिखित मन्त्र बना लिये और उन में भी भेद रक्खा। जैसे—

श्रीकृष्णः शरणं मम॥ १॥
क्लीं कृष्णाय गोपीजनवल्लभाय स्वाहा॥ २॥

ये दोनों साधारण मन्त्र हैं परन्तु अगला मन्त्र ब्रह्मसम्बन्ध और समर्पण कराने का है—

श्रीकृष्णः शरणं मम सहस्रपरिवत्सरमितकालजातकृष्णवियोगजनित-तापक्लेशानन्ततिरोभावोऽहं भगवते कृष्णाय देहेन्द्रियप्राणान्तःकरणतद्धर्मांश्च दारागारपुत्राप्तवित्तेह पराण्यात्मना सह समर्प्पयामि दासोऽहं कृष्ण तवास्मि॥

इस मन्त्र का उपदेश करके शिष्य, शिष्याओं को समर्पण कराते हैं। **'क्लीं कृष्णायेति'**—यह **'क्लीं'** तन्त्र ग्रन्थ का है। इस से विदित होता है कि यह वल्लभ मत भी वाममार्गियों का भेद है। इसी से स्त्री-संग गुसाईं लोग बहुधा करते हैं।

'गोपीवल्लभेति'—क्या कृष्ण गोपियों ही को प्रिय थे; अन्य को नहीं? स्त्रियों को प्रिय वह होता है जो स्त्रैण अर्थात् स्त्रीभोग में फंसा हो। क्या श्रीकृष्ण जी ऐसे थे?

अब **'सहस्रपरिवत्सरेति'**—सहस्र वर्षों की गणना व्यर्थ है क्योंकि वल्लभ

और उस के शिष्य कुछ सर्वज्ञ नहीं हैं। क्या कृष्ण का वियोग सहस्र वर्षों से हुआ और आज लों अर्थात् जब लों वल्लभ का मत न था; न वल्लभ जन्मा था; उस के पूर्व अपने दैवी जीवों के उद्धार करने को क्यों न आया?

'ताप' और 'क्लेश' ये दोनों पर्यायवाची हैं। इन में से एक का ग्रहण करना उचित था; दो का नहीं।

'अनन्त' शब्द का पाठ करना व्यर्थ है, क्योंकि जो अनन्त शब्द रक्खो तो 'सहस्र' शब्द का पाठ न रखना चाहिये और जो सहस्र शब्द का पाठ रक्खो तो अनन्त शब्द का पाठ रखना सर्वथा व्यर्थ है। और जो अनन्तकाल लों 'तिरोहित' अर्थात् आच्छादित रहै उस की मुक्ति के लिये वल्लभ का होना भी व्यर्थ है, क्योंकि अनन्त का अन्त नहीं होता।

भला! देहेन्द्रिय, प्राणान्तःकरण और उसके धर्म स्त्री, स्थान, पुत्र, प्राप्तधन का अर्पण कृष्ण को क्यों करना? क्योंकि कृष्ण पूर्णकाम होने से किसी के देहादि की इच्छा नहीं कर सकते और देहादि का अर्पण करना भी नहीं हो सकता क्योंकि देह के अर्पण से; नखशिखाग्रपर्यन्त देह कहाता है; उस में जो कुछ अच्छी बुरी वस्तु है मल मूत्रादि का भी अर्पण कैसे कर सकोगे?

और जो पाप पुण्यरूप कर्म होते हैं उन को कृष्णार्पण करने से उन के फलभागी भी कृष्ण ही होवें अर्थात् नाम तो कृष्ण का लेते हैं और समर्पण अपने लिये कराते हैं। जो कुछ देह में मलमूत्रादि हैं वह भी गोसाईं जी के अर्पण क्यों नहीं होता? **'क्या मीठा-मीठा गड़प्प और कड़ुवा-कड़ुवा थू?'**

और यह भी लिखा है कि गोसाईं जी के अर्पण करना, अन्य मत वाले के नहीं। यह सब स्वार्थसिन्धुपन और पराये धनादि पदार्थ हरने और वेदोक्त धर्मनाश करने की लीला रची है। देखो! यह वल्लभ का प्रपञ्च—

श्रावणस्यामले पक्षे, एकादश्यां महानिशि।
साक्षाद्भगवता प्रोक्तं तदक्षरश उच्यते॥ १॥
ब्रह्मसम्बन्धकरणात्सर्वेषां देहजीवयोः।
सर्वदोषनिवृत्तिर्हि दोषाः पञ्चविधाः स्मृताः॥ २॥
सहजा देशकालोत्था लोकवेदनिरूपिताः।
संयोगजाः स्पर्शजाश्च न मन्तव्याः कदाचन॥ ३॥
अन्यथा सर्वदोषाणां न निवृत्तिः कथञ्चन।
असमर्पितवस्तूनां तस्माद्वर्ज्जनमाचरेत्॥ ४॥
निवेदिभिः समर्प्यैव सर्वं कुर्यादिति स्थितिः।
न मतं देवदेवस्य स्वामिभुक्तिसमर्प्पणम्॥ ५॥
तस्मादादौ सर्वकार्ये सर्ववस्तुसमर्प्पणम्।
दत्तापहारवचनं तथा च सकलं हरेः॥ ६॥
न ग्राह्यमिति वाक्यं हि भिन्नमार्गपरं मतम्।
सेवकानां यथा लोके व्यवहारः प्रसिध्यति॥ ७॥
तथा कार्य्यं समर्प्यैव सर्वेषां ब्रह्मता ततः।
गङ्गात्वे गुणदोषाणां गुणदोषादिवर्णनम्॥ ८॥

इत्यादि श्लोक गोसांइयों के **सिद्धान्तरहस्यादि** ग्रन्थों में लिखे हैं। यही

गोसांइयों के मत का मूल तत्त्व है। भला इन से कोई पूछे कि श्रीकृष्ण के देहान्त हुए कुछ कम पांच सहस्र वर्ष बीते; वह वल्लभ से श्रावण मास की आधी रात को कैसे मिल सके?॥ १॥

जो गोसाईं का चेला होता है और उस को सब पदार्थों का समर्पण करता है उस के शरीर और जीव के सब दोषों की निवृत्ति हो जाती है। यही वल्लभ का प्रपञ्च मूर्खों को बहका कर अपने मत में लाने का है। जो गोसाईं के चेले चेलियों के सब दोष निवृत्त हो जावें तो रोग दारिद्र्यादि दुःखों से पीड़ित क्यों रहैं? और वे दोष पांच प्रकार के होते हैं॥ २॥

एक—सहज दोष जो कि स्वाभाविक अर्थात् काम, कोधादि से उत्पन्न होते हैं। **दूसरे**—किसी देश काल में नाना प्रकार के पाप किये जायें। **तीसरे**—लोक में जिन को भक्ष्याभक्ष्य कहते और वेदोक्त जो कि मिथ्याभाषणादि हैं। **चौथे**—संयोगज जो कि बुरे संग से अर्थात् चोरी, जारी, माता, भगिनी, कन्या, पुत्रवधू, गुरुपत्नी आदि से संयोग करना। **पांचवें**—स्पर्शज अस्पर्शनीयों को स्पर्श करना। इन पांच दोषों को गोसाईं लोगों के मत वाले कभी न मानें अर्थात् यथेष्टाचार करें॥ ३॥

अन्य कोई प्रकार दोषों की निवृत्ति के लिये नहीं है विना गोसाईं जी के मत के। इसलिये विना समर्पण किये पदार्थ को गोसाईं जी के चेले न भोगें। इसीलिये इनके चेले अपनी स्त्री, कन्या, पुत्रवधू और धनादि पदार्थों को भी समर्पित करते हैं परन्तु समर्पण का नियम यह है कि जब लों गोसाईं जी की चरणसेवा में समर्पित न होवे तब लों उस का स्वामी स्वस्त्री को स्पर्श न करे॥ ४॥

इस से गोसाइयों के चेले समर्पण करके पश्चात् अपने-अपने पदार्थ का भोग करें क्योंकि स्वामी के भोग करे पश्चात् समर्पण नहीं हो सकता॥ ५॥

इस से प्रथम सब कामों में सब वस्तुओं का समर्पण करें। प्रथम गोसाईं जी को भार्यादि समर्पण करके पश्चात् ग्रहण करें वैसे ही हरि को सम्पूर्ण पदार्थ समर्पण करके ग्रहण करें॥ ६॥

गोसाईं जी के मत से भिन्न मार्ग के वाक्यमात्र को भी गोसांइयों के चेला, चेली कभी न सुनें, न ग्रहण करें। यही उन के शिष्यों का व्यवहार प्रसिद्ध है॥ ७॥

वैसे ही सब वस्तुओं का समर्पण करके सब के बीच में ब्रह्मबुद्धि करे। उस के पश्चात् जैसे गङ्गा में अन्य जल मिलकर गङ्गारूप हो जाते हैं वैसे ही अपने मत में गुण और दूसरे के मत में दोष हैं इसलिये अपने मत में गुणों का वर्णन किया करें॥ ८॥

अब देखिये! गोसांइयों का मत सब मतों से अधिक अपना प्रयोजन सिद्ध करनेहारा है। भला इन गोसांइयों को कोई पूछे कि ब्रह्म का एक लक्षण भी तुम नहीं जानते तो शिष्य शिष्याओं को ब्रह्मसम्बन्ध कैसे करा सकोगे? जो कहो कि हम ही ब्रह्म हैं हमारे साथ सम्बन्ध होने से ब्रह्मसम्बन्ध हो जाता है। सो तुम में ब्रह्म के गुण, कर्म, स्वभाव एक भी नहीं है, पुनः क्या तुम केवल भोग विलास के लिये ब्रह्म बन बैठे हो? भला! शिष्य, शिष्याओं को तो तुम अपने साथ समर्पित करके शुद्ध करते हो परन्तु तुम और तुम्हारी स्त्री, कन्या तथा पुत्रवधू आदि असमर्पित रह जाने से अशुद्ध रह गये वा नहीं? और तुम असमर्पित वस्तु को अशुद्ध मानते हो पुनः उन से उत्पन्न हुए तुम लोग अशुद्ध क्यों नहीं? इसलिये तुम को भी उचित है कि अपनी स्त्री, कन्या तथा पुत्रवधू आदि को अन्य मत वालों के साथ समर्पित

कराया करो।

जो कहो कि नहीं-नहीं तो तुम भी अन्य स्त्री पुरुष धनादि पदार्थों को समर्पित करना कराना छोड़ देओ। भला अब लों जो हुआ सो हुआ परन्तु अब अपनी मिथ्या प्रपञ्चादि बुराइयों को छोड़ो और सुन्दर ईश्वरोक्त वेदविहित सुपथ में आकर अपने मनुष्यरूपी जन्म को सफल कर धर्म, अर्थ, काम, मोक्ष इस चतुष्टय फल को प्राप्त होकर आनन्द भोगो।

और देखिये! ये गोसाईं लोग अपने सम्प्रदाय को 'पुष्टि' मार्ग कहते हैं अर्थात् खाने, पीने, पुष्ट होने और सब स्त्रियों के संग यथेष्ट भोग विलास करने को पुष्टिमार्ग कहते हैं परन्तु इनसे पूछना चाहिये कि जब बड़े दुःखदायी भगन्दरादि रोगग्रस्त होकर ऐसे झींक-झींक मरते हैं कि जिस को ये ही जानते होंगे। सच पूछो तो पुष्टिमार्ग नहीं किन्तु कुष्ठिमार्ग है। जैसे कुष्ठी के शरीर की सब धातु पिघल-पिघल कर निकल जाती हैं और विलाप करता हुआ शरीर छोड़ता है ऐसी ही लीला इन की भी देखने में आती है। इसलिये नरकमार्ग भी इसी को कहना संघटित हो सकता है। क्योंकि दुःख का नाम नरक और सुख का नाम स्वर्ग है। इसी प्रकार मिथ्या जाल रच के विचारे भोले-भोले मनुष्यों को जाल में फंसाया और अपने आपको श्रीकृष्ण मान कर सब के स्वामी बनते हैं।

यह कहते हैं कि जितने दैवी जीव गोलोक से यहां आये हैं उन के उद्धार करने के लिये हम लीला पुरुषोत्तम जन्मे हैं। जब लों हमारा उपदेश न ले तब लों गोलोक की प्राप्ति नहीं होती। वहां एक श्रीकृष्ण पुरुष और सब स्त्रियां हैं। वाह जी वाह! भला तुम्हारा मत है!! गोसांइयों के जितने चेले हैं वे सब गोपियां बन जावेंगी। अब विचारिये! भला जिस पुरुष के दो स्त्री होती हैं उस की बड़ी दुर्दशा हो जाती है तो जहां एक पुरुष और क्रोड़ों स्त्री एक के पीछे लगी हैं उस के दुःख का क्या पारावार है? जो कहो कि श्रीकृष्ण में बड़ा भारी सामर्थ्य है, सब को प्रसन्न करते हैं तो जो उस की स्त्री जिस को स्वामिनी जी कहते हैं उस में भी श्रीकृष्ण के समान सामर्थ्य होगा क्योंकि वह उन की अर्द्धांगी है।

जैसे यहाँ स्त्री पुरुष की कामचेष्टा तुल्य अथवा पुरुष से स्त्री की अधिक होती है तो गोलोक में क्यों नहीं? जो ऐसा है तो अन्य स्त्रियों के साथ स्वामिनी जी की अत्यन्त लड़ाई बखेड़ा मचता होगा क्योंकि सपत्नीभाव बहुत बुरा होता है। पुनः गोलोक स्वर्ग की अपेक्षा नरकवत् हो गया होगा अथवा जैसे बहुत स्त्रीगामी पुरुष भगन्दरादि रोगों से पीड़ित रहता है वैसा ही गोलोक में भी होगा। छि! छि!! छि!!! ऐसे गोलोक से मर्त्यलोक ही विचारा भला है।

देखो! जैसे यहां गोसाईं जी अपने को श्रीकृष्ण मानते हैं और बहुत स्त्रियों के साथ लीला करने से भगन्दर तथा प्रमेहादि रोगों से पीड़ित होकर महादुःख भोगते हैं। अब कहिये जिन का स्वरूप गोसाईं पीड़ित होता है तो गोलोक का स्वामी श्रीकृष्ण इन रोगों से पीड़ित क्यों न होगा? और जो नहीं है तो उन का स्वरूप गोसाईं जी पीड़ित क्यों होते हैं?

(प्रश्न) मर्त्यलोक में लीलावतार धारण करने से रोग दोष होता है; गोलोक में नहीं। क्योंकि वहां रोग दोष ही नहीं है।

(उत्तर) **'भोगे रोगभयम्'**। जहां भोग है वहां रोग अवश्य होता है। और श्रीकृष्ण के क्रोड़ान् क्रोड़ स्त्रियों से सन्तान होते हैं वा नहीं और जो होते हैं तो

लड़के-लड़के होते हैं वा लड़की-लड़की? अथवा दोनों? जो कहो कि लड़कियां ही लड़कियां होती हैं तो उन का विवाह किन के साथ होता होगा? क्योंकि वहां विना श्रीकृष्ण के दूसरा कोई पुरुष नहीं। जो दूसरा है तो तुम्हारी प्रतिज्ञा हानि हुई। जो कहो लड़के ही लड़के होते हैं तो भी यही दोष आन पड़ेगा कि उन का विवाह कहां और किन के साथ होता है? अथवा घर के घर में ही गटपट कर लेते हैं अथवा अन्य किसी की लड़कियां वा लड़के हैं तो भी तुम्हारी प्रतिज्ञा 'गोलोक में एक ही श्रीकृष्ण पुरुष नष्ट हो जायेगी और जो कहो कि सन्तान होते ही नहीं तो श्रीकृष्ण में नपुंसकत्व और स्त्रियों में बन्ध्यापन दोष आवेगा। भला यह गोलोक क्या हुआ? जानो दिल्ली के बादशाहों की बीबियों की सेना हुई।

अब जो गोसाईं लोग शिष्य और शिष्याओं का तन, मन तथा धन अपने अर्पण करा लेते हैं। सो भी ठीक नहीं क्योंकि तन तो विवाह समय में स्त्री और पति के समर्पण हो जाता है। पुनः मन भी दूसरे के समर्पण नहीं हो सकता क्योंकि मन ही के साथ तन का भी समर्पण करना बन सकता है और जो करें तो व्यभिचारी कहावेंगे। अब रहा धन उस की भी यही लीला समझो अर्थात् मन के विना कुछ भी अर्पण नहीं हो सकता।

इन गोसांइयों का अभिप्राय यह है कि कमावें तो चेला और आनन्द करें हम। जितने वल्लभ सम्प्रदायी गोसाईं लोग हैं वे अब लों तैलङ्गी जाति में नहीं हैं और जो कोई इन को भूले भटके लड़की देता है वह भी जातिबाह्य होकर भ्रष्ट हो जाता है क्योंकि ये जाति से पतित किये गये और विद्याहीन रात दिन प्रमाद में रहते हैं।

और देखिये! जब कोई गोसाईं जी की पधरावनी करता है तब उसके घर पर जाकर, चुपचाप काठ की पुतली के समान बैठा रहता है; न कुछ बोलता न चालता। बिचारा बोले तो तब जो मूर्ख न होवे। 'मूर्खाणां बलं मौनम्' क्योंकि मूर्खों का बल मौन है जो बोले तो उस की पोल निकल जाय परन्तु स्त्रियों की ओर खूब ध्यान लगा के ताकता रहता है। और जिस की ओर गोसाईं जी देखें तो जानो बड़े ही भाग्य की बात है और उसका पति, भाई, बन्धु, माता, पिता बड़े प्रसन्न होते हैं। वहां सब स्त्रियां गोसाईं जी के पग छूती हैं। जिस पर गोसाईं जी का मन लगे वा कृपा हो उस की अंगुली पैर से दबा देते हैं। वह स्त्री और उस के पति आदि अपना धन्य भाग्य समझते हैं और उस स्त्री से उस के पति आदि सब कहते हैं कि तू गोसाईं जी की चरणसेवा में जा। और जहां कहीं उस के पति आदि प्रसन्न नहीं होते वहां दूती और कुटनियों से काम सिद्ध करा लेते हैं। सच पूछो तो ऐसे काम करने वाले उन के मन्दिरों में और उन के समीप बहुत से रहा करते हैं।

अब इन की दक्षिणा की लीला अर्थात् इस प्रकार मांगते हैं-लाओ भेंट गोसाईं जी की, बहू जी की, लाल जी की, बेटी जी की, मुखिया जी की, बाहरिया जी की, गवैया जी की और ठाकुर जी की। इन सात-आठ दुकानों से यथेष्ट माल मारते हैं। जब कोई गोसाईं जी का सेवक मरने लगता है तब उस की छाती में पग गोसाईं जी धरते हैं और जो कुछ मिलता है उस को गोसाईं जी 'गड़क्क' कर जाते हैं। क्या यह काम महाब्राह्मण और कर्टिया वा मुर्दावली के समान नहीं है?

कोई-कोई चेला विवाह में गुसाईं जी को बुला कर उन्हीं से लड़के-लड़की का पाणिग्रहण कराते हैं और कोई-कोई सेवक जब केशरिया स्नान अर्थात् गोसाईं

जी के शरीर पर स्त्री लोग केशर का उबटना करके फिर एक बड़े पात्र में पट्टा रख के गोसाईं जी को स्त्री पुरुष मिल के स्नान कराते हैं परन्तु विशेष स्त्रीजन स्नान कराती हैं। पुनः जब गोसाईं जी पीताम्बर पहिर और खड़ाऊं पर चढ़ बाहर निकल आते हैं और धोती उसी में पटक देते हैं। फिर उस जल का आचमन उस के सेवक करते हैं और अच्छे मसाला धरके पान बीड़ा गोसाईं जी को देते हैं। वह चाब कर कुछ निगल जाते हैं, शेष एक चांदी के कटोरे में जिस को उन का सेवक मुख के आगे कर देता है उस में पीक उगल देते हैं। उस की भी प्रसादी बंटती है जिस को 'खास' प्रसादी कहते हैं। अब विचारिये कि ये लोग किस प्रकार के मनुष्य हैं। जो मूढ़पन और अनाचार होगा तो इतना ही होगा!

बहुत से समर्पण लेते हैं। उन में से कितने ही वैष्णवों के हाथ का खाते हैं। अन्य का नहीं। कितने ही वैष्णवों के हाथ का भी नहीं खाते; लकड़े लों धो लेते हैं परन्तु आटा, गुड़, चीनी, घी आदि धोये विना उनका अस्पर्श बिगड़ जाता है। क्या करें विचारे! जो इन को धोवें तो पदार्थ ही हाथ से खो बैठें।

वे कहते हैं कि हम ठाकुर जी के रङ्ग, राग, भोग में बहुत सा धन लगा देते हैं परन्तु वे रङ्ग, राग भोग आप ही करते हैं। और सच पूछो तो बड़े-बड़े अनर्थ होते हैं। अर्थात् होली के समय पिचकारियां भर कर स्त्रियों के अस्पर्शनीय अवयव अर्थात् जो गुप्त स्थान हैं उन पर मारते हैं। और रसविक्रय ब्राह्मण के लिए निषिद्ध कर्म है उस को भी करते हैं।

(प्रश्न) गुसाईं जी रोटी, दाल, कढ़ी, भात, शाक और मठरी तथा लड्डू आदि को प्रत्यक्ष हाट में बैठ के तो नहीं बेचते किन्तु अपने नौकर चाकरों को पत्तलें बांट देते हैं वे लोग बेचते हैं गुसाईं जी नहीं।

(उत्तर) गोसाईं जी उन को मासिक रुपये देवें तो वे पत्तलें क्यों लेवें? गुसाईं जी अपने नौकरों के हाथ दाल, भात आदि नौकरी के बदले में बेच देते हैं तो वे ले जाकर हाट बाजार में बेचते हैं। जो गुसाईं जी स्वयं बाहर बेचते तो नौकर जो ब्राह्मणादिक हैं वे तो रसविक्रय दोष से बच जाते। और अकेले गोसाईं जी ही रसविक्रयरूपी पाप के भागी होते। प्रथम तो इस पाप में आप डूबे फिर औरों को भी समेटा और कहीं-कहीं नाथद्वारा आदि में गोसाईं जी भी बेचते हैं। रसविक्रय करना नीचों का काम है, उत्तमों का नहीं। ऐसे-ऐसे लोगों ने इस आर्य्यावर्त्त की अधोगति कर दी।

(प्रश्न) स्वामीनारायण का मत कैसा है?

(उत्तर) **'यादृशी शीतला देवी तादृशो वाहनः खरः।'** जैसी गुसाईं जी की धनहरणादि में विचित्र लीला है वैसी ही स्वामीनारायण की भी है। एक 'सहजानन्द' नामक अयोध्या के समीप एक ग्राम का जन्मा हुआ था। वह ब्रह्मचारी होकर गुजरात, काठियावाड़, कच्छ, भुज आदि देशों में फिरता था। उसने देखा कि यह देश मूर्ख भोला भाला है। चाहें जैसे इन को अपने मत में झुका लें वैसे ही ये लोग झुक सकते हैं। वहां उस ने दो चार शिष्य बनाये। उन ने आपस में सम्मति कर प्रसिद्ध किया कि सहजानन्द नारायण का अवतार और बड़ा सिद्ध है। और भक्तों को चतुर्भुज मूर्ति धारण कर साक्षात् दर्शन भी देता है।

एक वार काठियावाड़ में किसी काठी अर्थात् जिस का **'दादाखाचर'** गड्ढे का भूमिया (ज़िमीदार) था। उस को शिष्यों ने कहा कि-तुम चतुर्भुज नारायण का

दर्शन करना चाहो तो हम सहजानन्द जी से प्रार्थना करें? उस ने कहा बहुत अच्छी बात है। वह भोला आदमी था। एक कोठरी में सहजानन्द ने शिर पर मुकट धारण कर और शंख, चक्र अपने हाथ में ऊपर को धारण किया और एक दूसरा आदमी उसके पीछे खड़ा रह कर गदा, पद्म अपने हाथ में लेकर सहजानन्द की बगल में से आगे को हाथ निकाल चतुर्भुज के तुल्य बन ठन गये। दादाखाचर से उन के चेलों ने कहा कि एक बार आंख उठा कर देख के फिर आंख मींच लेना और झट इधर को चले आना। जो बहुत देखोगे तो नारायण कोप करेंगे अर्थात् चेलों के मन में तो यह था कि हमारे कपट की परीक्षा न कर लेवे। उस को ले गये, वह सहजानन्द कलाबत्तू और चलकते हुए रेशमी कपड़े धारण किये था। अन्धेरी कोठरी में खड़ा था। उस के चेलों ने एकदम लालटेन से कोठरी की ओर उजाला किया। दादाखाचर ने देखा तो चतुर्भुज मूर्त्ति दीखी, फिर झट दीपक को आड़ में कर दिया। वे सब नीचे गिर, नमस्कार कर दूसरी ओर चले आये और उसी समय बीच में बातें कीं कि तुम्हारा धन्य भाग्य है। अब तुम महाराज के चेले हो जाओ। उस ने कहा बहुत अच्छी बात। जब लों फिर के दूसरे स्थान में गये तब लों दूसरे वस्त्र धारण करके सहजानन्द गद्दी पर बैठा मिला। तब चेलों ने कहा कि देखो अब दूसरा रूप धारण करके यहां विराजमान हैं। वह दादाखाचर इन के जाल में फंस गया। वहीं से उन के मत की जड़ जमी क्योंकि वह एक बड़ा भूमिया था। वहीं अपनी जड़ जमा ली, पुनः इधर उधर घूमता रहा। सब को उपदेश करता था, बहुतों को साधु भी बनाता था। कभी-कभी किसी साधु की कण्ठ की नाड़ी को मल कर मूर्छित भी कर देता था और सब से कहता था कि हमने इन को समाधि चढ़ा दी है। ऐसी-ऐसी धूर्त्तता में काठियावाड़ के भोले भाले लोग उसके पेच में फंस गये। जब वह मर गया तब उस के चेलों ने बहुत सा पाखण्ड फैलाया।

इस में यह दृष्टान्त उचित होगा कि जैसे कोई एक चोरी करता पकड़ा गया था। न्यायाधीश ने उस की नाक काट डालने का दण्ड किया। जब उस की नाक काटी गई तब वह धूर्त्त नाचने गाने और हंसने लगा। लोगों ने पूछा कि तू क्यों हंसता है? उस ने कहा कुछ कहने की बात नहीं है। लोगों ने पूछा-ऐसी कौन सी बात है? उस ने कहा बड़ी भारी आश्चर्य की बात है, हम ने ऐसी कभी नहीं देखी। लोगों ने कहा-कहो! क्या बात है? उस ने कहा कि मेरे सामने साक्षात् चतुर्भुज नारायण खड़े हैं। मैं देख कर बड़ा प्रसन्न होकर नाचता गाता अपने भाग्य को धन्यवाद देता हूं कि मैं नारायण का साक्षात् दर्शन कर रहा हूं। लोगों ने कहा हम को दर्शन क्यों नहीं होता? वह बोला नाक की आड़ हो रही है। जो नाक कटवा डालो तो नारायण दीखे, नहीं तो नहीं। उन में से किसी मूर्ख ने कहा कि नाक जाय तो जाय परन्तु नारायण का दर्शन अवश्य करना चाहिये। उस ने कहा कि मेरी भी नाक काटो, नारायण को दिखलाओ। उस ने उस की नाक काट कर कान में कहा कि तू भी ऐसा ही कर, नहीं तो मेरा और तेरा उपहास होगा। उस ने भी समझा कि अब नाक तो आती नहीं इसलिए ऐसा ही कहना ठीक है। तब तो वह भी वहां उसी के समान नाचने, कूदने, गाने, बजाने, हंसने और कहने लगा कि मुझ को भी नारायण दीखता है। वैसे होते-होते एक सहस्र मनुष्य का झुण्ड हो गया और बड़ा कोलाहल मचा और अपने सम्प्रदाय का नाम 'नारायणदर्शी' रक्खा। किसी मूर्ख राजा ने सुना, उन को बुलाया। जब राजा उन के पास गया तब तो

वे बहुत नाचने, कूदने, हंसने लगे। तब राजा ने पूछा कि यह क्या बात है। उन्होंने कहा कि साक्षात् नारायण हम को दीखता है।

(राजा) हम को क्यों नहीं दीखता?

(नारायणदर्शी) जब तक नाक है तब तक नहीं दीखेगा और जब नाक कटवा लोगे तब नारायण प्रत्यक्ष दीखेंगे। उस राजा ने विचारा कि यह बात ठीक है।

ज्योतिषी जी! मुहूर्त्त देखिये।

ज्योतिषी जी ने उत्तर दिया–जो हुकम अन्नदाता! दशमी के दिन प्रातःकाल आठ बजे नाक कटवाने और नारायण के दर्शन करने का बड़ा अच्छा मुहूर्त्त है। वाह रे पोप जी! अपनी पोथी में नाक काटने कटवाने का भी मुहूर्त्त लिख दिया। जब राजा की इच्छा हुई और उन सहस्र नकटों के सीधे बांध दिये तब तो वे बड़े ही प्रसन्न होकर नाचने, कूदने और गाने लगे। यह बात राजा के दीवान आदि कुछ-कुछ बुद्धि वालों को अच्छी न लगी। राजा के एक चार पीढ़ी का बूढ़ा ९० वर्ष का दीवान था। उस को जाकर उस के परपोते ने जो कि उस समय दीवान था; वह बात सुनाई। तब उस वृद्ध ने कहा कि वे धूर्त्त हैं। तू मुझ को राजा के पास ले चल। वह ले गया। बैठते समय राजा ने बड़े हर्षित होके उन नाककटों की बातें सुनाईं। दीवान ने कहा कि सुनिये महाराज! ऐसी शीघ्रता न करनी चाहिए। विना परीक्षा किये पश्चात्ताप होता है।

(राजा) क्या वे सहस्र पुरुष झूठ बोलते होंगे?

(दीवान) झूठ बोलो या सच, विना परीक्षा के सच झूठ कैसे कह सकते हैं?

(राजा) परीक्षा किस प्रकार करनी चाहिए।

(दीवान) विद्या, सृष्टिक्रम, प्रत्यक्षादि प्रमाणों से।

(राजा) जो पढ़ा न हो वह परीक्षा कैसे करे?

(दीवान) विद्वानों के संग से ज्ञान की वृद्धि करके।

(राजा) जो विद्वान् न मिले तो?

(दीवान) पुरुषार्थी को कोई बात दुर्लभ नहीं है।

(राजा) तो आप ही कहिए कैसा किया जाय?

(दीवान) मैं बुड्ढा और घर में बैठा रहता हूं और अब थोड़े दिन जीऊंगा भी। इसलिए प्रथम परीक्षा मैं कर लेऊँ। तत्पश्चात् जैसा उचित समझें वैसा कीजियेगा।

(राजा) बहुत अच्छी बात है। ज्योतिषी जी! दीवान जी के लिये मुहूर्त्त देखो।

(ज्योतिषी) जो महाराज की आज्ञा। यही शुक्ल पञ्चमी १० बजे का मुहूर्त्त अच्छा है। जब पञ्चमी आई तब राजा जी के पास आ कर आठ बजे बुड्ढे दीवान जी ने राजा जी से कहा कि सहस्र दो सहस्र सेना लेके चलना चाहिए।

(राजा) वहां सेना का क्या काम है?

(दीवान) आपको राज्यव्यवस्था की जानकारी नहीं है। जैसा मैं कहता हूं वैसा कीजिये।

(राजा) अच्छा जाओ भाई, सेना को तैयार करो। साढ़े नौ बजे सवारी करके राजा सब को लेकर गया। उस को देख कर वे नाचने और गाने लगे। जाकर

बैठे। उनके महन्त जिस ने यह सम्प्रदाय चलाया था, जिस की प्रथम नाक कटी थी उस को बुलाकर कहा कि आज हमारे दीवान जी को नारायण का दर्शन कराओ। उस ने कहा अच्छा। दश बजे का समय जब आया तब एक थाली मनुष्य ने नाक के नीचे पकड़ रक्खी। उस ने पैना चाकू ले नाक काट थाली में डाल दी और दीवान जी की नाक से रुधिर की धार छूटने लगी। दीवान जी का मुख मलिन पड़ गया। फिर उस धूर्त्त ने दीवान जी के कान में मन्त्रोपदेश किया कि आप भी हंसकर सब से कहिये कि मुझ को नारायण दीखता है। अब नाक कटी हुई नहीं आवेगी। जो ऐसा ना कहोगे तो तुम्हारा बड़ा ठठ्ठा होगा, सब लोग हंसी करेंगे। वह इतना कह अलग हुआ और दीवान जी ने अंगोछा हाथ में ले नाक की आड़ में लगा दिया। जब दीवान जी से राजा ने पूछा, कहिये! नारायण दीखता है वा नहीं? दीवान जी ने राजा के कान में कहा कि कुछ भी नहीं दीखता। वृथा इस धूर्त्त ने सहस्रों मनुष्यों को भ्रष्ट किया। राजा ने दीवान से कहा अब क्या करना चाहिये? दीवान ने कहा—इन को पकड़ के कठिन दण्ड देना चाहिए। जब लों जीवें तब लों बन्दीघर में रखना चाहिए और इस दुष्ट को कि जिस ने इन सब को बिगाड़ा है गधे पर चढ़ा बड़ी दुर्दशा के साथ मारना चाहिए। जब राजा और दीवान कान में बातें करने लगे तब उन्होंने डरके भागने की तैयारी की परन्तु चारों और फौज ने घेरा दे रक्खा था, न भाग सके। राजा ने आज्ञा दी कि सब को पकड़ बेड़ियां डाल दो और इस दुष्ट का काला मुख कर गधे पर चढ़ा, इस के कण्ठ में फटे जूतों का हार पहिना सर्वत्र घुमा छोकरों से धूड़ राख इस पर डलवा चौक-चौक में जूतों से पिटवा कुत्तों से लुंचवा मरवा डाला जावे। जो ऐसा न होवे तो पुनः दूसरे भी ऐसा काम करते न डरेंगे। जब ऐसा हुआ तब नाककटे का सम्प्रदाय बन्द हुआ।

इसी प्रकार सब वेदविरोधी दूसरों का धन हरने में बड़े चतुर हैं। यह सम्प्रदायों की लीला है। ये स्वामिनारायण मत वाले धनहरे छल कपटयुक्त काम करते हैं। कितने ही मूर्खों के बहकाने के लिये मरते समय कहते हैं कि सफेद घोड़े पर बैठ सहजानन्द जी मुक्ति को ले जाने के लिये आये हैं और नित्य इस मन्दिर में एक बार आया करते हैं।

जब मेला होता है तब मन्दिर के भीतर पुजारी रहते हैं और नीचे दुकान लगा रक्खी है। मन्दिर में से दुकान में जाने का छिद्र रखते हैं। जो किसी का नारियल चढ़ाया वही दुकान में फेंक दिया अर्थात् इसी प्रकार एक नारियल दिन में सहस्र बार बिकता है। ऐसे ही सब पदार्थों को बेचते हैं।

जिस जाति का साधु हो उन से वैसा ही काम कराते हैं। जैसे नापित हो उस से नापित का, कुम्हार से कुम्हार का, शिल्पी से शिल्पी का, बनिये से बनिये का और शूद्र से शूद्रादि का काम लेते हैं।

अपने चेलों पर एक कर (टिक्कस) बांध रक्खा है। लाखों क्रोड़ों रुपये ठग के एकत्र कर लिये हैं और करते जाते हैं। जो गद्दी पर बैठता है वह गृहस्थ (विवाह) करता है, आभूषणादि पहिनता है। जहां कहीं पधरावनी होती है वहां गोकुलिये के समान गोसाईं जी, बहू जी आदि के नाम से भेंट पूजा लेते हैं। अपने 'सत्सङ्गी' और दूसरे मत वालों को 'कुसङ्गी' कहते हैं। अपने सिवाय दूसरा कैसा ही उत्तम धार्मिक, विद्वान् पुरुष क्यों न हो परन्तु उस का मान्य और सेवा कभी

नहीं करते क्योंकि अन्य मतस्थ की सेवा करने में पाप गिनते हैं। प्रसिद्धि में उन के साधु स्त्रीजनों का मुख नहीं देखते परन्तु गुप्त न जाने क्या लीला होती होगी? इस की प्रसिद्धि सर्वत्र न्यून हुई है। कहीं-कहीं साधुओं की परस्त्रीगमनादि लीला प्रसिद्ध हो गई है। और उन में जो-जो बड़े-बड़े हैं वे जब मरते हैं तब उन को गुप्त कुवे में फेंक देकर प्रसिद्ध करते हैं कि अमुक महाराज सदेह वैकुण्ठ में गये। सहजानन्द जी आके ले गये। हम ने बहुत प्रार्थना करी कि महाराज इन को न ले जाइये क्योंकि इस महात्मा के यहां रहने से अच्छा है। सहजानन्द जी ने कहा कि नहीं अब इन की वैकुण्ठ में बहुत आवश्यकता है इसलिए ले जाते हैं। हम ने अपनी आंख से सहजानन्द जी को और विमान को देखा तथा जो मरने वाले थे उन को विमान में बैठा दिया। ऊपर को ले गये और पुष्पों की वर्षा करते गये।

और जब कोई साधु बीमार पड़ता है और उस के बचने की आशा नहीं होती तब कहता है कि मैं कल रात को वैकुण्ठ में जाऊंगा। सुना है कि उस रात में जो उस के प्राण न छूटे और मूर्छित हो गया हो तो भी कुवे में फेंक देते हैं क्योंकि जो उस रात को न फेंक दें तो झूठे पड़ें इसलिये ऐसा काम करते होंगे। ऐसे ही जब गोकुलिया गोसाईं मरता है तब उन के चेले कहते हैं कि गोसाईं जी लीला विस्तार कर गये।

जो इन गोसाईं, स्वामीनारायणवालों का उपदेश करने का मन्त्र है वह एक ही है। **'श्रीकृष्णः शरणं मम।'** इसका अर्थ ऐसा करते हैं कि श्रीकृष्ण मेरा शरण है अर्थात् मैं श्रीकृष्ण के शरणागत हूं परन्तु इस का अर्थ श्रीकृष्ण मेरे शरण को प्राप्त अर्थात् मेरे शरणागत हों ऐसा भी हो सकता है। ये सब जितने मत हैं वे विद्याहीन होने से ऊटपटांग शास्त्रविरुद्ध वाक्यरचना करते हैं क्योंकि उन को विद्या के नियम की जानकारी नहीं।

(प्रश्न) माध्व मत तो अच्छा है?

(उत्तर) जैसे अन्य मतावलम्बी हैं वैसा ही माध्व भी है क्योंकि ये भी चक्राङ्कित होते हैं। इन में चक्राङ्कितों से इतना विशेष है कि रामानुजीय एक वार चक्राङ्कित होते हैं और माध्व वर्ष-वर्ष में फिर-फिर चक्राङ्कित होते जाते हैं। चक्राङ्कित कपाल में पीली रेखा और माध्व काली रेखा लगाते हैं। एक माध्व पण्डित से किसी एक महात्मा का शास्त्रार्थ हुआ था-

(महात्मा) तुम ने यह काली रेखा और चांदला (तिलक) क्यों लगाया?

(शास्त्री) इसके लगाने से हम वैकुण्ठ को जायेंगे और श्रीकृष्ण का भी शरीर श्याम रंग था इसलिए हम काला तिलक करते हैं।

(महात्मा) जो काली रेखा और चांदला लगाने से वैकुण्ठ में जाते हों तो सब मुख काला कर लेओ तो कहां जाओगे? क्या वैकुण्ठ के भी पार उतर जाओगे? और जैसा श्रीकृष्ण का सब शरीर काला था। वैसा तुम भी सब शरीर काला कर लिया करो तब श्रीकृष्ण का सादृश्य हो सकता है। इसलिए यह भी पूर्वों के सदृश है।

(प्रश्न) लिङ्गाङ्कित का मत कैसा है?

(उत्तर) जैसा चक्राङ्कित का। जैसे चक्राङ्कित चक्र से दागे जाते और नारायण के विना किसी को नहीं मानते वैसे लिङ्गाङ्कित लिङ्गाकृति से दागे जाते और विना महादेव के अन्य किसी को नहीं मानते। इन में विशेष यह है कि लिङ्गाङ्कित पाषाण

का एक लिङ्ग सोने अथवा चांदी में मढ़वा के गले में डाल रखते हैं। जब पानी भी पीते हैं तब उसको दिखा के पीते हैं। उनका भी मन्त्र शैव के तुल्य रहता है।

ब्राह्मसमाज और प्रार्थनासमाज

(प्रश्न) ब्राह्मसमाज और प्रार्थनासमाज तो अच्छा है वा नहीं?

(उत्तर) कुछ-कुछ बातें अच्छी और बहुत सी बुरी हैं।

(प्रश्न) ब्राह्मसमाज और प्रार्थनासमाज सब से अच्छा है क्योंकि इस के नियम बहुत अच्छे हैं।

(उत्तर) नियम सर्वांश में अच्छे नहीं क्योंकि वेदविद्याहीन लोगों की कल्पना सर्वथा सत्य क्योंकर हो सकती है? जो कुछ ब्राह्मसमाज और प्रार्थनासमाजियों ने ईसाई मत में मिलने से थोड़े मनुष्यों को बचाये और कुछ-कुछ पाषाणादि मूर्त्तिपूजा को हटाया अन्य जाल ग्रन्थों के फन्द से भी कुछ बचाये इत्यादि अच्छी बातें हैं।

१-परन्तु इन लोगों में **स्वदेशभक्ति बहुत न्यून** है। ईसाइयों के आचरण बहुत से ले लिये हैं। खानपान विवाहादि के नियम भी बदल दिये हैं।

२-**अपने देश की प्रशंसा वा पूर्वजों की बड़ाई करनी तो दूर उस के स्थान में पेट भर निन्दा करते हैं। व्याख्यानों में ईसाई आदि अंगरेजों की प्रशंसा भरपेट करते हैं।** ब्रह्मादि महर्षियों का नाम भी नहीं लेते प्रत्युत ऐसा कहते हैं कि **विना अंगरेजों के सृष्टि में आज पर्यन्त कोई भी विद्वान् नहीं हुआ। आर्य्यावर्त्ती लोग सदा से मूर्ख चले आये हैं। इन की उन्नति कभी नहीं हुई।**

३-वेदादिकों की प्रतिष्ठा तो दूर रही परन्तु निन्दा करने से भी पृथक् नहीं रहते। ब्राह्मसमाज के उद्देश्य के पुस्तक में **साधुओं की संख्या में 'ईसा', 'मूसा', 'मुहम्मद', 'नानक' और 'चैतन्य' लिखे हैं। किसी ऋषि महर्षि का नाम भी नहीं लिखा।** इस से जाना जाता है कि इन लोगों ने जिन का नाम लिखा है उन्हीं के मतानुसारी मत वाले हैं। **भला ! जब आर्य्यावर्त्त में उत्पन्न हुए हैं और इसी देश का अन्न जल खाया पिया, अब भी खाते पीते हैं। अपने माता, पिता, पितामहादि के मार्ग को छोड़ दूसरे विदेशी मतों पर अधिक झुक जाना, ब्राह्मसमाजी और प्रार्थनासमाजियों का एतद्देशस्थ संस्कृत विद्या से रहित अपने को विद्वान् प्रकाशित करना, इंगलिश भाषा पढ़के पण्डिताभिमानी होकर झटिति एक मत चलाने में प्रवृत्त होना, मनुष्यों का स्थिर और वृद्धिकारक काम क्योंकर हो सकता है?**

४-अंगरेज, यवन, अन्त्यजादि से भी खाने का भेद नहीं रक्खा। इन्होंने यही समझा होगा कि खाने पीने और जातिभेद तोड़ने से हम और हमारा देश सुधर जायेगा परन्तु ऐसी बातों से सुधार तो कहां है, उल्टा बिगाड़ होता है।

५-**(प्रश्न)** जातिभेद ईश्वरकृत है वा मनुष्यकृत?

(उत्तर) ईश्वरकृत और मनुष्यकृत भी जातिभेद है।

(प्रश्न) कौन से ईश्वरकृत और कौन से मनुष्यकृत?

(उत्तर) मनुष्य, पशु, पक्षी, वृक्ष, जलजन्तु आदि जातियां परमेश्वरकृत हैं। जैसे पशुओं में गौ, अश्व, हस्ति आदि जातियां, वृक्षों में पीपल, वट, आम्र आदि; पक्षियों में हंस, काक, वकादि; जलजन्तुओं में मत्स्य, मकरादि जातिभेद हैं । वैसे मनुष्यों में ब्राह्मण, क्षत्रिय, वैश्य, शूद्र, अन्त्यज जातिभेद हैं; ईश्वरकृत हैं परन्तु

मनुष्यों में ब्राह्मणादि को सामान्य जाति में नहीं किन्तु सामान्य विशेषात्मक जाति में गिनते हैं। जैसे पूर्व वर्णाश्रमव्यवस्था में लिख आये वैसे ही गुण, कर्म, स्वभाव से वर्णव्यवस्था माननी अवश्य हैं। इसमें मनुष्यकृतत्व उनके गुण, कर्म, स्वभाव से पूर्वोक्तानुसार ब्राह्मण, क्षत्रिय, वैश्य, शूद्रादि वर्णों की परीक्षापूर्वक व्यवस्था करनी राजा और विद्वानों का काम है। भोजनभेद भी ईश्वरकृत और मनुष्यकृत भी है। जैसे सिंह मांसाहारी और अर्णाभैंसा घासादि का आहार करते हैं यह ईश्वरकृत और देशकाल वस्तु भेद से भोजनभेद मनुष्यकृत है।

देखो! यूरोपियन लोग मुंडे जूते, कोट पतलून पहरते, होटल में सब के हाथ का खाते हैं इसीलिए अपनी बढ़ती करते जाते हैं।

(उत्तर) यह तुम्हारी भूल है क्योंकि मुसलमान अन्त्यज लोग सब के हाथ का खाते हैं पुनः उन की उन्नति क्यों नहीं होती? जो यूरोपियनों में बाल्यावस्था में विवाह न करना, लड़का-लड़की को विद्या सुशिक्षा करना कराना, स्वयंवर विवाह होना, बुरे-बुरे आदमियों का उपदेश नहीं होता। वे विद्वान् होकर जिस किसी के पाखण्ड में नहीं फंसते, जो कुछ करते हैं वह सब परस्पर विचार और सभा से निश्चित करके करते हैं। अपनी स्वजाति की उन्नति के लिये तन, मन, धन व्यय करते हैं। आलस्य को छोड़ उद्योग किया करते हैं।

देखो ! अपने देश के बने हुए जूते को कार्यालय (आफिस) और कचहरी में जाने देते हैं इस देशी जूते को नहीं। इतने ही में समझ लेओ कि अपने देश के बने जूतों का भी कितना मान प्रतिष्ठा करते हैं, उतना भी अन्य देशस्थ मनुष्यों का नहीं करते। देखो ! कुछ सौ वर्ष से ऊपर इस देश में आये यूरोपियनों को हुए और आज तक ये लोग मोटे कपड़े आदि पहिरते हैं जैसा कि स्वदेश में पहिरते थे परन्तु **उन्होंने अपने देश का चाल चलन नहीं छोड़ा और तुम में से बहुत से लोगों ने उनका अनुकरण कर लिया। इसी से तुम निर्बुद्धि और वे बुद्धिमान् ठहरते हैं।** अनुकरण का करना किसी बुद्धिमान् का काम नहीं। और जो जिस काम पर रहता है उस को यथोचित करता है। आज्ञानुवर्ती बराबर रहते हैं। अपने देशवालों को व्यापार आदि में सहाय देते हैं; इत्यादि गुणों और अच्छे-अच्छे कर्मों से उन की उन्नति है। मुण्डे जूते, कोट, पतलून, होटल में खाने पीने आदि साधारण और बुरे कामों से नहीं बढ़े हैं। और इन में जातिभेद भी है। देखो ! जब कोई यूरोपियन चाहै कितने बड़े अधिकार पर और प्रतिष्ठित हो किसी अन्य देश अन्य मत वालों की लड़की वा यूरोपियन की लड़की अन्य देशवाले से विवाह कर लेती है तो उसी समय उस का निमन्त्रण, साथ बैठ कर खाने और विवाह आदि को अन्य लोग बंध कर देते हैं। यह जातिभेद नहीं तो क्या है? और तुम भोले भालों को बहकाते हैं कि हम में जातिभेद नहीं। तुम अपनी मूर्खता से मान भी लेते हो। इसलिये जो कुछ करना वह सोच-विचार कर करना चाहिये जिसमें पुनः पश्चात्ताप करना न पड़े।

देखो! वैद्य और औषध की आवश्यकता रोगी के लिए है; नीरोग के लिये नहीं। विद्यावान् नीरोग और विद्यारहित अविद्यारोग से ग्रस्त रहता है। उस रोग के छुड़ाने के लिये सत्य विद्या और सत्योपदेश है। उन को अविद्या से यह रोग है कि खाने पीने ही में धर्म्म रहता और जाता है। जब किसी को खाने पीने में अनाचार करता देखते हैं तब कहते और जानते हैं कि वह धर्म्मभ्रष्ट हो गया। उस की बात

न सुनते और न उस के पास बैठते, न उस को अपने पास बैठने देते।

अब कहिये कि तुम्हारी विद्या स्वार्थ के लिये है अथवा परमार्थ के लिये। परमार्थ तो तभी होता कि जब तुम्हारी विद्या से उन अज्ञानियों को लाभ पहुंचता। जो कहो कि वे नहीं लेते हम क्या करें? यह तुम्हारा दोष है उन का नहीं। क्योंकि तुम जो अपना आचरण अच्छा रखते तो तुम से प्रेम कर वे उपकृत होते, सो तुम ने सहस्त्रों का उपकार-नाश करके अपना ही सुख किया सो यह तुम को बड़ा अपराध लगा, क्योंकि **परोपकार करना धर्म्म और परहानि करना अधर्म्म कहाता है। इसलिए विद्वान् को यथायोग्य व्यवहार करके अज्ञानियों को दुःखसागर से तारने के लिये नौकारूप होना चाहिये। सर्वथा मूर्खों के सदृश कर्म न करने चाहिए किन्तु जिस में उन की और अपनी दिन प्रतिदिन उन्नति हो वैसे कर्म करने उचित हैं।**

(प्रश्न) हम कोई पुस्तक ईश्वरप्रणीत वा सर्वांश सत्य नहीं मानते क्योंकि मनुष्यों की बुद्धि निर्भ्रान्त नहीं होती, इस से उन के बनाये ग्रन्थ सब भ्रान्त होते हैं। इसलिये हम सब से सत्य ग्रहण करते और असत्य को छोड़ देते हैं। चाहे सत्य वेद में, बाइबिल में वा कुरान में और अन्य किसी ग्रन्थ में हो; हम को ग्राह्य है; असत्य किसी का नहीं।

(उत्तर) जिस बात से तुम सत्यग्राही होना चाहते हो उसी बात से असत्यग्राही भी ठहरते हो क्योंकि जब सब मनुष्य भ्रान्तिरहित नहीं हो सकते तो तुम भी मनुष्य होने से भ्रान्तिसहित हो। जब भ्रान्तिसहित के वचन सर्वांश में प्रामाणिक नहीं होते तो तुम्हारे वचन का भी विश्वास नहीं होगा। फिर तुम्हारे वचन पर भी सर्वथा विश्वास न करना चाहिये। जब ऐसा है तो विषयुक्त अन्न के समान त्याग के योग्य हैं। फिर तुम्हारे व्याख्यान पुस्तक बनाये का प्रमाण किसी को भी न करना चाहिये। **'चले तो चौबे जी छब्बे जी बनने को, गांठ के दो खोकर दुबे जी बन गये।'** कुछ तुम सर्वज्ञ नहीं जैसे कि अन्य मनुष्य सर्वज्ञ नहीं हैं। कदाचित् भ्रम से असत्य को ग्रहण कर सत्य को छोड़ भी देते होगे। इसलिये सर्वज्ञ परमात्मा के वचन का सहाय हम अल्पज्ञों को अवश्य होना चाहिए।

जैसा कि वेद के व्याख्यान में लिख आये हैं वैसा तुम को अवश्य ही मानना चाहिए। नहीं तो **'यतो भ्रष्टस्ततो भ्रष्टः'** हो जाना है। जब सर्व सत्य वेदों से प्राप्त होता है, जिन में असत्य कुछ भी नहीं तो उनका ग्रहण करने में शंका करनी अपनी और पराई हानिमात्र कर लेनी है। इसी बात से तुम को आर्य्यावर्त्तीय लोग अपने नहीं समझते और तुम आर्य्यावर्त्त की उन्नति के कारण भी नहीं हो सके क्योंकि तुम सब घर के भिक्षुक ठहरे। तुम ने समझा है कि इस बात से हम लोग अपना और पराया उपकार कर सकेंगे सो न कर सकोगे। जैसे किसी के दो ही माता-पिता सब संसार के लड़कों का पालन करने लगें। सब का पालन करना तो असम्भव है किन्तु उस बात से अपने लड़कों को भी नष्ट कर बैठें, वैसे ही आप लोगों की गति है। भला! वेदादि सत्य शास्त्रों को माने विना तुम अपने वचनों की सत्यता और असत्यता की परीक्षा और आर्य्यावर्त्त की उन्नति भी कभी कर सकते हो?

जिस देश को रोग हुआ है उस की औषधि तुम्हारे पास नहीं और यूरोपियन लोग तुम्हारी अपेक्षा नहीं करते और आर्य्यावर्त्तीय लोग तुम को अन्य मतियों के

सदृश समझते हैं। अब भी समझ कर वेदादि के मान्य से देशोन्नति करने लगो तो भी अच्छा है। जो तुम यह कहते हो कि सब सत्य परमेश्वर से प्रकाशित होता है पुनः ऋषियों के आत्माओं में ईश्वर से प्रकाशित हुए सत्यार्थ वेदों को क्यों नहीं मानते? हां! यही कारण है कि तुम लोग वेद नहीं पढ़े और न पढ़ने की इच्छा करते हो। क्योंकर तुम को वेदोक्त ज्ञान हो सकेगा?

६—दूसरा जगत् के उपादान कारण के विना जगत् की उत्पत्ति और जीव को भी उत्पन्न मानते हो, जैसा ईसाई और मुसलमान आदि मानते हैं। इस का उत्तर सृष्ट्युत्पत्ति और जीवेश्वर की व्याख्या में देख लीजिए। कारण के विना कार्य का होना सर्वथा असम्भव और उत्पन्न वस्तु का नाश न होना भी वैसा ही असम्भव है।

७—एक यह भी तुम्हारा दोष है जो पश्चात्ताप और प्रार्थना से पापों की निवृत्ति मानते हो। इसी बात से जगत् में बहुत से पाप बढ़ गये हैं। क्योंकि पुराणी लोग तीर्थादि यात्रा से, जैनी लोग भी नवकार मन्त्र जप और तीर्थादि से; ईसाई लोग ईसा के विश्वास से; मुसलमान लोग 'तोबाः' करने से पाप का छूट जाना विना भोग के मानते हैं। इस से पापों से भय न होकर पाप में प्रवृत्ति बहुत हो गई है। इस बात में ब्राह्म और प्रार्थनासमाजी भी पुराणी आदि के समान हैं। जो वेदों को सुनते तो विना भोग के पाप पुण्य की निवृत्ति न होने से पापों से डरते और धर्म में सदा प्रवृत्त रहते। जो भोग के विना निवृत्ति मानें तो ईश्वर अन्यायकारी होता है।

८—जो तुम जीव की अनन्त उन्नति मानते हो सो कभी नहीं हो सकती क्योंकि ससीम जीव के गुण, कर्म, स्वभाव का फल भी ससीम होना अवश्य है।

(प्रश्न) परमेश्वर दयालु है। ससीम कर्मों का फल अनन्त दे देगा।

(उत्तर) ऐसा करे तो परमेश्वर का न्याय नष्ट हो जाय और सत्कर्मों की उन्नति भी कोई न करेगा। क्योंकि थोड़े से भी सत्कर्म का अनन्त फल परमेश्वर दे देगा और पश्चात्ताप वा प्रार्थना से पाप चाहें जितने हों छूट जायेंगे। ऐसी बातों से धर्म की हानि और पापकर्मों की वृद्धि होती है।

(प्रश्न) हम स्वाभाविक ज्ञान को वेद से बड़ा मानते हैं; नैमित्तिक को नहीं। क्योंकि जो स्वाभाविक ज्ञान परमेश्वरदत्त हम में न होता तो वेदों को भी कैसे पढ़ पढ़ा, समझ समझा सकते। इसलिए हम लोगों का मत बहुत अच्छा है।

(उत्तर) यह तुम्हारी बात निरर्थक है। क्योंकि जो किसी का दिया हुआ ज्ञान होता है वह स्वाभाविक नहीं होता। जो स्वाभाविक है वह सहज ज्ञान होता है और न वह बढ़ घट सकता। उस से उन्नति कोई भी नहीं कर सकता। क्योंकि जंगली मनुष्यों में भी स्वाभाविक ज्ञान है तो भी वे अपनी उन्नति नहीं कर सकते? और जो नैमित्तिक ज्ञान है वही उन्नति का कारण है। देखो! तुम हम बाल्यावस्था में कर्त्तव्याकर्त्तव्य और धर्माधर्म कुछ भी ठीक-ठीक नहीं जानते थे। जब हम विद्वानों से पढ़े तभी कर्त्तव्याकर्त्तव्य और धर्माधर्म को समझने लगे। इसलिए स्वाभाविक ज्ञान को सर्वोपरि मानना ठीक नहीं।

९—जो आप लोगों ने पूर्व और पुनर्जन्म नहीं माना है वह ईसाई मुसलमानों से लिया होगा। इस का भी उत्तर पुनर्जन्म की व्याख्या से समझ लेना। परन्तु इतना समझो कि **जीव शाश्वत अर्थात् नित्य है और उस के कर्म भी प्रवाहरूप से**

नित्य हैं। कर्म और कर्मवान् का नित्य सम्बन्ध होता है। क्या वह जीव कहीं निकम्मा बैठा रहा था? वा रहेगा? और परमेश्वर भी निकम्मा तुम्हारे कहने से होता है पूर्वापर जन्म न मानने से कृतहानि और **अकृताभ्यागम, नैर्घृण्य** और **वैषम्य** दोष भी ईश्वर में आते हैं, क्योंकि जन्म न हो तो पाप पुण्य के फल–भोग की हानि हो जाय। क्योंकि जिस प्रकार दूसरे को सुख, दुःख, हानि, लाभ पहुँचाया होता है वैसा उस का फल विना शरीर धारण किये नहीं होता। दूसरा पूर्वजन्म के पाप पुण्यों के विना सुख, दुःख की प्राप्ति इस जन्म में क्योंकर होवे? जो पूर्वजन्म के पाप पुण्यानुसार न होवे तो परमेश्वर अन्यायकारी और विना भोग किये नाश के समान कर्म का फल हो जावे इसलिए यह भी बात आप लोगों की अच्छी नहीं।

१०—और एक यह कि ईश्वर के विना दिव्य गुणवाले पदार्थों और विद्वानों को भी देव न मानना ठीक नहीं क्योंकि परमेश्वर महादेव और देव न होता तो सब देवों का स्वामी होने से महादेव क्यों कहाता?

११—एक अग्निहोत्रादि परोपकारक कर्मों को कर्त्तव्य न समझना अच्छा नहीं।

१२—ऋषि महर्षियों के किये उपकारों को न मानकर ईसा आदि के पीछे झुक पड़ना अच्छा नहीं।

१३—और विना कारणविद्या वेदों के अन्य कार्यविद्याओं की प्रवृत्ति मानना सर्वथा असम्भव है।

१४—और जो विद्या का चिह्न यज्ञोपवीत और शिखा को छोड़ मुसलमान ईसाइयों के सदृश बन बैठना यह भी व्यर्थ है। जब पतलून आदि वस्त्र पहिरते हो और 'तमगों' की इच्छा करते हो तो क्या यज्ञोपवीत आदि का कुछ बड़ा भार हो गया था?

१५—और ब्रह्मा से लेकर पीछे-पीछे आर्यावर्त्त में बहुत से विद्वान् हो गये हैं। उन की प्रशंसा न करके यूरोपियन ही की स्तुति में उतर पड़ना पक्षपात और खुशामद के विना क्या कहा जाए?

१६—और बीजांकुर के समान जड़चेतन के योग से जीवोत्पत्ति मानना, उत्पत्ति के पूर्व जीवतत्त्व का न मानना और उत्पन्न का न नाश मानना पूर्वापर विरुद्ध है। जो उत्पत्ति के पूर्व चेतन और जड़ वस्तु न था तो जीव कहां से आया और संयोग किन का हुआ? जो इन दोनों को सनातन मानते हो तो ठीक है परन्तु सृष्टि के पूर्व ईश्वर के विना दूसरे किसी तत्त्व को न मानना यह आपका पक्ष व्यर्थ हो जायेगा। **इसलिये जो उन्नति करना चाहो तो 'आर्य्यसमाज' के साथ मिलकर उस के उद्देश्यानुसार आचरण करना स्वीकार कीजिये, नहीं तो कुछ हाथ न लगेगा। क्योंकि हम और आपको अति उचित है कि जिस देश के पदार्थों से अपना शरीर बना; अब भी पालन होता है; आगे होगा; उसकी उन्नति तन, मन, धन से सब जने मिलकर प्रीति से करें। इसलिए जैसा आर्य्यसमाज आर्य्यावर्त्त देश की उन्नति का कारण है वैसा दूसरा नहीं हो सकता।** यदि इस समाज को यथावत् सहायता देवें तो बहुत अच्छी बात है, क्योंकि समाज का सौभाग्य बढ़ाना समुदाय का काम है; एक का नहीं।

(प्रश्न) आप सब का खण्डन करते ही आते हो परन्तु अपने-अपने धर्म में सब अच्छे हैं। खण्डन किसी का न करना चाहिए। जो करते हो तो आप

इन से विशेष क्या बतलाते हो। जो बतलाते हो तो क्या आप से अधिक वा तुल्य कोई पुरुष न था? और न है? ऐसा अभिमान करना आप को उचित नहीं, क्योंकि परमात्मा की सृष्टि में एक-एक से अधिक, तुल्य और न्यून बहुत हैं। किसी को घमण्ड करना उचित नहीं?

(उत्तर) धर्म सब का एक होता है वा अनेक? जो कहो अनेक होते हैं तो एक दूसरे के विरुद्ध होते हैं वा अविरुद्ध? जो कहो कि विरुद्ध होते हैं तो एक के विना दूसरा धर्म नहीं हो सकता और जो कहो कि अविरुद्ध हैं तो पृथक्-पृथक् होना व्यर्थ है। इसलिए धर्म और अधर्म एक ही हैं; अनेक नहीं। यही हम विशेष कहते हैं कि जैसे सब सम्प्रदायों के उपदेशकों को कोई राजा इकट्ठा करे तो एक सहस्र से कम नहीं होंगे परन्तु इन का मुख्य भाग देखो तो पुरानी, किरानी, जैनी और कुरानी चार ही हैं। क्योंकि इन चारों में सब सम्प्रदाय आ जाते हैं। कोई राजा उन की सभा करके वा कोई जिज्ञासु होकर प्रथम वाममार्गी से पूछे-हे महाराज! मैंने आज तक न कोई गुरु और न किसी धर्म का ग्रहण किया है। कहिये ! सब धर्मों में से उत्तम धर्म किस का है? जिस को मैं ग्रहण करूं?

(वाममार्गी) हमारा है। **(जिज्ञासु)** ये नौ सौ निन्यानवे कैसे हैं?

(वाममार्गी) सब झूठे और नरकगामी हैं क्योंकि **'कौलात्परतरं नहि'**। इस वचन के प्रमाण से हमारे धर्म से परे कोई धर्म नहीं है। **(जिज्ञासु)** आप का क्या धर्म है?

(वाममार्गी) भगवती का मानना, मद्य-मांसादि पंच मकारों का सेवन और रुद्रयामल आदि चौसठ तन्त्रों का मानना इत्यादि, जो तू मुक्ति की इच्छा करता है तो हमारा चेला हो जा।

(जिज्ञासु) अच्छा! परन्तु और महात्माओं का भी दर्शन कर पूछपाछ आऊँगा। पश्चात् जिस में मेरी श्रद्धा और प्रीति होगी उस का चेला हो जाऊँगा।

(वाममार्गी) अरे! क्यों भ्रान्ति में पड़ा है। ये लोग तुझ को बहका कर अपने जाल में फंसा देंगे। किसी के पास मत जावे। हमारे ही शरणागत हो जा नहीं तो पछतावेगा। देख! हमारे मत में भोग और मोक्ष दोनों हैं।

(जिज्ञासु) अच्छा देख तो आऊँ। आगे चलकर शैव के पास जाके पूछा तो ऐसा ही उत्तर उस ने दिया। इतना विशेष कहा कि विना शिव, रुद्राक्ष, भस्म-धारण और लिङ्गार्चन के मुक्ति कभी नहीं होती। वह उसको छोड़ नवीन वेदान्ती जी के पास गया।

(जिज्ञासु) कहो महाराज! आप का धर्म क्या है?

(वेदान्ती) हम धर्माऽधर्म कुछ भी नहीं मानते। हम साक्षात् ब्रह्म हैं। हम में धर्माऽधर्म कहां है? यह जगत् सब मिथ्या है। और जो ज्ञानी शुद्ध चेतन हुआ चाहै तो अपने को ब्रह्म मान; जीवभाव को छोड़; नित्यमुक्त हो जायेगा।

(जिज्ञासु) जो तुम ब्रह्म नित्यमुक्त हो तो ब्रह्म के गुण, कर्म, स्वभाव तुम में क्यों नहीं? और शरीर में क्यों बंधे हो?

(वेदान्ती) तुझ को शरीर दीखते हैं इसी से तू भ्रान्त है। हम को कुछ नहीं दीखता; विना ब्रह्म के।

(जिज्ञासु) तुम देखने वाले कौन और किसको देखते हो?

(वेदान्ती) देखनेवाला ब्रह्म और ब्रह्म को ब्रह्म देखता है।

(जिज्ञासु) क्या दो ब्रह्म हैं?

(वेदान्ती) नहीं। अपने आप को देखता है।

(जिज्ञासु) क्या कोई अपने कन्धे पर आप चढ़ सकता है? तुम्हारी बात कुछ नहीं केवल पागलपने की है। उस ने आगे चलकर जैनियों के पास जाकर पूछा। उन्होंने भी वैसा ही कहा परन्तु इतना विशेष कहा कि 'जिणधर्म्म' के विना सब धर्म खोटा। जगत् का कर्त्ता अनादि ईश्वर कोई नहीं। जगत् अनादि काल से जैसा का वैसा बना है और बना रहेगा। आ तू हमारा चेला हो जा। क्योंकि हम सम्यक्त्वी अर्थात् सब प्रकार से अच्छे हैं। उत्तम बातों को मानते हैं। जैन मार्ग से भिन्न सब मिथ्यात्वी हैं।

आगे चल के ईसाई से पूछा। उसने वाममार्गी के तुल्य सब जवाब सवाल किये। इतना विशेष बतलाया 'सब मनुष्य पापी हैं, अपने सामर्थ्य से पाप नहीं छूटता। विना ईसा पर विश्वास के पवित्र होकर मुक्ति को नहीं पा सकता। ईसा ने सब के प्रायश्चित्त के लिए अपने प्राण देकर दया प्रकाशित की है। तू हमारा ही चेला हो जा।'

जिज्ञासु सुनकर मौलवी साहब के पास गया। उन से भी ऐसे ही जवाब सवाल हुए। इतना विशेष कहा—'लाशरीक' खुदा उस के पैगम्बर और कुरानशरीफ के विना माने कोई निजात नहीं पा सकता। जो इस मजहब को नहीं मानता वह दोजखी और काफिर है वाजिबुल्कत्ल है।

जिज्ञासु सुनकर वैष्णव के पास गया। वैसा ही संवाद हुआ। इतना विशेष कहा कि 'हमारे तिलक छापे देखकर यमराज डरता है।' जिज्ञासु ने मन में समझा कि जब मच्छर, मक्खी, पुलिस के सिपाही, चोर, डाकू और शत्रु नहीं डरते तो यमराज के गण क्यों डरेंगे?

फिर आगे चला तो सब मतवालों ने अपने-अपने को सच्चा कहा। कोई हमारा कबीर सच्चा, कोई नानक, कोई दादू, कोई वल्लभ, कोई सहजानन्द, कोई माध्व आदि को बड़ा और अवतार बतलाते सुना। सहस्र से पूछ उन के परस्पर एक दूसरे का विरोध देख, विशेष निश्चय किया कि इन में कोई गुरु करने योग्य नहीं। क्योंकि एक-एक की झूठ में नौ सौ निन्न्यानवे गवाह हो गये। जैसे झूठे दुकानदार वा वेश्या और भड़ुवा आदि अपनी-अपनी वस्तु की बड़ाई दूसरे की बुराई करते हैं वैसे ही ये हैं। ऐसा जान—

तद्विज्ञानार्थं स गुरुमेवाभिगच्छेत् ।
समित्पाणिः श्रोत्रियं ब्रह्मनिष्ठम् ॥१॥
तस्मै स विद्वानुपसन्नाय सम्यक्प्रशान्तचित्ताय शमान्विताय ।
येनाक्षरं पुरुषं वेद सत्यं प्रोवाच तां तत्त्वतो ब्रह्मविद्याम् ॥२॥

उपनिषद्

उस सत्य के विज्ञानार्थ वह **समित्पाणि** अर्थात् हाथ जोड़ अरिक्तहस्त होकर वेदवित् ब्रह्मनिष्ठ परमात्मा को जाननेहारे गुरु के पास जावे। इन पाखण्डियों के जाल में न गिरे॥ १॥

जब ऐसा जिज्ञासु विद्वान् के पास जाय, उस शान्तचित्त जितेन्द्रिय समीप प्राप्त जिज्ञासु को यथार्थ ब्रह्मविद्या परमात्मा के गुण, कर्म, स्वभाव का उपदेश करे और जिस-जिस साधन से वह श्रोता धर्मार्थ, काम, मोक्ष और परमात्मा को जान

सके वैसी शिक्षा किया करे॥ २॥

जब वह ऐसे पुरुष के पास जाकर बोला कि महाराज अब इन सम्प्रदायों के बखेड़ों से मेरा चित्त भ्रान्त हो गया क्योंकि जो मैं इन में से किसी एक का चेला होऊंगा तो नौ सौ निन्यानवे से विरोधी होना पड़ेगा। जिस के नौ सौ निन्यानवे शत्रु और एक मित्र है उस को सुख कभी नहीं हो सकता। इसलिए आप मुझ को उपदेश कीजिये जिस को मैं ग्रहण करूं।

आप्तविद्वान्—ये सब मत अविद्याजन्य विद्याविरोधी हैं। मूर्ख, पामर और जंगली मनुष्य को बहकाकर अपने जाल में फंसा के अपना प्रयोजन सिद्ध करते हैं। वे विचारे अपने मनुष्यजन्म के फल से रहित होकर अपना मनुष्यजन्म व्यर्थ गमाते हैं। देख! जिस बात में ये सहस्र एकमत हों वह वेदमत ग्राह्य है और जिस में परस्पर विरोध हो वह कल्पित, झूठा, अधर्म, अग्राह्य है।

(जिज्ञासु) इसकी परीक्षा कैसे हो?

(आप्त) तू जाकर इन-इन बातों को पूछ। सब की एक सम्मति हो जायगी। तब वह उन सहस्र की मण्डली के बीच में खड़ा होकर बोला कि सुनो सब लोगो! सत्यभाषण में धर्म है वा मिथ्या में? सब एक स्वर होकर बोले कि सत्यभाषण में धर्म और असत्यभाषण में अधर्म है। वैसे ही विद्या पढ़ने, ब्रह्मचर्य करने, पूर्ण युवावस्था में विवाह, सत्संग, पुरुषार्थ, सत्य व्यवहार, आदि में धर्म और अविद्या ग्रहण, ब्रह्मचर्य न करने, व्यभिचार करने, कुसंग, आलस्य, असत्य व्यवहार, छल, कपट, हिंसा, परहानि करने आदि कर्म्मों में?

सब ने एक मत होके कहा कि विद्यादि के ग्रहण में धर्म और अविद्यादि के ग्रहण में अधर्म।

तब जिज्ञासु ने सब से कहा कि तुम इसी प्रकार सब जने एकमत हो सत्य-धर्म की उन्नति और मिथ्यामार्ग की हानि क्यों नहीं करते हो? वे सब बोले—जो हम ऐसा करें तो हम को कौन पूछे? हमारे चेले हमारी आज्ञा में न रहैं। जीविका नष्ट हो जाय। फिर जो हम आनन्द कर रहे हैं सो सब हाथ से जाय। इसलिये हम जानते हैं तो भी अपने-अपने मत का उपदेश और आग्रह करते ही जाते हैं क्योंकि **'रोटी खाइये शक्कर से और दुनिया ठगिये मक्कर से'** ऐसी बात है। देखो! संसार में सूधे सच्चे मनुष्य को कोई नहीं देता और न पूछता। जो कुछ ढोंगबाजी और धूर्त्तता करता है वही पदार्थ पाता है।

(जिज्ञासु) जो तुम ऐसा पाखण्ड चलाकर अन्य मनुष्यों को ठगते हो तुम को राजा दण्ड क्यों नहीं देता?

(मत वाले) हम ने राजा को भी अपना चेला बना लिया है। हम ने पक्का प्रबन्ध किया है; छूटेगा नहीं।

(जिज्ञासु) जब तुम छल से अन्य मतस्थ मनुष्यों को ठग उन की हानि करते हो परमेश्वर के सामने क्या उत्तर दोगे? और घोर नरक में पड़ोगे। थोड़े जीवन के लिए इतना बड़ा अपराध करना क्यों नहीं छोड़ते?

(मत वाले) जब जैसा होगा तब देखा जाएगा। नरक और परमेश्वर का दण्ड जब होगा तब होगा अब तो आनन्द करते हैं। हम को प्रसन्नता से धनादि पदार्थ देते हैं कुछ बलात्कार से नहीं लेते फिर राजा दण्ड क्यों देवे?

(जिज्ञासु) जैसे कोई छोटे बालक को फुसला के धनादि पदार्थ हर लेता

है जैसे उस को दण्ड मिलता है वैसे तुम को क्यों नहीं मिलता? क्योंकि—

अज्ञो भवति वै बालः पिता भवति मन्त्रदः॥ —मनु०॥

जो ज्ञानरहित होता है वह बालक और जो ज्ञान का देने वाला है वह पिता और वृद्ध कहाता है। जो बुद्धिमान् विद्वान् है वह तो तुम्हारी बातों में नहीं फंसता किन्तु अज्ञानी लोग जो बालक के सदृश हैं उन को ठगने में तुम को राजदण्ड अवश्य होना चहिए।

(मत वाले) जब राजा प्रजा सब हमारे मत में हैं तो हम को दण्ड कौन देने वाला है? जब ऐसी व्यवस्था होगी तब इन बातों को छोड़ कर दूसरी व्यवस्था करेंगे।

(जिज्ञासु) जो तुम बैठे-बैठे व्यर्थ माल मारते हो सो विद्याभ्यास कर गृहस्थों के लड़के लड़कियों को पढ़ाओ तो तुम्हारा और गृहस्थों का कल्याण हो जाय।

(मत वाले) जब हम बाल्यावस्था से लेकर मरण तक के सुखों को छोड़ें; बाल्यावस्था से युवावस्था पर्यन्त विद्या पढ़ने में रहैं; पश्चात् पढ़ाने में और उपदेश करने में जन्म भर परिश्रम करें, हम को क्या प्रयोजन? हम को ऐसे ही लाखों रुपये मिल जाते हैं, चैन करते हैं। उस को क्यों छोड़ें?

(जिज्ञासु) इस का परिणाम तो बुरा है। देखो, तुम को बड़े रोग होते हैं। शीघ्र मर जाते हो। बुद्धिमानों में निन्दित होते हो। फिर भी क्यों नहीं समझते?

(मत वाले) अरे भाई!

टका धर्मष्टका कर्म टका हि परमं पदम्।
यस्य गृहे टका नास्ति हा! टकां टकटकायते॥१॥
आना अंशकलाः प्रोक्ताः रूप्योऽसौ भगवान् स्वयम्।
अतस्तं सर्व इच्छन्ति रूप्यं हि गुणवत्तमम्॥२॥

तू लड़का है संसार की बातें नहीं जानता। देख! टका के विना धर्म, टका के विना कर्म, टका के विना परमपद नहीं होता। जिस के घर में टका नहीं है वह हाय! टका-टका करता-करता उत्तम पदार्थों को टक-टक देखता रहता है कि हाय! मेरे पास टका होता तो इस उत्तम पदार्थ को मैं भोगता॥ १॥ क्योंकि सब कोई सोलह कलायुक्त अदृश्य भगवान् का कथन श्रवण करते हैं सो तो नहीं दीखता, परन्तु सोलह आने और पैसे कौड़ीरूप अंश कलायुक्त जो रुपैया है वही साक्षात् भगवान् है। इसीलिए सब कोई रुपयों की खोज में लगे रहते हैं, क्योंकि सब काम रुपयों से सिद्ध होते हैं॥ २॥

(जिज्ञासु) ठीक है। तुम्हारी भीतर की लीला बाहर आ गई। तुम ने जितना यह पाखण्ड खड़ा किया है वह सब अपने सुख के लिए किया है परन्तु इस में जगत् का नाश होता है। क्योंकि जैसा सत्योपदेश से संसार को लाभ पहुँचता है वैसी ही असत्योपदेश से हानि होती है। जब तुम को धन का ही प्रयोजन था तो नौकरी और व्यापारादि कर्म करके धन इकट्ठा क्यों नहीं कर लेते हो?

(मत वाले) उस में परिश्रम अधिक और हानि भी हो जाती है परन्तु इस हमारी लीला में हानि कभी नहीं होती किन्तु सर्वदा लाभ ही लाभ होता है। देखो! तुलसीदल डाल के चरणामृत दे, कण्ठी बांध देते, चेला मूड़ने से जन्मभर को पशुवत् हो जाता है। फिर चाहैं जैसे चलावें; चल सकता है।

(जिज्ञासु) ये लोग तुमको बहुत सा धन किस लिये देते हैं?

(मत वाले) धर्म, स्वर्ग और मुक्ति के अर्थ।

(जिज्ञासु) जब तुम ही मुक्त नहीं और न मुक्ति का स्वरूप वा साधन जानते हो तो तुम्हारी सेवा करने वालों को क्या मिलेगा?

(मत वाले) क्या इस लोक में मिलता है? नहीं, किन्तु मरकर पश्चात् परलोक में मिलता है। जितना ये लोग हम को देते हैं और सेवा करते हैं वह सब इन लोगों को परलोक में मिल जाता है।

(जिज्ञासु) इन को तो दिया हुआ मिल जाता है वा नहीं। तुम लेने वालों को क्या मिलेगा? नरक वा अन्य कुछ?

(मत वाले) हम भजन करा करते हैं। इस का सुख हम को मिलेगा।

(जिज्ञासु) तुम्हारा भजन तो टका ही के लिये है। वे सब टके यहीं पड़े रहेंगे और जिस मांसपिण्ड को यहां पालते हो वह भी भस्म होकर यहीं रह जायेगा। जो तुम परमेश्वर का भजन करते होते तो तुम्हारा आत्मा भी पवित्र होता।

(मत वाले) क्या हम अशुद्ध हैं?

(जिज्ञासु) भीतर के बड़े मैले हो। **(मत वाले)** तुमने कैसे जाना?

(जिज्ञासु) तुम्हारे चाल चलन व्यवहार से। **(मत वाले)** महात्माओं का व्यवहार हाथी के दांत के समान होता है। जैसे हाथी के दांत खाने के भिन्न और दिखलाने के भिन्न होते हैं। वैसे ही भीतर से हम पवित्र हैं और बाहर से लीलामात्र करते हैं।

(जिज्ञासु) जो तुम भीतर से शुद्ध होते तो तुम्हारे बाहर के काम भी शुद्ध होते इसलिए भीतर भी मैले हो।

(मत वाले) हम चाहैं जैसे हों परन्तु हमारे चेले तो अच्छे हैं।

(जिज्ञासु) जैसे तुम गुरु हो वैसे तुम्हारे चेले भी होंगे।

(मत वाले) एक मत कभी नहीं हो सकता क्योंकि मनुष्यों के गुण, कर्म, स्वभाव भिन्न-भिन्न हैं।

(जिज्ञासु) जो बाल्यावस्था में एक सी शिक्षा हो, सत्यभाषणादि धर्म का ग्रहण और मिथ्याभाषणादि अधर्म का त्याग करें तो एकमत अवश्य हो जायें और दो मत अर्थात् धर्मात्मा और अधर्मात्मा सदा रहते हैं वे तो रहैं। परन्तु धर्मात्मा अधिक होने और अधर्मी न्यून होने से संसार में सुख बढ़ता है और जब अधर्मी अधिक होते हैं तब दुःख। जब सब विद्वान् एक सा उपदेश करें तो एकमत होने में कुछ भी विलम्ब न हो।

(मत वाले) आजकल कलियुग है सतयुग की बात मत चाहो।

(जिज्ञासु) कलियुग नाम काल का है। काल निष्क्रिय होने से कुछ धर्माधर्म के करने में साधक बाधक नहीं, किन्तु तुम ही कलियुग की मूर्त्तियां बन रहे हो। जो मनुष्य ही सत्ययुग कलियुग न हों तो कोई भी संसार में धर्मात्मा नहीं होता। ये सब सङ्ग के गुण दोष हैं; स्वाभाविक नहीं। इतना कहकर आप्त के पास गया। उन से कहा कि महाराज! तुम ने मेरा उद्धार किया, नहीं तो मैं भी किसी के जाल में फंसकर नष्ट-भ्रष्ट हो जाता। अब मैं भी इन पाखण्डियों का खण्डन और वेदोक्त सत्य मत का मण्डन किया करूँगा।

(आप्त) यही सब मनुष्यों का विशेष विद्वान् और संन्यासियों का काम

है कि सब मनुष्यों को सत्य का मण्डन और असत्य खण्डन पढ़ा सुना के सत्योपदेश से उपकार पहुंचाना चाहिये।

(प्रश्न) जो ब्रह्मचारी संन्यासी हैं वे तो ठीक हैं?

(उत्तर) ये आश्रम तो ठीक हैं परन्तु आजकल इन में भी बहुत सी गड़बड़ है। कितने ही नाम ब्रह्मचारी रखते हैं और झूठ-मूठ जटा बढ़ाकर सिद्धाई करते और जप पुरश्चरणादि में फंसे रहते हैं, विद्या पढ़ने का नाम नहीं लेते कि जिस हेतु से ब्रह्मचारी नाम होता है उस ब्रह्म अर्थात् वेद पढ़ने में परिश्रम कुछ भी नहीं करते। वे ब्रह्मचारी बकरी के गले के स्तन के सदृश निरर्थक हैं। और जो वैसे संन्यासी विद्याहीन, दण्ड कमण्डलु से भिक्षामात्र करते फिरते हैं, जो कुछ भी वेदमार्ग की उन्नति नहीं करते। छोटी अवस्था में संन्यास लेकर घूमा करते हैं और विद्याभ्यास को छोड़ देते हैं। ऐसे ब्रह्मचारी और संन्यासी इधर उधर जल, स्थल, पाषाणादि मूर्त्तियों का दर्शन, पूजन करते फिरते, विद्या जानकर भी मौन हो रहते। एकान्त देश में यथेष्ट खा पीकर सोते पड़े रहते हैं और ईर्ष्या द्वेष में फंसकर निन्दा कुचेष्टा करके निर्वाह करते । काषाय वस्त्र और दण्ड ग्रहणमात्र से अपने को कृतकृत्य समझते और सर्वोत्कृष्ट जानकर उत्तम काम नहीं करते, वैसे संन्यासी भी जगत् में व्यर्थ वास करते हैं। और जो सब जगत् का हित साधते हैं, वे ठीक हैं।

(प्रश्न) गिरी, पुरी, भारती आदि गुसाईं लोग तो अच्छे हैं? क्योंकि मण्डली बाँधकर इधर उधर घूमते हैं; सैकड़ों साधुओं को आनन्द कराते हैं और सर्वत्र अद्वैत मत का उपदेश करते हैं और कुछ-कुछ पढ़ते पढ़ाते भी हैं। इसलिये वे अच्छे होंगे।

(उत्तर) ये सब दश नाम पीछे से कल्पित किये गये हैं; सनातन नहीं। उन की मण्डलियाँ केवल भोजनार्थ हैं। बहुत से साधु भोजन ही के लिए मण्डलियों में रहते हैं। दम्भी भी हैं क्योंकि एक को महन्त बना सायंकाल में एक महन्त जो कि उन में प्रधान होता है वह गद्दी पर बैठ जाता है; सब ब्राह्मण और साधु खड़े होकर हाथ में पुष्प ले-

नारायणं पद्मभवं वसिष्ठं शक्तिं च तत्पुत्रपराशरं च ।
व्यासं शुकं गौडपदं महान्तम्॥

इत्यादि श्लोक पढ़ के हर-हर बोल उन के ऊपर पुष्प वर्षा कर साष्टाङ्ग नमस्कार करते हैं। जो कोई ऐसा न करे उस को वहां रहना भी कठिन है। यह दम्भ संसार को दिखलाने के लिए करते हैं जिससे जगत् में प्रतिष्ठा होकर माल मिले। कितने ही मठधारी गृहस्थ होकर भी संन्यास का अभिमानमात्र करते हैं; कर्म कुछ नहीं। संन्यास का वही कर्म है जो पांचवें समुल्लास में लिख आये हैं, उस को न करके व्यर्थ समय खोते हैं जो कोई अच्छा उपदेश करे उस के भी विरोधी होते हैं। बहुधा ये लोग, भस्म, रुद्राक्ष धारण करते और कोई-कोई शैव सम्प्रदाय का अभिमान रखते हैं । और जब कभी शास्त्रार्थ करते हैं तो अपने मत अर्थात् शङ्कराचार्योक्त का स्थापन और चक्राङ्कित आदि के खण्डन में प्रवृत्त रहते हैं। वेदमार्ग की उन्नति और यावत्पाखण्ड मार्ग हैं तावत् के खण्डन में प्रवृत्त नहीं होते।

ये संन्यासी लोग ऐसा समझते हैं कि हम को खण्डन मण्डन से क्या प्रयोजन? हम तो महात्मा हैं। ऐसे लोग भी संसार में भाररूप हैं। जब ऐसे हैं तभी तो वेदमार्गविरोधी वाममार्गादि सम्प्रदायी, ईसाई, मुसलमान, जैनी आदि बढ़ गये; अब

बढ़ते जाते हैं और इन का नाश होता जाता है तो भी इन की आंख नहीं खुलती! खुले कहाँ से? जो कुछ उन के मन में परोपकार बुद्धि और कर्त्तव्यकर्म करने में उत्साह होवे! किन्तु ये लोग अपनी प्रतिष्ठा खाने पीने के सामने अन्य अधिक कुछ भी नहीं समझते और संसार की निन्दा से बहुत डरते हैं। पुनः (लोकैषणा) लोक में प्रतिष्ठा (वित्तैषणा) धन बढ़ाने में तत्पर होकर विषयभोग (पुत्रैषणा) पुत्रवत् शिष्यों पर मोहित होना, इन तीन एषणाओं का त्याग करना उचित है। जब एषणा ही नहीं छूटी पुनः संन्यास क्योंकर हो सकता है? अर्थात् पक्षपातरहित वेदमार्गोपदेश से जगत् के कल्याण करने में अहर्निश प्रवृत्त रहना संन्यासियों का मुख्य काम है। जब अपने-अपने अधिकार कर्मों को नहीं करते पुनः संन्यासादि नाम धराना व्यर्थ है। नहीं तो जैसे गृहस्थ व्यवहार और स्वार्थ में परिश्रम करते हैं, उनसे अधिक परिश्रम परोपकार करने में संन्यासी भी तत्पर रहैं तभी सब आश्रम उन्नति पर रहैं।

देखो! तुम्हारे सामने पाखण्ड मत बढ़ते जाते हैं, ईसाई, मुसलमान तक होते जाते हैं। तनिक भी तुम से अपने घर की रक्षा और दूसरों का मिलाना नहीं बन सकता। बने तो तब जब तुम करना चाहो! जब लों वर्त्तमान और भविष्यत् में संन्यासी उन्नतिशील नहीं होते तब लों आर्य्यावर्त्त और अन्य देशस्थ मनुष्यों की वृद्धि नहीं होती। जब वृद्धि के कारण वेदादि सत्यशास्त्रों का पठनपाठन, ब्रह्मचर्य्य आदि आश्रमों के यथावत् अनुष्ठान सत्योपदेश होते हैं तभी देशोन्नति होती है।

चेत रक्खो! बहुत सी पाखण्ड की बातें तुम को सचमुच दीख पड़ती हैं। जैसे कोई साधु, दुकानदार पुत्रादि देने की सिद्धियां बतलाता है। तब उस के पास बहुत स्त्री जाती हैं और हाथ जोड़कर पुत्र मांगती हैं। और बाबा जी सब को पुत्र होने का आशीर्वाद देता है। उन में से जिस-जिस के पुत्र होता है वह-वह समझती हैं कि बाबा जी के वचन से ऐसा हुआ। जब उन से कोई पूछे कि सूअरी, कुत्ती, गधी और कुक्कुटी आदि के कच्चे बच्चे किस बाबा जी के वचन से होते हैं? तब कुछ भी उत्तर न दे सकेंगी! जो कोई कहे कि मैं लड़के को जीता रख सकता हूं तो आप ही क्यों मर जाता है?

कितने ही धूर्त्त लोग ऐसी माया रचते हैं कि बड़े-बड़े बुद्धिमान् भी धोखा खा जाते हैं, जैसे धनसारी के ठग। ये लोग पांच सात मिल के दूर-दूर देश में जाते हैं। जो शरीर से डौलडाल में अच्छा होता है उस को सिद्ध बना लेते हैं। जिस नगर वा ग्राम में धनाढ्य होते हैं उस के समीप जंगल में उस सिद्ध को बैठाते हैं। उसके साधक नगर में जाके अजान बनके जिस किसी को पूछते हैं-'तुम ने ऐसे महात्मा को यहां कहीं देखा वा नहीं? वे ऐसा सुनकर पूछते हैं कि वह महात्मा कौन और कैसा है?

साधक कहता है-बड़ा सिद्ध पुरुष है। मन की बातें बतला देता है। जो मुख से कहता है वह हो जाता है। बड़ा योगीराज है, उसके दर्शन के लिए हम अपने घर द्वार छोड़कर देखते फिरते हैं। मैंने किसी से सुना था कि वे महात्मा इधर की ओर आये हैं।

गृहस्थ कहता है-जब वह महात्मा तुम को मिले तो हम को भी कहना। दर्शन करेंगे और मन की बातें पूछेंगे। इसी प्रकार दिन भर नगर में फिरते और प्रत्येक को उस सिद्ध की बात कहकर रात्रि को इकट्ठे सिद्ध साधक होकर खाते पीते और सो रहते हैं। फिर भी प्रातःकाल नगर वा ग्राम में जाके उसी प्रकार दो तीन

दिन कहकर फिर चारों साधक किसी एक-एक धनाढ्य से बोलते हैं कि वह महात्मा मिल गये। तुम को दर्शन करना हो तो चलो। वे जब तैय्यार होते हैं तब साधक उन से पूछते हैं कि तुम क्या बात पूछना चाहते हो? हम से कहो। कोई पुत्र की इच्छा करता, कोई धन की, कोई रोग-निवारण की और कोई शत्रु के जीतने की। उन को वे साधक ले जाते हैं। सिद्ध साधकों ने जैसा संकेत किया होता है अर्थात् जिस को धन की इच्छा हो उस को दाहिनी, और जिस को पुत्र की इच्छा हो उसको सम्मुख, और जिस को रोग-निवारण की इच्छा हो उस को बाईं ओर और जिस को शत्रु जीतने की इच्छा हो उस को पीछे से ले जा के सामने वाले के बीच में बैठाते हैं। जब नमस्कार करते हैं उसी समय वह सिद्ध अपनी सिद्धाई की झपट से उच्च स्वर से बोलता है-'क्या यहां हमारे पास पुत्र रक्खे हैं जो तू पुत्र की इच्छा करके आया है? इसी प्रकार धन की इच्छा वाले से 'क्या यहां थैलियां रक्खी हैं जो धन की इच्छा करके आया है? 'फकीरों के पास धन कहां धरा है?' रोगवाले से 'क्या हम वैद्य हैं जो तू रोग छुड़ाने की इच्छा से आया? हम वैद्य नहीं जो तेरा रोग छुड़ावें; जा किसी वैद्य के पास' परन्तु जब उस का पिता रोगी हो तो उस का साधक अंगूठा; जो माता रोगी हो तो तर्जनी; जो भाई रोगी हो मध्यमा, जो स्त्री रोगी हो तो अनामिका; जो कन्या रोगी हो तो कनिष्ठिका अंगुली चला देता है। उस को देख वह सिद्ध कहता है कि तेरा पिता रोगी है। तेरी माता, तेरा भाई, तेरी स्त्री, और तेरी कन्या रोगी है। तब तो वे चारों के चारों बड़े मोहित हो जाते हैं। साधक लोग उन से कहते हैं-देखो! हम ने कहा था वैसे ही हैं वा नहीं?

गृहस्थ कहते हैं-हां जैसा तुमने कहा था वैसे ही हैं। तुम ने हमारा बड़ा उपकार किया और हमारा भी बड़ा भाग्योदय था जो ऐसे महात्मा मिले। जिस के दर्शन करके हम कृतार्थ हुए।

साधक कहता है-सुनो भाई! ये महात्मा मनोगामी हैं। यहां बहुत दिन रहने वाले नहीं। जो कुछ इन का आशीर्वाद लेना हो तो अपनी-अपनी सामर्थ्य के अनुकूल इन की तन, मन, धन से सेवा करो, क्योंकि 'सेवा से मेवा मिलती है।' जो किसी पर प्रसन्न हो गये तो जाने क्या वर दे दें। 'सन्तों की गति अपार है।' गृहस्थ ऐसे लल्लो-पत्तो की बातें सुनकर बड़े हर्ष से उनकी प्रशंसा करते हुए घर की ओर जाते हैं। साधक भी उनके साथ ही चले जाते हैं क्योंकि मार्ग में कोई उन का पाखण्ड खोल न देवे। उन धनाढ्यों का जो कोई मित्र मिला उस से प्रशंसा करते हैं। इसी प्रकार जो-जो साधकों के साथ जाते हैं उन-उन का वृत्तान्त सब कह देते हैं। जब नगर में हल्ला मचता है कि अमुक ठौर एक बड़े भारी सिद्ध आये हैं; चलो उन के पास। जब मेला का मेला जाकर बहुत से लोग पूछने लगते हैं कि महाराज! मेरे मन का वृत्तान्त कहिये। तब तो व्यवस्था के बिगड़ जाने से चुपचाप होकर मौन साध जाता है और कहता है कि हम को बहुत मत सताओ। तब तो झट उसके साधक भी कहने लग जाते हैं जो तुम इन को बहुत सताओगे तो चले जायेंगे और जो कोई बड़ा धनाढ्य होता है वह साधक को अलग बुला कर पूछता है कि हमारे मन की बात कहला दो तो हम सच मानें। साधक ने पूछा कि क्या बात है? धनाढ्य ने उस से कह दी। तब उस को उसी प्रकार के संकेत से ले जा के बैठाल देता है। उसे सिद्ध ने समझ के झट कह दिया, तब तो सब मेला भर ने सुन ली कि अहो ! बड़े ही सिद्ध पुरुष हैं। कोई मिठाई, कोई पैसा,

कोई रुपया, कोई अशर्फी, कोई कपड़ा और कोई सीधा सामग्री भेंट करता है। फिर जब तक मानता बहुत सी रही तब तक यथेष्ट लूट करते हैं और किन्हीं-किन्हीं दो एक **आंख के अन्धे गांठ के पूरों** को पुत्र होने का आशीर्वाद वा राख उठा के दे देता है और उस से सहस्त्रों रुपये लेकर कह देता है कि तेरी सच्ची भक्ति होगी तो तेरा पुत्र हो जायगा। इस प्रकार के बहुत से ठग होते हैं जिन को विद्वान् ही परीक्षा कर सकते हैं और कोई नहीं।

इसलिए वेदादि विद्या का पढ़ना, सत्संग करना होता है जिस से कोई उस को ठगाई में न फंसा सके। औरों को भी बचा सके क्योंकि मनुष्य का नेत्र विद्या ही है। विना विद्या शिक्षा के ज्ञान नहीं होता। जो बाल्यावस्था से उत्तम शिक्षा पाते हैं वे ही मनुष्य और विद्वान् होते हैं। जिन को कुसंग है वे दुष्ट पापी महामूर्ख हो कर बड़े दुःख पाते हैं। इसीलिये ज्ञान को विशेष कहा है कि जो जानता है वही मानता है।

न वेत्ति यो यस्य गुणप्रकर्षं स तस्य निन्दां सततं करोति ।
यथा किराती करिकुम्भजाता मुक्ताः परित्यज्य बिभर्ति गुञ्जाः ॥

यह किसी कवि का श्लोक है।

जो जिस का गुण नहीं जानता वह उस की निन्दा निरन्तर करता है। जैसे जंगली भील गजमुक्ताओं को छोड़ गुञ्जा का हार पहिन लेता है वैसे ही जो पुरुष विद्वान्, ज्ञानी, धार्मिक सत्पुरुषों का संगी, योगी, पुरुषार्थी, जितेन्द्रिय सुशील होता है वही धर्मार्थ, काम, मोक्ष को प्राप्त होकर इस जन्म और परजन्म में सदा आनन्द में रहता है।

यह आर्यावर्त्तनिवासी लोगों के मत विषय में संक्षेप से लिखा है। इस के आगे जो थोड़ा सा आर्यराजाओं का इतिहास मिला है इस को सब सज्जनों को जनाने के लिये प्रकाशित किया जाता है।

अब आर्यावर्त्तदेशीय राजवंश कि जिस में श्रीमान् महाराज 'युधिष्ठिर' से लेके महाराज 'यशपाल' पर्यन्त हुए हैं उस इतिहास को लिखते हैं। और श्रीमान् महाराज 'स्वायम्भुव मनु जी' से लेके महाराजा 'युधिष्ठिर' पर्यन्त का इतिहास महाभारतादि में लिखा ही है और इस से सज्जन लोगों को इधर के कुछ इतिहास का वर्त्तमान विदित होगा। यद्यपि यह विषय विद्यार्थी सम्मिलित 'हरिश्चन्द्रचन्द्रिका' और 'मोहनचन्द्रिका' जो कि पाक्षिकपत्र श्रीनाथद्वारे से निकलता था जो राजपूताना देश मेवाड़ राज उदयपुर, चितौड़गढ़ में सब को विदित है; यह उस से हम ने अनुवाद किया है। **यदि ऐसे ही हमारे आर्य सज्जन लोग इतिहास और विद्या पुस्तकों का खोज कर प्रकाश करेंगे तो देश को बड़ा ही लाभ पहुंचेगा।** उस पत्र सम्पादक महाशय ने अपने मित्र से एक प्राचीन पुस्तक जो कि संवत् विक्रम के १७८२ (सत्रह सौ बयासी) का लिखा हुआ था, उस से ग्रहण कर अपने संवत् १९३९ मार्गशीर्ष शुक्लपक्ष १९-२० किरण अर्थात् दो पाक्षिक-पत्रों में छापा है सो निम्न लिखे प्रमाणे जानिये।

आर्य्यावर्त्तदेशीय राजवंशावली

इन्द्रप्रस्थ में आर्य लोगों ने श्रीमन्महाराज 'यशपाल' पर्यन्त राज्य किया। जिन में श्रीमन्महाराजे 'युधिष्ठिर' से महाराजे 'यशपाल' तक वंश अर्थात् पीढ़ी अनुमान १२४ (एक सौ चौबीस राजा); वर्ष ४१५७, मास ९, दिन १४, समय में हुए हैं।

इनका ब्यौरा–

राजा	शक	वर्ष	मास	दिन
आर्यराजा	१२४	४१५७	९	१४

श्रीमन्महाराजे युधिष्ठिर वंश अनुमान पीढ़ी ३०, वर्ष १७७०, मास ११, दिन १० इनका विस्तार–

आर्यराजा	वर्ष	मास	दिन
१ राजा युधिष्ठिर	३६	८	२५
२ राजा परीक्षित	६०	०	०
३ राजा जनमेजय	८४	७	२३
४ राजा अश्वमेध	८२	८	२२
५ द्वितीयराम	८८	२	८
६ छत्रमल	८१	११	२७
७ चित्ररथ	७५	३	१८
८ दुष्टशैल्य	७५	१०	२४
९ राजा उग्रसेन	७८	७	२१
१० राजा शूरसेन	७८	७	२१
११ भुवनपति	६९	५	५
१२ रणजीत	६५	१०	४
१३ ऋक्षक	६४	७	४
१४ सुखदेव	६२	०	२४
१५ नरहरिदेव	५१	१०	२
१६ सुचिरथ	४२	११	२
१७ शूरसेन (दूसरा)	५८	१०	८
१८ पर्वतसेन	५५	८	१०
१९ मेधावी	५२	१०	१०
२० सोनचीर	५०	८	२१
२१ भीमदेव	४७	९	२०
२२ नृहरिदेव	४५	११	२३
२३ पूर्णमल	४४	८	७
२४ करदवी	४४	१०	८
२५ अलंमिक	५०	११	८
२६ उदयपाल	३८	९	०
२७ दुवनमल	४०	१०	२६
२८ दमात	३२	०	०
२९ भीमपाल	५८	५	८
३० क्षेमक	४८	११	२१

राजा क्षेमक के प्रधान विश्रवा ने क्षेमक राजा को मार कर राज्य किया। पीढ़ी १४, वर्ष ५००, मास ३, दिन १७ इनका विस्तार–

आर्यराजा	वर्ष	मास	दिन
१ विश्रवा	१७	३	२९
२ पुरसेनी	४२	८	२१
३ वीरसेनी	५२	१०	७
४ अनङ्गशायी	४७	८	२३
५ हरिजित	३५	९	१७
६ परमसेनी	४४	२	२३
७ सुखपाताल	३०	२	२१
८ कद्रुत	४२	९	२४
९ सज्ज	३२	२	१४
१० अमरचूड़	२७	३	१६
११ अमीपाल	२२	११	२५
१२ दशरथ	२५	४	१२
१३ वीरसाल	३१	८	११
१४ वीरसालसेन	४७	०	१४

राजा वीरसालसेन को वीरमहा प्रधान ने मार कर राज्य किया। वंश १६, वर्ष ४४५, मास ५, दिन ३, इनका विस्तार–

आर्यराजा	वर्ष	मास	दिन
१ राजा वीरमहा	३५	१०	८
२ अजितसिंह	२७	७	१९
३ सर्वदत्त	२८	३	१०
४ भुवनपति	१५	४	१०
५ वीरसेन	२१	२	१३
६ महीपाल	४०	८	७
७ शत्रुशाल	२६	४	३
८ संघराज	१७	२	१०
९ तेजपाल	२८	११	१०
१० माणिकचन्द	३७	७	२१
११ कामसेनी	४२	५	१०
१२ शत्रुमर्दन	८	११	१३

आर्यराजा	वर्ष	मास	दिन
१३ जीवनलोक	२८	९	१७
१४ हरिराव	२६	१०	२९
१५ वीरसेन (दूसरा)	३५	२	२०
१६ आदित्यकेतु	२३	११	१३

राजा आदित्यकेतु मगधदेश के राजा को 'धन्धर' नामक राजा प्रयाग के ने मार कर राज्य किया। वंशपीढ़ी ९, वर्ष ३७४, मास ११, दिन २६ इनका विस्तार—

आर्यराजा	वर्ष	मास	दिन
१ राजा धन्धर	४२	७	२४
२ महर्षि	४१	२	२९
३ सनरच्ची	५०	१०	१९
४ महायुद्ध	३०	३	८
५ दुरनाथ	२८	५	२५
६ जीवनराज	४५	२	५
७ रुद्रसेन	४७	४	२८
८ आरीलक	५२	१०	८
९ राजपाल	३६	०	०

राजा राजपाल को सामन्त महानपाल ने मार कर राज्य किया। पीढ़ी १, वर्ष १४, मास ०, दिन ० इनका विस्तार नहीं है।

राजा महान्‌पाल के राज्य पर राजा विक्रमादित्य ने 'अवन्तिका' (उज्जैन) से चढ़ाई करके राजा महान्‌पाल को मार के राज्य किया। पीढ़ी १, वर्ष ९३, मास ०, दिन ० इन का विस्तार नहीं है।

राजा विक्रमादित्य को शालिवाहन का उमराव समुद्रपाल योगी पैठण के ने मार कर राज्य किया। पीढ़ी १६, वर्ष ३७२, मास ४, दिन २७ इन का विस्तार—

आर्यराजा	वर्ष	मास	दिन
१ समुद्रपाल	५४	२	२०
२ चन्द्रपाल	३६	५	४
३ सहायपाल	११	४	११
४ देवपाल	२७	१	२८
५ नरसिंहपाल	१८	०	२०
६ सामपाल	२७	१	१७
७ रघुपाल	२२	३	२५
८ गोविन्दपाल	२७	१	१७
९ अमृतपाल	३६	१०	१३
१० बलीपाल	१२	५	२७
११ महीपाल	१३	८	४
१२ हरीपाल	१४	८	४
१३ सीसपाल[1]	११	१०	१३
१४ मदनपाल	१७	१०	१९
१५ कर्मपाल	१६	२	२
१६ विक्रमपाल	२४	११	१३

राजा विक्रमपाल ने पश्चिम दिशा का राजा (मलुखचन्द बोहरा था) इन पर चढ़ाई करके मैदान में लड़ाई की इस लड़ाई में मलुखचन्द ने विक्रमपाल को मार कर इन्द्रप्रस्थ का राज्य किया। पीढ़ी १०, वर्ष १९१, मास १, दिन १६ इनका विस्तार—

आर्यराजा	वर्ष	मास	दिन
१ मलुखचन्द	५४	२	२०
२ विक्रमचन्द	१२	७	१२
३ अमीनचन्द[2]	१०	०	५
४ रामचन्द	१३	११	८
५ हरीचन्द	१४	९	२४
६ कल्याणचन्द	१०	५	४
७ भीमचन्द	१६	२	९
८ लोवचन्द	२६	३	२२
९ गोविन्दचन्द	३१	७	१२
१० रानी पद्मावती[3]	१	०	०

रानी पद्मावती मर गई। इसके पुत्र भी कोई नहीं था। इसलिये सब मुत्सद्दियों ने सलाह करके हरिप्रेम वैरागी को गद्दी पर बैठा के मुत्सद्दी राज्य करने लगे। पीढ़ी

१. किसी इतिहास में भीमपाल भी लिखा है।

२. इनका नाम कहीं मानकचन्द भी लिखा है।

३. यह पद्मावती गोविन्दचन्द की रानी थी।

४, वर्ष ५०, मास ०, दिन २१ हरिप्रेम का विस्तार—

आर्यराजा	वर्ष	मास	दिन
१ हरिप्रेम	७	५	१६
२ गोविन्दप्रेम	२०	२	८
३ गोपालप्रेम	१५	७	२८
४ महाबाहु	६	८	२९

राजा महाबाहु राज्य छोड़ के वन में तपश्चर्या करने लगे। यह बंगाल के राजा आधीसेन ने सुन के इन्द्रप्रस्थ में आके आप राज्य करने लगे। पीढ़ी १२, वर्ष १५१, मास ११, दिन २ इनका विस्तार—

आर्यराजा	वर्ष	मास	दिन
१ राजा आधीसेन	१८	५	२१
२ विलावलसेन	१२	४	२
३ केशवसेन	१५	७	१२
४ माधवसेन	१२	४	२
५ मयूरसेन	२०	११	२७
६ भीमसेन	५	१०	९
७ कल्याणसेन	४	८	२१
८ हरीसेन	१२	०	२५
९ क्षेमसेन	८	११	१५
१० नारायणसेन	२	२	२९
११ लक्ष्मीसेन	२६	१०	०
१२ दामोदरसेन	११	५	९

राजा दामोदरसेन ने अपने उमराव को बहुत दुःख दिया। इसलिए राजा के उमराव दीपसिंह ने सेना मिला के राजा के साथ लड़ाई की। उस लड़ाई में राजा को मार कर दीपसिंह आप राज्य करने लगे। पीढ़ी ६, वर्ष १०७, मास ६, दिन २२ इन का विस्तार—

आर्यराजा	वर्ष	मास	दिन
१ दीपसिंह	१७	१	२६
२ राजसिंह	१४	५	०
३ रणसिंह	९	८	११
४ नरसिंह	४५	०	१५
५ हरिसिंह	१३	२	२९
६ जीवनसिंह	८	०	१

राजा जीवनसिंह ने कुछ कारण के लिये अपनी सब सेना उत्तर दिशा को भेज दी। यह खबर पृथ्वीराज चह्वाण वैराट के राजा सुनकर जीवनसिंह के ऊपर चढ़ाई करके आये और लड़ाई में जीवनसिंह को मार कर इन्द्रप्रस्थ का राज्य किया। पीढ़ी ५, वर्ष ८६, मास ०, दिन २० इनका विस्तार—

आर्यराजा	वर्ष	मास	दिन
१ पृथिवीराज	१२	२	१९
२ अभयपाल	१४	५	१७
३ दुर्जनपाल	११	४	१४
४ उदयपाल	११	७	३
५ यशपाल	३६	४	२७

राजा यशपाल के ऊपर सुलतान शाहबुद्दीन गौरी गढ़ गजनी से चढ़ाई करके आया और राजा यशपाल को प्रयाग के किले में संवत् १२४९ साल में पकड़ कर कैद किया। पश्चात् 'इन्द्रप्रस्थ' अर्थात् दिल्ली का राज्य आप (सुलतान शहाबुद्दीन) करने लगा। पीढ़ी ५३, वर्ष ७४५, मास १, दिन १७ इन का विस्तार बहुत इतिहास पुस्तकों में लिखा है, इसलिए यहां नहीं लिखा।

इसके आगे बौद्ध जैनमत विषय में लिखा जायेगा।

इति श्रीमद्दयानन्दसरस्वतीस्वामिकृते सत्यार्थप्रकाशे सुभाषाविभूषित आर्यावर्त्तीयमतखण्डनमण्डनविषय एकादशः समुल्लासः सम्पूर्णः॥ ११॥

अनुभूमिका (२)

जब आर्य्यावर्त्तस्थ मनुष्यों में सत्याऽसत्य का यथावत् निर्णय करानेवाली वेदविद्या छूटकर अविद्या फैल के मतमतान्तर खड़े हुए, यही जैन आदि के विद्याविरुद्ध मतप्रचार का निमित्त हुआ। क्योंकि वाल्मीकीय और महाभारतादि में जैनियों का नाममात्र भी नहीं लिखा और जैनियों के ग्रन्थों में वाल्मीकीय और भारत में 'राम', कृष्णादि' की गाथा बड़े विस्तारपूर्वक लिखी हैं। इस से यह सिद्ध होता है कि यह मत इनके पीछे चला क्योंकि जैसा अपने मत को बहुत प्राचीन जैनी लोग लिखते हैं वैसा होता तो वाल्मीकीय आदि ग्रन्थों में उनकी कथा अवश्य होती इसलिए जैनमत इन ग्रन्थों के पीछे चला है।

कोई कहे कि जैनियों के ग्रन्थों में से कथाओं को लेकर वाल्मीकीय आदि ग्रन्थ बने होंगे तो उन से पूछना चाहिए कि वाल्मीकीय आदि में तुम्हारे ग्रन्थों का नाम लेख भी क्यों नहीं? और तुम्हारे ग्रन्थों में क्यों है? क्या पिता के जन्म का दर्शन पुत्र कर सकता है? कभी नहीं। इस से यही सिद्ध होता है कि जैन बौद्ध मत; शैव शाक्तादि मतों के पीछे चला है।

अब इस १२ बारहवें समुल्लास में जो-जो जैनियों के मतविषयक में लिखा गया है सो-सो उनके ग्रन्थों के पते पूवक लिखा है। इस में जैनी लोगों को बुरा न मानना चाहिये क्योंकि जो-जो हम ने इन के मत विषय में लिखा है वह केवल सत्याऽसत्य के निर्णयार्थ है न कि विरोध वा हानि करने के अर्थ। इस लेख को जब जैनी बौद्ध वा अन्य लोग देखेंगे तब सब को सत्याऽसत्य के निर्णय में विचार और लेख करने का समय मिलेगा और बोध भी होगा। जब तक वादी प्रतिवादी होकर प्रीति से वाद वा लेख न किया जाय तब तक सत्यासत्य का निर्णय नहीं हो सकता।

जब विद्वान् लोगों में सत्याऽसत्य का निश्चय नहीं होता तभी अविद्वानों को महा-अन्धकार में पड़कर बहुत दुःख उठाना पड़ता है। इसलिए सत्य के जय और असत्य के क्षय के अर्थ मित्रता से वाद वा लेख करना हमारी मनुष्यजाति का मुख्य काम है। यदि ऐसा न हो तो मनुष्यों की उन्नति कभी न हो।

और यह बौद्ध जैन मत का विषय विना इन के अन्य मत वालों को अपूर्व लाभ और बोध कराने वाला होगा क्योंकि ये लोग अपने पुस्तकों को किसी अन्य मत वाले को देखने, पढ़ने वा लिखने को भी नहीं देते। बड़े परिश्रम से मेरे और विशेष आर्य्यसमाज मुम्बई के मन्त्री 'सेठ सेवकलाल कृष्णदास' के पुरुषार्थ से ग्रन्थ प्राप्त हुए हैं। तथा काशीस्थ 'जैनप्रभाकर' यन्त्रालय में छपने और मुम्बई में 'प्रकरणरत्नाकर' ग्रन्थ के छपने से भी सब लोगों को जैनियों का मत देखना सहज हुआ है।

भला यह किन विद्वानों की बात है कि अपने मत के पुस्तक आप ही देखना और दूसरों को न दिखलाना। इसी से विदित होता है कि इन ग्रन्थों के बनाने वालों को प्रथम ही शंका थी कि इन ग्रन्थों में असम्भव बातें हैं। जो दूसरे मत वाले देखेंगे तो खण्डन करेंगे और हमारे मत वाले दूसरों का ग्रन्थ देखेंगे तो इस मत में श्रद्धा न रहेगी। अस्तु जो हो परन्तु बहुत मनुष्य ऐसे हैं जिन को अपने दोष तो नहीं दीखते किन्तु दूसरों के दोष देखने में अति उद्युक्त रहते हैं। यह न्याय की बात नहीं क्योंकि प्रथम अपने दोष देख निकाल के पश्चात् दूसरे के दोषों में दृष्टि देके निकालें। अब इन बौद्ध, जैनियों के मत का विषय सब सज्जनों के सम्मुख धरता हूं। जैसा है वैसा विचारें।

किमधिकलेखेन बुद्धिमद्वर्य्येषु ।

अथ द्वादशसमुल्लासारम्भः

अथ नास्तिकमतान्तर्गतचारवाकबौद्धजैनमत-खण्डनमण्डनविषयान् व्याख्यास्यामः

कोई एक बृहस्पति नामा पुरुष हुआ था जो वेद, ईश्वर और यज्ञादि उत्तम कर्मों को भी नहीं मानता था। उन का मत–

यावज्जीवं सुखं जीवेन्नास्ति मृत्योरगोचरः।
भस्मीभूतस्य देहस्य पुनरागमनं कुतः॥

कोई मनुष्यादि प्राणी मृत्यु के अगोचर नहीं है अर्थात् सब को मरना है इसलिये जब तक शरीर में जीव रहै तब तक सुख से रहै। जो कोई कहे कि धर्माचरण से कष्ट होता है जो धर्म को छोड़े तो पुनर्जन्म में बड़ा दुःख पावें। उस को 'चारवाक' उत्तर देता है कि अरे भोले भाई! जो मरे के पश्चात् शरीर भस्म हो जाता है कि जिस ने खाया पिया है वह पुनः संसार में न आवेगा। इसलिये जैसे हो सके वैसे आनन्द में रहो। लोक में नीति से चलो, ऐश्वर्य्य को बढ़ाओ और उस से इच्छित भोग करो। यही लोक समझो; परलोक कुछ नहीं।

देखो! पृथिवी, जल, अग्नि, वायु इन चार भूतों के परिणाम से यह शरीर बना है। इस में इन के योग से चैतन्य उत्पन्न होता है। जैसे मादक द्रव्य खाने पीने से मद (नशा) उत्पन्न होता है इसी प्रकार जीव शरीर के साथ उत्पन्न होकर शरीर के नाश के साथ आप ही नष्ट हो जाता है। फिर किस को पाप पुण्य का फल होगा?

तच्चैतन्यविशिष्टदेह एव आत्मा देहातिरिक्त आत्मनि प्रमाणाभावात्॥

इस शरीर में चारों भूतों के संयोग से जीवात्मा उत्पन्न होकर उन्हीं के वियोग के साथ ही नष्ट हो जाता है क्योंकि मरे पीछे कोई भी जीव प्रत्यक्ष नहीं होता। हम एक प्रत्यक्ष ही को मानते हैं क्योंकि प्रत्यक्ष के बिना अनुमानादि होते ही नहीं। इसलिये मुख्य प्रत्यक्ष के सामने अनुमानादि गौण होने से उस का ग्रहण नहीं करते। सुन्दर स्त्री के आलिङ्गन से आनन्द का करना पुरुषार्थ का फल है।

(उत्तर) ये पृथिव्यादि भूत जड़ हैं। उन से चेतन की उत्पत्ति कभी नहीं हो सकती। जैसे अब माता-पिता के संयोग से देह की उत्पत्ति होती है वैसे ही आदि सृष्टि में मनुष्यादि शरीरों की आकृति परमेश्वर कर्त्ता के विना कभी नहीं हो सकती। मद के समान चेतन की उत्पत्ति और विनाश नहीं होता, क्योंकि मद चेतन को होता है जड़ को नहीं। पदार्थ नष्ट अर्थात् अदृष्ट होते हैं परन्तु अभाव किसी का नहीं होता। इसी प्रकार अदृश्य होने से जीव का भी अभाव न मानना चाहिये। जब जीवात्मा सदेह होता है तभी उस की प्रकटता होती है। जब शरीर को छोड़ देता है तब यह शरीर जो मृत्यु को प्राप्त हुआ है वह जैसा चेतनयुक्त पूर्व था वैसा नहीं हो सकता। यही बात बृहदारण्यक में कही है–

नाहं मोहं ब्रवीमि अनुच्छित्तिधर्मायमात्मेति॥

याज्ञवल्क्य कहते हैं कि हे मैत्रेयि! मैं मोह से बात नहीं करता किन्तु आत्मा अविनाशी है जिस के योग से शरीर चेष्टा करता है। **जब जीव शरीर से पृथक् हो जाता है तब शरीर में ज्ञान कुछ भी नहीं रहता। जो देह से पृथक् आत्मा**

न हो तो जिस के संयोग से चेतनता और वियोग से जड़ता होती है, वह देह से पृथक् है।

जैसे आँख सब को देखती है परन्तु अपने को नहीं। इसी प्रकार प्रत्यक्ष का करने वाला अपने को ऐन्द्रिय प्रत्यक्ष नहीं कर सकता। जैसे अपनी आँख से सब घट पटादि पदार्थ देखता है वैसे आँख को अपने ज्ञान से देखता है। जो द्रष्टा है वह द्रष्टा ही रहता है दृश्य कभी नहीं होता। जैसे विना आधार आधेय, कारण के विना कार्य्य, अवयवी के विना अवयव और कर्त्ता के विना कर्म नहीं रह सकते वैसे कर्त्ता के विना प्रत्यक्ष कैसे हो सकता है?

जो सुन्दर स्त्री के साथ समागम करने ही को पुरुषार्थ का फल मानो तो क्षणिक सुख और उस से दुःख भी होता है वह भी पुरुषार्थ ही का फल होगा। जब ऐसा है तो स्वर्ग की हानि होने से दुःख भोगना पड़ेगा। जो कहो दुःख के छुड़ाने और सुख के बढ़ाने में यत्न करना चाहिये तो मुक्ति सुख की हानि हो जाती है इसलिए वह पुरुषार्थ का फल नहीं।

(चारवाक) जो दुःख संयुक्त सुख का त्याग करते हैं वे मूर्ख हैं। जैसे धान्यार्थी धान्य का ग्रहण और बुस का त्याग करता है वैसे इस संसार में बुद्धिमान् सुख का ग्रहण और दुःख का त्याग करें। क्योंकि इस लोक के उपस्थित सुख को छोड़ के अनुपस्थित स्वर्ग के सुख की इच्छा कर धूर्त कथित वेदोक्त अग्निहोत्रादि कर्म उपासना और ज्ञानकाण्ड का अनुष्ठान परलोक के लिये करते हैं वे अज्ञानी हैं। जो परलोक है ही नहीं तो उसकी आशा करना मूर्खता का काम है। क्योंकि—

अग्निहोत्रं त्रयो वेदास्त्रिदण्डं भस्मगुण्ठनम् ।
बुद्धिपौरुषहीनानां जीविकेति बृहस्पतिः ॥

चारवाकमतप्रचारक 'बृहस्पति' कहता है कि अग्निहोत्र, तीन वेद, तीन दण्ड और भस्म का लगाना बुद्धि और पुरुषार्थ रहित पुरुषों ने जीविका बना ली है। किन्तु कांटे लगने आदि से उत्पन्न हुए दुःख का नाम नरक; लोकसिद्ध राजा परमेश्वर और देह का नाश होना मोक्ष अन्य कुछ भी नहीं है।

(उत्तर) विषयरूपी सुखमात्र को पुरुषार्थ का फल मानकर विषय दुःख-निवारणमात्र में कृतकृत्यता और स्वर्ग मानना मूर्खता है। **अग्निहोत्रादि यज्ञों से वायु, वृष्टि, जल की शुद्धि द्वारा आरोग्यता का होना उस से धर्म, अर्थ, काम और मोक्ष की सिद्धि होती है उस को न जानकर वेद ईश्वर और वेदोक्त धर्म की निन्दा करना धूर्तों का काम है।**

जो त्रिदण्ड और भस्मधारण का खण्डन है सो ठीक है। यदि कण्टकादि से उत्पन्न ही दुःख का नाम नरक हो तो उस से अधिक महारोगादि नरक क्यों नहीं?

यद्यपि राजा को ऐश्वर्यवान् और प्रजापालन में समर्थ होने से श्रेष्ठ मानें तो ठीक है परन्तु जो अन्यायकारी पापी राजा हो उस को भी परमेश्वरवत् मानते हो तो तुम्हारे जैसा कोई भी मूर्ख नहीं। शरीर का विच्छेद होना मात्र मोक्ष है तो गदहे, कुत्ते आदि और तुम में क्या भेद रहा। किन्तु आकृति ही मात्र भिन्न रही। चारवाक—

अग्निरुष्णो जलं शीतं समस्पर्शस्तथाऽनिलः।
केनेदं चित्रितं तस्मात् स्वभावात्तदव्यवस्थितिः॥ १ ॥
न स्वर्गो नाऽपवर्गो वा नैवात्मा पारलौकिकः।
नैव वर्णाश्रमादीनां क्रियाश्च फलदायिकाः॥ २ ॥

पशुश्चेन्निहतः स्वर्गं ज्योतिष्टोमे गमिष्यति ।
स्वपिता यजमानेन तत्र कस्मान्न हिंस्यते॥ ३॥
मृतानामपि जन्तूनां श्राद्धं चेत्तृप्तिकारणम् ।
गच्छतामिह जन्तूनां व्यर्थं पाथेयकल्पनम्॥ ४॥
स्वर्गस्थिता यदा तृप्तिं गच्छेयुस्तत्र दानतः।
प्रासादस्योपरिस्थानामत्र कस्मान्न दीयते॥ ५॥
यावज्जीवेत्सुखं जीवेदृणं कृत्वा घृतं पिबेत् ।
भस्मीभूतस्य देहस्य पुनरागमनं कुतः॥ ६॥
यदि गच्छेत्परं लोकं देहादेष विनिर्गतः।
कस्माद् भूयो न चायाति बन्धुस्नेहसमाकुलः॥ ७॥
ततश्च जीवनोपायो ब्राह्मणैर्विहितस्त्विह ।
मृतानां प्रेतकार्याणि न त्वन्यद्विद्यते क्वचित्॥ ८॥
त्रयो वेदस्य कर्त्तारो भण्डधूर्तनिशाचराः।
जर्फरीतुर्फरीत्यादि पण्डितानां वचः स्मृतम्॥ ९॥
अश्वस्यात्र हि शिश्नन्तु पत्नीग्राह्यं प्रकीर्त्तितम् ।
भण्डैस्तद्वत्परं चैव ग्राह्यजातं प्रकीर्त्तितम्॥ १०॥
मांसानां खादनं तद्वन्निशाचरसमीरितम्॥ ११॥

चारवाक, आभाणक, बौद्ध और जैन भी जगत् की उत्पत्ति स्वभाव से मानते हैं। जो-जो स्वाभाविक गुण हैं उस-उस से द्रव्य संयुक्त होकर सब पदार्थ बनते हैं। कोई जगत् का कर्त्ता नहीं॥ १॥

परन्तु इन में से चारवाक ऐसा मानता है किन्तु परलोक और जीवात्मा बौद्ध, जैन मानते हैं; चारवाक नहीं। शेष इन तीनों का मत कोई-कोई बात छोड़ के एक सा है। न कोई स्वर्ग, न कोई नरक और न कोई परलोक में जाने वाला आत्मा है और न वर्णाश्रम की क्रिया फलदायक है॥ २॥

जो यज्ञ में पशु को मार होम करने से वह स्वर्ग को जाता हो तो यजमान अपने पितादि को मार होम करके स्वर्ग को क्यों नहीं भेजता?॥ ३॥

जो मरे हुए जीवों को श्राद्ध और तर्पण तृप्तिकारक होता है तो परदेश में जाने वाले मार्ग में निर्वाहार्थ अन्न, वस्त्र और धनादि को क्यों ले जाते हैं? क्योंकि जैसे मृतक के नाम से अर्पण किया हुआ पदार्थ स्वर्ग में पहुंचता है तो परदेश में जाने वालों के लिये उनके सम्बन्धी भी घर में उन के नाम से अर्पण करके देशान्तर में पहुंचा देवें। जो यह नहीं पहुंचता तो स्वर्ग में वह क्योंकर पहुँच सकता है?॥ ४॥

जो मर्त्यलोक में दान करने से स्वर्गवासी तृप्त होते हैं तो नीचे देने से घर के ऊपर स्थित पुरुष तृप्त क्यों नहीं होता?॥ ५॥

इसलिये जब तक जीवे तब तक सुख से जीवे। जो घर में पदार्थ न हों तो ऋण लेके आनन्द करे। ऋण देना नहीं पड़ेगा क्योंकि जिस शरीर में जीव ने खाया पिया है उन दोनों का पुनरागमन न होगा फिर किस से कौन मांगेगा और कौन देवेगा॥ ६॥

जो लोग कहते हैं कि मृत्युसमय जीव शरीर से निकल के परलोक को जाता है; यह बात मिथ्या है क्योंकि जो ऐसा होता तो कुटुम्ब के मोह से बद्ध होकर पुनः घर में क्यों नहीं आ जाता?॥ ७॥

इसलिये यह सब ब्राह्मणों ने अपनी जीविका का उपाय किया है। जो दशगात्रादि मृतकक्रिया करते हैं यह सब उनकी जीविका की लीला है॥ ८॥

वेद के बनानेहारे भांड, धूर्त्त और निशाचर अर्थात् राक्षस ये तीन हैं। 'जर्फरी' 'तुर्फरी' इत्यादि पण्डितों के धूर्त्ततायुक्त वचन हैं॥ ९॥

देखो धूर्त्तों की रचना! घोड़े के लिङ्ग को स्त्री ग्रहण करे; उस के साथ समागम यजमान की स्त्री से कराना; कन्या से ठट्ठा आदि लिखना धूर्त्तों के विना नहीं हो सकता॥ १०॥

और जो मांस का खाना लिखा है वह वेदभाग राक्षस का बनाया है॥ ११॥

(उत्तर) विना चेतन परमेश्वर के निर्माण किये जड़ पदार्थ स्वयम् आपस में स्वभाव से नियमपूर्वक मिलकर उत्पन्न नहीं हो सकते। इस वास्ते सृष्टि का कर्त्ता अवश्य होना चाहिए। जो स्वभाव से ही होते हों तो द्वितीय सूर्य, चन्द्र, पृथिवी और नक्षत्रादि लोक आप से आप क्यों नहीं बन जाते हैं॥ १॥

स्वर्ग सुख भोग और नरक दुःख भोग का नाम है। जो जीवात्मा न होता तो सुख दुःख का भोक्ता कौन हो सके? जैसे इस समय सुख दुःख का भोक्ता जीव है वैसे परजन्म में भी होता है। क्या सत्यभाषण और परोपकारादि क्रिया भी वर्णाश्रमियों की निष्फल होंगी? कभी नहीं॥ २॥

पशु मार के होम करना वेदादि सत्यशास्त्रों में कहीं नहीं लिखा और मृतकों का श्राद्ध, तर्पण करना कपोलकल्पित है क्योंकि यह वेदादि सत्यशास्त्रों के विरुद्ध होने से भागवतादि पुराणमतवालों का मत है इसलिये इस बात का खण्डन अखण्डनीय है॥ ३-५॥

जो वस्तु है उस का अभाव कभी नहीं होता। विद्यमान जीव का अभाव नहीं हो सकता। देह भस्म हो जाता है; जीव नहीं। जीव तो दूसरे शरीर में जाता है इसलिये जो कोई ऋणादि कर विराने पदार्थों से इस लोक में भोग कर नहीं देते हैं। वे निश्चय पापी होकर दूसरे जन्म में दुःखरूपी नरक भोगते हैं, इस में कुछ भी सन्देह नहीं॥ ६॥

देह से निकल कर जीव स्थानान्तर और शरीरान्तर को प्राप्त होता है और उस को पूर्वजन्म तथा कुटुम्बादि का ज्ञान कुछ भी नहीं रहता इसलिये पुनः कुटुम्ब में नहीं आ सकता॥ ७॥

हां! ब्राह्मणों ने प्रेतकर्म अपनी जीविकार्थ बना लिया है परन्तु वेदोक्त न होने से खण्डनीय है॥ ८॥

अब कहिये! जो चारवाक आदि ने वेदादि सत्यशास्त्र देखे सुने वा पढ़े होते तो वेदों की निन्दा कभी न करते कि वेद भांड धूर्त्त और निशाचरवत् पुरुषों ने बनाये हैं ऐसा वचन कभी न निकालते। हां! भांड धूर्त्त निशाचरवत् महीधरादि टीकाकार हुए हैं। उन की धूर्त्तता है; वेदों की नहीं। परन्तु शोक है चारवाक, आभाणक, बौद्ध और जैनियों पर कि इन्होंने मूल चार वेदों की संहिताओं को भी न सुना, न देखा और न किसी विद्वान् से पढ़ा, इसीलिये नष्ट-भ्रष्ट बुद्धि होकर ऊटपटांग वेदों की निन्दा करने लगे। दुष्ट वाममार्गियों की प्रमाणशून्य कपोलकल्पित भ्रष्ट टीकाओं को देख कर वेदों से विरोधी हो कर अविद्यारूपी अगाध समुद्र में जा गिरे॥ ९॥

भला! विचारना चाहिये कि स्त्री से अश्व के लिङ्ग का ग्रहण कराके उस से समागम कराना और यजमान की कन्या से हाँसी ठट्ठा आदि करना सिवाय

वाममार्गी लोगों से अन्य मनुष्यों का काम नहीं है। विना इन महापापी वाममार्गियों के भ्रष्ट, वेदार्थ से विपरीत, अशुद्ध व्याख्यान कौन करता? अत्यन्त शोक तो इन चारवाक आदि पर है जो कि विना विचारे वेदों की निन्दा करने पर तत्पर हुए। तनिक तो अपनी बुद्धि से काम लेते। क्या करें विचारे उन में विद्या ही नहीं थी जो सत्यासत्य का विचार कर सत्य का मण्डन और असत्य का खण्डन करते॥१०॥

और जो मांस खाना है यह भी उन्हीं वाममार्गी टीकाकारों की लीला है। इसलिये उन को राक्षस कहना उचित है परन्तु वेदों में कहीं मांस का खाना नहीं लिखा। इसलिये मिथ्या बातों का पाप उन टीकाकारों को और जिन्होंने वेदों के जाने सुने विना मनमानी निन्दा की है; निःसन्देह उन को लगेगा। सच तो यह है कि जिन्होंने वेदों का विरोध किया और करते हैं और करेंगे वे अवश्य अविद्यारूपी अन्धकार में पड़ के सुख के बदले दारुण दुःख जितना पावें उतना ही न्यून है। इसलिये मनुष्यमात्र को वेदानुकूल चलना समुचित है॥ ११॥

जो वाममार्गियों ने मिथ्या कपोलकल्पना करके वेदों के नाम से अपना प्रयोजन सिद्ध करना अर्थात् यथेष्ट मद्यपान, मांस खाने और परस्त्रीगमन करने आदि दुष्ट कामों की प्रवृत्ति होने के अर्थ वेदों को कलङ्क लगाया। इन्हीं बातों को देख कर चारवाक, बौद्ध तथा जैन लोग वेदों की निन्दा करने लगे । और पृथक् एक वेदविरुद्ध अनीश्वरवादी अर्थात् नास्तिक मत चला लिया। जो चारवाकादि वेदों का मूलार्थ विचारते तो झूठी टीकाओं को देख कर सत्य वेदोक्त मत से क्यों हाथ धो बैठते? क्या करें विचारे **'विनाशकाले विपरीतबुद्धिः'**। जब नष्ट भ्रष्ट होने का समय आता है तब मनुष्य की उलटी बुद्धि हो जाती है।

अब जो चारवाकादिकों में भेद है सो लिखते हैं। ये चारवाकादि बहुत सी बातों में एक हैं परन्तु चारवाक देह की उत्पत्ति के साथ जीवोत्पत्ति और उस के नाश के साथ ही जीव का भी नाश मानता है। पुनर्जन्म और परलोक को नहीं मानता। एक प्रत्यक्ष प्रमाण के विना अनुमानादि प्रमाणों को भी नहीं मानता। **चारवाक शब्द का अर्थ**—जो बोलने में 'प्रगल्भ' और विशेषार्थ 'वैतण्डिक' होता है। और बौद्ध जैन प्रत्यक्षादि चारों प्रमाण, अनादि जीव, पुनर्जन्म, परलोक और मुक्ति को भी मानते हैं। इतना ही चारवाक से बौद्ध और जैनियों का भेद है परन्तु नास्तिकता, वेद, ईश्वर की निन्दा, परमतद्वेष, छः यतना और जगत् का कर्त्ता कोई नहीं इत्यादि बातों में सब एक ही हैं। यह **चारवाक का मत संक्षेप से दर्शा दिया। अब बौद्धमत** के विषय में संक्षेप से लिखते हैं—

कार्य्यकारणभावाद्वा स्वभावाद्वा नियामकात्।
अविनाभावनियमो दर्शनान्तरदर्शनात्॥१॥

कार्य्यकारणभाव अर्थात् कार्य्य के दर्शन से कारण और कारण के दर्शन से कार्य्यादि का साक्षात्कार प्रत्यक्ष से शेष में अनुमान होता है। इसके विना प्राणियों के सम्पूर्ण व्यवहार पूर्ण नहीं हो सकते, इत्यादि लक्षणों से अनुमान को अधिक मानकर चारवाक से भिन्न शाखा बौद्धों की हुई है। बौद्ध चार प्रकार के हैं—

एक 'माध्यमिक' दूसरा 'योगाचार' तीसरा 'सौत्रान्तिक' और चौथा 'वैभाषिक' **'बुद्ध्या निर्वर्त्तते सः बौद्धः'** जो बुद्धि से सिद्ध हो अर्थात् जो–जो बात अपनी बुद्धि में आवे उस–उस को माने और जो–जो बुद्धि में न आवे उस–उस को नहीं माने।

इनमें से **पहला 'माध्यमिक' सर्वशून्य** मानता है। अर्थात् जितने पदार्थ हैं वे सब शून्य अर्थात् आदि में नहीं होते; अन्त में नहीं रहते; मध्य में जो प्रतीत होता है वह भी प्रतीत समय में है पश्चात् शून्य हो जाता है। जैसे उत्पत्ति के पूर्व घट नहीं था; प्रध्वंस के पश्चात् नहीं रहता और घटज्ञान समय में भासता पदार्थान्तर में ज्ञान जाने से घटज्ञान नहीं रहता इसलिये शून्य ही एक तत्त्व है।

दूसरा 'योगाचार' जो **बाह्य शून्य** मानता है। अर्थात् पदार्थ भीतर ज्ञान में भासते हैं; बाहर नहीं। जैसे घटज्ञान आत्मा में है तभी मनुष्य कहता है कि यह घट है; जो भीतर ज्ञान न हो तो नहीं कह सकता; ऐसा मानता है।

तीसरा 'सौत्रान्तिक' जो बाहर अर्थ का अनुमान मानता है। क्योंकि बाहर कोई पदार्थ सांगोपांग प्रत्यक्ष नहीं होता किन्तु एकदेश प्रत्यक्ष होने से शेष में अनुमान किया जाता है। इस का ऐसा मत है।

चौथा 'वैभाषिक' है उसका मत **बाहर पदार्थ प्रत्यक्ष होता है; भीतर नहीं।** जैसे **'अयं नीलो घटः'** इस प्रतीति में नीलयुक्त घटाकृति बाहर प्रतीत होती है; यह ऐसा मानता है। यद्यपि इन का आचार्य्य बुद्ध एक है तथापि शिष्यों के बुद्धिभेद से चार प्रकार की शाखा हो गई हैं। जैसे सूर्य्यास्त होने में जार पुरुष परस्त्रीगमन, चोर चौरीकर्म और विद्वान् सत्यभाषणादि श्रेष्ठ कर्म्म करते हैं। समय एक परन्तु अपनी-अपनी बुद्धि के अनुसार भिन्न-भिन्न चेष्टा करते हैं।

अब इन पूर्वोक्त चारों में 'माध्यमिक' सब को क्षणिक मानता है। अर्थात् क्षण-क्षण में बुद्धि के परिणाम होने से जो पूर्व क्षण में ज्ञात वस्तु था वैसा ही दूसरे क्षण में नहीं रहता इसलिये सब को क्षणिक मानना चाहिये; ऐसे मानता है।

दूसरा 'योगाचार' जो प्रवृत्ति है सो सब दुःखरूप है क्योंकि प्राप्ति में सन्तुष्ट कोई भी नहीं रहता। एक की प्राप्ति में दूसरे की इच्छा बनी ही रहती है; इस प्रकार मानता है।

तीसरा 'सौत्रान्तिक' सब पदार्थ अपने-अपने लक्षणों से लक्षित होते हैं जैसे गाय के चिह्नों से गाय और घोड़े के चिह्नों से घोड़ा ज्ञात होता है वैसे लक्षण लक्ष्य में सदा रहते हैं; ऐसा कहता है।

चौथा 'वैभाषिक' शून्य ही को एक पदार्थ मानता है। प्रथम माध्यमिक सब को शून्य मानता था उसी का पक्ष वैभाषिक का भी है। इत्यादि बौद्धों में बहुत से विवाद पक्ष हैं। इस प्रकार चार प्रकार की भावना मानते हैं।

(उत्तर) जो सब शून्य हो तो शून्य का जानने वाला शून्य नहीं हो सकता और जो सब शून्य होवे तो शून्य को शून्य नहीं जान सके। इसलिए शून्य का ज्ञाता और ज्ञेय दो पदार्थ सिद्ध होते हैं। और जो योगाचार बाह्य शून्यत्व मानता है तो पर्वत इस के भीतर होना चाहिये। जो कहे कि पर्वत भीतर है तो उस के हृदय में पर्वत के समान अवकाश कहां है? इसलिए बाहर पर्वत है और पर्वतज्ञान आत्मा में रहता है।

सौत्रान्तिक किसी पदार्थ को प्रत्यक्ष नहीं मानता तो वह आप स्वयम् और उस का वचन भी अनुमेय होना चाहिये; प्रत्यक्ष नहीं। जो प्रत्यक्ष न हो तो **'अयं घटः'** यह प्रयोग भी न होना चाहिये किन्तु **'अयं घटैकदेशः'** यह घट का एक देश है और एक देश का नाम घट नहीं किन्तु समुदाय का नाम घट है। 'यह घट है' यह प्रत्यक्ष है, अनुमेय नहीं क्योंकि सब अवयवों में अवयवी एक है। उस के प्रत्यक्ष

होने से सब घट के अवयव भी प्रत्यक्ष होते हैं अर्थात् सावयव घट प्रत्यक्ष होता है।

चौथा 'वैभाषिक' बाह्य पदार्थों को प्रत्यक्ष मानता है वह भी ठीक नहीं। क्योंकि जहां ज्ञाता और ज्ञान होता है वहीं प्रत्यक्ष होता है अर्थात् आत्मा में सब का प्रत्यक्ष होता है। यद्यपि प्रत्यक्ष का विषय बाहर होता है; तदाकार ज्ञान आत्मा को होता है। वैसे जो क्षणिक पदार्थ और उस का ज्ञान क्षणिक बाहर होता हो तो 'प्रत्यभिज्ञा' अर्थात् मैंने वह बात की थी ऐसा स्मरण न होना चाहिये परन्तु पूर्व दृष्ट, श्रुत का स्मरण होता है इसलिए क्षणिकवाद भी ठीक नहीं। जो सब दुःख ही हो और सुख कुछ भी न हो तो सुख की अपेक्षा के विना दुःख सिद्ध नहीं हो सकता। जैसे रात्रि की अपेक्षा से दिन और दिन की अपेक्षा से रात्रि होती है इसलिये सब दुःख मानना ठीक नहीं। जो स्वलक्षण ही मानें तो नेत्र रूप का लक्षण है और रूप लक्ष्य है जैसे घट का रूप। घट के रूप का लक्षण चक्षु लक्ष्य से भिन्न है और गन्ध पृथिवी से अभिन्न है। इसी प्रकार भिन्नाऽभिन्न लक्ष्य लक्षण मानना चाहिये। शून्य का जो उत्तर पूर्व दिया है वही अर्थात् शून्य का जानने वाला शून्य से भिन्न होता है।

सर्वस्य संसारस्य दुःखात्मकत्वं सर्वतीर्थङ्करसम्मतम् ॥

जिन को बौद्ध तीर्थंकर मानते हैं उन्हीं को जैन भी मानते हैं इसलिये ये दोनों एक हैं। और पूर्वोक्त भावनाचतुष्टय अर्थात् चार भावनाओं से सकल वासनाओं की निवृत्ति से शून्यरूप निर्वाण अर्थात् मुक्ति मानते हैं। अपने शिष्यों को योग और आचार का उपदेश करते हैं। गुरु के वचन का प्रमाण करना। अनादि बुद्धि में वासना होने से बुद्धि ही अनेकाकार भासती है और चित्तचैत्तात्मक स्कन्ध पांच प्रकार का मानते हैं—

रूपविज्ञानवेदनासंज्ञासंस्कारसंज्ञकः ॥

उनमें से—(प्रथम) जो इन्द्रियों से रूपादि विषय ग्रहण किया जाता है वह **'रूपस्कन्ध'** (दूसरा) आलयविज्ञान प्रवृत्ति का जाननारूप व्यवहार को **'विज्ञान-स्कन्ध'** (तीसरा) रूपस्कन्ध और विज्ञानस्कन्ध से उत्पन्न हुआ सुख दुःख आदि प्रतीति रूप व्यवहार को **'वेदनास्कन्ध'** (चौथा) गौ आदि संज्ञा का सम्बन्ध नामी के साथ मानने रूप को **'संज्ञास्कन्ध'** (पांचवां) वेदनास्कन्ध से रागद्वेषादि क्लेश और क्षुधा तृषादि उपक्लेश, मद, प्रमाद, अभिमान, धर्म और अधर्मरूप व्यवहार को **'संस्कारस्कन्ध'** मानते हैं।

सब संसार में दुःखरूप दुःख का घर दुःख का साधनरूप भावना करके संसार से छूटना; चारवाकों में अधिक मुक्ति और अनुमान तथा जीव को न मानना; बौद्ध मानते हैं।

देशना लोकनाथानां सत्त्वाशयवशानुगाः।
भिद्यन्ते बहुधा लोके उपायैर्बहुभिः किल॥ १॥
गम्भीरोत्तानभेदेन क्वचिच्चोभयलक्षणा।
भिन्ना हि देशनाऽभिन्ना शून्यताऽद्वयलक्षणा॥ २॥
द्वादशायतनपूजा श्रेयस्करीति बौद्धा मन्यन्ते—
अर्थानुपार्ज्य बहुशो द्वादशायतनानि वै।
परितः पूजनीयानि किमन्यैरिह पूजितैः॥ ३॥
ज्ञानेन्द्रियाणि पञ्चैव तथा कर्मेन्द्रियाणि च।
मनो बुद्धिरिति प्रोक्तं द्वादशायतनं बुधैः॥ ४॥

अर्थात् जो ज्ञानी, विरक्त, जीवनमुक्त लोकों के नाथ बुद्ध आदि तीर्थङ्करों के पदार्थों के स्वरूप को जनाने वाला जो कि भिन्न-भिन्न पदार्थों का उपदेशक है जिस को बहुत से भेद और बहुत से उपायों से कहा है उसको मानना॥ १॥

बड़े गम्भीर और प्रसिद्ध भेद से कहीं-कहीं गुप्त और प्रकटता से भिन्न-भिन्न गुरुओं के उपदेश जो कि शून्य लक्षणयुक्त पूर्व कह आये, उनको मानना॥ २॥

जो द्वादशायतन पूजा है वही मोक्ष करने वाली है। उस पूजा के लिये बहुत से द्रव्यादि पदार्थों को प्राप्त होके द्वादशायतन अर्थात् बारह प्रकार के स्थान विशेष बना के सब प्रकार से पूजा करनी चाहिए; अन्य की पूजा करने से क्या प्रयोजन॥ ३॥

इन की द्वादशायतन पूजा यह है—पांच ज्ञानेन्द्रिय अर्थात् श्रोत्र, त्वक्, चक्षु, जिह्वा और नासिका; पांच कर्मेन्द्रिय अर्थात् वाक्, हस्त, पाद, गुह्य और उपस्थ; ये १० इन्द्रियां और मन, बुद्धि इन ही का सत्कार अर्थात् इन को आनन्द में प्रवृत्त रखना इत्यादि बौद्ध का मत है॥ ४॥

(उत्तर) जो सब संसार दुःखरूप होता तो किसी जीव की प्रवृत्ति न होनी चाहिये। संसार में जीवों की प्रवृत्ति प्रत्यक्ष दीखती है इसलिये सब संसार दुःखरूप नहीं हो सकता किन्तु इस में सुख दुःख दोनों हैं और जो बौद्ध लोग ऐसा ही सिद्धान्त मानते हैं तो खानपानादि करना और पथ्य तथा ओषध्यादि सेवन करके शरीररक्षण करने में प्रवृत्त होकर सुख क्यों मानते हैं? जो कहैं कि हम प्रवृत्त तो होते हैं परन्तु इस को दुःख ही मानते हैं तो यह कथन ही सम्भव नहीं। क्योंकि जीव सुख जान कर प्रवृत्त और दुःख जान के निवृत्त होता है। **संसार में धर्मक्रिया, विद्या, सत्सङ्गादि श्रेष्ठ व्यवहार सुखकारक हैं, इन को कोई भी विद्वान् दुःख का लिङ्ग नहीं मान सकता; विना बौद्धों के।** जो पांच स्कन्ध हैं वे भी पूर्ण अपूर्ण हैं क्योंकि जो ऐसे-ऐसे स्कन्ध विचारने लगें तो एक-एक के अनेक भेद हो सकते हैं। जिन तीर्थङ्करों को उपदेशक और लोकनाथ मानते हैं और अनादि जो नाथों का भी नाथ परमात्मा है उस को नहीं मानते तो उन तीर्थङ्करों ने उपदेश किस से पाया? जो कहैं कि स्वयं प्राप्त हुआ तो ऐसा कथन सम्भव नहीं क्योंकि कारण के विना कार्य्य नहीं हो सकता। अथवा उनके कथनानुसार ऐसा ही होता तो अब उन में विना पढ़े-पढ़ाये, सुने-सुनाये और ज्ञानियों के सत्संग किये विना ज्ञानी क्यों नहीं हो जाते? जब नहीं होते तो ऐसा कथन सर्वथा निर्मूल और युक्तिशून्य सन्निपात रोगग्रस्त मनुष्य के बर्ड़ाने के समान है।

जो शून्यरूप ही अद्वैत उपदेश बौद्धों का है तो विद्यमान वस्तु शून्यरूप कभी नहीं हो सकती। हां! सूक्ष्म कारणरूप तो हो जाती है इसलिये यह भी कथन भ्रमरूपी है। जो द्रव्यों के उपार्जन से ही पूर्वोक्त द्वादशायतनपूजा को मोक्ष का साधन मानते हैं तो दश प्राण और ग्यारहवें जीवात्मा की पूजा क्यों नहीं करते? जब इन्द्रिय और अन्तःकरण की पूजा भी मोक्षप्रद है तो इन बौद्धों और विषयीजनों में क्या भेद रहा? जो उन से ये बौद्ध नहीं बच सके तो वहां मुक्ति भी कहां रही। जहां ऐसी बातें हैं वहां मुक्ति का क्या काम?

क्या ही इन्होंने अपनी अविद्या की उन्नति की है। जिस का सादृश्य इनके विना दूसरों से नहीं घट सकता। निश्चय तो यही होता है कि इन को वेद, ईश्वर से विरोध करने का यही फल मिला। पूर्व तो संसार की दुःखरूपी भावना की। फिर बीच में द्वादशायतनपूजा लगा दी। क्या इन की द्वादशायतनपूजा संसार के पदार्थों

से बाहर की है जो मुक्ति की देने हारी हो सके? तो भला कभी आंख मीच के कोई रत्न ढूँढ़ा चाहैं वा ढूँढ़ें कभी प्राप्त हो सकता है? ऐसी ही इनकी लीला वेद, ईश्वर को न मानने से हुई।

अब भी सुख चाहैं तो वेद ईश्वर का आश्रय लेकर अपना जन्म सफल करें। विवेकविलास ग्रन्थ में बौद्धों का इस प्रकार का मत लिखा है—

बौद्धानां सुगतो देवो विश्वं च क्षणभङ्गुरम् ।
आर्य्यसत्त्वाख्यया तत्त्वचतुष्टयमिदं क्रमात्॥ १॥
दुःखम् आयतनं चैव ततः समुदयो मतः।
मार्गश्चेत्यस्य च व्याख्या क्रमेण श्रूयतामतः॥ २॥
दुःखं संसारिणः स्कन्धास्ते च पञ्च प्रकीर्त्तिताः।
विज्ञानं वेदना संज्ञा संस्कारो रूपमेव च॥ ३॥
पञ्चेन्द्रियाणि शब्दाद्या विषयाः पञ्च मानसम् ।
धर्मायतनम् एतानि द्वादशायतनानि तु॥ ४॥
रागादीनां गणो यः स्यात्समुदेति नृणां हृदि।
आत्मात्मीयस्वभावाख्यः स स्यात्समुदयः पुनः॥ ५॥
क्षणिकाः सर्वसंस्कारा इति या वासना स्थिरा।
स मार्ग इति विज्ञेयः स च मोक्षोऽभिधीयते॥ ६॥
प्रत्यक्षम् अनुमानं च प्रमाणद्वितयं तथा।
चतुःप्रस्थानिका बौद्धाः ख्याता वैभाषिकादयः॥ ७॥
अर्थो ज्ञानान्वितो वैभाषिकेण बहु मन्यते।
सौत्रान्तिकेन प्रत्यक्षग्राह्योऽर्थो न बहिर्मतः॥ ८॥
आकारसहिता बुद्धिर्योगाचारस्य सम्मता।
केवलां संविदं स्वस्थां मन्यन्ते मध्यमाः पुनः॥ ९॥
रागादि - ज्ञानसन्तानवासनाच्छेद - सम्भवा।
चतुर्णामपि बौद्धानां मुक्तिरेषा प्रकीर्तिता॥ १०॥
कृत्तिः कमण्डलुर्मौण्ड्यं चीरं पूर्वाह्णभोजनम्।
सङ्घो रक्ताम्बरत्वं च शिश्रिये बौद्धभिक्षुभिः॥ ११॥

बौद्धों का सुगतदेव बुद्ध भगवान् पूजनीय देव और जगत् क्षणभंगुर, आर्य्य पुरुष और आर्य्या स्त्री तथा तत्त्वों की आख्या संज्ञादि प्रसिद्धि ये चार तत्त्व बौद्धों में मन्तव्य पदार्थ हैं॥ १॥

इस विश्व को दुःख का घर जाने, तदनन्तर समुदय अर्थात् उन्नति होती है और मार्ग, इन की व्याख्या क्रम से सुनो॥ २॥

संसार में दुःख ही है जो पञ्चस्कन्ध पूर्व कह आये हैं उन को जानना॥ ३॥

पञ्च ज्ञानेन्द्रिय, उनके शब्दादि विषय पांच और मन बुद्धि अन्तःकरण धर्म का स्थान ये द्वादश हैं॥ ४॥

जो मनुष्यों के हृदय में रागद्वेषादि समूह की उत्पत्ति होती है वह समुदय और जो आत्मा, आत्मा के सम्बन्धी और स्वभाव है वह आख्या इन्हीं से फिर समुदय होता है॥ ५॥

सब संस्कार क्षणिक हैं जो यह वासना स्थिर होना वह बौद्धों का मार्ग है और वही शून्य तत्त्व शून्यरूप हो जाना मोक्ष है॥ ६॥

बौद्ध लोग प्रत्यक्ष और अनुमान दो ही प्रमाण मानते हैं। चार प्रकार के इन के भेद हैं—वैभाषिक, सौत्रान्तिक, योगाचार और माध्यमिक॥ ७॥

इन में वैभाषिक ज्ञान में जो अर्थ है उस को विद्यमान मानता है क्योंकि जो ज्ञान में नहीं है उस का होना सिद्ध पुरुष नहीं मान सकता। और सौत्रान्तिक भीतर को प्रत्यक्ष पदार्थ मानता है, बाहर नहीं॥ ८॥

योगाचार आकार सहित विज्ञानयुक्त बुद्धि को मानता है और माध्यमिक केवल अपने में पदार्थों का ज्ञानमात्र मानता है; पदार्थों को नहीं मानता॥ ९॥

और रागादि ज्ञान के प्रवाह की वासना के नाश से उत्पन्न हुई मुक्ति चारों बौद्धों की है॥ १०॥

मृगादि का चमड़ा, कमण्डलु, मूंड मुंडाये, वल्कल वस्त्र, पूर्वाह्न अर्थात् ९ बजे से पूर्व भोजन, अकेला न रहै, रक्त वस्त्र का धारण यह बौद्धों के साधुओं का वेश है॥ ११॥

(उत्तर) जो बौद्धों का सुगत बुद्ध ही देव है तो उस का गुरु कौन था? और जो विश्व क्षणभंग हो तो चिरदृष्ट पदार्थ का यह वही है ऐसा स्मरण न होना चाहिये। जो क्षणभंग होता तो वह पदार्थ ही नहीं रहता, पुनः स्मरण किस का होवे? जो क्षणिकवाद ही बौद्धों का मार्ग है तो इन का मोक्ष भी क्षणभंग होगा। जो ज्ञान से युक्त अर्थ द्रव्य हो तो जड़ द्रव्य में भी ज्ञान होना चाहिये इसलिये ज्ञान में अर्थ का प्रतिबिम्ब सा रहता है। जो भीतर ज्ञान में द्रव्य होवे तो बाहर न होना चाहिये और वह चालनादि क्रिया किस पर करता है? भला जो बाहर दीखता है वह मिथ्या कैसे हो सकता है? जो आकार से सहित बुद्धि होवे तो दृश्य होना चाहिये। जो केवल ज्ञान ही हृदय में आत्मस्थ होवे, बाह्य पदार्थों को केवल ज्ञान रूप ही माना जाय तो ज्ञेय पदार्थ के विना ज्ञान ही नहीं हो सकता जो वासनाच्छेद ही मुक्ति है तो सुषप्ति में भी मुक्ति माननी चाहिये। ऐसा मानना विद्या से विरुद्ध होने के कारण तिरस्करणीय है। इत्यादि बातें संक्षेपतः बौद्ध मतस्थों की प्रदर्शित कर दी हैं। अब बुद्धिमान् विचारशील पुरुष अवलोकन करके जान जायेंगे कि इन की कैसी विद्या और कैसा मत है। इसको जैन लोग भी मानते हैं। **यहां से आगे जैनमत का वर्णन है**—प्रकरणरत्नाकर १ भाग, नयचक्रसार में निम्नलिखित बातें लिखी हैं—

बौद्ध लोग समय-समय में नवीनपन से (१) आकाश, (२) काल, (३) जीव, (४) पुद्‌गल ये चार द्रव्य मानते हैं और जैनी लोग धर्मास्तिकाय, अधर्मास्तिकाय, आकाशास्तिकाय, पुद्‌गलास्तिकाय, जीवास्तिकाय और काल इन छः द्रव्यों को मानते हैं। इन में काल को अस्तिकाय नहीं मानते किन्तु ऐसा कहते हैं कि काल उपचार से द्रव्य है; वस्तुतः नहीं। उन में से 'धर्मास्तिकाय' जो गतिपरिणामीपन से परिणाम को प्राप्त हुआ जीव और पुद्‌गल इस की गति के समीप से स्तम्भन करने का हेतु है। वह **धर्मास्तिकाय** और वह असंख्य प्रदेश परिमाण और लोक में व्यापक है। दूसरा **'अधर्मास्तिकाय'** यह है कि स्थिरता से परिणामी हुए जीव तथा पुद्‌गल की स्थिति के आश्रय का हेतु है। तीसरा **'आकाशास्तिकाय'** उस को कहते हैं कि जो सब द्रव्यों का आधार जिस में अवगाहन, प्रवेश, निर्गम आदि क्रिया करने वाले जीव तथा पुद्‌गलों को अवगाहन का हेतु और सर्वव्यापी है। चौथा **'पुद्‌गलास्तिकाय'** यह है कि जो कारणरूप सूक्ष्म, नित्य, एकरस, वर्ण, गन्ध, स्पर्श, कार्य का लिङ्ग पूरने और गलने के स्वभाव वाला होता है। पांचवां **'जीवास्तिकाय'** जो चेतनालक्षण

ज्ञान दर्शन में उपयुक्त अनन्त पर्यायों से परिणामी होने वाला कर्त्ता भोक्ता है। और छठा '**काल**' यह है कि जो पूर्वोक्त पञ्चास्तिकायों का परत्व अपरत्व नवीन प्राचीनता का चिह्नरूप प्रसिद्ध वर्त्तमानरूप पर्यायों से युक्त है वह काल कहाता है।

(समीक्षक) जो बौद्धों ने चार द्रव्य प्रतिसमय में नवीन-नवीन माने हैं वे झूठे हैं क्योंकि आकाश, काल, जीव और परमाणु ये नये वा पुराने कभी नहीं हो सकते क्योंकि ये अनादि और कारणरूप से अविनाशी हैं; पुनः नया और पुरानापन कैसे घट सकता है? और जैनियों का मानना भी ठीक नहीं क्योंकि धर्माऽधर्म द्रव्य नहीं किन्तु गुण हैं। ये दोनों जीवास्तिकाय में आ जाते हैं। इसलिये आकाश, परमाणु, जीव और काल मानते तो ठीक था। और जो नव द्रव्य वैशेषिक में माने हैं वे ही ठीक हैं क्योंकि पृथिव्यादि पांच तत्त्व, काल, दिशा, आत्मा और मन ये नव पृथक्-पृथक् पदार्थ निश्चित हैं। एक जीव को चेतन मानकर ईश्वर को न मानना यह जैन, बौद्धों की मिथ्या पक्षपात की बात है।

अब जो बौद्ध और जैनी लोग सप्तभंगी और स्याद्वाद मानते हैं सो यह है कि-**'सन् घटः'** इस को **प्रथम भङ्ग** कहते हैं क्योंकि घट अपनी वर्त्तमानता से युक्त अर्थात् घड़ा है; इस ने अभाव का विरोध किया है। **दूसरा भङ्ग 'असन् घटः'** घड़ा नहीं है। प्रथम घट के भाव से, यह घड़े के असद्भाव से दूसरा भङ्ग है। **तीसरा भङ्ग** यह है कि **'सन्नसन् घटः'** अर्थात् यह घड़ा तो है परन्तु पट नहीं क्योंकि उन दोनों से पृथक् हो गया। **चौथा भङ्ग 'घटोऽघटः'** जैसे **'अघटः पटः'** दूसरे पट के अभाव की अपेक्षा अपने में होने से घट अघट कहाता है। युगपत् उस की संज्ञा अर्थात् घट और अघट भी है। **पांचवां भङ्ग** यह है कि जो घट को पट कहना अयोग्य अर्थात् उस में घटपन वक्तव्य है और पटपन अवक्तव्य है। छठा भङ्ग यह है कि जो घट नहीं है वह कहने योग्य भी नहीं और जो है वह है और कहने योग्य भी है। और सातवां भङ्ग यह है कि जो कहने को इष्ट है परन्तु वह नहीं है और कहने के योग्य भी घट नहीं; यह सप्तम भङ्ग कहाता है। इसी प्रकार-

स्यादस्ति जीवोऽयं प्रथमो भङ्गः॥ १॥
स्यान्नास्ति जीवो द्वितीयो भङ्गः॥ २॥
स्यादवक्तव्यो जीवस्तृतीयो भङ्गः॥ ३॥
स्यादस्ति नास्तिरूपो जीवश्चतुर्थो भङ्गः॥ ४॥
स्यादस्ति अवक्तव्यो जीवः पञ्चमो भङ्गः॥ ५॥
स्यान्नास्ति अवक्तव्यो जीवः षष्ठो भङ्गः॥ ६॥
स्यादस्ति नास्ति अवक्तव्यो जीव इति सप्तमो भङ्गः॥ ७॥

अर्थात्-है जीव, ऐसा कथन होवे तो जीव के विरोधी जड़ पदार्थों का जीव में अभावरूप भङ्ग प्रथम कहाता है। दूसरा भङ्ग यह है कि-नहीं है जीव जड़ में ऐसा कथन भी होता है इस से यह दूसरा भङ्ग कहाता है। जीव है परन्तु कहने योग्य नहीं यह तीसरा भङ्ग। जब जीव शरीर धारण करता है। तब प्रसिद्ध और जब शरीर से पृथक् होता है तब अप्रसिद्ध रहता है ऐसा कथन होवे उस को चतुर्थ भङ्ग कहते हैं। जीव है परन्तु कहने योग्य नहीं जो ऐसा कथन है उसको पञ्चम भङ्ग कहते हैं। जीव प्रत्यक्ष प्रमाण से कहने में नहीं आता इसलिए चक्षु प्रत्यक्ष नहीं है ऐसा व्यवहार है उस को छठा भङ्ग कहते हैं। एक काल में जीव का अनुमान से होना और अदृश्यपन में न होना और एक सा न रहना किन्तु क्षण-क्षण में परिणाम

को प्राप्त होना अस्ति नास्ति न होवे और नास्ति अस्ति व्यवहार भी न होवे यह सातवां भङ्ग कहाता है।

इसी प्रकार नित्यत्व सप्तभंगी और अनित्यत्व सप्तभङ्गी तथा सामान्य धर्म, विशेष धर्म गुण और पर्य्यायों की प्रत्येक वस्तु में सप्तभङ्गी होती है। वैसे द्रव्य, गुण, स्वभाव और पर्य्यायों के अनन्त होने से सप्तभङ्गी भी अनन्त होती है। ऐसा बौद्ध तथा जैनियों का स्याद्वाद और सप्तभङ्गी न्याय कहाता है।

(समीक्षक) यह कथन एक अन्योऽन्याभाव में साधर्म्य और वैधर्म्य में चरितार्थ हो सकता है। इस सरल प्रकरण को छोड़कर कठिन जाल रचना केवल अज्ञानियों के फंसाने के लिये होता है। देखो! जीव का अजीव में और अजीव का जीव में अभाव रहता ही है। जैसे जीव और जड़ के वर्त्तमान होने से साधर्म्य और चेतन तथा जड़ होने से वैधर्म्य अर्थात् जीव में चेतनत्व (अस्ति) है और जड़त्व (नास्ति) नहीं है। इसी प्रकार जड़ में जड़त्व है और चेतनत्व नहीं है। इस से गुण, कर्म, स्वभाव के समान धर्म और विरुद्ध धर्म्म के विचार से सब इन का सप्तभङ्गी और स्याद्वाद सहजता से समझ में आता है फिर इतना प्रपञ्च बढ़ाना किस काम का है? इस में बौद्ध और जैनों का एक मत है। थोड़ा सा ही पृथक्-पृथक् होने से भिन्न भाव भी हो जाता है।

अब इस के आगे केवल जैनमत विषय में लिखा जाता है—

चिदचिद् द्वे परे तत्त्वे विवेकस्तद्विवेचनम्।
उपादेयमुपादेयं हेयं हेयं च कुर्वतः॥ १॥
हेयं हि कर्तृरागादि तत्कार्य्यमविवेकिनः।
उपादेयं परं ज्योतिरुपयोगैकलक्षणम्॥ २॥

जैन लोग 'चित्' और 'अचित्' अर्थात् चेतन और जड़ दो ही परतत्त्व मानते हैं। उन दोनों के विचेचन का नाम विवेक, जो-जो ग्रहण के योग्य है उस-उस का ग्रहण और जो-जो त्याग करने योग्य है उस-उस का त्याग करने वाले को विवेकी कहते हैं॥ १॥

जगत् का कर्त्ता और रागादि तथा ईश्वर ने जगत् किया है इस अविवेकी मत का त्याग और योग से लक्षित परमज्योतिस्वरूप जो जीव है उस का ग्रहण करना उत्तम है॥ २॥

अर्थात् जीव के विना दूसरा चेतन तत्त्व ईश्वर को नहीं मानते। कोई भी अनादि सिद्ध ईश्वर नहीं; ऐसा बौद्ध जैन लोग मानते हैं।

इस में राजा शिवप्रसाद जी 'इतिहासतिमिरनाशक' ग्रन्थ में लिखते हैं कि इन के दो नाम हैं; एक जैन और दूसरा बौद्ध। ये पयार्यवाची शब्द हैं परन्तु बौद्धों में वाममार्गी मद्य-मांसाहारी बौद्ध हैं उन के साथ जैनियों का विरोध है परन्तु जो महावीर और गौतम गणधर हैं उनका नाम बौद्धों ने बुद्ध रक्खा है और जैनियों ने गणधर और जिनवर। इस में जिन की परम्परा जैनमत है उन राजा शिवप्रसाद जी ने अपने 'इतिहासतिमिरनाशक' ग्रन्थ के तीसरे खण्ड में लिखा है कि "स्वामी शङ्कराचार्य्य से पहले जिन को हुए कुल हजार वर्ष के लगभग गुजरे हैं; सारे भारतवर्ष में बौद्ध अथवा जैनमत फैला हुआ था।" इस पर नोट—"……बौद्ध कहने से हमारा आशय उस मत से है जो महावीर के गणधर गौतम स्वामी के समय तक वेद विरुद्ध सारे भारतवर्ष में फैला रहा और जिस को अशोक और सम्प्रति महाराज ने माना।

जैन उस से बाहर किसी तरह नहीं निकल सकते। ……जिन, जिस से जैन निकला और बुद्ध, जिस से बौद्ध निकला दोनों पर्याय शब्द हैं। कोश में दोनों का अर्थ एक ही लिखा है और गौतम को दोनों मानते हैं। वरन् दीपवंश इत्यादि पुराने बौद्ध ग्रन्थों में शाक्यमुनि गौतम बुद्ध को अक्सर महावीर ही के नाम से लिखा है। बस उन के समय में एक ही उन का मत रहा होगा। हम ने जो जैन न लिख कर गौतम के मत वालों को बौद्ध लिखा उस का प्रयोजन केवल इतना ही है कि दूसरे देश वालों ने बौद्ध ही के नाम से लिखा है…।" ऐसा ही अमरकोश में भी लिखा है—

सर्वज्ञः सुगतो बुद्धो धर्मराजस्तथागतः।
समन्तभद्रो भगवान्मारजिल्लोकजिज्जिनः॥ १॥
षडभिज्ञो दशबलोऽद्वयवादी विनायकः।
मुनीन्द्रः श्रीघनः शास्ता मुनिः शाक्यमुनिस्तु यः॥ २॥
स शाक्यसिंहः सर्वार्थः सिद्धश्शौद्धोदनिश्च सः।
गौतमश्चार्कबन्धुश्च मायादेवीसुतश्च सः॥ ३॥

—अमरकोश कां० १। वर्ग १। श्लोक ८ से १० तक॥

अब देखो! बुद्ध, जिन और बौद्ध तथा जैन एक के नाम हैं वा नहीं? क्या 'अमरसिंह' भी बुद्ध जिन के एक लिखने में भूल गया है? जो अविद्वान् जैन हैं वे तो न अपना जानते और न दूसरे का; केवल हठमात्र से बर्ड़ाया करते हैं परन्तु जो जैनों में विद्वान् हैं वे सब जानते हैं कि 'बुद्ध' और 'जिन' तथा 'बौद्ध' और 'जैन' पर्यायवाची हैं, इस में कुछ सन्देह नहीं।

जैन लोग कहते है कि जीव ही परमेश्वर हो जाता है वे जो अपने तीर्थङ्करों ही को केवली मुक्ति प्राप्त और परमेश्वर मानते हैं, अनादि परमेश्वर कोई नहीं। सर्वज्ञ, वीतराग, अर्हन्, केवली, तीर्थकृत, जिन ये छः नास्तिकों के देवताओं के नाम हैं। आदिदेव का स्वरूप चन्द्रसूरि ने 'आप्तनिश्चयालङ्कार' ग्रन्थ में लिखा है—

सर्वज्ञो वीतरागादिदोषस्त्रैलोक्यपूजितः।
यथास्थितार्थवादी च देवोऽर्हन् परमेश्वरः॥ १॥

वैसे ही 'तौतातितों' ने भी लिखा है कि—

सर्वज्ञो दृश्यते तावन्नेदानीमस्मदादिभिः।
दृष्टो न चैकदेशोऽस्ति लिङ्गं वा योऽनुमापयेत्॥ २॥
न चागमविधिः कश्चिन्नित्यसर्वज्ञबोधकः।
न च तत्रार्थवादानां तात्पर्यमपि कल्पते॥ ३॥
न चान्यार्थप्रधानैस्तैस्तदस्तित्वं विधीयते।
न चानुवादितुं शक्यः पूर्वमन्यैरबोधितः॥ ४॥

जो रागादि दोषों से रहित, त्रैलोक्य में पूजनीय, यथावत् पदार्थों का वक्ता, सर्वज्ञ अर्हन् देव है वही परमेश्वर है॥ १॥

जिसलिये हम इस समय परमेश्वर को नहीं देखते इसलिये कोई सर्वज्ञ अनादि परमेश्वर प्रत्यक्ष नहीं। जब ईश्वर में प्रत्यक्ष प्रमाण नहीं तो अनुमान भी नहीं घट सकता क्योंकि एकदेश प्रत्यक्ष के विना अनुमान नहीं हो सकता॥ २॥

जब प्रत्यक्ष, अनुमान नहीं तो आगम अर्थात् नित्य अनादि सर्वज्ञ परमात्मा का बोधक शब्दप्रमाण भी नहीं हो सकता। जब तीनों प्रमाण नहीं तो अर्थवाद अर्थात् स्तुति, निन्दा, परकृति अर्थात् पराये चरित्र का वर्णन और पुराकल्प अर्थात् इतिहास

का तात्पर्य भी नहीं घट सकता॥ ३॥

और अन्यार्थप्रधान अर्थात् बहुव्रीहि समास के तुल्य परोक्ष परमात्मा की सिद्धि का विधान भी नहीं हो सकता। पुनः ईश्वर के उपदेष्टाओं से सुने विना अनुवाद भी कैसे हो सकता है?॥ ४॥

(इसका प्रत्याख्यान अर्थात् खण्डन)—जो अनादि ईश्वर न होता तो 'अर्हन्' देव के माता, पिता आदि के शरीर का सांचा कौन बनाता? विना संयोगकर्त्ता के यथायोग्य सर्वाऽवयवसम्पन्न, यथोचित कार्य करने में उपयुक्त शरीर बन ही नहीं सकता। और जिन पदार्थों से शरीर बना है। उन के जड़ होने से स्वयम् इस प्रकार की उत्तम रचना से युक्त शरीर रूप नहीं बन सकते क्योंकि उन में यथायोग्य बनने का ज्ञान ही नहीं। और जो रागादि दोषों से सहित होकर पश्चात् दोष रहित होता है वह ईश्वर कभी नहीं हो सकता क्योंकि जिस निमित्त से वह रागादि से मुक्त होता है वह मुक्ति उस निमित्त के छूटने से उस का कार्य मुक्ति भी अनित्य होगी। जो अल्प और अल्पज्ञ है वह सर्वव्यापक और सर्वज्ञ कभी नहीं हो सकता क्योंकि जीव का स्वरूप एकदेशी और परिमित गुण, कर्म, स्वभाव वाला होता है वह सब विद्याओं में सब प्रकार यथार्थवक्ता नहीं हो सकता, इसलिये तुम्हारे तीर्थङ्कर परमेश्वर कभी नहीं हो सकते॥ १॥

क्या तुम जो **प्रत्यक्ष** पदार्थ हैं उन्हीं को मानते हो; **अप्रत्यक्ष** को नहीं? **जैसे कान से रूप और चक्षु से शब्द का ग्रहण नहीं हो सकता वैसे अनादि परमात्मा को देखने का साधन शुद्धान्तःकरण, विद्या और योगाभ्यास से पवित्रात्मा, परमात्मा को प्रत्यक्ष देखता है। जैसे विना पढ़े विद्या के प्रयोजनों की प्राप्ति नहीं होती वैसे ही योगाभ्यास और विज्ञान के विना परमात्मा भी नहीं दीख पड़ता।**

जैसे भूमि के रूपादि गुण ही को देख जान के गुणों से अव्यवहित सम्बन्ध से पृथिवी प्रत्यक्ष होती है वैसे इस सृष्टि में परमात्मा के रचना विशेष लिङ्ग देख के परमात्मा प्रत्यक्ष होता है।

और जो पापाचरणेच्छा समय में भय, शंका, लज्जा उत्पन्न होती है वह अन्तर्यामी परमात्मा की ओर से है। इस से भी परमात्मा प्रत्यक्ष होता है। अनुमान के होने में क्या सन्देह हो सकता है॥ २॥

और प्रत्यक्ष तथा अनुमान के होने से **आगम प्रमाण** भी नित्य, अनादि, सर्वज्ञ ईश्वर का बोधक होता है इसलिए **शब्दप्रमाण** भी ईश्वर में है। जब तीनों प्रमाणों से ईश्वर को जीव जान सकता है तब अर्थवाद अर्थात् परमेश्वर के गुणों की प्रशंसा करना भी यथार्थ घटता है। क्योंकि जो नित्य पदार्थ हैं उन के गुण, कर्म, स्वभाव भी नित्य होते हैं। उन की प्रशंसा करने में कोई भी प्रतिबन्धक नहीं॥ ३॥

जैसे मनुष्यों में कर्त्ता के विना कोई भी कार्य नहीं होता वैसे ही इस महत्कार्य का कर्त्ता के विना होना सर्वथा असम्भव है। जब ऐसा है तो ईश्वर के होने में मूढ़ को भी सन्देह नहीं हो सकता। जब परमात्मा के उपदेश करने वालों से सुनेंगे पश्चात् उस का अनुवाद करना भी सरल है॥ ४॥ इससे जैनों के प्रत्यक्षादि प्रमाणों से ईश्वर का खण्डन करना आदि व्यवहार अनुचित है।

(प्रश्न) अनादेरागमस्यार्थो न च सर्वज्ञ आदिमान्।
कृत्रिमेण त्वसत्येन स कथं प्रतिपाद्यते॥ १॥

अथ तद्वचनेनैव सर्वज्ञोऽन्यैः प्रतीयते।
प्रकल्प्येत कथं सिद्धिरन्योऽन्याश्रययोस्तयोः॥ २॥
सर्वज्ञोक्ततया वाक्यं सत्यं तेन तदस्तिता।
कथं तदुभयं सिध्येत् सिद्धमूलान्तरादृते॥ ३॥

बीच में सर्वज्ञ हुआ अनादि शास्त्र का अर्थ नहीं हो सकता क्योंकि किए हुए असत्य वचन से उस का प्रतिपादन किस प्रकार से हो सके?॥ १॥

और जो परमेश्वर ही के वचन से परमेश्वर सिद्ध होता है तो अनादि ईश्वर से अनादि शास्त्र की सिद्धि; अनादि शास्त्र से अनादि ईश्वर की सिद्धि; अन्योऽन्याश्रय दोष आता है॥ २॥

क्योंकि सर्वज्ञ के कथन से वह वेदवाक्य सत्य और उसी वेदवचन से ईश्वर की सिद्धि करते हो यह कैसे सिद्ध हो सकता है? उस शास्त्र और परमेश्वर की सिद्धि के लिये तीसरा कोई प्रमाण चाहिये। जो ऐसा मानोगे तो अनवस्था दोष आवेगा॥३॥

(उत्तर) हम लोग परमेश्वर और परमेश्वर के गुण, कर्म, स्वभाव को अनादि मानते हैं। अनादि नित्य पदार्थों में अन्योऽन्याश्रय दोष नहीं आ सकता जैसे कार्य्य से कारण का ज्ञान और कारण से कार्य्य का बोध होता है। कार्य्य में कारण का स्वभाव और कारण में कार्य्य का स्वभाव नित्य है वैसे परमेश्वर और परमेश्वर के अनन्त विद्यादि गुण नित्य होने से ईश्वरप्रणीत वेद में अनवस्था दोष नहीं आता॥ १। २। ३॥

और तुम तीर्थंकरों को परमेश्वर मानते हो यह कभी नहीं घट सकता क्योंकि विना माता, पिता के उन का शरीर ही नहीं होता तो वे तपश्चर्य्या, ज्ञान और मुक्ति को कैसे पा सकते हैं? वैसे ही संयोग का आदि अवश्य होता है क्योंकि विना वियोग के संयोग हो ही नहीं सकता इसलिये अनादि सृष्टिकर्त्ता परमात्मा को मानो।

देखो! चाहे कितना ही कोई सिद्ध हो तो भी शरीर आदि की रचना को पूर्णता से नहीं जान सकता। जब सिद्ध जीव सुषुप्ति दशा में जाता है तब उस को कुछ भी भान नहीं रहता। जब जीव दुःख को प्राप्त होता है तब उस का ज्ञान भी न्यून हो जाता है। ऐसे परिच्छिन्न सामर्थ्य वाले एकदेश में रहने वाले को ईश्वर मानना विना भ्रान्तिबुद्धियुक्त जैनियों से अन्य कोई भी नहीं मान सकता। जो तुम कहो कि वे तीर्थङ्कर अपने माता, पिताओं से हुए तो वे किन से और उनके माता पिता किन से? फिर उन के भी माता, पिता किन से उत्पन्न हुए? इत्यादि अनवस्था आवेगी।

आस्तिक और नास्तिक का संवाद

इस के आगे प्रकरणरत्नाकर के दूसरे भाग आस्तिक, नास्तिक के संवाद के प्रश्नोत्तर यहां लिखते हैं। जिस को बड़े-बड़े जैनियों ने अपनी सम्मति के साथ माना और मुम्बई में छपवाया है।

(नास्तिक) ईश्वर की इच्छा से कुछ नहीं होता जो कुछ होता है वह कर्म से।

(आस्तिक) जो सब कर्म से होता है तो कर्म किस से होता है? जो कहो कि जीव आदि से होता है तो जिन श्रोत्रादि साधनों से कर्म जीव करता है वे किन से हुए? जो कहो कि अनादिकाल और स्वभाव से होते हैं तो अनादि का

छूटना असम्भव होकर तुम्हारे मत में मुक्ति का अभाव होगा। जो कहो कि प्रागभाववत् अनादि सान्त हैं तो विना यत्न के सब कर्म निवृत्त हो जायेंगे। यदि ईश्वर फलप्रदाता न हो तो पाप के फल दुःख को जीव अपनी इच्छा से कभी नहीं भोगेगा। जैसे चोर आदि चोरी का फल दण्ड अपनी इच्छा से नहीं भोगते किन्तु राज्यव्यवस्था से भोगते हैं वैसे ही परमेश्वर के भुगाने से जीव पाप और पुण्य के फलों को भोगते हैं अन्यथा कर्मसङ्कर हो जायेंगे अन्य के कर्म अन्य को भोगने पड़ेंगे।

(नास्तिक) ईश्वर अक्रिय है क्योंकि जो कर्म करता होता तो कर्म का फल भी भोगना पड़ता। इसलिये जैसे हम केवली प्राप्त मुक्तों को अक्रिय मानते हैं वैसे तुम भी मानो।

(आस्तिक) ईश्वर अक्रिय नहीं किन्तु सक्रिय है। जब चेतन है तो कर्त्ता क्यों नहीं? और जो कर्त्ता है तो वह क्रिया से पृथक् कभी नहीं हो सकता। जैसा तुम्हारा कृत्रिम बनावट का ईश्वर तीर्थङ्कर को जीव से बने हुए मानते हो इस प्रकार के ईश्वर को कोई भी विद्वान् नहीं मान सकता। क्योंकि जो निमित्त से ईश्वर बने तो अनित्य और पराधीन हो जाय क्योंकि ईश्वर बने के प्रथम जीव था पश्चात् किसी निमित्त से ईश्वर बना तो फिर भी जीव हो जायेगा। अपने जीवत्व स्वभाव को कभी नहीं छोड़ सकता क्योंकि अनन्तकाल से जीव है और अनन्तकाल तक रहेगा। इसलिए इस अनादि स्वतःसिद्ध ईश्वर को मानना योग्य है।

देखो! जैसे वर्त्तमान समय में जीव पाप पुण्य करता, सुख दुःख भोगता है वैसे ईश्वर कभी नहीं होता। जो ईश्वर क्रियावान् न होता तो इस जगत् को कैसे बना सकता? जो कर्मों को प्रागभाववत् अनादि सान्त मानते हो तो कर्म समवाय सम्बन्ध से नहीं रहेगा। जो समवाय सम्बन्ध से नहीं वह संयोगज होके अनित्य होता है। जो मुक्ति में क्रिया ही न मानते हो तो वे मुक्त जीव ज्ञान वाले होते हैं वा नहीं? जो कहो होते हैं तो अन्तःक्रिया वाले हुए। क्या मुक्ति में पाषाणवत् जड़ हो जाते; एक ठिकाने पड़े रहते और कुछ भी चेष्टा नहीं करते तो मुक्ति क्या हुई किन्तु अन्धकार और बन्धन में पड़ गये।

(नास्तिक) ईश्वर व्यापक नहीं है जो व्यापक होता तो सब वस्तु चेतन क्यों नहीं होती? और ब्राह्मण, क्षत्रिय, वैश्य, शूद्र आदि की उत्तम, मध्यम, निकृष्ट अवस्था क्यों हुई? क्योंकि सब में ईश्वर एक सा व्याप्त है तो छुटाई-बड़ाई न होनी चाहिये।

(आस्तिक) व्याप्य और व्यापक एक नहीं होते किन्तु व्याप्य एकदेशी और व्यापक सर्वदेशी होता है। जैसे आकाश सब में व्यापक है और भूगोल और घटपटादि सब व्याप्य एकदेशी हैं। जैसे पृथिवी आकाश एक नहीं वैसे ईश्वर और जगत् एक नहीं। **जैसे सब घट पटादि में आकाश व्यापक है और घटपटादि आकाश नहीं, वैसे परमेश्वर चेतन सब में है और सब चेतन नहीं होता। जैसे आकाश सब में बराबर है पृथ्वी आदि के अवयव बराबर नहीं वैसे परमेश्वर के बराबर कोई नहीं।** जैसे विद्वान्, अविद्वान् और धर्मात्मा, अधर्मात्मा बराबर नहीं होते वैसे विद्यादि सद्गुण और सत्यभाषणादि कर्म सुशीलतादि स्वभाव के न्यूनाधिक होने से ब्राह्मण, क्षत्रिय, वैश्य, शूद्र और अन्त्यज बड़े छोटे माने जाते हैं। वर्णों की व्याख्या जैसी 'चतुर्थसमुल्लास' में लिख आये हैं वहाँ देख लो।

(नास्तिक) ईश्वर ने जगत् का अधिपतित्व और जगत् रूप ऐश्वर्य किस कारण स्वीकार किया?

(आस्तिक) ईश्वर ने कभी अधिपतित्व न छोड़ा था; न ग्रहण किया है किन्तु अधिपतित्व और जगत् रूप ऐश्वर्य ईश्वर ही में है। न कभी उस से अलग हो सकता है तो ग्रहण क्या करेगा? क्योंकि अप्राप्त का ग्रहण होता है। व्याप्य से व्यापक और व्यापक से व्याप्य पृथक् कभी नहीं हो सकता। इसलिये सदैव स्वामित्व और अनन्त ऐश्वर्य अनादि काल से ईश्वर में है। इस का ग्रहण और त्याग जीवों में घट सकता है; ईश्वर में नहीं।

(नास्तिक) जो ईश्वर की रचना से सृष्टि होती तो माता, पितादि का क्या काम?

(आस्तिक) ऐश्वरी सृष्टि का ईश्वर कर्त्ता है; जैवी सृष्टि का नहीं। जो जीवों के कर्त्तव्य कर्म हैं उन को ईश्वर नहीं करता किन्तु जीव ही करता है। जैसे वृक्ष, फल, ओषधि, अन्नादि ईश्वर ने उत्पन्न किया है। उस को लेकर मनुष्य न पीसें, न कूटें, न रोटी आदि पदार्थ बनावें और न खावें तो क्या ईश्वर उस के बदले इन कामों को कभी करेगा? और जो न करें तो जीव का जीवन भी न हो सके। इसलिए आदिसृष्टि में जीव के शरीरों और सांचों को बनाना ईश्वराधीन; पश्चात् उन से पुत्रादि की उत्पत्ति करना जीव का कर्त्तव्य काम है।

(नास्तिक) जब परमात्मा शाश्वत, अनादि, चिदानन्द, ज्ञानस्वरूप है तो जगत् के प्रपञ्च और दुःख में क्यों पड़ा? आनन्द छोड़ दुःख का ग्रहण ऐसा काम कोई साधारण मनुष्य भी नहीं करता; ईश्वर ने ऐसा क्यों किया?

(आस्तिक) परमात्मा किसी प्रपञ्च और दुःख में नहीं गिरता, न अपने आनन्द को छोड़ता है क्योंकि प्रपञ्च और दुःख में गिरना जो एकदेशी हो उस का हो सकता है; सर्वदेशी का नहीं। जो अनादि, चिदानन्द, ज्ञानस्वरूप परमात्मा जगत् को न बनावे तो अन्य कौन बना सके? जगत् बनाने का जीव में सामर्थ्य नहीं और जड़ में स्वयं बनने का भी सामर्थ्य नहीं। इससे यह सिद्ध हुआ कि परमात्मा ही जगत् को बनाता और सदा आनन्द में रहता है। जैसे परमात्मा परमाणुओं से सृष्टि करता है वैसे माता पितारूप निमित्तकारण से भी उत्पत्ति का प्रबन्ध नियम उसी ने किया है।

(नास्तिक) ईश्वर मुक्तिरूप सुख को छोड़ जगत् का सृष्टिकरण धारण और प्रलय करने के बखेड़े में क्यों पड़ा?

(आस्तिक) ईश्वर सदा मुक्त होने से तुम्हारे साधनों से सिद्ध हुए तीर्थङ्करों के समान एकदेश में रहने हारे बन्धपूर्वक मुक्ति से युक्त, सनातन परमात्मा नहीं है। जो अनन्तस्वरूप गुण, कर्म, स्वभावयुक्त परमात्मा है वह इस किञ्चित्मात्र जगत् को बनाता, धरता और प्रलय करता हुआ भी बन्ध में नहीं पड़ता क्योंकि बन्ध और मोक्ष सापेक्षता से है। जैसे मुक्ति की अपेक्षा से बन्ध और बन्ध की अपेक्षा से मुक्ति होती है। जो कभी बद्ध नहीं था वह मुक्त क्योंकर कहा जा सकता है? और जो एकदेशी जीव हैं वे ही बद्ध और मुक्त सदा हुआ करते हैं। अनन्त, सर्वदेशी, सर्वव्यापक ईश्वर बन्धन वा नैमित्तिक मुक्ति के चक्र में जैसे कि तुम्हारे तीर्थङ्कर हैं; कभी नहीं पड़ता। इसलिये वह परमात्मा सदैव मुक्त कहाता है।

(नास्तिक) जीव कर्मों के फल ऐसे ही भोग सकते हैं जैसे भांग पीने के मद को स्वयमेव भोगता है। इस में ईश्वर का काम नहीं।

(आस्तिक) जैसे विना राजा के डाकू, लम्पट, चोरादि दुष्ट मनुष्य स्वयं

फांसी वा कारागृह में नहीं जाते; न वे जाना चाहते हैं किन्तु राज की न्यायव्यवस्थानुसार बलात्कार से पकड़ाकर यथोचित राजा दण्ड देता है। इसी प्रकार जीव को भी ईश्वर न्यायव्यवस्था से स्व-स्व कर्मानुसार यथायोग्य दण्ड देता है। क्योंकि कोई भी जीव अपने दुष्ट कर्मों के फल भोगना नहीं चाहता इसलिये अवश्य परमात्मा न्यायाधीश होना चाहिये।

(नास्तिक) जगत् में एक ईश्वर नहीं किन्तु जितने मुक्त जीव हैं वे सब ईश्वर हैं।

(आस्तिक) यह कथन सर्वथा व्यर्थ है क्योंकि जो प्रथम बद्ध होकर मुक्त हो तो पुनः बन्ध में अवश्य पड़े क्योंकि वे स्वाभाविक सदैव मुक्त नहीं। जैसे तुम्हारे चौबीस तीर्थङ्कर पहले बद्ध थे पुनः मुक्त हुए फिर भी बन्ध में अवश्य गिरेंगे और जब बहुत से ईश्वर हैं तो जैसे जीव अनेक होने से लड़ते भिड़ते फिरते हैं वैसे ईश्वर भी लड़ा भिड़ा करेंगे।

(नास्तिक) हे मूढ़! जगत् का कर्त्ता कोई नहीं किन्तु जगत् स्वयंसिद्ध है।

(आस्तिक) यह जैनियों की कितनी बड़ी भूल है! भला विना कर्त्ता के कोई कर्म, कर्म के विना कोई कार्य्य जगत् में होता दीखता है! यह ऐसी बात है कि जैसे गेहूं के खेत में स्वयंसिद्ध पिसान, रोटी बन के जैनियों के पेट में चली जाती हो। कपास, सूत, कपड़ा, अङ्गर्खा, दुपट्टा, धोती, पगड़ी आदि बनके कभी नहीं आते। जब ऐसा नहीं तो ईश्वर कर्त्ता के विना यह विविध जगत् और नाना प्रकार की रचना विशेष कैसे बन सकती? जो हठधर्म से स्वयंसिद्ध जगत् को मानो तो स्वयंसिद्ध उपरोक्त वस्त्रादिकों को कर्त्ता के विना प्रत्यक्ष कर दिखलाओ। जब ऐसा सिद्ध नहीं कर सकते पुनः तुम्हारे प्रमाणशून्य कथन को कौन बुद्धिमान् मान सकता है?

(नास्तिक) ईश्वर विरक्त है वा मोहित? जो विरक्त है तो जगत् के प्रपञ्च में क्यों पड़ा? जो मोहित है तो जगत् के बनाने को समर्थ नहीं हो सकेगा।

(आस्तिक) परमेश्वर में वैराग्य वा मोह कभी नहीं घट सकता क्योंकि जो सर्वव्यापक है वह किस को छोड़े और किस को ग्रहण करे। ईश्वर से उत्तम वा उस को अप्राप्त कोई पदार्थ नहीं है इसलिये किसी में मोह भी नहीं होता। वैराग्य और मोह का होना जीव में घटता है; ईश्वर में नहीं।

(नास्तिक) जो ईश्वर को जगत् का कर्त्ता और जीवों के कर्मों के फलों का दाता मानोगे तो ईश्वर प्रपञ्ची होकर दुःखी हो जायेगा।

(आस्तिक) भला! अनेकविध कर्मों का कर्त्ता और प्राणियों को फलों का दाता धार्मिक न्यायाधीश विद्वान् कर्मों में नहीं फंसता न प्रपञ्ची होता है तो परमेश्वर अनन्त सामर्थ्य वाला प्रपञ्ची और दुःखी क्योंकर होगा? हां! तुम अपने और अपने तीर्थङ्करों के समान परमेश्वर को भी अपने अज्ञान से समझते हो सो तुम्हारी अविद्या की लीला है। जो अविद्यादि दोषों से छूटना चाहो तो वेदादि सत्यशास्त्रों का आश्रय लेओ। क्यों भ्रम में पड़े-पड़े ठोकर खाते हो?

अब जैन लोग जगत् को जैसा मानते हैं वैसा इन के सूत्रों के अनुसार दिखलाते और संक्षेपतः मूलार्थ के किये पश्चात् सत्य झूठ की समीक्षा करके दिखलाते हैं—

मूल— सामि अणाइ अणन्ते, चउगइ संसारघोरकान्तारे।
मोहाइ कम्मगुरुठिइ, विवाग वसउ भमइ जीवो॥

—प्रकरणरत्नाकर भाग दूसरा (२)। षष्टीशतक ६०। सूत्र २॥

यह प्रकरणरत्नाकर नामक ग्रन्थ के सम्यक्त्वप्रकाश प्रकरण में गौतम और महावीर का संवाद है। इस का संक्षेप से उपयोगी यह अर्थ है कि यह संसार अनादि अनन्त है। न कभी इस की उत्पत्ति हुई न कभी विनाश होता है अर्थात् किसी का बनाया जगत् नहीं। सो ही आस्तिक नास्तिक के संवाद में—हे मूढ़! जगत् का कर्त्ता कोई नहीं; न कभी बना और न कभी नाश होता।

(समीक्षक) जो संयोग से उत्पन्न होता है वह अनादि और अनन्त कभी नहीं हो सकता। और उत्पत्ति तथा विनाश हुए विना कर्म नहीं रहता। जगत् में जितने पदार्थ उत्पन्न होते हैं वे सब संयोगज उत्पत्ति विनाश वाले देखे जाते हैं। पुनः जगत् उत्पन्न और विनाश वाला क्यों नहीं? इसलिये तुम्हारे तीर्थङ्करों को सम्यग्बोध नहीं था। जो उन को सम्यग्ज्ञान होता तो ऐसी असम्भव बातें क्यों लिखते? जैसे तुम्हारे गुरु हैं वैसे तुम शिष्य भी हो। तुम्हारी बातें सुनने वालों को पदार्थज्ञान कभी नहीं हो सकता।

भला! जो प्रत्यक्ष संयुक्त पदार्थ दीखता है उस की उत्पत्ति और विनाश क्योंकर नहीं मानते? अर्थात् इनके आचार्य वा जैनियों को भूगोल खगोल विद्या भी नहीं आती थी और न अब यह विद्या इन में है। नहीं तो निम्नलिखित ऐसी असम्भव बातें क्योंकर मानते और कहते?

देखो! इस सृष्टि में पृथिवीकाय अर्थात् पृथिवी भी जीव का शरीर है और जलकायादि जीव भी मानते हैं। इस को कोई भी नहीं मान सकता। और भी देखो इन की मिथ्या बातें। जिन तीर्थङ्करों को जैन लोग सम्यग्ज्ञानी और परमेश्वर मानते हैं उन की मिथ्या बातों के ये नमूने हैं। (रत्नसारभाग) के पृष्ठ १४५। इस ग्रन्थ को जैन लोग मानते हैं और यह (ईसवी सन् १८७९ अप्रैल ता० २८ में) बनारस जैनप्रभाकर प्रेस में नानकचन्द जती ने छपवा कर प्रसिद्ध किया है। उस के पूर्वोक्त पृष्ठ में काल की इस प्रकार व्याख्या की है—

अर्थात् समय का नाम सूक्ष्म काल है और असंख्यात समयों को **'आवलि'** कहते हैं। एक क्रोड़, सर्सठ लाख, सत्तर सहस्र दो सौ सोलह आवलियों का एक मुहूर्त्त होता है। वैसे तीस मुहूर्त्तों का एक दिवस; वैसे पन्द्रह दिवसों का एक पक्ष; वैसे दो पक्षों का एक मास; वैसे बारह महीनों का एक वर्ष होता है। वैसे सत्तर लाख क्रोड़, छप्पन सहस्र क्रोड़ वर्षों का एक पूर्व होता है। ऐसे असंख्यात पूर्वों का एक 'पल्योपम' काल कहते हैं।

असंख्यात इस को कहते हैं कि एक चार कोश का चौरस और उतना ही गहिरा कुआ खोद कर उस को जुगलिये मनुष्य के शरीर के निम्नलिखित बालों के टुकड़ों से भरना अर्थात् वर्त्तमान मनुष्य के बाल से जुगुलिये मनुष्यों का बाल चार हजार छानवें भाग सूक्ष्म होता है। जब जुगुलिये मनुष्यों के चार सहस्र छानवें बालों को इकट्ठा करें तो इस समय के मनुष्यों का एक बाल होता है। ऐसे जुगुलिये मनुष्य के एक बाल के एक अुंगल भाग के सात वार आठ-आठ टुकड़े करने से २०९७१५२ अर्थात् बीस लाख, सत्तानवें सहस्र, एक सौ बावन टुकड़े होते हैं। ऐसे टुकड़ों से पूर्वोक्त कुआ को भरना, उस में से सौ वर्ष के अन्तरे एक-एक टुकड़ा निकालना। जब सब टुकड़े निकल जावें और कुआ खाली हो जाय तो भी वह संख्यात काल है।

और जब उन में से एक-एक टुकड़े के असंख्यात टुकड़े करके उन टुकड़ों से उसी कुए को ऐसा ठस भरना कि उस के ऊपर से चक्रवर्त्ती राजा की सेना

चली जाय तो भी न दबे। उन टुकड़ों में से सौ वर्ष के अन्तरे एक टुकड़ा निकाले। जब वह कुआ रीता हो जाय तब उस में असंख्यात पूर्व पड़ें तब एक-एक **पल्योपम** काल होता है। वह पल्योपम काल कुआ के दृष्टान्त से जानना।

जब 'दश क्रोड़ान् क्रोड़ पल्योपम काल बीतें तब एक 'सागरोपम' काल होता है। जब दश क्रोड़ान् क्रोड़ सागरोपम काल बीत जाय तब एक 'उत्सर्प्पिणी' काल होता है। और जब एक उत्सर्प्पिणी और एक अवसर्प्पिणी काल बीत जाय तब एक 'कालचक्र' होता है। जब अनन्त कालचक्र बीत जावें तब एक 'पुद्गलपरावर्त्त' होता है।

अब अनन्तकाल किस को कहते हैं? जो सिद्धान्त पुस्तकों में नव दृष्टान्तों से काल की संख्या की है उस से उपरान्त 'अनन्तकाल' कहाता है। वैसे अनन्त पुद्गलपरावर्त्त काल जीव को भ्रमते हुए बीते हैं; इत्यादि।

(समीक्षक) सुनो भाई! गणितविद्यावाले लोगो! जैनियों के ग्रन्थों की कालसंख्या कर सकोगे वा नहीं? और तुम इस को सच भी मान सकोगे वा नहीं? देखो! तीर्थङ्करों ने ऐसी गणितविद्या पढ़ी थी। ऐसे-ऐसे तो इन के मत में गुरु और शिष्य हैं जिन की अविद्या का कुछ पारावार नहीं। और भी इन का अन्धेर सुनो।

रत्नसार भाग १ पृ० १३४ से लेके जो कुछ बूटाबोल अर्थात् जैनियों के सिद्धान्त ग्रन्थ जो कि उनके तीर्थङ्कर अर्थात् ऋषभदेव से लेके महावीर पर्य्यन्त चौबीस हुए हैं, उन के वचनों का सारसंग्रह है ऐसा रत्नसारभाग पृ० १४८ में लिखा है कि पृथिवीकाय के जीव मट्टी, पाषाणादि पृथिवी के भेद जानना। उन में रहने वाले जीवों के शरीर का परिमाण एक अंगुल का असंख्यातवां भाग समझना अर्थात् अतीव सूक्ष्म होते हैं। उन का आयुमान अर्थात् वे अधिक से अधिक २२ सहस्र वर्ष पर्यन्त जीते हैं।

रत्न० पृ० १४९; वनस्पति के एक शरीर में अनन्त जीव होते हैं। वे साधारण वनस्पति कहाती हैं जो कि कन्दमूलप्रमुख और अनन्तकायप्रमुख होते हैं उन को साधारण वनस्पति के जीव कहने चाहिये। उन का आयुमान अनन्तमुहूर्त्त होता है परन्तु यहां पूर्वोक्त इन का मुहूर्त्त समझना चाहिए।

और एक शरीर में जो एकेन्द्रिय अर्थात् स्पर्श इन्द्रिय इन में है और उस में एक जीव रहता है उस को प्रत्येक वनस्पति कहते हैं। उस का देहमान एक सहस्र योजन अर्थात् पुराणियों का योजन ४ कोश का परन्तु जैनियों का योजन १०००० दश सहस्र कोशों का होता है। ऐसे चार सहस्र कोश का शरीर होता है, उस का आयुमान अधिक से अधिक दश सहस्र वर्ष का होता है।

अब दो इन्द्रिय वाले जीव अर्थात् एक उन का शरीर और एक मुख जो शङ्ख, कौड़ी और जूं आदि होते हैं उन का देहमान अधिक से अधिक अड़तालीस कोश का स्थूल शरीर होता है। और उन का आयुमान अधिक से अधिक बारह वर्ष का होता है।

(समीक्षक) यहां बहुत ही भूल गया क्योंकि इतने बड़े शरीर का आयु अधिक लिखता और अड़तालीस कोश की स्थूल जूं जैनियों के शरीर में पड़ती होगी और उन्हीं ने देखी भी होगी। और का भाग्य ऐसा कहां जो इतनी बड़ी जूं को देखे!!!

रत्नसार भाग १ पृ० १५०; और देखो इन का अन्धाधुन्ध! बीछू, बगाई,

कसारी और मक्खी एक योजन के शरीर वाले होते हैं। इन का आयुमान अधिक से अधिक छः महीने का है।

(समीक्षक) देखो भाई! चार चार कोश का बीछू अन्य किसी ने देखा न होगा। जो आठ मील तक का शरीर वाला बीछू और मक्खी भी जैनियों के मत में होती हैं। ऐसे बीछू और मक्खी उन्हीं के घर में रहते होंगे और उन्हीं ने देखे होंगे। अन्य किसी ने संसार में नहीं देखे होंगे। कभी ऐसे बीछू किसी जैनी को काटें तो उस का क्या होता होगा?

जलचर मच्छी आदि के शरीर का मान एक सहस्र योजन अर्थात् १००० कोश के योजन के हिसाब से १,००,००,००० एक करोड़ कोश का शरीर होता है और एक करोड़ पूर्व वर्षों का इन का आयु होता है। वैसा स्थूल जलचर सिवाय जैनियों के अन्य किसी ने न देखा होगा। और चतुष्पात् हाथी आदि का देहमान दो कोश से नव कोशपर्यन्त और आयुमान चौरासी सहस्र वर्षों का इत्यादि। ऐसे बड़े-बड़े शरीर वाले जीव भी जैनी लोगों ने देखे होंगे और मानते हैं और कोई बुद्धिमान् नहीं मान सकता।

(रत्नसार भा० १ पृ० १५१) जलचर गर्भज जीवों का देहमान उत्कृष्ट एक सहस्र योजन अर्थात् १००००००० एक करोड़ कोशों का और आयुमान एक करोड़ पूर्व वर्षों का होता है।

(समीक्षक) इतने बड़े शरीर और आयु वाले जीवों को भी इन्हीं के आचार्यों ने स्वप्न में देखे होंगे। क्या यह महाझूठ बात नहीं कि जिस का कदापि सम्भव न हो सके?।

अब सुनिये भूमि के परिमाण को । (रत्नसार भा० पृ० १५२);

इस तिरछे लोक में असंख्यात द्वीप और असंख्यात समुद्र हैं। इन असंख्यात का प्रमाण अर्थात् जो अढ़ाई सागरोपम काल में जितना समय हो उतने द्वीप तथा समुद्र जानना। अब इस पृथिवी में एक 'जम्बूद्वीप' प्रथम सब द्वीपों के बीच में है। इस का प्रमाण एक लाख योजन अर्थात् **चार लाख कोश** का है और इस के चारों ओर लवण समुद्र है। उस का प्रमाण दो लाख योजन कोश का है अर्थात् आठ लाख कोश का। इस जम्बूद्वीप के चारों ओर जो 'धातकीखण्ड' नाम द्वीप है उस का चार लाख योजन अर्थात् सोलह लाख कोश का प्रमाण है। उस के पीछे 'कालोदधि' समुद्र है उस का आठ लाख अर्थात् बत्तीस लाख कोश का प्रमाण है। उस के पीछे 'पुष्करावर्त्त' द्वीप है। उस का प्रमाण सोलह लाख योजन कोश का है। उस द्वीप के भीतर की कोरें हैं। उस द्वीप के आधे में मनुष्य बसते हैं और उस के उपरान्त असंख्यात द्वीप समुद्र हैं। उनमें तिर्यग् योनि के जीव रहते हैं।

(रत्नसार भा० १ पृ० १५३)—जम्बूद्वीप में एक हिमवन्त, एक ऐरण्यवन्त, एक हरिवर्ष, एक रम्यक्, एक दैवकुरु, एक उत्तरकुरु ये छः क्षेत्र हैं।

(समीक्षक) सुनो भाई! भूगोलविद्या के जानने वाले लोगो! भूगोल के परिमाण करने में तुम भूले वा जैन? जो जैन भूल गये हों तो तुम उन को समझाओ और जो तुम भूले हो तो उन से समझ लेओ। थोड़ा सा विचार कर देखो तो यही निश्चय होता है कि जैनियों के आचार्य्य और शिष्यों ने भूगोल खगोल और गणितविद्या कुछ भी नहीं पढ़ी थी। जो पढ़े होते तो महा असम्भव गपोड़ा क्यों मारते?

भला ऐसे अविद्वान् पुरुष जगत् को अकर्तृक और ईश्वर को न मानें तो

इस में क्या आश्चर्य है? इसलिये जैनी लोग अपने पुस्तकों को किन्हीं विद्वान् अन्य मतस्थों को नहीं देते। क्योंकि जिन को ये लोग प्रामाणिक तीर्थङ्करों के बनाये हुए सिद्धान्त ग्रन्थ मानते हैं, उन में इसी प्रकार की अविद्यायुक्त बातें भरी पड़ी हैं इसलिये नहीं देखने देते। जो देवें तो पोल खुल जाय। इन के विना जो कोई मनुष्य कुछ भी बुद्धि रखता होगा वह कदापि इस गपोड़ाध्याय को सत्य नहीं मान सकेगा। यह सब प्रपञ्च जैनियों ने जगत् को अनादि मानने के लिये खड़ा किया है परन्तु यह निरा झूठ है।

हां! जगत् का कारण अनादि है क्योंकि वे परमाणु आदि तत्त्वस्वरूप अकर्तृक हैं परन्तु उन में नियमपूर्वक बनने वा बिगड़ने का सामर्थ्य कुछ भी नहीं। क्योंकि जब एक परमाणु द्रव्य किसी का नाम है और स्वभाव से पृथक्-पृथक् रूप और जड़ हैं वे अपने आप यथायोग्य नहीं बन सकते, इसलिये इन का बनाने वाला चेतन अवश्य है और वह बनाने वाला ज्ञानस्वरूप है।

देखो! पृथिवी सूर्यादि सब लोकों को नियम में रखना अनन्त, अनादि, चेतन परमात्मा का काम है। जिन में संयोग रचना विशेष दीखता है वह स्थूल जगत् अनादि कभी नहीं हो सकता। जो कार्य जगत् को नित्य मानोगे तो उस का कारण कोई न होगा किन्तु वही कार्यकारणरूप हो जायगा। जो ऐसा कहोगे तो अपना कार्य्य और कारण आप ही होने से अन्योन्याश्रय और आत्माश्रय दोष आवेगा। जैसे अपने कन्धे पर आप चढ़ना और अपना पिता पुत्र आप नहीं हो सकता। इसलिये जगत् का कर्त्ता अवश्य ही मानना है।

(प्रश्न) जो ईश्वर को जगत् का कर्त्ता मानते हो तो ईश्वर का कर्त्ता कौन है?

(उत्तर) कर्त्ता का कर्त्ता और कारण का कारण कोई भी नहीं हो सकता क्योंकि प्रथम कर्त्ता और कारण के होने से ही कार्य्य होता है। जिस में संयोग वियोग नहीं होता जो प्रथम संयोग वियोग का कारण है उस का कर्त्ता वा कारण किसी प्रकार नहीं हो सकता। इस की विशेष व्याख्या आठवें समुल्लास में सृष्टि की व्याख्या में लिखी है; देख लेना।

इन जैन लोगों को स्थूल बात का भी यथावत् ज्ञान नहीं तो परम सूक्ष्म सृष्टिविद्या का बोध कैसे हो सकता है? इसलिये जो जैनी लोग सृष्टि को अनादि, अनन्त मानते और द्रव्यपर्यायों को भी अनादि अनन्त मानते हैं और प्रतिगुण, प्रतिदेश में पर्यायों और प्रतिवस्तु में भी अनन्त पर्याय को मानते हैं; यह प्रकरणरत्नाकर के प्रथम भाग में लिखा है; यह भी बात कभी नहीं घट सकती। क्योंकि जिन का अन्त अर्थात् मर्यादा होती है उन के सब सम्बन्धी अन्तवाले ही होते हैं। यदि अनन्त को असंख्य कहते तो भी नहीं घट सकता किन्तु जीवापेक्षा में यह बात घट सकती है; परमेश्वर के सामने नहीं। क्योंकि एक-एक द्रव्य में अपने-अपने एक-एक कार्य्यकारण सामर्थ्य को अविभाग पर्यायों से अनन्त सामर्थ्य मानना केवल अविद्या की बात है। जब एक परमाणु द्रव्य की सीमा है तो उस में अनन्त विभागरूप पर्य्याय कैसे रह सकते हैं? ऐसे ही एक-एक द्रव्य में अनन्त गुण और एक गुण प्रदेश में अविभागरूप अनन्त पर्यायों को भी अनन्त मानना केवल बालकपन की बात है। क्योंकि जिस के अधिकरण का अन्त है तो उस में रहने वालों का अन्त क्यों नहीं? ऐसी ही लम्बी चौड़ी मिथ्या बातें लिखी हैं-

अब जीव और अजीव इन दो पदार्थों के विषय में जैनियों का निश्चय ऐसा है–

चेतनालक्षणो जीवः स्यादजीवस्तदन्यकः।
सत्कर्मपुद्गलाः पुण्यं पापं तस्य विपर्ययः॥ यह जिनदत्तसूरि का वचन है।

और यही प्रकरणरत्नाकर भाग पहले में नयचक्रसार में भी लिखा है कि चेतनालक्षण जीव और चेतनारहित अजीव अर्थात् जड़ है। सत्कर्मरूप पुद्गल पुण्य और पापकर्मरूप पुद्गल पाप कहाते हैं।

(समीक्षक) जीव और जड़ का लक्षण तो ठीक है परन्तु जो जड़रूप पुद्गल हैं वे पापपुण्ययुक्त कभी नहीं हो सकते, क्योंकि पाप पुण्य करने का स्वभाव चेतन में होता है। देखो! ये जितने जड़ पदार्थ हैं–वे सब पाप, पुण्य से रहित हैं। जो जीवों को अनादि मानते हैं यह तो ठीक है परन्तु उसी अल्प और अल्पज्ञ जीव को मुक्ति दशा में सर्वज्ञ मानना झूठ है। क्योंकि जो अल्प और अल्पज्ञ है उस का सामर्थ्य भी सर्वदा ससीम रहेगा।

जैनी लोग जगत् जीव, जीव के कर्म और बन्ध अनादि मानते हैं। यहां भी जैनियों के तीर्थङ्कर भूल गये हैं क्योंकि संयुक्त जगत् का कार्य्यकारण, प्रवाह से कार्य, और जीव के कर्म, बन्ध भी अनादि नहीं हो सकते। जब ऐसा मानते हो तो कर्म और बन्ध का छूटना क्यों मानते हो? क्योंकि जो अनादि पदार्थ है वह कभी नहीं छूट सकता। जो अनादि का भी नाश मानोगे तो तुम्हारे सब अनादि पदार्थों के नाश का प्रसंग होगा। और जब अनादि को नित्य मानोगे तो कर्म और बन्ध भी नित्य होगा। और जब सब कर्मों के छूटने से मुक्ति मानते हो तो सब कर्मों का छूटनारूप मुक्ति का निमित्त हुआ। तब नैमित्तिकी मुक्ति होगी जो सदा नहीं रह सकेगी और कर्म कर्ता का नित्य सम्बन्ध होने से कर्म भी कभी न छूटेंगे। पुनः जब तुम ने अपनी मुक्ति और तीर्थङ्करों की मुक्ति नित्य मानी है सो नहीं बन सकेगी।

(प्रश्न) जैसे धान्य का छिलका उतारने वा अग्नि के संयोग होने से वह बीज पुनः नहीं उगता इसी प्रकार मुक्ति में गया हुआ जीव पुनः जन्ममरणरूप संसार में नहीं आता।

(उत्तर) जीव और कर्म का सम्बन्ध छिलके और बीज के समान नहीं है किन्तु इन का समवाय सम्बन्ध है। इस से अनादि काल से जीव और उस में कर्म और कर्तृत्वशक्ति का सम्बन्ध है। जो उस में कर्म करने की शक्ति का भी अभाव मानोगे तो सब जीव पाषाणवत् हो जायेंगे और मुक्ति को भोगने का ही सामर्थ्य नहीं रहेगा। जैसे अनादि काल का कर्म–बन्धन छूट कर जीव मुक्त होता है तो तुम्हारी नित्य मुक्ति से भी छूट कर बन्धन में पड़ेगा। क्योंकि जैसे कर्मरूप मुक्ति के साधनों से भी छूट कर जीव का मुक्त होना मानते हो वैसे ही नित्य मुक्ति से भी छूट के बन्धन में पड़ेगा। साधनों से सिद्ध हुआ पदार्थ नित्य कभी नहीं हो सकता और जो साधन सिद्ध के बिना मुक्ति मानोगे तो कर्मों के बिना ही बन्ध प्राप्त हो सकेगा। जैसे वस्त्रों में मैल लगता और धोने से छूट जाता है पुनः मैल लग जाता है। वैसे मिथ्यात्वादि हेतुओं से राग, द्वेषादि के आश्रय से जीव को कर्मरूप मल लगता है और जो सम्यग्ज्ञान दर्शन चारित्र से निर्मल होता है। और मल लगने के कारणों से मलों का लगना मानते हो तो मुक्त जीव संसारी और संसारी जीव का मुक्त होना अवश्य मानना पड़ेगा। क्योंकि जैसे निमित्तों से मलिनता छूटती है वैसे

निमित्तों से मलिनता लग भी जायेगी। इसलिये जीव को बन्ध और मुक्ति प्रवाहरूप से अनादि मानो; अनादि अनन्तता से नहीं।

(प्रश्न) जीव निर्मल कभी नहीं था किन्तु मलसहित है।

(उत्तर) जो कभी निर्मल नहीं था तो निर्मल भी कभी नहीं हो सकेगा। जैसे शुद्ध वस्त्र में पीछे से लगे हुए मैल को धोने से छुड़ा देते हैं। उस के स्वाभाविक श्वेत वर्ण को नहीं छुड़ा सकते। मैल फिर भी वस्त्र में लग जाता है। इसी प्रकार मुक्ति में भी लगेगा।

(प्रश्न) जीव पूर्वोपार्जित कर्म ही से स्वयं शरीर धारण कर लेता है। ईश्वर का मानना व्यर्थ है।

(उत्तर) जो केवल कर्म ही शरीर धारण में निमित्त हो; ईश्वर कारण न हो तो वह जीव बुरा जन्म कि जहां बहुत दुःख हो उस को धारण कभी न करे किन्तु सदा अच्छे-अच्छे जन्म धारण किया करे। जो कहो कि कर्म प्रतिबन्धक है तो भी जैसे चोर आप से आके बन्दीगृह में नहीं जाता और स्वयं फांसी भी नहीं खाता किन्तु राजा देता है। इसी प्रकार जीव को शरीर धारण कराने और उस के कर्मानुसार फल देने वाले परमेश्वर को तुम भी मानो।

(प्रश्न) मद (नशा) के समान कर्मफल स्वयं प्राप्त होता है। फल देने में दूसरे की आवश्यकता नहीं।

(उत्तर) जो ऐसा हो तो जैसे मदपान करने वालों को मद कम चढ़ता; अनभ्यासी को बहुत चढ़ता है। वैसे नित्य बहुत पाप, पुण्य करने वालों को न्यून और कभी-कभी थोड़ा-थोड़ा पाप, पुण्य करने वालों को अधिक फल होना चाहिए और छोटे कर्म वालों को अधिक फल होवे।

(प्रश्न) जिस का जैसा स्वभाव होता है उस को वैसा ही फल हुआ करता है।

(उत्तर) जो स्वभाव से है तो उस का छूटना वा मिलना नहीं हो सकता। हां! जैसे शुद्ध वस्त्र में निमित्तों से मल लगता है उस के छुड़ाने के निमित्तों से छूट भी जाता है; ऐसा मानना ठीक है।

(प्रश्न) संयोग के विना कर्म परिणाम को प्राप्त नहीं होता। जैसे दूध और खटाई के संयोग के विना दही नहीं होता। इसी प्रकार जीव और कर्म के योग से कर्म का परिणाम होता है।

(उत्तर) जैसे दूध और खटाई को मिलाने वाला तीसरा होता है वैसे ही जीवों को कर्मों के फल के साथ मिलाने वाला तीसरा ईश्वर होना चाहिये। क्योंकि जड़ पदार्थ स्वयं नियम से संयुक्त नहीं होते और जीव भी अल्पज्ञ होने से स्वयम् अपने कर्मफल को प्राप्त नहीं हो सकते। इस से यह सिद्ध हुआ कि विना ईश्वरस्थापित सृष्टिक्रम के कर्मफलव्यवस्था नहीं हो सकती।

(प्रश्न) जो कर्म से मुक्त होता है वही ईश्वर कहाता है।

(उत्तर) जब अनादि काल से जीव के साथ कर्म लगे हैं उन से जीव मुक्त कभी नहीं हो सकेंगे।

(प्रश्न) कर्म का बन्ध सादि है।

(उत्तर) जो सादि है तो कर्म का योग अनादि नहीं और संयोग के आदि में जीव निष्कर्म होगा और जो निष्कर्म को कर्म लग गया तो मुक्तों को भी लग जायगा और कर्म कर्त्ता का समवाय अर्थात् नित्य सम्बन्ध होता है यह कभी नहीं

छूटता, इसलिये जैसा ९वें समुल्लास में लिख आये हैं वैसा ही मानना ठीक है।

जीव चाहै जैसा अपना ज्ञान और सामर्थ्य बढ़ावे तो भी उस में परिमित ज्ञान और ससीम सामर्थ्य रहेगा। ईश्वर के समान कभी नहीं हो सकता। हां! जितना सामर्थ्य बढ़ना उचित है उतना योग से बढ़ा सकता है।

और जैनियों में आर्हत लोग देह के परिमाण से जीव का भी परिमाण मानते हैं उन से पूछना चाहिये कि जो ऐसा हो तो हाथी का जीव कीड़ी में और कीड़ी का जीव हाथी में कैसे समा सकेगा? यह भी एक मूर्खता की बात है। क्योंकि जीव एक सूक्ष्म पदार्थ है जो कि एक परमाणु में भी रह सकता है परन्तु उस की शक्तियां शरीर में प्राण, बिजुली और नाड़ी आदि के साथ संयुक्त हो रहती हैं। उन से सब शरीर का वर्त्तमान जानता है। अच्छे संग से अच्छा और बुरे संग से बुरा हो जाता है। अब जैन लोग धर्म इस प्रकार का मानते हैं—

मूल— रे जीव भव दुहाइं, इक्कं चिय हरइ जिणमयं धम्मं।
इयराणं पणमंतो, सुह कय्ये मूढ मुसिओसि॥

—प्रकरणरत्नाकर, भाग २। षष्टीशतक ६०। सूत्राङ्क ३॥

संक्षेप से अर्थ—रे जीव! एक ही जिनमत श्रीवीतरागभाषित धर्म संसार सम्बन्धी जन्म, जरा, मरणादि दुःखों का हरणकर्त्ता है। इसी प्रकार सुदेव और सुगुरु भी जैन मत वाले को जानना। इतर जो वीतराग ऋषभदेव से लेके महावीर पर्य्यन्त वीतराग देवों से भिन्न अन्य हरि, हर, ब्रह्मादि कुदेव हैं उन की अपने कल्याणार्थ जो जीव पूजा करते हैं वे सब मनुष्य ठगाये गये हैं।

इस का यह भावार्थ है कि जैनमत के सुदेव सुगुरु तथा सुधर्म को छोड़ के अन्य कुदेव कुगुरु तथा कुधर्म को सेवन से कुछ भी कल्याण नहीं होता। ३॥

(समीक्षक) अब विद्वानों को विचारना चाहिये कि कैसे निन्दायुक्त इन के धर्म के पुस्तक हैं।

मूल—अरिहं देवो सुगुरु सुद्धं धम्मं च पंच नवकारो।
धन्नाणं कयच्छाणं, निरन्तरं वसइ हिययम्मि॥

—प्रक० भा०२। षष्टी० ६०। सूत्र० १॥

जो अरिहन् देवेन्द्रकृत पूजादिकन के योग्य दूसरा पदार्थ उत्तम कोई नहीं ऐसा जो देवों का देव शोभायमान अरिहन्त देव ज्ञान क्रियावान्, शास्त्रों का उपदेष्टा, शुद्ध कषाय मलरहित सम्यक्त्व विनय दयामूल श्रीजिनभाषित जो धर्म है वही दुर्गति में पड़ने वाले प्राणियों का उद्धार करने वाला है और अन्य हरिहरादि का धर्म संसार से उद्धार करने वाला नहीं। और पञ्च अरिहन्तादिक परमेष्ठी तत्सम्बन्धी उन को नमस्कार। ये चार पदार्थ धन्य हैं अर्थात् श्रेष्ठ हैं अर्थात् दया, क्षमा, सम्यक्त्व, ज्ञान, दर्शन और चारित्र यह जैनों का धर्म है॥ १॥

(समीक्षक) जब मनुष्यमात्र पर दया नहीं वह दया न क्षमा। ज्ञान के बदले अज्ञान दर्शन अन्धेर और चारित्र के बदले भूखे मरना कौनसी अच्छी बात है?

जैन मत के धर्म की प्रशंसा—

मूल— जइ न कुणसि तव चरणं, न पढसि न गुणेसि देसि नो दाणम्।
ता इत्तियं न सक्किसि, जं देवो इक्क अरिहन्तो॥

—प्रकरण० भा० २। षष्टी ६०। सू० २।

हे मनुष्य! जो तू तप चारित्र नहीं कर सकता, न सूत्र पढ़ सकता, न प्रकरणादि

का विचार कर सकता और सुपात्रादि को दान नहीं दे सकता तो भी जो तू देवता एक अरिहन्त ही हमारे आराधना के योग्य सुगुरु सुधर्म जैन मत में श्रद्धा रखना सर्वोत्तम बात और उद्धार का कारण है॥ २॥

(समीक्षक) यद्यपि दया और क्षमा अच्छी वस्तु है तथापि पक्षपात में फंसने से दया अदया और क्षमा अक्षमा हो जाती है। इस का प्रयोजन यह है कि किसी भी जीव को दुःख न देना यह बात सर्वथा सम्भव नहीं हो सकती क्योंकि दुष्टों को दण्ड देना भी दया में गणनीय है। जो एक दुष्ट को दण्ड न दिया जाय तो सहस्रों मनुष्यों को दुःख प्राप्त हो, इसलिये वह दया अदया और क्षमा अक्षमा हो जाय।

यह तो ठीक है कि सब प्राणियों के दुःखनाश और सुख की प्राप्ति का उपाय करना दया कहाती है। केवल जल छान के पीना, क्षुद्र जन्तुओं को बचाना ही दया नहीं कहाती किन्तु इस प्रकार की दया जैनियों के कथनमात्र ही है क्योंकि वैसा वर्त्तते नहीं। क्या मनुष्यादि पर चाहें किसी मत में क्यों न हो दया करके उस को अन्नपानादि से सत्कार करना और दूसरे मत के विद्वानों का मान्य और सेवा करना दया नहीं है?

जो इन की सच्ची दया होती तो 'विवेकसार' के पृष्ठ २२१ में देखो क्या लिखा है। एक 'परमती की स्तुति' अर्थात् उन का गुणकीर्तन कभी न करना। दूसरा 'उनको नमस्कार' अर्थात् वन्दना भी न करनी। तीसरा 'आलपन' अर्थात् अन्य मत वालों के साथ थोड़ा बोलना। चौथा 'संलपन' अर्थात् उन से बार-बार न बोलना। पांचवां 'उन को अन्न वस्त्रादि दान' अर्थात् उन को खाने पीने की वस्तु भी न देनी। छठा 'गन्धपुष्पादि दान' अन्य मत की प्रतिमा पूजन के लिए गन्धपुष्पादि भी न देना। ये **छः यतना** अर्थात् इन छः प्रकार के कर्मों को जैन लोग कभी न करें।

(समीक्षक) अब बुद्धिमानों को विचारना चाहिए कि इन जैनी लोगों की अन्य मत वाले मनुष्यों पर कितनी अदया, कुदृष्टि और द्वेष है। जब अन्य मतस्थ मनुष्यों पर इतनी अदया है तो फिर जैनियों को दयाहीन कहना सम्भव है क्योंकि अपने घर वालों ही की सेवा करना विशेष धर्म नहीं कहाता। उन के मत के मनुष्य उन के घर के समान हैं। इसलिए उन की सेवा करते; अन्य मतस्थों की नहीं; फिर उन को दयावान् कौन बुद्धिमान् कह सकता है?

विवेक० पृष्ठ १०८ में लिखा है कि मथुरा के राजा के नमुची नामक दीवान को जैनयतियों ने अपना विरोधी समझ कर मार डाला और आलोयणा करके शुद्ध हो गये।

(समीक्षक) क्या यह भी दया और क्षमा का नाशक कर्म नहीं है? जब अन्य मत वालों पर प्राण लेने पर्यन्त वैरबुद्धि रखते हैं तो इन को दयालु के स्थान पर हिंसक कहना ही सार्थक है।

अब सम्यक्त्व दर्शनादि के लक्षण आर्हत प्रवचनसंग्रह परमागम सार में कथित हैं। सम्यक् श्रद्धान, सम्यक् दर्शन, ज्ञान और चारित्र ये चार मोक्ष मार्ग के साधन हैं। इन की व्याख्या योगदेव ने की है। जिस रूप से जीवादि द्रव्य अवस्थित हैं उसी रूप से जिनप्रतिपादित ग्रन्थानुसार विपरीत अभिनिवेशादिरहित जो श्रद्धा अर्थात् जिनमत में प्रीति है सो 'सम्यक् श्रद्धान' और 'सम्यक् दर्शन है'।

रुचिर्जिनोक्ततत्त्वेषु सम्यक् श्रद्धानमुच्यते।

जिनोक्त तत्त्वों में सम्यक् श्रद्धा करनी चाहिए अर्थात् अन्यत्र कहीं नहीं।

यथावस्थिततत्त्वानां संक्षेपाद्विस्तरेण वा।
योऽवबोधस्तमत्राहुः सम्यग्ज्ञानं मनीषिणः॥

जिस प्रकार के जीवादि तत्त्व हैं उन का संक्षेप वा विस्तार से जो बोध होता है उसी को 'सम्यक् ज्ञान' बुद्धिमान् कहते हैं।

सर्वथाऽनवद्ययोगानां त्यागश्चारित्रमुच्यते।
कीर्त्तितं तदहिंसादिव्रतभेदेन पञ्चधा।
अहिंसासूनृतास्तेयब्रह्मचर्य्यापरिग्रहाः ॥

सब प्रकार से निन्दनीय अन्य मत सम्बन्ध का त्याग चारित्र कहाता है और अहिंसादि भेद से पांच प्रकार का व्रत है। एक (अहिंसा) किसी प्राणिमात्र का न मारना। दूसरा (सूनृता) प्रिय वाणी बोलना। तीसरा (अस्तेय) चोरी न करना। चौथा (ब्रह्मचर्य्य) उपस्थ इन्द्रिय का संयमन। और पांचवां (अपरिग्रह) सब वस्तुओं का त्याग करना।

इन में बहुत सी बातें अच्छी हैं अर्थात् अहिंसा और चोरी आदि निन्दनीय कर्मों का त्याग अच्छी बात है परन्तु ये सब अन्य मत की निन्दा करनी आदि दोषों से सब अच्छी बातें भी दोषयुक्त हो गई हैं। जैसे प्रथम सूत्र में लिखी है—'अन्य हरिहरादि का धर्म संसार में उद्धार करने वाला नहीं। क्या यह छोटी निन्दा है कि जिन के ग्रन्थ देखने से ही पूर्ण विद्या और धार्मिकता पाई जाती है उन को बुरा कहना? और अपने महा असम्भव जैसा कि पूर्व लिख आये वैसी बातों के कहने वाले अपने तीर्थङ्करों की स्तुति करना? केवल हठ की बातें हैं। भला जो जैनी कुछ चारित्र न कर सके, न पढ़ सके, न दान देने का सामर्थ्य हो तो भी जैन मत सच्चा है। क्या इतना कहने ही से वह उत्तम हो जाये? और अन्य मत वाले श्रेष्ठ भी अश्रेष्ठ हो जायें? ऐसे कथन करने वाले मनुष्यों को भ्रान्त और बालबुद्धि न कहा जाय तो क्या कहें?

इस में यही विदित होता है कि इनके आचार्य स्वार्थी थे; पूर्ण विद्वान् नहीं। क्योंकि जो सब की निन्दा न करते तो ऐसी झूठी बातों में कोई न फंसता, न उन का प्रयोजन सिद्ध होता। देखो! यह तो सिद्ध होता है कि जैनियों का मत डुबाने वाला और वेदमत सब का उद्धार करनेहारा, हरिहरादि देव सुदेव और इन के ऋषभदेवादि सब कुदेव दूसरे लोग कहें तो क्या वैसा ही इन को बुरा न लगेगा? और भी इन के आचार्य्य और मानने वालों की भूल देख लो—

मूल— जिणवर आणा भंगं, उमग्ग उस्सुत्त लेस देसणउ।
आणा भंगे पावं ता जिणमय दुक्करं धम्मम्॥

—प्रकरण भाग २। षष्टी श० ६१। सू० ११॥

उन्मार्ग उत्सूत्र के लेख दिखाने से जो जिनवर अर्थात् वीतराग तीर्थङ्करों की आज्ञा का भंग होता है वह दुःख का हेतु पाप है। जिनेश्वर कहे सम्यक्त्वादि धर्म ग्रहण करना बड़ा कठिन है। इसलिये जिस प्रकार जिन आज्ञा का भंग न हो वैसा करना चाहये॥ ११॥

(समीक्षक) जो अपने ही मुख से अपनी प्रशंसा और अपने ही धर्म को बड़ा कहना और दूसरे की निन्दा करनी है वह मूर्खता की बात है क्योंकि प्रशंसा उसी की ठीक है कि जिस की दूसरे विद्वान् करें। अपने मुख से अपनी प्रशंसा तो चोर भी करते हैं तो क्या वे प्रशंसनीय हो सकते हैं? इसी प्रकार की इन की बातें हैं।

मूल– बहुगुण विज्झा निलओ, उसुत्त भासी तहा विमुत्तव्वो।
जह वर मणि जुत्तो विहु, विग्घकरी विसहरो लोए॥

–प्रकरण भा०२। षष्टी० सू० १८।

जैसे विषधर सर्प में मणि त्यागने योग्य है वैसे जो जैनमत में नहीं वह चाहै कितना बड़ा धार्मिक पण्डित हो उस को त्याग देना ही जैनियों को उचित है॥ १८॥

(समीक्षक) देखिये! कितनी भूल की बात है। जो इन के चेले और आचार्य्य विद्वान् होते तो विद्वानों से प्रेम करते। जब इन के तीर्थङ्कर सहित अविद्वान् हैं तो विद्वानों का मान्य क्यों करें? क्या सुवर्ण को मल वा धूल में पड़े को कोई त्यागता है? इस से यह सिद्ध हुआ कि विना जैनियों के वैसे दूसरे कौन पक्षपाती हठी दुराग्रही विद्याहीन होंगे?

मूल– अइसय पाविय पावा, धम्मिअ पव्वेसु तोवि पाव रया।
न चलन्ति सुद्ध धम्मा, धन्ना किविपाव पव्वेसु॥

–प्रकरण भा० २। षष्टी० सू० २९॥

अन्य दर्शनी कुलिंगी अर्थात् जैनमत विरोधी उन का दर्शन भी जैनी लोग न करें॥ २९॥

(समीक्षक) बुद्धिमान् लोग विचार लेंगे कि यह कितनी पामरपन की बात है। सच तो यह है कि जिस का मत सत्य है उस को किसी से डर नहीं होता। इन के आचार्य जानते थे कि हमारा मत पोलपाल है जो दूसरे को सुनावेंगे तो खण्डन हो जायेगा इसलिये सब की निन्दा करो और मूर्ख जनों को फंसाओ।

मूल– नामंपि तस्स असुहं, जेण निदिठाइ मिच्छ पव्वाइ।
जेसिं अणुसंगाउ, धम्मीणवि होइ पाव मई॥

–प्रक०भा० २। षष्टी० सू० २७॥

जो जैनधर्म से विरुद्ध धर्म हैं वे मनुष्यों को पापी करने वाले हैं इसलिये किसी के अन्य धर्म को न मान कर जैनधर्म ही को मानना श्रेष्ठ है॥ २७॥

(समीक्षक) इस से यह सिद्ध होता है कि सब से वैर, विरोध, निन्दा, ईर्ष्या आदि दुष्ट कर्मरूप सागर में डुबाने वाला जैन मार्ग है। जैसे जैनी लोग सब के निन्दक हैं वैसा कोई भी दूसरा मत वाला महानिन्दक और अधर्मी न होगा। क्या एक ओर से सब की निन्दा और अपनी अतिप्रशंसा करना शठ मनुष्यों की बातें नहीं हैं? विवेकी लोग तो चाहें किसी के मत के हों उन में अच्छे को अच्छा और बुरे को बुरा कहते हैं।

मूल–हा हा गुरु अ अकज्झं, सामी न हु अच्छि कस्स पुक्करिमो।
कह जिण वयण कह सुगुरु; सावया कह इय अकज्झं॥

–प्रक० भा० २। षष्टी सू० ३५॥

सर्वज्ञभाषित जिन वचन, जैन के सुगुरु और जैनधर्म कहां और उन से विरुद्ध कुगुरु अन्य मार्गी के उपदेशक कहां अर्थात् हमारे सुगुरु, सुदेव, सुधर्म और अन्य के कुदेव, कुगुरु, कुधर्म हैं॥ ३५॥

(समीक्षक) यह बात बेर बेचनेहारी कूंजड़ी के समान है। जैसे वह अपने खट्टे बेरों को मीठा और दूसरी के मीठों को भी खट्टा और निकम्मे बतलाती

है, इसी प्रकार की जैनियों की बातें हैं। ये लोग अपने मत से भिन्न मत वालों की सेवा में बड़ा अकार्य्य अर्थात् पाप गिनते हैं।

मूल—सप्पो इक्कं मरणं, कुगुरु आणंताइ देइ मरणाइ।
तो वरिसप्पं गहियुं, मा कुगुरुसेवणं भद्दम्॥

—प्रक० भा० २। षष्टी० सू० ३७॥

जैसे प्रथम लिख आये कि सर्प में मणि का भी त्याग करना उचित है वैसे अन्यमार्गियों में श्रेष्ठ धार्मिक पुरुषों का भी त्याग कर देना। अब उस से भी विशेष निन्दा अन्य मत वालों की करते हैं—जैनमत से भिन्न सब कुगुरु अर्थात् वे सर्प्प से भी बुरे हैं। उन का दर्शन, सेवा, संग कभी न करना चाहिये। क्योंकि सर्प्प के संग से एक बार मरण होता है और अन्यमार्गी कुगुरुओं के संग से अनेक बार जन्म मरण में गिरना पड़ता है। इसलिए हे भद्र! अन्यमार्गियों के गुरुओं के पास भी मत खड़ा रह क्योंकि जो तू अन्यमार्गियों की कुछ भी सेवा करेगा तो दुःख में पड़ेगा॥ ३७॥

(समीक्षक) देखिये! जैनियों के समान कठोर, भ्रान्त, द्वेषी, निन्दक, भूले हुए दूसरे मतवाले कोई भी न होंगे। इन्होंने मन से यह विचारा है कि जो हम अन्य की निन्दा और अपनी प्रशंसा न करेंगे तो हमारी सेवा और प्रतिष्ठा न होगी। परन्तु यह बात उन के दौर्भाग्य की है क्योंकि जब तक उत्तम विद्वानों का संग सेवा न करेंगे तब तक इन को यथार्थ ज्ञान और सत्य धर्म की प्राप्ति कभी न होगी। इसलिए जैनियों को उचित है कि अपनी विद्याविरुद्ध मिथ्या बातें छोड़ वेदोक्त सत्य बातों का ग्रहण करें तो उन के लिये बड़े कल्याण की बात है।

मूल—किं भणिमो किं करिमो, ताण हयासाण धिट्ठ दुट्ठाणं।
जे दंसि ऊण लिंगं खिवंति न रयम्मि मुद्ध जणं॥

—प्रक० भा० २। षष्टी० सू० ४०॥

जिस की कल्याण की आशा नष्ट हो गई; धीठ, बुरे काम करने में अतिचतुर दुष्ट दोष वाले से क्या कहना? और क्या करना? क्योंकि जो उस का उपकार करो तो उलटा उस का नाश करे। जैसे कोई दया करके अन्धे सिंह की आंख खोलने को जाये तो वह उसी को खा लेवे। वैसे ही कुगुरु अर्थात् अन्यमार्गियों का उपकार करना अपना नाश कर लेना है अर्थात् उनसे सदा अलग ही रहना॥ ४०॥

(समीक्षक) जैसे जैन लोग विचारते हैं वैसे दूसरे मत वाले भी विचारें तो जैनियों की कितनी दुर्दशा हो? और उन का कोई किसी प्रकार का उपकार न करे तो उन के बहुत से काम नष्ट होकर कितना दुःख प्राप्त हो? वैसा अन्य के लिये जैनी क्यों नहीं विचारते?

मूल—जह जह तुट्टइ धम्मो, जह जह दुट्ठाण होई अइ उदउ।
समद्दिट्ठि जियाणं, तह तह उल्लसइ समत्तं॥

—प्रक० भा०२। षष्टी० सू० ४२॥

जैसे-जैसे दर्शनभ्रष्ट निह्नव, पाच्छत्ता, उसन्ना तथा कुसीलियादिक और अन्य दर्शनी, त्रिदण्डी, परिव्राजक तथा विप्रादिक दुष्ट लोगों का अतिशय बल सत्कार पूजादिक होवे वैसे-वैसे सम्यग्दृष्टि जीवों का सम्यक्त्व विशेष प्रकाशित होवे यह बड़ा आश्चर्य है॥ ४२॥

(समीक्षक) अब देखो! क्या इन जैनों से अधिक ईर्ष्या, द्वेष, वैरबुद्धियुक्त

दूसरा कोई होगा? हां दूसरे मत में भी ईर्ष्या, द्वेष है परन्तु जितनी इन जैनियों में है उतनी किसी में नहीं। और द्वेष ही पाप का मूल है इसलिए जैनियों में पापाचार क्यों न हो?।

मूल— संगोवि जाण अहिउ, तेसि धम्माइ जे पकुव्वन्ति।
मुत्तूण चोर संगं, करन्ति ते चोरियं पावा॥

—प्रक०भा० २। षष्टी० सू० ७५॥

इस का मुख्य प्रयोजन इतना ही है कि जैसे मूढ़जन चोर के संग से नासिकाछेदादि दण्ड से भय नहीं करते वैसे जैनमत से भिन्न चोर धर्मों में स्थित जन अपने अकल्याण से भय नहीं करते॥ ७५॥

(समीक्षक) जो जैसा मनुष्य होता है वह प्रायः अपने ही सदृश दूसरों को समझता है। क्या यह बात सत्य हो सकती है कि अन्य सब चोरमत और जैन का साहूकार मत है? जब तक मनुष्य में अति अज्ञान और कुसंग से भ्रष्ट बुद्धि होती है तब तक दूसरों के साथ अति ईर्ष्या, द्वेषादि दुष्टता नहीं छोड़ता। जैसा जैनमत पराया द्वेषी है ऐसा अन्य कोई नहीं।

मूल— जच्छ पसुमहिसलरका पव्वं होमन्ति पाव नवमीए।
पूअन्ति तंपि सढ्ढा, हा हीला वीयरायस्स॥

—प्रक० भा० २। षष्टी० सू० ७६॥

पूर्व सूत्र में जो मिथ्यात्वी अर्थात् जैनमार्ग भिन्न सब मिथ्यात्वी और आप सम्यक्त्वी अर्थात् अन्य सब पापी, जैन लोग सब पुण्यात्मा, इसलिये जो कोई मिथ्यात्वी के धर्म का स्थापन करे वही पापी है॥ ७६॥

(समीक्षक) जैसे अन्य के स्थानों में चामुण्डा, कालिका, ज्वाला, प्रमुख के आगे पापनौमी अर्थात् दुर्गानौमी तिथि आदि सब बुरे हैं वैसे क्या तुम्हारे पजूसण आदि व्रत बुरे नहीं हैं जिन से महाकष्ट होता है? यहां वाममार्गियों की लीला का खण्डन तो ठीक है परन्तु जो शासनदेवी और मरुत्देवी आदि को मानते हैं उन का भी खण्डन करते तो अच्छा था। जो कहैं कि हमारी देवी हिंसक नहीं तो इन का कहना मिथ्या है क्योंकि शासनदेवी ने एक पुरुष और दूसरे बकरे की आंखें निकाल ली थीं। पुनः वह राक्षसी और दुर्गा कालिका की सगी बहिन क्यों नहीं? और अपने पच्चखाण आदि व्रतों को अतिश्रेष्ठ और नवमी आदि को दुष्ट कहना मूढ़ता की बात है क्योंकि दूसरे के उपवासों की तो निन्दा और अपने उपवासों की स्तुति करना मूर्खता की बात है। हां! जो सत्यभाषणादि व्रत धारण करने हैं वे तो सब के लिए उत्तम हैं। जैनियों और अन्य किसी का उपवास सत्य नहीं है।

मूल— वेसाण वंदियाणय, माहण डुंबाण जरकसिरकाणं।
भत्ता भरकट्ठाणं, वियाणं जन्ति दूरेणं॥

—प्रक०भा० २। षष्टी० सू० ८२॥

इस का मुख्य प्रयोजन यह है कि जो वेश्या, चारण, भाटादि लोगों, ब्राह्मण, यक्ष, गणेशादिक मिथ्यादृष्टि देवी आदि देवताओं का भक्त है जो इन के मानने वाले हैं वे सब डूबने और डुबाने वाले हैं क्योंकि उन्हीं के पास वे सब वस्तुएं मांगते हैं और वीतराग पुरुषों से दूर रहते हैं॥ ८२॥

(समीक्षक) अन्यमार्गियों के देवताओं को झूठ कहना और अपने देवताओं को सच कहना केवल पक्षपात की बात है। और अन्य वाममार्गियों की देवी आदि

का निषेध करते हैं परन्तु जो 'श्राद्ध दिनकृत्य' के पृष्ठ ४६ में लिखा है कि शासनदेवी ने रात्रि में भोजन करने के कारण एक पुरुष के थपेड़ा मारा उस की आंखें निकाल डालीं। उस के बदले बकरे की आंख निकाल कर उस मनुष्य के लगा दीं। इस देवी को हिंसक क्यों नहीं मानते? रत्नसार भाग १। पृ० ६७ में देखो क्या लिखा है—मरुत्देवी पथिकों को पत्थर की मूर्त्ति होकर सहाय करती थी। इस को भी वैसी क्यों नहीं मानते?

मूल— किं सोपि जणणि जाओ, जाणो जणणीइ किं गओ विद्धिं।
जई मिच्छरओ जाओ, गुणेसु तह मच्छरं वहइ॥

—प्रक० भा० २। षष्टी० सू० ८१॥

जो जैनमत विरोधी मिथ्यात्वी अर्थात् मिथ्या धर्म वाले हैं वे क्यों जन्मे? जो जन्मे तो बढ़े क्यों? अर्थात् शीघ्र ही नष्ट हो जाते तो अच्छा होता॥ ८१॥

(समीक्षक) देखो! इन के वीतरागभाषित दया, धर्म दूसरे मत वालों का जीवन भी नहीं चाहते। केवल इन की दया धर्म कथनमात्र है। और जो है सो क्षुद्र जीवों और पशुओं के लिये है; जैनभिन्न मनुष्यों के लिये नहीं।

मूल— सुद्धे मग्गे जाया, सुहेण गच्छत्ति सुद्ध मग्गमिं।
जे पुण अमग्गजाया, मग्गे गच्छन्ति तं चुय्यं॥

—प्रक० भा० २। षष्टी० सू० ८३॥

सं० अर्थ—इस का मुख्य प्रयोजन यह है कि जो जैनकुल में जन्म लेकर मुक्ति को जाय तो कुछ आश्चर्य नहीं परन्तु जैनभिन्न कुल में जन्मे हुए मिथ्यात्वी अन्यमार्गी मुक्ति को प्राप्त हों इस में बड़ा आश्चर्य है। इस का फलितार्थ यह है कि जैनमत वाले ही मुक्ति को जाते हैं अन्य कोई नहीं। जो जैनमत का ग्रहण नहीं करते वे नरकगामी हैं॥ ८३॥

(समीक्षक) क्या जैनमत में कोई दुष्ट वा नरकगामी नहीं होता? सब ही मुक्ति में जाते हैं? और अन्य कोई नहीं? क्या यह उन्मत्तपन की बात नहीं है? विना भोले मनुष्यों के ऐसी बात कौन मान सकता है?

मूल— तिच्छयराणं पूआ, संमत्त गुणाणकारिणी भणिया।
साविय मिच्छत्तयरी, जिण समये देसिया पूआ॥

—प्रक० भा० २। षष्टी० सू० ९०॥

सं० अर्थ—एक जिन मूर्त्तियों की पूजा सार और इस से भिन्नमार्गियों की मूर्त्तिपूजा असार है। जो जिन मार्ग की आज्ञा पालता है वह तत्त्वज्ञानी जो नहीं पालता है वह तत्त्वज्ञानी नहीं॥ ९०॥

(समीक्षक) वाह जी! क्या कहना!! क्या तुम्हारी मूर्त्ति पाषाणादि जड़ पदार्थों की नहीं जैसी कि वैष्णवादिकों की हैं? जैसी तुम्हारी मूर्त्तिपूजा मिथ्या है वैसी ही मूर्त्तिपूजा वैष्णवादिकों की भी मिथ्या है। जो तुम तत्त्वज्ञानी बनते हो और अन्यों को अतत्त्वज्ञानी बनाते हो इससे विदित होता है कि तुम्हारे मत में तत्त्वज्ञान नहीं है।

मूल— जिन आणाए धम्मो, आणा रहिआण फुड अहमुत्ति।
इय मुणि ऊणय तत्तं, जिण आणा कुणहु धम्मं॥

—प्रक० भा० २। षष्टी० सू० ९२॥

सं०अर्थ—जो जिनदेव की आज्ञा दया क्षमादि रूप धर्म है उस से अन्य सब आज्ञा अधर्म हैं॥ ९२॥

(समीक्षक) यह कितने बड़े अन्याय की बात है। क्या जैनमत से भिन्न कोई

भी पुरुष सत्यवादी धर्मात्मा नहीं है? क्या उस धार्मिक जन को न मानना चाहिये। हां! जो जैनमतस्थ मनुष्यों के मुख जिह्वा चमड़े की न होती और अन्य की चमड़े की होती तो यह बात घट सकती थी। इस से अपने ही मत के ग्रन्थ वचन साधु आदि की ऐसी बड़ाई की है कि जानो भाटों के बड़े भाई ही जैन लोग बन रहे हैं।

मूल— वन्नेमि नारयाउवि, जेसिं दुरकाइ सम्भरं ताणम्।
भव्वाण जणइ हरि हरं, रिद्धि समिद्धीवि उद्घोसं॥

—प्रक० भा० २। षष्टी० सू० ९५॥

सं० अर्थ०—इस का मुख्य तात्पर्य यह है कि जो हरिहरादि देवों की विभूति है वह नरक का हेतु है। उस को देखके जैनियों के रोमाञ्च खड़े हो जाते हैं। जैसे राजाज्ञा भंग करने से मनुष्य मरण तक दुःख पाता है वैसे जिनेन्द्र आज्ञा भंग से क्यों न जन्म मरण दुःख पावेगा?॥ ९५॥

(समीक्षक) देखिये! जैनियों के आचार्य्य आदि की मानसी वृत्ति अर्थात् ऊपर के कपट और ढोंग की लीला। अब तो इन के भीतर की भी खुल गई। हरिहरादि और उन के उपासकों के ऐश्वर्य और बढ़ती को देख भी नहीं सकते। उन के रोमाञ्च इसलिये खड़े होते हैं कि दूसरे की बढ़ती क्यों हुई? बहुधा वैसे चाहते होंगे कि इन का सब ऐश्वर्य हम को मिल जाय और ये दरिद्र हो जायें तो अच्छा। और राजाज्ञा का दृष्टान्त इसलिये देते हैं कि ये जैन लोग राज्य के बड़े खुशामदी झूठे और डरपुकने हैं। क्या झूठी बात भी राजा की मान लेनी चाहिये? जो ईर्ष्या-द्वेषी हो तो जैनियों से बढ़ के दूसरा कोई भी न होगा।

मूल— जो देई सुद्ध धम्मं, सो परमप्पा जयम्मि न हु अन्नो।
किं कप्पद्दुम्म सरिसो, इयर तरू होई कइयावि॥

—प्रक० भा० २। षष्टी० सू० १०१॥

सं०अर्थ—वे मूर्ख लोग हैं जो जैनधर्म से विरुद्ध हैं। और जो जिनेन्द्रभाषित धर्मोपदेष्टा साधु वा गृहस्थ अथवा ग्रन्थकर्त्ता हैं वे तीर्थङ्करों के तुल्य हैं। उन के तुल्य कोई भी नहीं॥ १०१॥

(समीक्षक) क्यों न हो! जो जैनी लोग छोकरबुद्धि न होते तो ऐसी बातें क्यों मान बैठते? जैसे वेश्या विना अपने के दूसरी की स्तुति नहीं करती वैसे ही यह बात भी दीखती है।

मूलं— जे अमुणि य गुण दोषा ते कहअ दुहाण हुंति मझच्छा।
अह ते विहु मझच्छा ता विस अमिआण तुल्लत्तं॥

—प्रक० भा० २। षष्टी० सू० १०३॥

सं०अर्थ—जिनेन्द्र देव तदुक्त सिद्धान्त और जिनमत के उपदेष्टाओं का त्याग करना जैनियों को उचित नहीं है॥ १०३॥

(समीक्षक) यह जैनियों का हठ, पक्षपात और अविद्या का फल नहीं तो क्या है? किन्तु जैनियों की थोड़ी सी बात छोड़ के अन्य सब त्यक्तव्य हैं। जिस की कुछ थोड़ी सी भी बुद्धि होगी वह जैनियों के देव, सिद्धान्तग्रन्थ और उपदेष्टाओं को देखे, सुने, विचारे तो उसी समय निःसन्देह छोड़ देगा।

मूल— वयणे वि सुगुरु जिणवल्लहस्स केसिं न उल्लसइ सम्मं।
अह कह दिणमणि तेयं, उलुआणं हरइ अन्धत्तं॥

—प्रक० भा० २। षष्टी० सू० १०८॥

सं०अर्थ—जो जिनवचन के अनुकूल चलते हैं वे पूजनीय और जो विरुद्ध चलते हैं वे अपूज्य हैं। जैन गुरुओं को मानना अर्थात् अन्यमार्गियों को न मानना ॥१०८॥

(समीक्षक) भला जो जैन लोग अन्य अज्ञानियों को पशुवत् चेले करके न बांधते तो उन के जाल में से छूट कर अपनी मुक्ति के साधन कर जन्म सफल कर लेते। भला जो कोई तुम को कुमार्गी, कुगुरु, मिथ्यात्वी और कूपदेष्टा कहैं तो तुम को कितना दुःख लगे? वैसे ही जो तुम दूसरे को दुःखदायक हो इसीलिये तुम्हारे मत में असार बातें बहुत सी भरी हैं।

मूल— तिहुअण जणं मरंतं, दट्ठूण निअन्ति जे न अप्पाणं।
विरमंति न पावाउ, विद्धी धिट्ठत्तणं ताणं॥

—प्रक० भा० २। षष्टी० सू० १०९॥

सं०अर्थ—जो मृत्युपर्यन्त दुःख हो तो भी कृषि व्यापारादि कर्म जैनी लोग न करें क्योंकि ये कर्म नरक में ले जाने वाले हैं॥ १०९॥

(समीक्षक) अब कोई जैनियों से पूछे कि तुम व्यापारादि कर्म क्यों करते हो? इन कर्मों को क्यों नहीं छोड़ देते? और जो छोड़ देओ तो तुम्हारे शरीर का पालन, पोषण भी न हो सके और जो तुम्हारे कहने से सब लोग छोड़ दें तो तुम क्या वस्तु खाके जीओगे? ऐसा अत्याचार का उपदेश करना सर्वथा व्यर्थ है। क्या करें विचारे। विद्या, सत्संग के विना जो मन में आया सो बक दिया।

मूल— तइया हमाण अहमा, कारणरहिया अनाणगव्वेण।
जे जंपन्ति उस्सुत्तं, तेसिं, दिद्धिच्छ पंडिच्चं॥

—प्रक० भा० २। षष्टी० सू० १२१॥

सं०अर्थ०—जो जैनागम से विरुद्ध शास्त्रों को मानने वाले हैं वे अधमाधम हैं। चाहें कोई प्रयोजन भी सिद्ध होता हो तो भी जैन मत से विरुद्ध न बोले; न माने। चाहें कोई प्रयोजन सिद्ध होता है तो भी अन्य मत का त्याग कर दे॥ १२१॥

(समीक्षक) तुम्हारे मूलपुरुषों से ले के आज तक जितने हो गये और होंगे उन्होंने विना दूसरे मत को गालिप्रदान के अन्य कुछ भी दूसरी बात न की और न करेंगे। भला! जहां-जहां जैनी लोग अपना प्रयोजन सिद्ध होता देखते हैं वहां चेलों के भी चेले बन जाते हैं तो ऐसी मिथ्या लम्बी चौड़ी बातों के हांकने में तनिक भी लज्जा नहीं आती यह बड़े शोक की बात है।

मूल— जं वीरजिणस्स जिओ, मिरई उस्सुत्त लेस देसणओ।
सागर कोडाकोडिं हिंडइ अइभीमभवरण्णे॥

—प्रक०भा० २। षष्टी०सू० १२२॥

सं०अर्थ—जो कोई ऐसा कहे कि जैन साधुओं में धर्म है; हमारे और अन्य में भी धर्म है तो वह मनुष्य क्रोड़ान क्रोड़ वर्ष तक नरक में रह कर फिर भी नीच जन्म पाता है॥ १२२॥

(समीक्षक) वाह रे! वाह!! विद्या के शत्रुओ! तुम ने यही विचारा होगा कि हमारे मिथ्या वचनों को कोई खण्डन न करे इसीलिये यह भयंकर वचन लिखा है सो असम्भव है। अब कहां तक तुम को समझावें। तुम ने तो झूठ निन्दा और अन्य मतों से वैर विरोध करने पर ही कटिबद्ध हो कर अपना प्रयोजन सिद्ध करना मोहनभोग के समान समझ लिया है।

मूल– दूरे करणं दूरम्मि साहणं तह पभावणा दूरे।
जिण धम्म सद्दहाणं पि तिरकदुरकाइ निट्ठवइ॥

–प्रक०भा० २। षष्टी०सू० १२७॥

सं०अर्थ–जिस मनुष्य से जैन धर्म का कुछ भी अनुष्ठान न हो सके तो भी जो 'जैन धर्म सच्चा है अन्य कोई नहीं' इतनी श्रद्धामात्र ही से दुःखों से तर जाता है॥ १२७॥

(समीक्षक) भला! इस से अधिक मूर्खों को अपने मतजाल में फंसाने की दूसरी कौन सी बात होगी? क्योंकि कुछ कर्म करना न पड़े और मुक्ति हो ही जाय ऐसा भूंदू मत कौन सा होगा?

मूल– कइया होही दिवसो, जइया सुगुरूण पायमूलम्मि।
उस्सुत्त लेस विसलव, रहिओ निसुणेसु जिण धम्मं॥

–प्रक०भा० २। षष्टी०सू० १२८॥

सं०अर्थ–जो मनुष्य जिनागम अर्थात् जैनों के शास्त्रों को सुनूंगा, उत्सूत्र अर्थात् अन्य मत के ग्रन्थों को कभी न सुनूंगा। इतनी इच्छा करे वह इतनी इच्छामात्र ही से दुःखसागर से तर जाता है॥ १२८॥

(समीक्षक) यह भी बात भोले मनुष्यों को फंसाने के लिए है। क्योंकि इस पूर्वोक्त इच्छा से यहां के दुःखसागर से भी नहीं तरता और पूर्वजन्म के भी संचित पापों के दुःखरूपी फल भोगे विना नहीं छूट सकता। जो ऐसी-ऐसी झूठ अर्थात् विद्याविरुद्ध बातें न लिखते तो इन के अविद्यारूप ग्रन्थों को वेदादि शास्त्र देख सुन सत्याऽसत्य जान कर इनके पोकल ग्रन्थों को छोड़ देते। परन्तु ऐसा जकड़ कर इन अविद्वानों को बांधा है कि इस जाल से कोई एक बुद्धिमान् सत्संगी चाहें छूट सके तो सम्भव है परन्तु अन्य जड़बुद्धियों का छूटना तो अति कठिन है।

मूल– जम्हा जेणहिं भणियं, सुय ववहारं विसोहियं तस्स।
जायइ विसुद्ध बोही, जिण आणाराहगत्ताओ॥

–प्रक०भा० २। षष्टी०सू० १३८॥

सं०अर्थ–जो जिनाचार्यों ने कहे सूत्र निरुक्ति वृत्ति भाष्यचूर्णी मानते हैं वे ही शुभ व्यवहार और दुःसह व्यवहार के करने से चारित्रयुक्त होकर सुखों को प्राप्त होते हैं; अन्य मत के ग्रन्थ देखने से नहीं॥ १३८॥

(समीक्षक) क्या अत्यन्त भूखे मरने आदि कष्ट सहने को चारित्र कहते हैं? जो भूखा, प्यासा मरना आदि ही चारित्र है तो बहुत से मनुष्य अकाल वा जिन को अन्नादि नहीं मिलते भूखे मरते हैं वे शुद्ध हो कर शुभ फलों को प्राप्त होने चाहिये। सो न ये शुद्ध होवें और न तुम किन्तु पित्तादि के प्रकोप से रोगी होकर सुख के बदले दुःख को प्राप्त होते हैं। धर्म तो न्यायाचरण, ब्रह्मचर्य्य, सत्यभाषणादि है और असत्यभाषण अन्यायाचरणादि पाप है और सब से प्रीतिपूर्वक परोपकारार्थ वर्त्तना शुभ चरित्र कहाता है। जैनमतस्थों का भूखा, प्यासा रहना आदि धर्म नहीं। इन सूत्रादि को मानने से थोड़ा सा सत्य और अधिक झूठ को प्राप्त होकर दुःखसागर में डूबते हैं।

मूल– जइ जाणिसि जिण नाहो, लोयायारा विपरकए भूओ।
ता तं तं मन्नंतो, कह मन्नसि लोअ आयारं॥

–प्रक०भा० २। षष्टी०सू० १४८॥

सं०अर्थ–जो उत्तम प्रारब्धवान् मनुष्य होते हैं वे ही जिन धर्म का ग्रहण करते हैं अर्थात् जो जिनधर्म्म का ग्रहण नहीं करते उन का प्रारब्ध नष्ट है॥ १४८॥

(समीक्षक) क्या यह बात भूल की और झूठ नहीं? क्या अन्य मत में श्रेष्ठ प्रारब्धी और जैन मत में नष्ट प्रारब्धी कोई भी नहीं है? और जो यह कहा कि सधर्मी अर्थात् जैन धर्म वाले आपस में क्लेश न करें किन्तु प्रीतिपूर्वक वर्त्तें। इस से यह बात सिद्ध होती है कि दूसरे के साथ कलह करने में बुराई जैन लोग नहीं मानते होंगे। यह भी इन की बात अयुक्त है क्योंकि सज्जन पुरुष सज्जनों के साथ प्रेम और दुष्टों को शिक्षा देकर सुशिक्षित करते हैं। और जो यह लिखा कि ब्राह्मण, त्रिदण्डी, परिव्राजकाचार्य अर्थात् संन्यासी और तापसादि अर्थात् वैरागी आदि सब जैनमत के शत्रु हैं। अब देखिये कि सब को शत्रुभाव से देखते और निन्दा करते हैं तो जैनियों की दया और क्षमारूप धर्म कहां रहा? क्योंकि जब दूसरे पर द्वेष रखना दया, क्षमा का नाश और इस के समान कोई दूसरा हिंसारूप दोष नहीं। जैसे द्वेषमूर्त्तियां जैनी लोग हैं वैसे दूसरे थोड़े ही होंगे। ऋषभदेव से लेके महावीरपर्यन्त २४ तीर्थङ्करों को रागी, द्वेषी, मिथ्यात्वी कहें और जैनमत मानने वालों को सन्निपातज्वर में फंसे हुए मानें और उन का धर्म नरक और विष के समान समझें तो जैनियों को कितना बुरा लगेगा? इसलिये जैनी लोग निन्दा और परमतद्वेषरूप नरक में डूब कर महाक्लेश भोग रहे हैं। इस बात को छोड़ दें तो बहुत अच्छा होवे।

मूल–एगो अ गुरु एगो वि सावगो चेइआणि विवहाणि।
तच्छय जं जिणदव्वं, परुप्परं तं न विच्चन्ति॥

–प्रक० भा० २। षष्टी० सू० १५०॥

सं०अर्थ–सब श्रावकों का देव गुरु धर्म एक है, चैत्यवन्दन अर्थात् जिन प्रतिबिम्ब मूर्त्तिदेवल और जिन द्रव्य की रक्षा और मूर्त्ति की पूजा करना धर्म है॥१५०॥

(समीक्षक) अब देखो! जितना मूर्त्तिपूजा का झगड़ा चला है वह सब जैनियों के घर से! और पाखण्डों का मूल भी जैनमत है।

श्राद्धदिनकृत्य पृष्ठ १ में मूर्त्तिपूजा के प्रमाण–

नवकारेण विवोहो॥ १॥ अणुसरणं सावउ॥ २॥ वयाइं इमे॥ ३॥ जोगो॥ ४॥ चिय वन्दणगो॥ ५॥ पच्चरकाणं तु विहि पुच्छम्॥ ६॥

इत्यादि श्रावकों को पहले द्वार में नवकार का जप कर जाना॥ १॥ दूसरा नवकार जपे पीछे मैं श्रावक हूं स्मरण करना॥ २॥ तीसरे अणुव्रतादिक हमारे कितने हैं॥ ३॥ चौथे द्वारे चार वर्ग में अग्रगामी मोक्ष है उस का कारण ज्ञानादिक है सो योग, उस का सब अतीचार निर्मल करने से छः आवश्यक कारण सो भी उपचार से योग कहाता है सो योग कहेंगे॥ ४॥ पांचवें चैत्यवन्दन अर्थात् मूर्त्ति को नमस्कार द्रव्यभाव पूजा कहेंगे॥ ५॥ छठा प्रत्याख्यान द्वार नवकारसीप्रमुख विधिपूर्वक कहूंगा इत्यादि॥ ६॥

और इसी ग्रन्थ में आगे-आगे बहुत सी विधि लिखी हैं अर्थात् सन्ध्या के भोजन समय में जिनबिम्ब अर्थात् तीर्थङ्करों की मूर्त्ति पूजना और द्वार पूजना और द्वार पूजना में बड़े-बड़े बखेड़े हैं। मन्दिर बनाने के नियम, पुराने मन्दिरों को बनवाने और सुधारने से मुक्ति हो जाती है। मन्दिर में इस प्रकार जाकर बैठे। बड़े भाव प्रीति से पूजा करें। **"नमो जिनेन्द्रेभ्यः"** इत्यादि मन्त्रों से स्नानादि कराना। और

"जलचन्दनपुष्पधूपदीपनैः" इत्यादि से गन्धादि चढ़ावें। रत्नसार भाग के १२वें पृष्ठ में मूर्त्तिपूजा का फल यह लिखा है कि पुजारी को राजा वा प्रजा कोई भी न रोक सके।

(समीक्षक) ये बातें सब कपोलकल्पित हैं क्योंकि बहुत से जैन पूजारियों को राजादि रोकते हैं। रत्नसार० पृष्ठ १३ में लिखा है—मूर्त्तिपूजा से रोग, पीड़ा और महादोष छूट जाते हैं। एक किसी ने ५ कौड़ी का फूल चढ़ाया। उसने १८ देश का राज पाया। उसका नाम कुमारपाल हुआ था इत्यादि सब बातें झूठी और मूर्खों को लुभाने की हैं क्योंकि अनेक जैनी लोग पूजा करते-करते रोगी रहते हैं और एक बीघे का भी राज्य पाषाणादि मूर्त्तिपूजा से नहीं मिलता! और जो पांच कौड़ी के फूल चढ़ाने से राज मिले तो पांच-पांच कौड़ी के फूल चढ़ा के सब भूगोल का राज क्यों नहीं कर लेते? और राजदण्ड क्यों भोगते हैं? और जो मूर्त्तिपूजा करके भवसागर से तर जाते हो तो ज्ञान सम्यग्दर्शन और चारित्र क्यों करते हो? रत्नसार भाग पृष्ठ १३ में लिखा है कि गोतम के अंगूठे में अमृत और उस के स्मरण से मनोवांछित फल पाता है।

(समीक्षक) जो ऐसा हो तो सब जैनी लोग अमर हो जाने चाहियें सो नहीं होते। इस से यह इन की केवल मूर्खों के बहकाने की बात है, दूसरा इस में कुछ भी तत्त्व नहीं। इन की पूजा करने का श्लोक विवेकसार पृष्ठ ५२ में—

जलचन्दनधूपनैरथदीपाक्षतकैर्निवेद्यवस्त्रैः।
उपचारवरैर्जिनेन्द्रान् रुचिरैरद्य यजामहे॥

हम जल, चन्दन चावल, पुष्प, धूप, दीप, नैवेद्य, वस्त्र और अतिश्रेष्ठ उपचारों से जिनेन्द्र अर्थात् तीर्थङ्करों की पूजा करें।

(समीक्षक) इसी से हम कहते हैं कि मूर्त्तिपूजा जैनियों से चली है। विवेकसार पृष्ठ २१—जिनमन्दिर में मोह नहीं आता और भवसागर के पार उतारने वाला है। विवेकसार पृष्ठ ५१-५२—मूर्त्तिपूजा से मुक्ति होती है और जिनमन्दिर में जाने से सद्गुण आते हैं। जो जल चन्दनादि से तीर्थङ्करों की पूजा करे वह नरक से छूट स्वर्ग को जाय। विवेकसार पृष्ठ ५५—जिनमन्दिर में ऋषभदेवादि की मूर्त्तियों के पूजने से धर्म, अर्थ, काम और मोक्ष की सिद्धि होती है। विवेकसार पृष्ठ ६१—जिनमूर्त्तियों की पूजा करें तो सब जगत् के क्लेश छूट जायें।

(समीक्षक) अब देखो इन की अविद्यायुक्त असम्भव बातें! जो इस प्रकार से पापादि बुरे कर्म छूट जायें; मोह न आवे, भवसागर से पार उतर जायें; सद्गुण आ जायें; नरक को छोड़ स्वर्ग में जायें; धर्म, अर्थ, काम, मोक्ष को प्राप्त होवें और सब क्लेश छूट जायें तो सब जैनी लोग सुखी और सब पदार्थों की सिद्धि को प्राप्त क्यों नहीं होते?

इसी विवेकसार के ३ पृष्ठ में लिखा है कि जिन्होंने जिन मूर्त्ति का स्थापन किया है उन्होंने अपनी और अपने कुटुम्ब की जीविका खड़ी की है।

विवेकसार पृष्ठ २२५—शिव, विष्णु आदि की मूर्त्तियों की पूजा करनी बहुत बुरी है अर्थात् नरक का साधन है।

(समीक्षक) भला जब शिवादि की मूर्त्तियां नरक के साधन हैं तो जैनियों की मूर्त्तियां क्या वैसी नहीं? जो कहें कि हमारी मूर्त्तियां त्यागी, शान्त और शुभमुद्रायुक्त हैं इसलिये अच्छी और शिवादि की मूर्त्ति वैसी नहीं इसलिये बुरी हैं तो इन से कहना

चाहिए कि तुम्हारी मूर्त्तियां तो लाखों रुपयों के मन्दिर में रहती हैं और चन्दन केशरादि चढ़ता है पुनः त्यागी कैसी? और शिवादि की मूर्त्तियां तो विना छाया के भी रहती हैं वे त्यागी क्यों नहीं? और जो शान्त कहो तो जड़ पदार्थ सब निश्चल होने से शान्त हैं। सब मतों की मूर्त्तिपूजा व्यर्थ है।

(प्रश्न) हमारी मूर्त्तियां वस्त्र आभूषणादि धारण नहीं करतीं इसलिये अच्छी हैं।

(उत्तर) सब के सामने नंगी मूर्त्तियों का रहना और रखना पशुवत् लीला है।

(प्रश्न) जैसे स्त्री का चित्र या मूर्त्ति देखने से कामोत्पत्ति होती है वैसे साधु और योगियों की मूर्त्ति को देखने से शुभ गुण प्राप्त होते हैं।

(उत्तर) जो पाषाणमूर्त्तियों को देखने से शुभ परिणाम मानते हो तो उस के जड़त्वादि गुण भी तुम्हारे में आ जायेंगे। जब जड़बुद्धि होंगे तो सर्वथा नष्ट हो जाओगे। दूसरे जो उत्तम विद्वान् हैं उन के संग सेवा से छूटने से मूढ़ता भी अधिक होगी। और जो-जो दोष ग्यारहवें समुल्लास में लिखे हैं वे सब पाषाणादि मूर्त्तिपूजा करने वालों को लगते हैं। इसलिये जैसा जैनियों ने मूर्त्तिपूजा का झूठा कोलाहल चलाया है वैसे इन के मन्त्रों में भी बहुत सी असम्भव बातें लिखी हैं। यह इन का मन्त्र है। रत्नसार भाग १। पृष्ठ १ में-

नमो अरिहन्ताणं नमो सिद्धाणं नमो आयरियाणं नमो उबज्झायाणं नमो लोए सब्बसाहूणं । एसो पंच नमुक्कारो सव्व पावप्पणासणो मंगलाचरणं च सव्वेसिं पढमं हवइ मंगलम्॥ १ ॥

इस मन्त्र का बड़ा माहात्म्य लिखा है और सब जैनियों का यह गुरुमन्त्र है। इस का ऐसा माहात्म्य धरा है कि तन्त्र, पुराण, भाटों की भी कथा को पराजय कर दिया है। श्राद्धदिनकृत्य पृष्ठ ३।

नमुक्कारं तउ पढे॥ ९ ॥ जउ कब्बं। मंताणमंतो परमो इमुत्ति । धेयाण-धेयं परमं इमुत्ति। तत्ताणतत्तं परमं पवित्तं। संसारसत्ताण दुहाइयाणं॥ १०॥ ताणं अन्नं तु नो अत्थि जीवाणं भवसायरे। बुड्डुं ताणं इमं मुत्तुं। नमुक्कारं सुपोययम्॥। ११ ॥ कब्बं अणेगजम्मं तरसंचिआणं। दुहाणं सारीरिअमाणुसाणं। कत्तोय भव्वाणभविज्जनासो। न जावपत्तो नवकारमन्तो॥ १२॥

जो यह मन्त्र है पवित्र और परम मन्त्र है। यह ध्यान के योग्य में परम ध्येय है। तत्त्वों में परम तत्त्व है। दुःखों से पीड़ित संसारी जीवों को नवकार मन्त्र ऐसा है कि जैसी समुद्र के पार उतारने की नौका होती है॥ १०॥ जो यह नवकार मन्त्र है वह नौका के समान है। जो इस को छोड़ देते हैं वे भवसागर में डूबते हैं और जो इस का ग्रहण करते हैं वे दुःखों से तर जाते हैं। जीवों को दुःखों से पृथक् रखने वाला, सब पापों का नाशक मुक्तिकारक इस मन्त्र के विना दूसरा कोई नहीं॥ ११॥ अनेक भवान्तर में उत्पन्न हुआ शरीर सम्बन्धी दुःख से भव्य जीवों को भवसागर से तारने वाला यही है। जब तक नवकार मन्त्र नहीं पाया तब तक भवसागर से जीव नहीं तर सकता।।१२।। यह अर्थ सूत्र में कहा है। और जो अग्निप्रमुख अष्ट महाभयों में सहायक एक नवकार मन्त्र को छोड़कर दूसरा कोई नहीं। जैसे महारत्न वैडूर्य नामक मणि ग्रहण करने में आवे अथवा शत्रु के भय में अमोघ शस्त्र ग्रहण करने में आवे वैसे श्रुत केवली का ग्रहण करे और सब द्वाद्वशांगी का नवकार मन्त्र रहस्य है ।

इस मन्त्र का अर्थ यह है—(नमो अरिहन्ताणं) सब तीर्थङ्करों को नमस्कार (नमो सिद्धाणं) जैन मत के सब सिद्धों को नमस्कार। (नमो आयरियाणं) जैनमत के सब आचार्यों को नमस्कार। (नमो उवज्झायाणं) जैनमत के सब उपाध्यायों को नमस्कार। (नमो लोए सब्ब साहूणं) जितने जैन मत के साधु इस लोक में हैं उन सब को नमस्कार है। यद्यपि मन्त्र में जैन पद नहीं है तथापि जैनियों के अनेक ग्रन्थों में सिवाय जैनमत के अन्य किसी को नमस्कार भी न करना लिखा है, इसलिए यही अर्थ ठीक है। तत्त्वविवेक पृष्ठ १६९—जो मनुष्य लकड़ी, पत्थर को देवबुद्धि कर पूजता है वह अच्छे फलों को प्राप्त होता है।

(समीक्षक) जो ऐसा हो तो सब कोई दर्शन करके सुखरूप फलों को प्राप्त क्यों नहीं होते?

रत्नसारभाग १ पृष्ठ १०—पार्श्वनाथ की मूर्त्ति के दर्शन से पाप नष्ट हो जाते हैं। कल्पभाष्य पृष्ठ ५१ में लिखा है कि सवा लाख मन्दिरों का जीर्णोद्धार किया इत्यादि। मूर्त्तिपूजा विषय में इन का बहुत सा लेख है। इसी से समझा जाता है कि मूर्त्तिपूजा का मूल कारण जैनमत है।

अब इन जैनियों के साधुओं की लीला देखिये—(विवेकसार पृष्ठ २२८) एक जैनमत का साधु कोशा वेश्या से भोग करके पश्चात् त्यागी होकर स्वर्ग लोक को गया। (विवेकसार पृष्ठ १०१) अर्णकमुनि चारित्र से चूककर कई वर्ष पर्य्यन्त दत्त सेठ के घर में विषयभोग करके पश्चात् देवलोक को गया। श्रीकृष्ण के पुत्र ढंढण मुनि को स्यालिया उठा ले गया पश्चात् देवता हुआ। (विवेकसार पृष्ठ १५६) जैनमत का साधु लिङ्गधारी अर्थात् वेशधारी मात्र हो तो भी उस का सत्कार श्रावक लोग करें। चाहैं साधु शुद्धचरित्र हों चाहैं अशुद्धचरित्र सब पूजनीय हैं। (विवेकसार पृष्ठ १६८) जैनमत का साधु चरित्रहीन हो तो भी अन्य मत के साधुओं से श्रेष्ठ है। (विवेकसार पृष्ठ १७१) श्रावक लोग जैनमत के साधुओं को चरित्ररहित भ्रष्टाचारी देखें तो भी उन की सेवा करनी चहिये। (विवेकसार पृष्ठ २१६) एक चोर ने पांच मूठी लोंच कर चारित्र ग्रहण किया। बड़ा कष्ट और पश्चात्ताप किया। छठे महीने में केवल ज्ञान पाके सिद्ध हो गया।

(समीक्षक) अब देखिये इन के साधु और गृहस्थों की लीला। इन के मत में बहुत कुकर्म करने वाला साधु भी सद्गति को गया। और—

विवकेसार पृष्ठ १०६ में लिखा है कि श्रीकृष्ण तीसरे नरक में गया। (विवेकसार पृष्ठ १४५) में लिखा है कि धन्वन्तरि वैद्य नरक में गया। विवेकसार पृष्ठ ४८ में जोगी, जंगम, काजी, मुल्ला कितने ही अज्ञान से तप कष्ट करके भी कुगति को पाते हैं। रत्नसार भा० १ पृष्ठ १७१ में लिखा है कि नव वासुदेव अर्थात् त्रिपृष्ठ वासुदेव, द्विपृष्ठ वासुदेव, स्वयम्भू, पुरुषोत्तम वासुदेव, सिंहपुरुष वासुदेव, पुरुषपुण्डरीक वासुदेव, दत्तवासुदेव, लक्ष्मण वासुदेव और ९ श्रीकृष्ण वासुदेव, ये सब ग्यारहवें, बारहवें, चौदहवें, पन्द्रहवें, अठारहवें, बीसवें और बाईसवें तीर्थङ्करों के समय में नरक को गये और नव प्रतिवासुदेव अर्थात् अश्वग्रीव प्रतिवासुदेव, तारक प्रतिवासुदेव, मोरक प्रतिवासुदेव, मधु प्रतिवासुदेव, निशुम्भ प्रतिवासुदेव, बली प्रतिवासुदेव, प्रह्लाद प्रतिवासुदेव, रावण प्रतिवासुदेव और जरासन्ध प्रतिवासुदेव ये भी सब नरक को गये। और कल्पभाष्य में लिखा है कि ॠषभदेव से लेके महावीर पर्य्यन्त २४ तीर्थङ्कर सब मोक्ष को प्राप्त हुए।

(समीक्षक) भला! कोई बुद्धिमान् पुरुष विचारे कि इन के साधु गृहस्थ और तीर्थङ्कर जिन में बहुत से वेश्यागामी, परस्त्रीगामी, चोर आदि सब जैनमतस्थ स्वर्ग और मुक्ति को गये और श्रीकृष्णादि महाधार्मिक महात्मा सब नरक को गये। यह कितनी बड़ी बुरी बात है? प्रत्युत विचार के देखें तो **अच्छे पुरुष को जैनियों का संग करना वा उनको देखना भी बुरा है।** क्योंकि जो इन का संग करे तो ऐसी ही झूठी-झूठी बातें उन के भी हृदय में स्थित हो जायेंगी, क्योंकि इन महाहठी, दुराग्रही मनुष्यों के संग से सिवाय बुराइयों के अन्य कुछ भी पल्ले न पड़ेगा। हां! जो जैनियों में उत्तमजन* हैं उन से सत्संगादि करने में कुछ भी दोष नहीं।

विवेकसार पृष्ठ ५५ में लिखा है कि गङ्गादि तीर्थ और काशी आदि क्षेत्रों के सेवने से कुछ भी परमार्थ सिद्ध नहीं होता और अपने गिरनार, पालीटाणा और आबू आदि तीर्थ, क्षेत्र मुक्तिपर्यन्त के देने वाले लिखे हैं।

(समीक्षक) यहां विचारना चाहिये कि जैसे शैव, वैष्णवादि के तीर्थ और क्षेत्र, जल, स्थल जड़स्वरूप हैं वैसे जैनियों के भी हैं। इन में से एक की निन्दा और दूसरे की स्तुति करना मूर्खता का काम है।

जैनों की मुक्ति का वर्णन

रत्नसार भा० १। पृष्ठ २३—महावीर तीर्थङ्कर गौतम जी से कहते हैं कि ऊर्ध्वलोक में एक सिद्धशिला स्थान है। स्वर्गपुरी के ऊपर पैंतालीस लाख योजन लम्बी और उतनी ही पोली है तथा ८ योजन मोटी है। जैसे मोती का श्वेत हार वा गोदुग्ध है उस से भी उजली है। सोने के समान प्रकाशमान और स्फटिक से भी निर्मल है। वह सिद्धशिला चौदहवें लोक की शिखा पर है और उस सिद्धशिला के ऊपर शिवपुर धाम, उस में भी मुक्त पुरुष अधर रहते हैं। वहां जन्म मरणादि कोई दोष नहीं और आनन्द करते रहते हैं। पुनः जन्म मरण में नहीं आते। सब कर्मों से छूट जाते हैं। यह जैनियों की मुक्ति है।

(समीक्षक) विचारना चाहिये कि जैसे अन्य मत में वैकुण्ठ, कैलाश, गोलोक, श्रीपुर आदि पुराणी, चौथे आसमान में ईसाई, सातवें आसमान में मुसलमानों के मत में मुक्ति के स्थान लिखे हैं, वैसे जैनियों की सिद्धशिला और शिवपुर भी है। क्योंकि जिस को जैनी लोग ऊंचा मानते हैं वही नीचे वालों की जो कि हम से भूगोल के नीचे रहते हैं उन की अपेक्षा से नीचा है। ऊंचा, नीचा व्यवस्थित पदार्थ नहीं है। जो आर्य्यावर्त्तवासी जैनी लोग ऊंचा मानते हैं उसी को अमेरिका वाले नीचा मानते हैं और आर्यावर्त्तवासी जिस को नीचा मानते हैं उसी को अमेरिका वाले ऊँचा मानते हैं । चाहे वह शिला पैंतालीस लाख से दूनी नव्वे लाख कोश की होती तो भी वे मुक्त बन्धन में हैं क्योंकि उस शिला वा शिवपुर के बाहर निकलने से उन की मुक्ति छूट जाती होगी। और सदा उस में रहने की प्रीति और उस से बाहर जाने में अप्रीति भी रहती होगी। जहां अटकाव प्रीति और अप्रीति है उस को मुक्ति क्योंकर कह सकते हैं? मुक्ति तो जैसी नवमे समुल्लास में वर्णन कर आये हैं वैसी माननी ठीक है। और जैनियों की मुक्ति भी एक प्रकार का बन्धन है। ये जैनी भी मुक्ति विषय में भ्रम में फंसे हैं। यह सच है कि विना वेदों के यथार्थ अर्थबोध के मुक्ति के स्वरूप को कभी नहीं जान सकते।

---

* **जो उत्तमजन होगा वह इस असार जैनमत में कभी न रहेगा।**

अब और थोड़ी सी असम्भव बातें इन की सुनो—(विवेकसार पृष्ठ ७८) एक करोड़ साठ लाख कलशों से महावीर को जन्म समय में स्नान किया। (विवेक० पृष्ठ १३६) दशार्ण राजा महावीर के दर्शन को गया। वहां कुछ अभिमान किया। उस के निवारण के लिए १६,७७,७२,१६००० इतने इन्द्र के स्वरूप और १३,३७,०५,७२,८०,००,००,००० इतनी इन्द्राणी वहां आईं थीं। देख कर राजा आश्चर्य में हो गया।

(समीक्षक) अब विचारना चाहिये कि इन्द्र और इन्द्राणियों के खड़े रहने के लिये ऐसे-ऐसे कितने ही भूगोल चाहिये। श्राद्धदिनकृत्य आत्मनिन्दा भावना पृष्ठ ३१ में लिखा है कि बावड़ी, कुआ और तालाब न बनवाना चाहिये।

(समीक्षक) भला जो सब मनुष्य जैनमत में हो जायें और कुआ, तालाब, बावड़ी आदि कोई न बनवावें तो सब लोग जल कहां से पीयें?

(प्रश्न) तालाब आदि बनवाने से जीव पड़ते हैं। उस से बनवाने वाले को पाप लगता है। इसलिये हम जैनी लोग इस काम को नहीं करते।

(उत्तर) तुम्हारी बुद्धि नष्ट क्यों हो गई? क्योंकि जैसे क्षुद्र-क्षुद्र जीवों के मरने से पाप गिनते हो बड़े-बड़े गाय आदि पशु और मनुष्यादि प्राणियों के जल पीने आदि से महापुण्य होगा उस को क्यों नहीं गिनते?

(तत्त्वविवेक पृष्ठ १९६) इस नगरी में एक नन्दमणिकार सेठ ने बावड़ी बनवाई। उस से धर्म भ्रष्ट होकर सोलह महारोग हुए। मर के उसी बावड़ी में मेडुका हुआ। महावीर के दर्शन से उस को जातिस्मरण हो गया। महावीर कहते हैं कि मेरा आना सुन कर वह पूर्व जन्म के धर्माचार्य्य जान वन्दना को आने लगा। मार्ग में श्रेणिक के घोड़े की टाप से मर कर शुभ ध्यान के योग से दर्दरांक नामक महर्द्धिक देवता हुआ। अवधिज्ञान से मुझ को यहां आया जान वन्दनापूर्वक ऋद्धि दिखाके गया।

(समीक्षक) इत्यादि विद्याविरुद्ध असम्भव मिथ्या बात के कहने वाले महावीर को सर्वोत्तम मानना महाभ्रान्ति की बात है।

श्राद्धदिनकृत्य० पृष्ठ ३६ में लिखा है कि मृतकवस्त्र साधु ले लेवें। **(समीक्षक)** देखिये! इन के साधु भी महाब्राह्मण के समान हो गये। वस्त्र तो साधु लेवें परन्तु मृतक के आभूषण कौन लेवे? बहुमूल्य होने से घर में रख लेते होंगे तो आप कौन हुए?

(रत्नसार पृष्ठ १०५) भूंजने, कूटने, पीसने, अन्न पकाने आदि में पाप होता है।

(समीक्षक) अब देखिये इन की विद्याहीनता! भला ये कर्म न किये जायें तो मनुष्यादि प्राणी कैसे जी सकें? और जैनी लोग भी पीड़ित होकर मर जायें।

(रत्नसार पृष्ठ १०४) बगीचा लगाने से एक लक्ष पाप माली को लगता है।

(समीक्षक) जो माली को लक्ष पाप लगता है तो अनेक जीव पत्र, फल, फूल और छाया से आनन्दित होते हैं तो करोड़ों गुणा पुण्य भी होता ही है इस पर कुछ ध्यान भी न दिया यह कितना अन्धेर है?

(तत्त्वविवेक पृष्ठ २०२) एक दिन लब्धि साधु भूल से वेश्या के घर में चला गया और धर्म से भिक्षा मांगी। वेश्या बोली कि यहां धर्म का काम नहीं किन्तु अर्थ का काम है तो उस लब्धि साधु ने साढ़े बारह लाख अशर्फी वर्षा उस के घर में कर दी। **(समीक्षक)** इस बात को सत्य विना नष्टबुद्धि पुरुष के कौन मानेगा?

रत्नसार भाग १, पृष्ठ ६७ में लिखा है कि एक पाषाण की मूर्त्ति घोड़े पर चढ़ी हुई उस का जहां स्मरण करे वहां उपस्थित होकर रक्षा करती है।

(समीक्षक) कहो जैनी जी! आजकल तुम्हारे यहां चोरी, डाका आदि और शत्रु से भय होता ही है तो तुम उस का स्मरण करके अपनी रक्षा क्यों नहीं करा लेते हो? क्यों जहां तहां पुलिस आदि राजस्थानों में मारे-मारे फिरते हो? अब इन के साधुओं के लक्षण—

सरजोहरणा भैक्ष्यभुजो लुञ्चितमूर्द्धजाः।
श्वेताम्बराः क्षमाशीला निःसङ्गा जैनसाधवः॥ १॥
लुञ्चिताः पिच्छिकाहस्ता पाणिपात्रा दिगम्बराः।
ऊर्ध्वाशिनो गृहे दातुर्द्वितीयाः स्युर्जिनर्षयः॥ २॥
भुङ्क्ते न केवली न स्त्री मोक्षमेति दिगम्बरः।
प्राहुरेषामयं भेदो महान् श्वेताम्बरैः सह॥ ३॥

जैन के साधुओं के लक्षणार्थ जिनदत्तसूरी ने ये श्लोकों से कहे हैं—

सरजोहरण—चमरी रखना और भिक्षा मांग के खाना, शिर के बाल लुञ्चित कर देना, श्वेत वस्त्र धारण करना, क्षमायुक्त रहना, किसी का संग न करना, ऐसे लक्षणयुक्त जैनियों के श्वेताम्बर जिन को जती कहते हैं॥१॥

दूसरे दिगम्बर अर्थात् वस्त्र धारण न करना, शिर के बाल उखाड़ डालना, पिच्छिका एक ऊन के सूतों का झाड़ू लगाने का साधन बगल में रखना, जो कोई भिक्षा दे तो हाथ में लेकर खा लेना, ये दिगम्बर दूसरे प्रकार के साधु होते हैं और भिक्षा देने वाला गृहस्थ जब भोजन कर चुके उस के पश्चात् भोजन करें वे जिनर्षि अर्थात् तीसरे प्रकार के साधु होते हैं॥२॥

दिगम्बरों का श्वेताम्बरों के साथ इतना ही भेद है कि दिगम्बर लोग स्त्री का संसर्ग नहीं करते और श्वेताम्बर करते हैं, इत्यादि बातों से मोक्ष को प्राप्त होते हैं। यह इन के साधुओं का भेद है॥३॥ इस से जैन लोगों का केशलुञ्चन सर्वत्र प्रसिद्ध है और पांच मुष्टि लुञ्चन करना इत्यादि भी लिखा है।

विवेकसार भा० पृष्ठ २१६ में लिखा है कि पांच मुष्टि लुञ्चन कर चारित्र ग्रहण किया अर्थात् पांच मूठी सिर के बाल उखाड़ के साधु हुआ। (कल्पसूत्र भाष्य पृष्ठ १०८) केशलुञ्चन करे, गौ के बालों के तुल्य रक्खे।

(समीक्षक) अब कहिये जैन लोगो! तुम्हारा दया धर्म कहां रहा? क्या यह हिंसा अर्थात् चाहें अपने हाथ से लुञ्चन करे चाहें उस का गुरु करे वा अन्य कोई परन्तु कितना बड़ा कष्ट उस जीव को होता होगा? जीव को कष्ट देना ही हिंसा कहाती है।

(विवेकसार पृष्ठ ७-८) संवत् १६३३ के साल में श्वेताम्बरों में से ढूंढिया और ढूंढ़ियों में से तेरहपन्थी आदि ढोंगी निकले हैं। ढूंढ़िये लोग पाषाणादि मूर्त्ति को नहीं मानते और वे भोजन स्नान को छोड़ सर्वदा मुख पर पट्टी बांधे रहते हैं और जती आदि भी जब पुस्तक बांचते हैं तभी मुख पर पट्टी बांधते हैं अन्य समय नहीं।

(प्रश्न) मुख पर पट्टी अवश्य बांधनी चाहिये क्योंकि 'वायुकाय' अर्थात् जो वायु में सूक्ष्म शरीर वाले जीव रहते हैं वे मुख के भाफ की उष्णता से मरते हैं और उस का पाप मुख पर पट्टी न बांधने वाले पर होता है इसीलिये हम लोग मुख पर पट्टी बांधना अच्छा समझते हैं।

(उत्तर) यह बात विद्या और प्रत्यक्षादि प्रमाणादि की रीति से अयुक्त है। क्योंकि जीव अजर, अमर हैं फिर वे मुख की भाफ से कभी नहीं मर सकते। इन को तुम भी अजर, अमर मानते हो।

(प्रश्न) जीव तो नहीं मरता परन्तु जो मुख के उष्ण वायु से उन को पीड़ा पहुँचती है। उस पीड़ा पहुँचाने वाले को पाप होता है । इसीलिये मुख पर पट्टी बांधना अच्छा है।

(उत्तर) यह भी तुम्हारी बात सर्वथा असम्भव है, **क्योंकि पीड़ा दिये विना किसी जीव का किञ्चित् भी निर्वाह नहीं हो सकता।** जब मुख के वायु से तुम्हारे मत में जीवों को पीड़ा पहुँचती है तो चलने, फिरने, बैठने, हाथ उठाने और नेत्रादि के चलाने में भी पीड़ा अवश्य पहुँचती होगी। इसलिये तुम भी जीवों को पीड़ा पहुँचाने से पृथक् नहीं रह सकते।

(प्रश्न) हां! जब तक बन सके वहां तक जीवों की रक्षा करनी चाहिये और जहां हम नहीं बचा सकते वहां अशक्त हैं, क्योंकि सब वायु आदि पदार्थों में जीव भरे हुए हैं। जो हम मुख पर कपड़ा न बांधें तो बहुत जीव मरें; कपड़ा बांधने से न्यून मरते हैं।

(उत्तर) यह भी तुम्हारा कथन युक्तिशून्य है क्योंकि कपड़ा बांधने से जीवों को अधिक दुःख पहुंचता है। जब कोई मुख पर कपड़ा बांधे तो उस का मुख का वायु रुक के नीचे वा पार्श्व और मौन समय में नासिका द्वारा इकट्ठा होकर वेग से निकलता है, उस से उष्णता अधिक होकर जीवों को विशेष पीड़ा तुम्हारे मतानुसार पहुँचती होगी। देखो! जैसे घर वा कोठरी के सब दरवाजे बंध किये वा पड़दे डाले जायें तो उस में उष्णता विशेष होती है। खुला रखने से उतनी नहीं होती। वैसे मुख पर कपड़ा बांधने से उष्णता अधिक होती है और खुला रखने से न्यून। वैसे तुम अपने मतानुसार जीवों को अधिक दुःखदायक हो। और जब मुख बन्ध किया जाता है तब नासिका के छिद्रों से वायु रुक इकट्ठा होकर वेग से निकलता हुआ जीवों को अधिक धक्का और पीड़ा करता होगा।

देखो! जैसे कोई मनुष्य अग्नि को मुख से फूंकता और कोई नली से तो मुख का वायु फैलने से कम बल और नली का वायु इकट्ठा होने से अधिक बल से अग्नि में लगता है। वैसे ही मुख पर पट्टी बांध कर वायु को रोकने से नासिका द्वारा अति वेग से निकल कर जीवों को अधिक दुःख देता है। इस से मुख पर पट्टी बांधने वालों से नहीं बांधने वाले धर्मात्मा हैं। और मुख पर पट्टी बांधने से अक्षरों का यथायोग्य स्थान, प्रयत्न के साथ उच्चारण भी नहीं होता। निरनुनासिक अक्षरों को सानुनासिक बोलने से तुम को दोष लगता है।

तथा मुख पर पट्टी बांधने से दुर्गन्ध भी अधिक बढ़ता है क्योंकि शरीर के भीतर दुर्गन्ध भरा है। शरीर से जितना वायु निकलता है वह दुर्गन्धयुक्त प्रत्यक्ष है, जो वह रोका जाये तो दुर्गन्ध भी अधिक बढ़ जाय जैसा कि बंध 'जाजरूर' अधिक दुर्गन्धयुक्त और खुला हुआ न्यून दुर्गन्धयुक्त होता है, वैसे ही मुखपट्टी बांधने, दन्तधावन, मुखप्रक्षालन और स्नान न करने तथा वस्त्र न धोने से तुम्हारे शरीरों से अधिक दुर्गन्ध उत्पन्न होकर संसार में बहुत रोग करके जीवों को जितनी पीड़ा पहुंचाते हैं उतना पाप तुम को अधिक होता है। जैसे मेले आदि में अधिक दुर्गन्ध होने से 'विसूचिका' अर्थात् हैजा आदि बहुत प्रकार के रोग उत्पन्न होकर

जीवों को दुःखदायक होते हैं और न्यून दुर्गन्ध होने से रोग भी न्यून होकर जीवों को बहुत दुःख नहीं पहुंचता। इस से तुम अधिक दुर्गन्ध बढ़ाने में अधिक अपराधी और जो मुख पट्टी नहीं बांधते; दन्तधावन, मुखप्रक्षालन, स्नान करके स्थान, वस्त्रों को शुद्ध रखते हैं वे तुम से बहुत अच्छे हैं।

जैसे अन्त्यजों की दुर्गन्ध के सहवास से पृथक् रहने वाले बहुत अच्छे हैं। जैसे अन्त्यजों की दुर्गन्ध के सहवास से निर्मल बुद्धि नहीं होती, वैसे तुम और तुम्हारे संगियों की भी बुद्धि नहीं बढ़ती। जैसे रोग की अधिकता और बुद्धि के स्वल्प होने से धर्मानुष्ठान की बाधा होती है वैसे ही दुर्गन्धयुक्त तुम्हारा और तुम्हारे संगियों का भी वर्त्तमान होता होगा।

(प्रश्न) जैसे बन्ध मकान में जलाये हुए अग्नि की ज्वाला बाहर निकल के बाहर के जीवों को दुःख नहीं पहुंचा सकती। वैसे हम मुखपट्टी बांध के वायु को रोक कर बाहर के जीवों को न्यून दुःख पहुचाने वाले हैं। मुखपट्टी बांधने से बाहर के वायु के जीवों को पीड़ा नहीं पहुंचती, और जैसे सामने अग्नि जलाता है उसको आड़ा हाथ देने से कम लगती है और वायु के जीव शरीर वाले होने से उनको पीड़ा अवश्य पहुंचती है।

(उत्तर) यह तुम्हारी बात लड़कपन की है। प्रथम तो देखो जहां छिद्र और भीतर के वायु का योग बाहर के वायु के साथ न हो तो वहाँ अग्नि जल ही नहीं सकता। जो इस को प्रत्यक्ष देखना चाहो तो किसी फानूस में दीप जलाकर सब छिद्र बन्ध करके देखो तो दीप उसी समय बुझ जायेगा। जैसे पृथिवी पर रहने वाले मनुष्यादि प्राणी बाहर के वायु के योग के विना नहीं जी सकते, वैसे अग्नि भी नहीं जल सकता। जब एक ओर से अग्नि का वेग रोका जाय तो दूसरी ओर अधिक वेग से निकलेगा। और हाथ की आड़ करने से मुख पर आंच न्यून लगती है परन्तु वह आंच हाथ पर अधिक लग रही है इसलिये तुम्हारी बात ठीक नहीं।

(प्रश्न) इस को सब कोई जानता है कि जब किसी बड़े मनुष्य से छोटा मनुष्य कान में वा निकट होकर बात कहता है तब मुख पर पल्ला वा हाथ लगाता है। इसलिये कि मुख से थूक उड़ कर वा दुर्गन्ध उस को न लगे और जब पुस्तक बांचता है तब अवश्य थूक उड़ कर उस पर गिरने से उच्छिष्ट होकर बिगड़ जाता है इसलिये मुख पर पट्टी का बांधना अच्छा है।

(उत्तर) इस से यह सिद्ध हुआ कि जीवरक्षार्थ मुखपट्टी बांधना व्यर्थ है। और जब कोई बड़े मनुष्य से बात करता है तब मुख पर हाथ वा पल्ला इसलिये रखता है कि उस गुप्त बात को दूसरा कोई न सुन लेवे। क्योंकि जब कोई प्रसिद्ध बात करता है तब कोई भी मुख पर हाथ वा पल्ला नहीं धरता। इस से क्या विदित होता है कि गुप्त बात के लिये यह बात है। दन्तधावनादि न करने से तुम्हारे मुखादि अवयवों से अत्यन्त दुर्गन्ध निकलता है और जब तुम किसी के पास वा कोई तुम्हारे पास बैठता होगा तो विना दुर्गन्ध के अन्य क्या आता होगा? इत्यादि मुख के आड़ा हाथ वा पल्ला देने के प्रयोजन अन्य बहुत हैं। जैसे बहुत मनुष्यों के सामने गुप्त बात करने में जो हाथ वा पल्ला न लगाया जाय तो दूसरों की ओर वायु के फैलने से बात भी फैल जाय। जब वे दोनों एकान्त में बात करते हैं तब मुख पर हाथ वा पल्ला इसलिये नहीं लगाते कि यहां तीसरा कोई सुनने वाला नहीं। जो बड़ों ही के ऊपर थूक न गिरे इस से क्या छोटों के ऊपर थूक गिराना चाहिये? और

उस थूक से बच भी नहीं सकता क्योंकि हम दूरस्थ बात करें और वायु हमारी ओर से दूसरे की ओर जाता हो तो सूक्ष्म होकर उस के शरीर पर वायु के साथ त्रसरेणु अवश्य गिरेंगे। उस का दोष गिनना अविद्या की बात है। क्योंकि जो मुख की उष्णता से जीव मरते वा उन को पीड़ा पहुंचती हो तो वैशाख वा ज्येष्ठ महीने में सूर्य्य की महा उष्णता से वायुकाय के जीवों में से मरे विना एक भी न बच सके। सो उस उष्णता से भी वे जीव नहीं मर सकते। इसलिये यह तुम्हारा सिद्धान्त झूठा है, क्योंकि जो तुम्हारे तीर्थङ्कर भी पूर्ण विद्वान् होते तो ऐसी व्यर्थ बातें क्यों करते? देखो! पीड़ा उसी जीव को पहुंचती है जिस की वृत्ति सब अवयवों के साथ विद्यमान हो। इस में प्रमाण—

पञ्चावयवयोगात्सुखसंवित्तिः॥ —यह सांख्यशास्त्र का सूत्र है।

जब पांचों इन्द्रियों का पांच विषयों के साथ सम्बन्ध होता है तभी सुख वा दुःख की प्राप्ति जीव को होती है। जैसे बधिर को गाली प्रदान, अन्धे को रूप वा आगे से सर्प्प व्याघ्रादि भयदायक जीवों का चला जाना, शून्य बहिरी वालों को स्पर्श, पिन्नस रोग वाले को गन्ध और शून्य जिह्वा वाले को रस प्राप्त नहीं हो सकता, इसी प्रकार उन जीवों की भी व्यवस्था है।

देखो! जब मनुष्य का जीव सुषप्ति दशा में रहता है तब उस की सुख वा दुःख की प्राप्ति कुछ भी नहीं होती, क्योंकि वह शरीर के भीतर तो है परन्तु उस का बाहर के अवयवों के साथ उस समय सम्बन्ध न रहने से सुख दुःख की प्राप्ति नहीं कर सकता। और जैसे वैद्य वा आजकल के डॉक्टर लोग नशे की वस्तु खिला वा सुंघा के रोगी पुरुष के शरीर के अवयवों को काटते वा चीरते हैं उस को उस समय कुछ भी दुःख विदित नहीं होता। **वैसे वायुकाय अथवा अन्य स्थावर शरीर वाले जीवों को सुख वा दुःख प्राप्त कभी नहीं हो सकता। जैसे मूर्छित प्राणी सुख दुःख को प्राप्त कभी नहीं हो सकता वैसे वे वायुकायादि के जीव भी अत्यन्त मूर्छित होने से सुख दुःख को प्राप्त नहीं हो सकते।** फिर इन को पीड़ा से बचाने की बात सिद्ध कैसे हो सकती है? जब उन को सुख, दुःख की प्राप्ति प्रत्यक्ष नहीं होती तो अनुमानादि यहां कैसे युक्त हो सकते हैं।

(प्रश्न) जब वे जीव हैं तो उन को सुख, दुःख क्यों नहीं होता होगा?

(उत्तर) सुनो भोले भाइयो! जब तुम सुषुप्ति में होते हो तब तुम को सुख, दुःख प्राप्त क्यों नहीं होते? सुख, दुःख की प्राप्ति का हेतु प्रसिद्ध सम्बन्ध है। अभी हम इस का उत्तर दे आये हैं कि नशा सुंघा के डॉक्टर लोग अंगों को चीरते, फाड़ते और काटते हैं। जैसे उन को दुःख विदित नहीं होता इसी प्रकार अतिमूर्छित जीवों को सुख, दुःख क्योंकर प्राप्त होवें? क्योंकि वहां प्राप्ति होने का साधन कोई भी नहीं।

(प्रश्न) देखो! निलोति अर्थात् जितने हरे शाक, पात और कन्दमूल हैं उन को हम लोग नहीं खाते क्योंकि निलोति में बहुत और कन्दमूल में अनन्त जीव हैं। जो हम इन को खावें तो उन जीवों को मारने और पीड़ा पहुंचाने से हम लोग पापी हो जावें।

(उत्तर) यह तुम्हारी बड़ी अविद्या की बात है **क्योंकि हरित शाक के खाने में जीव का मरना उन को पीड़ा पहुंचनी क्योंकर मानते हो?** भला जब तुम को पीड़ा प्राप्त होती प्रत्यक्ष नहीं दीखती और जो दीखती है तो हम को भी दिखलाओ। तुम कभी न प्रत्यक्ष देख वा हम को दिखा सकोगे। जब प्रत्यक्ष नहीं

तो अनुमान, उपमान और शब्दप्रमाण भी कभी नहीं घट सकता। फिर जो हम ऊपर उत्तर दे आये हैं वह इस बात का भी उत्तर है—**क्योंकि जो अत्यन्त अन्धकार महासुषुप्ति और महानशा में जीव हैं इन को सुख दुःख की प्राप्ति मानना तुम्हारे तीर्थङ्करों की भी भूल विदित होती है;** जिन्होंने तुम को ऐसी युक्ति और विद्याविरुद्ध उपदेश किया है। भला! जब घर का अन्त है तो उस में रहने वाले अनन्त क्योंकर हो सकते हैं? जब कन्द का अन्त हम देखते हैं तो उस में रहने वाले जीवों का अन्त क्यों नहीं? इस से यह तुम्हारी बात बड़ी भूल की है।

(प्रश्न) देखो! तुम लोग विना उष्ण किये कच्चा पानी पीते हो वह बड़ा पाप करते हो। जैसे हम उष्ण पानी पीते हैं वैसे तुम लोग भी पिया करो।

(उत्तर) यह भी तुम्हारी बात भ्रमजाल की है क्योंकि जब तुम पानी को उष्ण करते हो तब पानी के जीव सब मरते होंगे । और उन का शरीर भी जल में रंधकर वह पानी सोंफ के अर्क के तुल्य होने से जानो तुम उन के शरीरों का 'तेजाब' पीते हो, इस में तुम बड़े पापी हो। और जो ठण्डा जल पीते हैं वे नहीं क्योंकि जब ठण्डा पानी पियेंगे तब उदर में जाने से किञ्चित् उष्णता पाकर श्वास के साथ वे जीव बाहर निकल जायेंगे। जलकाय जीवों को सुख, दुःख प्राप्त पूर्वोक्त रीति से नहीं हो सकता पुनः इस में पाप किसी को नहीं होगा।

(प्रश्न) जैसे जाठराग्नि से वैसे उष्णता पाके जल से बाहर जीव क्यों न निकल जायेंगे?

(उत्तर) हां! निकल तो जाते परन्तु जब तुम मुख के वायु की उष्णता से जीव का मरना मानते हो तो जल उष्ण करने से तुम्हारे मतानुसार जीव मर जावेंगे वा अधिक पीड़ा पाकर निकलेंगे और उन के शरीर उस जल में रंध जायेंगे इस से तुम अधिक पापी होगे वा नहीं?

(प्रश्न) हम अपने हाथ से उष्ण जल नहीं करते और न किसी गृहस्थ को उष्ण जल करने की आज्ञा देते हैं, इसलिए हम को पाप नहीं।

(उत्तर) जो तुम उष्ण जल न लेते, न पीते तो गृहस्थ उष्ण क्यों करते? इसलिये उस पाप के भागी तुम ही हो; प्रत्युत अधिक पापी हो क्योंकि जो तुम किसी एक गृहस्थ को उष्ण करने को कहते तो एक ही ठिकाने उष्ण होता है। जब वे गृहस्थ इस भ्रम में रहते हैं कि न जाने साधु जी किस के घर को आवेंगे इसलिये प्रत्येक गृहस्थ अपने-अपने घर में उष्ण जल कर रखते हैं। इस के पाप के भागी मुख्य तुम ही हो।

दूसरा अधिक काष्ठ और अग्नि के जलने जलाने से भी ऊपर लिखे प्रमाणे रसोई, खेती और व्यापारादि में अधिक पापी और नरकगामी होते हो। फिर जब तुम उष्ण जल कराने के मुख्य निमित्त और तुम उष्ण जल के पीने और ठण्डे के न पीने के उपदेश करने से तुम ही मुख्य पाप के भागी हो। और जो तुम्हारा उपदेश मान कर ऐसी बातें करते हैं वे भी पापी हैं।

अब देखो! कि तुम बड़ी अविद्या में होते हो वा नहीं कि छोटे-छोटे जीवों पर दया करनी और अन्य मत वालों की निन्दा, अनुपकार करना क्या थोड़ा पाप है? जो तुम्हारे तीर्थङ्करों का मत सच्चा होता तो सृष्टि में इतनी वर्षा, नदियों का चलना और इतना जल क्यों उत्पन्न ईश्वर ने किया? और सूर्य्य को भी उत्पन्न न करता क्योंकि इन में क्रोड़ान् क्रोड़ जीव तुम्हारे मतानुसार मरते ही होंगे। जब

वे विद्यमान थे और तुम जिन को ईश्वर मानते हो उन्होंने दयाकर सूर्य्य का ताप और मेघ को बन्ध क्यों नहीं किया?

और पूर्वोक्त प्रकार से **विना विद्यमान प्राणियों के दुःख, सुख की प्राप्ति कन्दमूलादि पदार्थों में रहने वाले जीवों को नहीं होती।** सर्वथा सब जीवों पर दया करना भी दुःख का कारण होता है क्योंकि जो तुम्हारे मतानुसार सब मनुष्य हो जावें। चोर डाकुओं को कोई भी दण्ड न देवे तो कितना बड़ा पाप खड़ा हो जाये? इसलिए दुष्टों को यथावत् दण्ड देने और श्रेष्ठों के पालन करने में दया और इस से विपरीत करने में दया क्षमारूप धर्म का नाश है। कितने जैनी लोग दुकान करते, उन व्यवहारों में झूठ बोलते, पराया धन मारते और दीनों को छलने आदि कुकर्म करते हैं उन के निवारण में विशेष उपदेश क्यों नहीं करते? और मुखपट्टी बांधने आदि ढोंग में क्यों रहते हो?

जब तुम चेला, चेली करते हो तब केशलुञ्चन और बहुत दिवस भूखे रहने में पराये वा अपने आत्मा को पीड़ा दे और पीड़ा को प्राप्त होके दूसरों को दुःख देते । और आत्महत्या अर्थात् आत्मा को दुःख देने वाले होकर हिंसक क्यों बनते हो? जब हाथी, घोड़े, बैल, ऊँट पर चढ़ने और मनुष्यों को मजूरी कराने में पाप जैनी लोग क्यों नहीं गिनते? जब तुम्हारे चेले ऊटपटांग बातों को सत्य नहीं कर सकते तो तुम्हारे तीर्थङ्कर भी सत्य नहीं कर सकते। जब तुम कथा बांचते हो तो मार्ग में श्रोताओं के और तुम्हारे मतानुसार जीव मरते ही होंगे इसलिये तुम इस पाप के मुख्य कारण क्यों होते हो? इस थोड़े कथन से बहुत समझ लेना कि **उन जल, स्थल, वायु के स्थावर शरीर वाले अत्यन्त मूर्छित जीवों को दुःख वा सुख कभी नहीं पहुंच सकता।**

अब जैनियों की और भी थोड़ी सी असम्भव कथा लिखते हैं। सुनना चाहिये और यह भी ध्यान में रखना कि अपने हाथ से साढ़े तीन हाथ का धनुष होता है। और काल की संख्या जैसी पूर्व लिख आये हैं वैसी ही समझना। रत्नसार भाग १। पृष्ठ १६६-१६७ तक में लिखा है—

(१) ऋषभदेव का शरीर ५०० पांच सौ धनुष् लम्बा और ८४००००० (चौरासी लाख) पूर्व का आयु। (२) अजितनाथ का ४५० धनुष् परिमाण का शरीर और ७२००००० (बहत्तर लाख) पूर्व वर्ष का आयु। (३) सम्भवनाथ का शरीर ४०० चार सौ धनुष् परिमाण शरीर और ६०००००० (साठ लाख) पूर्व वर्ष का आयु। (४) अभिनन्दन का ३५० साढ़े तीन सौ धनुष् का शरीर और ५०००००० (पचास लाख) पूर्व वर्ष का आयु। (५) सुमतिनाथ का ३०० धनुष् परिमाण का शरीर और ४०००००० (चालीस लाख) पूर्व वर्ष का आयु। (६) पद्मप्रभ का १४० धनुष् का शरीर और परिमाण ३०००००० (तीस लाख) पूर्व वर्ष का आयु। (७) पार्श्वनाथ का २०० धनुष् का शरीर और २०००००० (बीस लाख) पूर्व वर्ष का आयु। (८) चन्द्रप्रभ का १५० धनुष् परिमाण का शरीर और १०००००० (दस लाख) पूर्व वर्ष का आयु। (९) सुविधिनाथ का १०० सौ धनुष् का शरीर और २००००० (दो लाख) पूर्व वर्ष का आयु। (१०) शीतलनाथ का ९० नब्बे धनुष् का शरीर और १००००० (एक लाख) पूर्व वर्ष का आयु। (११) श्रेयांसनाथ का ८० धनुष् का शरीर और ८४००००० (चौरासी लाख) वर्ष का आयु। (१२) वासुपूज्य स्वामी का ७० धनुष् का शरीर और ७२००००० (बहत्तर लाख) वर्ष का आयु।

(१३) विमलनाथ का ६० धनुष् का शरीर और ६०००००० (साठ लाख) वर्षों का आयु। (१४) अनन्तनाथ का ५० धनुष् का शरीर और ३०००००० (तीस लाख) वर्षों का आयु। (१५) धर्मनाथ का ४५ धनुष् का शरीर और १०००००० (दस लाख) वर्षों का आयु। (१६) शान्तिनाथ का ४० धनुषों का शरीर और १००००० (एक लाख) वर्ष का आयु। (१७) कुन्थुनाथ का ३५ धनुष् का शरीर और ९५००० (पचानवें सहस्र) वर्षों का आयु। (१८) अमरनाथ का ३० धनुषों का शरीर और ८४००० (चौरासी सहस्र) वर्षों का आयु। (१९) मल्लीनाथ का २५ धनुषों का शरीर और ५५००० (पचपन सहस्र) वर्षों का आयु। (२०) मुनि सुव्रत का २० धनुषों का शरीर और ३०००० (तीस सहस्र) वर्षों का आयु। (२१) नमिनाथ का १४ धनुषों का शरीर और १०००० (दश सहस्र) वर्षों का आयु। (२२) नेमिनाथ का १० धनुषों का शरीर और १०००० (दश सहस्र) वर्ष का आयु। (२३) पार्श्वनाथ ९ हाथ का शरीर और १०० (सौ) वर्ष का आयु। (२४) महावीर स्वामी का ७ हाथ का शरीर और ७२ वर्षों की आयु।

ये चौबीस तीर्थङ्कर जैनियों के मत चलाने वाले आचार्य और गुरु हैं। इन्हीं को जैनी लोग परमेश्वर मानते हैं और ये सब मोक्ष को गये हैं। इसमें बुद्धिमान् लोग विचार लेवें कि इतने बड़े शरीर और इतना आयु मनुष्य देह का होना कभी सम्भव है? इस भूगोल में बहुत ही थोड़े मनुष्य वस सकते हैं। इन्हीं जैनियों के गपोड़े लेकर जो पुराणियों ने एक लाख, दश सहस्र और एक सहस्र वर्ष का आयु लिखा सो भी सम्भव नहीं हो सकता तो जैनियों का कथन सम्भव कैसे हो सकता है?

अब और भी सुनो—कल्पभाष्य पृष्ठ ४—नागकेत ने ग्राम की बराबर एक शिला अंगुली पर धर ली! कल्पभाष्य पृष्ठ ३५—महावीर ने अंगूठे से पृथिवी को दबाई उस से शेषनाग कंप गया! कल्पभाष्य पृष्ठ ४६—महावीर को सर्प ने काटा, रुधिर के बदले दूध निकला। और वह सर्प ८वें स्वर्ग को गया!। कल्पभाष्य पृष्ठ ४७—महावीर के पग पर खीर पकाई और पग न जले!। कल्पभाष्य पृष्ठ १६—छोटे से पात्र में ऊंट बुलाया! रत्नसार भाग १। प्रथम पृष्ठ १४—शरीर के मैल को न उतारे और न खुजलावें। विवेकसार पृष्ठ २१५—जैनियों के एक दमसार साधु ने क्रोधित होकर उद्वेगजनक सूत्र पढ़ कर एक शहर में आग लगा दी और महावीर तीर्थङ्कर का अति प्रिय था। विवेक पृष्ठ २२७—राजा की आज्ञा अवश्य माननी चाहिये। विवेक पृष्ठ २२७—एक कोशा वेश्या ने थाली में सरसों की ढेरी लगा उस के ऊपर फूलों से ढकी हुई सुई खड़ी कर उस पर अच्छे प्रकार नाच किया परन्तु सुई पग में गड़ने न पाई और सरसों की ढेरी बिखरी नहीं!!! तत्त्वविवेक पृष्ठ २२८—इसी कोशा वेश्या के साथ एक स्थूलमुनि ने १२ वर्ष तक भोग किया और पश्चात् दीक्षा लेकर सद्गति को गया और कोशा वेश्या भी जैन धर्म को पालती हुई सद्गति को गई। विवेकसार पृष्ठ १९५—एक सिद्ध की कन्था जो गले में पहिनी जाती है वह ५०० अशर्फी एक वैश्य को नित्य देती रही। विवेकसार पृष्ठ २२८—बलवान् पुरुष की आज्ञा, देव की आज्ञा, घोर वन में कष्ट से निर्वाह, गुरु के रोकने, माता, पिता, कुलाचार्य्य, ज्ञातीय लोग और धर्मोपदेष्टा इन छः के रोकने से धर्म में न्यूनता होने से धर्म की हानि नहीं होती।

(समीक्षक) अब देखिये इन की मिथ्या बातें। एक मनुष्य ग्राम के बराबर पाषाण की शिला को अंगुली पर कभी धर सकता है? और पृथिवी के ऊपर अंगूठे

से दबाने से पृथिवी कभी दब सकती है? और जब शेषनाग ही नहीं तो कंपेगा कौन? ॥ २ ॥ भला शरीर के काटने से दूध निकलना किसी ने नहीं देखा। सिवाय इन्द्रजाल के दूसरी बात नहीं। उस को काटने वाला सर्प तो स्वर्ग में गया और महात्मा श्रीकृष्ण आदि तीसरे नरक को गये यह कितनी मिथ्या बात है?॥ ३। ४॥ जब महावीर के पग पर खीर पकाई तब उसके पग जल क्यों न गये?॥ ५ ॥ भला छोटे से पात्र में कभी ऊंट आ सकता है॥ ६ ॥ जो शरीर का मैल नहीं उतारते और न खुजलाते होंगे वे दुर्गन्धिरूप महानरक भोगते होंगे॥ ७ ॥ जिस साधु ने नगर जलाया उस की दया और क्षमा कहां गई? जब महावीर के संग से भी उस का पवित्र आत्मा न हुआ तो अब महावीर के मरे पीछे उस के आश्रय से जैन लोग कभी पवित्र न होंगे॥ ८ ॥ राजा की आज्ञा माननी चाहिये परन्तु जैन लोग बनिये हैं इसलिये राजा से डर कर यह बात लिख दी होगी॥ ९ ॥ कोशा वेश्या चाहे उस का शरीर कितना ही हल्का हो तो भी सरसों की ढेरी पर सुई खड़ी करके उसके ऊपर नाचना, सूई का न छिदना और सरसों का न बिखरना अतीव झूठ नहीं तो क्या है?॥ १० ॥ धर्म किसी को किसी अवस्था में भी न छोड़ना चाहिये; चाहे कुछ भी हो जाय॥११ ॥ भला कन्था वस्त्र का होता है वह नित्यप्रति ५०० अशर्फी किस प्रकार दे सकता है? ॥ १२ ॥

अब ऐसी-ऐसी असम्भव कहानी इनकी लिखें तो जैनियों के थोथे पोथों के सदृश बढ़ जाय इसलिये अधिक नहीं लिखते। अर्थात् थोड़ी सी इन जैनियों की बातें छोड़ के शेष सब मिथ्या जाल भरा है। देखिये-

दो ससि दो रवि पढमे। दुगुणा लवणंमि धायई संडे।
बारस ससि बारस रवि। तप्पमि इं निदिठ ससि रविणो॥
तिगुणा पुब्बिल्लजया। अणंतराणंतरं मिखित्तमि।
कालो ए बयाला। बिसत्तरी पुरकर द्वंमि॥

—प्रकरण भाग ४। संग्रहणीसूत्र ७७, ७८॥

जो जम्बूद्वीप लाख योजन अर्थात् ४ लाख कोश का लिखा है उन में यह पहला द्वीप कहाता है। इस में दो चन्द्र और सूर्य्य हैं और वैसे ही लवण समुद्र में उससे दुगुणे अर्थात् ४ चन्द्रमा और चार सूर्य्य हैं तथा धातकीखण्ड में बारह चन्द्रमा और बारह सूर्य्य हैं॥ ७७ ॥ और इन को तिगुणा करने से छत्तीस होते हैं, उनके साथ दो जम्बूद्वीप के और चार लवण समुद्र के मिलकर ब्यालीस चन्द्रमा और ब्यालीस सूर्य्य कालोदधि समुद्र में हैं। इसी प्रकार अगले-अगले द्वीप और समुद्रों में पूर्वोक्त ब्यालीस को तिगुणा करें तो एक सौ छब्बीस होते हैं। उन में धातकीखण्ड के बारह, लवण समुद्र के ४ चार और जम्बूद्वीप के जो दो-दो इसी रीति से निकाल कर १४४ एक सौ चवालीस चन्द्र और १४४ सूर्य्य पुष्करद्वीप में हैं। यह भी आधे मनुष्यक्षेत्र की गणना है। परन्तु जहां तक मनुष्य नहीं रहते हैं वहां बहुत से सूर्य्य और बहुत से चन्द्र हैं और जो पिछले अर्ध पुष्करद्वीप में बहुत चन्द्र और सूर्य्य हैं वे स्थिर हैं। पूर्वोक्त एक सौ चवालीस को तिगुणा करने से ४३२ और उन में पूर्वोक्त जम्बूद्वीप के दो चन्द्रमा, दो सूर्य्य, चार-चार लवण समुद्र के और बारह-बारह धातकीखण्ड के और ब्यालीस कालोदधि के मिलाने से ४९२ चन्द्रमा तथा ४९२ सूर्य्य पुष्कर समुद्र में हैं। ये सब बातें **श्रीजिनभद्रगणीक्षमाश्रमण** ने बड़ी **'संघयणी'** में तथा **'योतीसकरण्डक पयन्ना'** मध्ये और **'चन्द्रपन्नति'** तथा **'सूरपन्नति'** प्रमुख

सिद्धान्तग्रन्थों में इसी प्रकार कहा है॥ ७८॥

(समीक्षक) अब सुनिये भूगोल खगोल के जानने वालो! इस एक भूगोल में एक प्रकार ४९२ चार सौ बानवे और दूसरी प्रकार असंख्य चन्द्र और सूर्य्य जैनी लोग मानते हैं। आप लोगों का बड़ा भाग्य है कि वेदमतानुयायी **सूर्य्यसिद्धान्तादि** ज्योतिष ग्रन्थों के अध्ययन से ठीक-ठीक भूगोल खगोल विदित हुए। जो कहीं जैन के महा अन्धेर मत में होते तो जन्मभर अन्धेर में रहते जैसे कि जैनी लोग आजकल हैं। इन अविद्वानों को यह शंका हुई कि जम्बूद्वीप में एक सूर्य और एक चन्द्र से काम नहीं चलता क्योंकि इतनी बड़ी पृथिवी को तीस घड़ी में चन्द्र, सूर्य कैसे आ सकें? क्योंकि पृथिवी को ये लोग सूर्यादि से भी बड़ी और स्थिर मानते हैं यही इन की बड़ी भूल है।

दो ससि दो रवि पंती एगंतरिया छसठि संखाया।
मेरुं पयाहिणंता। माणुसखित्ते परिअडंति॥

—प्रकरण०भाग ४। संग्रहणी सू० ७९॥

मनुष्यलोक में चन्द्रमा और सूर्य की पंक्ति की संख्या कहते हैं। दो चन्द्रमा और दो सूर्य की पंक्ति (श्रेणी) हैं, वे एक-एक लाख योजन अर्थात् चार लाख कोश के आंतरे से चलते हैं। जैसे सूर्य की पंक्ति के आंतरे एक पंक्ति चन्द्र की है इसी प्रकार चन्द्रमा की पंक्ति के आंतरे सूर्य की पंक्ति है। इसी रीति से चार पंक्ति हैं वे एक-एक चन्द्र पंक्ति में ६६ चन्द्रमा और एक-एक सूर्य पंक्ति में ६६ सूर्य हैं। वे चारों पंक्ति जम्बूद्वीप के मेरु पर्वत की प्रदक्षिणा करती हुई मनुष्य-क्षेत्र में परिभ्रमण करती हैं अर्थात् जिस समय जम्बूद्वीप के मेरु से एक सूर्य दक्षिण दिशा में विहरता उस समय दूसरा सूर्य उत्तर दिशा में फिरता है। वैसे ही लवण समुद्र की एक-एक दिशा में दो-दो चलते फिरते। धातकीखण्ड के ६, कालोदधि के २१, पुष्करार्द्ध के ३६, इस प्रकार सब मिलकर ६६ सूर्य दक्षिण दिशा और ६६ सूर्य उत्तर दिशा में अपने-अपने क्रम से फिरते हैं। और जब इन दोनों दिशा के सब सूर्य मिलाये जायें तो १३२ सूर्य और ऐसे ही छासठ-छासठ चन्द्रमा की दोनों दिशाओं की पंक्तियां मिलाई जायें तो १३२ चन्द्रमा मनुष्यलोक में चाल चलते हैं। इसी प्रकार चन्द्रमा के साथ नक्षत्रादि की भी पंक्तियां बहुत सी जाननीं॥ ७९॥

(समीक्षक) अब देखो भाई! इस भूगोल में १३२ सूर्य और १३२ चन्द्रमा जैनियों के घर पर तपते होंगे! भला जो तपते होंगे तो वे जीते कैसे हैं? और रात्रि में भी शीत के मारे जैनी लोग जकड़ जाते होंगे? ऐसी असम्भव बात में भूगोल, खगोल के न जानने वाले फंसते हैं; अन्य नहीं। जब एक सूर्य इस भूगोल के सदृश अन्य अनेक भूगोलों को प्रकाशता है तब इस छोटे से भूगोल की क्या कथा कहनी। और जो पथिवी न घूमे और सूर्य पृथिवी के चारों और घूमे तो कई एक वर्षों का दिन और रात होवे। और सुमेरु विना हिमालय के दूसरा कोई नहीं। यह सूर्य के सामने ऐसा है कि जैसे घड़े के सामने राई का दाना भी नहीं। इन बातों को जैनी लोग जब तक उसी मत में रहेंगे तब तक नहीं जान सकते किन्तु सदा अन्धेरे में रहेंगे।

सम्मत्तचरण सहिया सव्वं लोगं फुसे निरवसेसं।
सत्तय चउदस भाए पंचय सुयदेशविरईए॥

—प्रकरण०भा० ४। संग्रहणी सू० १३५॥

सम्यक्चारित्र सहित जो केवली वे केवल समुद्घात अवस्था से सर्व चौदह राज्यलोक अपने आत्मप्रदेश करके फिरेंगे॥ १३५॥

(समीक्षक) जैनी लोग १४ चौदह राज्य मानते हैं। उन में से चौदहवें की शिखा पर सर्वार्थसिद्धि विमान की ध्वजा से ऊपर थोड़े दूर पर सिद्धशिला तथा दिव्य आकाश को शिवपुर कहते हैं। उस में केवली अर्थात् जिन को केवलज्ञान सर्वज्ञता और पूर्ण पवित्रता प्राप्त हुई है वे उस लोक में जाते हैं और अपने आत्मप्रदेश में सर्वज्ञ रहते हैं। जिस का प्रदेश होता है वह विभु नहीं, जो विभु नहीं वह सर्वज्ञ केवलज्ञानी कभी नहीं हो सकता। क्योंकि जिस का आत्मा एकदेशी है वही जाता आता है और बद्ध, मुक्त, ज्ञानी, अज्ञानी होता है। सर्वव्यापी सर्वज्ञ वैसा कभी नहीं हो सकता। जो जैनियों के तीर्थङ्कर जीवरूप अल्प, अल्पज्ञ होकर स्थित थे, वे सर्वव्यापक, सर्वज्ञ कभी नहीं हो सकते। किन्तु जो परमात्मा अनाद्यनन्त, सर्वव्यापक, सर्वज्ञ, पवित्र, ज्ञानस्वरूप है उस को जैनी लोग मानते नहीं कि जिस में सर्वज्ञादि गुण याथातथ्य घटते हैं।

गब्भनर तिपलियाऊ। तिगाऊ उक्कोस ते जहन्नेणं।
मुच्छिम दुहावि अन्तमुहु। अंगुल असंख भागतणू॥ —संग्रहणी० २४१॥

यहां मनुष्य दो प्रकार के हैं। एक गर्भज, दूसरे जो गर्भ के विना उत्पन्न हुए। उन में गर्भज मनुष्य का उत्कृष्ट तीन पल्योपम का आयु जानना और तीन कोश का शरीर॥ २४१॥

(समीक्षक) भला तीन पल्योपम का आयु और तीन कोश के शरीर वाले मनुष्य इस भूगोल में बहुत थोड़े समा सकें और फिर तीन पल्योपम की आयु जैसा कि पूर्व लिख आये हैं उतने समय तक जीवें तो वैसे ही उन के सन्तान भी तीन-तीन कोश के शरीर वाले होने चाहिये। इन जैसे 'मुम्बई' से शहर में दो और 'कलकत्ता' ऐसे शहर में तीन वा चार मनुष्य निवास कर सकते हैं। जो ऐसा है तो जैनियों ने एक नगर में लाखों मनुष्य लिखे हैं तो उनके रहने का नगर भी लाखों कोशों का होना चाहिये तो सब भूगोल में वैसा एक नगर भी न बस सके।

पणयाल लरकजोयण विरकंभा सिद्धिसिल फलिह विमला।
तदुवरि गजोयणंते लोगंतो तच्छ सिद्धठिई॥ २५८॥

जो सर्वार्थसिद्धि विमान की ध्वजा से ऊपर १२ योजन सिद्धशिला है वह वाटला और लम्बेपन और पोलपन में ४५ पैंतालीस लाख योजन प्रमाण है वह सब धवला अर्जुन सुवर्णमय स्फटिक के समान निर्मल सिद्धशिला की सिद्धभूमि है। इस को कोई 'ईषत्' 'प्राग्भरा' ऐसा नाम कहते हैं। यह सर्वार्थसिद्धशिला विमान से १२ योजन अलोक भी है। यह परमार्थ केवली बहुश्रुत जानता है। यह सिद्धशिला सर्वार्थ, मध्य भाग में ८ योजन स्थूल है। वहां से ४ दिशा और ४ उपदिशा में घटती-घटती मक्खी के पांख के सदृश पतली उत्तानछत्र और आकार करके सिद्धशिला की स्थापना है। उस शिला से ऊपर १ एक योजन के आंतरे लोकान्त है। वहां सिद्धों की स्थिति है॥ २५८॥

(समीक्षक) अब विचारना चाहिये कि जैनियों के मुक्ति का स्थान सर्वार्थसिद्धि विमान की ध्वजा के ऊपर ४५ पैंतालीस लाख योजन की शिला अर्थात् चाहें ऐसी अच्छी और निर्मल हो तथापि उसमें रहने वाले मुक्त जीव एक प्रकार

के बद्ध हैं क्योंकि उस शिला से बाहर निकलने में मुक्ति के सुख से छूट जाते होंगे। और जो भीतर रहते होंगे तो उन को वायु भी न लगता होगा। यह केवल कल्पनामात्र अविद्वानों को फंसाने के लिये भ्रमजाल है।

वि ति चउरिंदिस सरीरं । बारस जोयणं तिकोस चउकोसं।
जोयण सहसपणिंदिय। उहे वुच्छंत विसेसंतु॥

—प्रकरण०भा० ४। संग्रह० सू० २६७॥

सामान्यपन से एकेन्द्रिय का शरीर १ सहस्र योजन के शरीर वाला उत्कृष्ट जानना और दो इन्द्रिय वाले जो शङ्खादि उन का शरीर १२ योजन का जानना। वैसे ही कीड़ी मकोड़ादि तीन इन्द्रिय वालों का शरीर ३ कोश का जानना। और चतुरिन्द्रिय भ्रमरादि का शरीर ४ कोश का और पञ्चेन्द्रिय का एक सहस्र योजन अर्थात् ४ सहस्र कोश के शरीर वाले जानना॥ २६७॥

(समीक्षक) चार-चार सहस्र कोश के प्रमाण वाले शरीर वाले हों तो भूगोल में तो बहुत थोड़े मनुष्य अर्थात् सैकड़ों मनुष्यों से भूगोल ठस भर जाय। किसी की चलने की जगह भी न रहै फिर वे जैनियों से रहने का ठिकाना और मार्ग पूछें जो इन्होंने लिखा है तो अपने घर में रख लें। परन्तु चार सहस्र कोश के शरीर वाले को निवासार्थ कोई एक के लिए ३२ बत्तीस सहस्र कोश का घर तो चाहिये। ऐसे एक घर के बनवाने में जैनियों का सब धन चुक जाय तो भी घर न बन सके। इतने बड़े आठ सहस्र कोश की छत बनवाने के लिये लट्ठे कहां से लावेंगे? और जो उसमें खम्भा लगावें तो वह भीतर प्रवेश भी नहीं कर सकता। इसलिये ऐसी बातें मिथ्या हुआ करती हैं।

ते थूला पल्ले विहु संखिज्जाचे बहुंति सव्वेवि।
ते इक्किक्क असंखे। सुहुमे खम्भे पकप्पेह॥

—प्रकरण०भा० ४। लघुक्षेत्रसमासप्रकरण सूत्र ४॥

पूर्वोक्त एक अंगुल लोम के खण्डों से ४ कोश का चौरस और उतना ही गहिरा कुआ हो। अंगुल प्रमाण लोम का खण्ड सब मिल के बीस लाख सत्तावन सहस्र एक सौ बावन होते हैं और अधिक से अधिक (३३०, ७६२१०४, २४६५६२५, ४२१९९६०, ९७५३६००, ०००००००) तैंतीस क्रोड़ाक्रोड़ी, सात लाख बासठ हजार एक सौ चार क्रोड़ाक्रोड़ी; चौबीस लाख पैंसठ हजार छः सौ पच्चीस इतने क्रोड़ाक्रोड़ी तथा ब्यालीस लाख उन्नीस हजार नौ सौ साठ इतनी क्रोड़ाक्रोड़ी तथा सत्तानवे लाख त्रेपन हजार और छः सौ क्रोड़ाक्रोड़ी, इतनी वाटला घन योजन पल्योपम में सर्व स्थूल रोम खण्ड की संख्या होवे यह भी संख्यातकाल होता है। पूर्वोक्त एक लोम खण्ड के असंख्यात खण्ड मन से कल्पे तब असंख्यात सूक्ष्म रोमाणु होवें।

(समीक्षक) अब देखिये इन की गिनती की रीति! एक अंगुल प्रमाण लोम के कितने खण्ड किये यह कभी किसी की गिनती में आ सकते हैं? और उस के उपरान्त मन से असंख्य खण्ड कल्पते हैं इससे यह भी सिद्ध होता है कि पूर्वोक्त खण्ड हाथ से किये होंगे। जब हाथ से न हो सके तब मन से किये। भला! यह बात कभी सम्भव हो सकती है कि एक अंगुल रोम के असंख्य खण्ड हो सकें?

जम्बूद्दीपपमाणं गुलजोयणलरक वट्टविरकंभी।
लवणाई यासेसा। बलयाभा दुगुण दुगुणाय॥

—प्रकरण०भा० ४। लघुक्षेत्रसमा० सू० १२॥

प्रथम जम्बूद्वीप का लाख योजन का प्रमाण और पोला है और बाकी लवणादि सात समुद्र, सात द्वीप, जम्बूद्वीप के प्रमाण से दुगणे-दुगणे हैं। इस एक पृथिवी में जम्बूद्वीपादि सात द्वीप और सात समुद्र हैं जैसे पूर्व लिख आये हैं॥ १२॥

(समीक्षक) अब जम्बूद्वीप से दूसरा द्वीप दो लाख योजन, तीसरा चार लाख योजन, चौथा आठ लाख योजन, पांचवां सोलह लाख योजन, छठा बत्तीस लाख योजन और सातवाँ चौसठ लाख योजन और उतने प्रमाण वा उन से अधिक समुद्र के प्रमाण से इस पन्द्रह सहस्र परिधि वाले भूगोल में क्योंकर समा सकते हैं। इससे यह बात केवल मिथ्या है।

कुरु नइ चुलसी सहसा। छच्चेवन्तरनईउ पइ विजयं।
दो दो महा नईउ। चउदस सहसाउ पत्तेयं॥

—प्रकरणरत्ना० भा० ४। लघुक्षेत्रसमा० सू० ६३॥

कुरुक्षेत्र में ८४ चौरासी सहस्र नदी हैं॥ ६३॥

(समीक्षक) भला कुरुक्षेत्र बहुत छोटा देश है, उस को न देख कर एक मिथ्या बात लिखने में इन को लज्जा भी न आई।

जामुत्तराउ ताउ। इगेग सिंहासणाउ अइपुब्वं।
चउसुवि तासु नियासण, दिसि भवजिण मज्जणं होई॥

—प्रकरणरत्नाकर भा० ४। लघुक्षेत्रसमा० सू० ११९॥

उस शिला के विशेष दक्षिण और उत्तर दिशा में एक-एक सिंहासन जानना चाहिये। उन शिलाओं के नाम दक्षिण दिशा में अति पाण्डु कम्बला, उत्तर दिशा में अति रक्त कम्बला शिला हैं। उन सिंहासनों पर तीर्थङ्कर बैठते हैं॥ ११९॥

(समीक्षक) देखिये इन के तीर्थङ्कर के जन्मोत्सवादि करने की शिला को! ऐसी ही मुक्ति की सिद्धशिला है। ऐसी इन की बहुत सी बातें गोलमाल हैं; कहां तक लिखें? किन्तु जल छान के पीना और सूक्ष्म जीवों पर नाम मात्र दया करना; रात्रि को भोजन न करना ये तीन बातें अच्छी हैं। बाकी जितना इन का कथन है सब असम्भवग्रस्त है।

इतने ही लेख से बुद्धिमान् लोग बहुत सा जान लेंगे, थोड़ा सा यह दृष्टान्तमात्र लिखा है। जो इनकी असम्भव बातें सब लिखें तो इतने पुस्तक हो जायें कि एक पुरुष आयु भर में पढ़ भी न सके। इसलिये जैसे एक हण्डे में चुड़ते चावलों में से एक चावल की परीक्षा करने से कच्चे वा पक्के हैं सब चावल विदित हो जाते हैं। ऐसे ही इस थोड़े से लेख से सज्जन लोग बहुत सी बातें समझ लेंगे। बुद्धिमानों के सामने बहुत लिखना आवश्यक नहीं। क्योंकि दिग्दर्शनवत् सम्पूर्ण आशय को बुद्धिमान् लोग जान ही लेते हैं।

इसके आगे ईसाइयों के मत के विषय में लिखा जायेगा।

इति श्रीमद्दयानन्दसरस्वतीस्वामिनिर्मिते सत्यार्थप्रकाशे
सुभाषाविभूषिते नास्तिकमतान्तर्गतचार्वाक
बौद्धजैनमतखण्डनमण्डनविषये
द्वादशः समुल्लासः सम्पूर्णः॥ १२॥

अनुभूमिका (३)

जो यह बाइबल का मत है कि वह केवल ईसाइयों का है सो नहीं किन्तु इससे यहूदी आदि भी गृहीत होते हैं। जो यहां तेरहवें समुल्लास में ईसाई मत के विषय में लिखा है इसका यही अभिप्राय है कि आजकल बाइबल के मत में ईसाई मुख्य हो रहे हैं और यहूदी आदि गौण हैं। मुख्य के ग्रहण से गौण का ग्रहण हो जाता है, इससे यहूदियों का भी ग्रहण समझ लीजिये। इनका जो विषय यहां लिखा है सो केवल बाइबल में से कि जिसको ईसाई और यहूदी आदि सब मानते हैं और इसी पुस्तक को अपने धर्म का मूल कारण समझते हैं।

इस पुस्तक के भाषान्तर बहुत से हुए हैं जो कि इनके मत में बड़े-बड़े पादरी हैं उन्हीं ने किये हैं। उनमें से देवनागरी व संस्कृत भाषान्तर देख कर मुझको बाइबल में बहुत सी शंका हुई हैं। उनमें से कुछ थोड़ी सी इस १३ तेरहवें समुल्लास में सब के विचारार्थ लिखी हैं। यह लेख केवल सत्य की वृद्धि और असत्य के ह्रास होने के लिये है न कि किसी को दुःख देने वा हानि करने अथवा मिथ्या दोष लगाने के अर्थ ही। इसका अभिप्राय उत्तर लेख में सब कोई समझ लेंगे कि यह पुस्तक कैसा है और इनका मत भी कैसा है? इस लेख से यही प्रयोजन है कि सब मनुष्यमात्र को देखना, सुनना, लिखना आदि करना सहज होगा और पक्षी, प्रतिपक्षी होके विचार कर ईसाई मत का आन्दोलन सब कोई कर सकेंगे। इससे एक यह प्रयोजन सिद्ध होगा कि मनुष्यों को धर्मविषयक ज्ञान बढ़ कर यथायोग्य सत्याऽसत्य मत और कर्त्तव्याकर्त्तव्य कर्म सम्बन्धी विषय विदित होकर सत्य और कर्त्तव्य कर्म का स्वीकार, असत्य और अकर्त्तव्य कर्म का परित्याग करना सहजता से हो सकेगा।

सब मनुष्यों को उचित है कि सब के मतविषयक पुस्तकों को देख समझ कर कुछ सम्मति वा असम्मति देवें वा लिखें; नहीं तो सुना करें। क्योंकि जैसे पढ़ने से पण्डित होता है वैसे सुनने से बहुश्रुत होता है। यदि श्रोता दूसरे को नहीं समझा सके तथापि आप स्वयं तो समझ ही जाता है। जो कोई पक्षपातरूप यानारूढ़ होके देखते हैं उनको न अपने और न पराये गुण, दोष विदित हो सकते हैं। **मनुष्य का आत्मा यथायोग्य सत्याऽसत्य के निर्णय करने का सामर्थ्य रखता है। जितना अपना पठित वा श्रुत है उतना निश्चय कर सकता है।** यदि एक मत वाले दूसरे मतवाले के विषयों को जानें और अन्य न जानें तो यथावत् संवाद नहीं हो सकता, किन्तु अज्ञानी किसी भ्रमरूप बाड़े में गिर जाते हैं। ऐसा न हो इसलिये इस ग्रन्थ में, प्रचरित सब मतों का विषय थोड़ा-थोड़ा लिखा है। इतने ही से शेष विषयों में अनुमान कर सकता है कि वे सच्चे हैं वा झूठे? जो-जो सर्वमान्य सत्य विषय हैं वे तो सब में एक से हैं। झगड़ा झूठे विषयों में होता है। अथवा एक सच्चा और दूसरा झूठा हो तो भी कुछ थोड़ा सा विवाद चलता है। यदि वादी प्रतिवादी सत्याऽसत्य निश्चय के लिये वाद प्रतिवाद करें तो अवश्य निश्चय हो जाये।

अब मैं इस १३वें समुल्लास में ईसाई मत विषयक थोड़ा सा लिख कर सब के सम्मुख स्थापित करता हूं; विचारिये कि कैसा है।

अलमतिलेखेन विचक्षणवरेषु।

अथ त्रयोदशसमुल्लासारम्भः

अथ कृश्चीनमतविषयं व्याख्यास्यामः

अब इसके आगे ईसाइयों के मत विषय में लिखते हैं जिससे सब को विदित हो जाय कि इनका मत निर्दोष और इनकी बाइबल पुस्तक ईश्वरकृत है वा नहीं? प्रथम बाइबल के तौरेत का विषय लिखा जाता है—

१—आरम्भ में ईश्वर ने आकाश और पृथिवी को सृजा॥ और पृथिवी बेडौल और सूनी थी और गहिराव पर अन्धियारा था और ईश्वर का आत्मा जल के ऊपर डोलता था॥ —तौरेत उत्पत्ति पुस्तक पर्व १। आय० १।२ ॥

(समीक्षक) आरम्भ किसको कहते हो?

(ईसाई) सृष्टि के प्रथमोत्पत्ति को।

(समीक्षक) क्या यही सृष्टि प्रथम हुई; इसके पूर्व कभी नहीं हुई थी?

(ईसाई) हम नहीं जानते हुई थी वा नहीं; ईश्वर जाने।

(समीक्षक) जब नहीं जानते तो इस पुस्तक पर विश्वास क्यों किया कि जिससे सन्देह का निवारण नहीं हो सकता और इसी के भरोसे लोगों को उपदेश कर इस सन्देह के भरे हुए मत में क्यों फंसाते हो? और निःसन्देह सर्वशङ्कानिवारक वेदमत को स्वीकार क्यों नहीं करते? जब तुम ईश्वर की सृष्टि का हाल नहीं जानते तो ईश्वर को कैसे जानते होगे?

आकाश किसको मानते हो?

(ईसाई) पोल और ऊपर को।

(समीक्षक) पोल की उत्पत्ति किस प्रकार हुई क्योंकि यह विभु पदार्थ और अति सूक्ष्म है और ऊपर नीचे एक सा है। जब आकाश नहीं सृजा था तब पोल और अवकाश था वा नहीं? जो नहीं था तो ईश्वर, जगत् का कारण और जीव कहां रहते थे? विना अवकाश के कोई पदार्थ स्थित नहीं हो सकता इसलिये तुम्हारी बाइबल का कथन युक्त नहीं। ईश्वर बेडौल, उसका ज्ञान कर्म बेडौल होता है वा सब डौल वाला?

(ईसाई) डौल वाला होता है।

(समीक्षक) तो यहां ईश्वर की बनाई पृथिवी बेडौल थी ऐसा क्यों लिखा?

(ईसाई) बेडौल का अर्थ यह है कि ऊंची नीची थी; बराबर नहीं थी।

(समीक्षक) फिर बराबर किसने की? और क्या अब भी ऊंची नीची नहीं है? इसलिये ईश्वर का काम बेडौल नहीं हो सकता क्योंकि वह सर्वज्ञ है, उसके काम में न भूल, न चूक कभी हो सकती है। और बाइबल में ईश्वर की सृष्टि बेडौल लिखी इसलिये यह पुस्तक ईश्वरकृत नहीं हो सकता। प्रथम ईश्वर का आत्मा क्या पदार्थ है?

(ईसाई) चेतन।

(समीक्षक) वह साकार है वा निराकार तथा व्यापक है वा एकदेशी।

(ईसाई) निराकार, चेतन और व्यापक है परन्तु किसी एक सनाई पर्वत, चौथा आसमान आदि स्थानों में विशेष करके रहता है।

(समीक्षक) जो निराकार है तो उसको किसने देखा? और व्यापक का जल पर डोलना कभी नहीं हो सकता। भला! जब ईश्वर का आत्मा जल पर डोलता था तब ईश्वर कहां था? इससे यही सिद्ध होता है कि ईश्वर का शरीर कहीं अन्यत्र स्थित होगा अथवा अपने कुछ आत्मा के एक टुकड़े को जल पर डुलाया होगा। जो ऐसा है तो विभु और सर्वज्ञ कभी नहीं हो सकता। जो विभु नहीं तो जगत् की रचना, धारण, पालन और जीवों के कर्मों की व्यवस्था वा प्रलय कभी नहीं कर सकता क्योंकि जिस पदार्थ का स्वरूप एकदेशी है उसके गुण, कर्म, स्वभाव भी एकदेशी होते हैं, जो ऐसा है तो वह ईश्वर नहीं हो सकता क्योंकि ईश्वर सर्वव्यापक, अनन्त गुण, कर्म, स्वभावयुक्त सच्चिदानन्दस्वरूप, नित्य, शुद्ध, बुद्ध, मुक्तस्वभाव, अनादि, अनन्तादि लक्षणयुक्त वेदों में कहा है। उसी को मानो तभी तुम्हारा कल्याण होगा, अन्यथा नहीं॥ १॥

२—और ईश्वर ने कहा कि उजियाला होवे और उजियाला हो गया॥ और ईश्वर ने उजियाले को देखा कि अच्छा है॥ —तौरेत उत्पत्ति पर्व० १। आ० ३। ४ ॥

(समीक्षक) क्या ईश्वर की बात जड़रूप उजियाले ने सुन ली? जो सुनी हो तो इस समय भी सूर्य्य और दीप अग्नि का प्रकाश हमारी तुम्हारी बात क्यों नहीं सुनता? प्रकाश जड़ होता है वह कभी किसी की बात नहीं सुन सकता। क्या जब ईश्वर ने उजियाले को देखा तभी जाना कि उजियाला अच्छा है? पहले नहीं जानता था? जो जानता होता तो देख कर अच्छा क्यों कहता? जो नहीं जानता था तो वह ईश्वर ही नहीं। इसीलिए तुम्हारी बाइबल ईश्वरोक्त और उसमें कहा हुआ ईश्वर सर्वज्ञ नहीं है॥ २॥

३—और ईश्वर ने कहा कि पानियों के मध्य में आकाश होवे और पानियों को पानियों से विभाग करे॥ तब ईश्वर ने आकाश को बनाया और आकाश के नीचे के पानियों को आकाश के ऊपर के पानियों से विभाग किया और ऐसा हो गया॥ और ईश्वर ने आकाश को स्वर्ग कहा और सांझ और बिहान दूसरा दिन हुआ॥ —तौरेत उत्पत्ति पर्व० १। आ० ६। ७। ८॥

(समीक्षक) क्या आकाश और जल ने भी ईश्वर की बात सुन ली? और जो जल के बीच में आकाश न होता तो जल रहता ही कहां? प्रथम आयत में आकाश को सृजा था पुनः आकाश का बनाना व्यर्थ हुआ। जो आकाश को स्वर्ग कहा तो वह सर्वव्यापक है इसलिये सर्वत्र स्वर्ग हुआ फिर ऊपर को स्वर्ग है यह कहना व्यर्थ है। जब सूर्य्य उत्पन्न ही नहीं हुआ था तो पुनः दिन और रात कहां से हो गई? ऐसी ही असम्भव बातें आगे की आयतों में भरी हैं॥ ३॥

४—तब ईश्वर ने कहा कि हम आदम को अपने स्वरूप में अपने समान बनावें॥ तब ईश्वर ने आदम को अपने स्वरूप में उत्पन्न किया, उसने उसे ईश्वर के स्वरूप में उत्पन्न किया, उसने उन्हें नर और नारी बनाया॥ और ईश्वर ने उन्हें आशीष दिया॥ —तौरेत उत्पत्ति पर्व० १। आ० २६। २७। २८ ॥

(समीक्षक) यदि आदम को ईश्वर ने अपने स्वरूप में बनाया तो ईश्वर का स्वरूप पवित्र ज्ञानस्वरूप, आनन्दमय आदि लक्षणयुक्त है उसके सदृश आदम क्यों नहीं हुआ? जो नहीं हुआ तो उसके स्वरूप में नहीं बना और आदम को उत्पन्न

किया तो ईश्वर ने अपने स्वरूप ही की उत्पत्ति वाला किया पुनः वह अनित्य क्यों नहीं? और आदम को उत्पन्न कहां से किया?

(ईसाई) मट्टी से बनाया।

(समीक्षक) मट्टी कहां से बनाई?

(ईसाई) अपनी कुदरत अर्थात् सामर्थ्य से।

(समीक्षक) ईश्वर का सामर्थ्य अनादि है वा नवीन?

(ईसाई) अनादि है।

(समीक्षक) जब अनादि है तो जगत् का कारण सनातन हुआ। फिर अभाव से भाव क्यों मानते हो?

(ईसाई) सृष्टि के पूर्व ईश्वर के विना कोई वस्तु नहीं था।

(समीक्षक) जो नहीं था तो यह जगत् कहां से बना? और ईश्वर का सामर्थ्य द्रव्य है वा गुण? जो द्रव्य है तो ईश्वर से भिन्न दूसरा पदार्थ था और जो गुण है तो गुण से द्रव्य कभी नहीं बन सकता जैसे रूप से अग्नि और रस से जल नहीं बन सकता। और जो ईश्वर से जगत् बना होता तो ईश्वर के सदृश गुण, कर्म, स्वभाव वाला होता। उसके गुण, कर्म, स्वभाव के सदृश न होने से यही निश्चय है कि ईश्वर से नहीं बना किन्तु जगत् के कारण अर्थात् परमाणु आदि नाम वाले जड़ से बना है। जैसी कि जगत् की उत्पत्ति वेदादि शास्त्रों में लिखी है वैसी ही मान लो जिससे ईश्वर जगत् को बनाता है। जो आदम के भीतर का स्वरूप जीव और बाहर का मनुष्य के सदृश है तो वैसा ईश्वर का स्वरूप क्यों नहीं? क्योंकि जब आदम ईश्वर के सदृश बना तो ईश्वर आदम के सदृश अवश्य होना चाहिये॥४॥

५—तब परमेश्वर ईश्वर ने भूमि की धूल से आदम को बनाया और उसके नथुनों में जीवन का श्वास फूंका और आदम जीवता प्राण हुआ॥ और परमेश्वर ईश्वर ने अदन में पूर्व की ओर एक बारी लगाई और उस आदम को जिसे उसने बनाया था उसमें रक्खा॥ और उस बारी के मध्य में जीवन का पेड़ और भले बुरे के ज्ञान का पेड़ भूमि से उगाया॥ —तौरेत उत्पत्ति पर्व० २। आ० ७। ८। ९ ॥

(समीक्षक) जब ईश्वर ने अदन में बाड़ी बनाकर उसमें आदम को रक्खा तब ईश्वर नहीं जानता था कि इसको पुनः यहाँ से निकालना पड़ेगा? और जब ईश्वर ने आदम को धूली से बनाया तो ईश्वर का स्वरूप नहीं हुआ, और जो है तो ईश्वर भी धूली से बना होगा? जब उसके नथुनों में ईश्वर ने श्वास फूंका तो वह श्वास ईश्वर का स्वरूप था वा भिन्न? जो भिन्न था तो आदम ईश्वर के स्वरूप में नहीं बना। जो एक है तो आदम और ईश्वर एक से हुए। और जो एक से हैं तो आदम के सदृश जन्म, मरण, वृद्धि, क्षय, क्षुधा, तृषा आदि दोष ईश्वर में आये, फिर वह ईश्वर क्योंकर हो सकता है? इसलिए यह तौरेत की बात ठीक नहीं विदित होती और यह पुस्तक भी ईश्वरकृत नहीं है॥ ५॥

६—और परमेश्वर ईश्वर ने आदम को बड़ी नींद में डाला और वह सो गया। तब उसने उसकी पसलियों में से एक पसली निकाली और संति मांस भर दिया॥ और परमेश्वर ईश्वर ने आदम की उस पसली से एक नारी बनाई और उसे आदम के पास लाया। —तौरेत उत्पत्ति पर्व० २॥ आ० २१। २२ ॥

(समीक्षक) जो ईश्वर ने आदम को धूली से बनाया तो उसकी स्त्री को धूली से क्यों नहीं बनाया? और जो नारी को हड्डी से बनाया तो आदम को हड्डी

से क्यों नहीं बनाया? और जैसे नर से निकलने से नारी नाम हुआ तो नारी से नर नाम भी होना चाहिए। और उनमें परस्पर प्रेम भी रहै, जैसे स्त्री के साथ पुरुष प्रेम करै वैसे पुरुष के साथ स्त्री भी प्रेम करे। देखो विद्वान् लोगो! ईश्वर की कैसी पदार्थविद्या अर्थात् 'फिलासफी' चलकती है! जो आदम की एक पसली निकाल कर नारी बनाई तो सब मनुष्यों की एक पसली कम क्यों नहीं होती? और स्त्री के शरीर में एक पसली होनी चाहिये क्योंकि वह एक पसली से बनी है। क्या जिस सामग्री से सब जगत् बनाया उस सामग्री से स्त्री का शरीर नहीं बन सकता था? इसलिए यह बाइबल का सृष्टिक्रम सृष्टिविद्या से विरुद्ध है॥ ६॥

७—अब सर्प्प भूमि के हर एक पशु से जिसे परमेश्वर ईश्वर ने बनाया था; धूर्त था। और उसने स्त्री से कहा, क्या निश्चय ईश्वर ने कहा है कि तुम इस बारी के हर एक पेड़ से फल न खाना॥ और स्त्री ने सर्प्प से कहा कि हम तो इस बारी के पेड़ों का फल खाते हैं॥ परन्तु उस पेड़ का फल जो बारी के बीच में है ईश्वर ने कहा है कि तुम उससे न खाना और न छूना; न हो कि मर जाओ॥ तब सर्प्प ने स्त्री से कहा कि तुम निश्चय न मरोगे॥ क्योंकि ईश्वर जानता है कि जिस दिन तुम उस्से खाओगे तुम्हारी आँखें खुल जायेंगी और तुम भले और बुरे की पहिचान में ईश्वर के समान हो जाओगे॥ और जब स्त्री ने देखा वह पेड़ खाने में सुस्वाद और दृष्टि में सुन्दर और बुद्धि देने के योग्य है तो उसके फल में से लिया और खाया और अपने पति को भी दिया और उसने खाया॥ तब उन दोनों की आखें खुल गईं और वे जान गये कि हम नंगे हैं सो उन्होंने गूलर के पत्तों को मिला के सिया और अपने लिये ओढ़ना बनाया।

तब परमेश्वर ईश्वर ने सर्प्प से कहा कि जो तू ने यह किया है इस कारण तू सारे ढोर और हर एक वन के पशु से अधिक स्रापित होगा। तू अपने पेट के बल चलेगा और अपने जीवन भर धूल खाया करेगा॥ और मैं तुझ में और स्त्री में और तेरे वंश और उसके वंश में वैर डालूंगा॥ वह तेरे सिर को कुचलेगा और तू उसकी एड़ी को काटेगा॥ और उसने स्त्री को कहा कि मैं तेरी पीड़ा और गर्भ-धारण को बहुत बढ़ाऊंगा। तू पीड़ा से बालक जनेगी और तेरी इच्छा तेरे पति पर होगी और वह तुझ पर प्रभुता करेगा॥ और उसने आदम से कहा कि तूने जो अपनी पत्नी का शब्द माना है और जिस पेड़ का फल मैंने तुझे खाने से वर्जा था तूने खाया है। इस कारण भूमि तेरे लिये स्रापित है। अपने जीवन भर तू उस्से पीड़ा के साथ खायेगा॥ और वह कांटे और ऊंटकटारे तेरे लिये उगायेगी और तू खेत का सागपात खायेगा॥

—तौरेत उत्पत्ति० पर्व० ३। आ० १। २। ३। ४। ५। ६। ७। १४। १५। १६। १७। १८॥

(समीक्षक) जो ईसाइयों का ईश्वर सर्वज्ञ होता तो इस धूर्त सर्प्प अर्थात् शैतान को क्यों बनाता? और जो बनाया तो वही ईश्वर अपराध का भागी है क्योंकि जो वह उसको दुष्ट न बनाता तो वह दुष्टता क्यों करता? और वह पूर्व जन्म नहीं मानता तो विना अपराध उसको पापी क्यों बनाया? और सच पूछो तो वह सर्प्प नहीं था किन्तु मनुष्य था। क्योंकि जो मनुष्य न होता तो मनुष्य की भाषा क्योंकर बोल सकता? और जो आप झूठा और दूसरे को झूठ में चलावे उसको शैतान कहना चाहिये सो यहां शैतान सत्यवादी और इससे उसने उस स्त्री को नहीं बहकाया किन्तु सच कहा और ईश्वर ने आदम और हव्वा से झूठ कहा कि इसके खाने

से तुम मर जाओगे। जब वह पेड़ ज्ञानदाता और अमर करने वाला था तो उसके फल खाने से क्यों वर्जा? और जो वर्जा तो वह ईश्वर झूठा और बहकाने वाला ठहरा। क्योंकि उस वृक्ष के फल मनुष्यों को ज्ञान और सुखकारक थे; अज्ञान और मृत्युकारक नहीं। जब ईश्वर ने फल खाने से वर्जा तो उस वृक्ष की उत्पत्ति किसलिये की थी? जो अपने लिए की तो क्या आप अज्ञानी और मृत्युधर्मवाला था? और दूसरों के लिये बनाया तो फल खाने में अपराध कुछ भी न हुआ। और आजकल कोई भी वृक्ष ज्ञानकारक और मृत्युनिवारक देखने में नहीं आता। क्या ईश्वर ने उसका बीज भी नष्ट कर दिया? ऐसी बातों से मनुष्य छली कपटी होता है तो ईश्वर वैसा क्यों नहीं हुआ? क्योंकि जो कोई दूसरे से छल कपट करेगा वह छली कपटी क्यों न होगा? और जो इन तीनों को शाप दिया वह विना अपराध से है। पुनः वह ईश्वर अन्यायकारी भी हुआ और यह शाप ईश्वर को होना चाहिये क्योंकि वह झूठ बोला और उनको बहकाया। यह 'फिलासफ़ी' देखो! क्या विना पीड़ा के गर्भधारण और बालक का जन्म हो सकता था? और विना श्रम के कोई अपनी जीविका कर सकता है? क्या प्रथम कांटे आदि के वृक्ष न थे? और जब शाक पात खाना सब मनुष्यों को ईश्वर के कहने से उचित हुआ तो जो उत्तर में मांस खाना बाइबल में लिखा वह झूठा क्यों नहीं? और जो वह सच्चा हो तो यह झूठा है। जब आदम का कुछ भी अपराध सिद्ध नहीं होता तो ईसाई लोग सब मनुष्यों को आदम के अपराध से सन्तान होने पर अपराधी क्यों कहते हैं? भला ऐसा पुस्तक और ऐसा ईश्वर कभी बुद्धिमानों के मानने योग्य हो सकता है? ॥ ७॥

८—और परमेश्वर ईश्वर ने कहा कि देखो! आदम भले बुरे के जानने में हम में से एक की नाईं हुआ और अब ऐसा न होवे कि वह अपना हाथ डाले और जीवन के पेड़ में से भी लेकर खावे और अमर हो जाय॥ सो उसने आदम को निकाल दिया और अदन की बारी की पूर्व ओर करोबीम ठहराये और चमकते हुए खड्ग को जो चारों ओर घूमता था; जिसते जीवन के पेड़ के मार्ग की रखवाली करें॥

—तौरेत उत्पत्ति पर्व० ३। आ० २२। २४॥

(समीक्षक) भला! ईश्वर को ऐसी ईर्ष्या और भ्रम क्यों हुआ कि ज्ञान में हमारे तुल्य हुआ? क्या यह बुरी बात हुई? यह शंका ही क्यों पड़ी? क्योंकि ईश्वर के तुल्य कभी कोई नहीं हो सकता। परन्तु इस लेख से यह भी सिद्ध हो सकता है कि वह ईश्वर नहीं था किन्तु मनुष्य विशेष था। बाइबल में जहां कहीं ईश्वर की बात आती है वहां मनुष्य के तुल्य ही लिखी आती है। अब देखो! आदम के ज्ञान की बढ़ती में ईश्वर कितना दुःखी हुआ और फिर अमर वृक्ष के फल खाने में कितनी ईर्ष्या की। और प्रथम जब उसको बारी में रक्खा तब उसको भविष्यत् का ज्ञान नहीं था कि इसको पुनः निकालना पड़ेगा, इसलिये ईसाइयों का ईश्वर सर्वज्ञ नहीं था। और चमकते खड्ग का पहिरा रक्खा यह भी मनुष्य का काम है; ईश्वर का नहीं॥ ८॥

९—और कितने दिनों के पीछे यों हुआ कि काइन भूमि के फलों में से परमेश्वर के लिये भेंट लाया॥ और हाबिल भी अपनी झुंड में से पहिलौठी और मोटी-मोटी भेड़ लाया और परमेश्वर ने हाबिल का और उसकी भेंट का आदर किया॥ परन्तु काबिल का और उसकी भेंट का आदर न किया इसलिये काबिल अति कुपित हुआ और अपना मुंह फुलाया॥ तब परमेश्वर ने काबिल से कहा कि

तू क्यों क्रुद्ध है और तेरा मुंह क्यों फूल गया॥

—तौरेत उत्पत्ति पर्व० ४। आ० ३। ४। ५। ६॥

(समीक्षक) यदि ईश्वर मांसाहारी न होता तो भेड़ की भेंट और हाबिल का सत्कार और काइन का तथा उसकी भेंट का तिरस्कार क्यों करता? और ऐसा झगड़ा लगाने और हाबिल के मृत्यु का कारण भी ईश्वर ही हुआ और जैसे आपस में मनुष्य लोग एक दूसरे से बातें करते हैं वैसी ही ईसाइयों के ईश्वर की बातें हैं। बगीचे में आना जाना उसका बनाना भी मनुष्यों का कर्म है। इससे विदित होता है कि यह बाइबल मनुष्यों की बनाई है; ईश्वर की नहीं॥ ९॥

१०—जब परमेश्वर ने काबिल से कहा तेरा भाई हाबिल कहां है और वह बोला मैं नहीं जानता। क्या मैं अपने भाई का रखवाला हूँ। तब उसने कहा तूने क्या किया? तेरे भाई के लोहू का शब्द भूमि से मुझे पुकारता है॥ और अब तू पृथिवी से स्रापित है। —तौरेत उत्पत्ति पर्व० ४। आ० ९। १०। ११॥

(समीक्षक) क्या ईश्वर काइन से पूछे विना हाबिल का हाल नहीं जानता था और लोहू का शब्द भूमि से कभी किसी को पुकार सकता है? ये सब बातें अविद्वानों की हैं, इसीलिये यह पुस्तक न ईश्वर और न विद्वान् का बनाया हो सकता है॥ १०॥

११—और हनूक मतूसिलह की उत्पत्ति के पीछे तीन सौ वर्ष लों ईश्वर के साथ-साथ चलता था॥ —तौरेत उत्पत्ति पर्व० ५। आ० २२॥

(समीक्षक) भला! ईसाइयों का ईश्वर मनुष्य न होता तो हनूक के साथ-साथ क्यों चलता? इससे जो वेदोक्त निराकार व्यापक ईश्वर है उसी को ईसाई लोग मानें तो उनका कल्याण होवे॥ ११॥

१२—और यों हुआ कि जब आदमी पृथिवी पर बढ़ने लगे और उनसे बेटियां उत्पन्न हुईं॥ तो ईश्वर के पुत्रों ने आदम की पुत्रियों को देखा कि वे सुन्दरी हैं और उनमें से जिन्हें उन्होंने चाहा उन्हें व्याहा॥ और उन दिनों में पृथिवी पर दानव थे और उसके पीछे भी जब ईश्वर के पुत्र आदम की पुत्रियों से मिले तो उनसे बालक उत्पन्न हुए जो बलवान् हुए जो आगे से नामी थे॥ और ईश्वर ने देखा कि आदम की दुष्टता पृथिवी पर बहुत हुई और उनके मन की चिन्ता और भावना प्रतिदिन केवल बुरी होती है॥ तब आदमी को पृथिवी पर उत्पन्न करने से परमेश्वर पछताया और उसे अति शोक हुआ॥ तब परमेश्वर ने कहा कि आदमी को जिसे मैंने उत्पन्न किया; आदमी से लेके पशुन लों और रेंगवैयों को और आकाश के पक्षियों को पृथिवी पर से नष्ट करूंगा क्योंकि उन्हें बनाने से मैं पछताता हूँ॥

—तौ० पर्व० ६। आ० १। २। ३। ४। ५। ६॥

(समीक्षक) ईसाइयों से पूछना चाहिये कि ईश्वर के बेटे कौन हैं? और ईश्वर की स्त्री, सास, श्वसुर, साला, और सम्बन्धी कौन हैं? क्योंकि अब तो आदम की बेटियों के साथ विवाह होने से ईश्वर उनका सम्बन्धी हुआ और जो उनसे उत्पन्न होते हैं वे पुत्र और प्रपौत्र हुए। क्या ऐसी बात ईश्वर और ईश्वर के पुस्तक की हो सकती है? किन्तु यह सिद्ध होता है कि उन जंगली मनुष्यों ने यह पुस्तक बनाया है। वह ईश्वर ही नहीं जो सर्वज्ञ न हो; न भविष्यत् की बात जाने; वह जीव है। क्या जब सृष्टि की थी तब आगे मनुष्य दुष्ट होंगे ऐसा नहीं जानता था? और पछताना अति शोकादि होना भूल से काम करके पीछे पश्चात्ताप करना आदि

ईसाइयों के ईश्वर में घट सकता है; वेदोक्त ईश्वर में नहीं। और इससे यह भी सिद्ध हो सकता है कि ईसाइयों का ईश्वर पूर्ण विद्वान् योगी भी नहीं था, नहीं तो शान्ति और विज्ञान से अति शोकादि से पृथक् हो सकता था। भला पशु पक्षी भी दुष्ट हो गये! यदि वह ईश्वर सर्वज्ञ होता तो ऐसा विषादी क्यों होता? इसलिये न यह ईश्वर और न यह ईश्वरकृत पुस्तक हो सकता है। जैसे वेदोक्त परमेश्वर सब पाप, क्लेश, दुःख, शोकादि से रहित 'सच्चिदानन्दस्वरूप' है उसको ईसाई लोग मानते वा अब भी मानें तो अपने मनुष्यजन्म को सफल कर सकें॥ १२॥

१३—उस नाव की लम्बाई तीन सौ हाथ और चौड़ाई पचास हाथ और ऊँचाई तीस हाथ की होवे॥ तू नाव में जाना तू और तेरे बेटे और तेरी पत्नी और तेरे बेटों की पत्नियां तेरे साथ॥ और सारे शरीरों में से जीवता जन्तु दो-दो अपने साथ नाव में लेना जिसतें वे तेरे साथ जीते रहें वे नर और नारी होवें॥ पंछी में से उसके भांति-भांति के और ढोर में से उसके भांति-भांति के और पृथिवी के हर एक रेंगवैये में से भाँति-भाँति के हर एक में से दो-दो तुझ पास आवें जिसते जीते रहें॥ और तू अपने लिये खाने को सब सामग्री अपने पास इकट्ठा कर वह तुम्हारे और उनके लिये भोजन होगा॥ सो ईश्वर की सारी आज्ञा के समान नूह ने किया॥

—तौरेत उत्पत्ति पर्व० ६। आ० १५। १८। १९। २०। २१। २२॥

(समीक्षक) भला कोई भी विद्वान् ऐसी विद्या से विरुद्ध असम्भव बात के वक्ता को ईश्वर मान सकता है? क्योंकि इतनी बड़ी चौड़ी ऊंची नाव में हाथी, हथनी, ऊंट, ऊंटनी आदि क्रोड़ों जन्तु और उनके खाने पीने की चीजें वे सब कुटुम्ब के भी समा सकते हैं? यह इसीलिये मनुष्यकृत पुस्तक है। जिसने यह लेख किया है वह विद्वान् भी नहीं था॥ १३॥

१४—और नूह ने परमेश्वर के लिए एक वेदी बनाई और सारे पवित्र पशु और हर एक पवित्र पंछियों में से लिये और होम की भेंट उस वेदी पर चढ़ाई॥ और परमेश्वर ने सुगन्ध सूंघा और परमेश्वर ने अपने मन में कहा कि आदमी के लिये मैं पृथिवी को फिर कभी स्राप न दूँगा इस कारण कि आदमी के मन की भावना उसकी लड़काई से बुरी है और जिस रीति से मैंने सारे जीवधारियों को मारा फिर कभी न मारूंगा॥

—तौरेत उत्पत्ति पर्व० ८। आ० २०। २१॥

(समीक्षक) वेदी के बनाने, होम करने के लेख से यही सिद्ध होता है कि ये बातें वेदों से बाइबल में गई हैं। क्या परमेश्वर के नाक भी है कि जिससे सुगन्ध सूँघा? क्या यह ईसाइयों का ईश्वर मनुष्यवत् अल्पज्ञ नहीं है कि कभी स्राप देता है और कभी पछताता है। कभी कहता है स्राप न दूंगा। पहले दिया था और फिर भी देगा। प्रथम सब को मार डाला और अब कहता है कि कभी न मारूंगा!!! ये बातें सब लड़केपन की हैं, ईश्वर की नहीं, और न किसी विद्वान् की क्योंकि विद्वान् की भी बात और प्रतिज्ञा स्थिर होती है॥ १४॥

१५—और ईश्वर ने नूह को और उसके बेटों को आशीष दिया और उन्हें कहा कि हर एक जीता चलता जन्तु तुम्हारे भोजन के लिये होगा॥ मैंने हरी तरकारी के समान सारी वस्तु तुम्हें दिईं केवल मांस उनके जीव अर्थात् उसके लोहू समेत मत खाना॥

—तौरेत उत्पत्ति पर्व० ९। आ० १। २। ३। ४॥

(समीक्षक) क्या एक को प्राणकष्ट देकर दूसरों को आनन्द कराने से दयाहीन ईसाइयों का ईश्वर नहीं है? जो माता पिता एक लड़के को मरवा कर

दूसरे को खिलावें तो महापापी नहीं हों? इसी प्रकार यह बात है क्योंकि ईश्वर के लिये सब प्राणी पुत्रवत् हैं। ऐसा न होने से इनका ईश्वर कसाईवत् काम करता है और सब मनुष्यों को हिंसक भी इसी ने बनाये हैं। इसलिये ईसाइयों का ईश्वर निर्दय होने से पापी क्यों नहीं॥ १५॥

१६—और सारी पृथिवी पर एक ही बोली और एक ही भाषा थी॥ फिर उन्होंने कहा कि आओ हम एक नगर और एक गुम्मट जिसकी चोटी स्वर्ग लों पहुंचे अपने लिए बनावें और अपना नाम करें। न हो कि हम सारी पृथिवी पर छिन्न-भिन्न हो जायें॥ तब परमेश्वर उस नगर और उस गुम्मट को जिसे आदम के सन्तान बनाते थे; देखने को उतरा॥ तब परमेश्वर ने कहा कि देखो! ये लोग एक ही हैं और उन सब की एक ही बोली है। अब वे ऐसा-ऐसा कुछ करने लगे सो वे जिस पर मन लगावेंगे उससे अलग न किये जायेंगे॥ आओ हम उतरें और वहां उनकी भाषा को गड़बड़ावें जिसते एक दूसरे की बोली न समझें॥ तब परमेश्वर ने उन्हें वहां से सारी पृथिवी पर छिन्न-भिन्न किया और वे उस नगर के बनाने से अलग रहे॥ —तौ० उ० पर्व० ११। आ० १। ४। ५। ६। ७। ८॥

(समीक्षक) जब सारी पृथिवी पर एक भाषा और बोली होगी उस समय सब मनुष्यों को परस्पर अत्यन्त आनन्द प्राप्त हुआ होगा परन्तु क्या किया जाय, यह ईसाइयों के ईर्ष्यक ईश्वर ने सबकी भाषा गड़बड़ा के सब का सत्यानाश किया। उसने यह बड़ा अपराध किया। क्या यह शैतान के काम से भी बुरा काम नहीं है? और इससे यह भी विदित होता है कि ईसाइयों का ईश्वर सनाई पहाड़ आदि पर रहता था और जीवों की उन्नति भी नहीं चाहता था। यह विना एक अविद्वान् के ईश्वर की बात और यह ईश्वरोक्त पुस्तक क्यों कर हो सकता है?॥ १६॥

१७—तब उसने अपनी पत्नी सरी से कहा कि देख मैं जानता हूं तू देखने में सुन्दर स्त्री है॥ इसलिये यों होगा कि जब मिस्री तुझे देखें तब वे कहेंगे कि यह उसकी पत्नी है और मुझे मार डालेंगे परन्तु तुझे जीती रखेंगे॥ तू कहियो कि मैं उसकी बहिन हूं जिसते तेरे कारण मेरा भला होय और मेरा प्राण तेरे हेतु से जीता रहै॥ —तौ० उ० पर्व० १२। आ० ११। १२। १३॥

(समीक्षक) अब देखिये! जो अबिरहाम बड़ा पैगम्बर ईसाई और मुसलमानों का बजता है और उसके कर्म मिथ्याभाषणादि बुरे हैं भला! जिनके ऐसे पैगम्बर हों उनको विद्या वा कल्याण का मार्ग कैसे मिल सके?॥ १७॥

१८—और ईश्वर ने अब्राहम से कहा—तू और तेरे पीछे तेरा वंश उनकी पीढ़ियों में मेरे नियम को माने॥ तुम मेरा नियम जो मुझ से और तुम से और तेरे पीछे तेरे वंश से है जिसे तुम मानोगे सो यह है कि तुम में से हर एक पुरुष का खतनः किया जाय॥ और तुम अपने शरीर की खलड़ी काटो और वह मेरे और तुम्हारे मध्य में नियम का चिह्न होगा। और तुम्हारी पीढ़ियों में हर एक आठ दिन के पुरुष का खतनः किया जाय। जो घर में उत्पन्न होय अथवा जो किसी परदेशी से; जो तेरे वंश का न हो; रूपे से मोल लिया जाय॥ जो तेरे घर में उत्पन्न हुआ हो और तेरे रूपे से मोल लिया गया हो; अवश्य उसका खतनः किया जाय और मेरा नियम तुम्हारे मांस में सर्वदा नियम के लिये होगा॥ और जो अखतनः बालक जिसकी खलड़ी का खतनः न हुआ हो सो प्राणी अपने लोग से कट जाय कि उसने मेरा नियम तोड़ा है॥ —तौ० उ० पर्व० १७। आ० ९। १०। ११। १२। १३। १४॥

(समीक्षक) अब देखिये ईश्वर की अन्यथा आज्ञा। कि जो यह खतनः करना ईश्वर को इष्ट होता तो उस चमड़े को आदि सृष्टि में बनाता ही नहीं और जो यह बनाया गया है वह रक्षार्थ है; जैसा आंख के ऊपर का चमड़ा। क्योंकि वह गुप्तस्थान अति कोमल है। जो उस पर चमड़ा न हो तो एक कीड़ी के भी काटने और थोड़ी सी चोट लगने से बहुत सा दुःख होवे और यह लघुशंका के पश्चात् कुछ मूत्रांश कपड़ों में न लगे इत्यादि बातों के लिये है। इसका काटना बुरा है और अब ईसाई लोग इस आज्ञा को क्यों नहीं करते? यह आज्ञा सदा के लिये है। इसके न करने से ईसा की गवाही जो कि व्यवस्था के पुस्तक का एक विन्दु भी झूठा नहीं है; मिथ्या हो गई। इसका सोच विचार ईसाई कुछ भी नहीं करते॥ १८॥

१९—तब उस से बात करने से रह गया और अबिरहाम के पास से ईश्वर ऊपर जाता रहा॥ —तौ० उ० पर्व० १७। आ० २२॥

(समीक्षक) इससे यह सिद्ध होता है कि ईश्वर मनुष्य वा पक्षिवत् था जो ऊपर से नीचे और नीचे से ऊपर आता जाता रहता था। यह कोई इन्द्रजाली पुरुषवत् विदित होता है॥ १९॥

२०—फिर ईश्वर उसे ममरे के बलूतों में दिखाई दिया और वह दिन को घाम के समय में अपने तम्बू के द्वार पर बैठा था॥ और उसने अपनी आंखें उठाईं और क्या देखा कि तीन मनुष्य उसके पास खड़े हैं और उन्हें देख के वह तम्बू के द्वार पर से उनकी भेंट को दौड़ा और भूमि लों दण्डवत् किई॥ और कहा हे मेरे स्वामी! यदि मैंने अब आप की दृष्टि में अनुग्रह पाया है तो मैं आपकी विनती करता हूं कि अपने दास के पास से चले न जाइये॥ इच्छा होय तो थोड़ा जल लाया जाय और अपने चरण धोइये और पेड़ तले विश्राम कीजिये॥ और मैं एक कौर रोटी लाऊं और आप तृप्त हूजिये। उसके पीछे आगे बढ़िये। क्योंकि आप इसीलिये दास के पास आये हैं॥ तब वे बोले कि जैसा तू ने कहा तैसा कर॥ और अबिरहाम तम्बू में सरः पास उतावली से गया और उसे कहा कि फुरती कर और तीन नपुआ चोखा पिसान ले के गूँध और उसके फुलके पका॥ और अबिरहाम झुंड की ओर दौड़ा गया और एक अच्छा कोमल बछड़ा ले के दास को दिया। उसने भी उसे सिद्ध करने में चटक किया॥ और उसने मक्खन और दूध और वह बछड़ा जो पकाया था; लिया और उनके आगे धरा और आप उनके पास पेड़ तले खड़ा रहा और उन्होंने खाया॥ —तौ० पर्व० १८। आ० १। २। ३। ४। ५। ६। ७। ८॥

(समीक्षक) अब देखिये सज्जन लोगो! जिनका ईश्वर बछड़े का मांस खावे उसके उपासक गाय, बछड़े आदि पशुओं को क्यों छोड़ें? जिसको कुछ दया नहीं और मांस के खाने में आतुर रहे वह विना हिंसक मनुष्य के ईश्वर कभी हो सकता है? और ईश्वर के साथ दो मनुष्य न जाने कौन थे? इससे विदित होता है कि जंगली मनुष्यों की एक मण्डली थी। उनका जो प्रधान मनुष्य था। उसका नाम बाइबल में ईश्वर रक्खा होगा। इन्हीं बातों से बुद्धिमान् लोग इनके पुस्तक को ईश्वरकृत नहीं मान सकते और न ऐसे को ईश्वर समझते हैं॥ २०॥

२१—और परमेश्वर ने अबिहराम से कहा कि सरः क्यों यह कहके मुसकुराई कि जो मैं बुढ़िया हूं सचमुच बालक जनूँगी॥ क्या परमेश्वर के लिये कोई बात असाध्य है॥ —तौ० पर्व० १८। आ० १३। १४॥

(समीक्षक) अब देखिये कि क्या-क्या ईसाइयों के ईश्वर की लीला! कि जो लड़के वा स्त्रियों के समान चिढ़ता और ताना मारता है!!! ॥२१॥

२२—तब परमेश्वर ने समूद और अमूरः पर गन्धक और आग परमेश्वर की ओर से स्वर्ग से वर्षाया॥ और उन नगरों को और सारे चौगान को और नगरों के सारे निवासियों को और जो कुछ भूमि पर उगता था; उलट दिया॥

—तौ० उत्प० पर्व० १९। आ० २४। २५॥

(समीक्षक) अब यह भी लीला बाइबल के ईश्वर की देखिये कि जिसको बालक आदि पर भी कुछ दया न आई! क्या वे सब ही अपराधी थे जो सब को भूमि उलटा के दबा मारा? यह बात न्याय, दया और विवेक से विरुद्ध है। जिनका ईश्वर ऐसा काम करे उनके उपासक क्यों न करें? ॥ २२॥

२३—आओ हम अपने पिता को दाख रस पिलावें और हम उसके साथ शयन करें कि हम अपने पिता से वंश जुगावें॥ तब उन्होंने उस रात अपने पिता को दाख रस पिलाया और पहिलोठी गई और अपने पिता के साथ शयन किया॥ हम उसे आज रात भी दाख रस पिलावें तू जाके शयन कर॥ सो लूत की दोनों बेटियां अपने पिता से गर्भिणी हुईं॥ —तौ० उत्प० पर्व० १९। आ० ३२। ३३। ३४। ३६॥

(समीक्षक) देखिये पिता पुत्री भी जिस मद्यपान के नशे में कुकर्म करने से न बच सके ऐसे दुष्ट मद्य को जो ईसाई आदि पीते हैं उनकी बुराई का क्या पारावार है? इसलिये सज्जन लोगों को मद्य के पीने का नाम भी न लेना चाहिये॥२३॥

२४—और अपने कहने के समान परमेश्वर ने सरः से भेंट किया और अपने वचन के समान परमेश्वर ने सरः के विषय में किया॥ और सरः गर्भिणी हुई॥

—तौ० उत्प० पर्व० २१। आ० १। २॥

(समीक्षक) अब विचारिये कि सरः से भेंट कर गर्भवती की यह काम कैसे हुआ! क्या विना परमेश्वर और सरः के तीसरा कोई गर्भस्थापन का कारण दीखता है? ऐसा विदित होता है कि सरः परमेश्वर की कृपा से गर्भवती हुई!!!॥ २४॥

२५—तब अबिहराम ने बड़े तड़के उठ के रोटी और एक पखाल में जल लिया और हाजिरः के कन्धे पर धर दिया और लड़के को भी उसे सौंप के उसे विदा किया॥ उसने उस लड़के को एक झाड़ी के तले डाल दिया॥ और वह उसके सम्मुख बैठ के चिल्ला-चिल्ला रोई॥ तब ईश्वर ने उस बालक का शब्द सुना॥

—तौ० उत्प० पर्व० २१। आ० १४। १५। १६। १७॥

(समीक्षक) अब देखिये! ईसाइयों के ईश्वर की लीला कि प्रथम तो सरः का पक्षपात करके हाजिरः को वहां से निकलवा दी और चिल्ला-चिल्ला रोई हाजिरः और शब्द सुना लड़के का। यह कैसी अद्भुत बात है? यह ऐसा हुआ होगा कि ईश्वर को भ्रम हुआ होगा कि यह बालक ही रोता है। भला यह ईश्वर और ईश्वर की पुस्तक की बात कभी हो सकती है? विना साधारण मनुष्य के वचन के इस पुस्तक में थोड़ी सी बात सत्य के सब असार भरा है॥ २५॥

२६—और इन बातों के पीछे यों हुआ कि ईश्वर ने अबिरहाम की परीक्षा किई, और उसे कहा हे अबिरहाम! तू अपने बेटे का अपने इकलौते इजहाक को जिसे तू प्यार करता है; ले। उसे होम की भेंट के लिए चढ़ा॥ और अपने बेटे इजहाक को बांध के उस वेदी में लकड़ियों पर धरा॥ और अबिरहाम ने छुरी लेके अपने

बेटे का घात करने के लिये हाथ बढ़ाया॥ तब परमेश्वर के दूत ने स्वर्ग पर से उसे पुकारा कि अबिरहाम अबिरहाम॥ अपना हाथ लड़के पर मत बढ़ा, उसे कुछ मत कर, क्योंकि अब मैं जानता हूं कि तू ईश्वर से डरता है॥

—तौ० उत्प० पर्व० २२। आ० १। २। ९। १०। ११। १२॥

(समीक्षक) अब स्पष्ट हो गया कि यह बाइबल का ईश्वर अल्पज्ञ है सर्वज्ञ नहीं। और अबिरहाम भी एक भोला मनुष्य था, नहीं तो ऐसी चेष्टा क्यों करता? और जो बाइबल का ईश्वर सर्वज्ञ होता तो उसकी भविष्यत् श्रद्धा को भी सर्वज्ञता से जान लेता। इससे निश्चित होता है कि ईसाइयों का ईश्वर सर्वज्ञ नहीं॥२६॥

२७—सो आप हमारी समाधिन में से चुन के एक में अपने मृतक को गाड़िये जिस तें आप अपने मृतक को गाड़ें। —तौ० उत्प० पर्व० २३। आ० ६॥

(समीक्षक) मुर्दों के गाड़ने से संसार को बड़ी हानि होती है क्योंकि वह सड़ के वायु को दुर्गन्धमय कर रोग फैला देता है।

(प्रश्न) देखो! जिससे प्रीति हो उसको जलाना अच्छी बात नहीं और गाड़ना जैसा कि उसको सुला देना है इसलिए गाड़ना अच्छा है।

(उत्तर) जो मृतक से प्रीति करते हो तो अपने घर में क्यों नहीं रखते? और गाड़ते भी क्यों हो? जिस जीवात्मा से प्रीति थी वह निकल गया, अब दुर्गन्धमय मट्टी से क्या प्रीति? और जो प्रीति करते हो तो उसको पृथिवी में क्यों गाड़ते हो क्योंकि किसी से कोई कहे कि तुझ को भूमि में गाड़ देवें तो वह सुन कर प्रसन्न कभी नहीं होता। उसके मुख आंख और शरीर पर धूल, पत्थर, ईंट, चूना डालना, छाती पर पत्थर रखना कौन सा प्रीति का काम है? और सन्दूक में डाल के गाड़ने से बहुत दुर्गन्ध होकर पृथिवी से निकल वायु को बिगाड़ कर दारुण रोगोत्पत्ति करता है। दूसरा एक मुर्दे के लिए कम से कम ६ हाथ लम्बी और ४ हाथ चौड़ी भूमि चाहिए। इसी हिसाब से सौ, हजार वा लाख अथवा क्रोड़ों मनुष्यों के लिए कितनी भूमि व्यर्थ रुक जाती है। न वह खेत, न बगीचा, और न वसने के काम की रहती है। इसलिये सब से बुरा गाड़ना है, उससे कुछ थोड़ा बुरा जल में डालना, क्योंकि उसको जलजन्तु उसी समय चीर फाड़ के खा लेते हैं परन्तु जो कुछ हाड़ वा मल जल में रहेगा वह सड़ कर जगत् को दुःखदायक होगा। उससे कुछ एक थोड़ा बुरा जंगल में छोड़ना है क्योंकि उसको मांसाहारी पशु पक्षी लूंच खायेंगे तथापि जो उसके हाड़, हाड़ की मज्जा और मल सड़ कर जितना दुर्गन्ध करेगा उतना जगत् का अनुपकार होगा; और जो जलाना है वह सर्वोत्तम है क्योंकि उसके सब पदार्थ अणु होकर वायु में उड़ जायेंगे।

(प्रश्न) जलाने से भी दुर्गन्ध होता है।

(उत्तर) जो अविधि से जलावे तो थोड़ा सा होता है परन्तु गाड़ने आदि से बहुत कम होता है। और जो विधिपूर्वक जैसा कि वेद में लिखा है—वेदी मुर्दे के तीन हाथ गहिरी, साढ़े तीन हाथ चौड़ी, पांच हाथ लम्बी, तले में डेढ़ हाथ बीता अर्थात् चढ़ा उतार खोद कर शरीर के बराबर घी उसमें एक सेर में रत्ती भर कस्तूरी, मासा भर केशर डाल न्यून से न्यून आध मन चन्दन अधिक चाहें जितना ले, अगर-तगर कपूर आदि और पलाश आदि की लकड़ियों को वेदी में जमा, उस पर मुर्दा रख के पुनः चारों ओर ऊपर वेदी के मुख से एक-एक बीता तक भर के उस घी की आहुति देकर जलाना लिखा है। उस प्रकार से दाह करें तो कुछ

भी दुर्गन्ध न हो किन्तु इसी का नाम अन्त्येष्टि, नरमेध, पुरुषमेध यज्ञ है। और जो दरिद्र हो तो बीस सेर से कम घी चिता में न डालें, चाहे वह भीख मांगने वा जाति वाले के देने अथवा राज से मिलने से प्राप्त हो परन्तु उसी प्रकार दाह करे। और जो घृतादि किसी प्रकार न मिल सके तथापि गाड़ने आदि से केवल लकड़ी से भी मृतक का जलाना उत्तम है क्योंकि एक विश्वा भर भूमि में अथवा एक वेदी में लाखों क्रोड़ों मृतक जल सकते हैं। भूमि भी गाड़ने के समान अधिक नहीं बिगड़ती और कबर के देखने से भय भी होता है। इससे गाड़ना आदि सर्वथा निषिद्ध है ॥२७॥

२८—परमेश्वर मेरे स्वामी अबिरहाम का ईश्वर धन्य है जिसने मेरे स्वामी को अपनी दया और अपनी सच्चाई विना न छोड़ा। मार्ग में परमेश्वर ने मेरे स्वामी के भाइयों के घर की ओर मेरी अगुआई किई॥ —तौ० उत्प० पर्व० २४। आ० २७॥

(समीक्षक) क्या वह अबिरहाम ही का ईश्वर था? और जैसे आजकल बिगारी वा अगवे लोग अगुआई अर्थात् आगे-आगे चलकर मार्ग दिखलाते हैं तथा ईश्वर ने भी किया तो आजकल मार्ग क्यों नहीं दिखलाता? और मनुष्यों से बातें क्यों नहीं करता? इसलिए ऐसी बातें ईश्वर वा ईश्वर के पुस्तक की कभी नहीं हो सकतीं किन्तु जंगली मनुष्य की हैं॥ २८॥

२९—इसमअऐल के बेटों के नाम ये हैं-इसमअऐल का पहिलौठा नबीत और कीदार और अदबिएल और मिबसाम॥ और मिसमाअ और दूमः और मस्सा॥ हदर और तैमा इतूर, नफीस और किदिमः॥

—तौ० उत्प० पर्व० २५। आ० १३। १४। १५॥

(समीक्षक) यह इसमअऐल अबिरहाम से उसकी हाजिरः दासी का पुत्र हुआ था॥ २९॥

३०—मैं तेरे पिता की रुचि के समान स्वादित भोजन बनाऊंगी॥ और तू अपने पिता के पास ले जाइयो जिसतें वह खाय और अपने मरने से आगे तुझे आशीष देवे॥ और रिबकः ने घर में से अपने जेठे बेटे एसौ का अच्छा पहिरावा लिया॥ और बकरी के मेम्नों का चमड़ा उसके हाथों और गले की चिकनाई पर लपेटा॥ तब यअकूब अपने पिता से बोला कि मैं आपका पहिलौठा एसौ हूं। आपके कहने के समान मैंने किया है, उठ बैठिये और मेरे अहेर के मांस में से खाइये जिसतें आप का प्राण मुझे आशीष दे॥ —तौ० उत्प० पर्व० २७। आ० ९। १०। १५। १६। १९॥

(समीक्षक) देखिये! ऐसे झूठ कपट से आशीर्वाद ले के पश्चात् सिद्ध और पैगम्बर बनते हैं क्या यह आश्चर्य की बात नहीं है? और ऐसे ईसाइयों के अगुआ हुए हैं पुनः इनके मत की गड़बड़ में क्या न्यूनता हो? ॥ ३०॥

३१—और यअकूब बिहान को तड़के उठा और उस पत्थर को जिसे उसने अपना तकिया किया था खम्भा खड़ा किया और उस पर तेल डाला॥ और उस स्थान का नाम बैतएल रक्खा॥ और यह पत्थर जो मैंने खम्भा खड़ा किया ईश्वर का घर होगा॥ —तौ० उत्प० पर्व० २८। आ० १८। १९। २२॥

(समीक्षक) अब देखिये जंगलियों के काम। इन्होंने पत्थर पूजे और पुजवाये और इसको मुसलमान लोग 'बैतएलमुकद्दस' कहते हैं। क्या यही पत्थर ईश्वर का घर और उसी पत्थरमात्र में ईश्वर रहता था? वाह-वाह जी! क्या कहना है ईसाई लोगो! महाबुत्परस्त तो तुम्हीं हो॥ ३१॥

३२—और ईश्वर ने राहेल को स्मरण किया और ईश्वर ने उसकी सुनी

और उसकी कोख को खोला॥ और वह गर्भिणी हुई और बेटा जनी और बोली कि ईश्वर ने मेरी निन्दा दूर किई॥ —तौ० उत्प० पर्व० ३०। आ० २२। २३॥

(समीक्षक) वाह ईसाइयों के ईश्वर! क्या बड़ा डाक्तर है! स्त्रियों की कोख खोलने को कौन से शस्त्र वा औषध थे जिनसे खोली, ये सब बातें अन्धाधुन्ध की हैं॥ ३२॥

३३—परन्तु ईश्वर अरामी लावन कने स्वप्न में रात को आया और उसे कहा कि चौकस रह तू यअकूब को भला बुरा मत कहना॥ क्योंकि तू अपने पिता के घर का निपट अभिलाषी है तूने किसलिये मेरे देवों को चुराया है॥

—तौ० उत्प० पर्व० ३१। आ० २४। ३०॥

(समीक्षक) यह हम नमूना लिखते हैं, हजारों मनुष्यों को स्वप्न में आया, बातें किईं, जागृत साक्षात् मिला, खाया, पिया, आया, गया आदि बाइबल में लिखा है परन्तु अब न जाने वह है वा नहीं? क्योंकि अब किसी को स्वप्न वा जागृत में भी ईश्वर नहीं मिलता और यह भी विदित हुआ कि ये जंगली लोग पाषाणादि मूर्तियों को देव मानकर पूजते थे परन्तु ईसाइयों का ईश्वर भी पत्थर ही को देव मानता है, नहीं तो देवों का चुराना कैसे घटे?॥ ३३॥

३४—और यअकूब अपने मार्ग चला गया और ईश्वर के दूत उसे आ मिले॥ और यअकूब ने उन्हें देख के कहा कि यह ईश्वर की सेना है॥

—तौ०उत्प० पर्व० ३२। आ० १। २॥

(समीक्षक) अब ईसाइयों का ईश्वर मनुष्य होने में कुछ भी सन्दिग्ध नहीं रहा, क्योंकि सेना भी रखता है। जब सेना हुई तब शस्त्र भी होंगे और जहाँ तहाँ चढ़ाई करके लड़ाई भी करता होगा, नहीं तो सेना रखने का क्या प्रयोजन है?॥३४॥

३५—और यअकूब अकेला रह गया और वहां पौ फटे लों एक जन उससे मल्लयुद्ध करता रहा। और जब उसने देखा कि वह उस पर प्रबल न हुआ तो उसकी जांघ को भीतर से छूआ। तब यअकूब के जांघ की नस उसके संग मल्लयुद्ध करने में चढ़ गई॥ तब वह बोला कि मुझे जाने दे क्योंकि पौ फटती है और वह बोला मैं तुझे जाने न देऊंगा जब लों तू मुझे आशीष न देवे॥ तब उसने उससे कहा कि तेरा नाम क्या ? और वह बोला कि यअकूब॥ तब उसने कहा कि तेरा नाम आगे को यअकूब न होगा परन्तु इसराएल, क्योंकि तूने ईश्वर के आगे और मनुष्यों के आगे राजा की नाईं मल्लयुद्ध किया और जीता॥ तब यअकूब ने यह कहिके उससे पूछा कि अपना नाम बताइये और वह बोला कि तू मेरा नाम क्यों पूछता है और उसने उसे वहां आशीष दिया॥ और यअकूब ने उस स्थान का नाम फनूएल रक्खा क्योंकि मैंने ईश्वर को प्रत्यक्ष देखा और मेरा प्राण बचा है॥ और जब वह फनूएल से पार चला तो सूर्य की ज्योति उस पर पड़ी और वह अपनी जाँघ से लँगड़ाता था॥ इसलिये इसरायल के वंश उस जांघ की नस को जो चढ़ गई थी आज लों नहीं खाते क्योंकि उसने यअकूब के जांघ की नस को जो चढ़ गई थी; छूआ था॥

—तौ० उत्प० पर्व० ३२। आ० २४। २५। २६। २७। २८। २९। ३०। ३१। ३२॥

(समीक्षक) जब ईसाइयों का ईश्वर अखाड़मल्ल है तभी तो सरः और राखल पर पुत्र होने की कृपा की। भला यह कभी ईश्वर हो सकता है? अब देखो लीला! कि एक जना नाम पूछे तो दूसरा अपना नाम ही न बतावे? और ईश्वर ने उसकी नाड़ी को चढ़ा तो दी और जीत गया परन्तु जो डाक्टर होता तो जांघ

की नाड़ी को अच्छी भी करता। और ऐसे ईश्वर की भक्ति से जैसा कि यअकूब लंगड़ाता रहा तो अन्य भक्त भी लंगड़ाते होंगे। जब ईश्वर को प्रत्यक्ष देखा और मल्लयुद्ध किया यह बात विना शरीर वाले के कैसे हो सकती है? यह केवल लड़कपन की लीला है॥ ३५॥

३६—ईश्वर का मुंह देखा॥ —तौ०उत्प० पर्व० ३३। आ० १०॥

(समीक्षक) जब ईश्वर के मुंह है और भी सब अवयव होंगे और वह जन्म मरण वाला भी होगा॥ ३६॥

३७—और यहूदाह का पहिलौठा एर परमेश्वर की दृष्टि में दुष्ट था सो परमेश्वर ने उसे मार डाला। तब यहूदाह ने ओनान को कहा कि अपने भाई की पत्नी पास जा और उससे ब्याह कर अपने भाई के लिए वंश चला॥ और ओनान ने जाना कि यह वंश मेरा न होगा और यों हुआ कि जब वह अपने भाई की पत्नी पास गया तो वीर्य्य को भूमि पर गिरा दिया॥ और उसका वह कार्य्य परमेश्वर की दृष्टि में बुरा था इसलिये उसने उसे भी मार डाला॥

—तौ०उत्प० पर्व० ३८। आ० ७। ८। ९। १०॥

(समीक्षक) अब देख लीजिये! ये मनुष्यों के काम हैं कि ईश्वर के? जब उसके साथ नियोग हुआ तो उसको क्यों मार डाला? उसकी बुद्धि शुद्ध क्यों न कर दी? और वेदोक्त नियोग भी प्रथम सर्वत्र चलता था। यह निश्चय हुआ कि नियोग की बातें सब देशों में चलती थीं॥ ३७॥

तौरेत यात्रा की पुस्तक

३८—जब मूसा सयाना हुआ और अपने भाइयों में से एक इबरानी को देखा कि मिस्त्री उसे मार रहा है॥ तब उसने इधर-उधर दृष्टि किई देखा कि कोई नहीं तब उसने उस मिस्त्री को मार डाला और बालू में उसे छिपा दिया॥ जब वह दूसरे दिन बाहर गया तो देखा, दो इबरानी आपस में झगड़ रहे हैं तब उसने उस अंधेरी को कहा कि तू अपने परोसी को क्यों मारता है॥ तब उसने कहा कि किसने तुझे हम पर अध्यक्ष अथवा न्यायी ठहराया, क्या तू चाहता है कि जिस रीति से मिस्त्री को मार डाला मुझे भी मार डाले॥ तब मूसा डरा और भाग निकला॥

—तौ० या० प० २। आ० ११। १२। १३। १४। १५॥

(समीक्षक) अब देखिये! जो बाइबल का मुख्य सिद्धकर्त्ता मत का आचार्य मूसा कि जिसका चरित्र क्रोधादि दुर्गुणों से युक्त, मनुष्य की हत्या करने वाला और चोरवत् राजदण्ड से बचनेहारा अर्थात् जब बात को छिपाता था तो झूठ बोलने वाला भी अवश्य होगा, ऐसे को भी जो ईश्वर मिला वह पैगम्बर बना उसने यहूदी आदि का मत चलाया वह भी मूसा ही के सदृश हुआ। इसलिये ईसाइयों के जो मूल पुरुषा हुए हैं वे सब मूसा से आदि लेकर के जंगली अवस्था में थे, विद्यावस्था में नहीं, इत्यादि॥ ३८॥

३९—जब परमेश्वर ने देखा कि वह देखने को एक अलंग फिरा तो ईश्वर ने झाड़ी के मध्य में से उसे पुकार के कहा कि हे मूसा हे मूसा! तब वह बोला मैं यहां हूं॥ तब उसने कहा कि इधर पास मत आ, अपने पाओं से जूता उतार, क्योंकि यह स्थान जिस पर तू खड़ा है; पवित्र भूमि है।

—तौ० या० पु० प० ३। आ० ४। ५॥

(समीक्षक) देखिये! ऐसे मनुष्य जो कि मनुष्य को मार के बालू में गाड़ने वाले से इनके ईश्वर की मित्रता और उसको पैगम्बर मानते हैं। और देखो जब तुम्हारे ईश्वर ने मूसा से कहा कि पवित्र स्थान में जूती न ले जानी चाहिए। तुम ईसाई इस आज्ञा के विरुद्ध क्यों चलते हो?॥

(प्रश्न) हम जूती के स्थान में टोपी उतार लेते हैं।

(उत्तर) यह दूसरा अपराध तुमने किया क्योंकि टोपी उतारना न ईश्वर ने कहा न तुम्हारे पुस्तक में लिखा है। और उतारने योग्य को नहीं उतारते, जो नहीं उतारना चाहिये उसको उतारते हो, दोनों प्रकार तुम्हारे पुस्तक से विरुद्ध हैं।

(प्रश्न) हमारे यूरोप देश में शीत अधिक है इसलिये हम लोग जूती नहीं उतारते।

(उत्तर) क्या शिर में शीत नहीं लगता? जो यही है तो यूरोप देश में जाओ तब ऐसा ही करना। परन्तु जब हमारे घर में वा बिछौने में आया करो तब तो जूती उतार दिया करो और जो न उतारोगे तो तुम अपने बाइबल पुस्तक के विरुद्ध चलते हो; ऐसा तुम को न करना चाहिये॥ ३९ ॥

४०—तब ईश्वर ने उसे कहा कि तेरे हाथ में यह क्या है और वह बोला कि छड़ी॥ तब उसने कहा कि उसे भूमि पर डाल दे और उसने भूमि पर डाल दिया और वह सर्प्प बन गई और मूसा उसके आगे से भागा॥ तब परमेश्वर ने मूसा से कहा कि अपना हाथ बढ़ा और उसकी पूंछ पकड़ ले, तब उसने अपना हाथ बढ़ाया और उसे पकड़ लिया और वह उसके हाथ में छड़ी हो गई॥ तब परमेश्वर ने उसे कहा कि फिर तू अपना हाथ अपनी गोद में कर और उसने अपना हाथ अपनी गोद में किया जब उसने उसे निकाला तो देखा कि उसका हाथ हिम के समान कोढ़ी था॥ और उसने कहा कि अपना हाथ फिर अपनी गोद में कर। उसने फिर अपने हाथ को अपनी गोद में किया और अपनी गोद से उसे निकाला तो देखा कि जैसी उसकी सारी देह थी वह वैसा फिर हो गया॥ तू नील नदी का जल लेके सूखी पर ढालियो और वह जल जो तू नदी से निकालेगा सो सूखी पर लोहू हो जायेगा॥ —तौ० या० प० ४। आ० २। ३। ४। ६। ७। ९॥

(समीक्षक) अब देखिये! कैसे बाजीगर का खेल, खिलाड़ी ईश्वर, उसका सेवक मूसा और इन बातों को मानने हारे कैसे हैं? क्या आजकल बाजीगर लोग इससे कम करामात करते हैं? यह ईश्वर क्या, यह तो बड़ा खिलाड़ी है। इन बातों को विद्वान् क्यों कर मानेंगे? और हर एक बार मैं परमेश्वर हूं और अबिरहाम, इजहाक और याकूब का ईश्वर हूं इत्यादि हर एक से अपने मुख से प्रशंसा करता फिरता है, यह बात उत्तम जन की नहीं हो सकती किन्तु दम्भी मनुष्य की हो सकती है॥ ४० ॥

४१—और फसह मेम्ना मारो॥ और एक मूठी जूफा लेओ और उसे उस लोहू में जो बासन में है बोर के, ऊपर की चौखट के और द्वार की दोनों ओर उससे छापो और तुम में से कोई बिहान लों अपने घर के द्वार से बाहर न जावे॥ क्योंकि परमेश्वर मिस्र के मारने के लिये आर-पार जायेगा और जब वह ऊपर की चौखट पर और द्वार की दोनों ओर लोहू को देखे तब परमेश्वर द्वार से बीत जायेगा और नाशक तुम्हारे घरों में जाने न देगा कि मारे॥

—तौ० या० प० १२। आ० २१। २२। २३॥

(समीक्षक) भला यह जो टोने टामन करने वाले के समान है वह ईश्वर सर्वज्ञ कभी हो सकता है? जब लोहू का छापा देखे तभी इसरायल कुल का घर जाने, अन्यथा नहीं। यह काम क्षुद्र बुद्धि वाले मनुष्य के सदृश है। इससे यह विदित होता है कि ये बातें किसी जंगली मनुष्य की लिखी हैं॥ ४१॥

४२—और यों हुआ कि परमेश्वर ने आधी रात को मिस्र के देश में सारे पहिलौठे जो फ़िरऊन के पहिलौठे से लेके जो अपने सिंहासन पर बैठता था उस बन्धुआ के पहिलौठे लों जो बन्दीगृह में था पशुन के पहिलौठों समेत नाश किये। और रात को फ़िरऊन उठा, वह और उसके सब सेवक और सारे मिस्री उठे और मिस्र में बड़ा विलाप था क्योंकि कोई घर न रहा जिस में एक न मरा॥

—तौ० या० प० १२। आ० २९। ३०॥

(समीक्षक) वाह! अच्छा आधी रात को डाकू के समान निर्दयी होकर ईसाइयों के ईश्वर ने लड़के बाले, वृद्ध और पशु तक भी विना अपराध मार दिये और कुछ भी दया न आई और मिस्र में बड़ा विलाप होता रहा तो भी ईसाइयों के ईश्वर के चित्त से निष्ठुरता नष्ट न हुई! ऐसा काम ईश्वर का तो क्या किन्तु किसी साधारण मनुष्य के भी करने का नहीं है। यह आश्चर्य नहीं, क्योंकि लिखा है 'मांसाहारिणः कुतो दया' जब ईसाइयों का ईश्वर मांसाहारी है तो उसको दया करने से क्या काम है? ॥ ४२॥

४३—परमेश्वर तुम्हारे लिये युद्ध करेगा॥ इसराएल के सन्तान से कह कि वे आगे बढ़ें॥ परन्तु तू अपनी छड़ी उठा और समुद्र पर अपना हाथ बढ़ा और उसे दो भाग कर और इसराएल के सन्तान समुद्र के बीचों बीच से सूखी भूमि में होकर चले जायेंगे॥ —तौ० या० प० १४। आ० १४। १५। १६॥

(समीक्षक) क्यों जी! आगे तो ईश्वर भेड़ों के पीछे गड़रिये के समान इस्रायेल कुल के पीछे-पीछे डोला करता था। अब न जाने कहां अन्तर्धान हो गया? नहीं तो समुद्र के बीच में से चारों ओर की रेलगाड़ियों की सड़क बनवा लेते जिससे सब संसार का उपकार होता और नाव आदि बनाने का श्रम छूट जाता। परन्तु क्या किया जाय, ईसाइयों का ईश्वर न जाने कहाँ छिप रहा है? इत्यादि बहुत सी मूसा के साथ असम्भव लीला बाइबल के ईश्वर ने की हैं परन्तु यह विदित हुआ कि जैसा ईसाइयों का ईश्वर है वैसे ही उसके सेवक और ऐसी ही उसकी बनाई पुस्तक है। ऐसी पुस्तक और ऐसा ईश्वर हम लोगों से दूर रहै तभी अच्छा है॥ ४३॥

४४—क्योंकि मैं परमेश्वर तेरा ईश्वर ज्वलित सर्वशक्तिमान् हूं। पितरों के अपराध का दण्ड उनके पुत्रों को जो मेरा वैर रखते हैं उनकी तीसरी और चौथी पीढ़ी लों देवैया हूं॥ —तौ० या० प० २०। आ० ५॥

(समीक्षक) भला यह किस घर का न्याय है कि जो पिता के अपराध से चार पीढ़ी तक दण्ड देना अच्छा समझना। क्या अच्छे पिता के दुष्ट और दुष्ट के अच्छे सन्तान नहीं होते? जो ऐसा है तो चौथी पीढ़ी तक दण्ड कैसे दे सकेगा? और जो पांचवीं पीढ़ी से आगे दुष्ट होगा उसको दण्ड न दे सकेगा। विना अपराध किसी को दण्ड देना अन्यायकारी की बात है॥ ४४॥

४५—विश्राम के दिन को उसे पवित्र रखने के लिये स्मरण कर॥ छः दिन लों तू परिश्रम कर॥ परन्तु सातवां दिन परमेश्वर तेरे ईश्वर का विश्राम है॥ परमेश्वर ने विश्राम दिन को आशीष दिई॥ —तौ० या० प० २०। आ० ८। ९। १०। ११॥

(समीक्षक) क्या रविवार एक ही पवित्र और छः दिन अपवित्र हैं? और क्या परमेश्वर ने छः दिन तक कड़ा परिश्रम किया था कि जिससे थक के सातवें दिन सो गया? और जो रविवार को आशीर्वाद दिया तो सोमवार आदि छः दिन को क्या दिया? अर्थात् शाप दिया होगा। ऐसा काम विद्वान् का भी नहीं तो ईश्वर का क्यों कर हो सकता है? भला रविवार में क्या गुण और सोमवार आदि ने क्या दोष किया था कि जिससे एक को पवित्र तथा वर दिया और अन्यों को ऐसे ही अपवित्र कर दिये॥ ४५॥

४६—अपने परोसी पर झूठी साक्षी मत दे॥ अपने परोसी की स्त्री और उसके दास उसकी दासी और उसके बैल और उसके गदहे और किसी वस्तु का जो तेरे परोसी की है; लालच मत कर॥ —तौ० या० प० २०। आ० १६। १७॥

(समीक्षक) वाह! तभी तो ईसाई लोग परदेशियों के माल पर ऐसे झुकते हैं कि जानो प्यासा जल पर, भूखा अन्न पर। जैसी यह केवल मतलब सिन्धु और पक्षपात की बात है ऐसा ही ईसाइयों का ईश्वर अवश्य होगा। यदि कोई कहे कि हम सब मनुष्य मात्र को परोसी मानते हैं तो सिवाय मनुष्य के अन्य कौन स्त्री और दासी आदि वाले हैं कि जिनको अपरोसी गिनें? इसलिये ये बातें स्वार्थी मनुष्यों की हैं; ईश्वर की नहीं॥ ४६॥

४७—जो कोई किसी मनुष्य को मारे और वह मर जाये वह निश्चय घात किया जाय॥ और वह मनुष्य घात में न लगा हो परन्तु ईश्वर ने उसके हाथ में सौंप दिया हो तब मैं तुझे भागने का स्थान बता दूँगा॥

—तौ० या० प० २१। आ० १२। १३॥

(समीक्षक) जो यह ईश्वर का न्याय सच्चा है तो मूसा एक आदमी को मार गाड़ कर भाग गया था उसको यह दण्ड क्यों न हुआ? जो कहो ईश्वर ने मूसा को मारने के निमित्त सौंपा था तो ईश्वर पक्षपाती हुआ क्योंकि उस मूसा का राजा से न्याय क्यों न होने दिया?॥ ४७॥

४८—और कुशल का बलिदान बैलों से परमेश्वर के लिए चढ़ाया॥ और मूसा ने आधा लोहू लेके पात्रों में रक्खा और आधा लोहू वेदी पर छिड़का॥ और मूसा ने उस लोहू को लेके लोगों पर छिड़का और कहा कि यह लोहू उस नियम का है जिसे परमेश्वर ने इन बातों के कारण तुम्हारे साथ किया है॥ और परमेश्वर ने मूसा से कहा कि पहाड़ पर मुझ पास आ और वहां रह और मैं तुझे पत्थर की पटियां और व्यवस्था और आज्ञा मैने लिखी है; दूंगा॥

—तौ० या० प० २२। आ० ५। ६। ८। १२॥

(समीक्षक) अब देखिये! ये सब जंगली लोगों की बातें हैं वा नहीं? और परमेश्वर बैलों का बलिदान लेता और वेदी पर लोहू छिड़कना यह कैसी जंगलीपन और असभ्यता की बात है? जब ईसाइयों का खुदा भी बैलों का बलिदान लेवे तो उसके भक्त बैल गाय के बलिदान की प्रसादी से पेट क्यों न भरें? और जगत् की हानि क्यों न करें? ऐसी-ऐसी बुरी बातें बाइबल में भरी हैं। इसी के कुसंस्कारों से वेदों में भी ऐसा झूठा दोष लगाना चाहते हैं परन्तु वेदों में ऐसी बातों का नाम भी नहीं। और यह भी निश्चय हुआ कि ईसाइयों का ईश्वर एक पहाड़ी मनुष्य था, पहाड़ पर रहता था। जब वह खुदा स्याही, लेखनी, कागज, नहीं बना जानता और न उसको प्राप्त था इसीलिये पत्थर की पटियों पर लिख-लिख देता था और

इन्हीं जंगलियों के सामने ईश्वर भी बन बैठा था॥ ४८॥

४९—और बोला कि तू मेरा रूप नहीं देख सकता क्योंकि मुझे देख के कोई मनुष्य न जीयेगा॥ और परमेश्वर ने कहा कि देख एक स्थान मेरे पास है और तू उस टीले पर खड़ा रह॥ और यों होगा कि जब मेरा विभव चल निकलेगा तो मैं तुझे पहाड़ के दरार में रक्खूँगा और जब लों जा निकलूं तुझे अपने हाथ से ढांपूंगा॥ और अपना हाथ उठा लूंगा और तू मेरा पीछा देखेगा परन्तु मेरा रूप दिखाई न देगा॥ —तौ० या० प० ३३। आ० २०। २१। २२। २३॥

(समीक्षक) अब देखिये! ईसाइयों का ईश्वर केवल मनुष्यवत् शरीर-धारी और मूसा से कैसा प्रपञ्च रच के आप स्वयम् ईश्वर बन गया। जो पीछा देखेगा, रूप न देखेगा तो हाथ से उसको ढांप दिया भी न होगा। जब खुदा ने अपने हाथ से मूसा को ढांपा होगा तब क्या उसके हाथ का रूप उसने न देखा होगा? ॥ ४९॥

लैव्य व्यवस्था की पुस्तक तौ०

५०—और परमेश्वर ने मूसा को बुलाया और मण्डली के तम्बू में से यह वचन उसे कहा॥ कि इसराएल के सन्तानों से बोल और उन्हें कह यदि कोई तुम्में से परमेश्वर के लिये भेंट लावे तो तुम ढोर में से अर्थात् गाय बैल और भेड़ बकरी में से अपनी भेंट लाओ॥ —तौ० लैव्य व्यवस्था की पुस्तक, प० १। आ० १। २॥

(समीक्षक) अब विचारिये! ईसाइयों का परमेश्वर गाय बैल आदि की भेंट लेने वाला जो कि अपने लिये बलिदान कराने के लिये उपदेश करता है। वह बैल गाय आदि पशुओं के लोहू मांस का प्यासा भूखा है वा नहीं? इसी से वह अहिंसक और ईश्वर कोटि में गिना कभी नहीं जा सकता किन्तु मांसाहारी प्रपञ्ची मनुष्य के सदृश है॥ ५०॥

५१—और वह उस बैल को परमेश्वर के आगे बलि करे और हारून के बेटे याजक लोहू को निकट लावें और लोहू को यज्ञवेदी के चारों ओर जो मण्डली के तम्बू के द्वार पर है; छिड़कें॥ तब वह उस भेंट के बलिदान की खाल निकाले और उसे टुकड़ा-टुकड़ा करे॥ और हारून के बेटे याजक यज्ञवेदी पर आग रक्खें और उस पर लकड़ी चुनें॥ और हारून के बेटे याजक उसके टुकड़ों को और सिर और चिकनाई को उन लकड़ियों पर जो यज्ञवेदी की आग पर हैं; विधि से धरें॥ जिसतें बलिदान की भेंट होवे जो आग से परमेश्वर के सुगन्ध के लिये भेंट किया गया॥ —तौ० लै० व्यवस्था की पुस्तक, प० १। आ० ५। ६। ७। ८। ९॥

(समीक्षक) तनिक विचारिये! कि बैल को परमेश्वर के आगे उसके भक्त मारें और वह मरवावे और लोहू को चारों ओर छिड़कें, अग्नि में होम करें, ईश्वर सुगन्ध लेवे, भला यह कसाई के घर से कुछ कमती लीला है? इसी से न बाइबल ईश्वरकृत और न वह जंगली मनुष्य के सदृश लीलाधारी ईश्वर हो सकता है॥ ५१॥

५२—फिर परमेश्वर मूसा से यह कह के बोला॥ यदि वह अभिषेक किया हुआ याजक लोगों के पाप के समान पाप करे तो वह अपने पाप के कारण जो उसने किया है अपने पाप की भेंट के लिए निसखोट एक बछिया को परमेश्वर के लिये लावे॥ और बछिया के शिर पर अपना हाथ रक्खे और बछिया को परमेश्वर के आगे बलि करे॥ —तौ० लै० व्य० प० ४। आ० १। ३। ४॥

(समीक्षक) अब देखिये पापों के छुड़ाने के प्रायश्चित्त ! स्वयं पाप करें, गाय आदि उत्तम पशुओं की हत्या करें और परमेश्वर करवावे। धन्य हैं ईसाई लोग कि ऐसी बातों के करने करानेहारे को भी ईश्वर मान कर अपनी मुक्ति आदि की आशा करते हैं!!! ॥ ५२॥

५३—जब कोई अध्यक्ष पाप करे। तब वह बकरी का निसखोट नर मेम्ना अपनी भेंट के लिये लावे॥ और उसे परमेश्वर के आगे बलि करे यह पाप की भेंट है॥ —तौ० लै० प० ४। आ० २२। २३। २४॥

(समीक्षक) वाह जी? वाह? यदि ऐसा है तो इनके अध्यक्ष अर्थात् न्यायाधीश तथा सेनापति आदि पाप करने से क्यों डरते होंगे? आप तो यथेष्ट पाप करें और प्रायश्चित्त के बदले में गाय, बछिया, बकरे आदि के प्राण लेवें। तभी तो ईसाई लोग किसी पशु वा पक्षी के प्राण लेने में शंकित नहीं होते। सुनो ईसाई लोगो! अब तो इस जंगली मत को छोड़ के सुसभ्य धर्ममय वेदमत को स्वीकार करो कि जिससे तुम्हारा कल्याण हो॥ ५३॥

५४—और यदि उसे भेड़ लाने की पूंजी न हो तो वह अपने किये हुए अपराध के लिए दो पिंडुकियाँ और कपोत के दो बच्चे परमेश्वर के लिये लावे॥ और उसका सिर उसके गले के पास से मरोड़ डाले परन्तु अलग न करे॥ उसके किये हुए पाप का प्रायश्चित्त करे और उसके लिये क्षमा किया जायगा॥ पर यदि उसे दो पिंडुकियाँ और कपोत के दो बच्चे लाने की पूंजी न हो तो सेर भर चोखा पिसान का दशवाँ हिस्सा पाप की भेंट के लिये लावे* उस पर तेल न डाले॥ और वह क्षमा किया जायेगा॥ —तौ० लै० प० ५। आ० ७। ८। १०। ११। १३॥

(समीक्षक) अब सुनिये! ईसाइयों में पाप करने से कोई धनाढ्य न डरता होगा और न दरिद्र भी, क्योंकि इनके ईश्वर ने पापों का प्रायश्चित्त करना सहज कर रक्खा है। एक यह बात ईसाइयों की बाइबल में बड़ी अद्‌भुत है कि विना कष्ट किये पाप से छूट जाय। क्योंकि एक तो पाप किया और दूसरे जीवों की हिंसा की और खूब आनन्द से मांस खाया और पाप भी छूट गया। भला! कपोत के बच्चे का गला मरोड़ने से वह बहुत देर तक तड़फता होगा तब भी ईसाइयों को दया नहीं आती। दया क्योंकर आवे! इनके ईश्वर का उपदेश ही हिंसा करने का है। और जब सब पापों का ऐसा प्रायश्चित्त है तो ईसा के विश्वास से पाप छूट जाता है यह बड़ा आडम्बर क्यों करते हैं॥ ५४॥

५५—सो उसी बलिदान की खाल उसी याजक की होगी जिसने उसे चढ़ाया॥

---

* इस ईश्वर को धन्य है कि जिसने बछड़ा, भेड़ी और बकरी का बच्चा, कपोत और पिसान (आटे) तक लेने का नियम किया । अद्‌भुत बात तो यह है कि कपोत के बच्चे "गरदन मरोड़वा के" लेता था अर्थात् गर्दन तोड़ने का परिश्रम न करना पड़े । इन सब बातों के देखने से विदित होता है कि जंगलियों में कोई चतुर पुरुष था वह पहाड़ पर जा बैठा और अपने को ईश्वर प्रसिद्ध किया । जंगली अज्ञानी थे, उन्होंने उसी को ईश्वर स्वीकार कर लिया । अपनी युक्तियों से वह पहाड़ पर ही खाने के लिए पशु, पक्षी और अन्नादि मंगा लिया करता था और मौज करता था । उसके दूत फरिश्ते काम किया करते थे । सज्जन लोग विचारें कि कहां तो बाइबल में बछड़ा, भेड़ी, बकरी का बच्चा, कपोत और "अच्छे" पिसान का खाने वाला ईश्वर और कहां सर्वव्यापक, सर्वज्ञ, अजन्मा, निराकार, सर्वशक्तिमान् और न्यायकारी इत्यादि उत्तम गुणयुक्त वेदोक्त ईश्वर ?

और समस्त भोजन की भेंट जो तन्दूर में पकाई जावें और सब जो कड़ाही में अथवा तवे पर सो उसी याजक की होगी॥ —तौ० लै० प० ७। आ० ८। ९॥

(समीक्षक) हम जानते थे कि यहाँ देवी के भोपे और मन्दिरों के पुजारियों की पोपलीला विचित्र है परन्तु ईसाइयों के ईश्वर और उनके पुजारियों की पोपलीला इससे सहस्रगुणी बढ़कर है। क्योंकि चाम के दाम और भोजन के पदार्थ खाने को आवें फिर ईसाइयों के याजकों ने खूब मौज उड़ाई होगी ? और अब भी उड़ाते होंगे। भला कोई मनुष्य एक लड़के को मरवावे और दूसरे लड़के को उसका मांस खिलावे ऐसा कभी हो सकता है ? वैसे ही ईश्वर के सब मनुष्य और पशु, पक्षी आदि सब जीव पुत्रवत् हैं। परमेश्वर ऐसा काम कभी नहीं कर सकता। इसी से यह बाइबल ईश्वरकृत और इसमें लिखा ईश्वर और इसके मानने वाले धर्मज्ञ कभी नहीं हो सकते। ऐसे ही सब बातें लैव्य व्यवस्था आदि पुस्तकों में भरी हैं; कहाँ तक गिनावें॥ ५५॥

गिनती की पुस्तक

५६—सो गदही ने परमेश्वर के दूत को अपने हाथ में तलवार खींचे हुए मार्ग में खड़ा देखा तब गदही मार्ग से अलग खेत में फिर गई, उसे मार्ग में फिरने के लिये बलआम ने गदही को लाठी से मारा। तब परमेश्वर ने गदही का मुंह खोला और उसने बलआम से कहा कि मैंने तेरा क्या किया है कि तूने मुझे अब तीन बार मारा॥ —तौ० गि० प० २२। आ० २३। २८॥

(समीक्षक) प्रथम तो गदहे तक ईश्वर के दूतों को देखते थे और आज कल बिशप पादरी आदि श्रेष्ठ वा अश्रेष्ठ मनुष्यों को भी खुदा वा उसके दूत नहीं दीखते हैं। क्या आजकल परमेश्वर और उसके दूत हैं वा नहीं ? यदि हैं तो क्या बड़ी नींद में सोते हैं ? वा रोगी अथवा अन्य भूगोल में चले गये ? वा किसी अन्य धन्धे में लग गये ? वा अब ईसाइयों से रुष्ट हो गये ? अथवा मर गये ? विदित नहीं होता कि क्या हुआ ? अनुमान तो ऐसा होता है कि जो अब नहीं हैं, नहीं दीखते तो तब भी नहीं थे और न दीखते होंगे। किन्तु ये केवल मनमाने गपोड़े उड़ाये हैं॥ ५६॥

५७—सो अब लड़कों में से हर एक बेटे को और हर एक स्त्री को जो पुरुष से संयुक्त हुई हो प्राण से मारो॥ परन्तु वे बेटियां जो पुरुष से संयुक्त नहीं हुई हैं उन्हें अपने लिये जीती रक्खो॥ —तौ० गिनती प० ३१। आ० १७। १८॥

(समीक्षक) वाह जी ! मूसा पैगम्बर और तुम्हारा ईश्वर धन्य है कि जो स्त्री, बालक, वृद्ध और पशु की हत्या करने से भी अलग न रहे। और इससे स्पष्ट निश्चित होता है कि मूसा विषयी था। क्योंकि जो विषयी न होता तो अक्षतयोनि अर्थात् पुरुषों से समागम न की हुई कन्याओं को अपने लिये क्यों मंगवाता वा उनको ऐसी निर्दयी वा विषयीपन की आज्ञा क्यों देता ?॥ ५७॥

समुएल की दूसरी पुस्तक

५८—और उसी रात ऐसा हुआ कि परमेश्वर का वचन यह कह के नातन को पहुंचा॥ कि जा और मेरे सेवक दाऊद से कह कि परमेश्वर यों कहता है कि क्या मेरे निवास के लिए तू एक घर बनवायेगा॥ क्योंकि जब से इसराएल के सन्तान को मिस्र से निकाल लाया मैंने तो आज के दिन लों घर में वास न किया परन्तु

तम्बू में और डेरे में फिरा किया॥

—तौ० समुएल की दूसरी पु० प० ७। आ० ४। ५। ६॥

(समीक्षक) अब कुछ सन्देह न रहा कि ईसाइयों का ईश्वर मनुष्यवत् देहधारी नहीं है और उलहना देता है कि मैंने बहुत परिश्रम किया, इधर उधर डोलता फिरा, अब दाऊद घर बनादे तो उसमें आराम करूं। क्यों ईसाइयों को ऐसे ईश्वर और ऐसे पुस्तक को मानने में लज्जा नहीं आती? परन्तु क्या करें बिचारे फंस ही गये। अब निकलने के लिए बड़ा पुरुषार्थ करना उचित है॥ ५८॥

राजाओं की पुस्तक

५९—और बाबेल के राजा नबुखुदनजर के राज्य के उन्नीसवें बरस के पांचवें मास सातवीं तिथि में बाबुल के राजा का एक सेवक नबूसर अद्दान जो निज सेना का प्रधान अध्यक्ष था, यरूसलम में आया॥ और उसने परमेश्वर का मन्दिर और राजा का भवन और यरूसलम के सारे घर और हर एक बड़े घर को जला दिया॥ और कसदियों की सारी सेना ने जो उस निज सेना के अध्यक्ष के साथ थी यरूसलम की भीतों को चारों ओर से ढा दिया॥

—तौ० रा० पु० २। प० २५। आ० ८। ९। १०॥

(समीक्षक) क्या किया जाय? ईसाइयों के ईश्वर ने तो अपने आराम के लिये दाऊद आदि से घर बनवाया था। उसमें आराम करता होगा, परन्तु नबूसर अद्दान ने ईश्वर के घर को नष्ट-भ्रष्ट कर दिया और ईश्वर वा उसके दूतों की सेना कुछ भी न कर सकी। प्रथम तो इनका ईश्वर बड़ी-बड़ी लड़ाइयां मारता था और विजयी होता था परन्तु अब अपना घर जला तुड़वा बैठा। न जाने चुपचाप क्यों बैठा रहा? और न जाने उसके दूत किधर भाग गये? ऐसे समय पर कोई भी काम न आया और ईश्वर का पराक्रम भी न जाने कहाँ उड़ गया? यदि यह बात सच्ची हो तो जो जो विजय की बातें प्रथम लिखीं सो-सो सब व्यर्थ हो गईं। क्या मिस्र के लड़के लड़कियों के मारने में ही शूरवीर बना था? अब शूरवीरों के सामने चुपचाप हो बैठा? यह तो ईसाइयों के ईश्वर ने अपनी निन्दा और अप्रतिष्ठा करा ली। ऐसी ही हजारों इस पुस्तक में निकम्मी कहानियां भरी हैं॥ ५९॥

जबूर का दूसरा भाग

काल के समाचार की पहली पुस्तक

६०—सो परमेश्वर ने इसराएल पर मरी भेजी और इसराएल में से सत्तर सहस्र पुरुष गिर गये॥ —जबूर २। काल० पु० प० २१। आ० १४॥

(समीक्षक) अब देखिये इसराएल के ईसाइयों के ईश्वर की लीला! जिस इसराएल कुल को बहुत से वर दिये थे और रात दिन जिनके पालन में डोलता था अब झट क्रोधित होकर मरी डाल के सत्तर सहस्र मनुष्यों को मार डाला। जो यह किसी कवि ने लिखा है सत्य है कि—

क्षणे रुष्टः क्षणे तुष्टो रुष्टस्तुष्टः क्षणे क्षणे।
अव्यवस्थितचित्तस्य प्रसादोऽपि भयङ्करः॥

जैसे कोई मनुष्य क्षण में प्रसन्न, क्षण में अप्रसन्न होता है, अर्थात् क्षण-क्षण

में प्रसन्न अप्रसन्न होवे उसकी प्रसन्नता भी भयदायक होती है वैसी लीला ईसाइयों के ईश्वर की है॥ ६०॥

ऐयूब की पुस्तक

६१—और एक दिन ऐसा हुआ कि परमेश्वर के आगे ईश्वर के पुत्र आ खड़े हुए और शैतान भी उनके मध्य में परमेश्वर के आगे आ खड़ा हुआ॥ और परमेश्वर ने शैतान से कहा कि तू कहां से आता है? तब शैतान ने उत्तर दे के परमेश्वर से कहा कि पृथिवी पर घूमते और इधर उधर से फिरते चला आता हूं॥ तब परमेश्वर ने शैतान से पूछा कि तूने मेरे दास ऐयूब को जांचा है कि उसके समान पृथिवी में कोई नहीं है वह सिद्ध और खरा जन ईश्वर से डरता और पाप से अलग रहता है और अब लों अपनी सच्चाई को धर रक्खा है और तूने मुझे उसे अकारण नाश करने को उभारा है॥ तब शैतान ने उत्तर दे के परमेश्वर से कहा कि चाम के लिये चाम हां जो मनुष्य का है सो अपने प्राण के लिये देगा॥ परन्तु अब अपना हाथ बढ़ा और उसके हाड़ मांस को छू तब वह निःसन्देह तुझे तेरे सामने त्यागेगा॥ तब परमेश्वर ने शैतान से कहा कि देख वह तेरे हाथ में है, केवल उसके प्राण को बचा॥ तब शैतान परमेश्वर के आगे से चला गया और ऐयूब को सिर से तलवे लों बुरे फोड़ों से मारा॥

—जबूर ऐयू० प० २। आ० १। २। ३। ४। ५। ६। ७॥

(समीक्षक) अब देखिये ईसाइयों के ईश्वर का सामर्थ्य ! कि शैतान उसके सामने उसके भक्तों को दुःख देता है। न शैतान को दण्ड, न अपने भक्तों को बचा सकता है और न दूतों में से कोई उसका सामना कर सकता है। एक शैतान ने सब को भयभीत कर रक्खा है। और ईसाइयों का ईश्वर भी सर्वज्ञ नहीं है। जो सर्वज्ञ होता तो ऐयूब की परीक्षा शैतान से क्यों कराता?॥ ६१॥

उपदेश की पुस्तक

६२—हां! अन्तःकरण ने बुद्धि और ज्ञान बहुत देखा है॥ और मैंने बुद्धि और बौड़ाहपन और मूढ़ता जान्ने को मन लगाया। मैंने जान लिया कि यह भी मन का झंझट है॥ क्योंकि अधिक बुद्धि में बड़ा शोक है और जो ज्ञान में बढ़ता है सो दुःख में बढ़ता है॥ —ज० उ० प० १। आ० १६। १७। १८॥

(समीक्षक) अब देखिये ! जो बुद्धि और ज्ञान पर्यायवाची हैं उनको दो मानते हैं। और बुद्धि वृद्धि में शोक और दुःख मानना विना अविद्वानों के ऐसा लेख कौन कर सकता है? इसलिये यह बाइबल ईश्वर की बनाई तो क्या किसी विद्वान् की भी बनाई नहीं है॥ ६२॥

यह थोड़ा सा तौरेत जबूर के विषय में लिखा। इसके आगे कुछ मत्तीरचित आदि इञ्जील के विषय में लिखा जाता है कि जिसको ईसाई लोग बहुत प्रमाणभूत मानते हैं। जिसका नाम इञ्जील रक्खा है उसकी परीक्षा थोड़ी सी लिखते हैं कि यह कैसी है।

मत्ती रचित इञ्जील

६३—यीशु ख्रीष्ट का जन्म इस रीति से हुआ—उसकी माता मरियम की यूसफ से मंगनी हुई थी पर उनके इकट्ठे होने के पहिले ही वह देख पड़ी कि

पवित्र आत्मा से गर्भवती है॥ देखो परमेश्वर के एक दूत ने स्वप्न में उसे दर्शन दे कहा, हे दाऊद के सन्तान यूसफ ! तू अपनी स्त्री मरियम को यहां लाने से मत डर क्योंकि उसको जो गर्भ रहा है सो पवित्र आत्मा से है॥

—इं० प० १। आ० १८। २०॥

(समीक्षक) इन बातों को कोई विद्वान् नहीं मान सकता कि जो प्रत्यक्षादि प्रमाण और सृष्टिक्रम से विरुद्ध हैं। इन बातों का मानना मूर्ख मनुष्य जंगलियों का काम है; सभ्य विद्वानों का नहीं। भला ! जो परमेश्वर का नियम है उसको कोई तोड़ सकता है? जो परमेश्वर भी नियम को उलटा पलटा करे तो उसकी आज्ञा को कोई न माने और वह भी सर्वज्ञ और निर्भ्रम न रहै। ऐसे तो जिस-जिस कुमारिका के गर्भ रह जाय तब सब कोई ऐसे कह सकते हैं कि इसमें गर्भ का रहना ईश्वर की ओर से है और झूठ मूठ कह दे कि परमेश्वर के दूत ने मुझ को स्वप्न में कह दिया है कि यह गर्भ परमात्मा की ओर से है। जैसा यह असम्भव प्रपञ्च रचा है वैसा ही सूर्य्य से कुन्ती का गर्भवती होना भी पुराणों में असम्भव लिखा है। ऐसी-ऐसी बातों को आंख के अन्धे और गांठ के पूरे लोग मान कर भ्रमजाल में गिरते हैं। यह ऐसी बात हुई होगी कि किसी पुरुष के साथ समागम होने से गर्भवती मरियम हुई होगी। उसने वा किसी दूसरे ने ऐसी असम्भव बात उड़ा दी होगी कि इस में गर्भ ईश्वर की ओर से है॥ ६३॥

६४—तब आत्मा यीशु को जंगल में ले गया कि शैतान से उसकी परीक्षा की जाय॥ वह चालीस दिन और चालीस रात उपवास करके पीछे भूखा हुआ॥ तब परीक्षा करनेहारे ने कहा कि जो तू ईश्वर का पुत्र है तो कह दे कि ये पत्थर रोटियां बन जावें॥

—इं० मत्ती प० ४। आ० १। २। ३॥

(समीक्षक) इससे स्पष्ट सिद्ध होता है कि ईसाइयों का ईश्वर सर्वज्ञ नहीं। क्योंकि जो सर्वज्ञ होता तो उसकी परीक्षा शैतान से क्यों कराता? स्वयं जान लेता। भला ! किसी ईसाई को आज कल चालीस रात चालीस दिन भूखा रक्खें तो कभी बच सकेगा? और इससे यह भी सिद्ध हुआ कि न वह ईश्वर का बेटा और न कुछ उसमें करामात अर्थात् सिद्धि थी। नहीं तो शैतान के सामने पत्थर की रोटियां क्यों न बना देता? और आप भूखा क्यों रहता? और सिद्धान्त यह है कि जो परमेश्वर ने पत्थर बनाये हैं उनको रोटी कोई भी नहीं बना सकता और ईश्वर भी पूर्वकृत नियम को उलटा नहीं कर सकता क्योंकि वह सर्वज्ञ और उसके सब काम बिना भूल चूक के हैं॥ ६४॥

६५—उसने उनसे कहा मेरे पीछे आओ मैं तुमको मनुष्यों के मछुवे बनाऊंगा॥ वे तुरन्त जालों को छोड़ के उसके पीछे हो लिये।

—इं० मत्ती प० ४। आ० १९। २०॥

(समीक्षक) विदित होता है कि इसी पाप अर्थात् जो तौरेत में दश आज्ञाओं में लिखा है कि **'सन्तान लोग अपने माता पिता की सेवा और मान्य करें जिससे उनकी उमर बढ़े'** सो ईसा ने न अपने माता पिता की सेवा की और दूसरों को भी माता पिता की सेवा से छुड़ाये, इसी अपराध से चिरंजीवी न रहा। और यह भी विदित हुआ कि ईसा ने मनुष्यों के फंसाने के लिये एक मत चलाया है कि जाल में मच्छी के समान मनुष्यों को स्वमत जाल में फंसाकर अपना प्रयोजन

साधें। जब ईसा ही ऐसा था तो आज कल के पादरी लोग अपने जाल में मनुष्यों को फंसावें तो क्या आश्चर्य है? क्योंकि जैसे बड़ी-बड़ी और बहुत मच्छियों को जाल में फंसाने वाले की प्रतिष्ठा और जीविका अच्छी होती है, ऐसे ही जो बहुतों को अपने मत में फंसा ले उसकी अधिक प्रतिष्ठा और जीविका होती है। इसी से ये लोग जिन्होंने वेद और शास्त्रों को न पढ़ा न सुना उन बिचारे भोले मनुष्यों को अपने जाल में फंसा के उस के मां बाप कुटुम्ब आदि से पृथक् कर देते हैं। इससे सब विद्वान् आर्यों को उचित है कि स्वयम् इनके भ्रमजाल से बच कर अन्य अपने भोले भाइयों को बचाने में तत्पर रहें॥ ६५॥

६६-तब यीशु सारे गालील देश में उनकी सभाओं में उपदेश करता हुआ और राज्य का सुसमाचार प्रचार करता हुआ और लोगों में हर एक रोग और हर एक व्याधि को चङ्गा करता हुआ फिरा किया॥ सब रोगियों को जो नाना प्रकार के रोगों और पीड़ाओं से दुःखी थे और भूतग्रस्तों और मृगी वाले अर्द्धाङ्गियों को उसके पास लाये और उसने उन्हें चङ्गा किया॥ -इं० मत्ती प० ४। आ० २३। २४॥

(समीक्षक) जैसे आजकल पोपलीला निकालने मन्त्र पुरश्चरण आशीर्वाद ताबीज और भस्म की चुटुकी देने से भूतों को निकालना रोगों को छुड़ाना सच्चा हो तो वह इञ्जील की बात भी सच्ची होवे। इस कारण भोले मनुष्यों के भ्रम में फंसाने के लिये ये बातें हैं। जो ईसाई लोग ईसा की बातों को मानते हैं तो यहां के देवी भोपों की बातें क्यों नहीं मानते? क्योंकि वे बातें इन्हीं के सदृश हैं॥ ६६॥

६७-धन्य वे जो मन में दीन हैं क्योंकि स्वर्ग का राज्य उन्हीं का है॥ क्योंकि मैं तुमसे सच कहता हूँ कि जब लों आकाश और पृथिवी टल न जायें तब लों व्यवस्था से एक मात्रा अथवा एक बिन्दु बिना पूरा हुए नहीं टलेगा॥ इसलिये इन अति छोटी आज्ञाओं में से एक को लोप करे और लोगों को वैसे ही सिखावे वह स्वर्ग के राज्य में सब से छोटा कहावेगा॥ -इं० मत्ती प० ५। आ० ३। १८। १९॥

(समीक्षक) जो स्वर्ग एक है तो राजा भी एक होना चाहिये। इसलिये जितने दीन हैं वे सब स्वर्ग को जावेंगे तो स्वर्ग में राज्य का अधिकार किसको होगा। अर्थात् परस्पर लड़ाई-भिड़ाई करेंगे और राज्यव्यवस्था खण्ड-बण्ड हो जायेगी। और दीन के कहने से जो कंगले लोगे, तब तो ठीक नहीं। जो निरभिमानी लोगे तो भी ठीक नहीं; क्योंकि दीन और निर् अभिमान का एकार्थ नहीं। किन्तु जो मन में दीन होता है उसको सन्तोष कभी नहीं होता इसलिये यह बात ठीक नहीं। जब आकाश पृथिवी टल जायें तब व्यवस्था भी टल जायेगी ऐसी अनित्य व्यवस्था मनुष्यों की होती है; सर्वज्ञ ईश्वर की नहीं। और यह एक प्रलोभन और भयमात्र दिया है कि जो इन आज्ञाओं को न मानेगा वह स्वर्ग में सब से छोटा गिना जायेगा॥ ६७॥

६८-हमारी दिन भर की रोटी आज हमें दे॥ अपने लिए पृथिवी पर धन का संचय मत करो॥ -इं० म० प० ६। आ० ११। १९॥

(समीक्षक) इससे विदित होता है कि जिस समय ईसा का जन्म हुआ है उस समय लोग जंगली और दरिद्र थे तथा ईसा भी वैसा ही दरिद्र था। इसी से तो दिन भर की रोटी की प्राप्ति के लिये ईश्वर की प्रार्थना करता और सिखलाता है। जब ऐसा है तो ईसाई लोग धन संचय क्यों करते हैं? उनको चाहिये कि ईसा के वचन से विरुद्ध न चल कर सब दान पुण्य करके दीन हो जायें॥ ६८॥

६९—हर एक जो मुझ से हे प्रभु हे प्रभु कहता है स्वर्ग के राज्य में प्रवेश नहीं करेगा॥

—इं० म० प० ७। आ० २१॥

(समीक्षक) अब विचारिये! बड़े-बड़े पादरी बिशप साहेब और कृश्चीन लोग जो यह ईसा का वचन सत्य है ऐसा समझें तो ईसा को प्रभु अर्थात् ईश्वर कभी न कहें। यदि इस बात को न मानेंगे तो पाप से कभी नहीं बच सकेंगे॥ ६९॥

७०—उस दिन में बहुतेरे मुझ से कहेंगे॥ तब मैं उनसे खोल के कहूँगा मैंने तुम को कभी नहीं जाना। हे कुकर्म्म करनेहारो! मुझ से दूर होओ॥

—इं० म० प० ७। आ० २२। २३॥

(समीक्षक) देखिये! ईसा जंगली मनुष्यों को विश्वास कराने के लिए स्वर्ग में न्यायाधीश बनना चाहता था। यह केवल भोले मनुष्यों को प्रलोभन देने की बात है॥ ७०॥

७१—और देखो एक कोढ़ी ने आ उसको प्रणाम कर कहा हे प्रभु ! जो आप चाहें तो मुझे शुद्ध कर सकते हैं॥ यीशु ने हाथ बढ़ा उसे छूके कहा मैं तो चाहता हूँ शुद्ध हो जा और उसका कोढ़ तुरन्त शुद्ध हो गया॥

—इं० म० प० ८। आ० २। ३॥

(समीक्षक) ये सब बातें भोले मनुष्यों के फंसाने की हैं। क्योंकि जब ईसाई लोग इन विद्या सृष्टिक्रमविरुद्ध बातों को सत्य मानते हैं तो शुक्राचार्य्य, धन्वन्तरि, कश्यप आदि की बातें जो पुराण और भारत में अनेक दैत्यों की मरी हुई सेना को जिला दी। बृहस्पति के पुत्र कच को टुकड़ा-टुकड़ा कर जानवर मच्छियों को खिला दिया, फिर भी शुक्राचार्य्य ने जीता कर दिया। पश्चात् कच को मार कर शुक्राचार्य्य को खिला दिया फिर उसको पेट में जीता कर बाहर निकाला। आप मर गया उसको कच ने जीता किया। कश्यप ऋषि ने मनुष्यसहित वृक्ष को तक्षक से भस्म हुए पीछे पुनः वृक्ष और मनुष्य को जिला दिया। धन्वन्तरि ने लाखों मुर्दे जिलाये। लाखों कोढ़ी आदि रोगियों को चंगा किया। लाखों अन्धे और बहिरों को आंख और कान दिये इत्यादि कथा को मिथ्या क्यों कहते हैं? जो उक्त बातें मिथ्या हैं तो ईसा की बातें मिथ्या क्यों नहीं? जो दूसरे की बातों को मिथ्या और अपनी झूठी को सच्ची कहते हैं तो हठी क्यों नहीं। इसलिये ईसाइयों की बातें केवल हठ और लड़कों के समान हैं॥ ७१॥

७२—तब दो भूतग्रस्त मनुष्य कबरस्थान में से निकलते हुए उससे आ मिले। जो यहां लों अतिप्रचण्ड थे कि उस मार्ग से कोई नहीं जा सकता था॥ और देखो उन्होंने चिल्ला के कहा हे यीशु ईश्वर पुत्र ! आपको हम से क्या काम, क्या आप समय के आगे हमें पीड़ा देने को यहां आये हैं॥ सो भूतों ने उससे विनती कर कहा जो आप हमें निकालते हैं तो सूअरों के झुण्ड में पैठने दीजिये॥ उसने उनसे कहा जाओ और वे निकल के सूअरों के झुण्ड में पैठे॥ और देखो सूअरों का सारा झुण्ड कड़ाड़े पर से समुद्र में दौड़ गया और पानी में डूब मरा॥

—इं० म० प० ८। आ० २८। २९। ३१। ३२॥

(समीक्षक) भला! यहां तनिक विचार करें तो ये बातें सब झूठी हैं, क्योंकि मरा हुआ मनुष्य कबरस्थान से कभी नहीं निकल सकता। वे किसी पर न जाते न संवाद करते हैं। ये सब बातें अज्ञानी लोगों की हैं। जो कि महा जंगली हैं वे

ऐसी बातों पर विश्वास लाते हैं। और उन सूअरों की हत्या कराई। सूअरवालों की हानि करने का पाप ईसा को हुआ होगा। और ईसाई लोग ईसा को पाप क्षमा और पवित्र करने वाला मानते हैं तो उन भूतों को पवित्र क्यों न कर सका? और सूअर वालों की हानि क्यों न भर दी? क्या आजकल के सुशिक्षित ईसाई अंग्रेज लोग इन गपोड़ों को भी मानते होंगे? यदि मानते हैं तो भ्रमजाल में पड़े हैं॥ ७२॥

७३—देखो ! लोग एक अर्धाङ्गी को जो खटोले पर पड़ा था उस पास लाये और यीशु ने उनका विश्वास देख के उस अर्धाङ्गी से कहा हे पुत्र ! ढाढस कर, तेरे पाप क्षमा किये गये हैं॥ मैं धर्मियों को नहीं परन्तु पापियों को पश्चात्ताप के लिये बुलाने आया हूँ॥ —इं० म० प० ९। आ० २। १३॥

(समीक्षक) यह भी बात वैसी ही असम्भव है जैसी पूर्व लिख आये हैं और जो पाप क्षमा करने की बात है वह केवल भोले लोगों को प्रलोभन देकर फंसाना है। जैसे दूसरे के पिये मद्य, भांग अफीम खाये का नशा दूसरे को नहीं प्राप्त हो सकता वैसे ही किसी का किया हुआ पाप किसी के पास नहीं जाता किन्तु जो करता है वही भोगता है, यही ईश्वर का न्याय है। यदि दूसरे का किया पाप-पुण्य दूसरे को प्राप्त होवे अथवा न्यायाधीश स्वयं ले लेवें वा कर्त्ताओं ही को यथायोग्य फल ईश्वर न देवे तो वह अन्यायकारी हो जावे। देखो ! धर्म ही कल्याणकारक है; ईसा वा अन्य कोई नहीं। और धर्मात्माओं के लिये ईसा की कुछ आवश्यकता भी नहीं और न पापियों के लिये क्योंकि पाप किसी का नहीं छूट सकता॥ ७३॥

७४—यीशु ने अपने बारह शिष्यों को अपने पास बुला के उन्हें अशुद्ध भूतों पर अधिकार दिया कि उन्हें निकालें और हर एक रोग और हर एक व्याधि को चङ्गा करें॥ बोलनेहारे तो तुम नहीं हो परन्तु तुम्हारे पिता का आत्मा तुम में बोलता है॥ मत समझो कि मैं पृथिवी पर मिलाप करवाने को नहीं परन्तु खड्ग चलवाने आया हूँ॥ मैं मनुष्य को उसके पिता से और बेटी को उसकी मां से और पतोहू को उसकी सास से अलग करने आया हूँ॥ मनुष्य के घर ही के लोग उसके वैरी होंगे॥ —इं० म० प० १०। आ० १। २०। ३४। ३५। ३६॥

(समीक्षक) ये वे ही शिष्य हैं जिन में से एक ३०) रुपये के लोभ पर ईसा को पकड़ावेगा और अन्य बदल कर अलग-अलग भागेंगे। भला ! ये बातें जब विद्या ही से विरुद्ध हैं कि भूतों का आना वा निकालना, विना ओषधि वा पथ्य के व्याधियों का छूटना सृष्टिक्रम से असम्भव है। इसलिए ऐसी-ऐसी बातों का मानना अज्ञानियों का काम है। यदि जीव बोलनेहारे नहीं, ईश्वर बोलनेहारा है तो जीव क्या काम करते हैं? और सत्य वा मिथ्याभाषण का फल सुख वा दुःख को ईश्वर ही भोगता होगा, यह भी एक मिथ्या बात है। और जैसा ईसा फूट कराने और लड़ाने को आया था वही आज कल कलह लोगों में चल रहा है। यह कैसी बड़ी बुरी बात है कि फूट कराने से सर्वथा मनुष्यों को दुःख होता है और ईसाइयों ने इसी को गुरुमन्त्र समझ लिया होगा। क्योंकि एक दूसरे की फूट ईसा ही अच्छी मानता था तो ये क्यों नहीं मानते होंगे? यह ईसा ही का काम होगा कि घर के लोगों के शत्रु घर के लोगों को बनाना, यह श्रेष्ठ पुरुष का काम नहीं॥ ७४॥

७५—तब यीशु ने उनसे कहा तुम्हारे पास कितनी रोटियां हैं। उन्होंने कहा सात और छोटी मछलियां॥ तब उसने लोगों को भूमि पर बैठने की आज्ञा दी॥

और उसने उन सात रोटियों को और मछलियों को धन्य मान के तोड़ा और अपने शिष्यों को दिया और शिष्यों ने लोगों को दिया॥ सो सब खा के तृप्त हुए और जो टुकड़े बच रहे उनके सात टोकरे भरे उठाये॥ जिन्होंने खाया सो स्त्रियों और बालकों को छोड़ चार सहस्र पुरुष थे॥

—इं० म० प० १५। आ० ३४। ३५। ३६। ३७। ३८॥

(समीक्षक) अब देखिये ! क्या यह आजकल के झूठे सिद्धों इन्द्रजाली आदि के समान छल की बात नहीं है? उन रोटियों में अन्य रोटियां कहां से आ गईं? यदि ईसा में ऐसी सिद्धियां होतीं तो आप भूखा हुआ गूलर के फल खाने को क्यों भटका करता था? अपने लिये मिट्टी पानी और पत्थर आदि से मोहनभोग, रोटियां क्यों न बना लीं? ये सब बातें लड़कों के खेलपन की हैं। जैसे कितने ही साधु वैरागी ऐसे छल की बातें करके भोले मनुष्यों को ठगते हैं वैसे ही ये भी हैं॥ ७५ ॥

७६—और तब वह हर एक मनुष्य को उसके कार्य्य के अनुसार फल देगा॥

—इं० म० प० १६। आ० २७॥

(समीक्षक) जब कर्मानुसार फल दिया जायेगा तो ईसाइयों का पाप क्षमा होने का उपदेश करना व्यर्थ है और वह सच्चा हो तो यह झूठा होवे। यदि कोई कहे कि क्षमा करने के योग्य क्षमा किये जाते और क्षमा न करने के योग्य क्षमा नहीं किये जाते हैं यह भी ठीक नहीं। क्योंकि सब कर्मों के फल यथायोग्य देने ही से न्याय और पूरी दया होती है॥ ७६ ॥

७७—हे अविश्वासी और हठीले लोगो॥ मैं तुमसे सत्य कहता हूँ यदि तुमको राई के एक दाने के तुल्य विश्वास होय तो तुम इस पहाड़ से जो कहोगे कि यहाँ से वहां चला जा, वह जायेगा और कोई काम तुम से असाध्य नहीं होगा॥

—इं० म० प० १७। आ० १७। २०॥

(समीक्षक) अब जो ईसाई लोग उपदेश करते फिरते हैं कि 'आओ हमारे मत में क्षमा कराओ मुक्ति पाओ' आदि, वह सब मिथ्या है। क्योंकि जो ईसा में पाप छुड़ाने विश्वास जमाने और पवित्र करने का सामर्थ्य होता तो अपने शिष्यों के आत्माओं को निष्पाप, विश्वासी, पवित्र क्यों न कर देता? जो ईसा के साथ-साथ घूमते थे जब उन्हीं को शुद्ध, विश्वासी और कल्याण न कर सका तो वह मरे पर न जाने कहां है? इस समय किसी को पवित्र नहीं कर सकेगा। जब ईसा के चेले राई भर विश्वास से रहित थे और उन्हीं ने यह इञ्जील पुस्तक बनाई है तब इसका प्रमाण नहीं हो सकता। क्योंकि जो अविश्वासी, अपवित्रात्मा, अधर्मी मनुष्यों का लेख होता है उस पर विश्वास करना कल्याण की इच्छा करने वाले मनुष्य का काम नहीं। और इसी से यह भी सिद्ध हो सकता है कि जो ईसा का यह वचन सच्चा है तो किसी ईसाई में एक राई के दाने के समान विश्वास अर्थात् ईमान नहीं है जो कोई कहे कि हम में पूरा वा थोड़ा विश्वास है तो उससे कहना कि आप इस पहाड़ को मार्ग में से हटा देवें। यदि उनके हटाने से हट जाये तो भी पूरा विश्वास नहीं किन्तु एक राई के दाने के बराबर है और जो न हटा सके तो समझो एक छींटा भी विश्वास, ईमान अर्थात् धर्म का ईसाइयों में नहीं है। यदि कोई कहे कि यहां अभिमान आदि दोषों का नाम पहाड़ है तो भी ठीक नहीं, क्योंकि

जो ऐसा हो तो मुर्दे, अन्धे, कोढ़ी, भूतग्रस्तों को चंगा करना भी आलसी, अज्ञानी, विषयी और भ्रान्तों को बोध करके सचेत कुशल किया होगा। जो ऐसा मानें तो भी ठीक नहीं, क्योंकि जो ऐसा होता तो स्वशिष्यों को ऐसा क्यों न कर सकता? इसलिए असम्भव बात कहना ईसा की अज्ञानता का प्रकाश करता है। भला ! जो कुछ भी ईसा में विद्या होती तो ऐसी अटाटूट जंगलीपन की बात क्यों कह देता? तथापि **'यत्र देशे द्रुमो नास्ति तत्रैरण्डोऽपि द्रुमायते।'** जिस देश में कोई भी वृक्ष न हो तो उस देश में एरण्ड का वृक्ष ही सब से बड़ा और अच्छा गिना जाता है वैसे महाजंगली देश में ईसा का भी होना ठीक था। पर आजकल ईसा की क्या गणना हो सकती है॥ ७७॥

७८—मैं तुम्हें सच कहता हूँ जो तुम मन न फिराओ और बालकों के समान न हो जाओ तो स्वर्ग के राज्य में प्रवेश करने न पाओगे॥

—इं० म० प० १८। आ० ३॥

(समीक्षक) जब अपनी ही इच्छा से मन का फिराना स्वर्ग का कारण और न फिराना नरक का कारण है तो कोई किसी का पाप पुण्य कभी नहीं ले सकता ऐसा सिद्ध होता है। और बालक के समान होने के लेख से विदित होता है कि ईसा की बातें विद्या और सृष्टिक्रम से बहुत सी विरुद्ध थीं। और यह भी उसके मन में था कि लोग मेरी बातों को बालक के समान मान लें। पूछें गाछें कुछ भी नहीं, आंख मीच के मान लेवें। बहुत से ईसाइयों की बालबुद्धिवत् चेष्टा है। नहीं तो ऐसी युक्ति, विद्या से विरुद्ध बातें क्यों मानते? और यह भी सिद्ध हुआ जो ईसा आप विद्याहीन बालबुद्धि न होता तो अन्य को बालवत् बनने का उपदेश क्यों करता? क्योंकि जो जैसा होता है वह दूसरे को भी अपने सदृश बनाना चाहता ही है॥ ७८॥

७९—मैं तुम से सच कहता हूँ, धनवान् को स्वर्ग के राज्य में प्रवेश करना कठिन होगा॥ फिर भी मैं तुम से कहता हूं कि ईश्वर के राज्य में धनवान् के प्रवेश करने से ऊँट का सूई के नाके में से जाना सहज है॥

—इं० म० प० १९। आ० २३। २४॥

(समीक्षक) इससे यह सिद्ध होता है कि ईसा दरिद्र था। धनवान् लोग उस की प्रतिष्ठा नहीं करते होंगे, इसलिये यह लिखा होगा। परन्तु यह बात सच नहीं क्योंकि धनाढ्यों और दरिद्रों में अच्छे बुरे होते हैं। जो कोई अच्छा काम करे वह अच्छा और बुरा करे वह बुरा फल पाता है। और इससे यह भी सिद्ध होता है कि ईसा ईश्वर का राज्य किसी एक देश में मानता था; सर्वत्र नहीं। जब ऐसा हो तो वह ईश्वर ही नहीं, जो ईश्वर है उसका राज्य सर्वत्र है। पुनः उसमें प्रवेश करेगा वा न करेगा यह कहना केवल अविद्या की बात है। और इससे यह भी आया कि जितने ईसाई धनाढ्य हैं क्या वे सब नरक ही में जायेंगे? और दरिद्र सब स्वर्ग में जायेंगे? भला तनिक सा विचार तो ईसामसीह करते कि जितनी सामग्री धनाढ्यों के पास होती है उतनी दरिद्रों के पास नहीं। यदि धनाढ्य लोग विवेक से धर्ममार्ग में व्यय करें तो दरिद्र नीच गति में पड़े रहें और धनाढ्य उत्तम गति को प्राप्त हो सकते हैं॥ ७९॥

८०—यीशु ने उनसे कहा मैं तुम से सच कहता हूँ कि नई सृष्टि में जब

मनुष्य का पुत्र अपने ऐश्वर्य के सिंहासन पर बैठेगा तब तुम भी जो मेरे पीछे हो लिये हो; बारह सिंहासनों पर बैठ के इस्राएल के बारह कुलों का न्याय करोगे॥ जिस किसी ने मेरे नाम के लिये घरों वा भाइयों वा बहिनों वा पिता वा माता वा स्त्री वा लड़कों वा भूमि को त्यागा है सो सौ गुणा पावेगा और अनन्त जीवन का अधिकारी होगा॥ —इं० म० प० १९। आ० २८। २९॥

(समीक्षक) अब देखिये ईसा के भीतर की लीला! मेरे जाल से मरे पीछे भी लोग न निकल जायें और जिसने ३०) रुपये के लोभ से अपने गुरु को पकड़ा, मरवाया वैसे पापी भी इसके पास सिंहासन पर बैठेंगे और इस्राएल के कुल का पक्षपात से न्याय ही न किया जायेगा किन्तु उनके सब गुनाह माफ़ और अन्य कुलों का न्याय करेंगे। अनुमान होता है इसी से ईसाई लोग ईसाइयों का बहुत पक्षपात कर किसी गोरे ने काले को मार दिया हो तो भी बहुधा पक्षपात से निरपराधी कर छोड़ देते हैं। ऐसा ही ईसा के स्वर्ग का भी न्याय होगा और इससे बड़ा दोष आता है क्योंकि एक सृष्टि की आदि में मरा और एक 'कयामत' की रात के निकट मरा। एक तो आदि से अन्त तक आशा ही में पड़ा रहा कि कब न्याय होगा ? और दूसरे का उसी समय न्याय हो गया। यह कितना बड़ा अन्याय है और जो नरक में जायगा सो अनन्त काल तक नरक भोगे और जो स्वर्ग में जायेगा वह सदा स्वर्ग भोगेगा यह भी बड़ा अन्याय है। क्योंकि अन्त वाले साधन और कर्मों का फल भी अन्त वाला होना चाहिये। और तुल्य पाप व पुण्य दो जीवों का भी नहीं हो सकता। इसीलिये तारतम्य से अधिक न्यून सुख दुःख वाले अनेक स्वर्ग और नरक हों तभी सुख दुःख भोग सकते हैं। सो ईसाइयों के पुस्तक में कहीं व्यवस्था नहीं। इसलिये यह पुस्तक ईश्वरकृत वा ईसा ईश्वर का बेटा कभी नहीं हो सकता। यह बड़े अनर्थ की बात है कि कदापि किसी के मां बाप सौ सौ नहीं हो सकते किन्तु एक की एक मां और एक ही बाप होता है। अनुमान है कि मुसलमानों ने एक को ७२ स्त्रियाँ बहिश्त में मिलती हैं; लिखा है॥ ८०॥

८१—भोर को जब वह नगर को फिर जाता था तब उसको भूख लगी॥ और मार्ग में एक गूलर का वृक्ष देख के वह उस के पास आया परन्तु उस में और कुछ न पाया केवल पत्ते। और उसको कहा तुझ में फिर कभी फल न लगेंगे। इस पर गूलर का पेड़ तुरन्त सूख गया॥ —इं० म० प० २१। आ० १८। १९॥

(समीक्षक) सब पादरी लोग ईसाई कहते हैं कि वह बड़ा शान्त क्षमान्वित और क्रोधादि दोषरहित था। परन्तु इस बात को देख क्रोधी, ऋतु का ज्ञानरहित ईसा था और वह जंगली मनुष्यपन के स्वभावयुक्त वर्त्तता था। **भला ! जो वृक्ष जड़ पदार्थ है।** उसका क्या अपराध था कि उसको शाप दिया और वह सूख गया। उसके शाप से तो न सूखा होगा किन्तु कोई ऐसी औषधि डालने से सूख गया हो तो आश्चर्य नहीं॥ ८१॥

८२—उन दिनों के क्लेश के पीछे तुरन्त सूर्य अन्धियारा हो जायगा और चांद अपनी ज्योति न देगा! तारे आकाश से गिर पड़ेंगे और आकाश की सेना डिग जायेगी॥ —इं० म० प० २४। आ० २९॥

(समीक्षक) वाह जी ईसा! तारों को किस विद्या से गिर पड़ना आपने जाना और आकाश की सेना कौन सी है जो डिग जायेगी? जो कभी ईसा थोड़ी

भी विद्या पढ़ता तो अवश्य जान लेता कि ये तारे सब भूगोल हैं क्योंकर गिरेंगे। इससे विदित होता है कि ईसा बढ़ई के कुल में उत्पन्न हुआ था। सदा लकड़े चीरना, छीलना, काटना और जोड़ना करता रहा होगा। जब तरंग उठी कि मैं भी इस जंगली देश में पैगम्बर हो सकूंगा; बातें करने लगा। कितनी बातें उस के मुख से अच्छी भी निकलीं और बहुत सी बुरी। वहां के लोग जंगली थे; मान बैठे। जैसा आज कल यूरोप देश उन्नति युक्त है वैसा पूर्व होता तो ईसा की सिद्धाई कुछ भी न चलती। अब कुछ विद्या हुए पश्चात् भी व्यवहार के पेच और हठ से इस पोल मत को न छोड़ कर सर्वथा सत्य वेदमार्ग की ओर नहीं झुकते; यही इनमें न्यूनता है॥ ८२॥

८३—आकाश और पृथिवी टल जायेंगे परन्तु मेरी बातें कभी न टलेंगी॥
—इं० म० प० २४। आ० ३५॥

(समीक्षक) यह भी बात अविद्या और मूर्खता की है। भला ! आकाश हिल कर कहाँ जायगा? जब आकाश अति सूक्ष्म होने से नेत्र से दीखता ही नहीं तो इसका हिलना कौन देख सकता है? और अपने मुख से अपनी बड़ाई करना अच्छे मनुष्यों का काम नहीं॥ ८३॥

८४—तब वह उनसे जो बाईं ओर हैं कहेगा हे स्रापित लोगो ! मेरे पास से उस अनन्त आग में जाओ जो शैतान और उसके दूतों के लिये तैयार की गई है॥ —इं० म० प० २५। आ० ४१॥

(समीक्षक) भला यह कितनी बड़ी पक्षपात की बात है! जो अपने शिष्य हैं उनको स्वर्ग और जो दूसरे हैं उनको अनन्त आग में गिराना। परन्तु जब आकाश ही न रहेगा लिखा तो अनन्त आग नरक बहिश्त कहाँ रहेगी? जो शैतान और उसके दूतों को ईश्वर न बनाता तो इतनी नरक की तैयारी क्यों करनी पड़ती? और एक शैतान ही ईश्वर के भय से न डरा तो वह ईश्वर ही क्या है? क्योंकि उसी का दूत होकर बागी हो गया और ईश्वर उसको प्रथम ही पकड़ कर बन्दीगृह में न डाल सका, न मार सका, पुनः उसकी ईश्वरता क्या? जिसने ईसा को भी चालीस दिन दुःख दिया। ईसा भी उसका कुछ न कर सका तो ईश्वर का बेटा होना व्यर्थ हुआ। इसलिये ईसा ईश्वर का न बेटा और न बाइबल का ईश्वर, ईश्वर हो सकता है॥ ८४॥

८५—तब बारह शिष्यों में से एक यिहूदा इस्करियोती नाम एक शिष्य प्रधान याजकों के पास गया॥ और कहा जो मैं यीशु को आप लोगों के हाथ पकड़वाऊं तो आप लोग मुझे क्या देंगे? उन्होंने उसे तीस रुपये देने को ठहराया॥
—इं० म० प० २६॥ आ० १४। १५॥

(समीक्षक) अब देखिये! ईसा की सब करामात और ईश्वरता यहां खुल गई। क्योंकि जो उसका प्रधान शिष्य था वह भी उसके साक्षात् संग से पवित्रात्मा न हुआ तो औरों को वह मरे पीछे पवित्रात्मा क्या कर सकेगा? और उसके विश्वासी लोग उसके भरोसे में कितने ठगाये जाते हैं क्योंकि जिसने साक्षात् सम्बन्ध में शिष्य का कुछ कल्याण न किया वह मरे पीछे किसी का कल्याण क्या कर सकेगा॥८५॥

८६—जब वे खाते थे तब यीशु ने रोटी लेके धन्यवाद किया और उसे तोड़ के शिष्यों को दिया और कहा लेओ खाओ यह मेरा देह है॥ और उसने कटोरा ले के धन्य माना और उनको देके कहा तुम इससे पीओ॥ क्योंकि यह मेरा लोहू

अर्थात् नये नियम का लोहू है॥ —इं० म० प० २६। आ० २६। २७। २८॥

(समीक्षक) भला यह ऐसी बात कोई भी सभ्य करेगा? विना अविद्वान् जंगली मनुष्य के, शिष्यों से खाने की चीज को अपने मांस और पीने की चीजों को लोहू नहीं कह सकता। और इसी बात को आजकल के ईसाई लोग प्रभु-भोजन कहते हैं अर्थात् खाने पीने की चीजों में ईसा के मांस और लोहू की भावना कर खाते पीते हैं; यह कितनी बुरी बात है? जिन्होंने अपने गुरु के मांस लोहू को भी खाने पीने की भावना से न छोड़ा तो और को कैसे छोड़ सकते हैं?॥ ८६॥

८७—और वह पितर को और जबदी के दोनों पुत्रों को अपने संग ले गया और शोक करने और बहुत उदास होने लगा॥ तब उसने उनसे कहा, मेरा मन यहां लों अति उदास है कि मैं मरने पर हूँ॥ और थोड़ा आगे बढ़ के वह मुंह के बल गिरा और प्रार्थना की, हे मेरे पिता ! जो हो सके तो यह कटोरा मेरे पास से टल जाय॥ —इं० म० प० २६। आ० ३७। ३८। ३९॥

(समीक्षक) देखो ! जो वह केवल मनुष्य न होता, ईश्वर का बेटा और त्रिकालदर्शी और विद्वान् होता तो ऐसी अयोग्य चेष्टा न करता। इससे स्पष्ट विदित होता है कि यह प्रपञ्च ईसा ने अथवा उसके चेलों ने झूठमूठ बनाया है कि ईश्वर का बेटा भूत भविष्यत् का वेत्ता और पाप क्षमा का कर्त्ता है। इससे समझना चाहिये यह केवल साधारण सूधा सच्चा अविद्वान् था, न विद्वान्, न योगी, न सिद्ध था॥८७॥

८८—वह बोलता ही था कि देखो यिहूदा जो बाहर शिष्यों में से एक था; आ पहुंचा। और लोगों के प्रधान याजकों और प्राचीनों की ओर से बहुत लोग खड्ग और लाठियां लिये उसके संग॥ यीशु के पकड़वानेहारे ने उन्हें यह पता दिया था जिसको मैं चूमूं उसको पकड़ो॥ और वह तुरन्त यीशु पास आ बोला, हे गुरु ! प्रणाम और उसको चूमा॥ तब उन्होंने यीशु पर हाथ डाल के उसे पकड़ा॥ तब सब शिष्य उसे छोड़ के भागे॥ अन्त में दो झूठ साक्षी आके बोले, इसने कहा कि मैं ईश्वर का मन्दिर ढहा सकता हूँ और तीन दिन में फिर बना सकता हूं॥ तब महायाजक ने खड़ा हो यीशु से कहा तू कुछ उत्तर नहीं देता है ये लोग तेरे विरुद्ध क्या साक्षी देते हैं॥ परन्तु यीशु चुप रहा इस पर महायाजक ने उससे कहा मैं तुझे जीवते ईश्वर की क्रिया देता हूँ। हम से कह तू ईश्वर का पुत्र ख्रीष्ट है कि नहीं॥ यीशु उससे बोला तू तो कह चुका॥ तब महायाजक ने अपने वस्त्र फाड़ के कहा यह ईश्वर की निन्दा कर चुका है अब हमें साक्षियों का और क्या प्रयोजन? देखो तुमने अभी उसके मुख से ईश्वर की निन्दा सुनी है॥ तुम क्या विचार करते हो? तब उन्होंने उत्तर दिया वह वध के योग्य है॥ तब उन्होंने उसके मुंह पर थूंका और उसे घूंसे मारे। औरों ने थपेड़े मार के कहा—हे ख्रीष्ट ! हमसे भविष्यद्वाणी बोल किसने तुझे मारा॥ पितर बाहर अंगने में बैठा था और एक दासी उसके पास आके बोली तू भी यीशु गालीली के संग था॥ उसने सबों के सामने मुकर के कहा मैं नहीं जानता तू क्या कहती है॥ जब वह बाहर डेवढ़ी में गया तो दूसरी दासी ने उसे देख के जो लोग वहां थे उनसे कहा यह भी यीशु नासरी के संग था॥ उसने क्रिया खाके फिर मुकरा कि मैं उस मनुष्य को नहीं जानता हूँ॥ तब वह धिक्कार देने और क्रिया खाने लगा कि मैं उस मनुष्य को नहीं जानता हूँ॥

—इं० म० प० २६। आ० ४७। ४८। ४९। ५०। ६१। ६२। ६३। ६४। ६५। ६६। ६७। ६८। ६९। ७०। ७१। ७२। ७४॥

(समीक्षक) अब देख लीजिये कि जिसका इतना भी सामर्थ्य वा प्रताप नहीं था कि अपने चेले का भी दृढ़ विश्वास करा सके। और वे चेले चाहे प्राण भी क्यों न जाते तो भी अपने गुरु को लोभ से न पकड़ाते, न मुकरते, न मिथ्याभाषण करते, न झूठी क्रिया खाते। और ईसा भी कुछ करामाती नहीं था, जैसा तौरेत में लिखा है कि–लूत के घर पर पाहुनों को बहुत से मारने को चढ़ आये थे। वहां ईश्वर के दो दूत थे उन्होंने उन्हीं को अन्धा कर दिया। यद्यपि वह भी बात असम्भव है तथापि ईसा में तो इतना भी सामर्थ्य न था और आज कल कितना भड़वा उसके नाम पर ईसाइयों ने बढ़ा रक्खा है। भला ! ऐसी दुर्दशा से मरने से आप स्वयं जूझ वा समाधि चढ़ा अथवा किसी प्रकार से प्राण छोड़ता तो अच्छा था परन्तु वह बुद्धि विना विद्या के कहां से उपस्थित हो? वह ईसा यह भी कहता है कि– ॥८८॥

८९–मैं अभी अपने पिता से विनती नहीं करता हूँ और वह मेरे पास स्वर्गदूतों की बारह सेनाओं से अधिक पहुँचा न देगा? –इं० म० प० २६। आ० ५३॥

(समीक्षक) धमकाता जाता, अपनी और अपने पिता की बड़ाई भी करता जाता पर कुछ भी नहीं कर सकता। देखो आश्चर्य की बात ! जब महायाजक ने पूछा था कि ये लोग तेरे विरुद्ध साक्षी देते हैं इसका उत्तर दे तो ईसा चुप रहा। यह भी ईसा ने अच्छा न किया क्योंकि जो सच था वह वहां अवश्य कह देता तो भी अच्छा होता। ऐसी बहुत सी अपने घमण्ड की बातें करनी उचित न थीं और जिन्होंने ईसा पर झूठा दोष लगाकर मारा उनको भी उचित न था। क्योंकि ईसा का उस प्रकार का अपराध नहीं था जैसा उसके विषय में उन्होंने किया। परन्तु वे भी तो जंगली थे। न्याय की बातों को क्या समझें? यदि ईसा झूठ-मूठ ईश्वर का बेटा न बनता और वे उसके साथ ऐसी बुराई न वर्त्तते तो दोनों के लिये उत्तम काम था। परन्तु इतनी विद्या, धर्म्मात्मता और न्यायशीलता कहां से लावें?॥ ८९ ॥

९०–यीशु अध्यक्ष के आगे खड़ा हुआ और अध्यक्ष ने उससे पूछा क्या तू यहूदियों का राजा है? यीशु ने उनसे कहा आप ही तो कहते हैं॥ जब प्रधान याजक और प्राचीन लोग उस पर दोष लगाते थे तब उसने कुछ उत्तर नहीं दिया॥ तब पिलात ने उससे कहा क्या तू नहीं सुनता कि ये लोग तेरे विरुद्ध कितनी साक्षी देते हैं॥ परन्तु उसने एक बात का भी उसको उत्तर न दिया। यहां लों कि अध्यक्ष ने बहुत अचम्भा किया॥ पिलात ने उनसे कहा तो मैं यीशु से जो ख्रीष्ट कहावता है क्या करूं॥ सभों ने उससे कहा वह क्रूश पर चढ़ाया जावे॥ और यीशु को कोड़े मार के क्रूश पर चढ़ाया जाने को सौंप दिया॥ तब अध्यक्ष के योद्धाओं ने यीशु को भवन में ले जा के सारी पलटन उस पास इकट्ठी की॥ और उन्होंने उसका वस्त्र उतार के उसे लाल बाना पहिराया॥ और कांटों का मुकुट गूँथ के उसके शिर पर रक्खा और उसके दाहिने हाथ में नर्कट दिया॥ और उसके आगे घुटने टेक के यह कह के उससे ठट्ठा किया हे यहूदियों के राजा प्रणाम॥ और उन्होंने उस पर थूका और उस नर्कट को ले उसके शिर पर मारा॥ जब वे उससे ठट्ठा कर चुके तब उससे वह बागा उतार के उसी का वस्त्र पहिरा के उसे क्रूश पर चढ़ाने को ले गये॥ जब वे एक स्थान पर जो गलगथा था अर्थात् खोपड़ी का स्थान कहाता है; पहुँचे॥ तब उन्होंने सिरके में पित्त मिला के उसे पीने को दिया परन्तु उसने चीख के पीना न चाहा॥ तब उन्होंने उसको क्रूश पर चढ़ाया॥ और उन्होंने

उसका दोषपत्र उसके शिर के ऊपर लगाया॥ तब दो डाकू एक दाहिनी ओर और दूसरा बाईं ओर उसके संग क्रूशों पर चढ़ाये गये॥ जो लोग उधर से आते जाते थे उन्होंने अपने शिर हिला के और यह कह के उसकी निन्दा की॥ हे मन्दिर के ढहानेहारे अपने को बचा, जो तू ईश्वर का पुत्र है तो क्रूश पर से उतर आ॥ इसी रीति से प्रधान याजकों ने भी अध्यापकों और प्राचीनों के संगियों ने ठट्ठा कर कहा॥ उसने औरों को बचाया अपने को बचा नहीं सकता है, जो वह इस्राएल का राजा है तो क्रूश पर से अब उतर आवे और हम उसका विश्वास करेंगे॥ वह ईश्वर पर भरोसा रखता है, यदि ईश्वर उसे चाहता है तो उसको बचावे क्योंकि उसने कहा मैं ईश्वर का पुत्र हूँ॥ जो डाकू उसके संग चढ़ाये गये उन्होंने भी इसी रीति से उसकी निन्दा की॥ दो प्रहर से तीसरे प्रहर लों सारे देश में अन्धकार हो गया॥ तीसरे प्रहर के निकट यीशु ने बड़े शब्द से पुकार के कहा 'एली एली लामा सबक्तनी' अर्थात् हे मेरे ईश्वर! हे मेरे ईश्वर! तूने क्यों मुझे त्यागा है॥ जो लोग वहां खड़े थे उनमें से कितनों ने यह सुनके कहा, वह एलीयाह को बुलाता है॥ उनमें से एक ने तुरन्त दौड़ के इस्पंज लेके सिरके में भिगोया और नल पर रख के उसे पीने को दिया॥ तब यीशु ने फिर बड़े शब्द से पुकार के प्राण त्यागा॥

—इं० म० प० २७। आ० ११। १२। १३। १४। २२। २३। २४। २६। २७। २८।२९। ३०। ३१। ३३। ३४। ३५। ३७। ३८। ३८। ३९। ४०। ४१। ४२। ४३। ४४। ४५। ४६। ४७। ४८। ५०॥

(समीक्षक) सर्वथा यीशु के साथ उन दुष्टों ने बुरा काम किया। परन्तु यीशु का भी दोष है। क्योंकि ईश्वर का न कोई पुत्र न वह किसी का बाप है। क्योंकि वह किसी का बाप होवे तो किसी का श्वसुर, श्याला सम्बन्धी आदि भी होवे। और जब अध्यक्ष ने पूछा था तब जैसा सच था; उत्तर देना था। और यह ठीक है कि जो-जो आश्चर्य-कर्म्म प्रथम किये हुए सच्चे होते तो अब भी क्रूश पर से उतर कर सब को अपने शिष्य बना लेता। और जो वह ईश्वर का पुत्र होता तो ईश्वर भी उसको बचा लेता। जो वह त्रिकालदर्शी होता तो सिर्के में पित्त मिले हुए को चीख के क्यों छोड़ता। वह पहले ही से जानता होता। और जो वह करामाती होता तो पुकार-पुकार के प्राण क्यों त्यागता? इससे जानना चाहिये कि चाहे कोई कितनी भी चतुराई करे परन्तु अन्त में सच-सच और झूठ-झूठ हो जाता है। इससे यह भी सिद्ध हुआ कि यीशु एक उस समय के जंगली मनुष्यों में से कुछ अच्छा था। न वह करामाती, न वह ईश्वर का पुत्र और न विद्वान् था। क्योंकि जो ऐसा होता तो ऐसा वह दुःख क्यों भोगता?॥ ९०॥

९१—और देखो, बड़ा भुईंडोल हुआ कि परमेश्वर का एक दूत उतरा और आ के कबर के द्वार पर से पत्थर लुढ़का के उस पर बैठा॥ वह यहां नहीं है, जैसे उसने कहा वैसे जी उठा है॥ जब वे उसके शिष्यों को सन्देश देने को जाती थीं, देखो यीशु उनसे आ मिला, कहा कल्याण हो और उन्होंने निकट आ, उसके पांव पकड़ के उसको प्रणाम किया॥ तब यीशु ने कहा मत डरो, जाके मेरे भाइयों से कह दो वे गालील को जावें और वहां वे मुझे देखेंगे॥ ग्यारह शिष्य गालील में उस पर्वत पर गये जो यीशु ने उन्हें बताया था॥ और उन्होंने उसे देख के उसको प्रणाम किया पर कितनों का सन्देह हुआ॥ यीशु ने उनके पास आ उनसे कहा, स्वर्ग में और पृथिवी पर समस्त अधिकार मुझको दिया गया है॥ और देखो मैं जगत्

के अन्त लों सब दिन तुम्हारे संग हूँ॥

—इं० म० प० २८। आ० २। ६। ९। १०। १६। १७। १८। २०॥

(समीक्षक) यह बात भी मानने योग्य नहीं, क्योंकि सृष्टिक्रम और विद्याविरुद्ध है। प्रथम ईश्वर के पास दूतों का होना, उनको जहां-तहां भेजना, ऊपर से उतरना, क्या तहसीलदारी, कलेक्टरी के समान ईश्वर को बना दिया? क्या उसी शरीर से स्वर्ग को गया और जी उठा? क्योंकि उन स्त्रियों ने उसके पग पकड़ के प्रणाम किया तो क्या वही शरीर था? और वह तीन दिन लों सड़ क्यों न गया? और अपने मुख से सब का अधिकारी बनना केवल दम्भ की बात है। शिष्यों से मिलना और उनसे सब बातें करनी असम्भव हैं। क्योंकि जो ये बातें सच हों तो आजकल भी कोई क्यों नहीं जी उठते? और उसी शरीर से स्वर्ग को क्यों नहीं जाते?

यह मत्तीरचित्त इञ्जील का विषय हो चुका। अब मार्करचित इञ्जील के विषय में लिखा जाता है॥ ९१॥

मार्क रचित इञ्जील

९२—यह क्या बढ़ई नहीं है। —इं०मार्क प० ६। आ० ३॥

(समीक्षक) असल में यूसफ बढ़ई था, इसलिये ईसा भी बढ़ई था। कितने ही वर्ष तक बढ़ई का काम करता था। पश्चात् पैगम्बर बनता-बनता ईश्वर का बेटा ही बन गया और जंगली लोगों ने बना लिया तभी बड़ी कारीगरी चलाई। काट कूट फूट फाट करना उसका काम है॥ ९२॥

लूका रचित इञ्जील

९३—यीशु ने उससे कहा तू मुझे उत्तम क्यों कहता है, कोई उत्तम नहीं है, केवल एक अर्थात् ईश्वर॥ —इं० लू० प० १८। आ० १९॥

(समीक्षक) जब ईसा ही एक अद्वितीय ईश्वर कहाता है तो ईसाइयों ने पवित्रात्मा पिता और पुत्र तीन कहां से बना लिये?॥ ९३॥

९४—तब उसे हेरोद के पास भेजा॥ हेरोद यीशु को देख के अति आनन्दित हुआ क्योंकि वह उसको बहुत दिनों से देखने चाहता था इसलिये कि उसके विषय में बहुत सी बातें सुनी थीं और उसका कुछ आश्चर्य कर्म्म देखने की उसको आशा हुई॥ उसने उससे बहुत बातें पूछीं परन्तु उसने उसे कुछ उत्तर न दिया॥

—इं० लू० प० २३। आ० ७। ८। ९॥

(समीक्षक) यह बात मत्तीरचित में नहीं है इसलिए ये साक्षी बिगड़ गये। क्योंकि साक्षी एक से होने चाहियें और जो ईसा चतुर और करामाती होता तो उत्तर देता और करामात भी दिखलाता। इससे विदित होता है कि ईसा में विद्या और करामात कुछ भी न थी॥ ९४॥

योहन रचित सुसमाचार

९५—आदि में वचन था और वचन ईश्वर के संग था और वचन ईश्वर था॥ वह आदि में ईश्वर के संग था॥ सब कुछ उसके द्वारा सृजा गया और जो सृजा गया है कुछ भी उस बिना नहीं सृजा गया। उसमें जीवन था और वह जीवन मनुष्यों का उजियाला था॥ —यो०प० १। आ० १। २। ३। ४॥

(समीक्षक) आदि में वचन विना वक्ता के नहीं हो सकता और जो वचन ईश्वर के संग था तो यह कहना व्यर्थ हुआ। और वचन ईश्वर कभी नहीं हो सकता क्योंकि जब वह आदि में ईश्वर के संग था तो पूर्व वचन वा ईश्वर था; यह नहीं घट सकता। वचन के द्वारा सृष्टि कभी नहीं हो सकती जब तक उसका कारण न हो। और वचन के विना भी चुपचाप रह कर कर्त्ता सृष्टि कर सकता है। जीवन किस में वा क्या था, इस वचन से जीव अनादि मानोगे, जो अनादि है तो आदम के नथुनों में श्वास फूंकना झूठा हुआ और क्या जीवन मनुष्यों ही का उजियाला है; पश्वादि का नहीं? ॥ ९५ ॥

९६—और बियारी के समय में जब शैतान शिमोन के पुत्र यिहूदा इस्करियोती के मन में उसे पकड़वाने का मत डाल चुका था॥ —यो० प० १३। आ० २॥

(समीक्षक) यह बात सच नहीं। क्योंकि जब कोई ईसाइयों से पूछेगा कि शैतान सब को बहकाता है तो शैतान को कौन बहकाता है? जो कहो शैतान आप से आप बहकता है तो मनुष्य भी आप से आप बहक सकते हैं पुनः शैतान का क्या काम? और यदि शैतान का बनाने और बहकाने वाला परमेश्वर है तो वही शैतान का शैतान ईसाइयों का ईश्वर ठहरा। परमेश्वर ही ने सब को उसके द्वारा बहकाया। भला ऐसे काम ईश्वर के हो सकते हैं? सच तो यही है कि यह पुस्तक ईसाइयों का और ईसा ईश्वर का बेटा जिन्होंने बनाये वे शैतान हों तो हों किन्तु न यह ईश्वरकृत पुस्तक, न इसमें कहा ईश्वर और न ईसा ईश्वर का बेटा हो सकता है॥ ९६ ॥

९७—तुम्हारा मन व्याकुल न होवे। ईश्वर पर विश्वास करो और मुझ पर विश्वास करो॥ मेरे पिता के घर में बहुत से रहने के स्थान हैं। नहीं तो मैं तुम से कहता मैं तुम्हारे लिये स्थान तैयार करने जाता हूँ॥ और जो मैं जाके तुम्हारे लिये स्थान तैयार करूं तो फिर आके तुम्हें अपने यहां ले जाऊंगा कि जहां मैं रहूं तहां तुम भी रहो॥ यीशु ने उससे कहा मैं ही मार्ग और सत्य और जीवन हूँ। विना मेरे द्वारा से कोई पिता के पास नहीं पहुँचता है॥ जो तुम मुझे जानते तो मेरे पिता को भी जानते॥ —यो० प० १४। आ० १। २। ३। ६। ७॥

(समीक्षक) अब देखिये ! ये ईसा के वचन क्या पोपलीला से कमती हैं? जो ऐसा प्रपंच न रचता तो उसके मत में कौन फंसता? क्या ईसा ने अपने पिता को ठेके में ले लिया है? और जो वह ईसा के वश्य है तो पराधीन होने से वह ईश्वर ही नहीं। क्योंकि ईश्वर किसी की सिफारिश नहीं सुनता। क्या ईसा के पहले कोई भी ईश्वर को नहीं प्राप्त हुआ होगा? ऐसा स्थान आदि का प्रलोभन देता और जो अपने मुख से आप मार्ग, सत्य और जीवन बनता है वह सब प्रकार से दम्भी कहाता है। इससे यह बात सत्य कभी नहीं हो सकती॥ ९७॥

९८—मैं तुमसे सच-सच कहता हूँ जो मुझ पर विश्वास करे। जो काम मैं करता हूँ उन्हें वह भी करेगा और इनसे बड़े काम करेगा॥

—यो० प० १४। आ० १२॥

(समीक्षक) अब देखिये ! जो ईसाई लोग ईसा पर पूरा विश्वास रखते हैं वैसे ही मुर्दे जिलाने आदि का काम क्यों नहीं कर सकते? और जो विश्वास से भी आश्चर्य काम नहीं कर सकते तो ईसा ने भी आश्चर्य कर्म नहीं किये थे

ऐसा निश्चित जानना चाहिये। क्योंकि स्वयम् ईसा ही कहता है कि तुम भी आश्चर्य काम करोगे तो भी इस समय ईसाई एक भी नहीं कर सकता तो किसकी हिये की आंख फूट गई है वह ईसा को मुर्दे जिलाने आदि काम का कर्त्ता मान लेवे ॥९८ ॥

९९—जो अद्वैत सत्य ईश्वर है॥ —यो०प० १७। आ० ३॥

(समीक्षक) जब अद्वैत एक ईश्वर है तो ईसाइयों का तीन कहना सर्वथा मिथ्या है॥ ९९ ॥

इसी प्रकार बहुत ठिकाने इञ्जील में अन्यथा बातें भरी हैं।

योहन के प्रकाशित वाक्य

अब योहन की अद्‌भुत बातें सुनो—

१००—और अपने-अपने शिर पर सोने के मुकुट दिये हुए थे॥ और सात अग्निदीपक सिंहासन के आगे जलते थे जो ईश्वर के सातों आत्मा हैं। और सिंहासन के आगे कांच का समुद्र है और सिंहासन के आस-पास चार प्राणी हैं जो आगे और पीछे नेत्रों से भरे हैं॥ —यो० प्र० प० ४। आ० ४। ५। ६॥

(समीक्षक) अब देखिये ! एक नगर के तुल्य ईसाइयों का स्वर्ग है। और इनका ईश्वर भी दीपक के समान अग्नि है और सोने का मुकुटादि आभूषण धारण करना और आगे पीछे नेत्रों का होना असम्भावित है। इन बातों को कौन मान सकता है? और वहां सिंहादि चार पशु भी लिखे हैं॥ १०० ॥

१०१—और मैंने सिंहासन पर बैठने हारे के दाहिने हाथ में एक पुस्तक देखा जो भीतर और पीठ पर लिखा हुआ था और सात छापों से उस पर छाप दी हुई थी॥ यह पुस्तक खोलने और उसकी छापें तोड़ने योग्य कौन है॥ और न स्वर्ग में और न पृथिवी पर न पृथिवी के नीचे कोई वह पुस्तक खोल अथवा उसे देख सकता था॥ और मैं बहुत रोने लगा इसलिए कि पुस्तक खोलने और पढ़ने अथवा उसे देखने योग्य कोई नहीं मिला॥ —यो० प्र० पर्व० ५। आ० १। २। ३। ४॥

(समीक्षक) अब देखिये ! ईसाइयों के स्वर्ग में सिंहासनों और मनुष्यों का ठाठ और पुस्तक कई छापों से बंध किया हुआ जिसको खोलने आदि कर्म करने वाला स्वर्ग और पृथिवी पर कोई नहीं मिला। योहन का रोना और पश्चात् एक प्राचीन ने कहा कि वही ईसा खोलने वाला है। प्रयोजन यह है कि जिसका विवाह उसका गीत! देखो! ईसा ही के ऊपर सब माहात्म्य झुकाये जाते हैं परन्तु ये बातें केवल कथनमात्र हैं॥ १०१ ॥

१०२—और मैंने दृष्टि की और देखो सिंहासन के चारों प्राणियों के बीच में और प्राचीनों के बीच में एक मेम्ना जैसा बंध किया हुआ खड़ा है जिसके सात सींग और सात नेत्र हैं जो सारी पृथिवी में भेजे हुए ईश्वर के सातों आत्मा हैं॥ —यो० प्र० प० ५। आ० ६॥

(समीक्षक) अब देखिये इस योहन के स्वप्न का मनोव्यापार ! उस स्वर्ग के बीच में सब ईसाई और चार पशु तथा ईसा भी है और कोई नहीं! यह बड़ी अद्‌भुत बात हुई कि यहां तो ईसा के दो नेत्र थे और सींग का नाम भी न था और स्वर्ग में जाके सात सींग और सात नेत्र वाला हुआ ! और वे सातों ईश्वर के आत्मा ईसा के सींग और नेत्र बन गए थे ! हाय ! ऐसी बातों को ईसाइयों

ने क्यों मान लिया? भला कुछ तो बुद्धि काम में लाते॥ १०२॥

१०३—और जब उसने पुस्तक लिया तब चारों प्राणी और चौबीसों प्राचीन मेम्ने के आगे गिर पड़े और हर एक के पास वीणा थी और धूप से भरे हुए सोने के पियाले जो पवित्र लोगों की प्रार्थनाएं हैं॥ —यो० प्र० प० ५। आ० ८॥

(समीक्षक) भला जब ईसा स्वर्ग में न होगा तब ये बिचारे धूप, दीप, नैवेद्य, आर्ति आदि पूजा किसकी करते होंगे? और यहां प्रोटेस्टेंट ईसाई लोग बुत्परस्ती (मूर्तिपूजा) का खण्डन करते हैं और इनका स्वर्ग बुत्परस्ती का घर बन रहा है॥ १०३॥

१०४—और जब मेम्ने ने छापों में से एक को खोला तब मैंने दृष्टि की चारों प्राणियों में से एक को जैसे मेघ गर्जने के शब्द को यह कहते हुए सुना कि आ और देख॥ और मैंने दृष्टि की और देखो एक श्वेत घोड़ा है और जो उस पर बैठा है उस पास धनुष् है और उसे मुकुट दिया गया और वह जय करता हुआ और जय करने को निकला॥ और जब उसने दूसरी छाप खोली॥ दूसरा घोड़ा जो लाल था निकला उसको दिया गया कि पृथिवी पर से मेल उठा देवे॥ और जब उसने तीसरी छाप खोली; देखो एक काला घोड़ा है॥ और जब उसने चौथी छाप खोली॥ और देखो एक पीला सा घोड़ा है और जो उस पर बैठा है उसका नाम मृत्यु है; इत्यादि॥ —यो० प्र० प० ६। आ० १। २। ३। ४। ५। ७। ८॥

(समीक्षक) अब देखिये यह पुराणों से भी अधिक मिथ्या लीला है वा नहीं? भला! पुस्तकों के बन्धनों के छापे के भीतर घोड़ा सवार क्योंकर रह सके होंगे? यह स्वप्ने का बरड़ाना जिन्होंने इसको भी सत्य माना है। उनमें अविद्या जितनी कहें उतनी ही थोड़ी है॥ १०४॥

१०५—और वे बड़े शब्द से पुकारते थे कि हे स्वामी पवित्र और सत्य! कब लों तू न्याय नहीं करता है और पृथिवी के निवासियों से हमारे लोहू का पलटा नहीं लेता है॥ और हर एक को उजला वस्त्र दिया गया और उनसे कहा गया कि जब लों तुम्हारे संगी दास भी और तुम्हारे भाई जो तुम्हारी नाईं बंध किये जाने पर हैं न पूरे हों तब लों और थोड़ी बेर विश्राम करो॥ —यो० प्र० प० ६। आ० १०। ११॥

(समीक्षक) जो कोई ईसाई होंगे वे दौड़े सुपुर्द होकर ऐसे न्याय कराने के लिये रोया करेंगे। जो वेदमार्ग का स्वीकार करेगा उसके न्याय होने में कुछ भी देर न होगी। ईसाइयों से पूछना चाहिये क्या ईश्वर की कचहरी आजकल बन्द है? और न्याय का काम भी नहीं होता? न्यायाधीश निकम्मे बैठे हैं? तो कुछ भी ठीक-ठीक उत्तर न दे सकेंगे। और ईश्वर को भी बहका कर और इनका ईश्वर बहक भी जाता है क्योंकि इनके कहने से झट इनके शत्रु से पलटा लेने लगता है। और दंशिले स्वभाव वाले हैं कि मरे पीछे स्ववैर लिया करते हैं, शान्ति कुछ भी नहीं। और जहां शान्ति नहीं वहां दुःख का क्या पारावार होगा॥ १०५॥

१०६—और जैसे बड़ी बयार से हिलाए जाने पर गूलर के वृक्ष से उसके कच्चे गूलर झड़ते हैं, तैसे आकाश के तारे पृथिवी पर गिर पड़े॥ और आकाश पत्र की नाईं जो लपेटा जाता है अलग हो गया॥ —यो० प्र० प० ६। आ० १३। १४॥

(समीक्षक) अब देखिये! योहन भविष्यद्वक्ता ने जब विद्या नहीं है तभी तो ऐसी अण्ड बण्ड कथा गाई। भला! तारे सब भूगोल हैं एक पृथिवी पर कैसे

गिर सकते हैं? और सूर्यादि का आकर्षण उनको इधर-उधर क्यों आने जाने देगा? और क्या आकाश को चटाई के समान समझता है? यह आकाश साकार पदार्थ नहीं है जिस को कोई लपेटे वा इकट्ठा कर सके। इसलिये योहन आदि सब जंगली मनुष्य थे। उनको इन बातों की क्या खबर?॥ १०६॥

१०७-मैंने उनकी संख्या सुनी, इस्राएल के सन्तानों के समस्त कुल में से एक लाख चवालीस सहस्र पर छाप दी गई॥ यिहूदा के कुल में से बारह सहस्र पर छाप दी गई॥ -यो० प्र० प० ७। आ० ४। ५॥

(समीक्षक) क्या जो बाइबल में ईश्वर लिखा है वह इस्राएल आदि कुलों का स्वामी है वा सब संसार का? ऐसा न होता तो उन्हीं जंगलियों का साथ क्यों देता? और उन्हीं का सहाय करता था। दूसरे का नाम निशान भी नहीं लेता। इससे वह ईश्वर नहीं। और इस्राएल कुलादि के मनुष्यों पर छाप लगाना अल्पज्ञता अथवा योहन की मिथ्या कल्पना है॥ १०७॥

१०८-इस कारण वे ईश्वर के सिंहासन के आगे हैं और उसके मन्दिर में रात और दिन उसकी सेवा करते हैं॥ -यो० प्र० प० ७। आ० १५॥

(समीक्षक) क्या यह महाबुत्परस्ती नहीं है? अथवा उनका ईश्वर देह-धारी मनुष्य तुल्य एकदेशी नहीं है? और ईसाइयों का ईश्वर रात में सोता भी नहीं है । यदि सोता है तो रात में पूजा क्योंकर करते होंगे? तथा उसकी नींद भी उड़ जाती होगी और जो रात दिन जागता होगा तो विक्षिप्त वा अति रोगी होगा॥ १०८॥

१०९-और दूसरा दूत आके वेदी के निकट खड़ा हुआ जिस पास सोने की धूपदानी थी और उसको बहुत धूप दिया गया॥ और धूप का धुंआ पवित्र लोगों की प्रार्थनाओं के संग दूत के हाथ में से ईश्वर के आगे चढ़ गया॥ और दूत ने वह धूपदानी लेके उसमें वेदी की आग भर के उसे पृथिवी पर डाला और शब्द और गर्जन और बिजलियाँ और भुईंडोल हुए॥ -यो० प्र० प० ८। आ० ३। ४। ५॥

(समीक्षक) अब देखिये ! स्वर्ग तक वेदी, धूप, दीप, नैवेद्य, तुरही के शब्द होते हैं, क्या वैरागियों के मन्दिर से ईसाइयों का स्वर्ग कम है? कुछ धूम-धाम अधिक ही है॥ १०९॥

११०-पहिले दूत ने तुरही फूंकी और लोहू से मिले हुए ओले और आग हुए और वे पृथिवी पर डाले गये और पृथिवी की एक तिहाई जल गई॥
-यो० प्र० प० ८। आ० ७॥

(समीक्षक) वाह रे ईसाइयों के भविष्यद्वक्ता! ईश्वर, ईश्वर के दूत, तुरही का शब्द और प्रलय की लीला केवल लड़कों ही का खेल दीखता है॥ ११०॥

१११-और पांचवें दूत ने तुरही फूंकी और मैंने एक तारे को देखा जो स्वर्ग में से पृथिवी पर गिरा हुआ था और अथाह कुण्ड के कूप की कुंजी उसको दी गई॥ और उसने अथाह कुण्ड का कूप खोला और कूप में से बड़ी भट्ठी के धुंए की नाईं धुंआ उठा॥ और उस धुंए में से टिड्डियां पृथिवी पर निकल गईं और जैसा पृथिवी के बीछुओं को अधिकार होता है तैसा उन्हें अधिकार दिया गया॥ और उनसे कहा गया कि उन मनुष्यों को जिनके माथे पर ईश्वर की छाप नहीं है॥ पांच मास उन्हें पीड़ा दी जाय॥ -यो० प्र० प० ९। आ० १। २। ३। ४। ५॥

(समीक्षक) क्या तुरही का शब्द सुनकर तारे उन्हीं दूतों पर और उसी

स्वर्ग में गिरे होंगे? यहां तो नहीं गिरे। भला वह कूप वा टिड्डियां भी प्रलय के लिये ईश्वर ने पाली होंगी और छाप को देख बांच भी लेती होंगी कि छाप वालों को मत काटो? यह केवल भोले मनुष्यों को डरा के ईसाई बना लेने का धोखा देना है कि जो तुम ईसाई न होगे तो तुमको टिड्डियां काटेंगी परन्तु ऐसी बातें विद्याहीन देश में चल सकती हैं आर्य्यावर्त्त में नहीं। क्या वह प्रलय की बात हो सकती है॥ १११॥

११२—और घुड़चढ़ों की सेनाओं की संख्या बीस करोड़ थी॥

—यो० प्र० प० ९। आ० १६॥

(समीक्षक) भला! इतने घोड़े स्वर्ग में कहां ठहरते, कहां चरते और कहां रहते और कितनी लीद करते थे? और उसका दुर्गन्ध भी स्वर्ग में कितना हुआ होगा? बस ऐसे स्वर्ग, ऐसे ईश्वर और ऐसे मत के लिये हम सब आर्य्यों ने तिलाञ्जलि दे दी है। ऐसा बखेड़ा ईसाइयों के शिर पर से भी सर्वशक्तिमान् की कृपा से दूर हो जाय तो बहुत अच्छा हो॥ ११२॥

११३—और मैंने दूसरे पराक्रमी दूत को स्वर्ग से उतरते देखा जो मेघ को ओढ़े था और उसके सिर पर मेघधनुष् था और उसका मुंह सूर्य्य की नाईं और उसके पांव आग के खम्भों के ऐसे थे॥ और उसने अपना दाहिना पांव समुद्र पर और बायां पृथिवी पर रक्खा॥ —यो० प्र० प० १०। आ० १। २॥

(समीक्षक) अब देखिये इन दूतों की कथा! जो पुराणों वा भाटों की कथाओं से भी बढ़ कर है॥ ११३॥

११४—और लोगों के समान एक नर्कट मुझे दिया गया और कहा गया कि उठ! ईश्वर के मन्दिर को और वेदी को और उसमें के भजन करनेहारों को नाप॥ —यो० प्र० प० ११। आ० १॥

(समीक्षक) यहां तो क्या परन्तु ईसाइयों के तो स्वर्ग में भी मन्दिर बनाये और नापे जाते हैं। अच्छा है, उनका जैसा स्वर्ग वैसी ही बातें हैं। इसीलिए यहां प्रभुभोजन में ईसा के शरीरावयव मांस लोहू की भावना करके खाते पीते हैं और गिर्जा में भी क्रूश आदि का आकार बनाना आदि भी बुतपरस्ती है॥ ११४॥

११५—और स्वर्ग में ईश्वर का मन्दिर खोला गया और उसके नियम का सन्दूक उसके मन्दिर में दिखाई दिया॥ —यो० प्र० प० ११। आ० १९॥

(समीक्षक) स्वर्ग में जो मन्दिर है सो हर समय बन्द रहता होगा। कभी-कभी खोला जाता होगा। क्या परमेश्वर का भी कोई मन्दिर हो सकता है? जो वेदोक्त परमात्मा सर्वव्यापक है उसका कोई भी मन्दिर नहीं हो सकता। हां! ईसाइयों का जो परमेश्वर आकारवाला है उसका चाहे स्वर्ग में हो चाहे भूमि में। और जैसी लीला टं टन् पूं पूं की यहां होती है वैसी ही ईसाइयों के स्वर्ग में भी। और नियम का सन्दूक भी कभी-कभी ईसाई लोग देखते होंगे। उससे न जाने क्या प्रयोजन सिद्ध करते होंगे? सच तो यह है कि ये सब बातें मनुष्यों को लुभाने की हैं॥ ११५॥

११६—और एक बड़ा आश्चर्य स्वर्ग में दिखाई दिया अर्थात् एक स्त्री जो सूर्य्य पहिने है और चांद उसके पांवों तले है और उसके सिर पर बारह तारों का मुकुट है॥ और वह गर्भवती होके चिल्लाती है क्योंकि प्रसव की पीड़ा उसे लगी

और वह जनने को पीड़ित है॥ और दूसरा आश्चर्य स्वर्ग में दिखाई दिया और देखो एक बड़ा लाल अजगर है जिसके सात सिर और दस सींग हैं और उसके सिरों पर सात राजमुकुट हैं॥ और उसकी पूंछ ने आकाश के तारों की एक तिहाई को खींच के उन्हें पृथिवी पर डाला॥ —यो० प्र० प० १२। आ० १। २। ३। ४॥

(समीक्षक) अब देखिये लम्बे चौड़े गपोड़े ! इनके स्वर्ग में भी विचारी स्त्री चिल्लाती है। उसका दुःख कोई नहीं सुनता, न मिटा सकता है। और उस अजगर की पूंछ कितनी बड़ी थी जिसने एक तिहाई तारों को पृथिवी पर डाला? भला! पृथिवी तो छोटी है और तारे भी बड़े-बड़े लोक हैं। इस पृथिवी पर एक भी नहीं समा सकता। किन्तु यहां यही अनुमान करना चाहिये कि ये तारों की तिहाई इस बात के लिखने वाले के घर पर गिरे होंगे और जिस अजगर की पूंछ इतनी बड़ी थी जिससे सब तारों की तिहाई लपेट कर भूमि पर गिरा दी वह अजगर भी उसी के घर में रहता होगा॥ ११६॥

११७—और स्वर्ग में युद्ध हुआ मीखायेल और उसके दूत अजगर से लड़े और अजगर और उसके दूत लड़े॥ —यो० प्र० प० १२। आ० ७॥

(समीक्षक) जो कोई ईसाइयों के स्वर्ग में जाता होगा वह भी लड़ाई में दुःख पाता होगा। ऐसे स्वर्ग की यहीं से आशा छोड़ हाथ जोड़ बैठ रहो। जहां शान्तिभंग और उपद्रव मचा रहे वह ईसाइयों के योग्य है॥ ११७॥

११८—और वह बड़ा अजगर गिराया गया। हां ! वह प्राचीन सांप जो दियाबल और शैतान कहावता है जो सारे संसार का भरमानेहारा है॥

—यो० प्र० प० १२। आ० ९॥

(समीक्षक) क्या जब वह शैतान स्वर्ग में था तब लोगों को नहीं भरमाता था? और उसको जन्म भर बन्दीगृह में घिरा अथवा मार क्यों न डाला? उसको पृथिवी पर क्यों डाल दिया? जो सब संसार का भरमाने वाला शैतान है तो शैतान को भरमाने वाला कौन है? यदि शैतान स्वयं भर्मा है तो शैतान के विना भरमनेहारे भर्मेंगे और जो भरमानेहारा परमेश्वर है तो वह ईश्वर ही नहीं ठहरा। विदित तो यह होता है कि ईसाइयों का ईश्वर भी शैतान से डरता होगा क्योंकि जो शैतान से प्रबल है तो ईश्वर ने उसको अपराध करते समय ही दण्ड क्यों न दिया ? जगत् में शैतान का जितना राज है उसके सामने सहस्रांश भी ईसाइयों के ईश्वर का राज नहीं। इसीलिये ईसाइयों का ईश्वर उसे हटा नहीं सकता होगा। इससे यह सिद्ध हुआ कि जैसा इस समय के राज्याधिकारी ईसाई डाकू चोर आदि को शीघ्र दण्ड देते हैं वैसा भी ईसाइयों का ईश्वर नहीं । पुनः कौन ऐसा निर्बुद्धि मनुष्य है जो वैदिक मत को छोड़ पोकल ईसाई मत स्वीकार करे?॥ ११८॥

११९—हाय पृथिवी और समुद्र के निवासियो! क्योंकि शैतान तुम पास उतरा है॥ —यो० प्र० प० १२। आ० १२॥

(समीक्षक) क्या वह ईश्वर वहीं का रक्षक और स्वामी है? पृथिवी के मनुष्यादि प्राणियों का रक्षक और स्वामी नहीं है? यदि भूमि का भी राजा है तो शैतान को क्यों न मार सका? ईश्वर देखता रहता है और शैतान बहकाता फिरता है तो भी उसको वर्जता नहीं॥ विदित तो यह होता है कि एक अच्छा ईश्वर और एक समर्थ दुष्ट दूसरा ईश्वर हो रहा है॥ ११९॥

१२०—और बयालीस मास लों युद्ध करने का अधिकार उसे दिया गया॥ और उसने ईश्वर के विरुद्ध निन्दा करने को अपना मुंह खोला कि उसके नाम की और उसके तम्बू की और स्वर्ग में वास करनेहारों की निन्दा करे॥ और उसको यह दिया गया कि पवित्र लोगों से युद्ध करे और उन पर जय करे और हर एक कुल और भाषा और देश पर उसको अधिकार दिया गया॥

—यो० प्र० प० १३। आ० ५। ६। ७॥

(समीक्षक) भला ! जो पृथिवी के लोगों को बहकाने के लिये शैतान और पशु आदि को भेजे और पवित्र मनुष्यों से युद्ध करावे वह काम डाकुओं के सरदार के समान है वा नहीं। ऐसा काम ईश्वर वा ईश्वर के भक्तों का नहीं हो सकता॥ १२०॥

१२१—और मैंने दृष्टि की और देखो मेम्ना सियोन पर्वत पर खड़ा है और उसके संग एक लाख चवालीस सहस्र जन थे जिनके माथे पर उसका नाम और उसके पिता का नाम लिखा है॥ —यो० प्र० प० १४। आ० १॥

(समीक्षक) अब देखिये ! जहां ईसा का बाप रहता था वहीं उसी सियोन पहाड़ पर उसका लड़का भी रहता था। परन्तु एक लाख चवालीस सहस्र मनुष्यों की गणना क्योंकर की? एक लाख चवालीस सहस्र ही स्वर्ग के वासी हुए। शेष करोड़ों ईसाइयों के शिर पर न मोहर लगी? क्या ये सब नरक में गये? ईसाइयों को चाहिये कि सियोन पर्वत पर जाके देखें कि ईसा का उक्त बाप और उनकी सेना वहां है वा नहीं? जो हों तो यह लेख ठीक है; नहीं तो मिथ्या। यदि कहीं से वहां आया है तो कहां से आया? जो कहो स्वर्ग से; तो क्या वे पक्षी हैं कि इतनी बड़ी सेना और आप ऊपर नीचे उड़ कर आया जाया करें? यदि वह आया जाया करता है तो एक जिले के न्यायाधीश के समान हुआ। और वह एक दो या तीन हो तो नहीं बन सकेगा किन्तु न्यून एक-एक भूगोल में एक-एक ईश्वर चाहिए। क्योंकि एक दो तीन अनेक ब्रह्माण्डों का न्याय करने और सर्वत्र युगपत् घूमने में समर्थ कभी नहीं हो सकते॥ १२१॥

१२२—आत्मा कहता है हां कि वे अपने परिश्रम से विश्राम करेंगे परन्तु उनके कार्य्य उनके संग हो लेते हैं॥ —यो० प्र० प० १४। आ० १३॥

(समीक्षक) देखिये ! ईसाइयों का ईश्वर तो कहता है उनके कर्म उन के संग रहेंगे अर्थात् कर्मानुसार फल सब को दिये जायेंगे और ये लोग कहते हैं कि ईसा पापों को ले लेगा और क्षमा भी किये जायेंगे। यहां बुद्धिमान् विचारें कि ईश्वर का वचन सच्चा वा ईसाइयों का ? एक बात में दोनों तो सच्चे हो ही नहीं सकते। इनमें से एक झूठा अवश्य होगा। हम को क्या ! चाहे ईसाइयों का ईश्वर झूठा हो वा ईसाई लोग॥ १२२॥

१२३—और उसे ईश्वर के कोप के बड़े रस के कुण्ड में डाला। और रस के कुण्ड का रौंदन नगर के बाहर किया गया और रस के कुण्ड में से घोड़ों के लगाम तक लोहू एक सौ कोश तक बह निकला॥

—यो० प्र० प० १४। आ० १९। २०॥

(समीक्षक) अब देखिये ! इनके गपोड़े पुराणों से भी बढ़कर हैं वा नहीं? ईसाइयों का ईश्वर कोप करते समय बहुत दुःखित हो जाता होगा और उसके कोप

के कुण्ड भरे हैं क्या उसका कोप जल है? वा अन्य द्रवित पदार्थ है कि जिससे कुण्ड भरे हैं? और सौ कोश तक रुधिर का बहना असम्भव है क्योंकि रुधिर वायु लगने से झट जम जाता है पुनः क्यों कर बह सकता है? इसलिये ऐसी बातें मिथ्या होती हैं॥ १२३॥

१२४—और देखो स्वर्ग में साक्षी के तम्बू का मन्दिर खोला गया॥

—यो० प्र० प० १५। आ० ५॥

(समीक्षक) जो ईसाइयों का ईश्वर सर्वज्ञ होता तो साक्षियों का क्या काम? क्योंकि वह स्वयं सब कुछ जानता होता। इससे सर्वथा यही निश्चय होता है कि इनका ईश्वर सर्वज्ञ नहीं किन्तु मनुष्यवत् अल्पज्ञ है। वह ईश्वरता का क्या काम कर सकता है? नहिं नहिं नहिं, और इसी प्रकरण में दूतों की बड़ी-बड़ी असम्भव बातें लिखी हैं उनको सत्य कोई नहीं मान सकता। कहां तक लिखें इस प्रकरण में सर्वथा ऐसी ही बातें भरी हैं॥ १२४॥

१२५—और ईश्वर ने उसके कुकर्मों को स्मरण किया है॥ जैसा उसने तुम्हें दिया है तैसा उसको भर देओ और उसके कर्मों के अनुसार दूना उसे दे देओ॥

—यो० प्र० प० १८। आ० ५। ६॥

(समीक्षक) देखो! प्रत्यक्ष ईसाइयों का ईश्वर अन्यायकारी है। क्योंकि न्याय उसी को कहते हैं कि जिसने जैसा वा जितना कर्म किया उसको वैसा और उतना ही फल देना। उससे अधिक न्यून देना अन्याय है। जो अन्यायकारी की उपासना करते हैं वे अन्यायकारी क्यों न हों॥ १२५॥

१२६—क्योंकि मेम्ने का विवाह आ पहुंचा है और उसकी स्त्री ने अपने को तैयार किया है॥ —यो० प्र० प० १९। आ० ७॥

(समीक्षक) अब सुनिये! ईसाइयों के स्वर्ग में विवाह भी होते हैं! क्योंकि ईसा का विवाह ईश्वर ने वहीं किया। पूछना चाहिये कि उसके श्वसुर, सासू, सालादि कौन थे और लड़के बाले कितने हुए? और वीर्य के नाश होने से बल, बुद्धि, पराक्रम आयु आदि के भी न्यून होने से अब तक ईसा ने वहां शरीर त्याग किया होगा क्योंकि संयोगजन्य पदार्थ का वियोग अवश्य होता है। अब तक ईसाइयों ने उसके विश्वास में धोखा खाया और न जाने कब तक धोखे में रहेंगे॥ १२६॥

१२७—और उसने अजगर को अर्थात् प्राचीन सांप को जो दियाबल और शैतान है पकड़ के उसे सहस्र वर्ष लों बांध रक्खा॥ और उसको अथाह कुण्ड में डाला और बन्द करके उसे छाप दी जिसतें वह जब लों सहस्र वर्ष पूरे न हों तब लों फिर देशों के लोगों को न भरमावे॥ —यो० प्र० प० २०। आ० २। ३॥

(समीक्षक) देखो ! मरूं मरूं करके शैतान को पकड़ा और सहस्र वर्ष तक बन्ध किया; फिर भी छूटेगा। क्या फिर न भरमावेगा? ऐसे दुष्ट को तो बन्दीगृह में ही रखना वा मारे विना छोड़ना ही नहीं। परन्तु यह शैतान का होना ईसाइयों का भ्रममात्र है वास्तव में कुछ भी नहीं। केवल लोगों को डरा के अपने जाल में लाने का उपाय रचा है। जैसे किसी धूर्त्त ने किन्हीं भोले मनुष्य से कहा कि चलो ! तुमको देवता का दर्शन कराऊं। किसी एकान्त देश में ले जाके एक मनुष्य को चतुर्भुज बना कर रक्खा। झाड़ी में खड़ा करके कहा कि आंख मीच लो। जब मैं कहूं तब खोलना और फिर जब कहूँ तभी मीच लो । जो न मीचेगा वह

अन्धा हो जायेगा। वैसी इन मत वालों की बातें हैं कि जो हमारा मजहब न मानेगा वह शैतान का बहकाया हुआ है। जब वह सामने आया तब कहा—देखो! और पुनः शीघ्र कहा कि मीच लो। जब फिर झाड़ी में छिप गया तब कहा—खोलो! देखा नारायण को, सब ने दर्शन किया ! वैसी लीला मज़हबियों की है। इसलिये इनकी माया में किसी को न फंसना चाहिये॥ १२७॥

१२८—जिसके सम्मुख से पृथिवी और आकाश भाग गये और उनके लिये जगह न मिली॥ और मैंने क्या छोटे क्या बड़े सब मृतकों को ईश्वर के आगे खड़े देखा और पुस्तक खोले गये और दूसरा पुस्तक अर्थात् जीवन का पुस्तक खोला गया और पुस्तकों में लिखी हुई बातों से मृतकों का विचार उनके कर्मों के अनुसार किया गया॥ —यो० प्र० प० २०। आ० ११। १२॥

(समीक्षक) यह देखो लड़कपन की बात! भला पृथिवी और आकाश कैसे भाग सकेंगे? और वे किस पर ठहरेंगे? जिनके सामने से भगे। और उसका सिंहासन और वह कहाँ ठहरा? और मुर्दे परमेश्वर के सामने खड़े किये गये तो परमेश्वर भी बैठा वा खड़ा होगा? क्या यहां की कचहरी और दूकान के समान ईश्वर का व्यवहार है जो कि पुस्तक लेखानुसार होता है? और सब जीवों का हाल ईश्वर ने लिखा वा उसके गुमाश्तों ने? ऐसी-ऐसी बातों से अनीश्वर को ईश्वर और ईश्वर को अनीश्वर ईसाई आदि मत वालों ने बना दिया॥ १२८॥

१२९—उनमें से एक मेरे पास आया और मेरे संग बोला कि आ मैं दुलहिन को अर्थात् मेम्ने की स्त्री को तुझे दिखाऊंगा॥ —यो० प्र० प० २१। आ० ९॥

(समीक्षक) भला! ईसा ने स्वर्ग में दुलहिन अर्थात् स्त्री अच्छी पाई, मौज करता होगा। जो जो ईसाई वहां जाते होंगे उनको भी स्त्रियां मिलती होंगी और लड़के बाले होते होंगे और बहुत भीड़ के हो जाने के कारण रोगोत्पत्ति होकर मरते भी होंगे। ऐसे स्वर्ग को दूर से हाथ ही जोड़ना अच्छा है॥ १२९॥

१३०—और उसने उस नल से नगर को नापा कि साढ़े सात सौ कोश का है। उसकी लम्बाई और चौड़ाई और ऊँचाई एक समान है॥ और उसने उसकी भीत को मनुष्य के अर्थात् दूत के नाप से नापा कि एक सौ चवालीस हाथ की है॥ और उसकी भीत की जुड़ाई सूर्य्यकान्त की थी और नगर निर्मल सोने का था जो निर्मल कांच के समान था॥ और नगर की भीत की नेवें हर एक बहुमूल्य पत्थर से सँवारी हुई थीं। पहिली नेव सूर्य्यकान्त की थी; दूसरी नीलमणि की; तीसरी लालड़ी की, चौथी मरकत की॥ पांचवीं गोमेदक की, छठवीं माणिक्य की, सातवीं पीतमणि की, आठवीं पेरोज की, नवीं पुखराज की, दशवीं लहसनिये की, ग्यारहवीं धूम्रकान्त की, बारहवीं मर्टीष की॥ और बारह फाटक बारह मोती थे, एक-एक मोती से एक-एक फाटक बना था और नगर की सड़क स्वच्छ कांच के ऐसे निर्मल सोने की थी॥ —यो० प्र० प० २१। आ० १६। १७। १८। १९। २०। २१॥

(समीक्षक) सुनो ईसाइयों के स्वर्ग का वर्णन! यदि ईसाई मरते जाते और जन्मते जाते हैं तो इतने बड़े शहर में कैसे समा सकेंगे? क्योंकि उसमें मनुष्यों का आगम होता है और उससे निकलते नहीं और जो यह बहुमूल्य रत्नों की बनी हुई नगरी मानी है और सर्व सोने की है इत्यादि लेख केवल भोले-भोले मनुष्यों को बहका कर फंसाने की लीला है। भला लम्बाई चौड़ाई तो उस नगर की लिखी सो

हो सकती परन्तु ऊँचाई साढ़े सात सौ कोश क्योंकर हो सकती है? यह सर्वथा मिथ्या कपोलकल्पना की बात है और इतने बड़े मोती कहां से आये होंगे। इस लेख के लिखने वाले के घर के घड़े में से। यह गपोड़ा पुराण का भी बाप है॥१३०॥

१३१—और कोई अपवित्र वस्तु अथवा घिनित कर्म करनेहारा अथवा झूठ पर चलने हारा उसमें किसी रीति से प्रवेश न करेगा॥ —यो० प्र० प० २१। आ० २७॥

(समीक्षक) जो ऐसी बात है तो ईसाई लोग क्यों कहते हैं कि पापी लोग भी स्वर्ग में ईसाई होने से जा सकते हैं। यह बात ठीक नहीं है। यदि ऐसा है तो योहन्ना स्वप्ने की मिथ्या बातों का करनेहारा स्वर्ग में प्रवेश कभी न कर सका होगा और ईसा भी स्वर्ग में न गया होगा क्योंकि जब अकेला पापी स्वर्ग को प्राप्त नहीं हो सकता तो जो अनेक पापियों के पाप के भार से युक्त है वह क्योंकर स्वर्गवासी हो सकता है॥ १३१॥

१३२—और अब कोई श्राप न होगा और ईश्वर का और मेम्ने का सिंहासन उसमें होगा और उसके दास उसकी सेवा करेंगे॥ और ईश्वर उसका मुंह देखेंगे और उसका नाम उनके माथे पर होगा॥ और वहां रात न होगी और उन्हें दीपक का अथवा सूर्य्य की ज्योति का प्रयोजन नहीं क्योंकि परमेश्वर ईश्वर उन्हें ज्योति देगा, वे सर्वदा राज्य करेंगे॥ —यो० प्र० प० २२। आ० ३। ४। ५॥

(समीक्षक) देखिये यही ईसाइयों का स्वर्गवास ! क्या ईश्वर और ईसा सिंहासन पर निरन्तर बैठे रहेंगे? और उनके दास उनके सामने सदा मुंह देखा करेंगे। अब यह तो कहिये तुम्हारे ईश्वर का मुंह यूरोपियन के सदृश गोरा वा अफ्रीका वालों के सदृश काला अथवा अन्य देश वालों के समान है? यह तुम्हारा स्वर्ग भी बन्धन है क्योंकि जहां छोटाई बड़ाई है और उसी एक नगर में रहना अवश्य है तो वहां दुःख क्यों न होता होगा जो मुख वाला है वह ईश्वर सर्वज्ञ सर्वेश्वर कभी नहीं हो सकता॥ १३२॥

१३३—देख ! मैं शीघ्र आता हूँ और मेरा प्रतिफल मेरे साथ है जिसतें हर एक को जैसा उसका कार्य ठहरेगा वैसा फल देऊंगा॥ —यो० प्र० प० २२। आ० १२॥

(समीक्षक) जब यही बात है कि कर्मानुसार फल पाते हैं तो पापों की क्षमा कभी नहीं होती और जो क्षमा होती है तो इञ्जील की बातें झूठीं। यदि कोई कहे कि क्षमा करना भी इञ्जील में लिखा है तो पूर्वापर विरुद्ध अर्थात् 'हल्फदरोगी' हुई तो झूठ है। इसका मानना छोड़ देओ। अब कहां तक लिखें इनकी बाइबल में लाखों बातें खण्डनीय हैं। यह तो थोड़ा सा चिह्न मात्र ईसाइयों की बाइबल पुस्तक का दिखलाया है। इतने ही से बुद्धिमान् लोग बहुत समझ लेंगे। थोड़ी सी बातों को छोड़ शेष सब झूठ भरा है। जैसे झूठ के संग से सत्य भी शुद्ध नहीं रहता वैसा ही बाइबल पुस्तक भी माननीय नहीं हो सकता किन्तु वह सत्य तो वेदों के स्वीकार में गृहीत होता ही है॥ १३३॥

इति श्रीमद्दयानन्दसरस्वतीस्वामिनिर्मिते सत्यार्थप्रकाशे सुभाषाविभूषिते कृश्चीनमतविषये त्रयोदशः समुल्लासः सम्पूर्णः ॥ १३॥

अनुभूमिका (४)

जो यह १४ चौदहवां समुल्लास मुसलमानों के मतविषय में लिखा है सो केवल कुरान के अभिप्राय से। अन्य ग्रन्थ के मत से नहीं क्योंकि मुसलमान कुरान पर ही पूरा-पूरा विश्वास रखते हैं यद्यपि फिरके होने के कारण किसी शब्द अर्थ आदि विषय में विरुद्ध बात है तथापि कुरान पर सब ऐकमत्य हैं।

जो कुरान अर्बी भाषा में है उस पर मौलवियों ने उर्दू में अर्थ लिखा है, उस अर्थ का देवनागरी अक्षर और आर्य्यभाषान्तर करा के पश्चात् अर्बी के बड़े-बड़े विद्वानों से शुद्ध करवा के लिखा गया है। यदि कोई कहे कि यह अर्थ ठीक नहीं है तो उस को उचित है कि मौलवी साहबों के तर्जुमों का पहले खण्डन करे पश्चात् इस विषय पर लिखे। क्योंकि यह लेख केवल मनुष्यों की उन्नति और सत्यासत्य के निर्णय के लिये है। सब मतों के विषयों का थोड़ा-थोड़ा ज्ञान होवे, इससे मनुष्यों को परस्पर विचार करने का समय मिले और एक दूसरे के दोषों का खण्डन कर गुणों का ग्रहण करें।

न किसी अन्य मत पर न इस मत पर झूठ मूठ बुराई या भलाई लगाने का प्रयोजन है किन्तु जो-जो भलाई है वही भलाई और जो बुराई है वही बुराई सब को विदित होवे। न कोई किसी पर झूठ चला सके और न सत्य को रोक सके और सत्यासत्य विषय प्रकाशित किये पर भी जिस की इच्छा हो वह न माने वा माने। किसी पर बलात्कार नहीं किया जाता।

और यही सज्जनों की रीति है कि अपने वा पराये दोषों को दोष और गुणों को गुण जानकर गुणों का ग्रहण और दोषों का त्याग करें। और हठियों का हठ दुराग्रह न्यून करें करावें, क्योंकि पक्षपात से क्या-क्या अनर्थ जगत् में न हुए और न होते हैं। सच तो यह है कि इस अनिश्चित क्षणभंग जीवन में पराई हानि करके लाभ से स्वयं रिक्त रहना और अन्य को रखना मनुष्यपन से बहिः है।

इसमें जो कुछ विरुद्ध लिखा गया हो उस को सज्जन लोग विदित कर देंगे तत्पश्चात् जो उचित होगा तो माना जायेगा क्योंकि यह लेख हठ, दुराग्रह, ईर्ष्या, द्वेष, वाद-विवाद और विरोध घटाने के लिये किया गया है न कि इन को बढ़ाने के अर्थ। क्योंकि एक दूसरे की हानि करने से पृथक् रह परस्पर को लाभ पहुँचाना हमारा मुख्य कर्म है। अब यह १४ चौदहवें समुल्लास में मुसलमानों का मतविषय सब सज्जनों के सामने निवेदन करता हूँ। विचार कर इष्ट का ग्रहण अनिष्ट का परित्याग कीजिये।

अलमतिविस्तरेण बुद्धिमद्वर्य्येषु।
इत्यनुभूमिका॥

अथ चतुर्दशसमुल्लासारम्भः

अथ यवनमतविषयं व्याख्यास्यामः

इसके आगे मुसलमानों के मतविषय में लिखेंगे–

१–आरम्भ साथ नाम अल्लाह के क्षमा करने वाला दयालु॥

—मंजिल १। सिपारा १। सूरत १॥

(समीक्षक) मुसलमान लोग ऐसा कहते हैं कि यह कुरान खुदा का कहा है परन्तु इस वचन से विदित होता है कि इस को बनाने वाला कोई दूसरा है क्योंकि जो परमेश्वर का बनाया होता तो "आरम्भ साथ नाम अल्लाह के" ऐसा न कहता किन्तु "आरम्भ वास्ते उपदेश मनुष्यों के" ऐसा कहता। यदि मनुष्यों को शिक्षा करता है कि तुम ऐसा कहो तो भी ठीक नहीं। क्योंकि इस से पाप का आरम्भ भी खुदा के नाम से होकर उसका नाम भी दूषित हो जाएगा।

जो वह क्षमा और दया करनेहारा है तो उसने अपनी सृष्टि में मनुष्यों के सुखार्थ अन्य प्राणियों को मार, दारुण पीड़ा दिला कर, मरवा के मांस खाने की आज्ञा क्यों दी? क्या वे प्राणी अनपराधी और परमेश्वर के बनाये हुए नहीं हैं? और यह भी कहना था कि "परमेश्वर के नाम पर अच्छी बातों का आरम्भ" बुरी बातों का नहीं। इस कथन में गोलमाल है। क्या चोरी, जारी, मिथ्याभाषणादि अधर्म का भी आरम्भ परमेश्वर के नाम पर किया जाय? इसी से देख लो कसाई आदि मुसलमान, गाय आदि के गले काटने में भी 'बिस्मिल्लाह' इस वचन को पढ़ते हैं। जो यही इसका पूर्वोक्त अर्थ है तो बुराइयों का आरम्भ भी परमेश्वर के नाम पर मुसलमान करते हैं और मुसलमानों का 'खुदा' दयालु भी न रहेगा क्योंकि उस की दया उन पशुओं पर न रही। और जो मुसलमान लोग इस का अर्थ नहीं जानते तो इस वचन का प्रकट होना व्यर्थ है। यदि मुसलमान लोग इस का अर्थ और करते हैं तो सूधा अर्थ क्या है ? इत्यादि॥ १॥

२–सब स्तुति परमेश्वर के वास्ते हैं जो परवरदिगार अर्थात् पालन करनेहारा है सब संसार का॥ क्षमा करने वाला दयालु है ॥

—मं० १। सि० १। सूरतुल्फातिहा आयत १। २॥

(समीक्षक) जो कुरान का खुदा संसार का पालन करने हारा होता और सब पर क्षमा और दया करता होता तो अन्य मत वाले और पशु आदि को भी मुसलमानों के हाथ से मरवाने का हुक्म न देता । जो क्षमा करनेहारा है तो क्या पापियों पर भी क्षमा करेगा ? और जो वैसा है तो आगे लिखेंगे कि "काफिरों को कतल करो" अर्थात् जो कुरान और पैगम्बर को न मानें वे काफिर हैं ऐसा क्यों कहता ? इसलिये कुरान ईश्वरकृत नहीं दीखता॥ २॥

३–मालिक दिन न्याय का॥ तुझ ही को हम भक्ति करते हैं और तुझ ही से सहाय चाहते हैं॥ दिखा हम को सीधा रास्ता॥

—मं०१। सि० १। सू० १। आ० ३। ४। ५॥

(समीक्षक) क्या खुदा नित्य न्याय नहीं करता ? किसी एक दिन न्याय करता है ? इस से तो अन्धेर विदित होता है! उसी की भक्ति करना और उसी

से सहाय चाहना तो ठीक परन्तु क्या बुरी बात का भी सहाय चाहना ? और सूधा मार्ग एक मुसलमानों ही का है वा दूसरे का भी ? सूधे मार्ग को मुसलमान क्यों नहीं ग्रहण करते ? क्या सूधा रास्ता बुराई की ओर का तो नहीं चाहते ? यदि भलाई सब की एक है तो फिर मुसलमानों ही में विशेष कुछ न रहा और जो दूसरों की भलाई नहीं मानते तो पक्षपाती हैं॥ ३॥

४—दिखा उन लोगों का रास्ता कि जिन पर तूने निआमत की॥ और उनका मार्ग मत दिखा कि जिन के ऊपर तू ने गजब अर्थात् अत्यन्त क्रोध की दृष्टि की और न गुमराहों का मार्ग हमको दिखा॥ —मं० १। सि० १। सू० १। आ० ६। ७॥

(समीक्षक) जब मुसलमान लोग पूर्वजन्म और पूर्वकृत पाप पुण्य नहीं मानते तो किन्हीं पर निआमत अर्थात् फजल वा दया करने और किन्हीं पर न करने से खुदा पक्षपाती हो जायगा। क्योंकि विना पाप-पुण्य सुख-दुःख देना केवल अन्याय की बात है। और विना कारण किसी पर दया और किसी पर क्रोधदृष्टि करना भी स्वभाव से बहिः है क्योंकि विना भलाई बुराई के वह दया अथवा क्रोध नहीं कर सकता और जब उनके पूर्व संचित पुण्य पाप ही नहीं तो किसी पर दया और किसी पर क्रोध करना नहीं हो सकता। और इस सूरत की टिप्पन पर यह **"सूरः अल्लाह साहेब ने मनुष्यों के मुख से कहलाई कि सदा इस प्रकार से कहा करें।"** जो यह बात है तो 'अलिफ बे' आदि अक्षर भी खुदा ही ने पढ़ाये होंगे, जो कहो कि नहीं तो विना अक्षर ज्ञान के इस सूरः को कैसे पढ़ सके ? क्या कण्ठ ही से बुलाये और बोलते गये ? जो ऐसा है तो सब कुरान ही कण्ठ से पढ़ाया होगा। इस से ऐसा समझना चाहिये कि जिस पुस्तक में पक्षपात की बातें पाई जायें वह पुस्तक ईश्वरकृत नहीं हो सकता। जैसा कि अरबी भाषा में उतारने से अरब वालों को इस का पढ़ना सुगम, अन्य भाषा बोलने वालों को कठिन होता है। इसी से खुदा में पक्षपात आता है। और जैसे परमेश्वर ने सृष्टिस्थ सब देशस्थ मनुष्यों पर न्यायदृष्टि से सब देशभाषाओं से विलक्षण संस्कृत भाषा कि जो सब देशवालों के लिये एक से परिश्रम से विदित होती है उसी में वेदों का प्रकाश किया है, यह करता तो कुछ भी दोष नहीं होता॥४॥

५—यह पुस्तक कि जिस में सन्देह नहीं; परहेजगारों को मार्ग दिखलाती है॥ जो कि ईमान लाते हैं साथ गैब (परोक्ष) के, नमाज पढ़ते, और उस वस्तु से जो हम ने दी खर्च करते हैं॥ और वे लोग जो उस किताब पर ईमान लाते हैं जो रखते हैं तेरी ओर वा तुझ से पहिले उतारी गई, और विश्वास कयामत पर रखते हैं॥ ये लोग अपने मालिक की शिक्षा पर हैं और ये ही छुटकारा पाने वाले हैं॥ निश्चय जो काफिर हुए उन पर तेरा डराना न डराना समान है। वे ईमान न लावेंगे॥ अल्लाह ने उन के दिलों, कानों पर मोहर कर दी और उन की आंखों पर पर्दा है और उन के वास्ते बड़ा अज़ाब है॥

—मं० १। सि०१। सूरत २। आ० १। २। ३। ४। ५। ६। ७॥

(समीक्षक) क्या अपने ही मुख से अपनी किताब की प्रशंसा करना खुदा की दम्भ की बात नहीं? जब 'परहेज़गार' अर्थात् धार्मिक लोग हैं वे तो स्वतः सच्चे मार्ग पर हैं और जो झूठे मार्ग पर हैं उन को यह कुरान मार्ग ही नहीं दिखला सकता, फिर किस काम का रहा?॥ १॥ क्या पाप पुण्य और पुरुषार्थ के विना खुदा अपने ही खजाने से खर्च करने को देता है ? जो देता है तो सब को क्यों

नहीं देता ? और मुसलमान लोग परिश्रम क्यों करते हैं ? ॥२ ॥ और जो बाइबल इञ्जील आदि पर विश्वास करना योग्य है तो मुसलमान इञ्जील आदि पर ईमान जैसा कुरान पर है वैसा क्यों नहीं लाते ? और जो लाते हैं तो कुरान[१] का होना किसलिये ? जो कहें कि कुरान में अधिक बातें हैं तो पहली किताब में लिखना खुदा भूल गया होगा ! और जो नहीं भूला तो कुरान का बनाना निष्प्रयोजन है। और हम देखते हैं तो बाइबल और कुरान की बातें कोई-कोई न मिलती होंगी नहीं तो सब मिलती हैं। एक ही पुस्तक जैसा कि वेद है क्यों न बनाया ? क़यामत पर ही विश्वास रखना चाहिये; अन्य पर नहीं ? ॥ ३ ॥ क्या जो ईसाई और मुसलमान ही खुदा की शिक्षा पर हैं उन में कोई भी पापी नहीं है ? क्या ईसाई और मुसलमान अधर्मी हैं वे भी छुटकारा पावें और दूसरे धर्मात्मा भी न पावें तो बड़े अन्याय और अन्धेर की बात नहीं है? ॥४ ॥ और क्या जो लोग मुसलमानी मत को न मानें उन्हीं को काफिर कहना वह एकतर्फी डिगरी नहीं है ? ॥ ५ ॥ जो परमेश्वर ही ने उनके अन्तःकरण और कानों पर मोहर लगाई और उसी से वे पाप करते हैं तो उन का कुछ भी दोष नहीं। यह दोष खुदा ही का है फिर उन पर सुख-दुःख वा पाप-पुण्य नहीं हो सकता पुनः उन को सज़ा जज़ा क्यों करता है ? क्योंकि उन्होंने पाप वा पुण्य स्वतन्त्रता से नहीं किया ॥ ५ ॥

६-उनके दिलों में रोग है, अल्लाह ने उन का रोग बढ़ा दिया ॥

—मं० १। सि० १। सू० २। आ० १० ॥

(समीक्षक) भला विना अपराध खुदा ने उन का रोग बढ़ाया, दया न आई, उन बिचारों को बड़ा दुःख हुआ होगा ! क्या यह शैतान से बढ़कर शैतानपन का काम नहीं है ? किसी के मन पर मोहर लगाना, किसी का रोग बढ़ाना, यह खुदा का काम नहीं हो सकता क्योंकि **रोग का बढ़ना अपने पापों से है** ॥ ६ ॥

७-जिस ने तुम्हारे वास्ते पृथिवी बिछौना और आसमान की छत को बनाया ॥

—मं०१। सि०१। सू०२। आ० २२ ॥

(समीक्षक) भला आसमान छत किसी की हो सकती है ? यह अविद्या की बात है। आकाश को छत के समान मानना हंसी की बात है। यदि किसी प्रकार की पृथिवी को आसमान मानते हों तो उनकी घर की बात है ॥ ७ ॥

८-जो तुम उस वस्तु से सन्देह में हो जो हम ने अपने पैगम्बर के ऊपर उतारी तो उस कैसी एक सूरत ले आओ और अपने साक्षी अपने लोगों को पुकारो अल्लाह के विना जो तुम सच्चे हो ॥ जो तुम और कभी न करोगे तो उस आग से डरो कि जिस का इन्धन मनुष्य है, और काफ़िरों के वास्ते पत्थर तैयार किये गये हैं ॥

—मं०१। सि०१। सू०२। आ०२३। २४ ॥

(समीक्षक) भला यह कोई बात है कि उस के सदृश कोई सूरत न बने ? क्या अकबर बादशाह के समय में मौलवी फ़ैजी ने विना नुकते का कुरान नहीं बना लिया था ? वह कौन सी दोज़ख की आग है ? क्या इस आग से न डरना चाहिये ? इस का भी इन्धन जो कुछ पड़े सब है। जैसे कुरान में लिखा है कि काफ़िरों के वास्ते दोजख की आग तैयार की गई है तो वैसे पुराणों में लिखा है

---

१. **वास्तव में यह शब्द ''क़ुरआन'' है परन्तु भाषा में लोगों के बोलने में क़ुरान आता है इसलिये ऐसा ही लिखा है ।**

कि म्लेच्छों के लिये घोर नरक बना है! अब कहिये किस की बात सच्ची मानी जाय ? अपने-अपने वचन से दोनों स्वर्गगामी और दूसरे के मत से दोनों नरकगामी होते हैं। इसलिए इन सब का झगड़ा झूठा है किन्तु जो धार्मिक हैं वे सुख और जो पापी हैं वे सब मतों में दुःख पावेंगे॥ ८॥

९-और आनन्द का सन्देशा दे उन लोगों को कि ईमान लाए और काम किए अच्छे। यह कि उन के वास्ते बहिश्तें हैं जिन के नीचे से चलती हैं नहरें। जब उन में से मेवों के भोजन दिये जावेंगे तब कहेंगे कि यह वो वस्तु हैं जो हम पहिले इस से दिये गये थे...... और उन के लिये पवित्र बीवियाँ सदैव वहाँ रहने वाली हैं॥ -मं० १। सि० १। सू० २। आ० २५॥

(समीक्षक) भला! यह कुरान का बहिश्त संसार से कौन सी उत्तम बात वाला है ? क्योंकि जो पदार्थ संसार में हैं वे ही मुसलमानों के स्वर्ग में हैं और इतना विशेष है कि यहाँ जैसे पुरुष जन्मते मरते और आते जाते हैं उसी प्रकार स्वर्ग में नहीं। किन्तु यहाँ की स्त्रियाँ सदा नहीं रहतीं और वहाँ बीवियाँ अर्थात् उत्तम स्त्रियाँ सदा काल रहती हैं तो जब तक कयामत की रात न आवेगी तब तक उन बिचारियों के दिन कैसे कटते होंगे ? हां जो खुदा की उन पर कृपा होती होगी! और खुदा ही के आश्रय समय काटती होंगी तो ठीक है। क्योंकि यह मुसलमानों का स्वर्ग गोकुलिये गुसाँइयों के गोलोक और मन्दिर के सदृश दीखता है क्योंकि वहाँ स्त्रियों का मान्य बहुत, पुरुषों का नहीं। वैसे ही खुदा के घर में स्त्रियों का मान्य अधिक और उन पर खुदा का प्रेम भी बहुत है उन पुरुषों पर नहीं। क्योंकि बीवियों को खुदा ने बहिश्त में सदा रक्खा और पुरुषों को नहीं। वे बीवियां विना खुदा की मर्जी स्वर्ग में कैसे ठहर सकतीं ? जो यह बात ऐसी ही हो तो खुदा स्त्रियों में फंस जाय!॥ ९॥

१०-आदम को सारे नाम सिखाये। फिर फ़रिश्तों के सामने करके कहा जो तुम सच्चे हो मुझे उन के नाम बताओ॥ कहा हे आदम! उन को उन के नाम बता दे। तब उस ने बता दिये तो खुदा ने फ़रिश्तों से कहा कि क्या मैंने तुम से नहीं कहा था कि निश्चय मैं पृथिवी और आसमान की छिपी वस्तुओं को और प्रकट छिपे कर्मों को जानता हूँ॥ -मं० १। सि० १। सू० २। आ० ३०। ३१॥

(समीक्षक) भला ऐसे फ़रिश्तों को धोखा देकर अपनी बड़ाई करना खुदा का काम हो सकता है ? यह तो एक दम्भ की बात है। इस को कोई विद्वान् नहीं मान सकता और न ऐसा अभिमान करता। क्या ऐसी बातों से ही खुदा अपनी सिद्धाई जमाना चाहता है ? हाँ! जंगली लोगों में कोई कैसा ही पाखण्ड चला लेवे चल सकता है; सभ्य जनों में नहीं॥ १०॥

११-जब हमने फ़रिश्तों से कहा कि बाबा आदम को दण्डवत् करो, देखा सभों ने दण्डवत् किया परन्तु शैतान ने न माना और अभिमान किया क्योंकि वो भी एक काफ़िर था॥ -मं० १। सि० १। सू० २। आ० ३४॥

(समीक्षक) इस से खुदा सर्वज्ञ नहीं अर्थात् भूत, भविष्यत् और वर्त्तमान की पूरी बातें नहीं जानता। जो जानता हो तो शैतान को पैदा ही क्यों किया ? और खुदा में कुछ तेज भी नहीं है क्योंकि शैतान ने खुदा का हुक्म ही न माना और खुदा उस का कुछ भी न कर सका। और देखिये! एक शैतान काफ़िर ने खुदा का भी छक्का छुड़ा दिया तो मुसलमानों के कथनानुसार भिन्न जहाँ क्रोड़ों काफ़िर हैं

वहाँ मुसलमानों के खुदा और मुसलमानों की क्या चल सकती है? कभी-कभी खुदा भी किसी का रोग बढ़ा देता, किसी को गुमराह कर देता है। खुदा ने ये बातें शैतान से सीखी होंगी और शैतान ने खुदा से। क्योंकि विना खुदा के शैतान का उस्ताद और कोई नहीं हो सकता॥ ११॥

१२—हमने कहा कि ओ आदम! तू और तेरी जोरू बहिश्त में रह कर आनन्द में जहाँ चाहो खाओ परन्तु मत समीप जाओ उस वृक्ष के कि पापी हो जाओगे॥ शैतान ने उन को डिगाया और उन को बहिश्त के आनन्द से खो दिया। तब हम ने कहा कि उतरो तुम्हारे में कोई परस्पर शत्रु है। तुम्हारा ठिकाना पृथिवी है और एक समय तक लाभ है॥ आदम अपने मालिक की कुछ बातें सीखकर पृथिवी पर आ गया॥ —मं० १। सि० १। सू० २। आ० ३५। ३६। ३७॥

(समीक्षक) अब देखिये खुदा की अल्पज्ञता! अभी तो स्वर्ग में रहने का आशीर्वाद दिया और पुनः थोड़ी देर में कहा कि निकलो। जो भविष्यत् बातों को जानता होता तो वर ही क्यों देता? और बहकाने वाले शैतान को दण्ड देने से असमर्थ भी दीख पड़ता है। और वह वृक्ष किस के लिये उत्पन्न किया था? क्या अपने लिये वा दूसरे के लिये ? जो अपने लिये किया तो उस को क्या जरूरत थी? और जो दूसरे के लिये तो क्यों रोका? इसलिये ऐसी बातें न खुदा की और न उसके बनाये पुस्तक में हो सकती हैं। आदम साहेब खुदा से कितनी बातें सीख आये? और जब पृथिवी पर आदम साहेब आये तब किस प्रकार आये? क्या वह बहिश्त पहाड़ पर है वा आकाश पर? उस से कैसे उतर आये? अथवा पक्षी के तुल्य आये अथवा जैसे ऊपर से पत्थर गिर पड़े?

इस में यह विदित होता है कि जब आदम साहेब मट्टी से बनाये गये तो इन के स्वर्ग में भी मट्टी होगी। और जितने वहाँ और हैं वे भी वैसे ही फ़रिश्ते आदि होंगे, क्योंकि मट्टी के शरीर विना इन्द्रिय भोग नहीं हो सकता। जब पार्थिव शरीर है तो मृत्यु भी अवश्य होना चाहिये। यदि मृत्यु होता है तो वे वहाँ से कहां जाते हैं? और मृत्यु नहीं होता तो उन का जन्म भी नहीं हुआ। जब जन्म है तो मृत्यु अवश्य ही है। यदि ऐसा है तो कुरान में लिखा है कि बीबियां सदैव बहिश्त में रहती हैं सो झूठा हो जायगा क्योंकि उन का भी मृत्यु अवश्य होगा। जब ऐसा है तो बहिश्त में जाने वालों का भी मृत्यु अवश्य ही होगा॥ १२॥

१३—उस दिन से डरो जब कोई जीव किसी जीव से कुछ भरोसा न रक्खेगा। न उस की सिफ़ारिश स्वीकार की जावेगी, न उस से बदला लिया जावेगा और न वे सहाय पावेंगे॥ —मं० १। सि० १। सू० २। आ० ४८॥

(समीक्षक०) क्या वर्त्तमान दिनों में न डरें? बुराई करने में सब दिन डरना चाहिये। जब सिफ़ारिश न मानी जावेगी तो फिर पैग़म्बर की गवाही वा सिफ़ारिश से खुदा स्वर्ग देगा यह बात क्योंकर सच हो सकेगी? क्या खुदा बहिश्त वालों ही का सहायक है; दोज़खवालों का नहीं? यदि ऐसा है तो खुदा पक्षपाती है॥ १३॥

१४—हमने मूसा को किताब और मौज़िजे दिये॥

—मं० १। सि० १। सू० २। आ० ५३॥

(समीक्षक) जो मूसा को किताब दी तो कुरान का होना निरर्थक है। और उस को आश्चर्यशक्ति दी यह बाइबल और कुरान में भी लिखा है परन्तु यह बात मानने योग्य नहीं। क्योंकि जो ऐसा होता तो अब भी होता, जो अब नहीं तो पहले

भी न था। जैसे स्वार्थी लोग आज कल भी अविद्वानों के सामने विद्वान् बन जाते हैं वैसे उस समय भी कपट किया होगा। क्योंकि खुदा और उस के सेवक अब भी विद्यमान हैं पुनः इस समय खुदा आश्चर्यशक्ति क्यों नहीं देता? और नहीं कर सकते? जो मूसा को किताब दी थी तो पुनः कुरान का देना क्या आवश्यक था? क्योंकि जो भलाई बुराई करने न करने का उपदेश सर्वत्र एक सा हो तो पुनः भिन्न-भिन्न पुस्तक करने से पुनरुक्त दोष होता है। क्या मूसा जी आदि को दी हुई पुस्तकों में खुदा भूल गया था?॥ १४॥

१५—और कहो कि क्षमा मांगते हैं हम क्षमा करेंगे तुम्हारे पाप और अधिक भलाई करने वालों के॥ —मं० १। सि० १। सू० २। आ० ५२॥

(समीक्षक) भला यह खुदा का उपदेश सब को पापी बनाने वाला है वा नहीं? क्योंकि जब पाप क्षमा होने का आश्रय मनुष्यों को मिलता है तब पापों से कोई भी नहीं डरता। इसलिये ऐसा कहने वाला खुदा और यह खुदा का बनाया हुआ पुस्तक नहीं हो सकता क्योंकि वह न्यायकारी है, अन्याय कभी नहीं करता और पाप क्षमा करने में अन्यायकारी हो जाता है किन्तु यथापराध दण्ड ही देने में न्यायकारी हो सकता है॥ १५॥

१६—जब मूसा ने अपनी कौम के लिये पानी मांगा, हम ने कहा कि अपना असा (दण्ड) पत्थर पर मार। उस में से बारह चश्मे बह निकले॥

—मं० १। सि० १। सू० २। आ० ६०॥

(समीक्षक) अब देखिये! इन असम्भव बातों के तुल्य दूसरा कोई कहेगा? एक पत्थर की शिला में डण्डा मारने से बारह झरनों का निकलना सर्वथा असम्भव है। हां! उस पत्थर को भीतर से पोलाकर उस में पानी भर बाहर छिद्र करने से सम्भव है; अन्यथा नहीं॥ १६॥

१७—हम ने उन को कहा कि तुम निन्दित बन्दर हो जाओ यह एक भय दिया जो उन के सामने और पीछे थे उन को और शिक्षा ईमानदारों को॥

—मं० १। सि० १। सू० २। आ० ६५। ६६॥

(समीक्षक) जो खुदा ने निन्दित बन्दर हो जाना केवल भय देने के लिए कहा था तो उस का कहना मिथ्या हुआ वा छल किया। जो ऐसी बातें करता और जिस में ऐसी बातें हैं वह न खुदा और न यह पुस्तक खुदा का बनाया हो सकता है॥ १७॥

१८—इस तरह खुदा मुर्दों को जिलाता है और तुम को अपनी निशानियाँ दिखलाता है कि तुम समझो॥ —मं० १। सि० १। सू० २। आ० ७३॥

(समीक्षक) क्या मुर्दों को खुदा जिलाता था तो अब क्यों नहीं जिलाता? क्या कयामत की रात तक कबरों में पड़े रहेंगे? आजकल दौड़ासुपुर्द हैं? क्या इतनी ही ईश्वर की निशानियां हैं? पृथिवी, सूर्य, चन्द्रादि निशानियां नहीं हैं? क्या संसार में जो विविध रचना विशेष प्रत्यक्ष दीखती हैं ये निशानियां कम हैं?॥ १८॥

१९—वे सदैव काल बहिश्त अर्थात् वैकुण्ठ में वास करने वाले हैं॥

—मं० १। सि० १। सू० २। आ० ८२॥

(समीक्षक) कोई भी जीव अनन्त पाप पुण्य करने का सामर्थ्य नहीं रखता इसलिये सदैव स्वर्ग नरक में नहीं रह सकते। और जो खुदा ऐसा करे तो वह अन्यायकारी और अविद्वान् हो जावे। कयामत की रात न्याय होगा तो मनुष्यों के

पाप पुण्य बराबर होना उचित है। जो अनन्त नहीं है उस का फल अनन्त कैसे हो सकता है? और सृष्टि हुए सात आठ हजार वर्षों से इधर ही बतलाते हैं। क्या इस के पूर्व खुदा निकम्मा बैठा था? और कयामत के पीछे भी निकम्मा रहेगा? ये बातें सब लड़कों के समान हैं क्योंकि परमेश्वर के काम सदैव वर्त्तमान रहते हैं और जितने जिस के पाप पुण्य हैं उतना ही उसको फल देता है इसलिये कुरान की यह बात सच्ची नहीं॥ १९॥

२०—जब हम ने तुम से प्रतिज्ञा कराई न बहाना लोहू अपने आपस के और किसी अपने आपस को घरों से न निकालना, फिर प्रतिज्ञा की तुम ने, इस के तुम ही साक्षी हो॥ फिर तुम वे लोग हो कि अपने आपस को मार डालते हो, एक फिरके को आप में से घरों उन के से निकाल देते हो।

—मं० १। सि० १। सू० २। आ० ८४। ८५॥

(समीक्षक) भला! प्रतिज्ञा करानी और करनी अल्पज्ञों की बात है वा परमात्मा की जब परमेश्वर सर्वज्ञ है तो ऐसी कड़ाकूट संसारी मनुष्य के समान क्यों करेगा? भला यह कौन सी भली बात है कि आपस का लोहू न बहाना, अपने मत वालों को घर से न निकालना, अर्थात् दूसरे मत वालों का लोहू बहाना, और घर से निकाल देना? यह मिथ्या मूर्खता और पक्षपात की बात है। क्या परमेश्वर प्रथम ही से नहीं जानता था कि ये प्रतिज्ञा से विरुद्ध करेंगे? **इस से विदित होता है कि मुसलमानों का खुदा भी ईसाइयों की बहुत सी उपमा रखता है और यह कुरान स्वतन्त्र नहीं बन सकता क्योंकि इसमें से थोड़ी सी बातों को छोड़कर बाकी सब बातें बायबिल की हैं॥ २०॥**

२१—ये वे लोग हैं कि जिन्होंने आखरत के बदले जिन्दगी यहाँ की मोल ले ली। उन से पाप कभी हलका न किया जावेगा और न उन को सहायता दी जावेगी॥

—मं० १। सि० १। सू० २। आ० ८६॥

(समीक्षक) भला ऐसी ईर्ष्या द्वेष की बातें कभी ईश्वर की ओर से हो सकती हैं? जिन लोगों के पाप हलके किये जायेंगे वा जिन को सहायता दी जावेगी वे कौन हैं? यदि वे पापी हैं और पापों का दण्ड दिये विना हलके किये जावेंगे तो अन्याय होगा। जो सजा देकर हलके किये जावेंगे तो जिन का बयान इस आयत में है ये भी सजा पाके हलके हो सकते हैं। और दण्ड देकर भी हलके न किये जावेंगे तो भी अन्याय होगा। जो पापों से हलके किये जाने वालों से प्रयोजन धर्मात्माओं का है तो उन के पाप तो आप ही हलके हैं; खुदा क्या करेगा? इस से यह लेख विद्वान् का नहीं। और वास्तव में धर्मात्माओं को सुख और अधर्म्मियों को दुःख उन के कर्म्मों के अनुसार सदैव देना चाहिये॥ २१॥

२२—**निश्चय हम ने मूसा को किताब दी और उस के पीछे हम पैग़म्बर को लाये और मरियम के पुत्र ईसा को प्रकट मौज़िजे अर्थात् दैवीशक्ति और सामर्थ्य दिये उस को साथ रूहलक़ुद्स[1] के। जब तुम्हारे पास उस वस्तु सहित पैग़म्बर आया कि जिस को तुम्हारा जी चाहता नहीं; फिर तुम ने अभिमान किया। एक मत को झुठलाया और एक को मार डालते हो॥**

—मं० १। सि० १। सू० २। आ० ८७॥

---

१. रूहलक़ुद्स कहते हैं जबरईल को जो कि हरदम मसीह के साथ रहता था।

(समीक्षक) जब कुरान में साक्षी है कि मूसा को किताब दी तो उस का मानना मुसलमानों को आवश्यक हुआ और जो-जो उस पुस्तक में दोष हैं वे भी मुसलमानों के मत में आ गिरे और 'मौज़िजे' अर्थात् दैवी शक्ति की बातें सब अन्यथा हैं भोले भाले मनुष्यों को बहकाने के लिये झूंठ मूंठ चला ली हैं क्योंकि सृष्टिक्रम और विद्या से विरुद्ध सब बातें झूंठी ही होती हैं जो उस समय ''मौजिजे'' थे तो इस समय क्यों नहीं। जो इस समय भी नहीं तो उस समय भी न थे इस में कुछ भी सन्देह नहीं॥ २२॥

२३—और इस से पहिले काफ़िरों पर विजय चाहते थे जो कुछ पहिचाना था जब उन के पास वह आया झट काफ़िर हो गये। काफ़िरों पर लानत है अल्लाह की॥ —मं० १। सि० १। सू० २। आ० ८९॥

(समीक्षक) क्या जैसे तुम अन्य मत वालों को काफ़िर कहते हो वैसे वे तुम को काफ़िर नहीं कहते हैं? और उन के मत के ईश्वर की ओर से धिक्कार देते हैं फिर कहो कौन सच्चा और कौन झूठा? जो विचार कर देखते हैं तो सब मत वालों में झूठ पाया जाता है जो सच है सो सब में एक सा है, ये सब लड़ाइयां मूर्खता की हैं॥ २३॥

२४—आनन्द का सन्देशा ईमानदारों को॥ अल्लाह, फरिश्तों, पैगम्बरों ज़िबरईल और मीकाईल का जो शत्रु है अल्लाह भी ऐसे काफ़िरों का शत्रु है॥ —मं० १। सि० १। सू० २। आ० ९७।९८॥

(समीक्षक) जब मुसलमान कहते हैं कि 'खुदा लाशरीक' है फिर यह फौज की फौज 'शरीक' कहां से कर दी? क्या जो औरों का शत्रु वह खुदा का भी शत्रु है। यदि ऐसा है तो ठीक नहीं क्योंकि ईश्वर किसी का शत्रु नहीं हो सकता॥२४॥

२५—और अल्लाह खास करता है जिस को चाहता है साथ दया अपनी के॥ —मं० १। सि० १। सू० २। आ० १०३॥

(समीक्षक) क्या जो मुख्य और दया करने के योग्य न हो उस को भी प्रधान बनाता और उस पर दया करता है? जो ऐसा है तो खुदा बड़ा गड़बड़िया है क्योंकि फिर अच्छा काम कौन करेगा? और बुरे कर्म को कौन छोड़ेगा? क्योंकि खुदा की प्रसन्नता पर निर्भर करते हैं, कर्मफल पर नहीं, इस से सब को अनास्था होकर कर्मोच्छेदप्रसंग होगा॥ २५॥

२६—ऐसा न हो कि काफ़िर लोग ईर्ष्या करके तुम को ईमान से फेर देवें क्योंकि उन में से ईमान वालों के बहुत से दोस्त हैं॥

—मं० १। सि० १। सू० २। आ० १०१॥

(समीक्षक) अब देखिये! खुदा ही उन को चिताता है कि तुम्हारे ईमान को काफ़िर लोग न डिगा देवें। क्या वह सर्वज्ञ नहीं है? ऐसी बातें खुदा की नहीं हो सकती हैं॥ २६॥

२७—तुम जिधर मुंह करो उधर ही मुंह अल्लाह का है॥

—मं० १। सि० १। सू० २। आ० ११५॥

(समीक्षक) जो यह बात सच्ची है तो मुसलमान 'किबले' की ओर मुंह क्यों करते हैं? जो कहें कि हम को किबले की ओर मुंह करने का हुक्म है तो यह भी हुक्म है कि चाहें जिधर की ओर मुख करो। क्या एक बात सच्ची और

दूसरी बात झूठी होगी? और जो अल्लाह का मुख है तो वह सब ओर हो ही नहीं सकता। क्योंकि एक मुख एक ओर रहेगा, सब ओर क्योंकर रह सकेगा? इसलिए यह संगत नहीं॥ २७॥

२८—जो आसमान और भूमि का उत्पन्न करने वाला है। जब वो कुछ करना चाहता है यह नहीं कि उस को करना पड़ता है किन्तु उसे कहता है कि हो जा! बस हो जाता है॥ —मं० १। सि० १। सू० २। आ० ११७॥

(समीक्षक) भला खुदा ने हुक्म दिया कि हो जा तो हुक्म किस ने सुना? और किस को सुनाया? और कौन बन गया? किस कारण से बनाया? जब यह लिखते हैं कि सृष्टि के पूर्व सिवाय खुदा के कोई भी दूसरा वस्तु न था तो यह संसार कहां से आया? विना कारण के कोई भी कार्य्य नहीं होता तो इतना बड़ा जगत् कारण के विना कहां से हुआ? यह बात केवल लड़कपन की है।

(पूर्वपक्षी) नहीं नहीं, खुदा की इच्छा से।

(उत्तरपक्षी) क्या तुम्हारी इच्छा से एक मक्खी की टांग भी बन जा सकती है? जो कहते हो कि खुदा की इच्छा से यह सब कुछ जगत् बन गया।

(पूर्वपक्षी) खुदा सर्वशक्तिमान् है इसलिये जो चाहे सो कर लेता है।

(उत्तरपक्षी) सर्वशक्तिमान् का क्या अर्थ है?

(पूर्वपक्षी) जो चाहे सो कर सके।

(उत्तरपक्षी) क्या खुदा दूसरा खुदा भी बना सकता है? अपने आप मर सकता है? मूर्ख रोगी और अज्ञानी भी बन सकता है?

(पूर्वपक्षी) ऐसा कभी नहीं बन सकता।

(उत्तरपक्षी) इसलिये परमेश्वर अपने और दूसरों के गुण, कर्म, स्वभाव के विरुद्ध कुछ भी नहीं कर सकता। जैसे संसार में किसी वस्तु के बनने बनाने में तीन पदार्थ प्रथम अवश्य होते हैं—एक बनानेवाला जैसे कुम्हार, दूसरी घड़ा बनने वाली मिट्टी और तीसरा उस का साधन जिस से घड़ा बनाया जाता है। जैसे कुम्हार, मिट्टी और साधन से घड़ा बनता है और बनने वाले घड़े के पूर्व कुम्हार, मिट्टी और साधन होते हैं वैसे ही जगत् के बनने से पूर्व परमेश्वर जगत् का कारण प्रकृति और उन के गुण, कर्म, स्वभाव अनादि हैं। इसलिये यह कुरान की बात सर्वथा असम्भव है ॥ २८॥

२९—जब हमने लोगों के लिये काबे को पवित्र स्थान सुख देने वाला बनाया तुम नमाज़ के लिये इबराहीम के स्थान को पकड़ो॥

—मं० १। सि० १। सू० २। आ० १२५॥

(समीक्षक) क्या काबे के पहले पवित्र स्थान खुदा ने कोई भी न बनाया था? जो बनाया था तो काबे के बनाने की कुछ आवश्यकता न थी जो नहीं बनाया था तो विचारे पूर्वोत्पन्नों को पवित्र स्थान के विना ही रक्खा था? पहले ईश्वर को पवित्र स्थान बनाने का स्मरण न हुआ होगा॥ २९॥

३०—वो कौन मनुष्य हैं जो इबराहीम के दीन से फिर जावें परन्तु जिस ने अपनी जान को मूर्ख बनाया और निश्चय हम ने दुनिया में उसी को पसन्द किया और निश्चय आखरत में वो ही नेक हैं॥ —मं० १। सि० १। सू० २। आ० १३०॥

(समीक्षक) यह कैसे सम्भव है कि जो इबराहीम के दीन को नहीं मानते वे सब मूर्ख हैं। इबराहीम को ही खुदा ने पसन्द किया इस का क्या कारण है?

यदि धर्मात्मा होने के कारण से किया तो धर्मात्मा और भी बहुत हो सकते हैं। यदि विना धर्मात्मा होने के ही पसन्द किया तो अन्याय हुआ। हाँ! यह तो ठीक है कि जो धर्मात्मा है वही ईश्वर को प्रिय होता है; अधर्मी नहीं॥ ३०॥

३१—निश्चय हम तेरे मुख को आसमान में फिरता देखते हैं अवश्य हम तुझे उस किबले को फेरेंगे कि पसन्द करे उस को बस अपना मुख मस्जिदुल्हराम की ओर फेर, जहाँ कहीं तुम हो अपना मुख उस की ओर फेर लो॥

—मं० १। सि० २। सू० २। आ० १४४॥

(समीक्षक) क्या यह छोटी बुत्परस्ती है? नहीं बड़ी।

(पूर्वपक्षी) हम मुसलमान लोग बुत्परस्त नहीं हैं किन्तु बुत्शिकन अर्थात् मूर्त्तों को तोड़नेहारे हैं क्योंकि हम किबले को खुदा नहीं समझते।

(उत्तरपक्षी) जिन को तुम बुत्परस्त समझते हो वे भी उन-उन मूर्त्तों को ईश्वर नहीं समझते किन्तु उन के सामने परमेश्वर की भक्ति करते हैं। यदि बुतों के तोड़नेहारे हो तो उस मस्जिद किबले बड़े बुत् को क्यों न तोड़ा?

(पूर्वपक्षी) वाह जी! हमारे तो किबले की ओर मुख फेरने का कुरान में हुक्म है और इन को वेद में नहीं है फिर वे बुत्परस्त क्यों नहीं? और हम क्यों? क्योंकि हम को खुदा का हुक्म बजा लाना अवश्य है।

(उत्तरपक्षी) जैसे तुम्हारे लिये कुरान में हुक्म है वैसे उन के लिये पुराण में आज्ञा है। जैसे तुम कुरान को खुदा का कलाम समझते हो वैसे पुराणी भी पुराणों को खुदा के अवतार व्यास जी का वचन समझते हैं। तुम में और इन में बुत्परस्ती का कुछ भिन्नभाव नहीं है प्रत्युत तुम बड़े बुत्परस्त और ये छोटे हैं। क्योंकि जब तक कोई मनुष्य अपने घर में से प्रविष्ट हुई बिल्ली को निकालने लगे तब तक उस के घर में ऊंट प्रविष्ट हो जाय वैसे ही मुहम्मद साहेब ने छोटे बुत् को मुसलमानों के मत से निकाला परन्तु बड़ा बुत् जो कि पहाड़ सदृश मक्के की मस्जिद है वह सब मुसलमानों के मत में प्रविष्ट करा दी; क्या यह छोटी बुत्परस्ती है? हां! जो हम वैदिक हैं वैसे ही तुम लोग भी वैदिक हो जाओ तो बुत्परस्ती आदि बुराइयों से बच सको; अन्यथा नहीं। तुम को जब तक अपनी बड़ी बुत्परस्ती को न निकाल दो तब तक दूसरे छोटे बुत्परस्तों के खण्डन से लज्जित होके निवृत्त रहना चाहिये और अपने को बुत्परस्ती से पृथक् करके पवित्र करना चाहिये॥ ३१॥

३२—जो लोग अल्लाह के मार्ग में मारे जाते हैं उन के लिये यह मत कहो कि ये मृतक हैं किन्तु वे जीवित हैं॥ —मं० १। सि० २। सू० २। आ० १५४॥

(समीक्षक) भला ईश्वर के मार्ग में मरने मारने की क्या आवश्यकता है? यह क्यों नहीं कहते हो कि यह बात अपने मतलब सिद्ध करने के लिये है कि यह लोभ देंगे तो लोग खूब लड़ेंगे, अपना विजय होगा, मारने से न डरेंगे, लूट मार कराने से ऐश्वर्य प्राप्त होगा; पश्चात् विषयानन्द करेंगे इत्यादि स्वप्रयोजन के लिये यह विपरीत व्यवहार किया है॥ ३२॥

३३—और यह कि अल्लाह कठोर दुःख देने वाला है॥ शैतान के पीछे मत चलो निश्चय वो तुम्हारा प्रत्यक्ष शत्रु है॥ उसके विना और कुछ नहीं कि बुराई और निर्लज्जता की आज्ञा दे और यह कि तुम कहो अल्लाह पर जो नहीं जानते॥

—मं० १। सि० २। सू० २। आ० १६८। १६९। १७०॥

(समीक्षक) क्या कठोर दुःख देने वाला दयालु खुदा पापियों पुण्यात्माओं

पर है अथवा मुसलमानों पर दयालु और अन्य पर दयाहीन है? जो ऐसा है तो वह ईश्वर ही नहीं हो सकता। और पक्षपाती नहीं है तो जो मनुष्य कहीं धर्म करेगा उस पर ईश्वर दयालु और जो अधर्म करेगा उस पर दण्डदाता होगा तो फिर बीच में मुहम्मद साहेब और कुरान को मानना आवश्यक न रहा। और जो सब को बुराई कराने वाला मनुष्यमात्र का शत्रु शैतान है उस को खुदा ने उत्पन्न ही क्यों किया? क्या वह भविष्यत् की बात नहीं जानता था? जो कहो कि जानता था परन्तु परीक्षा के लिये बनाया तो भी नहीं बन सकता क्योंकि परीक्षा करना अल्पज्ञ का काम है; सर्वज्ञ तो सब जीवों के अच्छे बुरे कर्मों को सदा से ठीक-ठीक जानता है। और शैतान सब को बहकाता है तो शैतान को किसने बहकाया? जो कहो कि शैतान आप से आप बहकता है तो अन्य भी आप से आप बहक सकते हैं; बीच में शैतान का क्या काम? और जो खुदा ही ने शैतान को बहकाया तो खुदा शैतान का भी शैतान ठहरेगा। ऐसी बात ईश्वर की नहीं हो सकती। और जो कोई बहकाता है वह कुसंग तथा अविद्या से भ्रान्त होता है॥ ३३॥

३४—तुम पर मुर्दार, लोहू और गोश्त सूअर का हराम है और अल्लाह के विना जिस पर कुछ पुकारा जावे॥ —मं० १। सि० २। सू० २। आ० १७३॥

(समीक्षक) यहां विचारना चाहिये कि मुर्दा चाहे आप से आप मरे वा किसी के मारने से दोनों बराबर हैं। हां! इन में कुछ भेद भी है तथापि मृतकपन में कुछ भेद नहीं। और जब एक सूअर का निषेध किया तो क्या मनुष्य का मांस खाना उचित है? क्या यह बात अच्छी हो सकती है कि परमेश्वर के नाम पर शत्रु आदि को अत्यन्त दुःख देके प्राणहत्या करनी? इस से ईश्वर का नाम कलंकित हो जाता है। हां! ईश्वर ने विना पूर्वजन्म के अपराध के मुसलमानों के हाथ से दारुण दुःख क्यों दिलाया? क्या उन पर दयालु नहीं है? उन को पुत्रवत् नहीं मानता? **जिस वस्तु से अधिक उपकार होवे उन गाय आदि के मारने का निषेध न करना जानो हत्या करा कर खुदा जगत् का हानिकारक है**। हिंसारूप पाप से कलंकित भी हो जाता है। ऐसी बातें खुदा और खुदा के पुस्तक की कभी नहीं हो सकतीं॥३४॥

३५—रोजे की रात तुम्हारे लिये हलाल की गई कि मदनोत्सव करना अपनी बीबियों से। वे तुम्हारे वास्ते पर्दा हैं और तुम उन के लिये पर्दा हो। अल्लाह ने जाना कि तुम चोरी करते हो अर्थात् व्यभिचार, बस फिर अल्लाह ने क्षमा किया तुम को बस उन से मिलो और ढूंढो जो अल्लाह ने तुम्हारे लिये लिख दिया है अर्थात् सन्तान, खाओ पीयो यहां तक कि प्रकट हो तुम्हारे लिये काले तागे से सुपेद तागा वा रात से जब दिन निकले॥ —मं० १। सि० २। सू० २। आ० १८७॥

(समीक्षक) यहां यह निश्चित होता है कि जब मुसलमानों का मत चला वा उसके पहले किसी ने किसी पौराणिक को पूछा होगा कि चान्द्रायण व्रत जो एक महीने भर का होता है उस की विधि क्या है? वह शास्त्रविधि जो कि मध्याह्न में—चन्द्र की कला घटने बढ़ने के अनुसार ग्रासों को घटाना बढ़ाना और मध्याह्न दिन में खाना लिखा है उस को न जानकर कहा होगा कि चन्द्रमा का दर्शन करके खाना, उस को इन मुसलमान लोगों ने इस प्रकार का कर लिया। परन्तु व्रत में स्त्री समागम का त्याग है वह एक बात खुदा ने बढ़कर कह दी कि तुम स्त्रियों का भी समागम भले ही किया करो और रात में चाहे अनेक बार खाओ। भला यह

व्रत क्या हुआ? दिन को न खाया रात को खाते रहे। यह सृष्टिक्रम से विपरीत है कि दिन में न खाना रात में खाना॥ ३५॥

३६—अल्लाह के मार्ग में लड़ो उन से जो तुम से लड़ते हैं॥ मार डालो तुम उन को जहाँ पाओ, कतल से कुफ्र बुरा है॥ यहां तक उन से लड़ो कि कुफ्र न रहे और होवे दीन अल्लाह का॥ उन्होंने जितनी जियादती करी तुम पर उतनी ही तुम उन के साथ करो॥ —मं० १। सि० २। सू० २। आ० १९०।१९१।१९२।१९३॥

(समीक्षक) जो कुरान में ऐसी बातें न होतीं तो मुसलमान लोग इतना बड़ा अपराध जो कि अन्य मत वालों पर किया है; न करते। और विना अपराधियों को मारना उन पर बड़ा पाप है। जो मुसलमान के मत का ग्रहण न करना है उस को कुफ्र कहते हैं अर्थात् कुफ्र से कतल को मुसलमान लोग अच्छा मानते हैं। अर्थात् जो हमारे दीन को न मानेगा उस को हम कतल करेंगे सो करते ही आये। मज़हब पर लड़ते-लड़ते आप ही राज्य आदि से नष्ट हो गये। और उन का मन अन्य मत वालों पर अति कठोर रहता है। क्या चोरी का बदला चोरी है? कि जितना अपराध हमारा चोर आदि चोरी करें क्या हम भी चोरी करें? यह सर्वथा अन्याय की बात है। क्या कोई अज्ञानी हम को गालियां दे क्या हम भी उस को गाली देवें? यह बात न ईश्वर की और न ईश्वर के भक्त विद्वान् की और न ईश्वरोक्त पुस्तक की हो सकती है। यह तो केवल स्वार्थी ज्ञानरहित मनुष्य की है॥ ३६॥

३७—अल्लाह झगड़ा करने वाले को मित्र नहीं रखता॥ ऐ लोगो जो ईमान लाये हो इस्लाम में प्रवेश करो॥ —मं० १। सि० २। सू० २। आ० २०५।२०८॥

(समीक्षक) जो झगड़ा करने वाले को खुदा मित्र नहीं समझता तो क्यों आप ही मुसलमानों को झगड़ा करने में प्रेरणा करता? और झगड़ालू मुसलमानों से मित्रता क्यों करता है? क्या मुसलमानों के मत में मिलने ही से खुदा राजी है तो वह मुसलमानों ही का पक्षपाती है; सब संसार का ईश्वर नहीं। इस से यहां यह विदित होता है कि न कुरान ईश्वरकृत और न इस में कहा हुआ ईश्वर हो सकता है॥ ३७॥

३८—खुदा जिसको चाहे अनन्त रिज़क देवे॥

—मं० १। सि० २। सू० २। आ० २१२॥

(समीक्षक) क्या विना पाप पुण्य के खुदा ऐसे ही रिज़क देता है? फिर भलाई बुराई का करना एक सा ही हुआ। क्योंकि सुख दुःख प्राप्त होना उस की इच्छा पर है। इस से धर्म से विमुख होकर मुसलमान लोग यथेष्टाचार करते हैं और कोई कोई इस कुरानोक्त पर विश्वास न करके धर्मात्मा भी होते हैं॥ ३८॥

३९—प्रश्न करते हैं तुझ से रजस्वला को कह वो अपवित्र हैं। पृथक् रहो ऋतु समय में उन के समीप मत जाओ जब तक कि वे पवित्र न हों। जब नहा लेवें उन के पास उस स्थान से जाओ खुदा ने आज्ञा दी॥ तुम्हारी बीवियां तुम्हारे लिये खेतियां हैं बस जाओ जिस तरह चाहो अपने खेत में॥ तुम को अल्लाह लग़ब (बेकार, व्यर्थ) शपथ में नहीं पकड़ता॥

—मं० १। सि० २। सू० २। आ० २२२। २२३। २२४॥

(समीक्षक) जो यह रजस्वला का स्पर्श संग न करना लिखा है वह अच्छी बात है। परन्तु जो यह स्त्रियों को खेती के तुल्य लिखा और जैसा जिस तरह से चाहो जाओ यह मनुष्यों को विषयी करने का कारण है। जो खुदा बेकार शपथ पर

नहीं पकड़ता तो सब झूठ बोलेंगे शपथ तोड़ेंगे। इस से खुदा झूठ का प्रवर्त्तक होगा॥३९॥

४०—वो कौन मनुष्य है जो अल्लाह को उधार देवे। अच्छा बस अल्लाह द्विगुण करे उस को उस के वास्ते॥ —मं० १। सि० २। सू० २। आ० २४५॥

(समीक्षक) भला खुदा को कर्ज़ उधार[१] लेने से क्या प्रयोजन? जिस ने सारे संसार को बनाया वह मनुष्य से कर्ज़ लेता है? कदापि नहीं। ऐसा तो विना समझे कहा जा सकता है। क्या उस का ख़जाना खाली हो गया था? क्या वह हुण्डी पुड़िया व्यापारादि में मग्न होने से टोटे में फंस गया था जो उधार लेने लगा? और एक का दो-दो देना स्वीकार करता है, क्या यह साहूकारों का काम है? किन्तु ऐसा काम तो दिवालियों वा खर्च अधिक करने वाले और आय न्यून होने वालों को करना पड़ता है; ईश्वर को नहीं॥ ४०॥

४१—उनमें से कोई ईमान न लाया और कोई काफ़िर हुआ, जो अल्लाह चाहता न लड़ते, जो चाहता है अल्लाह करता है॥

—मं० १। सि० ३। सू० २। आ० २४९॥

(समीक्षक) क्या जितनी लड़ाई होती है वह ईश्वर ही की इच्छा से। क्या वह अधर्म करना चाहे तो कर सकता है? जो ऐसी बात है तो वह खुदा ही नहीं, क्योंकि भले मनुष्यों का यह कर्म नहीं कि शान्तिभंग करके लड़ाई करावें। इस से विदित होता है कि यह कुरान न ईश्वर का बनाया और न किसी धार्मिक विद्वान् का रचित है॥ ४१॥

४२—जो कुछ आसमान और पृथिवी पर है सब उसी के लिये है? चाहे उस की कुरसी ने आसमान और पृथिवी को समा लिया है॥

—मं० १। सि० ३। सू० २। आ० २५५॥

(समीक्षक) जो आकाश भूमि में पदार्थ हैं वे सब जीवों के लिये परमात्मा ने उत्पन्न किये हैं, अपने लिये नहीं क्योंकि वह पूर्णकाम है, उस को किसी पदार्थ की अपेक्षा नहीं। जब उस की कुर्सी है तो वह एकदेशी है। जो एकदेशी होता है वह ईश्वर नहीं कहाता क्योंकि ईश्वर तो व्यापक है॥ ४२॥

४३—अल्लाह सूर्य को पूर्व से लाता है बस तू पश्चिम से ले आ, बस जो काफिर था हैरान हुआ था, निश्चय अल्लाह पापियों को मार्ग नहीं दिखलाता॥

—मं० १। सि० ३। सू० २। आ० २५८॥

(समीक्षक) देखिये यह अविद्या की बात! सूर्य्य न पूर्व से पश्चिम और न पश्चिम से पूर्व कभी आता जाता है, वह तो अपनी परिधि में घूमता रहता है। इस से निश्चित जाना जाता है कि कुरान के कर्ता को खगोल और न भूगोल विद्या आती थी। जो पापियों को मार्ग नहीं बतलाता तो पुण्यात्माओं के लिये भी मुसलमानों के खुदा की आवश्यकता नहीं। क्योंकि धर्मात्मा तो धर्ममार्ग में ही होते हैं। मार्ग तो धर्म से भूले हुए मनुष्यों को बतलाना होता है। सो कर्त्तव्य के न करने से कुरान

---

१. इसी आयत के भाष्य में तफसीरहुसैनी में लिखा है कि एक मनुष्य मुहम्मद साहब के पास आया। उसने कहा कि ऐ रसूलल्लाह खुदा कर्ज क्यों मांगता है? उन्होंने उत्तर दिया कि तुम को बहिश्त में ले जाने के लिये। उस ने कहा जो आप जमानत लें तो मैं दूं। मुहम्मद साहब ने उसकी जमानत ले ली। खुदा का भरोसा न हुआ, उस के दूत का हुआ।

के कर्त्ता की बड़ी भूल है॥ ४३॥

४४—कहा चार जानवरों से ले उन की सूरत पहिचान रख। फिर हर पहाड़ पर उन में से एक-एक टुकड़ा रख दे। फिर उन को बुला, दौड़ते तेरे पास चले आवेंगे॥ —मं० १। सि० ३। सू० २। आ० २६०॥

(समीक्षक) वाह-वाह देखो जी! मुसलमानों का खुदा भानमती के समान खेल कर रहा है! क्या ऐसी ही बातों से खुदा की खुदाई है। बुद्धिमान् लोग ऐसे खुदा को तिलाञ्जलि देकर दूर रहेंगे और मूर्ख लोग फसेंगे? इस से खुदा की बड़ाई के बदले बुराई उस के पल्ले पड़ेगी॥ ४४॥

४५—जिस को चाहे नीति देता है॥ —मं० १। सि० ३। सू० २। आ० २६१॥

(समीक्षक) जब जिस को चाहता है उस को नीति देता है तो जिस को नहीं चाहता है उस को अनीति देता होगा। यह बात ईश्वरता की नहीं किन्तु जो पक्षपात छोड़ सब को नीति का उपदेश करता है वही ईश्वर और आप्त हो सकता है; अन्य नहीं॥ ४५॥

४६—जो लोग ब्याज खाते हैं वे कबरों से नहीं खड़े होंगे।।
—मं० १। सि० ३। सू० २। आ० २७५॥

(समीक्षक) क्या वे कबरों में ही पड़े रहेंगे और जो पड़े रहेंगे तो कब तक ? ऐसी असम्भव बात ईश्वर के पुस्तक की तो नहीं हो सकती किन्तु बालबुद्धियों की तो हो सकती है ।।४६।।

४७—वह कि जिस को चाहेगा क्षमा करेगा जिस को चाहे दण्ड देगा क्योंकि वह सब वस्तु पर बलवान् है॥ —मं० १। सि० ३। सू० २। आ० २६९॥

(समीक्षक) क्या क्षमा के योग्य पर क्षमा न करना, अयोग्य पर क्षमा करना गवरगण्ड राजा के तुल्य यह कर्म नहीं है? यदि ईश्वर जिस को चाहता पापी वा पुण्यात्मा बनाता है तो जीव को पाप-पुण्य न लगना चाहिये और जब ईश्वर ने उस को वैसा ही किया तो जीव को दुःख-सुख भी होना न चाहिये। जैसे सेनापति की आज्ञा से किसी भृत्य ने किसी को मारा वा रक्षा की उस का फलभागी वह नहीं होता वैसे वे भी नहीं॥ ४७॥

४८—कह इस से अच्छी और क्या परहेजगारों को खबर दूं कि अल्लाह की ओर से बहिश्तें हैं जिन में नहरें चलती हैं उन्हीं में सदैव रहने वाली शुद्ध बीबियां हैं अल्लाह की प्रसन्नता से। अल्लाह उन को देखने वाला है साथ बन्दों के॥
—मं० १। सि० ३। सू० ३। आ० १५॥

(समीक्षक) भला यह स्वर्ग है किंवा वेश्यावन? इस को ईश्वर कहना वा स्त्रैण? कोई भी बुद्धिमान् ऐसी बातें जिस में हों उस को परमेश्वर का किया पुस्तक मान सकता है? यह पक्षपात क्यों करता है। जो बीबियां बहिश्त में सदा रहती हैं वे यहां जन्म पाके वहाँ गई हैं वा वहीं उत्पन्न हुई हैं। यदि यहां जन्म पाकर वहाँ गई हैं और जो कयामत की रात से पहले ही वहाँ बीबियों को बुला लिया तो उन के खाविन्दों को क्यों न बुला लिया। और कयामत की रात में सब का न्याय होगा इस नियम को क्यों तोड़ा। यदि वहीं जन्मी हैं तो कयामत तक वे क्योंकर निर्वाह करती हैं। जो उन के लिये पुरुष भी हैं तो यहां से बहिश्त में जाने वाले मुसलमानों को खुदा बीबियां कहां से देगा? और जैसे बीबियां बहिश्त में सदा रहने वाली बनाईं वैसे पुरुषों को वहाँ सदा रहने वाले क्यों नहीं बनाया।

इसलिये मुसलमानों का खुदा अन्यायकारी, बे समझ है॥ ४८॥

४९–निश्चय अल्लाह की ओर से दीन इसलाम है॥

–मं० १। सि० ३। सू० ३। आ० १९॥

(समीक्षक) क्या अल्लाह मुसलमानों ही का है औरों का नहीं? क्या तेरह सौ वर्षों के पूर्व ईश्वरीय मत था ही नहीं? इसी से यह कुरान ईश्वर का बनाया तो नहीं किन्तु किसी पक्षपाती का बनाया है॥ ४९॥

५०–प्रत्येक जीव को पूरा दिया जावेगा जो कुछ उस ने कमाया और वे न अन्याय किये जावेंगे॥ कह या अल्लाह तू ही मुल्क का मालिक है जिस को चाहे देता है, जिस से चाहे छीनता है, जिस को चाहे प्रतिष्ठा देता है, जिस को चाहे अप्रतिष्ठा देता है, सब कुछ तेरे ही हाथ में है, प्रत्येक वस्तु पर तू ही बलवान् है॥ रात को दिन में और दिन को रात में पैठाता है और मृतक को जीवित से जीवित को मृतक से निकालता है और जिस को चाहे अनन्त अन्न देता है॥ मुसलमानों को उचित है कि काफ़िरों को मित्र न बनावें सिवाय मुसलमानों के जो कोई यह करे बस वह अल्लाह की ओर से नहीं॥ कह जो तुम चाहते हो अल्लाह को तो पक्ष करो मेरा। अल्लाह चाहेगा तुम को और तुम्हारे पाप क्षमा करेगा; निश्चय ही करुणामय है॥ –मं० १। सि० ३। सू० ३। आ० २५। २६। २७। २८। २९॥

(समीक्षक) जब प्रत्येक जीव को कर्मों का पूरा-पूरा फल दिया जावेगा तो क्षमा नहीं किया जायगा। और जो क्षमा किया जायगा तो पूरा फल नहीं दिया जायगा और अन्याय होगा जब विना उत्तम कर्मों के राज्य प्रतिष्ठा देगा तो भी अन्यायी हो जायगा और विना पाप के राज्य और प्रतिष्ठा छीन लेगा तो भी अन्यायकारी हो जायगा। भला! जीवित से मृतक और मृतक से जीवित कभी हो सकता है? क्योंकि ईश्वर की व्यवस्था अछेद्य-अभेद्य है। कभी अदल-बदल नहीं हो सकती। अब देखिये पक्षपात की बातें कि जो मुसलमान के मज़हब में नहीं हैं उन को काफ़िर ठहराना। उन में श्रेष्ठों से भी मित्रता न रखने और मुसलमानों में दुष्टों से भी मित्रता रखने के लिये उपदेश करना ईश्वर को ईश्वरता से बहिः कर देता है। इस से यह कुरान, कुरान का खुदा और मुसलमान लोग केवल पक्षपात अविद्या के भरे हुए हैं। इसीलिये मुसलमान लोग अन्धेरे में हैं। और देखिये मुहम्मद साहेब की लीला कि जो तुम मेरा पक्ष करोगे तो खुदा तुम्हारा पक्ष करेगा और जो तुम पक्षपातरूप पाप करोगे उस की क्षमा भी करेगा। इस से सिद्ध होता है कि मुहम्मद साहेब का अन्तःकरण शुद्ध नहीं था। इसीलिये अपने मतलब सिद्ध करने के लिये मुहम्मद साहेब ने कुरान बनाया वा बनवाया ऐसा विदित होता है॥ ५०॥

५१–जिस समय कहा फ़रिश्तों ने कि ऐ मर्य्यम तुझ को अल्लाह ने पसन्द किया और पवित्र किया ऊपर जगत् की स्त्रियों के॥

–मं० १। सि० ३। सू० ३। आ० ४५॥

(समीक्षक) भला जब आज कल खुदा के फरिश्ते और खुदा किसी से बातें करने को नहीं आते तो प्रथम कैसे आये होंगे? जो कहो कि पहले के मनुष्य पुण्यात्मा थे अब के नहीं तो यह बात मिथ्या है। किन्तु जिस समय ईसाई और मुसलमानों का मत चला था उस समय उन देशों में जङ्गली और विद्याहीन मनुष्य अधिक थे इसी लिये ऐसे विद्या-विरुद्ध मत चल गये। अब विद्वान् अधिक हैं इसलिये नहीं चल सकता। किन्तु जो-जो ऐसे पोकल मज़हब हैं वे भी अस्त होते जाते हैं;

वृद्धि की तो कथा ही क्या है॥ ५१॥

५२—उस को कहता है कि हो बस हो जाता है॥ काफ़िरों ने धोखा दिया, ईश्वर ने धोखा दिया, ईश्वर बहुत मकर करने वाला है॥

—मं० १। सि० ३। सू० ३। आ० ५३। ५४॥

(समीक्षक) जब मुसलमान लोग खुदा के सिवाय दूसरी चीज़ नहीं मानते तो खुदा ने किस से कहा? और उस के कहने से कौन हो गया? इस का उत्तर मुसलमान सात जन्म में भी नहीं दे सकेंगे। क्योंकि विना उपादान कारण के कार्य कभी नहीं हो सकता। विना कारण के कार्य कहना जानो अपने माँ बाप के विना मेरा शरीर हो गया ऐसी बात है। जो धोखा देता और मकर अर्थात् छल और दम्भ करता है वह ईश्वर तो कभी नहीं हो सकता किन्तु उत्तम मनुष्य भी ऐसा काम नहीं करता॥ ५२॥

५३—क्या तुम को यह बहुत न होगा कि अल्लाह तुम को तीन हजार फ़रिश्तों के साथ सहाय देवे॥ —मं० १। सि० ४। सू० ३। आ० १२४॥

(समीक्षक) जो मुसलमानों को तीन हजार फ़रिश्तों के साथ सहाय देता था तो अब मुसलमानों की बादशाही बहुत सी नष्ट हो गई और होती जाती है क्यों सहाय नहीं देता? इसलिये यह बात केवल लोभ देके मूर्खों को फंसाने के लिये महा अन्याय की है॥ ५३॥

५४—और काफ़िरों पर हम को सहाय कर॥ अल्लाह तुम्हारा उत्तम सहायक और कारसाज है॥ जो तुम अल्लाह के मार्ग में मारे जाओ वा मर जाओ, अल्लाह की दया बहुत अच्छी है॥ —मं० १। सि० ४। सू० ३। आ० १४७। १५०। १५८॥

(समीक्षक) अब देखिये मुसलमानों की भूल कि जो अपने मत से भिन्न हैं उन के मारने के लिये खुदा की प्रार्थना करते हैं। क्या परमेश्वर भोला है जो इन की बात मान लेवे? यदि मुसलमानों का कारसाज अल्लाह ही है तो फिर मुसलमानों के कार्य नष्ट क्यों होते हैं? और खुदा भी मुसलमानों के साथ मोह से फंसा हुआ दीख पड़ता है, जो ऐसा पक्षपाती खुदा है तो धर्मात्मा पुरुषों का उपासनीय कभी नहीं हो सकता॥ ५४॥

५५—और अल्लाह तुम को परोक्षज्ञ नहीं करता परन्तु अपने पैग़म्बरों से जिस को चाहे पसन्द करे। बस अल्लाह और उस के रसूल के साथ ईमान लाओ॥

—मं० १। सि० ४। सू० ३। आ० १७९॥

(समीक्षक) जब मुसलमान लोग सिवाय खुदा के किसी के साथ ईमान नहीं लाते और न किसी को खुदा का साझी मानते हैं तो पैग़म्बर साहेब को क्यों ईमान में खुदा के साथ शरीक किया? अल्लाह ने पैग़म्बर के साथ ईमान लाना लिखा, इसी से पैग़म्बर भी शरीक हो गया, पुनः लाशरीक का कहना ठीक न हुआ। यदि इस का अर्थ यह समझा जाय कि मुहम्मद साहेब के पैग़म्बर होने पर विश्वास लाना चाहिये तो यह प्रश्न होता है कि मुहम्मद साहब के होने की क्या आवश्यकता है? यदि खुदा उन को पैग़म्बर किये विना अपना अभीष्ट कार्य नहीं कर सकता तो अवश्य असमर्थ हुआ॥ ५५॥

५६—ऐ ईमानवालो! सन्तोष करो परस्पर थामे रक्खो और लड़ाई में लगे रहो। अल्लाह से डरो कि तुम छुटकारा पाओ॥

—मं० १। सि० ४। सू० ३। आ० १८६॥

(समीक्षक) यह कुरान का खुदा और पैग़म्बर दोनों लड़ाईबाज थे। जो लड़ाई की आज्ञा देता है वह शान्तिभंग करने वाला होता है। क्या नाम मात्र खुदा से डरने से छुटकारा पाया जाता है? वा अधर्मयुक्त लड़ाई आदि से डरने से? जो प्रथम पक्ष है तो डरना न डरना बराबर और जो द्वितीय पक्ष है तो ठीक है॥ ५६॥

५७—ये अल्लाह की हदें हैं जो अल्लाह और उनके रसूल का कहा मानेगा वह बहिश्त में पहुँचेगा जिन में नहरें चलती हैं और यही बड़ा प्रयोजन है॥ जो अल्लाह की और उस के रसूल की आज्ञा भंग करेगा और उस की हदों से बाहर हो जायगा वो सदैव रहने वाली आग में जलाया जावेगा और उस के लिये खराब करने वाला दुःख है॥ —मं० १। सि० ४। सू० ४। आ० १३।१४॥

(समीक्षक) खुदा ही ने मुहम्मद साहेब पैग़म्बर को अपना शरीक कर लिया है और खुद कुरान ही में लिखा है। और देखो! खुदा पैग़म्बर साहेब के साथ कैसा फंसा है कि जिस ने बहिश्त में रसूल का साझा कर दिया है। किसी एक बात में भी मुसलमानों का खुदा स्वतन्त्र नहीं तो लाशरीक कहना व्यर्थ है। ऐसी-ऐसी बातें ईश्वरोक्त पुस्तक में नहीं हो सकतीं॥ ५७॥

५८—और एक त्रसरेणु की बराबर भी अल्लाह अन्याय नहीं करता। और जो भलाई होवे उस का दुगुण करेगा उस को॥

—मं० १। सि० ५। सू० ४। आ० ४०॥

(समीक्षक) जो एक त्रसरेणु के बराबर भी खुदा अन्याय नहीं करता तो पुण्य को द्विगुण क्यों देता? और मुसलमानों का पक्षपात क्यों करता है? वास्तव में द्विगुण वा न्यून फल कर्मों का देवे तो खुदा अन्यायी हो जावे॥ ५८॥

५९—जब तेरे पास से बाहर निकलते हैं तो तेरे कहने के सिवाय (विपरीत) शोचते हैं। अल्लाह उन की सलाह को लिखता है॥ अल्लाह ने उन की कमाई वस्तु के कारण से उन को उलटा किया। क्या तुम चाहते हो कि अल्लाह के गुमराह किये हुए को मार्ग पर लाओ? बस जिस को अल्लाह गुमराह करे उसको कदापि मार्ग न पावेगा॥ —मं० १। सि० ५। सू० ४। आ० ८१-८८॥

(समीक्षक) जो अल्लाह बातों को लिख बहीखाता बनाता जाता है तो सर्वज्ञ नहीं। जो सर्वज्ञ है तो लिखने का क्या काम? और जो मुसलमान कहते हैं कि शैतान ही सब को बहकाने से दुष्ट हुआ है तो जब खुदा ही जीवों को गुमराह करता है तो खुदा और शैतान में क्या भेद रहा? हां! इतना भेद कह सकते हैं कि खुदा बड़ा शैतान, वह छोटा शैतान। क्योंकि मुसलमानों ही का कौल है कि जो बहकाता है वही शैतान है तो इस प्रतिज्ञा से खुदा को भी शैतान बना दिया॥ ५९॥

६०—और अपने हाथों को न रोकें तो उन को पकड़ लो और जहाँ पाओ मार डालो॥ मुसलमान को मुसलमान का मारना योग्य नहीं। जो कोई अनजाने से मार डाले बस एक गर्दन मुसलमान का छोड़ना है और खून बहा उन लोगों की ओर सौंपी हुई जो उस कौम से होवें, और तुम्हारे लिये दान कर देवें, जो दुश्मन की कौम से॥ और जो कोई मुसलमान को जान कर मार डाले वह सदैव काल दोज़ख में रहेगा, उस पर अल्लाह का क्रोध और लानत है॥

—मं० १। सि० ५। सू० ४। आ० ९१।९२।९३॥

(समीक्षक) अब देखिये महा पक्षपात की बात कि जो मुसलमान न हो उस को जहाँ पाओ मार डालो और मुसलमानों को न मारना। भूल से मुसलमानों

के मारने में प्रायश्चित्त और अन्य को मारने से बहिश्त मिलेगा ऐसे उपदेश को कुए में डालना चाहिये। ऐसे-ऐसे पुस्तक ऐसे-ऐसे पैग़म्बर ऐसे-ऐसे खुदा और ऐसे-ऐसे मत से सिवाय हानि के लाभ कुछ भी नहीं। ऐसों का न होना अच्छा और ऐसे प्रामादिक मतों से बुद्धिमानों को अलग रह कर वेदोक्त सब बातों को मानना चाहिये क्योंकि उस में असत्य किञ्चिन्मात्र भी नहीं है। और जो मुसलमान को मारे उस को दोज़ख मिले और दूसरे मत वाले कहते हैं कि मुसलमान को मारे तो स्वर्ग मिले। अब कहो इन दोनों मतों में से किस को मानें किस को छोड़ें? किन्तु ऐसे मूढ़ प्रकल्पित मतों को छोड़ कर वेदोक्त मत स्वीकार करने योग्य सब मनुष्यों के लिये है कि जिस में आर्य्य मार्ग अर्थात् श्रेष्ठ पुरुषों के मार्ग में चलना और दस्यु अर्थात् दुष्टों के मार्ग से अलग रहना लिखा है; सर्वोत्तम है॥ ६०॥

६१—और शिक्षा प्रकट होने के पीछे जिस ने रसूल से विरोध किया और मुसलमानों से विरुद्ध पक्ष किया; अवश्य हम उनको दोज़ख में भेजेंगे॥

—मं० १। सि० ५। सू० ४। आ० ११५॥

(समीक्षक) अब देखिये खुदा और रसूल की पक्षपात की बातें! मुहम्मद साहेब आदि समझते थे कि जो खुदा के नाम से ऐसी हम न लिखेंगे तो अपना मज़हब न बढ़ेगा और पदार्थ न मिलेंगे, आनन्द भोग न होगा। इसी से विदित होता है कि वे अपने मतलब करने में पूरे थे और अन्य के प्रयोजन बिगाड़ने में। इस से ये अनाप्त थे। इन की बात का प्रमाण आप्त विद्वानों के सामने कभी नहीं हो सकता॥ ६१॥

६२—जो अल्लाह फ़रिश्तों किताबों रसूलों और कयामत के साथ कुफ्र करे निश्चय वह गुमराह है॥ निश्चय जो लोग ईमान लाये फिर काफ़िर हुए फिर-फिर ईमान लाये पुनः फिर गये और कुफ्र में अधिक बढ़े। अल्लाह उन को कभी क्षमा न करेगा और न मार्ग दिखलावेगा॥ —मं० १। सि० ५। सू० ४। आ० १३६। १३७॥

(समीक्षक) क्या अब भी खुदा लाशरीक रह सकता है? क्या लाशरीक कहते जाना और उस के साथ बहुत से शरीक भी मानते जाना यह परस्पर विरुद्ध बात नहीं है? क्या तीन बार क्षमा के पश्चात् खुदा क्षमा नहीं करता? और तीन वार कुफ्र करने पर रास्ता दिखलाता है? वा चौथी बार से आगे नहीं दिखलाता? यदि चार-चार बार भी कुफ्र सब लोग करें तो कुफ्र बहुत ही बढ़ जाये॥ ६२॥

६३—निश्चय अल्लाह बुरे लोगों और काफ़िरों को जमा करेगा दोज़ख में॥ निश्चय बुरे लोग धोखा देते हैं अल्लाह को और उन को वह धोखा देता है॥ ऐ ईमान वालो! मुसलमानों को छोड़ काफ़िरों को मित्र मत बनाओ॥

—मं० १। सि० ५। सू० ४। आ० १४०। १४२। १४४॥

(समीक्षक) मुसलमानों के बहिश्त और अन्य लोगों के दोज़ख में जाने का क्या प्रमाण? वाह जी वाह! जो बुरे लोगों के धोखे में आता और अन्य को धोखा देता है ऐसा खुदा हम से अलग रहे किन्तु जो धोखेबाज़ हैं उन से जाकर मेल करे और वे उस से मेल करें। क्योंकि—

"यादृशी शीतलादेवी तादृशः खरवाहनः।"

जैसे को तैसा मिले तभी निर्वाह होता है। जिस का खुदा धोखेबाज़ है उस के उपासक लोग धोखेबाज़ क्यों न हों? क्या दुष्ट मुसलमान हो उस से मित्रता और अन्य श्रेष्ठ मुसलमान भिन्न से शत्रुता करना किसी को उचित हो सकती

है?॥ ६३॥

६४—ऐ लोगो! निश्चय तुम्हारे पास सत्य के साथ खुदा की ओर से पैगम्बर आया। बस तुम उन पर ईमान लाओ॥ अल्लाह माबूद अकेला है॥

—मं० १। सि० ६। सू० ४। आ० १७०। १७१॥

(समीक्षक) क्या जब पैग़म्बरों पर ईमान लाना लिखा तो ईमान में पैग़म्बर खुदा का शरीक अर्थात् साझी हुआ वा नहीं। जब अल्लाह एकदेशी है, व्यापक नहीं, तभी तो उस के पास से पैग़म्बर आते जाते हैं तो वह ईश्वर भी नहीं हो सकता। कहीं सर्वदेशी लिखते हैं, कहीं एकदेशी। इस से विदित होता है कि कुरान एक का बनाया नहीं किन्तु बहुतों ने बनाया है॥ ६४॥

६५—तुम पर हराम किया गया मुर्दार, लोहू, सूअर का मांस जिस पर अल्लाह के विना कुछ और पढ़ा जावे, गला घोटे, लाठी मारे, ऊपर से गिर पड़े, सींग मारे और दरन्दे का खाया हुआ॥ —मं० २। सि० ६। सू० ५। आ० ३॥

(समीक्षक) क्या इतने ही पदार्थ हराम हैं? अन्य बहुत से पशु तथा तिर्य्यक् जीव कीड़ी आदि मुसलमानों को हलाल होंगे? इस वास्ते यह मनुष्यों की कल्पना है; ईश्वर की नहीं। इस से इस का प्रमाण भी नहीं॥ ६५॥

६६—और अल्लाह को अच्छा उधार दो अवश्य मैं तुम्हारी बुराई दूर करूंगा और तुम्हें बहिश्तों में भेजूंगा॥ —मं० २। सि० ६। सू० ५। आ० १२॥

(समीक्षक) वाह जी! मुसलमानों के खुदा के घर में कुछ भी धन विशेष नहीं रहा होगा। जो विशेष होता तो उधार क्यों मांगता? और उन को क्यों बहकाता कि तुम्हारी बुराई छुड़ा के तुम को स्वर्ग में भेजूंगा? यहां विदित होता है कि खुदा के नाम से मुहम्मद साहेब ने अपना मतलब साधा है॥ ६६॥

६७—जिस को चाहता है क्षमा करता है जिस को चाहे दुःख देता है॥ जो कुछ किसी को भी न दिया वह तुम्हें दिया॥

—मं० २। सि० ६। सू० ५। आ० १८। २०॥

(समीक्षक) जैसे शैतान जिस को चाहता पापी बनाता वैसे ही मुसलमानों का खुदा भी शैतान का काम करता है! जो ऐसा है तो फिर बहिश्त और दोज़ख में खुदा जावे क्योंकि वह पाप पुण्य करने वाला हुआ, जीव पराधीन है। जैसी सेना सेनापति के आधीन रक्षा करती और किसी को मारती है, उस की भलाई बुराई सेनापति को होती है; सेना पर नहीं॥ ६७॥

६८—आज्ञा मानो अल्लाह की और आज्ञा मानो रसूल की॥

—मं० २। सि० ७। सू० ५। आ० ९२॥

(समीक्षक) देखिये! यह बात खुदा के शरीक होने की है। फिर खुदा को 'लाशरीक' मानना व्यर्थ है॥ ६८॥

६९—अल्लाह ने माफ़ किया जो हो चुका और जो कोई फिर करेगा अल्लाह उस से बदला लेगा॥ —मं० २। सि० ७। सू० ५। आ० ९५॥

(समीक्षक) किये हुए पापों का क्षमा करना जानो पापों को करने की आज्ञा देके बढ़ाना है। पाप क्षमा करने की बात जिस पुस्तक में हो वह न ईश्वर और न किसी विद्वान् का बनाया है किन्तु पापवर्द्धक है। हां! आगामी पाप छुड़वाने के लिये किसी से प्रार्थना और स्वयं छोड़ने के लिये पुरुषार्थ पश्चात्ताप करना उचित है परन्तु केवल पश्चात्ताप करता रहे, छोड़े नहीं, तो भी कुछ नहीं हो सकता॥ ६९॥

७०—और उस मनुष्य से अधिक पापी कौन है जो अल्लाह पर झूठ बांध लेता है और कहता है कि मेरी ओर वही की गई परन्तु वही उस की ओर नहीं की गई और जो कहता है कि मैं भी उतारूँगा कि जैसे अल्लाह उतारता है॥

—मं० २। सि० ७। सू० ६। आ० ९३॥

(समीक्षक) इस बात से सिद्ध होता है कि जब मुहम्मद साहेब कहते थे कि मेरे पास खुदा की ओर से आयतें आती हैं तब किसी दूसरे ने भी मुहम्मद साहेब के तुल्य लीला रची होगी कि मेरे पास भी आयतें उतरती हैं, मुझ को भी पैग़म्बर मानो। इस को हटाने और अपनी प्रतिष्ठा बढ़ाने के लिये मुहम्मद साहेब ने यह उपाय किया होगा॥ ७०॥

७१—अवश्य हम ने तुम को उत्पन्न किया, फिर तुम्हारी सूरतें बनाईं। फिर हम ने फरिश्तों से कहा कि आदम को सिजदा करो, बस उन्होंने सिजदा किया परन्तु शैतान सिजदा करने वालों में से न हुआ॥ कहा जब मैंने तुझे आज्ञा दी फिर किस ने रोका कि तूने सिजदा न किया, कहा मैं उस से अच्छा हूँ, तूने मुझ को आग से और उस को मिट्टी से उत्पन्न किया॥ कहा बस उस में से उतर, यह तेरे योग्य नहीं है कि तू उस में अभिमान करे॥ कहा उस दिन तक ढील दे कि कबरों में से उठाये जावें॥ कहा निश्चय तू ढील दिये गयों से है॥ कहा बस इस की कसम है कि तूने मुझ को गुमराह किया, अवश्य मैं उन के लिये तेरे सीधे मार्ग पर बैठूंगा॥ और प्रायः तू उन को धन्यवाद करने वाला न पावेगा॥ कहा उस से दुर्दशा के साथ निकल, अवश्य जो कोई उन में से तेरा पक्ष करेगा तुम सब से दोज़ख को भरूंगा॥

—मं० २। सि० ८। सू० ७। आ० ११। १२। १३। १४। १५। १६। १७॥

(समीक्षक) अब ध्यान देकर सुनो खुदा और शैतान के झगड़े को। एक फ़रिश्ता, जैसा कि चपरासी हो, था। वह भी खुदा से न दबा और खुदा उस के आत्मा को पवित्र भी न कर सका। फिर ऐसे बागी को जो पापी बना कर ग़दर करने वाला था उस को खुदा ने छोड़ दिया। खुदा की यह बड़ी भूल है। शैतान तो सब को बहकाने वाला और खुदा शैतान को बहकाने वाला होने से यह सिद्ध होता है कि शैतान का भी शैतान खुदा है। क्योंकि शैतान प्रत्यक्ष कहता है कि तूने मुझे गुमराह किया। इस से खुदा में पवित्रता भी नहीं पाई जाती और सब बुराइयों का चलाने वाला मूल कारण खुदा हुआ। ऐसा खुदा मुसलमानों ही का हो सकता है, अन्य श्रेष्ठ विद्वानों का नहीं। और फ़रिश्तों से मनुष्यवत् वार्तालाप करने से देहधारी, अल्पज्ञ, न्यायरहित मुसलमानों का खुदा है। इसी से विद्वान् लोग इसलाम के मज़हब को पसन्द नहीं करते॥ ७१॥

७२—निश्चय तुम्हारा मालिक अल्लाह है जिस ने आसमानों और पृथिवी को छः दिन में उत्पन्न किया। फिर करार पकड़ा अर्श पर॥ दीनता से अपने मालिक को पुकारो॥

—मं० २। सि० ८। सू० ७। आ० ५४। ५६॥

(समीक्षक) भला! जो छः दिन में जगत् को बनावे, (अर्श) अर्थात् ऊपर के आकाश में सिंहासन पर आराम करे वह ईश्वर सर्वशक्तिमान् और व्यापक कभी हो सकता है? इस के न होने से वह खुदा भी नहीं कहा सकता। क्या तुम्हारा खुदा बधिर है जो पुकारने से सुनता है? ये सब बातें अनीश्वरकृत हैं। इस से कुरान ईश्वरकृत नहीं हो सकता। यदि छः दिनों में जगत् बनाया, सातवें दिन अर्श पर आराम किया

तो थक भी गया होगा और अब तक सोता है वा जागा है? यदि जागता है तो अब कुछ काम करता है वा निकम्मा सैल सपट्टा और ऐश करता फिरता है ॥७२॥

७३—मत फिरो पृथिवी पर झगड़ा करते॥

—मं० २। सि० ८। सू० ७। आ० ७४॥

(समीक्षक) यह बात तो अच्छी है परन्तु इस से विपरीत दूसरे स्थानों में जिहाद करना काफ़िरों को मारना भी लिखा है। अब कहो यह पूर्वापर विरुद्ध नहीं है? इस से यह विदित होता है कि जब मुहम्मद साहेब निर्बल हुए होंगे तब उन्होंने यह उपाय रचा होगा और जब सबल हुए होंगे तब झगड़ा मचाया होगा। इसी से ये बातें परस्पर विरुद्ध होने से दोनों सत्य नहीं हैं॥ ७३॥

७४—बस एक ही बार अपना असा डाल दिया और वह अजगर था प्रत्यक्ष॥

—मं० २। सि० ९। सू० ७। आ० १०७॥

(समीक्षक) अब इस के लिखने से विदित होता है कि ऐसी झूठी बातों को खुदा और मुहम्मद साहेब भी मानते थे। जो ऐसा है तो ये दोनों विद्वान् नहीं थे क्योंकि जैसे आंख से देखने को और कान से सुनने को अन्यथा कोई नहीं कर सकता। इसी से ये इन्द्रजाल की बातें हैं॥ ७४॥

७५—बस हम ने उन पर मेह का तूफान भेजा! टीढ़ी, चिचड़ी और मैंढक और लोहू॥ बस उन से हम ने बदला लिया और उन को डुबो दिया दरियाव में॥ और हम ने बनी इसराईल को दरियाव से पार उतार दिया॥ निश्चय वह दीन झूठा है कि जिस में वे हैं और उन का कार्य्य भी झूठा है॥

—मं० २। सि० ९। सू० ७। आ० १३३। १३६। १३७। १३९॥

(समीक्षक) अब देखिये! जैसा कोई पाखण्डी किसी को डरावे कि हम तुझ पर सर्पों को काटने के लिये भेजेंगे। ऐसी ही यह भी बात है। भला! जो ऐसा पक्षपाती कि एक जाति को डुबा दे और दूसरी को पार उतारे वह अधर्मी खुदा क्यों नहीं। जो दूसरे मतों को कि जिन में हज़ारों क्रोड़ों मनुष्य हों झूठा बतलावे और अपने को सच्चा, उस से परे झूठा दूसरा मत कौन हो सकता है? क्योंकि किसी मत में सब मनुष्य बुरे और भले नहीं हो सकते। यह इकतर्फी डिगरी करना महामूर्खों का मत है। क्या तौरेत ज़बूर का दीन, जो कि उन का था; झूठा हो गया? वा उन का कोई अन्य मज़हब था कि जिस को झूठा कहा और जो वह अन्य मज़हब था तो कौन सा था कहो कि जिस का नाम कुरान में हो॥ ७५॥

७६—बस तू मुझ को अलबत्ता देख सकेगा, जब प्रकाश किया उस के मालिक ने पहाड़ की ओर उस को परमाणु-परमाणु किया। गिर पड़ा मूसा बेहोश॥

—मं० २। सि० ९। सू० ७। आ० १४३॥

(समीक्षक) जो देखने में आता है वह व्यापक नहीं हो सकता। और ऐसे चमत्कार करता फिरता था तो खुदा इस समय ऐसा चमत्कार किसी को क्यों नहीं दिखलाता? सर्वथा विद्या विरुद्ध होने से यह बात मानने योग्य नहीं॥ ७६॥

७७—और अपने मालिक को दीनता डर से मन में याद कर, धीमी आवाज़ से सुबह को और शाम को॥ —मं० २। सि० ९। सू० ७। आ० २०५॥

(समीक्षक) कहीं-कहीं कुरान में लिखा है कि बड़ी आवाज़ से अपने मालिक को पुकार और कहीं-कहीं धीरे-धीरे मन में ईश्वर का स्मरण कर। अब कहिये! कौन सी बात सच्ची? और कौन सी झूठी? जो एक दूसरी बात से विरोध

करती है वह बात प्रमत्त गीत के समान होती है। यदि कोई बात भ्रम से विरुद्ध निकल जाय उस को मान ले तो कुछ चिन्ता नहीं॥ ७७॥

७८—प्रश्न करते हैं तुझ को लूटों से कह लूटें वास्ते अल्लाह के और रसूल के और डरो अल्लाह से॥ —मं० २। सि० ९। सू० ८। आ० १॥

(समीक्षक) जो लूट मचावें, डाकू के कर्म करें करावें और खुदा तथा पैग़म्बर और ईमानदार भी बनें, यह बड़े आश्चर्य की बात है और अल्लाह का डर बतलाते और डाकादि बुरे काम भी करते जायें और 'उत्तम मत हमारा है' कहते लज्जा भी नहीं। हठ छोड़ के सत्य वेदमत का ग्रहण न करें इस से अधिक कोई बुराई दूसरी होगी?॥ ७८॥

७९—और काटे जड़ काफ़िरों की॥ मैं तुम को सहाय दूंगा। साथ सहस्त्र फ़रिश्तों के पीछे पीछे आने वाले॥ अवश्य मैं काफ़िरों के दिलों में भय डालूंगा। बस मारो ऊपर गर्दनों के मारो उन में से प्रत्येक पोरी (सन्धि) पर॥

—मं० २। सि० ९। सू० ८। आ० ७। ९। १२॥

(समीक्षक) वाह जी वाह! कैसा खुदा और कैसे पैग़म्बर दयाहीन। जो मुसलमानी मत से भिन्न काफ़िरों की जड़ कटवावे। और खुदा आज्ञा देवे उन की गर्दन पर मारो और हाथ पग के जोड़ों को काटने का सहाय और सम्मति देवे ऐसा खुदा लंकेश से क्या कुछ कम है? यह सब प्रपञ्च कुरान के कर्त्ता का है, खुदा का नहीं। यदि खुदा का हो तो ऐसा खुदा हम से दूर और हम उस से दूर रहें॥ ७९॥

८०—अल्लाह मुसलमानों के साथ है॥ ऐ लोगो जो ईमान लाये हो पुकारना स्वीकार करो वास्ते अल्लाह के और वास्ते रसूल के ॥ ऐ लोगो जो ईमान लाये हो मत चोरी करो अल्लाह की रसूल की और मत चोरी करो अमानत अपनी की॥ और मकर करता था अल्लाह और अल्लाह भला मकर करने वालों का है॥

—मं० २। सि० ९। सू० ८। आ० १९। २०। २९। ३०॥

(समीक्षक) क्या अल्लाह मुसलमानों का पक्षपाती है, जो ऐसा है तो अधर्म करता है। नहीं तो ईश्वर सब सृष्टि भर का है। क्या खुदा बिना पुकारे नहीं सुन सकता। बधिर है? और उस के साथ रसूल को शरीक करना बहुत बुरी बात नहीं है? अल्लाह का कौन सा ख़जाना भरा है जो चोरी करेगा? क्या रसूल और अपने अमानत की चोरी छोड़कर अन्य सब की चोरी किया करे? ऐसा उपदेश अविद्वान् और अधर्मियों का हो सकता है? भला! जो मकर करता और जो मकर करने वालों का संगी है वह खुदा कपटी, छली और अधर्मी क्यों नहीं? इसलिये यह कुरान खुदा का बनाया हुआ नहीं है। किसी कपटी छली का बनाया होगा। नहीं तो ऐसी अन्यथा बातें लिखित क्यों होतीं?॥ ८०॥

८१—और लड़ो उन से यहां तक कि न रहे फ़ितना अर्थात् बल काफ़िरों का और होवे दीन तमाम वास्ते अल्लाह के॥ और जानो तुम यह कि जो कुछ तुम लूटो किसी वस्तु से निश्चय वास्ते अल्लाह के है पाँचवाँ हिस्सा उस का और वास्ते रसूल के॥ —मं० २। सि० ९। सू० ८। आ० ३९। ४१॥

(समीक्षक) ऐसे अन्याय से लड़ने लड़ाने वाला मुसलमानों के खुदा से भिन्न शान्तिभङ्गकर्ता दूसरा कौन होगा? अब देखिये यह मज़हब कि अल्लाह और रसूल के वास्ते सब जगत् को लूटना लुटवाना लुटेरों का काम नहीं है? और लूट

के माल में खुदा का हिस्सेदार बनना जानो डाकू बनना है और ऐसे लुटेरों का पक्षपाती बनना खुदा अपनी खुदाई में बट्टा लगाता है। बड़े आश्चर्य की बात है कि ऐसा पुस्तक, ऐसा खुदा और ऐसा पैगम्बर संसार में ऐसी उपाधि और शान्तिभङ्ग करके मनुष्यों को दुःख देने के लिये कहां से आया? जो ऐसे-ऐसे मत जगत् में प्रचलित न होते तो सब जगत् आनन्द में बना रहता॥ ८१॥

८२—और कभी देखे तू जब काफ़िरों को फ़रिश्ते कब्ज करते हैं, मारते हैं, मुख उन के और पीठें उन की और कहते चखो अज़ाब जलने का॥ हम ने उन के पाप से उन को मारा और हम ने फ़िराओन की कौम को डुबा दिया ॥ और तैयारी करो वास्ते उन के जो कुछ तुम कर सको॥

—मं० २। सि० ९। सू० ८। आ० ५०।५४।६०॥

(समीक्षक) क्यों जी! आजकल रूस ने रूम आदि और इंग्लैण्ड ने मिश्र की दुर्दशा कर डाली; फ़रिश्ते कहां सो गये? और अपने सेवकों के शत्रुओं को खुदा पूर्व मारता डुबाता था यह बात सच्ची हो तो आजकल भी ऐसा करे जिस से ऐसा नहीं होता इसलिये यह बात मानने योग्य नहीं? अब देखिये ! यह कैसी बुरी आज्ञा है कि जो कुछ तुम कर सको वह भिन्न मत वालों के लिये दुःखदायक कर्म करो। ऐसी आज्ञा विद्वान् और धार्मिक दयालु की नहीं हो सकती। फिर लिखते हैं कि खुदा दयालु और न्यायकारी है। ऐसी बातों से मुसलमानों के खुदा से न्याय और दयादि सद्गुण दूर बसते हैं॥ ८२॥

८३—ऐ नबी किफ़ायत है तुझ को अल्लाह और उन को जिन्होंने मुसलमानों से तेरा पक्ष किया॥ ऐ नबी रग़बत अर्थात् चाह चस्का दे मुसलमानों को ऊपर लड़ाई के, जो हों तुम में से २०आदमी सन्तोष करने वाले तो पराजय करें दो सौ का॥ बस खाओ उस वस्तु से कि लूटा है तुमने हलाल पवित्र और डरो अल्लाह से वह क्षमा करने वाला दयालु है॥ —मं० २। सि० १०। सू० ८। आ० ६४।६५।६९॥

(समीक्षक) भला यह कौन सी न्याय, विद्वत्ता और धर्म की बात है कि जो अपना पक्ष करे और चाहें अन्याय भी करे उसी का पक्ष और लाभ पहुँचावे? और जो प्रजा में शान्तिभङ्ग करके लड़ाई करे करावे और लूट मार के पदार्थों को हलाल बतलावे और फिर उसी का नाम क्षमावान् दयालु लिखे यह बात खुदा की तो क्या किन्तु किसी भले आदमी की भी नहीं हो सकती। ऐसी-ऐसी बातों से कुरान ईश्वरवाक्य कभी नहीं हो सकता॥ ८३॥

८४—सदा रहेंगे बीच उस के, अल्लाह समीप है उस के पुण्य बड़ा॥ ऐ लोगो! जो ईमान लाये हो मत पकड़ो बापों अपने को और भाइयों अपने को मित्र जो दोस्त रखें कुफ्र को ऊपर ईमान के॥ फिर उतारी अल्लाह ने तसल्ली अपनी ऊपर रसूल अपने के और ऊपर मुसलमानों के और उतारे लश्कर नहीं देखा तुम ने उन को और अज़ाब किया उन लोगों को और यही सज़ा है काफ़िरों को॥ फिर-फिर आवेगा अल्लाह पीछे उस के ऊपर॥ और लड़ाई करो उन लोगों से जो ईमान नहीं लाते॥ —मं० २। सि० १०। सू० ९। आ० २२।२३।२६।२७॥

(समीक्षक) भला जो बहिश्तवालों के समीप अल्लाह रहता है तो सर्वव्यापक क्योंकर हो सकता है? जो सर्वव्यापक नहीं तो सृष्टिकर्त्ता और न्यायाधीश नहीं हो सकता। और अपने माँ, बाप, भाई और मित्र को छुड़वाना केवल अन्याय की बात है। हां! जो वे बुरा उपदेश करें; न मानना परन्तु उन की सेवा

सदा करनी चाहिये। जो पहले खुदा मुसलमानों पर बड़ा सन्तोषी था; और उनके सहाय के लिए लश्कर उतारता था सच हो तो अब ऐसा क्यों नहीं करता? और जो प्रथम काफ़िरों को दण्ड देता और पुनः उसके ऊपर आता था तो अब कहाँ गया? क्या विना लड़ाई के ईमान खुदा नहीं बना सकता? ऐसे खुदा को हमारी ओर से सदा तिलाञ्जलि है, खुदा क्या है एक खिलाड़ी है?॥ ८४॥

८५—और हम बाट देखने वाले हैं वास्ते तुम्हारे यह कि पहुँचावें तुम को अल्लाह अज़ाब अपने पास से वा हमारे हाथों से॥

—मं० २। सि० १०। सू० ९। आ० ५२॥

(समीक्षक) क्या मुसलमान ही ईश्वर की पुलिस बन गये हैं कि अपने हाथ वा मुसलमानों के हाथ से अन्य किसी मत वालों को पकड़ा देता है? क्या दूसरे क्रोड़ों मनुष्य ईश्वर को अप्रिय हैं? मुसलमानों में पापी भी प्रिय हैं? यदि ऐसा है तो अन्धेर नगरी गवरगण्ड राजा की सी व्यवस्था दीखती है। आश्चर्य है कि जो बुद्धिमान् मुसलमान हैं वे भी इस निर्मूल अयुक्त मत को मानते हैं॥ ८५॥

८६—प्रतिज्ञा की है अल्लाह ने ईमान वालों से और ईमानवालियों से बहिश्तें चलती हैं नीचे उन के से नहरें सदैव रहने वाली बीच उस के और घर पवित्र बीच बहिश्तों अदन के और प्रसन्नता अल्लाह की ओर बड़ी है और यह कि वह है मुराद पाना बड़ा॥ बस ठट्ठा करते हैं उन से, ठट्ठा किया अल्लाह ने उन से॥

—मं० २। सि० १०। सू० ९। आ० ७३। ८०॥

(समीक्षक) यह खुदा के नाम से स्त्री पुरुषों को अपने मतलब के लिये लोभ देना है। क्योंकि जो ऐसा प्रलोभन न देते तो कोई मुहम्मद साहेब के जाल में न फंसता। ऐसे ही अन्य मत वाले भी किया करते हैं। मनुष्य लोग तो आपस में ठट्ठा किया ही करते हैं परन्तु खुदा को किसी से ठट्ठा करना उचित नहीं है। यह कुरान क्या है बड़ा खेल है॥ ८६॥

८७—परन्तु रसूल और जो लोग कि साथ उसके ईमान लाये जिहाद किया उन्होंने साथ धन अपने के तथा जानों अपनी के और इन्हीं लोगों के लिये भलाई है ॥ और मोहर रक्खी अल्लाह ने ऊपर दिलों उन के, बस वे नहीं जानते॥

—मं० २। सि० १०। सू० ९। आ० ८८। ९३॥

(समीक्षक) अब देखिये मतलबसिन्धु की बात! कि वे ही भले हैं जो मुहम्मद साहेब के साथ ईमान लाये और जो नहीं लाये वे बुरे हैं! क्या यह बात पक्षपात और अविद्या से भरी हुई नहीं है? जब खुदा ने मोहर ही लगा दी तो उन का अपराध पाप करने में कोई भी नहीं किन्तु खुदा ही का अपराध है क्योंकि उन बिचारों को भलाई से दिलों पर मोहर लगा के रोक दिये; यह कितना बड़ा अन्याय है!!! ॥ ८७॥

८८—ले माल उनके से खैरात कि पवित्र करे तू उन को अर्थात् बाहरी और शुद्ध करे तू उन को साथ उन के अर्थात् गुप्त में॥ निश्चय अल्लाह ने मोल ली हैं मुसलमानों से जानें उन की और माल उन के बदले, कि वास्ते उन के बहिश्त है। लड़ेंगे बीच मार्ग अल्लाह के बस मारेंगे और मर जावेंगे॥

—मं० २। सि० ११। सू० ९। आ० १०३। १११॥

(समीक्षक) वाह जी वाह मुहम्मद साहेब! आपने तो गोकुलिये गुसांइयों की बराबरी कर ली क्योंकि उन का माल लेना और उन को पवित्र करना यही

बात तो गुसांइयों की है। वाह खुदा जी! आपने अच्छी सौदागरी लगाई कि मुसलमानों के हाथ से अन्य गरीबों के प्राण लेना ही लाभ समझा और उन अनाथों को मरवा कर उन निर्दयी मनुष्यों को स्वर्ग देने से दया और न्याय से मुसलमानों का खुदा हाथ धो बैठा और अपनी खुदाई में बट्टा लगा के बुद्धिमान् धार्मिकों में घृणित हो गया॥ ८८॥

८९—ऐ लोगो जो ईमान लाये हो लड़ो उन लोगों से कि पास तुम्हारे हैं काफिरों से और चाहिये कि पावें बीच तुम्हारे दृढ़ता॥ क्या नहीं देखते यह कि वे बलाओं में डाले जाते हैं बीच हर वर्ष के एक बार वा दो बार। फिर वे नहीं तोबा करते और न वे शिक्षा पकड़ते हैं॥

—मं० २। सि० ११। सू० ९। आ० १२३। १२६॥

(समीक्षक) देखिये! ये भी एक विश्वासघात की बातें खुदा मुसलमानों को सिखलाता है कि चाहें पड़ोसी हो वा किसी के नौकर हों जब अवसर पावें तभी लड़ाई वा घात करें। ऐसी बातें मुसलमानों से बहुत बन गई हैं इसी कुरान के लेख से। अब तो मुसलमान समझ के इन कुरानोक्त बुराइयों को छोड़ दें तो बहुत अच्छा है॥ ८९॥

९०—निश्चय परवरदिगार तुम्हारा अल्लाह है जिस ने पैदा किया आसमानों और पृथिवी को बीच छः दिन के। फिर करार पकड़ा ऊपर अर्श के, तदबीर करता है काम की॥ —मं० ३। सि० ११। सू० १०। आ० ३॥

(समीक्षक) आसमान आकाश एक और बिना बना अनादि है। उस का बनाना लिखने से निश्चय हुआ कि वह कुरानकर्त्ता पदार्थविद्या को नहीं जानता था? क्या परमेश्वर के सामने छः दिन तक बनाना पड़ता है? तो जो 'हो मेरे हुक्म से और हो गया' जब कुरान में ऐसा लिखा है फिर छः दिन कभी नहीं लग सकते॥ इससे छः दिन लगना झूठ है। जो वह व्यापक होता तो ऊपर अर्श के क्यों ठहरता? और जब काम की तदबीर करता है तो ठीक तुम्हारा खुदा मनुष्य के समान है क्योंकि जो सर्वज्ञ है वह बैठा-बैठा क्या तदबीर करेगा? इस से विदित होता है कि ईश्वर को न जानने वाले जंगली लोगों ने यह पुस्तक बनाया होगा॥ ९०॥

९१—शिक्षा और दया वास्ते मुसलमानों के॥

—मं० ३। सि० ११। सू० १०। आ० ५७॥

(समीक्षक) क्या यह खुदा मुसलमानों ही का है? दूसरों का नहीं? और पक्षपाती है जो मुसलमानों ही पर दया करे अन्य मनुष्यों पर नहीं। यदि मुसलमान ईमानदारों को कहते हैं तो उन के लिये शिक्षा की आवश्यकता ही नहीं और मुसलमानों से भिन्नों को उपदेश नहीं करता तो खुदा की विद्या ही व्यर्थ है॥ ९१॥

९२—परीक्षा लेवे तुम को, कौन तुम में से अच्छा है कर्मों में। जो कहे तू! अवश्य उठाये जाओगे तुम पीछे मृत्यु के॥ —मं० ३। सि० १२। सू० ११। आ० ७॥

(समीक्षक) जब कर्मों की परीक्षा करता है तो सर्वज्ञ ही नहीं। और जो मृत्यु पीछे उठाता है तो दौड़ा सुपुर्द रखता है और अपने नियम जो कि मरे हुए न जीवें उस को तोड़ता है। यह खुदा को बट्टा लगता है॥ ९२॥

९३—और कहा गया ऐ पृथिवी अपना पानी निगल जा और ऐ आसमान बस कर और पानी सूख गया॥ और ऐ कौम यह है कि निशानी ऊंटनी अल्लाह

की वास्ते तुम्हारे, बस छोड़ दो उस को बीच पृथिवी अल्लाह के खाती फिरे॥
—मं० ३। सि० १२। सू० ११। आ० ४४। ६४॥

(समीक्षक) क्या लड़केपन की बात है! पृथिवी और आकाश कभी बात सुन सकते हैं? वाह जी वाह! खुदा के ऊंटनी भी है तो ऊंट भी होगा? तो हाथी घोड़े, गधे आदि भी होंगे? और खुदा का ऊंटनी से खेत खिलाना क्या अच्छी बात है? क्या ऊंटनी पर चढ़ता भी है? जो ऐसी बातें हैं तो नवाबी की सी घसड़पसड़ खुदा के घर में भी हुई॥ ९३॥

९४—और सदैव रहने वाले बीच उस के जब तक कि रहें आसमान और पृथिवी॥ और जो लोग सुभागी हुए बस बहिश्त के सदा रहने वाले हैं; जब तक रहें आसमान और पृथिवी॥ —मं० ३। सि० १२। सू० ११। आ० १०७। १०८॥

(समीक्षक) जब दोज़ख और बहिश्त में कयामत के पश्चात् सब लोग जायेंगे फिर आसमान और पृथिवी किस लिए रहेगी? और जब दोज़ख और बहिश्त के रहने की आसमान पृथिवी के रहने तक अवधि हुई तो सदा रहेंगे बहिश्त वा दोज़ख में, यह बात झूठी हुई। ऐसा कथन अविद्वानों का होता है; ईश्वर वा विद्वानों का नहीं॥ ९४॥

९५—जब यूसुफ ने अपने बाप से कहा कि ऐ बाप मेरे मैंने एक स्वप्न में देखा॥ —मं० ३। सि० १२। सू० १२। आ० ४ से ५९ तक॥

(समीक्षक) इस प्रकरण में पिता पुत्र का संवादरूप किस्सा कहानी भरी है इसलिये कुरान ईश्वर का बनाया नहीं। किसी मनुष्य ने मनुष्यों का इतिहास लिख दिया है॥ ९५॥

९६—अल्लाह वह है कि जिस ने खड़ा किया आसमानों को विना खम्भे के देखते हो तुम उस को। फिर ठहरा ऊपर अर्श के। आज्ञा वर्तने वाला किया सूरज और चांद को॥ और वही है जिस ने बिछाया पृथिवी को॥ उतारा आसमान से पानी बस बहे नाले साथ अन्दाजे अपने के॥ अल्लाह खोलता है भोजन को वास्ते जिस को चाहे और तंग करता है॥
—मं० ३। सि० १३। सू० १३। आ० २। ३। १७। २६॥

(समीक्षक) मुसलमानों का खुदा पदार्थविद्या कुछ भी नहीं जानता था। जो जानता तो गुरुत्व न होने से आसमान को खम्भे लगाने की कथा कहानी कुछ भी न लिखता। यदि खुदा अर्शरूप एक स्थान में रहता है तो वह सर्वशक्तिमान् और सर्वव्यापक नहीं हो सकता। और जो खुदा मेघविद्या जानता तो आकाश से पानी उतारा लिखा पुनः यह क्यों न लिखा कि पृथिवी से पानी ऊपर चढ़ाया। इससे निश्चय हुआ कि कुरान का बनाने वाला मेघ की विद्या को भी नहीं जानता था। और जो विना अच्छे बुरे कामों के सुख दुःख देता है तो पक्षपाती अन्यायकारी निरक्षर भट्ट है॥ ९६॥

९७—कह निश्चय अल्लाह गुमराह करता है जिस को चाहता है और मार्ग दिखलाता है तर्फ अपनी उस मनुष्य को रुजू करता है॥
—मं० ३। सि० १३। सू० १३। आ० २७॥

(समीक्षक) जब अल्लाह गुमराह करता है तो खुदा और शैतान में क्या भेद हुआ? जब कि शैतान दूसरों को गुमराह अर्थात् बहकाने से बुरा कहाता है तो खुदा भी वैसा ही काम करने से बुरा शैतान क्यों नहीं? और बहकाने के पाप

से दोज़खी क्यों नहीं होना चाहिये?॥ ९७॥

९८—इसी प्रकार उतारा हम ने इस कुरान को अर्बी में, जो पक्ष करेगा तू उन की इच्छा का पीछे इस के आई तेरे पास विद्या से॥ बस सिवाय इस के नहीं कि ऊपर तेरे पैग़ाम पहुँचाना है और ऊपर हमारे है हिसाब लेना॥

—मं० ३। सि० १३। सू० १३। आ० ३७। ४०॥

(समीक्षक) कुरान किधर की ओर से उतारा? क्या खुदा ऊपर रहता है? जो यह बात सच्च है तो वह एकदेशी होने से ईश्वर ही नहीं हो सकता क्योंकि ईश्वर सब ठिकाने एकरस व्यापक है। पैगाम पहुँचाना हल्कारे का काम है और हल्कारे की आवश्यकता उसी को होती है जो मनुष्यवत् एकदेशी हो। और हिसाब लेना देना भी मनुष्य का काम है; ईश्वर का नहीं क्योंकि वह सर्वज्ञ है। यह निश्चय होता है कि किसी अल्पज्ञ मनुष्य का बनाया कुरान है॥ ९८॥

९९—और किया सूर्य चन्द्र को सदैव फिरने वाला॥ निश्चय आदमी अवश्य अन्याय और पाप करने वाला है॥ —मं० ३। सि० १३। सू० १४। आ० ३३। ३४॥

(समीक्षक) क्या चन्द्र, सूर्य सदा फिरते और पृथिवी नहीं फिरती? जो पृथिवी नहीं फिरे तो कई वर्षों का दिन रात होवे। और जो मनुष्य निश्चय अन्याय और पाप करने वाला है तो कुरान से शिक्षा करना व्यर्थ है। क्योंकि जिन का स्वभाव पाप ही करने का है तो उन में पुण्यात्मता कभी न होगी और संसार में पुण्यात्मा और पापात्मा सदा दीखते हैं। इसलिये ऐसी बात ईश्वरकृत पुस्तक की नहीं हो सकती॥ ९९॥

१००—बस जब ठीक करूँ मैं उस को और फूंक दूं बीच उसके रूह अपनी से। बस गिर पड़ो वास्ते उस के सिजदा करते हुए॥ कहा ऐ रब मेरे, इस कारण कि गुमराह किया तू ने मुझ को अवश्य जीनत दूंगा मैं वास्ते उन के बीच पृथिवी के और गुमराह करूंगा॥ —मं० ३। सि० १४। सू० १५। आ० २९। से ३९। तक॥

(समीक्षक) जो खुदा ने अपनी रूह आदम साहेब में डाली तो वह भी खुदा हुआ और जो वह खुदा न था तो सिजदा अर्थात् नमस्कारादि भक्ति करने में अपना शरीक क्यों किया? जब शैतान को गुमराह करने वाला खुदा ही है तो वह शैतान का भी शैतान बड़ा भाई गुरु क्यों नहीं? क्योंकि तुम लोग बहकाने वाले को शैतान मानते हो तो खुदा ने भी शैतान को बहकाया और प्रत्यक्ष शैतान ने कहा कि मैं बहकाऊंगा। फिर भी उस को दण्ड देकर कैद क्यों न किया? और मार क्यों न डाला?॥ १००॥

१०१—और निश्चय भेजे हम ने बीच हर उम्मत के पैग़म्बर॥ जब चाहते हैं हम उस को, यह कहते हैं हम उस को हो! बस हो जाती है॥

—मं० ३। सि० १४। सू० १६। आ० ३५।४०॥

(समीक्षक) जो सब कौमों पर पैग़म्बर भेजे हैं तो सब लोग जो कि पैग़म्बर की राय पर चलते हैं वे काफ़िर क्यों? क्या दूसरे पैग़म्बर का मान्य नहीं सिवाय तुम्हारे पैग़म्बर के? यह सर्वथा पक्षपात की बात है। जो सब देश में पैग़म्बर भेजे तो आर्य्यावर्त में कौन सा भेजा? इसलिये यह बात मानने योग्य नहीं। जब खुदा चाहता है और कहता है कि पृथिवी हो जा, वह जड़ कभी नहीं सुन सकती। खुदा का हुक्म क्योंकर बजा सकेगा? और सिवाय खुदा के दूसरी चीज नहीं मानते तो सुना किस ने? और हो कौन गया? ये सब अविद्या की बातें हैं। ऐसी बातों को

अनजान लोग मानते हैं॥ १०१॥

१०२—और नियत करते हैं वास्ते अल्लाह के बेटियां—पवित्रता है उस को—और वास्ते उनके हैं जो कुछ चाहें॥ कसम अल्लाह की अवश्य भेजे हम ने पैग़म्बर॥

—मं० ३। सि० १४। सू० १६। आ० ५७।६३॥

(समीक्षक) अल्लाह बेटियों से क्या करेगा? बेटियां तो किसी मनुष्य को चाहिये, क्यों बेटे नियत नहीं किये जाते और बेटियां नियत की जाती हैं? इस का क्या कारण है? बताइये? कसम खाना झूठों का काम है, खुदा की बात नहीं। क्योंकि बहुधा संसार में ऐसा देखने में आता है कि जो झूठा होता है वही कसम खाता है। सच्चा सौगन्ध क्यों खावे?॥ १०२॥

१०३—ये लोग वे हैं कि मोहर रक्खी अल्लाह ने ऊपर दिलों उन के और कानों उन के और आंखों उन की के और ये लोग वे हैं बेखबर॥ और पूरा दिया जावेगा हर जीव को जो कुछ किया है और वे अन्याय न किये जावेंगे॥

—मं० ३। सि० १४। सू० १६। आ० १०८-१११॥

(समीक्षक)—जब खुदा ही ने मोहर लगा दी तो वे बिचारे विना अपराध मारे गये क्योंकि उन को पराधीन कर दिया। यह कितना बड़ा अपराध है? और फिर कहते हैं कि जिस ने जितना किया है उतना ही उस को दिया जायगा; न्यूनाधिक नहीं। भला! उन्होंने स्वतन्त्रता से पाप किये ही नहीं किन्तु खुदा के कराने से किये। पुनः उन का अपराध ही न हुआ। उन को फल न मिलना चाहिये। इस का फल खुदा को मिलना उचित है। और जो पूरा दिया जाता है तो क्षमा किस बात की जाती है? जो क्षमा की जाती है तो न्याय उड़ जाता है। ऐसा गड़बड़ाध्याय ईश्वर का कभी नहीं हो सकता किन्तु निर्बुद्धि छोकरों का होता है॥ १०३॥

१०४—और किया हमने दोज़ख को वास्ते काफ़िरों के घेरने वाला स्थान॥ और हर आदमी को लगा दिया हम ने उस को अमलनामा उस का बीच गर्दन उस की के और निकालेंगे हम वास्ते उस के दिन कयामत के एक किताब कि देखेगा उस को खुला हुआ॥ और बहुत मारे हम ने कुरनून से पीछे नूह के॥

—मं० ४। सि० १५। सू० १७। आ० ८-१३।१७॥

(समीक्षक) यदि काफ़िर वे ही हैं कि जो कुरान, पैग़म्बर और कुरान के कहे खुदा, सातवें आसमान और नमाज़ आदि को न मानें और उन्हीं के लिये दोज़ख होवे तो यह बात केवल पक्षपात की ठहरे क्योंकि कुरान ही के मानने वाले सब अच्छे और अन्य के मानने वाले सब बुरे कभी हो सकते हैं? यह बड़ी लड़कपन की बात है कि प्रत्येक की गर्दन में कर्मपुस्तक! हम तो किसी एक की भी गर्दन में नहीं देखते। यदि इस का प्रयोजन कर्मों का फल देना है तो फिर मनुष्यों के दिलों, नेत्रों आदि पर मोहर रखना और पापों का क्षमा करना क्या खेल मचाया है? कयामत की रात को किताब निकालेगा खुदा तो आज कल वह किताब कहां है? क्या साहूकार की बही समान लिखता रहता है? यहां यह विचारना चाहिये कि जो पूर्वजन्म नहीं तो जीवों के कर्म ही नहीं हो सकते फिर कर्म की रेखा क्या लिखी? जो विना कर्म के लिखा तो उन पर अन्याय किया क्योंकि विना अच्छे बुरे कर्म्मों के उन को दुःख-सुख क्यों दिया? जो कहो कि खुदा की मरजी, तो भी उसने अन्याय किया। अन्याय उस को कहते हैं कि विना बुरे भले कर्म किये दुःख सुखरूप फल न्यूनाधिक देना और उस समय खुदा ही किताब बांचेगा वा

कोई सरिश्तेदार सुनावेगा? जो खुदा ही ने दीर्घकाल सम्बन्धी जीवों को विना अपराध मारा तो वह अन्यायकारी हो गया। जो अन्यायकारी होता है वह खुदा ही नहीं हो सकता॥ १०४॥

१०५—और दिया हमने समूद को ऊंटनी प्रमाण॥ और बहका जिस को बहका सके॥ जिस दिन बुलावेंगे हम सब लोगों को साथ पेशवाओं उन के बस जो कोई दिया गया अमलनामा उस का बीच दहिने हाथ उस के॥

—मं० ४। सि० १५। सू० १७। आ० ५९। ६४। ७१॥

(समीक्षक) वाह जी! जितनी खुदा की साश्चर्य निशानी हैं उन में से एक ऊंटनी भी खुदा के होने में प्रमाण अथवा परीक्षा में साधक है। यदि खुदा ने शैतान को बहकाने का हुक्म दिया तो खुदा ही शैतान का सरदार और सब पाप कराने वाला ठहरा। ऐसे को खुदा कहना केवल कम समझ की बात है। जब कयामत की रात अर्थात् प्रलय ही में न्याय करने कराने के लिये पैग़म्बर और उन के उपदेश मानने वालों को खुदा बुलावेगा तो जब तक प्रलय न होगा तब तक सब दौरा सुपुर्द रहे और दौरा सुपुर्द सब को दुःखदायक है जब तक न्याय न किया जाय। इसलिये शीघ्र न्याय करना न्यायाधीश का उत्तम काम है। यह तो पोपांबाई का न्याय ठहरा। जैसे कोई न्यायाधीश कहे कि जब तक पचास वर्ष तक के चोर और साहूकार इकट्ठे न हों तब तक उन को दण्ड वा प्रतिष्ठा न करनी चाहिये। वैसा ही यह हुआ कि एक तो पचास वर्ष तक दौरा सुपुर्द रहा और एक आज ही पकड़ा गया। ऐसा न्याय का काम नहीं हो सकता। न्याय तो वेद और मनुस्मृति का देखो जिस में क्षण मात्र विलम्ब नहीं होता और अपने-अपने कर्मानुसार दण्ड वा प्रतिष्ठा सदा पाते रहते हैं। दूसरा पैग़म्बरों को गवाही के तुल्य रखने से ईश्वर की सर्वज्ञता की हानि है। भला ! ऐसा पुस्तक ईश्वरकृत और ऐसे पुस्तक का उपदेश करने वाला ईश्वर कभी हो सकता है? कभी नहीं॥ १०५॥

१०६—ये लोग वास्ते उन के हैं बाग़ हमेशह रहने के, चलती हैं नीचे उन के से नहरें, गहना पहिराये जावेंगे बीच उस के कंगन सोने के से और पोशाक पहिनेंगे वस्त्र हरित लाहि की से और ताफ़ते की से तकिये किये हुए बीच उस के ऊपर तख़तों के। अच्छा है पुण्य और अच्छी है बहिश्त लाभ उठाने की॥

—मं० ४। सि० १५। सू० १८। आ० ३१॥

(समीक्षक) वाह जी वाह! क्या कुरान का स्वर्ग है जिस में बाग़, गहने, कपड़े, गद्दी, तकिये आनन्द के लिये हैं। भला! कोई बुद्धिमान् यहां विचार करे तो यहां से वहाँ मुसलमानों के बहिश्त में अधिक कुछ भी नहीं है सिवा अन्याय के, वह यह कि कर्म उन के अन्त वाले और फल उन का अनन्त। और जो मीठा नित्य खावे तो थोड़े दिन में विष के समान प्रतीत होता है। जब सदा वे सुख भोगेंगे तो उन को सुख ही दुःखरूप हो जायगा। इसलिये महाकल्प पर्यन्त मुक्तिसुख भोग के पुनर्जन्म पाना ही सत्य सिद्धान्त है॥ १०६॥

१०७—और यह बस्तियां हैं कि मारा हम ने उन को जब अन्याय किया उन्होंने और हम ने उन के मारने की प्रतिज्ञा स्थापन की॥

—मं० ४। सि० १५। सू० १८। आ० ५९॥

(समीक्षक) भला! सब बस्ती भर पापी कभी हो सकती है? और पीछे से प्रतिज्ञा करने से ईश्वर सर्वज्ञ नहीं रहा क्योंकि जब उन का अन्याय देखा तो

प्रतिज्ञा की, पहिले नहीं जानता था। इस से दयाहीन भी ठहरा॥ १०७॥

१०८—और वह जो लड़का, बस थे माँ बाप उस के ईमान वाले, बस डरे हम यह कि पकड़े उन को सरकशी में और कुफ्र में॥ यहां तक कि पहुँचा जगह डूबने सूर्य्य की, पाया उसको डूबता था बीच चश्मे कीचड़ के ॥ कहा उन ने ऐ.ज़ुलकरनैन! निश्चय याजूज माजूज फिसाद करने वाले हैं बीच पृथिवी के॥

—मं० ४। सि० १६। सू० १८। आ० ८०।८६।९४॥

(समीक्षक) भला! यह खुदा की कितनी बेसमझ है! शङ्का से डरा कि लड़के के माँ बाप कहीं मेरे मार्ग से बहका कर उलटे न कर दिये जावें। यह कभी ईश्वर की बात नहीं हो सकती। अब आगे की अविद्या की बात देखिये कि इस किताब का बनाने वाला सूर्य्य को एक झील में रात्रि को डूबा जानता है, फिर प्रातःकाल निकलता है। भला! सूर्य्य तो पृथिवी से बहुत बड़ा है। वह नदी वा झील वा समुद्र में कैसे डूब सकेगा? इस से यह विदित हुआ कि कुरान के बनाने वाले को भूगोल खगोल की विद्या नहीं थी। जो होती तो ऐसी विद्याविरुद्ध बात क्यों लिख देता । और इस पुस्तक को मानने वालों को भी विद्या नहीं है। जो होती तो ऐसी मिथ्या बातों से युक्त पुस्तक को क्यों मानते? अब देखिये खुदा का अन्याय! आप ही पृथिवी को बनाने वाला राजा न्यायाधीश है और याजूज माजूज को पृथिवी में फ़साद भी करने देता है। यह ईश्वरता की बात से विरुद्ध है। इस से ऐसी पुस्तक को जङ्गली लोग माना करते हैं; विद्वान् नहीं॥ १०८॥

१०९—और याद करो बीच किताब के मर्यम को, जब जा पड़ी लोगों अपने से मकान पूर्वी में॥ बस पड़ा उन से इधर पर्दा, बस भेजा हम ने रूह अपनी को अर्थात् फ़रिश्ता, बस सूरत पकड़ी वास्ते उस के आदमी पुष्ट की॥ कहने लगी निश्चय मैं शरण पकड़ती हूँ रहमान की तुझ से, जो है तू परहेज़गार॥ कहने लगा सिवाय इस के नहीं कि मैं भेजा हुआ हूं मालिक तेरे के से, ताकि दे जाऊं मैं तुझ को लड़का पवित्र॥ कहा कैसे होगा वास्ते मेरे लड़का नहीं हाथ लगाया मुझ को आदमी ने, नहीं मैं बुरा काम करने वाली॥ बस गर्भित हो गई साथ उस के और जा पड़ी साथ उस के मकान दूर अर्थात् जंगल में॥

—मं० ४। सि० १६। सू० १९। आ० १६।१७।१८।१९।२०-२३॥

(समीक्षक) अब बुद्धिमान् विचार लें कि फ़रिश्ते सब खुदा की रूह हैं तो खुदा से अलग पदार्थ नहीं हो सकते। दूसरा यह अन्याय कि वह मर्यम कुमारी के लड़का होना। किसी का संग करना नहीं चाहती थी परन्तु खुदा के हुक्म से फरिश्ते ने उस को गर्भवती किया। यह न्याय से विरुद्ध बात है। यहां अन्य भी असभ्यता की बातें बहुत लिखी हैं उन को लिखना उचित नहीं समझा॥ १०९॥

११०—क्या नहीं देखा तू ने यह कि भेजा हम ने शैतानों को ऊपर काफ़िरों के बहकाते हैं उन को बहकाने कर॥ —मं० ४। सि० १६। सू० १९। आ० ८३॥

(समीक्षक) जब खुदा ही शैतानों को बहकाने के लिये भेजता है तो बहकने वालों का कुछ दोष नहीं हो सकता और न उन को दण्ड हो सकता और न शैतानों को। क्योंकि यह खुदा के हुक्म से सब होता है। इस का फल खुदा को होना चाहिये। जो सच्चा न्यायकारी है तो उस का फल दोज़ख आप ही भोगे और जो न्याय को छोड़ के अन्याय को करे तो अन्यायकारी हुआ। अन्यायकारी ही पापी कहाता है॥११०॥

१११—और निश्चय क्षमा करने वाला हूँ वास्ते उस मनुष्य के तोबाः की और ईमान लाया और कर्म किये अच्छे, फिर मार्ग पाया॥

—मं० ४। सि० १६। सू० २०। आ० ८२॥

(समीक्षक) जो तोबाः से पाप क्षमा करने की बात कुरान में है यह सब को पापी कराने वाली है क्योंकि पापियों को इस से पाप करने का साहस बहुत बढ़ जाता है। इस से यह पुस्तक और इस का बनाने वाला पापियों को पाप करने में हौसला बढ़ाने वाले हैं। इस से यह पुस्तक परमेश्वरकृत और इस में कहा हुआ परमेश्वर भी नहीं हो सकता॥ १११॥

११२—और किये हम ने बीच पृथिवी के पहाड़ ऐसा न हो कि हिल जावे॥

—मं० ४। सि० १७। सू० २१। आ० ३०॥

(समीक्षक) यदि कुरान का बनाने वाला पृथिवी का घूमना आदि जानता तो यह बात कभी नहीं कहता कि पहाड़ों के धरने से पृथिवी नहीं हिलती। शंका हुई कि जो पहाड़ नहीं धरता तो हिल जाती! इतने कहने पर भी भूकम्प में क्यों डिग जाती है?॥ ११२॥

११३—और शिक्षा दी हम ने उस औरत को और रक्षा की उस ने अपने गुह्य अङ्गों की। बस फूंक दिया हम ने बीच उस के रूह अपनी को॥

—मं० ४। सि० १७। सू० २१। आ० ९१॥

(समीक्षक) ऐसी अश्लील बातें खुदा की पुस्तक में खुदा की क्या और सभ्य मनुष्य की भी नहीं होतीं। जब कि मनुष्यों में ऐसी बातों का लिखना अच्छा नहीं तो परमेश्वर के सामने क्योंकर अच्छा हो सकता है? ऐसी-ऐसी बातों से कुरान दूषित होता है। यदि अच्छी बात होती तो अति प्रशंसा होती; जैसे वेदों की॥ ११३॥

११४—क्या नहीं देखा तूने कि अल्लाह को सिजदा करते हैं जो कोई बीच आसमानों और पृथिवी के हैं, सूर्य और चन्द्र तारे और पहाड़, वृक्ष और जानवर॥ पहिनाये जावेंगे बीच उस के कंगन सोने और मोती के और पहिनावा उन का बीच उसके रेशमी है॥ और पवित्र रख घर मेरे को वास्ते गिर्द फिरने वालों के और खड़े रहने वालों के॥ फिर चाहिये कि दूर करें मैल अपने और पूरी करें भेंटें अपनी और चारों ओर फिरें घर कदीम के॥ ताकि नाम अल्लाह का याद करें॥

—मं० ४। सि० १७। सू० २२। आ० १८। २३। २६। २८। ३३॥

(समीक्षक) भला! जो जड़ वस्तु हैं, परमेश्वर को जान ही नहीं सकते, फिर वे उस की भक्ति क्योंकर कर सकते हैं? इस से यह पुस्तक ईश्वरकृत तो कभी नहीं हो सकता किन्तु किसी भ्रान्त का बनाया हुआ दीखता है। वाह! बड़ा अच्छा स्वर्ग है जहाँ सोने मोती के गहने और रेशमी कपड़े पहिरने को मिलें। यह बहिश्त यहां के राजाओं के घर से अधिक नहीं दीख पड़ता। और जब परमेश्वर का घर है तो वह उसी घर में रहता भी होगा फिर बुत्परस्ती क्यों न हुई? और दूसरे बुत्परस्तों का खण्डन क्यों करते हैं? जब खुदा भेंट लेता, अपने घर की परिक्रमा करने की आज्ञा देता है और पशुओं को मरवा के खिलाता है तो यह खुदा मन्दिर वाले और भैरव, दुर्गा के सदृश हुआ और महाबुत्परस्ती का चलाने वाला हुआ क्योंकि मूर्तियों से मस्जिद बड़ा बुत् है। इस से खुदा और मुसलमान बड़े बुत्परस्त और पुराणी तथा जैनी छोटे बुत्परस्त हैं॥ ११४॥

११५—फिर निश्चय तुम दिन कयामत के उठाये जाओगे॥

—मं० ४। सि० १८। सू० २३। आ० १६॥

(समीक्षक) कयामत तक मुर्दे कबरों में रहेंगे वा किसी अन्य जगह? जो उन्हीं में रहेंगे तो सड़े हुए दुर्गन्धरूप शरीर में रहकर पुण्यात्मा भी दुःख भोग करेंगे? यह न्याय अन्याय है। और दुर्गन्ध अधिक होकर रोगोत्पत्ति करने से खुदा और मुसलमान पापभागी होंगे॥ ११५॥

११६—उस दिन की गवाही देवेंगे ऊपर उन के ज़बानें उन की और हाथ उन के और पांव उन के साथ उस वस्तु के कि थे करते॥ अल्लाह नूर है आसमानों का और पृथिवी का, नूर उस के कि मानिन्द ताक़ की है बीच उस के दीप हो और दीप बीच कंदील शीशों के हैं, वह कंदील मानो कि तारा है चमकता, रोशन किया जाता है दीपक वृक्ष मुबारिक जैतून के से, न पूर्व की ओर है न पश्चिम की, समीप है तेल उस का रोशन हो जावे जो न लगे ऊपर रोशनी के मार्ग दिखाता है अल्लाह नूर अपने के जिस को चाहता है॥

—मं० ४। सि० १८। सू० २४। आ० २४। ३५॥

(समीक्षक) हाथ पग आदि जड़ होने से गवाही कभी नहीं दे सकते यह बात सृष्टिक्रम से विरुद्ध होने से मिथ्या है। क्या खुदा आगी बिजुली है? जैसा कि दृष्टान्त देते हैं ऐसा दृष्टान्त ईश्वर में नहीं घट सकता। हां! किसी साकार वस्तु में घट सकता है॥ ११६॥

११७—और अल्लाह ने उत्पन्न किया हर जानवर को पानी से बस कोई उन में से वह है कि जो चलता है पेट अपने के॥ और जो कोई आज्ञा पालन करे अल्लाह की रसूल उस के की॥ कह आज्ञा पालन करे खुदा की रसूल उस के की और आज्ञा पालन करो रसूल की ताकि दया किये जाओ॥

—मं० ४। सि० १८। सू० २४। आ० ४५। ५२। ५६॥

(समीक्षक) यह कौन सी फ़िलासफ़ी है कि जिन जानवरों के शरीर में सब तत्त्व दीखते हैं और कहना कि केवल पानी से उत्पन्न किये। यह केवल अविद्या की बात है। जब अल्लाह के साथ पैग़म्बर की आज्ञा पालन करना होता है तो खुदा का शरीक हो गया वा नहीं? यदि ऐसा है तो क्यों खुदा को लाशरीक कुरान में लिखा और कहते हो?॥ ११७॥

११८—और जिस दिन कि फट जावेगा आसमान साथ बदली के और उतारे जावेंगे फ़रिश्ते॥ बस मत कहा मान काफ़िरों का और झगड़ा कर उन से साथ झगड़ा बढ़ा॥ और बदल डालता है अल्लाह बुराइयों उन की को भलाइयों से॥ और जो कोई तोबाः करे और कर्म करे अच्छे बस निश्चय आता है तरफ अल्लाह की॥

—मं० ४। सि० १९। सू० २५। आ० २५-५२। ७०। ७१॥

(समीक्षक) यह बात कभी सच नहीं हो सकती है कि आकाश बद्दलों के साथ फट जावे। यदि आकाश कोई मूर्त्तिमान् पदार्थ हो तो फट सकता है। यह मुसलमानों का कुरान शान्ति भङ्ग कर गदर झगड़ा मचाने वाला है। इसीलिये धार्मिक विद्वान् लोग इस को नहीं मानते। यह भी अच्छा न्याय है कि जो पाप और पुण्य का अदला बदला हो जाय। क्या यह तिल और उड़द की सी बात है जो पलटा हो जावे? जो तोबा करने से पाप छूटे और ईश्वर मिले तो कोई भी पाप करने से न डरे। इसलिये ये सब बातें विद्या से विरुद्ध हैं॥ ११८॥

११९—वही की हम ने तरफ मूसा की यह कि ले चल रात को बन्दों मेरे को, निश्चय तुम पीछा किये जाओगे॥ बस भेजे लोग फ़िरोन ने बीच नगरों के जमा करने वाले॥ और वह पुरुष कि जिसने पैदा किया मुझ को है, बस वही मार्ग दिखलाता है॥ और वह जो खिलाता है मुझ को पिलाता है मुझ को॥ और उस पुरुष की आशा रखता हूँ मैं यह कि क्षमा करे वास्ते मेरे अपराध मेरा दिन कयामत के॥ —मं० ५। सि० १९। सू० २६। आ० ५२।५३।७८।७९।८२॥

(समीक्षक) जब खुदा ने मूसा की ओर बही भेजी पुनः दाऊद, ईसा और मुहम्मद साहेब की ओर किताब क्यों भेजी? क्योंकि परमेश्वर की बात सदा एक सी और बेभूल होती है और उस के पीछे कुरान तक पुस्तकों का भेजना पहली पुस्तक को अपूर्ण भूलयुक्त माना जायगा। यदि ये तीन पुस्तक सच्चे हैं तो यह कुरान झूठा होगा। चारों का जो कि परस्पर प्रायः विरोध रखते हैं उन का सर्वथा सत्य होना नहीं हो सकता। यदि खुदा ने रूह अर्थात् जीव पैदा किये हैं तो वे मर भी जायेंगे अर्थात् उन का कभी नाश कभी अभाव भी होगा? जो परमेश्वर ही मनुष्यादि प्राणियों को खिलाता पिलाता है तो किसी को रोग होना न चाहिये और सब को तुल्य भोजन देना चाहिये। पक्षपात से एक को उत्तम और दूसरे को निकृष्ट जैसा कि राजा और कंगले को श्रेष्ठ निकृष्ट भोजन मिलता है; न होना चाहिये। जब परमेश्वर ही खिलाने पिलाने और पथ्य कराने वाला है तो रोग ही न होने चाहिये परन्तु मुसलमान आदि को भी रोग होते हैं। यदि खुदा ही रोग छुड़ा कर आराम करने वाला है तो मुसलमानों के शरीरों में रोग न रहना चाहिये। यदि रहता है तो खुदा पूरा वैद्य नहीं है यदि पूरा वैद्य है तो मुसलमानों के शरीरों में रोग क्यों रहते हैं? यदि वही मारता और जिलाता है तो उसी खुदा को पाप पुण्य लगता होगा। यदि जन्म जन्मान्तर के कर्मानुसार व्यवस्था करता है तो उस को कुछ भी अपराध नहीं। यदि वह पाप क्षमा और न्याय कयामत की रात में करता है तो खुदा पाप बढ़ाने वाला होकर पापयुक्त होगा। यदि क्षमा नहीं करता तो यह कुरान की बात झूठी होने से बच नहीं सकती है॥ ११९॥

१२०—नहीं तू परन्तु आदमी मानिन्द हमारी बस ले आ कुछ निशानी जो है तू सच्चों से॥ कहा यह ऊंटनी है वास्ते उस के पानी पीना है एक बार॥

—मं० ५। सि० १९। सू० २६। आ० १५४।१५५॥

(समीक्षक) भला! इस बात को कोई मान सकता है कि पत्थर से ऊंटनी निकले! वे लोग जङ्गली थे कि जिन्होंने इस बात को मान लिया। और ऊंटनी की निशानी देनी केवल जङ्गली व्यवहार है; ईश्वरकृत नहीं। यदि यह किताब ईश्वरकृत होती तो ऐसी व्यर्थ बातें इस में न होतीं॥ १२०॥

१२१—ऐ मूसा बात यह है कि निश्चय मैं अल्लाह हूँ ग़ालिब॥ और डाल दे असा अपना, बस जब कि देखा उस को हिलता था मानो कि वह सांप है…ऐ मूसा मत डर, निश्चय नहीं डरते समीप मेरे पैग़म्बर॥ अल्लाह नहीं कोई माबूद परन्तु वह मालिक अर्श बड़े का॥ यह कि मत सरकशी करो ऊपर मेरे और चले आओ मेरे पास मुसलमान होकर॥

—मं० ५। सि० १९। सू० २७। आ० ९।१०।२६।३१॥

(समीक्षक) और भी देखिये अपने मुख आप अल्लाह बड़ा ज़बरदस्त बनता है। अपने मुख से अपनी प्रशंसा करना श्रेष्ठ पुरुष का भी काम नहीं; खुदा

का क्योंकर हो सकता है? तभी तो इन्द्रजाल का लटका दिखला जङ्गली मनुष्यों को वश कर आप जंगलस्थ खुदा बन बैठा। ऐसी बात ईश्वर के पुस्तक में कभी नहीं हो सकती। यदि वह बड़े अर्श अर्थात् सातवें आसमान का मालिक है तो वह एकदेशी होने से ईश्वर ही नहीं हो सकता है। यदि सरकशी करना बुरा है तो खुदा और मुहम्मद साहेब ने अपनी स्तुति से पुस्तक क्यों भर दिये? मुहम्मद साहेब ने अनेकों को मारे इस से सरकशी हुई वा नहीं? यह कुरान पुनरुक्त और पूर्वापर विरुद्ध बातों से भरा हुआ है॥ १२१॥

१२२—और देखेगा तू पहाड़ों को अनुमान करता है तू उन को जमे हुए और वे चले जाते हैं मानिन्द चलने बादलों की, कारीगरी अल्लाह की जिसने दृढ़ किया हर वस्तु को, निश्चय वह खबरदार है उस वस्तु के कि करते हो॥

—मं० ५। सि० २०। सू० २७। आ० ८७। ८८॥

(समीक्षक) बद्दलों के समान पहाड़ का चलना कुरान बनाने वालों के देश में होता होगा; अन्यत्र नहीं। और खुदा की ख़बरदारी तो शैतान बाग़ी को न पकड़ने और न दण्ड देने से ही विदित होती है कि जिस ने एक बाग़ी को भी अब तक न पकड़ पाया; न दण्ड दिया। इस से अधिक असावधानी क्या होगी॥ १२२॥

१२३—बस मुष्ट मारा उस को मूसा ने, बस पूरी की आयु उस की॥ कहा ऐ रब मेरे, निश्चय मैंने अन्याय किया जान अपनी को, बस क्षमा कर मुझ को, बस क्षमा कर दिया उस को, निश्चय वह क्षमा करने वाला दयालु है॥ और मालिक तेरा उत्पन्न करता है, जो कुछ चाहता है और पसन्द करता है॥

—मं० ५। सि० २०। सू० २८। आ० १५। १६। ६८॥

(समीक्षक) अब अन्य भी देखिये मुसलमान और ईसाइयों के पैग़म्बर और खुदा कि मूसा पैग़म्बर मनुष्य की हत्या किया करे और खुदा क्षमा किया करे। ये दोनों अन्यायकारी हैं वा नहीं? क्या अपनी इच्छा ही से जैसा चाहता है वैसी उत्पत्ति करता है? क्या उस ने अपनी इच्छा ही से एक को राजा दूसरे को कङ्गाल और एक को विद्वान् दूसरे को मूर्खादि किया है? यदि ऐसा है तो न कुरान सत्य और न अन्यायकारी होने से यह खुदा ही हो सकता है॥ १२३॥

१२४—और आज्ञा दी हम ने मनुष्य को साथ मा बाप के भलाई करना और जो झगड़ा करें तुझ से दोनों यह कि शरीक लावे तू साथ मेरे उस वस्तु को, कि नहीं वास्ते तेरे साथ उस के ज्ञान, बस मत कहा मान उन दोनों का, तर्फ मेरी है॥ और अवश्य भेजा हम ने नूह को तर्फ कौम उस के कि बस रहा बीच उन के हज़ार वर्ष परन्तु पचास वर्ष कम॥ —मं० ५। सि० २०। सू० २९। आ० ८। १४॥

(समीक्षक) माता-पिता की सेवा करना अच्छा ही है जो खुदा के साथ शरीक करने के लिये कहे तो उन का कहना न मानना यह भी ठीक है परन्तु यदि माता पिता मिथ्याभाषणादि करने की आज्ञा देवें तो क्या मान लेना चाहिये? इसलिये यह बात आधी अच्छी और आधी बुरी है। क्या नूह आदि पैग़म्बरों ही को खुदा संसार में भेजता है तो अन्य जीवों को कौन भेजता है? यदि सब को वही भेजता है तो सभी पैग़म्बर क्यों नहीं? और जो प्रथम मनुष्यों की हज़ार वर्ष की आयु होती थी तो अब क्यों नहीं होती? इसलिये यह बात ठीक नहीं॥ १२४॥

१२५—अल्लाह पहिली बार करता है उत्पत्ति, फिर दूसरी बार करेगा उस

को, फिर उसी की ओर फेरे जाओगे॥ और जिस दिन वर्षा अर्थात् खड़ी होगी कयामत निराश होंगे पापी॥ बस जो लोग कि ईमान लाये और काम किये अच्छे बस वे बीच बाग़ के सिंगार किये जावेंगे॥ और जो भेज दें हम एक बाव, बस देखें उसी खेती को पीली हुई॥ इसी प्रकार मोहर रखता है अल्लाह ऊपर दिलों उन लोगों के कि नहीं जानते॥ —मं० ५। सि० २१। सू० ३०। आ० ११।१२।१५।५१।५९॥

(समीक्षक) यदि अल्लाह दो बार उत्पत्ति करता है तीसरी बार नहीं तो उत्पत्ति की आदि और दूसरी बार के अन्त में निकम्मा बैठा रहता होगा? और एक तथा दो बार उत्पत्ति के पश्चात् उस का सामर्थ्य निकम्मा और व्यर्थ हो जायगा। यदि न्याय करने के दिन पापी लोग निराश हों तो अच्छी बात है परन्तु इस का प्रयोजन यह तो कहीं नहीं है कि मुसलमानों के सिवाय सब पापी समझ कर निराश किये जायें? क्योंकि कुरान में कई स्थानों में पापियों से औरों का ही प्रयोजन है। यदि बगीचे में रखना और शृंगार पहिराना ही मुसलमानों का स्वर्ग है तो इस संसार के तुल्य हुआ और वहाँ माली और सुनार भी होंगे अथवा खुदा ही माली और सुनार आदि का काम करता होगा। यदि किसी को कम गहना मिलता होगा तो चोरी भी होती होगी और बहिश्त से चोरी करने वालों को दोज़ख में भी डालता होगा। यदि ऐसा होता होगा तो सदा बहिश्त में रहेंगे यह बात झूठ हो जायगी। जो किसानों की खेती पर भी खुदा की दृष्टि है सो यह विद्या खेती करने के अनुभव ही से होती है। और यदि माना जाय कि खुदा ने अपनी विद्या से सब बात जान ली है तो ऐसा भय देना अपना घमण्ड प्रसिद्ध करना है। यदि अल्लाह ने जीवों के दिलों पर मोहर लगा पाप कराया तो उस पाप का भागी वही होवे जीव नहीं हो सकते। जैसे जय पराजय सेनाधीश का होता है वैसे यह सब पाप खुदा ही को प्राप्त होवे॥ १२५॥

१२६—ये आयतें हैं किताब हिक्मत वाले की॥ उत्पन्न किया आसमानों को बिना सुतून अर्थात् खम्भे के देखते हो तुम उस को और डाले बीच पृथिवी के पहाड़ ऐसा न हो कि हिल जावे॥ क्या नहीं देखा तूने यह कि अल्लाह प्रवेश कराता है दिन को बीच रात के॥ क्या नहीं देखा कि किश्तियां चलती हैं बीच दर्य्या के साथ निआमतों अल्लाह के, ताकि दिखलावे तुम को निशानियां अपनी॥

—मं० ५। सि० २१। सू० ३१। आ० २।१०।२९।३१॥

(समीक्षक) वाह जी वाह! हिक्मतवाली किताब ! कि जिस में सर्वथा विद्या से विरुद्ध आकाश की उत्पत्ति और उस में खम्भे लगाने की शंका और पृथिवी को स्थिर रखने के लिये पहाड़ रखना। थोड़ी सी विद्या वाला भी ऐसा लेख कभी नहीं करता और न मानता और हिक्मत देखो कि जहाँ दिन है वहाँ रात नहीं और जहाँ रात है वहाँ दिन नहीं। उस को एक दूसरे में प्रवेश कराना लिखता है यह बड़े अविद्वानों की बात है। इसलिये यह कुरान विद्या की पुस्तक नहीं हो सकती। क्या यह विद्याविरुद्ध बात नहीं है कि नौका मनुष्य और क्रिया कौशलादि से चलती हैं वा खुदा की कृपा से? यदि लोहे वा पत्थरों की नौका बना कर समुद्र में चलावें तो खुदा की निशानी डूब जाय वा नहीं? इसलिये यह पुस्तक न विद्वान् और न ईश्वर का बनाया हुआ हो सकता है॥ १२६॥

१२७—तदबीर करता है काम की आसमान से तर्फ़ पृथिवी की फिर चढ़ जाता है तर्फ़ उस की बीच एक दिन के कि है अवधि उसकी सहस्र वर्ष उन

वर्षों से कि गिनते हो तुम॥ यह है जानने वाला गैब का और प्रत्यक्ष का ग़ालिब दयालु॥ फिर पुष्ट किया उस को और फूंका बीच रूह अपनी से॥ कह कब्ज करेगा तुम को फरिश्ता मौत का वह जो नियत किया गया है साथ तुम्हारे॥ और जो चाहते हम अवश्य देते हम हर एक जीव को शिक्षा उस की, परन्तु सिद्ध हुई बात मेरी ओर से कि अवश्य भरूँगा मैं दोज़ख को जिनों से और आदमियों से इकट्ठे॥ —मं० ५। सि० २१। सू० ३२। आ० ५।६।९।११।१३॥

(समीक्षक) अब ठीक सिद्ध हो गया कि मुसलमानों का खुदा मनुष्यवत् एकदेशी है। क्योंकि जो व्यापक होता तो एकदेश से प्रबन्ध करना और उतरना चढ़ना नहीं हो सकता। यदि खुदा फ़रिश्ते को भेजता है तो भी आप एकदेशी हो गया। आप आसमान पर टंगा बैठा है और फ़रिश्तों को दौड़ाता है। यदि फ़रिश्ते रिश्वत लेकर कोई मामला बिगाड़ दें वा किसी मुर्दे को छोड़ जायें तो खुदा को क्या मालूम हो सकता है? मालूम तो उस को हो कि जो सर्वज्ञ तथा सर्वव्यापक हो, सो तो है ही नहीं; होता तो फरिश्तों के भेजने तथा कई लोगों की कई प्रकार से परीक्षा लेने का क्या काम था? और एक हजार वर्षों में तथा आने जाने प्रबन्ध करने से सर्वशक्तिमान् भी नहीं। यदि मौत का फ़रिश्ता है तो उस फ़रिश्ते का मारने वाला कौन सा मृत्यु है? यदि वह नित्य है तो अमरपन में खुदा के बराबर शरीक हुआ। एक फ़रिश्ता एक समय में दोज़ख भरने के लिये जीवों को शिक्षा नहीं कर सकता और उन को विना पाप किये अपनी मर्जी से दोज़ख भर के उन को दुःख देकर तमाशा देखता है तो वह खुदा पापी अन्यायकारी और दयाहीन है! ऐसी बातें जिस पुस्तक में हों न वह विद्वान् और ईश्वरकृत और जो दया न्यायहीन है वह ईश्वर भी कभी नहीं हो सकता॥ १२७॥

१२८—कह कि कभी न लाभ देगा भागना तुम को जो भागो तुम मृत्यु वा कत्ल से॥ ऐ बीबियो नबी की! जो कोई आवे तुम में से निर्लज्जता प्रत्यक्ष के, दुगुणा किया जायेगा वास्ते उसके अज़ाब और है यह ऊपर अल्लाह के सहल॥
—मं० ५। सि० २१। सू० ३३। आ० १५। ३०॥

(समीक्षक) यह मुहम्मद साहेब ने इसलिये लिखा लिखवाया होगा कि लड़ाई में कोई न भागे, हमारा विजय होवे, मरने से भी न डरे, ऐश्वर्य बढ़े, मज़हब बढ़ा लेवें? और यदि बीबी निर्लज्जता से न आवे तो क्या पैग़म्बर साहेब निर्लज्ज हो कर आवें? बीबियों पर अज़ाब हो और पैग़म्बर साहेब पर अज़ाब न होवे। यह किस घर का न्याय है?॥ १२८॥

१२९—और अटकी रहो बीच घरों अपने के, आज्ञा पालन करो अल्लाह और रसूल की; सिवाय इसके नहीं॥ बस जब अदा कर ली ज़ैद ने हाज़ित उस से, ब्याह दिया हम ने तुझ से उस को ताकि न होवे ऊपर ईमान वालों के तंगी बीच बीबियों से ले पालकों उन के के, जब अदा कर लें उन से हाज़ित और है आज्ञा खुदा की की गई॥ नहीं है ऊपर नबी के कुछ तंगी बीच उस वस्तु के॥ नहीं है मुहम्मद बाप किसी मर्द का॥ और हलाल की स्त्री ईमानवाली जो देवे बिना महर के जान अपनी वास्ते नबी के॥ ढील देवे तू जिस को चाहे उन में से और जगह देवे तर्फ अपनी जिस को चाहे, नहीं पाप ऊपर तेरे॥ ऐ लोगो! जो ईमान लाये हो मत प्रवेश करो घरों में पैग़म्बर के॥

—मं० ५। सि० २२। सू० ३३। आ० ३३।३६।३७।४०।५०।५१।५२॥

(समीक्षक) यह बड़े अन्याय की बात है कि स्त्री घर में कैद के समान रहे और पुरुष खुल्ले रहें। क्या स्त्रियों का चित्त शुद्ध वायु, शुद्ध देश में भ्रमण करना, सृष्टि के अनेक पदार्थ देखना नहीं चाहता होगा? इसी अपराध से मुसलमानों के लड़के विशेषकर सयलानी और विषयी होते हैं। अल्लाह और रसूल की एक अविरुद्ध आज्ञा है वा भिन्न-भिन्न विरुद्ध? यदि एक है तो दोनों की आज्ञा पालन करो कहना व्यर्थ है और जो भिन्न-भिन्न विरुद्ध है तो एक सच्ची और दूसरी झूठी? एक खुदा दूसरा शैतान हो जायगा? और शरीक भी होगा? वाह कुरान का खुदा और पैग़म्बर तथा कुरान को! जिस को दूसरे का मतलब नष्ट कर अपना मतलब सिद्ध करना इष्ट हो ऐसी लीला अवश्य रचता है। इस से यह भी सिद्ध हुआ कि मुहम्मद साहेब बड़े विषयी थे। यदि न होते तो (लेपालक) बेटे की स्त्री को जो पुत्र की स्त्री थी; अपनी स्त्री क्यों कर लेते? और फिर ऐसी बातें करने वाले का खुदा भी पक्षपाती बना और अन्याय को न्याय ठहराया। मनुष्यों में जो जङ्गली भी होगा वह भी बेटे की स्त्री को छोड़ता है और यह कितनी बड़ी अन्याय की बात है कि नबी को विषयासक्ति की लीला करने में कुछ भी अटकाव नहीं होना! यदि नबी किसी का बाप न था तो जैद (लेपालक) बेटा किस का था? और क्यों लिखा? यह उसी मतलब की बात है कि जिस से बेटे की स्त्री को भी घर में डालने से पैग़म्बर साहेब न बचे, अन्य से क्योंकर बचे होंगे? ऐसी चतुराई से भी बुरी बात में निन्दा होना कभी नहीं छूट सकता। क्या जो कोई पराई स्त्री भी नबी से प्रसन्न होकर निकाह करना चाहे तो भी हलाल है? और यह महा अधर्म की बात है कि नबी तो जिस स्त्री को चाहे छोड़ देवे और मुहम्मद साहेब की स्त्री लोग यदि पैग़म्बर अपराधी भी हो तो कभी न छोड़ सकें! जैसे पैग़म्बर के घरों में अन्य कोई व्यभिचार दृष्टि से प्रवेश न करें तो वैसे पैग़म्बर साहेब भी किसी के घर में प्रवेश न करें। क्या नबी जिस किसी के घर में चाहें निशङ्क प्रवेश करें और माननीय भी रहें? भला! कौन ऐसा हृदय का अन्धा है कि जो इस कुरान को ईश्वरकृत और मुहम्मद साहेब को पैग़म्बर और कुरानोक्त ईश्वर को परमेश्वर मान सके। बड़े आश्चर्य की बात है कि ऐसे युक्तिशून्य धर्मविरुद्ध बातों से युक्त इस मत को अर्ब देशनिवासी आदि मनुष्यों ने मान लिया!॥ १२९॥

१३०—नहीं योग्य वास्ते तुम्हारे यह कि दुःख दो रसूल को, यह कि निकाह करो बीबियों उस की को पीछे उस के कभी, निश्चय यह है समीप अल्लाह के बड़ा पाप॥ निश्चय जो लोग कि दुःख देते हैं अल्लाह को और रसूल उस के को, लानत की है उन को अल्लाह ने॥ और वे लोग कि दुःख देते हैं मुसलमानों को और मुसलमान औरतों को विना इस के, बुरा किया है उन्होंने बस निश्चय उठाया उन्होंने बोहतान अर्थात् झूठ और प्रत्यक्ष पाप॥ लानत मारे, जहाँ पाये जावें पकड़े जावें कतल किये जावें खूब मारा जाना॥ ऐ रब हमारे, दे उन को द्विगुणा अज़ाब से और लानत से बड़ी लानत कर॥

—मं० ५। सि० २२। सू० ३३। आ० ५३।५४।५५।६१।६८॥

(समीक्षक) वाह! क्या खुदा अपनी खुदाई को धर्म के साथ दिखला रहा है? जैसे रसूल को दुःख देने का निषेध करना तो ठीक है परन्तु दूसरे को दुःख देने में रसूल को भी रोकना योग्य था सों क्यों न रोका? क्या किसी के दुःख देने से अल्लाह भी दुःखी हो जाता है? यदि ऐसा है तो वह ईश्वर ही नहीं हो सकता।

क्या अल्लाह और रसूल को दुःख देने का निषेध करने से यह नहीं सिद्ध होता कि अल्लाह और रसूल जिस को चाहें दुःख देवें? अन्य सब को दुःख देना चाहिये? जैसे मुसलमानों और मुसलमानों की स्त्रियों को दुःख देना बुरा है तो इन से अन्य मनुष्यों को दुःख देना भी अवश्य बुरा है॥ जो ऐसा न माने तो उस की यह बात भी पक्षपात की है। वाह ग़दर मचाने वाले खुदा और नबी! जैसे ये निर्दयी संसार में हैं वैसे और बहुत थोड़े होंगे। जैसा यह कि अन्य लोग जहाँ पाये जावें, मारे जावें पकड़े जावें, लिखा है वैसी ही मुसलमानों पर कोई आज्ञा देवे तो मुसलमानों को यह बात बुरी लगेगी वा नहीं? वाह क्या हिंसक पैग़म्बर आदि हैं कि जो परमेश्वर से प्रार्थना करके अपने से दूसरों को दुगुण दुःख देने के लिये प्रार्थना करना लिखा है। यह भी पक्षपात मतलबसिन्धुपन और महा अधर्म की बात है। इसी से अब तक भी मुसलमान लोगों में से बहुत से शठ लोग ऐसा ही कर्म करने में नहीं डरते। यह ठीक है कि सुशिक्षा के विना मनुष्य पशु के समान रहता है॥ १३०॥

१३१—और अल्लाह वह पुरुष है कि भेजता है हवाओं को बस उठाती हैं बादलों को, बस हांक लेते हैं तर्फ शहर मुर्दे की, बस जीवित किया हम ने साथ उस के पृथिवी को पीछे मृत्यु उस की के, इसी प्रकार कबरों में से निकालना है॥ जिस ने उतारा बीच घर सदा रहने के दया अपनी से, नहीं लगती हम को बीच उस के मेहनत और नहीं लगती बीच उस के माँदगी॥

—मं० ५। सि० २२। सू० ३५। आ० ९। ३५॥

(समीक्षक) वाह क्या फ़िलासफ़ी खुदा की है। भेजता है वायु को, वह उठाता फिरता है बद्दलों को! और खुदा उस से मुर्दों को जिलाता फिरता है! यह बात ईश्वर सम्बन्धी कभी नहीं हो सकती, क्योंकि ईश्वर का काम निरन्तर एक सा होता रहता है। जो घर होंगे वे विना बनावट के नहीं हो सकते और जो बनावट का है वह सदा नहीं रह सकता। जिस के शरीर है वह परिश्रम के विना दुःखी होता और शरीर वाला रोगी हुए विना कभी नहीं बचता। जो एक स्त्री से समागम करता है वह विना रोग के नहीं बचता तो जो बहुत स्त्रियों से विषयभोग करता है उस की क्या ही दुर्दशा होती होगी? इसलिये मुसलमानों का रहना बहिश्त में भी सुखदायक सदा नहीं हो सकता॥ १३१॥

१३२—कसम है कुरान दृढ़ की॥ निश्चय तू भेजे हुओं से है॥ ऊपर मार्ग सीधे के॥ उतारा है ग़ालिब दयावान् ने॥

—मं० ५। सि० २३। सू० ३६। आ० २। ३। ४। ५॥

(समीक्षक) अब देखिये! यह कुरान खुदा का बनाया होता तो वह इस की सौगन्द क्यों खाता? यदि नबी खुदा का भेजा होता तो (लेपालक) बेटे की स्त्री पर मोहित क्यों होता? यह कथनमात्र है कि कुरान के मानने वाले सीधे मार्ग पर हैं। क्योंकि सीधा मार्ग वही होता है जिस में सत्य मानना, सत्य बोलना, सत्य करना, पक्षपात रहित न्याय धर्म्म का आचरण करना आदि हैं और इन से विपरीत का त्याग करना। सो न कुरान में न मुसलमानों में और न इन के खुदा में ऐसा स्वभाव है। यदि सब पर प्रबल पैग़म्बर मुहम्मद साहेब होते तो सब से अधिक विद्यावान् और शुभगुणयुक्त क्यों न होते? इसलिये जैसे कूंजड़ी अपने बेरों को खट्टा नहीं बतलाती वैसी यह बात भी है॥ १३२॥

१३३—और फूंका जावेगा बीच सूर के बस नागहां व कबरों में से तर्फ़ मालिक अपने की दौड़ेंगे॥ और गवाही देंगे पांव उन के साथ उस वस्तु के थे कमाते॥ सिवाय इसके नहीं कि आज्ञा उस की जब चाहे उत्पन्न करना किसी वस्तु को यह कि कहता वास्ते उस के कि 'हो जा', बस हो जाता है॥

—मं० ५। सि० २३। सू० ३६। आ० ५१। ६६। ८२॥

(समीक्षक) अब सुनिये ऊटपटांग बातें! पग कभी गवाही दे सकते हैं? खुदा के सिवाय उस समय कौन था जिस को आज्ञा दी? किस ने सुनी? और कौन बन गया? यदि न थी तो यह बात झूठी और जो थी तो वह बात—जो सिवाय खुदा के कुछ चीज नहीं थी और खुदा ने सब कुछ बना दिया—वह झूठी॥ १३३॥

१३४—फिराया जावेगा उनके ऊपर पियाला शराब शुद्ध का॥ सफेद मज़ा देने वाली वास्ते पीने वालों के॥ समीप उन के बैठी होंगी नीचे आंख रखने वालियाँ, सुन्दर आंखों वालियां॥ मानो कि वे अण्डे हैं छिपाये हुए॥ क्या बस हम नहीं मरेंगे॥ और अवश्य लूत निश्चय पैग़म्बरों से था॥ जब कि मुक्ति दी हम ने उस को और लोगों उस के को सब को॥ परन्तु एक बुढ़िया पीछे रहने वालों में है॥ फिर मारा हम ने औरों को॥

—मं० ६। सि० २३। सू० ३७। आ० ४५। ४६। ४८। ४९। ५६। १२७। १२८। १२९॥

(समीक्षक) क्यों जी! यहां तो मुसलमान लोग शराब को बुरा बतलाते हैं परन्तु इन के स्वर्ग में तो नदियां की नदियां बहती हैं। इतना अच्छा है कि यहां तो किसी प्रकार मद्य पीना छुड़ाया परन्तु यहां के बदले वहाँ उन के स्वर्ग में बड़ी खराबी है! मारे स्त्रियों के वहाँ किसी का चित्त स्थिर नहीं रहता होगा! और बड़े-बड़े रोग भी होते होंगे! यदि शरीर वाले होंगे तो अवश्य मरेंगे और जो शरीर वाले न होंगे तो भोग विलास ही न कर सकेंगे। फिर उन के स्वर्ग में जाना व्यर्थ है। यदि लूत को पैग़म्बर मानते हो तो जो बाइबल में लिखा है कि उस से उस की लड़कियों ने समागम करके दो लड़के पैदा किये इस बात को भी मानते हो वा नहीं? जो मानते हो तो ऐसे को पैग़म्बर मानना व्यर्थ है। और जो ऐसे और ऐसे के सङ्गियों को खुदा मुक्ति देता है तो वह खुदा भी वैसा ही है। क्योंकि बुढ़िया की कहानी कहने वाला और पक्षपात से दूसरों को मारने वाला खुदा कभी नहीं हो सकता। ऐसा खुदा मुसलमानों ही के घर में रह सकता है; अन्यत्र नहीं॥ १३४॥

१३५—बहिश्तें हैं सदा रहने की खुले हुए हैं दर उन के वास्ते उन के॥ तकिये किये हुए बीच उन के मंगावेंगे बीच इस के मेवे और पीने की वस्तु॥ और समीप होंगी उनके, नीचे रखने वालियां दृष्टि और दूसरों से समायु॥ बस सिज़दा किया फ़रिश्तों ने सब ने॥ परन्तु शैतान ने न माना अभिमान किया और था काफ़िरों से॥ ऐ शैतान किस वस्तु ने रोका तुझ को यह कि सिज़दा करे वास्ते उस वस्तु के कि बनाया मैंने साथ दोनों हाथ अपने के, क्या अभिमान किया तूने वा था तू बड़े अधिकार वालों से॥ कहा कि मैं अच्छा हूँ उस वस्तु से, उत्पन्न किया तूने मुझ को आग से, उस को मट्टी से॥ कहा बस निकल इन आसमानों में से, बस निश्चय तू चलाया गया है॥ निश्चय ऊपर तेरे लानत है मेरी दिन जज़ा तक॥ कहा ऐ मालिक मेरे, ढील दे उस दिन तक कि उठाये जावेंगे मुर्दे॥ कहा कि बस निश्चय तू ढील दिये गयों से है॥ उस दिन समय ज्ञात तक॥ कहा कि बस कसम है

प्रतिष्ठा तेरी की, अवश्य गुमराह करूंगा उन को मैं इकट्ठे॥

—मं० ६। सि० २३। सू० ३८। आ० ४९।५०।५१।५२।७०।७१।७३।७५।७६।७८।८०।८१॥

(समीक्षक) यदि वहाँ जैसे कि कुरान में बाग़ बगीचे नहरें मकानादि लिखे हैं वैसे हैं तो वे न सदा से थे न सदा रह सकते हैं। क्योंकि जो संयोग से पदार्थ होता है वह संयोग के पूर्व न था, अवश्यभावी वियोग के अन्त में न रहेगा। जब वह बहिश्त ही न रहेगा तो उस में रहने वाले सदा क्योंकर रह सकते हैं ? क्योंकि लिखा है कि गद्दी, तकिये, मेवे और पीने के पदार्थ वहाँ मिलेंगे। इससे यह सिद्ध होता है कि जिस समय मुसलमानों का मजहब चला उस समय अर्ब देश विशेष धनाढ्य न था। इसीलिये मुहम्मद साहेब ने तकिये आदि की कथा सुना कर गरीबों को अपने मत में फंसा लिया। और जहाँ स्त्रियां हैं। वहाँ निरन्तर सुख कहां? वे स्त्रियां वहाँ कहां से आई हैं? अथवा बहिश्त की रहने वाली हैं? यदि आई हैं तो जावेंगी और जो वहीं की रहने वाली हैं तो कयामत के पूर्व क्या करती थीं? क्या निकम्मी अपनी उमर को बहा रही थीं?

अब देखिये खुदा का तेज कि जिस का हुक्म अन्य सब फ़रिश्तों ने माना और आदम साहेब को नमस्कार किया और शैतान ने न माना! खुदा ने शैतान से पूछा कहा कि मैंने उस को अपने दोनों हाथों से बनाया, तू अभिमान मत कर। इस से सिद्ध होता है कि कुरान का खुदा दो हाथ वाला मनुष्य था। इसलिए वह व्यापक वा सर्वशक्तिमान् कभी नहीं हो सकता। और शैतान ने सत्य कहा कि मैं आदम से उत्तम हूँ, इस पर खुदा ने गुस्सा क्यों किया? क्या आसमान ही में खुदा का घर है; पृथिवी में नहीं? तो काबे को खुदा का घर प्रथम क्यों लिखा?

भला! परमेश्वर अपने में से वा सृष्टि में से अलग कैसे निकाल सकता है? और वह सृष्टि सब परमेश्वर की है। इस से स्पष्ट विदित हुआ कि कुरान का खुदा बहिश्त का जिम्मेदार था। खुदा ने उस को लानत धिक्कार दिया और कैद कर लिया और शैतान ने कहा कि हे मालिक! मुझ को कयामत तक छोड़ दे। खुदा ने खुशामद से कयामत के दिन तक छोड़ दिया। जब शैतान छूटा तो खुदा से कहता है कि अब मैं खूब बहकाऊंगा और गदर मचाऊंगा। तब खुदा ने कहा कि जितनों को तू बहकावेगा मैं उन को दोज़ख में डाल दूंगा और तुझ को भी।

अब सज्जन लोगो विचारिये! कि शैतान को बहकाने वाला खुदा है वा आप से वह बहका? यदि खुदा ने बहकाया तो वह शैतान का शैतान ठहरा। यदि शैतान स्वयं बहका तो अन्य जीव भी स्वयं बहकेंगे; शैतान की जरूरत नहीं। और जिस से इस शैतान बाग़ी को खुदा ने खुला छोड़ दिया, इस से विदित हुआ कि वह भी शैतान का शरीक अधर्म कराने में हुआ। यदि स्वयं चोरी करा के दण्ड देवे तो उस के अन्याय का कुछ भी पारावार नहीं॥ १३५॥

१३६—अल्लाह क्षमा करता है पाप सारे, निश्चय वह है क्षमा करने वाला दयालु॥ और पृथिवी सारी मूठी में है उस की दिन कयामत के और आसमान लपेटे हुए हैं बीच दाहिने हाथ उसके के॥ और चमक जावेगी पृथिवी साथ प्रकाश मालिक अपने के और रक्खे जावेंगे कर्मपत्र और लाया जावेगा पैग़म्बरों को और गवाहों को और फैसला किया जावेगा॥ —मं० ६। सि० २४। सू० ३९। आ० ५३।६७।६९॥

(समीक्षक) यदि समग्र पापों को खुदा क्षमा करता है तो जानो सब संसार

को पापी बनाता है और दयाहीन है क्योंकि एक दुष्ट पर दया और क्षमा करने से वह अधिक दुष्टता करेगा और अन्य बहुत धर्मात्माओं को दुःख पहुँचावेगा। यदि किञ्चित् भी अपराध क्षमा किया जावे तो अपराध ही अपराध जगत् में छा जावे। क्या परमेश्वर अग्निवत् प्रकाश वाला है? और कर्मपत्र कहां जमा रहते हैं? और कौन लिखता है? यदि पैग़म्बरों और गवाहों के भरोसे खुदा न्याय करता है तो वह असर्वज्ञ और असमर्थ है। यदि वह अन्याय नहीं करता न्याय ही करता है तो कर्मों के अनुसार करता होगा। वे कर्म पूर्वापर वर्त्तमान जन्मों के हो सकते हैं तो फिर क्षमा करना, दिलों पर ताला लगाना और शिक्षा न करना, शैतान से बहकवाना, दौरा सुपुर्द रखना केवल अन्याय है॥ १३६॥

१३७—उतारना किताब का अल्लाह ग़ालिब जानने वाले की ओर से है॥ क्षमा करने वाला पापों का और स्वीकार करने वाला तोबाः का॥

—मं० ६। सि० २४। सू० ४०। आ० १।२।३॥

(समीक्षक) यह बात इसलिये है कि भोले लोग अल्लाह के नाम से इस पुस्तक को मान लेवें कि जिस में थोड़ा सा सत्य छोड़ असत्य भरा है और वह सत्य भी असत्य के साथ मिलकर बिगड़ा सा है। इसीलिये कुरान और कुरान का खुदा और इस को मानने वाले पाप बढ़ाने हारे और पाप करने कराने वाले हैं। क्योंकि पाप का क्षमा करना अत्यन्त अधर्म है। किन्तु इसी से मुसलमान लोग पाप और उपद्रव करने में कम डरते हैं॥ १३७॥

१३८—बस नियत किया उस को सात आसमान बीच दो दिन के, और डाल दिया बीच हम ने उस के काम उस का॥ यहां तक कि जब जावेंगे उस के पास साक्षी देंगे ऊपर उन के कान उन के और आंखें उन की और चमड़े उन के कर्म से॥ और कहेंगे वास्ते चमड़े अपने के क्यों साक्षी दी तू ने ऊपर हमारे, कहेंगे कि बुलाया है हम को अल्लाह ने जिस ने बुलाया हर वस्तु को॥ अवश्य जिलाने वाला है मुर्दों को॥ —मं० ६। सि० २४। सू० ४१। आ० १२।२०।२१।३९॥

(समीक्षक) वाह जी वाह मुसलमानो ! तुम्हारा खुदा जिस को तुम सर्वशक्तिमान् मानते हो वह सात आसमानों को दो दिन में बना सका? और जो सर्वशक्तिमान् है वह क्षणमात्र में सब को बना सकता है। भला कान, आंख और चमड़े को ईश्वर ने जड़ बनाया है वे साक्षी कैसे दे सकेंगे? यदि साक्षी दिलावे तो उस ने प्रथम जड़ क्यों बनाये? और अपना पूर्वापर काम नियमविरुद्ध क्यों किया? एक इस से भी बढ़ कर मिथ्या बात यह कि जब जीवों पर साक्षी दी तब वे जीव अपने-अपने चमड़े से पूछने लगे कि तूने हमारे पर साक्षी क्यों दी? चमड़ा बोलेगा खुदा ने दिलायी मैं क्या करूं! भला यह बात कभी हो सकती है? जैसे कोई कहे कि बन्ध्या के पुत्र का मुख मैंने देखा, यदि पुत्र है तो बन्ध्या क्यों? जो बन्ध्या है तो उस के पुत्र ही होना असम्भव है। इसी प्रकार की यह भी मिथ्या बात है। यदि वह मुर्दों को जिलाता है तो प्रथम मारा ही क्यों? क्या आप भी मुर्दा हो सकता है वा नहीं? यदि नहीं हो सकता तो मुर्देपन को बुरा क्यों समझता है? और कयामत की रात तक मृतक जीव किस मुसलमान के घर में रहेंगे? और दौरासुपुर्द खुदा ने विना अपराध क्यों रक्खा? शीघ्र न्याय क्यों न किया? ऐसी-ऐसी बातों से ईश्वरता में बट्टा लगता है॥ १३८॥

१३९—वास्ते उस के कुंजियां हैं आसमानों की और पृथिवी की, खोलता

है भोजन जिस के वास्ते चाहता है और तंग करता है॥ उत्पन्न करता है जो कुछ चाहता है और देता है जिस को चाहे बेटियां और देता है जिस को चाहे बेटे॥ वा मिला देता है उन को बेटे और बेटियाँ और कर देता है जिस को चाहे बाँझ॥ और नहीं है शक्ति किसी आदमी को कि बात करे उस से अल्लाह परन्तु जी में डालने कर वा पीछे परदे[१] के से वा भेजे फ़रिश्ते पैग़ाम लाने वाला॥

—मं० ६। सि० २५। सू० ४२। आ० १०।१२।४७।४८।४९॥

(समीक्षक) खुदा के पास कुञ्जियों का भण्डार भरा होगा। क्योंकि सब ठिकाने के ताले खोलने होते होंगे! यह लड़कपन की बात है। क्या जिस को चाहता है उस को विना पुण्य कर्म के ऐश्वर्य देता है? और विना पाप के तंग करता है? यदि ऐसा है तो वह बड़ा अन्यायकारी है। अब देखिये कुरान बनाने वाले की चतुराई! कि जिस से स्त्रीजन भी मोहित हो के फसें। यदि जो कुछ चाहता है उत्पन्न करता है तो दूसरे खुदा को भी उत्पन्न कर सकता है वा नहीं? यदि नहीं कर सकता तो सर्वशक्तिमत्ता यहां पर अटक गई। भला मनुष्यों को तो जिस को चाहे बेटे बेटियां खुदा देता है परन्तु मुरगे, मच्छी, सूअर आदि जिन के बहुत बेटा बेटियां होती हैं कौन देता है? और स्त्री पुरुष के समागम विना क्यों नहीं देता? किसी को अपनी इच्छा से बांझ रख के दुःख क्यों देता है? वाह! क्या खुदा तेजस्वी है कि उस के सामने कोई बात ही नहीं कर सकता! परन्तु उसने पहले कहा है कि पर्दा डाल के बात कर सकता है वा फ़रिश्ते लोग खुदा से बात करते हैं अथवा पैग़म्बर। जो ऐसी बात है तो फ़रिश्ते और पैग़म्बर खूब अपना मतलब करते होंगे! यदि कोई कहे खुदा सर्वज्ञ सर्वव्यापक है तो परदे से बात करना अथवा डाक के तुल्य खबर मंगा के जानना लिखना व्यर्थ है। और जो ऐसा ही है तो वह खुदा ही नहीं किन्तु कोई चालाक मनुष्य होगा। इसलिये यह कुरान ईश्वरकृत कभी नहीं हो सकता॥१३९॥

१४०—**और जब आया ईसा साथ प्रमाण प्रत्यक्ष के॥**

—मं० ६। सि० २५। सू० ४३। आ० ६३॥

(समीक्षक) यदि ईसा भी भेजा हुआ खुदा का है तो उस के उपदेश से विरुद्ध कुरान खुदा ने क्यों बनाया? और कुरान से विरुद्ध इञ्जील क्यों की? इसीलिये ये किताबें ईश्वरकृत नहीं हैं॥ १४०॥

१४१—पकड़ो उस को बस घसीटो उस को बीचों बीच दोज़ख के॥ इसी प्रकार रहेंगे और व्याह देंगे उन को साथ गोरियों अच्छी आंखों वालियों के॥

—मं० ६। सि० २५। सू० ४४। आ० ४७।५४॥

(समीक्षक) वाह! क्या खुदा न्यायकारी होकर प्राणियों को पकड़ाता और घसीटवाता है? जब मुसलमानों का खुदा ही ऐसा है तो उस के उपासक मुसलमान अनाथ निर्बलों को पकड़ें घसीटें तो इस में क्या आश्चर्य है? और वह संसारी मनुष्यों

---

१. **इस आयत के भाष्य 'तफ़सीरहुसैनी' में लिखा है कि मुहम्मद साहेब दो परदों में थे और खुदा की आवाज सुनी। एक पर्दा जरी का था दूसरा श्वेत मोतियों का और दोनों परदों के बीच में सत्तर वर्ष चलने योग्य मार्ग था? बुद्धिमान् लोग इस बात को विचारें कि यह खुदा है वा परदे की ओट बात करने वाली स्त्री? इन लोगों ने तो ईश्वर ही की दुर्दशा कर डाली। कहां वेद तथा उपनिषदादि सद्ग्रन्थों में प्रतिपदित शुद्ध परमात्मा और कहां कुरानोक्त परदे की ओट से बात करने वाला खुदा! सच तो यह है कि अरब के अविद्वान् लोग थे, उत्तम बात लाते किस के घर से।**

के समान विवाह भी कराता है, जानो कि मुसलमानों का पुरोहित ही है॥ १४१॥

१४२—बस जब तुम मिलो उन लोगों से कि काफ़िर हुए बस मारो गर्दनें उन की यहां तक कि जब चूर कर दो उन को बस दृढ़ करो कैद करना॥ और बहुत बस्तियां हैं कि वे बहुत कठिन थीं शक्ति में बस्ती तेरी से, जिस ने निकाल दिया तुझ को मारा हम ने उन को, बस न कोई हुआ सहाय देने वाला उन का॥ तारीफ उस बहिश्त की कि प्रतिज्ञा किये गये हैं परहेज़गार, बीच उस के नहरें हैं बिन बिगड़े पानी की, और नहरें हैं दूध की कि नहीं बदला मज़ा उन का, और नहरें हैं शराब की मजा देने वाली वास्ते पीने वालों के और नहरें हैं शहद साफ किये गये की और वास्ते उन के बीच उस के मेवे हैं प्रत्येक प्रकार से दान मालिक उन के से॥ —मं० ६। सि० २६। सू० ४७। आ० ४।१३।१५॥

(समीक्षक) इसी से यह कुरान खुदा और मुसलमान गदर मचाने, सब को दुःख देने और अपना मतलब साधने वाले दयाहीन हैं। जैसा यहां लिखा है वैसा ही दूसरा कोई दूसरे मत वाला मुसलमानों पर करे तो मुसलमानों को वैसा ही दुःख जैसा कि अन्य को देते हैं हो वा नहीं? और खुदा बड़ा पक्षपाती है कि जिन्होंने मुहम्मद साहेब को निकाल दिया उनको खुदा ने मारा। भला! जिसमें शुद्ध पानी, दूध, मद्य और शहद की नहरें हैं वह संसार से अधिक हो सकता है? और दूध की नहरें कभी हो सकती हैं? क्योंकि वह थोड़े समय में बिगड़ जाता है! इसीलिये बुद्धिमान् लोग कुरान के मत को नहीं मानते॥ १४२॥

१४३—जब कि हिलाई जावेगी पृथिवी हिलाये जाने कर॥ और उड़ाये जावेंगे पहाड़ उड़ाये जाने कर॥ बस हो जावेंगे भुनगे टुकड़े-टुकड़े॥ बस साहब दाहनी ओर वाले क्या हैं साहब दाहनी ओर के॥ और बाईं ओर वाले क्या हैं बाईं ओर के॥ ऊपर पलङ्ग सोने के तारों से बुने हुए हैं॥ तकिये किये हुए हैं ऊपर उनके आमने-सामने॥ और फिरेंगे ऊपर उनके लड़के सदा रहने वाले॥ साथ आबखोरों के और आफताबों के और प्यालों के शराब साफ से ॥ नहीं माथा दुखाये जावेंगे उस से और न विरुद्ध बोलेंगे॥ और मेवे उस किस्म से कि पसन्द करें॥ और गोश्त जानवर पक्षियों के उस किस्म से कि पसन्द करें॥ और वास्ते उन के औरतें हैं अच्छी आंखों वाली॥ मानिन्द मोतियों छिपाये हुओं की॥ और बिछौने बड़े॥ निश्चय हम ने उत्पन्न किया है औरतों को एक प्रकार का उत्पन्न करना है॥ बस किया है हम ने उन को कुमारी॥ सुहागवालियां बराबर अवस्था वालियां॥ बस भरने वाले हो उस से पेटों को॥ बस कसम खाता हूँ मैं साथ गिरने तारों के॥

—मं० ७। सि० २७। सू० ५६। आ० ४।५।६।८।९।१५।१६।१७।१८।१९। २०।२१।२२।२३।३३।३४।३५।३६।३७।३८।५३॥

(समीक्षक) अब देखिये कुरान बनाने वाले की लीला को! भला पृथिवी तो हिलती ही रहती है उस समय भी हिलती रहेगी। इस से यह सिद्ध होता है कि कुरान बनाने वाला पृथिवी को स्थिर जानता था! भला पहाड़ों को क्या पक्षीवत् उड़ा देगा? यदि भुनगे हो जावेंगे तो भी सूक्ष्म शरीरधारी रहेंगे तो फिर उन का दूसरा जन्म क्यों नहीं? वाह जी ! जो खुदा शरीरधारी न होता तो उस के दाहिनी ओर और बाईं ओर कैसे खड़े हो सकते? जब वहाँ पलङ्ग सोने के तारों से बुने हुए हैं तो बढ़ई सुनार भी वहाँ रहते होंगे और खटमल काटते होंगे जो उन को रात्रि में सोने भी नहीं देते होंगे। क्या वे तकिये लगाकर निकम्मे बहिश्त में बैठे

ही रहते हैं वा कुछ काम किया करते हैं? यदि बैठे ही रहते होंगे तो उन को अन्न पचन न होने से वे रोगी होकर शीघ्र मर भी जाते होंगे? और जो काम किया करते होंगे तो जैसे मेहनत मज़दूरी यहां करते हैं वैसे ही वहाँ परिश्रम करके निर्वाह करते होंगे फिर यहां से वहाँ बहिश्त में विशेष क्या है? कुछ भी नहीं। यदि वहाँ लड़के सदा रहते हैं तो उन के माँ बाप भी रहते होंगे और सासू श्वसुर भी रहते होंगे तब तो बड़ा भारी शहर बसता होगा फिर मल मूत्रादि के बढ़ने से रोग भी बहुत से होते होंगे क्योंकि जब मेवे खावेंगे, गिलासों में पानी पीवेंगे और प्यालों से मद्य पीवेंगे न उन का सिर दूखेगा और न कोई विरुद्ध बोलेगा यथेष्ट मेवा खावेंगे और जानवरों तथा पक्षियों के मांस भी खावेंगे तो अनेक प्रकार के दुःख, पक्षी, जानवर वहाँ होंगे, हत्या होगी और हाड़ जहाँ तहां बिखरे रहेंगे और कसाइयों की दुकानें भी होंगी। वाह क्या कहना इनके बहिश्त की प्रशंसा कि वह अरब देश से भी बढ़ कर दीखती है!!! और जो मद्य मांस पी खा के उन्मत्त होते हैं इसी लिये अच्छी-अच्छी स्त्रियां और लौंडे भी वहाँ अवश्य रहने चाहिये नहीं तो ऐसे नशेबाजों के शिर में गरमी चढ़ के प्रमत्त हो जावें। अवश्य बहुत स्त्री पुरुषों के बैठने सोने के लिये बिछौने बड़े-बड़े चाहिये। जब खुदा कुमारियों को बहिश्त में उत्पन्न करता है तभी तो कुमारे लड़कों को भी उत्पन्न करता है। भला! कुमारियों का तो विवाह जो यहां से उम्मीदवार हो कर गये हैं उन के साथ खुदा ने लिखा पर उन सदा रहने वाले लड़कों का भी किन्हीं कुमारियों के साथ विवाह न लिखा तो क्या वे भी उन्हीं उम्मीदवारों के साथ कुमारीवत् दे दिये जावेंगे? इस की व्यवस्था कुछ भी न लिखी। यह खुदा में बड़ी भूल क्यों हुई? यदि बराबर अवस्था वाली सुहागिन स्त्रियाँ पतियों को पा के बहिश्त में रहती हैं तो ठीक नहीं हुआ क्योंकि स्त्रियों से पुरुष का आयु दूना ढाई गुना चाहिये, यह तो मुसलमानों के बहिश्त की कथा है। और नरक वाले सिंहोड़ अर्थात् थोर के वृक्षों को खा के पेट भरेंगे तो कण्टक वृक्ष भी दोज़ख में होंगे तो कांटे भी लगते होंगे और गर्म पानी पीयेंगे इत्यादि दुःख दोज़ख में पावेंगे॥ कसम का खाना प्रायः झूठों का काम है; सच्चों का नहीं। यदि खुदा ही कसम खाता है तो वह भी झूठ से अलग नहीं हो सकता॥ १४३॥

१४४—निश्चय अल्लाह मित्र रखता है उन लोगों को कि लड़ते हैं बीच मार्ग उसके के॥ —मं० ७। सि० २८। सू० ६१। आ० ४॥

(समीक्षक) वाह ठीक है! ऐसी-ऐसी बातों का उपदेश करके विचारे अर्ब देशवासियों को सब से लड़ा के शत्रु बनाकर परस्पर दुःख दिलाया और मज़हब का झण्डा खड़ा करके लड़ाई फैलावे ऐसे को कोई बुद्धिमान् ईश्वर कभी नहीं मान सकते॥ जो मनुष्य जाति में विरोध बढ़ावे वही सब को दुःखदाता होता है॥१४४॥

१४५—ऐ नबी क्यों हराम करता है उस वस्तु को कि हलाल किया है खुदा ने तेरे लिये, चाहता है तू प्रसन्नता बीबियों अपनी की, और अल्लाह क्षमा करने वाला दयालु है॥ जल्दी है मालिक उस का जो वह तुम को छोड़ दे तो यह है कि उस को तुम से अच्छी मुसलमान और ईमान वालियां बीबियां बदल दे सेवा करने वालियां तोबाः करने वालियां भक्ति करने वालियां रोज़ा रखने वालियां पुरुष देखी हुईं और बिन देखी हुईं॥ —मं० ७। सि० २८। सू० ६६। आ० १।५॥

(समीक्षक) ध्यान देकर देखना चाहिये कि खुदा क्या हुआ मुहम्मद साहेब के घर का भीतरी और बाहरी प्रबन्ध करने वाला भृत्य ठहरा !! प्रथम आयत पर

दो कहानियां हैं एक तो यह कि मुहम्मद साहेब को शहद का शर्बत प्रिय था। उन की कई बीबियां थीं उन में से एक के घर पीने में देर लगी तो दूसरियों को असह्य प्रतीत हुआ उन के कहने सुनने के पीछे मुहम्मद साहेब सौगन्ध खा गये कि हम न पीवेंगे। दूसरी यह कि उनकी कई बीबियों में से एक की बारी थी। उसके यहां रात्री को गये तो वह न थी; अपने बाप के यहां गई थी। मुहम्मद साहेब ने एक लौंडी अर्थात् दासी को बुला कर पवित्र किया। जब बीबी को इस की खबर मिली तो अप्रसन्न हो गई। तब मुहम्मद साहेब ने सौगन्ध खाई कि मैं ऐसा न करूँगा। और बीबी से भी कह दिया तुम किसी से यह बात मत कहना। बीबी ने स्वीकार किया कि न कहूँगी। फिर उन्होंने दूसरी बीबी से जा कहा। इस पर यह आयत खुदा ने उतारी 'जिस वस्तु को हम ने तेरे पर हलाल किया उस को तू हराम क्यों करता है?' बुद्धिमान् लोग विचारें कि भला कहीं खुदा भी किसी के घर का निमटेरा करता फिरता है? और मुहम्मद साहेब के तो आचरण इन बातों से प्रकट ही हैं क्योंकि जो अनेक स्त्रियों को रक्खे वह ईश्वर का भक्त वा पैग़म्बर कैसे हो सके? और जो एक स्त्री का पक्षपात से अपमान करे और दूसरी का मान्य करे वह पक्षपाती होकर अधर्मी क्यों नहीं और जो बहुत सी स्त्रियों से भी सन्तुष्ट न होकर बाँदियों के साथ फंसे उस की लज्जा, भय और धर्म कहां से रहे? किसी ने कहा है कि—

'कामातुराणां न भयं न लज्जा'॥

जो कामी मनुष्य हैं उन को अधर्म से भय वा लज्जा नहीं होती। और इन का खुदा भी मुहम्मद साहेब की स्त्रियों और पैग़म्बर के झगड़े का फैसला करने में जानो सरपंच बना है। अब बुद्धिमान् लोग विचार लें कि यह कुरान विद्वान् वा ईश्वरकृत है वा किसी अविद्वान् मतलबसिन्धु का बनाया? स्पष्ट विदित हो जाएगा और दूसरी आयत से प्रतीत होता है कि मुहम्मद साहेब से उन की कोई बीबी अप्रसन्न हो गई होगी, उस पर खुदा ने यह आयत उतार कर उस को धमकाया होगा कि यदि तू गड़बड़ करेगी और मुहम्मद साहेब तुझे छोड़ देंगे तो उन को उन का खुदा तुझ से अच्छी बीबियां देगा कि जो पुरुष से न मिली हों। जिस मनुष्य को तनिक सी बुद्धि है वह विचार ले सकता है कि ये खुदा वुदा के काम हैं वा अपना प्रयोजन सिद्धि के! ऐसी-ऐसी बातों से ठीक सिद्ध है कि खुदा कोई नहीं कहता था केवल देशकाल देखकर अपने प्रयोजन सिद्ध होने के लिए खुदा की तर्फ़ से मुहम्मद साहेब कह देते थे। जो लोग खुदा ही की तर्फ़ लगाते हैं उन को हम सब क्या, सब बुद्धिमान् यही कहेंगे कि खुदा क्या ठहरा मानो मुहम्मद साहेब के लिये बीबियां लाने वाला नाई ठहरा!!! ॥ १४५ ॥

१४६—ऐ नबी झगड़ा कर काफ़िरों और गुप्त शत्रुओं से और सख्ती कर ऊपर उन के॥ —मं० ७। सि० २८। सू० ६६। आ० ९॥

(समीक्षक) देखिये मुसलमानों के खुदा की लीला! अन्य मत वालों से लड़ने के लिये पैग़म्बर और मुसलमानों को उचकाता है इसीलिये मुसलमान लोग उपद्रव करने में प्रवृत्त रहते हैं। परमात्मा मुसलमानों पर कृपादृष्टि करे जिस से ये लोग उपद्रव करना छोड़ के सब से मित्रता से वर्त्तें॥ १४६ ॥

१४७—फट जावेगा आसमान, बस वह उस दिन सुस्त होगा॥ और फ़रिश्ते होंगे ऊपर किनारों उस के के; और उठावेंगे तख्त मालिक तेरे का ऊपर अपने उस दिन आठ जन॥ उस दिन सामने लाये जाओगे तुम, न छिपी रहेगी कोई बात

छिपी हुई ॥ बस जो कोई दिया गया कर्मपत्र अपना बीच दाहिने हाथ अपने के, बस कहेगा लो पढ़ो कर्मपत्र मेरा॥ और जो कोई दिया गया कर्मपत्र बीच बांये हाथ अपने के, बस कहेगा हाथ न दिया गया होता मैं कर्मपत्र अपना॥

—मं० ७। सि० २९। सू० ६९। आ० १६।१७।१८।१९।२५॥

(समीक्षक) वाह क्या फ़िलासफ़ी और न्याय की बात है! भला आकाश भी कभी फट सकता है? क्या वह वस्त्र के समान है जो फट जावे? यदि ऊपर के लोक को आसमान कहते हैं तो यह बात विद्या से विरुद्ध है। अब कुरान का खुदा शरीरधारी होने में कुछ संदिग्ध न रहा। क्योंकि तख्त पर बैठना, आठ कहारों से उठवाना विना मूर्तिमान् के कुछ भी नहीं हो सकता? और सामने वा पीछे भी आना-जाना मूर्तिमान् ही का हो सकता है। जब वह मूर्तिमान् है तो एकदेशी होने से सर्वज्ञ, सर्वव्यापक, सर्वशक्तिमान् नहीं हो सकता और सब जीवों के सब कर्मों को कभी नहीं जान सकता। यह बड़े आश्चर्य की बात है कि पुण्यात्माओं के दाहिने हाथ में पत्र देना, बचवाना, बहिश्त में भेजना और पापात्माओं के बायें हाथ में कर्मपत्र का देना, नरक में भेजना, कर्मपत्र बांच के न्याय करना! भला यह व्यवहार सर्वज्ञ का हो सकता है? कदापि नहीं। यह सब लीला लड़केपन की है॥ १४७॥

१४८—चढ़ते हैं फ़रिश्ते और रूह तर्फ़ उस की वह अज़ाब होगा बीच उस दिन के कि है परिमाण उस का पचास हजार वर्ष॥ जब कि निकलेंगे कबरों में से दौड़ते हुए मानो कि वह बुतों के स्थानों की ओर दौड़ते हैं।

—मं० ७। सि० २९। सू० ७०। आ० ४।४३॥

(समीक्षक) यदि पचास हज़ार वर्ष दिन का परिमाण है तो पचास हज़ार वर्ष की रात्रि क्यों नहीं? यदि उतनी बड़ी रात्रि नहीं है तो उतना बड़ा दिन कभी नहीं हो सकता। क्या पचास हज़ार वर्षों तक खुदा फ़रिश्ते और कर्मपत्र वाले खड़े वा बैठे अथवा जागते ही रहेंगे? यदि ऐसा है तो सब रोगी हो कर पुनः मर ही जायेंगे। क्या कबरों से निकल कर खुदा की कचहरी की ओर दौड़ेंगे? उन के पास सम्मन कबरों में क्योंकर पहुँचेंगे? और उन बिचारों को जो कि पुण्यात्मा वा पापात्मा हैं। इतने समय तक सभी को कबरों में दौरेसुपुर्द कैद क्यों रक्खा? और आजकल खुदा की कचहरी बन्ध होगी और खुदा तथा फ़रिश्ते निकम्मे बैठे होंगे? अथवा क्या काम करते होंगे। अपने-अपने स्थानों में बैठे इधर-उधर घूमते, सोते, नाच तमाशा देखते व ऐश आराम करते होंगे। ऐसा अन्धेर किसी के राज्य में न होगा। ऐसी-ऐसी बातों को सिवाय जङ्गलियों के दूसरा कौन मानेगा?॥ १४८॥

१४९—निश्चय उत्पन्न किया तुम को कई प्रकार से॥ क्या नहीं देखा तुम ने कैसे उत्पन्न किया अल्लाह ने सात आसमानों को ऊपर तले॥ और किया चांद को बीच उन के प्रकाशक और किया सूर्य को दीपक॥

—मं० ७। सि० २९। सू० ७१। आ० १४।१५।१६॥

(समीक्षक) यदि जीवों को खुदा ने उत्पन्न किया है तो वे नित्य अमर कभी नहीं रह सकते? फिर बहिश्त में सदा क्योंकर रह सकेंगे? जो उत्पन्न होता है वह वस्तु अवश्य नष्ट हो जाता है। आसमान को ऊपर तले कैसे बना सकता है? क्योंकि वह निराकार और विभु पदार्थ है। यदि दूसरी चीज का नाम आकाश रखते हो तो भी उस का आकाश नाम रखना व्यर्थ है। यदि ऊपर तले आसमानों को बनाया है तो उन सब के बीच में चांद सूर्य्य कभी नहीं रह सकते। जो बीच

में रक्खा जाय तो एक ऊपर और एक नीचे का पदार्थ प्रकाशित हो दूसरे से लेकर सब में अन्धकार रहना चाहिये। ऐसा नहीं दीखता, इस लिये यह बात सर्वथा मिथ्या है॥ १४९॥

१५०—यह कि मसजिदें वास्ते अल्लाह के हैं, बस मत पुकारो साथ अल्लाह के किसी को॥ —मं० ७। सि० २९। सू० ७२। आ० १८॥

(समीक्षक) यदि यह बात सत्य है तो मुसलमान लोग 'लाइलाह इल्लिलाः मुहम्मदर्रसूलल्लाः' इस कलमे में खुदा के साथ मुहम्मद साहेब को क्यों पुकारते हैं? यह बात कुरान से विरुद्ध है और जो विरुद्ध नहीं करते तो इस कुरान की बात को झूठ करते हैं। जब मसजिदें खुदा के घर हैं तो मुसलमान महाबुत्परस्त हुए। क्योंकि जैसे पुराणी, जैनी छोटी सी मूर्त्ति को ईश्वर का घर मानने से बुत्परस्त ठहरते हैं; ये लोग क्यों नहीं?॥ १५०॥

१५१—इकट्ठा किया जावेगा सूर्य और चांद॥

—मं० ७। सि० २९। सू० ७५। आ० ९॥

(समीक्षक) भला सूर्य्य चांद कभी इकट्ठे हो सकते हैं ? देखिये! यह कितनी बेसमझ की बात है । और सूर्य्य चन्द्र ही के इकट्ठे करने में क्या प्रयोजन था? अन्य सब लोकों को इकट्ठे न करने में क्या युक्ति है? ऐसी-ऐसी असम्भव बातें परमेश्वरकृत कभी हो सकती हैं? बिना अविद्वानों के अन्य किसी की भी नहीं होतीं॥ १४९॥

१५२—और फिरेंगे ऊपर उनके लड़के सदा रहने वाले, जब देखेगा तू उन को, अनुमान करेगा तू उन को मोती बिखरे हुए॥ और पहनाये जावेंगे कंगन चाँदी के और पिलावेगा उन को रब उन का शराब पवित्र॥

—मं० ७। सि० २९। सू० ७६। आ० १९। २१॥

(समीक्षक) क्यों जी मोती के वर्ण से लड़के किस लिये वहाँ रक्खे जाते हैं? क्या जवान लोग सेवा वा स्त्री जन उनको तृप्त नहीं कर सकतीं? क्या आश्चर्य है कि जो यह महा बुरा कर्म लड़कों के साथ दुष्ट जन करते हैं उस का मूल यही कुरान का वचन हो ! और बहिश्त में स्वामी सेवकभाव होने से स्वामी को आनन्द और सेवक को परिश्रम होने से दुःख तथा पक्षपात क्यों है? और जब खुदा ही उनको मद्य पिलावेगा तो वह भी उन का सेवकवत् ठहरेगा, फिर खुदा की बड़ाई क्योंकर रह सकेगी? और वहाँ बहिश्त में स्त्री पुरुष का समागम और गर्भस्थिति और लड़केबाले भी होते हैं वा नहीं? यदि नहीं होते तो उन का विषयसेवन करना व्यर्थ हुआ और जो होते हैं तो वे जीव कहां से आये? और विना खुदा की सेवा के बहिश्त में क्यों जन्मे? यदि जन्मे तो उन को बिना ईमान लाने और खुदा की भक्ति करने से बहिश्त मुफ्त मिल गया। किन्हीं बिचारों को ईमान लाने और किन्हीं को विना धर्म के सुख मिल जाय इस से दूसरा बड़ा अन्याय कौन सा होगा?॥ १५२॥

१५३—बदला दिये जावेंगे कर्मानुसार॥ और प्याले हैं भरे हुए ॥ जिस दिन खड़े होंगे रूह और फ़रिश्ते सफ बांध कर॥

—मं० ७। सि० ३०। सू० ७८। आ० २६। ३४। ३८॥

(समीक्षक) यदि कर्मानुसार फल दिया जाता तो सदा बहिश्त में रहने वाले हूरें फरिश्ते और मोती के सदृश लड़कों को कौन कर्म के अनुसार सदा के

लिये बहिश्त मिला? जब प्याले भर-भर शराब पीयेंगे तो मस्त हो कर क्यों न लड़ेंगे? रूह नाम यहां एक फरिश्ते का है जो सब फरिश्तों से बड़ा है! क्या खुदा रूह तथा अन्य फरिश्तों को पंक्तिबद्ध खड़े कर के पलटन बांधेगा? क्या पलटन से सब जीवों को सजा दिलावेगा? और खुदा उस समय खड़ा होगा वा बैठा? यदि कयामत तक खुदा अपनी सब पलटन एकत्र करके शैतान को पकड़ ले तो उस का राज्य निष्कण्टक हो जाय। इस का नाम खुदाई है॥ १५३॥

१५४-जब कि सूर्य लपेटा जावे॥ और जब कि तारे गदले हो जावें॥ और जब कि पहाड़ चलाये जावें॥ और जब आसमान की खाल उतारी जावे॥

-मं० ७। सि० ३०। सू० ८१। आ० १।२।३।११॥

(समीक्षक) यह बड़ी बेसमझ की बात है कि गोल सूर्यलोक लपेटा जावेगा? और तारे गदले क्योंकर हो सकेंगे? और पहाड़ जड़ होने से कैसे चलेंगे? और आकाश को क्या पशु समझा कि उस की खाल निकाली जावेगी? यह बड़ी बेसमझ और जंगलीपन की बात है॥ १५४॥

१५५-और जब कि आसमान फट जावे॥ और जब तारे झड़ जावें॥ और जब दर्या चीरे जावें॥ और जब कबरें जिला कर उठाई जावें॥

-मं० ७। सि० ३०। सू० ८२। आ० १।२।३।४॥

(समीक्षक) वाह जी कुरान के बनाने वाले फ़िलासफर! आकाश को क्योंकर फाड़ सकेगा? और तारों को कैसे झाड़ सकेगा? और दर्या क्या लकड़ी है जो चीर डालेगा? और कबरें क्या मुरदे हैं जो जिला सकेगा? ये सब बातें लड़कों के सदृश हैं॥ १५५॥

१५६-कसम है आसमान बुर्जों वाले की॥ किन्तु वह कुरान है बड़ा॥ बीच लौह महफूज के (अर्थात् सुरक्षित तख्ती पर लिखा हुआ) ॥

-मं० ७। सि० ३०। सू० ८५। आ० १।२१।२२॥

(समीक्षक) इस कुरान के बनाने वाले ने भूगोल खगोल कुछ भी नहीं पढ़ा था। नहीं तो आकाश को किले के समान बुर्जों वाला क्यों कहता? यदि मेषादि राशियों को बुर्ज कहता है तो अन्य बुर्ज क्यों नहीं? इसलिये ये बुर्ज नहीं हैं किन्तु सब तारे लोक हैं। क्या वह कुरान खुदा के पास है? यदि यह कुरान उस का किया है तो वह भी विद्या और युक्ति से विरुद्ध अविद्या से अधिक भरा होगा॥१५६॥

१५७-निश्चय वे मकर करते हैं एक मकर॥ और मैं भी मकर करता हूँ एक मकर॥ -मं० ७। सि० ३०। सू० ८६। आ० १६।१७॥

(समीक्षक) मकर कहते हैं ठगपन को, क्या खुदा भी ठग है? और क्या चोरी का जवाब चोरी और झूठ का जवाब झूठ है? क्या कोई चोर भले आदमी के घर में चोरी करे तो क्या भले आदमी को चाहिए कि उस के घर में जा के चोरी करे! वाह! वाह जी!! कुरान के बनाने वाले॥ १५७॥

१५८-और जब आवेगा मालिक तेरा और फ़रिश्ते पंक्ति बांध के ॥ और लाया जावेगा उस दिन दोज़ख को॥ -मं० ७। सि० ३०। सू० ८९। आ० २१।२२॥

(समीक्षक) कहो जी! जैसे कोटवाल वा सेनाध्यक्ष अपनी सेना को लेकर पंक्ति बांध फिरा करे वैसा ही इन का खुदा है? क्या दोज़ख को घड़ा सा समझा है कि जिस को उठा के जहाँ चाहे वहाँ ले जावे! यदि इतना छोटा सा है तो असंख्य कैदी उस में कैसे समा सकेंगे?॥ १५८॥

१५९—बस कहा था वास्ते उन के पैग़म्बर खुदा के ने, रक्षा करो ऊंटनी खुदा की को, और पानी पिलाना उस के को॥ बस झुठलाया उस को, बस पांव काटे उस के, बस मरी डाली ऊपर उन के, रब उन के ने॥

—मं० ७। सि० ३०। सू० ९१। आ० १३।१४॥

(समीक्षक) क्या खुदा भी ऊंटनी पर चढ़ के सैल किया करता है? नहीं तो किस लिये रक्खी? और विना कयामत के अपना नियम तोड़ उन पर मरी रोग क्यों डाला? यदि डाला तो उन को दण्ड किया, फिर कयामत की रात में न्याय और उस रात का होना झूठ समझा जायगा? फिर इस ऊंटनी के लेख से यह अनुमान होता है कि अरब देश में ऊंट, ऊंटनी के सिवाय दूसरी सवारी कम होती है। इस से सिद्ध होता है कि किसी अरब देशी ने कुरान बनाया है॥ १५९॥

१६०—यों जो न रुकेगा अवश्य घसीटेंगे उस को हम साथ बालों माथे के॥ वह माथा कि झूठा है और अपराधी॥ हम बुलावेंगे फ़रिश्ते दोज़ख के को॥

—मं० ७। सि० ३०। सू० ९६। आ० १५।१६।१८॥

(समीक्षक) इस नीच चपरासियों के काम घसीटने से भी खुदा न बचा। भला माथा भी कभी झूठा और अपराधी हो सकता है? सिवाय जीव के, भला यह कभी खुदा हो सकता है कि जैसे जेलखाने के दरोगा को बुलावा भेजे॥ १६०॥

१६१—निश्चय उतारा हम ने कुरान को बीच रात क़दर के॥ और क्या जाने तू क्या है रात क़दर की?॥ उतरते हैं फ़रिश्ते और पवित्रात्मा बीच उस के, साथ आज्ञा मालिक अपने के वास्ते हर काम के॥

—मं० ७। सि० ३०। सू० ९७। आ० १।२।४॥

(समीक्षक) यदि एक ही रात में कुरान उतारा तो वह आयत अर्थात् उस समय में उतरी और धीरे-धीरे उतारा यह बात सत्य क्योंकर हो सकेगी? और रात्री अन्धेरी है इस में क्या पूछना है? हम लिख आये हैं ऊपर नीचे कुछ भी नहीं हो सकता और यहां लिखते हैं कि फ़रिश्ते और पवित्रात्मा खुदा के हुक्म से संसार का प्रबन्ध करने के लिये आते हैं। इस से स्पष्ट हुआ कि खुदा मनुष्यवत् एकदेशी है। अब तक देखा था कि खुदा फ़रिश्ते और पैग़म्बर तीन की कथा है। अब एक पवित्रात्मा चौथा निकल पड़ा! अब न जाने यह चौथा पवित्रात्मा क्या है? यह तो ईसाइयों के मत अर्थात् पिता पुत्र और पवित्रात्मा तीन के मानने से चौथा भी बढ़ गया। यदि कहो कि हम इन तीनों को खुदा नहीं मानते, ऐसा भी हो, परन्तु जब पवित्रात्मा पृथक् है तो खुदा फ़रिश्ते और पैग़म्बर को पवित्रात्मा कहना चाहिये वा नहीं? यदि पवित्रात्मा है तो एक ही का नाम पवित्रात्मा क्यों? और घोड़े आदि जानवर, रात दिन और कुरान आदि की खुदा कसमें खाता है। कसमें खाना भले लोगों का काम नहीं॥ १६१॥

अब इस कुरान के विषय को लिख के बुद्धिमानों के सम्मुख स्थापित करता हूँ कि यह पुस्तक कैसा है? मुझ से पूछो तो यह किताब न ईश्वर, न विद्वान् की बनाई और न विद्या की हो सकती है। यह तो बहुत थोड़ा सा दोष प्रकट किया इसलिये कि लोग धोखे में पड़कर अपना जन्म व्यर्थ न गमावें। जो कुछ इस में थोड़ा सा सत्य है वह वेदादि विद्या पुस्तकों के अनुकूल होने से जैसे मुझ को ग्राह्य है वैसे अन्य भी मज़हब के हठ और पक्षपातरहित विद्वानों और बुद्धिमानों को ग्राह्य है। इस के विना जो कुछ इस में है सब अविद्या भ्रमजाल और मनुष्य

के आत्मा को पशुवत् बनाकर शान्तिभङ्ग करा के उपद्रव मचा मनुष्यों में विद्रोह फैला परस्पर दुःखोन्नति करने वाला विषय है। और पुनरुक्त दोष का तो कुरान जानो भण्डार ही है। परमात्मा सब मनुष्यों पर कृपा करे कि सब से सब प्रीति परस्पर मेल और एक दूसरे के सुख की उन्नति करने में प्रवृत्त हों। जैसे मैं अपना वा दूसरे मतमतान्तरों का दोष पक्षपात रहित होकर प्रकाशित करता हूँ। इसी प्रकार यदि सब विद्वान् लोग करें तो क्या कठिनता है कि परस्पर का विरोध छूट, मेल होकर आनन्द में एकमत होके सत्य की प्राप्ति सिद्ध हो। यह थोड़ा सा कुरान के विषय में लिखा। इस को बुद्धिमान् धार्मिक लोग ग्रन्थकार के अभिप्राय को समझ, लाभ लेवें। यदि कहीं भ्रम से अन्यथा लिखा गया हो तो उस को शुद्ध कर लेवें।

अब एक बात यह शेष है कि बहुत से मुसलमान ऐसा कहा करते और लिखा वा छपवाया करते हैं कि हमारे मज़हब की बात अथर्ववेद में लिखी है। इस का यह उत्तर है कि अथर्ववेद में इस बात का नाम निशान भी नहीं है।

(प्रश्न) क्या तुम ने सब अथर्ववेद देखा है ? यदि देखा है तो अल्लोपनिषद् देखो। यह साक्षात् उसमें लिखी है। फिर क्यों कहते हो कि अथर्ववेद में मुसलमानों का नाम निशान भी नहीं है।

अथाल्लोपनिषदं व्याख्यास्यामः

अस्मांल्लां इल्ले मित्रावरुणा दिव्यानि धत्ते।
इल्लल्ले वरुणो राजा पुनर्ददुः।
ह या मित्रो इल्लां इल्लल्ले इल्लां वरुणो मित्रस्तेजस्कामः॥ १॥
होतारमिन्द्रो होतारमिन्द्र महासुरिन्द्राः।
अल्लो ज्येष्ठं श्रेष्ठं परमं पूर्णं ब्रह्माणं अल्लाम्॥ २॥
अल्लोरसूलमहामदरकबरस्य अल्लो अल्लाम्॥ ३॥
आदल्लाबूकमेककम्॥ अल्लाबूक निखातकम्॥ ४॥
अल्लो यज्ञेन हुतहुत्वा। अल्ला सूर्यचन्द्रसर्वनक्षत्राः॥ ५॥
अल्ला ऋषीणां सर्वदिव्याँ इन्द्राय पूर्वं माया परममन्तरिक्षाः॥ ६॥
अल्लः पृथिव्या अन्तरिक्षं विश्वरूपम्॥ ७॥
इल्लां कबर इल्लां कबर इल्लाँ इल्लल्लेति इल्लल्लाः॥ ८॥
ओम् अल्ला इल्लल्ला अनादिस्वरूपाय अथर्वणा श्यामा हुं ह्रीं जनानपशूनसिद्धान् जलचरान् अदृष्टं कुरु कुरु फट्॥ ९॥
असुरसंहारिणी हुं ह्रीं अल्लोरसूलमहमदरकबरस्य अल्लो अल्लाम् इल्लल्लेति इल्लल्लाः॥ १०॥

इत्यल्लोपनिषत् समाप्ता॥

जो इस में प्रत्यक्ष मुहम्मद साहब रसूल लिखा है इस से सिद्ध होता है कि मुसलमानों का मत वेदमूलक है।

(उत्तर) यदि तुम ने अथर्ववेद न देखा हो तो हमारे पास आओ आदि से पूर्त्ति तक देखो। अथवा जिस किसी अथर्ववेदी के पास बीस काण्डयुक्त मन्त्रसंहिता अथर्ववेद को देख लो। कहीं तुम्हारे पैग़म्बर साहब का नाम वा मत का निशान न देखोगे। और जो यह अल्लोपनिषद् है वह न अथर्ववेद में, न उस के गोपथ ब्राह्मण

वा किसी शाखा में है। यह तो अकबरशाह के समय में अनुमान है कि किसी ने बनाई है। इस का बनाने वाला कुछ अर्बी और कुछ संस्कृत भी पढ़ा हुआ दीखता है क्योंकि इस में अरबी और संस्कृत के पद लिखे हुए दीखते हैं। देखो! (**अस्माल्लां इल्ले मित्रावरुणा दिव्यानि धत्ते**) इत्यादि में जो कि दश अङ्क में लिखा है, जैसे—इस में (**अस्माल्लां और इल्ले**) अर्बी और (**मित्रावरुणा दिव्यानि धत्ते**) यह संस्कृत पद लिखे हैं वैसे ही सर्वत्र देखने में आने से किसी संस्कृत और अर्बी के पढ़े हुए ने बनाई है। यदि इस का अर्थ देखा जाता है तो यह कृत्रिम अयुक्त वेद और व्याकरण रीति से विरुद्ध है। जैसी यह उपनिषद् बनाई है, वैसी बहुत सी उपनिषदें मतमतान्तर वाले पक्षपातियों ने बना ली हैं। जैसी कि स्वरोपनिषद्, नृसिंहतापनी, रामतापनी, गोपालतापनी बहुत सी बना ली हैं।

(प्रश्न) आज तक किसी ने ऐसा नहीं कहा अब तुम कहते हो। हम तुम्हारी बात कैसे मानें?

(उत्तर) तुम्हारे मानने वा न मानने से हमारी बात झूठ नहीं हो सकती है। जिस प्रकार से मैंने इस को अयुक्त ठहराई है उसी प्रकार से जब तुम अथर्ववेद, गोपथ वा इस की शाखाओं से प्राचीन लिखित पुस्तकों में जैसे का तैसा लेख दिखलाओ और अर्थसंगति से भी शुद्ध करो तब तो सप्रमाण हो सकता है।

(प्रश्न) देखो! हमारा मत कैसा अच्छा है कि जिस में सब प्रकार का सुख और अन्त में मुक्ति होती है।

(उत्तर)—ऐसे ही अपने-अपने मत वाले सब कहते हैं कि हमारा ही मत अच्छा है, बाकी सब बुरे। विना हमारे मत के दूसरे मत में मुक्ति नहीं हो सकती। अब हम तुम्हारी बात को सच्ची मानें वा उन की? हम तो यही मानते हैं कि सत्यभाषण, अहिंसा, दया आदि शुभ गुण सब मतों में अच्छे हैं और बाकी वाद, विवाद, ईर्ष्या, द्वेष, मिथ्याभाषणादि कर्म सब मतों में बुरे हैं। यदि तुम को सत्य मत ग्रहण की इच्छा हो तो वैदिक मत को ग्रहण करो।

इसके आगे स्वमन्तव्यामन्तव्य का प्रकाश संक्षेप से लिखा जायगा।

इति श्रीमद्दयानन्दसरस्वतीस्वामिकृते सत्यार्थप्रकाशे
सुभाषाविभूषिते यवनमतविषये
चतुर्दशसमुल्लासः सम्पूर्णः॥ १४॥

ओ३म्

स्वमन्तव्यामन्तव्यप्रकाशः

सर्वतन्त्र सिद्धान्त अर्थात् साम्राज्य सार्वजनिक धर्म जिस को सदा से सब मानते आये, मानते हैं और मानेंगे भी। इसीलिये उस को सनातन नित्य धर्म कहते हैं कि जिस का विरोधी कोई भी न हो सके। यदि अविद्यायुक्त जन अथवा किसी मत वाले के भ्रमाये हुए जन जिस को अन्यथा जानें वा मानें उस का स्वीकार कोई भी बुद्धिमान् नहीं करते किन्तु जिस को आप्त अर्थात् सत्यमानी, सत्यवादी, सत्यकारी, परोपकारी, परोपकारक; पक्षपातरहित विद्वान् मानते हैं वही सब को मन्तव्य और जिस को नहीं मानते वह अमन्तव्य होने से प्रमाण के योग्य नहीं होता। **अब जो वेदादि सत्यशास्त्र और ब्रह्मा से ले कर जैमिनिमुनि पर्यन्तों के माने हुए ईश्वरादि पदार्थ हैं जिन को मैं भी मानता हूँ;** सब सज्जन महाशयों के सामने प्रकाशित करता हूँ।

मैं अपना मन्तव्य उसी को जानता हूँ कि **जो तीन काल में सब को एक सा मानने योग्य है। मेरा कोई नवीन कल्पना वा मतमतान्तर चलाने का लेशमात्र भी अभिप्राय नहीं है** किन्तु जो सत्य है उस को मानना, मनवाना और जो असत्य है उस को छोड़ना और छुड़वाना मुझ को अभीष्ट है। यदि मैं पक्षपात करता तो आर्य्यावर्त्त में प्रचरित मतों में से किसी एक मत का आग्रही होता किन्तु जो-जो आर्य्यावर्त्त वा अन्य देशों में अधर्मयुक्त चाल चलन है उस का स्वीकार और जो धर्मयुक्त बातें हैं उन का त्याग नहीं करता, न करना चाहता हूँ क्योंकि ऐसा करना मनुष्यधर्म से बहिः है।

मनुष्य उसी को कहना कि—**मननशील हो कर स्वात्मवत् अन्यों के सुख-दुःख और हानि-लाभ को समझे। अन्यायकारी बलवान् से भी न डरे और धर्मात्मा निर्बल से भी डरता रहे। इतना ही नहीं किन्तु अपने सर्व सामर्थ्य से धर्मात्माओं—कि चाहे वे महा अनाथ, निर्बल और गुणरहित क्यों न हों—उन की रक्षा, उन्नति, प्रियाचरण और अधर्मी चाहे चक्रवर्त्ती सनाथ, महाबलवान् और गुणवान् भी हो तथापि उस का नाश, अवनति और अप्रियाचरण सदा किया करे अर्थात् जहाँ तक हो सके वहाँ तक अन्यायकारियों के बल की हानि और न्यायकारियों के बल की उन्नति सर्वथा किया करे। इस काम में चाहे उस को कितना ही दारुण दुःख प्राप्त हो, चाहे प्राण भी भले ही जावें परन्तु इस मनुष्यपनरूप धर्म से पृथक् कभी न होवे।** इस में श्रीमान् महाराजा भर्तृहरि जी आदि ने श्लोक कहे हैं उन का लिखना उपयुक्त समझ कर लिखता हूँ—

निन्दन्तु नीतिनिपुणा यदि वा स्तुवन्तु,
लक्ष्मीः समाविशतु गच्छतु वा यथेष्टम् ।
अद्यैव वा मरणम् अस्तु युगान्तरे वा,
न्याय्यात्पथः प्रविचलन्ति पदं न धीराः॥ १॥ —भर्तृहरिः॥

न जातु कामान्न भयान्न लोभाद्धर्मं त्यजेज्जीवितस्यापि हेतोः।
धर्मो नित्यः सुखदुःखे त्वनित्ये जीवो नित्यो हेतुरस्य त्वनित्यः ॥२॥
—महाभारते श्लो० ११, १२॥

एक एव सुहृद्धर्मो निधनेऽप्यनुयाति यः।
शरीरेण समं नाशं सर्वमन्यद्धि गच्छति ॥३॥ मनु० ॥
सत्यमेव जयते नानृतं सत्येन पन्था विततो देवयानः।
येनाऽऽक्रमन्त्यृषयो ह्याप्तकामा यत्र तत्सत्यस्य परमं निधानम् ॥४॥
न हि सत्यात्परो धर्मो नानृतात्पातकं परम्।
न हि सत्यात्परं ज्ञानं तस्मात् सत्यं समाचरेत् ॥५॥ —उपनिषदि॥

इन्हीं महाशयों के श्लोकों के अभिप्राय के अनुकूल सब को निश्चय रखना योग्य है। अब मैं जिन-जिन पदार्थों को जैसा-जैसा मानता हूँ उन-उन का वर्णन संक्षेप से यहाँ करता हूँ कि जिन का विशेष व्याख्यान इस ग्रन्थ में अपने-अपने प्रकरण में कर दिया है। इन में से—

१—प्रथम **'ईश्वर'** कि जिस के ब्रह्म परमात्मादि नाम हैं, जो सच्चिदानन्दादि लक्षणयुक्त है, जिस के गुण, कर्म, स्वाभाव पवित्र हैं। जो सर्वज्ञ निराकार, सर्वव्यापक, अजन्मा, अनन्त, सर्वशक्तिमान्, दयालु, न्यायकारी, सब सृष्टि का कर्त्ता, धर्त्ता, हर्त्ता, सब जीवों को कर्मानुसार सत्य न्याय से फलदाता आदि लक्षणयुक्त है; उसी को परमेश्वर मानता हूँ।

२—चारों **'वेदों'** (विद्या धर्मयुक्त ईश्वरप्रणीत संहिता मन्त्रभाग) को निर्भ्रान्त स्वतःप्रमाण मानता हूँ। वे स्वयं प्रमाणरूप हैं कि जिन के प्रमाण होने में किसी अन्य ग्रन्थ की अपेक्षा नहीं। जैसे सूर्य्य वा प्रदीप अपने स्वरूप के स्वतःप्रकाशक और पृथिव्यादि के भी प्रकाशक होते हैं वैसे चारों वेद हैं। और चारों वेदों के ब्राह्मण, छः अङ्ग, छः उपाङ्ग, चार उपवेद और ११२७ (ग्यारह सौ सत्ताईस) वेदों की शाखा जो कि वेदों के व्याख्यान रूप ब्रह्मादि महर्षियों के बनाये ग्रन्थ हैं उन को परतःप्रमाण अर्थात् वेदों के अनुकूल होने से प्रमाण और जो इन में वेदविरुद्ध वचन हैं उनका अप्रमाण करता हूँ।

३—जो पक्षपातरहित, न्यायाचरण सत्यभाषणादि युक्त ईश्वराज्ञा, वेदों से अविरुद्ध है उस को **'धर्म'** और जो पक्षपातसहित अन्यायाचरण मिथ्याभाषणादि ईश्वराज्ञाभङ्ग, वेदविरुद्ध है उस को **'अधर्म'** मानता हूँ।

४—जो इच्छा, द्वेष, सुख, दुःख और ज्ञानादि गुणयुक्त अल्पज्ञ नित्य है उसी को **'जीव'** मानता हूँ।

५—जीव और ईश्वर स्वरूप और वैधर्म्य से भिन्न और व्याप्यव्यापक और साधर्म्य से अभिन्न है अर्थात् जैसे आकाश से मूर्त्तिमान् द्रव्य कभी भिन्न न था, न है, न होगा और न कभी एक था, न है, न होगा इसी प्रकार परमेश्वर और जीव को व्याप्य-व्यापक, उपास्य-उपासक और पिता-पुत्र आदि सम्बन्धयुक्त मानता हूँ।

६—**'अनादि पदार्थ'** तीन हैं। एक ईश्वर, द्वितीय जीव, तीसरा प्रकृति अर्थात् जगत् का कारण, इन्हीं को नित्य भी कहते हैं। जो नित्य पदार्थ हैं उन के गुण, कर्म, स्वभाव भी नित्य हैं।

७—**'प्रवाह से अनादि'** जो संयोग से द्रव्य, गुण, कर्म उत्पन्न होते हैं वे वियोग के पश्चात् नहीं रहते परन्तु जिस से प्रथम संयोग होता है वह सामर्थ्य उन

में अनादि है और उस से पुनरपि संयोग होगा तथा वियोग भी, इन तीनों को प्रवाह से अनादि मानता हूँ।

८–**'सृष्टि'** उस को कहते हैं जो पृथक् द्रव्यों का ज्ञान युक्तिपूर्वक मेल होकर नाना रूप बनना।

९–**'सृष्टि का प्रयोजन'** यही है कि जिस में ईश्वर के सृष्टिनिमित्त गुण, कर्म, स्वभाव का साफल्य होना। जैसे किसी ने किसी से पूछा कि नेत्र किस लिये हैं? उस ने कहा देखने के लिये। वैसे ही सृष्टि करने के ईश्वर के सामर्थ्य की सफलता सृष्टि करने में है और जीवों के कर्मों का यथावत् भोग कराना आदि भी।

१०–**'सृष्टि सकर्तृक'** है। इस का कर्त्ता पूर्वोक्त ईश्वर है। क्योंकि सृष्टि की रचना देखने और जड़ पदार्थ में अपने आप यथायोग्य बीजादि स्वरूप बनने का सामर्थ्य न होने से सृष्टि का **'कर्त्ता'** अवश्य है।

११–**'बन्ध'** सनिमित्तक अर्थात् अविद्या निमित्त से है। जो–जो पाप कर्म ईश्वरभिन्नोपासना अज्ञानादि सब दुःख फल करने वाले हैं इसी लिये यह **'बन्ध'** है कि जिस की इच्छा नहीं और भोगना पड़ता है।

१२–**'मुक्ति'** अर्थात् सर्व दुःखों से छूटकर बन्धरहित सर्वव्यापक ईश्वर और उस की सृष्टि में स्वेच्छा से विचरना, नियत समय पर्यन्त मुक्ति के आनन्द को भोग के पुनः संसार में आना।

१३–**'मुक्ति के साधन'** ईश्वरोपासना अर्थात् योगाभ्यास, धर्मानुष्ठान, ब्रह्मचर्य से विद्या प्राप्ति, आप्त विद्वानों का संग, सत्यविद्या, सुविचार और पुरुषार्थ आदि हैं।

१४–**'अर्थ'** वह है कि जो धर्म ही से प्राप्त किया जाय और जो अधर्म से सिद्ध होता है उस को **'अनर्थ'** कहते हैं।

१५–**'काम'** वह है जो धर्म और अर्थ से प्राप्त किया जाय।

१६–**'वर्णाश्रम'** गुण कर्मों की योग्यता से मानता हूँ।

१७–**'राजा'** उसी को कहते हैं जो शुभ गुण, कर्म, स्वभाव से प्रकाशमान, पक्षपातरहित न्यायधर्म का सेवी, प्रजाओं में पितृवत् वर्त्ते और उन को पुत्रवत् मान के उन की उन्नति और सुख बढ़ाने में सदा यत्न किया करे।

१८–**'प्रजा'** उस को कहते हैं कि जो पवित्र गुण, कर्म, स्वभाव को धारण कर के पक्षपातरहित न्याय धर्म के सेवन से राजा और प्रजा की उन्नति चाहती हुई राजविद्रोहरहित राजा के साथ पुत्रवत् वर्त्ते।

१९–जो सदा विचार कर असत्य को छोड़ सत्य का ग्रहण करे, अन्यायकारियों को हठावे और न्यायकारियों को बढ़ावे, अपने आत्मा के समान सब का सुख चाहे सो **'न्यायकारी'** है; उस को मैं भी ठीक मानता हूँ।

२०–**'देव'** विद्वानों को और अविद्वानों को **'असुर'** पापियों को **'राक्षस'** अनाचारियों को **'पिशाच'** मानता हूँ।

२१–उन्हीं विद्वानों, माता, पिता, आचार्य्य, अतिथि, न्यायकारी राजा और धर्मात्मा जन, पतिव्रता स्त्री और स्त्रीव्रत पति का सत्कार करना **'देवपूजा'** कहाती है। इस से विपरीत अदेवपूजा, इन की मूर्तियों को पूज्य और इतर पाषाणादि जड़ मूर्तियों को सर्वथा अपूज्य समझता हूँ।

२२–**'शिक्षा'** जिस से विद्या, सभ्यता, धर्मात्मता, जितेन्द्रियतादि की बढ़ती

होवे और अविद्यादि दोष छूटें उस को शिक्षा कहते हैं।

२३—**'पुराण'** जो ब्रह्मादि के बनाये ऐतरेयादि ब्राह्मण पुस्तक हैं उन्हीं को पुराण, इतिहास, कल्प, गाथा और नाराशंसी नाम से मानता हूँ; अन्य भागवतादि को नहीं।

२४—**'तीर्थ'** जिस से दुःखसागर से पार उतरें कि जो सत्यभाषण, विद्या, सत्संग, यमादि, योगाभ्यास, पुरुषार्थ, विद्यादानादि शुभ कर्म है उसी को **तीर्थ** समझता हूँ; इतर जलस्थलादि को नहीं।

२५—**'पुरुषार्थ प्रारब्ध से बड़ा'** इसलिये है कि जिस से सञ्चित प्रारब्ध बनते जिस के सुधरने से सब सुधरते और जिस के बिगड़ने से सब बिगड़ते हैं इसी से प्रारब्ध की अपेक्षा **पुरुषार्थ** बड़ा है।

२६—**'मनुष्य'** को सब से यथायोग्य स्वात्मवत् सुख, दुःख, हानि, लाभ में वर्त्तना श्रेष्ठ; अन्यथा वर्त्तना बुरा समझता हूँ।

२७—**'संस्कार'** उनको कहते हैं कि जिस से शरीर, मन और आत्मा उत्तम होवे। वह निषेकादि श्मशानान्त सोलह प्रकार का है। इस को कर्त्तव्य समझता हूँ और दाह के पश्चात् मृतक के लिये कुछ भी न करना चाहिये।

२८—**'यज्ञ'** उस को कहते हैं कि जिस में विद्वानों का सत्कार यथायोग्य **शिल्प** अर्थात् **रसायन** जो कि पदार्थविद्या उस से उपयोग और **विद्यादि शुभगुणों का दान, अग्निहोत्रादि** जिन से वायु, वृष्टि, जल, ओषधि की पवित्रता करके सब जीवों को सुख पहुँचाना है; उस को उत्तम समझता हूँ।

२९—जैसे **'आर्य्य' श्रेष्ठ** और **'दस्यु'** दुष्ट मनुष्यों को कहते हैं वैसे ही मैं भी मानता हूँ।

३०—**'आर्य्यावर्त्त'** देश इस भूमि का नाम इसलिये है कि इस में आदि सृष्टि से आर्य्य लोग निवास करते हैं परन्तु इस की अवधि उत्तर में **हिमालय**, दक्षिण में **विन्ध्याचल**, पश्चिम में **अटक** और पूर्व में **ब्रह्मपुत्रा** नदी है। इन चारों के बीच में जितना प्रदेश है उस को **'आर्य्यावर्त्त'** कहते और जो इस में सदा रहते हैं उन को भी **आर्य** कहते हैं।

३१—जो साङ्गोपाङ्ग वेदविद्याओं का अध्यापक सत्याचार का ग्रहण और मिथ्याचार का त्याग करावे वह **'आचार्य'** कहाता है।

३२—**'शिष्य'** उस को कहते हैं कि जो सत्य शिक्षा और विद्या को ग्रहण करने योग्य धर्मात्मा, विद्याग्रहण की इच्छा और आचार्य्य का प्रिय करने वाला है।

३३—**'गुरु'** माता पिता और जो सत्य का ग्रहण करावे और असत्य को छुड़ावे वह भी **'गुरु'** कहाता है।

३४—**'पुरोहित'** जो यजमान का हितकारी सत्योपदेष्टा होवे।

३५—**'उपाध्याय'** जो वेदों का एकदेश वा अङ्गों को पढ़ाता हो।

३६—**'शिष्टाचार'** जो धर्माचरणपूर्वक ब्रह्मचर्य से विद्याग्रहण कर प्रत्यक्षादि प्रमाणों से सत्यासत्य का निर्णय करके सत्य का ग्रहण असत्य का परित्याग करना है यही शिष्टाचार और जो इस को करता है वह **'शिष्ट'** कहाता है।

३७—प्रत्यक्षादि आठ **'प्रमाणों'** को भी मानता हूँ।

३८—**'आप्त'** जो यथार्थवक्ता, धर्मात्मा, सब के सुख के लिये प्रयत्न करता है उसी को **आप्त** कहता हूँ।

३९—**'परीक्षा'** पांच प्रकार की है। इस में से **प्रथम** जो **ईश्वर** उस के गुण, कर्म, स्वभाव और **वेदविद्या, दूसरी प्रत्यक्षादि** आठ प्रमाण, **तीसरी सृष्टिक्रम, चौथी आप्तों का व्यवहार** और पांचवीं **अपने आत्मा की पवित्रता, विद्या,** इन पांच परीक्षाओं से सत्याऽसत्य का निर्णय कर के सत्य का ग्रहण असत्य का परित्याग करना चाहिये।

४०—**'परोपकार'** जिस से सब मनुष्यों के दुराचार दुःख छूटें, श्रेष्ठाचार और सुख बढ़े उस के करने को परोपकार कहता हूँ।

४१—**'स्वतन्त्र' 'परतन्त्र'** जीव अपने कामों में स्वतन्त्र और कर्मफल भोगने में ईश्वर की व्यवस्था से परतन्त्र वैसे ही ईश्वर अपने सत्याचार आदि काम करने में स्वतन्त्र है।

४२—**'स्वर्ग'** नाम सुख विशेष भोग और उस की सामग्री की प्राप्ति का है।

४३—**'नरक'** जो दुःख विशेष भोग और उस की साम्रगी को प्राप्त होना है।

४४—**'जन्म'** जो शरीर धारण कर प्रकट होना सो पूर्व, पर और मध्य भेद से तीनों प्रकार का मानता हूँ।

४५—शरीर के संयोग का नाम **'जन्म'** और वियोग मात्र को **'मृत्यु'** कहते हैं।

४६—**'विवाह'** जो नियमपूर्वक प्रसिद्धि से अपनी इच्छा कर के पाणिग्रहण करना वह **'विवाह'** कहाता है।

४७—**'नियोग'** विवाह के पश्चात् पति वा पत्नी के मर जाने आदि वियोग में अथवा नपुंसकत्वादि स्थिर रोगों में स्त्री वा पुरुष आपत्काल में स्ववर्ण वा अपने से उत्तम वर्णस्थ स्त्री वा पुरुष के साथ सन्तानोत्पत्ति करना।

४८—**'स्तुति'** गुणकीर्त्तन श्रवण और ज्ञान होना, इस का फल प्रीति आदि होते हैं।

४९—**'प्रार्थना'** अपने सामर्थ्य के उपरान्त ईश्वर के सम्बन्ध से जो विज्ञान आदि प्राप्त होते हैं उन के लिये ईश्वर से याचना करना और इस का फल निरभिमान आदि होता है।

५०—**'उपासना'** जैसे ईश्वर के गुण, कर्म, स्वभाव पवित्र हैं वैसे अपने करना, ईश्वर को सर्वव्यापक, अपने को व्याप्य जान के ईश्वर के समीप हम और हमारे समीप ईश्वर है ऐसा निश्चय **योगाभ्यास से साक्षात् करना** उपासना कहाती है, इस का फल ज्ञान की उन्नति आदि है।

५१—**'सगुणनिर्गुणस्तुतिप्रार्थनोपासना'** जो-जो गुण परमेश्वर में हैं उन से युक्त और जो जो गुण नहीं हैं उन से पृथक् मान कर प्रशंसा करना सगुणनिर्गुण स्तुति, शुभ गुणों के ग्रहण की ईश्वर से इच्छा और दोष छुड़ाने के लिये परमात्मा का सहाय चाहना सगुणनिर्गुण प्रार्थना और सब गुणों से सहित सब दोषों से रहित परमेश्वर को मान कर अपने आत्मा को उस के और उस की आज्ञा के अर्पण कर देना सगुणनिर्गुणोपासना कहाती है।

ये संक्षेप से स्वसिद्धान्त दिखला दिये हैं। इनकी विशेष व्याख्या इसी **'सत्यार्थप्रकाश'** के प्रकरण-प्रकरण में है तथा **ऋग्वेदादिभाष्यभूमिका** आदि ग्रन्थों में भी लिखी है अर्थात् जो-जो बात सब के सामने माननीय है उस को मानता अर्थात् जैसे सत्य बोलना सब के सामने अच्छा और मिथ्या बोलना बुरा है ऐसे

सिद्धान्तों को स्वीकार करता हूँ।

और जो मतमतान्तर के परस्पर विरुद्ध झगड़े हैं उन को मैं प्रसन्न नहीं करता क्योंकि इन्हीं मत वालों ने अपने मतों का प्रचार कर मनुष्यों को फंसा के परस्पर शत्रु बना दिये हैं। इस बात को काट सर्व सत्य का प्रचार कर सब को ऐक्यमत में करा द्वेष छुड़ा परस्पर में दृढ़ प्रीतियुक्त करा के सब से सब को सुख लाभ पहुँचाने के लिये मेरा प्रयत्न और अभिप्राय है।

सर्वशक्तिमान् परमात्मा की कृपा सहाय और आप्तजनों की सहानुभूति से **'यह सिद्धान्त सर्वत्र भूगोल में शीघ्र प्रवृत्त हो जावे'** जिस से सब लोग सहज से धर्म्मार्थ काम, मोक्ष की सिद्धि करके सदा उन्नत और आनन्दित होते रहें। यही मेरा मुख्य प्रयोजन है॥

अलमतिविस्तरेण बुद्धिमद्वर्य्येषु ।

ओम् शन्नो मित्रः शं वरुणः शन्नो भवत्वर्य्यमा ।
शन्न इन्द्रो बृहस्पतिः शन्नो विष्णुरुरुक्रमः ॥
नमो ब्रह्मणे नमस्ते वायो त्वमेव प्रत्यक्षं ब्रह्मासि ।
त्वामेव प्रत्यक्षं ब्रह्मावादिषम् । ऋतमवादिषम् । सत्यमवादिषम् ।
तन्मामावीत् तद्वक्तारमावीत् । आवीन्माम् । आवीद्वक्तारम् ।
ओ३म् शान्तिः शान्तिः शान्तिः ॥

इति श्रीमत्परमहंसपरिव्राजकाचार्य्याणां परमविदुषां
श्रीविरजानन्दसरस्वतीस्वामिनां शिष्येण
श्रीमद्दयानन्दसरस्वतीस्वामिना विरचितः
स्वमन्तव्यामन्तव्यसिद्धान्तसमन्वितः
सुप्रमाणयुक्तः सुभाषाविभूषितः
सत्यार्थप्रकाशोऽयं ग्रन्थः
सम्पूर्तिमगमत्॥